朝鮮總督府 編纂

日帝强占期 曆書

昭和期 編

[卷二]

박경수 엮음

目次

日帝强占期 曆書의 복원 출판에 즈음하여

본서의 출간은 국운이 풍전등화와도 같았던 大韓帝國期로부터 한국역사상 가장 어렵고 힘들었던 日帝强占期까지 한국인의 파란만장한 실생활 역사가 고스란히 담겨 있는 近代曆書를 통해 제국의 식민지 경영 시스템을 재조명함에 있다。

필자가 처음 近代曆書를 접하게 된 것은 개화기 신교육을 위한 관공립 초등학교 교과서 연구에 몰두하기 시작한 2008년 즈음이었다。 이때 수집된 자료를 찬찬히 살펴보던 중 일본의 제국을 향한 정치적 목적이 초등교과서는 물론 일상생활에 너무도 밀착되어있는 曆書에까지 반영되어 있음을 포착하고 近代曆書에 대한 총체적인 정리와 재조명의 시급함을 느꼈다。

이 방대한 작업을 위해 가장 먼저 해야 할 일은 당시의 여기저기 흩어져 존재의 유무조차 잃어가고 있는 曆書를 일일이 발굴하여 집대성하는 일이었다。 근대 한국인의 일상생활 지침에 대한 가장 실증적인 사료(史料)로서의 가치를 고려하지 않을 수 없었기 때문이다。

단단히 각오하고 시도한 일이었지만 처음부터 난항을 거듭했다。그동안 부분적인 연구를 하면서 나름대로 원문을 확보하여 정리해 오긴 했지만 상태불량、파본、더욱이 결장에 결권도 적지 않아 영인본으로 출간하기에는 역부족이었다。

무엇보다 시급한 것은 조금이라도 상태가 괜찮은 曆書 전권의 확보였다。그러나 이미 찾아볼 만큼 찾아봤던 터라 새로이 曆書를 찾아내는 것도 상태가 괜찮은 曆書를 확보하는 것도 쉬운 일은 아니었다。또 다시 국내 어느 도서관을 검색하고 수소문해 보아도、어느 고서점을 찾아가도、또 소장자를 수소문해 찾아가 보아도 일부만 소장하고 있을 뿐 近代曆書 전권의 확보는 요원했다。그나마 어렵사리 찾아낸 것도 내용을 살펴보면 결장 또는 낙서 등으로 얼룩져 있거나 좀이 슬어 부스러지는등 보존상태가 엉망인 것도 상당했다。이에 필자는 당시의 曆書를 복원 출판하는 일이 무엇보다도 시급함을 깨닫고 원문의 확보에 더욱 박차를 가했다。지체하면 지체할수록 원문의 분실 및 훼손에 대한 우려에 더하여 그동안 나름대로 소명의식을 갖고 열정적으로 수행해왔던 이 일이 행여 뒷전으로 밀려나지 않을까 하는 조바심 또한 본 작업을 더욱 재촉하게 하였다。혹여 일본에는 있으려나 하는 마음에 방학 중에 일본에 산재해 있는 고서점을 일일이 탐방하고자 계획했지만 근래 경색된 한일관계와 코로나19의 장기화로 인해 그것마저도 여의치 않았다。특히 1940년대의 曆書는 좀처럼 찾아내기 힘들었다。

불과 100여 년 남짓 세월에 희귀본이 되어버린 안타까움에 만감이 교차했다。

돌이켜보니 우리는 한동안 일본의 식민지였다는 불운한 역사를 지우기 위해 무던히 애썼던 때가 있었다。광복 직후에는 일제의 잔재로 여겨지는 모든 것들을 파괴하거나 샅샅이 찾아내어 소각했고、그 이후로도 주권 없는 설움과 치욕으로 얼룩진 시대를 애써 외면하거나 피차 거론하기를 삼갔던 일은 주지의 사실일 것이다。

최근 들어 역사 바로 알기 차원에서 부분적으로나마 이를 복기하는 작업이 이루어지고 있지만 대개 3월과 8월을 전후하여 일시적으로 거론되다가 잠잠해지는 실정이다。그러나 이 또한 한국 근대사에서 빼놓을 수 없는 반드시 기억해야 할 역사적 사실이기에 누구나 그 실상에 접근할 수 있도록 실증적인 사료(史料)로서 近代曆書를 복원하는 일이야말로 오늘날 우리 세대에서 반드시 이루어야 할 필수적인 작업이 아닐까 싶다。그 일념으로 이 작업을 꾸준히 진행하였고 수많은 난관 끝에 드디어 그 첫 번째 결실로 **日帝强占期 曆書 全35冊(「朝鮮民曆」26冊、「略曆 9冊)**에 대한 영인본을 출간하기에 이른 것이다。

본서의 출간은 정부의 도움을 얻어 진행되었다。뒤늦게나마 본 작업의 중차대함을 인지하고 近代曆書의 연구에 몰두할 수 있도록 학술적 지원을 아끼지 않은 대한민국 정부(교육부와 한국연구재단)에 감사드린다。

끝으로 출판업계의 어려움을 무릅쓰고 본서의 출판에 흔쾌히 출판에 응해주신 제이앤씨 윤석현 사장과 이의 편집에 수고해주신 최인노님께 깊이 감사드린다。

2021년 12월

박경수

일러두기

一 본서는 일제강점기 조선총독부에서 발행한 일반용 曆書 전권 35冊을 영인한 영인본이다。

二 본서는 국내 대학도서관、고서점 외에도 개인 소장자를 수소문하여 확보한 원문을 저본으로 하였다。

三 낙서、낙장、파본 등 훼손된 부분은 최대한 원문에 가깝게 복원하였다。

四 일제강점기 曆書의 규격은『明治四十四年朝鮮民曆』(1911)부터『昭和十六年略曆』(1941)까지는 30。3×19。1의 크기를 유지하였고『昭和十七年略曆』(1942)에 약간 작아졌다가『昭和十八年略曆』(1943)부터는 17。5×12。5 규격으로 축소 발행되는 등 시기에 따라 약간의 변화가 있었으나、편의상 같은 규격으로 영인하였다。

제3장

昭和期의 曆書

1　昭和三年朝鮮民曆（1928）

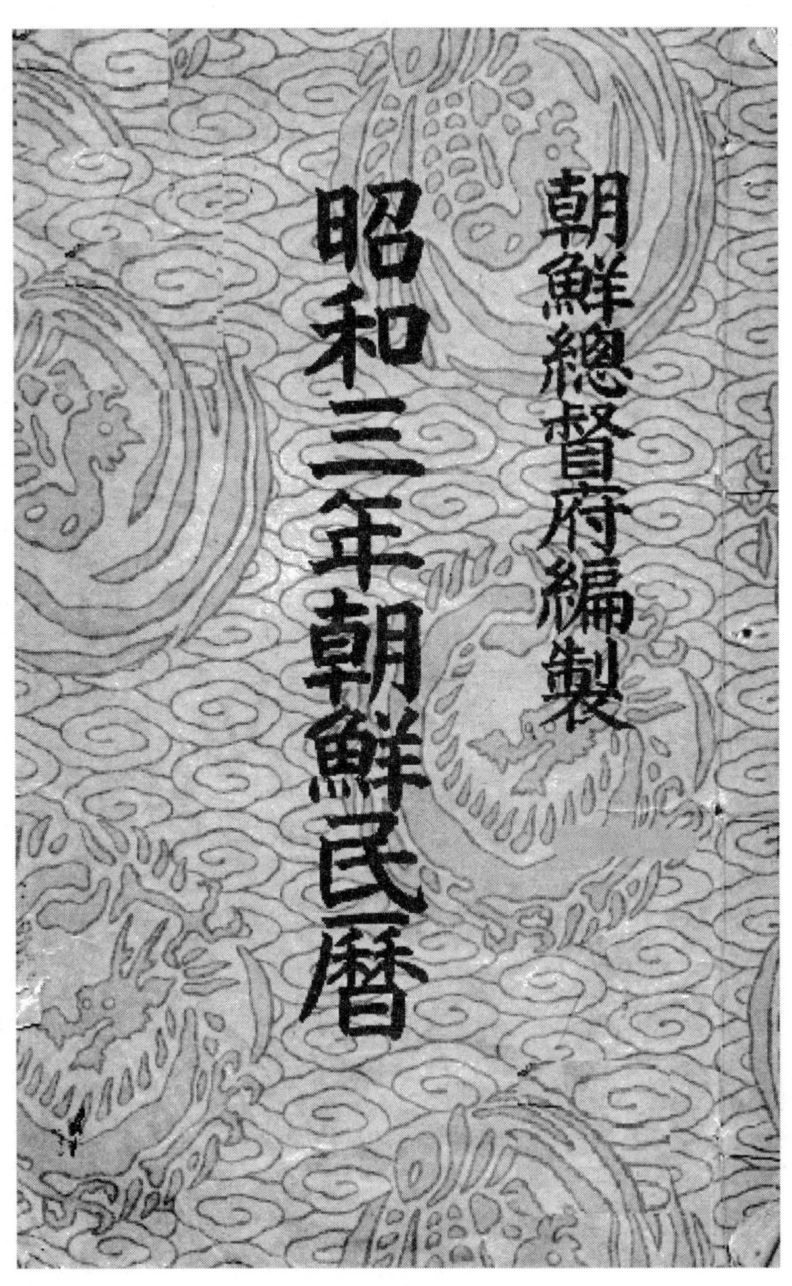

 1. 昭和三年朝鮮民曆(1928)

神武天皇卽位紀元二千五百八十八年

昭和三年朝鮮民曆

戊辰閏年 三百八十四日

朝鮮總督府觀測所編纂

月表

一月大	二月閏	三月大	四月小
五月大	六月小	七月大	八月大
九月小	十月大	十一月小	十二月大

四方拜	一月一日
元始祭	一月三日
紀元節	二月十一日
春季皇靈祭	三月二十一日
神武天皇祭	四月三日
天長節	四月二十九日
秋季皇靈祭	九月二十三日
神嘗祭	十月十七日
明治節	十一月三日
新嘗祭	十一月二十三日
大正天皇祭	十二月二十五日

說明

本民曆에揭載한時刻은本邦中央標準時를用하고日月出入及月食은京城에서보이는時刻을揭함

月食 六月三日

食分	皆旣	
月出	午後七時四十三分	
帶食分	三分六厘	右下와間
食旣	午後八時三十一分	右偏上
食甚	午後九時九分	
生光	午後九時四十八分	下
復圓	午後十一時二分	右上과間

月食 十二月二十七日

食分	皆旣	
月出	午後五時十分	
帶食分	七分一厘	下偏左
食旣	午後五時三十三分	上
食甚	午後六時一分	
生光	午後六時二十九分	左偏上
復圓	午後七時三十九分	右偏上

日曜表

一月	一日 八日 十五日 二十二日 二[illegible]
二月	五日 十二日 十九日 二十六日
三月	
四月	
五月	
六月	
七月	
八月	
九月	
十月	
十一月	[illegible]
十二月	二日 九日 十六日 二十三日 三[illegible]

昭和三年中陰曆歲次戊辰年月表及節候表

月及月之大小	朔日	節氣	入節日	時刻	陽曆	節氣	入節日	時刻	陽曆
正月小	壬戌	立春 正月節	十四日 乙亥	巳正一刻二分	二月五日	雨水 正月中	廿九日 庚寅	卯正一刻五分	二月二十日
二月大	辛卯	驚蟄 二月節	十五日 乙巳	寅正二刻八分	三月六日	春分 二月中	三十日 庚申	卯初三刻零分	三月二十一日
閏二月小	辛酉	清明 三月節	十五日 乙亥	巳初三刻十分	四月五日				
三月小	庚寅	穀雨 三月中	初一日 庚寅	酉初一刻六分	四月二十日	立夏 四月節	十七日 丙午	寅初三刻四分	五月六日
四月大	己未	小滿 四月中	初三日 辛酉	申正三刻八分	五月二十一日	芒種 五月節	十九日 丁丑	辰正一刻三分	六月六日
五月小	己丑	夏至 五月中	初五日 癸巳	丑初初刻七分	六月二十二日	小暑 六月節	二十日 戊申	酉正三刻零分	七月七日
六月小	戊午	大暑 六月中	初七日 甲子	午正初刻三分	七月二十三日	立秋 七月節	廿三日 庚辰	寅正一刻十三分	八月八日
七月大	丁亥	處暑 七月中	初九日 乙未	酉正三刻九分	八月二十三日	白露 八月節	廿五日 辛亥	辰初初刻一分	九月八日
八月大	丁巳	秋分 八月中	初十日 丙寅	申正初刻六分	九月二十三日	寒露 九月節	廿五日 辛巳	亥正初刻十一分	十月八日
九月小	丁亥	霜降 九月中	十一日 丁酉	子正三刻十分	十月二十四日	立冬 十月節	廿六日 壬子	子正三刻五分	十一月八日
十月大	丙辰	小雪 十月中	十一日 丙寅	亥正初刻一分	十一月二十二日	大雪 十一月節	廿六日 辛巳	酉初一刻三分	十二月七日
十一月大	丙戌	冬至 十一月中	十一日 丙申	午初初刻四分	十二月二十二日	小寒 十二月節	廿六日 辛亥	寅正一刻八分	一月六日
十二月大	丙辰	大寒 十二月中	初十日 乙丑	亥初二刻十三分	一月二十日	立春 正月節	廿五日 庚辰	申正初刻九分	二月四日

 1. 昭和三年朝鮮民曆(1928)

一月大三十一日

繩、叺、蠶具、藁等의 製造. 種籾의 赤米除却. 大豆의 選粒

四方拜　元始祭　新年宴會

一日 日　丁卯十二月大　月入前零時四十八分　初九日 庚子 土 虛 建

二日 月　月入前一時五十分　初十日 辛丑 土 危 除　宜祭祀襲爵移徙納財安葬

三日 火　月入前三時三分　十一日 壬寅 金 室 滿　宜嫁娶裁衣動土栽種開市納財破土啓攢

四日 水　月入前四時十六分　十二日 癸卯 金 壁 平

五日 木　月入前五時二十八分　十三日 甲辰 火 奎 定

六日 金　月入前六時三十八分　十四日 乙巳 火 婁 定　小寒十二月節　日出前七時四十六分　晝間九時四十分　日入後五時二十六分　夜間十四時二十分

小寒 午後十時三十二分　舊十二月節

七日 土　○望午後三時八分　月出後五時五十二分　十五日 丙午 水 胃 執

八日 日　月出後六時五十九分　十六日 丁未 水 昴 破

九日 月　月出後七時五十四分　十七日 戊申 土 畢 危　宜開市納財

十日 火　月出後八時四十分　十八日 己酉 土 觜 成　宜嫁娶移徙裁衣動土栽種開市納財

十一日 水　月出後九時四十六分　十九日 庚戌 金 參 收

十二日 木　月出後十時四十六分　二十日 辛亥 金 井 開

十三日 金　月出後十一時四十二分　廿一日 壬子 木 鬼 閉

十四日 土　廿二日 癸丑 木 柳 建

日	曜	月相	出入月	陰曆	干支	納音	宿	建除	宜忌
十五日	日	下弦午前六時十四分	出月午前零時三十六分	廿三日	甲寅	水	星	除	
十六日	月		出月午前一時三十五分	廿四日	乙卯	水	張	滿	宜嫁娶移徙裁衣上樑豎柱開市納財安葬破土啓攢
十七日	火		出月午前二時三十三分	廿五日	丙辰	土	翼	平	
十八日	水		出月午前三時三十一分	廿六日	丁巳	土	軫	定	土王用事
十九日	木		出月午前四時三十一分	廿七日	戊午	火	角	執	
二十日	金	臘	出月午前五時三十二分	廿八日	己未	火	亢	破	
二十一日	土		出月午前六時三十分	廿九日	庚申	木	氐	危	大寒十二月中 宜移徙裁衣上樑豎柱開市納財安葬

大寒 午後三時五十七分 舊十二月中

日出午前七時四十四分 晝間九時五十九分
日入午後五時四十三分 夜間十四時 一分

日	曜	月相	出入月	陰曆	干支	納音	宿	建除	宜忌
二十二日	日		出月午前七時二十三分	三十日	辛酉	木	房	成	
二十三日	月	合朔午前五時十九分	戊辰正月小	初一日	壬戌	水	心	收	
二十四日	火		入月午後七時 九分	初二日	癸亥	水	尾	開	
二十五日	水		入月午後八時十七分	初三日	甲子	金	箕	閉	宜裁衣安葬
二十六日	木		入月午後九時二十七分	初四日	乙丑	金	斗	建	宜裁衣上樑(宜用卯時)納財安葬
二十七日	金		入月午後十時三十六分	初五日	丙寅	火	牛	除	
二十八日	土		入月午後十一時四十四分	初六日	丁卯	火	女	滿	
二十九日	日			初七日	戊辰	木	虛	平	
三十日	月	上弦午前四時二十六分	入月午前零時五十四分	初八日	己巳	木	危	定	宜冠帶(宜用辰時)(坐向東北)裁衣上樑(宜用辰時)納財
三十一日	火		入月午前 二時 四分	初九日	庚午	土	室	執	宜移徙裁衣上樑(宜用卯時)安葬

二月 閏 二十九日

一月과同함

日	曜	月相	月出入	陰曆	干支	納音	宿	直	宜
一日	水		月入午前三時十五分	初十日	辛未	土	壁	破	
二日	木		月入午前四時二十四分	十一日	壬申	金	奎	危	
三日	金		月入午前五時二十九分	十二日	癸酉	金	婁	成	宜嫁娶移徙裁衣上樑開市納財安葬
四日	土		月入午前六時二十六分	十三日	甲戌	火	胃	收	
五日	日		月入午前七時十六分	十四日	乙亥	火	昴	收	立春正月節

立春 午前十時十七分

舊正月節 日出午前七時二十四分 日入午後五時五十九分 晝間十時三十五分 夜間十三時二十五分

日	曜	月相	月出入	陰曆	干支	納音	宿	直	宜
六日	月	○望午前五時十一分	月出午後六時三十三分	十五日	丙子	水	畢	開	宜移徙裁衣動土上樑開市納財
七日	火		月出午後七時三十六分	十六日	丁丑	水	觜	閉	
八日	水		月出午後八時三十八分	十七日	戊寅	土	參	建	宜裁衣上樑開市納財安葬
九日	木		月出午後九時三十七分	十八日	己卯	土	井	除	宜嫁娶
十日	金		月出午後十時三十六分	十九日	庚辰	金	鬼	滿	
十一日 紀元節	土		月出午後十一時三十四分	二十日	辛巳	金	柳	平	
十二日	日			二十一日	壬午	木	星	定	宜冠帶嫁娶移徙動土上樑安葬
十三日	月		月出午前零時三十一分	二十二日	癸未	木	張	執	
十四日	火	◐下弦午前四時五分	月出午前一時十九分	二十三日	甲申	水	翼	破	

日	曜	月相	月出入	陰曆	干支	納音	宿	建除	宜
十五日	水		出月 午前二時十八分	廿四日	乙酉	水	軫	危	宜安葬
十六日	木		出月 午前三時十七分	廿五日	丙戌	土	角	成	宜裁衣動土上樑(宜用寅時)開市納財安葬
十七日	金		出月 午前四時十五分	廿六日	丁亥	土	亢	收	
十八日	土		出月 午前五時十一分	廿七日	戊子	火	氐	開	
十九日	日		出月 午前六時三分	廿八日	己丑	火	房	閉	
二十日	月		出月 午前六時四十八分	廿九日	庚寅	木	心	建	雨水正月中

雨水 午前六時二十分

舊正月中

日出午前七時十六分 晝間十時五十九分

日入午後六時十五分 夜間十三時一分

日	曜	月相	月出入	陰曆	干支	納音	宿	建除	宜
二十一日	火	● 合朔午後六時四十一分	二月大	初一日	辛卯	木	尾	除	宜移徙裁衣動土上樑(宜用卯時)安葬啓攢
二十二日	水		入月 午後七時十一分	初二日	壬辰	水	箕	滿	宜嫁娶移徙裁衣動土上樑(宜用辰時)開市納財安葬
二十三日	木		入月 午後八時二十三分	初三日	癸巳	水	斗	平	
二十四日	金		入月 午後九時三十三分	初四日	甲午	金	牛	定	宜冠帶(宜用卯時坐向西北)嫁娶移徙動土上樑(宜用卯時)
二十五日	土		入月 午後十時四十四分	初五日	乙未	金	女	執	
二十六日	日		入月 午後十一時五十六分	初六日	丙申	火	虛	破	宜破屋
二十七日	月			初七日	丁酉	火	危	危	宜移徙裁衣動土上樑(宜用卯時)納財安葬
二十八日	火	◐ 上弦午後零時二十一分	入月 午前一時七分	初八日	戊戌	木	室	成	
二十九日	水		入月 午前二時十七分	初九日	己亥	木	壁	收	宜開市納財

三月大三十一日

苗板의作製、果樹의剪定、桑園果樹園의病蟲害防除
麥類의播種、果樹園의施肥、果樹類의接木

日	曜	記事	月出入	陰曆	干支	納音	宿	建除	宜
一日	木		月入前三時三四分	初十日	庚子	土	奎	開	
二日	金		月入前四時二三分	十一日	辛丑	土	婁	閉	
三日	土		月入前五時十五分	十二日	壬寅	金	胃	建	宜裁衣上樑(宜用未時)納財安葬啓攢
四日	日		月入前五時五七分	十三日	癸卯	金	昴	除	宜啓攢
五日	月		月入前六時三四分	十四日	甲辰	火	畢	滿	
六日	火	○望午後八時二十七分	月出後六時十六分	十五日	乙巳	火	觜	滿	驚蟄二月節 宜裁衣開市納財 日出前六時五十分 晝間十一時三十三分 日入後六時二十分 夜間十二時二十七分
		驚蟄午前四時三十八分 舊二月節							
七日	水		月出後七時十六分	十六日	丙午	水	參	平	
八日	木		月出後八時十五分	十七日	丁未	水	井	定	宜冠帶(宜用巳時)移徙裁衣動土上樑(宜用巳時)納財
九日	金		月出後九時十三分	十八日	戊申	土	鬼	執	
十日	土		月出後十時十分	十九日	己酉	土	柳	破	
十一日	日		月出後十一時八分	二十日	庚戌	金	星	危	
十二日	月			廿一日	辛亥	金	張	成	宜移徙裁衣動土上樑(宜用午時)開市納財
十三日	火		月出午前零時七分	廿二日	壬子	木	翼	收	
十四日	水		月出前一時五分	廿三日	癸丑	木	軫	開	

春季皇靈祭

日	曜	弦望	月出入	陰曆	宜
十五日	木	◐下弦午前零時二十分	月出午前二時四分	廿四日甲寅水角閉	宜裁衣納財[illegible]啓欑
十六日	金		月出午前三時零分	廿五日乙卯水亢建	宜裁衣
十七日	土		月出午前三時五十二分	廿六日丙辰土氐除	宜移徙裁衣動土上樑[illegible]
十八日	日		月出午前四時三十九分	廿七日丁巳土房滿	宜裁衣上樑[illegible]開市納財
十九日	月	社	月出午前五時二十一分	廿八日戊午火心平	
二十日	火		月出午前五時五十六分	廿九日己未火尾定	
二十一日	水		月出午前六時三十二分	三十日庚申木箕執	春分二月中 日出午前六時三十五分 晝間十二時九分 日入午後六時四十四分 夜間十一時五十一分
春分午前五時四十五分 舊二月中					
二十二日	木	●合朔午前五時三十九分	閏二月小	初一日辛酉木斗破	
二十三日	金		月入午後八時二十六分	初二日壬戌水牛危	
二十四日	土		月入午後九時三十九分	初三日癸亥水女成	
二十五日	日		月入午後十時五十五分	初四日甲子金虛收	
二十六日	月			初五日乙丑金危開	
二十七日	火		月入午前零時八分	初六日丙寅火室閉	宜裁衣納財啓欑
二十八日	水	◑上弦午後八時五十六分	月入午前一時十六分	初七日丁卯火壁建	宜移徙裁衣上樑[illegible]納財啓欑
二十九日	木		月入午前二時十九分	初八日戊辰木奎除	
三十日	金		月入午前三時十四分	初九日己巳木婁滿	宜裁衣上樑[illegible]開市納財
三十一日	土		月入午前三時五十九分	初十日庚午土胃平	

神武天皇祭

四月小三十日

甘藷의床植、馬鈴薯及瓜類의播種、苗木類의植付、桑園의耕耘施肥、蠶의催青、種稻의精選、秧板의整地

日	曜	記事	月出入	陰曆	干支	納音	宿	直	宜
一日	日		月入午前四時三十六分	十一日	辛未	土	昴	定	宜冠帶[illegible]嫁娶裁衣動土[illegible]納財
二日	月		月入午前五時十分	十二日	壬申	金	畢	執	
三日	火		月入午前五時三十七分	十三日	癸酉	金	觜	破	
四日	水		月入午前六時三分	十四日	甲戌	火	參	危	
五日	木	○望午後零時三十分	月出午後七時四分	十五日	乙亥	火	井	危	清明三月節

清明午前九時五十五分 舊三月節 日出午前六時十三分 晝間十二時四十五分 日入午後六時五十六分 夜間十一時十五分

日	曜	記事	月出入	陰曆	干支	納音	宿	直	宜
六日	金	寒食	月出午後八時二分	十六日	丙子	水	鬼	成	宜嫁娶裁衣動土[illegible]開市納財啓攢
七日	土		月出午後九時零分	十七日	丁丑	水	柳	收	宜移徙裁衣動土[illegible]納財安葬
八日	日		月出午後九時五十八分	十八日	戊寅	土	星	開	宜嫁娶移徙裁衣動土[illegible]開市
九日	月		月出午後十時五十七分	十九日	己卯	土	張	閉	
十日	火		月出午後十一時五十六分	二十日	庚辰	金	翼	建	
十一日	水			廿一日	辛巳	金	軫	除	
十二日	木		月出午前零時五十一分	廿二日	壬午	木	角	滿	宜嫁娶移徙裁衣上樑[illegible]開市納財安葬
十三日	金	◑下弦午後九時九分	月出午前一時四十五分	廿三日	癸未	木	亢	平	
十四日	土		月出午前二時三十二分	廿四日	甲申	水	氐	定	

日	曜	月相	月出/月入	陰曆	干支	納音	宿	建除	宜
十五日	日		月出 午前 二時 十六分	廿五日	乙酉	水	房	執	宜移徙裁衣上樑(宜用巳時)開市納財安葬
十六日	月		月出 午前 三時 五十四分	廿六日	丙戌	土	心	破	宜破屋
十七日	火		月出 午前 四時 二十七分	廿七日	丁亥	土	尾	危	土王用事
十八日	水		月出 午前 四時 五十九分	廿八日	戊子	火	箕	成	宜嫁娶裁衣上樑(宜用卯時)開市納財
十九日	木		月出 午前 五時 二十九分	廿九日	己丑	火	斗	收	
二十日	金	● 合朔午後二時二十五分	三月小	初一日	庚寅	木	牛	開	穀雨三月中 宜移徙上樑(宜用卯時)

穀雨 午後五時十七分

舊三月中

日出午前五時五十二分 晝間十三時二十分

日入午後七時十二分 夜間十時三十九分

日	曜	月相	月出/月入	陰曆	干支	納音	宿	建除	宜
二十一日	土		月入 午後 八時 三十分	初二日	辛卯	木	女	閉	
二十二日	日		月入 午後 九時 四十七分	初三日	壬辰	水	虛	建	
二十三日	月		月入 午後 十一時 一分	初四日	癸巳	水	危	除	
二十四日	火			初五日	甲午	金	室	滿	
二十五日	水		月入 午前 零時 十分	初六日	乙未	金	壁	平	
二十六日	木		月入 午前 一時 九分	初七日	丙申	火	奎	定	
二十七日	金	◐ 上弦午前六時四十二分	月入 午前 一時 五十六分	初八日	丁酉	火	婁	執	宜嫁娶移徙裁衣上樑(宜用巳時)納財安葬
二十八日	土		月入 午前 二時 三十九分	初九日	戊戌	木	胃	破	
二十九日	日	天長節	月入 午前 三時 十三分	初十日	己亥	木	昴	危	宜納財
三十日	月		月入 午前 三時 四十三分	十一日	庚子	土	畢	成	宜嫁娶裁衣上樑(宜用卯時)開市納財啓攢

五月大三十一日

水稻、棉、粟、大小豆의播種、春蠶의掃立、麥의黑穗拔除
甘藷苗의移植、果樹園의除草

日	曜	月相	月出入	舊曆	干支	納音	宿	建除	宜忌
一日	火		月入午前四時八分	十二日	辛丑	土	觜	收	宜納財
二日	水		月入午前四時三十三分	十三日	壬寅	金	參	開	宜嫁娶移徙裁衣上樑[illegible]開市
三日	木		月入午前四時五十八分	十四日	癸卯	金	井	閉	
四日	金		月入午前五時二十二分	十五日	甲辰	火	鬼	建	
五日	土	○望午前五時十分	月出午後七時五十分	十六日	乙巳	火	柳	除	
六日	日		月出午後八時五十六分	十七日	丙午	水	星	除	立夏四月節
七日	月		月出午後九時五十分	十八日	丁未	水	張	滿	
八日	火		月出午後十時四十六分	十九日	戊申	土	翼	平	
九日	水		月出午後十一時四十分	二十日	己酉	土	軫	定	宜祭祀[illegible]嫁娶移徙裁衣[illegible]開市[illegible]
十日	木			廿一日	庚戌	金	角	執	宜嫁娶移徙裁衣動土上樑[illegible]安葬
十一日	金		月出午前零時三十分	廿二日	辛亥	金	亢	破	宜破屋
十二日	土		月出午前一時十三分	廿三日	壬子	木	氐	危	
十三日	日	◐下弦午前五時五十分	月出午前一時五十三分	廿四日	癸丑	木	房	成	宜裁衣動土上樑[illegible]開市納財
十四日	月		月出午前二時二十六分	廿五日	甲寅	水	心	收	

立夏 午前三時四十四分　舊四月節

日出午前五時三十二分　晝間十三時五十四分
日入午後七時二十六分　夜間十時　六分

小滿 午後四時五十三分

舊四月中

日出 午前五時十九分 晝間 十四時二十分

日入 午後七時三十九分 夜間 九時四十分

四月大

日	曜	月相	月出入	陰曆	干支	納音	宿	建除	宜
十五日	火		出月 午前二時五十七分	廿六日	乙卯	水	尾	開	[illegible]納財
十六日	水		出月 午前三時二十七分	廿七日	丙辰	土	箕	閉	[illegible]
十七日	木		出月 午前三時五十七分	廿八日	丁巳	土	斗	建	[illegible]
十八日	金		出月 午前四時二十八分	廿九日	戊午	火	牛	除	
十九日	土	● 合朔 午後十時十四分		初一日	己未	火	女	滿	
二十日	日		入月 午後八時三十六分	初二日	庚申	木	虛	平	宜移徙裁衣動土上樑[illegible]開市納財安葬
二十一日	月		入月 午後九時五十一分	初三日	辛酉	木	危	定	小滿四月中 [illegible]
二十二日	火		入月 午後十時五十六分	初四日	壬戌	水	室	執	
二十三日	水		入月 午後十一時五十二分	初五日	癸亥	水	壁	破	
二十四日	木			初六日	甲子	金	奎	危	
二十五日	金		入月 午前零時三十八分	初七日	乙丑	金	婁	成	宜裁衣動土上樑立柱開市納財安葬
二十六日	土	◐ 上弦 午後六時十二分	入月 午前一時十四分	初八日	丙寅	火	胃	收	宜嫁娶移徙裁衣上樑立柱納財
二十七日	日		入月 午前一時四十六分	初九日	丁卯	火	昴	開	
二十八日	月		入月 午前二時十三分	初十日	戊辰	木	畢	閉	
二十九日	火		入月 午前二時三十八分	十一日	己巳	木	觜	建	
三十日	水		入月 午前三時 一分	十二日	庚午	土	參	除	宜嫁娶移徙裁衣動土上樑立柱安葬
三十一日	木		入月 午前三時二十五分	十三日	辛未	土	井	滿	

六月小三十日

移秧、馬鈴薯의培土、桑의株直、桑園의耕耘施肥、果實의袋掛、麥의乾燥

日	曜	月相	月出入	陰曆	干支	納音	宿	直	宜
一日	金		月入午前三時五十一分	十四日	壬申	金	鬼	平	
二日	土		月入午前四時十八分	十五日	癸酉	金	柳	定	宜冠帶移徙裁衣動土上樑開市納財安葬
三日	日	○望午後九時十三分月食	月出午後七時四十五分	十六日	甲戌	火	星	執	宜嫁娶
四日	月		月出午後八時四十一分	十七日	乙亥	火	張	破	宜破屋
五日	火		月出午後九時三十七分	十八日	丙子	水	翼	危	宜移徙裁衣動土上樑
六日	水		月出午後十時二十八分	十九日	丁丑	水	軫	危	芒種五月節

芒種 午前八時十八分 **舊五月節**

日出午前五時十二分 晝間十四時三十九分
日入午後七時五十一分 夜間九時二十一分

日	曜	月相	月出入	陰曆	干支	納音	宿	直	宜
七日	木		月出午後十一時十四分	二十日	戊寅	土	角	成	宜嫁娶裁衣動土上樑開市納財
八日	金		月出午後十一時五十三分	二十一日	己卯	土	亢	收	
九日	土			二十二日	庚辰	金	氐	開	宜移徙裁衣動土上樑
十日	日		月出午前零時二十七分	二十三日	辛巳	金	房	閉	
十一日	月	◑下弦午後二時五十六分	月出午前零時五十九分	二十四日	壬午	木	心	建	
十二日	火		月出午前一時二十八分	二十五日	癸未	木	尾	除	宜安葬
十三日	水		月出午前一時五十六分	二十六日	甲申	水	箕	滿	宜嫁娶移徙裁衣開市納財安葬
十四日	木		月出午前二時二十六分	二十七日	乙酉	水	斗	平	

夏至 午前一時七分

舊五月中

日出午前五時十一分 晝間十四時四十六分

日入午後七時五十七分 夜間九時 十四分

日	曜	月相	月出入	陰曆	干支	納音	宿	建除	宜
十五日	金		出月 午前二時五十六分	廿八日	丙戌	土	牛	定	宜冠帶[illegible]嫁娶移徙裁衣動土上樑[illegible]納財安葬
十六日	土		出月 午前三時三十四分	廿九日	丁亥	土	女	執	
十七日	日		出月 午前四時 十八分	三十日	戊子	火	虛	破	
十八日	月	● 合朔午前五時四十一分	五月小	初一日	己丑	火	危	危	
十九日	火		入月 午後九時三十三分	初二日	庚寅	木	室	成	宜嫁娶裁衣動土上樑[illegible]開市納財啓攢
二十日	水		入月 午後十時二十六分	初三日	辛卯	木	壁	收	
二十一日	木		入月 午後十一時 十一分	初四日	壬辰	水	奎	開	
二十二日	金		入月 午後十一時四十六分	初五日	癸巳	水	婁	閉	夏至五月中
二十三日	土			初六日	甲午	金	胃	建	
二十四日	日		入月 午前零時 十五分	初七日	乙未	金	昴	除	宜納財安葬
二十五日	月	◐ 上弦午前七時四十七分	入月 午前零時四十一分	初八日	丙申	火	畢	滿	宜嫁娶移徙裁衣動土上樑[illegible]開市納財安葬
二十六日	火		入月 午前一時 五分	初九日	丁酉	火	觜	平	
二十七日	水		入月 午前一時二十九分	初十日	戊戌	木	參	定	宜冠帶[illegible]嫁娶移徙裁衣動土上樑[illegible]納財
二十八日	木		入月 午前一時五十四分	十一日	己亥	木	井	執	
二十九日	金		入月 午前二時二十一分	十二日	庚子	土	鬼	破	
三十日	土		入月 午前二時五十一分	十三日	辛丑	土	柳	危	

七月大三十一日

畓의除草, 蕎麥의播種, 甘藷의反蔓, 夏蠶의掃立, 桑園의除草

一日	日		月入午前三時二十五分	十四日	壬寅	金	星	成	
二日	月		月入午前四時 六分	十五日	癸卯	金	張	收	
三日	火	○望午前十一時四十九分	月出午後八時二十四分	十六日	甲辰	火	翼	開	
四日	水		月出午後九時 十二分	十七日	乙巳	火	軫	閉	
五日	木		月出午後九時五十四分	十八日	丙午	水	角	建	
六日	金		月出午後十時三十 分	十九日	丁未	水	亢	除	宜嫁娶移徙栽衣動土上樑立柵開市納財
七日	土		月出午後十一時 二分	二十日	戊申	土	氐	除	小暑六月節
小暑午後六時四十五分									
舊六月節									
日出午前五時十七分 晝間十四時三十九分									
日入午後七時五十六分 夜間九時二十一分									
八日	日		月出午後十一時三十一分	廿一日	己酉	土	房	滿	宜嫁娶移徙栽衣動土上樑立柵開市納財
九日	月			廿二日	庚戌	金	心	平	
十日	火	◐下弦午後九時十六分	月出午前零時 零分	廿三日	辛亥	金	尾	定	
十一日	水		月出午前零時二十七分	廿四日	壬子	木	箕	執	
十二日	木		月出午前零時五十七分	廿五日	癸丑	木	斗	破	
十三日	金		月出午前一時三十二分	廿六日	甲寅	水	牛	危	宜移徙栽衣動土上樑立柵開市納財安葬啓攢
十四日	土		月出午前二時 十 分	廿七日	乙卯	水	女	成	宜嫁娶移徙栽衣動土上樑立柵開市納財啓攢

日	曜	記事	月出入	舊曆	干支	納音	宿	建除	宜
十五日	日		月出 午前二時五十六分	廿八日	丙辰	土	虛	收	宜納財
十六日	月		月出 午前三時五十二分	廿九日	丁巳	土	危	開	
十七日	火	● 合朔 午後一時三十六分	六月小	初一日	戊午	火	室	閉	
十八日	水		月入 午後九時 三分	初二日	己未	火	壁	建	宜移徙裁衣納財
十九日	木	初伏	月入 午後九時四十一分	初三日	庚申	木	奎	除	
二十日	金		月入 午後十時 十四分	初四日	辛酉	木	婁	滿	土王用事
二十一日	土		月入 午後十時四十三分	初五日	壬戌	水	胃	平	
二十二日	日		月入 午後十一時 六分	初六日	癸亥	水	昴	定	
二十三日	月		月入 午後十一時三十一分	初七日	甲子	金	畢	執	大暑六月中 宜裁衣上樑經絡安葬
大暑 午後零時三分				舊六月中 日出午前五時二十九分 晝間十四時二十分 日入午後七時四十九分 夜間九時三十九分					
二十四日	火	◐ 上弦 午後十一時三十八分	月入 午後十一時五十六分	初八日	乙丑	金	觜	破	
二十五日	水			初九日	丙寅	火	參	危	宜開市納財啓攢
二十六日	木		月入 午前零時二十二分	初十日	丁卯	火	井	成	宜嫁娶移徙上樑經絡啓攢
二十七日	金		月入 午前零時五十分	十一日	戊辰	木	鬼	收	宜納財
二十八日	土		月入 午前一時二十三分	十二日	己巳	木	柳	開	
二十九日	日	中伏	月入 午前二時 二分	十三日	庚午	土	星	閉	宜安葬
三十日	月		月入 午前二時四十六分	十四日	辛未	土	張	建	
三十一日	火		月入 午前三時三十九分	十五日	壬申	金	翼	除	

八月大三十一日 白菜、雜穀의 播種、果樹園의 耕耘、桑天牛卵의 取除、秋蠶의 掃立

一日	水		月入午前四時三十七分	十六日	癸酉	金	軫	滿	
二日	木	○望午前零時三十分	月出午後八時三十 分	十七日	甲戌	火	角	平	
三日	金		月出午後九時 四分	十八日	乙亥	火	亢	定	宜冠帶[illegible]裁衣上樑[illegible]納財
四日	土		月出午後九時三十四分	十九日	丙子	水	氐	執	
五日	日		月出午後十時 三分	二十日	丁丑	水	房	破	
六日	月		月出午後十時三十一分	廿一日	戊寅	土	心	危	宜移徙裁衣上樑[illegible]開市納財
七日	火		月出午後十時五十九分	廿二日	己卯	土	尾	成	
八日	水	末伏	月出午後十一時三十一分	廿三日	庚辰	金	箕	成	立秋七月節
立秋 午前四時二十分					**舊七月節**	日出午前五時四十一分 晝間十三時五十三分	日入午後七時三十四分 夜間十時 六分		
九日	木	◑下弦午前二時三十四分		廿四日	辛巳	金	斗	收	
十日	金		月出午前零時 七分	廿五日	壬午	木	牛	開	宜移徙裁衣動土上樑[illegible]開市納財
十一日	土		月出午前零時五十 分	廿六日	癸未	木	女	閉	
十二日	日		月出午前一時四十二分	廿七日	甲申	水	虛	建	宜嫁娶裁衣納財
十三日	月		月出午前二時四十 分	廿八日	乙酉	水	危	除	宜安葬
十四日	火		月出午前三時四十七分	廿九日	丙戌	土	室	滿	

日	曜	月相	月入/月出	陰曆	干支	納音	宿	建除	宜
十五日	水	● 合朔午後十時四十九分	七月大	初一日	丁亥	土	壁	平	
十六日	木		入月午後八時十一分	初二日	戊子	火	奎	定	宜冠帶([illegible])裁衣動土上樑(宜用卯時)開市納財安葬
十七日	金		入月午後八時四十四分	初三日	己丑	火	婁	執	
十八日	土		入月午後九時七分	初四日	庚寅	木	胃	破	
十九日	日		入月午後九時三十二分	初五日	辛卯	木	昴	危	
二十日	月		入月午後九時五十六分	初六日	壬辰	水	畢	成	宜裁衣動土上樑([illegible])開市納財安葬
二十一日	火		入月午後十時二十一分	初七日	癸巳	水	觜	收	宜移徙裁衣動土上樑([illegible])開市納財
二十二日	水		入月午後十時四十九分	初八日	甲午	金	參	開	
二十三日	木	◐ 上弦午後五時二十二分	入月午後十一時二十一分	初九日	乙未	金	井	閉	處暑七月中
二十四日	金		入月午後十一時五十六分	初十日	丙申	火	鬼	建	宜裁衣納財
二十五日	土			十一日	丁酉	火	柳	除	宜裁衣動土上樑(宜用午時)安葬
二十六日	日		入月午前零時三十八分	十二日	戊戌	木	星	滿	宜嫁娶移徙裁衣動土上樑(宜用巳時)開市納財安葬
二十七日	月		入月午前一時二十七分	十三日	己亥	木	張	平	
二十八日	火		入月午前二時二十四分	十四日	庚子	土	翼	定	
二十九日	水		入月午前三時二十六分	十五日	辛丑	土	軫	執	
三十日	木		入月午前四時三十二分	十六日	壬寅	金	角	破	
三十一日	金	○ 望午前十一時三十四分	出月午後七時三十五分	十七日	癸卯	金	亢	危	宜移徙裁衣上樑(宜用卯時)納財安葬啓攢

處暑 午後六時五十四分

舊七月中

日出午前五時五十四分 晝間十三時二十一分

日入午後七時十五分 夜間十時三十九分

九月小三十日

螟蟲被害稻의拔除燒却、小麥의播種

日	曜	月相	月出	陰曆	干支	納音	宿	直	事宜
一日	土		月出後八時五分	十八日	甲辰	火	氐	成	
二日	日		月出後八時三十五分	十九日	乙巳	火	房	收	
三日	月		月出後九時二分	二十日	丙午	水	心	開	
四日	火		月出後九時三十三分	廿一日	丁未	水	尾	閉	
五日	水		月出後十時七分	廿二日	戊申	土	箕	建	宜嫁娶移徙上樑開市安葬
六日	木		月出後十時四十九分	廿三日	己酉	土	斗	除	
七日	金	下弦午前七時三十五分	月出後十一時三十六分	廿四日	庚戌	金	牛	滿	宜裁衣
八日	土			廿五日	辛亥	金	女	滿	白露八月節
九日	日		月出前零時三十二分	廿六日	壬子	木	虛	平	
十日	月		月出前一時三十六分	廿七日	癸丑	木	危	定	宜移徙裁衣動土上樑納財
十一日	火		月出前二時四十二分	廿八日	甲寅	水	室	執	
十二日	水		月出前三時五十分	廿九日	乙卯	水	壁	破	
十三日	木		月出前四時五十七分	三十日	丙辰	土	奎	危	
十四日	金	合朔午前十時二十五分	八月大	初一日	丁巳	土	婁	成	宜移徙裁衣動土上樑開市納財

白露 午前七時二十二分

舊八月節

日出午前六時七分 晝間十二時四十六分

日入午後六時五十三分 夜間十一時十四分

秋季皇靈祭

日	曜	記事	月出入	陰曆	干支	納音	宿	建除	宜
十五日	土		月入午後七時三十三分	初二日	戊午	火	胃	收	
十六日	日		月入午後七時五十八分	初三日	己未	火	昴	開	宜移徙裁衣上樑 宜用申時
十七日	月		月入午後八時二十三分	初四日	庚申	木	畢	閉	宜裁衣納財安葬
十八日	火		月入午後八時四十九分	初五日	辛酉	木	觜	建	
十九日	水		月入午後九時十九分	初六日	壬戌	水	參	除	宜移徙裁衣動土上樑 宜用巳時
二十日	木		月入午後九時五十三分	初七日	癸亥	水	井	滿	
二十一日	金		月入午後十時三十二分	初八日	甲子	金	鬼	平	
二十二日	土	◐上弦午前十時五十八分	月入午後十一時十七分	初九日	乙丑	金	柳	定	
二十三日	日			初十日	丙寅	火	星	執	秋分八月中
二十四日	月		月入午前零時十分	十一日	丁卯	火	張	破	
二十五日	火	社	月入午前一時八分	十二日	戊辰	木	翼	危	
二十六日	水		月入午前二時十一分	十三日	己巳	木	軫	成	宜嫁娶移徙裁衣動土上樑 宜用辰時 開市納財
二十七日	木		月入午前三時十九分	十四日	庚午	土	角	收	
二十八日	金		月入午前四時二十八分	十五日	辛未	土	亢	開	宜移徙裁衣上樑 宜用卯時
二十九日	土	○望午後九時四十三分	月出午後六時三十二分	十六日	壬申	金	氐	閉	
三十日	日		月出午後七時一分	十七日	癸酉	金	房	建	

秋分 午後四時六分

舊八月中

日出午前六時二十分 晝間十二時九分

日入午後六時二十九分 夜間十一時五十一分

十月大三十一日

大麥의播種、桑園의害蟲驅除、果實의貯藏、種籾의選種

日	曜	月相	月出	陰曆	干支	納音	宿	直	宜
一日	月		午後七時三十三分	十八日	甲戌	火	心	除	
二日	火		午後八時六分	十九日	乙亥	火	尾	滿	宜移徙動土栽種
三日	水		午後八時四十六分	二十日	丙子	水	箕	平	
四日	木		午後九時三十三分	廿一日	丁丑	水	斗	定	宜嫁娶裁衣動土栽種納財
五日	金		午後十時二十六分	廿二日	戊寅	土	牛	執	
六日	土	下弦午後二時六分	午後十一時二十七分	廿三日	己卯	土	女	破	
七日	日			廿四日	庚辰	金	虛	危	宜嫁娶移徙裁衣動土栽種開市納財安葬
八日	月		午前零時三十四分	廿五日	辛巳	金	危	危	寒露九月節

寒露 午後十時十一分 舊九月節 日出午前六時二十三分 晝間十一時三十三分 日入午後六時 分 夜間十二時二十七分

日	曜	月相	月出	陰曆	干支	納音	宿	直	宜
九日	火		午前一時四十一分	廿六日	壬午	木	室	成	宜嫁娶移徙裁衣動土栽種開市納財破土安葬
十日	水		午前二時四十七分	廿七日	癸未	木	壁	收	
十一日	木		午前三時五十三分	廿八日	甲申	水	奎	開	宜移徙裁衣動土栽種開市
十二日	金		午前四時五十四分	廿九日	乙酉	水	婁	閉	
十三日	土		午前五時五十四分	三十日	丙戌	土	胃	建	
十四日	日	合朔午前零時五十二分	九月小	初一日	丁亥	土	昴	除	

神嘗祭

十五日	月		月入後六時五十分	初二日	戊子	火	畢	滿	
十六日	火		月入後七時十六分	初三日	己丑	火	觜	平	
十七日	水		月入後七時五十分	初四日	庚寅	木	參	定	
十八日	木		月入後八時二十八分	初五日	辛卯	木	井	執	
十九日	金		月入後九時十分	初六日	壬辰	水	鬼	破	宜破屋
二十日	土		月入後九時五十九分	初七日	癸巳	水	柳	危	宜移徙裁衣動土上樑(宜用巳時)納財
二十一日	日		月入後十時五十五分	初八日	甲午	金	星	成	土王用事 宜嫁娶移徙裁衣上樑(宜用巳時)開市納財安葬
二十二日	月	◐上弦午前六時六分	月入後十一時五十六分	初九日	乙未	金	張	收	
二十三日	火			初十日	丙申	火	翼	開	宜嫁娶移徙裁衣上樑(宜用未時)開市
二十四日	水		月入前一時零分	十一日	丁酉	火	軫	閉	霜降九月中

霜降 午前零時五十五分 **舊九月中**

日出午前六時四十八分 晝間十時五十六分
日入午後五時四十四分 夜間十三時四分

二十五日	木		月入前二時六分	十二日	戊戌	木	角	建	
二十六日	金		月入前三時十三分	十三日	己亥	木	亢	除	
二十七日	土		月入前四時二十三分	十四日	庚子	土	氐	滿	
二十八日	日		月入前五時三十四分	十五日	辛丑	土	房	平	
二十九日	月	○望午前七時四十三分	月出後六時零分	十六日	壬寅	金	心	定	
三十日	火		月出後六時三十八分	十七日	癸卯	金	尾	執	宜移徙上樑(宜用卯時)安葬啓欑
三十一日	水		月出後七時二十三分	十八日	甲辰	火	箕	破	

十一月小三十日

田畓의 秋耕, 果樹園의 落葉燒却, 蠶種의 洗滌

日	曜	月象	月出入	舊曆	宜忌
一日	木		月出後八時十六分	十九日乙巳火斗危	宜納財
二日	金		月出後九時十七分	二十日丙午水牛成	宜嫁娶移徙裁衣上樑(午時)開市納財安葬
三日 明治節	土		月出後十時二十三分	廿一日丁未水女收	
四日	日	◐下弦午後十一時六分	月出後十一時三十一分	廿二日戊申土虛開	宜嫁娶移徙裁衣上樑(辰時)開市
五日	月			廿三日己酉土危閉	
六日	火		月出前零時三十九分	廿四日庚戌金室建	宜移徙裁衣納財
七日	水		月出前一時四十四分	廿五日辛亥金壁除	
八日	木		月出前二時四十七分	廿六日壬子木奎除	立冬十月節

立冬午前零時五十分 舊十月節 日出午前七時四分 晝間十時二十四分 日入午後五時二十八分 夜間十三時三十六分

日	曜	月象	月出入	舊曆	宜忌
九日	金		月出前三時四十七分	廿七日癸丑木婁滿	
十日	土		月出前四時四十六分	廿八日甲寅水胃平	宜移徙裁衣動土上樑(辰時)開市納財安葬啓殯
十一日	日		月出前五時四十五分	廿九日乙卯水昴定	
十二日	月	●合朔午後六時三十五分	十月大	初一日丙辰土畢執	
十三日	火		月入後五時五十二分	初二日丁巳土觜破	
十四日	水		月入後六時二十六分	初三日戊午火參危	

新嘗祭

小雪 午後十時一分

舊十月中

日出午前七時十九分 晝間九時五十九分 日入午後五時十八分 夜間十四時一分

日	曜	月相	月出入	陰曆	干支	納音·宿	建除	宜
十五日	木		入月後七時 六分	初四日	己未	火井	成	宜[illegible]動土[illegible]開市納財安葬
十六日	金		入月後七時五十八分	初五日	庚申	木鬼	收	
十七日	土		入月後八時四十七分	初六日	辛酉	木柳	開	
十八日	日		入月後九時四十四分	初七日	壬戌	水星	閉	
十九日	月		入月後十時四十六分	初八日	癸亥	水張	建	
二十日	火	◐上弦午後十時三十六分	入月後十一時四十九分	初九日	甲子	金翼	除	[illegible]安葬
二十一日	水			初十日	乙丑	金軫	滿	
二十二日	木		入月前零時五十五分	十一日	丙寅	火角	平	小雪十月中[illegible]
二十三日	金		入月前二時 一分	十二日	丁卯	火亢	定	[illegible]
二十四日	土		入月前三時十分	十三日	戊辰	木氐	執	
二十五日	日		入月前四時二十分	十四日	己巳	木房	破	
二十六日	月		入月前五時三十五分	十五日	庚午	土心	危	[illegible]安葬
二十七日	火	○望午後六時六分月食	出月後五時十分	十六日	辛未	土尾	成	[illegible]開市納財
二十八日	水		出月後五時五十九分	十七日	壬申	金箕	收	
二十九日	木		出月後六時五十九分	十八日	癸酉	金斗	開	
三十日	金		出月後八時 六分	十九日	甲戌	火牛	閉	

十二月大 三十一日

收穫物의 整理、農蠶具의 修理整頓

日	曜	月相	月出入	舊曆	干支	納音	宿	直	宜
一日	土		月出 午後 九時 十七分	二十日	乙亥	火	女	建	
二日	日		月出 午後 十時 二十八分	廿一日	丙子	水	虛	除	宜移徙修營
三日	月		月出 午後 十一時 三十五分	廿二日	丁丑	水	危	滿	
四日	火	◑下弦 午前 十一時 三十三分		廿三日	戊寅	土	室	平	
五日	水		月出 午前 零時 三十九分	廿四日	己卯	土	壁	定	宜冠帶結婚納采嫁娶移徙裁衣動土上樑修倉開市納財安葬
六日	木		月出 午前 一時 四十一分	廿五日	庚辰	金	奎	執	
七日	金		月出 午前 二時 四十一分	廿六日	辛巳	金	婁	執	大雪十一月節
八日	土		月出 午前 三時 三十九分	廿七日	壬午	木	胃	破	
九日	日		月出 午前 四時 三十八分	廿八日	癸未	木	昴	危	
十日	月		月出 午前 五時 三十七分	廿九日	甲申	水	畢	成	宜嫁娶移徙裁衣上樑修倉開市納財安葬
十一日	火		月出 午前 六時 三十六分	三十日	乙酉	水	觜	收	
十二日	水	●合朔 午後 二時 六分	十一月大	初一日	丙戌	土	參	開	宜裁衣動土上樑修倉
十三日	木		月入 午後 五時 五十分	初二日	丁亥	土	井	閉	
十四日	金		月入 午後 六時 四十二分	初三日	戊子	火	鬼	建	

大雪 午後五時十八分 舊十一月節

日出 午前七時三十三分 晝間九時四十一分

日入 午後五時 十四分 夜間十四時十九分

大正天皇祭

日	曜	月相	月出入	舊曆	干支	納音	宿	建除	宜
十五日	土		入月後七時二十八分	初四日	己丑	火	柳	除	
十六日	日		入月後八時三十八分	初五日	庚寅	木	星	滿	
十七日	月		入月後九時四十一分	初六日	辛卯	木	張	平	
十八日	火		入月後十時四十四分	初七日	壬辰	水	翼	定	宜祭祀冠帶[illegible]移徙裁衣動土樑[illegible]納財安葬
十九日	水		入月後十一時四十七分	初八日	癸巳	水	軫	執	
二十日	木	◐ 上弦午後零時四十三分		初九日	甲午	金	角	破	
二十一日	金		入月前零時五十三分	初十日	乙未	金	亢	危	
二十二日	土		入月前一時五十九分	十一日	丙申	火	氐	成	冬至十一月中

冬至午前十一時四分

舊十一月中

日出午前七時四十四分 晝間九時三十四分

日入午後五時 十八分 夜間十四時二十六分

日	曜	月相	月出入	舊曆	干支	納音	宿	建除	宜
二十三日	日		入月前三時十一分	十二日	丁酉	火	房	收	
二十四日	月		入月前四時二十三分	十三日	戊戌	木	心	開	
二十五日	火		入月前五時四十一分	十四日	己亥	木	尾	閉	
二十六日	水		入月前六時五十七分	十五日	庚子	土	箕	建	
二十七日	木	○ 望午前四時五十五分	出月後五時四十一分	十六日	辛丑	土	斗	除	宜嫁娶納財安葬
二十八日	金		出月後六時五十二分	十七日	壬寅	金	牛	滿	宜裁衣動土樑[illegible]開市納財安葬啓攢
二十九日	土		出月後八時六分	十八日	癸卯	金	女	平	
三十日	日		出月後九時十八分	十九日	甲辰	火	虛	定	
三十一日	月		出月後十時二十六分	二十日	乙巳	火	危	執	

年歳對照

文政十二年	己丑	一百歳
天保元年	庚寅	九十九歳
天保二年	辛卯	九十八歳
天保三年	壬辰	九十七歳
天保四年	癸巳	九十六歳
天保五年	甲午	九十五歳
天保六年	乙未	九十四歳
天保七年	丙申	九十三歳
天保八年	丁酉	九十二歳
天保九年	戊戌	九十一歳
天保十年	己亥	九十歳
天保十一年	庚子	八十九歳
天保十二年	辛丑	八十八歳
天保十三年	壬寅	八十七歳
天保十四年	癸卯	八十六歳
弘化元年	甲辰	八十五歳
弘化二年	乙巳	八十四歳
弘化三年	丙午	八十三歳
弘化四年	丁未	八十二歳
嘉永元年	戊申	八十一歳
嘉永二年	己酉	八十歳
嘉永三年	庚戌	七十九歳
嘉永四年	辛亥	七十八歳
嘉永五年	壬子	七十七歳
嘉永六年	癸丑	七十六歳
安政元年	甲寅	七十五歳
安政二年	乙卯	七十四歳
安政三年	丙辰	七十三歳
安政四年	丁巳	七十二歳
安政五年	戊午	七十一歳
安政六年	己未	七十歳
萬延元年	庚申	六十九歳
文久元年	辛酉	六十八歳
文久二年	壬戌	六十七歳
文久三年	癸亥	六十六歳
元治元年	甲子	六十五歳
慶應元年	乙丑	六十四歳
慶應二年	丙寅	六十三歳
慶應三年	丁卯	六十二歳
明治元年	戊辰	六十一歳
明治二年	己巳	六十歳
明治三年	庚午	五十九歳
明治四年	辛未	五十八歳
明治五年	壬申	五十七歳
明治六年	癸酉	五十六歳
明治七年	甲戌	五十五歳
明治八年	乙亥	五十四歳
明治九年	丙子	五十三歳
明治十年	丁丑	五十二歳
明治十一年	戊寅	五十一歳
明治十二年	己卯	五十歳
明治十三年	庚辰	四十九歳
明治十四年	辛巳	四十八歳
明治十五年	壬午	四十七歳
明治十六年	癸未	四十六歳
明治十七年	甲申	四十五歳
明治十八年	乙酉	四十四歳
明治十九年	丙戌	四十三歳
明治二十年	丁亥	四十二歳
明治二十一年	戊子	四十一歳
明治二十二年	己丑	四十歳
明治二十三年	庚寅	三十九歳
明治二十四年	辛卯	三十八歳
明治二十五年	壬辰	三十七歳
明治二十六年	癸巳	三十六歳
明治二十七年	甲午	三十五歳
明治二十八年	乙未	三十四歳
明治二十九年	丙申	三十三歳
明治三十年	丁酉	三十二歳
明治三十一年	戊戌	三十一歳
明治三十二年	己亥	三十歳
明治三十三年	庚子	二十九歳
明治三十四年	辛丑	二十八歳
明治三十五年	壬寅	二十七歳
明治三十六年	癸卯	二十六歳
明治三十七年	甲辰	二十五歳
明治三十八年	乙巳	二十四歳
明治三十九年	丙午	二十三歳
明治四十年	丁未	二十二歳
明治四十一年	戊申	二十一歳
明治四十二年	己酉	二十歳
明治四十三年	庚戌	十九歳
明治四十四年	辛亥	十八歳
明治四十五年 大正元年	壬子	十七歳
大正二年	癸丑	十六歳
大正三年	甲寅	十五歳
大正四年	乙卯	十四歳
大正五年	丙辰	十三歳
大正六年	丁巳	十二歳
大正七年	戊午	十一歳
大正八年	己未	十歳
大正九年	庚申	九歳
大正十年	辛酉	八歳
大正十一年	壬戌	七歳
大正十二年	癸亥	六歳
大正十三年	甲子	五歳
大正十四年	乙丑	四歳
大正十五年 昭和元年	丙寅	三歳
昭和二年	丁卯	二歳
昭和三年	戊辰	一歳

各地의氣候

平均氣溫

(攝氏의度 (一)符號는零度以下를示함)

地名	一月	二月	三月	四月	五月	六月	七月	八月	九月	十月	十一月	十二月	年
木浦	[illegible]	[illegible]	[illegible]	[illegible]	[illegible]	[illegible]	[illegible]	[illegible]	[illegible]	[illegible]	[illegible]	[illegible]	[illegible]
釜山	[illegible]	[illegible]	[illegible]	[illegible]	[illegible]	[illegible]	[illegible]	[illegible]	[illegible]	[illegible]	[illegible]	[illegible]	[illegible]
大邱	[illegible]	[illegible]	[illegible]	[illegible]	[illegible]	[illegible]	[illegible]	[illegible]	[illegible]	[illegible]	[illegible]	[illegible]	[illegible]
仁川	[illegible]	[illegible]	[illegible]	[illegible]	[illegible]	[illegible]	[illegible]	[illegible]	[illegible]	[illegible]	[illegible]	[illegible]	[illegible]
京城	[illegible]	[illegible]	[illegible]	[illegible]	[illegible]	[illegible]	[illegible]	[illegible]	[illegible]	[illegible]	[illegible]	[illegible]	[illegible]
平壤	[illegible]	[illegible]	[illegible]	[illegible]	[illegible]	[illegible]	[illegible]	[illegible]	[illegible]	[illegible]	[illegible]	[illegible]	[illegible]
元山	[illegible]	[illegible]	[illegible]	[illegible]	[illegible]	[illegible]	[illegible]	[illegible]	[illegible]	[illegible]	[illegible]	[illegible]	[illegible]
中江鎭	[illegible]	[illegible]	[illegible]	[illegible]	[illegible]	[illegible]	[illegible]	[illegible]	[illegible]	[illegible]	[illegible]	[illegible]	[illegible]
雄基	[illegible]	[illegible]	[illegible]	[illegible]	[illegible]	[illegible]	[illegible]	[illegible]	[illegible]	[illegible]	[illegible]	[illegible]	[illegible]
臺北	[illegible]	[illegible]	[illegible]	[illegible]	[illegible]	[illegible]	[illegible]	[illegible]	[illegible]	[illegible]	[illegible]	[illegible]	[illegible]
熊本	[illegible]	[illegible]	[illegible]	[illegible]	[illegible]	[illegible]	[illegible]	[illegible]	[illegible]	[illegible]	[illegible]	[illegible]	[illegible]
下關	[illegible]	[illegible]	[illegible]	[illegible]	[illegible]	[illegible]	[illegible]	[illegible]	[illegible]	[illegible]	[illegible]	[illegible]	[illegible]
大阪	[illegible]	[illegible]	[illegible]	[illegible]	[illegible]	[illegible]	[illegible]	[illegible]	[illegible]	[illegible]	[illegible]	[illegible]	[illegible]
東京	[illegible]	[illegible]	[illegible]	[illegible]	[illegible]	[illegible]	[illegible]	[illegible]	[illegible]	[illegible]	[illegible]	[illegible]	[illegible]
札幌	[illegible]	[illegible]	[illegible]	[illegible]	[illegible]	[illegible]	[illegible]	[illegible]	[illegible]	[illegible]	[illegible]	[illegible]	[illegible]
大泊	[illegible]	[illegible]	[illegible]	[illegible]	[illegible]	[illegible]	[illegible]	[illegible]	[illegible]	[illegible]	[illegible]	[illegible]	[illegible]
大連	[illegible]	[illegible]	[illegible]	[illegible]	[illegible]	[illegible]	[illegible]	[illegible]	[illegible]	[illegible]	[illegible]	[illegible]	[illegible]
奉天	[illegible]	[illegible]	[illegible]	[illegible]	[illegible]	[illegible]	[illegible]	[illegible]	[illegible]	[illegible]	[illegible]	[illegible]	[illegible]

雨雪量

(粍 一粍는一坪에對하야一升八合의割에相當함)

地名	一月	二月	三月	四月	五月	六月	七月	八月	九月	十月	十一月	十二月	年
木浦	[illegible]	[illegible]	[illegible]	[illegible]	[illegible]	[illegible]	[illegible]	[illegible]	[illegible]	[illegible]	[illegible]	[illegible]	[illegible]
釜山	[illegible]	[illegible]	[illegible]	[illegible]	[illegible]	[illegible]	[illegible]	[illegible]	[illegible]	[illegible]	[illegible]	[illegible]	[illegible]
大邱	[illegible]	[illegible]	[illegible]	[illegible]	[illegible]	[illegible]	[illegible]	[illegible]	[illegible]	[illegible]	[illegible]	[illegible]	[illegible]
仁川	[illegible]	[illegible]	[illegible]	[illegible]	[illegible]	[illegible]	[illegible]	[illegible]	[illegible]	[illegible]	[illegible]	[illegible]	[illegible]
京城	[illegible]	[illegible]	[illegible]	[illegible]	[illegible]	[illegible]	[illegible]	[illegible]	[illegible]	[illegible]	[illegible]	[illegible]	[illegible]
平壤	[illegible]	[illegible]	[illegible]	[illegible]	[illegible]	[illegible]	[illegible]	[illegible]	[illegible]	[illegible]	[illegible]	[illegible]	[illegible]
元山	[illegible]	[illegible]	[illegible]	[illegible]	[illegible]	[illegible]	[illegible]	[illegible]	[illegible]	[illegible]	[illegible]	[illegible]	[illegible]
中江鎭	[illegible]	[illegible]	[illegible]	[illegible]	[illegible]	[illegible]	[illegible]	[illegible]	[illegible]	[illegible]	[illegible]	[illegible]	[illegible]
雄基	[illegible]	[illegible]	[illegible]	[illegible]	[illegible]	[illegible]	[illegible]	[illegible]	[illegible]	[illegible]	[illegible]	[illegible]	[illegible]
臺北	[illegible]	[illegible]	[illegible]	[illegible]	[illegible]	[illegible]	[illegible]	[illegible]	[illegible]	[illegible]	[illegible]	[illegible]	[illegible]
熊本	[illegible]	[illegible]	[illegible]	[illegible]	[illegible]	[illegible]	[illegible]	[illegible]	[illegible]	[illegible]	[illegible]	[illegible]	[illegible]
下關	[illegible]	[illegible]	[illegible]	[illegible]	[illegible]	[illegible]	[illegible]	[illegible]	[illegible]	[illegible]	[illegible]	[illegible]	[illegible]
大阪	[illegible]	[illegible]	[illegible]	[illegible]	[illegible]	[illegible]	[illegible]	[illegible]	[illegible]	[illegible]	[illegible]	[illegible]	[illegible]
東京	[illegible]	[illegible]	[illegible]	[illegible]	[illegible]	[illegible]	[illegible]	[illegible]	[illegible]	[illegible]	[illegible]	[illegible]	[illegible]
札幌	[illegible]	[illegible]	[illegible]	[illegible]	[illegible]	[illegible]	[illegible]	[illegible]	[illegible]	[illegible]	[illegible]	[illegible]	[illegible]
大泊	[illegible]	[illegible]	[illegible]	[illegible]	[illegible]	[illegible]	[illegible]	[illegible]	[illegible]	[illegible]	[illegible]	[illegible]	[illegible]
大連	[illegible]	[illegible]	[illegible]	[illegible]	[illegible]	[illegible]	[illegible]	[illegible]	[illegible]	[illegible]	[illegible]	[illegible]	[illegible]
奉天	[illegible]	[illegible]	[illegible]	[illegible]	[illegible]	[illegible]	[illegible]	[illegible]	[illegible]	[illegible]	[illegible]	[illegible]	[illegible]

氣温의最高最低及雨雪量의最大日量 (氣温中(一)符號는零度以下를表示함)

地名	最高氣温(攝氏寒暖)	年	最低氣温(攝氏寒暖)	年	雨雪量(粍)	年
木浦	[illegible]	大正十三年	[illegible]	大正四年	[illegible]	大正六年
釜山	[illegible]	大正九年	[illegible]	大正四年	[illegible]	大正元年
大邱	[illegible]	大正四年	[illegible]	大正十二年	[illegible]	大正十五年
仁川	[illegible]	大正十三年	[illegible]	大正四年	[illegible]	大正十一年
京城	[illegible]	大正八年	[illegible]	大正九年	[illegible]	大正九年
平壤	[illegible]	大正八年	[illegible]	大正六年	[illegible]	大正九年
元山	[illegible]	明治三十九年	[illegible]	大正四年	[illegible]	明治三十八年
中江鎭	[illegible]	大正十三年	[illegible]	大正十一年	[illegible]	大正十二年
雄基	[illegible]	大正八年	[illegible]	大正四年	[illegible]	大正四年
臺北	[illegible]	大正十年	[illegible]	明治三十四年	[illegible]	明治四十四年
熊本	[illegible]	明治二十六年	[illegible]	明治三十七年	[illegible]	大正十二年
下關	[illegible]	明治二十七年	[illegible]	[illegible]	[illegible]	明治三十七年
大阪	[illegible]	明治四十二年	[illegible]	明治二十四年	[illegible]	明治二十九年
東京	[illegible]	明治十九年	[illegible]	大正七年	[illegible]	大正九年
札幌	[illegible]	大正十三年	[illegible]	大正十一年	[illegible]	明治三十七年
大治	[illegible]	大正十三年	[illegible]	明治四十二年	[illegible]	大正四年
大連	[illegible]	大正八年	[illegible]	大正十一年	[illegible]	大正九年
奉天	[illegible]	大正九年	[illegible]	明治四十一年	[illegible]	明治四十四年

度量衡表

系	度	面積	量	衡
米突法	[illegible]	[illegible]	[illegible]	[illegible]
尺貫法	[illegible]	[illegible]	[illegible]	[illegible]
法	[illegible]	[illegible]	[illegible]	[illegible]

尺	間	町	里	海哩	段	升	貫	斤	米突	鯨尺	인치	푸―트	야―드	마일	온스	폰드	英噸
[illegible]	[illegible]	[illegible]	[illegible]	[illegible]	[illegible]	[illegible]	[illegible]	[illegible]	[illegible]	[illegible]	[illegible]	[illegible]	[illegible]	[illegible]	[illegible]	[illegible]	[illegible]

本邦의面積、人口

（人口는百位에서四捨五入）

土地	面積	人口
本州	一四六九一方里	四五六四二〇〇〇
四國	一一八一方里	三一九七〇〇〇
九州	二八二八方里	九一五六〇〇〇
北海道	六〇九五方里	二五二八〇〇〇
朝鮮	一四五一二方里	一九一〇四〇〇〇
臺灣	二三三二方里	四二九四〇〇〇
樺太	二三四〇方里	二〇四〇〇〇
計	四三七七九方里	八四一二五〇〇〇

備考）本州四國九州北海道의人口는大正十五年十月一日現在推計 朝鮮·臺灣·樺太의人口는昭和元年十二月末現在

本邦行政區劃及廳所在地

行政區劃	廳所在地
朝鮮總督府	京城
臺灣總督府	臺北
關東廳	旅順
樺太廳	豊原
北海道廳	札幌市
東京府	東京市
京都府	京都市
大阪府	大阪市
神奈川縣	橫濱市
兵庫縣	神戶市
長崎縣	長崎市
新潟縣	新潟市
埼玉縣	浦和町
群馬縣	前橋市
千葉縣	千葉市
茨城縣	水戶市
栃木縣	宇都宮市
奈良縣	奈良市
三重縣	津市
愛知縣	名古屋市
靜岡縣	靜岡市
山梨縣	甲府市
滋賀縣	大津市
岐阜縣	岐阜市
長野縣	長野市
宮城縣	仙臺市
福島縣	福島市
岩手縣	盛岡市
青森縣	青森市
山形縣	山形市
秋田縣	秋田市
福井縣	福井市
石川縣	金澤市
富山縣	富山市
鳥取縣	鳥取市
島根縣	松江市
岡山縣	岡山市
廣島縣	廣島市
山口縣	山口町
和歌山縣	和歌山市
德島縣	德島市
香川縣	高松市
愛媛縣	松山市
高知縣	高知市
福岡縣	福岡市
大分縣	大分市
佐賀縣	佐賀市
熊本縣	熊本市
宮崎縣	宮崎市
鹿兒島縣	鹿兒島市
沖繩縣	那覇市

本邦陸軍常備團隊配備

團	隊司令部所在地
近衛師團	東京（東京府）
第一師團	東京（東京府）
第二師團	仙臺（宮城縣）
第三師團	名古屋（愛知縣）
第四師團	大阪（大阪府）
第五師團	廣島（廣島縣）
第六師團	熊本（熊本縣）
第七師團	旭川（北海道）
第八師團	弘前（青森縣）
第九師團	金澤（石川縣）
第十師團	姬路（兵庫縣）
第十一師團	善通寺（香川縣）
第十二師團	久留米（福岡縣）
第十四師團	宇都宮（栃木縣）
第十六師團	京都（京都府）
第十九師團	羅南（朝鮮）
第二十師團	龍山（朝鮮）

本邦海軍鎭守府所在地

軍港	鎭守府所在地
橫須賀	橫須賀
吳	吳
佐世保	佐世保

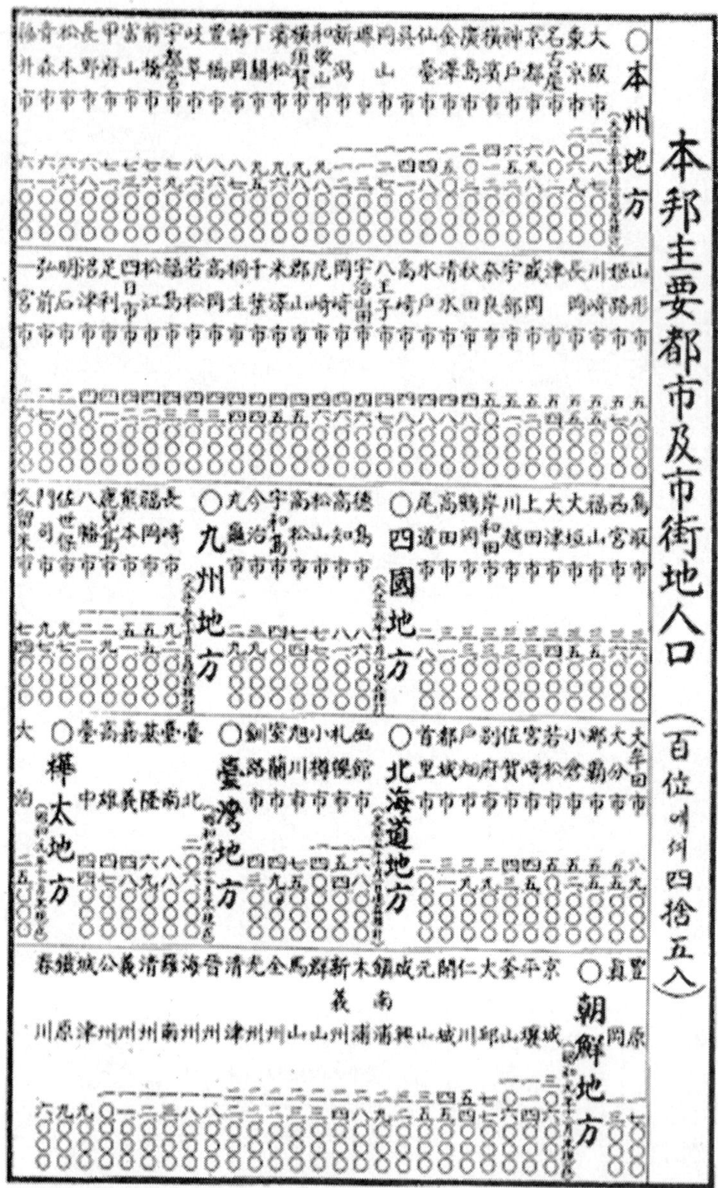

本邦主要都市及市街地人口（百位에서 四捨五入）

○本州地方

大阪市	二一八三〇〇〇
東京市	二〇六九〇〇〇
名古屋市	八〇一〇〇〇
京都市	六九八〇〇〇
神戸市	六五三〇〇〇
横濱市	四一三〇〇〇
廣島市	二〇三〇〇〇
金澤市	一五〇〇〇〇
仙臺市	一四八〇〇〇
呉市	一四一〇〇〇
岡山市	一三七〇〇〇
堺市	一一三〇〇〇
新潟市	一一三〇〇〇
和歌山市	九八〇〇〇
横須賀市	九八〇〇〇
濱松市	九六〇〇〇
下關市	九五〇〇〇
静岡市	八七〇〇〇
豊橋市	八六〇〇〇
岐阜市	八六〇〇〇
宇都宮市	七九〇〇〇
前橋市	七六〇〇〇
富山市	七三〇〇〇
甲府市	七一〇〇〇
長野市	六八〇〇〇
松本市	六六〇〇〇
青森市	六二〇〇〇
福井市	六二〇〇〇
山形市	五八〇〇〇
姫路市	五七〇〇〇
川崎市	五五〇〇〇
長岡市	五五〇〇〇
津市	五四〇〇〇
盛岡市	五二〇〇〇
宇部市	五一〇〇〇
奈良市	五〇〇〇〇
秋田市	四八〇〇〇
清水市	四八〇〇〇
水戸市	四八〇〇〇
高崎市	四八〇〇〇
八王子市	四七〇〇〇
宇治山田市	四六〇〇〇
岡崎市	四六〇〇〇
尼崎市	四六〇〇〇
郡山市	四五〇〇〇
米澤市	四五〇〇〇
千葉市	四四〇〇〇
桐生市	四四〇〇〇
高岡市	四三〇〇〇
若松市	四三〇〇〇
福島市	四三〇〇〇
松江市	四二〇〇〇
四日市市	四二〇〇〇
足利市	四一〇〇〇
沼津市	四〇〇〇〇
明石市	三八〇〇〇
弘前市	三七〇〇〇
一宮市	三六〇〇〇
鳥取市	三六〇〇〇
西宮市	三六〇〇〇
福山市	三五〇〇〇
大垣市	三五〇〇〇
大津市	三四〇〇〇
上田市	三三〇〇〇
川越市	三三〇〇〇
岸和田市	三三〇〇〇
鶴岡市	三三〇〇〇
高田市	三一〇〇〇
尾道市	二八〇〇〇

○四國地方

徳島市	八六〇〇〇
高知市	八一〇〇〇
松山市	七七〇〇〇
高松市	七四〇〇〇
宇和島市	四〇〇〇〇
今治市	三九〇〇〇
丸龜市	二九〇〇〇

○九州地方

長崎市	一九二〇〇〇
福岡市	一五五〇〇〇
熊本市	一五一〇〇〇
鹿兒島市	一二九〇〇〇
八幡市	一二三〇〇〇
佐世保市	九七〇〇〇
門司市	九七〇〇〇
久留米市	七四〇〇〇
大牟田市	六九〇〇〇
大分市	五五〇〇〇
那覇市	五五〇〇〇
小倉市	五二〇〇〇
若松市	五〇〇〇〇
宮崎市	四五〇〇〇
佐賀市	四三〇〇〇
別府市	三九〇〇〇
戸畑市	三九〇〇〇
都城市	三一〇〇〇
首里市	二〇〇〇〇

○北海道地方

函館市	一六八〇〇〇
札幌市	一五四〇〇〇
小樽市	一四〇〇〇〇
旭川市	七五〇〇〇
室蘭市	四九〇〇〇
釧路市	四三〇〇〇

○臺灣地方

臺北	二〇八〇〇〇
臺南	八八〇〇〇
基隆	六九〇〇〇
嘉義	四八〇〇〇
高雄	四七〇〇〇
臺中	四四〇〇〇

○樺太地方

大泊	二五〇〇〇
豐原	一七〇〇〇
眞岡	一三〇〇〇

○朝鮮地方

京城	三〇六〇〇〇
平壤	一一四〇〇〇
釜山	一〇六〇〇〇
大邱	七七〇〇〇
仁川	五四〇〇〇
開城	四五〇〇〇
元山	三五〇〇〇
咸興	三二〇〇〇
鎭南浦	二九〇〇〇
木浦	二八〇〇〇
新義州	二四〇〇〇
群山	二三〇〇〇
馬山	二三〇〇〇
全州	二二〇〇〇
光州	二二〇〇〇
清津	二二〇〇〇
晉州	一八〇〇〇
海州	一八〇〇〇
羅南	一三〇〇〇
清州	一二〇〇〇
義州	一一〇〇〇
公州	一〇〇〇〇
城津	九〇〇〇
鐵原	九〇〇〇
春川	六〇〇〇

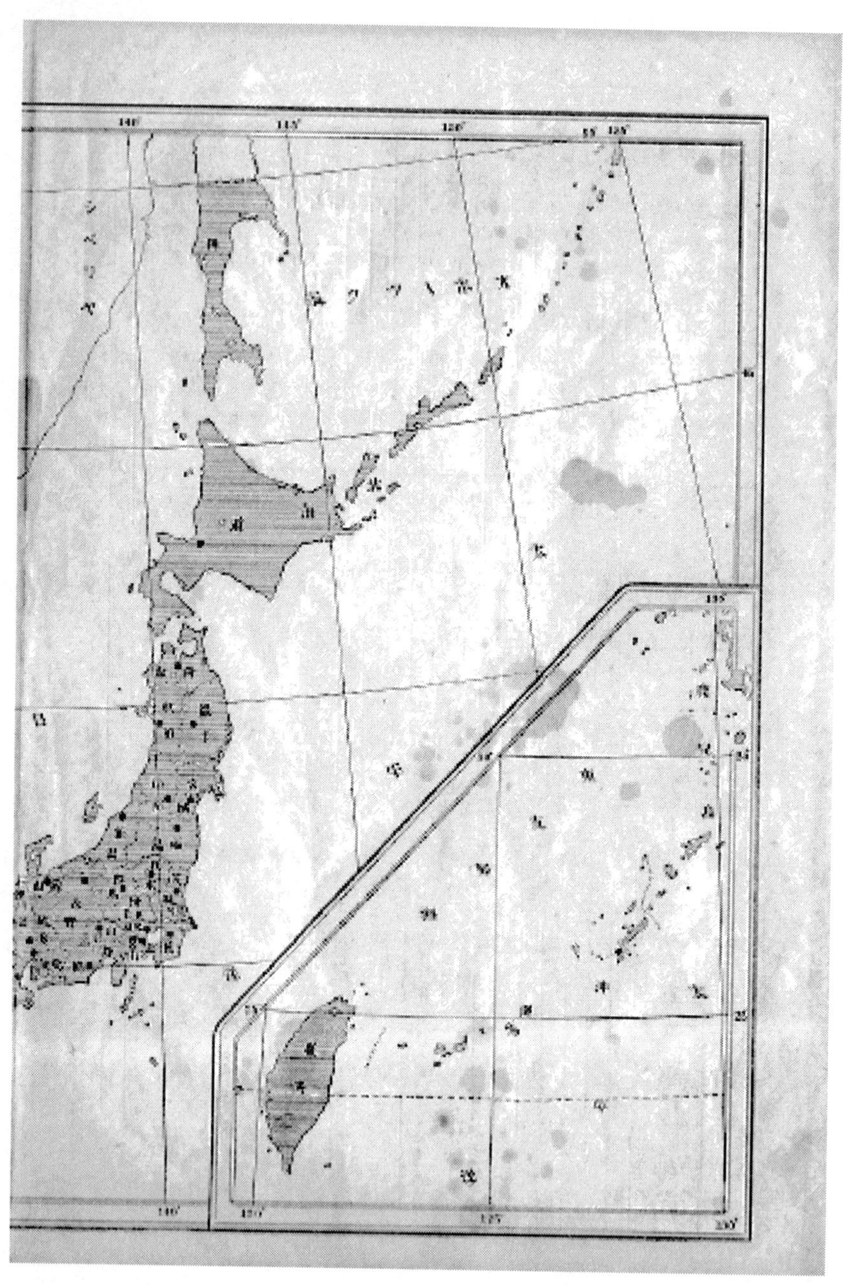

本邦行政區劃圖
凡例

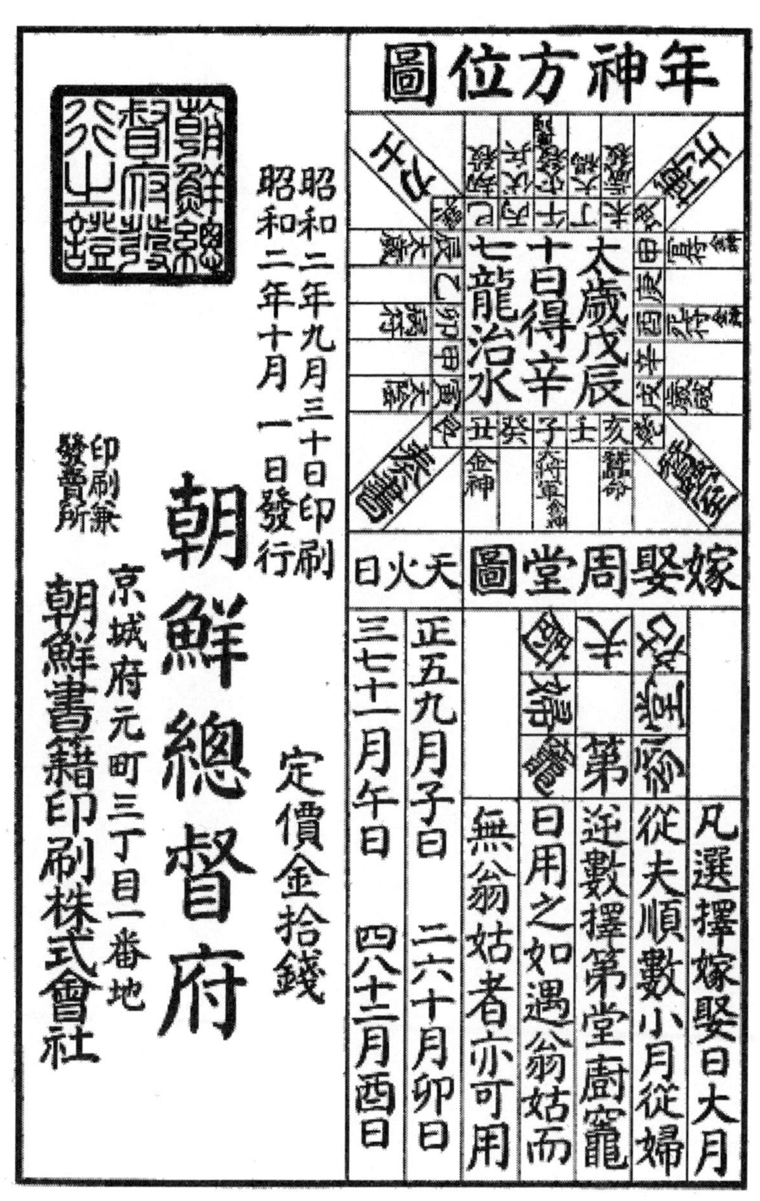

年神方位圖

太歲戊辰
十日得辛
七龍治水

嫁娶周堂圖

天火日

正五九月子日　二六十月卯日

三七十一月午日　四八十二月酉日

凡選擇嫁娶日大月從夫順數小月從婦逆數擇第堂廚竈日用之如遇翁姑而無翁姑者亦可用

昭和二年九月三十日印刷
昭和二年十月一日發行

定價金拾錢

朝鮮總督府

印刷兼發賣所　京城府元町三丁目一番地
朝鮮書籍印刷株式會社

2　昭和四年朝鮮民暦（１９２９）

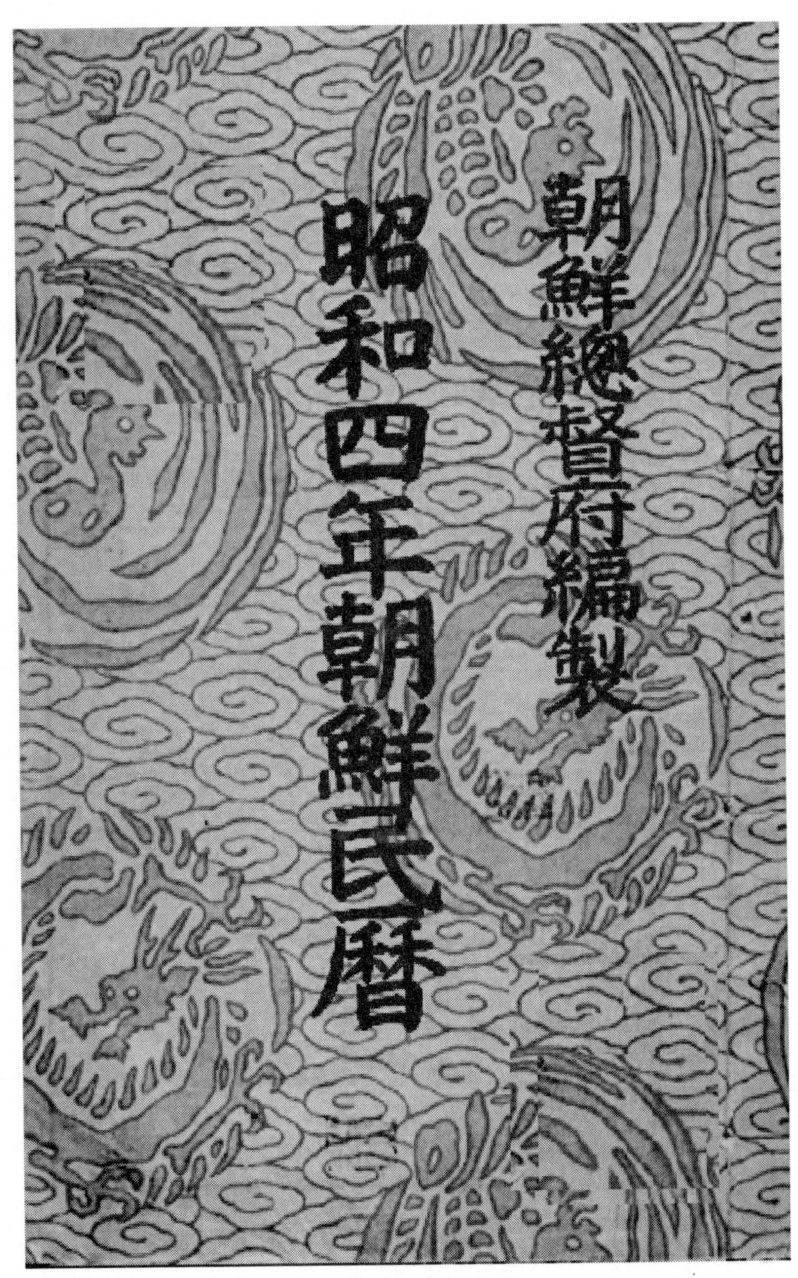

 2. 昭和四年朝鮮民曆(1929)

神武天皇卽位紀元二千五百八十九年

昭和四年朝鮮民曆

己巳平年 三百六十五日

朝鮮總督府觀測所編纂

四方拜	一月一日
元始祭	一月三日
紀元節	二月十一日
春季皇靈祭	三月二十一日
神武天皇祭	四月三日
天長節	四月二十九日
秋季皇靈祭	九月二十三日
神嘗祭	十月十七日
明治節	十一月三日
新嘗祭	十一月二十三日
大正天皇祭	十二月二十五日

月表

一月大	二月平	三月大
四月小	五月大	六月小
七月大	八月大	九月小
十月大	十一月小	十二月大

日曜表

一月	六日 十三日 二十日 二十七日
二月	三日 十日 十七日 二十四日
三月	三日 十日 十七日 二十四日 三十一日
四月	七日 十四日 二十一日 二十八日
五月	五日 十二日 十九日 二十六日
六月	二日 九日 十六日 二十三日 三十日
七月	
八月	
九月	
十月	
十一月	
十二月	

日食 五月九日

食分	一分三厘	
初虧	午後四時零分	左下
食甚	午後四時三十四分	左偏下
復圓	午後五時七分	左偏上

本… 時刻…

標準時를用하고 日月出入及日月食은京城에서보이는時刻을揭함

昭和四年中陰曆歲次己巳年月表及節候表

月及月之大小	朔日	節氣		入節日	日干支	時刻	陽曆	節氣		入節日	日干支	時刻	陽曆
正月小	丙戌	雨水	正月中	初十日	乙未	午正初刻七分	二月十九日						
二月大	乙卯	春分	二月中	十一日	乙丑	午初二刻五分	三月二十一日	驚蟄	二月節	廿五日	庚戌	巳正三刻二分	三月六日
三月小	乙酉	穀雨	三月中	十一日	乙未	子初初刻十一分	四月二十日	清明	三月節	廿六日	庚辰	申初三刻三分	四月五日
四月小	甲寅	小滿	四月中	十三日	丙寅	亥正三刻三分	五月二十二日	立夏	四月節	廿七日	辛亥	巳初二刻十一分	五月六日
五月大	癸未	夏至	五月中	十六日	戊戌	辰初初刻一分	六月二十二日	芒種	五月節	廿九日	壬午	未正初刻十二分	六月六日
六月小	癸丑	小暑	六月節	初三日	甲寅	子正三刻三分	七月八日	大暑	六月中	十七日	己巳	酉初三刻九分	七月二十三日
七月小	壬午	立秋	七月節	初四日	乙酉	巳正初刻九分	八月八日	處暑	七月中	二十日	辛丑	子正三刻十三分	八月二十四日
八月大	辛亥	白露	八月節	初六日	丙辰	午正二刻十分	九月八日	秋分	八月中	廿一日	辛未	亥初三刻八分	九月二十三日
九月小	辛巳	寒露	九月節	初七日	丁亥	寅初三刻三分	十月九日	霜降	九月中	廿二日	壬寅	卯正一刻十一分	十月二十四日
十月大	庚戌	立冬	十月節	初八日	丁巳	卯正一刻十三分	十一月八日	小雪	十月中	廿三日	壬申	寅初三刻四分	十一月二十三日
十一月大	庚辰	大雪	十一月節	初七日	丙戌	亥正三刻十三分	十二月七日	冬至	十一月中	廿二日	辛丑	申正三刻八分	十二月二十二日
十二月大	庚戌	小寒	十二月節	初七日	丙辰	巳正初刻三分	一月六日	大寒	十二月中	廿二日	辛未	寅初二刻三分	一月二十一日

一月大三十一日

縄、叺、蓆、具、簇等의製造、種稻의赤米除却、大豆의選粒

日	曜	祭日	月相	月出・月入	舊曆	干支	納音	宿	建除	備考
一日	火	四方拜		戊辰十二月大 月出午後十一時三十分	廿一日	丙午	水	室	破	
二日	水				廿二日	丁未	水	壁	危	
三日	木	元始祭	◑ 下弦午前二時四十四分	月出午前零時三十一分	廿三日	戊申	土	奎	成	
四日	金			月出午前一時三十一分	廿四日	己酉	土	婁	收	
五日	土	新年宴會		月出午前二時三十一分	廿五日	庚戌	金	胃	開	宜裁衣動土樑[illegible]
六日	日			月出午前三時三十 分	廿六日	辛亥	金	昴	閉	小寒十二月節
七日	月			月出午前四時三十九分	廿七日	壬子	木	畢	閉	
八日	火			月出午前五時三十八分	廿八日	癸丑	木	觜	建	
九日	水			月出午前六時三十六分	廿九日	甲寅	水	參	除	
十日	木			月出午前七時三十一分	三十日	乙卯	水	井	滿	
十一日	金		● 合朔午前九時二十分	十二月大	初一日	丙辰	土	鬼	平	
十二日	土			月入午後六時三十三分	初二日	丁巳	土	柳	定	
十三日	日			月入午後七時三十三分	初三日	戊午	火	星	執	
十四日	月			月入午後八時三十六分	初四日	己未	火	張	破	宜破屋

小寒 午前四時二十三分　舊十二月節

日出午前七時四十二分　晝間九時四十四分
日入午後五時二十六分　夜間十四時十六分

日	曜	弦望	月出入	舊曆	干支	納音	宿	建除	宜忌
十五日	火		月入後九時四十一分	初五日	庚申	木	翼	危	
十六日	水		月入後十時四十四分	初六日	辛酉	木	軫	成	宜祭祀嫁娶移徙裁衣動土上樑豎柱開市納財安葬
十七日	木		月入後十一時四十九分	初七日	壬戌	水	角	收	土王用事
十八日	金			初八日	癸亥	水	亢	開	
十九日	土	◐上弦午前零時五十五分	月入前零時五十六分	初九日	甲子	金	氐	閉	宜安葬
二十日	日		月入前二時六分	初十日	乙丑	金	房	建	大寒十二月中 宜祭祀上樑豎柱開市納財安葬

大寒午後九時四十三分 舊十二月中

日出午前七時四十六分 晝間九時五十六分
日入午後五時四十二分 夜間十四時四分

日	曜	弦望	月出入	舊曆	干支	納音	宿	建除	宜忌
二十一日	月		月入前三時十六分	十一日	丙寅	火	心	除	
二十二日	火		月入前四時三十三分	十二日	丁卯	火	尾	滿	
二十三日	水		月入前五時四十六分	十三日	戊辰	木	箕	平	
二十四日	木		月入前六時五十三分	十四日	己巳	木	斗	定	
二十五日	金	○望午後四時九分	月出後五時三十六分	十五日	庚午	土	牛	執	宜移徙裁衣上樑豎柱安葬
二十六日	土	臘	月出後六時五十三分	十六日	辛未	土	女	破	
二十七日	日		月出後八時四分	十七日	壬申	金	虛	危	
二十八日	月		月出後九時十三分	十八日	癸酉	金	危	成	宜嫁娶移徙裁衣上樑豎柱開市納財安葬
二十九日	火		月出後十時十七分	十九日	甲戌	火	室	收	
三十日	水		月出後十一時十九分	二十日	乙亥	火	壁	開	宜裁衣上樑豎柱開市納財
三十一日	木			廿一日	丙子	水	奎	閉	宜安葬[illegible]

二月平二十八日

一月과同함

日	曜		月出入	舊曆	干支	納音	宿	建除	宜
一日	金	◐下弦午後十一時十分	月出午前零時二十分	廿二日	丁丑	水	婁	建	
二日	土		月出午前一時二十分	廿三日	戊寅	土	胃	除	
三日	日		月出午前二時二十分	廿四日	己卯	土	昴	滿	
四日	月		月出午前三時二十分	廿五日	庚辰	金	畢	滿	立春正月節

立春午後四時九分　舊正月節

日出午前七時三十四分　晝間十時三十五分
日入午後五時五十九分　夜間十三時二十五分

日	曜		月出入	舊曆	干支	納音	宿	建除	宜
五日	火		月出午前四時十七分	廿六日	辛巳	金	觜	平	
六日	水		月出午前五時十四分	廿七日	壬午	木	參	定	宜冠帶[illegible]移徙裁衣動土上樑[illegible]
七日	木		月出午前六時四分	廿八日	癸未	木	井	執	
八日	金		月出午前六時五十分	廿九日	甲申	水	鬼	破	宜破屋
九日	土		月出午前七時三十分	三十日	乙酉	水	柳	危	
十日	日	●合朔午前二時五十一分	乙亥正月小	初一日	丙戌	土	星	成	宜裁衣動土上樑[illegible]開市納財
十一日（紀元節）	月		月入午後七時三十三分	初二日	丁亥	土	張	收	宜移徙裁衣動土上樑[illegible]開市納財
十二日	火		月入午後八時三十六分	初三日	戊子	火	翼	開	
十三日	水		月入午後九時四十二分	初四日	己丑	火	軫	閉	
十四日	木		月入午後十時四十九分	初五日	庚寅	木	角	建	

日	曜	月相	月出入	陰曆	日辰	納音	宿	建除	宜
十五日	金		月入午後十一時五十七分	初六日	辛卯	木	亢	除	宜祭祀移徙裁衣動土上樑[illegible]安葬啓欑
十六日	土			初七日	壬辰	水	氐	滿	宜移徙裁衣動土上樑[illegible]安葬
十七日	日	◐上弦午前九時二十三分	月入午前一時 七分	初八日	癸巳	水	房	平	
十八日	月		月入午前二時 十九分	初九日	甲午	金	心	定	宜[illegible]移徙裁衣動土上樑[illegible]開市納財
十九日	火		月入午前三時三十二分	初十日	乙未	金	尾	執	雨水正月中

雨水 午後零時七分 **舊正月中**

日出午前七時十八分 晝間十時五十七分

日入午後六時十五分 夜間十三時 三分

日	曜	月相	月出入	陰曆	日辰	納音	宿	建除	宜
二十日	水		月入午前四時三十八分	十一日	丙申	火	箕	破	宜破屋
二十一日	木		月入午前五時三十六分	十二日	丁酉	火	斗	危	宜嫁娶移徙裁衣動土上樑[illegible]納財安葬
二十二日	金		月入午前六時三十六分	十三日	戊戌	木	牛	成	
二十三日	土		月入午前七時 八分	十四日	己亥	木	女	收	
二十四日	日	○望午前三時五十九分	月出午後六時五十一分	十五日	庚子	土	虛	開	
二十五日	月		月出午後七時五十七分	十六日	辛丑	土	危	閉	
二十六日	火		月出午後九時 二分	十七日	壬寅	金	室	建	宜[illegible]裁衣上樑[illegible]納財安葬啓欑
二十七日	水		月出午後十時 五分	十八日	癸卯	金	壁	除	宜啓欑
二十八日	木		月出午後十一時 六分	十九日	甲辰	火	奎	滿	宜裁衣

三月大 三十一日

苗板의作製、果樹의剪定、桑園果樹園의病蟲害防除、
麥類의播種、果樹園의施肥、果樹類의接木

日	曜	月相	月出入	陰曆	干支	五行	宿	建除	宜
一日	金			二十日	乙巳	火	婁	平	
二日	土		月出午前零時七分	廿一日	丙午	水	胃	定	宜冠帶[illegible]嫁娶移徙動土[illegible]安葬
三日	日	◐ 下弦午後八時九分	月出午前一時八分	廿二日	丁未	水	昴	執	宜移徙裁衣動土[illegible]納財安葬
四日	月		月出午前二時七分	廿三日	戊申	土	畢	破	
五日	火		月出午前三時五分	廿四日	己酉	土	觜	危	宜安葬
六日	水		月出午前三時五十八分	廿五日	庚戌	金	參	危	驚蟄二月節
七日	木		月出午前四時四十五分	廿六日	辛亥	金	井	成	宜移徙裁衣動土[illegible]開市納財
八日	金		月出午前五時二十七分	廿七日	壬子	木	鬼	收	
九日	土		月出午前六時三分	廿八日	癸丑	木	柳	開	宜移徙裁衣[illegible]
十日	日		月出午前六時三十六分	廿九日	甲寅	水	星	閉	
十一日	月	● 合朔午後五時三十四分	二月大	初一日	乙卯	水	張	建	宜裁衣
十二日	火		月入午後七時三十一分	初二日	丙辰	土	翼	除	宜移徙裁衣動土[illegible]
十三日	水		月入午後八時三十九分	初三日	丁巳	土	軫	滿	宜裁衣[illegible]開市納財
十四日	木		月入午後九時四十八分	初四日	戊午	火	角	平	

驚蟄午前十時三十二分 舊二月節

日出午前六時五十分 晝間十一時五十二分
日入午後六時三十一分 夜間十二時二十六分

日	曜	弦望	月出入	舊曆日辰	宜忌
十五日	金		月入後十時五十八分	初五日己未火亢定	
十六日	土			初六日庚申木氐執	
十七日	日		月入前零時十二分	初七日辛酉木房破	
十八日	月	◐上弦午後四時四十一分	月入前一時二十三分	初八日壬戌水心危	
十九日	火		月入前二時三十一分	初九日癸亥水尾成	
二十日	水		月入前三時三十六分	初十日甲子金箕收	
二十一日	木		月入前四時三十三分	十一日乙丑金斗開	春分二月中宜裁衣動土[illegible]

春分 午前十一時三十五分 舊二月中

日出午前六時三十六分 晝間十二時 九分
日入午後六時四十四分 夜間十一時五十一分

日	曜	弦望	月出入	舊曆日辰	宜忌
二十二日	金		月入前五時 五分	十二日丙寅火牛閉	宜裁衣納財修倉
二十三日	土		月入前五時四十一分	十三日丁卯火女建	宜移徙裁衣[illegible]納財修倉
二十四日	日	社	月入前六時十分	十四日戊辰木虛除	
二十五日	月	○望午後四時四十六分	月出後六時四十六分	十五日己巳木危滿	宜裁衣[illegible]開市納財
二十六日	火		月出後七時四十九分	十六日庚午土室平	
二十七日	水		月出後八時五十三分	十七日辛未土壁定	宜結婚[illegible]裁衣動土[illegible]納財
二十八日	木		月出後九時五十四分	十八日壬申金奎執	
二十九日	金		月出後十時五十五分	十九日癸酉金婁破	
三十日	土		月出後十一時五十六分	二十日甲戌火胃危	宜嫁娶移徙裁衣動土[illegible]開市納財安葬
三十一日	日			廿一日乙亥火昴成	宜移徙裁衣動土[illegible]

四月小 三十日

甘藷의床植、馬鈴薯及瓜類의播種、苗木類의植付、桑園의耕耘
施肥、蠶의催青、種稻의精選、秧板의整地

日	曜	記事	月出入	舊曆	干支	納音	宿	直	宜
一日	月		月出 午前零時五十五分	廿二日	丙子	水	畢	收	
二日	火	◐下弦 午後四時二十九分	月出 午前一時五十一分	廿三日	丁丑	水	觜	開	
三日	水		月出 午前二時四十四分	廿四日	戊寅	土	參	閉	宜裁衣納財安葬
四日	木		月出 午前三時二十三分	廿五日	己卯	土	井	建	
五日	金		月出 午前四時 一分	廿六日	庚辰	金	鬼	建	清明三月節

清明 午後三時五十二分　舊三月節

日出午前六時十三分 晝間十二時四十三分
日入午後六時五十六分 夜間十一時十七分

日	曜	記事	月出入	舊曆	干支	納音	宿	直	宜
六日	土	寒食	月出 午前四時三十五分	廿七日	辛巳	金	柳	除	
七日	日		月出 午前五時 四分	廿八日	壬午	木	星	滿	宜嫁娶移徙裁衣上樑[illegible]開市納財安葬
八日	月		月出 午前五時三十六分	廿九日	癸未	木	張	平	
九日	火		月出 午前五時五十八分	三十日	甲申	水	翼	定	
十日	水	●合朔 午前五時三十三分	三月小	初一日	乙酉	水	軫	執	宜移徙上樑[illegible]安葬
十一日	木		月入 午後八時四十三分	初二日	丙戌	土	角	破	宜破屋
十二日	金		月入 午後九時五十七分	初三日	丁亥	土	亢	危	
十三日	土		月入 午後十一時 十三分	初四日	戊子	火	氐	成	宜嫁娶裁衣動土上樑[illegible]開市納財
十四日	日			初五日	己丑	火	房	收	

日	曜	弦望	月出入	陰曆	干支	納音	宿	建除	宜
十五日	月		月入前零時三十四分	初六日	庚寅	木	心	開	宜移徙裁衣動土上樑立券開市納財
十六日	火	◐上弦午後十一時 九分	月入前一時二十六分	初七日	辛卯	木	尾	閉	
十七日	水		月入前二時二十二分	初八日	壬辰	水	箕	建	土王用事
十八日	木		月入前三時 七分	初九日	癸巳	水	斗	除	
十九日	金		月入前三時四十三分	初十日	甲午	金	牛	滿	
二十日	土		月入前四時 十四分	十一日	乙未	金	女	平	穀雨三月中
穀雨 午後十一時十一分									舊三月中 日出前五時五十三分 晝間十三時十九分 日入後七時 十二分 夜間十時四十一分
二十一日	日		月入前四時四十一分	十二日	丙申	火	虛	定	
二十二日	月		月入前五時 六分	十三日	丁酉	火	危	執	宜嫁娶移徙裁衣上樑立券納財安葬
二十三日	火		月入前五時三十一分	十四日	戊戌	木	室	破	
二十四日	水	○望午前六時四十七分	月出後七時四十一分	十五日	己亥	木	壁	危	宜納財
二十五日	木		月出後八時四十三分	十六日	庚子	土	奎	成	宜上樑立券交易
二十六日	金		月出後九時四十五分	十七日	辛丑	土	婁	收	宜納財
二十七日	土		月出後十時四十四分	十八日	壬寅	金	胃	開	宜嫁娶移徙裁衣上樑立券開市
二十八日	日		月出後十一時四十一分	十九日	癸卯	金	昴	閉	
二十九日	月			二十日	甲辰	火	畢	建	天長節
三十日	火		月出前零時三十三分	廿一日	乙巳	火	觜	除	

五月大三十一日

水稻、棉、粟、大小豆의播種、春蠶의掃立、麥의黑穗拔除、甘藷苗의移植、果樹園의除草

一日	水		月出前一時十九分	廿二日丙午水參滿	
二日	木	◐下弦午前七時二十六分	月出前一時五十八分	廿三日丁未水井平	
三日	金		月出前二時三十三分	廿四日戊申土鬼定	
四日	土		月出前三時四分	廿五日己酉土柳執	宜安葬
五日	日		月出前三時三十分	廿六日庚戌金星破	
六日	月		月出前三時五十七分	廿七日辛亥金張破	立夏四月節

立夏 午前九時四十一分 **舊四月節**

日出前五時三十六分 晝間十三時五十分
日入後七時二十六分 夜間十時十分

七日	火		月出前四時二十四分	廿八日壬子木翼危	
八日	水		月出前四時五十一分	廿九日癸丑木軫成	
九日	木	●合朔午後三時七分日食	四月小	初一日甲寅水角收	
十日	金		月入後八時五十一分	初二日乙卯水亢開	宜祭祀移徙裁衣動土[illegible]開市納財
十一日	土		月入後十時七分	初三日丙辰土氐閉	
十二日	日		月入後十一時十七分	初四日丁巳土房建	宜裁衣
十三日	月			初五日戊午火心除	
十四日	火		月入前零時十六分	初六日己未火尾滿	

日	曜	月相	月出入	陰曆	干支	納音	宿	建除	宜忌
十五日	水		入月午前一時 六分	初七日	庚申	木	箕	平	宜移徙裁衣動土捺開市納財安葬
十六日	木	◐上弦午前五時五十一分	入月午前一時四十六分	初八日	辛酉	木	斗	定	宜冠帶嫁娶移徙裁衣動土捺開市納財安葬
十七日	金		入月午前二時 十八分	初九日	壬戌	水	牛	執	
十八日	土		入月午前二時四十六分	初十日	癸亥	水	女	破	
十九日	日		入月午前三時 十三分	十一日	甲子	金	虛	危	
二十日	月		入月午前三時三十五分	十二日	乙丑	金	危	成	宜嫁娶裁衣動土捺開市納財安葬
二十一日	火		入月午前三時五十九分	十三日	丙寅	火	室	收	小滿四月中宜嫁娶移徙裁衣動土捺納財
小滿 午後十時四十八分				舊四月中					日出午前五時 十九分 晝間十四時二十分 日入午後七時三十九分 夜間 九時四十分
二十二日	水		入月午前四時二十五分	十四日	丁卯	火	壁	開	
二十三日	木	○望午後九時五十分	出月午後七時二十四分	十五日	戊辰	木	奎	閉	
二十四日	金		出月午後八時三十五分	十六日	己巳	木	婁	建	
二十五日	土		出月午後九時三十三分	十七日	庚午	土	胃	除	宜移徙裁衣動土捺安葬
二十六日	日		出月午後十時二十七分	十八日	辛未	土	昴	滿	
二十七日	月		出月午後十一時 十五分	十九日	壬申	金	畢	平	
二十八日	火		出月午後十一時五十七分	二十日	癸酉	金	觜	定	宜冠帶嫁娶移徙裁衣動土捺開市納財安葬
二十九日	水			廿一日	甲戌	火	參	執	宜嫁娶
三十日	木		出月午前零時三十二分	廿二日	乙亥	火	井	破	宜破屋
三十一日	金		出月午前一時 四分	廿三日	丙子	水	鬼	危	

六月小 三十日

移秧、馬鈴薯의收穫、桑의株直、桑園의耕耘施肥、果實의被袋、繭의乾燥

日	曜	月相	月出入	陰曆	干支	納音	宿	建除	宜
一日	土	◑ 下弦午前一時十三分	月出午前一時三十二分	二十四日	丁丑	水	柳	成	宜裁衣動土上梁(宜用巳時)開市納財
二日	日		月出午前一時五十六分	二十五日	戊寅	土	星	收	
三日	月		月出午前二時二十三分	二十六日	己卯	土	張	開	
四日	火		月出午前二時四十九分	二十七日	庚辰	金	翼	閉	
五日	水		月出午前三時 十九分	二十八日	辛巳	金	軫	建	宜嫁娶移徙裁衣上梁(宜用午時)
六日	木		月出午前三時五十三分	二十九日	壬午	木	角	建	芒種五月節

芒種 午後二時十一分

舊五月節 日出午前五時十一分 晝間十四時三十六分 日入午後七時四十七分 夜間 九時二十四分

日	曜	月相	月出入	陰曆	干支	納音	宿	建除	宜
七日	金	● 合朔午後十時五十六分	五月大	初一日	癸未	木	亢	除	宜納財安葬
八日	土		月入午後八時五十六分	初二日	甲申	水	氐	滿	宜嫁娶移徙裁衣開市納財安葬
九日	日		月入午後十時 三分	初三日	乙酉	水	房	平	
十日	月		月入午後十時五十九分	初四日	丙戌	土	心	定	宜冠帶嫁娶移徙裁衣動土上梁納財安葬
十一日	火		月入午後十一時四十四分	初五日	丁亥	土	尾	執	
十二日	水			初六日	戊子	火	箕	破	
十三日	木		月入午前零時 十九分	初七日	己丑	火	斗	危	
十四日	金	◐ 上弦午後二時十四分	月入午前零時四十九分	初八日	庚寅	木	牛	成	宜嫁娶裁衣動土上梁移徙開市納財[illegible]

日	曜	月相	月出入	陰曆	干支	納音	宿	建除	宜忌
十五日	土		月入 午前一時十六分	初九日	辛卯	木	女	收	
十六日	日		月入 午前一時四十分	初十日	壬辰	水	虛	開	宜移徙裁衣動土採(宜用戌時)
十七日	月		月入 午前二時四分	十一日	癸巳	水	危	閉	
十八日	火		月入 午前二時二十九分	十二日	甲午	金	室	建	
十九日	水		月入 午前二時五十六分	十三日	乙未	金	壁	除	宜嫁娶納財安葬
二十日	木		月入 午前三時二十七分	十四日	丙申	火	奎	滿	
二十一日	金		月入 午前四時四分	十五日	丁酉	火	婁	平	
二十二日	土	○望 午後一時十五分	月出 午後八時二十三分	十六日	戊戌	木	胃	定	夏至五月中 宜冠帶[illegible]裁衣動土[illegible]納財
二十三日	日		月出 午後九時十三分	十七日	己亥	木	昴	執	
二十四日	月		月出 午後九時五十六分	十八日	庚子	土	畢	破	
二十五日	火		月出 午後十時三十四分	十九日	辛丑	土	觜	危	
二十六日	水		月出 午後十一時六分	二十日	壬寅	金	參	成	宜嫁娶裁衣動土採(宜用戌時)開市納財啓欑
二十七日	木		月出 午後十一時三十四分	廿一日	癸卯	金	井	收	
二十八日	金			廿二日	甲辰	火	鬼	開	
二十九日	土		月出 午前零時零分	廿三日	乙巳	火	柳	閉	
三十日	日	◐下弦 午後零時五十四分	月出 午前零時二十五分	廿四日	丙午	水	星	建	

夏至 午前七時一分　**舊五月中**

日出午前五時十一分　晝間十四時四十六分

日入午後七時五十七分　夜間九時十四分

七月大三十一日

畓의除草、蕎麥의播種、甘藷의反蔓、夏蠶의掃立、桑園의除草

一日	月	月出前零時四十九分	廿五日	丁未 水 張 除	宜移徙動土栽種
二日	火	月出前一時十六分	廿六日	戊申 土 翼 滿	宜嫁娶移徙栽衣動土栽種開市納財
三日	水	月出前一時四十七分	廿七日	己酉 土 軫 平	
四日	木	月出前二時二十三分	廿八日	庚戌 金 角 定	宜冠帶會親友結婚嫁娶栽衣動土栽種上樑納財
五日	金	月出前三時七分	廿九日	辛亥 金 亢 執	
六日	土	月出前四時二分	三十日	壬子 木 氐 破	
七日	日	● 合朔午前五時四十二分	六月小 初一日	癸丑 木 房 危	
八日	月	月入後九時三十四分	初二日	甲寅 水 心 危	小暑六月節 宜嫁娶移徙栽衣動土栽種上樑開市納財醞釀牧養

小暑 午前零時三十二分 **舊六月節** 日出午前五時十二分 晝間十四時三十九分 日入午後七時五十分 夜間九時二十一分

九日	火	月入後十時十五分	初三日	乙卯 水 尾 成	宜嫁娶移徙栽衣動土栽種開市納財牧養
十日	水	月入後十時四十八分	初四日	丙辰 土 箕 收	宜納財
十一日	木	月入後十一時十六分	初五日	丁巳 土 斗 開	
十二日	金	月入後十一時四十三分	初六日	戊午 火 牛 閉	
十三日	土		初七日	己未 火 女 建	宜移徙栽衣納財
十四日	日	◐ 上弦午前一時五分 初伏 月入前零時八分	初八日	庚申 木 虛 除	

大暑 午後五時五十四分 **舊六月中**

日出午前五時二十六分 晝間十四時二十三分
日入午後七時四十九分 夜間九時三十七分

日	曜	月相	月出入	舊曆	干支	納音	宿	建除	記事
十五日	月		入月前零時三十三分	初九日	辛酉	木	危	滿	
十六日	火		入月前一時零分	初十日	壬戌	水	室	平	
十七日	水		入月前一時二十六分	十一日	癸亥	水	壁	定	
十八日	木		入月前二時三分	十二日	甲子	金	奎	執	宜嫁娶裁衣動土[illegible]安葬
十九日	金		入月前二時四十三分	十三日	乙丑	金	婁	破	
二十日	土		入月前三時二十九分	十四日	丙寅	火	胃	危	土王用事
二十一日	日		入月前四時二十一分	十五日	丁卯	火	昴	成	宜移徙裁衣[illegible]開市納財啓攢
二十二日	月	○望午前四時二十一分	出月後八時三十四分	十六日	戊辰	木	畢	收	宜納財
二十三日	火		出月後九時八分	十七日	己巳	木	觜	開	大暑六月中
二十四日	水	中伏	出月後九時三十六分	十八日	庚午	土	參	閉	宜安葬
二十五日	木		出月後十時四分	十九日	辛未	土	井	建	宜移徙裁衣[illegible]納財
二十六日	金		出月後十時二十九分	二十日	壬申	金	鬼	除	
二十七日	土		出月後十時五十三分	廿一日	癸酉	金	柳	滿	
二十八日	日		出月後十一時十九分	廿二日	甲戌	火	星	平	
二十九日	月	◐下弦午後九時五十六分	出月後十一時四十六分	廿三日	乙亥	火	張	定	
三十日	火			廿四日	丙子	水	翼	執	
三十一日	水		出月前零時十六分	廿五日	丁丑	水	軫	破	

八月大三十一日

白菜、蕪菁의 播種、果樹園의 耕耘、桑天牛卵의 取除、秋蠶의 掃立

日	曜	月相	月出入	陰曆	干支	五行	宿	建除	宜
一日	木		月出前零時五十七分	廿六日	戊寅	土	角	危	宜移徙裁衣上樑開市納財
二日	金		月出前一時四十六分	廿七日	己卯	土	亢	成	宜嫁娶移徙裁衣上樑開市納財
三日	土		月出前二時四十六分	廿八日	庚辰	金	氐	收	
四日	日		月出前三時五十分	廿九日	辛巳	金	房	開	
五日	月	● 合朔午後零時四分	七月小	初一日	壬午	木	心	閉	宜安葬
六日	火		月入後八時四十四分	初二日	癸未	木	尾	建	宜嫁娶
七日	水		月入後九時二十五分	初三日	甲申	水	箕	除	
八日	木		月入後九時四十三分	初四日	乙酉	水	斗	除	立秋七月節

立秋 午前十時九分

舊七月節 日出午前五時四十一分 晝間十三時五十分 日入午後七時三十一分 夜間十時十分

日	曜	月相	月出入	陰曆	干支	五行	宿	建除	宜
九日	金		月入後十時八分	初五日	丙戌	土	牛	滿	
十日	土		月入後十時三十四分	初六日	丁亥	土	女	平	宜移徙裁衣上樑
十一日	日		月入後十一時零分	初七日	戊子	火	虛	定	宜冠帶移徙裁衣動土上樑開市納財安葬
十二日	月	◐ 上弦午後三時一分	月入後十一時二十九分	初八日	己丑	火	危	執	
十三日	火	末伏		初九日	庚寅	木	室	破	
十四日	水		月入前零時二分	初十日	辛卯	木	壁	危	宜啓攢

日	曜	月相	月出入	陰曆	納音	宿	建除	宜
十五日	木		月入午前零時四十分	十一日壬辰	水	奎	成	宜裁衣動土豎柱上樑開市納財安葬
十六日	金		月入午前一時二十四分	十二日癸巳	水	婁	收	
十七日	土		月入午前二時十四分	十三日甲午	金	胃	開	
十八日	日		月入午前三時十分	十四日乙未	金	昴	閉	
十九日	月		月入午前四時十一分	十五日丙申	火	畢	建	宜裁衣納財
二十日	火	○望午後六時四十二分	月出午後七時四十分	十六日丁酉	火	觜	除	宜裁衣動土豎柱上樑安葬
二十一日	水		月出午後八時八分	十七日戊戌	木	參	滿	宜移徙裁衣動土豎柱上樑開市納財安葬
二十二日	木		月出午後八時三十三分	十八日己亥	木	井	平	
二十三日	金		月出午後八時五十七分	十九日庚子	土	鬼	定	宜冠帶嫁娶移徙裁衣動土豎柱上樑開市納財
二十四日	土		月出午後九時二十六分	二十日辛丑	土	柳	執	處暑七月中

處暑 午前零時四十一分

舊七月中

日出午前五時五十五分 晝間十三時二十分

日入午後七時十四分 夜間十時四十分

日	曜	月相	月出入	陰曆	納音	宿	建除	宜
二十五日	日		月出午後九時四十九分	廿一日壬寅	金	星	破	
二十六日	月		月出午後十時十八分	廿二日癸卯	金	張	危	宜嫁娶移徙裁衣豎柱上樑安葬破屋壞
二十七日	火		月出午後十時五十四分	廿三日甲辰	火	翼	成	
二十八日	水	◐下弦午前五時一分	月出午後十一時二十六分	廿四日乙巳	火	軫	收	
二十九日	木			廿五日丙午	水	角	開	
三十日	金		月出午前零時三十一分	廿六日丁未	水	亢	閉	
三十一日	土		月出午前一時三十六分	廿七日戊申	土	氐	建	宜嫁娶移徙裁衣動土豎柱上樑納財安葬

九月小 三十日

螟蟲被害稻의拔除燒却、小麥의播種

日	曜	月相	月出入	陰曆	干支	納音	宿	建除	宜
一日	日		月出 前二時四十八分	廿八日	己酉	土	房	除	宜安葬
二日	月		月出 前四時三分	廿九日	庚戌	金	心	滿	
三日	火	● 合朔 後八時四十三分	八月大	初一日	辛亥	金	尾	平	
四日	水		月入 後七時四十一分	初二日	壬子	木	箕	定	宜冠帶[illegible]移徙動土捄穿[illegible]安葬栽植
五日	木		月入 後八時七分	初三日	癸丑	木	斗	執	宜裁衣動土捄穿[illegible]納財安葬
六日	金		月入 後八時三十三分	初四日	甲寅	水	牛	破	
七日	土		月入 後八時五十九分	初五日	乙卯	水	女	危	
八日	日		月入 後九時二十七分	初六日	丙辰	土	虛	危	白露八月節

白露 午後零時四十分

舊八月節 日出午前六時[illegible]分 晝間十二時四十五分 日入午後六時五十分 夜間十一時十五分

日	曜	月相	月出入	陰曆	干支	納音	宿	建除	宜
九日	月		月入 後九時五十九分	初七日	丁巳	土	危	成	宜移徙裁衣動土捄穿[illegible]納財
十日	火		月入 後十時三十五分	初八日	戊午	火	室	收	
十一日	水	◐ 上弦 前七時五十一分	月入 後十一時十六分	初九日	己未	火	壁	開	宜移徙裁衣捄穿[illegible]
十二日	木			初十日	庚申	木	奎	閉	宜裁衣納財安葬
十三日	金		月出 前零時六分	十一日	辛酉	木	婁	建	
十四日	土		月出 前一時零分	十二日	壬戌	水	胃	除	宜移徙裁衣動土捄穿[illegible]

秋季皇靈祭

日	曜	節候·月相	月出入	陰曆	干支	納音	宿	建除	宜
十五日	日		入月午前一時五十九分	十三日	癸亥	水	昴	滿	
十六日	月		入月午前三時零分	十四日	甲子	金	畢	平	
十七日	火		入月午前四時二分	十五日	乙丑	金	觜	定	宜移徙裁衣動土樑(宜用巳時)納財安葬
十八日	水		入月午前五時六分	十六日	丙寅	火	參	執	
十九日	木	○望午前八時十六分	出月午後七時一分	十七日	丁卯	火	井	破	
二十日	金	社	出月午後七時二十五分	十八日	戊辰	木	鬼	危	
二十一日	土		出月午後七時五十三分	十九日	己巳	木	柳	成	宜嫁娶移徙動土樑(宜用巳時)
二十二日	日		出月午後八時二十一分	二十日	庚午	土	星	收	
二十三日	月		出月午後八時五十五分	廿一日	辛未	土	張	開	秋分八月中 宜裁衣上樑(宜用卯時)

秋分午後九時五十三分 舊八月中
日出午前六時二十六分 晝間十二時九分
日入午後六時三十五分 夜間十一時五十一分

日	曜	節候·月相	月出入	陰曆	干支	納音	宿	建除	宜
二十四日	火		出月午後九時三十六分	廿二日	壬申	金	翼	閉	
二十五日	水		出月午後十時二十五分	廿三日	癸酉	金	軫	建	
二十六日	木	◐下弦午前十一時七分	出月午後十一時二十四分	廿四日	甲戌	火	角	除	
二十七日	金			廿五日	乙亥	火	亢	滿	宜移徙裁衣動土樑(宜用巳時)開市納財
二十八日	土		出月午前零時三十三分	廿六日	丙子	水	氐	平	
二十九日	日		出月午前一時四十六分	廿七日	丁丑	水	房	定	宜嫁娶裁衣動土樑(宜用巳時)納財
三十日	月		出月午前二時五十九分	廿八日	戊寅	土	心	執	

十月大三十一日

大麥의播種、桑園의害蟲驅除、果實의貯藏、種稻의選擇

日	曜	月相	月出入	陰曆	干支	納音	宿	直	宜
一日	火		月出前四時十一分	廿九日	己卯	土	尾	破	
二日	水		月出前五時三十一分	三十日	庚辰	金	箕	危	
三日	木	● 合朔午前七時十九分	九月小	初一日	辛巳	金	斗	成	宜移徙裁衣動土竪柱上樑開市納財
四日	金		月入後六時五十九分	初二日	壬午	木	牛	收	
五日	土		月入後七時二十六分	初三日	癸未	木	女	開	宜嫁娶移徙栽植
六日	日		月入後七時五十六分	初四日	甲申	水	虛	閉	宜安葬
七日	月		月入後八時三十一分	初五日	乙酉	水	危	建	
八日	火		月入後九時十一分	初六日	丙戌	土	室	除	
九日	水		月入後九時五十七分	初七日	丁亥	土	壁	除	寒露九月節
寒露午前三時四十六分									舊九月節 日出午前六時二十四分 晝間十一時三十一分 日入午後六時 分 夜間十二時二十九分
十日	木		月入後十時四十九分	初八日	戊子	火	奎	滿	
十一日	金	◐ 上弦午前三時五分	月入後十一時四十六分	初九日	己丑	火	婁	平	
十二日	土			初十日	庚寅	木	胃	定	
十三日	日		月入前零時四十六分	十一日	辛卯	木	昴	執	宜嫁娶移徙裁衣動土竪柱上樑開市納財安葬啓攢
十四日	月		月入前一時四十六分	十二日	壬辰	水	畢	破	宜破屋

日	曜	月相	月出入	舊曆	干支	納音	宿	直	宜
十五日	火		入月 前二時五十分	十三日	癸巳	水	觜	危	
十六日	水		入月 前三時五十三分	十四日	甲午	金	參	成	
十七日 (神嘗祭)	木		入月 前四時五十七分	十五日	乙未	金	井	收	
十八日	金	○望午後九時六分	出月 後五時五十四分	十六日	丙申	火	鬼	開	宜嫁娶移徙動土[illegible]
十九日	土		出月 後六時二十一分	十七日	丁酉	火	柳	閉	
二十日	日		出月 後六時五十四分	十八日	戊戌	木	星	建	
二十一日	月		出月 後七時三十三分	十九日	己亥	木	張	除	土王用事
二十二日	火		出月 後八時二十分	二十日	庚子	土	翼	滿	
二十三日	水		出月 後九時十八分	二十一日	辛丑	土	軫	平	
二十四日	木		出月 後十時二十四分	二十二日	壬寅	金	角	定	霜降九月中
霜降 午前六時四十一分 舊九月中 日出午前六時四十一分 晝間十時五十六分 日入午後五時三十七分 夜間十三時四分									
二十五日	金	◐下弦午後五時二十一分	出月 後十一時三十六分	二十三日	癸卯	金	亢	執	
二十六日	土			二十四日	甲辰	火	氐	破	
二十七日	日		出月 前零時四十六分	二十五日	乙巳	火	房	危	宜納財
二十八日	月		出月 前一時五十九分	二十六日	丙午	水	心	成	宜嫁娶移徙裁衣上樑宜用[illegible]時開市納財安葬
二十九日	火		出月 前三時八分	二十七日	丁未	水	尾	收	
三十日	水		出月 前四時十五分	二十八日	戊申	土	箕	開	宜嫁娶移徙裁衣上樑宜用[illegible]時開市
三十一日	木		出月 前五時二十分	二十九日	己酉	土	斗	閉	

明治節

十一月小三十日

田畓의秋耕, 果樹園의落葉掃却, 蠶種의洗滌

日	曜	月相	月入	舊曆	干支	納音	宿	直	宜
一日	金	●合朔午後九時一分	十月大	初一日	庚戌	金	牛	建	宜移徙
二日	土		月入後五時五十五分	初二日	辛亥	金	女	除	宜移徙裁衣上樑[illegible]
三日	日		月入後六時二十七分	初三日	壬子	木	虛	滿	
四日	月		月入後七時五分	初四日	癸丑	木	危	平	
五日	火		月入後七時四十九分	初五日	甲寅	水	室	定	
六日	水		月入後八時三十九分	初六日	乙卯	水	壁	執	
七日	木		月入後九時三十四分	初七日	丙辰	土	奎	破	
八日	金		月入後十時三十三分	初八日	丁巳	土	婁	破	立冬十月節

立冬午前六時三十七分

日	曜	月相	月入	舊曆	干支	納音	宿	直	宜
九日	土	◐上弦午後十一時十分	月入後十一時三十三分	初九日	戊午	火	胃	危	
十日	日			初十日	己未	火	昴	成	宜裁衣動土上樑[illegible]開市納財安葬
十一日	月		月入前零時三十四分	十一日	庚申	木	畢	收	宜移徙裁衣動土上樑[illegible]納財安葬
十二日	火		月入前一時三十七分	十二日	辛酉	木	觜	開	
十三日	水		月入前二時三十九分	十三日	壬戌	水	參	閉	
十四日	木		月入前三時四十三分	十四日	癸亥	水	井	建	

舊十月節

日出午前七時　晝間十時十五分
日入午後五時三十分　夜間十三時四十五分

新嘗祭

小雪午前三時四十九分 舊十月中

日出午前七時十九分 晝間九時五十六分

日入午後五時十五分 夜間十四時 四分

十五日	金		月入前四時四十九分	十五日甲子金鬼除	宜移徙裁衣動土[illegible]納財安葬
十六日	土		月入前五時五十九分	十六日乙丑金柳滿	
十七日	日	○望午前九時十四分	月出後五時二十七分	十七日丙寅火星平	宜裁衣動土[illegible]開市納財安葬啓攢
十八日	月		月出後六時十二分	十八日丁卯火張定	宜冠帶[illegible]移徙裁衣動土[illegible]
十九日	火		月出後七時七分	十九日戊辰木翼執	
二十日	水		月出後八時十三分	二十日己巳木軫破	宜破屋
二十一日	木		月出後九時二十四分	廿一日庚午土角危	宜嫁娶移徙裁衣動土[illegible]安葬
二十二日	金		月出後十時三十九分	廿二日辛未土亢成	宜裁衣動土[illegible]開市納財
二十三日	土		月出後十一時五十二分	廿三日壬申金氐收	小雪十月中
二十四日	日	◐下弦午前一時四分		廿四日癸酉金房閉	
二十五日	月		月出前一時零分	廿五日甲戌火心閉	
二十六日	火		月出前二時七分	廿六日乙亥火尾建	
二十七日	水		月出前三時十一分	廿七日丙子水箕除	宜移徙啓攢
二十八日	木		月出前四時十五分	廿八日丁丑水斗滿	
二十九日	金		月出前五時十九分	廿九日戊寅土牛平	宜嫁娶移徙裁衣動土[illegible]開市納財安葬
三十日	土		月出前六時二十三分	三十日己卯土女定	

十二月大三十一日

收穫物의 整理, 農器具의 修理整頓

日	曜	朔望	月入	十一月大	宜
一日	日	● 合朔午後一時四十分		初一日庚辰金虛執	
二日	月		月入後五時四十四分	初二日辛巳金危破	宜破屋
三日	火		月入後六時三十二分	初三日壬午木室危	宜裁衣
四日	水		月入後七時二十五分	初四日癸未木壁成	宜裁衣動土探病開市納財
五日	木		月入後八時二十一分	初五日甲申水奎收	
六日	金		月入後九時二十三分	初六日乙酉水婁開	宜嫁娶移徙裁衣動土探病開市納財
七日	土		月入後十時二十三分	初七日丙戌土胃開	大雪十一月節
八日	日		月入後十一時二十二分	初八日丁亥土昴閉	
九日	月	◐ 上弦午後六時四十二分		初九日戊子火畢建	
十日	火		月入前零時二十三分	初十日己丑火觜除	
十一日	水		月入前一時二十五分	十一日庚寅木參滿	宜嫁娶裁衣動土探病開市納財修倉
十二日	木		月入前二時二十六分	十二日辛卯木井平	
十三日	金		月入前三時三十六分	十三日壬辰水鬼定	宜祭祀 … 嫁娶移徙裁衣動土探病開市納財安葬
十四日	土		月入前四時四十四分	十四日癸巳水柳執	

大雪 午後十時五十七分

舊十一月節

日出午前七時二十三分 晝間九時四十一分

日入午後五時十四分 夜間十四時十九分

大正天皇祭

日	曜	月相	月出入	舊曆	納音	宿	建除	宜
十五日	日		月入午前六時零分	十五日甲午	金	星	破	
十六日	月	○望午後八時三十分	月出午後四時五十分	十六日乙未	金	張	危	
十七日	火		月出午後五時五十三分	十七日丙申	火	翼	成	宜移徙裁衣上樑(宜用巳時)開市納財安葬
十八日	水		月出午後七時四分	十八日丁酉	火	軫	收	
十九日	木		月出午後八時三十一分	十九日戊戌	木	角	開	宜裁衣動土上樑(宜用巳時)
二十日	金		月出午後九時三十八分	二十日己亥	木	亢	閉	宜裁衣
二十一日	土		月出午後十時五十分	廿一日庚子	土	氐	建	
二十二日	日		月出午後十一時五十九分	廿二日辛丑	土	房	除	冬至十一月中 宜安葬

冬至午後四時五十三分　舊十一月中

日出午前七時四十三分　晝間九時三十四分
日入午後五時十六分　夜間十四時二十六分

日	曜	月相	月出入	舊曆	納音	宿	建除	宜
二十三日	月	◐下弦午前十一時二十七分		廿三日壬寅	金	心	滿	
二十四日	火		月出午前一時四分	廿四日癸卯	金	尾	平	
二十五日	水		月出午前二時九分	廿五日甲辰	火	箕	定	
二十六日	木		月出午前三時十二分	廿六日乙巳	火	斗	執	
二十七日	金		月出午前四時十四分	廿七日丙午	水	牛	破	
二十八日	土		月出午前五時十六分	廿八日丁未	水	女	危	
二十九日	日		月出午前六時二十分	廿九日戊申	土	虛	成	宜嫁娶移徙裁衣上樑(宜用巳時)開市納財
三十日	月		月出午前七時十六分	三十日己酉	土	危	收	
三十一日	火	●合朔午前八時四十二分	十二月大	初一日庚戌	金	室	開	宜裁衣動土上樑(宜用巳時)

年歳對照

天保元年	庚寅	一百歳
天保二年	辛卯	九十九歳
天保三年	壬辰	九十八歳
天保四年	癸巳	九十七歳
天保五年	甲午	九十六歳
天保六年	乙未	九十五歳
天保七年	丙申	九十四歳
天保八年	丁酉	九十三歳
天保九年	戊戌	九十二歳
天保十年	己亥	九十一歳
天保十一年	庚子	九十歳
天保十二年	辛丑	八十九歳
天保十三年	壬寅	八十八歳
天保十四年	癸卯	八十七歳
弘化元年	甲辰	八十六歳
弘化二年	乙巳	八十五歳
弘化三年	丙午	八十四歳
弘化四年	丁未	八十三歳
嘉永元年	戊申	八十二歳
嘉永二年	己酉	八十一歳
嘉永三年	庚戌	八十歳
嘉永四年	辛亥	七十九歳
嘉永五年	壬子	七十八歳
嘉永六年	癸丑	七十七歳
安政元年	甲寅	七十六歳
安政二年	乙卯	七十五歳
安政三年	丙辰	七十四歳
安政四年	丁巳	七十三歳
安政五年	戊午	七十二歳
安政六年	己未	七十一歳
萬延元年	庚申	七十歳
文久元年	辛酉	六十九歳
文久二年	壬戌	六十八歳
文久三年	癸亥	六十七歳
元治元年	甲子	六十六歳
慶應元年	乙丑	六十五歳
慶應二年	丙寅	六十四歳
慶應三年	丁卯	六十三歳
明治元年	戊辰	六十二歳
明治二年	己巳	六十一歳
明治三年	庚午	六十歳
明治四年	辛未	五十九歳
明治五年	壬申	五十八歳
明治六年	癸酉	五十七歳
明治七年	甲戌	五十六歳
明治八年	乙亥	五十五歳
明治九年	丙子	五十四歳
明治十年	丁丑	五十三歳
明治十一年	戊寅	五十二歳
明治十二年	己卯	五十一歳
明治十三年	庚辰	五十歳
明治十四年	辛巳	四十九歳
明治十五年	壬午	四十八歳
明治十六年	癸未	四十七歳
明治十七年	甲申	四十六歳
明治十八年	乙酉	四十五歳
明治十九年	丙戌	四十四歳
明治二十年	丁亥	四十三歳
明治二十一年	戊子	四十二歳
明治二十二年	己丑	四十一歳
明治二十三年	庚寅	四十歳
明治二十四年	辛卯	三十九歳
明治二十五年	壬辰	三十八歳
明治二十六年	癸巳	三十七歳
明治二十七年	甲午	三十六歳
明治二十八年	乙未	三十五歳
明治二十九年	丙申	三十四歳
明治三十年	丁酉	三十三歳
明治三十一年	戊戌	三十二歳
明治三十二年	己亥	三十一歳
明治三十三年	庚子	三十歳
明治三十四年	辛丑	二十九歳
明治三十五年	壬寅	二十八歳
明治三十六年	癸卯	二十七歳
明治三十七年	甲辰	二十六歳
明治三十八年	乙巳	二十五歳
明治三十九年	丙午	二十四歳
明治四十年	丁未	二十三歳
明治四十一年	戊申	二十二歳
明治四十二年	己酉	二十一歳
明治四十三年	庚戌	二十歳
明治四十四年	辛亥	十九歳
明治四十五年 大正元年	壬子	十八歳
大正二年	癸丑	十七歳
大正三年	甲寅	十六歳
大正四年	乙卯	十五歳
大正五年	丙辰	十四歳
大正六年	丁巳	十三歳
大正七年	戊午	十二歳
大正八年	己未	十一歳
大正九年	庚申	十歳
大正十年	辛酉	九歳
大正十一年	壬戌	八歳
大正十二年	癸亥	七歳
大正十三年	甲子	六歳
大正十四年	乙丑	五歳
大正十五年 昭和元年	丙寅	四歳
昭和二年	丁卯	三歳
昭和三年	戊辰	二歳
昭和四年	己巳	一歳

各地의氣候

平均氣溫

(攝氏의度 (−)符號는零度以下를示함)

地名	一月	二月	三月	四月	五月	六月	七月	八月	九月	十月	十一月	十二月	年
木浦	[illegible]	[illegible]	[illegible]	[illegible]	[illegible]	[illegible]	[illegible]	[illegible]	[illegible]	[illegible]	[illegible]	[illegible]	[illegible]
釜山	[illegible]	[illegible]	[illegible]	[illegible]	[illegible]	[illegible]	[illegible]	[illegible]	[illegible]	[illegible]	[illegible]	[illegible]	[illegible]
大邱	[illegible]	[illegible]	[illegible]	[illegible]	[illegible]	[illegible]	[illegible]	[illegible]	[illegible]	[illegible]	[illegible]	[illegible]	[illegible]
仁川	[illegible]	[illegible]	[illegible]	[illegible]	[illegible]	[illegible]	[illegible]	[illegible]	[illegible]	[illegible]	[illegible]	[illegible]	[illegible]
京城	[illegible]	[illegible]	[illegible]	[illegible]	[illegible]	[illegible]	[illegible]	[illegible]	[illegible]	[illegible]	[illegible]	[illegible]	[illegible]
平壤	[illegible]	[illegible]	[illegible]	[illegible]	[illegible]	[illegible]	[illegible]	[illegible]	[illegible]	[illegible]	[illegible]	[illegible]	[illegible]
元山	[illegible]	[illegible]	[illegible]	[illegible]	[illegible]	[illegible]	[illegible]	[illegible]	[illegible]	[illegible]	[illegible]	[illegible]	[illegible]
中江鎭	[illegible]	[illegible]	[illegible]	[illegible]	[illegible]	[illegible]	[illegible]	[illegible]	[illegible]	[illegible]	[illegible]	[illegible]	[illegible]
雄基	[illegible]	[illegible]	[illegible]	[illegible]	[illegible]	[illegible]	[illegible]	[illegible]	[illegible]	[illegible]	[illegible]	[illegible]	[illegible]
臺北	[illegible]	[illegible]	[illegible]	[illegible]	[illegible]	[illegible]	[illegible]	[illegible]	[illegible]	[illegible]	[illegible]	[illegible]	[illegible]
熊本	[illegible]	[illegible]	[illegible]	[illegible]	[illegible]	[illegible]	[illegible]	[illegible]	[illegible]	[illegible]	[illegible]	[illegible]	[illegible]
下關	[illegible]	[illegible]	[illegible]	[illegible]	[illegible]	[illegible]	[illegible]	[illegible]	[illegible]	[illegible]	[illegible]	[illegible]	[illegible]
大阪	[illegible]	[illegible]	[illegible]	[illegible]	[illegible]	[illegible]	[illegible]	[illegible]	[illegible]	[illegible]	[illegible]	[illegible]	[illegible]
東京	[illegible]	[illegible]	[illegible]	[illegible]	[illegible]	[illegible]	[illegible]	[illegible]	[illegible]	[illegible]	[illegible]	[illegible]	[illegible]
札幌	[illegible]	[illegible]	[illegible]	[illegible]	[illegible]	[illegible]	[illegible]	[illegible]	[illegible]	[illegible]	[illegible]	[illegible]	[illegible]
大泊	[illegible]	[illegible]	[illegible]	[illegible]	[illegible]	[illegible]	[illegible]	[illegible]	[illegible]	[illegible]	[illegible]	[illegible]	[illegible]
大連	[illegible]	[illegible]	[illegible]	[illegible]	[illegible]	[illegible]	[illegible]	[illegible]	[illegible]	[illegible]	[illegible]	[illegible]	[illegible]
奉天	[illegible]	[illegible]	[illegible]	[illegible]	[illegible]	[illegible]	[illegible]	[illegible]	[illegible]	[illegible]	[illegible]	[illegible]	[illegible]

雨雪量

(粍一粍는每坪에對하야一升八合三勺餘에相當함)

地名	一月	二月	三月	四月	五月	六月	七月	八月	九月	十月	十一月	十二月	年
木浦	[illegible]	[illegible]	[illegible]	[illegible]	[illegible]	[illegible]	[illegible]	[illegible]	[illegible]	[illegible]	[illegible]	[illegible]	[illegible]
釜山	[illegible]	[illegible]	[illegible]	[illegible]	[illegible]	[illegible]	[illegible]	[illegible]	[illegible]	[illegible]	[illegible]	[illegible]	[illegible]
大邱	[illegible]	[illegible]	[illegible]	[illegible]	[illegible]	[illegible]	[illegible]	[illegible]	[illegible]	[illegible]	[illegible]	[illegible]	[illegible]
仁川	[illegible]	[illegible]	[illegible]	[illegible]	[illegible]	[illegible]	[illegible]	[illegible]	[illegible]	[illegible]	[illegible]	[illegible]	[illegible]
京城	[illegible]	[illegible]	[illegible]	[illegible]	[illegible]	[illegible]	[illegible]	[illegible]	[illegible]	[illegible]	[illegible]	[illegible]	[illegible]
平壤	[illegible]	[illegible]	[illegible]	[illegible]	[illegible]	[illegible]	[illegible]	[illegible]	[illegible]	[illegible]	[illegible]	[illegible]	[illegible]
元山	[illegible]	[illegible]	[illegible]	[illegible]	[illegible]	[illegible]	[illegible]	[illegible]	[illegible]	[illegible]	[illegible]	[illegible]	[illegible]
中江鎭	[illegible]	[illegible]	[illegible]	[illegible]	[illegible]	[illegible]	[illegible]	[illegible]	[illegible]	[illegible]	[illegible]	[illegible]	[illegible]
雄基	[illegible]	[illegible]	[illegible]	[illegible]	[illegible]	[illegible]	[illegible]	[illegible]	[illegible]	[illegible]	[illegible]	[illegible]	[illegible]
臺北	[illegible]	[illegible]	[illegible]	[illegible]	[illegible]	[illegible]	[illegible]	[illegible]	[illegible]	[illegible]	[illegible]	[illegible]	[illegible]
熊本	[illegible]	[illegible]	[illegible]	[illegible]	[illegible]	[illegible]	[illegible]	[illegible]	[illegible]	[illegible]	[illegible]	[illegible]	[illegible]
下關	[illegible]	[illegible]	[illegible]	[illegible]	[illegible]	[illegible]	[illegible]	[illegible]	[illegible]	[illegible]	[illegible]	[illegible]	[illegible]
大阪	[illegible]	[illegible]	[illegible]	[illegible]	[illegible]	[illegible]	[illegible]	[illegible]	[illegible]	[illegible]	[illegible]	[illegible]	[illegible]
東京	[illegible]	[illegible]	[illegible]	[illegible]	[illegible]	[illegible]	[illegible]	[illegible]	[illegible]	[illegible]	[illegible]	[illegible]	[illegible]
札幌	[illegible]	[illegible]	[illegible]	[illegible]	[illegible]	[illegible]	[illegible]	[illegible]	[illegible]	[illegible]	[illegible]	[illegible]	[illegible]
大泊	[illegible]	[illegible]	[illegible]	[illegible]	[illegible]	[illegible]	[illegible]	[illegible]	[illegible]	[illegible]	[illegible]	[illegible]	[illegible]
大連	[illegible]	[illegible]	[illegible]	[illegible]	[illegible]	[illegible]	[illegible]	[illegible]	[illegible]	[illegible]	[illegible]	[illegible]	[illegible]
奉天	[illegible]	[illegible]	[illegible]	[illegible]	[illegible]	[illegible]	[illegible]	[illegible]	[illegible]	[illegible]	[illegible]	[illegible]	[illegible]

氣温의最高最低及雨雪量의最大日量 (氣温中(一)符號는零度以下를示함)

地名	最高氣温 (攝氏寸度)		最低氣温 (攝氏寸度)		雨雪量 (粍)	
木浦	[illegible]	大正十三年	[illegible]	大正四年	[illegible]	大正六年
釜山	[illegible]	大正九年	[illegible]	大正四年	[illegible]	大正元年
大邱	[illegible]	昭和二年	[illegible]	大正十二年	[illegible]	大正十五年
仁川	[illegible]	大正十三年	[illegible]	大正四年	[illegible]	大正十一年
京城	[illegible]	大正八年	[illegible]	昭和二年	[illegible]	大正九年
平壤	[illegible]	大正八年	[illegible]	大正六年	[illegible]	大正九年
元山	[illegible]	明治三十九年	[illegible]	大正四年	[illegible]	明治三十八年
中江鎭	[illegible]	大正十三年	[illegible]	大正十一年	[illegible]	大正十二年
雄基	[illegible]	大正八年	[illegible]	大正四年	[illegible]	大正四年
臺北	[illegible]	大正十年	[illegible]	明治三十四年	[illegible]	明治四十四年
熊本	[illegible]	昭和二年	[illegible]	明治三十七年	[illegible]	大正十二年
下關	[illegible]	明治三十七年	[illegible]	[illegible]	[illegible]	明治三十七年
大阪	[illegible]	明治四十二年	[illegible]	明治二十四年	[illegible]	明治二十九年
東京	[illegible]	明治十九年	[illegible]	昭和二年	[illegible]	大正九年
札幌	[illegible]	大正十三年	[illegible]	大正十一年	[illegible]	明治三十七年
大泊	[illegible]	大正十三年	[illegible]	明治四十二年	[illegible]	大正四年
大連	[illegible]	大正八年	[illegible]	大正十一年	[illegible]	大正九年
奉天	[illegible]	大正九年	[illegible]	明治四十一年	[illegible]	明治四十四年

度量衡表

糸	度						面積			量				衡			
米突法	[illegible]	[illegible]	[illegible]	[illegible]	[illegible]	[illegible]	[illegible]	土地	[illegible]	[illegible]	[illegible]	[illegible]	[illegible]	[illegible]	[illegible]	[illegible]	[illegible]
尺貫法	[illegible]	[illegible]	[illegible]	[illegible]	[illegible]	[illegible]	[illegible]	[illegible]	[illegible]	[illegible]	[illegible]	[illegible]	[illegible]	[illegible]	[illegible]	[illegible]	[illegible]
야—드法	[illegible]	[illegible]	[illegible]	[illegible]	[illegible]	[illegible]	[illegible]	[illegible]	[illegible]	[illegible]	[illegible]	[illegible]	[illegible]	[illegible]	[illegible]	[illegible]	[illegible]

尺	間	町	里	[illegible]	段	升	貫	斤	米突	[illegible]	[illegible]	[illegible]	[illegible]	[illegible]	[illegible]	[illegible]	[illegible]
[illegible]	[illegible]	[illegible]	[illegible]	[illegible]	[illegible]	[illegible]	[illegible]	[illegible]	[illegible]	[illegible]	[illegible]	[illegible]	[illegible]	[illegible]	[illegible]	[illegible]	[illegible]

本邦의面積、人口（人口는百位에서四捨五入）

土地	面積	人口
本州	一四、六九一方里	四六、三一〇、〇〇〇
四國	一、一八一方里	三、二一九、〇〇〇
九州	二、八二八方里	九、二三〇、〇〇〇
北海道	六、〇九五方里	二、四七一、〇〇〇

土地	面積	人口
朝鮮	一四、三一二方里	一九、一三八、〇〇〇
臺灣	二、三三二方里	四、二四二、〇〇〇
樺太	二、三四〇方里	二二一、〇〇〇
計	四三、七七九方里	八四、八三一、〇〇〇

（備考）本州四國九州의人口는昭和三年十月一日現在推計、臺灣의人口는昭和元年十二月末現在、北海道、朝鮮、樺太의人口는昭和二年十二月末現在

本邦行政區劃及廳所在地

行政區劃	廳所在地
朝鮮總督府	京城府
臺灣總督府	臺北市
關東廳	旅順市
樺太廳	豐原町
北海道廳	札幌市
東京府	東京市
京都府	京都市
大阪府	大阪市
神奈川縣	橫濱市
兵庫縣	神戶市
長崎縣	長崎市
新潟縣	新潟市
埼玉縣	浦和町
群馬縣	前橋市
千葉縣	千葉市
茨城縣	水戶市
栃木縣	宇都宮市
奈良縣	奈良市
三重縣	津市
愛知縣	名古屋市
靜岡縣	靜岡市
山梨縣	甲府市
滋賀縣	大津市
岐阜縣	岐阜市
長野縣	長野市
宮城縣	仙臺市
福島縣	福島市
岩手縣	盛岡市
青森縣	青森市
山形縣	山形市
秋田縣	秋田市
福井縣	福井市
石川縣	金澤市
富山縣	富山市
鳥取縣	鳥取市
島根縣	松江市
岡山縣	岡山市
廣島縣	廣島市
山口縣	山口町
和歌山縣	和歌山市
德島縣	德島市
香川縣	高松市
愛媛縣	松山市
高知縣	高知市
福岡縣	福岡市
大分縣	大分市
佐賀縣	佐賀市
熊本縣	熊本市
宮崎縣	宮崎市
鹿兒島縣	鹿兒島市
沖繩縣	那覇市

本邦陸軍常備團隊配備

團隊	團隊司令部所在地
近衛師團	東京（東京府）
第一師團	東京（東京府）
第二師團	仙臺（宮城縣）
第三師團	名古屋（愛知縣）
第四師團	大阪（大阪府）
第五師團	廣島（廣島縣）
第六師團	熊本（熊本縣）
第七師團	旭川（北海道）
第八師團	弘前（青森縣）
第九師團	金澤（石川縣）
第十師團	姬路（兵庫縣）
第十一師團	善通寺（香川縣）
第十二師團	久留米（福岡縣）
第十四師團	宇都宮（栃木縣）
第十六師團	京都（京都府）
第十九師團	羅南（朝鮮）
第二十師團	龍山（朝鮮）

本邦海軍鎭守府所在地

軍港	鎭守府所在地
橫須賀	橫須賀
吳	吳
佐世保	佐世保

本邦主要都市及市街地人口（百位에서四捨五入）

○本州地方

大阪市	二三六〇〇〇〇
東京市	二一四三〇〇〇
名古屋市	八三六〇〇〇
京都市	七一七〇〇〇
神戸市	六五九〇〇〇
横濱市	五二九〇〇〇
廣島市	二一一〇〇〇
仙臺市	一五三〇〇〇
金澤市	一五一〇〇〇
呉市	一四二〇〇〇
岡山市	一三〇〇〇〇
堺市	一一七〇〇〇
新潟市	一一八〇〇〇
和歌山市	一〇七〇〇〇
濱松市	一〇一〇〇〇
横須賀市	九九〇〇〇
下關市	九八〇〇〇
豊橋市	九〇〇〇〇
岐阜市	九〇〇〇〇
静岡市	八九〇〇〇
宇都宮市	八一〇〇〇
前橋市	七八〇〇〇
川崎市	七七〇〇〇
富山市	七四〇〇〇
甲府市	七三〇〇〇
青森市	七三〇〇〇
長野市	七〇〇〇〇
松本市	六八〇〇〇
福井市	六一〇〇〇
山形市	五九〇〇〇
高崎市	五九〇〇〇
姫路市	五七〇〇〇
長岡市	五七〇〇〇
津市	五五〇〇〇
盛岡市	五三〇〇〇
宇部市	五三〇〇〇
奈良市	五二〇〇〇
秋田市	五〇〇〇〇
清水市	五〇〇〇〇
水戸市	五〇〇〇〇
八王子市	四九〇〇〇
郡山市	四八〇〇〇
宇治山田市	四七〇〇〇
岡崎市	四七〇〇〇
尼崎市	四七〇〇〇
米澤市	四五〇〇〇
千葉市	四五〇〇〇
桐生市	四五〇〇〇
高岡市	四四〇〇〇
若松市	四四〇〇〇
福島市	四四〇〇〇
松江市	四三〇〇〇
四日市市	四三〇〇〇
足利市	四二〇〇〇
沼津市	四一〇〇〇
明石市	三九〇〇〇
弘前市	三八〇〇〇
一宮市	三八〇〇〇
西宮市	三七〇〇〇
鳥取市	三六〇〇〇
福山市	三六〇〇〇
大垣市	三六〇〇〇
大津市	三五〇〇〇
上田市	三四〇〇〇
川越市	三四〇〇〇
岸和田市	三三〇〇〇
鶴岡市	三三〇〇〇
高田市	三二〇〇〇
米子市	三二〇〇〇
尾道市	二八〇〇〇

○四國地方

高知市	九〇〇〇〇
德島市	八七〇〇〇
松山市	七九〇〇〇
高松市	七六〇〇〇
宇和島市	四一〇〇〇
今治市	四一〇〇〇
丸龜市	二九〇〇〇

○九州地方

長崎市	一九四〇〇〇
福岡市	一六〇〇〇〇
熊本市	一五五〇〇〇
八幡市	一三五〇〇〇
鹿兒島市	一三四〇〇〇
佐世保市	一一六〇〇〇
門司市	九九〇〇〇
久留米市	七六〇〇〇
小倉市	七五〇〇〇
大牟田市	七〇〇〇〇
大分市	五八〇〇〇
那覇市	五五〇〇〇
若松市	五〇〇〇〇
宮崎市	四七〇〇〇
佐賀市	四三〇〇〇
別府市	四一〇〇〇
戸畑市	三九〇〇〇
都城市	三二〇〇〇
首里市	二〇〇〇〇

○北海道地方

函館市	一六九〇〇〇
札幌市	一五四〇〇〇
小樽市	一四四〇〇〇
旭川市	六八〇〇〇
室蘭市	五一〇〇〇
釧路市	四三〇〇〇

○臺灣地方

臺北市	二〇六〇〇〇
臺南市	八八〇〇〇
基隆市	六九〇〇〇
嘉義街	四八〇〇〇
高雄市	四七〇〇〇
臺中市	四四〇〇〇

○樺太地方

大泊町	二五〇〇〇
豊原町	二一〇〇〇
眞岡町	一四〇〇〇

○朝鮮地方

京城府	三一五〇〇〇
平壤府	一二〇〇〇〇
釜山府	一一三〇〇〇
大邱府	八三〇〇〇
仁川府	五四〇〇〇
開城面	四五〇〇〇
元山府	三八〇〇〇
咸興面	三三〇〇〇
鎭南浦府	三一〇〇〇
木浦府	二九〇〇〇
晉州面	二九〇〇〇
新義州府	二五〇〇〇
群山府	二四〇〇〇
馬山府	二三〇〇〇
光州面	二三〇〇〇
全州面	二二〇〇〇
清津府	二二〇〇〇
海州面	一九〇〇〇
羅南面	一三〇〇〇
鐵原面	一三〇〇〇
清州面	一二〇〇〇
義州面	一〇〇〇〇
公州面	一〇〇〇〇
城津面	一〇〇〇〇
春川面	八〇〇〇

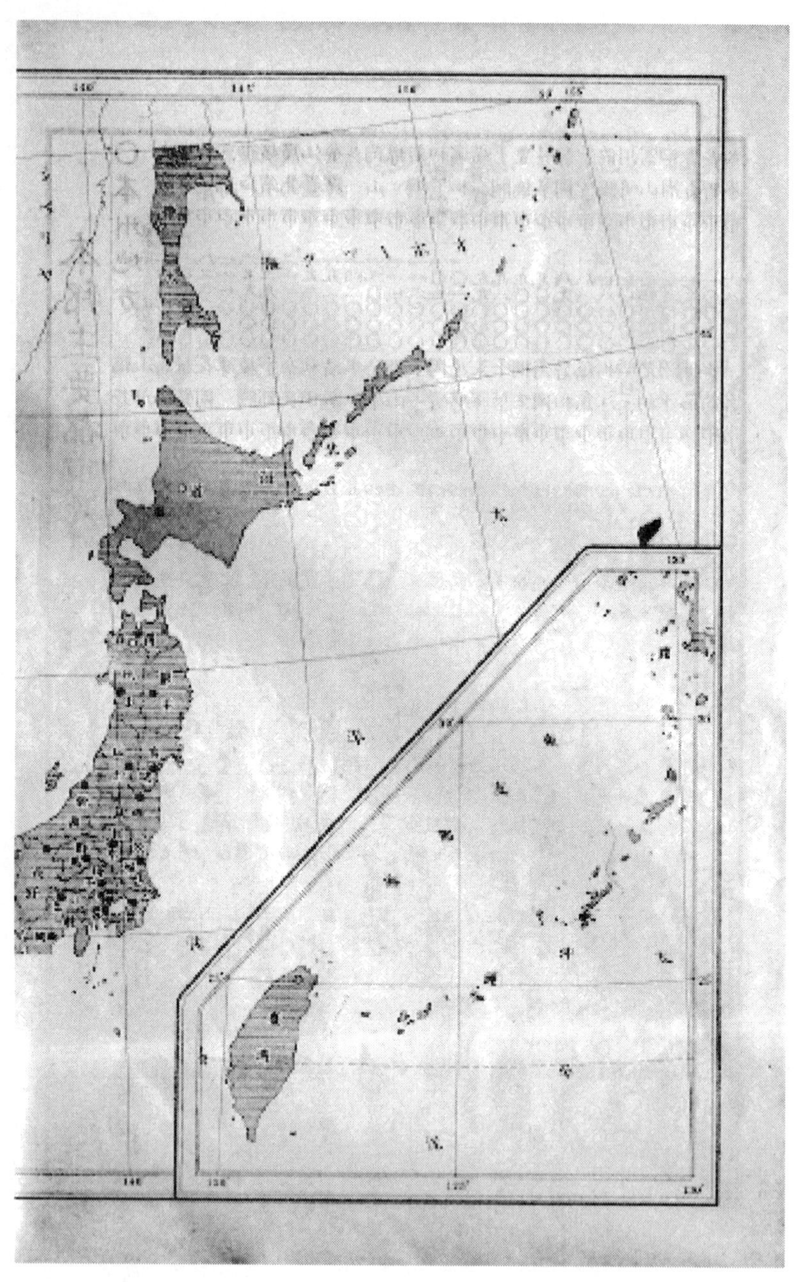

本邦行政區劃圖

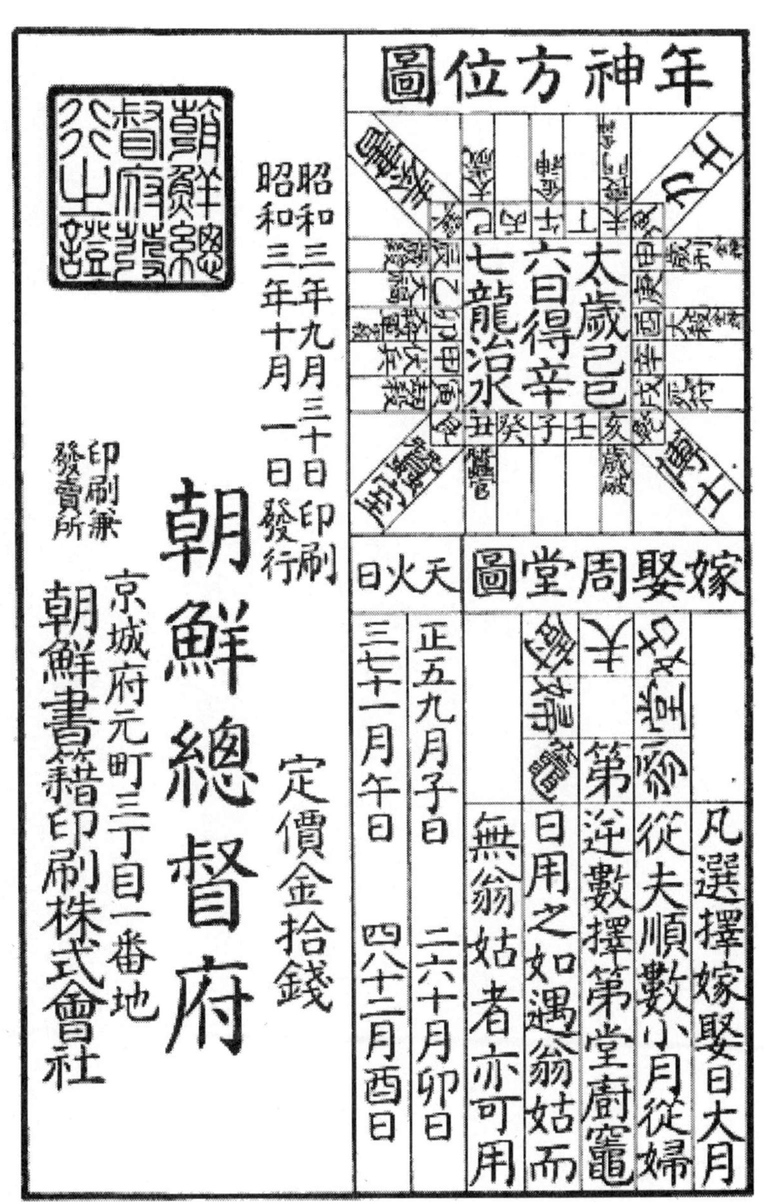

年神方位圖

太歲己巳
六白得辛
七龍治水

嫁娶周堂圖

凡選擇嫁娶日大月從夫順數小月從婦逆數擇第堂廚竈第日用之如遇翁姑而無翁姑者亦可用

天火日

正五九月子日　二六十月卯日
三七十一月午日　四八十二月酉日

昭和三年九月三十日印刷
昭和三年十月一日發行

定價金拾錢

朝鮮總督府

印刷兼發賣所
京城府元町三丁目一番地
朝鮮書籍印刷株式會社

2. 昭和四年朝鮮民曆(1929)

3 昭和五年朝鮮民暦(1930)

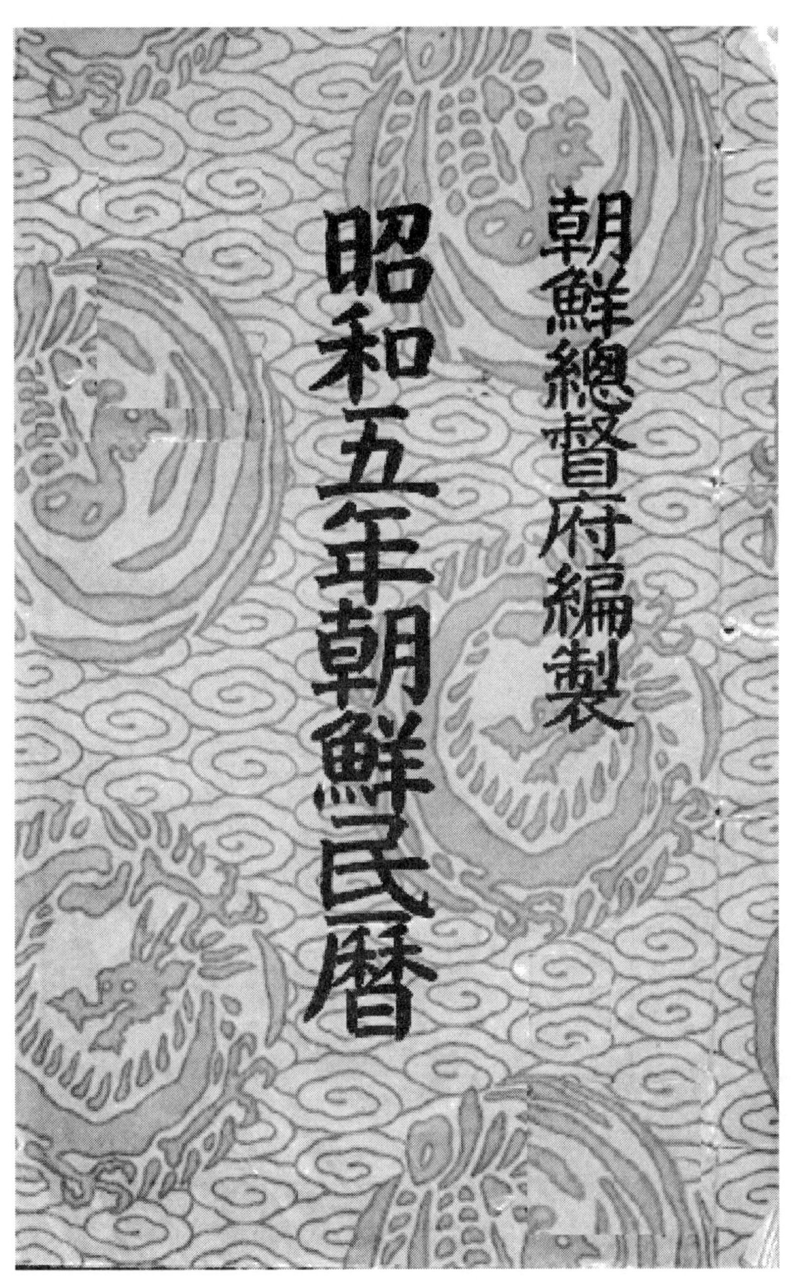

 3. 昭和五年朝鮮民曆(1930)

神武天皇即位紀元二千五百九十年

昭和五年朝鮮民曆

庚午平年 三百六十五日

朝鮮總督府觀測所推算

[illegible]	
四方拜	一月一日
元始祭	一月三日
紀元節	二月十一日
春季皇靈祭	三月二十一日
神武天皇祭	四月三日
天長節	四月二十九日
秋季皇靈祭	九月二十四日
神嘗祭	十月十七日
明治節	十一月三日
新嘗祭	十一月二十三日
大正天皇祭	十二月二十五日

月表

一月大	二月平	三月大
四月小	五月大	六月小
七月大	八月大	九月小
十月大	十一月小	十二月大

日曜表

一月	五日 十二日 十九日 二十六日
二月	二日 九日 十六日 二十三日
三月	二日 九日 十六日 二十三日 三十日
四月	六日 十三日 二十日 二十七日
五月	四日 十一日 十八日 二十五日
六月	一日 八日 十五日 二十二日 二十九日
七月	六日 十三日 二十日 二十七日
八月	[illegible]
九月	[illegible]
十月	[illegible]
十一月	[illegible]
十二月	[illegible]

月食 十月八日

食分	三厘	
初虧	午前三時四十六分	右偏上
食甚	午前四時七分	右偏上
復圓	午前四時二十七分	右

本[illegible]刻[illegible]時[illegible]入及月食은朝鮮總督府觀測所에서보이는時刻을揭함

昭和五年中陰曆歲次庚午年月表及節候表

月及月之大小	朔日	節氣		入節日	日干支	時刻	陽曆	節氣		入節日	日干支	時刻	陽曆
正月小	庚辰	立春	正月節	初六日	乙酉	亥初三刻七分	二月四日	雨水	正月中	廿一日	庚子	酉正初刻零分	二月十九日
二月大	己酉	驚蟄	二月節	初七日	乙卯	申正一刻二分	三月六日	春分	二月中	廿二日	庚午	酉初二刻零分	三月二十一日
三月大	己卯	清明	三月節	初七日	乙酉	亥初二刻八分	四月五日	穀雨	三月中	廿三日	辛丑	卯初初刻六分	四月二十一日
四月小	己酉	立夏	四月節	初八日	丙辰	申初一刻十三分	五月六日	小滿	四月中	廿四日	壬申	寅正三刻十三分	五月二十二日
五月小	戊寅	芒種	五月節	初十日	丁亥	戌初三刻十三分	六月六日	夏至	五月中	廿六日	癸卯	午正三刻八分	六月二十二日
六月大	丁未	小暑	六月節	十三日	己未	卯正一刻五分	七月八日	大暑	六月中	廿八日	甲戌	子初三刻十三分	七月二十三日
閏六月小	丁丑	立秋	七月節	十四日	庚寅	申初三刻十三分	八月八日						
七月小	丙午	處暑	七月中	初一日	丙午	卯正一刻十三分	八月二十四日	白露	八月節	十六日	辛酉	酉正一刻十四分	九月八日
八月大	乙亥	秋分	八月中	初三日	丁丑	寅初二刻六分	九月二十四日	寒露	九月節	十六日	壬辰	巳初二刻分	十月九日
九月小	乙巳	霜降	九月中	初三日	丁未	午正一刻十一分	十月二十四日	立冬	十月節	十八日	壬戌	午正一刻六分	十一月八日
十月大	甲戌	小雪	十月中	初四日	丁丑	巳初二刻十三分	十一月二十三日	大雪	十一月節	十九日	壬辰	寅正三刻六分	十二月八日
十一月大	甲辰	冬至	十一月中	初三日	丙午	亥正二刻十分	十二月二十三日	小寒	十二月節	十八日	辛酉	申初三刻十分	一月六日
十二月小	甲戌	大寒	十二月中	初三日	丙子	巳初一刻三分	一月二十一日	立春	正月節	十八日	辛卯	寅初三刻十三分	二月五日

一月大三十一日 繩、叺、蠶具、莚、果實袋等의製造

己巳十二月大

日	曜	祝祭日	月入	陰曆	干支	納音	宿	建除	宜忌
一日	水	四方拜	月入後六時七分	初二日	辛亥	金	壁	閉	宜裁衣
二日	木		月入後七時十六分	初三日	壬子	木	奎	建	
三日	金	元始祭	月入後八時十七分	初四日	癸丑	木	婁	除	宜嫁娶移徙裁衣動土上樑開市納財
四日	土		月入後九時十七分	初五日	甲寅	水	胃	滿	
五日	日	新年宴會	月入後十時十六分	初六日	乙卯	水	昴	平	
六日	月		月入後十一時十六分	初七日	丙辰	土	畢	平	小寒十二月節

小寒 午前十時三分 舊十二月節 日出午前七時四十九分 晝間九時四十一分 日入午後五時三十分 夜間十四時十九分

日	曜	弦望	月入	陰曆	干支	納音	宿	建除	宜忌
七日	火			初八日	丁巳	土	觜	定	
八日	水	◐上弦午後零時十六分	月入前零時十六分	初九日	戊午	火	參	執	
九日	木		月入前一時十九分	初十日	己未	火	井	破	宜破屋
十日	金		月入前二時二十五分	十一日	庚申	木	鬼	危	宜移徙裁衣動土上樑開市納財安葬
十一日	土		月入前三時三十五分	十二日	辛酉	木	柳	成	宜嫁娶移徙裁衣動土上樑開市納財安葬
十二日	日		月入前四時四十六分	十三日	壬戌	水	星	收	
十三日	月		月入前六時二分	十四日	癸亥	水	張	開	
十四日	火		月入前七時十三分	十五日	甲子	金	翼	閉	宜裁衣安葬

十五日水 ○望午前七時二十一分 月出午後五時五十三分 十六日乙丑金軫建 宜裁衣上樑[illegible]納財安葬

十六日木 月出午後七時十三分 十七日丙寅火角除

十七日金 月出午後八時三十一分 十八日丁卯火亢滿

十八日土 月出午後九時四十四分 十九日戊辰木氐平 土王用事

十九日日 月出午後十時五十三分 二十日己巳木房定 宜冠帶[illegible]裁衣上樑[illegible]納財

二十日月 廿一日庚午土心執 宜嫁娶移徙裁衣上樑[illegible]安葬

二十一日火 臘 月出午前零時零分 廿二日辛未土尾破 大寒十二月中

大寒午前三時三十三分 舊十二月中
日出午前七時四十五分 晝間九時五十九分
日入午後五時四十四分 夜間十四時一分

二十二日水 ◐下弦午前一時七分 月出午前一時五分 廿三日壬申金箕危

二十三日木 月出午前二時九分 廿四日癸酉金斗成 宜嫁娶移徙裁衣上樑[illegible]開市納財安葬

二十四日金 月出午前三時十三分 廿五日甲戌火牛收

二十五日土 月出午前四時十四分 廿六日乙亥火女開 宜裁衣上樑[illegible]開市納財

二十六日日 月出午前五時十四分 廿七日丙子水虛閉 宜安葬啓欑

二十七日月 月出午前六時八分 廿八日丁丑水危建

二十八日火 月出午前六時五十七分 廿九日戊寅土室除

二十九日水 月出午前七時三十九分 三十日己卯土壁滿

三十日木 ●合朔午前四時七分 庚午正月小 初一日庚辰金奎平

三十一日金 月入午後七時十分 初二日辛巳金婁定

二月平二十八日 繩叺、蠶具、蔟、果實袋等의製造、苹果의剪定、麥追肥

日	曜	月相	月出入	陰曆	干支	納音	宿	建除	宜
一日	土		月入午後八時十分	初三日	壬午	木	胃	執	
二日	日		月入午後九時十分	初四日	癸未	木	昴	破	
三日	月		月入午後十時九分	初五日	甲申	水	畢	危	
四日	火		月入午後十一時十分	初六日	乙酉	水	觜	危	立春正月節 宜安葬

立春 午後九時五十二分 舊正月節 日出午前七時三十五分 晝間十時二十五分 日入午後六時零分 夜間十三時三十五分

日	曜	月相	月出入	陰曆	干支	納音	宿	建除	宜
五日	水			初七日	丙戌	土	參	成	宜動土上樑[illegible]安葬
六日	木		月入午前零時十三分	初八日	丁亥	土	井	收	宜移徙裁衣動土上樑[illegible]開市納財
七日	金	◑ 上弦午前二時二十分	月入午前一時二十分	初九日	戊子	火	鬼	開	
八日	土		月入午前二時二十九分	初十日	己丑	火	柳	閉	
九日	日		月入午前三時四十分	十一日	庚寅	木	星	建	宜裁衣納財
十日	月		月入午前四時五十一分	十二日	辛卯	木	張	除	宜裁衣動土上樑[illegible]安葬啓攢
十一日 紀元節	火		月入午前五時五十五分	十三日	壬辰	水	翼	滿	宜嫁娶移徙裁衣動土上樑[illegible]開市納財安葬
十二日	水		月入午前六時四十九分	十四日	癸巳	水	軫	平	
十三日	木	○ 望午後五時二十九分	月出午後六時零分	十五日	甲午	金	角	定	宜冠帶[illegible]移徙裁衣動土上樑[illegible]開市納財
十四日	金		月出午後七時十七分	十六日	乙未	金	亢	執	

十五日土 月出後八時三十二分 十七日丙申火氐破 宜破屋
十六日日 月出後九時四十一分 十八日丁酉火房危 宜嫁娶移徙裁衣動土上樑[illegible]納財安葬
十七日月 月出後十時四十九分 十九日戊戌木心成
十八日火 月出後十一時五十六分 二十日己亥木尾收
十九日水 二十一日庚子土箕開 雨水正月中

雨水 午後六時零分 舊正月中
日出午前七時十九分 晝間十一時五十七分
日入午後六時十六分 夜間十二時三分

二十日木 ◑下弦午後五時四十三分 月出前一時二分 二十二日辛丑土斗閉
二十一日金 月出前二時六分 二十三日壬寅金牛建
二十二日土 月出前三時七分 二十四日癸卯金女除 宜啓攢
二十三日日 月出前四時四分 二十五日甲辰火虛滿 宜裁衣
二十四日月 月出前四時五十五分 二十六日乙巳火危平
二十五日火 月出前五時三十九分 二十七日丙午水室定 宜[illegible]嫁娶移徙裁衣動土上樑[illegible]
二十六日水 月出前六時十六分 二十八日丁未水壁執 宜嫁娶移徙裁衣動土上樑[illegible]納財安葬
二十七日木 月出前六時四十八分 二十九日戊申土奎破 宜破屋
二十八日金 ●合朔午後六時三十二分 二月大 初一日己酉土婁危 宜安葬

三月大 三十一日

桃梨의剪定、桑田果樹園의病蟲害防除、麥類의播種
果樹園의施肥、温床準備、甘藷床植、温床播種

日	曜	月相	月出入	陰曆	干支	五行	宿	建除	宜
一日	土		月入後七時三分	初三日	庚戌	金	胃	成	
二日	日		月入後八時三分	初四日	辛亥	金	昴	收	宜移徙裁衣動土上樑(宜用巳時)開市納財
三日	月		月入後九時四分	初五日	壬子	木	畢	開	宜嫁娶移徙動土上樑(宜用巳時)
四日	火		月入後十時七分	初六日	癸丑	木	觜	閉	
五日	水		月入後十一時十一分	初七日	甲寅	水	參	建	宜裁衣納財
六日	木			初八日	乙卯	水	井	建	驚蟄二月節

驚蟄 午後四時十七分 舊二月節

日出午前七時零分 晝間十一時三十二分
日入午後六時三十二分 夜間十二時二十八分

日	曜	月相	月出入	陰曆	干支	五行	宿	建除	宜
七日	金		月入前零時二十分	初九日	丙辰	土	鬼	除	宜移徙裁衣動土上樑(宜用巳時)
八日	土	◐ 上弦午後一時零分	月入前一時二十九分	初十日	丁巳	土	柳	滿	宜裁衣上樑(宜用巳時)開市納財
九日	日		月入前二時三十六分	十一日	戊午	火	星	平	
十日	月		月入前三時四十三分	十二日	己未	火	張	定	宜冠帶(宜用巳時)移徙裁衣動土上樑(宜用巳時)納財安葬
十一日	火		月入前四時三十六分	十三日	庚申	木	翼	執	
十二日	水		月入前五時二十六分	十四日	辛酉	木	軫	破	
十三日	木		月入前六時五分	十五日	壬戌	水	角	危	
十四日	金		月入前六時三十六分	十六日	癸亥	水	亢	成	

春分 [illegible]

十五日土	○望午前二時五十八分	潮後七時 十六分	十六日甲子金氐收	
十六日日		潮後八時三十七分	十七日乙丑金房開	宜移徙裁衣動土栽種 宜用卯時
十七日月		潮後九時三十六分	十八日丙寅火心閉	宜裁衣納財啓攢
十八日火		潮後十時四十四分	十九日丁卯火尾建	宜移徙上樑 [illegible] 啓攢
十九日水社		潮後十一時五十一分	二十日戊辰木箕除	
二十日木			廿一日己巳木斗滿	
二十一日金		潮前零時五十八分	廿二日庚午土牛平	春分二月中

春分 午後五時三十分 舊二月中

日出午前六時三十七分 晝間十二時 分

日入午後六時四十三分 夜間十一時五十三分

二十二日土	◐下弦午後零時十三分	潮前一時五十六分	廿三日辛未土女定	
二十三日日		潮前二時四十九分	廿四日壬申金虛執	
二十四日月		潮前三時三十六分	廿五日癸酉金危破	
二十五日火		潮前四時 十六分	廿六日甲戌火室危	宜冠帶移徙裁衣動土栽種 [illegible] 開市納財安葬
二十六日水		潮前四時五十一分	廿七日乙亥火壁成	宜移徙裁衣動土栽種 [illegible]
二十七日木		潮前五時 十六分	廿八日丙子水奎收	
二十八日金		潮前五時四十四分	廿九日丁丑水婁開	宜嫁娶移徙裁衣動土栽種 [illegible]
二十九日土		潮前六時 八分	三十日戊寅土胃閉	
三十日日	●合朔午後三時四十六分	三月大	初一日己卯土昴建	
三十一日月		潮後七時五十八分	初二日庚辰金畢除	

神武天皇祭

四月小 三十日

馬鈴薯、大麻、瓜類의播種、苗木類의植付、桑田의耕耘施肥、果樹接木、種稻의精選、秧板의整地

日	曜	記事	月出入	陰曆	干支	納音	宿	建除	宜
一日	火		月入後九時 四分	初三日	辛巳	金	觜	滿	
二日	水		月入後十時十一分	初四日	壬午	木	參	平	
三日	木		月入後十一時二十一分	初五日	癸未	木	井	定	
四日	金			初六日	甲申	水	鬼	執	
五日	土		月入前零時三十一分	初七日	乙酉	水	柳	執	清明三月節

清明 午後九時三十分 **舊三月節** 日出午前六時十五分 晝間十二時四十四分 日入午後六時五十九分 夜間十一時十六分

日	曜	記事	月出入	陰曆	干支	納音	宿	建除	宜
六日	日	◐上弦午後八時三十五分 寒食	月入前一時三十六分	初八日	丙戌	土	星	破	宜破屋
七日	月		月入前二時三十四分	初九日	丁亥	土	張	危	宜移徙裁衣動土上樑宜用卯時納財
八日	火		月入前三時二十三分	初十日	戊子	火	翼	成	宜嫁娶裁衣動土上樑宜用卯時開市納財
九日	水		月入前四時 三分	十一日	己丑	火	軫	收	宜納財
十日	木		月入前四時三十七分	十二日	庚寅	木	角	開	宜移徙裁衣動土上樑宜用巳時開市納財
十一日	金		月入前五時 六分	十三日	辛卯	木	亢	閉	
十二日	土		月入前五時三十四分	十四日	壬辰	水	氐	建	
十三日	日	○望午後二時四十九分	月出後七時 十四分	十五日	癸巳	水	房	除	
十四日	月		月出後八時二十三分	十六日	甲午	金	心	滿	

日	曜	月相	月出入	陰曆	干支	五行	宿	建除	宜
十五日	火		月出午後九時二十五分	十七日	乙未	金	尾	平	
十六日	水		月出午後十時三十九分	十八日	丙申	火	箕	定	
十七日	木		月出午後十一時四十三分	十九日	丁酉	火	斗	執	宜嫁娶移徙裁衣上樑豎柱補垣納財安葬
十八日	金			二十日	戊戌	木	牛	破	土王用事
十九日	土		月出午前零時四十一分	廿一日	己亥	木	女	危	
二十日	日		月出午前一時三十二分	廿二日	庚子	土	虛	成	宜嫁娶裁衣上樑豎柱補垣開市納財啓攢
二十一日	月	◐下弦午前七時九分	月出午前二時十四分	廿三日	辛丑	土	危	收	穀雨三月中
二十二日	火		月出午前二時四十九分	廿四日	壬寅	金	室	開	宜嫁娶移徙裁衣上樑豎柱補垣開市
二十三日	水		月出午前三時二十分	廿五日	癸卯	金	壁	閉	
二十四日	木		月出午前三時四十六分	廿六日	甲辰	火	奎	建	
二十五日	金		月出午前四時十一分	廿七日	乙巳	火	婁	除	
二十六日	土		月出午前四時三十三分	廿八日	丙午	水	胃	滿	
二十七日	日		月出午前四時五十七分	廿九日	丁未	水	昴	平	
二十八日	月		月出午前五時二十一分	三十日	戊申	土	畢	定	
二十九日 (天長節)	火	●合朔午前四時八分	四月小	初一日	己酉	土	觜	執	宜安葬
三十日	水		月入午後九時九分	初二日	庚戌	金	參	破	

穀雨 午前五時六分 舊三月中

日出午前五時五十二分 晝間十三時二十一分
日入午後七時十三分 夜間十時三十九分

五月大三十一日

水稻·陸稻·棉·粟·大小豆·蔬菜의播種, 春蠶의催靑掃立, 麥의黑穗拔除, 甘藷苗의移植, 病蟲害豫防藥撒布

日	曜	月相	月出入	陰曆	干支	納音	宿	建除	宜
一日	木		入月 午後十時三十一分	初三日	辛亥	金	井	危	宜納財
二日	金		入月 午後十一時三十九分	初四日	壬子	木	鬼	成	宜嫁娶裁衣上樑竪柱開市納財安葬啓攅
三日	土			初五日	癸丑	木	柳	收	
四日	日		入月 午前零時三十分	初六日	甲寅	水	星	開	宜移徙裁衣上樑竪柱開市
五日	月		入月 午前一時三十三分	初七日	乙卯	水	張	閉	
六日	火	◐ 上弦 午前一時五十三分	入月 午前二時四分	初八日	丙辰	土	翼	閉	立夏四月節

立夏 午後三時二十分 **舊四月節** 日出午前五時三十三分 晝間十三時五十四分 日入午後七時二十七分 夜間十時[illegible]分

日	曜	月相	月出入	陰曆	干支	納音	宿	建除	宜
七日	水		入月 午前二時三十九分	初九日	丁巳	土	軫	建	
八日	木		入月 午前三時九分	初十日	戊午	火	角	除	
九日	金		入月 午前三時三十六分	十一日	己未	火	亢	滿	
十日	土		入月 午前四時二分	十二日	庚申	木	氐	平	宜移徙裁衣動土上樑竪柱開市納財安葬
十一日	日		入月 午前四時二十八分	十三日	辛酉	木	房	定	宜祭祀祈福嫁娶移徙裁衣動土上樑竪柱開市納財安葬
十二日	月		入月 午前四時五十五分	十四日	壬戌	水	心	執	
十三日	火	○ 望 午前二時二十九分	出月 午後八時二十二分	十五日	癸亥	水	尾	破	
十四日	水		出月 午後九時二十六分	十六日	甲子	金	箕	危	

日	曜	弦·朔	月出·月入	陰曆	干支	納音	宿	建除	宜
十五日	木		月出午後十時二十八分	十七日	乙丑	金	斗	成	宜裁衣動土樑(宜用卯時)開市納財安葬
十六日	金		月出午後十一時二十一分	十八日	丙寅	火	牛	收	宜嫁娶移徙裁衣上樑(宜用未時)納財
十七日	土			十九日	丁卯	火	女	開	
十八日	日		月出午前零時 九分	二十日	戊辰	木	虛	閉	
十九日	月		月出午前零時四十七分	廿一日	己巳	木	危	建	
二十日	火		月出午前一時二十 分	廿二日	庚午	土	室	除	宜嫁娶移徙裁衣動土樑(宜用卯時)安葬
二十一日	水	下弦午前一時二十三分	月出午前一時四十八分	廿三日	辛未	土	壁	滿	
二十二日	木		月出午前二時 十二分	廿四日	壬申	金	奎	平	小滿四月中

小滿 午前四時四十二分 舊四月中

日出午前五時二十一分 晝間十四時二十二分
日入午後七時四十三分 夜間 九時三十八分

日	曜	弦·朔	月出·月入	陰曆	干支	納音	宿	建除	宜
二十三日	金		月出午前二時三十五分	廿五日	癸酉	金	婁	定	宜冠帶(宜用午時)移徙動土樑(宜用午時)安葬
二十四日	土		月出午前二時五十八分	廿六日	甲戌	火	胃	執	宜嫁娶
二十五日	日		月出午前三時二十二分	廿七日	乙亥	火	昴	破	宜破屋
二十六日	月		月出午前三時四十七分	廿八日	丙子	水	畢	危	宜移徙裁衣動土樑(宜用卯時)
二十七日	火		月出午前四時 十七分	廿九日	丁丑	水	觜	成	
二十八日	水	合朔午後二時二十七分	五月小	初一日	戊寅	土	參	收	
二十九日	木		月入午後九時 十四分	初二日	己卯	土	井	開	
三十日	金		月入午後十時二十一分	初三日	庚辰	金	鬼	閉	
三十一日	土		月入午後十一時 十七分	初四日	辛巳	金	柳	建	宜嫁娶移徙裁衣上樑(宜用午時)

六月小 三十日

移秧、麥收穫、桑의株直、桑田의耕耘施肥、甘藷苗移植、粟間拔、果實의被袋、綠肥收穫、病桑拔除、田의除草耕耘

日	曜	月相	月出入	陰曆	干支	納音	宿	建除	宜
一日	日			初五日	壬午	木	星	除	
二日	月		月入前零時四分	初六日	癸未	木	張	滿	
三日	火		月入前零時四十一分	初七日	甲申	水	翼	平	
四日	水	◐上弦午前六時五十分	月入前一時十三分	初八日	乙酉	水	軫	定	[illegible]
五日	木		月入前一時四十一分	初九日	丙戌	土	角	執	宜裁衣
六日	金		月入前二時六分	初十日	丁亥	土	亢	執	芒種五月節

芒種 午後七時五十分 **舊五月節** 日出前五時十三分 晝間十四時三十九分 日入後七時五十二分 夜間九時二十一分

日	曜	月相	月出入	陰曆	干支	納音	宿	建除	宜
七日	土		月入前二時三十一分	十一日	戊子	火	氐	破	
八日	日		月入前二時五十八分	十二日	己丑	火	房	危	
九日	月		月入前三時二十七分	十三日	庚寅	木	心	成	宜嫁娶裁衣動土移徙開市納財啓攢
十日	火		月入前四時零分	十四日	辛卯	木	尾	收	
十一日	水	○望午後三時十二分	月出後八時十七分	十五日	壬辰	水	箕	開	宜移徙動土裁衣
十二日	木		月出後九時十四分	十六日	癸巳	水	斗	閉	宜裁衣
十三日	金		月出後十時三分	十七日	甲午	金	牛	建	
十四日	土		月出後十時四十五分	十八日	乙未	金	女	除	宜嫁娶納財安葬

日	曜	月相	月出入	舊曆	干支	納音	宿	建除	宜
十五日	日		出月 午後十一時 十九分	十九日	丙申	火	虛	滿	宜嫁娶移徙裁衣動土上樑開市納財
十六日	月		出月 午後十一時四十九分	二十日	丁酉	火	危	平	
十七日	火			廿一日	戊戌	木	室	定	
十八日	水		出月 午前零時 十四分	廿二日	己亥	木	壁	執	
十九日	木	◑ 下弦 午後六時零分	出月 午前零時三十八分	廿三日	庚子	土	奎	破	
二十日	金		出月 午前一時 零分	廿四日	辛丑	土	婁	危	
二十一日	土		出月 午前一時二十三分	廿五日	壬寅	金	胃	成	
二十二日	日		出月 午前一時四十六分	廿六日	癸卯	金	昴	收	夏至五月中

夏至 午後零時五十三分 舊五月中

日出午前五時十一分 晝間十四時四十五分
日入午後七時五十六分 夜間九時 十五分

日	曜	月相	月出入	舊曆	干支	納音	宿	建除	宜
二十三日	月		出月 午前二時 十四分	廿七日	甲辰	火	畢	開	
二十四日	火		出月 午前二時四十七分	廿八日	乙巳	火	觜	閉	
二十五日	水		出月 午前三時二十七分	廿九日	丙午	水	參	建	
二十六日	木	● 合朔 午後七時四十二分	六月大	初一日	丁未	水	井	除	宜移徙裁衣動土上樑宜巳時開市納財
二十七日	金		入月 午後九時 五分	初二日	戊申	土	鬼	滿	宜嫁娶移徙裁衣動土上樑宜巳時開市納財
二十八日	土		入月 午後九時五十七分	初三日	己酉	土	柳	平	
二十九日	日		入月 午後十時三十九分	初四日	庚戌	金	星	定	宜冠帶嫁娶裁衣動土上樑宜巳時納財
三十日	月		入月 午後十一時 十四分	初五日	辛亥	金	張	執	

七月大三十一日

畓의除草、蕎麥의播種、桑田의除草、桑의培土、馬鈴薯、大麻의收穫、果樹夏季剪定、蔬菜의耕耘追肥、堆肥製造、二期作馬鈴薯播種

日	曜	月相	月出入	陰曆	干支	納音	宿	直	宜
一日	火		月入午後十一時四十三分	初一日	壬子	木	翼	破	
二日	水			初二日	癸丑	木	軫	危	
三日	木	◐上弦午後一時三分	月入午前零時十一分	初三日	甲寅	水	角	成	宜裁衣動土豎柱上樑開市納財修倉庫
四日	金		月入午前零時三十六分	初四日	乙卯	水	亢	收	
五日	土		月入午前一時一分	初五日	丙辰	土	氐	開	宜嫁娶移徙動土上樑
六日	日		月入午前一時三十一分	初六日	丁巳	土	房	閉	宜裁
七日	月		月入午前二時一分	初七日	戊午	火	心	建	
八日	火		月入午前二時三十八分	初八日	己未	火	尾	建	小暑六月節 宜移徙裁衣納財

小暑 午前六時三十分 舊六月節

日出 午前五時十九分 晝間 十四時三十九分
日入 午後七時五十八分 夜間 九時二十一分

日	曜	月相	月出入	陰曆	干支	納音	宿	直	宜
九日	水		月入午前三時二十二分	初九日	庚申	木	箕	除	
十日	木		月入午前四時十二分	初十日	辛酉	木	斗	滿	
十一日	金	○望午前五時一分	月出午後八時四十三分	十一日	壬戌	水	牛	平	
十二日	土		月出午後九時二十分	十二日	癸亥	水	女	定	
十三日	日		月出午後九時五十四分	十三日	甲子	金	虛	執	宜嫁娶裁衣動土上樑破屋安葬
十四日	月		月出午後十時十七分	十四日	乙丑	金	危	破	

日	曜	弦望	月出入	陰曆	納音	宿	建除	宜忌
十五日	火		月出後十時四十一分	二十日丙寅	火	室	危	宜啓攢
十六日	水		月出後十一時三分	廿一日丁卯	火	壁	成	宜嫁娶移徙裁衣動土上樑立柱開市納財啓攢
十七日	木		月出後十一時二十五分	廿二日戊辰	木	奎	收	宜納財
十八日	金		月出後十一時四十八分	廿三日己巳	木	婁	開	
十九日	土	下弦午前八時三十九分		廿四日庚午	土	胃	閉	宜安葬
二十日	日		月出前零時十三分	廿五日辛未	土	昴	建	土王用事 宜移徙裁衣上樑立柱納財
二十一日	月		月出前零時四十三分	廿六日壬申	金	畢	除	
二十二日	火		月出前一時十八分	廿七日癸酉	金	觜	滿	
二十三日	水		月出前二時二分	廿八日甲戌	火	參	平	大暑六月中

大暑 午後十一時四十二分 舊六月中

日出午前五時二十九分 晝間十四時二十三分
日入午後七時五十分 夜間九時三十七分

日	曜	弦望	月出入	陰曆	納音	宿	建除	宜忌
二十四日	木		月出前二時五十九分	廿九日乙亥	火	井	定	宜祭祀嫁娶移徙裁衣上樑立柱納財
二十五日	金		月出前四時七分	三十日丙子	水	鬼	執	
二十六日	土	合朔午前五時四十二分	閏六月小	初一日丁丑	水	柳	破	
二十七日	日		月入後九時十分	初二日戊寅	土	星	危	宜移徙裁衣上樑立柱開市納財
二十八日	月		月入後九時四十三分	初三日己卯	土	張	成	宜嫁娶移徙裁衣上樑立柱開市納財
二十九日	火	中伏	月入後十時十一分	初四日庚辰	金	翼	收	
三十日	水		月入後十時三十七分	初五日辛巳	金	軫	開	
三十一日	木		月入後十一時四分	初六日壬午	木	角	閉	宜安葬

八月大 三十一日

蕎麥播種、白菜、蘿蔔의播種、桑天牛卵의取除、秋蠶의催青掃立、陸稻培土、堆肥切反、棉摘心、病桑拔除

一日	金	◐上弦午後九時二十六分	月入後十一時三十二分	七月七日癸未木亢建	
二日	土			七月八日甲申水氐除	宜嫁娶移徙裁衣上樑安葬
三日	日		月入前零時二分	七月九日乙酉水房滿	
四日	月		月入前零時三十八分	七月十日丙戌土心平	
五日	火		月入前一時十九分	十一日丁亥土尾定	宜冠帶裁衣上樑
六日	水		月入前二時七分	十二日戊子火箕執	宜裁衣
七日	木		月入前三時一分	十三日己丑火斗破	
八日	金		月入前四時零分	十四日庚寅木牛破	立秋七月節

立秋 午後三時五十七分 **舊七月節** 日出前五時四十三分 晝間十三時五十三分 日入後七時十五分 夜間十時 分

九日	土	○望午後七時五十八分	月出後七時五十三分	十五日辛卯木女危	宜啓攢
十日	日		月出後八時二十二分	十六日壬辰水虛成	宜裁衣動土上樑開市納財安葬
十一日	月		月出後八時四十五分	十七日癸巳水危收	宜移徙裁衣動土上樑開市納財
十二日	火		月出後九時八分	十八日甲午金室開	
十三日	水		月出後九時二十九分	十九日乙未金壁閉	
十四日	木		月出後九時五十一分	二十日丙申火奎建	

日	曜	月相·節氣	月出·月入	陰曆	日辰	納音	宿	建除	宜
十五日	金		月出 後十時十五分	廿一日	丁酉	火	婁	除	宜裁衣動土[illegible]安葬
十六日	土		月出 後十時四十一分	廿二日	戊戌	木	胃	滿	
十七日	日	◐ 下弦 後八時三十一分	月出 後十一時十三分	廿三日	己亥	木	昴	平	
十八日	月	末伏	月出 後十一時五十三分	廿四日	庚子	土	畢	定	宜冠帶[illegible]移徙裁衣動土[illegible]
十九日	火			廿五日	辛丑	土	觜	執	
二十日	水		月出 前零時四十二分	廿六日	壬寅	金	參	破	
二十一日	木		月出 前一時四十四分	廿七日	癸卯	金	井	危	宜嫁娶移徙裁衣[illegible]納財安葬[illegible]
二十二日	金		月出 前二時五十六分	廿八日	甲辰	火	鬼	成	
二十三日	土		月出 前四時十四分	廿九日	乙巳	火	柳	收	
二十四日	日	● 合朔 後零時三十六分	七月小	初一日	丙午	水	星	開	處暑七月中
處暑 前六時二十七分 舊七月中		日出前五時五十六分 晝間十三時二十六分 日入後七時十一分 夜間十時四十分							
二十五日	月		月入 後八時八分	初二日	丁未	水	張	閉	
二十六日	火		月入 後八時三十六分	初三日	戊申	土	翼	建	宜嫁娶移徙裁衣[illegible]納財安葬
二十七日	水		月入 後九時三分	初四日	己酉	土	軫	除	宜安葬
二十八日	木		月入 後九時三十一分	初五日	庚戌	金	角	滿	
二十九日	金		月入 後十時二分	初六日	辛亥	金	亢	平	
三十日	土		月入 後十時三十六分	初七日	壬子	木	氐	定	宜冠帶[illegible]
三十一日	日	◑ 上弦 前八時五十七分	月入 後十一時十六分	初八日	癸丑	木	房	執	宜動土[illegible]安葬

九月小 三十日

螟蟲被害稻의拔除燒却、小麥、秋蒔綠肥의播種、桑、大豆의收穫、果樹除袋

日	曜	月	月出入	陰曆	干支	納音	宿	建除	宜
一日	月			初九日	甲寅	水	心	破	
二日	火		月入前零時 二分	初十日	乙卯	水	尾	危	
三日	水		月入前零時五十二分	十一日	丙辰	土	箕	成	
四日	木		月入前一時五十三分	十二日	丁巳	土	斗	收	宜嫁娶移徙裁衣上樑[illegible]開市納財
五日	金		月入前二時五十三分	十三日	戊午	火	牛	開	宜嫁娶移徙裁衣動土上樑[illegible]開市
六日	土		月入前三時五十四分	十四日	己未	火	女	閉	
七日	日		月入前四時五十四分	十五日	庚申	木	虛	建	宜裁衣納財
八日	月	○望午前十一時四十分	月出後七時十三分	十六日	辛酉	木	危	建	白露八月節

白露 午後六時二十九分 舊八月節 日出午前六時[illegible]分 晝間十二時四十三分 日入午後六時五十二分 夜間十一時十七分

日	曜	月	月出入	陰曆	干支	納音	宿	建除	宜
九日	火		月出後七時三十四分	十七日	壬戌	水	室	除	宜移徙裁衣動土上樑[illegible]
十日	水		月出後七時五十六分	十八日	癸亥	水	壁	滿	
十一日	木		月出後八時十九分	十九日	甲子	金	奎	平	
十二日	金		月出後八時四十四分	二十日	乙丑	金	婁	定	宜嫁娶移徙裁衣動土上樑[illegible]納財安葬
十三日	土		月出後九時十四分	廿一日	丙寅	火	胃	執	
十四日	日		月出後九時五十一分	廿二日	丁卯	火	昴	破	

秋季
皇靈祭

日	曜	月相	月出入	陰曆	干支	納音	宿	建除	宜
十五日	月		月出午後十時三十四分	廿三日	戊辰	木	畢	危	
十六日	火	◑ 下弦午前六時十三分	月出午後十一時二十九分	廿四日	己巳	木	觜	成	宜嫁娶移徙裁衣動土上樑 宜用[illegible]時 開市納財
十七日	水			廿五日	庚午	土	參	收	
十八日	木		月出午前零時三十五分	廿六日	辛未	土	井	開	宜嫁娶移徙裁衣上樑 宜用卯時
十九日	金		月出午前一時四十八分	廿七日	壬申	金	鬼	閉	
二十日	土		月出午前三時 六分	廿八日	癸酉	金	柳	建	
二十一日	日		月出午前四時二十四分	廿九日	甲戌	火	星	除	
二十二日	月	● 合朔午後八時四十二分	八月大	初一日	乙亥	火	張	滿	宜移徙裁衣動土上樑 宜用[illegible]時 開市納財
二十三日	火		月入午後七時 一分	初二日	丙子	水	翼	平	
二十四日	水		月入午後七時二十九分	初三日	丁丑	水	軫	定	秋分八月中 宜裁衣動土上樑 宜用巳時 納財
二十五日	木	社	月入午後七時五十六分	初四日	戊寅	土	角	執	
二十六日	金		月入午後八時三十三分	初五日	己卯	土	亢	破	
二十七日	土		月入午後九時 十分	初六日	庚辰	金	氐	危	宜嫁娶移徙裁衣動土上樑 宜用[illegible]時 開市納財安葬
二十八日	日		月入午後九時五十五分	初七日	辛巳	金	房	成	宜移徙裁衣動土上樑 宜用[illegible]時 開市納財
二十九日	月	◐ 上弦午後十一時五十分	月入午後十時四十七分	初八日	壬午	木	心	收	
三十日	火		月入午後十一時四十四分	初九日	癸未	木	尾	開	宜移徙裁衣上樑 宜用卯時

秋分 午前三時三十六分 **舊八月中**

日出午前六時二十二分 晝間十二時 七分
日入午後六時二十九分 夜間十一時五十三分

十月大三十一日

大麥의 播種, 桑田의 害蟲驅除, 種稻의 選穗, 大豆, 甘藷, 馬鈴薯의 收穫貯藏, 果實貯藏庫修理消毒

日	曜		月出入	陰曆	干支	納音	宿	直	宜
一日	水			初十日	甲申	水	箕	閉	宜藏衣納財安葬
二日	木		月入前零時四十三分	十一日	乙酉	水	斗	建	
三日	金		月入前一時四十四分	十二日	丙戌	土	牛	除	
四日	土		月入前二時四十五分	十三日	丁亥	土	女	滿	宜移徙裁衣開市納財
五日	日		月入前三時四十五分	十四日	戊子	火	虛	平	
六日	月		月入前四時四十四分	十五日	己丑	火	危	定	宜裁衣動土上樑[illegible]納財
七日	火		月入前五時四十三分	十六日	庚寅	木	室	執	
八日	水	○望午前三時五十六分	月出後六時二十四分	十七日	辛卯	木	壁	破	
九日	木		月出後六時四十八分	十八日	壬辰	水	奎	破	寒露九月節

寒露 午前九時三十分 **舊九月節** 日出午前六時三十分 晝間十一時三十二分 日入午後六時[illegible]分 夜間十二時二十八分

日	曜	月出入	陰曆	干支	納音	宿	直	宜
十日	金	月出後七時十七分	十九日	癸巳	水	婁	危	宜嫁娶移徙動土上樑
十一日	土	月出後七時五十一分	二十日	甲午	金	胃	成	宜嫁娶移徙裁衣動土上樑開市納財安葬
十二日	日	月出後八時三十三分	二十一日	乙未	金	昴	收	
十三日	月	月出後九時三十三分	二十二日	丙申	火	畢	開	宜嫁娶移徙裁衣動土上樑開市
十四日	火	月出後十時三十四分	二十三日	丁酉	火	觜	閉	

日	曜	月象	月出入	陰曆	干支	納音	宿	建除	記事
十五日	水	◐下弦午後二時十三分	月出午後十一時三十三分	廿四日	戊戌	木	參	建	
十六日	木			廿五日	己亥	木	井	除	
十七日	金		月出午前零時四十七分	廿六日	庚子	土	鬼	滿	神嘗祭
十八日	土		月出午前二時二分	廿七日	辛丑	土	柳	平	
十九日	日		月出午前三時十七分	廿八日	壬寅	金	星	定	
二十日	月		月出午前四時三十分	廿九日	癸卯	金	張	執	宜嫁娶移徙裁衣動土上樑豎柱補垣安葬啓欑
二十一日	火		月出午前五時四十三分	三十日	甲辰	火	翼	破	土王用事
二十二日	水	●合朔午前六時四十六分	九月小	初一日	乙巳	火	軫	危	
二十三日	木		月入午後六時三十六分	初二日	丙午	水	角	成	宜嫁娶移徙裁衣上樑豎柱開市納財安葬
二十四日	金		月入午後七時 三分	初三日	丁未	水	亢	收	霜降九月中

霜降 午後零時三十六分 **舊九月中**

日出午前六時四十九分 晝間十時五十七分
日入午後五時四十六分 夜間十三時 三分

日	曜	月象	月出入	陰曆	干支	納音	宿	建除	記事
二十五日	土		月入午後七時四十六分	初四日	戊申	土	氐	開	宜嫁娶移徙上樑豎柱補垣
二十六日	日		月入午後八時三十六分	初五日	己酉	土	房	閉	
二十七日	月		月入午後九時三十三分	初六日	庚戌	金	心	建	宜移徙裁衣納財
二十八日	火		月入午後十時三十一分	初七日	辛亥	金	尾	除	宜移徙裁衣上樑豎柱補垣
二十九日	水	◑上弦午後六時三十一分	月入午後十一時三十三分	初八日	壬子	木	箕	滿	
三十日	木			初九日	癸丑	木	斗	平	
三十一日	金		月入午前零時三十四分	初十日	甲寅	水	牛	定	

明治節

十一月小 三十日

麥의 培土, 畓의 秋耕, 果樹園의 落葉燒却, 深耕, 施肥, 果實 蔬菜의 收穫貯藏, 厩肥의 整理, 桑田深耕施肥

一日	土		月入 午前一時三十四分	二十一日 乙卯 水 女 執	
二日	日		月入 午前二時三十五分	二十二日 丙辰 土 虛 破	
三日	月		月入 午前三時三十二分	二十三日 丁巳 土 危 危	宜納財
四日	火		月入 午前四時三十一分	二十四日 戊午 火 室 成	
五日	水		月入 午前五時三十三分	二十五日 己未 火 壁 收	
六日	木	○望 午後七時二十分	月出 午後五時十六分	二十六日 庚申 木 奎 開	宜移徙上樑[illegible]
七日	金		月出 午後五時五十分	二十七日 辛酉 木 婁 閉	
八日	土		月出 午後六時三十分	二十八日 壬戌 水 胃 閉	立冬十月節

立冬 午後零時二十一分 **舊十月節** 日出午前七時 分 晝間十時二十五分 日入午後五時三分 夜間十三時三十五分

九日	日		月出 午後七時十九分	二十九日 癸亥 水 昴 建	
十日	月		月出 午後八時十七分	三十日 甲子 金 畢 除	宜嫁娶移徙栽衣動土上樑[illegible]納財安葬
十一日	火		月出 午後九時二十五分	卄一日 乙丑 金 觜 滿	
十二日	水		月出 午後十時三十七分	卄二日 丙寅 火 參 平	宜嫁娶移徙栽衣動土上樑[illegible]開市納財[illegible]葬
十三日	木	◑下弦 午後九時二十七分	月出 午後十一時五十一分	卄三日 丁卯 火 井 定	
十四日	金			卄四日 戊辰 木 鬼 執	

日	曜	月相	月出入	舊曆	干支	五行	宿	建除	宜
十五日	土		月出午前一時三分	廿五日	己巳	木	柳	破	宜破屋
十六日	日		月出午前二時十四分	廿六日	庚午	土	星	危	宜嫁娶移徙裁衣動土上樑開倉安葬
十七日	月		月出午前三時二十五分	廿七日	辛未	土	張	成	宜裁衣動土上樑豎柱開市納財
十八日	火		月出午前四時三十五分	廿八日	壬申	金	翼	收	
十九日	水		月出午前五時四十五分	廿九日	癸酉	金	軫	開	
二十日	木	● 合朔午後七時二十二分	十月大	初一日	甲戌	火	角	閉	
二十一日	金		月入午後五時二十七分	初二日	乙亥	火	亢	建	
二十二日	土		月入午後六時二十四分	初三日	丙子	水	氐	除	宜移徙啓欑
二十三日 新嘗祭	日		月入午後七時十八分	初四日	丁丑	水	房	滿	小雪十月中

小雪午前九時三十五分　舊十月中

日出午前七時二十分　晝間九時五十九分
日入午後五時十九分　夜間十四時一分

日	曜	月相	月出入	舊曆	干支	五行	宿	建除	宜
二十四日	月		月入午後八時十七分	初五日	戊寅	土	心	平	
二十五日	火		月入午後九時十九分	初六日	己卯	土	尾	定	宜冠帶結婚嫁娶移徙裁衣動土上樑開倉納財安葬
二十六日	水		月入午後十時二十一分	初七日	庚辰	金	箕	執	宜移徙裁衣動土上樑開倉安葬
二十七日	木		月入午後十一時二十三分	初八日	辛巳	金	斗	破	宜破屋
二十八日	金	◐ 上弦午後三時十八分		初九日	壬午	木	牛	危	宜裁衣
二十九日	土		月入午前零時二十一分	初十日	癸未	木	女	成	宜裁衣動土上樑開市納財
三十日	日		月入午前一時十九分	十一日	甲申	水	虛	收	宜嫁娶移徙裁衣動土上樑納財安葬

十二月大三十一日

收穫物의 整理 農舊具의 修理整頓

一日	月		入月前二時十八分	二十二日	乙酉	水	危	開 宜裁衣移徙栽種動土修倉開市納財
二日	火		入月前三時十七分	二十三日	丙戌	土	室	閉
三日	水		入月前四時十九分	二十四日	丁亥	土	壁	建
四日	木		入月前五時二十四分	二十五日	戊子	火	奎	除
五日	金		入月前六時三十四分	二十六日	己丑	火	婁	滿
六日	土	○ 望午前九時四十分	出月後五時十分	二十七日	庚寅	木	胃	平 宜移徙栽種動土修倉開市納財[illegible]
七日	日		出月後六時七分	二十八日	辛卯	木	昴	定 宜[illegible]
八日	月		出月後七時十三分	二十九日	壬辰	水	畢	定 大雪十二月節[illegible]

大雪 午前四時五十一分 **舊十一月節** 日出午前七時三十五分 晝間九時四十一分 日沒後五時十六分 夜間十四時十九分

九日	火		出月後八時三十六分	三十日	癸巳	水	觜	執
十日	水		出月後九時四十一分	十一 一日	甲午	金	參	破
十一日	木		出月後十時五十五分	十一 二日	乙未	金	井	危
十二日	金			十一 三日	丙申	火	鬼	成
十三日	土	◐ 下弦午前五時七分	出月前零時六分	十一 四日	丁酉	火	柳	收
十四日	日		出月前一時二十一分	十一 五日	戊戌	木	星	開

大正天皇祭

冬至 午後十時四十分 舊十一月中

日出午前七時四十四分 晝間九時三十五分
日入午後五時十九分 夜間十四時二十五分

日	曜	月相	月出入	舊曆	干支	納音	宿	建除	宜
十五日	月		月出午前二時二十四分	廿六日	己亥	木	張	閉	
十六日	火		月出午前三時三十三分	廿七日	庚子	土	翼	建	
十七日	水		月出午前四時四十二分	廿八日	辛丑	土	軫	除	宜嫁娶納財安葬
十八日	木		月出午前五時五十二分	廿九日	壬寅	金	角	滿	宜嫁娶裁衣動土[illegible]開市納財安葬啓攢
十九日	金		月出午前七時零分	三十日	癸卯	金	亢	平	
二十日	土	● 合朔午前十時五十四分	十一月大	初一日	甲辰	火	氐	定	宜祭祀[illegible]移徙裁衣動土[illegible]納財
二十一日	日		月入午後六時四分	初二日	乙巳	火	房	執	
二十二日	月		月入午後七時五分	初三日	丙午	水	心	破	冬至十一月中
二十三日	火		月入午後八時八分	初四日	丁未	水	尾	危	
二十四日	水		月入午後九時十分	初五日	戊申	土	箕	成	
二十五日	木		月入午後十時九分	初六日	己酉	土	斗	收	
二十六日	金		月入午後十一時八分	初七日	庚戌	金	牛	開	宜裁衣動土啓[illegible]
二十七日	土			初八日	辛亥	金	女	閉	宜裁衣
二十八日	日	◐ 上弦午後零時五十九分	月入午前零時五分	初九日	壬子	木	虛	建	
二十九日	月		月入午前一時三分	初十日	癸丑	木	危	除	宜嫁娶移徙裁衣動土[illegible]開市納財
三十日	火		月入午前二時三分	十一日	甲寅	水	室	滿	宜裁衣動土[illegible]開市納財啓攢
三十一日	水		月入午前三時五分	十二日	乙卯	水	壁	平	

年歲對照

天保二年	辛卯	一百歲
天保三年	壬辰	九十九歲
天保四年	癸巳	九十八歲
天保五年	甲午	九十七歲
天保六年	乙未	九十六歲
天保七年	丙申	九十五歲
天保八年	丁酉	九十四歲
天保九年	戊戌	九十三歲
天保十年	己亥	九十二歲
天保十一年	庚子	九十一歲
天保十二年	辛丑	九十歲
天保十三年	壬寅	八十九歲
天保十四年	癸卯	八十八歲
弘化元年	甲辰	八十七歲
弘化二年	乙巳	八十六歲
弘化三年	丙午	八十五歲
弘化四年	丁未	八十四歲
嘉永元年	戊申	八十三歲
嘉永二年	己酉	八十二歲
嘉永三年	庚戌	八十一歲
嘉永四年	辛亥	八十歲
嘉永五年	壬子	七十九歲
嘉永六年	癸丑	七十八歲
安政元年	甲寅	七十七歲
安政二年	乙卯	七十六歲
安政三年	丙辰	七十五歲
安政四年	丁巳	七十四歲
安政五年	戊午	七十三歲
安政六年	己未	七十二歲
萬延元年	庚申	七十一歲
文久元年	辛酉	七十歲
文久二年	壬戌	六十九歲
文久三年	癸亥	六十八歲
元治元年	甲子	六十七歲
慶應元年	乙丑	六十六歲
慶應二年	丙寅	六十五歲
慶應三年	丁卯	六十四歲
明治元年	戊辰	六十三歲
明治二年	己巳	六十二歲
明治三年	庚午	六十一歲
明治四年	辛未	六十歲
明治五年	壬申	五十九歲
明治六年	癸酉	五十八歲
明治七年	甲戌	五十七歲
明治八年	乙亥	五十六歲
明治九年	丙子	五十五歲
明治十年	丁丑	五十四歲
明治十一年	戊寅	五十三歲
明治十二年	己卯	五十二歲
明治十三年	庚辰	五十一歲
明治十四年	辛巳	五十歲
明治十五年	壬午	四十九歲
明治十六年	癸未	四十八歲
明治十七年	甲申	四十七歲
明治十八年	乙酉	四十六歲
明治十九年	丙戌	四十五歲
明治二十年	丁亥	四十四歲
明治二十一年	戊子	四十三歲
明治二十二年	己丑	四十二歲
明治二十三年	庚寅	四十一歲
明治二十四年	辛卯	四十歲
明治二十五年	壬辰	三十九歲
明治二十六年	癸巳	三十八歲
明治二十七年	甲午	三十七歲
明治二十八年	乙未	三十六歲
明治二十九年	丙申	三十五歲
明治三十年	丁酉	三十四歲
明治三十一年	戊戌	三十三歲
明治三十二年	己亥	三十二歲
明治三十三年	庚子	三十一歲
明治三十四年	辛丑	三十歲
明治三十五年	壬寅	二十九歲
明治三十六年	癸卯	二十八歲
明治三十七年	甲辰	二十七歲
明治三十八年	乙巳	二十六歲
明治三十九年	丙午	二十五歲
明治四十年	丁未	二十四歲
明治四十一年	戊申	二十三歲
明治四十二年	己酉	二十二歲
明治四十三年	庚戌	二十一歲
明治四十四年	辛亥	二十歲
明治四十五年 大正元年	壬子	十九歲
大正二年	癸丑	十八歲
大正三年	甲寅	十七歲
大正四年	乙卯	十六歲
大正五年	丙辰	十五歲
大正六年	丁巳	十四歲
大正七年	戊午	十三歲
大正八年	己未	十二歲
大正九年	庚申	十一歲
大正十年	辛酉	十歲
大正十一年	壬戌	九歲
大正十二年	癸亥	八歲
大正十三年	甲子	七歲
大正十四年	乙丑	六歲
大正十五年 昭和元年	丙寅	五歲
昭和二年	丁卯	四歲
昭和三年	戊辰	三歲
昭和四年	己巳	二歲
昭和五年	庚午	一歲

各地의氣候

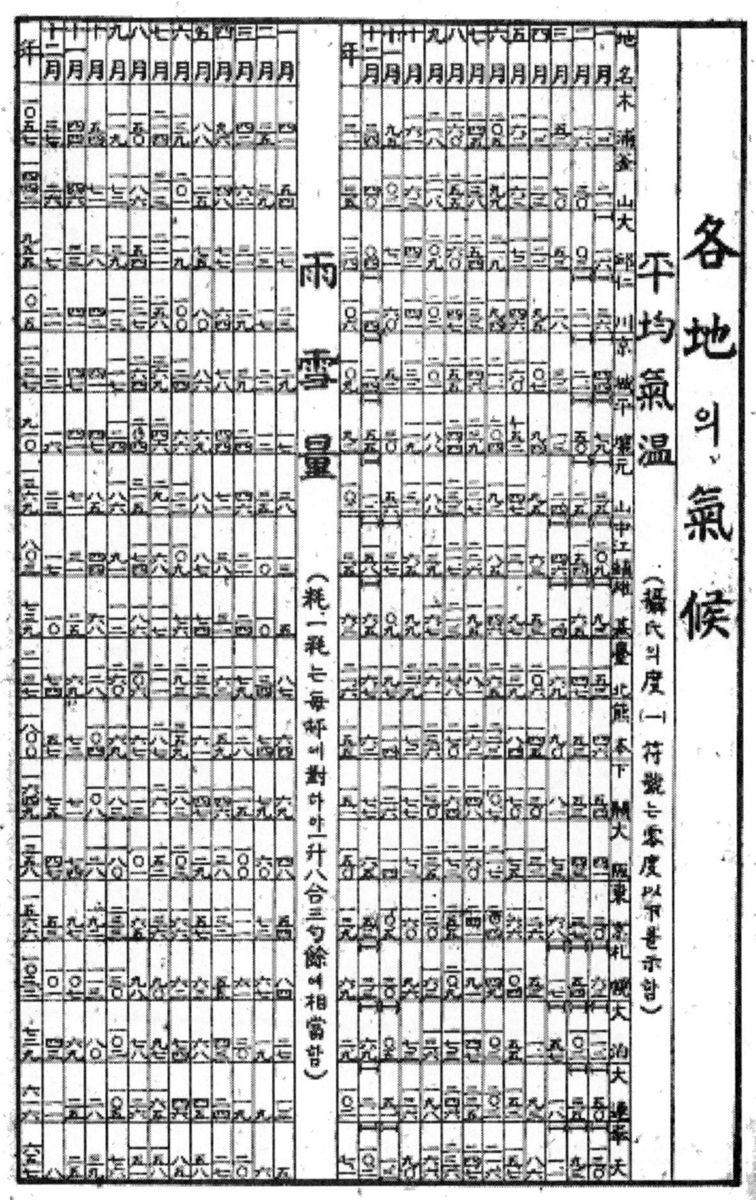

平均氣溫

(攝氏의度(一)符號는零度以下를示함)

地名	一月	二月	三月	四月	五月	六月	七月	八月	九月	十月	十一月	十二月	年
木浦	[illegible]	[illegible]	[illegible]	[illegible]	[illegible]	[illegible]	[illegible]	[illegible]	[illegible]	[illegible]	[illegible]	[illegible]	[illegible]
釜山	[illegible]	[illegible]	[illegible]	[illegible]	[illegible]	[illegible]	[illegible]	[illegible]	[illegible]	[illegible]	[illegible]	[illegible]	[illegible]
大邱	[illegible]	[illegible]	[illegible]	[illegible]	[illegible]	[illegible]	[illegible]	[illegible]	[illegible]	[illegible]	[illegible]	[illegible]	[illegible]
仁川	[illegible]	[illegible]	[illegible]	[illegible]	[illegible]	[illegible]	[illegible]	[illegible]	[illegible]	[illegible]	[illegible]	[illegible]	[illegible]
京城	[illegible]	[illegible]	[illegible]	[illegible]	[illegible]	[illegible]	[illegible]	[illegible]	[illegible]	[illegible]	[illegible]	[illegible]	[illegible]
平壤	[illegible]	[illegible]	[illegible]	[illegible]	[illegible]	[illegible]	[illegible]	[illegible]	[illegible]	[illegible]	[illegible]	[illegible]	[illegible]
元山	[illegible]	[illegible]	[illegible]	[illegible]	[illegible]	[illegible]	[illegible]	[illegible]	[illegible]	[illegible]	[illegible]	[illegible]	[illegible]
中江鎮	[illegible]	[illegible]	[illegible]	[illegible]	[illegible]	[illegible]	[illegible]	[illegible]	[illegible]	[illegible]	[illegible]	[illegible]	[illegible]
雄基	[illegible]	[illegible]	[illegible]	[illegible]	[illegible]	[illegible]	[illegible]	[illegible]	[illegible]	[illegible]	[illegible]	[illegible]	[illegible]
臺北	[illegible]	[illegible]	[illegible]	[illegible]	[illegible]	[illegible]	[illegible]	[illegible]	[illegible]	[illegible]	[illegible]	[illegible]	[illegible]
熊本	[illegible]	[illegible]	[illegible]	[illegible]	[illegible]	[illegible]	[illegible]	[illegible]	[illegible]	[illegible]	[illegible]	[illegible]	[illegible]
下關	[illegible]	[illegible]	[illegible]	[illegible]	[illegible]	[illegible]	[illegible]	[illegible]	[illegible]	[illegible]	[illegible]	[illegible]	[illegible]
大阪	[illegible]	[illegible]	[illegible]	[illegible]	[illegible]	[illegible]	[illegible]	[illegible]	[illegible]	[illegible]	[illegible]	[illegible]	[illegible]
東京	[illegible]	[illegible]	[illegible]	[illegible]	[illegible]	[illegible]	[illegible]	[illegible]	[illegible]	[illegible]	[illegible]	[illegible]	[illegible]
札幌	[illegible]	[illegible]	[illegible]	[illegible]	[illegible]	[illegible]	[illegible]	[illegible]	[illegible]	[illegible]	[illegible]	[illegible]	[illegible]
大泊	[illegible]	[illegible]	[illegible]	[illegible]	[illegible]	[illegible]	[illegible]	[illegible]	[illegible]	[illegible]	[illegible]	[illegible]	[illegible]
大連	[illegible]	[illegible]	[illegible]	[illegible]	[illegible]	[illegible]	[illegible]	[illegible]	[illegible]	[illegible]	[illegible]	[illegible]	[illegible]
奉天	[illegible]	[illegible]	[illegible]	[illegible]	[illegible]	[illegible]	[illegible]	[illegible]	[illegible]	[illegible]	[illegible]	[illegible]	[illegible]

雨雪量

(粍一粍는每坪에對하야一升八合三勺餘에相當함)

地名	一月	二月	三月	四月	五月	六月	七月	八月	九月	十月	十一月	十二月	年
木浦	[illegible]	[illegible]	[illegible]	[illegible]	[illegible]	[illegible]	[illegible]	[illegible]	[illegible]	[illegible]	[illegible]	[illegible]	[illegible]
釜山	[illegible]	[illegible]	[illegible]	[illegible]	[illegible]	[illegible]	[illegible]	[illegible]	[illegible]	[illegible]	[illegible]	[illegible]	[illegible]
大邱	[illegible]	[illegible]	[illegible]	[illegible]	[illegible]	[illegible]	[illegible]	[illegible]	[illegible]	[illegible]	[illegible]	[illegible]	[illegible]
仁川	[illegible]	[illegible]	[illegible]	[illegible]	[illegible]	[illegible]	[illegible]	[illegible]	[illegible]	[illegible]	[illegible]	[illegible]	[illegible]
京城	[illegible]	[illegible]	[illegible]	[illegible]	[illegible]	[illegible]	[illegible]	[illegible]	[illegible]	[illegible]	[illegible]	[illegible]	[illegible]
平壤	[illegible]	[illegible]	[illegible]	[illegible]	[illegible]	[illegible]	[illegible]	[illegible]	[illegible]	[illegible]	[illegible]	[illegible]	[illegible]
元山	[illegible]	[illegible]	[illegible]	[illegible]	[illegible]	[illegible]	[illegible]	[illegible]	[illegible]	[illegible]	[illegible]	[illegible]	[illegible]
中江鎮	[illegible]	[illegible]	[illegible]	[illegible]	[illegible]	[illegible]	[illegible]	[illegible]	[illegible]	[illegible]	[illegible]	[illegible]	[illegible]
雄基	[illegible]	[illegible]	[illegible]	[illegible]	[illegible]	[illegible]	[illegible]	[illegible]	[illegible]	[illegible]	[illegible]	[illegible]	[illegible]
臺北	[illegible]	[illegible]	[illegible]	[illegible]	[illegible]	[illegible]	[illegible]	[illegible]	[illegible]	[illegible]	[illegible]	[illegible]	[illegible]
熊本	[illegible]	[illegible]	[illegible]	[illegible]	[illegible]	[illegible]	[illegible]	[illegible]	[illegible]	[illegible]	[illegible]	[illegible]	[illegible]
下關	[illegible]	[illegible]	[illegible]	[illegible]	[illegible]	[illegible]	[illegible]	[illegible]	[illegible]	[illegible]	[illegible]	[illegible]	[illegible]
大阪	[illegible]	[illegible]	[illegible]	[illegible]	[illegible]	[illegible]	[illegible]	[illegible]	[illegible]	[illegible]	[illegible]	[illegible]	[illegible]
東京	[illegible]	[illegible]	[illegible]	[illegible]	[illegible]	[illegible]	[illegible]	[illegible]	[illegible]	[illegible]	[illegible]	[illegible]	[illegible]
札幌	[illegible]	[illegible]	[illegible]	[illegible]	[illegible]	[illegible]	[illegible]	[illegible]	[illegible]	[illegible]	[illegible]	[illegible]	[illegible]
大泊	[illegible]	[illegible]	[illegible]	[illegible]	[illegible]	[illegible]	[illegible]	[illegible]	[illegible]	[illegible]	[illegible]	[illegible]	[illegible]
大連	[illegible]	[illegible]	[illegible]	[illegible]	[illegible]	[illegible]	[illegible]	[illegible]	[illegible]	[illegible]	[illegible]	[illegible]	[illegible]
奉天	[illegible]	[illegible]	[illegible]	[illegible]	[illegible]	[illegible]	[illegible]	[illegible]	[illegible]	[illegible]	[illegible]	[illegible]	[illegible]

寒暑風雨의極數

(氣溫中(一)符號는零度以下를示함)

地名	最高氣溫(攝氏度)		最低氣溫(攝氏度)		最大雨雪日量(粍)		最大雨雪月量(粍)		最大雨雪年量(粍)		最大風速度(米/秒)	
木浦	[illegible]	大正十三年	[illegible]	大正四年	[illegible]	明治四十年	[illegible]	明治四十三年	[illegible]	大正五年	[illegible]	明治四十四年
釜山	[illegible]	大正九年	[illegible]	大正四年	[illegible]	明治四十五年	[illegible]	大正十四年	[illegible]	明治三十八年	[illegible]	明治三十七年
大邱	[illegible]	昭和二年	[illegible]	大正十二年	[illegible]	大正十五年	[illegible]	明治四十三年	[illegible]	大正五年	[illegible]	大正十一年
仁川	[illegible]	大正十三年	[illegible]	大正四年	[illegible]	大正十一年	[illegible]	大正十一年	[illegible]	大正十四年	[illegible]	大正八年
京城	[illegible]	大正八年	[illegible]	昭和二年	[illegible]	大正九年	[illegible]	大正十五年	[illegible]	大正十四年	[illegible]	明治四十一年
平壤	[illegible]	大正八年	[illegible]	大正六年	[illegible]	大正九年	[illegible]	大正十二年	[illegible]	大正三年	[illegible]	明治四十四年
元山	[illegible]	明治三十九年	[illegible]	大正四年	[illegible]	明治三十八年	[illegible]	明治四十一年	[illegible]	大正十一年	[illegible]	明治三十八年
中江鎮	[illegible]	大正十三年	[illegible]	大正十一年	[illegible]	大正十二年	[illegible]	大正三年	[illegible]	昭和二年	[illegible]	昭和三年
雄基	[illegible]	大正八年	[illegible]	大正四年	[illegible]	大正四年	[illegible]	大正四年	[illegible]	昭和三年	[illegible]	大正五年
臺北	[illegible]	大正十年	[illegible]	明治三十四年	[illegible]	明治四十四年	[illegible]	明治三十一年	[illegible]	明治三十一年	[illegible]	明治三十二年
熊本	[illegible]	昭和二年	[illegible]	明治三十七年	[illegible]	大正十二年	[illegible]	昭和三年	[illegible]	明治三十三年	[illegible]	昭和二年
下關	[illegible]	明治二十七年	[illegible]	[illegible]	[illegible]	明治三十七年	[illegible]	大正十二年	[illegible]	大正十二年	[illegible]	明治二十八年
大阪	[illegible]	明治四十二年	[illegible]	明治二十四年	[illegible]	明治二十九年	[illegible]	明治三十六年	[illegible]	明治三十六年	[illegible]	大正元年
東京	[illegible]	明治十九年	[illegible]	昭和三年	[illegible]	大正九年	[illegible]	大正十年	[illegible]	大正九年	[illegible]	大正六年
札幌	[illegible]	大正十三年	[illegible]	大正十一年	[illegible]	明治三十七年	[illegible]	大正四年	[illegible]	昭和元年	[illegible]	明治四十五年
大泊	[illegible]	昭和三年	[illegible]	明治四十三年	[illegible]	大正四年	[illegible]	大正元年	[illegible]	大正四年	[illegible]	大正十四年
大連	[illegible]	大正八年	[illegible]	大正十一年	[illegible]	大正九年	[illegible]	明治四十四年	[illegible]	大正三年	[illegible]	大正八年
奉天	[illegible]	大正九年	[illegible]	明治四十一年	[illegible]	明治四十四年	[illegible]	大正十二年	[illegible]	大正十二年	[illegible]	大正二年

水稻便覽

項目 \ 地方	北部	中部	南部
選種及浸種	四月中旬後半	四月下旬前半	四月下旬後半
苗代의整地及施肥	四月下旬前半	四月下旬後半	五月上旬前半
播種	四月下旬後半	五月上旬前半	五月上旬後半
苗代害蟲驅除	五月下旬	六月上旬	六月上旬
本田整地及施肥	五月下旬後半	六月上旬前半	六月上旬後半
移秧	六月上旬前半	六月十日前後	六月中旬
中耕除草	六月中旬乃至八月上旬	六月下旬乃至八月上旬	六月下旬乃至八月中旬
追肥(硫酸[illegible])	六月下旬後半	七月上旬前半	七月上旬後半
害蟲驅除	七月下旬乃至八月下旬	七月上旬乃至九月上旬	七月上旬乃至九月中旬
稗拔	八月下旬	九月上旬	九月中旬
落水	九月上旬	九月中旬	九月下旬
收穫	九月下旬乃至十月上旬	十月中旬	十月下旬
乾燥	十月上旬	十月下旬	十一月上旬
調製	十月中旬	十一月上旬	十一月中旬
畓秋耕	十月下旬	十一月中旬	十一月下旬
收穫物의整理	十一月中旬	十一月下旬	十二月上旬
農具整理	十二月乃至三月	十二月乃至三月	十二月乃至三月
繩叺製造	十二月乃至三月	十二月乃至三月	十二月乃至三月

度量衡表

系	米突法	尺貫法	야-드봉드法
度	미리메-돌(粍) 米突의 千分之一	厘 三.三〇〇	인치 〇.〇三九
度	센치메-돌(糎) 米突의 百分之一	分 三.三〇〇	인치 〇.三九四
度	데시메-돌(粉) 米突의 十分之一	寸 三.三〇〇	푸-트 〇.三二八
度	메-돌(米)	尺 三.三〇〇	야-드 一.〇九四
度	기로메-돌(粁) 千米突	町 九.一六七	마일 〇.六二一
度	海里 千八百五十二米突	町 一六.九七七	마일 一.一五一
面積	平方메-돌	平方尺 一〇.八九〇	平方야-드 一.一九六
面積 土地	아-루 百平方米突	步 三〇.二五〇	
面積 土地	헥타-루 百아-루	町 一.〇〇八	

系	米突法	尺貫法	야-드봉드法
量	立方메-돌	立方尺 三五.九三七	立方야-드 一.三〇八
量 液體及粉狀物	데시리-돌 리-돌의 十分之一	勺 〇.〇五五	
量 液體及粉狀物	리-돌 立方데시메-돌	合 五.五四四	갈론 〇.二六四
量 液體及粉狀物	헥토리-돌 百리-돌	石 五.五四四	갈론 二六.四一七
衡	미리그람(瓱) 기로그람의 百萬分之一	毛 〇.二六七	그렌 〇.〇一五
衡	그람(瓦) 기로그람의 千分之一	分 二.六六七	그렌 一五.四三二
衡	기로그람(瓩)	貫 〇.二六七	봉드 二.二〇五
衡	톤(噸) 千기로그람	貫 二六六.六六七	英噸 〇.九八四
衡 寶石類	카랏 二百미리그람	厘 五.三三三	그렌 三.〇八六

尺	間	町	里	坪	段	升	貫	斤
메-돌 〇.三〇三	메-돌 一.八一八	메-돌 一〇九.〇九一	기로메-돌 三.九二七	아-루 〇.〇三三	아-루 九.九一七	리-돌 一.八〇四	기로그람 三.七五〇	기로그람 〇.六〇〇

[illegible]	[illegible]	인치	푸-트	야-드	마일	온스	봉드	英噸
鯨尺 二.六四〇	메-돌 〇.三七九	센치메-돌 二.五四〇	데시메-돌 三.〇四八	메-돌 〇.九一四	기로메-돌 一.六〇九	그람 二八.三五〇	기로그람 〇.四五四	噸 一.〇一六

本邦의面積、人口（人口는十位에서四捨五入）

土地	面積	人口
本州	一四六九一方里	四六九八七五〇〇
四國	一一八一方里	三二四二四〇〇
九州	二八二八方里	九三〇五四〇〇
北海道	六〇九五方里	二五〇六九〇〇

土地	面積	人口
朝鮮	一四三一二方里	一九一八九七〇〇
臺灣	二三三二方里	四三三七〇〇〇
樺太	二三四〇方里	二四〇五〇〇
計	四三七七九方里	

【備考】本州、四國、九州의人口는昭和三年十月一日現在推計、臺灣의人口는昭和三年十二月末現在、北海道・朝鮮・樺太의人口는昭和三年十二月末現在

本邦行政區劃及廳所在地

行政區劃	廳所在地
朝鮮總督府	京城府
臺灣總督府	臺北市
關東廳	旅順市
樺太廳	豐原町
南洋廳	[illegible]
北海道廳	札幌市
東京府	東京市
京都府	京都市
大阪府	大阪市
神奈川縣	橫濱市
兵庫縣	神戶市
長崎縣	長崎市
新潟縣	新潟市
埼玉縣	浦和町
群馬縣	前橋市
千葉縣	千葉市
茨城縣	水戶市
栃木縣	宇都宮市
奈良縣	奈良市
三重縣	津市
愛知縣	名古屋市
靜岡縣	靜岡市
山梨縣	甲府市
滋賀縣	大津市
岐阜縣	岐阜市
長野縣	長野市
宮城縣	仙臺市
福島縣	福島市
岩手縣	盛岡市
青森縣	青森市
山形縣	山形市
秋田縣	秋田市
福井縣	福井市
石川縣	金澤市
富山縣	富山市
鳥取縣	鳥取市
島根縣	松江市
岡山縣	岡山市
廣島縣	廣島市
山口縣	山口町
和歌山縣	和歌山市
德島縣	德島市
香川縣	高松市
愛媛縣	松山市
高知縣	高知市
福岡縣	福岡市
大分縣	大分市
佐賀縣	佐賀市
熊本縣	熊本市
宮崎縣	宮崎市
鹿兒島縣	鹿兒島市
沖繩縣	那覇市

本邦陸軍常備團隊配備

團隊	司令部所在地	
近衛師團	東京	東京府
第一師團	東京	東京府
第二師團	仙臺	宮城縣
第三師團	名古屋	愛知縣
第四師團	大阪	大阪府
第五師團	廣島	廣島縣
第六師團	熊本	熊本縣
第七師團	旭川	北海道
第八師團	弘前	青森縣
第九師團	金澤	石川縣
第十師團	姬路	兵庫縣
第十一師團	善通寺	香川縣
第十二師團	久留米	福岡縣
第十四師團	宇都宮	栃木縣
第十六師團	京都	京都府
第十九師團	羅南	朝鮮
第二十師團	龍山	朝鮮

本邦海軍鎭守府所在地

軍港	橫須賀
鎭守府所在地	橫須賀
軍港	吳
鎭守府所在地	吳
軍港	佐世保
鎭守府所在地	佐世保

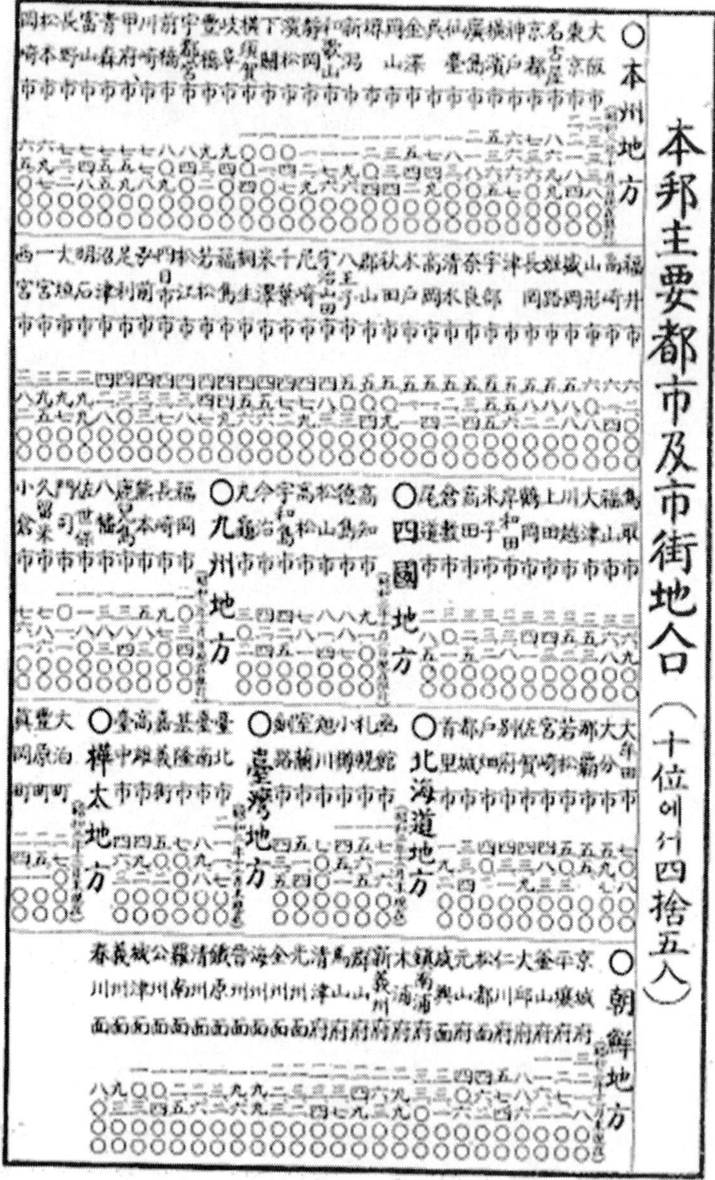

本邦主要都市及市街地人口（十位에서四捨五入）

○本州地方

大阪市 東京市 名古屋市 京都市 神戸市 横濱市 廣島市 仙臺市 呉市 金澤市 岡山市 堺市 新潟市 和歌山市 静岡市 濱松市 下關市 横須賀市 岐阜市 豊橋市 宇都宮市 前橋市 川崎市 甲府市 青森市 富山市 長野市 松本市 岡崎市

福井市 高崎市 山形市 盛岡市 姫路市 長岡市 津市 宇部市 奈良市 清水市 高岡市 水戸市 秋田市 郡山市 八王子市 宇治山田市 尼崎市 千葉市 米澤市 桐生市 福島市 若松市 松江市 四日市市 弘前市 足利市 沼津市 明石市 大垣市 一宮市 西宮市

鳥取市 福山市 大津市 川越市 上田市 鶴岡市 岸和田市 米子市 高田市 倉敷市 尾道市

○四國地方

高知市 徳島市 松山市 高松市 宇和島市 今治市 丸亀市

○九州地方

福岡市 長崎市 熊本市 鹿兒島市 八幡市 佐世保市 門司市 久留米市 小倉市

大牟田市 大分市 那覇市 若松市 宮崎市 佐賀市 別府市 戸畑市 都城市 首里市

○北海道地方

函館市 札幌市 小樽市 旭川市 室蘭市 釧路市

○臺灣地方

臺北市 臺南市 基隆市 嘉義市 高雄街 臺中市

○樺太地方

大泊町 豐原町 眞岡町

○朝鮮地方

京城府 平壤府 釜山府 大邱府 仁川府 松都面 元山府 咸興面 鎭南浦府 木浦府 新義州府 群山府 馬山府 清津府 光州面 全州面 海州面 會寧面 鐵原面 清州面 羅南面 公州面 城津面 義州面 春川面

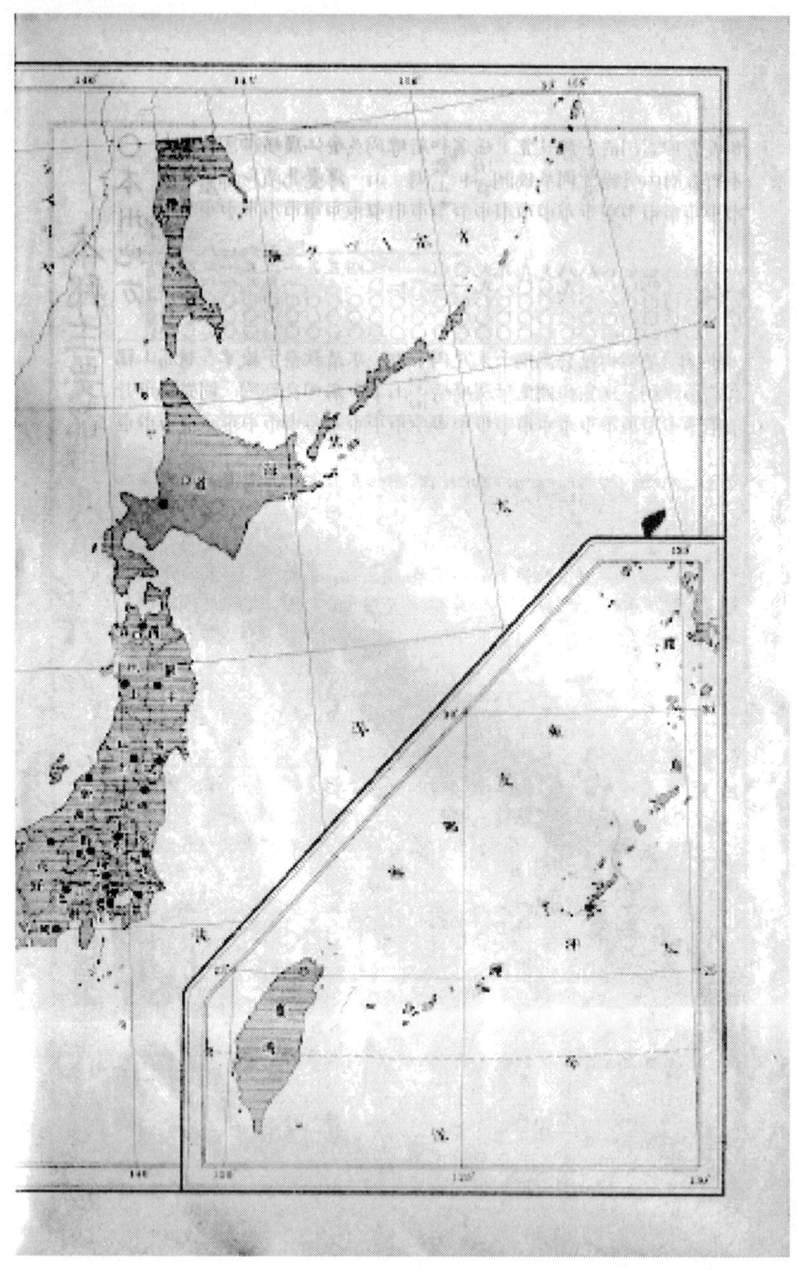

本邦行政區劃圖

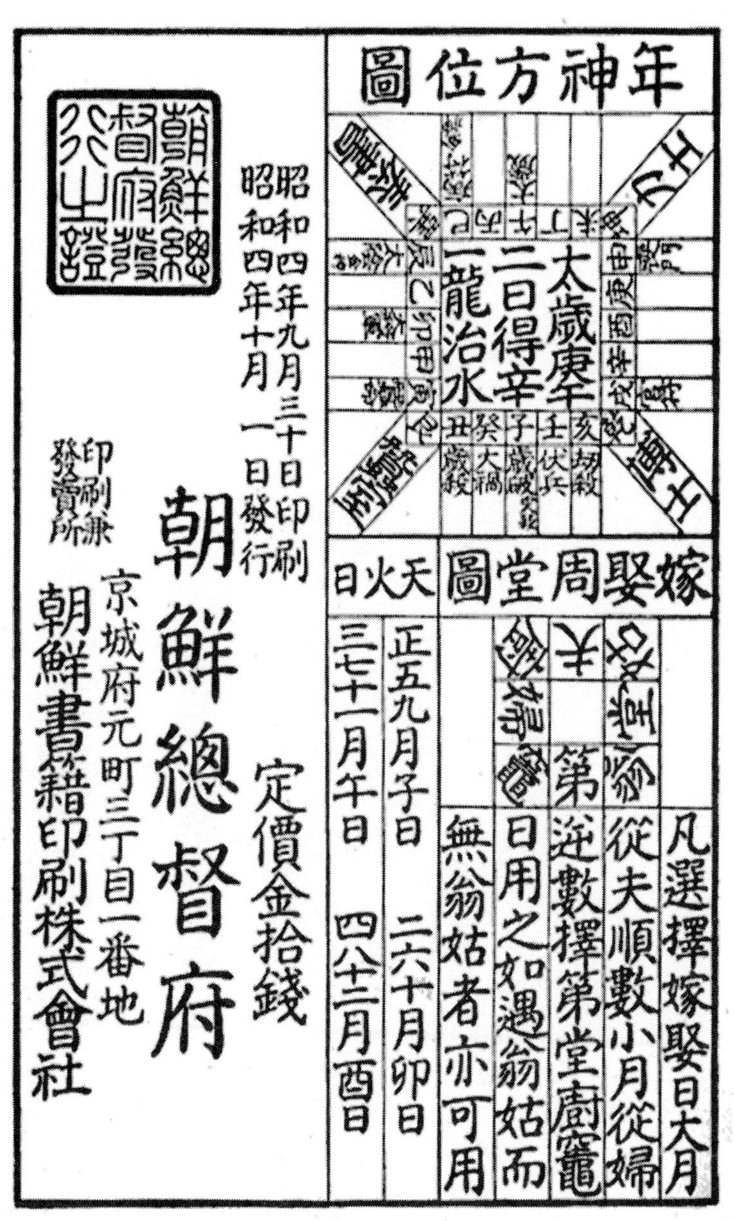

年神方位圖

太歲庚午
二日得辛
一龍治水

嫁娶周堂圖

凡選擇嫁娶日大月從婦順數小月從夫逆數擇第堂廚竈日用之如遇翁姑而無翁姑者亦可用

天火日

正五九月子日　二六十月卯日
三七十一月午日　四八十二月酉日

朝鮮總督府發行之證

昭和四年九月三十日印刷
昭和四年十月一日發行

定價金拾錢

朝鮮總督府

印刷兼發賣所　京城府元町三丁目一番地
朝鮮書籍印刷株式會社

4 昭和六年朝鮮民暦（1931）

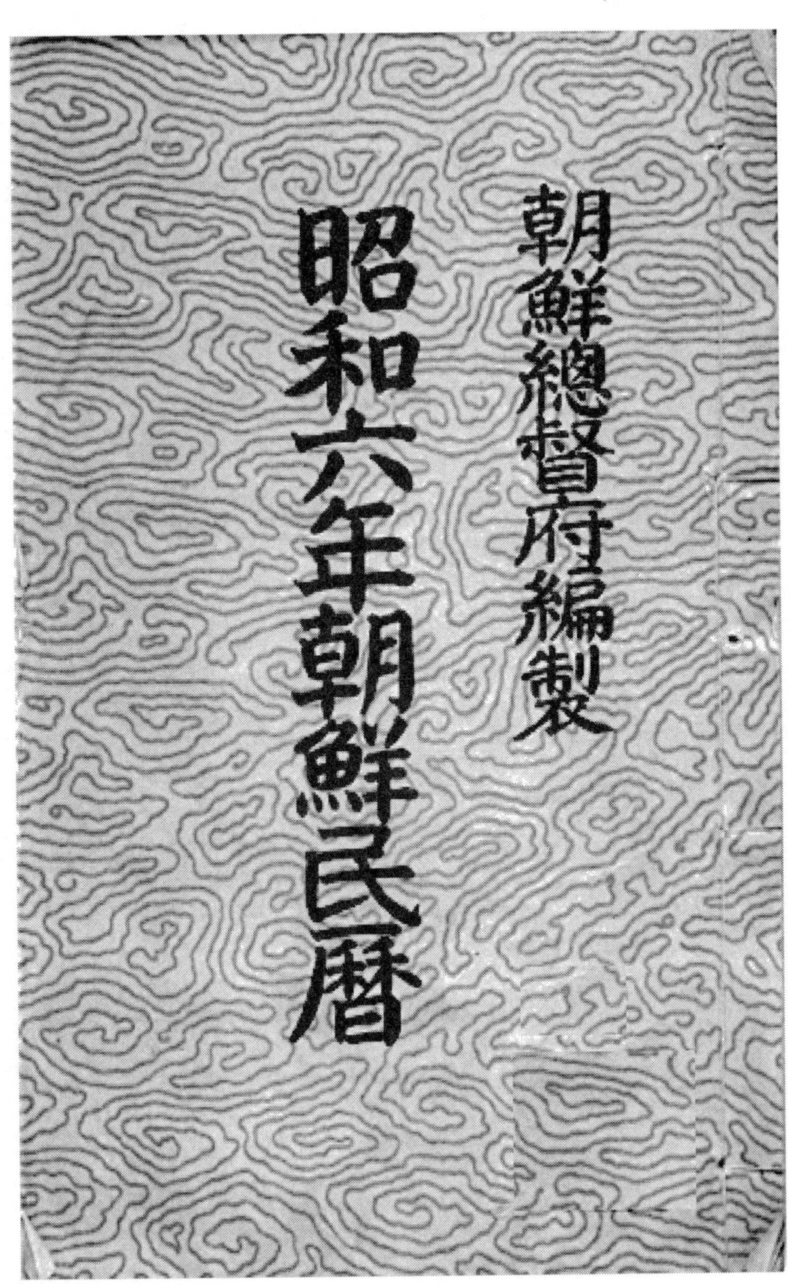

 4. 昭和六年朝鮮民曆(1931)

神武天皇即位紀元二千五百九十一年

昭和六年朝鮮民曆

辛未 平年 三百六十五日

朝鮮總督府觀測所編纂

月表

一月大	二月平	三月大	四月小	
五月大	六月小	七月大	八月大	
九月小	十月大	十一月小	十二月大	

祭日·祝日	月日
四方拜	一月一日
元始祭	一月三日
紀元節	二月十一日
春季皇靈祭	三月二十一日
神武天皇祭	四月三日
天長節	四月二十九日
秋季皇靈祭	九月二十四日
神嘗祭	十月十七日
明治節	十一月三日
新嘗祭	十一月二十三日
大正天皇祭	十二月二十五日

說明

本民曆에揭載한時刻은本邦中央標準時를用하고日月出入及日月食은朝鮮總督府觀測所에서보이는時刻을揭함

日食 四月十八日

食分	七厘	
初虧	午前八時二十四分	上
食甚	午前八時五十二分	上偏左
復圓	午前九時二十一分	上偏左

月食 四月三日

食分	皆既	
初虧	午前三時二十三分	左
食旣	午前四時二十二分	右
食甚	午前五時七分	
生光	午前五時五十三分	左上之間
月入	午前六時二十三分	
帶食分	五分零厘	右下之間

月食 九月二十七日

食分	皆既	
初虧	午前二時五十四分	上
食旣	午前四時六分	下偏左
食甚	午前四時四十八分	
生光	午前五時三十一分	左上之間
月入	午前六時三十一分	
帶食分	一分七厘	下偏右

日曜表

一月	四日十一日十八日二十五日
二月	一日八日十五日二十二日
三月	一日八日十五日二十二日二十九日
四月	[illegible]
五月	[illegible]
六月	[illegible]
七月	[illegible]
八月	[illegible]
九月	[illegible]
十月	[illegible]
十一月	[illegible]
十二月	六日十三日二十日二十七日

昭和六年中陰曆歲次辛未年月表及節候表

月建大小	朔日	中氣	入中氣日	日干支	入節時刻	陽曆	節氣	入節日	日干支	入節時刻	陽曆
正月大	癸卯	雨水	正月中初三日	乙巳	子初三刻十一分	二月十九日	驚蟄	二月節十八日	庚申	亥正初刻三分	三月六日
二月大	癸酉	春分	二月中初三日	乙亥	子初初刻六分	三月二十一日	清明	三月節十九日	辛卯	寅初一刻六分	四月六日
三月大	癸卯	穀雨	三月中初四日	丙午	巳正三刻十分	四月二十一日	立夏	四月節十九日	辛酉	亥初初刻十分	五月六日
四月小	癸酉	小滿	四月中初五日	丁丑	巳正一刻一分	五月二十二日	芒種	五月節廿一日	癸巳	丑初三刻十三分	六月七日
五月小	壬寅	夏至	五月中初七日	戊申	酉正二刻十三分	六月二十二日	小暑	六月節廿三日	甲子	午正初刻六分	七月八日
六月大	辛未	大暑	六月中初十日	庚辰	卯初一刻七分	七月二十四日	立秋	七月節廿五日	乙未	亥初三刻零分	八月八日
七月小	辛丑	處暑	七月中十一日	辛亥	午正初刻十一分	八月二十四日	白露	八月節廿七日	丁卯	子正一刻三分	九月九日
八月小	庚午	秋分	八月中十三日	壬午	巳初一刻九分	九月二十四日	寒露	九月節廿八日	丁酉	申初一刻十三分	十月九日
九月大	己亥	霜降	九月中十四日	壬子	酉正一刻一分	十月二十四日	立冬	十月節廿九日	丁卯	酉正初刻零分	十一月八日
十月小	己巳	小雪	十月中十四日	壬午	申初一刻十分	十一月二十三日	大雪	十一月節廿九日	丁酉	巳正二刻十一分	十二月八日
十一月大	戊戌	冬至	十一月中十五日	壬子	寅正二刻零分	十二月二十三日	小寒	十二月節廿九日	丙寅	亥初三刻一分	一月六日
十二月小	戊辰	大寒	十二月中十四日	辛巳	申初初刻六分	一月二十一日	立春	正月節廿九日	丙申	巳初一刻零分	二月五日

四方拜

元始祭

新年宴會

一月大三十一日

庚午十二月大

繩叺蠶具蔟果實袋等의製造

日	曜	月相	月出入	舊曆	干支		宿	建除	宜
一日	木		月入午前四時十一分	十三日	丙辰	土	奎	定	宜[illegible]裁衣動土上樑[illegible]納財
二日	金		月入午前五時二十一分	十四日	丁巳	土	婁	執	
三日	土		月入午前六時二十一分	十五日	戊午	火	胃	破	
四日	日	○望午後十時十五分	月出午後四時三十一分	十六日	己未	火	昴	危	
五日	月		月出午後六時六分	十七日	庚申	木	畢	成	宜移徙裁衣上樑[illegible]開市納財安葬
六日	火		月出午後七時二十三分	十八日	辛酉	木	觜	成	小寒十二月節

小寒 午後三時五十一分 **舊十二月節**

日出午前七時四十九分 晝間九時四十一分

日入午後五時三十分 夜間十四時十九分

日	曜	月相	月出入	舊曆	干支		宿	建除	宜
七日	水		月出午後八時四十一分	十九日	壬戌	水	參	收	
八日	木		月出午後九時五十三分	二十日	癸亥	水	井	開	
九日	金		月出午後十一時七分	廿一日	甲子	金	鬼	閉	宜裁衣安葬
十日	土			廿二日	乙丑	金	柳	建	宜上樑[illegible]安葬
十一日	日	◐下弦午後二時九分	月出午前零時十七分	廿三日	丙寅	火	星	除	
十二日	月		月出午前一時二十六分	廿四日	丁卯	火	張	滿	
十三日	火		月出午前二時三十四分	廿五日	戊辰	木	翼	平	
十四日	水		月出午前三時四十三分	廿六日	己巳	木	軫	定	宜冠帶[illegible]裁衣動土上樑[illegible]納財

日	曜	月相	月出入	陰曆	干支	五行	宿	建除	宜·記事
十五日	木		月出午前四時五十一分	廿七日	庚午	土	角	執	宜嫁娶移徙裁衣動土上樑經絡醞釀開市安葬
十六日	金		月出午前五時五十五分	廿八日	辛未	土	亢	破	宜破屋
十七日	土		月出午前六時五十二分	廿九日	壬申	金	氐	危	
十八日	日		月出午前七時四十三分	三十日	癸酉	金	房	成	土王用事
十九日	月	●合朔午前三時三十六分	十二月小	初一日	甲戌	火	心	收	
二十日	火		月入午後六時三十八分	初二日	乙亥	火	尾	開	宜裁衣上樑經絡醞釀開市納財
二十一日	水		月入午後七時三十九分	初三日	丙子	水	箕	閉	大寒十二月中 宜安葬啓攢
二十二日	木		月入午後八時五十六分	初四日	丁丑	水	斗	建	
二十三日	金		月入午後九時五十五分	初五日	戊寅	土	牛	除	
二十四日	土		月入午後十時五十三分	初六日	己卯	土	女	滿	
二十五日	日		月入午後十一時五十三分	初七日	庚辰	金	虛	平	
二十六日	月			初八日	辛巳	金	危	定	
二十七日	火	◐上弦午前九時五分	月入午前零時五十二分	初九日	壬午	木	室	執	
二十八日	水	臘	月入午前一時五十四分	初十日	癸未	木	壁	破	
二十九日	木		月入午前三時零分	十一日	甲申	水	奎	危	宜移徙裁衣上樑經絡醞釀開市納財安葬
三十日	金		月入午前四時八分	十二日	乙酉	水	婁	成	宜嫁娶移徙裁衣上樑經絡醞釀開市納財安葬
三十一日	土		月入午前五時十六分	十三日	丙戌	土	胃	收	

大寒 午前九時十八分 **舊十二月中**

日出午前七時四十三分 晝間九時五十九分
日入午後五時四十二分 夜間十四時一分

二月平二十八日 繩叺蠶具及果實袋等의製造果樹의剪定麥追肥

一日	日		月入午前六時十六分	十四日	丁亥	土	昴	開	
二日	月		月入午前七時十三分	十五日	戊子	火	畢	閉	
三日	火	○望午前九時二十二分	月出午後六時十四分	十六日	己丑	火	觜	建	
四日	水		月出午後七時三十二分	十七日	庚寅	木	參	除	
五日	木		月出午後八時四十九分	十八日	辛卯	木	井	除	立春正月節宜嫁娶移徙裁衣動土豎柱上樑[illegible]
立春 午前三時四十一分 舊正月節 日出午前七時三十二分 晝間十時三十二分 日入午後六時一分 夜間十三時二十八分									
六日	金		月出午後十時二分	十九日	壬辰	水	鬼	滿	宜嫁娶移徙裁衣動土豎柱上樑開市納財安葬
七日	土		月出午後十一時十四分	二十日	癸巳	水	柳	平	
八日	日			二十一日	甲午	金	星	定	宜祭祀[illegible]嫁娶移徙裁衣動土上樑[illegible]
九日	月		月出午前零時二十五分	二十二日	乙未	金	張	執	
十日	火	◐下弦午前一時十分	月出午前一時三十五分	二十三日	丙申	火	翼	破	
十一日 紀元節	水		月出午前二時四十四分	二十四日	丁酉	火	軫	危	宜裁衣動土豎柱上樑納財安葬
十二日	木		月出午前三時四十八分	二十五日	戊戌	木	角	成	
十三日	金		月出午前四時四十九分	二十六日	己亥	木	亢	收	宜開市納財
十四日	土		月出午前五時四十一分	二十七日	庚子	土	氐	開	

十五日日 月出午前六時三十三分 廿八日辛丑土房開

十六日月 月出午前六時五十九分 廿九日壬寅金心建

十七日火 ● 合朔午後十時十一分 辛未正月大 初一日癸卯金尾除

十八日水 月入午後六時五十分 初二日甲辰火箕滿 宜裁衣

十九日木 月入午後七時四十八分 初三日乙巳火斗平 雨水正月中

雨水 午後十一時四十一分 舊正月中

日出午前七時二十分 日入午後六時十六分 晝間十時五十六分 夜間十三時四分

二十日金 月入午後八時四十六分 初四日丙午水牛定 宜祭祀[illegible]嫁娶移徙裁衣動土上樑[illegible]開市納財[illegible]

二十一日土 月入午後九時四十八分 初五日丁未水女執

二十二日日 月入午後十時四十二分 初六日戊申土虛破 宜破屋

二十三日月 月入午後十一時四十八分 初七日己酉土危危 宜安葬

二十四日火 初八日庚戌金室成

二十五日水 月入午前零時四十七分 初九日辛亥金壁收 宜移徙裁衣動土上樑[illegible]開市納財

二十六日木 ◐ 上弦午前一時四十二分 月入午前一時五十六分 初十日壬子木奎開 宜嫁娶移徙裁衣動土上樑[illegible]開市納財

二十七日金 月入午前二時五十九分 十一日癸丑木婁閉

二十八日土 月入午前四時二分 十二日甲寅水胃建 宜裁衣納財

三月大 三十一日

桃梨의剪定,桑田果樹園의病蟲害防除,麥類의播種,果樹園의施肥,溫床準備,甘藷床植,温床播種

日	曜	月相	月出入	陰曆	干支	納音	宿	建除	宜
一日	日		月入前四時五十八分	十三日	乙卯	水	昴	除	宜啓攢
二日	月		月入前五時四十六分	十四日	丙辰	土	畢	滿	
三日	火		月入前六時二十七分	十五日	丁巳	土	觜	平	
四日	水	○望午後七時二十一分	月出後六時十九分	十六日	戊午	火	參	定	宜[illegible]
五日	木		月出後七時三十六分	十七日	己未	火	井	執	
六日	金		月出後八時五十二分	十八日	庚申	木	鬼	執	驚蟄二月節
七日	土		月出後十時 五分	十九日	辛酉	木	柳	破	
八日	日		月出後十一時十九分	二十日	壬戌	水	星	危	
九日	月			廿一日	癸亥	水	張	成	
十日	火		月出前零時三十一分	廿二日	甲子	金	翼	收	
十一日	水	◐下弦午後二時十五分	月出前一時四十一分	廿三日	乙丑	金	軫	開	
十二日	木		月出前二時四十三分	廿四日	丙寅	火	角	閉	宜裁衣納財啓攢
十三日	金		月出前三時三十八分	廿五日	丁卯	火	亢	建	宜移徙裁衣上樑納財啓攢
十四日	土		月出前四時二十四分	廿六日	戊辰	木	氐	除	

驚蟄 午後十時三分 舊二月節

日出午前七時零分 晝間十一時三十分

日入午後六時三十分 夜間十二時三十分

日	曜		月出入	陰曆	干支		宿		
十五日	日		月出前五時二分	廿七日	己巳	木	房	滿	宜裁衣上樑(宜用[illegible])開市納財
十六日	月		月出前五時三十三分	廿八日	庚午	土	心	平	
十七日	火		月出前五時五十九分	廿九日	辛未	土	尾	定	宜冠帶(宜用卯時 [illegible])嫁娶裁衣動土上樑(宜用[illegible]時)納財
十八日	水		月出前六時二十三分	三十日	壬申	金	箕	執	
十九日	木	● 合朔午後四時五十分	二月大	初一日	癸酉	金	斗	破	
二十日	金		月入後七時二十七分	初二日	甲戌	火	牛	危	
二十一日	土		月入後八時三十六分	初三日	乙亥	火	女	成	春分二月中 宜裁衣動土上樑(宜用[illegible])
春季皇靈祭									

春分 午後十二時七分 舊二月中

日出午前六時三十六分 晝間十二時七分
日入午後六時四十三分 夜間十一時五十三分

日	曜		月出入	陰曆	干支		宿		
二十二日	日		月入後九時三十六分	初四日	丙子	水	虛	收	
二十三日	月		月入後十時三十九分	初五日	丁丑	水	危	開	
二十四日	火	社	月入後十一時四十四分	初六日	戊寅	土	室	閉	宜裁衣納財安葬
二十五日	水			初七日	己卯	土	壁	建	
二十六日	木		月入前零時四十九分	初八日	庚辰	金	奎	除	
二十七日	金	◐ 上弦午後二時四分	月入前一時五十三分	初九日	辛巳	金	婁	滿	宜裁衣開市納財
二十八日	土		月入前二時四十九分	初十日	壬午	木	胃	平	
二十九日	日		月入前三時三十九分	十一日	癸未	木	昴	定	宜冠帶(宜用卯時 [illegible])嫁娶裁衣動土上樑(宜用[illegible]時)納財
三十日	月		月入前四時二十一分	十二日	甲申	水	畢	執	
三十一日	火		月入前四時五十六分	十三日	乙酉	水	觜	破	

神武天皇祭

四月小 三十日

馬鈴薯, 大麻, 瓜類의 播種, 苗木類의 植付, 桑田의 耕耘施肥,
果樹接木, 種稲의 精選, 秧板의 整地

一日 水　月入 午前 五時 三十七分　十四日 丙戌 土 參 危
二日 木　月入 午前 五時 五十五分　十五日 丁亥 土 井 成
三日 金　○ 望 午前 五時 六分 月食　月出 午後 七時 三十七分　十六日 戊子 火 鬼 收
四日 土　月出 午後 八時 五十三分　十七日 己丑 火 柳 開
五日 日　月出 午後 十時 九分　十八日 庚寅 木 星 閉 宜裁衣納財啓攢
六日 月 寒食　月出 午後 十一時 二十三分　十九日 辛卯 木 張 閉 清明三月節

清明 午前 三時 二十分 舊三月節 日出 午前 六時 四分 晝間 十二時 四十二分 日入 午後 六時 四十六分 夜間 十一時 十八分

七日 火　二十日 壬辰 水 翼 建
八日 水　月出 午前 零時 三十一分　二十一日 癸巳 水 軫 除
九日 木　月出 午前 一時 四十一分　二十二日 甲午 金 角 滿
十日 金　◐ 下弦 午前 五時 十五分　月出 午前 二時 二十一分　二十三日 乙未 金 亢 平
十一日 土　月出 午前 三時 二分　二十四日 丙申 火 氐 定
十二日 日　月出 午前 三時 三十六分　二十五日 丁酉 火 房 執 宜移徙裁衣豎柱上樑納財安葬
十三日 月　月出 午前 四時 三分　二十六日 戊戌 木 心 破 宜破屋
十四日 火　月出 午前 四時 二十六分　二十七日 己亥 木 尾 危 宜納財

日	曜	朔望	月出入	陰曆	干支	五行	宿	建除	宜忌
十五日	水		出月午前四時四十九分	廿八日	庚子	土	箕	成	宜嫁娶裁衣動土上樑(宜用卯時)開市納財啓攢
十六日	木		出月午前五時十分	廿九日	辛丑	土	斗	收	宜納財
十七日	金		出月午前五時三十三分	三十日	壬寅	金	牛	開	
十八日	土	● 合朔午前十一時零分	三月大	初一日	癸卯	金	女	閉	土王用事
十九日	日		入月午後八時三十一分	初二日	甲辰	火	虛	建	
二十日	月		入月午後九時三十六分	初三日	乙巳	火	危	除	
二十一日	火		入月午後十時四十六分	初四日	丙午	水	室	滿	穀雨三月中
二十二日	水		入月午後十一時四十五分	初五日	丁未	水	壁	平	
二十三日	木			初六日	戊申	土	奎	定	
二十四日	金		入月午前零時四十四分	初七日	己酉	土	婁	執	宜安葬
二十五日	土	◐ 上弦午後十時四十分	入月午前一時三十五分	初八日	庚戌	金	胃	破	
二十六日	日		入月午前二時九分	初九日	辛亥	金	昴	危	宜納財
二十七日	月		入月午前二時五十五分	初十日	壬子	木	畢	成	宜嫁娶裁衣上樑(宜用申時)開市納財安葬啓攢
二十八日	火		入月午前三時二十六分	十一日	癸丑	木	觜	收	宜納財
二十九日	水	天長節	入月午前三時五十四分	十二日	甲寅	水	參	開	宜移徙裁衣上樑(宜用巳時)開市
三十日	木		入月午前四時二十一分	十三日	乙卯	水	井	閉	

穀雨 午前十時四十分 舊三月中

日出午前五時五十三分 晝間十三時三十二分

日入午後七時二十五分 夜間十時二十八分

五月大 三十一日

水稻蒔稻、棉、粟大小豆、蔬菜의播種、春蠶의催青
掃立麥의黑穗拔除甘藷苗의移植病蟲害豫防藥撒布

日	曜	月相	月出入	陰曆	干支	納音	宿	建除	宜
一日	金		月入 午前四時四十六分	十四日	丙辰	土	鬼	建	
二日	土	○望 午後二時十四分	月出 午後七時四十一分	十五日	丁巳	土	柳	除	宜移徙裁衣[illegible]開市納財
三日	日		月出 午後八時五十七分	十六日	戊午	火	星	滿	
四日	月		月出 午後十時十分	十七日	己未	火	張	平	
五日	火		月出 午後十一時十六分	十八日	庚申	木	翼	定	
六日	水			十九日	辛酉	木	軫	定	立夏四月節

立夏 午後九時十分

舊四月節 日出午前五時三十四分 晝間十三時五十三分 日入午後七時二十七分 夜間十時 分

日	曜	月相	月出入	陰曆	干支	納音	宿	建除	宜
七日	木		月出 午前零時十二分	二十日	壬戌	水	角	執	
八日	金		月出 午前零時五十六分	廿一日	癸亥	水	亢	破	
九日	土	◑下弦 午後九時四十六分	月出 午前一時三十五分	廿二日	甲子	金	氐	危	
十日	日		月出 午前二時 五分	廿三日	乙丑	金	房	成	
十一日	月		月出 午前二時三十一分	廿四日	丙寅	火	心	收	宜嫁娶移徙裁衣上樑[illegible]納財
十二日	火		月出 午前二時五十四分	廿五日	丁卯	火	尾	開	
十三日	水		月出 午前三時十五分	廿六日	戊辰	木	箕	閉	
十四日	木		月出 午前三時三十五分	廿七日	己巳	木	斗	建	

日	曜	月相	月出入	陰曆	干支	納音	宿	建除	宜
十五日	金		出月 午前三時五十七分	廿八日	庚午	土	牛	除	宜嫁娶移徙裁衣動土上樑[illegible]安葬
十六日	土		出月 午前四時二十一分	廿九日	辛未	土	女	滿	
十七日	日		出月 午前四時四十八分	三十日	壬申	金	虛	平	
十八日	月	● 合朔 午前零時二十八分	四月小	初一日	癸酉	金	危	定	宜冠帶[illegible]移徙裁衣動土上樑[illegible]開市納財安葬
十九日	火		入月 午後九時二十七分	初二日	甲戌	火	室	執	宜嫁娶
二十日	水		入月 午後十時三十九分	初三日	乙亥	火	壁	破	宜破屋
二十一日	木		入月 午後十一時三十一分	初四日	丙子	水	奎	危	宜移徙裁衣動土上樑[illegible]
二十二日	金			初五日	丁丑	水	婁	成	小滿四月中

小滿 午前十一時十六分 **舊四月中**

日出午前五時二十分 晝間十四時二十六分
日入午後七時四十六分 夜間九時三十四分

日	曜	月相	月出入	陰曆	干支	納音	宿	建除	宜
二十三日	土		入月 午前零時十六分	初六日	戊寅	土	胃	收	
二十四日	日		入月 午前零時五十六分	初七日	己卯	土	昴	開	
二十五日	月	◐ 上弦 午前四時三十九分	入月 午前一時二十八分	初八日	庚辰	金	畢	閉	
二十六日	火		入月 午前一時五十七分	初九日	辛巳	金	觜	建	宜移徙上樑[illegible]
二十七日	水		入月 午前二時二十三分	初十日	壬午	木	參	除	宜安葬
二十八日	木		入月 午前二時四十九分	十一日	癸未	木	井	滿	
二十九日	金		入月 午前三時十七分	十二日	甲申	水	鬼	平	
三十日	土		入月 午前三時四十八分	十三日	乙酉	水	柳	定	宜冠帶[illegible]嫁娶移徙裁衣動土上樑[illegible]安葬
三十一日	日	○ 望 午後十一時三十三分	出月 午後七時四十八分	十四日	丙戌	土	星	執	

六月小 三十日

移秧,麥收穫,桑의株直,桑田의耕耘施肥,甘藷苗移植,粟間拔,果實의被袋,綠肥收穫,病果拔除,田의除草耕耘

一日	月	月出午後八時五十七分	十五日丁亥土張破	宜破屋
二日	火	月出午後九時五十九分	十六日戊子火翼危	宜裁衣
三日	水	月出午後十時五十分	十七日己丑火軫成	
四日	木	月出午後十一時三十一分	十八日庚寅木角收	宜嫁娶移徙裁衣穫種開市納財安葬啓欑
五日	金		十九日辛卯木亢開	宜嫁娶移徙裁衣動土穫種開市納財
六日	土	月出午前零時 四分	二十日壬辰水氐閉	
七日	日	月出午前零時三十二分	廿一日癸巳水房閉	芒種五月節 宜裁衣

芒種 午前一時四十分 **舊五月節**

日出午前五時十一分 晝間十四時三十九分
日入午後七時五十分 夜間九時二十一分

八日	月 ◑ 下弦午後三時十分	月出午前零時五十六分	廿二日甲午金心建	
九日	火	月出午前一時 十六分	廿三日乙未金尾除	
十日	水	月出午前一時三十九分	廿四日丙申火箕滿	宜嫁娶移徙裁衣動土穫種開市納財安葬
十一日	木	月出午前二時 零分	廿五日丁酉火斗平	
十二日	金	月出午前二時二十二分	廿六日戊戌木牛定	
十三日	土	月出午前二時四十六分	廿七日己亥木女執	
十四日	日	月出午前三時 十九分	廿八日庚子土虛破	

十五日	月		月出午前三時五十六分	二十九日辛丑土危危	
十六日	火	●合朔午後零時三分	五月小	初一日壬寅金室成	宜裁衣動土上樑開市納財啓攢
十七日	水		月入午後九時二十六分	初二日癸卯金壁收	
十八日	木		月入午後十時十六分	初三日甲辰火奎開	
十九日	金		月入午後十時五十五分	初四日乙巳火婁閉	
二十日	土		月入午後十一時三十一分	初五日丙午水胃建	
二十一日	日			初六日丁未水昴除	
二十二日	月		月入午前零時零分	初七日戊申土畢滿	夏至五月中 宜裁衣動土上樑納財

夏至 午後六時二十八分 **舊五月中**

日出午前五時十一分 晝間十四時四十五分
日入午後七時五十六分 夜間九時十五分

二十三日	火	◑上弦午前九時二十三分	月入午前零時二十七分	初八日己酉土觜平	
二十四日	水		月入午前零時五十三分	初九日庚戌金參定	宜冠帶裁衣動土上樑納財
二十五日	木		月入午前一時十九分	初十日辛亥金井執	
二十六日	金		月入午前一時四十八分	十一日壬子木鬼破	
二十七日	土		月入午前二時二十一分	十二日癸丑木柳危	
二十八日	日		月入午前三時二分	十三日甲寅水星成	宜裁衣動土上樑開市納財啓攢
二十九日	月		月入午前三時五十分	十四日乙卯水張收	
三十日	火	○望午前九時四十七分	月出午後八時四十一分	十五日丙辰土翼開	宜移徙動土上樑

七月大三十一日

畓의除草、蕎麥의播種、桑田의除草、桑의培土、馬鈴薯、大麻의收穫、果樹夏季剪定、蔬菜의耕耘追肥堆肥製造、二期作馬鈴薯播種

日	曜	記事	月出	陰曆	干支	納音	宿	直	宜
一日	水		後九時三十六分	廿二日	丁巳	土	軫	閉	宜裁衣
二日	木		後十時 六分	廿三日	戊午	火	角	建	
三日	金		後十時三十二分	廿四日	己未	火	亢	除	宜移徙裁衣動土上樑宜用內時納財安葬
四日	土		後十時五十七分	廿五日	庚申	木	氐	滿	宜移徙裁衣開市納財安葬
五日	日		後十一時二十分	廿六日	辛酉	木	房	平	
六日	月		後十一時四十一分	廿七日	壬戌	水	心	定	宜冠帶[illegible]嫁娶裁衣上樑宜用[illegible]時納財
七日	火			廿八日	癸亥	水	尾	執	
八日	水	◐下弦午前八時五十二分	前零時 二分	廿九日	甲子	金	箕	執	小暑舊六月節

小暑 午後零時六分 **舊六月節**

日出午前五時十九分 晝間十四時三十九分

日入午後七時五十八分 夜間九時 二十一分

日	曜	記事	月出	陰曆	干支	納音	宿	直	宜
九日	木		前零時二十四分	卅日	乙丑	金	斗	破	
十日	金		前零時四十六分	六月一日	丙寅	火	牛	危	宜啓攢
十一日	土		前一時 十六分	初二日	丁卯	火	女	成	宜嫁娶移徙裁衣動土上樑宜用午時開市納財啓攢
十二日	日		前一時五十八分	初三日	戊辰	木	虛	收	宜納財
十三日	月		前二時三十三分	初四日	己巳	木	危	開	
十四日	火	初伏	前三時二十五分	初五日	庚午	土	室	閉	

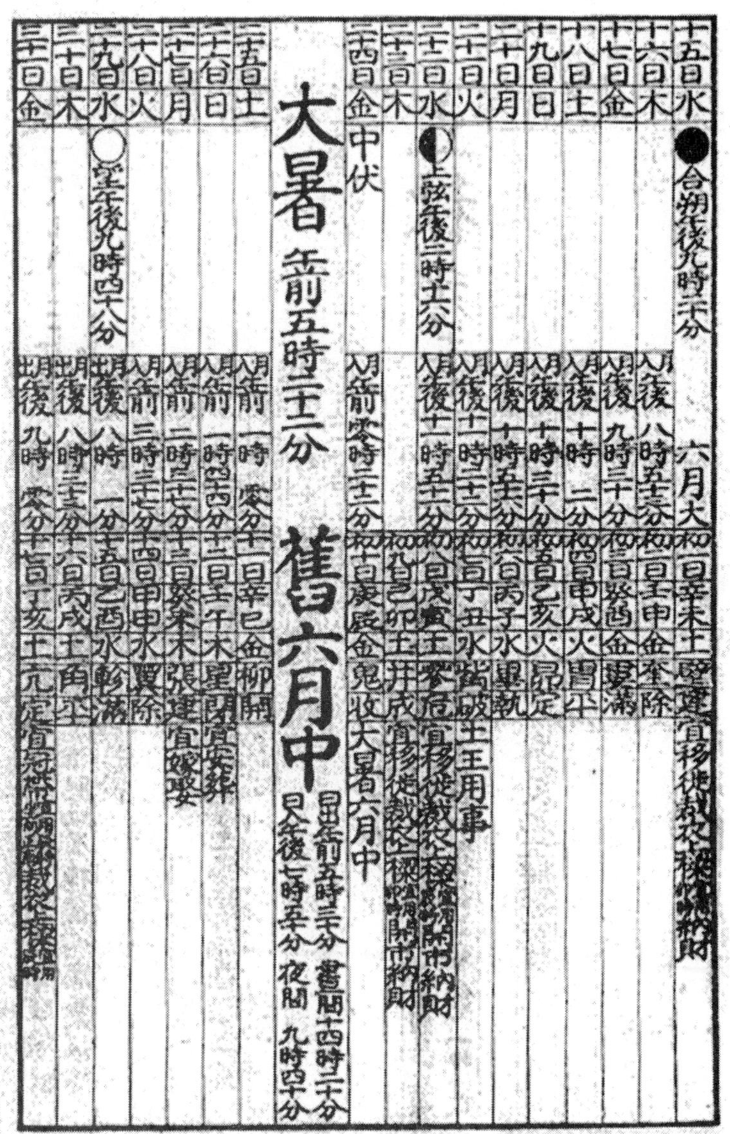

日	曜	月相・節	月出入	陰曆	干支	納音	宿	建除	宜忌・記事
十五日	水	● 合朔午後九時三十分	六月大	初一日	辛未	土	壁	建	宜移徙裁衣[illegible]納財
十六日	木		入月午後八時五十三分	初二日	壬申	金	奎	除	
十七日	金		入月午後九時三十分	初三日	癸酉	金	婁	滿	
十八日	土		入月午後十時二分	初四日	甲戌	火	胃	平	
十九日	日		入月午後十時三十分	初五日	乙亥	火	昴	定	
二十日	月		入月午後十時五十[illegible]分	初六日	丙子	水	畢	執	
二十一日	火		入月午後十一時二十二分	初七日	丁丑	水	觜	破	土王用事
二十二日	水	◐ 上弦午後二時十六分	入月午後十一時五十一分	初八日	戊寅	土	參	危	宜移徙裁衣[illegible]開市納財
二十三日	木			初九日	己卯	土	井	成	宜移徙裁衣[illegible]開市納財
二十四日	金	中伏	入月午前零時二十二分	初十日	庚辰	金	鬼	收	大暑六月中

大暑 午前五時二十二分 **舊六月中**
日出午前五時三十分 晝間十四時二十分
日入午後七時五十五分 夜間九時四十分

日	曜	月相・節	月出入	陰曆	干支	納音	宿	建除	宜忌・記事
二十五日	土		入月午前一時零分	十一日	辛巳	金	柳	開	
二十六日	日		入月午前一時四十分	十二日	壬午	木	星	閉	宜安葬
二十七日	月		入月午前二時二十七分	十三日	癸未	木	張	建	宜嫁娶
二十八日	火		入月午前三時二十七分	十四日	甲申	水	翼	除	
二十九日	水	○ 望午後九時四十八分	出月午後八時一分	十五日	乙酉	水	軫	滿	
三十日	木		出月午後八時三十三分	十六日	丙戌	土	角	平	
三十一日	金		出月午後九時零分	十七日	丁亥	土	亢	定	宜[illegible]

八月大 三十日

蕎麥播種、白菜、蘿蔔의播種、桑天牛卵의取除、秋蠶의催青掃立、陸稻培土、堆肥切反、棉摘心、病桑拔除

日	曜	月相·節氣	月出	舊曆日辰	宿	建除	宜
一日	土		月出後九時二十三分	十八日戊子火	氐	執	宜裁衣
二日	日		月出後九時四十五分	十九日己丑火	房	破	
三日	月		月出後十時 五分	二十日庚寅木	心	危	宜栽種
四日	火		月出後十時二十七分	廿一日辛卯木	尾	成	宜嫁娶移徙裁衣[illegible]納財栽種
五日	水		月出後十時四十九分	廿二日壬辰水	箕	收	宜納財
六日	木		月出後十一時 十五分	廿三日癸巳水	斗	開	
七日	金	◐下弦午前一時二十六分	月出後十一時四十五分	廿四日甲午金	牛	閉	
八日	土	立秋七月節		廿五日乙未金	女	閉	
九日	日		月出前零時二十三分	廿六日丙申火	虛	建	
十日	月		月出前一時 十分	廿七日丁酉火	危	除	宜裁衣動土探病安葬
十一日	火		月出前二時 八分	廿八日戊戌木	室	滿	
十二日	水		月出前三時 十六分	廿九日己亥木	壁	平	
十三日	木	末伏	月出前四時 三十分	三十日庚子土	奎	定	
十四日	金	●合朔午前五時三十[illegible]分	七月小	初一日辛丑土	婁	執	

立秋 午後九時四十五分 舊七月節

日出前五時四十[illegible]分 晝間十三時五十[illegible]分
日入後七時二十[illegible]分 夜間十時 [illegible]分

十五日	土		月入午後八時三十分	初二日壬寅金胃破	
十六日	日		月入午後八時五十七分	初三日癸卯金昴危	宜裁衣上樑(宜用寅時卯時)納財安葬啓欑
十七日	月		月入午後九時二十四分	初四日甲辰火畢成	
十八日	火		月入午後九時五十三分	初五日乙巳火觜收	
十九日	水		月入午後十時二十三分	初六日丙午水參開	
二十日	木	◐上弦午後八時三十二分	月入午後十時五十九分	初七日丁未水井閉	
二十一日	金		月入午後十一時四十二分	初八日戊申土鬼建	宜嫁娶移徙上樑(宜用辰時巳時)安葬
二十二日	土			初九日己酉土柳除	宜安葬
二十三日	日		月入午前零時二十六分	初十日庚戌金星滿	宜裁衣
二十四日	月		月入午前一時三十分	十一日辛亥金張平	處暑七月中

處暑 午後零時十分 **舊七月中**

日出午前五時五十六分 晝間十三時二十分
日入午後七時十六分 夜間十時四十分

二十五日	火		月入午前二時三十二分	十二日壬子木翼定	宜嫁娶[illegible]移徙裁衣動土上樑[illegible]
二十六日	水		月入午前三時三十七分	十三日癸丑木軫執	宜裁衣動土上樑(宜用[illegible]時)納財安葬
二十七日	木		月入午前四時四十分	十四日甲寅水角破	
二十八日	金	○望午後零時九分	月出午後七時二十七分	十五日乙卯水亢危	
二十九日	土		月出午後七時四十九分	十六日丙辰土氐成	
三十日	日		月出午後八時十分	十七日丁巳土房收	宜移徙裁衣上樑([illegible])開市納財
三十一日	月		月出午後八時三十分	十八日戊午火心開	宜嫁娶移徙裁衣動土上樑([illegible])開市

九月小 三十日

螟蟲被害稻의拔除燒却、小麥秋時綠肥의播種、粟、大豆의收穫、果樹除袋

一日	火		月出後八時五十分	十九日	己未火尾閉	
二日	水		月出後九時十六分	二十日	庚申木箕建	宜裁衣納財
三日	木		月出後九時四十四分	廿一日	辛酉木斗除	宜安葬
四日	金		月出後十時十八分	廿二日	壬戌水牛滿	宜嫁娶移徙動土[illegible]安葬
五日	土	◐下弦午後四時二十一分	月出後十一時零分	廿三日	癸亥水女平	
六日	日		月出後十一時五十分	廿四日	甲子金虛定	宜冠帶[illegible]嫁娶移徙裁衣動土[illegible]
七日	月			廿五日	乙丑金危執	
八日	火		月出前零時五十分	廿六日	丙寅火室破	
九日	水		月出前二時四分	廿七日	丁卯火壁破	白露八月節
十日	木		月出前三時九分	廿八日	戊辰木奎危	
十一日	金		月出前四時五十分	廿九日	己巳木婁成	
十二日	土	●合朔午後一時二十一分	八月小	初一日	庚午土胃收	
十三日	日		月入後七時三十一分	初二日	辛未土昴開	宜嫁娶移徙上樑[illegible]
十四日	月		月入後七時五十八分	初三日	壬申金畢閉	

白露 午前零時十六分

舊八月節

日出午前六時九分 晝間十二時四十四分

日入午後六時五十三分 夜間十一時十六分

秋季皇靈祭

日	曜	記事	月出入	陰曆	干支	納音	宿	建除	宜
十五日	火		月入後八時二十三分	初四日	癸酉	金	胃	建	
十六日	水		月入後八時五十七分	初五日	甲戌	火	參	除	
十七日	木		月入後九時三十八分	初六日	乙亥	火	井	滿	宜移徙裁衣動土上樑(宜用巳時)開市納財
十八日	金		月入後十時二十七分	初七日	丙子	水	鬼	平	
十九日	土	◐上弦午前五時三十七分	月入後十一時十三分	初八日	丁丑	水	柳	定	宜嫁娶裁衣動土上樑(宜用巳時)納財
二十日	日	社		初九日	戊寅	土	星	執	
二十一日	月		月入前零時十五分	初十日	己卯	土	張	破	
二十二日	火		月入前一時十九分	十一日	庚辰	金	翼	危	宜嫁娶移徙裁衣動土上樑(宜用巳時)開市納財安葬
二十三日	水		月入前二時二十三分	十二日	辛巳	金	軫	成	
二十四日	木		月入前三時二十五分	十三日	壬午	木	角	收	秋分八月中

秋分 午前九時二十四分 **舊八月中**

日出午前六時十二分 晝間十二時八分

日入午後六時二十分 夜間十一時五十二分

日	曜	記事	月出入	陰曆	干支	納音	宿	建除	宜
二十五日	金		月入前四時二十五分	十四日	癸未	木	亢	開	
二十六日	土		月入前五時二十五分	十五日	甲申	水	氐	閉	宜裁衣納財安葬
二十七日	日	○望午前四時四十五分月食	月出後六時三十五分	十六日	乙酉	水	房	建	
二十八日	月		月出後六時五十五分	十七日	丙戌	土	心	除	
二十九日	火		月出後七時二十分	十八日	丁亥	土	尾	滿	
三十日	水		月出後七時四十七分	十九日	戊子	火	箕	平	

十月大 三十一日

大麥의播種、桑田의害蟲驅除、稙稻의選穗、大豆、甘藷、馬鈴薯의收穫貯藏、果實貯藏庫修理消毒

一日木 月出後八時六分 二十日己丑火斗定

二日金 月出後八時五十七分 廿一日庚寅木牛執

三日土 月出後九時四十三分 廿二日辛卯木女破

四日日 月出後十時四十分 廿三日壬辰水虛危

五日月 ◐下弦前五時十五分 月出後十一時四十五分 廿四日癸巳水危成 宜嫁娶移徙裁衣動土上樑開市納財

六日火 廿五日甲午金室收

七日水 月出前零時五十六分 廿六日乙未金壁開 宜嫁娶移徙裁衣上樑開市納財

八日木 月出前二時十分 廿七日丙申火奎閉

九日金 月出前三時二十五分 廿八日丁酉火婁閉 寒露九月節

寒露 後三時二十七分 舊九月節

日出前六時三十一分 晝十一時二十九分

日入後六時 夜十二時三十一分

十日土 月出前四時四十一分 廿九日戊戌木胃建

十一日日 ●合朔後七時六分 九月大 初一日己亥木昴除

十二日月 月入後六時十七分 初二日庚子土畢滿

十三日火 月入後六時五十分 初三日辛丑土觜平

十四日水 月入後七時三十分 初四日壬寅金參定

神嘗祭

日	曜	月相	月出入	陰曆	干支	納音	宿	建除	宜
十五日	木		入月後八時十七分	初五日	癸卯	金	井	執	
十六日	金		入月後九時十三分	初六日	甲辰	火	鬼	破	宜破屋
十七日	土		入月後十時十四分	初七日	乙巳	火	柳	危	
十八日	日	◐上弦午後六時二十分	入月後十一時十九分	初八日	丙午	水	星	成	宜嫁娶移徙裁衣動土上樑[illegible]開市納財安葬
十九日	月			初九日	丁未	水	張	收	
二十日	火		入月前零時二十四分	初十日	戊申	土	翼	開	宜嫁娶移徙裁衣動土上樑[illegible]開市
二十一日	水		入月前一時二十七分	十一日	己酉	土	軫	閉	土王用事
二十二日	木		入月前二時二十八分	十二日	庚戌	金	角	建	宜移徙裁衣納財
二十三日	金		入月前三時二十六分	十三日	辛亥	金	亢	除	宜移徙裁衣上樑[illegible]
二十四日	土		入月前四時二十四分	十四日	壬子	木	氐	滿	霜降九月中

霜降 午後六時十六分 舊九月中

日出午前六時四十九分 晝間十時五十六分
日入午後五時四十五分 夜間十三時 二分

日	曜	月相	月出入	陰曆	干支	納音	宿	建除	宜
二十五日	日		入月前五時二十分	十五日	癸丑	木	房	平	
二十六日	月	○望午後十時三十四分	出月後五時二十五分	十六日	甲寅	水	心	定	
二十七日	火		出月後五時五十一分	十七日	乙卯	水	尾	執	
二十八日	水		出月後六時二十一分	十八日	丙辰	土	箕	破	
二十九日	木		出月後六時五十七分	十九日	丁巳	土	斗	危	宜納財
三十日	金		出月後七時四十一分	二十日	戊午	火	牛	成	宜嫁娶移徙裁衣上樑[illegible]開市納財
三十一日	土		出月後八時三十四分	廿一日	己未	火	女	收	

十一月小 三十日

麥의培土, 畓의秋耕, 果樹園의落葉燒却, 深耕, 施肥, 果實蔬菜의收穫貯藏, 屑繭의整理, 桑田深耕施肥

日	曜	月相	月出入	陰曆	干支	納音	宿	直	宜
一日	日		月出 午後九時三十五分	廿二日	庚申	木	虛	開	宜移徙裁衣上樑經絡開市
二日	月		月出 午後十時四十二分	廿三日	辛酉	木	危	閉	
三日	火	◐ 下弦 午後四時十分	月出 午後十一時五十三分	廿四日	壬戌	水	室	建	宜移徙裁衣上樑經絡納財
四日	水			廿五日	癸亥	水	壁	除	
五日	木		月出 午前一時五分	廿六日	甲子	金	奎	滿	
六日	金		月出 午前二時十六分	廿七日	乙丑	金	婁	平	
七日	土		月出 午前三時三十分	廿八日	丙寅	火	胃	定	
八日	日		月出 午前四時四十四分	廿九日	丁卯	火	昴	定	立冬十月節 宜嫁娶啓攢

立冬 午後六時十分 舊十月節

日出午前七時四分 晝間十時三十二分
日入午後五時三十六分 夜間十三時二十八分

日	曜	月相	月出入	陰曆	干支	納音	宿	直	宜
九日	月		月出 午前六時一分	三十日	戊辰	木	畢	執	
十日	火	● 合朔 午前七時五十分	十月小	初一日	己巳	木	觜	破	宜破屋
十一日	水		月入 午後六時四分	初二日	庚午	土	參	危	宜嫁娶移徙裁衣動土上樑經絡安葬
十二日	木		月入 午後六時五十七分	初三日	辛未	土	井	成	宜裁衣動土上樑經絡開市納財
十三日	金		月入 午後七時五十六分	初四日	壬申	金	鬼	收	
十四日	土		月入 午後九時四分	初五日	癸酉	金	柳	開	

明治節

日	曜	月象	月出入	陰曆	干支	納音	宿	建除	宜
十五日	日		月入後十時十一分	初六日	甲戌	火	星	閉	
十六日	月		月入後十一時十六分	初七日	乙亥	火	張	建	
十七日	火	◐上弦午前十時十三分		初八日	丙子	水	翼	除	宜啓欑
十八日	水		月入前零時九分	初九日	丁丑	水	軫	滿	
十九日	木		月入前一時六分	初十日	戊寅	土	角	平	宜嫁娶移徙裁衣動土上樑開市納財安葬
二十日	金		月入前二時十六分	十一日	己卯	土	亢	定	宜祭祀冠帶嫁娶移徙裁衣動土上樑開市納財安葬
二十一日	土		月入前三時十三分	十二日	庚辰	金	氐	執	
二十二日	日		月入前四時十一分	十三日	辛巳	金	房	破	宜破屋
二十三日 新嘗祭	月		月入前五時十分	十四日	壬午	木	心	危	小雪十月中

小雪 午後三時二十五分 舊十月中

日出午前七時二十分 晝間九時五十九分
日入午後五時十九分 夜間十四時一分

日	曜	月象	月出入	陰曆	干支	納音	宿	建除	宜
二十四日	火		月入前六時十一分	十五日	癸未	木	尾	成	宜裁衣動土上樑開市納財
二十五日	水	○望午後四時十分	月出後四時五十三分	十六日	甲申	水	箕	收	宜嫁娶移徙裁衣動土上樑納財安葬
二十六日	木		月出後五時三十六分	十七日	乙酉	水	斗	開	宜移徙裁衣動土上樑開市納財
二十七日	金		月出後六時二十九分	十八日	丙戌	土	牛	閉	
二十八日	土		月出後七時二十九分	十九日	丁亥	土	女	建	
二十九日	日		月出後八時三十五分	二十日	戊子	火	虛	除	
三十日	月		月出後九時四十五分	廿一日	己丑	火	危	滿	

十二月大三十一日

收穫物의整理, 農蠶具의修理整頓

一日	火		月出午後十時五十五分	廿二日庚寅木室平	宜嫁娶移徙裁衣動土上樑開市納財安葬啓攢
二日	水			廿三日辛卯木壁定	
三日	木	◑下弦午前一時五十分	月出午前零時五分	廿四日壬辰水奎執	宜裁衣
四日	金		月出午前一時十五分	廿五日癸巳水婁破	宜破屋
五日	土		月出午前二時二十六分	廿六日甲午金胃危	宜嫁娶移徙裁衣動土上樑開市納財安葬
六日	日		月出午前三時三十八分	廿七日乙未金昴成	宜裁衣動土上樑開市納財安葬
七日	月		月出午前四時五十三分	廿八日丙申火畢收	
八日	火		月出午前六時十分	廿九日丁酉火觜收	大雪十一月節
九日	水	●合朔午後七時十六分	十一月大	初一日戊戌木參開	
十日	木		月入午後五時三十六分	初二日己亥木井閉	宜裁衣
十一日	金		月入午後六時四十四分	初三日庚子土鬼建	
十二日	土		月入午後七時五十二分	初四日辛丑土柳除	宜嫁娶納財安葬
十三日	日		月入午後九時零分	初五日壬寅金星滿	
十四日	月		月入午後十時五分	初六日癸卯金張平	

大雪 午前十時四十二分 **舊十一月節**

日出午前七時三十分 晝間九時四十二分

日入午後五時十二分 夜間十四時十八分

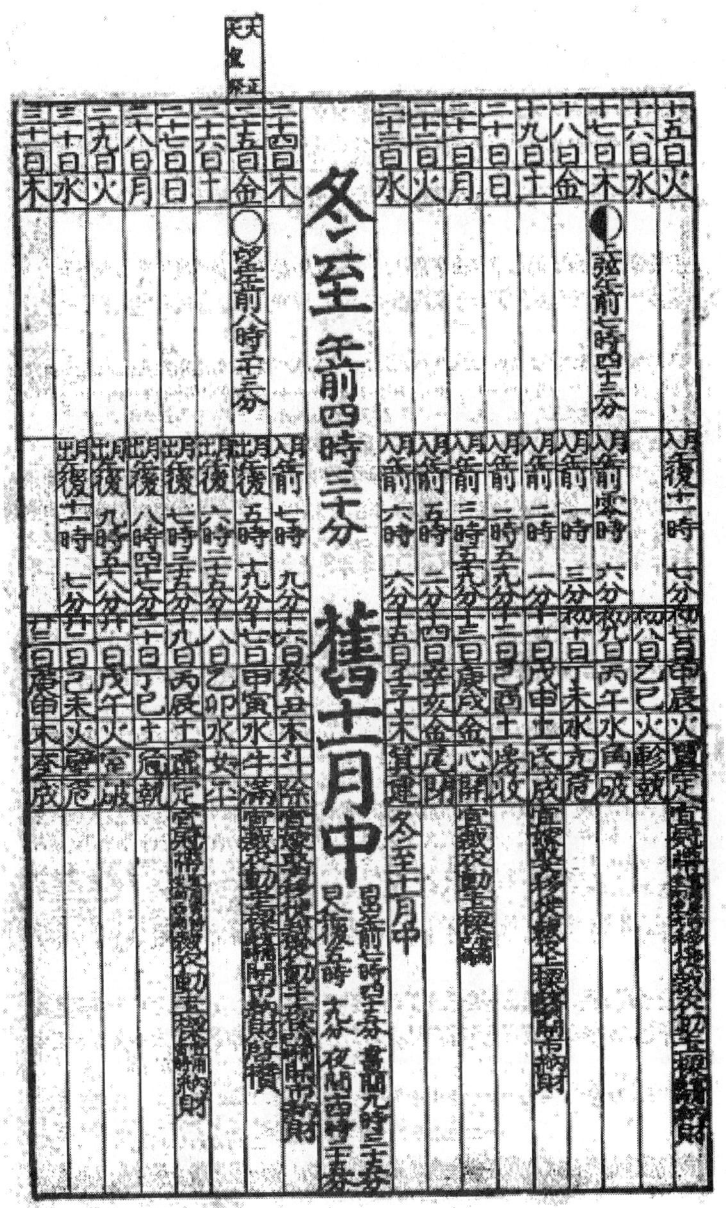

大正天皇祭

冬至 午前四時三十分 舊十一月中

日出前七時四十三分 晝間九時三十五分
日入後五時十八分 夜間十四時二十五分

日	曜	弦望	月出入	陰曆	干支	納音	宿	建除
十五日	火		月入後十一時七分	初七日	甲辰	火	翼	定
十六日	水			初八日	乙巳	火	軫	執
十七日	木	上弦午前七時四十三分	月入前零時六分	初九日	丙午	水	角	破
十八日	金		月入前一時三分	初十日	丁未	水	亢	危
十九日	土		月入前二時一分	十一日	戊申	土	氐	成
二十日	日		月入前二時五十九分	十二日	己酉	土	房	收
二十一日	月		月入前三時五十八分	十三日	庚戌	金	心	開
二十二日	火		月入前五時二分	十四日	辛亥	金	尾	閉
二十三日	水		月入前六時六分	十五日	壬子	木	箕	建 冬至十一月中
二十四日	木		月入前七時九分	十六日	癸丑	木	斗	除
二十五日	金	望午前八時二十三分	月出後五時九分	十七日	甲寅	水	牛	滿
二十六日	土		月出後六時三十五分	十八日	乙卯	水	女	平
二十七日	日		月出後七時三十五分	十九日	丙辰	土	虛	定
二十八日	月		月出後八時四十三分	二十日	丁巳	土	危	執
二十九日	火		月出後九時五十六分	廿一日	戊午	火	室	破
三十日	水		月出後十一時七分	廿二日	己未	火	壁	危
三十一日	木			廿三日	庚申	木	奎	成

年歲對照

天保三年	壬辰	一百歲
天保四年	癸巳	九十九歲
天保五年	甲午	九十八歲
天保六年	乙未	九十七歲
天保七年	丙申	九十六歲
天保八年	丁酉	九十五歲
天保九年	戊戌	九十四歲
天保十年	己亥	九十三歲
天保十一年	庚子	九十二歲
天保十二年	辛丑	九十一歲
天保十三年	壬寅	九十歲
天保十四年	癸卯	八十九歲
弘化元年	甲辰	八十八歲
弘化二年	乙巳	八十七歲
弘化三年	丙午	八十六歲
弘化四年	丁未	八十五歲
嘉永元年	戊申	八十四歲
嘉永二年	己酉	八十三歲
嘉永三年	庚戌	八十二歲
嘉永四年	辛亥	八十一歲
嘉永五年	壬子	八十歲
嘉永六年	癸丑	七十九歲
安政元年	甲寅	七十八歲
安政二年	乙卯	七十七歲
安政三年	丙辰	七十六歲
安政四年	丁巳	七十五歲
安政五年	戊午	七十四歲
安政六年	己未	七十三歲
萬延元年	庚申	七十二歲
文久元年	辛酉	七十一歲
文久二年	壬戌	七十歲
文久三年	癸亥	六十九歲
元治元年	甲子	六十八歲
慶應元年	乙丑	六十七歲
慶應二年	丙寅	六十六歲
慶應三年	丁卯	六十五歲
明治元年	戊辰	六十四歲
明治二年	己巳	六十三歲
明治三年	庚午	六十二歲
明治四年	辛未	六十一歲
明治五年	壬申	六十歲
明治六年	癸酉	五十九歲
明治七年	甲戌	五十八歲
明治八年	乙亥	五十七歲
明治九年	丙子	五十六歲
明治十年	丁丑	五十五歲
明治十一年	戊寅	五十四歲
明治十二年	己卯	五十三歲
明治十三年	庚辰	五十二歲
明治十四年	辛巳	五十一歲
明治十五年	壬午	五十歲
明治十六年	癸未	四十九歲
明治十七年	甲申	四十八歲
明治十八年	乙酉	四十七歲
明治十九年	丙戌	四十六歲
明治二十年	丁亥	四十五歲
明治廿一年	戊子	四十四歲
明治廿二年	己丑	四十三歲
明治廿三年	庚寅	四十二歲
明治廿四年	辛卯	四十一歲
明治廿五年	壬辰	四十歲
明治廿六年	癸巳	三十九歲
明治廿七年	甲午	三十八歲
明治廿八年	乙未	三十七歲
明治廿九年	丙申	三十六歲
明治卅年	丁酉	三十五歲
明治卅一年	戊戌	三十四歲
明治卅二年	己亥	三十三歲
明治卅三年	庚子	三十二歲
明治卅四年	辛丑	三十一歲
明治卅五年	壬寅	三十歲
明治卅六年	癸卯	二十九歲
明治卅七年	甲辰	二十八歲
明治卅八年	乙巳	二十七歲
明治卅九年	丙午	二十六歲
明治四十年	丁未	二十五歲
明治四十一年	戊申	二十四歲
明治四十二年	己酉	二十三歲
明治四十三年	庚戌	二十二歲
明治四十四年	辛亥	二十一歲
明治四十五年 大正元年	壬子	二十歲
大正二年	癸丑	十九歲
大正三年	甲寅	十八歲
大正四年	乙卯	十七歲
大正五年	丙辰	十六歲
大正六年	丁巳	十五歲
大正七年	戊午	十四歲
大正八年	己未	十三歲
大正九年	庚申	十二歲
大正十年	辛酉	十一歲
大正十一年	壬戌	十歲
大正十二年	癸亥	九歲
大正十三年	甲子	八歲
大正十四年	乙丑	七歲
大正十五年 昭和元年	丙寅	六歲
昭和二年	丁卯	五歲
昭和三年	戊辰	四歲
昭和四年	己巳	三歲
昭和五年	庚午	二歲
昭和六年	辛未	一歲

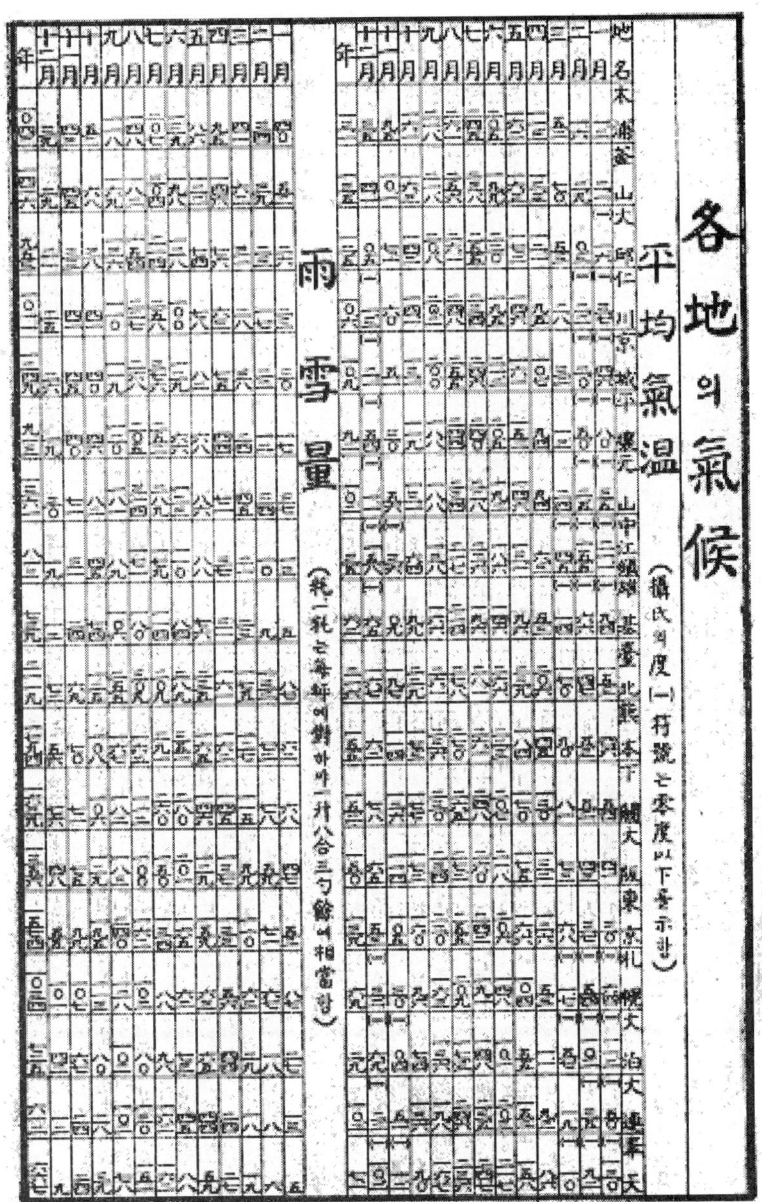

各地의 氣候

平均氣溫

(攝氏의度 (一)符號는零度以下를示함)

地名	一月	二月	三月	四月	五月	六月	七月	八月	九月	十月	十一月	十二月	年
木浦	[illegible]	[illegible]	[illegible]	[illegible]	[illegible]	[illegible]	[illegible]	[illegible]	[illegible]	[illegible]	[illegible]	[illegible]	[illegible]
釜山	[illegible]	[illegible]	[illegible]	[illegible]	[illegible]	[illegible]	[illegible]	[illegible]	[illegible]	[illegible]	[illegible]	[illegible]	[illegible]
大邱	[illegible]	[illegible]	[illegible]	[illegible]	[illegible]	[illegible]	[illegible]	[illegible]	[illegible]	[illegible]	[illegible]	[illegible]	[illegible]
仁川	[illegible]	[illegible]	[illegible]	[illegible]	[illegible]	[illegible]	[illegible]	[illegible]	[illegible]	[illegible]	[illegible]	[illegible]	[illegible]
京城	[illegible]	[illegible]	[illegible]	[illegible]	[illegible]	[illegible]	[illegible]	[illegible]	[illegible]	[illegible]	[illegible]	[illegible]	[illegible]
平壤	[illegible]	[illegible]	[illegible]	[illegible]	[illegible]	[illegible]	[illegible]	[illegible]	[illegible]	[illegible]	[illegible]	[illegible]	[illegible]
元山	[illegible]	[illegible]	[illegible]	[illegible]	[illegible]	[illegible]	[illegible]	[illegible]	[illegible]	[illegible]	[illegible]	[illegible]	[illegible]
中江鎭	[illegible]	[illegible]	[illegible]	[illegible]	[illegible]	[illegible]	[illegible]	[illegible]	[illegible]	[illegible]	[illegible]	[illegible]	[illegible]
雄基	[illegible]	[illegible]	[illegible]	[illegible]	[illegible]	[illegible]	[illegible]	[illegible]	[illegible]	[illegible]	[illegible]	[illegible]	[illegible]
臺北	[illegible]	[illegible]	[illegible]	[illegible]	[illegible]	[illegible]	[illegible]	[illegible]	[illegible]	[illegible]	[illegible]	[illegible]	[illegible]
熊本	[illegible]	[illegible]	[illegible]	[illegible]	[illegible]	[illegible]	[illegible]	[illegible]	[illegible]	[illegible]	[illegible]	[illegible]	[illegible]
下關	[illegible]	[illegible]	[illegible]	[illegible]	[illegible]	[illegible]	[illegible]	[illegible]	[illegible]	[illegible]	[illegible]	[illegible]	[illegible]
大阪	[illegible]	[illegible]	[illegible]	[illegible]	[illegible]	[illegible]	[illegible]	[illegible]	[illegible]	[illegible]	[illegible]	[illegible]	[illegible]
東京	[illegible]	[illegible]	[illegible]	[illegible]	[illegible]	[illegible]	[illegible]	[illegible]	[illegible]	[illegible]	[illegible]	[illegible]	[illegible]
札幌	[illegible]	[illegible]	[illegible]	[illegible]	[illegible]	[illegible]	[illegible]	[illegible]	[illegible]	[illegible]	[illegible]	[illegible]	[illegible]
大泊	[illegible]	[illegible]	[illegible]	[illegible]	[illegible]	[illegible]	[illegible]	[illegible]	[illegible]	[illegible]	[illegible]	[illegible]	[illegible]
大連	[illegible]	[illegible]	[illegible]	[illegible]	[illegible]	[illegible]	[illegible]	[illegible]	[illegible]	[illegible]	[illegible]	[illegible]	[illegible]
奉天	[illegible]	[illegible]	[illegible]	[illegible]	[illegible]	[illegible]	[illegible]	[illegible]	[illegible]	[illegible]	[illegible]	[illegible]	[illegible]

雨雪量

(粍 一粍은每坪에對하야一升八合三勺餘에相當함)

地名	一月	二月	三月	四月	五月	六月	七月	八月	九月	十月	十一月	十二月	年
木浦	[illegible]	[illegible]	[illegible]	[illegible]	[illegible]	[illegible]	[illegible]	[illegible]	[illegible]	[illegible]	[illegible]	[illegible]	[illegible]
釜山	[illegible]	[illegible]	[illegible]	[illegible]	[illegible]	[illegible]	[illegible]	[illegible]	[illegible]	[illegible]	[illegible]	[illegible]	[illegible]
大邱	[illegible]	[illegible]	[illegible]	[illegible]	[illegible]	[illegible]	[illegible]	[illegible]	[illegible]	[illegible]	[illegible]	[illegible]	[illegible]
仁川	[illegible]	[illegible]	[illegible]	[illegible]	[illegible]	[illegible]	[illegible]	[illegible]	[illegible]	[illegible]	[illegible]	[illegible]	[illegible]
京城	[illegible]	[illegible]	[illegible]	[illegible]	[illegible]	[illegible]	[illegible]	[illegible]	[illegible]	[illegible]	[illegible]	[illegible]	[illegible]
平壤	[illegible]	[illegible]	[illegible]	[illegible]	[illegible]	[illegible]	[illegible]	[illegible]	[illegible]	[illegible]	[illegible]	[illegible]	[illegible]
元山	[illegible]	[illegible]	[illegible]	[illegible]	[illegible]	[illegible]	[illegible]	[illegible]	[illegible]	[illegible]	[illegible]	[illegible]	[illegible]
中江鎭	[illegible]	[illegible]	[illegible]	[illegible]	[illegible]	[illegible]	[illegible]	[illegible]	[illegible]	[illegible]	[illegible]	[illegible]	[illegible]
雄基	[illegible]	[illegible]	[illegible]	[illegible]	[illegible]	[illegible]	[illegible]	[illegible]	[illegible]	[illegible]	[illegible]	[illegible]	[illegible]
臺北	[illegible]	[illegible]	[illegible]	[illegible]	[illegible]	[illegible]	[illegible]	[illegible]	[illegible]	[illegible]	[illegible]	[illegible]	[illegible]
熊本	[illegible]	[illegible]	[illegible]	[illegible]	[illegible]	[illegible]	[illegible]	[illegible]	[illegible]	[illegible]	[illegible]	[illegible]	[illegible]
下關	[illegible]	[illegible]	[illegible]	[illegible]	[illegible]	[illegible]	[illegible]	[illegible]	[illegible]	[illegible]	[illegible]	[illegible]	[illegible]
大阪	[illegible]	[illegible]	[illegible]	[illegible]	[illegible]	[illegible]	[illegible]	[illegible]	[illegible]	[illegible]	[illegible]	[illegible]	[illegible]
東京	[illegible]	[illegible]	[illegible]	[illegible]	[illegible]	[illegible]	[illegible]	[illegible]	[illegible]	[illegible]	[illegible]	[illegible]	[illegible]
札幌	[illegible]	[illegible]	[illegible]	[illegible]	[illegible]	[illegible]	[illegible]	[illegible]	[illegible]	[illegible]	[illegible]	[illegible]	[illegible]
大泊	[illegible]	[illegible]	[illegible]	[illegible]	[illegible]	[illegible]	[illegible]	[illegible]	[illegible]	[illegible]	[illegible]	[illegible]	[illegible]
大連	[illegible]	[illegible]	[illegible]	[illegible]	[illegible]	[illegible]	[illegible]	[illegible]	[illegible]	[illegible]	[illegible]	[illegible]	[illegible]
奉天	[illegible]	[illegible]	[illegible]	[illegible]	[illegible]	[illegible]	[illegible]	[illegible]	[illegible]	[illegible]	[illegible]	[illegible]	[illegible]

寒暑風雨의極數

(氣溫中(一)符號는零度以下를示함)

地名	最高氣溫(攝氏寒暑)		最低氣溫(攝氏寒暑)		最大雨雪日量(粍)		最大雨雪月量(粍)		最大雨雪年量(粍)		最大風速度(秒/米)	
木浦	三三·〇	大正十三年	(一)一二·四	大正四年	二〇〇·二	明治四十一年	四〇〇·二	明治四十二年	一三四六·八	大正五年	三四·九	明治四十四年
釜山	三五·三	昭和四年	(一)一四·〇	大正四年	二五五·九	明治四十五年	六九九·三	大正十四年	二〇一三·三	明治三十八年	三三·二	明治三十七年
大邱	三九·二	昭和二年	(一)二〇·二	大正十二年	一四三·三	大正十五年	六八〇·〇	明治四十三年	一〇九〇·九	大正五年	一六·三	大正十一年
仁川	三五·五	大正十三年	(一)二〇·九	大正四年	二四四·五	大正十一年	八〇〇·一	大正十一年	一九〇〇·九	大正十四年	二六·八	大正八年
京城	三五·五	大正八年	(一)二二·五	昭和二年	三五四·七	大正九年	八四一·八	大正十五年	二一三五·四	大正十四年	一五·三	明治四十一年
平壤	三五·四	大正八年	(一)二八·五	大正六年	二一〇·九	大正九年	五三一·〇	大正十二年	一三四六·六	大正三年	一八·二	明治四十四年
元山	三九·八	明治三十九年	(一)二一·九	大正四年	二四〇·〇	明治二十八年	五五六·四	明治四十一年	二〇九〇·三	大正十一年	三二·三	明治三十八年
中江鎭	三八·〇	大正十三年	(一)四三·六	大正十一年	九九·八	昭和四年	三三五·三	大正三年	一〇九六·八	昭和二年	一九·九	昭和三年
雄基	三五·四	大正八年	(一)二四·三	大正四年	二〇八·五	大正四年	三三六·〇	大正四年	一三二六·八	昭和三年	四〇·〇	大正五年
臺北	三八·六	大正十年	(一)〇·二	明治三十四年	三八七·三	明治四十四年	一四〇〇·〇	明治三十一年	二七八〇·三	明治三十一年	三二·二	明治三十二年
熊本	三八·八	昭和二年	(一)九·二	明治三十七年	三九八·五	大正十二年	八六八·九	明治三十三年	三二〇五·八	明治三十八年	二六·九	昭和二年
下關	三六·九	明治二十七年	(一)七·五	明治二十八年	三三九·九	明治三十七年	七八〇·〇	大正十二年	二六八四·〇	大正十二年	三〇·二	明治二十八年
大阪	三八·六	明治四十二年	(一)七·五	明治二十四年	一七〇·七	明治二十九年	六八〇·〇	明治三十六年	一七八六·二	明治二十九年	三六·九	大正元年
東京	三六·六	明治十九年	(一)九·二	昭和二年	一九七·七	大正九年	五四四·二	昭和四年	二二九〇·二	大正九年	二三·七	大正六年
札幌	三五·五	大正十三年	(一)二八·五	昭和四年	一二三·五	明治三十七年	三〇八·二	明治三十一年	一四二〇·〇	明治十二年	二八·六	明治四十五年
大泊	三〇·四	昭和三年	(一)三三·七	明治四十二年	八〇·七	大正四年	二〇〇·三	大正九年	九九七·五	大正四年	三三·二	大正十四年
大連	三六·七	大正八年	(一)二〇·〇	大正十一年	一八六·八	大正九年	四〇〇·九	明治四十四年	一三一九	大正三年	二三·九	大正八年
奉天	三八·二	大正九年	(一)三三·九	明治四十一年	一四〇·七	明治四十四年	三〇五·三	大正十二年	一〇六一·九	大正十二年	一九·五	大正二年

水稻便覽

項目 \ 地方	北部	中部	南部
選種及浸種	四月中旬後半	四月下旬前半	四月下旬後半
苗代의整地及施肥	四月下旬前半	四月下旬後半	五月上旬前半
播種	四月下旬後半	五月上旬前半	五月上旬後半
苗代害蟲驅除	五月下旬	六月上旬	六月上旬
本田整地及施肥	五月下旬後半	六月上旬前半	六月上旬後半
移秧	六月上旬前半	六月十日前後	六月中旬
中耕除草	六月中旬乃至八月上旬	六月下旬乃至八月上旬	六月下旬乃至八月中旬
追肥(硫酸[illegible])	六月下旬後半	七月上旬前半	七月上旬後半
害蟲驅除	七月下旬乃至八月下旬	七月上旬乃至九月上旬	七月上旬乃至九月中旬
稗拔	八月下旬	九月上旬	九月中旬
落水	九月上旬	九月中旬	九月下旬
收穫	九月下旬乃至十月上旬	十月中旬	十月下旬
乾燥	十月上旬	十月下旬	十一月上旬
調製	十月中旬	十一月上旬	十一月中旬
畓秋耕	十月下旬	十一月中旬	十一月下旬
收穫物의整理	十一月中旬	十一月下旬	十二月上旬
農具整理	十二月乃至三月	十二月乃至三月	十二月乃至三月
繩叺製造	十二月乃至三月	十二月乃至三月	十二月乃至三月

度量衡表

米突法	미리메-돌 米突의 十分之一	센치메-돌 米突의 百分之一	데시메-돌 米突의 十分之一	메-돌	키로메-돌 千米突	海里 千八百五十二米突	平方메-돌	土地 아-르 百平方米突	土地 헥타-르 百아-르
度 / 積面									
尺貫法	三、三〇〇 厘	三、三〇〇 分	三、三〇〇 寸	三、三〇〇 尺	九、一六七 町	一六、九七七 町	一〇、八九〇 平方尺	三〇、二五 步	一、〇〇八 町
아-드法	〇、〇三九 인치	〇、三九四 인치	〇、三二八 후-트	一、〇九四 야-드	〇、六二一 마일	一、一五一 마일	一、一九六 平方야-드		

米突法	立方메-돌	液體及粒狀物 (1)	液體及粒狀物 (2)	液體及粒狀物 (3)	미리그람 키로그람의 百萬分之一	그람 키로그람의 千分之一	키로그람	톤 키로그람 一千	寶石類 카라트 二百미리그람
量 / 衡									
尺貫法	三五、九三七 立方尺	〇、〇五五 勺	五、五四四 合	五、五四四 石	〇、〇二六七 毛	二、六六七 分	〇、二六七 貫	二六六、六六七 貫	五、三三三 厘
아-드法	一、三〇八 立方야-드		〇、二六四 가론	二六四、一七一 가론	〇、〇一五 크렌	一五、四三二 크렌	二、二〇五 본드	〇、九八四 英噸	三、〇八六 크렌

尺	間	町	里	坪	段	升	貫	斤
〇、三〇三 메-돌	一、八一八 메-돌	一〇九、〇九一 메-돌	三、九二七 키로메-돌	〇、〇三三 아르	九、九一七 아르	一、八〇四 리-돌	三、七五〇 키로그람	〇、六〇〇 키로그람

鯨尺	鯨尺	인치	후-트	야-드	마일	온스	본드	英噸
二、六四〇 鯨尺	〇、三七九 메-돌	二、五四〇 센치메-돌	三〇、四八〇 센치메-돌	〇、九一四 메-돌	一、六〇九 키로메-돌	二八、三五〇 그람	〇、四五四 키로그람	一、〇一六 噸

國稅及地方稅納期一覽

國稅

定期收入에屬한者

稅目	一月	二月	三月	四月	五月	六月	七月	八月	九月	十月	十一月	十二月
地稅		前年度第二期										第一期
營業稅					第一期						第二期	
鑛業稅			前年度分									
鑛區稅												翌年分
酒稅 淸酒及燒酒[illegible]酒稅		前年度第三期	前年度第四期				第一期				第二期	
酒稅 朝鮮酒等의酒稅		前年度第一期					第一期			第二期		
酒稅 自家用酒酒稅										[illegible]全額		

隨時收入에屬한者

稅目	納期
所得稅	賦課金額이決定된當時
資本利子稅	朝鮮에서公債又는社債의利子의支拂을受할時
取引所稅	每月分을翌月末日까지
取引稅	同
砂糖消費稅	製造場又는保稅地域으로부터引取할時
印紙稅	[illegible]
登錄稅	登記又는登錄을受할時
朝鮮銀行券發行稅	制限外發行高에對하야其月分을翌月十五日까지

地方稅

定期收入에屬한者

稅目	一月	二月	三月	四月	五月	六月	七月	八月	九月	十月	十一月	十二月
地稅附加稅		前年度第二期										第一期
營業稅 免許、許可營業의二年以後의者				年分								
營業稅 [illegible]營業에對한者		前年度分										
戶稅				第一期					第二期			
家屋稅				第一期					第二期			
車輛稅(諸種車輛及自動車稅)				第一期					第二期			
船稅								年分				

備考 營業稅의新年度分은許可或又는[illegible]交付日에納入함

隨時收入에屬한者

稅目	納期
不動產取得稅	取得物件의價格이決定된當時
屠場稅	每月分은翌月所定의期日까지(期日은各道가相異함)
屠畜稅	屠畜을行할때
特別有場稅	每月分은翌月所定의期日까지(期日은各道가相異함)
所得稅附加稅	[illegible]의價格이決定된當時
特別所得稅	同

內國通信料金表

內國通常郵便料

- 第一種 書狀 ………… 四匁마다 三錢
  - 全部印刷한書狀, 官人用點字의開封書狀, 大部分印刷한書狀으로官公署公共團體, 社寺學校又는營利를目的으로하지아니하는法人又는團體로부터發送하는것과營業者로부터其營業에關하야發送하는報告書, 送狀, 契約申込書, 契約의承諾又는拒絶書, 請求書督促狀, 計算書, 見積書, 明細書, 領收書 ………… 十匁마다 二錢
- 第二種 郵便葉書 ………… 通常葉書 一錢五厘 / 往復葉書 三錢 / 封緘葉書
- 第三種 郵便物
  - 每月一回以上定期發行하는定期刊行物로第三種郵便物의認可를受한것 ………… 二十匁마다 五厘
  - (日刊新聞紙로서發行人又는賣捌人이差出하는것에對하야는二十匁까지마다) ………… 一部(一日分三十匁까지) 五厘
  - 同上中盲人用點字의定期刊行物 ………… 百五十匁마다 五厘
- 第四種
  - 書籍, 印刷物, 業務用書類, 寫眞, 書畫, 商品見本及模型, 博物學上의標本 ………… 三十匁마다 二錢
  - 盲人用點字의書籍, 印刷物及業務用書類 ………… 百五十匁又는其端數마다 一錢
  - 第三種郵便物과같은印刷物로서每月一回以上繼續發行하는定期刊行物로서低減料의承認을受한것 ………… 三十匁마다 一錢
  - 同上中盲人用點字의印刷物 ………… 百匁마다 五厘
- 第五種 農産物種子 ………… 三十匁까지마다 一錢

內國小包郵便料

重量	朝鮮內 同一郵便區市內	朝鮮內 其他	朝鮮外 (朝鮮과內地, 臺灣, 樺太, 朝鮮과南洋群島及關東州滿鐵附屬地內間)
二百匁迄	二〇錢	三〇	四五
四百匁迄	二〇錢	四〇	五五
六百匁迄	二〇錢	五〇	六五
八百匁迄	二〇錢	六〇	七五
一貫匁迄	二〇錢	七〇	八五
一貫二百匁迄	二〇錢	八〇	九〇
一貫四百匁迄	二〇錢	八五	九五
一貫六百匁迄	二〇錢	九〇	一,〇〇

內國通常電報料

地域別		和文 基本 (十五字以內)	和文 累加 (五字以內를增할때마다)	諺文 基本 (七字以內)	諺文 累加	歐文 基本 (五語以內)	歐文 累加
一市內	官報 私報	十五錢	三錢	十五錢	三錢	十五錢	三錢
朝鮮內(一市內를除함)相互間	官報 私報	三十錢	五錢	三十錢	五錢	三十錢	五錢
朝鮮과內地, 臺灣, 樺太, 南洋群島間	官報	三十錢	五錢	—	—	三十錢	五錢
	私報	四十錢	五錢	—	—	四十五錢	五錢
朝鮮과滿洲, 支那(關東州及滿鐵附屬地)間	官報 私報	三十錢	五錢	—	—	三十錢	五錢

朝鮮內ニ於ケル
道路及自動車線路圖

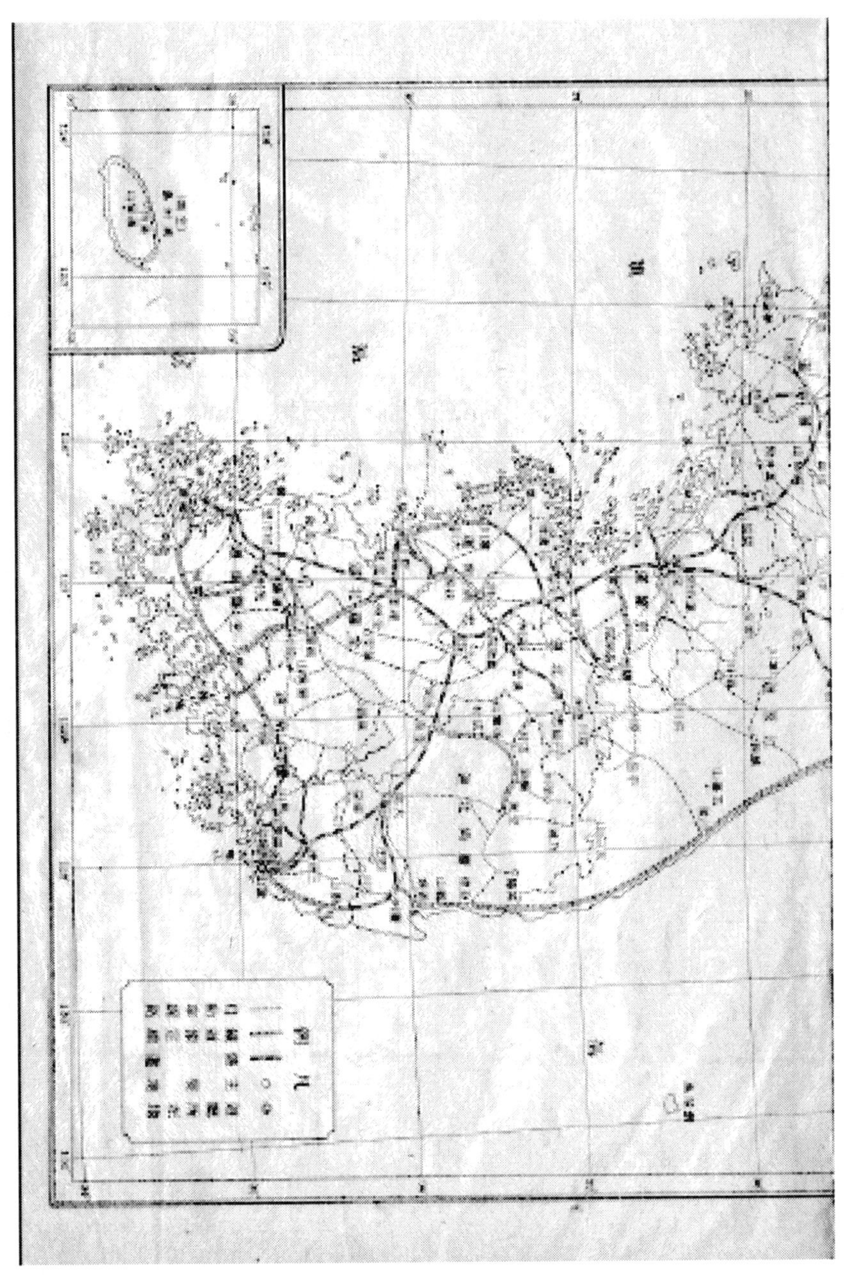

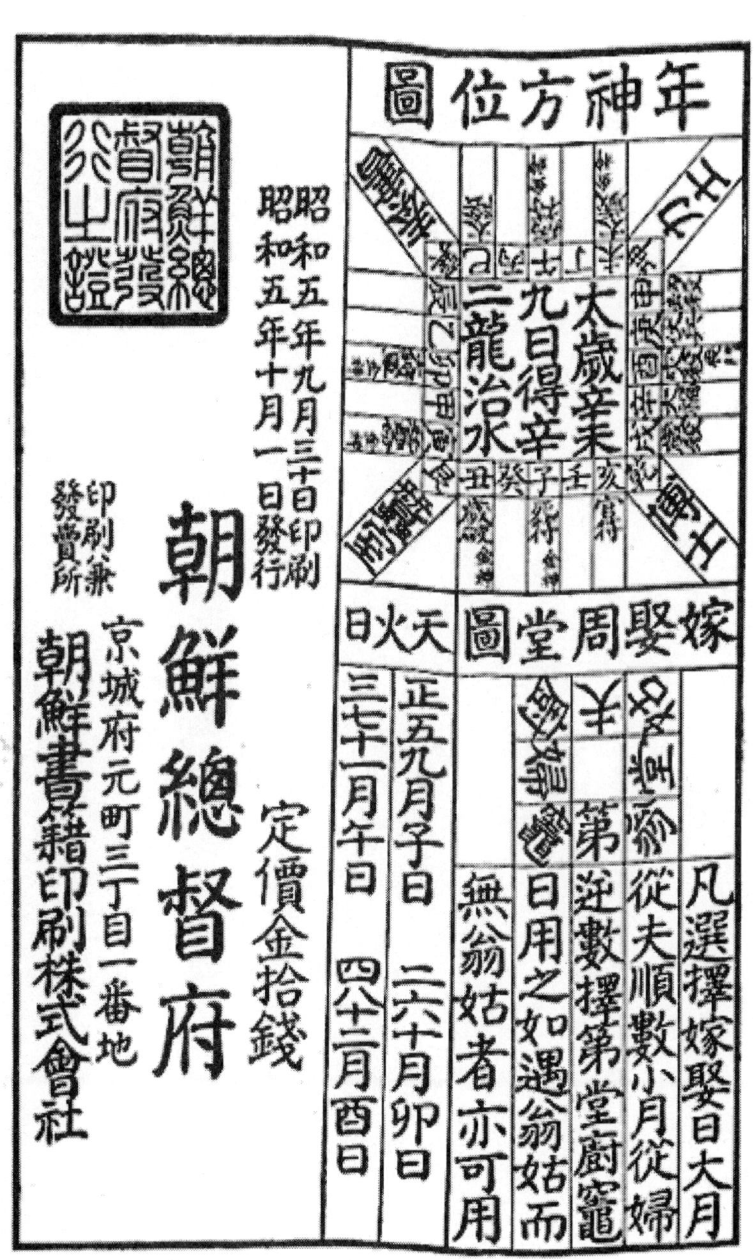

年神方位圖

太歲辛未
九日得辛
二龍治水

嫁娶周堂圖

凡選擇嫁娶日大月從夫順數小月從婦逆數擇第堂廚竈日用之如遇翁姑而無翁姑者亦可用

天火日

正五九月子日　二六十月卯日
三七十一月午日　四八十二月酉日

昭和五年九月三十日印刷
昭和五年十月一日發行

定價金拾錢

朝鮮總督府

印刷兼發賣所　京城府元町三丁目一番地
朝鮮書籍印刷株式會社

5　昭和七年朝鮮民曆（1932）

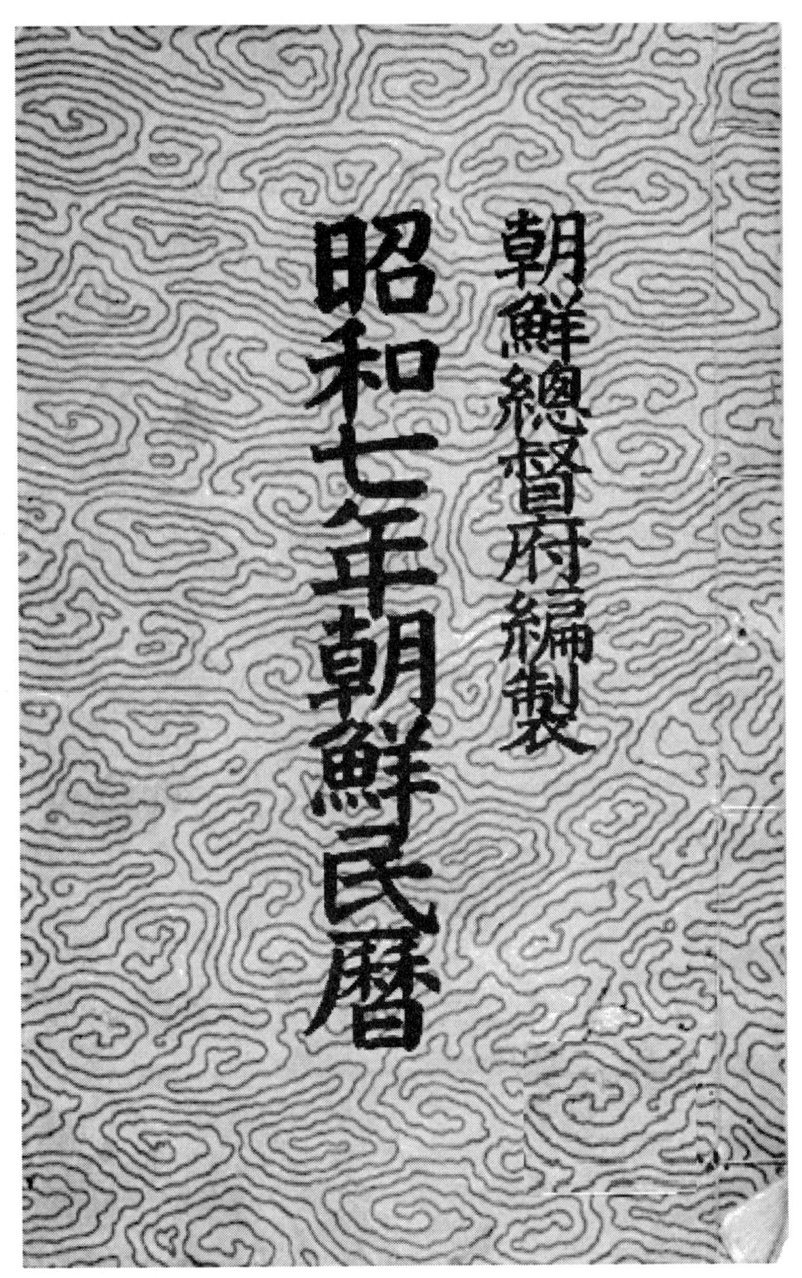

 5. 昭和七年朝鮮民曆(1932)

神武天皇即位紀元二千五百九十二年

昭和七年朝鮮民曆

壬申閏年 三百六十六日 朝鮮總督府觀測所編纂

月表

一月大	二月閏	三月大	四月小
五月大	六月小	七月大	八月大
九月小	十月大	十一月小	十二月大

四方拜	一月一日
元始祭	一月三日
紀元節	二月十一日
春季皇靈祭	三月二十一日
神武天皇祭	四月三日
天長節	四月二十九日
秋季皇靈祭	九月二十三日
神嘗祭	十月十七日
明治節	十一月三日
新嘗祭	十一月二十三日
大正天皇祭	十二月二十五日

說明

本民曆에揭載한時刻은本邦中央標準時를用하고日月出入及月食은朝鮮總督府觀測所에서보이는時刻을揭함

月食 三月二十二日

食分	九分七厘	
初虧	午後七時五十九分	左下之間
食甚	午後九時三十三分	左偏上
復圓	午後十一時五分	上

月食 九月十五日

食分	九分八厘	
初虧	午前四時十八分	左上之間
食甚	午前六時一分	左
月入	午前六時十八分	
帶食分	九分三厘	左偏下

日曜表

一月	三日	十日	十七日	二十四日	三十一日
二月					
三月					
四月					
五月					
六月					
七月					
八月					
九月					
十月	二日	九日	十六日	二十三日	三十日
十一月	六日	十三日	二十日	二十七日	
十二月	四日	十一日	十八日	二十五日	

昭和七年中陰曆歲次壬申年月表及節候表

月及月之大小	朔日	節氣		入節 日	入節 干支	入節 時刻	入節 陽曆	節氣		入節 日	入節 干支	入節 時刻	入節 陽曆
正月大	丁酉	雨水	正月中	十五日	辛亥	卯初一刻十四分	二月二十日	驚蟄	二月節	三十日	丙寅	寅初三刻五分	三月六日
二月大	丁卯	春分	二月中	十五日	辛巳	寅正三刻九分	三月二十一日	清明	三月節	三十日	丙申	巳初初刻七分	四月五日
三月大	丁酉	穀雨	三月中	十五日	辛亥	申正一刻十三分	四月二十日						
四月小	丁卯	立夏	四月節	初一日	丁卯	丑正三刻十分	五月六日	小滿	四月中	十六日	壬午	申正初刻七分	五月二十一日
五月大	丙申	芒種	五月節	初三日	戊戌	辰初一刻十三分	六月六日	夏至	五月中	十九日	甲寅	子正一刻八分	六月二十二日
六月小	丙寅	小暑	六月節	初四日	己巳	酉初三刻八分	七月七日	大暑	六月中	二十日	乙酉	午初一刻三分	七月二十三日
七月大	乙未	立秋	七月節	初七日	辛丑	寅初二刻二分	八月八日	處暑	七月中	廿二日	丙辰	酉正初刻六分	八月二十三日
八月小	乙丑	白露	八月節	初八日	壬申	卯正初刻三分	九月八日	秋分	八月中	廿三日	丁亥	申初一刻一分	九月二十三日
九月小	甲午	寒露	九月節	初九日	壬寅	亥初初刻十分	十月八日	霜降	九月中	廿五日	戊午	子正初刻四分	十月二十四日
十月大	癸亥	立冬	十月節	初十日	壬申	子初三刻五分	十一月七日	小雪	十月中	廿五日	丁亥	亥初初刻十一分	十一月二十三日
十一月小	癸巳	大雪	十一月節	初十日	壬寅	申正一刻四分	十二月七日	冬至	十一月中	廿五日	丁巳	巳正一刻零分	十二月二十二日
十二月大	壬戌	小寒	十二月節	十一日	壬申	寅初一刻九分	一月六日	大寒	十二月中	廿五日	丙戌	戌正三刻八分	一月二十一日

一月大 三十一日

繩·叺·蠶具·族·果實袋等의製造, 畜舍·雞舍의保溫

日	曜	記事	月出入	陰曆	日辰	納音	宿	建除	宜
一日	金	四方拜 ◐下弦午前十時十二分	月出午前零時十七分	廿四日	辛酉	木	婁	收	
二日	土	辛未十二月大	月出午前一時二十七分	廿五日	壬戌	水	胃	開	裁衣·動土·上樑(巳時)·開市에宜함
三日	日	元始祭	月出午前二時二十九分	廿六日	癸亥	水	昴	閉	
四日	月		月出午前三時三十二分	廿七日	甲子	金	畢	建	
五日	火	新年宴會	月出午前五時七分	廿八日	乙丑	金	觜	除	嫁娶·移徙·裁衣·動土·上樑(卯時)·納財·安葬에宜함
六日	水		月出午前六時十八分	廿九日	丙寅	火	參	除	小寒 十二月節

小寒 午後九時四十五分, 舊十二月節 日出午前七時四十五分 晝間九時四十四分 日入午後五時二十九分 夜間十四時十六分

日	曜	記事	月出入	陰曆	日辰	納音	宿	建除	宜
七日	木		月出午前七時十三分	三十日	丁卯	火	井	滿	
八日	金	●合朔午前八時二十九分	十二月小	初一日	戊辰	木	鬼	平	
九日	土		月入午後六時四十一分	初二日	己巳	木	柳	定	冠帶·裁衣·動土·上樑(巳時)·納財에宜함
十日	日		月入午後七時四十八分	初三日	庚午	土	星	執	嫁娶·移徙·裁衣·動土·上樑(卯時)·安葬에宜함
十一日	月		月入午後八時五十三分	初四日	辛未	土	張	破	破屋에宜함
十二日	火		月入午後九時五十三分	初五日	壬申	金	翼	危	
十三日	水		月入午後十時五十三分	初六日	癸酉	金	軫	成	嫁娶·移徙·裁衣·上樑(巳時)·開市·納財·安葬에宜함
十四日	木		月入午後十一時四十九分	初七日	甲戌	火	角	收	

日	曜	月相	月出入	陰曆	干支	納音·宿·建除	宜事
十五日	金			初八日	乙亥	火 亢 開	裁衣·動土·上樑·開市·納財에宜함
十六日	土	◐ 上弦午前五時五十五分	入月午前零時四十七分(?)	初九日	丙子	水 氐 閉	安葬·啓攢에宜함
十七日	日		入月午前一時四十六分(?)	初十日	丁丑	水 房 建	
十八日	月		入月午前二時四十七分(?)	十一日	戊寅	土 心 除	土王用事
十九日	火		入月午前三時五十分	十二日	己卯	土 尾 滿	
二十日	水		入月午前四時五十四分(?)	十三日	庚辰	金 箕 平	
二十一日	木		入月午前五時五十五分(?)	十四日	辛巳	金 斗 定	大寒 十二月中

大寒 午後三時七分 舊十二月中

日出午前七時四十五分 晝間九時五十九分
日入午後五時四十四分 夜間十四時一分

日	曜	月相	月出入	陰曆	干支	納音·宿·建除	宜事
二十二日	金		入月午前六時五十一分	十五日	壬午	木 牛 執	
二十三日	土	○ 望午後十一時四十四分 臘	出月午後五時十七分	十六日	癸未	木 女 破	
二十四日	日		出月午後六時三十一分	十七日	甲申	水 虛 危	移徙·裁衣·上樑·開市·納財·安葬에宜함
二十五日	月		出月午後七時四十四分	十八日	乙酉	水 危 成	嫁娶·移徙·裁衣·上樑·開市·納財·安葬에宜함
二十六日	火		出月午後八時五十六分	十九日	丙戌	土 室 收	
二十七日	水		出月午後十時七分	二十日	丁亥	土 壁 開	
二十八日	木		出月午後十一時十八分	廿一日	戊子	火 奎 閉	
二十九日	金			廿二日	己丑	火 婁 建	
三十日	土	◑ 下弦午後六時三十二分(?)	出月午前零時二十八分(?)	廿三日	庚寅	木 胃 除	
三十一日	日		出月午前一時四十二分(?)	廿四日	辛卯	木 昴 滿	

二月閏 二十九日

繩叺·蠶具·菓果實袋等의製造、苹果의剪定、麥追肥、牛의手入

日	曜	記事	月出入	陰曆	干支	納音	宿	建除	宜忌
一日	月		月出午前二時五十六分	廿五日	壬辰	水	畢	平	
二日	火		月出午前四時八分	廿六日	癸巳	水	觜	定	冠帶[illegible]裁衣·上樑[illegible]納財에宜함
三日	水		月出午前五時十三分	廿七日	甲午	金	參	執	裁衣에宜함
四日	木		月出午前六時十分	廿八日	乙未	金	井	破	
五日	金		月出午前六時五十七分	廿九日	丙申	火	鬼	破	立春 正月節
		立春 午前九時三十分							
		舊正月節							日出午前七時三十五分 晝間十時二十五分 日入午後六時 零分 夜間十三時三十五分
六日	土	●合朔午後十二時四十四分		壬申正月大 初一日	丁酉	火	柳	危	移徙·裁衣·動土·上樑·[illegible]納財에宜함
七日	日		月入午後六時五十七分	初二日	戊戌	木	星	成	
八日	月		月入午後七時四十八分	初三日	己亥	木	張	收	開市·納財에宜함
九日	火		月入午後八時四十一分	初四日	庚子	土	翼	開	
十日	水		月入午後九時三十八分	初五日	辛丑	土	軫	閉	
十一日	木	紀元節	月入午後十時三十六分	初六日	壬寅	金	角	建	裁衣·上樑[illegible]納財·安葬·啓攢에宜함
十二日	金		月入午後十一時三十四分	初七日	癸卯	金	亢	除	啓攢에宜함
十三日	土			初八日	甲辰	火	氐	滿	裁衣에宜함
十四日	日		月入午前零時三十四分	初九日	乙巳	火	房	平	

日	曜	月相	月出入	陰曆	干支	納音	宿	建除	宜
十五日	月	◐ 上弦午前三時十六分	月入 午前 一時三十分	初十日	丙午	水	心	定	祭祀·嫁娶·移徙·裁衣·動土·上樑·開市·納財·安葬에 宜함
十六日	火		月入 午前 二時三十六分	十一日	丁未	水	尾	執	移徙·裁衣·動土·上樑·納財·安葬에 宜함
十七日	水		月入 午前 三時四十分	十二日	戊申	土	箕	破	破屋에 宜함
十八日	木		月入 午前 四時三十二分	十三日	己酉	土	斗	危	安葬에 宜함
十九日	金		月入 午前 五時二十九分	十四日	庚戌	金	牛	成	
二十日	土		月入 午前 六時十四分	十五日	辛亥	金	女	收	雨水 正月中
雨水 午前五時二十九分 舊正月中 日出午前七時九分 晝間十一時五十八分 日入午後六時十七分 夜間十二時二分									
二十一日	日		月入 午前 六時五十分	十六日	壬子	木	虛	開	嫁娶·移徙·裁衣·動土·上樑·開市·納財에 宜함
二十二日	月	○ 望午前十時七分	月出 午後 六時三十五分	十七日	癸丑	木	危	閉	
二十三日	火		月出 午後 七時四十九分	十八日	甲寅	水	室	建	裁衣·納財에 宜함
二十四日	水		月出 午後 九時二分	十九日	乙卯	水	壁	除	修積에 宜함
二十五日	木		月出 午後 十時十七分	二十日	丙辰	土	奎	滿	嫁娶·移徙·裁衣·動土·上樑·開市·納財·安葬에 宜함
二十六日	金		月出 午後 十一時三十一分	廿一日	丁巳	土	婁	平	
二十七日	土			廿二日	戊午	火	胃	定	祭祀·嫁娶·移徙·裁衣·動土·上樑·開市·納財에 宜함
二十八日	日		月出 午前 零時四十分	廿三日	己未	火	昴	執	
二十九日	月	◑ 下弦午前三時三分	月出 午前 二時零分	廿四日	庚申	木	畢	破	

三月大 三十一日

桃梨의剪定,桑田果樹園의病蟲害防除,麥類의播種,果樹園의施肥,温床準備,甘藷床植,温床播種,種卵의撰擇,抱卵準備,堆肥의切反

一日	火		月出前三時 八分	廿五日辛酉木觜危	
二日	水		月出前四時 七分	廿六日壬戌水參成	裁衣動土上樑開市納財安葬에宜함
三日	木		月出前四時五十七分	廿七日癸亥水井收	
四日	金		月出前五時三十五分	廿八日甲子金鬼開	
五日	土		月出前六時 七分	廿九日乙丑金柳閉	
六日	日		月出前六時三十四分	三十日丙寅火星閉	驚蟄 二月節

驚蟄 午前三時五十分　**舊二月節** 日出前六時五十九分 晝間十一時三十二分 日沒後六時三十一分 夜間十二時二十八分

七日	月	朔 合朔午後四時四十分	二月大	初一日丁卯火張建	移徙裁衣上樑開市納財啓攢에宜함
八日	火		月入後七時三十六分	初二日戊辰木翼除	
九日	水		月入後八時三十六分	初三日己巳木軫滿	裁衣上樑開市納財에宜함
十日	木		月入後九時三十五分	初四日庚午土角平	
十一日	金		月入後十時三十四分	初五日辛未土亢定	
十二日	土		月入後十一時三十五分	初六日壬申金氐執	
十三日	日			初七日癸酉金房破	
十四日	月		月入前零時三十六分	初八日甲戌火心危	嫁娶移徙裁衣動土上樑開市納財安葬에宜함

日	曜	月相	月出入	陰曆	日辰	納音	宿	建除	宜忌
十五日	火	◐上弦午後九時四十分	月入前一時三十七分	初九日	乙亥	火	尾	成	移徙·裁衣·動土·上樑에宜함
十六日	水		月入前二時三十六分	初十日	丙子	水	箕	收	
十七日	木		月入前三時十九分	十一日	丁丑	水	斗	開	嫁娶·移徙·裁衣·動土·上樑에宜함
十八日	金 社		月入前四時 五分	十二日	戊寅	土	牛	閉	裁衣·納財·安葬에宜함
十九日	土		月入前四時四十五分	十三日	己卯	土	女	建	
二十日	日		月入前五時 十九分	十四日	庚辰	金	虛	除	
二十一日	月		月入前五時四十九分	十五日	辛巳	金	危	滿	春分 二月中

春季皇靈祭

春分 午前四時五十四分

舊二月中

日出午前六時三十七分 晝間十二時 九分
日入午後六時四十六分 夜間十一時五十一分

日	曜	月相	月出入	陰曆	日辰	納音	宿	建除	宜忌
二十二日	火	○望午後九時三十分月食	月出後六時三十六分	十六日	壬午	木	室	平	
二十三日	水		月出後七時五十三分	十七日	癸未	木	壁	定	冠帶·結婚·會親·裁衣·動土·上樑·納財에宜함
二十四日	木		月出後九時 九分	十八日	甲申	水	奎	執	
二十五日	金		月出後十時二十八分	十九日	乙酉	水	婁	破	
二十六日	土		月出後十一時四十五分	二十日	丙戌	土	胃	危	
二十七日	日			廿一日	丁亥	土	昴	成	
二十八日	月		月出前零時五十八分	廿二日	戊子	火	畢	收	
二十九日	火	◑下弦午後零時四十四分	月出前二時 二分	廿三日	己丑	火	觜	開	
三十日	水		月出前二時五十四分	廿四日	庚寅	木	參	閉	裁衣·納財·啓攢에宜함
三十一日	木		月出前三時三十七分	廿五日	辛卯	木	井	建	

四月小 三十日

馬鈴薯大麻瓜類의播種, 苗木類의植付, 桑田의耕耘施肥, 果樹接木楮稻의精選, 秧板의整地, 豚의種付, 育雛

神武天皇祭

一日	金		月出午前四時十一分	廿六日壬辰水鬼除	
二日	土		月出午前四時三十九分	廿七日癸巳水柳滿	裁衣·開市·納財에宜함
三日	日		月出午前五時 三分	廿八日甲午金星平	
四日	月		月出午前五時二十五分	廿九日乙未金張定	裁衣·納財에宜함
五日	火		月出午前五時四十六分	三十日丙申火翼定	清明 三月節

清明 午前九時七分

舊三月節 日出午前六時十四分 晝間十三時四十五分 日入午後六時五十九分 夜間十時十五分

六日	水	● 合朔午前十一時五十三分 食	三月大	初一日丁酉火軫執	移徙·上樑·安葬에宜함
七日	木		月入午後八時二十六分	初二日戊戌木角破	破屋에宜함
八日	金		月入午後九時二十六分	初三日己亥木亢危	納財에宜함
九日	土		月入午後十時二十六分	初四日庚子土氐成	嫁娶·裁衣·動土·上樑·開市·納財·啓攢에宜함
十日	日		月入午後十一時二十九分	初五日辛丑土房收	
十一日	月			初六日壬寅金心開	嫁娶·移徙·裁衣·動土·上樑·開市에宜함
十二日	火		月入午前零時二十六分	初七日癸卯金尾閉	
十三日	水		月入午前一時 二十三分	初八日甲辰火箕建	
十四日	木	◐ 上弦午後零時十二分	月入午前一時五十九分	初九日乙巳火斗除	

日	曜	月象	月出入	舊曆	宜忌
十五日	金		月入午前二時四十分	初十日丙午水牛滿	
十六日	土		月入午前三時十六分	十一日丁未水女平	
十七日	日		月入午前三時四十六分	十二日戊申土虛定	土王用事
十八日	月		月入午前四時十四分	十三日己酉土危執	嫁娶·安葬에宜함
十九日	火		月入午前四時四十一分	十四日庚戌金室破	
二十日	水		月入午前五時九分	十五日辛亥金壁危	穀雨 三月中
穀雨 午後四時二十分				舊三月中	日出午前五時五十五分 晝間十三時二十分 日入午後六時十五分 夜間十時四十分
二十一日	木	○望午前六時二十七分	月出午後七時五十六分	十六日壬子木奎成	嫁娶·上樑·安葬·啓攢에宜함
二十二日	金		月出午後九時十九分	十七日癸丑木婁收	納財에宜함
二十三日	土		月出午後十時三十七分	十八日甲寅水胃開	移徙·裁衣·上樑·開市에宜함
二十四日	日		月出午後十一時四十八分	十九日乙卯水昴閉	
二十五日	月			二十日丙辰土畢建	
二十六日	火		月出午前零時四十七分	卄一日丁巳土觜除	嫁娶·移徙·裁衣·上樑·開市·納財에宜함
二十七日	水		月出午前一時三十五分	卄二日戊午火參滿	
二十八日	木	◐下弦午前零時十四分	月出午前二時十二分	卄三日己未火井平	
二十九日 天長節	金		月出午前二時四十二分	卄四日庚申木鬼定	
三十日	土		月出午前三時八分	卄五日辛酉木柳執	

五月大 三十一日

水稻陸稻·棉·粟·大小豆·蔬菜의播種·春蠶의催青·棉立麥의黑穗拔除·甘藷苗의移植·病蟲害豫防·桑撒布·牛馬의種付

日	曜	月相	月出入	舊曆	干支	納音	宿	建除	宜
一日	日		出月 午前三時三十分	廿六日	壬戌	水	星	破	
二日	月		出月 午前三時五十分	廿七日	癸亥	水	張	危	
三日	火		出月 午前四時十二分	廿八日	甲子	金	翼	成	裁衣·上樑·嫁娶·開市·納財에宜함
四日	水		出月 午前四時三十四分	廿九日	乙丑	金	軫	收	納財에宜함
五日	木		出月 午前四時五十七分	三十日	丙寅	火	角	閉	
六日	金	● 合朔 午前三時十一分		四月小 初一日	丁卯	火	亢	開	立夏 四月節

立夏 午前二時五十五分 舊四月節

日出 午前五時三十九分 晝間 十三時五十四分

日入 午後七時二十七分 夜間 十時 [illegible]分

日	曜	月相	月出入	舊曆	干支	納音	宿	建除	宜
七日	土		入月 午後九時十二分	初二日	戊辰	木	氐	閉	
八日	日		入月 午後十時十一分	初三日	己巳	木	房	建	
九日	月		入月 午後十一時 七分	初四日	庚午	土	心	除	嫁娶·移徙·裁衣·動土·上樑·安葬에宜함
十日	火		入月 午後十一時五十六分	初五日	辛未	土	尾	滿	
十一日	水			初六日	壬申	金	箕	平	
十二日	木		入月 午前零時三十九分	初七日	癸酉	金	斗	定	冠帶 [illegible]·裁衣·動土·上樑·開市·納財·安葬에宜함
十三日	金	◐ 上弦 午後十一時二分	入月 午前一時十五分	初八日	甲戌	火	牛	執	嫁娶에宜함
十四日	土		入月 午前一時四十六分	初九日	乙亥	火	女	破	破屋에宜함

十五日	日		月入前二時十四分	初十日丙子水虛危	移徙·裁衣·動土·上樑에宜함
十六日	月		月入前二時四十一分	十一日丁丑水危成	裁衣·動土·上樑·開市·納財에宜함
十七日	火		月入前三時 七分	十二日戊寅土室收	
十八日	水		月入前三時三十五分	十三日己卯土壁開	
十九日	木		月入前四時 七分	十四日庚辰金奎閉	
二十日	金	○望午後二時九分	月出後八時 八分	十五日辛巳金婁建	移徙·裁衣·上樑에宜함
二十一日	土		月出後九時三十四分	十六日壬午木胃除	小滿 四月中 安葬에宜함

小滿 午後四時七分 **舊四月中**

日出午前五時二十分 晝間十四時二十分
日入午後七時四十分 夜間九時四十分

二十二日	日		月出後十時三十一分	十七日癸未木昴滿	
二十三日	月		月出後十一時二十六分	十八日甲申水畢平	
二十四日	火			十九日乙酉水觜定	冠帶·[illegible]·移徙·裁衣·動土·上樑·開市·納財·安葬에宜함
二十五日	水		月入前零時 九分	二十日丙戌土參執	裁衣에宜함
二十六日	木		月入前零時四十三分	二十一日丁亥土井破	破屋에宜함
二十七日	金	◐下弦午後一時五十五分	月入前一時 十分	二十二日戊子火鬼危	裁衣에宜함
二十八日	土		月入前一時三十四分	二十三日己丑火柳成	
二十九日	日		月入前一時五十六分	二十四日庚寅木星收	嫁娶·移徙·裁衣·上樑·納財·安葬·啓攢에宜함
三十日	月		月入前二時十七分	二十五日辛卯木張開	移徙·動土·上樑에宜함
三十一日	火		月入前二時三十八分	二十六日壬辰水翼閉	

六月小 三十日

移秧, 麥收穫, 桑의 林直, 桑田의 耕耘 施肥, 甘藷苗移植, 粟間拔, 果實의 袋, 綠肥收穫, 高粱拔除, 田의 除草 耕耘, 牛馬의 種付

日	曜	月相	月出入	舊曆	干支	納音	宿	直	宜
一日	水		月出前 三時 一分	廿七日	癸巳	水	軫	建	裁衣에 宜함
二日	木		月出前 三時 二十七分	廿八日	甲午	金	角	除	嫁娶 移徙 裁衣 動土 上樑 [illegible] 安葬에 宜함
三日	金		月出前 三時 五十八分	廿九日	乙未	金	亢	滿	
四日	土	● 合朔 午後 六時 十六分	五月大	初一日	丙申	火	氐	平	
五日	日		月入後 九時 二分	初二日	丁酉	火	房	定	[illegible] 宜함
六日	月		月入後 九時 五十四分	初三日	戊戌	木	心	定	芒種 五月節

芒種 午前 七時 二十六分

舊五月節 日出前 五時 十二分 晝間 十四時 三十九分 日入後 七時 五十一分 夜間 九時 二十一分

日	曜	月相	月出入	舊曆	干支	納音	宿	直	宜
七日	火		月入後 十時 三十六分	初四日	己亥	木	尾	執	
八日	水		月入後 十一時 十六分	初五日	庚子	土	箕	破	
九日	木		月入後 十一時 四十九分	初六日	辛丑	土	斗	危	
十日	金			初七日	壬寅	金	牛	成	裁衣 動土 上樑 開市 納財 啓攢에 宜함
十一日	土		月入前 零時 十七分	初八日	癸卯	金	女	收	
十二日	日	◐ 上弦 午前 六時 三十九分	月入前 零時 四十三分	初九日	甲辰	火	虛	開	
十三日	月		月入前 一時 八分	初十日	乙巳	火	危	閉	
十四日	火		月入前 一時 三十四分	十一日	丙午	水	室	建	

十五日水		月入前二時三分	十二日丁未水壁除	嫁娶·移徙·裁衣·動土·上樑·開市·納財에宜함
十六日木		月入前二時三十五分	十三日戊申土奎滿	嫁娶·移徙·裁衣·動土·上樑·開市·納財에宜함
十七日金		月入前三時九分	十四日己酉土婁平	
十八日土	○望後九時三十八分	月出後八時十二分	十五日庚戌金胃定	冠帶·動土·上樑에宜함
十九日日		月出後九時十二分	十六日辛亥金昴執	
二十日月		月出後十時零分	十七日壬子木畢破	
二十一日火		月出後十時三十九分	十八日癸丑木觜危	
二十二日水		月出後十一時十分	十九日甲寅水參成	夏至 五月中 裁衣·動土·上樑·納財·啓攢에宜함

夏至 前零時二十三分 **舊五月中**

日出前五時十一分 晝間十四時四十五分
日入後七時五十六分 夜間九時十五分

二十三日木		月出後十一時三十六分	二十日乙卯水井收	
二十四日金		月出後十一時五十九分	廿一日丙辰土鬼開	嫁娶·移徙·裁衣·動土·上樑·開市·納財에宜함
二十五日土			廿二日丁巳土柳閉	裁衣에宜함
二十六日日	◑下弦前五時二十三分	月出前零時二十分	廿三日戊午火星建	
二十七日月		月出前零時四十二分	廿四日己未火張除	移徙·裁衣·動土·上樑·納財·安葬에宜함
二十八日火		月出前一時四分	廿五日庚申木翼滿	移徙·安葬에宜함
二十九日水		月出前一時二十九分	廿六日辛酉木軫平	
三十日木		月出前一時五十七分	廿七日壬戌水角定	冠帶·嫁娶·裁衣·上樑·納財에宜함

七月大 三十一日

畓의除草、蕎麥의播種、桑田의除草、粟의培土、馬鈴薯、大麻의收穫、果樹夏季剪定、蔬菜의耕耘追肥堆肥製造、二期作馬鈴薯播種雛雞淘汰

日	曜	月相	月出入	陰曆	干支	五行	宿	建除	宜忌
一日	金		月出前二時三十二分	廿八日	癸亥	水	亢	執	
二日	土		月出前三時十三分	廿九日	甲子	金	氐	破	
三日	日		月出前四時 三分	三十日	乙丑	金	房	危	
四日	月	●合朔午前七時二十分	六月小	初一日	丙寅	火	心	成	裁衣·動土·上樑·開市·納財·安葬·啓攢에宜함
五日	火		月入後九時十七分	初二日	丁卯	火	尾	收	
六日	水		月入後九時五十二分	初三日	戊辰	木	箕	開	移徙·裁衣·動土·上樑에宜함
七日	木		月入後十時二十一分	初四日	己巳	木	斗	開	小暑 六月節

小暑 午後五時五十三分 **舊六月節** 日出午前五時十九分 晝間十四時三十八分 日入午後七時五十七分 夜間九時二十二分

日	曜	月相	月出入	陰曆	干支	五行	宿	建除	宜忌
八日	金		月入後十時四十七分	初五日	庚午	土	牛	閉	
九日	土		月入後十一時十二分	初六日	辛未	土	女	建	移徙·裁衣·上樑·納財에宜함
十日	日		月入後十一時三十七分	初七日	壬申	金	虛	除	
十一日	月	◐上弦午後零時七分		初八日	癸酉	金	危	滿	
十二日	火		月入前零時 五分	初九日	甲戌	火	室	平	
十三日	水		月入前零時三十六分	初十日	乙亥	火	壁	定	冠帶[illegible]·動土·上樑·裁衣에宜함
十四日	木		月入前一時 十三分	十一日	丙子	水	奎	執	

十五日	金		入月午前一時五十九分	十三日 丁丑	水	婁	成	
十六日	土		入月午前二時五十六分	十四日 戊寅	土	胃	危	移徙·裁衣·動土·上樑·開市·納財에宜함
十七日	日		入月午前四時 二分	十五日 己卯	土	昴	成	
十八日	月	○望午前一時六分 初伏	出月午後八時三十三分	十六日 庚辰	金	畢	收	納財에宜함
十九日	火		出月午後九時 七分	十七日 辛巳	金	觜	開	
二十日	水		出月午後九時三十六分	十八日 壬午	木	參	閉	土王用事 安葬에宜함
二十一日	木		出月午後十時 零分	十九日 癸未	木	井	建	嫁娶에宜함
二十二日	金		出月午後十時二十三分	二十日 甲申	水	鬼	除	嫁娶·移徙·裁衣·上樑·安葬에宜함
二十三日	土		出月午後十時四十四分	二十一日 乙酉	水	柳	滿	大暑 六月中

大暑 午前十一時十八分

舊六月中

日出午前五時二十九分 晝間十四時二十一分

日入午後七時五十分 夜間九時四十分

二十四日	日		出月午後十一時 六分	二十二日 丙戌	土	星	平	
二十五日	月	◐下弦午後十時四十分	出月午後十一時三十分	二十三日 丁亥	土	張	定	冠帶[illegible]裁衣·上樑에宜함
二十六日	火		出月午後十一時五十六分	二十四日 戊子	火	翼	執	
二十七日	水			二十五日 己丑	火	軫	破	
二十八日	木	中伏	出月午前零時二十九分	二十六日 庚寅	木	角	危	開市·納財·啓攢에宜함
二十九日	金		出月午前一時 七分	二十七日 辛卯	木	亢	成	嫁娶·移徙·裁衣·上樑·開市·納財·啓攢에宜함
三十日	土		出月午前一時五十三分	二十八日 壬辰	水	氐	收	納財에宜함
三十一日	日		出月午前二時四十九分	二十九日 癸巳	水	房	開	

八月大三十一日

蕎麥播種、白菜·蘿蔔의播種、桑天牛卵의取除、秋蠶의催青掃立、陸稻培土、堆肥切反、棉摘心、病桑拔除、蠶의換明期管理

日	曜	月相	月出入	陰曆	干支	納音	宿	建除	備考
一日	月		月出 前三時五十三分	廿九日	甲午	金	心	開	
二日	火	●合朔 午後六時四十三分		七月大 初一日	乙未	金	尾	建	
三日	水		月入 後八時二十三分	初二日	丙申	火	箕	除	
四日	木		月入 後八時五十分	初三日	丁酉	火	斗	滿	
五日	金		月入 後九時十六分	初四日	戊戌	木	牛	平	
六日	土		月入 後九時四十一分	初五日	己亥	木	女	定	
七日	日		月入 後十時八分	初六日	庚子	土	虛	執	
八日	月		月入 後十時三十六分	初七日	辛丑	土	危	執	立秋 七月節

立秋 午前三時三十二分 **舊七月節**

日出前五時四十一分 晝間十三時五十分
日入後七時三十一分 夜間十時 分

日	曜	月相	月出入	陰曆	干支	納音	宿	建除	備考
九日	火	◐上弦 午後四時四十分	月入 後十一時十三分	初八日	壬寅	金	室	破	
十日	水		月入 後十一時五十六分	初九日	癸卯	金	壁	危	移徙·裁衣·上樑·納財·安葬·啓攢에宜함
十一日	木			初十日	甲辰	火	奎	成	
十二日	金		月入 前零時四十七分	十一日	乙巳	火	婁	收	
十三日	土		月入 前一時四十六分	十二日	丙午	水	胃	開	
十四日	日		月入 前二時五十七分	十三日	丁未	水	昴	閉	

十五日	月		月入前四時 八分	十四日戊申土畢建	
十六日	火	○望午後四時四十二分	月出後七時三十六分	十五日己酉土觜除	安葬에宜함
十七日	水	末伏	月出後八時 二分	十六日庚戌金參滿	裁衣에宜함
十八日	木		月出後八時二十五分	十七日辛亥金井平	
十九日	金		月出後八時四十六分	十八日壬子木鬼定	祭祀[illegible]嫁娶移徙裁衣動土上樑開市納財安葬啓攢에宜함
二十日	土		月出後九時 八分	十九日癸丑木柳執	裁衣動土上樑納財安葬에宜함
二十一日	日		月出後九時三十一分	二十日甲寅水星破	
二十二日	月		月出後九時五十七分	二十一日乙卯水張危	
二十三日	火		月出後十時二十六分	二十二日丙辰土翼成	處暑 七月中

處暑 午後六時七分

舊七月中

日出午前五時五十分 晝間十三時二十分

日入午後七時 十分 夜間十時三十九分

二十四日	水	◑下弦午後四時二十分	月出後十一時 二分	二十三日丁巳土軫收	
二十五日	木		月出後十一時四十四分	二十四日戊午火角開	嫁娶移徙裁衣動土上樑開市에宜함
二十六日	金			二十五日己未火亢閉	
二十七日	土		月出前零時三十五分	二十六日庚申木氐建	裁衣納財에宜함
二十八日	日		月出前一時三十四分	二十七日辛酉木房除	安葬에宜함
二十九日	月		月出前二時四十一分	二十八日壬戌水心滿	嫁娶移徙裁衣動土上樑開市納財安葬에宜함
三十日	火		月出前三時五十一分	二十九日癸亥水尾平	
三十一日	水		月出前五時 一分	三十日甲子金箕定	

九月小 三十日

螟蟲被害稻의拔除燒却, 小麥, 秋蒔綠肥의播種, 栗, 大豆의收穫, 果樹除袋, 乾草製造

日	曜	月相	月出入	舊曆	宜
一日	木	● 合朔午前四時五十七分		八月小 初一日乙丑金斗執	
二日	金		月入後七時四十二分	初二日丙寅火牛破	
三日	土		月入後八時十分	初三日丁卯火女危	嫁娶·移徙·裁衣·上樑·安葬·啓攅에宜함
四日	日		月入後八時三十六分	初四日戊辰木虛成	裁衣·動土·上樑·開市·納財·安葬에宜함
五日	月		月入後九時十三分	初五日己巳木危收	
六日	火		月入後九時五十四分	初六日庚午土室開	
七日	水	◐ 上弦午後九時四十九分	月入後十時四十五分	初七日辛未土壁閉	
八日	木		月入後十一時四十一分	初八日壬申金奎閉 白露 八月節	

白露 午前六時三分 舊八月節

日出前六時九分 晝間十二時四十四分
日入後六時五十三分 夜間十一時十六分

日	曜	月相	月出入	舊曆	宜
九日	金			初九日癸酉金婁建	
十日	土		月入前零時四十七分	初十日甲戌火胃除	
十一日	日		月入前一時五十六分	十一日乙亥火昴滿	移徙·裁衣·動土·上樑·開市·納財에宜함
十二日	月		月入前三時五分	十二日丙子水畢平	
十三日	火		月入前四時十二分	十三日丁丑水觜定	嫁娶·裁衣·動土·上樑·開市·納財에宜함
十四日	水		月入前五時十七分	十四日戊寅土參執	

日	曜	月象	月出	舊曆	宜忌
十五日	木	○望午前六時五十分月食	後六時五十分	十五日己卯土井破	
十六日	金		後七時十二分	十六日庚辰金鬼危	嫁娶·移徙·裁衣·動土·上樑·破屋·開市·納財·安葬에宜함
十七日	土		後七時三十四分	十七日辛巳金柳成	移徙·裁衣·動土·上樑·開市·納財에宜함
十八日	日		後七時五十九分	十八日壬午木星收	
十九日	月		後八時二十六分	十九日癸未木張開	嫁娶·移徙·上樑하기에宜함
二十日	火		後八時五十九分	二十日甲申水翼閉	裁衣·納財·安葬에宜함
二十一日	水		後九時三十八分	廿一日乙酉水軫建	
二十二日	木		後十時二十五分	廿二日丙戌土角除	
二十三日	金 (秋季皇靈祭)	◐下弦午前九時四十七分	後十一時二十分	廿三日丁亥土亢滿	秋分 八月中

秋分 午後三時十六分 **舊八月中**

日出午前六時二十分 晝間十二時九分
日入午後六時三十分 夜間十一時五十一分

日	曜	月象	月出	舊曆	宜忌
二十四日	土 社			廿四日戊子火氐平	
二十五日	日		前零時二十二分	廿五日己丑火房定	
二十六日	月		前一時二十六分	廿六日庚寅木心執	
二十七日	火		前二時三十六分	廿七日辛卯木尾破	
二十八日	水		前三時四十分	廿八日壬辰水箕危	
二十九日	木		前五時零分	廿九日癸巳水斗成	
三十日	金	●合朔午後二時三十分	九月小	初一日甲午金牛收	

十月大三十一日

大麥의播種, 桑田의害蟲驅除, 種稻의選種, 大豆, 甘藷, 馬鈴薯의收穫
貯藏, 果實貯藏, 貯藏庫修理消毒, 農繁期의畜牛愛護

日	曜	月相	月出入	陰曆	干支	納音	宿	建除	宜忌
一日	土		月入 午後六時三十八分	初二日	乙未	金	女	開	嫁娶移徙裁衣上樑開市納財에宜함
二日	日		月入 午後七時十一分	初三日	丙申	火	虛	閉	
三日	月		月入 午後七時五十一分	初四日	丁酉	火	危	建	
四日	火		月入 午後八時三十七分	初五日	戊戌	木	室	除	
五日	水		月入 午後九時三十四分	初六日	己亥	木	壁	滿	移徙裁衣開市納財에宜함
六日	木		月入 午後十時三十九分	初七日	庚子	土	奎	平	
七日	金	◐上弦 午前五時五分	月入 午後十一時四十八分	初八日	辛丑	土	婁	定	裁衣納財에宜함
八日	土			初九日	壬寅	金	胃	定	寒露 九月節
寒露 午後九時十分				舊九月節					日出午前六時三十分 晝間十一時三十分 日入午後六時 夜間十二時三十分
九日	日		月入 午前零時五十七分	初十日	癸卯	金	昴	執	嫁娶移徙裁衣動土上樑開市安葬啓攢에宜함
十日	月		月入 午前一時五十分	十一日	甲辰	火	畢	破	破屋에宜함
十一日	火		月入 午前三時九分	十二日	乙巳	火	觜	危	
十二日	水		月入 午前四時十分	十三日	丙午	水	參	成	嫁娶移徙裁衣動土上樑開市納財安葬에宜함
十三日	木		月入 午前五時十分	十四日	丁未	水	井	收	
十四日	金	○望 午後十時十八分	月出 午後五時三十八分	十五日	戊申	土	鬼	開	移徙裁衣動土上樑開市에宜함

神嘗祭

日	月相	出入月	陰曆	干支	納音	宿	直	記事
十五日土		出月後六時二分	十六日	己酉	土	柳	閉	
十六日日		出月後六時三十九分	十七日	庚戌	金	星	建	移徙에宜함
十七日月		出月後七時零分	十八日	辛亥	金	張	除	
十八日火		出月後七時三十六分	十九日	壬子	木	翼	滿	
十九日水		出月後八時二十分	二十日	癸丑	木	軫	平	
二十日木		出月後九時十一分	廿一日	甲寅	水	角	定	土王用事
二十一日金		出月後十時九分	廿二日	乙卯	水	亢	執	
二十二日土		出月後十一時十二分	廿三日	丙辰	土	氐	破	
二十三日日	◐下弦午前二時十四分		廿四日	丁巳	土	房	危	納財에宜함
二十四日月		出月午前零時十九分	廿五日	戊午	火	心	成	霜降 九月中 栽種修倉納財에宜함

霜降 午前零時四分 **舊九月中**
日出午前六時五十分 晝間十時五十二分
日入午後五時四十二分 夜間十三時 四分

日	月相	出入月	陰曆	干支	納音	宿	直	記事
二十五日火		出月午前一時二十七分	廿六日	己未	火	尾	收	
二十六日水		出月午前二時三十五分	廿七日	庚申	木	箕	開	移徙裁衣上樑嫁娶開市에宜함
二十七日木		出月午前三時四十六分	廿八日	辛酉	木	斗	閉	裁衣에宜함
二十八日金		出月午前四時五十八分	廿九日	壬戌	水	牛	建	
二十九日土	●合朔午後十一時五十二分	十月大	初一日	癸亥	水	女	除	
三十日日		入月後五時四十二分	初二日	甲子	金	虛	滿	
三十一日月		入月後六時三十六分	初三日	乙丑	金	危	平	

十一月小 三十日

麥의培土와秋耕果樹園의落葉燒却、深耕施肥果實蔬菜의收穫貯藏、肥料의整理桑田深耕施肥畜舍雞舍의防寒設備

一日	火		月入午後七時二十一分	初四日丙寅	火	室	定	
二日	水		月入午後八時二十五分	初五日丁卯	火	壁	執	
三日 明治節	木		月入午後九時三十六分	初六日戊辰	木	奎	破	
四日	金		月入午後十時四十七分	初七日己巳	木	婁	危	納財에宜함
五日	土	◐上弦後三時五十分	月入午後十一時五十六分	初八日庚午	土	胃	成	嫁娶移徙裁衣上樑開市納財安葬에宜함
六日	日			初九日辛未	土	昴	收	
七日	月		月入午前一時二分	初十日壬申	金	畢	收	立冬 十月節

立冬 午後十一時五十分　舊十月節

日出午前七時四分 晝間十時三十六分 日入午後五時四十分 夜間十三時二十四分

八日	火		月入午前二時四分	十一日癸酉	金	觜	開	
九日	水		月入午前三時四分	十二日甲戌	火	參	閉	
十日	木		月入午前四時三分	十三日乙亥	火	井	建	
十一日	金		月入午前五時一分	十四日丙子	水	鬼	除	
十二日	土		月入午前六時一分	十五日丁丑	水	柳	滿	
十三日	日	○望午後四時二十分	月出午後五時二分	十六日戊寅	土	星	平	嫁娶移徙裁衣上樑開市納財安葬에宜함
十四日	月		月出午後五時三十六分	十七日己卯	土	張	定	[illegible]開市納財安葬에宜함

新嘗祭

日	曜	月相	月出入	陰曆	干支	納音	宿	建除	宜
十五日	火		月出 午後六時十八分	十八日	庚辰	金	翼	執	嫁娶移徙裁衣上樑(辰時)安葬에宜함
十六日	水		月出 午後七時七分	十九日	辛巳	金	軫	破	破屋에宜함
十七日	木		月出 午後八時三分	二十日	壬午	木	角	危	裁衣에宜함
十八日	金		月出 午後九時三分	廿一日	癸未	木	亢	成	裁衣動土上樑(卯時)開市納財에宜함
十九日	土		月出 午後十時七分	廿二日	甲申	水	氐	收	嫁娶移徙裁衣動土上樑(辰時)納財安葬에宜함
二十日	日		月出 午後十一時十三分	廿三日	乙酉	水	房	開	
二十一日	月	◐下弦午後四時五十分		廿四日	丙戌	土	心	閉	
二十二日	火		月出 午前零時十九分	廿五日	丁亥	土	尾	建	小雪 十月中

小雪 午後九時十一分 舊十月中

日出午前七時二十分 晝間九時五十九分
日入午後五時十九分 夜間十四時一分

日	曜	月相	月出入	陰曆	干支	納音	宿	建除	宜
二十三日	水		月出 午前一時二十六分	廿六日	戊子	火	箕	除	
二十四日	木		月出 午前二時三十五分	廿七日	己丑	火	斗	滿	
二十五日	金		月出 午前三時四十六分	廿八日	庚寅	木	牛	平	嫁娶移徙裁衣動土上樑(巳時)開市納財安葬啓攢에宜함
二十六日	土		月出 午前五時二分	廿九日	辛卯	木	女	定	冠笄(時刻은生氣에)嫁娶移徙裁衣動土上樑(巳時)開市納財啓攢에宜함
二十七日	日		月出 午前六時二十一分	三十日	壬辰	水	虛	執	
二十八日	月	●合朔午前九時四十三分	十一月小	初一日	癸巳	水	危	破	破屋에宜함
二十九日	火		月入 午後六時四分	初二日	甲午	金	室	危	嫁娶移徙裁衣動土上樑(卯時)納財安葬에宜함
三十日	水		月入 午後七時十四分	初三日	乙未	金	壁	成	裁衣動土上樑(卯時)開市納財安葬에宜함

十二月大 三十一日

收穫物의 整理, 農器具의 修理整頓, 畜舍에 敷草多給豚의 種付

日	曜	月相	月出入	陰曆	干支	納音	宿	建除	宜
一日	木		月入 午後 八時二十六分	初四日	丙申	火	奎	收	
二日	金		月入 午後 九時四十一分	初五日	丁酉	火	婁	開	
三日	土		月入 午後 十時五十分	初六日	戊戌	木	胃	閉	
四日	日		月入 午後 十一時五十五分	初七日	己亥	木	昴	建	
五日	月	◐ 上弦 午前六時四十五分		初八日	庚子	土	畢	除	嫁娶移徙裁衣動土上樑安葬啓攢에宜함
六日	火		月入 午前 零時五十七分	初九日	辛丑	土	觜	滿	
七日	水		月入 午前 一時五十八分	初十日	壬寅	金	參	滿	大雪 十一月節 嫁娶裁衣動土[illegible]
		大雪 午後四時十九分		**舊十一月節**					日出午前七時二十五分 晝間九時四十三分 日入午後五時七分 夜間十四時十七分
八日	木		月入 午前 二時五十五分	十一日	癸卯	金	井	平	
九日	金		月入 午前 三時五十四分	十二日	甲辰	火	鬼	定	[illegible]
十日	土		月入 午前 四時五十四分	十三日	乙巳	火	柳	執	
十一日	日		月入 午前 五時五十三分	十四日	丙午	水	星	破	
十二日	月		月入 午前 六時五十五分	十五日	丁未	水	張	危	
十三日	火	○ 望 午前十一時三十一分	月出 午後 五時 三分	十六日	戊申	土	翼	成	嫁娶移徙裁衣上樑開市納財에宜함
十四日	水		月出 午後 五時五十七分	十七日	己酉	土	軫	收	

日	曜	弦望	月出入	陰曆·干支·納音·宿·建除	宜
十五日	木		月出後六時五十七分	十八日庚戌金角開	裁衣動土禝祀에宜함
十六日	金		月出後八時一分	十九日辛亥金亢閉	
十七日	土		月出後九時六分	二十日壬子木氐建	
十八日	日		月出後十時十分	廿一日癸丑木房除	嫁娶移徙裁衣動土禝祀開市納財에宜함
十九日	月		月出後十一時十五分	廿二日甲寅水心滿	動土禝祀修倉庫에宜함
二十日	火			廿三日乙卯水尾平	
二十一日	水	◐下弦午前五時二十二分	月出前零時二十一分	廿四日丙辰土箕定	
二十二日	木		月出前一時二十九分	廿五日丁巳土斗執	冬至 十一月中

冬至 午前十時十五分 舊十一月中

日出午前七時四十四分 晝間九時三十五分
日入午後五時十九分 夜間十四時二十五分

日	曜	弦望	月出入	陰曆·干支·納音·宿·建除	宜
二十三日	金		月出前二時四十分	廿六日戊午火牛破	
二十四日	土		月出前三時五十六分	廿七日己未火女危	
二十五日 (大正天皇祭)	日		月出前五時十三分	廿八日庚申木虛成	移徙裁衣禝祀開市納財安葬에宜함
二十六日	月		月出前六時三十分	廿九日辛酉木危收	
二十七日	火	●合朔後八時二十二分	十二月大	初一日壬戌水室開	裁衣動土禝祀開市에宜함
二十八日	水		月入後六時一分	初二日癸亥水壁閉	
二十九日	木		月入後七時十七分	初三日甲子金奎建	
三十日	金		月入後八時三十分	初四日乙丑金婁除	嫁娶移徙裁衣動土禝祀納財安葬에宜함
三十一日	土		月入後九時三十九分	初五日丙寅火胃滿	

年歳對照

天保四年	癸巳	一百歳
天保五年	甲午	九十九歳
天保六年	乙未	九十八歳
天保七年	丙申	九十七歳
天保八年	丁酉	九十六歳
天保九年	戊戌	九十五歳
天保十年	己亥	九十四歳
天保十一年	庚子	九十三歳
天保十二年	辛丑	九十二歳
天保十三年	壬寅	九十一歳
天保十四年	癸卯	九十歳
弘化元年	甲辰	八十九歳
弘化二年	乙巳	八十八歳
弘化三年	丙午	八十七歳
弘化四年	丁未	八十六歳
嘉永元年	戊申	八十五歳
嘉永二年	己酉	八十四歳
嘉永三年	庚戌	八十三歳
嘉永四年	辛亥	八十二歳
嘉永五年	壬子	八十一歳
嘉永六年	癸丑	八十歳
安政元年	甲寅	七十九歳
安政二年	乙卯	七十八歳
安政三年	丙辰	七十七歳
安政四年	丁巳	七十六歳
安政五年	戊午	七十五歳
安政六年	己未	七十四歳
萬延元年	庚申	七十三歳
文久元年	辛酉	七十二歳
文久二年	壬戌	七十一歳
文久三年	癸亥	七十歳
元治元年	甲子	六十九歳

慶應元年	乙丑	六十八歳
慶應二年	丙寅	六十七歳
慶應三年	丁卯	六十六歳
明治元年	戊辰	六十五歳
明治二年	己巳	六十四歳
明治三年	庚午	六十三歳
明治四年	辛未	六十二歳
明治五年	壬申	六十一歳
明治六年	癸酉	六十歳
明治七年	甲戌	五十九歳
明治八年	乙亥	五十八歳
明治九年	丙子	五十七歳
明治十年	丁丑	五十六歳
明治十一年	戊寅	五十五歳
明治十二年	己卯	五十四歳
明治十三年	庚辰	五十三歳
明治十四年	辛巳	五十二歳
明治十五年	壬午	五十一歳
明治十六年	癸未	五十歳
明治十七年	甲申	四十九歳
明治十八年	乙酉	四十八歳
明治十九年	丙戌	四十七歳
明治二十年	丁亥	四十六歳
明治二十一年	戊子	四十五歳
明治二十二年	己丑	四十四歳
明治二十三年	庚寅	四十三歳
明治二十四年	辛卯	四十二歳
明治二十五年	壬辰	四十一歳
明治二十六年	癸巳	四十歳
明治二十七年	甲午	三十九歳
明治二十八年	乙未	三十八歳
明治二十九年	丙申	三十七歳
明治三十年	丁酉	三十六歳
明治三十一年	戊戌	三十五歳

明治三十二年	己亥	三十四歳
明治三十三年	庚子	三十三歳
明治三十四年	辛丑	三十二歳
明治三十五年	壬寅	三十一歳
明治三十六年	癸卯	三十歳
明治三十七年	甲辰	二十九歳
明治三十八年	乙巳	二十八歳
明治三十九年	丙午	二十七歳
明治四十年	丁未	二十六歳
明治四十一年	戊申	二十五歳
明治四十二年	己酉	二十四歳
明治四十三年	庚戌	二十三歳
明治四十四年	辛亥	二十二歳
明治四十五年 大正元年	壬子	二十一歳
大正二年	癸丑	二十歳
大正三年	甲寅	十九歳
大正四年	乙卯	十八歳
大正五年	丙辰	十七歳
大正六年	丁巳	十六歳
大正七年	戊午	十五歳
大正八年	己未	十四歳
大正九年	庚申	十三歳
大正十年	辛酉	十二歳
大正十一年	壬戌	十一歳
大正十二年	癸亥	十歳
大正十三年	甲子	九歳
大正十四年	乙丑	八歳
大正十五年 昭和元年	丙寅	七歳
昭和二年	丁卯	六歳
昭和三年	戊辰	五歳
昭和四年	己巳	四歳
昭和五年	庚午	三歳
昭和六年	辛未	二歳
昭和七年	壬申	一歳

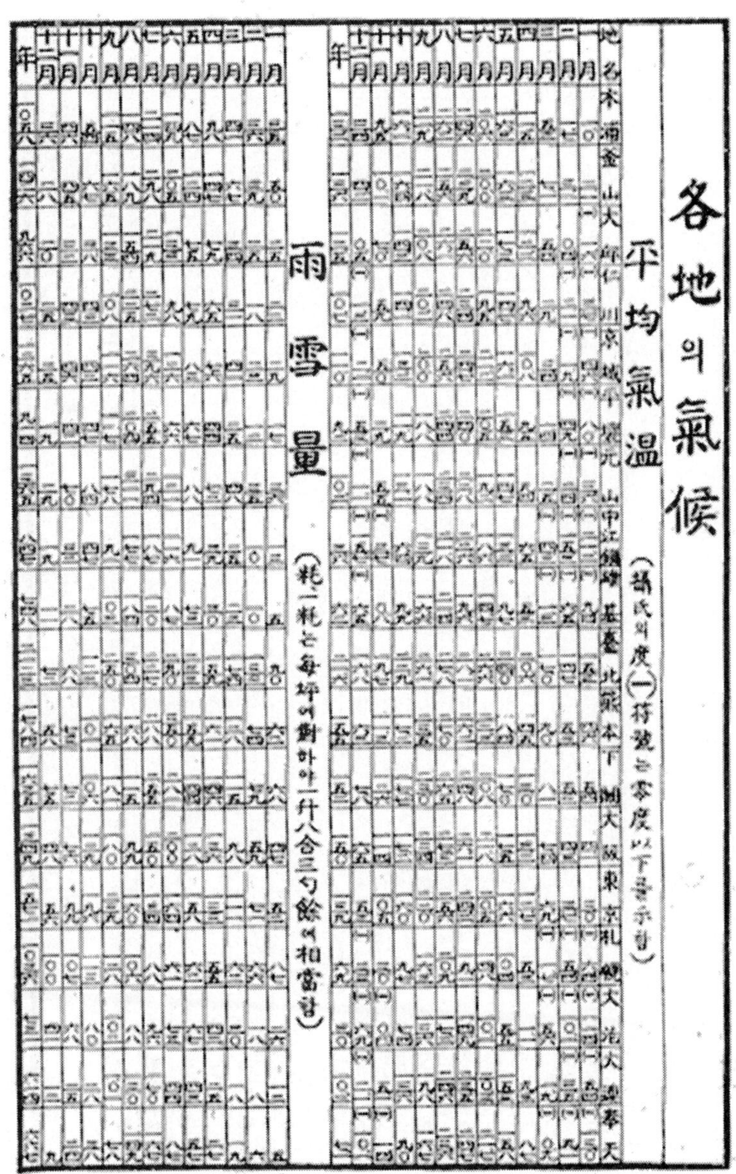

各地의氣候

平均氣温

(攝氏의度(一)符號는零度以下를示함)

地名	一月	二月	三月	四月	五月	六月	七月	八月	九月	十月	十一月	十二月	年
木浦	[illegible]	[illegible]	[illegible]	[illegible]	[illegible]	[illegible]	[illegible]	[illegible]	[illegible]	[illegible]	[illegible]	[illegible]	[illegible]
釜山	[illegible]	[illegible]	[illegible]	[illegible]	[illegible]	[illegible]	[illegible]	[illegible]	[illegible]	[illegible]	[illegible]	[illegible]	[illegible]
大邱	[illegible]	[illegible]	[illegible]	[illegible]	[illegible]	[illegible]	[illegible]	[illegible]	[illegible]	[illegible]	[illegible]	[illegible]	[illegible]
仁川	[illegible]	[illegible]	[illegible]	[illegible]	[illegible]	[illegible]	[illegible]	[illegible]	[illegible]	[illegible]	[illegible]	[illegible]	[illegible]
京城	[illegible]	[illegible]	[illegible]	[illegible]	[illegible]	[illegible]	[illegible]	[illegible]	[illegible]	[illegible]	[illegible]	[illegible]	[illegible]
平壤	[illegible]	[illegible]	[illegible]	[illegible]	[illegible]	[illegible]	[illegible]	[illegible]	[illegible]	[illegible]	[illegible]	[illegible]	[illegible]
元山	[illegible]	[illegible]	[illegible]	[illegible]	[illegible]	[illegible]	[illegible]	[illegible]	[illegible]	[illegible]	[illegible]	[illegible]	[illegible]
中江鎭	[illegible]	[illegible]	[illegible]	[illegible]	[illegible]	[illegible]	[illegible]	[illegible]	[illegible]	[illegible]	[illegible]	[illegible]	[illegible]
雄基	[illegible]	[illegible]	[illegible]	[illegible]	[illegible]	[illegible]	[illegible]	[illegible]	[illegible]	[illegible]	[illegible]	[illegible]	[illegible]
臺北	[illegible]	[illegible]	[illegible]	[illegible]	[illegible]	[illegible]	[illegible]	[illegible]	[illegible]	[illegible]	[illegible]	[illegible]	[illegible]
熊本	[illegible]	[illegible]	[illegible]	[illegible]	[illegible]	[illegible]	[illegible]	[illegible]	[illegible]	[illegible]	[illegible]	[illegible]	[illegible]
下關	[illegible]	[illegible]	[illegible]	[illegible]	[illegible]	[illegible]	[illegible]	[illegible]	[illegible]	[illegible]	[illegible]	[illegible]	[illegible]
大阪	[illegible]	[illegible]	[illegible]	[illegible]	[illegible]	[illegible]	[illegible]	[illegible]	[illegible]	[illegible]	[illegible]	[illegible]	[illegible]
東京	[illegible]	[illegible]	[illegible]	[illegible]	[illegible]	[illegible]	[illegible]	[illegible]	[illegible]	[illegible]	[illegible]	[illegible]	[illegible]
札幌	[illegible]	[illegible]	[illegible]	[illegible]	[illegible]	[illegible]	[illegible]	[illegible]	[illegible]	[illegible]	[illegible]	[illegible]	[illegible]
大泊	[illegible]	[illegible]	[illegible]	[illegible]	[illegible]	[illegible]	[illegible]	[illegible]	[illegible]	[illegible]	[illegible]	[illegible]	[illegible]
大連	[illegible]	[illegible]	[illegible]	[illegible]	[illegible]	[illegible]	[illegible]	[illegible]	[illegible]	[illegible]	[illegible]	[illegible]	[illegible]
奉天	[illegible]	[illegible]	[illegible]	[illegible]	[illegible]	[illegible]	[illegible]	[illegible]	[illegible]	[illegible]	[illegible]	[illegible]	[illegible]

雨雪量

(粍 一粍는每坪에對하야一升八合三勺餘에相當함)

地名	一月	二月	三月	四月	五月	六月	七月	八月	九月	十月	十一月	十二月	年
木浦	[illegible]	[illegible]	[illegible]	[illegible]	[illegible]	[illegible]	[illegible]	[illegible]	[illegible]	[illegible]	[illegible]	[illegible]	[illegible]
釜山	[illegible]	[illegible]	[illegible]	[illegible]	[illegible]	[illegible]	[illegible]	[illegible]	[illegible]	[illegible]	[illegible]	[illegible]	[illegible]
大邱	[illegible]	[illegible]	[illegible]	[illegible]	[illegible]	[illegible]	[illegible]	[illegible]	[illegible]	[illegible]	[illegible]	[illegible]	[illegible]
仁川	[illegible]	[illegible]	[illegible]	[illegible]	[illegible]	[illegible]	[illegible]	[illegible]	[illegible]	[illegible]	[illegible]	[illegible]	[illegible]
京城	[illegible]	[illegible]	[illegible]	[illegible]	[illegible]	[illegible]	[illegible]	[illegible]	[illegible]	[illegible]	[illegible]	[illegible]	[illegible]
平壤	[illegible]	[illegible]	[illegible]	[illegible]	[illegible]	[illegible]	[illegible]	[illegible]	[illegible]	[illegible]	[illegible]	[illegible]	[illegible]
元山	[illegible]	[illegible]	[illegible]	[illegible]	[illegible]	[illegible]	[illegible]	[illegible]	[illegible]	[illegible]	[illegible]	[illegible]	[illegible]
中江鎭	[illegible]	[illegible]	[illegible]	[illegible]	[illegible]	[illegible]	[illegible]	[illegible]	[illegible]	[illegible]	[illegible]	[illegible]	[illegible]
雄基	[illegible]	[illegible]	[illegible]	[illegible]	[illegible]	[illegible]	[illegible]	[illegible]	[illegible]	[illegible]	[illegible]	[illegible]	[illegible]
臺北	[illegible]	[illegible]	[illegible]	[illegible]	[illegible]	[illegible]	[illegible]	[illegible]	[illegible]	[illegible]	[illegible]	[illegible]	[illegible]
熊本	[illegible]	[illegible]	[illegible]	[illegible]	[illegible]	[illegible]	[illegible]	[illegible]	[illegible]	[illegible]	[illegible]	[illegible]	[illegible]
下關	[illegible]	[illegible]	[illegible]	[illegible]	[illegible]	[illegible]	[illegible]	[illegible]	[illegible]	[illegible]	[illegible]	[illegible]	[illegible]
大阪	[illegible]	[illegible]	[illegible]	[illegible]	[illegible]	[illegible]	[illegible]	[illegible]	[illegible]	[illegible]	[illegible]	[illegible]	[illegible]
東京	[illegible]	[illegible]	[illegible]	[illegible]	[illegible]	[illegible]	[illegible]	[illegible]	[illegible]	[illegible]	[illegible]	[illegible]	[illegible]
札幌	[illegible]	[illegible]	[illegible]	[illegible]	[illegible]	[illegible]	[illegible]	[illegible]	[illegible]	[illegible]	[illegible]	[illegible]	[illegible]
大泊	[illegible]	[illegible]	[illegible]	[illegible]	[illegible]	[illegible]	[illegible]	[illegible]	[illegible]	[illegible]	[illegible]	[illegible]	[illegible]
大連	[illegible]	[illegible]	[illegible]	[illegible]	[illegible]	[illegible]	[illegible]	[illegible]	[illegible]	[illegible]	[illegible]	[illegible]	[illegible]
奉天	[illegible]	[illegible]	[illegible]	[illegible]	[illegible]	[illegible]	[illegible]	[illegible]	[illegible]	[illegible]	[illegible]	[illegible]	[illegible]

寒暑風雨의極數 (氣溫中(一)符號는零度以下를示함)

地名	最高氣溫(攝氏度)	最低氣溫(攝氏度)	最大雨雪日量(粍)	最大雨雪月量(粍)	最大雨雪年量(粍)	最大風速度(米/秒)
木浦	[illegible] 大正十三年	－[illegible] 大正四年	[illegible] 明治四十年	[illegible] 明治四十三年	[illegible] 大正五年	[illegible] 明治四十四年
釜山	[illegible] 昭和四年	－[illegible] 大正四年	[illegible] 明治四十五年	[illegible] 大正十四年	[illegible] 明治三十八年	[illegible] 明治三十七年
大邱	[illegible] 昭和二年	－[illegible] 大正十二年	[illegible] 大正十五年	[illegible] 明治四十三年	[illegible] 大正五年	[illegible] 大正十一年
仁川	[illegible] 昭和五年	－[illegible] 大正四年	[illegible] 大正十一年	[illegible] 大正十一年	[illegible] 大正十四年	[illegible] 大正八年
京城	[illegible] 大正八年	－[illegible] 昭和二年	[illegible] 大正九年	[illegible] 大正十五年	[illegible] 大正十四年	[illegible] 明治四十一年
平壤	[illegible] 大正八年	－[illegible] 大正六年	[illegible] 大正九年	[illegible] 大正十二年	[illegible] 大正三年	[illegible] 明治四十四年
元山	[illegible] 明治三十九年	－[illegible] 大正四年	[illegible] 明治三十八年	[illegible] 明治四十一年	[illegible] 大正十一年	[illegible] 昭和五年
中江鎭	[illegible] 大正十三年	－[illegible] 大正十一年	[illegible] 昭和四年	[illegible] 大正三年	[illegible] 昭和二年	[illegible] 昭和五年
雄基	[illegible] 大正八年	－[illegible] 大正四年	[illegible] 大正四年	[illegible] 大正四年	[illegible] 昭和三年	[illegible] 大正五年
臺北	[illegible] 大正十年	－[illegible] 明治三十四年	[illegible] 昭和五年	[illegible] 明治三十一年	[illegible] 明治三十一年	[illegible] 明治三十二年
熊本	[illegible] 昭和二年	－[illegible] 昭和[illegible]	[illegible] 大正十二年	[illegible] 明治三十三年	[illegible] 明治三十八年	[illegible] 昭和二年
下關	[illegible] 明治二十七年	－[illegible] 明治二十八年	[illegible] 明治三十七年	[illegible] 大正十二年	[illegible] 大正十二年	[illegible] 明治三十八年
大阪	[illegible] 明治四十二年	－[illegible] 明治二十四年	[illegible] 明治二十九年	[illegible] 明治三十六年	[illegible] 明治二十六年	[illegible] 大正元年
東京	[illegible] 明治十九年	－[illegible] 昭和二年	[illegible] 大正九年	[illegible] 昭和四年	[illegible] 大正九年	[illegible] 大正六年
札幌	[illegible] 大正十三年	－[illegible] 昭和四年	[illegible] 明治三十七年	[illegible] 明治三十一年	[illegible] 明治十二年	[illegible] 明治四十五年
大泊	[illegible] 昭和三年	－[illegible] 明治四十二年	[illegible] 大正四年	[illegible] 昭和五年	[illegible] 大正四年	[illegible] 大正十四年
大連	[illegible] 大正八年	－[illegible] 大正十一年	[illegible] 大正九年	[illegible] 明治四十四年	[illegible] 大正三年	[illegible] 大正八年
奉天	[illegible] 大正九年	－[illegible] 明治四十一年	[illegible] 明治四十四年	[illegible] 大正十二年	[illegible] 大正十二年	[illegible] 昭和五年

水稻便覽

項目＼地方	北部	中部	南部
選種及浸種	四月中旬後半	四月下旬前半	四月下旬後半
苗代의整地及施肥	四月下旬前半	四月下旬後半	五月上旬前半
播種	四月下旬後半	五月上旬前半	五月上旬後半
苗代害蟲驅除	五月下旬	六月上旬	六月上旬
本田整地及施肥	五月下旬後半	六月上旬前半	六月上旬後半
移秧	六月上旬前半	六月十日前後	六月中旬
中耕除草	六月中旬乃至八月上旬	六月下旬乃至八月上旬	六月下旬乃至八月中旬
追肥(硫酸安每反五貫乃至十貫施用)	六月下旬後半	七月上旬前半	七月上旬後半
害蟲驅除	七月下旬乃至八月下旬	七月上旬乃至九月上旬	七月上旬乃至九月中旬
稗拔	八月下旬	九月上旬	九月中旬
落水	九月上旬	九月中旬	九月下旬
收穫	九月下旬乃至十月上旬	十月中旬	十月下旬
乾燥	十月上旬	十月下旬	十一月上旬
調製	十月中旬	十一月上旬	十一月中旬
畓秋耕	十月下旬	十一月中旬	十一月下旬
收穫物의整理	十一月中旬	十一月下旬	十二月上旬
農具整理	十二月乃至三月	十二月乃至三月	十二月乃至三月
繩叺製造	十二月乃至三月	十二月乃至三月	十二月乃至三月

度量衡表

系	米突法	尺貫法	야-드本법
度	미리메-돌(粍) 米突의 千分之一	厘 三.三〇〇	인치 〇.〇三九
度	센치메-돌(糎) 米突의 百分之一	分 三.三〇〇	인치 〇.三九四
度	데시메-돌(粉) 米突의 十分之一	寸 三.三〇〇	후-도 〇.三二八
度	메-돌(米突)	尺 三.三〇〇	야-드 一.〇九四
度	키로메-돌(粁) 千米突	町 九.一六七	마일 〇.六二一
度	浬 千八百五十二米突	町 一六.九七七	마일 一.一五一
面積	平方메-돌	平方尺 一〇.八九〇	平方야-드 一.一九六
面積 (土地)	아-르 百平方米突	步 三〇.二五〇	
面積 (土地)	헥타-르 百아-르	町 一.〇〇八	

系	米突法	尺貫法	야-드本법
量	立方메-돌	立方尺 三五.九三七	立方야-드 一.三〇八
量 (液體或斯體粒狀物又는粉狀物)	데시리-돌 리-돌의 十分之一	勺 〇.〇五五	
量 (液體或斯體粒狀物又는粉狀物)	리-돌 立方데시메-돌	合 五.五四四	갈론 〇.二六四
量 (液體或斯體粒狀物又는粉狀物)	헥토리-돌 百리-돌	石 五.五四四	[illegible] 二六.四一七二
衡	미리그람(瓱) 그람의 千分之一	毛 〇.二六七	그렌 〇.〇一五
衡	그람(瓦) 키로그람의 千分之一	分 二.六六七	그렌 一五.四三二
衡	키로그람(瓩)	貫 〇.二六七	본드 二.二〇五
衡	톤(噸) 千키로그람	貫 二六六.六六七	英噸 〇.九八四
衡	寶石가라트 二百미리그람	厘 五.三三三	그렌 三.〇八六

尺	間	町	里	歩	段	升	貫	斤
메-돌 〇.三〇三	메-돌 一.八一八	메-돌 一〇九.〇九一	키로메-돌 三.九二七	아-르 〇.〇三三	아-르 九.九一七	리-돌 一.八〇四	키로그람 三.七五〇	키로그람 〇.六〇〇

[illegible]	鯨尺	인치	후-도	야-드	마일	온스	본드	[illegible]
鯨尺尺 二.六四〇	메-돌 〇.三七九	센치메-돌 二.五四〇	센치메-돌 三〇.四八	메-돌 〇.九一四	키로메-돌 一.六〇九	그람 二八.三五〇	키로그람 〇.四五四	噸 一.〇一六

國稅及地方稅納期一覽

國稅

區分	稅目	一月	二月	三月	四月	五月	六月	七月	八月	九月	十月	十一月	十二月
定期收入에屬한者	地稅		前年分第二期										第一期
	營業稅					第一期						第二期	
	鑛產稅			前年分 年分									
	鑛區稅												當年分
	酒稅 (淸酒及藥酒燒酒外)		前年分第三期	前年分第四期				第一期				第二期	
	酒稅 (朝鮮酒等의酒稅)		前年分第二期					第一期			第二期		

區分	稅目	納期
隨時收入에屬한者	所得稅	所得金額이決定된當時
	資本利子稅	銀行에서公債又는社債의利子의支拂을受할時
	取引所稅	每月分을翌月末日까지
	取引稅	同
	砂糖消費稅	製造場又는保稅地域으로부터引取할時
	印紙稅	財産權의創設移轉變更又는消滅을證明하는證書帳簿及財産權에關한追認又는承認을證明하는證書를作成할時
	骨牌稅	骨牌의製造를完了할時
	登錄稅	登記又는登錄을受할時
	朝鮮銀行券發行稅	制限外發行高에對하야各月分을翌月十五日까지

地方稅

區分	稅目	一月	二月	三月	四月	五月	六月	七月	八月	九月	十月	十一月	十二月
定期收入에屬한者	地稅附加稅		前年分第二期										第一期
	營業稅 (免許、許可營業의二年以後의者)				年分								
	營業稅 (指定營業에對한者)		前年分 年分										
	戶稅				第一期						第二期		
	家屋稅				第一期						第二期		
	車輛稅				第一期						第二期		
	船稅								年分				

備考 漁業稅의初年度分은許可狀又는鑑札交付日에納入함

區分	稅目	納期
隨時收入에屬한者	不動產取得稅	取得物件의價格이決定된當時
	屠場稅	每月分은翌月所定의期日까지(期日은各道가相異함)
	屠畜稅	屠畜을行할時
	特別市場稅	每月分은翌月所定의期日까지(期日은各道가相異함)
	所得稅附加稅	取得物件의價格이決定된當時
	特別所得稅	同

內國通信料金表

內國通常郵便料

第一種	書狀	十五瓦마다 三錢
	全部印刷한 無封書狀, 盲人用點字의 無封書狀, 大部分印刷한 無封書狀으로 官公署公共團體, 社寺學校又는 營利를 目的하지 안이하는 法人 或은 團體로부터 其從業에 關하야 發送하는 報知書, 案內狀, 契約申込書, 契約의 承諾又는 拒絕書, 請求書, 領收證, 計算書, 見積書, 目錄, 廣告書	三十瓦마다 二錢
第二種	郵便葉書 　通常葉書	一錢五厘
	往復葉書 / 封緘葉書	三錢
第三種	每月一回以上 刊行하는 定期刊行物로 第三種郵便物의 認可를 受한 것	七十五瓦마다 五厘
	日刊新聞紙로서 發行人又는 賣捌人이 差出하는 것 (但 百十五瓦를 超過하는 것에 對하야는 七十五瓦마다)	一箇(一日分) 百十五瓦까지 五厘
		五厘
	同上中 盲人用點字의 定期刊行物	五百五十瓦마다 五厘
第四種	書籍, 印刷物, 業務用書類, 寫眞, 書畫, 圖, 農産物種子, 博物學上의 標本	百十瓦마다 二錢
	盲人用點字의 書籍, 印刷物及業務用書類	五百五十瓦又는 其端數마다 一錢
	第三種郵便物이 안인 印刷物로서 每月一回以上 繼續刊行하는 것을 約束郵便으로 하야 料額低減의 承認을 受한 것	百十瓦마다 一錢
	同上中 盲人用點字印刷物	三百五十瓦마다 五厘
第五種	農産物種子	百十瓦마다 一錢

內國小包郵便料

地域		五百瓦迄	一瓩迄	二瓩迄	三瓩迄	四瓩迄	五瓩迄	六瓩迄
朝鮮內	同一郵便區市內	二〇錢	二〇錢	二〇錢	二〇錢	二〇錢	二〇錢	二〇錢
	其他	二七	三四	四七	六〇	七三	七九	八五
朝鮮外	朝鮮과 內地, 臺灣, 樺太, 南洋群島及關東州內間	四二	四九	六二	七五	八八	九四	一、〇〇

內國通常電報料

地域		和文 基本 (十五字以內)	和文 累加 (五字마다)	諺文 基本 (七字以內)	諺文 累加	歐文 基本 (五語以內)	歐文 累加
一市內	官報 / 私報	十五錢	三錢	十五錢	三錢	十五錢	三錢
朝鮮內 (市內除外)	官報 / 私報	三十錢	五錢	三十錢	五錢	三十錢	五錢
朝鮮과 內地, 臺灣, 樺太及南洋群島間	官報	二十錢	五錢	—	—	三十錢	五錢
	私報	四十錢	五錢	—	—	四十五錢	五錢
朝鮮과 滿洲, 支那關東州間	官報 / 私報	三十錢	五錢	—	—	三十錢	五錢

朝鮮內ニ於ケル
鐵道及自動車線路圖

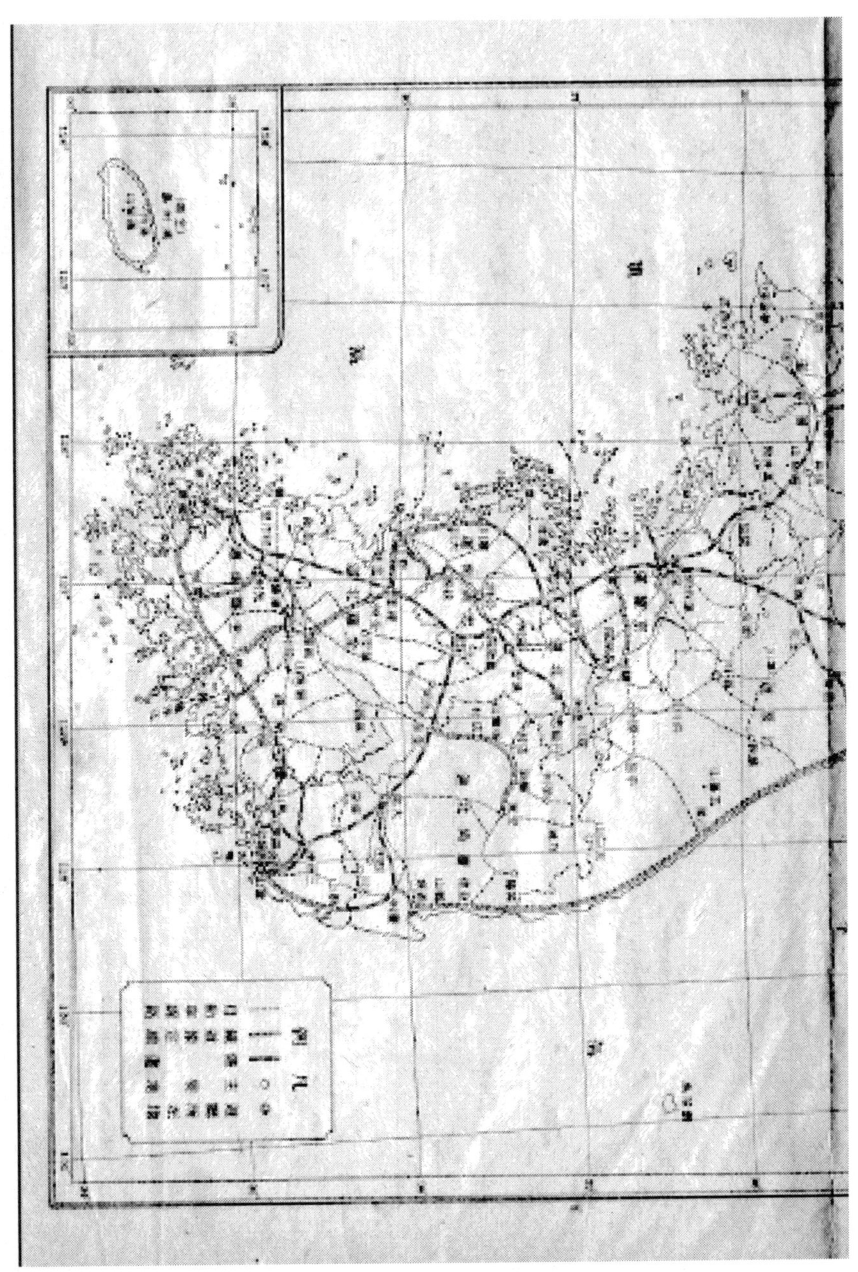

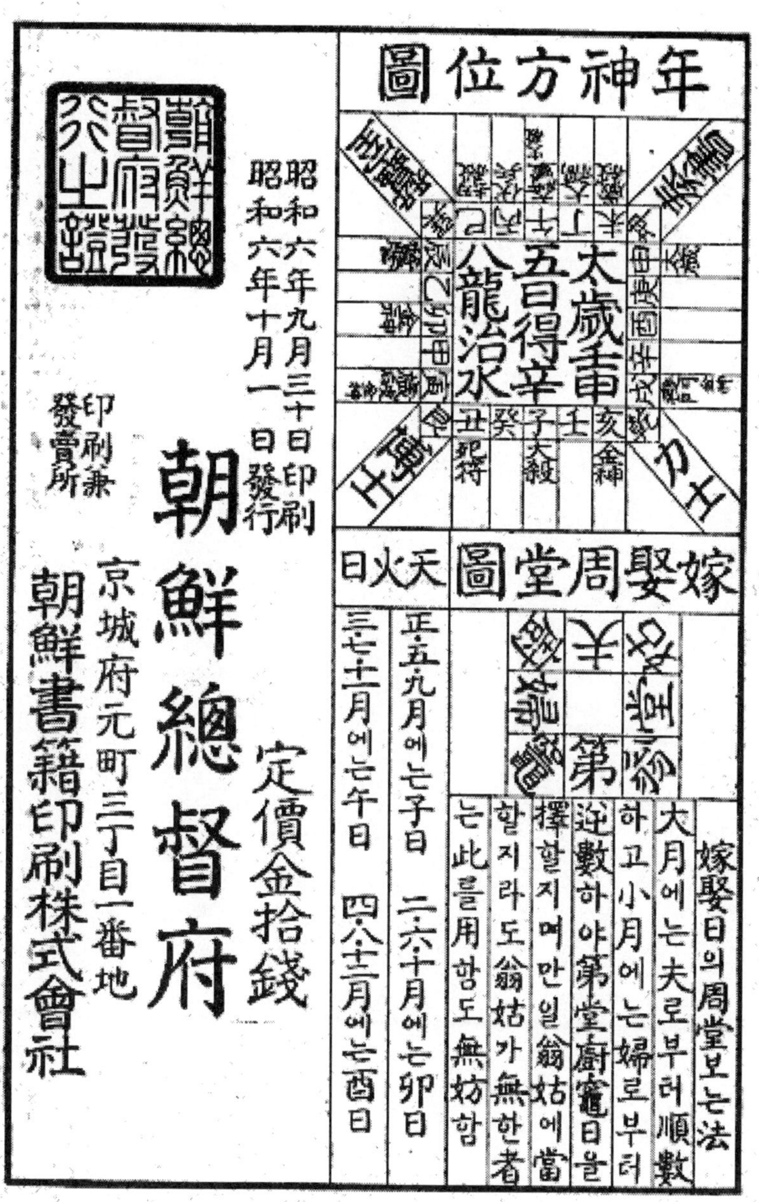

年神方位圖

太歲申
五日得辛
八龍治水

嫁娶周堂圖

天火日

正五九月에는子日 二六十月에는卯日

三七十一月에는午日 四八十二月에는酉日

嫁娶日의周堂보는法
大月에는夫로부터順數
하고小月에는婦로부터
逆數하야第堂廚竈日을
擇할지며만일翁姑에當
할지라도翁姑가無한者
는此를用함도無妨함

朝鮮總督府發行之證

昭和六年九月三十日印刷
昭和六年十月一日發行

定價金拾錢

朝鮮總督府

印刷兼發賣所
京城府元町三丁目一番地
朝鮮書籍印刷株式會社

6　昭和八年朝鮮民曆（１９３３）

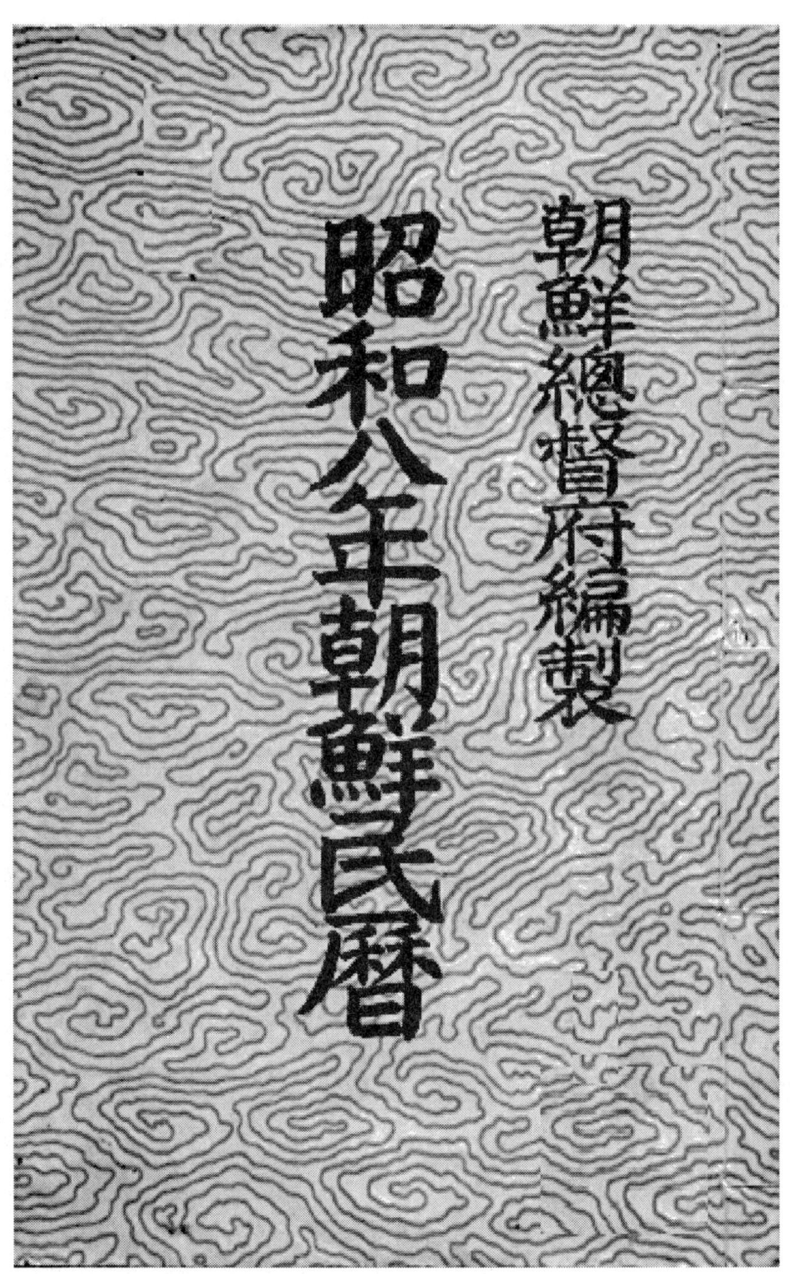

 6. 昭和八年朝鮮民曆(1933)

神武天皇即位紀元二千五百九十三年 昭和八年朝鮮民曆 癸酉平年 三百六十五日

朝鮮總督府觀測所編纂

四方拜	一月	一日
元始祭	一月	三日
紀元節	二月	十一日
春季皇靈祭	三月	二十一日
神武天皇祭	四月	三日
天長節	四月	二十九日
秋季皇靈祭	九月	二十三日
神嘗祭	十月	十七日
明治節	十一月	三日
新嘗祭	十一月	二十三日
大正天皇祭	十二月	二十五日

月表

一月大	二月平	三月大
四月小	五月大	六月小
七月大	八月大	九月小
十月大	十一月小	十二月大

日曜表

一月	一日 八日 十五日 二十二日 二十九日
二月	五日 十二日 十九日 二十六日
三月	五日 十二日 十九日 二十六日
四月	二日 九日 十六日 二十三日 三十日
五月	七日 十四日 二十一日 二十八日
六月	四日 十一日 十八日 二十五日
七月	二日 九日 十六日 二十三日 三十日
八月	六日 十三日 二十日 二十七日
九月	三日 十日 十七日 二十四日
十月	一日 八日 十五日 二十二日 二十九日
十一月	五日 十二日 十九日 二十六日
十二月	三日 十日 十七日 二十四日 三十一日

日食 八月二十一日

食分	二厘
初虧	午後二時四十八分 下偏右
食甚	
復圓	

本民…

本邦…

五日…

鮮總督府觀測所에서 …노

이는 時刻을 揭함

昭和八年中陰曆歲次癸酉年月表及節候表

月及月朔之大小日		節氣		入節日	干支	時刻	陽曆	節氣		入節日	干支	時刻	陽曆
正月小	壬辰	立春	正月節	初十日	辛丑	申初初刻十分	二月四日	雨水	正月中	廿五日	丙辰	午初一刻三分	二月十九日
二月大	辛酉	驚蟄	二月節	十一日	辛未	巳初二刻二分	三月六日	春分	二月中	廿六日	丙戌	巳正三刻十三分	三月二十一日
三月大	辛卯	清明	三月節	十一日	辛丑	未正三刻六分	四月五日	穀雨	三月中	廿六日	丙辰	亥正一刻四分	四月二十日
四月小	辛酉	立夏	四月節	十二日	壬申	辰正三刻十二分	五月六日	小滿	四月中	廿七日	丁亥	亥初三刻十三分	五月二十一日
五月大	庚寅	芒種	五月節	十四日	癸卯	未初一刻三分	六月六日	夏至	五月中	三十日	己未	卯正初刻十三分	六月二十二日
閏五月大	庚申	小暑	六月節	十五日	甲戌	子初三刻零分	七月七日						
六月小	庚寅	大暑	六月中	初一日	庚寅	酉初初刻六分	七月二十三日	立秋	七月節	十七日	丙午	巳初一刻十一分	八月八日
七月大	己未	處暑	七月中	初三日	辛酉	子初三刻八分	八月二十三日	白露	八月節	十九日	丁丑	午初三刻十三分	九月八日
八月小	己丑	秋分	八月中	初四日	壬辰	亥初初刻二分	九月二十三日	寒露	九月節	二十日	戊申	寅初初刻四分	十月九日
九月大	戊午	霜降	九月中	初六日	癸亥	卯初三刻四分	十月二十四日	立冬	十月節	廿一日	戊寅	卯初三刻四分	十一月八日
十月小	戊子	小雪	十月中	初六日	癸巳	丑正三刻九分	十一月二十三日	大雪	十一月節	二十日	丁未	亥正初刻十三分	十二月七日
十一月小	丁巳	冬至	十一月中	初六日	壬戌	申初三刻十三分	十二月二十二日	小寒	十二月節	廿一日	丁丑	巳初一刻二分	一月六日
十二月大	丙戌	大寒	十二月中	初七日	壬辰	丑正二刻七分	一月二十一日	立春	正月節	廿一日	丙午	亥初初刻四分	二月四日

一月大 三十一日

繩叺·蠶具·蔟·果實袋等의 製造, 畜舍·雞舍의 保温

日	曜	月相	月出入	陰曆	干支	納音	宿	直	宜忌	行事
一日	日	壬申十二月大	月入 午後十時四十四分	初六日	丁卯	火	昴	平		四方拜
二日	月		月入 午後十一時四十六分	初七日	戊辰	木	畢	定	冠帶(時刻은 辰時 坐向은 東向)·裁衣·動土·上樑([illegible])·納財에 宜함	
三日	火			初八日	己巳	木	觜	執		元始祭
四日	水	◐上弦 午前一時二十四分	月入 午前零時四十六分	初九日	庚午	土	參	破		
五日	木		月入 午前一時四十五分	初十日	辛未	土	井	危		新年宴會
六日	金		月入 午前二時四十五分	十一日	壬申	金	鬼	危	小寒 十二月節	

小寒 午前三時二十四分 **舊十二月節**

日出 午前七時四十九分 晝間 九時四十分
日入 午後五時三十分 夜間 十四時二十分

日	曜	月相	月出入	陰曆	干支	納音	宿	直	宜忌
七日	土		月入 午前三時四十五分	十二日	癸酉	金	柳	成	嫁娶·移徙·裁衣·上樑([illegible])·開市·納財·安葬에 宜함
八日	日		月入 午前四時四十六分	十三日	甲戌	火	星	收	
九日	月		月入 午前五時四十五分	十四日	乙亥	火	張	開	
十日	火		月入 午前六時四十分	十五日	丙子	水	翼	閉	安葬·啓攢에 宜함
十一日	水		月入 午前七時二十九分	十六日	丁丑	水	軫	建	
十二日	木	○望 午前五時三十分	月出 午後五時五十二分	十七日	戊寅	土	角	除	
十三日	金		月出 午後六時五十七分	十八日	己卯	土	亢	滿	
十四日	土		月出 午後八時三分	十九日	庚辰	金	氐	平	

日	曜	月相	月出入	陰曆	干支	五行·宿·直	宜
十五日	日		月出 午後 九時 九分	二十日	辛巳	金 房 定	
十六日	月		月出 午後 十時 十四分	廿一日	壬午	木 心 執	
十七日	火	臘	月出 午後 十一時 二十三分	廿二日	癸未	木 尾 破	土王用事
十八日	水			廿三日	甲申	水 箕 危	
十九日	木	◑ 下弦 午後 三時 十五分	月出 午前 零時 三十九分	廿四日	乙酉	水 斗 成	嫁娶移徙裁衣上樑開市納財安葬에 宜함
二十日	金		月出 午前 一時 四十八分	廿五日	丙戌	土 牛 收	大寒 十二月中

大寒 午後八時五十三分 舊十二月中

日出 午前七時四十五分 晝間九時五十八分
日入 午後五時四十四分 夜間十四時二分

日	曜	月相	月出入	陰曆	干支	五行·宿·直	宜
二十一日	土		月出 午前 二時 五十五分	廿六日	丁亥	土 女 開	
二十二日	日		月出 午前 四時 十分	廿七日	戊子	火 虛 閉	
二十三日	月		月出 午前 五時 二十二分	廿八日	己丑	火 危 建	
二十四日	火		月出 午前 六時 二十六分	廿九日	庚寅	木 室 除	嫁娶移徙裁衣上樑納財安葬啓攢에 宜함
二十五日	水		月出 午前 七時 二十九分	三十日	辛卯	木 壁 滿	
二十六日	木	● 合朔 午前 八時 二十一分	癸酉 建甲寅 正月小	初一日	壬辰	水 奎 平	
二十七日	金		月入 午後 七時 十四分	初二日	癸巳	水 婁 定	冠帶裁衣上樑納財에 宜함
二十八日	土		月入 午後 八時 二十四分	初三日	甲午	金 胃 執	裁衣에 宜함
二十九日	日		月入 午後 九時 二十五分	初四日	乙未	金 昴 破	
三十日	月		月入 午後 十時 三十二分	初五日	丙申	火 畢 危	
三十一日	火		月入 午後 十一時 三十六分	初六日	丁酉	火 觜 成	嫁娶移徙裁衣上樑開市納財安葬에 宜함

赤	碧	黃
白	白	白
黑	綠	紫

二月平 二十八日

繩叺、叺具、蔬果實袋等의 製造、苹果의 剪定、
麥追肥、牛의 手入

日	曜	月相	月出入	陰曆	干支	納音	宿	建除	宜
一日	水			初八日	戊戌	木	參	收	
二日	木	◐上弦午後十一時十三分	月入前零時三十三分	初九日	己亥	木	井	開	
三日	金		月入前一時三十四分	初十日	庚子	土	鬼	閉	
四日	土		月入前二時三十五分	十一日	辛丑	土	柳	閉	立春 正月節

立春 午後三時十分

舊正月節 日出前七時三十三分 晝間十時三十三分 日入午後六時 零分 夜間十三時二十七分

日	曜	月相	月出入	陰曆	干支	納音	宿	建除	宜
五日	日		月入前三時三十四分	十二日	壬寅	金	星	建	裁衣上樑時 納財安葬啓攢에 宜함
六日	月		月入前四時三十一分	十三日	癸卯	金	張	除	啓攢에 宜함
七日	火		月入前五時三十三分	十四日	甲辰	火	翼	滿	裁衣에 宜함
八日	水		月入前六時八分	十五日	乙巳	火	軫	平	
九日	木		月入前六時四十七分	十六日	丙午	水	角	定	冠帶[illegible] 移徙裁衣動土上樑開市納財安葬[illegible]
十日	金	○望午後十時一分	月出後五時五十一分	十七日	丁未	水	亢	執	裁衣動土上樑時 納財安葬에 宜함
十一日 紀元節	土		月出後六時五十六分	十八日	戊申	土	氐	破	破屋에 宜함
十二日	日		月出後八時五分	十九日	己酉	土	房	危	安葬에 宜함
十三日	月		月出後九時十二分	二十日	庚戌	金	心	成	
十四日	火		月出後十時二十一分	二十一日	辛亥	金	尾	收	移徙裁衣動土上樑時 開市納財에 宜함

日	曜	月相	月出入	舊曆	干支	納音	宿	建除	宜
十五日	水		月出後十一時三十三分	廿一日	壬子	木	箕	開	嫁娶移徙動土破屋에宜함
十六日	木			廿二日	癸丑	木	斗	閉	
十七日	金	◑下弦午後十一時分	月出前零時四十五分	廿三日	甲寅	水	牛	建	
十八日	土		月出前一時五十九分	廿四日	乙卯	水	女	除	修櫃에宜함
十九日	日		月出前三時十一分	廿五日	丙辰	土	虛	滿	雨水晉中移徙嫁娶動土破土開市納財安葬에宜함

雨水 午前十一時十七分 舊正月中

日出午前七時十九分 晝間十時五十七分
日入午後六時十六分 夜間十三時三分

日	曜	月相	月出入	舊曆	干支	納音	宿	建除	宜
二十日	月		月出前四時十六分	廿六日	丁巳	土	危	平	
二十一日	火		月出前五時十一分	廿七日	戊午	火	室	定	祭祀嫁娶移徙裁衣動土開市納財에宜함
二十二日	水		月出前五時五十七分	廿八日	己未	火	壁	執	
二十三日	木		月出前六時三十三分	廿九日	庚申	木	奎	破	
二十四日	金	●合朔午後九時四十五分	建乙卯二月大	初一日	辛酉	木	婁	危	
二十五日	土		月入後七時十一分	初二日	壬戌	水	胃	成	裁衣動土移徙開市納財安葬에宜함
二十六日	日		月入後八時十五分	初三日	癸亥	水	昴	收	
二十七日	月		月入後九時十七分	初四日	甲子	金	畢	開	
二十八日	火		月入後十時十六分	初五日	乙丑	金	觜	閉	

白	黑	綠
黃	赤	[illegible]
白	紫	白

三月大 三十一日

桃梨의 剪定 桑田果樹園의 病蟲害防除 麥類의 播種 果樹園의 施肥 溫床準備 甘藷床植 溫床播種 種卵의 撰擇 抱卵準備 堆肥의 切反

日	曜	月相	月出入	陰曆	干支	納音	宿	建除	宜忌
一日	水		入月 午後十一時二十分	初六日	丙寅	火	參	建	裁衣上樑에納財安葬啓攢에宜함
二日	木			初七日	丁卯	火	井	除	移徙裁衣動土上樑에納財安葬啓攢에宜함
三日	金		入月 午前零時二十七分	初八日	戊辰	木	鬼	滿	裁衣에宜함
四日	土	◐ 上弦 午後七時二十三分	入月 午前一時二十三分	初九日	己巳	木	柳	平	
五日	日		入月 午前二時二十分	初十日	庚午	土	星	定	冠帶結婚移徙裁衣豎柱上樑納財安葬에宜함
六日	月		入月 午前三時四十分	十一日	辛未	土	張	定	驚蟄二月節 豎造動土上樑에宜함

驚蟄 午前九時三十一分 **舊二月節** 日出午前六時五十分 晝間十一時三十二分 日入午後六時二十二分 夜間十二時二十八分

日	曜	月相	月出入	陰曆	干支	納音	宿	建除	宜忌
七日	火		入月 午前四時一分	十二日	壬申	金	翼	執	
八日	水		入月 午前四時四十三分	十三日	癸酉	金	軫	破	
九日	木		入月 午前五時十八分	十四日	甲戌	火	角	危	
十日	金		入月 午前五時四十九分	十五日	乙亥	火	亢	成	移徙豎造動土上樑에宜함
十一日	土		入月 午前六時十五分	十六日	丙子	水	氐	收	
十二日	日	○ 望 午前十一時四十六分	出月 午後六時五十六分	十七日	丁丑	水	房	開	移徙裁衣動土上樑에宜함
十三日	月		出月 午後八時六分	十八日	戊寅	土	心	閉	裁衣納財安葬에宜함
十四日	火		出月 午後九時十六分	十九日	己卯	土	尾	建	

春季
皇靈祭

十五日水		月出午前十時三十三分	二十日庚辰金箕除	
十六日木		月出午後十二時四十九分	二十一日辛巳金斗滿	裁衣開市.納財에宜함
十七日金			二十二日壬午木牛平	
十八日土		月出午前一時三分	二十三日癸未木女定	
十九日日	◐下弦午前六時五分	月出午前二時十分	二十四日甲申水虛執	
二十日月		月出午前三時八分	二十五日乙酉水危破	
二十一日火		月出午前三時五十分	二十六日丙戌土室危	春分 二月中
	春分 午前十時四十三分 舊二月中 日出午前六時三十二分 晝間十二時 九分 日入午後六時四十一分 夜間十一時五十一分			
二十二日水	社	月出午前四時三十四分	二十七日丁亥土壁成	
二十三日木		月出午前五時五分	二十八日戊子火奎收	
二十四日金		月出午前五時三十二分	二十九日己丑火婁開	
二十五日土		月出午前五時五十六分	三十日庚寅木胃閉	
二十六日日	●合朔午後零時二十分	建丙辰三月大	初一日辛卯木昴建	
二十七日月		月入午後八時五分	初二日壬辰水畢除	
二十八日火		月入午後九時七分	初三日癸巳水觜滿	裁衣開市.納財에宜함
二十九日水		月入午後十時九分	初四日甲午金參平	
三十日木		月入午後十一時十分	初五日乙未金井定	
三十一日金			初六日丙申火鬼執	

紫白赤
白白黑
碧綠黃

四月小 三十日

馬鈴薯大麻瓜類의播種, 苗木類의植付, 桑田의耕耘施肥, 果樹接木種籾의精選, 秧板의整地, 豚의種付, 育雛

一日土		月入午前零時九分	初七日丁酉火柳破	
二日日		月入午前一時四分	初八日戊戌木星危	
三日月 神武天皇祭	◐上弦後二時五十三分	月入午前一時五十四分	初九日己亥木張成	移徙裁衣動土上樑開市納財에宜함
四日火		月入午前二時三十三分	初十日庚子土翼收	
五日水		月入午前三時十四分	十一日辛丑土軫收	清明三月節
清明 午後二時五十一分				
舊三月節	日出午前六時十四分 晝間十二時四十五分	日入午後六時五十九分 夜間十一時十五分		
六日木 寒食		月入午前三時四十六分	十二日壬寅金角開	嫁娶移徙裁衣動土上樑開市에宜함
七日金		月入午前四時十五分	十三日癸卯金亢閉	
八日土		月入午前四時四十一分	十四日甲辰火氐建	
九日日		月入午前五時六分	十五日乙巳火房除	
十日月	○望午後十時二十六分	月出午後六時五十六分	十六日丙午水心滿	
十一日火		月出午後八時十一分	十七日丁未水尾平	
十二日水		月出午後九時二十九分	十八日戊申土箕定	
十三日木		月出午後十時四十七分	十九日己酉土斗執	嫁娶安葬에宜함
十四日金			二十日庚戌金牛破	破屋에宜함

日	曜	月相	月出入	陰曆	宜
十五日	土		月出前零時 零分	廿一日辛亥金女危	納財에宜함
十六日	日		月出前一時 三分	廿二日壬子木虛成	嫁娶裁衣豎柱上樑開市納財安葬啓攢에宜함
十七日	月	◑下弦後四時十六分	月出前一時五十四分	廿三日癸丑木危收	土王用事
十八日	火		月出前二時三十五分	廿四日甲寅水室開	移徙裁衣上樑開市에宜함
十九日	水		月出前三時 八分	廿五日乙卯水壁閉	
二十日	木		月出前三時三十六分	廿六日丙辰土奎建	穀雨 三月中

穀雨 午後十時十九分

舊三月中

晨前五時五十三分 晝間十三時九分
昏後七時十一分 夜間十時四十二分

日	曜	月相	月出入	陰曆	宜
二十一日	金		月出前四時 零分	廿七日丁巳土婁除	
二十二日	土		月出前四時二十三分	廿八日戊午火胃滿	
二十三日	日		月出前四時四十六分	廿九日己未火昴平	
二十四日	月		月出前五時十一分	三十日庚申木畢定	
二十五日	火	●合朔前三時三十八分	建丁巳四月小	初一日辛酉木觜執	
二十六日	水		月入後八時五十九分	初二日壬戌水參破	
二十七日	木		月入後九時五十九分	初三日癸亥水井危	
二十八日	金		月入後十時五十六分	初四日甲子金鬼成	裁衣上樑開市納財에宜함
二十九日	土	天長節	月入後十一時四十八分	初五日乙丑金柳收	
三十日	日			初六日丙寅火星開	移徙裁衣上樑開市納財에宜함

黑赤白
紫黃白
綠碧白

五月大 三十一日

水稻陸稻棉桑大小豆蔬菜의播種,春蠶의催靑掃立,麥의黑穗拔除,甘藷苗의移植,病蟲害豫防藥撒布,牛馬의種付

日	曜	月相	月出入	舊曆	干支	納音	宿	建除	宜
一日	月		月入前零時三十三分	初七日	丁卯	火	張	閉	裁衣에宜함
二日	火		月入前一時十六分	初八日	戊辰	木	翼	建	
三日	水	◐上弦午前一時三十九分	月入前一時四十八分	初九日	己巳	木	軫	除	
四日	木		月入前二時十四分	初十日	庚午	土	角	滿	
五日	金		月入前二時四十分	十一日	辛未	土	亢	平	
六日	土		月入前三時 五分	十二日	壬申	金	氐	平	立夏 四月節

立夏 午前八時四十二分 舊四月節 日出前五時三十四分 晝間十三時五十三分 日入後七時二十七分 夜間十時 七分

日	曜	月相	月出入	舊曆	干支	納音	宿	建除	宜
七日	日		月入前三時三十二分	十三日	癸酉	金	房	定	[illegible]
八日	月		月入前三時五十八分	十四日	甲戌	火	心	執	
九日	火		月入前四時二十九分	十五日	乙亥	火	尾	破	破屋에宜함
十日	水	○望午前七時四分	月出後八時二十六分	十六日	丙子	水	箕	危	移徙裁衣動土種蒔에宜함
十一日	木		月出後九時三十八分	十七日	丁丑	水	斗	成	裁衣動土種蒔開市納財에宜함
十二日	金		月出後十時四十九分	十八日	戊寅	土	牛	收	
十三日	土		月出後十一時四十七分	十九日	己卯	土	女	開	
十四日	日			二十日	庚辰	金	虛	閉	

日	曜	月相	月出入	陰曆	干支	納音	宿	建除	宜忌
十五日	月		月出午前零時三十三分	廿一日	辛巳	金	危	建	嫁娶移徙裁衣上樑[illegible]에宜함
十六日	火	◑下弦午後九時五十分	月出午前一時九分	廿二日	壬午	木	室	除	安葬에宜함
十七日	水		月出午前一時三十九分	廿三日	癸未	木	壁	滿	
十八日	木		月出午前二時五分	廿四日	甲申	水	奎	平	
十九日	金		月出午前二時二十八分	廿五日	乙酉	水	婁	定	冠笄[illegible]移徙動土[illegible]安葬에宜함
二十日	土		月出午前二時五十一分	廿六日	丙戌	土	胃	執	裁衣에宜함
二十一日	日		月出午前三時十四分	廿七日	丁亥	土	昴	破	小滿 四月中 破屋에宜함

小滿 午後九時五十七分 舊四月中 日出午前五時二十分 晝間十四時二十分 日入午後七時四十分 夜間九時四十分

日	曜	月相	月出入	陰曆	干支	納音	宿	建除	宜忌
二十二日	月		月出午前三時三十九分	廿八日	戊子	火	畢	危	裁衣에宜함
二十三日	火		月出午前四時七分	廿九日	己丑	火	觜	成	
二十四日	水	●合朔午後七時七分	建戊午五月大	初一日	庚寅	木	參	收	移徙裁衣上樑[illegible]納財安葬啓攢에宜함
二十五日	木		月入午後八時五十分	初二日	辛卯	木	井	開	嫁娶移徙裁衣動土上樑[illegible]開市納財에宜함
二十六日	金		月入午後九時四十三分	初三日	壬辰	水	鬼	閉	
二十七日	土		月入午後十時三十分	初四日	癸巳	水	柳	建	裁衣에宜함
二十八日	日		月入午後十一時十一分	初五日	甲午	金	星	除	
二十九日	月		月入午後十一時四十五分	初六日	乙未	金	張	滿	
三十日	火			初七日	丙申	火	翼	平	移徙裁衣動土上樑[illegible]開市納財에宜함
三十一日	水		月入午前零時十五分	初八日	丁酉	火	軫	定	[illegible]移徙裁衣動土上樑[illegible]開市納財安葬에宜함

白白黃
白綠綠
碧黑赤

六月小 三十日

移秧·麥收穫·桑의株直·桑田의耕耘·施肥·甘藷苗移植·粟間拔·果實의被袋·綠肥收穫·病粟拔除·田의除草·耕耘·牛馬의種付

日	曜	月相	月出入	陰曆	干支	納音	宿	建除	宜
一日	木	◐上弦午後八時五十三分	月入午前零時四十二分	初九日	戊戌	木	角	執	移徙·裁衣·動土·上樑에宜함
二日	金		月入午前一時六分	初十日	己亥	木	亢	破	破屋에宜함
三日	土		月入午前一時三十一分	十一日	庚子	土	氐	危	嫁娶·移徙·裁衣·動土·上樑·安葬·啓攢에宜함
四日	日		月入午前一時五十分	十二日	辛丑	土	房	成	嫁娶·裁衣·動土·上樑·開市·納財·安葬에宜함
五日	月		月入午前二時二十四分	十三日	壬寅	金	心	收	
六日	火		月入午前二時五十七分	十四日	癸卯	金	尾	收	芒種 五月節
七日	水		月入午前三時三十八分	十五日	甲辰	火	箕	開	
八日	木	○望午後三時五分	月出午後八時二十六分	十六日	乙巳	火	斗	閉	
九日	金		月出午後九時二十一分	十七日	丙午	水	牛	建	
十日	土		月出午後十時二十四分	十八日	丁未	水	女	除	嫁娶·移徙·裁衣·動土·上樑·開市·納財에宜함
十一日	日		月出午後十一時六分	十九日	戊申	土	虛	滿	嫁娶·移徙·裁衣·動土·上樑·開市·納財에宜함
十二日	月		月出午後十一時三十九分	二十日	己酉	土	危	平	
十三日	火			二十一日	庚戌	金	室	定	冠帶·嫁娶·裁衣·動土·上樑·納財에宜함
十四日	水		月出午前零時七分	二十二日	辛亥	金	壁	執	

芒種 午後一時十分 **舊五月節**

日出午前五時十二分 晝間十四時四十五分
日入午後七時五十七分 夜間九時十五分

十五日 木 ◐下弦午前八時二十五分 月出午前零時二十三分 廿三日 壬子 木 奎 破

十六日 金 月出午前零時五十五分 廿四日 癸丑 木 婁 危

十七日 土 月出午前一時十六分 廿五日 甲寅 水 胃 成 動土上樑啓攢에宜함

十八日 日 月出午前一時四十三分 廿六日 乙卯 水 昴 收

十九日 月 月出午前二時十一分 廿七日 丙辰 土 畢 開 嫁娶移徙裁衣動土上樑開市納財에宜함

二十日 火 月出午前二時四十六分 廿八日 丁巳 土 觜 閉

二十一日 水 月出午前三時二十七分 廿九日 戊午 火 參 建

二十二日 木 月出午前四時零分 三十日 己未 火 井 除 夏至 五月中

夏至 午前六時十二分 舊五月中

日出午前五時十一分 晝間十四時四十五分

日入午後七時五十六分 夜間九時十五分

二十三日 金 ●合朔午前十一時二十二分 閏五月大 初一日 庚申 木 鬼 滿 移徙裁衣開市納財安葬에宜함

二十四日 土 月入午後九時十二分 初二日 辛酉 木 柳 平

二十五日 日 月入午後九時四十三分 初三日 壬戌 水 星 定 冠帶嫁娶裁衣上樑納財에宜함

二十六日 月 月入午後十時十六分 初四日 癸亥 水 張 執

二十七日 火 月入午後十時四十五分 初五日 甲子 金 翼 破

二十八日 水 月入午後十一時十一分 初六日 乙丑 金 軫 危

二十九日 木 月入午後十一時三十四分 初七日 丙寅 火 角 成 裁衣動土上樑開市納財安葬啓攢에宜함

三十日 金 月入午後十一時五十八分 初八日 丁卯 火 亢 收

七月大 三十一日

畓의除草 蕎麥의播種 桑田의除草 桑의培土 馬鈴薯 大麻의收穫
果樹夏季剪定 蔬菜의耕耘 追肥 堆肥製造 間作 馬鈴薯播種[illegible]

一日土 ◐上弦午前六時四十分 初九日戊辰木氐開 移徙裁衣動土破屋에宜함
二日日 月入前零時三十三分 初十日己巳木房閉 裁衣納財에宜함
三日月 月入前零時五十三分 十一日庚午土心建
四日火 月入前一時二十九分 十二日辛未土尾除 嫁娶移徙裁衣動土破屋納財安葬에宜함
五日水 月入前二時十四分 十三日壬申金箕滿
六日木 月入前三時十一分 十四日癸酉金斗平
七日金 ○望午後八時五十分 月出後八時十分 十五日甲戌火牛平 小暑六月節

小暑 午後十一時四十五分 舊六月節

日出前五時十分 晝間十四時三十九分
日入後七時五十分 夜間九時二十一分

八日土 月出後八時五十七分 十六日乙亥火女定 [illegible]裁衣動土破屋納財에宜함
九日日 月出後九時三十五分 十七日丙子水虛執
十日月 月出後十時六分 十八日丁丑水危破
十一日火 月出後十時三十六分 十九日戊寅土室危 移徙裁衣動土破屋開市納財에宜함
十二日水 月出後十時五十八分 二十日己卯土壁成 嫁娶移徙裁衣動土破屋開市納財에宜함
十三日木 初伏 月出後十一時二十一分 廿一日庚辰金奎收
十四日金 ◑下弦午後九時二十四分 月出後十一時四十五分 廿二日辛巳金婁開

日	曜	朔望·節氣	月出入	陰曆	干支	五行	宿	建除	宜忌
十五日	土			廿三日	壬午	木	胃	閉	
十六日	日		月出前零時十二分	廿四日	癸未	木	昴	建	嫁娶에宜함
十七日	月		月出前零時四十一分	廿五日	甲申	水	畢	除	移徙動土上樑時安葬에宜함
十八日	火		月出前一時十六分	廿六日	乙酉	水	觜	滿	
十九日	水		月出前一時五十七分	廿七日	丙戌	土	參	平	
二十日	木		月出前二時四十五分	廿八日	丁亥	土	井	定	土王用事
二十一日	金		月出前三時三十九分	廿九日	戊子	火	鬼	執	裁衣에宜함
二十二日	土		月出前四時三十六分	三十日	己丑	火	柳	破	
二十三日	日	合朔午前一時三分 中伏 建己未六月小		初一日	庚寅	木	星	危	大暑 六月中 開帶納財啓攢에宜함

大暑 午後五時六分 舊六月中

日出前五時三十九分 晝間十四時二十一分
日入後七時五十分 夜間九時三十九分

日	曜	朔望·節氣	月出入	陰曆	干支	五行	宿	建除	宜忌
二十四日	月		月入後八時四十九分	初二日	辛卯	木	張	成	嫁娶移徙裁衣上樑開市納財啓攢에宜함
二十五日	火		月入後九時十五分	初三日	壬辰	水	翼	收	納財에宜함
二十六日	水		月入後九時三十六分	初四日	癸巳	水	軫	開	
二十七日	木		月入後十時二分	初五日	甲午	金	角	閉	
二十八日	金		月入後十時二十七分	初六日	乙未	金	亢	建	嫁娶에宜함
二十九日	土		月入後十時五十四分	初七日	丙申	火	氐	除	
三十日	日	上弦後一時四十四分	月入後十一時二十七分	初八日	丁酉	火	房	滿	
三十一日	月			初九日	戊戌	木	心	平	

紫黃綠
赤碧白
黑白白

八月大三十一日

蕎麥播種、白菜·蘿蔔의播種、桑天牛卵의取除、秋蠶의催靑、稀立陸稻
培土、堆肥切反、棉摘心、病粟拔除、雜의換刈、荊棘管理

日	曜		月出入	陰曆	干支	納音	宿	建除	
一日	火		月入前零時七分	初十日	己亥	木	尾	定	冠帶·嫁娶·移徙·裁衣에宜함
二日	水		月入前零時五十七分	十一日	庚子	土	箕	執	
三日	木		月入前一時五十六分	十二日	辛丑	土	斗	破	
四日	金		月入前三時十分	十三日	壬寅	金	牛	危	開市·納財·啓攢에宜함
五日	土		月入前四時二十七分	十四日	癸卯	金	女	成	
六日	日	○望午前四時二十三分	月出後八時二十分	十五日	甲辰	火	虛	收	移徙·裁衣·上樑·納財·安葬에宜함
七日	月		月出後八時三十三分	十六日	乙巳	火	危	開	
八日	火		月出後八時五十六分	十七日	丙午	水	室	閉	立秋 七月節

立秋 午前九時二十六分 **舊七月節**

日出前五時四十四分 晝間十三時五十三分
日入後七時三十七分 夜間十時七分

日	曜		月出入	陰曆	干支	納音	宿	建除	
九日	水		月出後九時二十二分	十八日	丁未	水	壁	閉	
十日	木		月出後九時四十八分	十九日	戊申	土	奎	建	冠帶·嫁娶·移徙·裁衣·上樑·納財·安葬에宜함
十一日	金		月出後十時十七分	二十日	己酉	土	婁	除	安葬에宜함
十二日	土	末伏	月出後十時四十一分	廿一日	庚戌	金	胃	滿	裁衣에宜함
十三日	日	◑下弦後零時四十九分	月出後十一時十四分	廿二日	辛亥	金	昴	平	
十四日	月		月出後十一時五十三分	廿三日	壬子	木	畢	定	

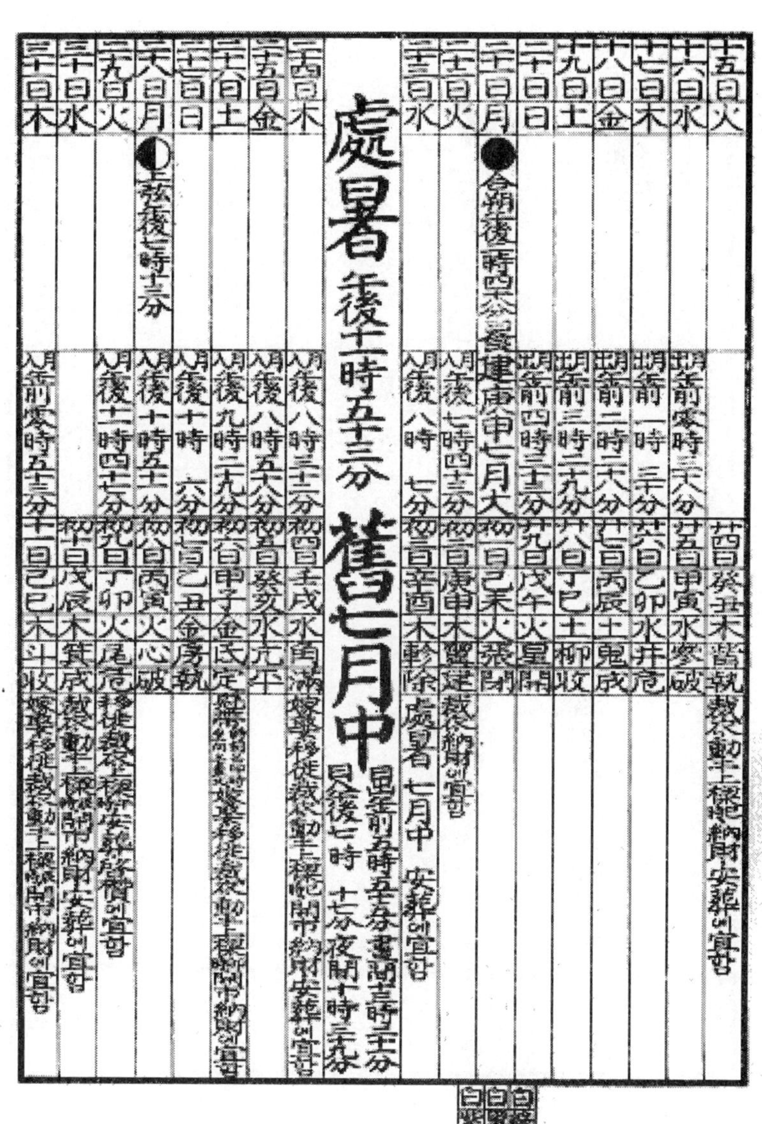

處暑 午後十一時五十三分 舊七月中

日出午前五時五十六分 晝間十三時十二分
日入午後七時 十七分 夜間十時四十八分

日	曜	月相	出入月	陰曆	干支	納音	宿	建除	宜
十五日	火			廿四日	癸丑	木	觜	執	裁衣動土上樑祀納財安葬에宜함
十六日	水		出月午前零時三十六分	廿五日	甲寅	水	參	破	
十七日	木		出月午前一時三十分	廿六日	乙卯	水	井	危	
十八日	金		出月午前二時二十六分	廿七日	丙辰	土	鬼	成	
十九日	土		出月午前三時二十九分	廿八日	丁巳	土	柳	收	
二十日	日		出月午前四時三十三分	廿九日	戊午	火	星	開	
二十一日	月	● 合朔午後一時四十八分	建庚申七月大	初一日	己未	火	張	閉	
二十二日	火		入月午後七時四十三分	初二日	庚申	木	翼	建	裁衣納財에宜함
二十三日	水		入月午後八時 七分	初三日	辛酉	木	軫	除	處暑 七月中 安葬에宜함
二十四日	木		入月午後八時三十三分	初四日	壬戌	水	角	滿	嫁娶移徙裁衣動土上樑祀開市納財安葬에宜함
二十五日	金		入月午後八時五十八分	初五日	癸亥	水	亢	平	
二十六日	土		入月午後九時二十九分	初六日	甲子	金	氐	定	[illegible]嫁娶移徙裁衣動土上樑開市納財에宜함
二十七日	日		入月午後十時 六分	初七日	乙丑	金	房	執	
二十八日	月	◐ 上弦午後七時十三分	入月午後十時五十一分	初八日	丙寅	火	心	破	
二十九日	火		入月午後十一時四十七分	初九日	丁卯	火	尾	危	移徙裁衣上樑[illegible]安葬破屋에宜함
三十日	水			初十日	戊辰	木	箕	成	裁衣動土上樑[illegible]開市納財安葬에宜함
三十一日	木		入月午前零時五十三分	十一日	己巳	木	斗	收	嫁娶移徙裁衣動土上樑[illegible]開市納財에宜함

白綠碧 白黑赤 白紫黃

九月小 三十日

螟蟲被害稻의拔除燒却, 小麥, 秋蒔綠肥의播種, 粟大豆의收穫, 果樹除袋, 乾草製造

日	曜	月相	月出入	陰曆	干支	五行	宿	十二直	宜
一日	金		月入前二時 六分	十三日	庚午	土	牛	開	
二日	土		月入前三時三十一分	十四日	辛未	土	女	閉	
三日	日		月入前四時三十六分	十五日	壬申	金	虛	建	
四日	月	○望後二時四分	月出後六時五十五分	十六日	癸酉	金	危	除	裁衣動土上樑納財安葬에宜함
五日	火		月出後七時二十一分	十七日	甲戌	火	室	滿	裁衣에宜함
六日	水		月出後七時四十七分	十八日	乙亥	火	壁	平	
七日	木		月出後八時十六分	十九日	丙子	水	奎	定	[illegible]
八日	金		月出後八時四十二分	二十日	丁丑	水	婁	定	白露八月節 裁衣動土上樑納財에宜함

白露 午前十一時五十分 **舊八月節**
日出午前六時九分 晝間十二時四十五分
日入午後六時五十五分 夜間十一時 十五分

日	曜	月相	月出入	陰曆	干支	五行	宿	十二直	宜
九日	土		月出後九時十二分	二十一日	戊寅	土	胃	執	
十日	日		月出後九時四十五分	二十二日	己卯	土	昴	破	
十一日	月		月出後十時三十五分	二十三日	庚辰	金	畢	危	嫁娶移徙動土上樑安葬에宜함
十二日	火	◐下弦前六時三十分	月出後十一時三十一分	二十四日	辛巳	金	觜	成	
十三日	水			二十五日	壬午	木	參	收	
十四日	木		月出前零時 三十六分	二十六日	癸未	木	井	開	移徙裁衣上樑에宜함

秋季
皇靈祭

日	曜	月象	月出入	陰曆	干支	納音	宿	建除	宜忌
十五日	金		月出前一時十六分	廿六日	甲申	水	鬼	閉	裁衣納財安葬에宜함
十六日	土		月出前二時九分	廿七日	乙酉	水	柳	建	
十七日	日		月出前三時三十分	廿八日	丙戌	土	星	除	
十八日	月		月出前四時二十六分	廿九日	丁亥	土	張	滿	
十九日	火	社	月出前五時三十分	三十日	戊子	火	翼	平	
二十日	水	●合朔午前三時三十分	建辛酉八月小	初一日	己丑	火	軫	定	
二十一日	木		月入後七時一分	初二日	庚寅	木	角	執	
二十二日	金		月入後七時三十三分	初三日	辛卯	木	亢	破	
二十三日	土		月入後八時六分	初四日	壬辰	水	氐	危	秋分八月中

秋分 午後九時二分 舊八月中

日出前六時三十二分 晝間十二時九分
日入後六時三十三分 夜間十一時五十一分

日	曜	月象	月出入	陰曆	干支	納音	宿	建除	宜忌
二十四日	日		月入後八時五十分	初五日	癸巳	水	房	成	
二十五日	月		月入後九時四十三分	初六日	甲午	金	心	收	
二十六日	火		月入後十時四十五分	初七日	乙未	金	尾	開	移徙裁衣上樑開市納財에宜함
二十七日	水	◐上弦午前零時三十二分	月入後十一時五十三分	初八日	丙申	火	箕	閉	
二十八日	木			初九日	丁酉	火	斗	建	
二十九日	金		月入前一時八分	初十日	戊戌	木	牛	除	
三十日	土		月入前二時三十一分	十一日	己亥	木	女	滿	移徙裁衣開市納財에宜함

赤碧黑
黃白白
紫白綠

十月大三十一日

大麥의播種, 桑田의害蟲驅除, 種籾의選種, 大豆甘藷馬鈴薯의收穫, 貯藏, 果實貯藏庫修理消毒, 農繁期의畜牛愛撫

日	曜	月相	月出入	舊曆	干支	納音	宿	直	宜
一日	日		月入 前三時二十一分	十二日	庚子	土	虛	平	
二日	月		月入 前四時三十九分	十三日	辛丑	土	危	定	裁衣納財에宜함
三日	火		月入 前五時四十五分	十四日	壬寅	金	室	執	
四日	水	○望 午前二時八分	月出 後六時十四分	十五日	癸卯	金	壁	破	
五日	木		月出 後六時四十一分	十六日	甲辰	火	奎	危	
六日	金		月出 後七時十一分	十七日	乙巳	火	婁	成	
七日	土		月出 後七時四十五分	十八日	丙午	水	胃	收	
八日	日		月出 後八時二十六分	十九日	丁未	水	昴	開	移徙上樑에宜함
九日	月		月出 後九時十三分	二十日	戊申	土	畢	開	寒露 九月節 [illegible]에宜함

寒露 午前三時四分 **舊九月節**

日出 午前六時二十二分 晝間十一時二十三分

日入 午後六時六分 夜間十二時三十七分

日	曜	月相	月出入	舊曆	干支	納音	宿	直	宜
十日	火		月出 後十時六分	二十一日	己酉	土	觜	閉	
十一日	水		月出 後十一時四分	二十二日	庚戌	金	參	建	移徙裁衣納財에宜함
十二日	木	◑下弦 午前一時四十五分		二十三日	辛亥	金	井	除	
十三日	金		月出 前零時四分	二十四日	壬子	木	鬼	滿	
十四日	土		月出 前一時七分	二十五日	癸丑	木	柳	平	

日	曜	月相	月出入	陰曆	干支	納音	宿	建除	宜忌
十五日	日		出月前二時九分	廿六日	甲寅	水	星	定	
十六日	月		出月前三時十三分	廿七日	乙卯	水	張	執	
十七日	火		出月前四時十八分	廿八日	丙辰	土	翼	破	破屋에宜함
十八日	水		出月前五時二十五分	廿九日	丁巳	土	軫	危	
十九日	木	● 合朔午後二時四十五分	建壬戌九月大	初一日	戊午	火	角	成	移徙裁衣動土上樑時開市納財에宜함
二十日	金		入月後六時四分	初二日	己未	火	亢	收	
二十一日	土		入月後六時四十五分	初三日	庚申	木	氐	開	土王用事 移徙上樑時에宜함
二十二日	日		入月後七時三十六分	初四日	辛酉	木	房	閉	
二十三日	月		入月後八時二十七分	初五日	壬戌	水	心	建	
二十四日	火		入月後九時四十七分	初六日	癸亥	水	尾	除	霜降 九月中

霜降 午前五時四十九分 舊九月中

日出午前六時四十九分 晝間十時五十七分
日入午後五時四十六分 夜間十三時 三分

日	曜	月相	月出入	陰曆	干支	納音	宿	建除	宜忌
二十五日	水		入月後十一時零分	初七日	甲子	金	箕	滿	
二十六日	木	◐ 上弦午前七時三十三分		初八日	乙丑	金	斗	平	
二十七日	金		入月前零時十二分	初九日	丙寅	火	牛	定	
二十八日	土		入月前一時二十二分	初十日	丁卯	火	女	執	嫁娶安葬啓攢에宜함
二十九日	日		入月前二時三十分	十一日	戊辰	木	虛	破	
三十日	月		入月前三時三十四分	十二日	己巳	木	危	危	納財에宜함
三十一日	火		入月前四時三十六分	十三日	庚午	土	室	成	嫁娶移徙裁衣上樑時開市納財安葬에宜함

神嘗祭

十一月小 三十日

麥의培土畓의秋耕果樹園의落葉燒却深耕施肥果實蔬菜의收穫

貯藏[illegible]의整理桑田深耕施肥畜舍蠶舍의防寒設備

日	曜	月相	月出入	舊曆	干支	五行	宿	十二直	宜
一日	水		月入前五時四十一分	十四日	辛未	土	壁	收	
二日	木	○望午後四時五十九分	月出後五時十一分	十五日	壬申	金	奎	開	
三日 (明治節)	金		月出後五時四十六分	十六日	癸酉	金	婁	閉	
四日	土		月出後六時二十三分	十七日	甲戌	火	胃	建	
五日	日		月出後七時 七分	十八日	乙亥	火	昴	除	
六日	月		月出後七時五十八分	十九日	丙子	水	畢	滿	嫁娶裁衣上樑開市納財安葬啓攢에宜함
七日	火		月出後八時五十四分	二十日	丁丑	水	觜	平	
八日	水		月出後九時五十三分	二十一日	戊寅	土	參	平	立冬十月節 [illegible]
九日	木		月出後十時五十四分	二十二日	己卯	土	井	定	[illegible]
十日	金	◐下弦午後九時十六分	月出後十一時五十五分	二十三日	庚辰	金	鬼	執	
十一日	土			二十四日	辛巳	金	柳	破	破屋에宜함
十二日	日		月出前零時五十七分	二十五日	壬午	木	星	危	[illegible]에宜함
十三日	月		月出前一時五十九分	二十六日	癸未	木	張	成	裁衣動土上樑[illegible]開市納財에宜함
十四日	火		月出前三時 三分	二十七日	甲申	水	翼	收	嫁娶移徙裁衣動土上樑[illegible]納財安葬에宜함

立冬 午前五時四十四分 **舊十月節**

日出前七時五分 晝間十時三十五分

日入後五時三十九分 夜間十三時二十五分

新嘗祭

日	曜	月象	月出入	舊曆·干支·納音·宿·建除	宜
十五日	水		月出午前四時十一分	廿八日乙酉水軫開	嫁娶移徙裁衣動土上樑開市納財에宜함
十六日	木		月出午前五時二十三分	廿九日丙戌土角閉	
十七日	金		月出午前六時三十五分	三十日丁亥土亢建	
十八日	土	● 合朔午前一時二十四分	建癸亥十月小	初一日戊子火氐除	
十九日	日		月入午後六時十三分	初二日己丑火房滿	
二十日	月		月入午後七時二十分	初三日庚寅木心平	祭祀移徙裁衣動土上樑開市納財安葬啓攢에宜함
二十一日	火		月入午後八時四十六分	初四日辛卯木尾定	冠帶嫁娶移徙裁衣動土上樑開市納財啓攢에宜함
二十二日	水		月入午後十時一分	初五日壬辰水箕執	
二十三日	木		月入午後十一時十四分	初六日癸巳水斗破	小雪十月中 破屋에宜함

小雪 午前二時五十四分 舊十月中

日出午前七時二十一分 晝間九時五十八分

日入午後五時十九分 夜間十四時二分

日	曜	月象	月出入	舊曆·干支·納音·宿·建除	宜
二十四日	金	◐ 上弦午後四時三十六分		初七日甲午金牛危	移徙裁衣動土上樑納財安葬에宜함
二十五日	土		月入午前零時二十三分	初八日乙未金女成	裁衣動土上樑開市納財安葬에宜함
二十六日	日		月入午前一時二十六分	初九日丙申火虛收	
二十七日	月		月入午前二時二十三分	初十日丁酉火危開	
二十八日	火		月入午前三時三十四分	十一日戊戌木室閉	
二十九日	水		月入午前四時三十三分	十二日己亥木壁建	
三十日	木		月入午前五時二十九分	十三日庚子土奎除	嫁娶移徙裁衣動土上樑安葬啓攢에宜함

黃白紫 碧白綠 赤白黑

十二月大三十一日

收穫物의整理,農器具의修理整頓,畜舍의敷草多給,豚의種付

日	曜	月相	月出入	陰曆	干支	納音	宿	直	宜
一日	金		月入前六時四十一分	十四日	辛丑	土	婁	滿	
二日	土	○望午前十時三十分	月出後五時 三分	十五日	壬寅	金	胃	平	移徙裁衣動土上樑開市納財에宜함
三日	日		月出後五時五十三分	十六日	癸卯	金	昴	定	[illegible]嫁娶移徙裁衣動土上樑開市納財安葬에宜함
四日	月		月出後六時四十六分	十七日	甲辰	火	畢	執	移徙裁衣上樑開市納財安葬에宜함
五日	火		月出後七時四十四分	十八日	乙巳	火	觜	破	破屋에宜함
六日	水		月出後八時四十六分	十九日	丙午	水	參	危	
七日	木		月出後九時四十五分	二十日	丁未	水	井	危	大雪 十一月節

大雪 午後十時十二分 **舊十一月節** 日出午前七時三十四分 晝間九時四十一分 日入午後五時十五分 夜間十四時十九分

日	曜	月相	月出入	陰曆	干支	納音	宿	直	宜
八日	金		月出後十時四十五分	廿一日	戊申	土	鬼	成	嫁娶移徙裁衣上樑開市納財에宜함
九日	土		月出後十一時四十六分	廿二日	己酉	土	柳	收	
十日	日	◐下弦午後三時十四分		廿三日	庚戌	金	星	開	
十一日	月		月出前零時四十七分	廿四日	辛亥	金	張	閉	裁衣에宜함
十二日	火		月出前一時五十二分	廿五日	壬子	木	翼	建	
十三日	水		月出前二時五十六分	廿六日	癸丑	木	軫	除	嫁娶移徙裁衣動土上樑開市納財에宜함
十四日	木		月出前四時 九分	廿七日	甲寅	水	角	滿	裁衣動土上樑開市納財啓攢에宜함

日	曜	月相	月出入	陰曆	干支	五行	宿	建除	宜忌
十五日	金		出月 午前五時二十五分	二十八日	乙卯	水	亢	平	
十六日	土		出月 午前六時四十三分	二十九日	丙辰	土	氐	定	
十七日	日	● 合朔 午前十一時五十三分	建甲子 十一月小	初一日	丁巳	土	房	執	
十八日	月		入月 午後六時二十分	初二日	戊午	火	心	破	
十九日	火		入月 午後七時二十九分	初三日	己未	火	尾	危	
二十日	水		入月 午後八時五十六分	初四日	庚申	木	箕	成	移徙裁衣動土上樑婚姻開市納財安葬에宜함
二十一日	木		入月 午後十時九分	初五日	辛酉	木	斗	收	
二十二日	金		入月 午後十一時十六分	初六日	壬戌	水	牛	開	冬至十一月中 裁衣動土上樑婚姻에宜함
二十三日	土			初七日	癸亥	水	女	閉	
二十四日	日	◑ 上弦 午前五時九分	入月 午前零時十四分	初八日	甲子	金	虛	建	
二十五日	月		入月 午前一時二十七分	初九日	乙丑	金	危	除	移徙裁衣動土上樑婚姻納財安葬에宜함
二十六日	火		入月 午前二時三十分	初十日	丙寅	火	室	滿	裁衣動土上樑婚姻開市納財啓攢에宜함
二十七日	水		入月 午前三時三十五分	十一日	丁卯	火	壁	平	
二十八日	木		入月 午前四時三十四分	十二日	戊辰	木	奎	定	冠帶[illegible]裁衣動土上樑[illegible]에宜함
二十九日	金		入月 午前五時三十五分	十三日	己巳	木	婁	執	
三十日	土		入月 午前六時三十二分	十四日	庚午	土	胃	破	
三十一日	日		入月 午前七時二十四分	十五日	辛未	土	昴	危	

大正天皇祭 (二十五日)

冬至 午後三時五十八分 **舊十一月中**

日出午前七時四十四分 晝間九時三十五分
日入午後五時十九分 夜間十四時二十五分

綠紫白
甲子赤碧
白黃白

年歲對照

天保五年	甲午	一百歲
天保六年	乙未	九十九歲
天保七年	丙申	九十八歲
天保八年	丁酉	九十七歲
天保九年	戊戌	九十六歲
天保十年	己亥	九十五歲
天保十一年	庚子	九十四歲
天保十二年	辛丑	九十三歲
天保十三年	壬寅	九十二歲
天保十四年	癸卯	九十一歲
弘化元年	甲辰	九十歲
弘化二年	乙巳	八十九歲
弘化三年	丙午	八十八歲
弘化四年	丁未	八十七歲
嘉永元年	戊申	八十六歲
嘉永二年	己酉	八十五歲
嘉永三年	庚戌	八十四歲
嘉永四年	辛亥	八十三歲
嘉永五年	壬子	八十二歲
嘉永六年	癸丑	八十一歲
安政元年	甲寅	八十歲
安政二年	乙卯	七十九歲
安政三年	丙辰	七十八歲
安政四年	丁巳	七十七歲
安政五年	戊午	七十六歲
安政六年	己未	七十五歲
萬延元年	庚申	七十四歲
文久元年	辛酉	七十三歲
文久二年	壬戌	七十二歲
文久三年	癸亥	七十一歲
元治元年	甲子	七十歲
慶應元年	乙丑	六十九歲
慶應二年	丙寅	六十八歲
慶應三年	丁卯	六十七歲
明治元年	戊辰	六十六歲
明治二年	己巳	六十五歲
明治三年	庚午	六十四歲
明治四年	辛未	六十三歲
明治五年	壬申	六十二歲
明治六年	癸酉	六十一歲
明治七年	甲戌	六十歲
明治八年	乙亥	五十九歲
明治九年	丙子	五十八歲
明治十年	丁丑	五十七歲
明治十一年	戊寅	五十六歲
明治十二年	己卯	五十五歲
明治十三年	庚辰	五十四歲
明治十四年	辛巳	五十三歲
明治十五年	壬午	五十二歲
明治十六年	癸未	五十一歲
明治十七年	甲申	五十歲
明治十八年	乙酉	四十九歲
明治十九年	丙戌	四十八歲
明治二十年	丁亥	四十七歲
明治二十一年	戊子	四十六歲
明治二十二年	己丑	四十五歲
明治二十三年	庚寅	四十四歲
明治二十四年	辛卯	四十三歲
明治二十五年	壬辰	四十二歲
明治二十六年	癸巳	四十一歲
明治二十七年	甲午	四十歲
明治二十八年	乙未	三十九歲
明治二十九年	丙申	三十八歲
明治三十年	丁酉	三十七歲
明治三十一年	戊戌	三十六歲
明治三十二年	己亥	三十五歲
明治三十三年	庚子	三十四歲
明治三十四年	辛丑	三十三歲
明治三十五年	壬寅	三十二歲
明治三十六年	癸卯	三十一歲
明治三十七年	甲辰	三十歲
明治三十八年	乙巳	二十九歲
明治三十九年	丙午	二十八歲
明治四十年	丁未	二十七歲
明治四十一年	戊申	二十六歲
明治四十二年	己酉	二十五歲
明治四十三年	庚戌	二十四歲
明治四十四年	辛亥	二十三歲
明治四十五年 大正元年	壬子	二十二歲
大正二年	癸丑	二十一歲
大正三年	甲寅	二十歲
大正四年	乙卯	十九歲
大正五年	丙辰	十八歲
大正六年	丁巳	十七歲
大正七年	戊午	十六歲
大正八年	己未	十五歲
大正九年	庚申	十四歲
大正十年	辛酉	十三歲
大正十一年	壬戌	十二歲
大正十二年	癸亥	十一歲
大正十三年	甲子	十歲
大正十四年	乙丑	九歲
大正十五年 昭和元年	丙寅	八歲
昭和二年	丁卯	七歲
昭和三年	戊辰	六歲
昭和四年	己巳	五歲
昭和五年	庚午	四歲
昭和六年	辛未	三歲
昭和七年	壬申	二歲
昭和八年	癸酉	一歲

各地의 氣候

平均氣溫

(攝氏의 度 (一)符號는 零度以下를 示함)

雨雪量

(耗一耗는 每坪에 對하야 一升八合三勺餘에 相當함)

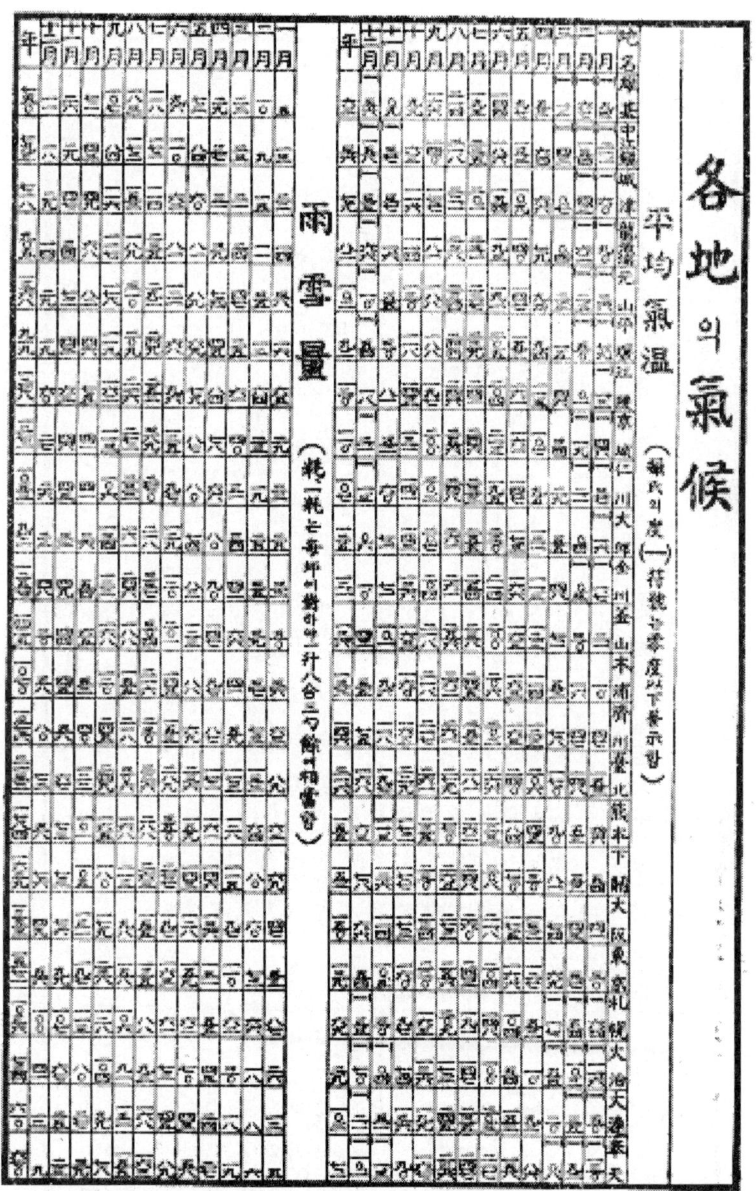

寒暑風雨의極數

氣温中(一)符號는零度以下를示함

地名	最高氣温(攝氏度)	年	最低氣温(攝氏度)	年	最大雨雪日量(粍)	年	最大雨雪月量(粍)	年	最大雨雪年量(粍)	年	最大風速度(米/秒)	年
雄基	三四	大正八年	一二六〇	昭和六年	一〇九	大正四年	三三九	大正四年	一三九	昭和三年	四〇	大正五年
中江鎭	三八〇	大正十三年	一四三六	大正十一年	一〇〇	昭和四年	三五五	大正三年	一〇九	昭和二年	一五六	大正三年
城津	三五	大正八年	一一九六	大正八年	一八〇	大正三年	三七〇	昭和三年	一〇八	昭和三年	二三五	大正十一年
龍岩浦	三五一	昭和二年	一二八	昭和二年	二四四	昭和二年	五〇四	昭和二年	一三〇	大正三年	二六	明治四十四年
元山	三八	明治三十九年	一二一九	大正四年	三四三	明治三十八年	五六五	明治四十一年	二〇三九	大正十一年	二〇六	昭和五年
平壤	三四	大正八年	一二八五	大正六年	三一二	大正九年	五三九	大正十二年	一三七	大正三年	一八二	明治四十四年
江陵	三四	昭和四年	一一三五	大正四年	三〇八	大正十年	六〇四	大正十四年	一九〇七	大正十四年	二四二	大正五年
京城	三五	大正八年	一二三一	昭和二年	三五四	大正九年	八〇八	大正十五年	一九四	大正十四年	一五五	明治四十一年
仁川	三六九	昭和五年	一二〇	昭和六年	三四八	大正十一年	八〇四	大正十一年	一六〇二	大正十四年	三六	大正八年
大邱	三八三	昭和二年	一二〇二	大正十三年	一四〇	大正十五年	五〇二	明治四十三年	一五〇〇	大正五年	一四四	大正十一年
全州	三七二	大正十三年	一一五五	昭和六年	一九九	大正九年	七〇〇	大正九年	一五九九	昭和五年	一四〇	大正十一年
釜山	三五二	昭和四年	一一四〇	大正四年	二五二	明治四十五年	六九二	大正十四年	二〇〇七	明治三十八年	三七	明治三十七年
木浦	三六〇	大正十三年	一一二二	大正四年	二〇八	明治四十年	四四〇	明治四十三年	一六四四	大正五年	三八	明治四十四年
濟州	三七四	大正十五年	一五四	昭和六年	二〇二	昭和二年	五七〇	昭和二年	二〇〇〇	昭和二年	三九	昭和六年
臺北	三八六	大正十年	一〇二	明治三十四年	三九九	昭和五年	九四二	明治三十一年	三六八九	明治三十二年	三三	明治三十二年
熊本	三八八	昭和二年	一八五	昭和四年	二八八	大正十二年	八六八	明治三十三年	二九〇二	明治三十八年	二六	昭和二年
下關	三五九	明治二十七年	一六五	明治三十四年	三〇二	明治三十七年	七八二	大正十二年	二九五	大正十二年	三七	明治二十八年
大阪	三八八	明治四十二年	一七五	明治二十四年	一九九	明治二十九年	六〇〇	明治三十六年	一八二九	明治三十六年	二九	大正元年
東京	三六八	明治十九年	一八六	昭和二年	二四四	大正九年	五四四	昭和四年	二二四	大正九年	二七	大正六年
札幌	三五五	大正十三年	一二八五	昭和四年	二〇四	明治三十七年	三四八	明治三十一年	一四〇三	明治十二年	二八	明治四十五年
大泊	三三四	昭和三年	一三三七	明治四十二年	八四	大正四年	三三三	昭和五年	九六八	大正四年	三一	大正十四年
大連	三五四	大正八年	一一九九	昭和六年	一六〇	大正九年	四〇八	明治四十四年	一二二五	大正三年	二九	大正八年
奉天	三八三	大正九年	一三二九	明治四十一年	一四九	明治四十四年	三四三	大正十二年	一〇五五	大正十二年	三三	昭和五年

水稻便覽

項目 ＼ 地方	北部	中部	南部
選種及浸種	四月中旬後半	四月下旬前半	四月下旬後半
苗代의整地及施肥	四月下旬前半	四月下旬後半	五月上旬前半
播種	四月下旬後半	五月上旬前半	五月上旬後半
苗代害蟲驅除	五月下旬	六月上旬	六月上旬
本田整地及施肥	五月下旬後半	六月上旬前半	六月上旬後半
移秧	六月上旬前半	六月十日前後	六月中旬
中耕除草	六月中旬乃至八月上旬	六月下旬乃至八月上旬	六月下旬乃至八月中旬
追肥（[illegible]）	六月下旬後半	七月上旬前半	七月上旬後半
害蟲驅除	七月下旬乃至八月下旬	七月上旬乃至九月上旬	七月上旬乃至九月中旬
稗拔	八月下旬	九月上旬	九月中旬
落水	九月上旬	九月中旬	九月下旬
收穫	九月下旬乃至十月上旬	十月中旬	十月下旬
乾燥	十月上旬	十月下旬	十一月上旬
調製	十月中旬	十一月上旬	十一月中旬
畓秋耕	十月下旬	十一月中旬	十一月下旬
收穫物의整理	十一月中旬	十一月下旬	十二月上旬
農具整理	十二月乃至三月	十二月乃至三月	十二月乃至三月
繩叺製造	十二月乃至三月	十二月乃至三月	十二月乃至三月

度量衡表

系							度		面	積
米突法	[illegible] 米突千分之一	[illegible] 米突百分之一	[illegible] 米突十分之一	메-돌	기로메-돌 米突千倍	海里 千八百五十二米突	平方메-돌	土地 아르 百平方米突	土地 [illegible]
尺貫法	釐 三.三〇〇	分 三.三〇〇	寸 三.三〇〇	尺 三.三〇〇	町 九.一六七	町 一六.九七七	平方尺 一〇.八九〇	坪 三〇.二五〇	町 一.〇〇八
야-드法	[illegible] 〇.〇三九	[illegible] 〇.三九四	[illegible] 〇.三二八	야-드 一.〇九四	마일 〇.六二一	마일 一.一五一	[illegible] 一.一九六		

系				量				衡	
米突法	[illegible]	液體及粒狀物又는粉狀物 [illegible]	液體及粒狀物又는粉狀物 [illegible]	液體及粒狀物又는粉狀物 [illegible]	[illegible]	[illegible]	기로그람	[illegible]	寶石用 [illegible]
尺貫法	[illegible] 三五.九三七	[illegible] 〇.〇五五	合 五.五四四	石 五五四四	毛 〇.二六七	分 二.六六七	貫 〇.二六七	貫 二六六.六七	[illegible]
야-드法	[illegible] 一.三〇八		[illegible] 〇.二六四	[illegible] 二六.四一七二	[illegible] 〇.〇一五	[illegible] 一五.四三二	[illegible] 二.二〇五	[illegible] 〇.九八四	[illegible] 三.〇八六

尺	間	町	里	[illegible]	段	升	貫	斤
메-돌 〇.三〇三	메-돌 一.八一八	메-돌 一〇九.一	[illegible] 三.九二七	[illegible] 〇.〇三三	[illegible] 九.九一七	[illegible] 一.八〇四	[illegible] 三.七五〇	[illegible] 〇.六〇〇

[illegible]	[illegible]	[illegible]	[illegible]	[illegible]	[illegible]	[illegible]	[illegible]	[illegible]
[illegible] 二.六四〇	[illegible] 〇.三七九	[illegible] 二.五四〇	[illegible] 三.〇四八	[illegible] 〇.九一四	[illegible] 一.六〇九	[illegible] 二八.三五〇	[illegible] 〇.四五四	[illegible] 一.〇一六

國稅及地方稅納期一覽

國稅 — 定期收入에關한者

稅目	一月	二月	三月	四月	五月	六月	七月	八月	九月	十月	十一月	十二月
地稅		前年第二期										第一期
營業稅					第一期						第二期	
鑛產稅			前年分									
鑛區稅												翌年分
酒稅 淸酒及燒酎외酒類의酒稅		前年第三期	前年第四期				第一期				第二期	
酒稅 朝鮮酒等의酒稅		前年第三期					第一期			第二期		

國稅 — 隨時收入에關한者

稅目	納期
所得稅	所得金額이決定된時
資本利子稅	朝鮮에서公債又는社債의利子의支拂을受할時
取引所稅	每月分을翌月末日까지
取引稅	同
砂糖消費稅	製造場又는保稅地域으로부터引取할時
印紙稅	財產權의創設移轉變更又는消滅을證明할證書帳簿及財產權에關한追認又는承認을證할證書를作成할時
骨牌稅	骨牌의製造를完了한時
登錄稅	登記又는登錄을受할時
朝鮮銀行券發行稅	制限外發行高에對하야其月分을翌月十五日까지

地方稅 — 定期收入에關한者

稅目	一月	二月	三月	四月	五月	六月	七月	八月	九月	十月	十一月	十二月
地稅附加稅		前年第二期										第一期
漁業稅 免許、許可漁業의二年以後의者				年分	年分							
漁業稅 漁業權에對한者		前年分										
戶稅				第一期	第一期					第二期	第二期	
家屋稅				第一期	第一期					第二期	第二期	
車輛稅				第一期	第一期					第二期	第二期	

備考 漁業稅의初年度分은許可又는登錄免許交付日에納入함

地方稅 — 隨時收入에關한者

稅目	納期
不動產取得稅	不動產을取得한時
屠場稅	每月分은翌月所定의期日까지(期日은各道가相異함)
屠畜稅	屠畜을行한時
特別市場稅	每月分은翌月所定의期日까지(期日은各道가相異함)
所得稅附加稅	國稅所得稅와同時
特別所得稅	所得金額이決定된時

內國通信料金表

內國通常郵便料

第一種	書狀	十五瓦마다 三錢
	全部印刷한 無封書狀、盲人用點字의 無封書狀、大部分印刷한 無封書狀으로 官公署、公共團體、神社、寺院、學校又는 營利를 目的으로 하지 아니하는 法人又는 團體로부터 發送하는 것으로 ……書狀、送狀、契約申込書、……請求書、領收書、見積書、明細書、領收證	二十五瓦마다 二錢
第二種	郵便葉書 通常葉書	一錢五厘
	往復葉書・封緘葉書	三錢
第三種	每月一回以上 發行하는 定期刊行物로 第三種郵便物의 認可를 受한 것	七十五瓦마다 五厘
	日刊新聞紙로서 發行人又는 賣捌人이 差出하는 것	一部(一日分)百十五瓦까지 五厘
	但百十五瓦을 超過하는 것에 對하야는	七十五瓦마다 五厘
	同上中 盲人用點字로써 發行한 것	五百五十瓦마다 五厘
第四種	書籍、印刷物、寫眞、書畵、圖、商品見本及模型、植物種子又는 苗木	百十五瓦마다 二錢
	盲人用點字의 書籍、印刷物及業務用書類	五百五十瓦又는 其端數마다 二錢
	第三種郵便物의 認可를 受한 刊行物로서 每月一回以上 繼續發行하는 것	百十五瓦마다 二錢
	低減料率로 發送하는 것	三百五十瓦마다 五厘
第五種	農產物種子	百十五瓦마다 一錢

內國小包郵便料

重量	朝鮮內 同一郵便區市內	朝鮮內 其他	朝鮮外(內地、臺灣、樺太、南洋群島)
五百瓦迄	二〇錢	二七	四二
一瓩迄	二〇	三四	四九
二瓩迄	二〇	四七	六二
三瓩迄	二〇	六〇	七五
四瓩迄	二〇	七三	八八
五瓩迄	二〇	七九	九四
六瓩迄	二〇	八五	一,〇〇

內國通常電報料

地域別	和文 基本(十五字以內)	和文 累加(每五字以內)	諺文 基本(十五字以內)	諺文 累加(每五字以內)	歐文 基本(五語以內)	歐文 累加(每五語以內)
一市內	十五錢	[illegible]	十五錢	三錢	十五錢	三錢
朝鮮內(一市內를除함)	三十錢	五錢	三十錢	五錢	三十錢	五錢
朝鮮과 內地、臺灣、樺太間	四十錢	五錢	—	—	四十五錢	五錢
南洋群島	三十錢	五錢	—	—	三十錢	五錢
朝鮮과 關東州、滿洲國、中華民國	三十錢	五錢	—	—	三十錢	五錢

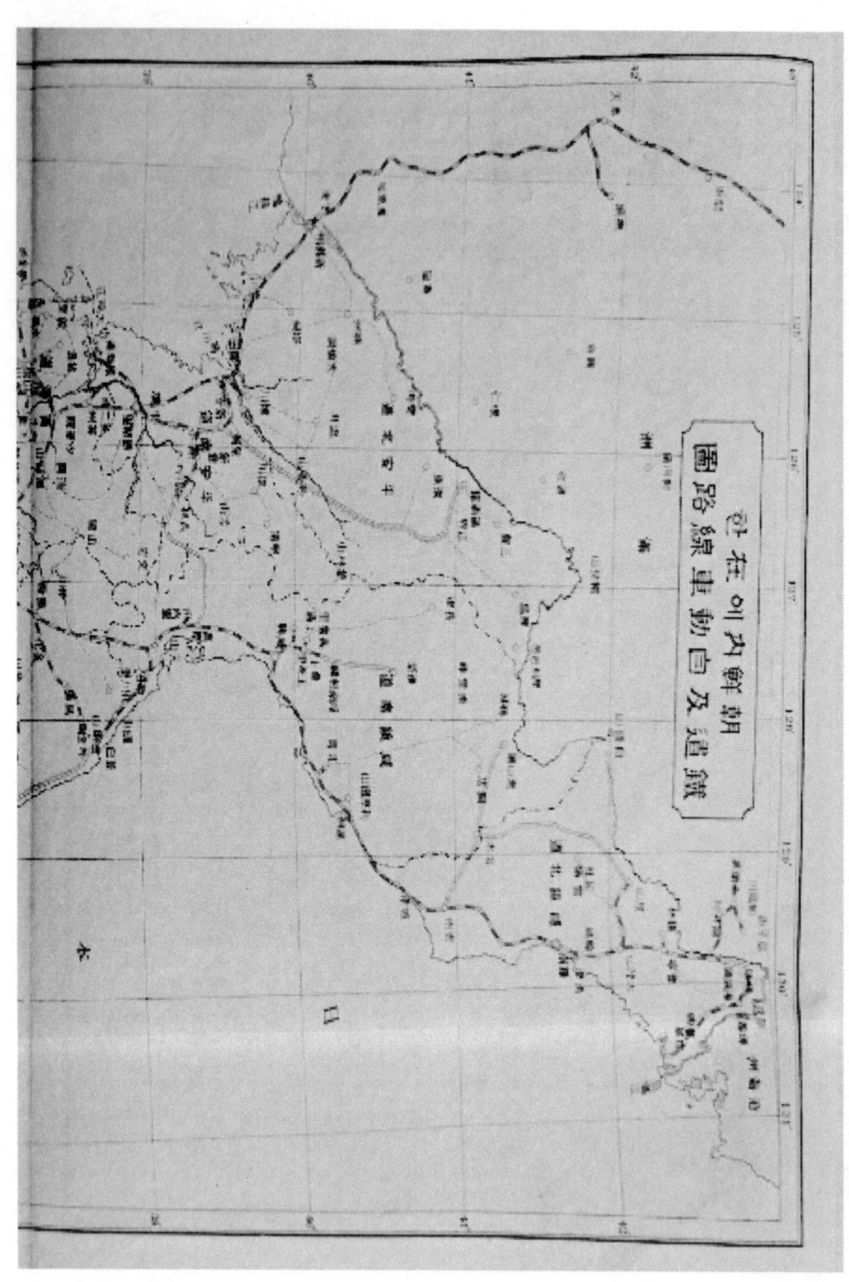

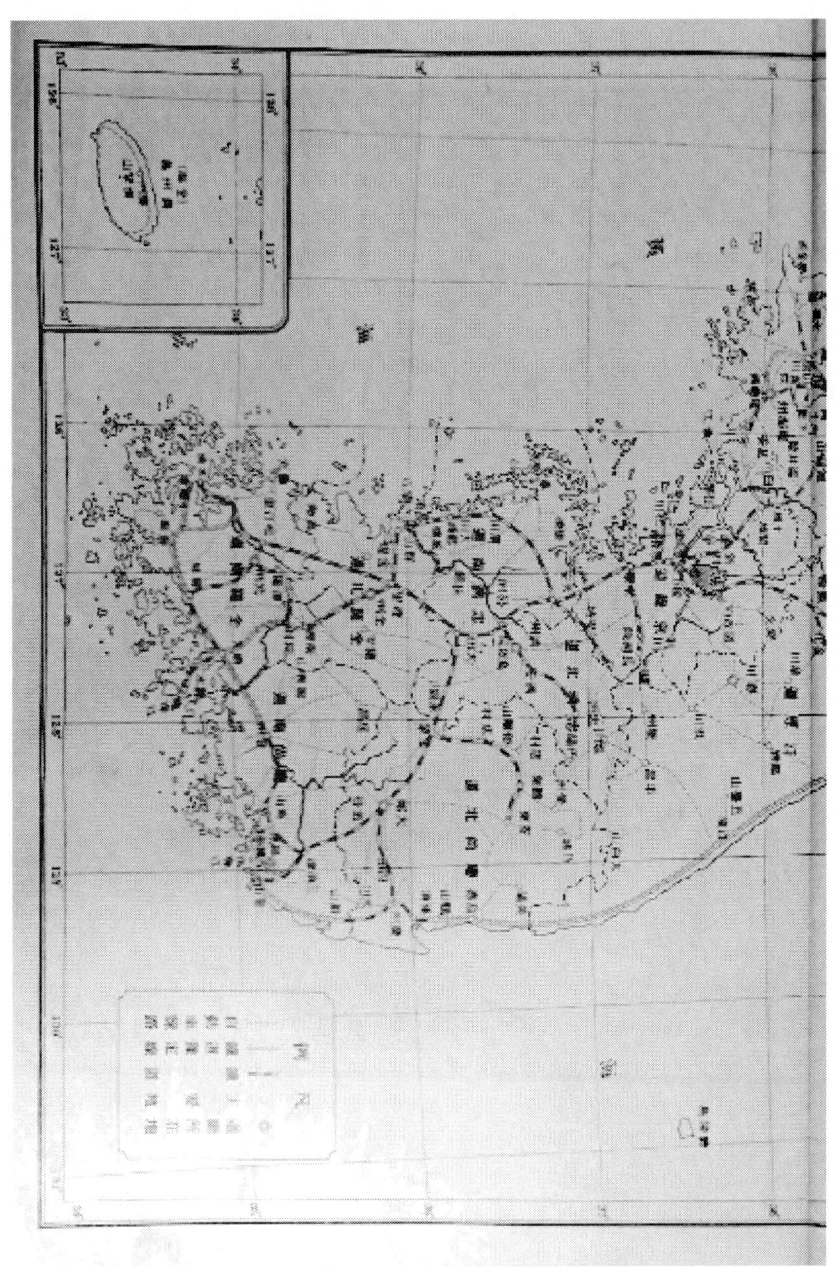

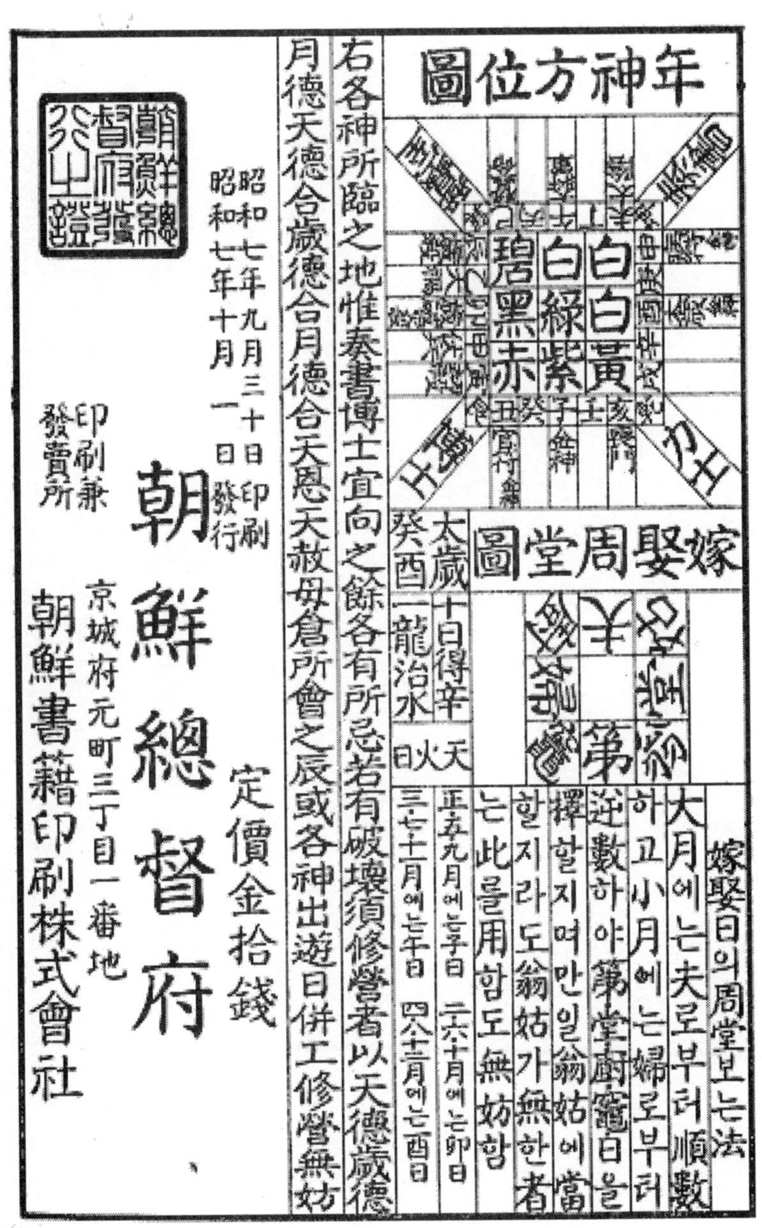
年神方位圖

嫁娶周堂圖

太歲 癸酉

十日得辛 一龍治水

天火日

嫁娶日의周堂보는法

大月에는夫로부터順數하고小月에는婦로부터逆數하야第堂廚竈日을擇할지며만일翁姑에當할지라도翁姑가無한者는此를用함도無妨함

正五九月에는子日　二六十月에는卯日

三七十一月에는午日　四八十二月에는酉日

右各神所臨之地惟奏書博士宜向之餘各有所忌若有破壞須修營者以天德歲德月德天德合歲德合月德合天恩天赦母倉所會之辰或各神出遊日併工修營無妨

定價金拾錢

昭和七年九月三十日印刷

昭和七年十月一日發行

朝鮮總督府

印刷兼發賣所　京城府元町三丁目一番地

朝鮮書籍印刷株式會社

7　昭和九年朝鮮民暦(1934)

朝鮮總督府
編纂
昭和九年朝鮮民曆

神武天皇即位紀元二千五百九十四年 **昭和九年朝鮮民曆** 甲戌平年 三百六十五日 朝鮮總督府觀測所編纂

月表

一月大	二月小	三月大	四月小
五月大	六月小	七月大	八月大
九月小	十月大	十一月小	十二月大

四方拜	一月一日
元始祭	一月三日
紀元節	二月十一日
春季皇靈祭	三月二十一日
神武天皇祭	四月三日
天長節	四月二十九日
秋季皇靈祭	九月二十四日
神嘗祭	十月十七日
明治節	十一月三日
新嘗祭	十一月二十三日
大正天皇祭	十二月二十五日

說明

本民曆에 揭載한 時刻은 本邦中央標準時를 用하고 日月出入及日月食은 朝鮮總督府觀測所에서 보이는바를 揭함

月食 一月三十日

食分	一分二厘
初虧	午前一時[illegible]分 下
食甚	午前一時四十[illegible]分 下
復圓	午前二時[illegible]分 下

日食 二月十四日

食分	二分三厘
初虧	午前八時二十四分 右偏下
食甚	午前九時九分 下偏右
復圓	午前九時五十八分 下偏左

月食 七月二十六日

食分	六分七厘
初虧	午後七時五十四分 左
食甚	午後九時十五分 左偏左
復圓	午後十時三十六分 右?偏

日曜表

一月	七日 十四日 二十一日 二十八日
二月	四日 十一日 十八日 二十五日
三月	四日 十一日 十八日 二十五日
四月	一日 八日 十五日 二十二日 二十九日
五月	六日 十三日 二十日 二十七日
六月	三日 十日 十七日 二十四日
七月	一日 八日 十五日 二十二日 二十九日
八月	五日 十二日 十九日 二十六日
九月	二日 九日 十六日 二十三日 三十日
十月	七日 十四日 二十一日 二十八日
十一月	四日 十一日 十八日 二十五日
十二月	二日 九日 十六日 二十三日 三十日

昭和九年中陰曆歲次甲戌年月表及節候表

月及月朔大小日		節氣	入節日	干支	時刻	陽曆	節氣	入節日	干支	時刻	陽曆
正月小	丙辰	雨水 正月中	初六日	辛酉	酉初初刻二分	二月十九日	驚蟄 二月節	廿一日	丙子	申初初刻十三分	三月六日
二月大	乙酉	春分 二月中	初七日	辛卯	申正一刻十三分	三月二十一日	清明 三月節	廿二日	丙午	戌正三刻十四分	四月五日
三月小	乙卯	穀雨 三月中	初八日	壬戌	寅正初刻零分	四月二十一日	立夏 四月節	廿三日	丁丑	未正二刻一分	五月六日
四月大	甲申	小滿 四月中	初十日	癸巳	寅初四刻五分	五月二十一日	芒種 五月節	廿五日	戊申	戌初初刻零分	六月六日
五月大	甲寅	夏至 五月中	十一日	甲子	午初三刻三分	六月二十二日	小暑 六月節	廿七日	庚辰	卯初一刻十分	七月八日
六月小	甲申	大暑 六月中	十二日	乙未	亥正三刻十三分	七月二十三日	立秋 七月節	廿八日	辛亥	申初初刻四分	八月八日
七月大	癸丑	處暑 七月中	十五日	丁卯	卯初二刻三分	八月二十四日	白露 八月節	三十日	壬午	酉初二刻十分	九月八日
八月大	癸未	秋分 八月中	十六日	戊戌	丑正三刻一分	九月二十四日					
九月小	癸丑	寒露 九月節	初一日	癸丑	辰正三刻一分	十月九日	霜降 九月中	十六日	戊辰	午初一刻七分	十月二十四日
十月大	壬午	立冬 十月節	初二日	癸未	午初一刻十二分	十一月八日	小雪 十月中	十七日	戊戌	辰正三刻零分	十一月二十三日
十一月小	壬子	大雪 十一月節	初二日	癸丑	寅初三刻十二分	十二月八日	冬至 十一月中	十六日	丁卯	亥初三刻零分	十二月二十二日
十二月大	辛巳	小寒 十二月節	初二日	壬午	申初初刻三分	一月六日	大寒 十二月中	十七日	丁酉	巳正一刻[illegible]	[illegible]

一月大 三十一日

繩叺蠶具蔟果實袋等의製造畜舍雞舍의保温

四方拜　元始祭　新年宴會

日	曜	月相	月出入	陰曆	干支	納音	宿	建除	事
一日	月	○望 午前[illegible]時[illegible]分	月出 後五時三十[illegible]分	十六日	壬申	金	畢	成	祭祀 [illegible]
二日	火	癸酉十一月小	月出 後六時[illegible]分	十七日	癸酉	金	觜	收	
三日	水		月出 後七時三十[illegible]分	十八日	甲戌	火	參	開	祭祀 裁衣 動土 [illegible]에 좋음
四日	木		月出 後八時三十[illegible]分	十九日	乙亥	火	井	閉	祭祀 裁衣 納財에 좋음
五日	金		月出 後九時三十[illegible]分	二十日	丙子	水	鬼	建	
六日	土		月出 後十時三十[illegible]分	二十一日	丁丑	水	柳	建	小寒 十二月節

小寒 午前九時十七分 **舊十二月節** 日出午前七時四十九分 晝間九時四十二分 日入午後五時三十一分 夜間十四時十八分

日	曜	月相	月出入	陰曆	干支	納音	宿	建除	事
七日	日		月出 後十一時四十[illegible]分	二十二日	戊寅	土	星	除	
八日	月			二十三日	己卯	土	張	滿	祭祀에 좋음
九日	火	◐下弦 前[illegible]時三十[illegible]分	月出 前零時[illegible]分	二十四日	庚辰	金	翼	平	祭祀에 좋음
十日	水		月出 前一時[illegible]分	二十五日	辛巳	金	軫	定	祭祀 [illegible] 移徙 裁衣 動土 [illegible]
十一日	木		月出 前三時一分	二十六日	壬午	木	角	執	
十二日	金		月出 前四時[illegible]分	二十七日	癸未	木	亢	破	祭祀 破屋에 좋음
十三日	土		月出 前五時[illegible]分	二十八日	甲申	水	氐	危	祭祀 移徙 裁衣 動土 [illegible] 開市 納財 安葬에 좋음
十四日	日		月出 前六時三十[illegible]分	二十九日	乙酉	水	房	成	祭祀에 좋음

日	曜	朔望·節氣	月出入	陰曆	干支	納音	宿	建除	宜忌
十五日	月	● 合朔後十時三十七分	建乙丑十二月大	初一日	丙戌	土	心	收	祭祀에宜함
十六日	火		月入後六時二十一分	初二日	丁亥	土	尾	開	祭祀에宜함
十七日	水		月入後七時四十七分	初三日	戊子	火	箕	閉	祭祀에宜함
十八日	木		月入後八時五十分	初四日	己丑	火	斗	建	土王用事
十九日	金		月入後十時八分	初五日	庚寅	木	牛	除	
二十日	土		月入後十一時十四分	初六日	辛卯	木	女	滿	祭祀에宜함
二十一日	日			初七日	壬辰	水	虛	平	大寒 十二月中

大寒 午前二時三十七分 舊十二月中

日出午前七時四十分 日入午後五時四十分 晝間十時零分 夜間十四時零分

日	曜	朔望·節氣	月出入	陰曆	干支	納音	宿	建除	宜忌
二十二日	月	◐ 上弦午後八時五十分	月入前零時十九分	初八日	癸巳	水	危	定	冠帶[illegible] 裁衣 上樑[illegible] 納財에宜함
二十三日	火		月入前一時二十二分	初九日	甲午	金	室	執	祭祀에宜함
二十四日	水	臘	月入前二時二十三分	初十日	乙未	金	壁	破	祭祀에宜함
二十五日	木		月入前三時二十六分	十一日	丙申	火	奎	危	祭祀에宜함
二十六日	金		月入前四時二十五分	十二日	丁酉	火	婁	成	嫁娶 移徙 裁衣 上樑 開市 納財 安葬에宜함
二十七日	土		月入前五時二十一分	十三日	戊戌	木	胃	收	祭祀에宜함
二十八日	日		月入前六時七分	十四日	己亥	木	昴	開	祭祀에宜함
二十九日	月		月入前六時四十八分	十五日	庚子	土	畢	閉	祭祀 裁衣 安葬 啓攢에宜함
三十日	火		月入前七時三十二分	十六日	辛丑	土	觜	建	祭祀 裁衣 上樑 納財에宜함
三十一日	水	○ 望午前一時三十二分月食	月出後六時三十二分	十七日	壬寅	金	參	除	

黃	白	碧
綠	白	白
紫	黑	赤

二月平 二十八日

繩、叺、蠶具、簇、果實袋 等의 製造、苹果의 剪定、麥追肥、牛의 手入、抱卵準備

一日木 月出後七時三十三分 十八日 癸卯 金 井 滿 祭祀에 宜함、

二日金 月出後八時三十二分 十九日 甲辰 火 鬼 平

三日土 月出後九時三十三分 二十日 乙巳 火 柳 定 祭祀에 宜함

四日日 月出後十時三十五分 廿一日 丙午 水 星 定 立春 正月節、

立春 午後九時四分 舊正月節 日出午前七時三十五分 晝間十時二十五分 日入午後六時 零分 夜間十三時三十五分

五日月 月出後十一時四十分 廿二日 丁未 水 張 執 祭祀 移徙 裁衣 動土 上樑 納財 安葬에 宜함

六日火 廿三日 戊申 土 翼 破 祭祀에 宜함

七日水 ◐ 下弦後六時三十二分 月出前零時四十四分 廿四日 己酉 土 軫 危 祭祀 安葬에 宜함

八日木 月出前一時五十六分 廿五日 庚戌 金 角 成

九日金 月出前三時十分 廿六日 辛亥 金 亢 收 祭祀 移徙 裁衣 動土 上樑 開市 納財에 宜함

十日土 月出前四時十六分 廿七日 壬子 木 氐 開 祭祀 裁衣 動土 上樑 開市 納財에 宜함、

十一日日 月出前五時十九分 廿八日 癸丑 木 房 閉

十二日月 月出前六時十分 廿九日 甲寅 水 心 建 裁衣 納財에 宜함、

十三日火 月出前六時五十三分 三十日 乙卯 水 尾 除

十四日水 ● 合朔午前九時四十三分 甲戌 建丙寅 初一日 丙辰 土 箕 滿 祭祀 移徙 裁衣 動土 上樑 開市 納財에 宜함

紀元節

黑赤白 紫黃白 綠碧白

日	曜		月入	陰曆	干支	納音	宿	建除	宜事
十五日	木		後七時四十三分	初二日	丁巳	土	斗	平	祭祀에宜함
十六日	金		後八時五十三分	初三日	戊午	火	牛	定	祭祀 祈福 [illegible] 嫁娶 移徙 裁衣 動土 上樑 [illegible] 開市 納財에宜함
十七日	土		後十時 一分	初四日	己未	火	女	執	
十八日	日		後十一時 八分	初五日	庚申	木	虛	破	
十九日	月			初六日	辛酉	木	危	危	雨水 正月中

雨水 午後五時二分　舊正月中

日出午前七時十九分　晝間十時五十二分
日入午後六時十六分　夜間十三時 [illegible]分

日	曜		月入	陰曆	干支	納音	宿	建除	宜事
二十日	火		前零時十三分	初七日	壬戌	水	室	成	祭祀 動土 上樑 安葬에宜함
二十一日	水	◐上弦午後三時五分	前一時十七分	初八日	癸亥	水	壁	收	祭祀에宜함
二十二日	木		前二時十七分	初九日	甲子	金	奎	開	祭祀에宜함
二十三日	金		前三時十三分	初十日	乙丑	金	婁	閉	
二十四日	土		前四時 三分	十一日	丙寅	火	胃	建	裁衣 上樑 納財 安葬 啓攢에宜함
二十五日	日		前四時四十四分	十二日	丁卯	火	昴	除	祭祀 嫁娶 移徙 裁衣 動土 上樑 納財 安葬 啓攢에宜함
二十六日	月		前五時二十二分	十三日	戊辰	木	畢	滿	祭祀 裁衣에宜함
二十七日	火		前五時五十五分	十四日	己巳	木	觜	平	
二十八日	水		前六時二十六分	十五日	庚午	土	參	定	祭祀 祈福 [illegible] 移徙 裁衣 [illegible] 開市 納財 安葬에宜함

三月大三十一日

桃梨의剪定 桑田果樹園의病蟲害防除 麥類의播種 果樹園의施肥
溫床準備甘藷床植溫床播種托卵準備孵化育雛堆肥의切返

日	曜	月相	月出・月入	陰曆	干支	納音	宿	建除	宜
一日	木	○望午後一時三十分	月出午後六時四十四分	十六日	辛未	土	井	執	祭祀嫁娶移徙裁衣動土上樑安葬에宜함
二日	金		月出午後七時五十分	十七日	壬申	金	鬼	破	祭祀破屋에宜함
三日	土		月出午後八時五十六分	十八日	癸酉	金	柳	危	祭祀安葬에宜함
四日	日		月出午後九時五十五分	十九日	甲戌	火	星	成	
五日	月		月出午後十時四十八分	二十日	乙亥	火	張	收	祭祀移徙裁衣動土上樑開市納財에宜함
六日	火		月出午後十一時四十九分	二十一日	丙子	水	翼	收	驚蟄二月節

驚蟄 午後三時二十七分 **舊二月節**
日出午前六時五十九分 晝間十一時三十四分
日入午後六時三十三分 夜間十二時二十六分

日	曜	月相	月出・月入	陰曆	干支	納音	宿	建除	宜
七日	水			二十二日	丁丑	水	軫	開	祭祀嫁娶移徙裁衣動土上樑納財에宜함
八日	木		月出午前一時零分	二十三日	戊寅	土	角	閉	
九日	金	◐下弦午前三時三十分	月出午前二時八分	二十四日	己卯	土	亢	建	
十日	土		月出午前三時十分	二十五日	庚辰	金	氐	除	
十一日	日		月出午前四時三分	二十六日	辛巳	金	房	滿	祭祀에宜함
十二日	月		月出午前四時四十五分	二十七日	壬午	木	心	平	祭祀에宜함
十三日	火		月出午前五時二十二分	二十八日	癸未	木	尾	定	祭祀嫁娶移徙裁衣動土上樑開市納財에宜함
十四日	水		月出午前五時五十四分	二十九日	甲申	水	箕	執	祭祀에宜함

十五日木	● 合朔後九時八分	建丁卯二月大	初一日乙酉水斗破	
十六日金		月入後七時三十分	初二日丙戌土牛危	祭祀에宜함
十七日土		月入後八時四十分	初三日丁亥土女成	祭祀에宜함
十八日日 社		月入後九時五十分	初四日戊子火虛收	
十九日月		月入後十一時零分	初五日己丑火危開	祭祀에宜함
二十日火			初六日庚寅木室閉	
二十一日水		月入前零時 三分	初七日辛卯木壁建	春分 二月中 祭祀에宜함 日出午前六時三十七分 晝間十二時八分 日入午後六時四十五分 夜間十一時五十二分

春分 午後四時二十分 舊二月中

二十二日木		月入前一時 三分	初八日壬辰水奎除	
二十三日金	◐ 上弦午前七時四十分	月入前一時五十分	初九日癸巳水婁滿	祭祀裁衣開市納財에宜함
二十四日土		月入前二時四十三分	初十日甲午金胃平	祭祀에宜함
二十五日日		月入前三時二十分	十一日乙未金昴定	祭祀裁衣納財에宜함
二十六日月		月入前三時五十四分	十二日丙申火畢執	祭祀에宜함
二十七日火		月入前四時二十四分	十三日丁酉火觜破	
二十八日水		月入前四時五十分	十四日戊戌木參危	
二十九日木		月入前五時十四分	十五日己亥木井成	祭祀移徙裁衣動土上樑開市納財에宜함
三十日金		月入前五時三十六分	十六日庚子土鬼收	
三十一日土	○ 望午前十時十五分	月出後七時二十分	十七日辛丑土柳開	祭祀移徙裁衣動土上樑[illegible]에宜함

白 白 黃
白 綠 紫
碧 黑 赤

神武天皇祭

四月小 三十日

馬鈴薯大麻瓜類의播種苗木類의植付桑田의耕耘施肥果樹桑樹接木種籾의精選秧板의整地豚의分娩育雛

一日日 月出午後八時三十六分 十八日壬寅金星閉 裁衣納財修倉庫에宜함

二日月 月出午後九時三十九分 十九日癸卯金[illegible]建 祭祀에宜함

三日火 月出午後十時五十分 二十日甲辰火翼除 祭祀嫁娶移徙裁衣動土豎柱上樑安葬에宜함

四日水 廿一日乙巳火軫滿 祭祀裁衣開市納財에宜함

五日木 月出午前零時零分 廿二日丙午水角滿 清明 三月節 祭祀에宜함

清明 午後八時四十四分

舊三月節 日出午前六時十五分 晝間十二時四十四分 日入午後六時五十九分 夜間十一時十六分

六日金 寒食 月出午前一時四分 廿三日丁未水亢平 祭祀에宜함

七日土 ◑下弦午前九時四十八分 月出午前一時五十五分 廿四日戊申土氐定

八日日 月出午前二時四十六分 廿五日己酉土房執 祭祀安葬에宜함、

九日月 月出午前三時二十三分 廿六日庚戌金心破 祭祀破屋에宜함

十日火 月出午前三時五十三分 廿七日辛亥金尾危 納財에宜함

十一日水 月出午前四時二十二分 廿八日壬子木箕成 祭祀嫁娶裁衣動土豎柱上樑開市納財安碓磑에宜함

十二日木 月出午前四時五十分 廿九日癸丑木斗收 祭祀納財에宜함

十三日金 月出午前五時十六分 三十日甲寅水牛開

十四日土 ●合朔午前八時五十六分 建戊辰三月小 初一日乙卯水女閉

紫黃綠
赤碧白
黑白白

十五日	日		月入後八時四十三分	初二日 丙辰 土	虛 建	祭祀에宜함
十六日	月		月入後九時四十三分	初三日 丁巳 土	危 除	祭祀裁衣動土上樑開市納財에宜함
十七日	火		月入後十時四十九分	初四日 戊午 火	室 滿	祭祀에宜함
十八日	水		月入後十一時四十七分	初五日 己未 火	壁 平	土王用事
十九日	木			初六日 庚申 木	奎 定	祭祀에宜함
二十日	金		月入前零時二十五分	初七日 辛酉 木	婁 執	祭祀에宜함
二十一日	土		月入前一時十七分	初八日 壬戌 水	胃 破	穀雨 三月中 祭祀에宜함

穀雨 九 午前四時零分 **舊三月中** 日出午前五時四十五分 晝間十三時二十一分 日入午後六時十二分 夜間十時三十九分

二十二日	日	◐上弦午前六時二十二分	月入前一時五十四分	初九日 癸亥 水	昴 危	
二十三日	月		月入前二時三十三分	初十日 甲子 金	畢 成	祭祀裁衣上樑開市納財에宜함
二十四日	火		月入前二時五十分	十一日 乙丑 金	觜 收	祭祀納財에宜함
二十五日	水		月入前三時十五分	十二日 丙寅 火	參 開	裁衣上樑開市納財에宜함
二十六日	木		月入前三時三十六分	十三日 丁卯 火	井 閉	祭祀裁衣에宜함
二十七日	金		月入前四時三分	十四日 戊辰 木	鬼 建	
二十八日	土		月入前四時二十九分	十五日 己巳 木	柳 除	
二十九日	日	天長節 ○望午後九時四十二分	月出後七時二十一分	十六日 庚午 土	星 滿	祭祀에宜함
三十日	月		月出後八時二十四分	十七日 辛未 土	張 平	

五月大 三十一日

水稻陸稻棉粟大小豆蔬菜의播種 春蠶의催青掃立 麥의黑穗拔除 甘藷苗의移植 病蟲害豫防藥撒布 牛馬豚의種付

一日	火		月出後九時四十五分	十八日壬申金翼定	祭祀에宜함
二日	水		月出後十時五十五分	十九日癸酉金軫執	祭祀入學安葬에宜함
三日	木		月出後十一時五十四分	二十日甲戌火角破	祭祀에宜함
四日	金			廿一日乙亥火亢危	
五日	土		月出前零時四十五分	廿二日丙子水氐成	祭祀에宜함
六日	日	◑下弦後三時四十二分	月出前一時二十四分	廿三日丁丑水房成	立夏 四月節

立夏 後二時三十分 舊四月節 日出前五時三十四分 晝間十四時五十三分 日入後七時二十七分 夜間十時 分

七日	月		月出前一時五十三分	廿四日戊寅土心收	
八日	火		月出前二時二十分	廿五日己卯土尾開	祭祀에宜함
九日	水		月出前二時五十三分	廿六日庚辰金箕閉	祭祀에宜함
十日	木		月出前三時十六分	廿七日辛巳金斗建	祭祀裁衣入學移徙裁衣[illegible]에宜함
十一日	金		月出前三時四十五分	廿八日壬午木牛除	祭祀安葬에宜함
十二日	土		月出前四時十三分	廿九日癸未木女滿	祭祀에宜함
十三日	日	●合朔後九時三十分	建己巳四月大	初一日甲申水虛平	祭祀에宜함
十四日	月		月入後八時三十五分	初二日乙酉水危定	祭祀[illegible]裁衣移徙[illegible]에宜함

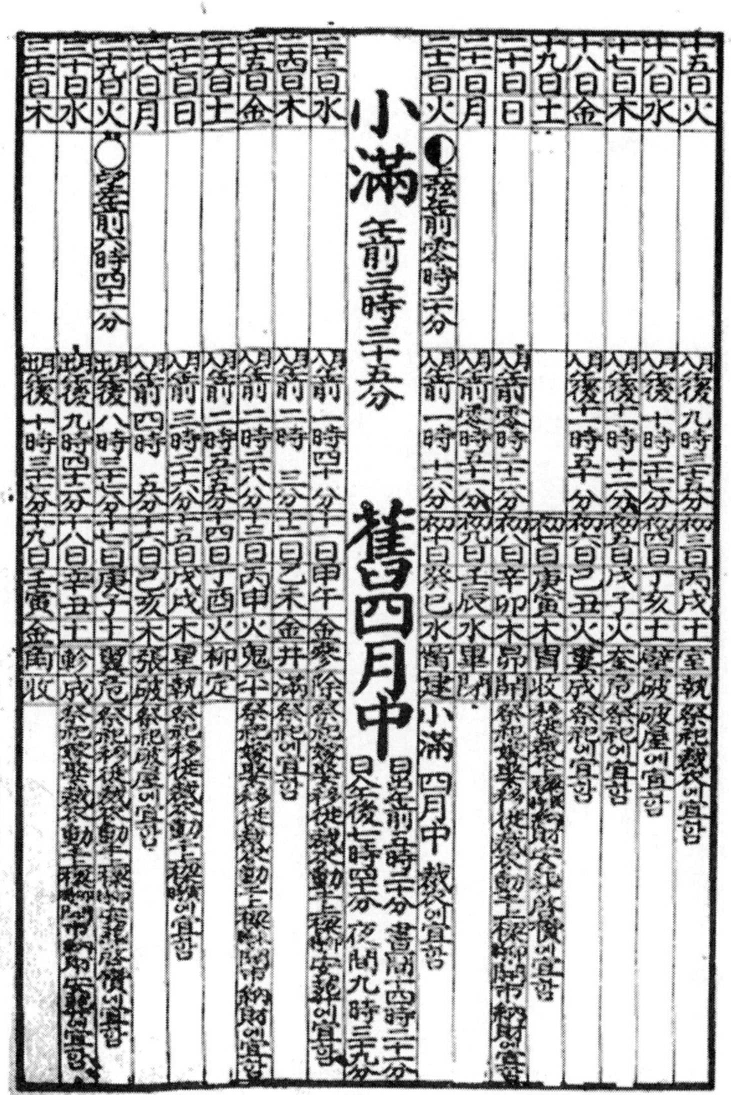

十五日火		月入後九時三十五分	初三日丙戌土室執	祭祀裁衣에宜함
十六日水		月入後十時二十七分	初四日丁亥土壁破	破屋에宜함
十七日木		月入後十一時十二分	初五日戊子火奎危	祭祀에宜함
十八日金		月入後十一時五十一分	初六日己丑火婁成	祭祀에宜함
十九日土			初七日庚寅木胃收	移徙裁衣[illegible]破土啓攢에宜함
二十日日		月入前零時二十五分	初八日辛卯木昴開	祭祀嫁娶移徙裁衣動土上樑開市納財에宜함
二十一日月		月入前零時五十六分	初九日壬辰水畢閉	
二十二日火	◐上弦午前零時二十分	月入前一時十六分	初十日癸巳水觜建	小滿四月中 裁衣에宜함

小滿 午前三時三十五分　**舊四月中**

日出午前五時十六分　晝間十四時二十三分
日入午後七時四十五分　夜間九時三十九分

二十三日水		月入前一時四十一分	十一日甲午金參除	祭祀嫁娶移徙裁衣動土上樑安葬에宜함
二十四日木		月入前二時三分	十二日乙未金井滿	祭祀에宜함
二十五日金		月入前二時二十八分	十三日丙申火鬼平	祭祀嫁娶移徙裁衣動土上樑開市納財에宜함
二十六日土		月入前二時五十三分	十四日丁酉火柳定	
二十七日日		月入前三時二十五分	十五日戊戌木星執	祭祀移徙裁衣動土上樑에宜함
二十八日月		月入前四時 五分	十六日己亥木張破	祭祀破屋에宜함
二十九日火	○望午前八時四十一分	月出後八時三十七分	十七日庚子土翼危	祭祀移徙裁衣動土上樑破土啓攢에宜함
三十日水		月出後九時四十二分	十八日辛丑土軫成	祭祀嫁娶裁衣動土上樑開市納財安葬에宜함
三十一日木		月出後十時三十二分	十九日壬寅金角收	

六月小 三十日

移秧 麥收穫 桑의株直 桑田의耕耘施肥 甘藷苗移植 粟間拔 果實의被袋 綠肥收穫 病粟拔除 田의除草 耕耘 牛馬豚의種付

日	曜	月相	月出入	陰曆	干支	納音	宿	建除	宜
一日	金		月出後十一時三十二分	二十日	癸卯	金	亢	開	祭祀에宜함
二日	土		月出後十一時五十八分	廿一日	甲辰	火	氐	閉	
三日	日			廿二日	乙巳	火	房	建	祭祀에宜함
四日	月	◐ 下弦午後九時五十三分	月出前零時二十九分	廿三日	丙午	水	心	除	祭祀에宜함
五日	火		月出前零時五十七分	廿四日	丁未	水	尾	滿	祭祀에宜함
六日	水		月出前一時二十三分	廿五日	戊申	土	箕	滿	芒種 五月節 祭祀에宜함

芒種 午後七時二分 **舊五月節** 日出前五時十一分 晝間十四時三十八分 日入後七時五十二分 夜間九時二十二分

日	曜	月相	月出入	陰曆	干支	納音	宿	建除	宜
七日	木		月出前一時四十九分	廿六日	己酉	土	斗	平	祭祀에宜함
八日	金		月出前二時十六分	廿七日	庚戌	金	牛	定	祭祀 [illegible] 裁衣 動土 [illegible] 納財에宜함
九日	土		月出前二時四十四分	廿八日	辛亥	金	女	執	祭祀에宜함
十日	日		月出前三時二十分	廿九日	壬子	木	虛	破	
十一日	月		月出前四時二分	三十日	癸丑	木	危	危	祭祀에宜함
十二日	火	● 合朔午前十一時十二分	建庚午五月大	初一日	甲寅	水	室	成	裁衣 動土 [illegible] 納財 [illegible]에宜함
十三日	水		月入後九時八分	初二日	乙卯	水	壁	收	祭祀에宜함
十四日	木		月入後九時四十八分	初三日	丙辰	土	奎	開	祭祀 [illegible] 移徙 [illegible] 動土 [illegible] 納財에宜함

十五日金 月入後十時二十二分 初四日丁巳土 婁閉 裁衣에宜함

十六日土 月入後十時五十三分 初五日戊午火 胃建

十七日日 月入後十一時十六分 初六日己未火 昴除 祭祀移徙裁衣動土上樑開市納財安葬에宜함

十八日月 月入後十一時四十三分 初七日庚申木 畢滿 祭祀移徙裁衣開市納財安葬에宜함

十九日火 初八日辛酉木 觜平 祭祀에宜함

二十日水 ◐上弦後三時二十二分 月入前零時五分 初九日壬戌水 參定 祭祀冠帶[illegible]裁衣上樑納財에宜함

二十一日木 月入前零時二十八分 初十日癸亥水 井執 祭祀에宜함

二十二日金 月入前零時五十三分 十一日甲子金 鬼破 夏至 五月中

夏至 午前十一時四十八分 舊五月中

日出前五時十一分 晝間十四時四十五分

日入後七時五十六分 夜間九時十五分

二十三日土 月入前一時二十二分 十二日乙丑金 柳危 祭祀에宜함

二十四日日 月入前一時五十五分 十三日丙寅火 星成 嫁娶裁衣動土上樑開市納財安葬啓攢에宜함

二十五日月 月入前二時二十八分 十四日丁卯火 張收 祭祀에宜함

二十六日火 月入前三時二十二分 十五日戊辰木 翼開 祭祀移徙動土上樑에宜함

二十七日水 ○望午後二時八分 月出後八時二十二分 十六日己巳木 軫閉 祭祀裁衣納財에宜함

二十八日木 月出後九時十四分 十七日庚午土 角建

二十九日金 月出後九時五十三分 十八日辛未土 亢除 祭祀嫁娶移徙裁衣動土上樑開市納財安葬에宜함

三十日土 月出後十時二十九分 十九日壬申金 氐滿 祭祀에宜함

七月大三十日

畓의除草蕎麥의播種桑田의除草桑의培土馬鈴薯大麻의收穫果樹夏季剪定蔬菜의耕耘追肥堆肥製造二期作馬鈴薯播種[illegible]淘汰

日	曜	月象	月出入	陰曆	干支	五行	宿	建除	宜
一日	日		月入後十時五十六分	二十日	癸酉	金	房	平	
二日	月		月入後十一時二十分	廿一日	甲戌	火	心	定	祭祀冠帶[illegible]裁衣動土上樑[illegible]에宜함
三日	火		月入後十一時五十三分	廿二日	乙亥	火	尾	執	祭祀에宜함
四日	水	◑下弦午前五時二十六分		廿三日	丙子	水	箕	破	祭祀에宜함
五日	木		月出前零時九分	廿四日	丁丑	水	斗	危	祭祀에宜함
六日	金		月出前零時四十九分	廿五日	戊寅	土	牛	成	動土上樑時에宜함
七日	土		月出前一時二十三分	廿六日	己卯	土	女	收	祭祀에宜함
八日	日		月出前二時一分	廿七日	庚辰	金	虛	收	小暑 六月節 祭祀에宜함

小暑午前五時二十五分　舊六月節

日出午前五時十六分　晝間十四時三十九分

日入午後七時五十五分　夜間九時二十一分

日	曜	月象	月出入	陰曆	干支	五行	宿	建除	宜
九日	月		月出前二時四十五分	廿八日	辛巳	金	危	開	祭祀에宜함
十日	火		月出前三時三十六分	廿九日	壬午	木	室	閉	安葬에宜함
十一日	水		月出前四時三十一分	三十日	癸未	木	壁	建	祭祀에宜함
十二日	木	●合朔午前二時六分	建辛未六月小	初一日	甲申	水	奎	除	祭祀移徙裁衣動土上樑時安葬에宜함
十三日	金		月入後八時五十五分	初二日	乙酉	水	婁	滿	祭祀에宜함
十四日	土		月入後九時二十三分	初三日	丙戌	土	胃	平	

白黑白
白綠黃
白赤紫

日	曜	記事	月出入	陰曆	干支	納音	宿	建除	宜忌
十五日	日		月入 後九時四十六分	初四日	丁亥	土	昴	定	
十六日	月		月入 後十時九分	初五日	戊子	火	畢	執	祭祀에宜함
十七日	火		月入 後十時三十三分	初六日	己丑	火	觜	破	祭祀에宜함
十八日	水	初伏	月入 後十時五十八分	初七日	庚寅	木	參	危	開市納財醱釀에宜함
十九日	木		月入 後十一時二十三分	初八日	辛卯	木	井	成	祭祀嫁娶移徙裁衣[illegible]上樑[illegible]開市納財醱釀에宜함
二十日	金	◐上弦 午前三時五十三分	月入 後十一時五十三分	初九日	壬辰	水	鬼	收	土王用事 祭祀納財에宜함
二十一日	土			初十日	癸巳	水	柳	開	祭祀에宜함、
二十二日	日		月入 前零時三十分	十一日	甲午	金	星	閉	祭祀裁衣安葬에宜함
二十三日	月		月入 前一時十六分	十二日	乙未	金	張	建	大暑 六月中 祭祀嫁娶에宜함

大暑 午後十時四十二分 舊六月中

日出午前五時三十六分 晝間十四時二十一分
日入午後七時五十七分 夜間 九時三十九分

日	曜	記事	月出入	陰曆	干支	納音	宿	建除	宜忌
二十四日	火		月入 前二時十四分	十三日	丙申	火	翼	除	祭祀에宜함
二十五日	水		月入 前三時二十四分	十四日	丁酉	火	軫	滿	祭祀에宜함
二十六日	木	○望 午後九時九分 月食	月出 後七時四十六分	十五日	戊戌	木	角	平	
二十七日	金		月出 後八時十四分	十六日	己亥	木	亢	定	祭祀冠帶[illegible]移徙裁衣上樑[illegible]納財에宜함
二十八日	土	中伏	月出 後八時四十七分	十七日	庚子	土	氐	執	
二十九日	日		月出 後九時十六分	十八日	辛丑	土	房	破	
三十日	月		月出 後九時五十六分	十九日	壬寅	金	心	危	開市納財醱釀에宜함
三十一日	火		月出 後十時四十一分	二十日	癸卯	金	尾	成	上樑[illegible]醱釀에宜함

八月大 三十一日

蕎麥播種 白菜蘿蔔의播種 桑天牛卵의取除 秋蠶의催青 播立陸稻
培土 堆肥切返 棉摘心 病菜拔除 雞의換羽期管理

一日水		月出後十時五十分	廿一日甲辰火箕收	祭祀嫁娶移徙裁衣上樑納財安葬에宜함
二日木	◐下弦後三時二十七分	月出後十一時三十三分	廿二日乙巳火斗開	祭祀에宜함
三日金			廿三日丙午水牛閉	
四日土		月出前零時零分	廿四日丁未水女建	祭祀에宜함
五日日		月出前零時四十三分	廿五日戊申土虛除	祭祀에宜함
六日月		月出前一時三十分	廿六日己酉土危滿	祭祀嫁娶移徙裁衣上樑開市納財에宜함
七日火		月出前二時二十五分	廿七日庚戌金室平	
八日水		月出前三時二十五分	廿八日辛亥金壁平	立秋 七月節 祭祀에宜함

立秋 午後三時四分 **舊七月節** 日出前五時四十三分 晝間十三時五十三分 日入後七時三十五分 夜間十時 分

九日木		月出前四時三十三分	廿九日壬子木奎定	祭祀에宜함
十日金	●合朔後五時四十六分	建壬申七月大	初一日癸丑木婁執	祭祀裁衣動土上樑納財安葬에宜함
十一日土		月入後七時五十三分	初二日甲寅水胃破	
十二日日		月入後八時十四分	初三日乙卯水昴危	
十三日月		月入後八時三十一分	初四日丙辰土畢成	祭祀에宜함
十四日火		月入後九時零分	初五日丁巳土觜收	祭祀에宜함

日	曜	記事	月出入	舊曆	干支	納音	宿	建除	宜
十五日	水		月入後九時二十五分	初六日	戊午	火	參	開	祭祀嫁娶移徙裁衣動土上樑開市에宜함
十六日	木		月入後九時五十四分	初七日	己未	火	井	閉	
十七日	金	末伏	月入後十時二十八分	初八日	庚申	木	鬼	建	
十八日	土	◐上弦後時二十二分	月入後十一時 九分	初九日	辛酉	木	柳	除	安葬에宜함
十九日	日			初十日	壬戌	水	星	滿	嫁娶移徙裁衣動土上樑開市納財安葬에宜함
二十日	月		月入前零時 零分	十一日	癸亥	水	張	平	祭祀에宜함
二十一日	火		月入前一時 二分	十二日	甲子	金	翼	定	祭祀嫁娶移徙裁衣動土上樑開市納財에宜함
二十二日	水		月入前二時十四分	十三日	乙丑	金	軫	執	
二十三日	木		月入前三時三十一分	十四日	丙寅	火	角	破	
二十四日	金		月入前四時四十九分	十五日	丁卯	火	亢	危	處暑七月中 祭祀移徙裁衣破土安葬啓攢에宜함
二十五日	土	○望午前四時二十七分	月出後七時二十三分	十六日	戊辰	木	氐	成	祭祀嫁娶動土上樑開市納財安葬에宜함
二十六日	日		月出後七時五十六分	十七日	己巳	木	房	收	祭祀移徙裁衣動土上樑開市納財에宜함
二十七日	月		月出後八時二十分	十八日	庚午	土	心	開	祭祀에宜함
二十八日	火		月出後八時四十九分	十九日	辛未	土	尾	閉	
二十九日	水		月出後九時二十一分	二十日	壬申	金	箕	建	祭祀嫁娶移徙裁衣上樑納財安葬에宜함
三十日	木		月出後九時五十八分	廿一日	癸酉	金	斗	除	祭祀裁衣動土上樑納財安葬에宜함
三十一日	金		月出後十時三十九分	廿二日	甲戌	火	牛	滿	

處暑 午前五時三十二分 舊七月中

日出午前五時五十六分 晝間十三時二十分
日入午後七時十六分 夜間十時四十分

九月小三十日

蛔虫被害稻의拔除燒却、小麥秋蒔綠肥의播種、粟大豆의收穫、果樹除袋、乾草製造、豚의分娩

日	曜	月相	月出入	陰曆	干支	納音	宿	直	事項
一日	土	◐下弦午前四時四十分	月後十一時三十分	廿三日	乙亥	火	女	平	祭祀에宜함
二日	日			廿四日	丙子	水	虛	定	祭祀[illegible]
三日	月		月前零時九分	廿五日	丁丑	水	危	執	祭祀[illegible]에宜함
四日	火		月前一時十六分	廿六日	戊寅	土	室	破	
五日	水		月前二時[illegible]分	廿七日	己卯	土	壁	危	祭祀에宜함
六日	木		月前三時[illegible]分	廿八日	庚辰	金	奎	成	
七日	金		月前四時[illegible]分	廿九日	辛巳	金	婁	收	
八日	土		月前五時[illegible]分	三十日	壬午	木	胃	收	白露 八月節 祭祀에宜함

白露 午後五時三十七分 **舊八月節** 日出午前六時 分 晝間十二時四十[illegible]分 日入午後六時五十[illegible]分 夜間十一時 十[illegible]分

日	曜	月相	月出入	陰曆	干支	納音	宿	直	事項
九日	日	●合朔午前九時二十分、建癸酉八月大		初一日	癸未	木	昴	開	祭祀、移徙、裁衣、[illegible]에宜함
十日	月		月後七時 六分	初二日	甲申	水	畢	閉	祭祀、安葬에宜함
十一日	火		月後七時三十分	初三日	乙酉	水	觜	建	祭祀에宜함
十二日	水		月後七時五十[illegible]分	初四日	丙戌	土	參	除	祭祀에宜함
十三日	木		月後八時三十分	初五日	丁亥	土	井	滿	祭祀에宜함
十四日	金		月後九時 八分	初六日	戊子	火	鬼	平	祭祀에宜함

[illegible] 白 [illegible] 白

秋季皇靈祭

日	曜	月相	月出入	陰曆	干支	納音	宿	建除	宜忌
十五日	土		月入 後九時五十五分	初七日	己丑	火	柳	定	
十六日	日	◐上弦 後九時二十六分	月入 後十時五十三分	初八日	庚寅	木	星	執	
十七日	月		月入 後十一時五十六分	初九日	辛卯	木	張	破	
十八日	火			初十日	壬辰	水	翼	危	祭祀에 宜함
十九日	水		月入 前一時 十六分	十一日	癸巳	水	軫	成	祭祀 嫁娶 移徙 裁衣 動土 種蒔 開市 納財에 宜함
二十日	木		月入 前二時二十六分	十二日	甲午	金	角	收	祭祀에 宜함
二十一日	金		月入 前三時四十六分	十三日	乙未	金	亢	開	祭祀 嫁娶 移徙 裁衣 種蒔 開市 納財에 宜함
二十二日	土		月入 前四時五十五分	十四日	丙申	火	氐	閉	祭祀에 宜함
二十三日	日	○望 後一時十九分	月出 後六時十七分	十五日	丁酉	火	房	建	祭祀에 宜함
二十四日	月 社		月出 後六時四十七分	十六日	戊戌	木	心	除	秋分 八月中 祭祀에 宜함
二十五日	火		月出 後七時十八分	十七日	己亥	木	尾	滿	祭祀 裁衣 開市 納財에 宜함
二十六日	水		月出 後七時五十三分	十八日	庚子	土	箕	平	祭祀에 宜함
二十七日	木		月出 後八時三十三分	十九日	辛丑	土	斗	定	
二十八日	金		月出 後九時十九分	二十日	壬寅	金	牛	執	
二十九日	土		月出 後十時十一分	廿一日	癸卯	金	女	破	
三十日	日	◑下弦 後九時二十九分	月出 後十一時 七分	廿二日	甲辰	火	虛	危	

秋分 前二時四十五分 舊八月中

日出 前六時二十三分 晝間十二時 六分

日入 後六時二十九分 夜間十一時五十四分

十月大三十一日

大麥의播種 桑田의害蟲驅除 種稻의選種 大豆甘藷馬鈴薯의收穫貯藏
果實貯藏庫修理消毒 農繁期의畜牛愛護

一日月 廿三日 乙巳 火 危 成 祭祀에宜함
二日火 出月午前零時五分 廿四日 丙午 水 室 收 祭祀에宜함
三日水 出月午前一時五分 廿五日 丁未 水 壁 開 祭祀移徙裁衣上樑에宜함
四日木 出月午前二時四分 廿六日 戊申 土 奎 閉 祭祀裁衣納財安葬에宜함
五日金 出月午前三時三分 廿七日 己酉 土 婁 建
六日土 出月午前四時二分 廿八日 庚戌 金 胃 除 祭祀嫁娶移徙裁衣動土上樑納財安葬에宜함
七日日 出月午前五時二分 廿九日 辛亥 金 昴 滿 祭祀移徙裁衣에宜함
八日月 出月午前六時二分 三十日 壬子 木 畢 平 祭祀에宜함
九日火 ●合朔午前零時五分、建甲戌九月小 初一日 癸丑 木 觜 平 寒露 九月節

寒露 午前八時四十二分 舊九月節 日出午前六時三十二分 晝間十一時三十二分 日入午後六時 夜間十二時二十八分

十日水 入月午後六時三十二分 初二日 甲寅 水 參 定
十一日木 入月午後七時九分 初三日 乙卯 水 井 執 祭祀에宜함
十二日金 入月午後七時五十六分 初四日 丙辰 土 鬼 破 祭祀破屋에宜함
十三日土 入月午後八時四十八分 初五日 丁巳 土 柳 危 祭祀에宜함
十四日日 入月午後九時五十二分 初六日 戊午 火 星 成 嫁娶移徙裁衣動土上樑開市納財에宜함

碧白赤 白白黑 黃綠紫

神嘗祭

霜降 午前十一時三十七分 舊九月中

晝 午前六時四十九分 晝間十時五十七分
夜 午後五時四十六分 夜間十三時 三分

日	曜	月相	月出	陰曆	干支·納音·宿·建除	宜
十五日	月		午後十一時零分	初七日	己未 火 張 收	
十六日	火	上弦 午前四時二十九分		初八日	庚申 木 翼 開	祭祀移徙裁衣動土上樑破土開市에宜함
十七日	水		午前零時十二分	初九日	辛酉 木 軫 閉	祭祀裁衣에宜함
十八日	木		午前一時二十六分	初十日	壬戌 水 角 建	祭祀移徙裁衣上樑納財에宜함
十九日	金		午前二時三十三分	十一日	癸亥 水 亢 除	祭祀에宜함
二十日	土		午前三時四十六分	十二日	甲子 金 氐 滿	祭祀에宜함
二十一日	日		午前四時五十六分	十三日	乙丑 金 房 平	土王用事
二十二日	月		午前六時 八分	十四日	丙寅 火 心 定	
二十三日	火	望 午前零時一分	午後五時四十六分	十五日	丁卯 火 尾 執	祭祀安葬啓攢에宜함
二十四日	水		午後六時二十六分	十六日	戊辰 木 箕 破	霜降 九月中 祭祀에宜함
二十五日	木		午後七時十分	十七日	己巳 木 斗 危	祭祀에宜함
二十六日	金		午後八時零分	十八日	庚午 土 牛 成	祭祀嫁娶移徙裁衣上樑破土開市納財安葬에宜함
二十七日	土		午後八時五十五分	十九日	辛未 土 女 收	祭祀에宜함
二十八日	日		午後九時五十四分	二十日	壬申 金 虛 開	祭祀에宜함
二十九日	月		午後十時五十四分	二十一日	癸酉 金 危 閉	祭祀裁衣에宜함
三十日	火	下弦 午後五時三十一分	午後十一時五十五分	二十二日	甲戌 火 室 建	
三十一日	水			二十三日	乙亥 火 壁 除	

明治節

十一月小 三十日

麥의 培土 畓의 秋耕 果樹園의 落葉燒却 深耕 施肥 果實 蔬菜의 收穫貯藏
屑繭의 整理 桑田深耕 施肥 桑樹秋植 畜舍 鷄舍의 防寒設備 豚의 種付

日	曜	月相	月出入	陰曆	干支	納音	宿	建除	宜
一日	木		月出 前零時五十三分	廿四日	丙子	水	奎	滿	祭祀[illegible]開市納財安葬[illegible]에 宜함
二日	金		月出 前一時五十分	廿五日	丁丑	水	婁	平	
三日	土		月出 前二時四十九分	廿六日	戊寅	土	胃	定	
四日	日		月出 前三時四十九分	廿七日	己卯	土	昴	執	祭祀 安葬에 宜함
五日	月		月出 前四時五十分	廿八日	庚辰	金	畢	破	祭祀에 宜함
六日	火		月出 前五時五十三分	廿九日	辛巳	金	觜	危	祭祀에 宜함
七日	水	● 合朔 後二時四十四分	建乙亥十月大	初一日	壬午	木	參	成	祭祀에 宜함
八日	木		月入 後五時四十九分	初二日	癸未	木	井	成	立冬 十月節 祭祀에 宜함
九日	金		月入 後六時四十一分	初三日	甲申	水	鬼	收	祭祀 上樑 移徙 裁衣 [illegible] 納財 安葬에 宜함
十日	土		月入 後七時四十三分	初四日	乙酉	水	柳	開	祭祀 [illegible] 移徙 裁衣 [illegible] 開市 納財에 宜함
十一日	日		月入 後八時四十五分	初五日	丙戌	土	星	閉	
十二日	月		月入 後十時 四分	初六日	丁亥	土	張	建	祭祀에 宜함
十三日	火		月入 後十一時十七分	初七日	戊子	火	翼	除	
十四日	水	◐ 上弦 午前十一時三十九分		初八日	己丑	火	軫	滿	祭祀에 宜함

立冬 午前十一時二十七分

舊十月節 日出 午前七時四分 晝間十時二十五分 日入 午後五時三十分 夜間十三時三十五分

新嘗祭

日	月相	月出入	舊曆	納音·宿·建除	宜
十五日 木		入月 前零時二十六分	初九日 庚寅	木 角 平	移徙裁衣動土上樑開市納財安葬啓攢에宜함
十六日 金		入月 前一時三十二分	初十日 辛卯	木 亢 定	祭祀婚姻移徙裁衣動土上樑開市納財啓攢에宜함
十七日 土		入月 前二時四十六分	十一日 壬辰	水 氐 執	裁衣에宜함
十八日 日		入月 前三時五十四分	十二日 癸巳	水 房 破	破屋에宜함
十九日 月		入月 前五時 二分	十三日 甲午	金 心 危	祭祀婚姻移徙裁衣動土上樑納財安葬에宜함
二十日 火		入月 前六時 十分	十四日 乙未	金 尾 成	祭祀에宜함
二十一日 水	○望 後二時二十分	出月 後五時 三分	十五日 丙申	火 箕 收	
二十二日 木		出月 後五時五十分	十六日 丁酉	火 斗 開	祭祀에宜함
二十三日 金		出月 後六時四十四分	十七日 戊戌	木 牛 閉	小雪 十月中

小雪 前八時四十五分 舊十月中

日出前七時二十分 晝間九時五十九分

日入後五時十九分 夜間十四時 一分

日	月相	月出入	舊曆	納音·宿·建除	宜
二十四日 土		出月 後七時四十三分	十八日 己亥	木 女 建	
二十五日 日		出月 後八時四十一分	十九日 庚子	土 虛 除	祭祀婚姻移徙裁衣動土上樑安葬破土에宜함
二十六日 月		出月 後九時四十一分	二十日 辛丑	土 危 滿	祭祀에宜함
二十七日 火		出月 後十時四十一分	廿一日 壬寅	金 室 平	婚姻移徙裁衣動土上樑開市納財에宜함
二十八日 水		出月 後十一時三十九分	廿二日 癸卯	金 壁 定	祭祀婚姻移徙裁衣動土上樑開市納財啓攢에宜함
二十九日 木	◑下弦 後二時三十九分		廿三日 甲辰	火 奎 執	祭祀에宜함
三十日 金		出月 前零時三十五分	廿四日 乙巳	火 婁 破	祭祀破屋에宜함

十二月大三十一日

收穫物의整理農具의修理整頓畜舍에敷草多給豚의種付

日	曜	月出入·朔弦	陰曆	干支	納音	宿	建除	備考
一日	土	月出 前一時三十四分	廿五日	丙午	水	胃	危	祭祀에宜함
二日	日	月出 前二時三十四分	廿六日	丁未	水	昴	成	祭祀裁衣動土上樑開市納財에宜함
三日	月	月出 前三時三十七分	廿七日	戊申	土	畢	收	
四日	火	月出 前四時四十三分	廿八日	己酉	土	觜	開	祭祀嫁娶移徙裁衣動土上樑開市納財에宜함
五日	水	月出 前五時五十二分	廿九日	庚戌	金	參	閉	祭祀에宜함
六日	木	月出 前七時 一分	三十日	辛亥	金	井	建	祭祀에宜함
七日	金	● 合朔 前一時二十五分 / 建丙子十二月小	初一日	壬子	木	鬼	除	
八日	土	月入 後六時三十五分	初二日	癸丑	木	柳	除	大雪十二月節 祭祀嫁娶移徙裁衣動土上樑開市納財에宜함
大雪 前三時五十七分		舊十一月節 日出前七時三十五分 晝間九時四十一分 日入後五時十六分 夜間十四時十九分						
九日	日	月入 後七時五十分	初三日	甲寅	水	星	滿	裁衣動土上樑開市納財修倉庫에宜함
十日	月	月入 後九時 五分	初四日	乙卯	水	張	平	
十一日	火	月入 後十時十九分	初五日	丙辰	土	翼	定	祭祀에宜함
十二日	水	月入 後十一時三十分	初六日	丁巳	土	軫	執	祭祀에宜함
十三日	木	◐ 上弦 後七時五十二分	初七日	戊午	火	角	破	
十四日	金	月入 前零時三十六分	初八日	己未	火	亢	危	

碧	白	白
黑	綠	白
赤	紫	黃

大正天皇祭

冬至後九時五十七分 舊十一月中

日出前七時四十四分 日入後五時十九分 晝間九時三十五分 夜間十四時二十五分

日	曜	弦望	月出入	舊曆	干支	納音	宿	建除	宜
十五日	土		月入前一時四十分	初九日	庚申	木	氐	成	移徙裁衣上樑[illegible]開市納財安葬에宜함
十六日	日		月入前二時五十三分	初十日	辛酉	木	房	收	
十七日	月		月入前四時零分	十一日	壬戌	水	心	開	祭祀裁衣動土上樑[illegible]開市에宜함
十八日	火		月入前五時六分	十二日	癸亥	水	尾	閉	
十九日	水		月入前六時十分	十三日	甲子	金	箕	建	祭祀에宜함
二十日	木		月入前七時九分	十四日	乙丑	金	斗	除	祭祀에宜함
二十一日	金	○望午前五時五十三分	月出後五時三十三分	十五日	丙寅	火	牛	滿	
二十二日	土		月出後六時三十分	十六日	丁卯	火	女	平	冬至 十一月中 祭祀에宜함
二十三日	日		月出後七時二十分	十七日	戊辰	木	虛	定	祭祀結婚[illegible]裁衣動土上樑[illegible]納財에宜함
二十四日	月		月出後八時二十分	十八日	己巳	木	危	執	祭祀에宜함
二十五日	火		月出後九時二十八分	十九日	庚午	土	室	破	
二十六日	水		月出後十時二十六分	二十日	辛未	土	壁	危	
二十七日	木		月出後十一時二十三分	二十一日	壬申	金	奎	成	祭祀裁衣上樑[illegible]開市納財安葬에宜함
二十八日	金			二十二日	癸酉	金	婁	收	
二十九日	土	◑下弦午前十一時八分	月出前零時二十一分	二十三日	甲戌	火	胃	開	祭祀에宜함
三十日	日		月出前一時二十一分	二十四日	乙亥	火	昴	閉	祭祀裁衣納財에宜함
三十一日	月		月出前二時二十三分	二十五日	丙子	水	畢	建	

年歲對照

天保六年	乙未	一百歲
天保七年	丙申	九十九歲
天保八年	丁酉	九十八歲
天保九年	戊戌	九十七歲
天保十年	己亥	九十六歲
天保十一年	庚子	九十五歲
天保十二年	辛丑	九十四歲
天保十三年	壬寅	九十三歲
天保十四年	癸卯	九十二歲
弘化元年	甲辰	九十一歲
弘化二年	乙巳	九十歲
弘化三年	丙午	八十九歲
弘化四年	丁未	八十八歲
嘉永元年	戊申	八十七歲
嘉永二年	己酉	八十六歲
嘉永三年	庚戌	八十五歲
嘉永四年	辛亥	八十四歲
嘉永五年	壬子	八十三歲
嘉永六年	癸丑	八十二歲
安政元年	甲寅	八十一歲
安政二年	乙卯	八十歲
安政三年	丙辰	七十九歲
安政四年	丁巳	七十八歲
安政五年	戊午	七十七歲
安政六年	己未	七十六歲
萬延元年	庚申	七十五歲
文久元年	辛酉	七十四歲
文久二年	壬戌	七十三歲
文久三年	癸亥	七十二歲
元治元年	甲子	七十一歲
慶應元年	乙丑	七十歲
慶應二年	丙寅	六十九歲
慶應三年	丁卯	六十八歲
明治元年	戊辰	六十七歲
明治二年	己巳	六十六歲
明治三年	庚午	六十五歲
明治四年	辛未	六十四歲
明治五年	壬申	六十三歲
明治六年	癸酉	六十二歲
明治七年	甲戌	六十一歲
明治八年	乙亥	六十歲
明治九年	丙子	五十九歲
明治十年	丁丑	五十八歲
明治十一年	戊寅	五十七歲
明治十二年	己卯	五十六歲
明治十三年	庚辰	五十五歲
明治十四年	辛巳	五十四歲
明治十五年	壬午	五十三歲
明治十六年	癸未	五十二歲
明治十七年	甲申	五十一歲
明治十八年	乙酉	五十歲
明治十九年	丙戌	四十九歲
明治二十年	丁亥	四十八歲
明治二十一年	戊子	四十七歲
明治二十二年	己丑	四十六歲
明治二十三年	庚寅	四十五歲
明治二十四年	辛卯	四十四歲
明治二十五年	壬辰	四十三歲
明治二十六年	癸巳	四十二歲
明治二十七年	甲午	四十一歲
明治二十八年	乙未	四十歲
明治二十九年	丙申	三十九歲
明治三十年	丁酉	三十八歲
明治三十一年	戊戌	三十七歲
明治三十二年	己亥	三十六歲
明治三十三年	庚子	三十五歲
明治三十四年	辛丑	三十四歲
明治三十五年	壬寅	三十三歲
明治三十六年	癸卯	三十二歲
明治三十七年	甲辰	三十一歲
明治三十八年	乙巳	三十歲
明治三十九年	丙午	二十九歲
明治四十年	丁未	二十八歲
明治四十一年	戊申	二十七歲
明治四十二年	己酉	二十六歲
明治四十三年	庚戌	二十五歲
明治四十四年	辛亥	二十四歲
明治四十五年 大正元年	壬子	二十三歲
大正二年	癸丑	二十二歲
大正三年	甲寅	二十一歲
大正四年	乙卯	二十歲
大正五年	丙辰	十九歲
大正六年	丁巳	十八歲
大正七年	戊午	十七歲
大正八年	己未	十六歲
大正九年	庚申	十五歲
大正十年	辛酉	十四歲
大正十一年	壬戌	十三歲
大正十二年	癸亥	十二歲
大正十三年	甲子	十一歲
大正十四年	乙丑	十歲
大正十五年 昭和元年	丙寅	九歲
昭和二年	丁卯	八歲
昭和三年	戊辰	七歲
昭和四年	己巳	六歲
昭和五年	庚午	五歲
昭和六年	辛未	四歲
昭和七年	壬申	三歲
昭和八年	癸酉	二歲
昭和九年	甲戌	一歲

各地의氣候

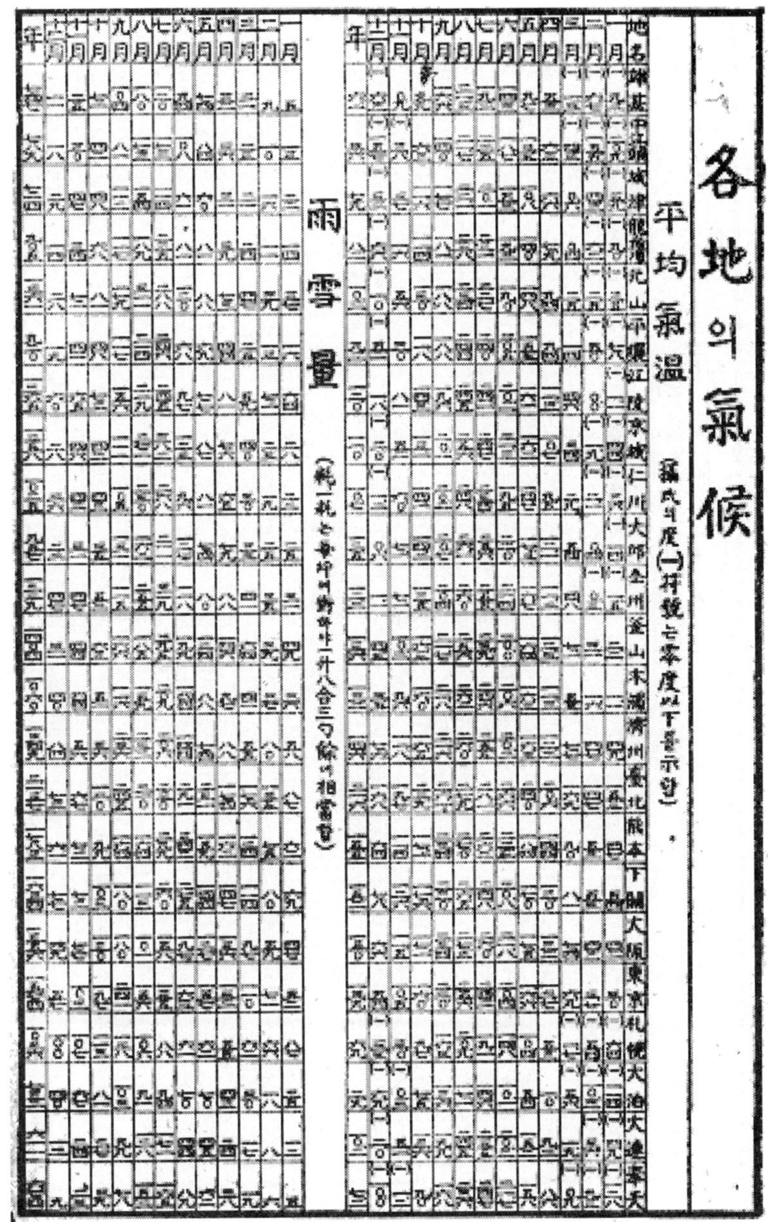

平均氣溫

(攝氏의度(一)符號는零度以下를示함)

地名	一月	二月	三月	四月	五月	六月	七月	八月	九月	十月	十一月	十二月	年
雄基	[illegible]	[illegible]	[illegible]	[illegible]	[illegible]	[illegible]	[illegible]	[illegible]	[illegible]	[illegible]	[illegible]	[illegible]	[illegible]
中江鎭	[illegible]	[illegible]	[illegible]	[illegible]	[illegible]	[illegible]	[illegible]	[illegible]	[illegible]	[illegible]	[illegible]	[illegible]	[illegible]
城津	[illegible]	[illegible]	[illegible]	[illegible]	[illegible]	[illegible]	[illegible]	[illegible]	[illegible]	[illegible]	[illegible]	[illegible]	[illegible]
龍巖浦	[illegible]	[illegible]	[illegible]	[illegible]	[illegible]	[illegible]	[illegible]	[illegible]	[illegible]	[illegible]	[illegible]	[illegible]	[illegible]
元山	[illegible]	[illegible]	[illegible]	[illegible]	[illegible]	[illegible]	[illegible]	[illegible]	[illegible]	[illegible]	[illegible]	[illegible]	[illegible]
平壤	[illegible]	[illegible]	[illegible]	[illegible]	[illegible]	[illegible]	[illegible]	[illegible]	[illegible]	[illegible]	[illegible]	[illegible]	[illegible]
江陵	[illegible]	[illegible]	[illegible]	[illegible]	[illegible]	[illegible]	[illegible]	[illegible]	[illegible]	[illegible]	[illegible]	[illegible]	[illegible]
京城	[illegible]	[illegible]	[illegible]	[illegible]	[illegible]	[illegible]	[illegible]	[illegible]	[illegible]	[illegible]	[illegible]	[illegible]	[illegible]
仁川	[illegible]	[illegible]	[illegible]	[illegible]	[illegible]	[illegible]	[illegible]	[illegible]	[illegible]	[illegible]	[illegible]	[illegible]	[illegible]
大邱	[illegible]	[illegible]	[illegible]	[illegible]	[illegible]	[illegible]	[illegible]	[illegible]	[illegible]	[illegible]	[illegible]	[illegible]	[illegible]
全州	[illegible]	[illegible]	[illegible]	[illegible]	[illegible]	[illegible]	[illegible]	[illegible]	[illegible]	[illegible]	[illegible]	[illegible]	[illegible]
釜山	[illegible]	[illegible]	[illegible]	[illegible]	[illegible]	[illegible]	[illegible]	[illegible]	[illegible]	[illegible]	[illegible]	[illegible]	[illegible]
木浦	[illegible]	[illegible]	[illegible]	[illegible]	[illegible]	[illegible]	[illegible]	[illegible]	[illegible]	[illegible]	[illegible]	[illegible]	[illegible]
濟州	[illegible]	[illegible]	[illegible]	[illegible]	[illegible]	[illegible]	[illegible]	[illegible]	[illegible]	[illegible]	[illegible]	[illegible]	[illegible]
臺北	[illegible]	[illegible]	[illegible]	[illegible]	[illegible]	[illegible]	[illegible]	[illegible]	[illegible]	[illegible]	[illegible]	[illegible]	[illegible]
熊本	[illegible]	[illegible]	[illegible]	[illegible]	[illegible]	[illegible]	[illegible]	[illegible]	[illegible]	[illegible]	[illegible]	[illegible]	[illegible]
下關	[illegible]	[illegible]	[illegible]	[illegible]	[illegible]	[illegible]	[illegible]	[illegible]	[illegible]	[illegible]	[illegible]	[illegible]	[illegible]
大阪	[illegible]	[illegible]	[illegible]	[illegible]	[illegible]	[illegible]	[illegible]	[illegible]	[illegible]	[illegible]	[illegible]	[illegible]	[illegible]
東京	[illegible]	[illegible]	[illegible]	[illegible]	[illegible]	[illegible]	[illegible]	[illegible]	[illegible]	[illegible]	[illegible]	[illegible]	[illegible]
札幌	[illegible]	[illegible]	[illegible]	[illegible]	[illegible]	[illegible]	[illegible]	[illegible]	[illegible]	[illegible]	[illegible]	[illegible]	[illegible]
大泊	[illegible]	[illegible]	[illegible]	[illegible]	[illegible]	[illegible]	[illegible]	[illegible]	[illegible]	[illegible]	[illegible]	[illegible]	[illegible]
大連	[illegible]	[illegible]	[illegible]	[illegible]	[illegible]	[illegible]	[illegible]	[illegible]	[illegible]	[illegible]	[illegible]	[illegible]	[illegible]
奉天	[illegible]	[illegible]	[illegible]	[illegible]	[illegible]	[illegible]	[illegible]	[illegible]	[illegible]	[illegible]	[illegible]	[illegible]	[illegible]

雨雪量

(粍一粍은曲尺에對하야一分八合三勺餘에相當함)

地名	一月	二月	三月	四月	五月	六月	七月	八月	九月	十月	十一月	十二月	年
雄基	[illegible]	[illegible]	[illegible]	[illegible]	[illegible]	[illegible]	[illegible]	[illegible]	[illegible]	[illegible]	[illegible]	[illegible]	[illegible]
中江鎭	[illegible]	[illegible]	[illegible]	[illegible]	[illegible]	[illegible]	[illegible]	[illegible]	[illegible]	[illegible]	[illegible]	[illegible]	[illegible]
城津	[illegible]	[illegible]	[illegible]	[illegible]	[illegible]	[illegible]	[illegible]	[illegible]	[illegible]	[illegible]	[illegible]	[illegible]	[illegible]
龍巖浦	[illegible]	[illegible]	[illegible]	[illegible]	[illegible]	[illegible]	[illegible]	[illegible]	[illegible]	[illegible]	[illegible]	[illegible]	[illegible]
元山	[illegible]	[illegible]	[illegible]	[illegible]	[illegible]	[illegible]	[illegible]	[illegible]	[illegible]	[illegible]	[illegible]	[illegible]	[illegible]
平壤	[illegible]	[illegible]	[illegible]	[illegible]	[illegible]	[illegible]	[illegible]	[illegible]	[illegible]	[illegible]	[illegible]	[illegible]	[illegible]
江陵	[illegible]	[illegible]	[illegible]	[illegible]	[illegible]	[illegible]	[illegible]	[illegible]	[illegible]	[illegible]	[illegible]	[illegible]	[illegible]
京城	[illegible]	[illegible]	[illegible]	[illegible]	[illegible]	[illegible]	[illegible]	[illegible]	[illegible]	[illegible]	[illegible]	[illegible]	[illegible]
仁川	[illegible]	[illegible]	[illegible]	[illegible]	[illegible]	[illegible]	[illegible]	[illegible]	[illegible]	[illegible]	[illegible]	[illegible]	[illegible]
大邱	[illegible]	[illegible]	[illegible]	[illegible]	[illegible]	[illegible]	[illegible]	[illegible]	[illegible]	[illegible]	[illegible]	[illegible]	[illegible]
全州	[illegible]	[illegible]	[illegible]	[illegible]	[illegible]	[illegible]	[illegible]	[illegible]	[illegible]	[illegible]	[illegible]	[illegible]	[illegible]
釜山	[illegible]	[illegible]	[illegible]	[illegible]	[illegible]	[illegible]	[illegible]	[illegible]	[illegible]	[illegible]	[illegible]	[illegible]	[illegible]
木浦	[illegible]	[illegible]	[illegible]	[illegible]	[illegible]	[illegible]	[illegible]	[illegible]	[illegible]	[illegible]	[illegible]	[illegible]	[illegible]
濟州	[illegible]	[illegible]	[illegible]	[illegible]	[illegible]	[illegible]	[illegible]	[illegible]	[illegible]	[illegible]	[illegible]	[illegible]	[illegible]
臺北	[illegible]	[illegible]	[illegible]	[illegible]	[illegible]	[illegible]	[illegible]	[illegible]	[illegible]	[illegible]	[illegible]	[illegible]	[illegible]
熊本	[illegible]	[illegible]	[illegible]	[illegible]	[illegible]	[illegible]	[illegible]	[illegible]	[illegible]	[illegible]	[illegible]	[illegible]	[illegible]
下關	[illegible]	[illegible]	[illegible]	[illegible]	[illegible]	[illegible]	[illegible]	[illegible]	[illegible]	[illegible]	[illegible]	[illegible]	[illegible]
大阪	[illegible]	[illegible]	[illegible]	[illegible]	[illegible]	[illegible]	[illegible]	[illegible]	[illegible]	[illegible]	[illegible]	[illegible]	[illegible]
東京	[illegible]	[illegible]	[illegible]	[illegible]	[illegible]	[illegible]	[illegible]	[illegible]	[illegible]	[illegible]	[illegible]	[illegible]	[illegible]
札幌	[illegible]	[illegible]	[illegible]	[illegible]	[illegible]	[illegible]	[illegible]	[illegible]	[illegible]	[illegible]	[illegible]	[illegible]	[illegible]
大泊	[illegible]	[illegible]	[illegible]	[illegible]	[illegible]	[illegible]	[illegible]	[illegible]	[illegible]	[illegible]	[illegible]	[illegible]	[illegible]
大連	[illegible]	[illegible]	[illegible]	[illegible]	[illegible]	[illegible]	[illegible]	[illegible]	[illegible]	[illegible]	[illegible]	[illegible]	[illegible]
奉天	[illegible]	[illegible]	[illegible]	[illegible]	[illegible]	[illegible]	[illegible]	[illegible]	[illegible]	[illegible]	[illegible]	[illegible]	[illegible]

寒暑風雨의極數

氣溫中 (−) 符號는零度以下를示함

地名	最高氣溫(攝氏度)	年	最低氣溫(攝氏度)	年	最大雨雪日量(粍)	年	最大雨雪月量(粍)	年	最大雨雪年量(粍)	年	最大風速度(米/秒)	年
雄基	三六・四	大正八年	(−)二八・〇	昭和六年	二〇九	大正四年	三九九	大正四年	一三二九	昭和三年	四〇・〇	大正五年
中江鎭	三八・〇	大正十三年	(−)四三・六	昭和八年	一〇〇	昭和四年	三五五	大正三年	一〇九六	昭和二年	一八・八	大正三年
城津	三六・一	大正八年	(−)二三・四	大正八年	一八七	大正三年	三二〇	昭和三年	一〇〇八	昭和三年	二五・三	大正十一年
龍岩浦	三六・二	昭和二年	(−)二六・八	昭和二年	二四四	昭和二年	五〇七	昭和二年	一三六〇	大正三年	二六・八	明治四十四年
元山	三九・八	明治三十九年	(−)二一・九	大正四年	三〇三	明治三十八年	五一五	明治四十一年	二〇二九	大正十一年	二〇・〇	昭和五年
平壤	三六・四	大正八年	(−)二八・五	大正六年	二一二	大正九年	五二五	大正十一年	一三四七	大正三年	一八・二	明治四十四年
江陵	三八・四	昭和四年	(−)一六・一	大正四年	三〇八	大正十年	六八四	大正十四年	一九〇七	大正十四年	二四・七	大正五年
京城	三六・五	大正八年	(−)二三・一	昭和二年	三五四	大正九年	八四八	大正十五年	一九三四	大正十四年	一九・五	明治四十一年
仁川	三六・九	昭和五年	(−)二〇・〇	昭和六年	二六八	大正十一年	八二四	大正十一年	一六〇二	大正十四年	三八・八	大正八年
大邱	三九・二	昭和七年	(−)一三・一	大正十二年	一四三	大正十五年	五〇一	明治四十三年	一五〇一	大正五年	一四・〇	大正十一年
全州	三七・一	大正十三年	(−)一七・七	昭和八年	一九九	大正九年	七〇〇	大正九年	一三六九	昭和五年	一四・四	大正十一年
釜山	三六・二	昭和四年	(−)一四・〇	大正四年	三五二	明治四十五年	六九二	大正十四年	二〇四七	明治三十八年	三四・七	明治三十七年
木浦	三六・〇	大正十三年	(−)一四・二	大正四年	二〇〇	明治四十年	四〇〇	明治四十三年	一六四四	大正五年	三四・八	明治四十四年
濟州	三七・〇	昭和七年	(−)五・九	昭和六年	三〇一	昭和二年	五〇〇	昭和二年	二〇一二	昭和二年	二六・九	昭和六年
臺北	三七・八	大正十年	(−)〇・二	明治三十四年	三九九	昭和五年	九四二	明治三十一年	三七八九	明治三十一年	三〇・三	明治三十二年
熊本	三七・八	昭和二年	(−)九・一	昭和四年	二九八	大正十二年	八六八	明治三十三年	三一〇三	明治三十八年	二六・八	昭和二年
下關	三五・九	明治二十七年	(−)六・五	明治三十四年	三一七	明治三十七年	七〇二	大正十二年	二五八五	大正十二年	三〇・七	明治二十八年
大阪	三九・八	明治四十二年	(−)七・五	明治二十四年	一五五	明治二十九年	六〇〇	明治三十六年	一八九九	明治三十六年	二九・九	大正元年
東京	三六・六	明治十九年	(−)九・六	昭和二年	一九四	大正九年	九四四	昭和四年	二二四四	大正九年	三二・七	大正六年
札幌	三三・六	大正十三年	(−)二六・六	昭和四年	一二四	明治三十七年	三六八	明治三十一年	一四〇三	明治十二年	二八・八	明治四十五年
大泊	三四・四	昭和三年	(−)三四・七	明治四十三年	八四	大正四年	二〇七	昭和五年	九九八	大正四年	三七・一	大正十四年
大連	三六・七	大正八年	(−)一九・九	昭和六年	一七〇	大正九年	四〇八	明治四十四年	一一三五	大正三年	三〇・九	大正八年
奉天	三八・二	大正九年	(−)三三・九	明治四十一年	一九九	明治四十四年	三六二	大正十二年	一〇六五	大正十二年	三六・三	昭和五年

水稻便覽

項目 ＼ 地方	北部	中部	南部
選種及浸種	四月中旬後半	四月下旬前半	四月下旬後半
苗代의整地及施肥	四月下旬前半	四月下旬後半	五月上旬前半
播種	四月下旬後半	五月上旬前半	五月上旬後半
苗代害蟲驅除	五月下旬	六月上旬	六月上旬
本田整地及施肥	五月下旬後半	六月上旬前半	六月上旬後半
移秧	六月上旬前半	六月十日前後	六月中旬
中耕除草	六月中旬乃至八月上旬	六月下旬乃至八月上旬	六月下旬乃至八月中旬
追肥（硫酸安母尼亞를물에溶解施肥）	六月下旬後半	七月上旬前半	七月上旬後半
害蟲驅除	七月下旬乃至八月下旬	七月上旬乃至九月上旬	七月上旬乃至九月中旬
稗拔	八月下旬	九月上旬	九月中旬
落水	九月上旬	九月中旬	九月下旬
收穫	九月下旬乃至十月上旬	十月中旬	十月下旬
乾燥	十月上旬	十月下旬	十一月上旬
調製	十月中旬	十一月上旬	十一月中旬
畓秋耕	十月下旬	十一月中旬	十一月下旬
收穫物의整理	十一月中旬	十一月下旬	十二月上旬
農具整理	十二月乃至三月	十二月乃至三月	十二月乃至三月
繩叺製造	十二月乃至三月	十二月乃至三月	十二月乃至三月

度量衡表

系	度						面	積	
米突法	미리메-돌 粍 米突의 千分之一	센치메-돌 糎 米突의 百分之一	데시메-돌 粉 米突의 十分之一	메-돌 米突	키로메-돌 粁 米突의 千倍	海里 千八百五十二米突	平方메-돌	土地 아-ㄹ 百平方米突	土地 헥타-ㄹ 百아-ㄹ
尺貫法	厘 三三〇〇	分 三三〇〇	寸 三三〇〇	尺 三三〇〇	町 九一六七	町 一六九七七	平方尺 一〇八九〇	歩 三〇二五〇	町 一〇〇八
야-드·폰드法	인치 〇〇三九	인치 〇三九四	푸-트 〇三二八	야-드 一〇九四	마일 〇六二一	마일 一一五二	平方야-드 一一九六		

系	量				衡				
米突法	立方메-돌	液體又粉狀物 데시리터 리터의 十分之一	液體又粉狀物 리터 立方데시메-돌	液體又粉狀物 키로리터 千리터	미리그람 瓱 키로그람의 百萬分之一	그람 瓦 키로그람의 千分之一	키로그람 瓩	톤 噸 키로그람의 千倍	寶石 카라트 二百미리그람
尺貫法	立方尺 三五九三七	勺 〇〇五五	合 五五四四	石 五五四四	毛 〇二六七	分 二六六七	貫 〇二六七	貫 二六六六七	厘 五三三三
야-드·폰드法	立方야-드 一三〇八		갈론 〇二六四	갈론 二六四一七	그레인 〇〇一五	그레인 一五四三二	폰드 二二〇五	英噸 〇九八四	그레인 三〇八六

尺	間	町	里	坪	段	升	貫	斤
메-돌 〇三〇三	메-돌 一八一八	메-돌 一〇九〇九一	키로메-돌 三九二七	아-ㄹ 〇〇三三	아-ㄹ 九九一七	리터 一八〇四	키로그람 三七五〇	키로그람 〇六〇〇

呎	碼	인치	푸-트	야-드	마일	온스	폰드	英噸
鯨尺 二六四〇	메-돌 〇三七九	센치메-돌 二五四〇	메-돌 三〇四八	메-돌 〇九一四	키로메-돌 一六〇九	그람 二八三五〇	키로그람 〇四五四	톤 一〇一六

國稅及道稅納期一覽

稅目	納期
國稅	[illegible]
道稅	[illegible]

內國通信·料金表

內國通常郵便料

第一種	書狀	[illegible]錢
	全部또는一部를封한것, 盲人用點字의郵封한것, 大藏省印刷局에서發行한 [illegible] 公文書, 證書, 書類, 受領證 [illegible], 其他 [illegible]	三十五匁마다 [illegible]
第二種	郵便葉書	通常葉書 · 往復葉書 · 封緘葉書 [illegible] 錢 [illegible] 厘
第三種	每月一回以上 [illegible] 發行하는定期刊行物로 [illegible] 認可를받은것	七十五匁마다 五厘
	日刊新聞紙 [illegible]	一號(一日分)百十五匁까지 [illegible]
	同上中盲人用點字의定期刊行物	五百五十匁마다 五厘
第四種	農産種子, 印刷物, 業務用書類, 寫眞, 書畫, 圖, 商品見本及模型, 植物 [illegible] 標本	百十匁마다 [illegible]
	盲人用點字의書籍, 印刷物及業務用書類	五百五十匁又는其端數마다 [illegible]
	第三種郵便物의 [illegible] 每月一回以上 [illegible] 發行 [illegible]	百十匁마다 [illegible]
第五種	第四種以外의 [illegible]	三百五十匁마다 五厘
	同上中盲人用點字의印刷物	百十匁마다 [illegible]

內國小包郵便料

重量	同一郵便區市內	其他	朝鮮外
五百匁之	二〇錢	二七	四二
一貫之	二〇錢	三四	四七
二貫之	二〇錢	四七	六二
三貫之	二〇錢	六〇	七五
四貫之	二〇錢	七三	八八
五貫之	二〇錢	七五	九四
六貫之	二〇錢	八五	一〇〇

內國通常電報料

地域別	和文 (十五字以內)	每五字增	和文 (十五字以內)	每五字增	歐文 (五語以內)	每一語增
一市內	十五錢	三錢	十五錢	三錢	十五錢	三錢
朝鮮內	三十錢	五錢	三十錢	五錢	三十錢	五錢
朝鮮과內地, 樺太及 [illegible]	四十錢	五錢	[illegible]	[illegible]	四十五錢	五錢
朝鮮과 [illegible]	三十錢	五錢	[illegible]	[illegible]	三十錢	五錢

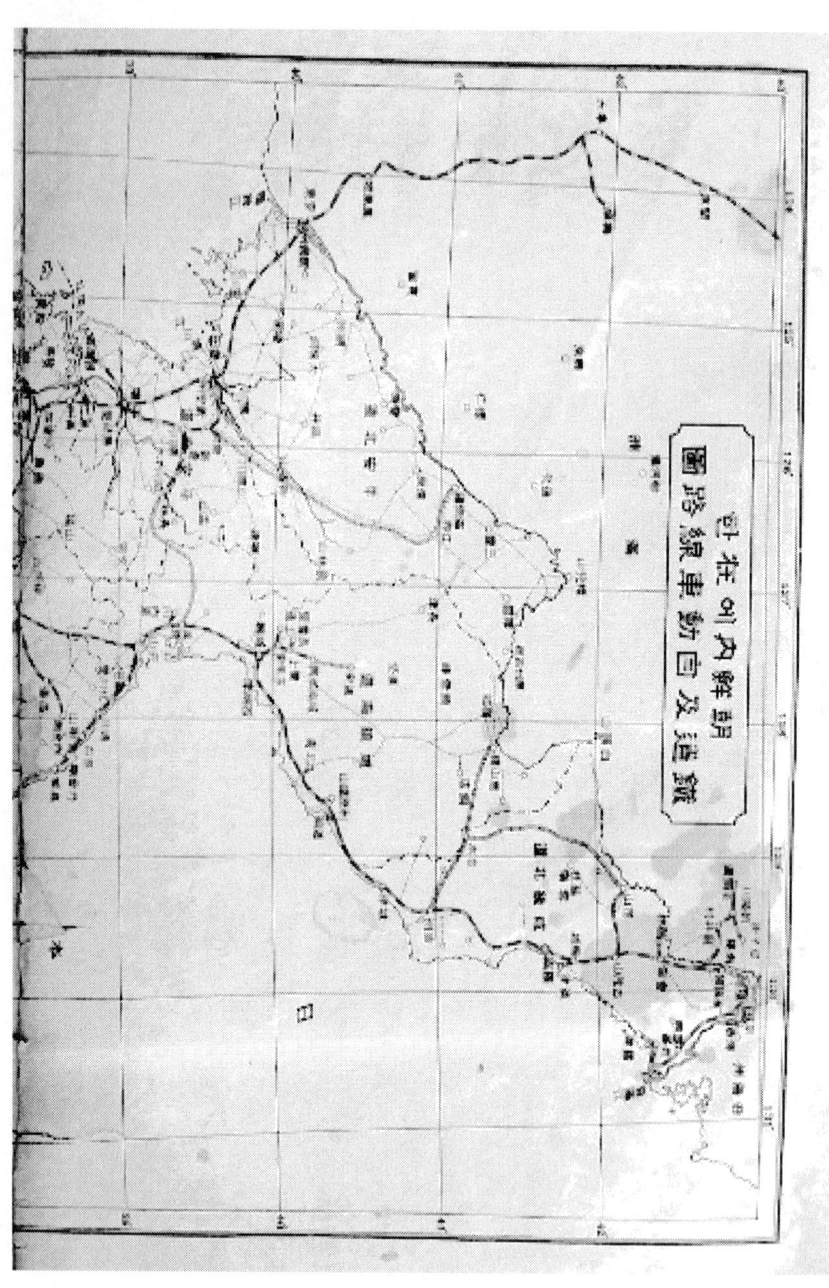
朝鮮內에在한
鐵道及自動車線路圖

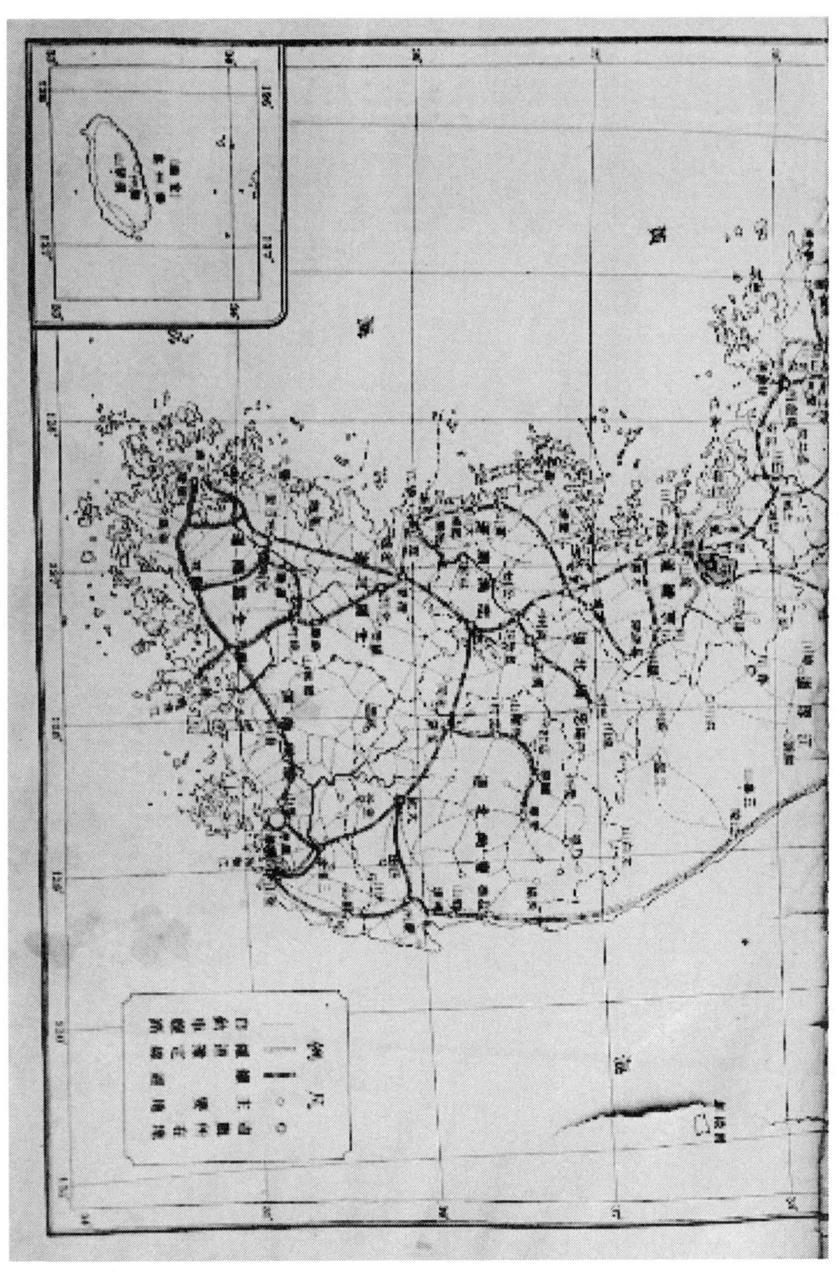

年神方位圖

嫁娶周堂圖

嫁娶日의周堂보는法

大月에는夫로부터順數하고小月에는婦로부터逆數하야第堂廚竈日을擇할지며만일翁姑에當할지라도翁姑가無한者는此를用함도無妨함

正五九月에는子日 二六十月에는卯日 三七十一月에는午日 四八十二月에는酉日

右各神所臨之地惟奏書博士宜向之餘各有所忌若有破壞須修營者以天德歲德月德天德合歲德合月德合天恩天赦母倉所會之辰或各神出遊日併工修營無妨

昭和八年九月三十日 印刷
昭和八年十月一日 發行

定價金拾錢

朝鮮總督府

印刷兼發賣所 京城府元町三丁目一番地
朝鮮書籍印刷株式會社

8　昭和十年朝鮮民暦（1935）

朝鮮總督府編纂
昭和十年朝鮮民曆

神武天皇即位紀元二千五百九十五年 昭和十年朝鮮民曆 乙亥平年三百六十五日 朝鮮總督府觀測所編纂

四方拜	一月一日
元始祭	一月三日
紀元節	二月十一日
春季皇靈祭	三月二十一日
神武天皇祭	四月三日
天長節	四月二十九日
秋季皇靈祭	九月二十四日
神嘗祭	十月十七日
明治節	十一月三日
新嘗祭	十一月二十三日
大正天皇祭	十二月二十五日

月表

一月大	二月平	三月大
四月小	五月大	六月小
七月大	八月大	九月小
十月大	十一月小	十二月大

日曜表

一月	六日 十三日 二十日 二十七日
二月	三日 十日 十七日 二十四日
三月	三日 十日 十七日 二十四日 三十一日
四月	七日 十四日 二十一日 二十八日
五月	五日 十二日 十九日 二十六日
六月	二日 九日 十六日 二十三日 三十日
七月	七日 十四日 二十一日 二十八日
八月	四日 十一日 十八日 二十五日
九月	一日 八日 十五日 二十二日 二十九日
十月	六日 十三日 二十日 二十七日
十一月	三日 十日 十七日 二十四日
十二月	一日 八日 十五日 二十二日 二十九日

月食 一月 十九日夜 二十日에

食分	皆旣	
初虧	午後十一時五十三分	下
食旣	午前零時三分	上偏右
食甚	午前零時四十七分	
生光	午前一時三十一分	[illegible]
復圓	午前二時四十一分	[illegible]

說明

本民曆에 揭載한 時刻은 本邦中央標準時를 用하고 日月出入及月食은 朝鮮總督府觀測所에서 보 ㅣ는바를 揭함

昭和十年中陰曆歲次乙亥年月表及節候表

月及朔之大小日		節氣		入節 日	干支	時刻	陽曆	節氣		入節 日	干支	時刻	陽曆
正月小	辛亥	立春	正月節	初二日	壬子	丑正三刻四分	二月五日	雨水	正月中	十六日	丙寅	亥正三刻七分	二月十九日
二月小	庚辰	驚蟄	二月節	初二日	辛巳	亥初初刻十一分	三月六日	春分	二月中	十七日	丙申	亥正一刻三分	三月二十一日
三月大	己酉	清明	三月節	初四日	壬子	丑正一刻十二分	四月六日	穀雨	三月中	十九日	丁卯	巳初三刻五分	四月二十一日
四月小	己卯	立夏	四月節	初四日	壬午	戌正初刻十二分	五月六日	小滿	四月中	二十日	戊戌	巳初一刻十分	五月二十二日
五月大	戊申	芒種	五月節	初七日	甲寅	子正二刻十二分	六月六日	夏至	五月中	廿二日	己巳	酉初二刻八分	六月二十二日
六月小	戊寅	小暑	六月節	初八日	乙酉	午初初刻六分	七月七日	大暑	六月中	廿四日	辛丑	寅正二刻三分	七月二十三日
七月大	丁未	立秋	七月節	初十日	丙辰	戌正三刻三分	八月八日	處暑	七月中	廿六日	壬申	午初一刻九分	八月二十四日
八月大	丁丑	白露	八月節	十一日	丁亥	子初一刻十分	九月八日	秋分	八月中	廿七日	癸卯	辰正二刻九分	九月二十四日
九月小	丁未	寒露	九月節	十二日	戊午	未正二刻六分	十月九日	霜降	九月中	廿七日	癸酉	酉初二刻零分	十月二十四日
十月大	丙子	立冬	十月節	十三日	戊子	酉初一刻三分	十一月八日	小雪	十月中	廿八日	癸卯	未正二刻六分	十一月二十三日
十一月大	丙午	大雪	十一月節	十三日	戊午	巳初三刻零分	十二月八日	冬至	十一月中	廿八日	癸酉	寅初二刻八分	十二月二十三日
十二月小	丙子	小寒	十二月節	十二日	丁亥	戌正三刻二分	一月六日	大寒	十二月中	廿七日	壬寅	未正初刻[illegible]	一月二十一日

一月大 三十一日

繩、叺、蓆具、俵、米實袋等의 製造畜舍鷄舍의 保温

日	曜	行事	月相	月出入	陰曆	干支	納音	宿	直	宜
一日	火	四方拜	甲戌十二月小	出月午前三時二十九分	廿六日	丁丑	水	觜	除	祭祀嫁娶移徙裁衣動土上樑[illegible]納財安葬에宜함
二日	水			出月午前四時二十七分	廿七日	戊寅	土	參	滿	裁衣動土上樑[illegible]開市納財에宜함
三日	木	元始祭		出月午前五時四十六分	廿八日	己卯	土	井	平	
四日	金			出月午前六時五十一分	廿九日	庚辰	金	鬼	定	祭祀에宜함
五日	土	新年宴會	● 合朔午後二時二十分	建丁丑十二月大	初一日	辛巳	金	柳	執	祭祀에宜함
六日	日			入月午後六時四十三分	初二日	壬午	木	星	執	小寒 十二月節

小寒 午後三時三分

舊十二月節

日出午前七時四十九分 晝間九時四十一分
日入午後五時三十分 夜間十四時十九分

日	曜	行事	月相	月出入	陰曆	干支	納音	宿	直	宜
七日	月			入月午後八時零分	初三日	癸未	木	張	破	祭祀破屋에宜함
八日	火			入月午後九時十五分	初四日	甲申	水	翼	危	祭祀移徙裁衣動土上樑[illegible]開市納財安葬에宜함
九日	水			入月午後十時二十七分	初五日	乙酉	水	軫	成	祭祀에宜함
十日	木			入月午後十一時三十六分	初六日	丙戌	土	角	收	祭祀에宜함
十一日	金				初七日	丁亥	土	亢	開	祭祀에宜함
十二日	土		◐ 上弦午前五時五十五分	入月午前零時四十五分	初八日	戊子	火	氐	閉	祭祀에宜함
十三日	日			入月午前一時五十二分	初九日	己丑	火	房	建	
十四日	月			入月午前二時五十九分	初十日	庚寅	木	心	除	嫁娶移徙裁衣動土上樑[illegible]納財安葬[illegible]橋에宜함

日	曜	記事	月出入	陰曆	干支	納音·宿	建除	宜忌
十五日	火		入月 午前四時 三分	十一日	辛卯	木尾	滿	祭祀에宜함
十六日	水		入月 午前五時 四分	十二日	壬辰	水箕	平	
十七日	木		入月 午前五時五十八分	十三日	癸巳	水斗	定	冠帶[illegible]裁衣動土上樑[illegible]納財에宜함
十八日	金		入月 午前六時四十五分	十四日	甲午	金牛	執	土王用事 祭祀에宜함
十九日	土	臘	入月 午前七時二十五分	十五日	乙未	金女	破	祭祀에宜함
二十日	日	○望 午前零時四十五分 月食	出月 午後六時二十一分	十六日	丙申	火虛	危	祭祀에宜함
二十一日	月		出月 午後七時二十 分	十七日	丁酉	火危	成	大寒 十二月中 移徙裁衣上樑[illegible]納財安葬[illegible]

大寒 午前八時二十九分 舊十二月中

日出午前七時四十五分 晝間九時五十九分
日入午後五時四十四分 夜間十四時一分

日	曜	記事	月出入	陰曆	干支	納音·宿	建除	宜忌
二十二日	火		出月 午後八時十八分	十八日	戊戌	木室	收	祭祀에宜함
二十三日	水		出月 午後九時十五分	十九日	己亥	木壁	開	祭祀에宜함
二十四日	木		出月 午後十時十二分	二十日	庚子	土奎	閉	祭祀裁衣安葬啓攢에宜함
二十五日	金		出月 午後十一時十 分	廿一日	辛丑	土婁	建	祭祀裁衣上樑[illegible]納財에宜함
二十六日	土			廿二日	壬寅	金胃	除	
二十七日	日		出月 午前零時十 分	廿三日	癸卯	金昴	滿	祭祀에宜함
二十八日	月	◐下弦 午前四時五十九分	出月 午前一時十三分	廿四日	甲辰	火畢	平	
二十九日	火		出月 午前二時十八分	廿五日	乙巳	火觜	定	祭祀에宜함
三十日	水		出月 午前三時二十五分	廿六日	丙午	水參	執	
三十一日	木		出月 午前四時三十分	廿七日	丁未	水井	破	

二月平 二十八日

繩叺·農具·張·乘實殺等의製造, 苹果의剪定, 麥追肥, 牛의手入, 抱卵準備

日	曜	月相	月出入	陰曆	干支	納音	宿	建除	宜
一日	金		月出 午前五時三十一分	廿八日	戊申	土	鬼	危	祭祀·開市·納財에宜함
二日	土		月出 午前六時二十四分	廿九日	己酉	土	柳	成	入學·移徙·裁衣·上樑·開市·納財에宜함
三日	日		月出 午前七時 九分	三十日	庚戌	金	星	收	祭祀에宜함
四日	月	● 合朔午前一時二十七分 乙亥建戊寅正月小		初一日	辛亥	金	張	開	祭祀에宜함
五日	火		月入 午後八時 四分	初二日	壬子	木	翼	開	立春 正月節 [illegible]
六日	水		月入 午後九時 十七分	初三日	癸丑	木	軫	閉	
七日	木		月入 午後十時二十九分	初四日	甲寅	水	角	建	裁衣·納財에宜함
八日	金		月入 午後十一時四十 分	初五日	乙卯	水	亢	除	
九日	土			初六日	丙辰	土	氐	滿	祭祀·入學·移徙·裁衣·動土·上樑·開市·納財·安葬에宜함
十日	日	◐ 上弦午後六時二十五分	月入 午前 零時四十九分	初七日	丁巳	土	房	平	祭祀에宜함
十一日	月		月入 午前 一時五十五分	初八日	戊午	火	心	定	祭祀·[illegible]·裁衣·動土·上樑·開市·納財에宜함
十二日	火		月入 午前 二時五十八分	初九日	己未	火	尾	執	
十三日	水		月入 午前 三時五十四分	初十日	庚申	木	箕	破	
十四日	木		月入 午前 四時四十三分	十一日	辛酉	木	斗	危	

紀元節

立春 午前[illegible]時四十九分

舊正月節 日出午前[illegible]時三十五分 晝間十時三十六分 日入午後五時一分 夜間十三時二十四分

白米 [illegible]

日	曜	月相	月出入	陰曆	干支	納音·宿·直	宜
十五日	金		月入午前五時二十五分	十二日	壬戌	水牛成	祭祀裁衣動土上樑開市納財安葬에宜함
十六日	土		月入午前六時一分	十三日	癸亥	水女收	祭祀에宜함
十七日	日		月入午前六時二十二分	十四日	甲子	金虛開	祭祀에宜함
十八日	月	○望午後八時十七分	月出午後六時十一分	十五日	乙丑	金危閉	
十九日	火		月出午後七時九分	十六日	丙寅	火室建	雨水 正月中 裁衣上樑納財安葬啓攢에宜함

雨水 午後十時五十二分

舊正月中

日出午前七時二十分 晝間十一時五十六分

日入午後六時十六分 夜間十二時四分

日	曜	月相	月出入	陰曆	干支	納音·宿·直	宜
二十日	水		月出午後八時六分	十七日	丁卯	火壁除	祭祀移徙裁衣動土上樑納財安葬啓攢에宜함
二十一日	木		月出午後九時四分	十八日	戊辰	木奎滿	祭祀裁衣에宜함
二十二日	金		月出午後十時三分	十九日	己巳	木婁平	
二十三日	土		月出午後十一時四分	二十日	庚午	土胃定	祭祀冠帶嫁娶移徙裁衣動土上樑開市納財安葬에宜함
二十四日	日			廿一日	辛未	土昴執	祭祀嫁娶移徙動土上樑安葬에宜함
二十五日	月		月出午前零時七分	廿二日	壬申	金畢破	祭祀破屋에宜함
二十六日	火	◑下弦午後七時十四分	月出午前一時十一分	廿三日	癸酉	金觜危	祭祀에宜함
二十七日	水		月出午前二時十五分	廿四日	甲戌	火參成	
二十八日	木		月出午前三時十六分	廿五日	乙亥	火井收	祭祀移徙裁衣動土上樑開市納財에宜함

三月大 三十日

桃梨의剪定桑田果樹園의病蟲害防除麥類의播種果樹園의施肥、
溫床準備甘藷床植溫床播種抱卵準備孵化育雛堆肥의切返

日	曜	月相	月出入	陰曆	干支	納音	宿	建	宜
一日	金		月出午前四時十一分	廿六日	丙子	水	鬼	開	祭祀移徙裁衣動土[illegible]納財에宜함
二日	土		月出午前四時五十八分	廿七日	丁丑	水	柳	閉	祭祀에宜함
三日	日		月出午前五時三十八分	廿八日	戊寅	土	星	建	裁衣上樑[illegible]納財安葬에宜함
四日	月		月出午前六時十四分	廿九日	己卯	土	張	除	
五日	火	● 合朔午前十一時四十分	建己卯二月小	初一日	庚辰	金	翼	滿	祭祀에宜함
六日	水		月入午後八時四分	初二日	辛巳	金	軫	滿	驚蟄二月節 祭祀에宜함

驚蟄 午後九時十分 **舊二月節** 日出午前六時零分 晝間十一時三十一分 日入午後六時三十一分 夜間十二時二十九分

日	曜	月相	月出入	陰曆	干支	納音	宿	建	宜
七日	木		月入午後九時十七分	初三日	壬午	木	角	平	祭祀에宜함
八日	金		月入午後十時三十九分	初四日	癸未	木	亢	定	祭祀冠帶[illegible]動土上樑[illegible]에宜함
九日	土		月入午後十一時四十 分	初五日	甲申	水	氐	執	祭祀에宜함
十日	日			初六日	乙酉	水	房	破	
十一日	月		月出午前零時四十六分	初七日	丙戌	土	心	危	祭祀에宜함
十二日	火	◐ 上弦午前九時三十分	月出午前一時四十六分	初八日	丁亥	土	尾	成	祭祀에宜함
十三日	水		月出午前二時三十九分	初九日	戊子	火	箕	收	
十四日	木		月出午前三時二十四分	初十日	己丑	火	斗	開	祭祀에宜함

紫	黃	赤
白	白	碧
綠	白	黑

春季皇靈祭

양력	요일	절기·월상	월출입	음력	간지	납음	수	건제	의기
十五日	金		入月午前四時 二分	十一日	庚寅	木	牛	閉	裁衣納財修擀에宜함
十六日	土		入月午前四時三十四分	十二日	辛卯	木	女	建	祭祀에宜함
十七日	日		入月午前五時 二分	十三日	壬辰	水	虛	除	
十八日	月		入月午前五時二十六分	十四日	癸巳	水	危	滿	祭祀에宜함
十九日	火		入月午前五時五十一分	十五日	甲午	金	室	平	祭祀에宜함
二十日	水	○望午後二時三十一分	出月午後六時五十七分	十六日	乙未	金	壁	定	祭祀에宜함
二十一日	木		出月午後七時五十六分	十七日	丙申	火	奎	執	春分 二月中 祭祀에宜함

春分 午後十時十八分 **舊二月中**

日出午前六時三十八分 晝間十二時七分
日入午後六時四十五分 夜間十一時五十三分

양력	요일	절기·월상	월출입	음력	간지	납음	수	건제	의기
二十二日	金		出月午後八時五十七分	十八日	丁酉	火	婁	破	
二十三日	土	社	出月午後十時零分	十九日	戊戌	木	胃	危	
二十四日	日		出月午後十一時 三分	二十日	己亥	木	昴	成	祭祀移徙裁衣動土上樑開市納財에宜함
二十五日	月			廿一日	庚子	土	畢	收	
二十六日	火		出月午前零時 七分	廿二日	辛丑	土	觜	開	祭祀移徙裁衣動土上樑에宜함
二十七日	水		出月午前一時 八分	廿三日	壬寅	金	參	閉	
二十八日	木	◐下弦午前五時五十一分	出月午前二時 三分	廿四日	癸卯	金	井	建	祭祀에宜함
二十九日	金		出月午前二時五十一分	廿五日	甲辰	火	鬼	除	祭祀移徙裁衣動土上樑安葬에宜함
三十日	土		出月午前三時三十三分	廿六日	乙巳	火	柳	滿	祭祀裁衣開市納財에宜함
三十一日	日		出月午前四時 九分	廿七日	丙午	水	星	平	祭祀에宜함

神武天皇祭

四月小 三十日

馬鈴薯大麻瓜類의播種 苗木類의植付 桑田의耕耘施肥 果樹桑樹接木 種穀의精選 秧椒의整地 豚의分娩 育雛

日	曜		月出入	陰曆	干支		宿	直	
一日	月		月出午前四時四十二分	廿八日	丁未	水	張	定	祭祀[illegible]移徙裁衣動土[illegible]納財에宜함
二日	火		月出午前五時十二分	廿九日	戊申	土	翼	執	
三日	水	●合朔午後九時十一分	建庚辰三月大	初一日	己酉	土	軫	破	
四日	木		月入午後八時 四分	初二日	庚戌	金	角	危	
五日	金		月入午後九時十六分	初三日	辛亥	金	亢	成	移徙裁衣動土[illegible]開市納財에宜함
六日	土	寒食	月入午後十時二十六分	初四日	壬子	木	氐	成	清明[illegible]節 祭祀[illegible]

清明 午前二時二十七分 **舊三月節**

日出午前五時十四分 晝間十二時四十六分
日入午後七時零分 夜間十一時十四分

日	曜		月出入	陰曆	干支		宿	直	
七日	日		月入午後十一時三十二分	初五日	癸丑	木	房	收	祭祀에宜함
八日	月			初六日	甲寅	水	心	開	移徙裁衣動土[illegible]開市에宜함
九日	火		月入午前零時二十九分	初七日	乙卯	水	尾	閉	
十日	水		月入午前一時十八分	初八日	丙辰	土	箕	建	祭祀에宜함
十一日	木	◐上弦午前二時四十二分	月入午前二時零分	初九日	丁巳	土	斗	除	祭祀移徙裁衣動土[illegible]開市納財에宜함
十二日	金		月入午前二時三十四分	初十日	戊午	火	牛	滿	祭祀에宜함
十三日	土		月入午前三時 四分	十一日	己未	火	女	平	
十四日	日		月入午前三時三十分	十二日	庚申	木	虛	定	祭祀에宜함

白 黑 白
綠 紫 青
白 赤 碧

天長節

日	曜	月相	月出入	陰曆	干支	納音	宿	直	宜
十五日	月		月入午前三時五十四分	十三日	辛酉	木	危	執	祭祀에宜함
十六日	火		月入午前四時十八分	十四日	壬戌	水	室	破	祭祀에宜함
十七日	水		月入午前四時四十一分	十五日	癸亥	水	壁	危	
十八日	木		月入午前五時六分	十六日	甲子	金	奎	成	土王用事 祭祀上樑時卯에宜함
十九日	金	○望午前六時十分	月出午後七時五十一分	十七日	乙丑	金	婁	收	祭祀納財에宜함
二十日	土		月出午後八時五十五分	十八日	丙寅	火	胃	開	祭祀裁衣上樑時未開市納財에宜함
二十一日	日		月出午後十時零分	十九日	丁卯	火	昴	閉	穀雨三月中 祭祀裁衣에宜함
穀雨 午前九時五十分 **舊三月中** 日出午前五時五十二分 日入午後七時十二分 晝間十三時二十一分 夜間十時三十九分									
二十二日	月		月出午後十一時二分	二十日	戊辰	木	畢	建	
二十三日	火		月出午後十一時五十九分	廿一日	己巳	木	觜	除	
二十四日	水			廿二日	庚午	土	參	滿	祭祀에宜함
二十五日	木		月出午前零時四十九分	廿三日	辛未	土	井	平	
二十六日	金	◑下弦午後一時二十一分	月出午前一時三十一分	廿四日	壬申	金	鬼	定	祭祀에宜함
二十七日	土		月出午前二時八分	廿五日	癸酉	金	柳	執	祭祀安葬에宜함
二十八日	日		月出午前二時四十一分	廿六日	甲戌	火	星	破	祭祀에宜함
二十九日	月		月出午前三時十一分	廿七日	乙亥	火	張	危	
三十日	火		月出午前三時四十分	廿八日	丙子	水	翼	成	祭祀嫁娶裁衣上樑時卯開市納財栽種에宜함

五月大 三十一日

水稻陸稻棉粟大小豆蔬菜의播種, 春蠶의催青掃立, 麥의黑穗拔除, 甘藷苗의移植, 病蟲害豫防藥撒布, 牛馬豚의種付

日	曜	朔弦	月出入	陰曆	干支	納音	宿	建除	宜
一日	水		月出 午前四時十一分	廿九日	丁丑	水	軫	收	祭祀嫁娶移徙裁衣上樑納財安葬에宜함
二日	木		月出 午前四時四十三分	三十日	戊寅	土	角	開	
三日	金	● 合朔午前一時三十六分	建辛巳四月小	初一日	己卯	土	亢	閉	
四日	土		月入 午後九時十二分	初二日	庚辰	金	氐	建	
五日	日		月入 午後十時十四分	初三日	辛巳	金	房	除	
六日	月		月入 午後十一時 八分	初四日	壬午	木	心	除	立夏四月節 祭祀安葬에宜함
立夏 午後八時十二分			舊四月節		日出午前五時三十四分 日入午後七時二十七分		晝間十三時五十二分 夜間十時八分		
七日	火		月入 午後十一時五十四分	初五日	癸未	木	尾	滿	祭祀에宜함
八日	水			初六日	甲申	水	箕	平	祭祀에宜함
九日	木		月入 午前零時三十二分	初七日	乙酉	水	斗	定	祭祀嫁娶移徙裁衣上樑開市納財安葬에宜함
十日	金	◐ 上弦午後八時五十四分	月入 午前一時 四分	初八日	丙戌	土	牛	執	祭祀裁衣에宜함
十一日	土		月入 午前一時三十一分	初九日	丁亥	土	女	破	破屋에宜함
十二日	日		月入 午前一時五十八分	初十日	戊子	火	虛	危	祭祀裁衣에宜함
十三日	月		月入 午前二時二十分	十一日	己丑	火	危	成	祭祀에宜함
十四日	火		月入 午前二時四十三分	十二日	庚寅	木	室	收	嫁娶移徙裁衣上樑納財安葬破土에宜함

赤	碧	黃
白	白	白
黑	綠	紫

日	曜	弦望	月出入	陰曆	干支	納音	宿	建除	宜
十五日	水		月入午前三時八分	十三日	辛卯	木	壁	閉	祭祀裁衣移徙發動上樑開市納財에宜함
十六日	木		月入午前三時三十五分	十四日	壬辰	水	奎	閉	
十七日	金		月入午前四時五分	十五日	癸巳	水	婁	建	祭祀에宜함
十八日	土	○望午後六時五十七分	月出午後七時四十八分	十六日	甲午	金	胃	除	祭祀裁衣移徙發動上樑安葬에宜함
十九日	日		月出午後八時五十二分	十七日	乙未	金	昴	滿	祭祀에宜함
二十日	月		月出午後九時五十二分	十八日	丙申	火	畢	平	祭祀裁衣移徙發動上樑開市納財에宜함
二十一日	火		月出午後十時四十五分	十九日	丁酉	火	觜	定	祭祀裁衣移徙發動上樑開市納財安葬에宜함
二十二日	水		月出午後十一時三十一分	二十日	戊戌	木	參	執	小滿四月中 祭祀裁衣移徙發動上樑에宜함

小滿 午前九時二十五分 **舊四月中**

日出午前五時二十分 晝間十四時二十分

日入午後七時四十分 夜間九時四十分

日	曜	弦望	月出入	陰曆	干支	納音	宿	建除	宜
二十三日	木			二十一日	己亥	木	井	破	祭祀破屋에宜함
二十四日	金		月出午前零時九分	二十二日	庚子	土	鬼	危	祭祀裁衣移徙發動上樑安葬啓攢에宜함
二十五日	土	◐下弦午後六時四十四分	月出午前零時四十三分	二十三日	辛丑	土	柳	成	祭祀에宜함
二十六日	日		月出午前一時十三分	二十四日	壬寅	金	星	收	
二十七日	月		月出午前一時四十二分	二十五日	癸卯	金	張	開	祭祀에宜함
二十八日	火		月出午前二時十一分	二十六日	甲辰	火	翼	閉	
二十九日	水		月出午前二時四十三分	二十七日	乙巳	火	軫	建	祭祀裁衣移徙發動上樑에宜함
三十日	木		月出午前三時十六分	二十八日	丙午	水	角	除	祭祀에宜함
三十一日	金		月出午前三時五十五分	二十九日	丁未	水	亢	滿	祭祀에宜함

六月小 三十日

移秧麥收穫桑의林道桑田의耕耘施肥甘藷苗移植果間拔果實의被袋綠肥收穫病果拔除田의除草耕耘牛馬豚의種付

日	曜	月相	月入	陰曆	干支	納音	宿	建除	宜
一日	土	●合朔午後四時五十二分	建壬午五月大	初一日	戊申	土	氐	平	祭祀에宜함
二日	日		月入午後八時五十七分	初二日	己酉	土	房	定	祭祀[illegible]上樑開市納財安葬에宜함
三日	月		月入午後九時四十六分	初三日	庚戌	金	心	執	祭祀[illegible]發動土上樑安葬에宜함
四日	火		月入午後十時二十七分	初四日	辛亥	金	尾	破	祭祀破屋에宜함
五日	水		月入午後十一時 二分	初五日	壬子	木	箕	危	
六日	木		月入午後十一時三十二分	初六日	癸丑	木	斗	成	發動土上樑開市納財에宜함
七日	金		月入午後十一時五十八分	初七日	甲寅	水	牛	成	芒種五月節 發動土上樑開市納財修屋에宜함
八日	土			初八日	乙卯	水	女	收	祭祀에宜함
九日	日	◐上弦午後二時四十九分	月入午前零時二十二分	初九日	丙辰	土	虛	開	祭祀移徙發動土上樑開市納財에宜함
十日	月		月入午前零時四十五分	初十日	丁巳	土	危	閉	[illegible]에宜함
十一日	火		月入午前一時 九分	十一日	戊午	火	室	建	
十二日	水		月入午前一時三十四分	十二日	己未	火	壁	除	祭祀移徙發動土上樑開市納財安葬에宜함
十三日	木		月入午前二時 三分	十三日	庚申	木	奎	滿	祭祀移徙發開市納財安葬에宜함
十四日	金		月入午前二時三十六分	十四日	辛酉	木	婁	平	祭祀에宜함

芒種 午前零時四十二分

舊五月節 日出午前五時十一分 晝間十四時三十九分 日入午後七時五十一分 夜間九時二十一分

日	曜	月相	月出入	舊曆	干支		宿	建除	宜忌
十五日	土		月入午前三時十六分	十五日	壬戌	水	胃	定	祭祀,祈福,[illegible],上樑時에宜함
十六日	日		月入午前四時五分	十六日	癸亥	水	昴	執	祭祀에宜함
十七日	月	○望午前五時二十分	月出午後八時三十七分	十七日	甲子	金	畢	破	
十八日	火		月出午後九時二十六分	十八日	乙丑	金	觜	危	祭祀에宜함
十九日	水		月出午後十時九分	十九日	丙寅	火	參	成	祭祀,裁衣,動土,上樑[illegible],開市,納財,安葬,[illegible]에宜함
二十日	木		月出午後十時四十四分	二十日	丁卯	火	井	收	祭祀에宜함
二十一日	金		月出午後十一時十六分	廿一日	戊辰	木	鬼	開	祭祀에宜함
二十二日	土		月出午後十一時四十六分	廿二日	己巳	木	柳	閉	夏至 五月中 祭祀에宜함

夏至 午後五時三十八分 **舊五月中**

日出午前五時十六分 晝間十四時四十五分

日入午後七時五十一分 夜間九時十五分

日	曜	月相	月出入	舊曆	干支		宿	建除	宜忌
二十三日	日	◐下弦午後十時二十二分		廿三日	庚午	土	星	建	
二十四日	月		月出午前零時十四分	廿四日	辛未	土	張	除	祭祀,[illegible],移徙,裁衣,動土,上樑[illegible],納財,安葬에宜함
二十五日	火		月出午前零時四十四分	廿五日	壬申	金	翼	滿	祭祀,移徙,安葬에宜함 [illegible]
二十六日	水		月出午前一時十七分	廿六日	癸酉	金	軫	平	
二十七日	木		月出午前一時五十六分	廿七日	甲戌	火	角	定	祭祀,[illegible],裁衣,動土,上樑[illegible],納財에宜함
二十八日	金		月出午前二時三十六分	廿八日	乙亥	火	亢	執	祭祀에宜함
二十九日	土		月出午前三時二十五分	廿九日	丙子	水	氐	破	祭祀에宜함
三十日	日		月出午前四時二十分	三十日	丁丑	水	房	危	祭祀에宜함

七月大 三十一日

畓의除草蕎麥의播種桑田의除草栗의培土馬鈴薯大麻의收穫果樹
夏季剪定蔬菜의耕耘追肥堆肥製造二期作馬鈴薯播種雄雛淘汰

日	曜	記事	月出入	陰曆	干支	納音	宿	建除	宜
一日	月	●合朔午前四時四十五分建癸未六月小		初一日	戊寅	土	心	成	裁衣動土移徙開市納財에宜함
二日	火		月入午後九時 一分	初二日	己卯	土	尾	收	祭祀에宜함
三日	水		月入午後九時三十二分	初三日	庚辰	金	箕	開	祭祀에宜함
四日	水		月入午後九時五十九分	初四日	辛巳	金	斗	閉	祭祀에宜함
五日	金		月入午後十時二十四分	初五日	壬午	木	牛	建	
六日	土		月入午後十時四十八分	初六日	癸未	木	女	除	療病納財安葬에宜함
七日	日		月入午後十一時十一分	初七日	甲申	水	虛	滿	祭祀移徙裁衣開市納財安葬에宜함
八日	月		月入午後十一時三十五分	初八日	乙酉	水	危	滿	小暑 六月節

小暑 午前十一時六分

舊六月節

日出午前五時十九分 晝間十四時三十九分
日入午後七時五十七分 夜間九時二十一分

日	曜	記事	月出入	陰曆	干支	納音	宿	建除	宜
九日	火	◐上弦午前七時二十八分		初九日	丙戌	土	室	平	
十日	水		月入午前零時 二分	初十日	丁亥	土	壁	定	
十一日	木		月入午前零時三十二分	十一日	戊子	火	奎	執	祭祀裁衣에宜함
十二日	金		月入午前一時 九分	十二日	己丑	火	婁	破	祭祀에宜함
十三日	土	初伏	月入午前一時五十三分	十三日	庚寅	木	胃	危	開市納財[illegible]에宜함
十四日	日		月入午前二時四十六分	十四日	辛卯	木	昴	成	祭祀에宜함

碧白赤
白白黑
黃綠黑

日	曜	月相	月出入	陰曆	干支	納音	宿	直	宜
十五日	月		月入午前三時四十九分	十五日	壬辰	水	畢	收	祭祀納財에宜함
十六日	火	○望午後三時零分	月出午後八時 二分	十六日	癸巳	水	觜	開	祭祀에宜함
十七日	水		月出午後八時四十二分	十七日	甲午	金	參	閉	祭祀裁衣安葬에宜함
十八日	木		月出午後九時 十六分	十八日	乙未	金	井	建	祭祀嫁娶에宜함
十九日	金		月出午後九時四十七分	十九日	丙申	火	鬼	除	祭祀에宜함
二十日	土		月出午後十時 十七分	二十日	丁酉	火	柳	滿	祭祀에宜함
二十一日	日		月出午後十時四十七分	卄一日	戊戌	木	星	平	土王用事
二十二日	月		月出午後十一時 十九分	卄二日	己亥	木	張	定	祭祀冠帶[illegible]移徙裁衣[illegible]納財[illegible]에宜함
二十三日	火	◑下弦午前四時四十三分 中伏	月出午後十一時五十四分	卄三日	庚子	土	翼	執	
二十四日	水			卄四日	辛丑	土	軫	破	大暑 六月中

大暑 午前四時三十三分 舊六月中

日出午前五時三十分 晝間十四時二十分
日入午後七時四十九分 夜間九時四十分

日	曜	月相	月出入	陰曆	干支	納音	宿	直	宜
二十五日	木		月入午前零時三十五分	卄五日	壬寅	金	角	危	開市納財[illegible]에宜함
二十六日	金		月入午前一時二十一分	卄六日	癸卯	金	亢	成	[illegible]移徙裁衣上樑[illegible]開市納財[illegible]에宜함
二十七日	土		月入午前二時十三分	卄七日	甲辰	火	氐	收	祭祀嫁娶移徙裁衣上樑[illegible]納財安葬에宜함
二十八日	日		月入午前三時十一分	卄八日	乙巳	火	房	開	祭祀에宜함
二十九日	月		月入午前四時十一分	卄九日	丙午	水	心	閉	
三十日	火	●合朔午後六時三十二分	建甲申七月大	初一日	丁未	水	尾	建	祭祀에宜함
三十一日	水		月入午後八時 二分	初二日	戊申	土	箕	除	祭祀에宜함

白	白	白
赤	黃	碧
黑	紫	綠

八月大 三十一日

蕎麥播種 白菜蘿蔔의播種 桑天牛卵의取除 秋蠶의催靑 稻立 陸稻培土 堆肥切返 棉摘心 病果拔除 鷄의換羽期管理

日	曜	記事	月出入	陰曆	干支	納音	宿	建除	宜
一日	木		月入午後八時二十八分	初三日	己酉	土	斗	滿	祭祀嫁娶移徙裁衣上樑開市納財에宜함
二日	金		月入午後八時五十二分	初四日	庚戌	金	牛	平	
三日	土		月入午後九時十五分	初五日	辛亥	金	女	定	祭祀에宜함
四日	日		月入午後九時三十九分	初六日	壬子	木	虛	執	
五日	月		月入午後十時四分	初七日	癸丑	木	危	破	
六日	火		月入午後十時三十二分	初八日	甲寅	水	室	危	移徙上樑安葬에宜함
七日	水	◐上弦午後十時二十三分	月入午後十一時五分	初九日	乙卯	水	壁	成	
八日	木		月入午後十一時四十四分	初十日	丙辰	土	奎	成	立秋七月節 祭祀에宜함
九日	金			十一日	丁巳	土	婁	收	祭祀嫁娶移徙裁衣上樑開市納財에宜함

立秋 午後八時四十八分 **舊七月節** 日出午前五時四十二分 晝間十三時五十四分 日入午後七時三十六分 夜間十時六分

日	曜	記事	月出入	陰曆	干支	納音	宿	建除	宜
十日	土		月入午前零時二十二分	十二日	戊午	火	胃	開	祭祀嫁娶移徙裁衣動土上樑開市에宜함
十一日	日		月入午前一時二十九分	十三日	己未	火	昴	閉	
十二日	月	末伏	月入午前二時三十六分	十四日	庚申	木	畢	建	
十三日	火		月入午前三時四十八分	十五日	辛酉	木	觜	除	安葬에宜함
十四日	水	○望午後九時四十四分	月出午後七時十二分	十六日	壬戌	水	參	滿	嫁娶移徙裁衣動土上樑開市納財安葬에宜함

日	曜	月相	月出·月入	陰曆	干支	五行	宿	建除	宜忌
十五日	木		月出午後七時四十四分	十七日	癸亥	水	井	平	祭祀에宜함
十六日	金		月出午後八時十六分	十八日	甲子	金	鬼	定	祭祀冠帶會親友裁衣動土上樑開市納財에宜함
十七日	土		月出午後八時四十七分	十九日	乙丑	金	柳	執	
十八日	日		月出午後九時二十分	二十日	丙寅	火	星	破	
十九日	月		月出午後九時五十五分	廿一日	丁卯	火	張	危	祭祀嫁娶移徙裁衣上樑安葬修橋에宜함
二十日	火		月出午後十時三十四分	廿二日	戊辰	木	翼	成	祭祀動土上樑安葬에宜함
二十一日	水	◐下弦午後零時十六分	月出午後十一時十九分	廿三日	己巳	木	軫	收	祭祀에宜함
二十二日	木			廿四日	庚午	土	角	開	祭祀에宜함
二十三日	金		月出午前零時十分	廿五日	辛未	土	亢	閉	
二十四日	土		月出午前一時六分	廿六日	壬申	金	氐	建	處暑七月中 祭祀嫁娶移徙裁衣上樑納財安葬에宜함

處暑 午前十一時二十四分 舊七月中

日出午前五時五十分 晝間十三時二十分

日入午後七時十六分 夜間十時四十分

日	曜	月相	月出·月入	陰曆	干支	五行	宿	建除	宜忌
二十五日	日		月出午前二時五分	廿七日	癸酉	金	房	除	祭祀裁衣動土上樑納財安葬에宜함
二十六日	月		月出午前三時五分	廿八日	甲戌	火	心	滿	嫁娶에宜함
二十七日	火		月出午前四時五分	廿九日	乙亥	火	尾	平	祭祀에宜함
二十八日	水		月出午前五時四分	三十日	丙子	水	箕	定	祭祀에宜함
二十九日	木	●合朔午前十時零分	建乙酉八月大	初一日	丁丑	水	斗	執	祭祀裁衣動土上樑納財安葬에宜함
三十日	金		月入午後七時二十分	初二日	戊寅	土	牛	破	
三十一日	土		月入午後七時四十四分	初三日	己卯	土	女	危	祭祀에宜함

碧	白	白
黑	綠	白
赤	紫	黃

九月小 三十日

螟蟲被害稻의拔除燒却, 小麥秋時綠肥의播種, 粟大豆의收穫,
果樹除袋, 乾草製造, 豚의分娩

日	曜	弦望	月入·月出	陰曆	干支	納音	宿	建除	宜
一日	日		月入午後八時 八分	初四日	庚辰	金	虛	成	
二日	月		月入午後八時三十五分	初五日	辛巳	金	危	收	
三日	火		月入午後九時 六分	初六日	壬午	木	室	開	祭祀嫁娶移徙裁衣動土種蒔開市納財에宜함
四日	水		月入午後九時四十二分	初七日	癸未	木	壁	閉	祭祀에宜함
五日	木		月入午後十時二十五分	初八日	甲申	水	奎	建	嫁娶裁衣納財에宜함
六日	金	◐上弦午前四時二十六分	月入午後十一時十七分	初九日	乙酉	水	婁	除	安葬에宜함
七日	土			初十日	丙戌	土	胃	滿	裁衣에宜함
八日	日		月入午前零時 十七分	十一日	丁亥	土	昴	滿	白露八月節 祭祀에宜함

白露 午後十一時二十五分

舊八月節 日出午前六時八分 晝間十二時四十六分 日入午後六時五十四分 夜間十一時十四分

日	曜	弦望	月入·月出	陰曆	干支	納音	宿	建除	宜
九日	月		月入午前一時二十五分	十二日	戊子	火	畢	平	祭祀에宜함
十日	火		月入午前二時三十七分	十三日	己丑	火	觜	定	
十一日	水		月入午前三時五十二分	十四日	庚寅	木	參	執	
十二日	木		月入午前五時 分	十五日	辛卯	木	井	破	
十三日	金	○望午前五時十八分	月出午後六時四十四分	十六日	壬辰	水	鬼	危	祭祀에宜함
十四日	土		月出午後七時 十六分	十七日	癸巳	水	柳	成	祭祀移徙裁衣動土種蒔開市納財에宜함

秋季皇靈祭

日	曜	記事	月出入	陰曆	干支	納音	宿	建除	宜
十五日	日		月出午後七時五十二分	十八日	甲午	金	星	收	祭祀에宜함
十六日	月		月出午後八時三十分	十九日	乙未	金	張	開	祭祀冠帶移徙上樑卯時에宜함
十七日	火		月出午後九時十四分	二十日	丙申	火	翼	閉	祭祀裁衣納財安葬에宜함
十八日	水		月出午後十時五分	廿一日	丁酉	火	軫	建	祭祀에宜함
十九日	木	◐下弦午後十一時十三分 社	月出午後十一時零分	廿二日	戊戌	木	角	除	祭祀에宜함
二十日	金		月出午後十一時五十九分	廿三日	己亥	木	亢	滿	祭祀에宜함
二十一日	土			廿四日	庚子	土	氐	平	祭祀에宜함
二十二日	日		月出午前零時五十九分	廿五日	辛丑	土	房	定	裁衣納財에宜함
二十三日	月		月出午前一時五十九分	廿六日	壬寅	金	心	執	
二十四日	火		月出午前二時五十八分	廿七日	癸卯	金	尾	破	秋分八月中

秋分 午前八時三十九分 **舊八月中**

日出午前六時二十二分 晝間十二時八分
日入午後六時三十分 夜間十一時五十二分

日	曜	記事	月出入	陰曆	干支	納音	宿	建除	宜
二十五日	水		月出午前三時五十六分	廿八日	甲辰	火	箕	危	
二十六日	木		月出午前四時五十二分	廿九日	乙巳	火	斗	成	祭祀冠帶移徙裁衣動土上樑辰時開市納財에宜함
二十七日	金		月出午前五時五十分	三十日	丙午	水	牛	收	祭祀에宜함
二十八日	土	●合朔午前二時二十九分	建丙戌九月小	初一日	丁未	水	女	開	祭祀移徙裁衣上樑巳時에宜함
二十九日	日		月入午後六時四十分	初二日	戊申	土	虛	閉	祭祀裁衣納財安葬에宜함
三十日	月		月入午後七時二十分	初三日	己酉	土	危	建	

紫	赤	黑
黃	碧	白
綠	白	白

十月大 三十一日

大麥의播種桑田의害蟲驅除種稻의選種大豆甘藷馬鈴薯의收穫貯藏果實貯藏庫修理消毒農繁期의畜牛愛撫

日	曜	月相	月出入	陰曆	干支	五行	宿	直	宜
一日	火		月入午後七時四十四分	初四日	庚戌	金	室	除	祭祀嫁娶移徙動土上樑安葬에宜함
二日	水		月入午後八時二十四分	初五日	辛亥	金	壁	滿	祭祀에宜함
三日	木		月入午後九時十二分	初六日	壬子	木	奎	平	祭祀에宜함
四日	金		月入午後十時八分	初七日	癸丑	木	婁	定	祭祀移徙裁衣動土上樑納財에宜함
五日	土	◐上弦午後十時四十分	月入午後十一時十二分	初八日	甲寅	水	胃	執	
六日	日			初九日	乙卯	水	昴	破	
七日	月		月入午前零時十九分	初十日	丙辰	土	畢	危	
八日	火		月入午前一時三十分	十一日	丁巳	土	觜	成	祭祀嫁娶移徙裁衣動土上樑開市納財에宜함
九日	水		月入午前二時四十三分	十二日	戊午	火	參	成	寒露 九月節

寒露 午後二時三十分

舊九月節 日出午前六時二十五分 晝間十一時四十二分 日入午後六時七分 夜間十二時十八分

日	曜	月相	月出入	陰曆	干支	五行	宿	直	宜
十日	木		月入午前三時五十六分	十三日	己未	火	井	收	
十一日	金		月入午前五時十分	十四日	庚申	木	鬼	開	祭祀에宜함
十二日	土	○望午後一時三十九分	月出午後五時四十四分	十五日	辛酉	木	柳	閉	祭祀裁衣에宜함
十三日	日		月出午後六時二十二分	十六日	壬戌	水	星	建	祭祀移徙上樑祭祀에宜함
十四日	月		月出午後六時五分	十七日	癸亥	水	張	除	祭祀에宜함

神嘗祭

日	曜	月相	潮	陰曆	干支	納音	宿	直	宜忌
十五日	火		潮午後七時五十四分	十八日	甲子	金	翼	滿	祭祀에宜함
十六日	水		潮午後八時四十九分	十九日	乙丑	金	軫	平	
十七日	木		潮午後九時四十九分	二十日	丙寅	火	角	定	
十八日	金		潮午後十時五十分	廿一日	丁卯	火	亢	執	祭祀嫁娶安葬啓攢에宜함
十九日	土	◑下弦午後三時二十六分	潮午後十一時五十一分	廿二日	戊辰	木	氐	破	祭祀破屋에宜함
二十日	日			廿三日	己巳	木	房	危	祭祀에宜함
二十一日	月		潮午前零時五十一分	廿四日	庚午	土	心	成	吉事 祭祀嫁娶移徙裁衣上樑開市納財安葬에宜함
二十二日	火		潮午前一時四十九分	廿五日	辛未	土	尾	收	祭祀에宜함
二十三日	水		潮午前二時四十六分	廿六日	壬申	金	箕	開	祭祀移徙裁衣上樑開市納財에宜함
二十四日	木		潮午前三時四十二分	廿七日	癸酉	金	斗	閉	霜降九月中 祭祀裁衣에宜함

霜降 午後五時三十分 **舊九月中** 日出午前六時四十九分 日入午後五時四十六分 晝間十時五十七分 夜間十三時二分

日	曜	月相	潮	陰曆	干支	納音	宿	直	宜忌
二十五日	金		潮午前四時四十分	廿八日	甲戌	火	牛	建	
二十六日	土		潮午前五時三十七分	廿九日	乙亥	火	女	除	
二十七日	日	●合朔午後七時十五分	建十月丁亥大	初一日	丙子	水	虛	滿	祭祀上樑安葬啓攢에宜함
二十八日	月		潮午後五時四十五分	初二日	丁丑	水	危	平	
二十九日	火		潮午後六時二十五分	初三日	戊寅	土	室	定	
三十日	水		潮午後七時十一分	初四日	己卯	土	壁	執	祭祀嫁娶安葬에宜함
三十一日	木		潮午後八時四分	初五日	庚辰	金	奎	破	祭祀에宜함

白綠碧
白黑赤
白紫黃

明治節

十一月小 三十日

麥의培土畓의秋耕果樹園의落葉燒却深耕施肥果實蔬菜의收穫貯藏
厩舍의整理桑田深耕施肥桑樹秋植畜舍雞舍의防寒設備豚의種付

日	曜	月相	月出入	陰曆	干支	納音	宿	直	宜
一日	金		入月午後九時 五分	初六日	辛巳	金	婁	危	祭祀에宜함
二日	土		入月午後十時十 分	初七日	壬午	木	胃	成	祭祀移徙裁衣上樑竪柱開市納財安葬에宜함
三日	日		入月午後十一時 十九分	初八日	癸未	木	昴	收	祭祀에宜함
四日	月	◐上弦午前八時十二分		初九日	甲申	水	畢	開	祭祀裁衣上樑竪柱開市에宜함
五日	火		入月午前零時二十八分	初十日	乙酉	水	觜	閉	
六日	水		入月午前一時三十八分	十一日	丙戌	土	參	建	祭祀冠帶移徙裁衣上樑竪柱納財安葬에宜함
七日	木		入月午前二時四十九分	十二日	丁亥	土	井	除	
八日	金		入月午前四時 一分	十三日	戊子	火	鬼	除	立冬十月節

立冬 午後五時十八分 **舊十月節**
日出午前七時四分 晝間十時二十六分
日入午後五時三十分 夜間十三時三十四分

日	曜	月相	月出入	陰曆	干支	納音	宿	直	宜
九日	土		入月午前五時 十四分	十四日	己丑	火	柳	滿	祭祀에宜함
十日	日	○望午後十時四十二分	出月午後四時五十四分	十五日	庚寅	木	星	平	移徙裁衣動土上樑開市納財安葬修造에宜함
十一日	月		出月午後五時四十 分	十六日	辛卯	木	張	定	祭祀冠帶移徙裁衣動土上樑開市納財修造에宜함
十二日	火		出月午後六時三十三分	十七日	壬辰	水	翼	執	裁衣에宜함
十三日	水		出月午後七時三十三分	十八日	癸巳	水	軫	破	破屋에宜함
十四日	木		出月午後八時三十五分	十九日	甲午	金	角	危	祭祀冠帶移徙裁衣動土上樑開市納財安葬에宜함

新嘗祭

日	曜	月相	月出入	陰曆	干支	五行	宿	建除	宜
十五日	金		月出午後九時三十八分	三十日	乙未	金	亢	成	祭祀裁衣動土上樑開市納財安葬에宜함
十六日	土		月出午後十時四十分	廿一日	丙申	火	氐	收	
十七日	日		月出午後十一時四十分	廿二日	丁酉	火	房	開	祭祀에宜함
十八日	月	◐下弦午前九時二十六分		廿三日	戊戌	木	心	閉	
十九日	火		月出午前零時三十七分	廿四日	己亥	木	尾	建	
二十日	水		月出午前一時三十四分	廿五日	庚子	土	箕	除	祭祀移徙裁衣動土上樑安葬啓欑에宜함
二十一日	木		月出午前二時三十一分	廿六日	辛丑	土	斗	滿	祭祀에宜함
二十二日	金		月出午前三時三十八分	廿七日	壬寅	金	牛	平	祭祀移徙裁衣動土上樑開市納財에宜함
二十三日	土		月出午前四時二十六分	廿八日	癸卯	金	女	定	小雪十月中 祭祀移徙裁衣動土上樑開市[illegible]에宜함

小雪 午後二時三十六分

舊十月中

日出午前七時二十分 晝間九時五十九分
日入午後五時十九分 夜間十四時一分

日	曜	月相	月出入	陰曆	干支	五行	宿	建除	宜
二十四日	日		月出午前五時三十分	廿九日	甲辰	火	虛	執	祭祀嫁娶移徙裁衣動土上樑開市納財安葬에宜함
二十五日	月		月出午前六時二十六分	三十日	乙巳	火	危	破	祭祀破屋에宜함
二十六日	火	●合朔午前十一時三十六分	建戊子十一月大	初一日	丙午	水	室	危	祭祀에宜함
二十七日	水		月入午後五時五十八分	初二日	丁未	水	壁	成	祭祀裁衣動土上樑開市納財에宜함
二十八日	木		月入午後六時五十六分	初三日	戊申	土	奎	收	
二十九日	金		月入午後八時三分	初四日	己酉	土	婁	開	祭祀嫁娶移徙裁衣動土上樑開市納財에宜함
三十日	土		月入午後九時十一分	初五日	庚戌	金	胃	閉	祭祀에宜함

赤碧黑
黃白白
紫白碧

十二月大 三十一日

收穫物의 整理農具의 修理家畜舍에 敷草多給豚의 種付

日	曜	月相	月出入	陰曆	干支	納音·宿	建除	宜
一日	日		月入午後十時二十分	初六日	辛亥	金昴	建	祭祀에宜함
二日	月		月入午後十一時二十九分	初七日	壬子	木畢	除	
三日	火	◐上弦午後四時二十八分		初八日	癸丑	木觜	滿	祭祀에宜함
四日	水		月入午前零時三十八分	初九日	甲寅	水參	平	移徙裁衣動土修造開市納財安葬에宜함
五日	木		月入午前一時四十七分	初十日	乙卯	水井	定	祭祀結婚嫁娶移徙裁衣動土修造開市納財栽植安葬에宜함
六日	金		月入午前二時五十七分	十一日	丙辰	土鬼	執	
七日	土		月入午前四時九分	十二日	丁巳	土柳	破	
八日	日		月入午前五時二十分	十三日	戊午	火星	破	大雪十一月節
九日	月		月入午前六時三十分	十四日	己未	火張	危	
十日	火	○望午後零時十分	月出午後五時十五分	十五日	庚申	木翼	成	移徙裁衣修造開市納財安葬에宜함
十一日	水		月出午後六時十七分	十六日	辛酉	木軫	收	
十二日	木		月出午後七時二十分	十七日	壬戌	水角	開	祭祀裁衣動土修造開市에宜함
十三日	金		月出午後八時二十四分	十八日	癸亥	水亢	閉	
十四日	土		月出午後九時二十六分	十九日	甲子	金氐	建	祭祀에宜함

大雪 午前九時四十五分

舊十一月節

日出午前七時二十四分 晝間九時四十一分

日入午後五時十五分 夜間十四時十九分

日	曜	節氣·月象	月出·月入	陰曆	日辰	納音·宿	直	宜
十五日	日		月出午後十時二十五分	二十日	乙丑	金房	除	祭祀嫁娶移徙裁衣動土上樑開市納財安葬에宜함
十六日	月		月出午後十一時十三分	廿一日	丙寅	火心	滿	裁衣動土上樑開市納財[illegible]에宜함
十七日	火			廿二日	丁卯	火尾	平	祭祀에宜함
十八日	水	◐下弦午前四時五十二分	月出午前零時二十分	廿三日	戊辰	木箕	定	祭祀에宜함
十九日	木		月出午前一時十分	廿四日	己巳	木斗	執	祭祀에宜함
二十日	金		月出午前二時十四分	廿五日	庚午	土牛	破	
二十一日	土		月出午前三時十三分	廿六日	辛未	土女	危	
二十二日	日		月出午前四時十三分	廿七日	壬申	金虛	成	祭祀에宜함
二十三日	月		月出午前五時十五分	廿八日	癸酉	金危	收	冬至十一月中

冬至 午前三時三十八分 舊十一月中

日出午前七時四十五分 晝間九時三十五分
日入午後五時二十分 夜間十四時二十五分

日	曜	節氣·月象	月出·月入	陰曆	日辰	納音·宿	直	宜
二十四日	火		月出午前六時十六分	廿九日	甲戌	火室	開	祭祀裁衣動土上樑에宜함
二十五日	水	大正天皇祭	月出午前七時十五分	三十日	乙亥	火壁	閉	祭祀에宜함
二十六日	木	●合朔午前三時四十九分	建己丑十二月小	初一日	丙子	水奎	建	
二十七日	金		月入午後六時五十九分	初二日	丁丑	水婁	除	祭祀裁衣動土上樑開市納財安葬에宜함
二十八日	土		月入午後八時十分	初三日	戊寅	土胃	滿	裁衣動土上樑開市納財에宜함
二十九日	日		月入午後九時二十分	初四日	己卯	土昴	平	
三十日	月		月入午後十時三十分	初五日	庚辰	金畢	定	祭祀에宜함
三十一日	火		月入午後十一時三十九分	初六日	辛巳	金觜	執	祭祀에宜함

[illegible]

年歲對照

天保七年	丙申	一百歲
天保八年	丁酉	九十九歲
天保九年	戊戌	九十八歲
天保十年	己亥	九十七歲
天保十一年	庚子	九十六歲
天保十二年	辛丑	九十五歲
天保十三年	壬寅	九十四歲
天保十四年	癸卯	九十三歲
弘化元年	甲辰	九十二歲
弘化二年	乙巳	九十一歲
弘化三年	丙午	九十歲
弘化四年	丁未	八十九歲
嘉永元年	戊申	八十八歲
嘉永二年	己酉	八十七歲
嘉永三年	庚戌	八十六歲
嘉永四年	辛亥	八十五歲
嘉永五年	壬子	八十四歲
嘉永六年	癸丑	八十三歲
安政元年	甲寅	八十二歲
安政二年	乙卯	八十一歲
安政三年	丙辰	八十歲
安政四年	丁巳	七十九歲
安政五年	戊午	七十八歲
安政六年	己未	七十七歲
萬延元年	庚申	七十六歲
文久元年	辛酉	七十五歲
文久二年	壬戌	七十四歲
文久三年	癸亥	七十三歲
元治元年	甲子	七十二歲
慶應元年	乙丑	七十一歲
慶應二年	丙寅	七十歲
慶應三年	丁卯	六十九歲
明治元年	戊辰	六十八歲
明治二年	己巳	六十七歲
明治三年	庚午	六十六歲
明治四年	辛未	六十五歲
明治五年	壬申	六十四歲
明治六年	癸酉	六十三歲
明治七年	甲戌	六十二歲
明治八年	乙亥	六十一歲
明治九年	丙子	六十歲
明治十年	丁丑	五十九歲
明治十一年	戊寅	五十八歲
明治十二年	己卯	五十七歲
明治十三年	庚辰	五十六歲
明治十四年	辛巳	五十五歲
明治十五年	壬午	五十四歲
明治十六年	癸未	五十三歲
明治十七年	甲申	五十二歲
明治十八年	乙酉	五十一歲
明治十九年	丙戌	五十歲
明治二十年	丁亥	四十九歲
明治二十一年	戊子	四十八歲
明治二十二年	己丑	四十七歲
明治二十三年	庚寅	四十六歲
明治二十四年	辛卯	四十五歲
明治二十五年	壬辰	四十四歲
明治二十六年	癸巳	四十三歲
明治二十七年	甲午	四十二歲
明治二十八年	乙未	四十一歲
明治二十九年	丙申	四十歲
明治三十年	丁酉	三十九歲
明治三十一年	戊戌	三十八歲
明治三十二年	己亥	三十七歲
明治三十三年	庚子	三十六歲
明治三十四年	辛丑	三十五歲
明治三十五年	壬寅	三十四歲
明治三十六年	癸卯	三十三歲
明治三十七年	甲辰	三十二歲
明治三十八年	乙巳	三十一歲
明治三十九年	丙午	三十歲
明治四十年	丁未	二十九歲
明治四十一年	戊申	二十八歲
明治四十二年	己酉	二十七歲
明治四十三年	庚戌	二十六歲
明治四十四年	辛亥	二十五歲
大正元年 明治四十五年	壬子	二十四歲
大正二年	癸丑	二十三歲
大正三年	甲寅	二十二歲
大正四年	乙卯	二十一歲
大正五年	丙辰	二十歲
大正六年	丁巳	十九歲
大正七年	戊午	十八歲
大正八年	己未	十七歲
大正九年	庚申	十六歲
大正十年	辛酉	十五歲
大正十一年	壬戌	十四歲
大正十二年	癸亥	十三歲
大正十三年	甲子	十二歲
大正十四年	乙丑	十一歲
昭和元年 大正十五年	丙寅	十歲
昭和二年	丁卯	九歲
昭和三年	戊辰	八歲
昭和四年	己巳	七歲
昭和五年	庚午	六歲
昭和六年	辛未	五歲
昭和七年	壬申	四歲
昭和八年	癸酉	三歲
昭和九年	甲戌	二歲
昭和十年	乙亥	一歲

各地의氣候

平均氣溫

（攝氏의度（一）符號는零度以下를示함）

地名	一月	二月	三月	四月	五月	六月	七月	八月	九月	十月	十一月	十二月	年
鍾城	[illegible]	[illegible]	[illegible]	[illegible]	[illegible]	[illegible]	[illegible]	[illegible]	[illegible]	[illegible]	[illegible]	[illegible]	[illegible]
中江鎭	[illegible]	[illegible]	[illegible]	[illegible]	[illegible]	[illegible]	[illegible]	[illegible]	[illegible]	[illegible]	[illegible]	[illegible]	[illegible]
城津	[illegible]	[illegible]	[illegible]	[illegible]	[illegible]	[illegible]	[illegible]	[illegible]	[illegible]	[illegible]	[illegible]	[illegible]	[illegible]
新義州	[illegible]	[illegible]	[illegible]	[illegible]	[illegible]	[illegible]	[illegible]	[illegible]	[illegible]	[illegible]	[illegible]	[illegible]	[illegible]
元山	[illegible]	[illegible]	[illegible]	[illegible]	[illegible]	[illegible]	[illegible]	[illegible]	[illegible]	[illegible]	[illegible]	[illegible]	[illegible]
平壤	[illegible]	[illegible]	[illegible]	[illegible]	[illegible]	[illegible]	[illegible]	[illegible]	[illegible]	[illegible]	[illegible]	[illegible]	[illegible]
江陵	[illegible]	[illegible]	[illegible]	[illegible]	[illegible]	[illegible]	[illegible]	[illegible]	[illegible]	[illegible]	[illegible]	[illegible]	[illegible]
京城	[illegible]	[illegible]	[illegible]	[illegible]	[illegible]	[illegible]	[illegible]	[illegible]	[illegible]	[illegible]	[illegible]	[illegible]	[illegible]
仁川	[illegible]	[illegible]	[illegible]	[illegible]	[illegible]	[illegible]	[illegible]	[illegible]	[illegible]	[illegible]	[illegible]	[illegible]	[illegible]
大邱	[illegible]	[illegible]	[illegible]	[illegible]	[illegible]	[illegible]	[illegible]	[illegible]	[illegible]	[illegible]	[illegible]	[illegible]	[illegible]
全州	[illegible]	[illegible]	[illegible]	[illegible]	[illegible]	[illegible]	[illegible]	[illegible]	[illegible]	[illegible]	[illegible]	[illegible]	[illegible]
釜山	[illegible]	[illegible]	[illegible]	[illegible]	[illegible]	[illegible]	[illegible]	[illegible]	[illegible]	[illegible]	[illegible]	[illegible]	[illegible]
木浦	[illegible]	[illegible]	[illegible]	[illegible]	[illegible]	[illegible]	[illegible]	[illegible]	[illegible]	[illegible]	[illegible]	[illegible]	[illegible]
濟州	[illegible]	[illegible]	[illegible]	[illegible]	[illegible]	[illegible]	[illegible]	[illegible]	[illegible]	[illegible]	[illegible]	[illegible]	[illegible]
臺北	[illegible]	[illegible]	[illegible]	[illegible]	[illegible]	[illegible]	[illegible]	[illegible]	[illegible]	[illegible]	[illegible]	[illegible]	[illegible]
熊本	[illegible]	[illegible]	[illegible]	[illegible]	[illegible]	[illegible]	[illegible]	[illegible]	[illegible]	[illegible]	[illegible]	[illegible]	[illegible]
下關	[illegible]	[illegible]	[illegible]	[illegible]	[illegible]	[illegible]	[illegible]	[illegible]	[illegible]	[illegible]	[illegible]	[illegible]	[illegible]
大阪	[illegible]	[illegible]	[illegible]	[illegible]	[illegible]	[illegible]	[illegible]	[illegible]	[illegible]	[illegible]	[illegible]	[illegible]	[illegible]
東京	[illegible]	[illegible]	[illegible]	[illegible]	[illegible]	[illegible]	[illegible]	[illegible]	[illegible]	[illegible]	[illegible]	[illegible]	[illegible]
札幌	[illegible]	[illegible]	[illegible]	[illegible]	[illegible]	[illegible]	[illegible]	[illegible]	[illegible]	[illegible]	[illegible]	[illegible]	[illegible]
大泊	[illegible]	[illegible]	[illegible]	[illegible]	[illegible]	[illegible]	[illegible]	[illegible]	[illegible]	[illegible]	[illegible]	[illegible]	[illegible]
大連	[illegible]	[illegible]	[illegible]	[illegible]	[illegible]	[illegible]	[illegible]	[illegible]	[illegible]	[illegible]	[illegible]	[illegible]	[illegible]
奉天	[illegible]	[illegible]	[illegible]	[illegible]	[illegible]	[illegible]	[illegible]	[illegible]	[illegible]	[illegible]	[illegible]	[illegible]	[illegible]

雨雪量

（耗=耗는每坪에對하야一升八合三勺餘에相當함）

一月	二月	三月	四月	五月	六月	七月	八月	九月	十月	十一月	十二月	年
[illegible]	[illegible]	[illegible]	[illegible]	[illegible]	[illegible]	[illegible]	[illegible]	[illegible]	[illegible]	[illegible]	[illegible]	[illegible]

寒暑風雨의極數

（氣温中(一)符號는零度以下를示함）

地名	最高氣温(攝氏의度)		最低氣温(攝氏의度)		最大雨雪日量(粍)		最大雨雪月量(粍)		最大雨雪年量(粍)		最大風速(米/秒)	
雄基	三四四	大正八年	(一)二六〇	昭和六年	一〇九	大正四年	三五九	昭和八年	一三二九	昭和二年	四〇	大正五年
中江鎭	三八〇	大正十三年	(一)四三六	昭和八年	一〇〇	昭和四年	三五五	大正三年	一〇九六	昭和二年	一五八	大正三年
城津	三七五	大正八年	(一)二四八	大正八年	一八七	大正三年	三七〇	昭和三年	一一〇八	昭和三年	二五三	大正十一年
新義州	三八八	昭和七年	(一)二四六	昭和六年	一八三	昭和六年	三七九	昭和六年	一〇〇七	昭和七年	二〇三	昭和六年
元山	三九六	明治三十九年	(一)二一九	大正四年	一四三	明治三十八年	五五五	明治四十一年	二〇〇九	大正十一年	二〇〇	昭和五年
平壤	三七四	大正八年	(一)二八五	大正六年	二二一	大正九年	五三五	大正十二年	一三四七	大正三年	一八二	明治四十四年
江陵	三七四	昭和四年	(一)二〇二	大正四年	三三六	大正十年	六八四	大正十四年	一九〇七	大正十四年	二四七	大正五年
京城	三七五	大正八年	(一)二三一	昭和二年	三五五	大正九年	八四八	大正十五年	一九三四	大正十四年	一六七	昭和八年
仁川	三六九	昭和五年	(一)二一〇	昭和六年	二四八	大正十一年	八〇四	大正十一年	一六〇一	大正十四年	三〇八	大正八年
大邱	三九三	昭和七年	(一)二〇二	大正十二年	一四三	大正十五年	五〇一	明治四十三年	一五八五	昭和八年	一七四	大正十一年
全州	三七三	大正十三年	(一)一七一	昭和八年	一九九	大正九年	七〇〇	大正九年	一七六九	昭和五年	一七四	大正十一年
釜山	三五三	昭和四年	(一)一四〇	大正四年	二五一	明治四十五年	六九二	大正十四年	二三〇七	明治三十八年	二二七	明治三十七年
木浦	三七〇	大正十三年	(一)一四二	大正四年	一〇八	明治四十一年	四四〇	明治四十三年	一七四四	大正五年	二四八	明治四十四年
濟州	三五七	昭和七年	(一)五七	昭和六年	三〇一	昭和二年	五一〇	昭和二年	二三四二	昭和二年	三六二	昭和八年
臺北	三八六	大正十年	(一)〇二	明治三十四年	三五九	昭和五年	九四一	明治三十一年	二七八九	明治三十一年	三二三	明治三十二年
熊本	三八八	昭和二年	(一)九二	昭和四年	二九八	大正十二年	八六八	明治三十三年	二七〇二	明治三十八年	三六六	昭和二年
下關	三五九	明治二十七年	(一)六五	明治三十四年	二〇七	明治三十七年	七八二	大正十二年	二五八五	大正十二年	三〇七	明治二十八年
大阪	三七六	明治四十二年	(一)七一	明治二十四年	一七五	明治二十九年	六六〇	明治三十六年	一八七九	明治三十六年	二九九	大正元年
東京	三六六	明治十九年	(一)八六	昭和二年	一九四	大正九年	五四四	昭和四年	二一九四	大正九年	二七七	大正六年
札幌	三三五	大正十三年	(一)二八五	昭和四年	一三四	明治三十七年	三六八	明治三十一年	一四〇二	明治十二年	二八八	明治四十五年
大泊	三〇四	昭和三年	(一)三三七	明治四十二年	八四	大正四年	二七七	昭和五年	九九八	大正四年	二〇一	大正十四年
大連	三五七	大正八年	(一)一九九	昭和六年	一九〇	大正九年	四〇六	明治四十四年	一二二五	大正三年	二〇九	大正八年
奉天	三九三	大正九年	(一)三三九	明治四十一年	一四九	明治四十四年	三六三	大正十二年	一〇六五	大正十二年	二二三	昭和五年

水稻便覽

項目 ＼ 地方	北部	[illegible]	[illegible]
選種及浸種			
苗代의整地及施肥			
播種			
苗代害蟲驅除			
本田整地及施肥			
移秧			
中耕除草			
追肥（硫酸암모니아[illegible]）			
害蟲驅除			
稗拔			
落水			
收穫			
乾燥			
調[illegible]			
畓[illegible]			
收[illegible]			
[illegible]			

度量衡表

系	米突法	尺貫法	야-드法
度	미리메-돌 (米突의 千分之一)	釐 三三〇〇	인치 〇〇三九
度	센치메-돌 (米突의 百分之一)	分 三三〇〇	인치 〇三九四
度	데시메-돌 (米突의 十分之一)	寸 三三〇〇	퓌-트 〇三二八
度	메-돌 (米突)	尺 三三〇〇	야-드 一〇九四
度	키로메-돌 (千米突)	町 九一六七	마일 〇六二一
度	海里 (千八百五十二米突)	町 一六九七七	마일 一一五一
面積	平方메-돌	平方尺 一〇八九〇	平方야-드 一一九六
面積	土地 아르 (百平方米突)	步 三〇二五〇	
面積	土地 헥타르 (百아르)	町 一〇〇八	

系	米突法	尺貫法	야-드法
量	立方메-돌	立方尺 三五九三七	立方야-드 一三〇八
量 (液體及粉粒狀物又는粉狀物)	미리리터 (立方센치메-돌)	勺 〇〇五五	
量 (液體及粉粒狀物又는粉狀物)	리터 (立方데시메-돌)	合 五五四四	깰론 〇二六四
量 (液體及粉粒狀物又는粉狀物)	헥토리터 (百리터)	石 五五四四	깰론 二六四一七
衡	미리그람 (키로그람의 百萬分之一)	毛 〇二六七	그레인 〇〇一五
衡	그람 (키로그람의 千分之一)	分 二六六七	그레인 一五四三二
衡	키로그람	貫 〇二六七	파운드 二二〇五
衡	톤 (千키로그람)	貫 二六六六六七	英噸 〇九八四
衡	實噸 가라트 (二百미리그람)	釐 五三三三	그레인 三〇八六

尺	間	町	里	坪	段	升	貫	斤
메-돌 〇三〇三	메-돌 一八一八	메-돌 一〇九〇九一	킬로메-돌 三九二七	아르 〇〇三三	아르 九九一七	리터 一八〇四	키로그람 三七五〇	키로그람 〇六〇〇

[illegible]	[illegible]	인치	푸-트	야-드	마일	온스	파운드	噸
鯨尺 二六四〇	메-돌 〇三七九	센치메-돌 二五四〇	데시메-돌 三〇四八	메-돌 〇九一四	키로메-돌 一六〇九	그람 二八三五〇	키로그람 〇四五四	噸 一〇一六

國稅及道稅納期一覽

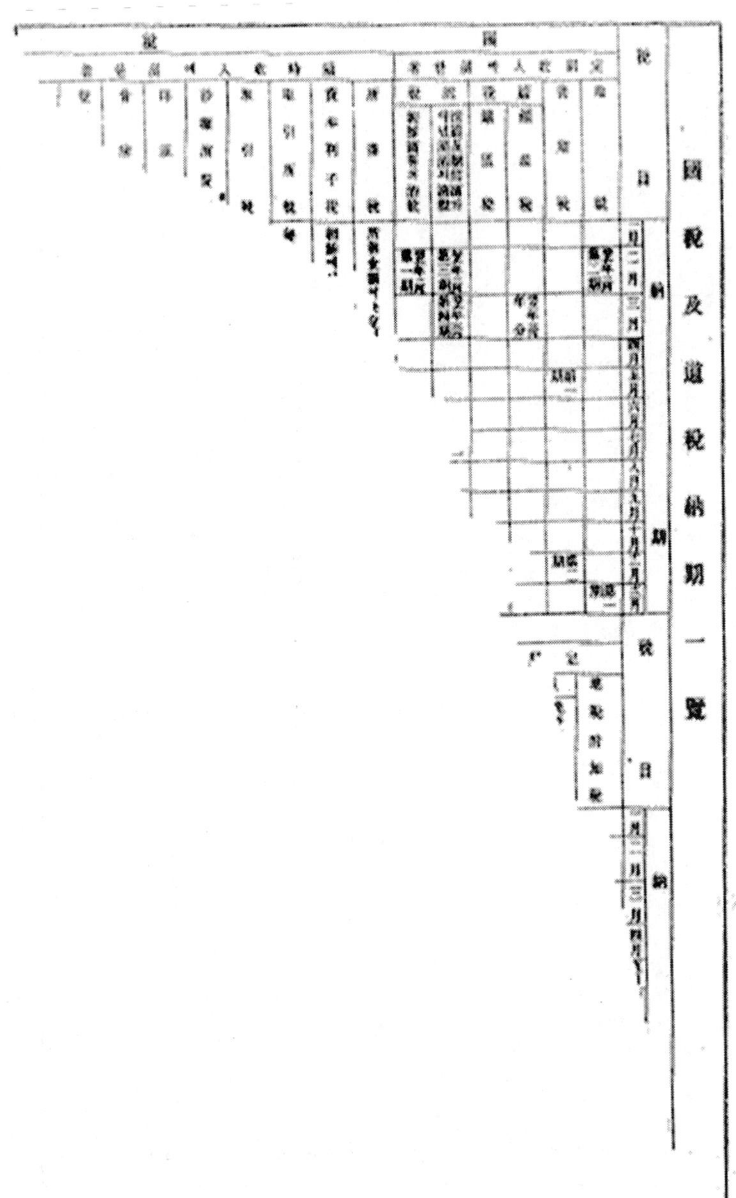

內國通信料金表

內國通常郵便料

第一種	書狀 [illegible]	十五匁마다 三錢
第二種	郵便葉書	通常葉書 一錢五厘 / 往復葉書 三錢 / 封緘葉書 [illegible]
第三種	每月一回以上發行하는 [illegible]	七十五匁마다 五厘 / [illegible] 五厘
第四種	盲人用點字[illegible] / 書籍、印刷物、[illegible]	百十五匁마다 五厘 / 五百五十五匁[illegible] 二錢 / 百十匁마다 一錢
第五種	農産種子 / 同上中盲人用點字印刷物	三百五十匁마다 五厘 / 百十五匁마다 一錢

內國小包郵便料

重量	朝鮮內 同一郵便區內	朝鮮內 其他	朝鮮外 (朝鮮과 內地、臺灣、樺太、南洋[illegible]間)
五百匁迄	二〇	二七	四二
一貫匁迄	二〇	三四	四九
二貫匁迄	二〇	四七	六二
三貫匁迄	二〇	六〇	七五
四貫匁迄	二〇	七三	八八
五貫匁迄	二〇	七九	九四
六貫匁迄	二〇	八五	一、〇〇

內國通常電報料

種別		一市內	朝鮮內 相互間	朝鮮과 內地、臺灣、樺太、南洋[illegible]間
和文	基本 (十五字以內)	十五錢	三十錢	四十錢 / 三十錢
和文	加算 ([illegible])	三錢	五錢	五錢 / 五錢
歐文	基本 ([illegible])	十五錢	三十錢	一 / 一
歐文	加算 ([illegible])	三錢	五錢	一 / 一
暗語	基本 ([illegible])	十五錢	三十錢	四十五錢 / 三十錢
暗語	加算 ([illegible])	三錢	五錢	五錢 / 五錢

附記 日滿電報通信料金表

地域	和文	歐文
朝鮮과 關東州、滿洲國間 [illegible] 相互間	一語에 對하야 六錢	二語에 對하야 八錢

和文電報[illegible]

五字[illegible]

和文電報[illegible]

日滿電報[illegible]

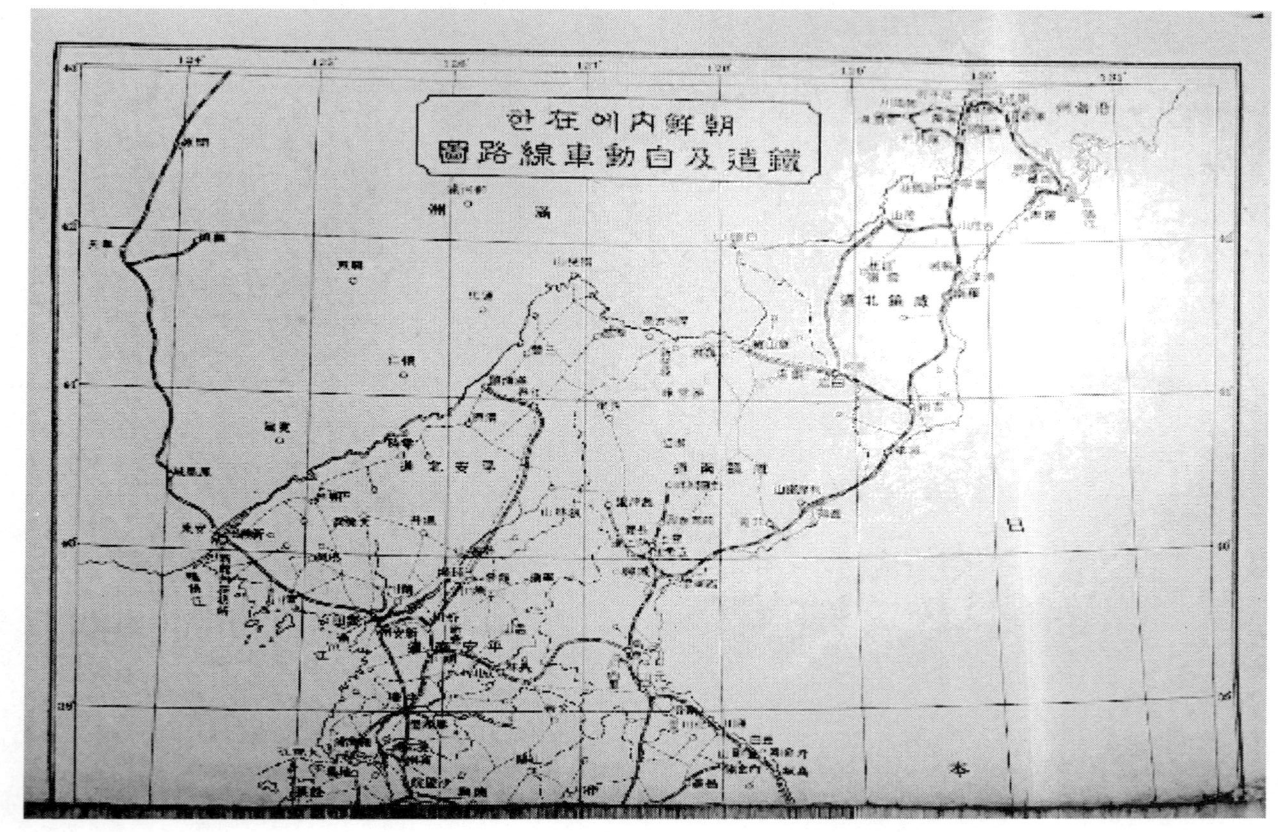
朝鮮內에 在한
鐵道及自動車線路圖

- 일부 파손 -

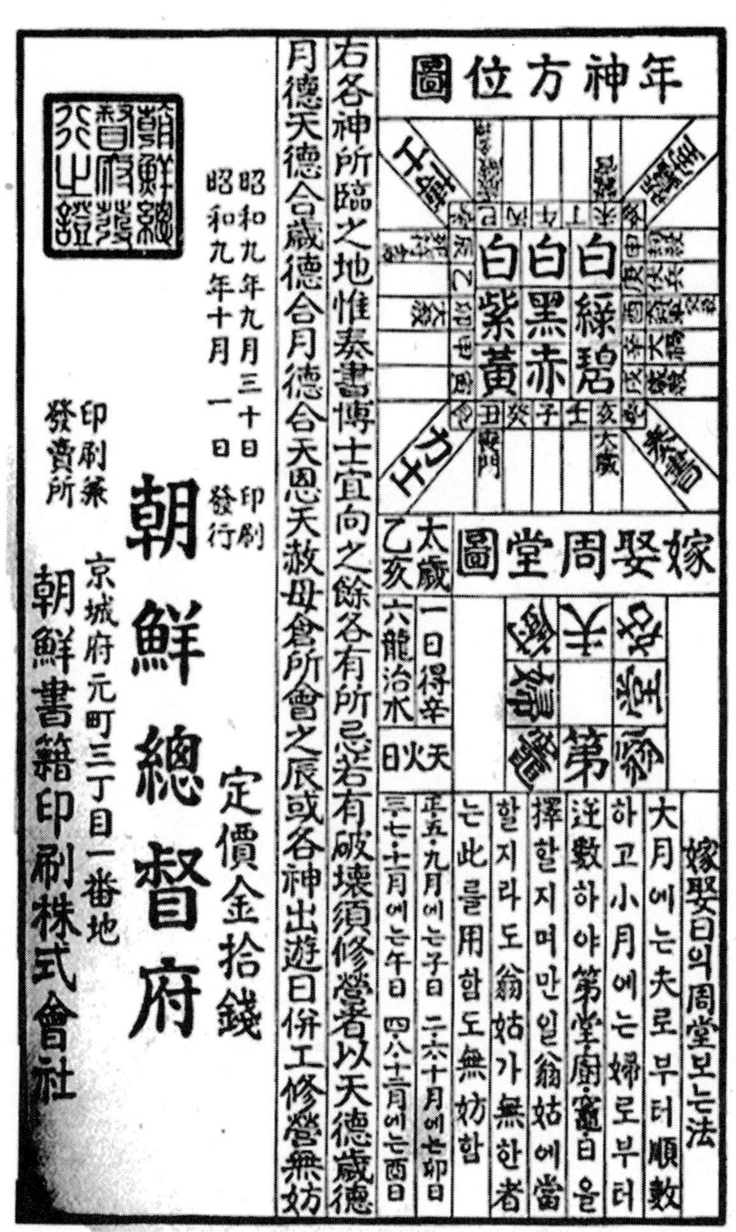

年神方位圖

嫁娶日의周堂보는法
大月에는夫로부터順數하고小月에는婦로부터逆數하야第堂廚竈白을擇할지며만일翁姑에當할지라도翁姑가無한者는此를用할도無妨함
正五九月에는子日 二六十月에는卯日 三七十一月에는午日 四八十二月에는酉日

右各神所臨之地惟奏書博士宜向之餘各有所忌若有破壞須修營者以天德歲德月德天德合歲德合月德合天恩天赦母倉所會之辰或各神出遊日併工修營無妨

昭和九年九月三十日 印刷
昭和九年十月 一日 發行

定價金拾錢

朝鮮總督府

印刷兼發賣所 京城府元町三丁目一番地
朝鮮書籍印刷株式會社

9　昭和十一年朝鮮民暦（1936）

 9. 昭和十一年朝鮮民曆(1936)

神武天皇卽位紀元二千五百九十六年

昭和十一年朝鮮民曆

丙子閏年 三百六十六日

朝鮮總督府觀測所編纂

月表

一月大	二月閏	三月大	四月小
五月大	六月小	七月大	八月大
九月小	十月大	十一月小	十二月大

四方拜	一月一日
元始祭	一月三日
新年宴會	一月五日
紀元節	二月十一日
春季皇靈祭	三月二十一日
神武天皇祭	四月三日
天長節	四月二十九日
秋季皇靈祭	九月二十三日
神嘗祭	十月十七日
明治節	十一月三日
新嘗祭	十一月二十三日
大正天皇祭	十二月二十五日

說明

本民曆에揭載한時刻은本邦中央標準時를用하고日月出入及日月食은朝鮮總督府觀測所에서보이는바를揭함

月食 一月九日

食分	皆旣	
初虧	午前一時二十八分	左上之間
食旣	午前二時五十六分	下偏左
食甚	午前三時九分	
生光	午前三時二十一分	左偏下
復圓	午前四時五十一分	右偏下

日食 六月十九日

食分	六分六厘	
初虧	午後一時五十七分	右偏下
食甚	午後三時十六分	右上之間
復圓	午後四時二十六分	上偏左

月食 七月五日

食分	二分七厘	
初虧	午前一時二十七分	左下之間
食甚	午前二時二十五分	左下之間
復圓	午前三時二十四分	下偏左

日曜表

一月	五日	十二日	十九日	二十六日	
二月	二日	九日	十六日	二十三日	
三月					
四月					
五月					
六月					
七月					
八月					
九月					
十月					
十一月	一日	八日	十五日	二十二日	二十九日
十二月	六日	十三日	二十日	二十七日	

昭和十一年中陰曆歲次丙子年月表及節候表

月大小	朔	節氣		入節日	入節干支	入節時刻	入節陽曆	節氣		入節日	入節干支	入節時刻	入節陽曆
正月大	乙巳	立春	正月節	十三日	丁巳	辰正二刻零分	二月五日	雨水	正月中	廿八日	壬申	寅正二刻五分	二月二十日
二月小	乙亥	驚蟄	二月節	十三日	丁亥	丑正三刻四分	三月六日	春分	二月中	廿八日	壬寅	寅初三刻十三分	三月二十一日
三月小	甲辰	清明	三月節	十四日	丁巳	辰正初刻十一分	四月五日	穀雨	三月中	廿九日	壬申	申初二刻一分	四月二十日
閏三月大	癸酉	立夏	四月節	十六日	戊子	丑初三刻十二分	五月六日						
四月小	癸卯	小滿	四月中	初一日	癸卯	申初初刻八分	五月二十一日	芒種	五月節	十七日	己未	卯正二刻一分	六月六日
五月大	壬申	夏至	五月中	初三日	甲戌	子初一刻七分	六月二十二日	小暑	六月節	十九日	庚寅	申正三刻十四分	七月七日
六月小	壬寅	大暑	六月中	初五日	丙午	巳正一刻三分	七月二十三日	立秋	七月節	廿一日	壬戌	丑正二刻十四分	八月八日
七月大	辛未	處暑	七月中	初七日	丁丑	酉初初刻十三分	八月二十三日	白露	八月節	廿三日	癸巳	卯初一刻八分	九月八日
八月小	辛丑	秋分	八月中	初八日	戊申	未正一刻十一分	九月二十三日	寒露	九月節	廿三日	癸亥	戌正二刻十三分	十月八日
九月大	庚午	霜降	九月中	初九日	戊寅	子初一刻四分	十月二十四日	立冬	十月節	廿四日	癸巳	子初一刻零分	十一月七日
十月大	庚子	小雪	十月中	初九日	戊申	戌正一刻十一分	十一月二十三日	大雪	十一月節	廿四日	癸亥	申初二刻十三分	十二月七日
十一月大	庚午	冬至	十一月中	初九日	戊寅	巳初一刻十三分	十二月二十二日	小寒	十二月節	廿四日	癸巳	丑正二刻十四分	一月六日
十二月小	庚子	大寒	十二月中	初八日	丁未	戌正初刻一分	一月二十一日	立春	正月節	廿三日	壬戌	未正一刻十二分	二月四日

四方拜國旗

元始祭國旗

新年宴會國旗

一月大 三十一日 繩叺蠶具蔟果實袋等의製造畜舍鷄舍의保温

一日	水	乙亥十二月小		初七日	壬午	木	參	破	祭祀에宜함
二日	木	◐弦午前零時十二分	月入午前零時四十九分	初八日	癸未	木	井	危	
三日	金		月入午前一時五十六分	初九日	甲申	水	鬼	成	祭祀移徙上樑에安葬에宜함
四日	土		月入午前三時 八分	初十日	乙酉	水	柳	收	祭祀에[illegible]
五日	日		月入午前四時 十七分	十一日	丙戌	土	星	開	祭祀裁衣動土上樑[illegible]에宜함
六日	月		月入午前五時二十三分	十二日	丁亥	土	張	閉	小寒十二月節 祭祀에宜함

小寒 午後八時四十七分 舊十二月節 日出午前七時四十九分 晝間九時四十一分 日入午後五時二十九分 夜間十四時十九分

七日	火		月入午前六時二十二分	十三日	戊子	火	翼	閉	祭祀에宜함
八日	水		月入午前七時 十四分	十四日	己丑	火	軫	建	
九日	木	○望午前三時十五分月食	月出午後六時 八分	十五日	庚寅	木	角	除	移徙裁衣動土上樑에納財安葬啓攢에宜함
十日	金		月出午後七時 十一分	十六日	辛卯	木	亢	滿	祭祀에宜함
十一日	土		月出午後八時 十二分	十七日	壬辰	水	氐	平	
十二日	日		月出午後九時 十一分	十八日	癸巳	水	房	定	冠帶[illegible]裁衣動土上樑[illegible]納財에宜함
十三日	月		月出午後十時 八分	十九日	甲午	金	心	執	祭祀裁衣에宜함
十四日	火		月出午後十一時 五分	二十日	乙未	金	尾	破	祭祀破屋에宜함

日	曜	月相	月出入	陰曆	干支	納音	宿	建除	宜忌
十五日	水			廿一日	丙申	火	箕	危	祭祀에宜함
十六日	木		月出午前零時 二分	廿二日	丁酉	火	斗	成	嫁娶移徙裁衣動土[illegible]開市納財安葬에宜함
十七日	金	下弦午前四時四十分	月出午前零時五十九分	廿三日	戊戌	木	牛	收	祭祀에宜함
十八日	土		月出午前一時五十九分	廿四日	己亥	木	女	開	土王用事 祭祀에宜함
十九日	日		月出午前二時五十九分	廿五日	庚子	土	虛	閉	祭祀安葬啓攢에宜함
二十日	月		月出午前四時 零分	廿六日	辛丑	土	危	建	祭祀裁衣[illegible]納財에宜함
二十一日	火		月出午前四時五十九分	廿七日	壬寅	金	室	除	大寒十二月中

大寒 午後二時十三分　舊十二月中

日出午前七時四十五分　晝間九時五十九分
日入午後五時四十四分　夜間十四時一分

日	曜	月相	月出入	陰曆	干支	納音	宿	建除	宜忌
二十二日	水		月出午前五時五十五分	廿八日	癸卯	金	壁	滿	祭祀에宜함
二十三日	木		月出午前六時四十四分	廿九日	甲辰	火	奎	平	
二十四日	金	合朔午後四時十八分	丙子 建庚寅 正月大	初一日	乙巳	火	婁	定	祭祀冠帶[illegible]移徙裁衣上樑納財에宜함
二十五日	土		月入午後七時 二分	初二日	丙午	水	胃	執	
二十六日	日	臘	月入午後八時十五分	初三日	丁未	水	昴	破	
二十七日	月		月入午後九時二十七分	初四日	戊申	土	畢	危	祭祀開市納財에宜함
二十八日	火		月入午後十時三十八分	初五日	己酉	土	觜	成	
二十九日	水		月入午後十一時四十九分	初六日	庚戌	金	參	收	祭祀에宜함
三十日	木			初七日	辛亥	金	井	開	祭祀에宜함
三十一日	金	上弦午前八時三十六分	月入午前一時 零分	初八日	壬子	木	鬼	閉	祭祀에宜함

赤	碧	黃
白	白	白
黑	綠	紫

紀元節國旗

二月閏 二十九日

繩叺筵類및外籾類 果實袋等의製造 苹果의剪定 麥追肥

牛의手入 抱卵準備

日	曜		月出入	陰曆	干支			
一日	土		月入午前二時九分	初九日	癸丑	木	柳	建
二日	日		月入午前三時十五分	初十日	甲寅	水	星	除
三日	月		月入午前四時十六分	十一日	乙卯	水	張	滿 祭祀嫁娶移徙裁衣上樑[illegible]開市納財安葬[illegible]에宜함
四日	火		月入午前五時九分	十二日	丙辰	土	翼	平
五日	水		月入午前五時五十五分	十三日	丁巳	土	軫	平 立春正月節

立春 午前八時三十分 舊正月節 日出午前七時三十五分 晝間十時三十六分 日入午後六時一分 夜間十三時二十四分

日	曜		月出入	陰曆	干支			
六日	木		月入午前六時三十三分	十四日	戊午	火	角	定 祭祀에宜함
七日	金	○望午後八時十九分	月出午後六時零分	十五日	己未	火	亢	執
八日	土		月出午後七時零分	十六日	庚申	木	氐	破
九日	日		月出午後七時五十六分	十七日	辛酉	木	房	危
十日	月		月出午後八時五十五分	十八日	壬戌	水	心	成 祭祀裁衣動土上樑開市納財安葬에宜함
十一日	火		月出午後九時五十三分	十九日	癸亥	水	尾	收 祭祀에宜함
十二日	水		月出午後十時四十九分	二十日	甲子	金	箕	開 祭祀에宜함
十三日	木		月出午後十一時四十七分	廿一日	乙丑	金	斗	閉
十四日	金			廿二日	丙寅	火	牛	建 裁衣上樑[illegible]納財安葬[illegible]에宜함

日	曜	月象	月出入	陰曆	干支	納音	宿	建除	宜
十五日	土		月出 午前零時四十六分	廿三日	丁卯	火	女	除	祭祀에 宜함
十六日	日	◐ 下弦 午前零時四十五分	月出 午前一時四十五分	廿四日	戊辰	木	虛	滿	祭祀 裁衣에 宜함
十七日	月		月出 午前二時四十四分	廿五日	己巳	木	危	平	
十八日	火		月出 午前三時四十分	廿六日	庚午	土	室	定	祭祀 結婚 [illegible] 嫁娶 移徙 裁衣 修造 [illegible] 開市 納財 安葬에 宜함
十九日	水		月出 午前四時三十二分	廿七日	辛未	土	壁	執	祭祀 嫁娶 移徙 裁衣 動土 上樑 [illegible] 安葬에 宜함
二十日	木		月出 午前五時十六分	廿八日	壬申	金	奎	破	雨水正月中 祭祀 破屋에 宜함

雨水 午前四時三十三分 **舊正月中**

日出 午前七時十九分 晝間 十時五十六分
日入 午後 六時十七分 夜間 十三時四分

日	曜	月象	月出入	陰曆	干支	納音	宿	建除	宜
二十一日	金		月出 午前五時五十九分	廿九日	癸酉	金	婁	危	祭祀 安葬에 宜함
二十二日	土		月出 午前六時三十三分	三十日	甲戌	火	胃	成	
二十三日	日	● 合朔 午前三時四十二分	建辛卯二月小	初一日	乙亥	火	昴	收	祭祀에 宜함
二十四日	月		月入 午後八時十六分	初二日	丙子	水	畢	開	祭祀 嫁娶 移徙 裁衣 動土 上樑 [illegible] 開市 納財에 宜함
二十五日	火		月入 午後九時三十三分	初三日	丁丑	水	觜	閉	祭祀에 宜함
二十六日	水		月入 午後十時四十五分	初四日	戊寅	土	參	建	上樑 [illegible] 安葬에 宜함
二十七日	木		月入 午後十一時五十六分	初五日	己卯	土	井	除	
二十八日	金			初六日	庚辰	金	鬼	滿	祭祀에 宜함
二十九日	土	◑ 上弦 午後六時二十六分	月入 午前一時 七分	初七日	辛巳	金	柳	平	祭祀에 宜함

白	黑	綠
黃	赤	紫
白	碧	白

三月大 三十一日

桃梨의剪定、桑田果樹園의病蟲害防除、麥類의播種、果樹園의施肥

温床準備、甘藷床積、温床播種、抱卵準備、孵化育雛、堆肥의切返

日	曜		月出入	陰曆	干支				
一日	日		入月午前二時十分	初八日	壬午	木	星	定	祭祀[illegible]栽植[illegible]動土[illegible]에宜함
二日	月		入月午前三時六分	初九日	癸未	木	張	執	
三日	火		入月午前三時五十四分	初十日	甲申	水	翼	破	祭祀破屋에宜함
四日	水		入月午前四時三十四分	十一日	乙酉	水	軫	危	祭祀安葬에宜함
五日	木		入月午前五時八分	十二日	丙戌	土	角	成	祭祀裁衣動土[illegible]納財安葬에宜함
六日	金		入月午前五時三十六分	十三日	丁亥	土	亢	成	驚蟄二月節 祭祀에宜함

驚蟄 午前二時四十九分 **舊二月節** 日出午前六時五十九分 晝間十一時三十一分 日入午後六時三十一分 夜間十二時二十九分

日	曜		月出入	陰曆	干支				
七日	土		入月午前六時五分	十四日	戊子	火	氐	收	
八日	日	○望午後二時十四分	出月午後六時四十七分	十五日	己丑	火	房	開	祭祀에宜함
九日	月		出月午後七時四十四分	十六日	庚寅	木	心	閉	裁衣納財啓攢에宜함
十日	火		出月午後八時四十一分	十七日	辛卯	木	尾	建	祭祀에宜함
十一日	水		出月午後九時三十八分	十八日	壬辰	水	箕	除	
十二日	木		出月午後十時三十七分	十九日	癸巳	水	斗	滿	祭祀에宜함
十三日	金		出月午後十一時三十五分	二十日	甲午	金	牛	平	祭祀에宜함
十四日	土			廿一日	乙未	金	女	定	祭祀裁衣納財에宜함

양력	요일	월상	월출입	음력	간지	납음	28수	12직	의(宜)
十五日	日		月出午前零時三十三分	廿二日	丙申	火	虛	執	祭祀에宜함
十六日	月	◐ 下弦午後五時三十五分	月出午前一時二十九分	廿三日	丁酉	火	危	破	
十七日	火 社		月出午前二時二十二分	廿四日	戊戌	木	室	危	
十八日	水		月出午前三時 八分	廿五日	己亥	木	壁	成	祭祀移徙裁衣動土破土開市納財에宜함
十九日	木		月出午前三時五十分	廿六日	庚子	土	奎	收	
二十日	金		月出午前四時二十六分	廿七日	辛丑	土	婁	開	祭祀에宜함
二十一日	土		月出午前五時 二分	廿八日	壬寅	金	胃	閉	春分二月中 裁衣納財破屋壞垣에宜함

春分 午前三時五十分 舊二月中

日出午前六時三十七分 晝間十二時 九分
日入午後六時四十六分 夜間十一時五十一分

양력	요일	월상	월출입	음력	간지	납음	28수	12직	의(宜)
二十二日	日		月出午前五時三十五分	廿九日	癸卯	金	昴	建	祭祀에宜함
二十三日	月	● 合朔午後一時十四分	建壬辰三月小	初一日	甲辰	火	畢	除	祭祀移徙動土破土安葬에宜함
二十四日	火		月入午後八時二十分	初二日	乙巳	火	觜	滿	祭祀裁衣開市納財에宜함
二十五日	水		月入午後九時三十六分	初三日	丙午	水	參	平	祭祀에宜함
二十六日	木		月入午後十時四十九分	初四日	丁未	水	井	定	祭祀冠帶 [illegible] 移徙裁衣動土破土開市納財에宜
二十七日	金		月入午後十一時五十六分	初五日	戊申	土	鬼	執	
二十八日	土			初六日	己酉	土	柳	破	
二十九日	日		月入午前零時五十六分	初七日	庚戌	金	星	危	
三十日	月	◑ 上弦午前六時二十二分	月入午前一時五十分	初八日	辛亥	金	張	成	移徙裁衣動土破土開市納財에宜함
三十一日	火		月入午前二時五十三分	初九日	壬子	木	翼	收	

黃	白	碧
綠	白	白
紫	黑	赤

神武天皇祭 國旗

四月小 三十日

馬鈴薯大麻瓜類의播種苗木類의植付桑田의耕耘施肥果樹桑樹接木種籾의精選秋蚕의整地豚의分娩育雛

日	曜		月出入	陰曆	干支			
一日	水		月入午前二時十分	初十日	癸丑	木	軫	開 祭祀移徙裁衣上樑에宜함
二日	木		月入午前三時四十一分	十一日	甲寅	水	角	閉 裁衣納財安葬啓攢에宜함
三日	金		月入午前四時 九分	十二日	乙卯	水	亢	建 祭祀裁衣에宜함
四日	土		月入午前四時三十四分	十三日	丙辰	土	氐	除 祭祀移徙裁衣動土上樑에宜함
五日	日		月入午前四時五十九分	十四日	丁巳	土	房	除 清明三月節 祭祀에宜함

清明 午前八時七分

舊三月節 日出午前六時十四分 晝間十二時四十五分 日入午後六時五十九分 夜間十一時 十五分

日	曜		月出入	陰曆	干支			
六日	月	寒食	月入午前五時三十四分	十五日	戊午	火	心	滿 祭祀에宜함
七日	火	○望午前七時四十七分	月出午後七時三十二分	十六日	己未	火	尾	平
八日	水		月出午後八時三十一分	十七日	庚申	木	箕	定 祭祀에宜함
九日	木		月出午後九時三十九分	十八日	辛酉	木	斗	執 祭祀에宜함
十日	金		月出午後十時五十一分	十九日	壬戌	水	牛	破 祭祀破屋에宜함
十一日	土		月出午後十二時二十三分	二十日	癸亥	水	女	危
十二日	日			二十一日	甲子	金	虛	成 祭祀裁衣上樑婚姻開市納財에宜함
十三日	月		月出午前零時 十五分	二十二日	乙丑	金	危	收 祭祀納財에宜함
十四日	火		月出午前一時 三分	二十三日	丙寅	火	室	開

天長節

日	曜	月相	月出入	陰曆	干支	納音	宿	建除	宜忌
十五日	水	下弦午前六時二十一分	月出午前一時四十六分	廿四日	丁卯	火	壁	開	祭祀裁衣에宜함
十六日	木		月出午前二時二十四分	廿五日	戊辰	木	奎	建	
十七日	金		月出午前二時五十六分	廿六日	己巳	木	婁	除	土王用事
十八日	土		月出午前三時三十一分	廿七日	庚午	土	胃	滿	祭祀에宜함
十九日	日		月出午前四時 二分	廿八日	辛未	土	昴	平	
二十日	月		月出午前四時三十五分	廿九日	壬申	金	畢	定	穀雨三月中 祭祀에宜함
穀雨 午後三時三十一分 舊三月中 日出午前五時四十九分 晝間十三時二十六分 日入午後七時 十五分 夜間十時三十四分									
二十一日	火	合朔午後九時三十五分	閏三月大	初一日	癸酉	金	觜	執	祭祀安葬에宜함
二十二日	水		月入午後八時三十三分	初二日	甲戌	火	參	破	祭祀에宜함
二十三日	木		月入午後九時三十六分	初三日	乙亥	火	井	危	
二十四日	金		月入午後十時四十二分	初四日	丙子	水	鬼	成	祭祀嫁娶裁衣上樑時卯開市納財營檟에宜함
二十五日	土		月入午後十一時四十分	初五日	丁丑	水	柳	收	祭祀에宜함
二十六日	日			初六日	戊寅	土	星	開	嫁娶移徙裁衣上樑時辰開市에宜함
二十七日	月		月入午前零時三十六分	初七日	己卯	土	張	閉	
二十八日	火	上弦午後八時十六分	月入午前一時 八分	初八日	庚辰	金	翼	建	
二十九日	水		月入午前一時四十三分	初九日	辛巳	金	軫	除	
三十日	木		月入午前二時 十一分	初十日	壬午	木	角	滿	祭祀嫁娶移徙裁衣上樑時午開市納財安葬에宜함

五月大 三十一日

水稻陸稻棉粟大小豆蔬菜의播種, 春蠶의催青掃立, 麥의黑穗拔除, 甘藷苗의移植, 病蟲害豫防, 藥撒布, 牛馬豚의種付

日	曜	月相	月出入	陰曆	干支	納音	宿	建除	宜
一日	金		月入午前二時三十六分	十一日	癸未	木	亢	平	
二日	土		月入午前三時 三分	十二日	甲申	水	氐	定	
三日	日		月入午前三時二十七分	十三日	乙酉	水	房	執	祭祀嫁娶移徙裁衣上樑豎柱開市納財栽種에宜함
四日	月		月入午前三時五十三分	十四日	丙戌	土	心	破	祭祀에宜함
五日	火		月入午前四時二十分	十五日	丁亥	土	尾	危	祭祀에宜함
六日	水		月入午前四時五十三分	十六日	戊子	火	箕	危	立夏四月節 祭祀에宜함

立夏 午前一時五十七分 **舊四月節** 日出午前五時三十三分 晝間十三時五十四分 日入午後七時二十七分 夜間十時 六分

日	曜	月相	月出入	陰曆	干支	納音	宿	建除	宜
七日	木	○望午前零時一分	月出午後八時二十一分	十七日	己丑	火	斗	成	祭祀에宜함
八日	金		月出午後九時十六分	十八日	庚寅	木	牛	收	嫁娶移徙裁衣補垣納財安葬啓攢에宜함
九日	土		月出午後十時十三分	十九日	辛卯	木	女	開	祭祀嫁娶移徙裁衣動土上樑豎柱開市納財에宜함
十日	日		月出午後十一時 一分	二十日	壬辰	水	虛	閉	
十一日	月		月出午後十一時四十四分	廿一日	癸巳	水	危	建	裁衣에宜함
十二日	火			廿二日	甲午	金	室	除	祭祀嫁娶移徙裁衣動土上樑豎柱安葬에宜함
十三日	水		月出午前零時二十三分	廿三日	乙未	金	壁	滿	祭祀에宜함
十四日	木	◑下弦午後三時十二分	月出午前零時五十六分	廿四日	丙申	火	奎	平	祭祀嫁娶移徙裁衣動土上樑豎柱開市納財에宜함

日	曜	月相	月出入	陰曆	干支	納音	宿	建除	宜
十五日	金		出午前一時三十分	廿五日	丁酉	火	婁	定	冠帶…移徙裁衣動土上樑…開市納財安葬에宜함
十六日	土		出午前二時一分	廿六日	戊戌	木	胃	執	祭祀嫁娶移徙裁衣動土上樑…에宜함
十七日	日		出午前二時三十二分	廿七日	己亥	木	昴	破	祭祀破屋에宜함
十八日	月		出午前三時 五分	廿八日	庚子	土	畢	危	祭祀嫁娶移徙裁衣動土上樑…安葬啓攢에宜함
十九日	火		出午前三時四十三分	廿九日	辛丑	土	觜	成	祭祀嫁娶裁衣動土上樑…開市納財安葬에宜함
二十日	水		出午前四時二十四分	三十日	壬寅	金	參	收	
二十一日	木	● 合朔午前五時二十四分	建癸巳四月小	初一日	癸卯	金	井	開	小滿四月中 祭祀에宜함
二十二日	金		入午後九時二十四分	初二日	甲辰	火	鬼	開	
二十三日	土		入午後十時十六分	初三日	乙巳	火	柳	建	祭祀에宜함
二十四日	日		入午後十一時二分	初四日	丙午	水	星	除	祭祀에宜함
二十五日	月		入午後十一時三十九分	初五日	丁未	水	張	滿	祭祀에宜함
二十六日	火			初六日	戊申	土	翼	平	祭祀에宜함
二十七日	水		入午前零時十一分	初七日	己酉	土	軫	定	祭祀冠帶…移徙裁衣…開市納財安葬에宜함
二十八日	木	◐ 上弦午前七時四十三分	入午前零時三十九分	初八日	庚戌	金	角	執	祭祀嫁娶移徙裁衣動土上樑…安葬에宜함
二十九日	金		入午前一時 五分	初九日	辛亥	金	亢	破	祭祀破屋에宜함
三十日	土		入午前一時三十分	初十日	壬子	木	氐	危	
三十一日	日		入午前一時五十五分	十一日	癸丑	木	房	成	裁衣動土上樑…開市納財에宜함

小滿 午後三時八分

舊四月中

日出午前五時二十分 晝間十四時二十分

日入午後七時四十分 夜間 九時四十分

綠	紫	黑
碧	黃	赤
白	白	白

六月小 三十日

移秧麥收穫桑의株直桑田의耕耘施肥甘藷苗移植栗間拔
果實의被袋綠肥收穫病果拔除田의除草耕耘牛馬豚의種付

日	曜	月相	月出入	陰曆	干支	納音	宿	建除	宜
一日	月		月入午前二時三十三分	十二日	甲寅	水	心	收	
二日	火		月入午前二時五十三分	十三日	乙卯	水	尾	開	祭祀嫁娶移徙裁衣動土上樑開市納財에宜함
三日	水		月入午前三時二十五分	十四日	丙辰	土	箕	閉	祭祀에宜함
四日	木		月入午前四時 四分	十五日	丁巳	土	斗	建	裁衣에宜함
五日	金	○望午後二時二十二分	月出午後八時 六分	十六日	戊午	火	牛	除	祭祀에宜함
六日	土		月出午後八時五十八分	十七日	己未	火	女	除	芒種五月節 祭祀에宜함

芒種 午前六時三十二分 舊五月節
日出午前五時十三分 晝間十四時三十六分
日入午後七時四十九分 夜間九時二十四分

日	曜	月相	月出入	陰曆	干支	納音	宿	建除	宜
七日	日		月出午後九時四十四分	十八日	庚申	木	虛	滿	祭祀移徙裁衣開市納財安葬에宜함
八日	月		月出午後十時二十四分	十九日	辛酉	木	危	平	祭祀에宜함
九日	火		月出午後十一時零分	二十日	壬戌	水	室	定	祭祀冠帶[illegible]嫁娶裁衣上樑納財에宜함
十日	水		月出午後十一時三十三分	廿一日	癸亥	水	壁	執	祭祀에宜함
十一日	木			廿二日	甲子	金	奎	破	
十二日	金	◐下弦午後九時五分	月出午前零時 三分	廿三日	乙丑	金	婁	危	祭祀에宜함
十三日	土		月出午前零時三十二分	廿四日	丙寅	火	胃	成	嫁娶裁衣動土上樑開市納財安葬[illegible]에宜함
十四日	日		月出午前一時 五分	廿五日	丁卯	火	昴	收	祭祀에宜함

양력	월상(月相)	월출입	음력	간지	오행·수	28수	건제	의(宜)
十五日 月		月出前一時三十八分	二十六日	戊辰	木	畢	開	祭祀移徙裁衣動土上樑에宜함
十六日 火		月出前二時十七分	二十七日	己巳	木	觜	閉	祭祀裁衣納財에宜함
十七日 水		月出前三時二分	二十八日	庚午	土	參	建	
十八日 木		月出前三時五十四分	二十九日	辛未	土	井	除	祭祀에宜함
十九日 金	● 合朔午後三時十四分日食	建甲午五月大	初一日	壬申	金	鬼	滿	祭祀에宜함
二十日 土		月入後八時五十四分	初二日	癸酉	金	柳	平	
二十一日 日		月入後九時三十五分	初三日	甲戌	火	星	定	夏至五月中 祭祀移徙裁衣動土上樑納財에宜함

夏至 午後十一時二十二分 舊五月中

日出前五時十一分 晝間十四時四十五分
日入後七時五十六分 夜間九時十五分

양력	월상(月相)	월출입	음력	간지	오행·수	28수	건제	의(宜)
二十二日 月		月入後十時九分	初四日	乙亥	火	張	執	祭祀에宜함
二十三日 火		月入後十時三十九分	初五日	丙子	水	翼	破	祭祀에宜함
二十四日 水		月入後十一時六分	初六日	丁丑	水	軫	危	祭祀에宜함
二十五日 木		月入後十一時三十三分	初七日	戊寅	土	角	成	裁衣動土上樑開市納財에宜함
二十六日 金		月入後十一時五十七分	初八日	己卯	土	亢	收	祭祀에宜함
二十七日 土	◐ 上弦午前四時二十三分		初九日	庚辰	金	氐	開	祭祀에宜함
二十八日 日		月入前零時二十三分	初十日	辛巳	金	房	閉	祭祀裁衣에宜함
二十九日 月		月入前零時五十一分	十一日	壬午	木	心	建	
三十日 火		月入前一時二十三分	十二日	癸未	木	尾	除	嫁娶納財安葬에宜함

碧	白	白
黑	綠	白
赤	紫	黃

七月大 三十一日

畓의除草 畓의麥의播種 桑田의除草 豆의培土 馬鈴薯大麻의收穫 果樹
夏季剪定 蔬菜의耕耘追肥 堆肥製造 二期作馬鈴薯播種 雄雛淘汰

日	曜	月相	月出入	陰曆	干支	五行·宿·直	宜
一日	水		月入午前一時五十九分	十三日	甲申	水箕滿	祭祀嫁娶移徙裁衣開市納財安葬에宜함
二日	木		月入午前二時四十二分	十四日	乙酉	水斗平	
三日	金		月入午前三時三十二分	十五日	丙戌	土牛定	祭祀冠帶[illegible]移徙動土[illegible]安葬에宜함
四日	土		月入午前四時二十八分	十六日	丁亥	土女執	祭祀에宜함
五日	日	○望午前三時三十四分月食	月出午後八時二十二分	十七日	戊子	火虛破	
六日	月		月出午後九時 一分	十八日	己丑	火危危	祭祀에宜함
七日	火		月出午後九時三十五分	十九日	庚寅	木室危	小暑六月節 開市納財牧養에宜함
八日	水		月出午後十時 六分	三十日	辛卯	木壁成	祭祀嫁娶移徙裁衣動土[illegible]開市納財[illegible]에宜함
九日	木		月出午後十時三十七分	廿一日	壬辰	水奎收	祭祀納財에宜함
十日	金		月出午後十一時 八分	廿二日	癸巳	水婁開	祭祀에宜함
十一日	土		月出午後十一時四十一分	廿三日	甲午	金胃閉	祭祀에宜함
十二日	日	◑下弦午前一時二十六分		廿四日	乙未	金昴建	祭祀嫁娶에宜함
十三日	月		月出午前零時十六分	廿五日	丙申	火畢除	祭祀에宜함
十四日	火		月出午前零時五十六分	廿六日	丁酉	火觜滿	祭祀에宜함

小暑 午後四時五十九分 **舊六月節**

日出午前五時十九分 晝間十四時三十九分
日入午後七時五十七分 夜間九時二十一分

日	曜	記事	月出入	陰曆	干支	納音	宿	直	宜
十五日	水		月出 午前一時四十六分	廿七日	戊戌	木	參	平	
十六日	木		月出 午前二時四十一分	廿八日	己亥	木	井	定	祭祀冠帶移徙裁衣動土上樑納財에宜함
十七日	金	初伏	月出 午前三時四十二分	廿九日	庚子	土	鬼	執	
十八日	土		月出 午前四時四十七分	三十日	辛丑	土	柳	破	
十九日	日	● 合朔 午前零時十九分	建乙未六月小	初一日	壬寅	金	星	危	開市納財啓攢에宜함
二十日	月		月入 午後八時三十九分	初二日	癸卯	金	張	成	壬用事嫁娶移徙裁衣上樑開市納財啓攢에宜함
二十一日	火		月入 午後九時七分	初三日	甲辰	火	翼	收	祭祀嫁娶移徙裁衣上樑納財安葬에宜함
二十二日	水		月入 午後九時三十四分	初四日	乙巳	火	軫	開	祭祀에宜함
二十三日	木		月入 午後九時五十九分	初五日	丙午	水	角	閉	大暑六月中

大暑 午前十時十八分 **舊六月中**

日出 午前五時三十分 晝間 十四時二十分
日入 午後七時五十分 夜間 九時四十分

日	曜	記事	月出入	陰曆	干支	納音	宿	直	宜
二十四日	金		月入 午後十時二十五分	初六日	丁未	水	亢	建	祭祀에宜함
二十五日	土		月入 午後十時五十二分	初七日	戊申	土	氐	除	祭祀에宜함
二十六日	日	◐ 上弦 午後九時三十六分	月入 午後十一時二十二分	初八日	己酉	土	房	滿	祭祀嫁娶移徙裁衣上樑開市納財에宜함
二十七日	月	中伏	月入 午後十一時五十六分	初九日	庚戌	金	心	平	
二十八日	火			初十日	辛亥	金	尾	定	祭祀冠帶移徙上樑에宜함
二十九日	水		月入 午前零時三十六分	十一日	壬子	木	箕	執	
三十日	木		月入 午前一時二十二分	十二日	癸丑	木	斗	破	
三十一日	金		月入 午前二時十五分	十三日	甲寅	水	牛	危	移徙裁衣上樑開市納財安葬啓攢에宜함

紫	赤	黑
黃	碧	白
綠	白	白

八月大 三十一日

蕎麥播種、白菜蘿蔔의播種、桑天牛卵의取除、秋蠶의催青掃立

陸稻培土、堆肥切返、棉摘心、病果拔除、雞의換羽期管理

日	曜	月相	月出入	舊曆	干支	納音·宿·建除	宜
一日	土		月入午前三時 五分	十四日	乙卯	水 女 成	
二日	日		月入午前四時二十分	十五日	丙辰	土 虛 收	祭祀納財에宜함
三日	月	○望午後零時四十七分	月出午後七時三十四分	十六日	丁巳	土 危 開	
四日	火		月出午後八時 七分	十七日	戊午	火 室 閉	祭祀에宜함
五日	水		月出午後八時三十九分	十八日	己未	火 壁 建	祭祀移徙裁衣納財에宜함
六日	木		月出午後九時 十分	十九日	庚申	木 奎 除	祭祀에宜함
七日	金		月出午後九時四十三分	二十日	辛酉	木 婁 滿	祭祀에宜함
八日	土		月出午後十時 十六分	廿一日	壬戌	水 胃 滿	立秋七月節 [illegible]

立秋 午前二時四十四分 **舊七月節** 日出午前五時四十四分 晝間十三時五十一分 日沒午後七時三十五分 夜間十時 分

日	曜	月相	月出入	舊曆	干支	納音·宿·建除	宜
九日	日		月出午後十時五十八分	廿二日	癸亥	水 昴 平	祭祀에宜함
十日	月	◑下弦午前五時五十九分	月出午後十一時四十四分	廿三日	甲子	金 畢 定	祭祀에宜함
十一日	火			廿四日	乙丑	金 觜 執	
十二日	水		月出午前零時三十六分	廿五日	丙寅	火 參 破	
十三日	木		月出午前一時三十四分	廿六日	丁卯	火 井 危	祭祀嫁娶移徙裁衣[illegible]에宜함
十四日	金		月出午前二時三十七分	廿七日	戊辰	木 鬼 成	祭祀裁衣動土[illegible]開市納財安葬에宜함

日	曜	記事	月出入	陰曆	干支	納音	宿	直	宜
十五日	土		月出午前三時四十一分	二十八日	己巳	木	柳	收	祭祀嫁娶移徙裁衣動土上樑開市納財에宜함
十六日	日	末伏	月出午前四時四十五分	二十九日	庚午	土	星	開	祭祀에宜함
十七日	月	●合朔午後零時二十二分	建丙申七月大	初一日	辛未	土	張	閉	
十八日	火		月入午後七時三十六分	初二日	壬申	金	翼	建	祭祀嫁娶移徙裁衣上樑[illegible]納財安葬에宜함
十九日	水		月入午後八時 二分	初三日	癸酉	金	軫	除	祭祀裁衣動土上樑開市納財安葬에宜함
二十日	木		月入午後八時二十七分	初四日	甲戌	火	角	滿	裁衣에宜함
二十一日	金		月入午後八時五十四分	初五日	乙亥	火	亢	平	祭祀에宜함
二十二日	土		月入午後九時二十三分	初六日	丙子	水	氐	定	祭祀[illegible]裁衣動土上樑[illegible]納財[illegible]
二十三日	日		月入午後九時五十五分	初七日	丁丑	水	房	執	處暑[illegible]祭祀裁衣動土上樑[illegible]納財安葬에宜함

處暑 午後五時十一分 **舊七月中**
日出午前五時五十五分 晝間十三時二十一分
日入午後七時 十六分 夜間十時三十九分

日	曜	記事	月出入	陰曆	干支	納音	宿	直	宜
二十四日	月		月入午後十時三十六分	初八日	戊寅	土	心	破	
二十五日	火	◐上弦午後三時四十九分	月入午後十一時 十四分	初九日	己卯	土	尾	危	祭祀에宜함
二十六日	水			初十日	庚辰	金	箕	成	
二十七日	木		月入午前零時 三分	十一日	辛巳	金	斗	收	
二十八日	金		月入午前零時五十九分	十二日	壬午	木	牛	開	祭祀에宜함
二十九日	土		月入午前二時 一分	十三日	癸未	木	女	閉	祭祀에宜함
三十日	日		月入午前三時 七分	十四日	甲申	水	虛	建	
三十一日	月		月入午前四時 十六分	十五日	乙酉	水	危	除	安葬에宜함

白	白	白
綠	黑	紫
碧	赤	黃

九月小 三十日

螟蟲被害稻의 拔除燒却 小麥秋蒔緑肥의 播種 粟大豆의 收穫
果樹除袋 乾草製造 豚의 分娩

日	曜	月相	月出	陰曆	干支	納音	宿	直	摘要
一日	火	○望 午後九時二十七分	月出 午後六時三十七分	十六日	丙戌	土	室	滿	裁衣에 宜함
二日	水		月出 午後七時 九分	十七日	丁亥	土	壁	平	祭祀에 宜함
三日	木		月出 午後七時四十三分	十八日	戊子	火	奎	定	祭祀結婚[illegible]移徙裁衣動土[illegible]
四日	金		月出 午後八時十六分	十九日	己丑	火	婁	執	
五日	土		月出 午後八時五十三分	二十日	庚寅	木	胃	破	
六日	日		月出 午後九時四十三分	廿一日	辛卯	木	昴	危	祭祀牧養에 宜함
七日	月		月出 午後十時三十三分	廿二日	壬辰	水	畢	成	祭祀動土上樑破屋安葬에 宜함
八日	火	◐下弦 午後零時十四分	月出 午後十一時三十分	廿三日	癸巳	水	觜	成	白露八月節 祭祀에 宜함
九日	水			廿四日	甲午	金	參	收	祭祀에 宜함
十日	木		月出 午前零時三十分	廿五日	乙未	金	井	開	祭祀移徙裁衣[illegible]開市納財에 宜함
十一日	金		月出 午前一時二十四分	廿六日	丙申	火	鬼	閉	祭祀裁衣納財安葬에 宜함
十二日	土		月出 午前二時二十七分	廿七日	丁酉	火	柳	建	祭祀에 宜함
十三日	日		月出 午前三時三十九分	廿八日	戊戌	木	星	除	祭祀에 宜함
十四日	月		月出 午前四時四十分	廿九日	己亥	木	張	滿	祭祀移徙裁衣開市納財에 宜함

白露 午前五時二十分

舊八月節

日出午前六時九分 晝間十二時四十四分
日入午後六時五十三分 夜間十一時十六分

十五日	火		月出午前五時三十九分	三十日	庚子	土	翼	平	祭祀에宜함
十六日	水	● 合朔午前三時四十分	建丁酉八月小	初一日	辛丑	土	軫	定	裁衣納財에宜함
十七日	木		月入午後六時五十七分	初二日	壬寅	金	角	執	
十八日	金		月入午後七時二十五分	初三日	癸卯	金	亢	破	
十九日	土		月入午後七時五十六分	初四日	甲辰	火	氐	危	
二十日	日		月入午後八時三十二分	初五日	乙巳	火	房	成	祭祀에宜함
二十一日	月		月入午後九時 十一分	初六日	丙午	水	心	收	祭祀에宜함
二十二日	火		月入午後九時五十七分	初七日	丁未	水	尾	開	祭祀에宜함
二十三日	水	社	月入午後十時四十八分	初八日	戊申	土	箕	閉	秋分八月中 祭祀裁衣納財安葬에宜함
秋分 午後二時二十六分 舊八月中 日出午前六時十三分 晝間十二時九分 日入午後六時二十二分 夜間十一時五十一分									
二十四日	木	◐ 上弦午前七時十二分	月入午後十一時四十六分	初九日	己酉	土	斗	建	
二十五日	金			初十日	庚戌	金	牛	除	祭祀裁衣動土上樑과納財安葬에宜함
二十六日	土		月入午前零時四十六分	十一日	辛亥	金	女	滿	祭祀移徙裁衣에宜함
二十七日	日		月入午前一時五十四分	十二日	壬子	木	虛	平	祭祀에宜함
二十八日	月		月入午前三時 三分	十三日	癸丑	木	危	定	祭祀移徙裁衣動土上樑과納財에宜함
二十九日	火		月入午前四時 十三分	十四日	甲寅	水	室	執	
三十日	水		月入午前五時二十五分	十五日	乙卯	水	壁	破	

赤碧黑
黃白白
紫白綠

十月大 三十一日

大麥의播種、桑田의害蟲驅除、稗稻의選種、大豆甘藷馬鈴薯의收穫貯藏、果實貯藏庫修理消毒、農繁期의畜牛愛撫

一日木 ○望午前六時一分 月出午後六時十二分 十六日丙辰土奎危

二日金 月出午後六時五十一分 十七日丁巳土婁成 祭祀移徙裁衣動土破土開市納財에宜함

三日土 月出午後七時三十五分 十八日戊午火胃收 祭祀에宜함

四日日 月出午後八時二十六分 十九日己未火昴開 祭祀移徙上樑에宜함

五日月 月出午後九時二十三分 二十日庚申木畢閉 祭祀裁衣納財安葬에宜함

六日火 月出午後十時二十四分 廿一日辛酉木觜建 祭祀에宜함

七日水 ◐下弦午後九時二十六分 月出午後十一時二十八分 廿二日壬戌水參除 祭祀移徙裁衣動土破土에宜함

八日木 廿三日癸亥水井除 寒露九月節 祭祀에宜함

寒露 午後八時三十三分 舊九月節 日出午前六時二十四分 晝間十一時三十三分 日入午後六時 夜間十二時二十七分

九日金 月出午前零時三十二分 廿四日甲子金鬼滿 祭祀에宜함

十日土 月出午前一時三十四分 廿五日乙丑金柳平

十一日日 月出午前二時三十四分 廿六日丙寅火星定

十二日月 月出午前三時三十三分 廿七日丁卯火張執 祭祀嫁娶安葬破屋壞垣에宜함

十三日火 月出午前四時三十分 廿八日戊辰木翼破 祭祀破屋에宜함

十四日水 月出午前五時二十七分 廿九日己巳木軫危 祭祀에宜함

양력	요일	月相	月出入	음력	干支	納音	宿	建除	宜忌
十五日	木	●合朔午後七時三十分	建戌戊九月大	初一日	庚午	土	角	成	祭祀移徙裁衣動土上樑開市納財安葬에宜함
十六日	金		入月午後五時五十九分	初二日	辛未	土	亢	收	祭祀에宜함
十七日	土		入月午後六時三十三分	初三日	壬申	金	氐	開	祭祀에宜함
十八日	日		入月午後七時十一分	初四日	癸酉	金	房	閉	祭祀에宜함
十九日	月		入月午後七時五十四分	初五日	甲戌	火	心	建	
二十日	火		入月午後八時四十三分	初六日	乙亥	火	尾	除	土王用事
二十一日	水		入月午後九時三十六分	初七日	丙子	水	箕	滿	祭祀裁衣上樑開市納財安葬啓攢에宜함
二十二日	木		入月午後十時三十七分	初八日	丁丑	水	斗	平	
二十三日	金	◐上弦午後九時五十四分	入月午後十一時三十九分	初九日	戊寅	土	牛	定	霜降九月中
二十四日	土			初十日	己卯	土	女	執	祭祀嫁娶安葬에宜함
二十五日	日		入月午前零時四十四分	十一日	庚辰	金	虛	破	祭祀에宜함
二十六日	月		入月午前一時五十一分	十二日	辛巳	金	危	危	祭祀嫁娶移徙裁衣上樑納財에宜함
二十七日	火		入月午前三時零分	十三日	壬午	木	室	成	祭祀嫁娶移徙裁衣上樑開市納財安葬에宜함
二十八日	水		入月午前四時十一分	十四日	癸未	木	壁	收	祭祀에宜함
二十九日	木		入月午前五時二十四分	十五日	甲申	水	奎	開	祭祀移徙裁衣上樑開市에宜함
三十日	金	○望午後二時五十八分	出月午後五時二十三分	十六日	乙酉	水	婁	閉	
三十一日	土		出月午後六時十二分	十七日	丙戌	土	胃	建	祭祀移徙上樑安葬에宜함

霜降 午後十二時十九分

舊九月中

日出午前六時四十九分 晝間十一時五十六分

日入午後五時四十七分 夜間十二時 四分

神嘗祭(日曜)

白黑白
綠紫黃
白赤碧

明治節

十一月小 三十日

麥의培土畓의秋耕果樹園의落葉燒却深耕施肥果實蔬菜의收穫 貯藏俵網의整理桑田深耕施肥桑樹의秋備畜舍鷄舍의防寒設備蚕種의種付

日	曜	月相	月出	舊曆	干支	納音	宿	建除	記事
一日	日		月出午後七時七分	十八日	丁亥	土	昴	除	
二日	月		月出午後八時九分	十九日	戊子	火	畢	滿	祭祀에宜함
三日	火		月出午後九時十五分	二十日	己丑	火	觜	平	
四日	水		月出午後十時二十一分	廿一日	庚寅	木	參	定	
五日	木		月出午後十一時二十五分	廿二日	辛卯	木	井	執	祭祀[illegible]에宜함
六日	金	◐下弦午前十時三十九分		廿三日	壬辰	水	鬼	破	祭祀에宜함
七日	土		月出午前零時二十八分	廿四日	癸巳	水	柳	破	立冬十月節

立冬 午後十一時十五分 **舊十月節** 日出前 七時[illegible]分 晝間十時二十六分 日入後 五時[illegible]分 夜間十三時三十四分

日	曜	月相	月出	舊曆	干支	納音	宿	建除	記事
八日	日		月出午前一時二十七分	廿五日	甲午	金	星	危	祭祀[illegible]에宜함
九日	月		月出午前二時二十五分	廿六日	乙未	金	張	成	祭祀[illegible]에宜함
十日	火		月出午前三時二十三分	廿七日	丙申	火	翼	收	
十一日	水		月出午前四時十九分	廿八日	丁酉	火	軫	開	祭祀에宜함
十二日	木		月出午前五時十五分	廿九日	戊戌	木	角	閉	
十三日	金		月出午前六時十二分	三十日	己亥	木	亢	建	
十四日	土	●合朔午後一時四十五分	建己亥十月大	初一日	庚子	土	氐	除	祭祀[illegible]에宜함

[illegible]

日	曜		月出入	陰曆	干支	五行	宿	建除	
十五日	日		月入午後五時五十三分	初二日	辛丑	土	房	滿	祭祀에宜함
十六日	月		月入午後六時四十分	初三日	壬寅	金	心	平	裁衣動土上樑開市納財에宜함
十七日	火		月入午後七時三十四分	初四日	癸卯	金	尾	定	冠笄[illegible]裁衣動土上樑開市納財[illegible]에宜함
十八日	水		月入午後八時三十一分	初五日	甲辰	火	箕	執	祭祀에宜함
十九日	木		月入午後九時三十三分	初六日	乙巳	火	斗	破	祭祀破屋에宜함
二十日	金		月入午後十時三十四分	初七日	丙午	水	牛	危	祭祀에宜함
二十一日	土		月入午後十一時三十八分	初八日	丁未	水	女	成	祭祀裁衣動土上樑開市納財에宜함
二十二日	日	◐上弦午前十時十九分		初九日	戊申	土	虛	收	小雪十月中

小雪 午後八時二十六分 舊十月中

日出午前七時二十分 晝間九時五十九分

日入午後五時十九分 夜間十四時 一分

新嘗祭(國祭日)

日	曜		月出入	陰曆	干支	五行	宿	建除	
二十三日	月		月入午前零時四十四分	初十日	己酉	土	危	開	祭祀嫁娶移徙裁衣動土上樑開市納財에宜함
二十四日	火		月入午前一時五十一分	十一日	庚戌	金	室	閉	祭祀에宜함
二十五日	水		月入午前三時零分	十二日	辛亥	金	壁	建	祭祀에宜함
二十六日	木		月入午前四時十三分	十三日	壬子	木	奎	除	
二十七日	金		月入午前五時二十七分	十四日	癸丑	木	婁	滿	祭祀에宜함
二十八日	土		月入午前六時四十一分	十五日	甲寅	水	胃	平	移徙裁衣動土上樑開市納財安[illegible]修[illegible]에宜함
二十九日	日	○望午前一時十二分	月出午後五時四十七分	十六日	乙卯	水	昴	定	祭祀[illegible]에宜함
三十日	月		月出午後六時五十三分	十七日	丙辰	土	畢	執	

十二月大 三十一日

收穫物의整理農機具의修理整頓畜舍의敷草多給牌掛付

日	曜	月相	月出入	舊曆	干支	納音	宿	建除	宜
一日	火		月出午後八時一分	十八日	丁巳	土	觜	破	
二日	水		月出午後九時九分	十九日	戊午	火	參	危	祭祀에宜함
三日	木		月出午後十時十四分	二十日	己未	火	井	成	祭祀裁衣動土上樑開市納財에宜함
四日	金		月出午後十一時十七分	廿一日	庚申	木	鬼	收	祭祀移徙裁衣動土上樑開市納財安葬에宜함
五日	土			廿二日	辛酉	木	柳	開	祭祀에宜함
六日	日	◐ 下弦午前一時二十分	月出午前零時十六分	廿三日	壬戌	水	星	閉	
七日	月		月出午前一時十四分	廿四日	癸亥	水	張	閉	大雪十二月節

大雪 午後三時四十三分 舊十二月節

日出午前七時三十六分 晝間九時四十六分
日入午後五時二十二分 夜間十四時十四分

日	曜	月相	月出入	舊曆	干支	納音	宿	建除	宜
八日	火		月出午前二時十二分	廿五日	甲子	金	翼	建	祭祀에宜함
九日	水		月出午前三時八分	廿六日	乙丑	金	軫	除	祭祀嫁娶移徙裁衣動土上樑開市納財安葬에宜함
十日	木		月出午前四時五分	廿七日	丙寅	火	角	滿	祭祀裁衣動土上樑開市納財牧養에宜함
十一日	金		月出午前五時二分	廿八日	丁卯	火	亢	平	祭祀에宜함
十二日	土		月出午前五時五十九分	廿九日	戊辰	木	氐	定	祭祀冠帶嫁娶裁衣動土上樑開市納財에宜함
十三日	日		月出午前六時五十四分	三十日	己巳	木	房	執	祭祀에宜함
十四日	月	● 合朔午前八時二十五分	建庚子十二月大	初一日	庚午	土	心	破	

大正天皇祭(國慶)

日	曜	月相	月出入	陰曆	干支	納音	宿	建除	宜
十五日	火		月入午後六時二十五分	初二日	辛未	土	尾	危	
十六日	水		月入午後七時二十三分	初三日	壬申	金	箕	成	祭祀嫁娶移徙裁衣豎柱上樑開市納財安葬에宜함
十七日	木		月入午後八時二十八分	初四日	癸酉	金	斗	收	
十八日	金		月入午後九時三十二分	初五日	甲戌	火	牛	開	祭祀에宜함
十九日	土		月入午後十時三十五分	初六日	乙亥	火	女	閉	祭祀에宜함
二十日	日		月入午後十一時四十一分	初七日	丙子	水	虛	建	
二十一日	月	◐上弦午後八時三十分		初八日	丁丑	水	危	除	祭祀에宜함
二十二日	火		月入午前零時四十七分	初九日	戊寅	土	室	滿	冬至十一月中 裁衣動土上樑納財에宜함

冬至 午前九時二十七分 **舊十一月中**
日出午前七時四十五分 晝間九時三十四分
日入午後五時 十九分 夜間十四時二十六分

日	曜	月相	月出入	陰曆	干支	納音	宿	建除	宜
二十三日	水		月入午前一時五十六分	初十日	己卯	土	壁	平	
二十四日	木		月入午前三時 六分	十一日	庚辰	金	奎	定	祭祀에宜함
二十五日	金		月入午前四時 十六分	十二日	辛巳	金	婁	執	祭祀에宜함
二十六日	土		月入午前五時二十九分	十三日	壬午	木	胃	破	祭祀에宜함
二十七日	日		月入午前六時三十五分	十四日	癸未	木	昴	危	
二十八日	月	○望午後一時零分	月出午後五時二十七分	十五日	甲申	水	畢	成	祭祀移徙裁衣豎柱上樑開市納財安葬에宜함
二十九日	火		月出午後六時四十六分	十六日	乙酉	水	觜	收	祭祀에宜함
三十日	水		月出午後七時五十四分	十七日	丙戌	土	參	開	祭祀裁衣動土上樑開市에宜함
三十一日	木		月出午後八時五十九分	十八日	丁亥	土	井	閉	祭祀에宜함

年歲對照

天保八年	丁酉	一百歲
天保九年	戊戌	九十九歲
天保十年	己亥	九十八歲
天保十一年	庚子	九十七歲
天保十二年	辛丑	九十六歲
天保十三年	壬寅	九十五歲
天保十四年	癸卯	九十四歲
弘化元年	甲辰	九十三歲
弘化二年	乙巳	九十二歲
弘化三年	丙午	九十一歲
弘化四年	丁未	九十歲
嘉永元年	戊申	八十九歲
嘉永二年	己酉	八十八歲
嘉永三年	庚戌	八十七歲
嘉永四年	辛亥	八十六歲
嘉永五年	壬子	八十五歲
嘉永六年	癸丑	八十四歲
安政元年	甲寅	八十三歲
安政二年	乙卯	八十二歲
安政三年	丙辰	八十一歲
安政四年	丁巳	八十歲
安政五年	戊午	七十九歲
安政六年	己未	七十八歲
萬延元年	庚申	七十七歲
文久元年	辛酉	七十六歲
文久二年	壬戌	七十五歲
文久三年	癸亥	七十四歲
元治元年	甲子	七十三歲
慶應元年	乙丑	七十二歲
慶應二年	丙寅	七十一歲
慶應三年	丁卯	七十歲
明治元年	戊辰	六十九歲

明治二年	己巳	六十八歲
明治三年	庚午	六十七歲
明治四年	辛未	六十六歲
明治五年	壬申	六十五歲
明治六年	癸酉	六十四歲
明治七年	甲戌	六十三歲
明治八年	乙亥	六十二歲
明治九年	丙子	六十一歲
明治十年	丁丑	六十歲
明治十一年	戊寅	五十九歲
明治十二年	己卯	五十八歲
明治十三年	庚辰	五十七歲
明治十四年	辛巳	五十六歲
明治十五年	壬午	五十五歲
明治十六年	癸未	五十四歲
明治十七年	甲申	五十三歲
明治十八年	乙酉	五十二歲
明治十九年	丙戌	五十一歲
明治二十年	丁亥	五十歲
明治二十一年	戊子	四十九歲
明治二十二年	己丑	四十八歲
明治二十三年	庚寅	四十七歲
明治二十四年	辛卯	四十六歲
明治二十五年	壬辰	四十五歲
明治二十六年	癸巳	四十四歲
明治二十七年	甲午	四十三歲
明治二十八年	乙未	四十二歲
明治二十九年	丙申	四十一歲
明治三十年	丁酉	四十歲
明治三十一年	戊戌	三十九歲
明治三十二年	己亥	三十八歲
明治三十三年	庚子	三十七歲
明治三十四年	辛丑	三十六歲
明治三十五年	壬寅	三十五歲

明治三十六年	癸卯	三十四歲
明治三十七年	甲辰	三十三歲
明治三十八年	乙巳	三十二歲
明治三十九年	丙午	三十一歲
明治四十年	丁未	三十歲
明治四十一年	戊申	二十九歲
明治四十二年	己酉	二十八歲
明治四十三年	庚戌	二十七歲
明治四十四年	辛亥	二十六歲
明治四十五年 大正元年	壬子	二十五歲
大正二年	癸丑	二十四歲
大正三年	甲寅	二十三歲
大正四年	乙卯	二十二歲
大正五年	丙辰	二十一歲
大正六年	丁巳	二十歲
大正七年	戊午	十九歲
大正八年	己未	十八歲
大正九年	庚申	十七歲
大正十年	辛酉	十六歲
大正十一年	壬戌	十五歲
大正十二年	癸亥	十四歲
大正十三年	甲子	十三歲
大正十四年	乙丑	十二歲
大正十五年 昭和元年	丙寅	十一歲
昭和二年	丁卯	十歲
昭和三年	戊辰	九歲
昭和四年	己巳	八歲
昭和五年	庚午	七歲
昭和六年	辛未	六歲
昭和七年	壬申	五歲
昭和八年	癸酉	四歲
昭和九年	甲戌	三歲
昭和十年	乙亥	二歲
昭和十一年	丙子	一歲

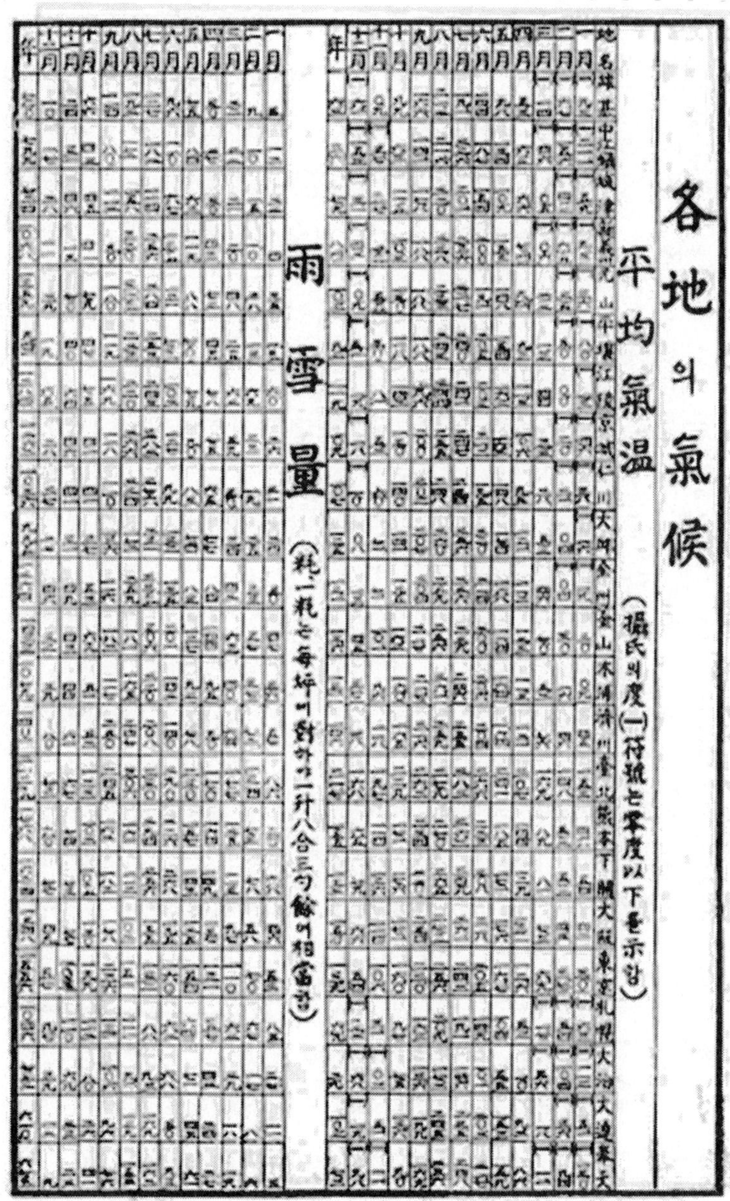

各地의 氣候

平均氣温 (攝氏의 度 (一)符號는 零度以下를 示함)

地名	一月	二月	三月	四月	五月	六月	七月	八月	九月	十月	十一月	十二月	年
雄基	[illegible]	[illegible]	[illegible]	[illegible]	[illegible]	[illegible]	[illegible]	[illegible]	[illegible]	[illegible]	[illegible]	[illegible]	[illegible]
中江鎭	[illegible]	[illegible]	[illegible]	[illegible]	[illegible]	[illegible]	[illegible]	[illegible]	[illegible]	[illegible]	[illegible]	[illegible]	[illegible]
城津	[illegible]	[illegible]	[illegible]	[illegible]	[illegible]	[illegible]	[illegible]	[illegible]	[illegible]	[illegible]	[illegible]	[illegible]	[illegible]
[illegible]	[illegible]	[illegible]	[illegible]	[illegible]	[illegible]	[illegible]	[illegible]	[illegible]	[illegible]	[illegible]	[illegible]	[illegible]	[illegible]
[illegible]	[illegible]	[illegible]	[illegible]	[illegible]	[illegible]	[illegible]	[illegible]	[illegible]	[illegible]	[illegible]	[illegible]	[illegible]	[illegible]
元山	[illegible]	[illegible]	[illegible]	[illegible]	[illegible]	[illegible]	[illegible]	[illegible]	[illegible]	[illegible]	[illegible]	[illegible]	[illegible]
平壤	[illegible]	[illegible]	[illegible]	[illegible]	[illegible]	[illegible]	[illegible]	[illegible]	[illegible]	[illegible]	[illegible]	[illegible]	[illegible]
[illegible]	[illegible]	[illegible]	[illegible]	[illegible]	[illegible]	[illegible]	[illegible]	[illegible]	[illegible]	[illegible]	[illegible]	[illegible]	[illegible]
京城	[illegible]	[illegible]	[illegible]	[illegible]	[illegible]	[illegible]	[illegible]	[illegible]	[illegible]	[illegible]	[illegible]	[illegible]	[illegible]
仁川	[illegible]	[illegible]	[illegible]	[illegible]	[illegible]	[illegible]	[illegible]	[illegible]	[illegible]	[illegible]	[illegible]	[illegible]	[illegible]
[illegible]	[illegible]	[illegible]	[illegible]	[illegible]	[illegible]	[illegible]	[illegible]	[illegible]	[illegible]	[illegible]	[illegible]	[illegible]	[illegible]
全州	[illegible]	[illegible]	[illegible]	[illegible]	[illegible]	[illegible]	[illegible]	[illegible]	[illegible]	[illegible]	[illegible]	[illegible]	[illegible]
釜山	[illegible]	[illegible]	[illegible]	[illegible]	[illegible]	[illegible]	[illegible]	[illegible]	[illegible]	[illegible]	[illegible]	[illegible]	[illegible]
木浦	[illegible]	[illegible]	[illegible]	[illegible]	[illegible]	[illegible]	[illegible]	[illegible]	[illegible]	[illegible]	[illegible]	[illegible]	[illegible]
濟州	[illegible]	[illegible]	[illegible]	[illegible]	[illegible]	[illegible]	[illegible]	[illegible]	[illegible]	[illegible]	[illegible]	[illegible]	[illegible]
臺北	[illegible]	[illegible]	[illegible]	[illegible]	[illegible]	[illegible]	[illegible]	[illegible]	[illegible]	[illegible]	[illegible]	[illegible]	[illegible]
[illegible]	[illegible]	[illegible]	[illegible]	[illegible]	[illegible]	[illegible]	[illegible]	[illegible]	[illegible]	[illegible]	[illegible]	[illegible]	[illegible]
下關	[illegible]	[illegible]	[illegible]	[illegible]	[illegible]	[illegible]	[illegible]	[illegible]	[illegible]	[illegible]	[illegible]	[illegible]	[illegible]
大阪	[illegible]	[illegible]	[illegible]	[illegible]	[illegible]	[illegible]	[illegible]	[illegible]	[illegible]	[illegible]	[illegible]	[illegible]	[illegible]
東京	[illegible]	[illegible]	[illegible]	[illegible]	[illegible]	[illegible]	[illegible]	[illegible]	[illegible]	[illegible]	[illegible]	[illegible]	[illegible]
札幌	[illegible]	[illegible]	[illegible]	[illegible]	[illegible]	[illegible]	[illegible]	[illegible]	[illegible]	[illegible]	[illegible]	[illegible]	[illegible]
大泊	[illegible]	[illegible]	[illegible]	[illegible]	[illegible]	[illegible]	[illegible]	[illegible]	[illegible]	[illegible]	[illegible]	[illegible]	[illegible]
大連	[illegible]	[illegible]	[illegible]	[illegible]	[illegible]	[illegible]	[illegible]	[illegible]	[illegible]	[illegible]	[illegible]	[illegible]	[illegible]
奉天	[illegible]	[illegible]	[illegible]	[illegible]	[illegible]	[illegible]	[illegible]	[illegible]	[illegible]	[illegible]	[illegible]	[illegible]	[illegible]

雨雪量 (粍 一粍은 每坪에 對하야 一升八合三勺餘에 相當함)

一月	二月	三月	四月	五月	六月	七月	八月	九月	十月	十一月	十二月	年
[illegible]	[illegible]	[illegible]	[illegible]	[illegible]	[illegible]	[illegible]	[illegible]	[illegible]	[illegible]	[illegible]	[illegible]	[illegible]

寒暑風雨의極數（氣溫中(一)符號은零度以下를表示함）

地名	最高氣溫(攝氏度)		最低氣溫(攝氏度)		最大雨雪日量(粍)		最大雨雪月量(粍)		最大雨雪年量(粍)		最大風速(米秒)	
雄基	[illegible]	大正八年	[illegible]	昭和六年	[illegible]	大正四年	[illegible]	昭和八年	[illegible]	昭和三年	[illegible]	大正五年
中江鎭	[illegible]	大正十三年	[illegible]	昭和八年	[illegible]	昭和四年	[illegible]	大正五年	[illegible]	昭和二年	[illegible]	大正三年
城津	[illegible]	大正八年	[illegible]	大正八年	[illegible]	大正三年	[illegible]	昭和三年	[illegible]	昭和三年	[illegible]	大正十一年
新義州	[illegible]	昭和七年	[illegible]	昭和六年	[illegible]	昭和六年	[illegible]	昭和九年	[illegible]	昭和九年	[illegible]	昭和六年
元山	[illegible]	明治三十九年	[illegible]	大正四年	[illegible]	明治三十八年	[illegible]	明治四十一年	[illegible]	大正十一年	[illegible]	昭和五年
平壤	[illegible]	大正八年	[illegible]	大正六年	[illegible]	大正九年	[illegible]	大正十二年	[illegible]	昭和九年	[illegible]	明治四十四年
江陵	[illegible]	昭和四年	[illegible]	大正四年	[illegible]	大正十年	[illegible]	大正十四年	[illegible]	大正十四年	[illegible]	昭和九年
京城	[illegible]	大正八年	[illegible]	昭和二年	[illegible]	大正九年	[illegible]	大正十五年	[illegible]	大正十四年	[illegible]	昭和八年
仁川	[illegible]	昭和五年	[illegible]	昭和六年	[illegible]	大正十一年	[illegible]	大正十一年	[illegible]	大正十四年	[illegible]	大正八年
大邱	[illegible]	昭和七年	[illegible]	大正十二年	[illegible]	大正十五年	[illegible]	昭和九年	[illegible]	昭和八年	[illegible]	大正十一年
全州	[illegible]	大正十三年	[illegible]	昭和八年	[illegible]	大正九年	[illegible]	大正九年	[illegible]	昭和五年	[illegible]	大正十一年
釜山	[illegible]	昭和四年	[illegible]	大正四年	[illegible]	明治四十五年	[illegible]	大正十四年	[illegible]	明治三十八年	[illegible]	明治三十七年
木浦	[illegible]	大正十三年	[illegible]	大正四年	[illegible]	明治四十年	[illegible]	昭和九年	[illegible]	大正五年	[illegible]	明治四十四年
濟州	[illegible]	昭和七年	[illegible]	昭和六年	[illegible]	昭和二年	[illegible]	昭和二年	[illegible]	昭和二年	[illegible]	昭和八年
臺北	[illegible]	大正十年	[illegible]	明治三十四年	[illegible]	昭和五年	[illegible]	明治三十一年	[illegible]	明治三十一年	[illegible]	明治三十二年
熊本	[illegible]	昭和二年	[illegible]	昭和四年	[illegible]	大正十二年	[illegible]	明治三十三年	[illegible]	明治三十八年	[illegible]	昭和二年
下關	[illegible]	明治二十七年	[illegible]	明治三十四年	[illegible]	明治三十七年	[illegible]	大正十二年	[illegible]	大正十二年	[illegible]	明治二十八年
大阪	[illegible]	明治四十二年	[illegible]	明治二十四年	[illegible]	明治二十九年	[illegible]	明治三十六年	[illegible]	明治三十六年	[illegible]	昭和九年
東京	[illegible]	明治十九年	[illegible]	昭和二年	[illegible]	大正九年	[illegible]	昭和四年	[illegible]	大正九年	[illegible]	大正六年
札幌	[illegible]	大正十三年	[illegible]	昭和四年	[illegible]	明治三十七年	[illegible]	明治三十一年	[illegible]	明治十二年	[illegible]	明治四十五年
大泊	[illegible]	昭和三年	[illegible]	明治四十二年	[illegible]	大正四年	[illegible]	昭和五年	[illegible]	大正四年	[illegible]	大正十四年
大連	[illegible]	大正八年	[illegible]	昭和六年	[illegible]	大正九年	[illegible]	明治四十四年	[illegible]	大正三年	[illegible]	大正八年
奉天	[illegible]	大正九年	[illegible]	明治四十一年	[illegible]	明治四十四年	[illegible]	大正十二年	[illegible]	大正十二年	[illegible]	昭和五年

水稻便覽

項目 ＼ 地方	北部	中部	南部
選種及浸種	四月中旬後半	四月下旬前半	四月下旬後半
苗代의整地及施肥	四月下旬前半	四月下旬後半	五月上旬前半
播種	四月下旬後半	五月上旬前半	五月上旬後半
苗代害蟲驅除	五月下旬	六月上旬	六月上旬
綠肥作物收穫	—	六月上旬前半	五月中旬乃至六月上旬前半
裏作大麥收穫	—	六月中旬乃至下旬前半	六月下旬前半
本田整地及施肥（二毛作 一毛作）	五月下旬後半 —	六月上旬前半 六月下旬前半	六月上旬後半 六月下旬前半
移秧（二毛作 一毛作）	六月上旬前半 —	六月上旬後半 六月下旬前半	六月中旬 六月下旬前半
中耕除草	六月中旬乃至八月上旬	六月下旬乃至八月上旬	六月下旬乃至八月中旬
追肥（[illegible]）	六月下旬後半	七月上旬前半	七月上旬後半
害蟲驅除	七月下旬乃至八月下旬	七月上旬乃至九月上旬	七月上旬乃至九月中旬
稗拔	八月下旬	九月上旬	九月中旬
落水	九月上旬	九月中旬	九月下旬
綠肥作物播種	—	九月上旬乃至中旬前半	九月上旬
收穫	九月下旬乃至十月上旬	十月中旬	十月下旬
乾燥	十月上旬	十月下旬	十一月上旬
裏作大麥播種	—	十月上旬乃至中旬前半	十月下旬
調製	十月中旬	十一月上旬	十一月中旬
畓秋耕	十月下旬	十一月中旬	十一月下旬
收穫物의整理	十一月中旬	十一月下旬	十二月上旬
農具整理	十二月乃至三月	十二月乃至三月	十二月乃至三月
繩叺製造	十二月乃至三月	十二月乃至三月	十二月乃至三月

度量衡表

系	米突法	미리메-틀 (千分之一米突)	센치메-틀 (百分之一米突)	데시메-틀 (十分之一米突)	메-틀 (米突)	기로메-틀 (千米突)	海里 (千八百五十二米突)	平方메-틀	아르 (百平方米突)	헥타르 (百아르)
度 / 面積	尺貫法	厘 三三〇〇	分 三三〇〇	寸 三三〇〇	尺 三三〇〇	町 九一六七	町 一六九七七	平方尺 一〇八九〇	步 三〇二五〇	町 一〇〇八
	야-드法	인치 〇〇三九	인치 〇三九四	후-트 〇三二八	야-드 一〇九四	마일 〇六二一	마일 一一五一	平方야-드 一一九六	平方야-드 一一九六〇三	에-카- 二四七一

系	米突法	立方메-틀	[illegible]	[illegible]	[illegible]	[illegible]	[illegible]	기로그람 (瓩)	[illegible] (千기로그람)	[illegible]
量 / 衡	尺貫法	立方尺 三五九三七	勺 〇〇五五四	合 五五四四	石 五五四三	毛 〇〇二六七	分 二六六七	貫 〇二六七	貫 二六六六六七	厘 五三三三
	야-드法	立方야-드 一三〇八	바인트 〇〇〇一七六	[illegible] 〇二六四	[illegible] 二六四一七	그레인 〇〇〇五	[illegible] 一五四三三	파운드 二二〇五	英噸 〇九八四	그레인 三〇八六

尺	間	町	里	畝	段	升	貫	斤
메-틀 〇三〇三	메-틀 一八一八	메-틀 一〇九〇九一	기로메-틀 三九二七	아르 〇〇三三	아르 九九一七	리-틀 一八〇四	기로그람 三七五〇	기로그람 〇六〇〇

鯨尺	[illegible]	인치	후-트	야-드	마일	온스	[illegible] 온스	파운드	英噸
鯨尺 二六四〇	메-틀 〇三七九	센치메-틀 二五四〇	데시메-틀 〇三〇四八	메-틀 〇九一四	기로메-틀 一六〇九	그람 二八三五〇	그람 三一一〇三	기로그람 〇四五四	瓩 一〇一六

國稅及道稅納期一覽

稅目		納期
國稅	定期ニ納入スベキモノ	
	地稅	[illegible]
	第三種所得稅	[illegible]
	營業稅	[illegible]
	鑛產稅	[illegible]
	鑛區稅	[illegible]
	酒稅	[illegible]
	酒稅	[illegible]
國稅	隨時ニ納入スベキモノ	
	第一種所得稅	[illegible]
	第二種所得稅	翌月十日까지
	臨時利得稅	[illegible]
	資本利子稅	[illegible]
	相續稅	[illegible]
	取引所稅	翌月末日까지
	取引稅	同
	清涼飲料稅	翌月末日까지
	砂糖消費稅	[illegible]
	印紙稅	[illegible]
	骨牌稅	[illegible]
	登錄稅	登錄又는登記를受할時
	銀行券發行稅	[illegible]
道稅	定期ニ納入スベキモノ	
	地稅附加稅	[illegible]
	營業稅	[illegible]
	家屋稅	第一期 / 第二期
	戶稅	第一期 / 第二期
	車輛稅	第一期 / 第二期
	林野稅	[illegible]
	備考 一 [illegible]	
	二 [illegible]	
道稅	隨時ニ納入スベキモノ	
	不動產取得稅	[illegible]
	屠畜稅	[illegible]
	遊興稅	[illegible]
	第二種所得稅附加稅	[illegible]
	特別所得稅	[illegible]

內國通信料金表

內國通常郵便料

第一種 書狀 [illegible]

第二種 郵便葉書 [illegible]

第三種 [illegible]

第四種 [illegible]

第五種 農產種子 [illegible]

內國小包郵便料

重量	同一郵便區內	同一郵便區外	[illegible]
五百瓦迄	二〇	二七	四一
一瓩迄	二〇	三四	四七
二瓩迄	二〇	四七	六二?
三瓩迄	二〇	六〇?	七五
四瓩迄	二〇	七二?	八八
五瓩迄	二〇	七九	九四
六瓩迄	二〇	八五	一〇〇

內國通常電報料

[illegible]

附記

[illegible]

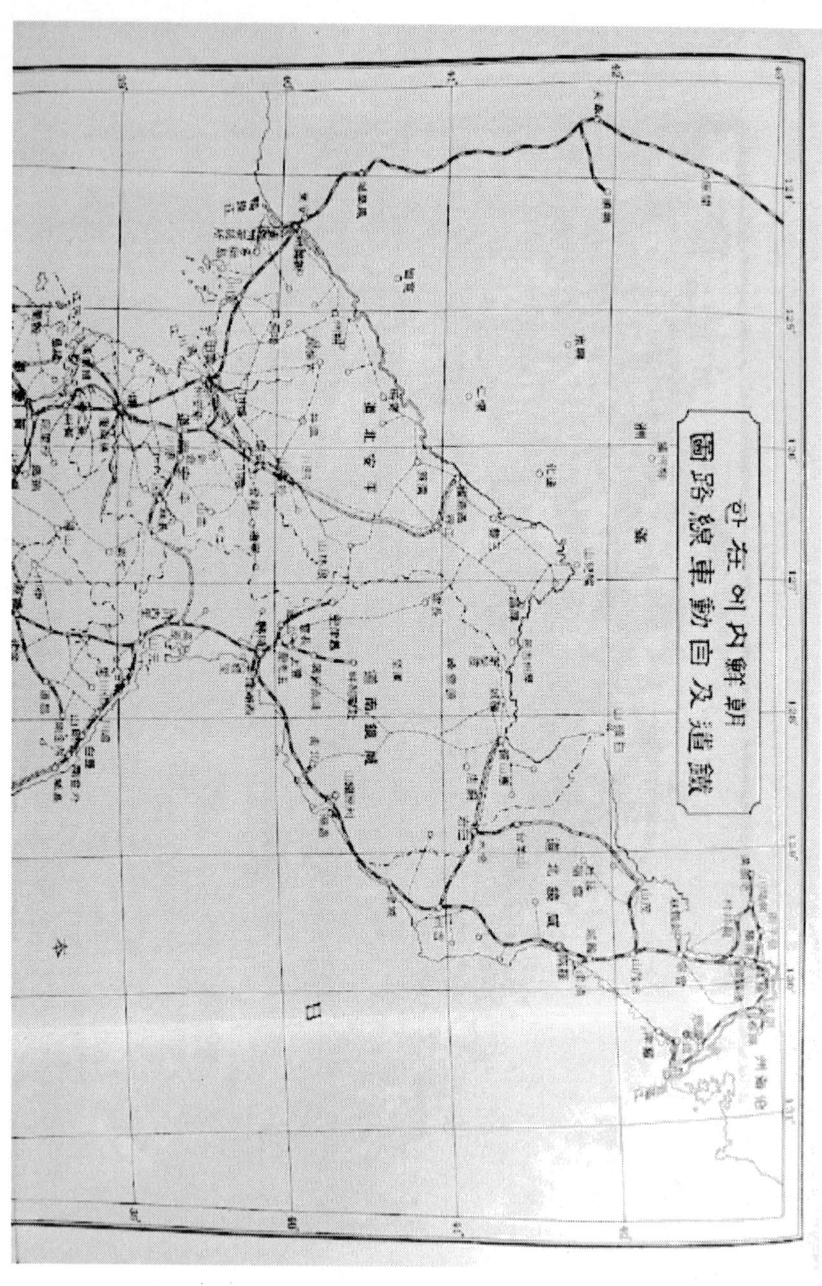
朝鮮內에在한
鐵道及自動車線路圖

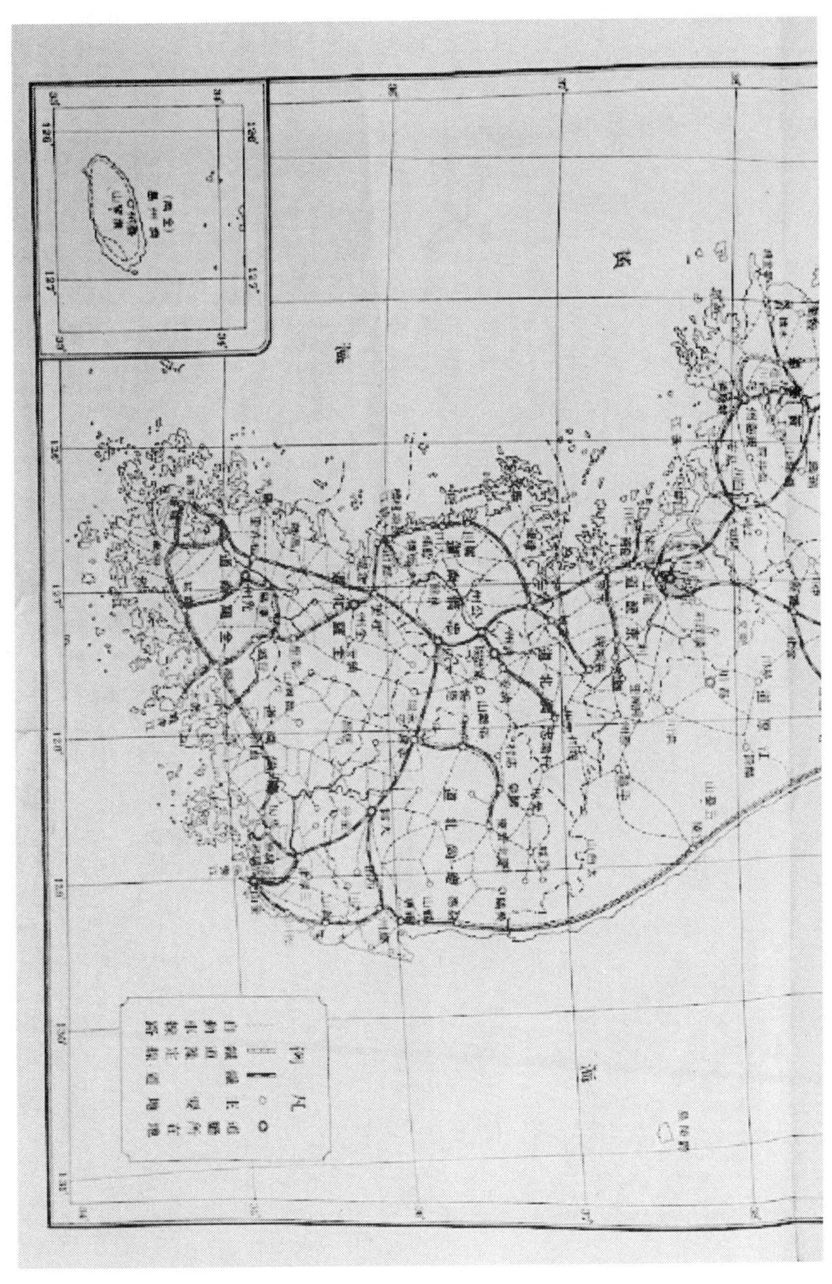

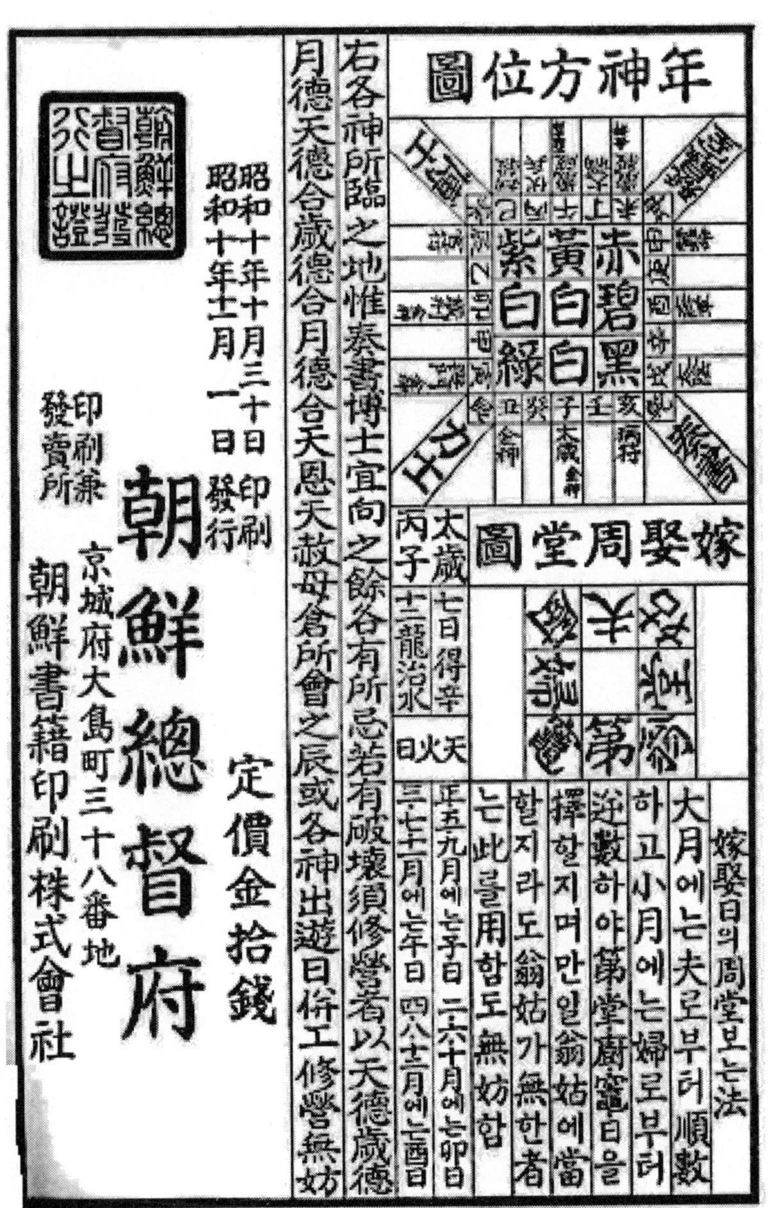

年神方位圖

嫁娶周堂圖

太歲 丙子

七日得辛

十二龍治水

天火日

嫁娶日의周堂보는法
大月에는夫로부터順數
하고小月에는婦로부터
逆數하야第堂廚竈日을
擇할지며만일翁姑에當
할지라도翁姑가無한者
는此를用함도無妨함

正五九月에는子日 二六十月에는卯日
三七十一月에는午日 四八十二月에는酉日

右各神所臨之地惟奏書博士宜向之餘各有所忌若有破壞須修營者以天德歲德
月德天德合歲德合月德合天恩天赦母倉所會之辰或各神出遊日倂工修營無妨

定價金拾錢

昭和十年十月三十日 印刷
昭和十年十一月一日 發行

朝鮮總督府

京城府大島町三十八番地
印刷兼發賣所 朝鮮書籍印刷株式會社

10　昭和十二年略暦（1937）

昭和十二年略曆

朝鮮總督府

朝鮮總督府觀測所編纂

神武天皇即位紀元二千五百九十七年

昭和十二年（平年丁丑 西曆一九三七年）略曆

祝祭日

祝祭日	月日
四方拜	一月一日
元始祭	一月三日
新年宴會	一月五日
紀元節	二月十一日
春季皇靈祭	三月二十一日
神武天皇祭	四月三日
天長節	四月二十九日
秋季皇靈祭	九月二十三日
神嘗祭	十月十七日
明治節	十一月三日
新嘗祭	十一月二十三日
大正天皇祭	十二月二十五日

凡例

本略曆ニ揭載スル時刻ハ本邦中央標準時ヲ用フ

日月ノ出入南中等ハ朝鮮總督府觀測所(東經百二十六度三十七分三十九秒北緯三十七度二十八分三十九秒)ニ於ケル値ニシテ滿干潮時ハ仁川港ニ於ケル時刻ノ値ナリ

月齡ハ朔ヨリ當日正午迄ノ日數ナリ

國旗ノ制式

一、白布紅日章

一、縱徑ハ橫徑ノ三分ノ二ノ比率タルコト

一、日章ノ直徑ハ縱徑ノ五分ノ三ノ比率タルコト

一、竿頭ノ球ト旗トノ間隔ハ祝意ノ場合ニハ之ヲ絕對ニ存セズ

弔意ノ場合ニハ球ハ黑布ヲ以テ之ヲ蔽ヒ且旗ノ上部ニ黑布ヲ附ス

國旗揭揚ノ方法

一、國旗一旒揭揚ノ場合ハ門內ヨリ見テ右側ニ揭揚スルヲ可トス

一、國旗二旒揭揚ノ場合ハ併立・交叉ニ隨意ナルモ併立スル方宜シ

交叉ノ場合ハ門內ヨリ見テ左(旗竿ノ根本ハ右)ノ國旗ヲ內側トスルヲ可トス

一、特ニ外國ニ敬意ヲ表スル爲外國々旗ヲ國旗ト共ニ揭揚スル場合ハ併立・交叉ニ隨意ナルモ交叉ノ方宜シ

交叉ノ場合ハ國旗ヲ門內ヨリ見テ左(旗竿ノ根元ハ右)ニ揭ゲ

旗竿ハ內側トシ併立スル場合ハ國旗ヲ門內ヨリ見テ左ニ

揭グルヲ可トス

昭和十二年

一月大 三十一日

繩叺蓆莫族果實袋等의製造畜舍雞舍의保温

日次	行事	曜日	干支	日出	日南中	日入	晝間	月齡	陰曆	月出	月入	滿潮	干潮
一日	四方拜	金	戊子	七時四八分	後〇時三七分	五時二六分	九時三八分	一八	十一月一九	後一〇時二分	前一〇時三分	前八時〇分 後八時二五分	前一時四〇分 後一時四五分
二日		土	己丑	七 四八	〇 三七	五 二七	九 三八	一九	二〇	後一一 二	前一〇 四二	前八 四五 後九 一〇	前二 一五 後二 三〇
三日	元始祭	日	庚寅	七 四八	〇 三八	五 二七	九 三九	二〇	二一	—	前一一 八	前九 二五 後九 四〇	前二 五五 後三 五
四日	下弦	月	辛卯	七 四八	〇 三八	五 二八	九 四〇	二一	二二	前〇 〇	前一一 三五	前一〇 五 後一〇 二〇	前三 三五 後三 四五
五日	新年宴會	火	壬辰	七 四九	〇 三九	五 二九	九 四一	二二	二三	前〇 五八	後〇 三	前一〇 五五 後一一 五	前四 一五 後四 三五
六日	小寒	水	癸巳	七 四九	〇 三九	五 三〇	九 四一	二三	二四	前一 五五	後〇 三四	前一一 五〇 後一一 五五	前五 一〇 後五 四〇
七日		木	甲午	七 四九	〇 四〇	五 三一	九 四二	二四	二五	前二 五三	後一 七	前 — 後〇 四五	前六 一五 後七 一〇
八日		金	乙未	七 四九	〇 四〇	五 三二	九 四三	二五	二六	前三 四九	後一 四六	前〇 五〇 後一 五五	前七 四五 後八 三五
九日		土	丙申	七 四八	〇 四一	五 三三	九 四四	二六	二七	前四 四五	後二 二九	前二 〇 後三 〇	前八 四五 後九 三〇
十日		日	丁酉	七 四八	〇 四一	五 三四	九 四五	二七	二八	前五 三九	後三 一九	前三 〇 後四 〇	前九 四〇 後一〇 二〇
十一日		月	戊戌	七 四八	〇 四一	五 三五	九 四六	二八	二九	前六 二八	後四 一五	前四 〇 後四 五〇	前一〇 三〇 後一一 五
十二日		火	己亥	七 四八	〇 四二	五 三六	九 四八	二九	三〇	前七 一三	後五 一五	前四 五〇 後五 三〇	前一一 一〇 後一一 四五
十三日	朔	水	庚子	七 四八	〇 四二	五 三七	九 四九	〇	十二月一	前七 五四	後六 一八	前五 三五 後六 一〇	前一一 四五 後 —
十四日		木	辛丑	七 四八	〇 四二	五 三八	九 五〇	一	二	前八 三〇	後七 二三	前六 一五 後六 四五	前〇 一五 後〇 二五

二

昭和十二年

日	曜	干支											註
十五日	金	壬寅	七 四七	○ 四三	五 三九	九 五一	二	三	前 九 三	後 八 二八	前 六 五〇 後 七 一五	前 〇 五〇 後 一 〇	
十六日	土	癸卯	七 四七	○ 四三	五 四〇	九 五三	三	四	前 九 三四	後 九 三四	前 七 二五 後 七 五〇	前 一 二五 後 一 三五	
十七日	日	甲辰	七 四七	○ 四四	五 四一	九 五四	四	五	前 一〇 五	後 一〇 四〇	前 八 一〇 後 八 三〇	前 二 〇 後 二 一〇	[illegible]
十八日	月	乙巳	七 四六	○ 四四	五 四二	九 五六	五	六	前 一〇 三六	後 一一 四七	前 八 四五 後 九 一〇	前 二 三五 後 二 五〇	
十九日	火	丙午	七 四六	○ 四四	五 四三	九 五七	六	七	前 一一 九	｜	前 九 四〇 後 一〇 〇	前 三 一五 後 三 三五	
二十日	水	丁未	七 四五	○ 四五	五 四四	九 五八	七	八	前 一一 四六	前 〇 五六	前 一〇 四五 後 一一 〇	前 四 〇 後 四 三〇	[illegible]
二十一日	木	戊申	七 四五	○ 四五	五 四五	一〇 〇	八	九	後 〇 一六	前 二 六	前 一一 四五 後 ｜	前 五 〇 後 五 四五	
二十二日	金	己酉	七 四四	○ 四五	五 四六	一〇 二	九	一〇	後 一 一八	前 三 一五	前 〇 五 後 一 〇	前 六 二〇 後 七 三〇	
二十三日	土	庚戌	七 四四	○ 四五	五 四七	一〇 三	一〇	一一	後 二 一五	前 四 二二	前 一 一五 後 二 二〇	前 八 〇 後 九 〇	
二十四日	日	辛亥	七 四三	○ 四六	五 四八	一〇 五	一一	一二	後 三 一八	前 五 二二	前 二 三五 後 三 三五	前 九 一五 後 一〇 〇	
二十五日	月	壬子	七 四三	○ 四六	五 四九	一〇 七	一二	一三	後 四 二五	前 六 一三	前 三 四五 後 四 四五	前 一〇 一〇 後 一〇 五〇	
二十六日	火	癸丑	七 四二	○ 四六	五 五〇	一〇 八	一三	一四	後 五 三三	前 六 五八	前 四 五〇 後 五 三五	前 一一 〇 後 一一 三五	
二十七日	水	甲寅	七 四一	○ 四六	五 五一	一〇 一〇	一四	一五	後 六 四〇	前 七 三七	前 五 四五 後 六 一五	前 一一 四五 後 ｜	望
二十八日	木	乙卯	七 四一	○ 四六	五 五三	一〇 一三	一五	一六	後 七 四四	前 八 一〇	前 六 二五 後 六 五〇	前 〇 一五 後 〇 二〇	
二十九日	金	丙辰	七 四〇	○ 四七	五 五四	一〇 一四	一六	一七	後 八 四六	前 八 四二	前 七 五 後 七 三〇	前 〇 五〇 後 〇 五五	
三十日	土	丁巳	七 三九	○ 四七	五 五五	一〇 一五	一七	一八	後 九 四六	前 九 九	前 七 四〇 後 八 〇	前 一 二〇 後 一 三〇	
三十一日	日	戊午	七 三九	○ 四七	五 五六	一〇 一七	一八	一九	後 一〇 四五	前 九 三六	前 八 一五 後 八 三〇	前 一 五〇 後 二 五	

三

二月平 二十八日

繩、叺、蠶具簇、果實袋等의 製造、苹果의 剪定、麥追肥、
牛의 手入、抱卵準備

日次	曜	干支	日出	日南中	日入	晝間	月齡	陰曆	月出	月入	滿潮	干潮	記事
一日	月	己未	七時三八分	後〇時四七分	五時五七分	一〇時一九分	一九	二〇	後一一時四三分	前一〇時四分	前八時五〇分 後九〇	前二時二〇分 後二四〇	
二日	火	庚申	七三七	〇四七	五五八	一〇二一	二〇	二一	—	前一〇三四	前九二〇 後九二五	前二五〇 後三一〇	
三日	水	辛酉	七三六	〇四七	五五九	一〇二三	二一	二二	前〇四一	前一一六	前一〇〇 後一〇一〇	前三二五 後三四五	下弦 節分
四日	木	壬戌	七三五	〇四七	六〇	一〇二五	二二	二三	前一三八	前一一四二	前一〇五〇 後一〇五五	前四五 後四三〇	立春
五日	金	癸亥	七三四	〇四八	六一	一〇二七	二三	二四	前二三四	後〇二三	前一一五〇 後一一五〇	前四五五 後五三五	
六日	土	甲子	七三三	〇四八	六三	一〇二九	二四	二五	前三二八	後一一〇	後〇五五	前六二〇 後七四五	
七日	日	乙丑	七三二	〇四八	六四	一〇三二	二五	二六	前四一九	後二三	前一五 後二一五	前八〇 後九五	
八日	月	丙寅	七三一	〇四八	六五	一〇三三	二六	二七	前五六	後三一	前二二五 後三二五	前九一五 後九五五	
九日	火	丁卯	七三〇	〇四八	六六	一〇三五	二七	二八	前五四九	後四三	前三三〇 後四二〇	前一〇五 後一〇四五	
十日	水	戊辰	七二九	〇四八	六七	一〇三六	二八	二九	前六二七	後五七	前四三〇 後五一〇	前一〇五〇 後一一二〇	
十一日	木	己巳	七二八	〇四八	六八	一〇四〇	二九	正月一	前七二	後六一四	前五一五 後五四五	前一一二五 後一一五五	紀元節 朔
十二日	金	庚午	七二七	〇四八	六九	一〇四二	一	二	前七三五	後七二一	前五五五 後六一五	後〇五	
十三日	土	辛未	七二六	〇四八	六一〇	一〇四四	二	三	前八六	後八二九	前六三五 後六五五	前〇三〇 後〇四五	
十四日	日	壬申	七二五	〇四八	六一一	一〇四六	三	四	前八三八	後九三七	前七一〇 後七三〇	前一五 後一二〇	

昭和十二年

十五日	十六日	十七日	十八日	十九日	二十日	二十一日	二十二日	二十三日	二十四日	二十五日	二十六日	二十七日	二十八日
			上弦	雨水						望			
月	火	水	木	金	土	日	月	火	水	木	金	土	日
癸酉	甲戌	乙亥	丙子	丁丑	戊寅	己卯	庚辰	辛巳	壬午	癸未	甲申	乙酉	丙戌
七 二四	七 二三	七 二二	七 二〇	七 一九	七 一八	七 一七	七 一五	七 一四	七 一三	七 一一	七 一〇	七 九	七 七
〇 四八	〇 四八	〇 四八	〇 四八	〇 四八	〇 四七	〇 四七	〇 四七	〇 四七	〇 四七	〇 四七	〇 四七	〇 四六	〇 四六
六 一二	六 一三	六 一四	六 一五	六 一七	六 一八	六 一九	六 二〇	六 二一	六 二二	六 二三	六 二四	六 二五	六 二六
一〇 四八	一〇 五一	一〇 五三	一〇 五五	一〇 五七	一一 〇	一一 二	一一 四	一一 七	一一 九	一一 一二	一一 一四	一一 一六	一一 一八
四	五	六	七	八	九	一〇	一一	一二	一三	一四	一五	一六	一七
五	六	七	八	九	一〇	一一	一二	一三	一四	一五	一六	一七	一八
前 九 一三	前 九 四八	前 一〇 二九	前 一一 一六	後 〇 九	後 一 九	後 二 三	後 三 一九	後 四 二五	後 五 二九	後 六 三一	後 七 三三	後 八 三三	後 九 三〇
後 一〇 四七	後 一一 五七	｜	前 一 六	前 二 一三	前 三 一四	前 四 八	前 四 五四	前 五 二四	前 六 九	前 六 四〇	前 七 九	前 七 三七	前 八 五
前 七 五 後 八 四五	前 八 三〇 後 八 四五	前 九 一五 後 九 三〇	前 一〇 一〇 後 一〇 二五	前 一一 二〇 後 一一 三五	前 ｜ 後 〇 四〇	前 〇 五五 後 二 五	前 二 二〇 後 三 二五	前 三 四五 後 四 三〇	前 四 四五 後 五 一五	前 五 三〇 後 五 五五	前 六 一〇 後 六 三〇	前 六 四五 後 七 〇	前 七 一五 後 七 三〇
前 一 三五 後 一 五五	前 二 一五 後 二 三五	前 二 五〇 後 三 一五	前 三 三〇 後 四 〇	前 四 二〇 後 五 一五	前 五 四五 後 七 一五	前 七 四〇 後 八 五〇	前 九 〇 後 九 五〇	前 一〇 〇 後 一〇 三五	前 一〇 四五 後 一一 一五	前 一一 三〇 後 一一 五〇	前 ｜ 後 〇 一〇	前 〇 二〇 後 〇 三五	前 〇 五〇 後 一 一〇

五

三月大 三十一日

桃梨의剪定、桑田果樹園의病蟲害防除、麥類의播種、果樹園의施肥、
溫床準備、甘藷床植、溫床播種、抱卵準備、孵化育雛、堆肥의切返

日次	七曜	干支	日出	日南中	日入	晝間	月齡	陰曆	月出	月入	滿潮	干潮	
一日	月	丁亥	七時六分	後〇時四六分	六時二七分	一一時二一分	一八	一九	後一〇時二六分	前八時二四分	前七時四五分 後七時五〇分	前一時二〇分 後一時四〇分	
二日	火	戊子	七 五	〇 四六	六 二八	一一 二三	一九	二〇	後一一 二六	前九 五	前八 一〇 後八 一五	前一 五〇 後二 五	
三日	水	己丑	七 三	〇 四六	六 二九	一一 二五	二〇	二一	—	前九 四〇	前八 四〇 後八 四五	前二 一五 後二 三五	
四日	木	庚寅	七 二	〇 四五	六 三〇	一一 二八	二一	二二	前〇 一三	前一〇 一九	前九 一五 後九 一五	前二 四五 後三 五	
五日	金	辛卯	七 〇	〇 四五	六 三一	一一 三〇	二二	二三	前一 一七	前一一 三	前一〇 〇 後一〇 〇	前三 一五 後三 四五	下弦
六日	土	壬辰	六 五九	〇 四五	六 三二	一一 三三	二三	二四	前二 九	前一一 五三	前一一 〇 後一一 五	前四 〇 後四 四五	地久節 啓蟄
七日	日	癸巳	六 五八	〇 四五	六 三三	一一 三五	二四	二五	前二 五七	後〇 四七	後〇 一五	前五 一五 後六 三五	
八日	月	甲午	六 五六	〇 四五	六 三三	一一 三七	二五	二六	前三 四一	後一 四六	前〇 三〇 後一 三〇	前七 一〇 後八 二五	
九日	火	乙未	六 五五	〇 四四	六 三四	一一 四〇	二六	二七	前四 二一	後二 四九	前一 五〇 後二 五〇	前八 四五 後九 三〇	
十日	水	丙申	六 五三	〇 四四	六 三五	一一 四二	二七	二八	前四 五七	後三 五四	前三 一〇 後三 四五	前九 四五 後一〇 一五	陸軍記念日
十一日	木	丁酉	六 五二	〇 四四	六 三六	一一 四五	二八	二九	前五 三一	後五 〇	前四 〇 後四 三五	前一〇 三〇 後一〇 五五	
十二日	金	戊戌	六 五〇	〇 四四	六 三七	一一 四七	二九	三〇	前六 四	後六 九	前四 五〇 後五 二〇	前一一 一〇 後一一 三〇	
十三日	土	己亥	六 四九	〇 四三	六 三八	一一 四九	〇	二月一	前六 三六	後七 一九	前五 三五 後五 五五	前一一 四五	朔
十四日	日	庚子	六 四七	〇 四三	六 三九	一一 五二	一	二	前七 一〇	後八 三〇	前六 一〇 後六 三〇	前〇 五 後〇 二〇	

昭和十二年

十五日	十六日	十七日	十八日	十九日	二十日	二十一日	二十二日	二十三日	二十四日	二十五日	二十六日	二十七日	二十八日	二十九日	三十日	三十一日
			彼岸	上弦		春季皇靈祭 春分	社日					望				
月	火	水	木	金	土	日	月	火	水	木	金	土	日	月	火	水
辛丑	壬寅	癸卯	甲辰	乙巳	丙午	丁未	戊申	己酉	庚戌	辛亥	壬子	癸丑	甲寅	乙卯	丙辰	丁巳
六 四六	六 四四	六 四三	六 四一	六 四〇	六 三八	六 三七	六 三五	六 三四	六 三二	六 三一	六 二九	六 二八	六 二六	六 二五	六 二三	六 二二
〇 四三	〇 四二	〇 四二	〇 四二	〇 四二	〇 四一	〇 四一	〇 四一	〇 四〇	〇 四〇	〇 四〇	〇 三九	〇 三九	〇 三九	〇 三九	〇 三八	〇 三八
六 四〇	六 四一	六 四二	六 四三	六 四四	六 四五	六 四六	六 四七	六 四七	六 四八	六 四九	六 五〇	六 五一	六 五二	六 五三	六 五四	六 五五
二 五四	二 五七	二 五九	三 一	三 四	三 六	三 九	三 一二	三 一四	三 一六	三 一八	三 二一	三 二三	三 二六	三 二八	三 三〇	三 三三
二	三	四	五	六	七	八	九	一〇	一一	一二	一三	一四	一五	一六	一七	一八
三	四	五	六	七	八	九	一〇	一一	一二	一三	一四	一五	一六	一七	一八	一九
前七 四六	前八 二七	前九 一三	前一〇 六	前一一 四	後〇 七	後一 一二	後二 一七	後三 二〇	後四 二三	後五 二三	後六 二二	後七 二〇	後八 一八	後九 一六	後一〇 一三	後一一 八
後九 四三	後一〇 五五	—	前〇 四	前一 八	前二 四	前二 五三	前三 三四	前四 一〇	前四 四三	前五 一一	前五 三九	前六 七	前六 三五	前七 六	前七 四〇	前八 一七
前六 五〇 後七 五	前七 三〇 後七 四五	前八 一〇 後八 二〇	前九 〇 後九 一〇	前九 五〇 後一〇 〇	前一一 〇 後一一 一五	前 — 後〇 一五	前〇 四五 後一 四五	前二 一五 後三 〇	前三 三〇 後四 五	前四 二〇 後四 五〇	前五 五 後五 二五	前五 四五 後六 〇	前六 一五 後六 三〇	前六 四五 後六 五〇	前七 一〇 後七 一五	前七 四〇 後七 四〇
前〇 四五 後一 〇	前一 一五 後一 四〇	前一 四五 後二 一五	前二 二五 後二 五五	前三 一〇 後三 四五	前三 五五 後四 五〇	前五 二〇 後七 〇	前七 二五 後八 三〇	前八 四五 後九 三〇	前九 四五 後一〇 一五	前一〇 三〇 後一〇 五〇	前一一 五 後一一 二五	前一一 四五 後 —	前〇 〇 後〇 一五	前〇 二五 後〇 四五	前〇 五五 後一 一五	前一 二〇 後一 四〇

七

四月小 三十日

馬鈴薯大麻瓜類의播種苗木類의植付桑田의耕耘施肥果樹桑樹接木種籾의精選及浸種挾板의整地豚의分娩育雛

日次	曜	干支	記事	日出	日南中	日入	晝間	月齡	陰曆	月出	月入	滿潮 前	滿潮 後	干潮 前	干潮 後
一日	木	戊午		六時二〇分	後〇時三八分	六時五六分	一二時三六分	一九	二〇	—	前八時五九分	八時一〇分	八〇	一時四五分	二一〇
二日	金	己未		六一九	〇三七	六五六	一二三八	二〇	二一	前〇時〇分	前九四八	八四〇	八四〇	二一五	二四五
三日	土	庚申	神武天皇祭	六一七	〇三七	六五七	一二四〇	二一	二二	前〇四九	前一〇三八	九二五	九二五	二四五	三二〇
四日	日	辛酉	下弦	六一六	〇三七	六五八	一二四二	二二	二三	前一三四	前一一三四	一〇一五	一〇三五	三三〇	四一五
五日	月	壬戌	清明	六一四	〇三六	六五九	一二四五	二三	二四	前二一五	後〇三三	一一三五	—	四三〇	五四五
六日	火	癸亥	寒食	六一三	〇三六	七〇	一二四七	二四	二五	前二五三	後一三五	〇〇	〇五〇	六一〇	七四〇
七日	水	甲子		六一一	〇三六	七一	一二五〇	二五	二六	前三二六	後二四〇	一一五	二〇	八〇	八五〇
八日	木	乙丑		六一〇	〇三六	七二	一二五二	二六	二七	前三五九	後三四六	二三五	三一〇	九一五	九四五
九日	金	丙寅		六八	〇三五	七三	一二五四	二七	二八	前四三二	後四五五	三三〇	四〇	一〇〇	一〇二〇
十日	土	丁卯		六七	〇三五	七四	一二五七	二八	二九	前五四	後六六	四二〇	四四五	一〇四五	一一〇
十一日	日	戊辰	朔	六六	〇三五	七五	一二五九	二九	三月一	前五四〇	後七一九	五一〇	五三〇	一一二五	一一四〇
十二日	月	己巳		六四	〇三四	七五	一三一	一	二	前六一九	後八三三	五五〇	六五	—	〇五
十三日	火	庚午		六三	〇三四	七六	一三四	二	三	前七五	後九四六	六三〇	六四五	〇一五	〇四五
十四日	水	辛未		六一	〇三四	七七	一三六	三	四	前七五六	後一〇五五	七一五	七二五	〇五五	一二〇

十五日	十六日	十七日	十八日	十九日	二十日	二十一日	二十二日	二十三日	二十四日	二十五日	二十六日	二十七日	二十八日	二十九日	三十日
		土王用事	上弦		穀雨						望			天長節	靖國神社祭
木	金	土	日	月	火	水	木	金	土	日	月	火	水	木	金
壬申	癸酉	甲戌	乙亥	丙子	丁丑	戊寅	己卯	庚辰	辛巳	壬午	癸未	甲申	乙酉	丙戌	丁亥
六 〇	五 五九	五 五七	五 五六	五 五四	五 五三	五 五二	五 五〇	五 四九	五 四八	五 四七	五 四五	五 四四	五 四三	五 四二	五 四〇
〇 三四	〇 三三	〇 三三	〇 三三	〇 三三	〇 三三	〇 三二	〇 三二	〇 三二	〇 三二	〇 三二	〇 三一	〇 三一	〇 三一	〇 三一	〇 三一
七 八	七 九	七 一〇	七 一一	七 一二	七 一三	七 一四	七 一四	七 一五	七 一六	七 一七	七 一八	七 一九	七 二〇	七 二一	七 二三
一三 八	一三 一〇	一三 一三	一三 一五	一三 一七	一三 二〇	一三 二三	一三 二四	一三 二六	一三 二八	一三 三一	一三 三三	一三 三五	一三 三七	一三 三九	一三 四一
四	五	六	七	八	九	一〇	一一	一二	一三	一四	一五	一六	一七	一八	一九
五	六	七	八	九	一〇	一一	一二	一三	一四	一五	一六	一七	一八	一九	二〇
前八 五五	前九 五九	前一一 四	後〇 一〇	後一 一四	後二 一六	後三 一六	後四 一五	後五 一三	後六 一一	後七 八	後八 五	後九 一	後九 五五	後一〇 四五	後一一 三〇
後一二 五六	―	前〇 四九	前一 三三	前二 一一	前二 四四	前三 一四	前三 四三	前四 一〇	前四 三八	前五 八	前五 四〇	前六 一六	前六 五七	前七 四二	前八 三三
前七 五五 後八 五	前八 四五 後八 五〇	前九 四五 後九 五五	前一〇 四五 後一一 一〇	前一一 五五 ―	前〇 二五 後一 一五	前一 四五 後二 一五	前二 五〇 後三 一五	前三 五〇 後四 一五	前四 四〇 後四 五〇	前五 一五 後五 二五	前五 五〇 後五 五五	前六 二〇 後六 二〇	前六 四五 後六 四五	前七 一五 後七 一〇	前七 四五 後七 三五
前一 三〇 後二 〇	前二 一〇 後二 四五	前二 五五 後三 三五	前三 四五 後四 四五	前五 〇 後六 三〇	前六 五五 後七 五五	前八 一五 後八 五五	前九 一五 後九 四〇	前一〇 五 後一〇 二〇	前一〇 四五 後一〇 五五	前一一 二〇 後一一 三〇	前一一 五五 ―	前〇 〇 後〇 二〇	前〇 三〇 後〇 五五	前〇 五五 後一 二五	前一 二五 後一 五〇

五月大 三十一日

水稻陸稻棉粟大小豆蔬菜의播種春蠶의催青掃立麥의黑穗拔除
甘藷苗의移植病蟲害豫防藥撒布牛馬豚의種付

日次	曜	干支	日出	日南中	日入	晝間	月齡	陰曆	月出	月入	滿潮	干潮	備考
一日	土	戊子	五時三九分	後〇時三一分	七時二三分	一三時四三分	二〇	二一	—	前九時二六分	前八時一五分 後八一五	前一時五〇分 後二二五	
二日	日	己丑	五三八	〇三〇	七二三	一三四五	二一	二二	前〇時一二分	前一〇二四	前九〇 後九一〇	前二三〇 後三一〇	八十八夜
三日	月	庚寅	五三七	〇三〇	七二四	一三四七	二二	二三	前〇四九	前一一二三	前九五五 後一〇一五	前三一〇 後三五〇	
四日	火	辛卯	五三六	〇三〇	七二五	一三四九	二三	二四	前一二四	後〇二五	前一一〇 後一一三〇	前四〇 後五〇	下弦
五日	水	壬辰	五三五	〇三〇	七二六	一三五一	二四	二五	前一五六	後一二八	— 後〇一五	前五二〇 後六四五	
六日	木	癸巳	五三四	〇三〇	七二七	一三五三	二五	二六	前二二七	後二三四	前〇四五 後一一五	前七一五 後八〇	立夏
七日	金	甲午	五三三	〇三〇	七二八	一三五五	二六	二七	前二五九	後三四三	前一五〇 後二二〇	前八三〇 後九〇	
八日	土	乙未	五三二	〇三〇	七二九	一三五七	二七	二八	前三三三	後四五二	前三〇 後三二〇	前九三五 後九五〇	
九日	日	丙申	五三一	〇三〇	七三〇	一三五九	二八	二九	前四九	後六六	前三五五 後四一〇	前一〇二〇 後一〇三五	
十日	月	丁酉	五三〇	〇三〇	七三一	一四一	二九	四月一	前四五三	後七二〇	前四四五 後五〇	前一一五 後一一一五	朔
十一日	火	戊戌	五二九	〇三〇	七三一	一四三	一	二	前五四一	後八三三	前五三〇 後五四五	前一一四五 後一一五五	
十二日	水	己亥	五二八	〇三〇	七三二	一四五	二	三	前六三八	後九四〇	前六一五 後六二五	— 後〇三〇	
十三日	木	庚子	五二七	〇三〇	七三三	一四六	三	四	前七四二	後一〇三八	前七〇 後七一〇	前〇三五 後一一〇	
十四日	金	辛丑	五二六	〇三〇	七三四	一四八	四	五	前八四九	後一一二八	前七五〇 後八〇	前一一五 後一五〇	

一〇

昭和十二年

記事	日	曜	干支										
	十五日	土	壬寅	五 二五	〇 三〇	七 三五	一四 一〇	五	六	前九 五八	—	前八 四〇 後八 五〇	前二 〇 後二 三五
	十六日	日	癸卯	五 二四	〇 三〇	七 三六	一四 一二	六	七	前一一 四	前〇 九	前九 三〇 後九 四五	前二 四〇 後三 二〇
上弦	十七日	月	甲辰	五 二三	〇 三〇	七 三七	一四 一三	七	八	後〇 九	前〇 四五	前一〇 二五 後一〇 五〇	前三 三〇 後四 二五
	十八日	火	乙巳	五 二三	〇 三〇	七 三八	一四 一五	八	九	後一 一〇	前一 一七	前一一 二〇 後一一 五〇	前四 三九 後五 四〇
	十九日	水	丙午	五 二三	〇 三〇	七 三八	一四 一七	九	一〇	後二 一〇	前一 四五	— 後〇 二〇	前六 五 後七 五
	二十日	木	丁未	五 二二	〇 三〇	七 三九	一四 一八	一〇	一一	後三 八	前二 一三	前一 五 後一 三〇	前七 四〇 後八 一五
	二十一日	金	戊申	五 二〇	〇 三〇	七 四〇	一四 二〇	一一	一二	後四 五	前二 四一	前二 一〇 後二 三〇	前八 四五 後九 〇
小満	二十二日	土	己酉	五 二〇	〇 三〇	七 四一	一四 二一	一二	一三	後五 三	前三 一〇	前三 一〇 後三 二〇	前九 三〇 後九 四五
	二十三日	日	庚戌	五 一九	〇 三〇	七 四二	一四 二三	一三	一四	後六 〇	前三 四二	前四 五 後四 一〇	前一〇 一五 後一〇 二五
	二十四日	月	辛亥	五 一八	〇 三〇	七 四二	一四 二四	一四	一五	後六 五六	前四 一七	前四 五〇 後四 五〇	前一〇 五五 後一一 〇
望	二十五日	火	壬子	五 一八	〇 三〇	七 四三	一四 二五	一五	一六	後七 五〇	前四 五六	前五 二〇 後五 二五	前一一 三〇 後一一 三五
	二十六日	水	癸丑	五 一七	〇 三〇	七 四四	一四 二七	一六	一七	後八 四一	前五 三九	前五 五五 後六 〇	— 後〇 五
海軍記念日	二十七日	木	甲寅	五 一七	〇 三〇	七 四五	一四 二八	一七	一八	後九 二六	前六 二八	前六 三〇 後六 三〇	前〇 五 後〇 三五
	二十八日	金	乙卯	五 一六	〇 三一	七 四五	一四 二九	一八	一九	後一〇 二一	前七 二二	前七 〇 後七 〇	前〇 三五 後一 一〇
	二十九日	土	丙辰	五 一六	〇 三一	七 四六	一四 三〇	一九	二〇	後一〇 五〇	前八 一七	前七 三〇 後七 三〇	前一 一〇 後一 四〇
	三十日	日	丁巳	五 一五	〇 三一	七 四七	一四 三二	二〇	二一	後一一 二五	前九 一六	前八 五 後八 五	前一 四〇 後二 一〇
	三十一日	月	戊午	五 一五	〇 三一	七 四八	一四 三三	二一	二二	後一一 五七	前一〇 一七	前八 四〇 後八 五五	前二 一五 後二 五〇

一一

六月小 三十日

移秧,麥收穫,桑의株直,桑田의耕耘施肥,甘藷苗移植,果間,拔果實의被袋,綠肥收穫,病桑拔除,田의除草耕耘,牛馬豚의種付

日次	曜七	支干	日出	日南中	日入	晝間	月齡	陰曆	月出	月入	滿潮	干潮	
一日	火	己未	五時一四分	後○時三一分	七時四八分	一四時三四分	二二	二三	—	前一一時一八分	前九時三五分 後九五五	前二時五五分 後三三五	
二日	水	庚申	五一四	○三一	七四九	一四三五	二三	二四	前○時二七分	後○二一	前一○三○ 後一一○	前三四五 後四二五	下弦
三日	木	辛酉	五一三	○三一	七四九	一四三六	二四	二五	前○五八	後一二五	前一一三○ 後—	前四四五 後五四○	
四日	金	壬戌	五一三	○三二	七五○	一四三七	二五	二六	前一二九	後二三一	前○一五 後○三五	前六一五 後七一○	
五日	土	癸亥	五一三	○三二	七五一	一四三八	二六	二七	前二三	後三四三	前一一五 後一三五	前七五○ 後八一五	
六日	日	甲子	五一三	○三二	七五一	一四三九	二七	二八	前二四三	後四五四	前二二五 後二四○	前九○ 後九二○	芒種
七日	月	乙丑	五一二	○三二	七五二	一四四○	二八	二九	前三二六	後六七	前三三○ 後三四五	前○五 後○一五	
八日	火	丙寅	五一二	○三二	七五二	一四四○	二九	三○	前四一九	後七一七	前四二五 後四四○	前一○五○ 後一一○	
九日	水	丁卯	五一二	○三二	七五三	一四四一	○	五月一	前五一九	後八二一	前五一五 後五三○	前一一三五 後一一四○	朔
十日	木	戊辰	五一二	○三二	七五四	一四四二	一	二	前六二六	後九一六	前六一○ 後六二○	前— 後○一五	時의記念日
十一日	金	己巳	五一二	○三三	七五四	一四四二	二	三	前七三七	後一○三	前七○ 後七五	前○二五 後一○	入梅
十二日	土	庚午	五一二	○三三	七五四	一四四二	三	四	前八四七	後一○四三	前七四五 後七五五	前一五 後一四○	
十三日	日	辛未	五一二	○三三	七五五	一四四三	四	五	前九五四	後一一一六	前八三○ 後八四五	前一四五 後二二○	
十四日	月	壬申	五一二	○三三	七五五	一四四四	五	六	前一○五九	後一一四七	前九一五 後九三○	前二三○ 後三五	農民日

昭和十二年

十五日	火	癸酉		五一二	○三四	七五六	一四四四	六	七	後○○	｜	前九五〇 後一〇二〇	前三一〇 後三五〇
十六日	水	甲戌	上弦	五一二	○三四	七五六	一四四四	七	八	後一○	前○一六	前一〇四五 後一一一五	前四五 後四四五
十七日	木	乙亥		五一二	○三四	七五六	一四四五	八	九	後一五八	前○四四	前一一四〇 ｜	前五一〇 後五四五
十八日	金	丙子		五一二	○三四	七五七	一四四五	九	一〇	後二五六	前一一三	前〇一五 後〇三〇	前六三〇 後七一五
十九日	土	丁丑		五一二	○三五	七五七	一四四五	一〇	一一	後三五三	前一四三	前一一五 後一三五	前七五五 後八二〇
二十日	日	戊寅		五一二	○三五	七五七	一四四五	一一	一二	後四五〇	前二一七	前二二五 後二三〇	前九〇 後九一五
二十一日	月	己卯		五一二	○三五	七五八	一四四五	一二	一三	後五四五	前二五四	前三二〇 後三二五	前九五〇 後一〇〇
二十二日	火	庚辰	夏至	五一二	○三五	七五八	一四四五	一三	一四	後六三七	前三三七	前四一五 後四二〇	前一〇四〇 後一〇四〇
二十三日	水	辛巳		五一三	○三五	七五八	一四四五	一四	一五	後七二六	前四二四	前五〇 後五五	前一一一五 後一一一五
二十四日	木	壬午	望	五一三	○三六	七五八	一四四五	一五	一六	後八一〇	前五一六	前五三五 後五四五	前一一五〇 後一一四五
二十五日	金	癸未		五一三	○三六	七五八	一四四五	一六	一七	後八五一	前六一二	前六一五 後六一五	｜ 後〇二〇
二十六日	土	甲申		五一四	○三六	七五八	一四四五	一七	一八	後九二七	前七一〇	前六四五 後六四五	前〇二〇 後〇五〇
二十七日	日	乙酉		五一四	○三六	七五八	一四四五	一八	一九	後一〇〇	前八一〇	前七一五 後七二〇	前〇五五 後一二五
二十八日	月	丙戌		五一四	○三六	七五八	一四四四	一九	二〇	後一〇三二	前九一二	前七五〇 後八〇	前一三〇 後二〇
二十九日	火	丁亥		五一五	○三七	七五九	一四四四	二〇	二一	後一一一	前一〇一三	前八三〇 後八四〇	前二〇 後二三五
三十日	水	戊子		五一五	○三七	七五八	一四四三	二一	二二	後一一三	前一一一六	前九一〇 後九三〇	前二四〇 後三一五

一三

七月大 三十一日

畓의除草、蕎麥의播種、桑田의除草、粟의培土、馬鈴薯·大麻의收穫、果樹夏季剪定、蔬菜의耕耘、追肥、堆肥製造、二期作馬鈴薯播種、雄雛淘汰

	日次	七曜	干支	日出	日南中	日入	晝間	月齡	陰曆	月出	月入	滿潮	干潮
下弦	一日	木	己丑	五時一五分	後〇時三七分	七時五八分	一四時四三分	二二	二三	—	後〇時二一分	前一〇時〇分 後一〇時三〇分	前三時二五分 後四時〇分
	二日	金	庚寅	五一六	〇三七	七五八	一四四二	二三	二四	前〇時三分	後一二七	前一〇五〇 後一一三五	前四二〇 後四五五
	三日	土	辛卯	五一六	〇三七	七五八	一四四二	二四	二五	前〇三八	後二三六	前一一五〇 後—	前五三〇 後六一五
	四日	日	壬辰	五一七	〇三八	七五八	一四四一	二五	二六	前一一九	後三四七	前〇四五 後一〇	前七一五 後七四五
	五日	月	癸巳	五一七	〇三八	七五八	一四四一	二六	二七	前二六	後四五六	前一五五 後二一〇	前八四〇 後八五五
	六日	火	甲午	五一八	〇三八	七五八	一四四〇	二七	二八	前三一	後六二	前三一〇 後三二〇	前九四五 後一〇〇
小暑	七日	水	乙未	五一八	〇三八	七五八	一四三九	二八	二九	前四四	後七一	前四一五 後四二五	前一〇四〇 後一〇四五
朔	八日	木	丙申	五一九	〇三八	七五七	一四三八	二九	六月一	前五二二	後七五三	前五一五 後五二〇	前一一二五 後一一三〇
	九日	金	丁酉	五二〇	〇三八	七五七	一四三七	一	二	前六二三	後八三五	前六五 後六一五	前— 後〇一〇
	十日	土	戊戌	五二〇	〇三九	七五七	一四三六	二	三	前七二三	後九一三	前六五〇 後七五	前〇一五 後〇五〇
	十一日	日	己亥	五二一	〇三九	七五六	一四三五	三	四	前八四二	後九四六	前七三〇 後七四〇	前〇五〇 後一二五
初伏	十二日	月	庚子	五二一	〇三九	七五六	一四三四	四	五	前九四五	後一〇一六	前八一〇 後八二〇	前一三〇 後二〇
	十三日	火	辛丑	五二三	〇三九	七五六	一四三三	五	六	前一〇四八	後一〇四五	前八四五 後九五	前二一〇 後二四〇
	十四日	水	壬寅	五二三	〇三九	七五五	一四三二	六	七	前一一四八	後一一一四	前九二〇 後九四五	前二四五 後三一五

昭和十二年

十五日	十六日	十七日	十八日	十九日	二十日	二十一日	二十二日	二十三日	二十四日	二十五日	二十六日	二十七日	二十八日	二十九日	三十日	三十一日
上弦					土王用事		中伏	望 大暑								下弦
木	金	土	日	月	火	水	木	金	土	日	月	火	水	木	金	土
癸卯	甲辰	乙巳	丙午	丁未	戊申	己酉	庚戌	辛亥	壬子	癸丑	甲寅	乙卯	丙辰	丁巳	戊午	己未
五二三	五二四	五二五	五二六	五二六	五二七	五二八	五二九	五二九	五三〇	五三一	五三二	五三三	五三三	五三四	五三五	五三六
〇三九	〇三九	〇三九	〇四〇	〇四〇	〇四〇	〇四〇	〇四〇	〇四〇	〇四〇	〇四〇	〇四〇	〇四〇	〇四〇	〇四〇	〇四〇	〇四〇
七五五	七五四	七五四	七五三	七五二	七五二	七五一	七五〇	七五〇	七四九	七四八	七四八	七四七	七四六	七四五	七四四	七四三
一四三一	一四三〇	一四二九	一四二七	一四二六	一四二五	一四二三	一四二二	一四二〇	一四一九	一四一七	一四一六	一四一四	一四一三	一四一一	一四〇九	一四〇七
七	八	九	一〇	一一	一二	一三	一四	一五	一六	一七	一八	一九	二〇	二一	二二	二三
八	九	一〇	一一	一二	一三	一四	一五	一六	一七	一八	一九	二〇	二一	二二	二三	二四
後〇四六	後一四四	後二四一	後三三七	後四三三	後五二一	後六七	後六四九	後七二七	後八二	後八三四	後九五	後九三五	後一〇六	後一〇四〇	後一一一八	—
後一一四五	—	前〇一七	前〇五三	前一三四	前二一九	前三九	前四四	前五二	前六二	前七四	前八六	前九九	前一〇一四	前一一一九	後〇二六	後一三五
前一〇〇 後一〇三五	前一〇四五 後一一三〇	前一一三五 後—	前〇二〇 後〇三〇	前一三〇 後一四〇	前二四〇 後二四五	前三四五 後三五〇	前四三五 後四四五	前五二〇 後五二五	前五五〇 後六〇	前六三〇 後六四〇	前七〇 後七一〇	前七三〇 後七四五	前八五 後八二五	前八四〇 後九五	前九三五 後一〇〇	前一〇一五 後一一五
前三二五 後三五五	前四一五 後四四五	前五一五 後五四五	前六三五 後七一五	前八一五 後八三〇	前九二〇 後九二五	前一〇一〇 後一〇一五	前一〇五五 後一〇五五	前一一三〇 後一一三〇	前— 後〇〇	前〇一〇 後〇四〇	前〇四〇 後一一〇	前一一五 後一四〇	前一五〇 後二一五	前二二五 後二四五	前三五 後三三〇	前三五〇 後四二〇

一五

八月大 三十一日

蕎麥播種白菜蘿蔔의播種桑天牛卵의取除秋蠶의催青掃立陸稻培土堆肥切返棉摘心病桑拔除雞의換羽期管理

日次	七曜	干支	日出	日南中	日入	晝間	月齡	陰曆	月出	月入	滿潮	干潮	
一日	日	庚申	五時三七分	後〇時四〇分	七時四二分	一四時六分	二四	二五	前〇時一分	後二時四三分	前一一時一五分 後 —	前四時五〇分 後五 二〇	
二日	月	辛酉	五 三七	〇 四〇	七 四一	一四 四	二五	二六	前〇 五三	後三 四八	前〇 一五 後〇 三〇	前六 三〇 後七 一〇	
三日	火	壬戌	五 三八	〇 四〇	七 四〇	一四 二	二六	二七	前一 四九	後四 四八	前一 三〇 後一 五〇	前八 二五 後八 四五	
四日	水	癸亥	五 三九	〇 四〇	七 三九	一四 〇	二七	二八	前二 五四	後五 四三	前三 〇 後三 一〇	前九 三五 後九 四五	
五日	木	甲子	五 四〇	〇 三九	七 三八	一三 五八	二八	二九	前四 二	後六 二八	前四 一〇 後四 二〇	前一〇 二五 後一〇 三五	
六日	金	乙丑	五 四一	〇 三九	七 三七	一三 五六	二九	七月一	前五 一二	後七 七	前五 一〇 後五 二〇	前一一 一五 後一一 二〇	朔
七日	土	丙寅	五 四二	〇 三九	七 三六	一三 五五	一	二	前六 二二	後七 四三	前五 五五 後六 〇	前一一 五五	
八日	日	丁卯	五 四二	〇 三九	七 三五	一三 五三	二	三	前七 二七	後八 一五	前六 三〇 後六 四五	前〇 〇 後〇 三〇	立秋
九日	月	戊辰	五 四三	〇 三九	七 三四	一三 五一	三	四	前八 三一	後八 四五	前七 一〇 後七 二五	前〇 四〇 後一 五	
十日	火	己巳	五 四四	〇 三九	七 三三	一三 四九	四	五	前九 三二	後九 一四	前七 四五 後八 〇	前一 [illegible]五 後一 [illegible]〇	
十一日	水	庚午	五 四五	〇 三九	七 三二	一三 四七	五	六	前一〇 三三	後九 四五	前八 一五 後八 三五	前一 [illegible]五 後二 一〇	末伏
十二日	木	辛未	五 四六	〇 三九	七 三一	一三 四五	六	七	前一一 三三	後一〇 一七	前八 四五 後九 一〇	前二 二〇 後二 四〇	
十三日	金	壬申	五 四七	〇 三八	七 二九	一三 四三	七	八	後〇 三二	後一〇 五三	前九 一五 後九 四五	前二 五五 後三 一〇	
十四日	土	癸酉	五 四八	〇 三八	七 二八	一三 四一	八	九	後一 二七	後一一 三〇	前九 四五 後一〇 三〇	前三 三〇 後四 四五	上弦

	十五日	日	甲戌	五四八	〇三八	七二七	三三八	九	一〇	後二二三	—	前一〇四〇 後一一三〇	前四一〇 後四三五
	十六日	月	乙亥	五四九	〇三八	七二六	三三六	一〇	一一	後三一三	前〇一三	前一一三五 後—	前五一五 後五四五
	十七日	火	丙子	五五〇	〇三八	七二四	三三四	一一	一二	後四一	前一一	前〇三五 後〇四五	前七一〇 後七三五
	十八日	水	丁丑	五五一	〇三七	七二三	三三二	一二	一三	後四四五	前一五四	前一五〇 後二一〇	前八四五 後九〇
	十九日	木	戊寅	五五二	〇三七	七二二	三三〇	一三	一四	後五二五	前二五一	前三一〇 後三二〇	前九四五 後九五〇
	二十日	金	己卯	五五三	〇三七	七二一	三二八	一四	一五	後六一	前三五一	前四五 後四一五	前一〇二五 後一〇三五
	二十一日	土	庚辰	五五四	〇三七	七一九	三二六	一五	一六	後六三五	前四五二	前四五〇 後五五	前一一一〇 後一一一五
望	二十二日	日	辛巳	五五四	〇三六	七一八	三二三	一六	一七	後七六	前五五五	前五二五 後五四〇	前一一四〇 後一一四五
處暑	二十三日	月	壬午	五五五	〇三六	七一七	三二一	一七	一八	後七三八	前六五九	前六〇 後六一五	前— 後〇一〇
	二十四日	火	癸未	五五六	〇三六	七一五	三一九	一八	一九	後八九	前八四	前六四〇 後六五〇	前〇二五 後〇四五
	二十五日	水	甲申	五五七	〇三六	七一四	三一七	一九	二〇	後八四三	前九一〇	前七一〇 後七二〇	前一〇 後一一五
	二十六日	木	乙酉	五五八	〇三五	七一二	三一五	二〇	二一	後九二〇	前一〇一八	前七四〇 後八〇	前一三〇 後一五〇
	二十七日	金	丙戌	五五九	〇三五	七一一	三一二	二一	二二	後一〇一	前一一二六	前八一五 後八四五	前二一〇 後二二五
	二十八日	土	丁亥	五五九	〇三五	七一〇	三一〇	二二	二三	後一〇四九	後〇三四	前九〇 後九三五	前二四五 後三〇
下弦	二十九日	日	戊子	六〇	〇三五	七八	三八	二三	二四	後一一四四	後一四〇	前九四五 後一〇四〇	前三二五 後三四五
	三十日	月	己丑	六一	〇三四	七七	三六	二四	二五	—	後二四一	前一〇五〇 後一一五五	前四二五 後四五五
	三十一日	火	庚寅	六二	〇三四	七五	三三	二五	二六	前〇四四	後三三五	前— 後〇一五	前六五 後六四〇

九月小 三十日

螟蟲被害稻의拔除燒却, 小麥, 秋蒔綠肥의播種, 栗, 大豆의收穫, 果樹除袋, 乾草製造, 豚의分娩

日次	曜	干支	日出	日南中	日入	晝間	月齡	陰暦	月出	月入	滿潮	干潮	備考
一日	水	辛卯	六時三分	後〇時三四分	七時四分	一三時一分	二六	二七	前一時五〇分	後四時三三分	前一時一五分 後一時四〇分	前八時一〇分 後八時三〇分	二百十日
二日	木	壬辰	六 四	〇 三三	七 二	一二 五九	二七	二八	前二 五七	後五 四	前二 四五 後三 一〇	前九 二〇 後九 三五	
三日	金	癸巳	六 四	〇 三三	七 一	一二 五六	二八	二九	前四 四	後五 四〇	前三 五五 後四 一五	前一〇 一〇 後一〇 二〇	
四日	土	甲午	六 五	〇 三三	六 五九	一二 五四	二九	三〇	前五 一一	後六 一三	前四 五〇 後五 五	前一〇 五五 後一一 一〇	
五日	日	乙未	六 六	〇 三二	六 五八	一二 五二	〇	八月一	前六 一五	後六 四四	前五 三〇 後五 五〇	前一一 四五 後一一 五〇	朔
六日	月	丙申	六 七	〇 三二	六 五六	一二 四九	一	二	前七 一八	後七 一四	前六 一〇 後六 二〇	― 後〇 一〇	
七日	火	丁酉	六 八	〇 三二	六 五五	一二 四七	二	三	前八 一九	後七 四四	前六 四〇 後六 五五	前〇 二〇 後〇 三五	
八日	水	戊戌	六 九	〇 三一	六 五三	一二 四五	三	四	前九 一九	後八 一六	前七 一〇 後七 三〇	前〇 五〇 後一 一〇	白露
九日	木	己亥	六 一〇	〇 三一	六 五二	一二 四三	四	五	前一〇 一八	後八 五〇	前七 四〇 後八 〇	前一 二五 後一 四〇	
十日	金	庚子	六 一〇	〇 三一	六 五〇	一二 四〇	五	六	前一一 一六	後九 二七	前八 五 後八 三〇	前一 五五 後二 五	
十一日	土	辛丑	六 一一	〇 三〇	六 四九	一二 三八	六	七	後〇 一一	後一〇 九	前八 三〇 後九 五	前二 二〇 後二 三五	
十二日	日	壬寅	六 一二	〇 三〇	六 四七	一二 三五	七	八	後一 四	後一〇 五五	前九 一〇 後九 四五	前二 五〇 後三 一〇	
十三日	月	癸卯	六 一三	〇 三〇	六 四六	一二 三三	八	九	後一 五三	後一一 四五	前九 四五 後一〇 四〇	前三 三〇 後三 四五	上弦
十四日	火	甲辰	六 一四	〇 二九	六 四四	一二 三一	九	一〇	後二 三八	―	前一〇 四五 後一一 五〇	前四 二〇 後四 四五	

昭和十二年

十五日	水	乙巳	六一五	〇二九	六四三	一二二八	一〇	一一	後三一九	前〇三九	前 ― 後〇一〇	前六〇 後六三〇
十六日	木	丙午	六一五	〇二九	六四一	一二二六	一一	一二	後三五七	前一三七	前一五 後一三〇	前八〇 後八一五
十七日	金	丁未	六一六	〇二八	六四〇	一二二三	一二	一三	後四三一	前二三七	前二二〇 後二四五	前九一〇 後九二〇
十八日	土	戊申	六一七	〇二八	六三八	一二二一	一三	一四	後五四	前三三九	前三二〇 後三四五	前九五五 後一〇一〇
十九日	日	己酉	六一八	〇二七	六三七	一二一九	一四	一五	後五三六	前四四三	前四一五 後四三〇	前一〇三五 後一〇五〇
二十日 望 彼岸	月	庚戌	六一九	〇二七	六三五	一二一六	一五	一六	後六八	前五四八	前四五五 後五一五	前一一一五 後一一三〇
二十一日	火	辛亥	六二〇	〇二七	六三三	一二一四	一六	一七	後六四三	前六五五	前五三五 後五五〇	前一一四五 後 ―
二十二日	水	壬子	六二〇	〇二六	六三二	一二一二	一七	一八	後七一九	前八四	前六一〇 後六三〇	前〇〇 後〇二〇
二十三日 秋季皇霊祭 秋分	木	癸丑	六二二	〇二六	六三〇	一二九	一八	一九	後八〇	前九一四	前六四五 後七一〇	前〇四〇 後〇五五
二十四日	金	甲寅	六二三	〇二六	六二九	一二七	一九	二〇	後八四七	前一〇二四	前七二〇 後七四五	前一一五 後一三〇
二十五日	土	乙卯	六二三	〇二五	六二七	一二四	二〇	二一	後九四〇	前一一三	前七五五 後八三〇	前一五〇 後二五
二十六日	日	丙辰	六二四	〇二五	六二六	一二二	二一	二二	後一〇三九	後〇三五	前八四〇 後九二〇	前二三〇 後二四五
二十七日 下弦	月	丁巳	六二五	〇二五	六二四	一二〇	二二	二三	後一一四三	後一三一	前九三〇 後一〇二〇	前三一五 後三二五
二十八日 社日	火	戊午	六二五	〇二四	六二三	一一五七	二三	二四	―	後二二〇	前一〇四〇 後一一四〇	前四一五 後四三五
二十九日	水	己未	六二六	〇二四	六二一	一一五五	二四	二五	前〇四九	後三、三	前 ― 後〇一〇	前五五〇 後六二五
三十日	木	庚申	六二七	〇二四	六二〇	一一五三	二五	二六	前一五五	後三四〇	前一〇 後一三〇	前七四五 後八一〇

一九

十月大 三十一日

大麥의播種、桑田의害蟲驅除、種稻의選種、大豆、甘藷、馬鈴薯의收穫
貯藏果實貯藏庫修理消毒、農繁期의畜牛愛撫

	日次	七曜	干支	日出	日南中	日入	晝間	月齡	陰暦	月出	月入	滿潮	干潮
始政記念日	一日	金	辛酉	六時二八分	後〇時二三分	六時一八分	一一時五〇分	二六	二七	前三時〇分	後四時二三分	前二時〇分 後二 五〇	前九時〇分 後九 一五
	二日	土	壬戌	六 二九	〇 二三	六 一七	一一 四八	二七	二八	前四 四	後四 四五	前三 三〇 後三 五五	前九 五〇 後一〇 一〇
	三日	日	癸亥	六 三〇	〇 二三	六 一五	一一 四五	二八	二九	前五 六	後五 一四	前四 二〇 後四 四五	前一〇 三〇 後一〇 四五
朔	四日	月	甲子	六 三一	〇 二二	六 一四	一一 四三	二九	九月一	前六 七	後五 四四	前五 〇 後五 二〇	前一一 五 後一一 二五
	五日	火	乙丑	六 三二	〇 二二	六 一二	一一 四一	一	二	前七 七	後六 一六	前五 四〇 後六 〇	前一一 四五 後 —
	六日	水	丙寅	六 三二	〇 二二	六 一一	一一 三八	二	三	前八 六	後六 四九	前六 一五 後六 三五	前〇 〇 後〇 一〇
	七日	木	丁卯	六 三三	〇 二二	六 九	一一 三六	三	四	前九 五	後七 二五	前六 四〇 後七 五	前〇 三〇 後〇 四〇
	八日	金	戊辰	六 三四	〇 二一	六 八	一一 三三	四	五	前一〇 一	後八 五	前七 五 後七 三〇	前一 〇 後一 一〇
寒露	九日	土	己巳	六 三五	〇 二一	六 六	一一 三一	五	六	前一〇 五五	後八 四九	前七 三〇 後八 〇	前一 三〇 後一 三五
	十日	日	庚午	六 三六	〇 二一	六 五	一一 二九	六	七	前一一 四五	後九 三七	前七 五五 後八 三〇	前二 〇 後二 五
	十一日	月	辛未	六 三七	〇 二〇	六 三	一一 二六	七	八	後〇 三三	後一〇 三〇	前八 三〇 後九 一五	前二 三〇 後二 四〇
	十二日	火	壬申	六 三八	〇 二〇	六 二	一一 二四	八	九	後一 一四	後一一 二五	前九 一五 後一〇 五	前三 一〇 後三 一五
上弦	十三日	水	癸酉	六 三九	〇 二〇	六 一	一一 二三	九	一〇	後一 五二	—	前一〇 五 後一一 一五	前三 五〇 後四 五
	十四日	木	甲戌	六 四〇	〇 二〇	五 五九	一一 一九	一〇	一一	後二 二七	前〇 三	前一一 三五 後 —	前五 一〇 後五 三〇

昭和十二年

神嘗祭 朝鮮神宮祭													
	十五日	金	乙亥	六 四一	〇 一九	五 五八	一一 一七	一一	一二	後三 〇	前一 二三	前〇 二〇 後〇 五〇	前六 五五 後七 二〇
	十六日	土	丙子	六 四二	〇 一九	五 五六	一一 一五	一二	一三	後三 三三	前二 二四	前一 三〇 後二 五	前八 二〇 後八 四五
神嘗祭 朝鮮神宮祭	十七日	日	丁丑	六 四三	〇 一九	五 五五	一一 一二	一三	一四	後四 一四	前三 二八	前二 三五 後三 一〇	前九 一五 後九 四〇
	十八日	月	戊寅	六 四三	〇 一九	五 五四	一一 一〇	一四	一五	後四 三七	前四 三四	前三 三〇 後四 〇	前一〇 〇 後一〇 二〇
	十九日	火	己卯	六 四四	〇 一九	五 五二	一一 八	一五	一六	後五 一三	前五 四二	前四 一五 後四 四五	前一〇 四〇 後一一 五
望	二十日	水	庚辰	六 四五	〇 一八	五 五一	一一 六	一六	一七	後五 五三	前六 五三	前五 〇 後五 三〇	前一一 二〇 後一一 四五
土王用事	二十一日	木	辛巳	六 四六	〇 一八	五 五〇	一一 三	一七	一八	後六 三九	前八 五	前五 四五 後六 一〇	前一一 五五
	二十二日	金	壬午	六 四七	〇 一八	五 四八	一一 一	一八	一九	後七 三一	前九 一六	前六 二〇 後六 五〇	前〇 二〇 後〇 三〇
靖國神社祭	二十三日	土	癸未	六 四八	〇 一八	五 四七	一〇 五九	一九	二〇	後八 三一	前一〇 二四	前七 〇 後七 三五	前一 〇 後一 一〇
霜降	二十四日	日	甲申	六 四九	〇 一八	五 四六	一〇 五七	二〇	二一	後九 三五	前一一 二五	前七 四五 後八 一五	前一 四〇 後一 五〇
	二十五日	月	乙酉	六 五〇	〇 一八	五 四五	一〇 五四	二一	二二	後一〇 四三	後〇 一七	前八 二五 後九 一五	前二 二〇 後二 三〇
下弦	二十六日	火	丙戌	六 五一	〇 一八	五 四三	一〇 五二	二二	二三	後一一 四九	後一 三	前九 二五 後一〇 一五	前三 一〇 後三 二〇
	二十七日	水	丁亥	六 五二	〇 一七	五 四二	一〇 五〇	二三	二四	—	後一 四一	前一〇 四〇 後一一 二〇	前四 一〇 後四 二〇
	二十八日	木	戊子	六 五三	〇 一七	五 四一	一〇 四八	二四	二五	前〇 五四	後二 一六	前一一 五〇 —	前五 三〇 後五 五五
	二十九日	金	己丑	六 五四	〇 一七	五 四〇	一〇 四五	二五	二六	前一 五七	後二 四七	前〇 三〇 後一 一〇	前七 一五 後七 四五
	三十日	土	庚寅	六 五五	〇 一七	五 三九	一〇 四三	二六	二七	前二 五九	後三 一七	前一 四五 後二 二〇	前八 二五 後八 四五
	三十一日	日	辛卯	六 五六	〇 一七	五 三八	一〇 四一	二七	二八	前三 五九	後三 四六	前二 四五 後三 二〇	前九 一五 後九 四〇

十一月小 三十日

麥의培土畓의秋耕果樹園의落葉燒却深耕施肥果實蔬菜의收穫貯藏廐肥의整理桑田深耕施肥桑樹秋植畜舍鷄舍의防寒設備豚의種付

日次	曜七	干支	日出	日南中	日入	晝間	月齡	陰暦	月出	月入	滿潮	干潮	
一日	月	壬辰	六時五七分	後〇時一七分	五時三六分	一〇時三九分	二八	二九	前四時五九分	後四時一七分	前三時四〇分 後四一五	前一〇時〇分 後一〇二五	
二日	火	癸巳	六五八	〇一七	五三五	一〇三七	二九	三〇	前五五八	後四四九	前四三〇 後五〇	前一〇三五 後一一〇	
三日	水	甲午	六五九	〇一七	五三四	一〇三五	三〇	十一月	前六五六	後五二四	前五一〇 後五四〇	前一一一〇 後一一四〇	明治節 朔
四日	木	乙未	七一	〇一七	五三三	一〇三三	一	二	前七五三	後六三	前五四〇 後六一〇	前一一四五 ｜	
五日	金	丙申	七二	〇一七	五三二	一〇三一	二	三	前八四八	後六四五	前六一〇 後六三五	前〇一〇 後〇一五	
六日	土	丁酉	七三	〇一七	五三一	一〇二九	三	四	前九三九	後七三三	前六四〇 後七五	前〇四五 後〇四五	
七日	日	戊戌	七四	〇一七	五三〇	一〇二七	四	五	前一〇二七	後八二三	前七一〇 後七四〇	前一一五 後一一五	
八日	月	己亥	七五	〇一七	五二九	一〇二五	五	六	前一一一〇	後九一七	前七三五 後八一〇	前一四五 後一四五	立冬
九日	火	庚子	七六	〇一七	五二八	一〇二三	六	七	前一一四九	後一〇一三	前八一〇 後八四五	前二一五 後二二〇	
十日	水	辛丑	七七	〇一七	五二八	一〇二一	七	八	後〇二五	後一一一二	前八五五 後九三五	前二五〇 後三〇	國民精神作興詔書記念日
十一日	木	壬寅	七八	〇一八	五二七	一〇一九	八	九	後〇五八	｜	前九五五 後一〇三〇	前三三五 後三四〇	上弦
十二日	金	癸卯	七九	〇一八	五二六	一〇一七	九	一〇	後一二九	前〇一〇	前一一〇 後一一四〇	前四三〇 後四四五	
十三日	土	甲辰	七一〇	〇一八	五二五	一〇一五	一〇	一一	後二〇	前一一一	前 ｜ 後〇一五	前五五〇 後六二〇	
十四日	日	乙巳	七一一	〇一八	五二四	一〇一三	一一	一二	後二三三	前二一三	前〇四五 後一二〇	前七二〇 後七五〇	

昭和十二年

十五日	月	丙午		七一二	〇一八	五二四	一〇一一	一二	一三	後三五	前三一九	前一四五 後二二〇	前八三〇 後九〇
十六日	火	丁未		七一三	〇一八	五二三	一〇一〇	一三	一四	後三四二	前四二七	前二四五 後三二五	前九二五 後九五五
十七日	水	戊申		七一四	〇一八	五二三	一〇八	一四	一五	後四二五	前五三八	前三四〇 後四二〇	前一〇一〇 後一〇四〇
十八日	木	己酉	望 月食	七一五	〇一九	五二三	一〇六	一五	一六	後五一五	前六五一	前四三〇 後五一〇	前一〇五五 後一一二五
十九日	金	庚戌		七一六	〇一九	五二二	一〇五	一六	一七	後六一三	前八二	前五二〇 後五五五	前一一三五 後―
二十日	土	辛亥		七一七	〇一九	五二〇	一〇三	一七	一八	後七一七	前九八	前六五 後六四〇	前〇一〇 後〇一五
二十一日	日	壬子		七一八	〇一九	五二〇	一〇一	一八	一九	後八二六	前一〇七	前六四五 後七二五	前〇四五 後〇五五
二十二日	月	癸丑		七一九	〇二〇	五一九	一〇〇	一九	二〇	後九三六	前一〇五七	前七三五 後八一五	前一三〇 後一四〇
二十三日	火	甲寅	新嘗祭	七二〇	〇二〇	五一九	九五八	二〇	二一	後一〇四四	前一一四〇	前八三〇 後九五	前二一五 後二二五
二十四日	水	乙卯		七二二	〇二〇	五一八	九五七	二一	二二	後一一五〇	後〇一七	前九二五 後九五五	前三〇 後三一〇
二十五日	木	丙辰	下弦	七二三	〇二〇	五一八	九五五	二二	二三	―	後〇四九	前一〇二〇 後一〇五〇	前三五五 後四一〇
二十六日	金	丁巳		七二四	〇二一	五一七	九五四	二三	二四	前〇五二	後一二〇	前一一二五 後一一五〇	前五〇 後五二〇
二十七日	土	戊午		七二五	〇二一	五一七	九五三	二四	二五	前一五四	後一四九	前― 後〇三〇	前六二〇 後六五五
二十八日	日	己未		七二六	〇二一	五一七	九五一	二五	二六	前二五二	後二一九	前〇五五 後一四〇	前七四〇 後八一五
二十九日	月	庚申		七二七	〇二二	五一七	九五〇	二六	二七	前三五二	後二五一	前一五五 後二四〇	前八四〇 後九一〇
三十日	火	辛酉		七二八	〇二二	五一六	九四九	二七	二八	前四五〇	後三二五	前二五五 後三四〇	前九二五 後一〇〇

二三

十二月大 三十一日

收穫物의整理農具의修理整頓畜舍에敷草多給豚의種付

日次	曜日	干支	日出	日南中	日入	晝間	月齡	陰曆	月出	月入	滿潮	干潮
一日	水	壬戌	七時二八分	後〇時二二分	五時一六分	九時四八分	二八	二九	前五時四七分	後四時二分	前三時五〇分 後四 三五	前一〇時一〇分 後一〇 四五
二日	木	癸亥	七 二九	〇 二三	五 一六	九 四六	二九	三〇	前六 四二	後四 四三	前四 四〇 後五 一五	前一〇 五〇 後一一 二〇
三日 (日食 朔)	金	甲子	七 三〇	〇 二三	五 一六	九 四五	〇	十一月一	前七 三五	後五 二八	前五 一五 後五 五〇	前一一 二五 後一一 五五
四日	土	乙丑	七 三一	〇 二四	五 一六	九 四四	一	二	前八 二四	後六 一八	前五 五〇 後六 二〇	前一一 五五 ―
五日	日	丙寅	七 三二	〇 二四	五 一五	九 四三	二	三	前九 九	後七 二	前六 二〇 後六 五〇	前〇 三〇 後〇 三〇
六日	月	丁卯	七 三三	〇 二四	五 一五	九 四二	三	四	前九 四八	後八 六	前六 五〇 後七 二〇	前一 〇 後一 〇
七日 (大雪)	火	戊辰	七 三四	〇 二五	五 一五	九 四一	四	五	前一〇 二六	後九 三	前七 二〇 後七 五五	前一 三〇 後一 三〇
八日	水	己巳	七 三五	〇 二五	五 一五	九 四一	五	六	前一〇 五九	後一〇 一	前七 五五 後八 二五	前二 〇 後二 五
九日	木	庚午	七 三六	〇 二六	五 一五	九 四〇	六	七	前一一 三〇	後一一 〇	前八 四〇 後九 一〇	前二 三〇 後二 四〇
十日	金	辛未	七 三六	〇 二六	五 一六	九 三九	七	八	後〇 〇	―	前九 三五 後一〇 〇	前三 一〇 後三 二五
十一日 (上弦)	土	壬申	七 三七	〇 二七	五 一六	九 三八	八	九	後〇 三〇	前〇 〇	前一〇 三〇 後一〇 五五	前四 〇 後四 一五
十二日	日	癸酉	七 三八	〇 二七	五 一六	九 三八	九	一〇	後一 一	前一 二	前一一 三五 後一一 五五	前五 〇 後五 二五
十三日	月	甲戌	七 三九	〇 二七	五 一六	九 三七	一〇	一一	後一 三五	前二 六	― 後〇 四五	前六 一五 後七 五
十四日	火	乙亥	七 四〇	〇 二八	五 一六	九 三七	一一	一二	後二 一四	前三 一四	前一 〇 後一 四五	前七 四〇 後八 二五

昭和十二年

十五日	水	丙子		七四〇	〇二八	五一七	九三六	一二	一三	後二五九	前四二四	前二五 後二五五	前八四五 後九三五
十六日	木	丁丑		七四一	〇二九	五一七	九三六	一三	一四	後三五一	前五三五	前三一〇 後四〇	前九四五 後一〇二五
十七日	金	戊寅		七四二	〇二九	五一七	九三六	一四	一五	後四五三	前六四四	前四一〇 後四五五	前一〇三五 後一一一〇
十八日	土	己卯	望	七四二	〇三〇	五一八	九三五	一五	一六	後六一	前七四八	前五五 後五四五	前一一二〇 後一一五五
十九日	日	庚辰		七四三	〇三〇	五一八	九三五	一六	一七	後七二三	前八四四	前五五五 後六四〇	前 — 後〇五
二十日	月	辛巳		七四三	〇三一	五一八	九三五	一七	一八	後八二四	前九三三	前六四五 後七二〇	前〇四〇 後〇四五
二十一日	火	壬午		七四四	〇三一	五一九	九三五	一八	一九	後九三四	前一〇一三	前七三〇 後八五	前一二〇 後一三〇
二十二日	水	癸未	冬至	七四四	〇三二	五一九	九三五	一九	二〇	後一〇四〇	前一〇四九	前八二〇 後八五〇	前二〇 後二一五
二十三日	木	甲申		七四五	〇三二	五二〇	九三五	二〇	二一	後一一四四	前一一二一	前九一〇 後九三〇	前二四五 後二五〇
二十四日	金	乙酉	下弦	七四五	〇三三	五二〇	九三五	二一	二二	—	前一一五三	前九五五 後一〇一五	前三三〇 後三四〇
二十五日	土	丙戌	大正天皇祭	七四六	〇三三	五二一	九三五	二二	二三	前〇四五	後〇二三	前一〇五〇 後一一一五	前四二〇 後四四〇
二十六日	日	丁亥		七四六	〇三四	五二二	九三五	二三	二四	前一四五	後〇五三	前一一四五 後 —	前五一五 後五四五
二十七日	月	戊子		七四七	〇三四	五二二	九三五	二四	二五	前二四三	後一二六	前〇〇 後〇五〇	前六三五 後七二〇
二十八日	火	己丑		七四七	〇三五	五二三	九三六	二五	二六	前三四一	後二二	前一〇 後二〇	前七五〇 後八四〇
二十九日	水	庚寅		七四七	〇三五	五二三	九三六	二六	二七	前四三六	後二四一	前二一〇 後三〇	前八五〇 後九三五
三十日	木	辛卯		七四八	〇三六	五二四	九三七	二七	二八	前五三〇	後三二五	前三一〇 後四〇	前九四五 後一〇二〇
三十一日	金	壬辰		七四八	〇三六	五二五	九三七	二八	二九	前六二〇	後四一四	前四五 後四五〇	前一〇〇 後一一三〇

二五

各地毎旬

地名	月日	一月一日	一月十一日	一月二十一日	一月三十一日	二月十日	二月二十日	三月二日	三月十二日	三月二十二日	四月一日	四月十一日	四月二十一日	五月一日	五月十一日	五月二十一日	五月三十一日	六月十日	六月二十日
雄基	日出	七時四八分	七 四七	七 四二	七 三四	七 二三	七 九	六 五四	六 三七	六 二〇	六 三	五 四六	五 二九	五 一五	五 二	四 五二	四 四五	四 四一	四 四一
	日入	四時五八分	五 六	五 一八	五 三〇	五 四三	五 五六	六 九	六 二〇	六 三二	六 四三	六 五四	七 六	七 一七	七 二八	七 三八	七 四七	七 五四	七 五八
新義州	日出	八時五分	八 四	八 〇	七 五三	七 四三	七 三〇	七 一六	七 〇	六 四四	六 二八	六 一二	五 五七	五 四三	五 三二	五 二二	五 一六	五 一三	五 一三
	日入	五時二七分	五 三六	五 四七	五 五九	六 一一	六 二三	六 三四	六 四五	六 五六	七 六	七 一六	七 二六	七 三六	七 四六	七 五六	八 四	八 一〇	八 一四
元山	日出	七時五〇分	七 五〇	七 四六	七 三九	七 二九	七 一七	七 三	六 四八	六 三二	六 一六	六 一	五 四六	五 三五	五 二五	五 一五	五 七	五 四	五 四
	日入	五時一六分	五 二七	五 三八	五 四九	六 一	六 一二	六 二三	六 三四	六 四四	六 五三	七 三	七 一三	七 二三	七 三二	七 四一	七 四九	七 五六	八 〇
平壤	日出	七時五六分	七 五六	七 五二	七 四五	七 三五	七 二三	七 一〇	六 五四	六 三九	六 二三	六 八	五 五三	五 四〇	五 二九	五 二〇	五 一四	五 一一	五 一一
	日入	五時二五分	五 三四	五 四五	五 五六	六 八	六 一九	六 三〇	六 四〇	六 五〇	七 〇	七 一〇	七 一九	七 二九	七 三八	七 四七	七 五五	八 二	八 六
京城	日出	七時四七分	七 四七	七 四四	七 三七	七 二八	七 一七	七 四	六 四九	六 三四	六 一九	六 四	五 五〇	五 三八	五 二七	五 一九	五 一三	五 一〇	五 一一
	日入	五時二四分	五 三三	五 四三	五 五四	六 五	六 一六	六 二六	六 三六	六 四五	六 五四	七 三	七 一二	七 二一	七 三〇	七 三九	七 四六	七 五三	七 五六
大邱	日出	七時三六分	七 三六	七 三三	七 二八	七 一九	七 八	六 五六	六 四二	六 二八	六 一三	五 五九	五 四六	五 三四	五 二四	五 一六	五 一一	五 九	五 九
	日入	五時二三分	五 三二	五 四一	五 五一	六 一	六 一一	六 二一	六 三〇	六 三八	六 四七	六 五五	七 三	七 一二	七 二〇	七 二八	七 三五	七 四一	七 四五
釜山	日出	七時三三分	七 三三	七 三〇	七 二四	七 一六	七 六	六 五三	六 四〇	六 二六	六 一二	五 五八	五 四五	五 三四	五 二四	五 一六	五 一一	五 九	五 九
	日入	五時二三分	五 三二	五 四一	五 五二	六 一	六 一二	六 二〇	六 二八	六 三七	六 四五	六 五三	七 一	七 九	七 一七	七 二五	七 三二	七 三七	七 四一
木浦	日出	七時四三分	七 四三	七 四〇	七 三四	七 二六	七 一六	七 四	六 五一	六 三七	六 二三	六 九	五 五六	五 四五	五 三五	五 二八	五 二三	五 二〇	五 二一
	日入	五時三四分	五 四二	五 五二	六 二	六 一二	六 二二	六 三一	六 三九	六 四七	六 五五	七 三	七 一一	七 一九	七 二七	七 三四	七 四一	七 四七	七 五一

昭和十二年

日出入時刻

月 三十日	七月 十日	七月 二十日	七月 三十日	八月 九日	八月 十九日	八月 二十九日	九月 八日	九月 十八日	九月 二十八日	十月 八日	十月 十八日	十月 二十八日	十一月 七日	十一月 十七日	十一月 二十七日	十二月 七日	十二月 十七日	十二月 二十七日
四時四四分	四 五〇	四 五八	五 八	五 一八	五 二九	五 三九	五 五〇	六 〇	六 一一	六 二三	六 三四	六 四六	六 五八	七 一一	七 二二	七 三三	七 四二	七 四六
七時五九分	七 五六	七 五〇	七 四一	七 二九	七 一五	六 五九	六 四二	六 二五	六 七	五 五〇	五 三三	五 一九	五 六	四 五六	四 四九	四 四八	四 四七	四 五二
五時一六分	五 二二	五 二九	五 三六	五 四七	五 五七	六 六	六 一六	六 二五	六 三五	六 四五	六 五六	七 六	七 一八	七 二九	七 四〇	七 五〇	七 五六	八 三
八時一六分	八 一三	八 八	七 五九	七 四八	七 三五	七 二〇	七 四	六 四八	六 三三	六 一五	六 〇	五 四六	五 三四	五 二五	五 一九	五 一七	五 一八	五 二三
五時七分	五 一三	五 一九	五 二六	五 三七	五 四六	五 五五	六 四	六 一三	六 二二	六 三三	六 四三	六 五三	七 四	七 一五	七 二六	七 三六	七 四三	七 四九
八時一分	七 五八	七 五三	七 四五	七 三四	七 二一	七 七	六 五三	六 三六	六 一九	六 四	五 四九	五 三五	五 二四	五 一五	五 一〇	五 八	五 九	五 一四
五時一四分	五 一九	五 二六	五 三五	五 四四	五 五三	六 二	六 一一	六 二〇	六 二九	六 三九	六 四九	六 五九	七 一〇	七 二一	七 三二	七 四三	七 五〇	七 五五
八時七分	八 五	八 〇	七 五二	七 四一	七 二八	七 一三	六 五八	六 四二	六 二六	六 一〇	五 五六	五 四二	五 三二	五 二二	五 一七	五 一五	五 一六	五 二一
五時一三分	五 一九	五 二五	五 三二	五 四二	五 五〇	五 五九	六 七	六 一六	六 二四	六 三三	六 四二	六 五二	七 二	七 一三	七 二四	七 三三	七 四二	七 四六
七時五八分	七 五六	七 五二	七 四五	七 三三	七 二二	七 七	六 五三	六 三七	六 二二	六 六	五 五二	五 四〇	五 二九	五 二一	五 一六	五 一四	五 一六	五 二〇
五時一二分	五 一七	五 二三	五 三一	五 三九	五 四六	五 五四	六 二	六 一〇	六 一七	六 二五	六 三四	六 四三	六 五二	七 二	七 一三	七 二三	七 二九	七 三四
七時四六分	七 四四	七 四〇	七 三三	七 二三	七 一二	六 五九	六 四四	六 三〇	六 一五	六 一	五 四七	五 三五	五 二五	五 一八	五 一三	五 一二	五 一四	五 一九
五時一二分	五 一七	五 二二	五 三二	五 三八	五 四六	五 五二	六 一	六 八	六 一六	六 二四	六 三二	六 四〇	六 五〇	七 〇	七 九	七 一八	七 二六	七 三一
七時四三分	七 四二	七 三六	七 二九	七 二〇	七 九	六 五六	六 四三	六 二六	六 一四	六 〇	五 四六	五 三五	五 二五	五 一八	五 一三	五 一二	五 一四	五 一九
五時二四分	五 二九	五 三五	五 四二	五 四九	五 五七	六 四	六 一二	六 一九	六 二六	六 三四	六 四三	六 五二	七 〇	七 一〇	七 一九	七 二八	七 三五	七 四〇
七時五二分	七 五〇	七 四六	七 三九	七 三〇	七 一九	七 六	六 五三	六 三八	六 二四	六 一〇	五 五七	五 四六	五 三六	五 二九	五 二五	五 二三	五 二五	五 三〇

二七

朔・上弦・望・下弦

月	朔 日	朔 時刻	上弦 日	上弦 時刻	望 日	望 時刻	下弦 日	下弦 時刻
一月	十三日	前一時四七分	二十日	前五時二分	二十七日	前二時一五分	四日	後一時二三分
二月	十一日	後四時三四	十八日	後〇時五〇	二十五日	後四時四三	三日	後九時四
三月	十三日	前四時三二	十九日	後八時四六	二十七日	前八時一二	五日	後六時一七
四月	十一日	後二時一〇	十八日	前五時三四	二十六日	前〇時二四	四日	後〇時五三
五月	十日	後一〇時一八	十七日	後三時四九	二十五日	後四時三八	四日	前三時三七
六月	九日	前五時四三	十六日	前四時三	二十四日	前八時〇	二日	後二時二四
七月	八日	後一時一三	十五日	後六時三六	二十三日	後九時四六	一日 三十一日	後一〇時三 前三時四七
八月	六日	後九時三七	十四日	前一一時二八	二十二日	前九時四七	二十九日	前八時五四
九月	五日	前七時五三	十三日	前五時五七	二十日	後八時三三	二十七日	後二時四三
十月	四日	後八時五八	十三日	前〇時四七	二十日	前六時四七	二十六日	後一〇時二六
十一月	三日	後一時一六	十一日	後六時三三	十八日	後五時一〇	二十五日	前九時四
十二月	三日	前八時一一	十一日	前一〇時一二	十八日	前三時五二	二十四日	後一一時二〇

各地潮時ノ平均改正數

地名	時分	加減
多獅島	四時四〇分	加
鎭南浦	四時一〇	加
夢金浦	二時三〇	加
群山	一時五〇分	減
木浦	滿潮二時二五 干潮三時三〇	減
麗水	八時五〇	減
釜山	三時三〇分	加
濟州([illegible])	七時五	減
迎日灣	〇時三五	減
元山	一時三〇分	減
城津	一時四五	減
雄基	一時四〇	減

二八

二十四氣

春分	三月二十一日午前九時四十五分	秋分	九月二十三日午後八時十三分
夏至	六月二十二日午前五時十二分	冬至	十二月二十二日午後三時二十二分

小寒	一月六日	清明	四月五日	小暑	七月七日	寒露	十月九日
大寒	一月二十日	穀雨	四月二十日	大暑	七月二十三日	霜降	十月二十四日
立春	二月四日	立夏	五月六日	立秋	八月八日	立冬	十一月八日
雨水	二月十九日	小滿	五月二十一日	處暑	八月二十三日	小雪	十一月二十三日
驚蟄	三月六日	芒種	六月六日	白露	九月八日	大雪	十二月七日

日月食

月帶食 十一月十八日

地名	雄基	新義州	元山	平壤	京城	仁川	大邱	釜山	木浦
月出 時刻	後四時四七分	五 一八	五 八	五 一五	五 一三	五 一五	五 一一	五 一一	五 二三
月出 食分	六厘	一分五厘	一分四厘	一分五厘	一分五厘	一分五厘	一分四厘	一分四厘	一分五厘
月出 方向	下偏右			右下之間					

食甚（各地共） 後五時一九分 食分一分五厘 方向右下之間

復圓（各地共） 後六時一分 方向右偏下

日帶食 十二月三日

地名	雄基	元山	京城	仁川	大邱	釜山	木浦	平壤	新義州
日出 時刻	前七時二九分	七 三三	七 二九	七 三〇	七 一八	七 一五	七 二五	不見	不見
日出 食分	一分四厘	八厘	一分〇厘	八厘	二分二厘	二分六厘	一分三厘		
日出 方向	下偏左								
復圓 時刻	前七時四一分	七 三八	七 三七	七 三七	七 三七	七 三六	七 三五		
復圓 方向	下偏左								

年代表並陰陽曆對照表

説明

各月ノ欄ニハ其月ノ一日ニ相當スル陽曆ノ月日及干支、其月ノ大小ヲ記ス。太線ヲ附シタルハ其月ニ閏月アルヲ示メシ、閏月ハ最下欄ニ記ス。米印ヲ附シタルハ陽曆ノ年次ガ翌年ニ亘ルモノナリ。

歲ノ欄ハ其年生レノ人ガ本年ニ於ケル年齡ナリ。紀元欄ニ閏トアルハ陽曆ノ閏年ヲ示ス。

例

天保五年陰五月五日ヲ陽曆ニ換算セン。

天保五年ノ行、五月ノ欄ニ陰五月一日ハ陽六月七日ナルヲ知リ得。五月五日ノ五日ヨリ一日ヲ減ジタル四日ヲ六月七日ニ加ヘバ六月十一日ヲ得。之ガ求ムル答ナリ。

日本年號 朝鮮年號	日本紀元 西曆紀元	干支	歲	正月	二月	三月	四月	五月	六月	七月	八月	九月	十月	十一月	十二月	閏月
天保五 道光一四	二四九四 一八三四	甲午	百四	小 丁卯 二、九	大 丙申 三、一〇	大 丙寅 四、九	小 丙申 五、九	大 乙丑 六、七	小 乙未 七、七	小 甲子 八、五	大 癸巳 九、三	小 癸亥 一〇、三	大 壬辰 一一、一	小 壬戌 一二、一	大 辛卯 一二、三〇	
天保六 道光一五	二四九五 一八三五	乙未	百三	小 辛酉 一、二九	大 庚寅 二、二七	大 庚申 三、二九	小 庚寅 四、二八	大 己未 五、二七	大 己丑 六、二六	小 戊子 八、二四	大 丁巳 九、二二	小 丁亥 一〇、二二	大 丙辰 一一、二〇	小 丙戌 一二、二〇	大 乙卯 一、一八	六月小己未 七、二六
天保七 道光一六	閏 二四九六 一八三六	丙申	百二	小 乙酉 二、一七	大 甲寅 三、一七	小 甲申 四、一六	大 癸丑 五、一五	大 癸未 六、一四	小 癸丑 七、一四	大 壬午 八、一二	小 壬子 九、一一	大 辛巳 一〇、一〇	小 辛亥 一一、九	大 庚辰 一二、八	小 庚戌 一、七	
天保八 道光一七	二四九七 一八三七	丁酉	百一	大 己卯 二、五	小 己酉 三、七	大 戊寅 四、五	小 戊申 五、五	大 丁丑 六、三	小 丁未 七、三	大 丙子 八、一	大 丙午 八、三一	小 丙子 九、三〇	大 乙巳 一〇、二九	小 乙亥 一一、二八	大 甲辰 一二、二七	
天保九 道光一八	二四九八 一八三八	戊戌	百	小 甲戌 一、二六	大 癸卯 二、二四	小 癸酉 三、二六	大 壬寅 四、二四	小 辛丑 六、二二	大 庚午 七、二一	大 庚子 八、二〇	小 庚午 九、一九	大 己亥 一〇、一八	大 己巳 一一、一七	小 己亥 一二、一七	大 戊辰 一、一五	四月小壬申 五、二四
天保一〇 道光一九	二四九九 一八三九	己亥	九九	小 戊戌 二、一四	大 丁卯 三、一五	小 丁酉 四、一四	小 丙寅 五、一三	大 乙未 六、一一	小 乙丑 七、一一	大 甲午 八、九	小 甲子 九、八	大 癸巳 一〇、七	大 癸亥 一一、六	大 癸巳 一二、六	小 癸亥 一、五	
天保一一 道光二〇	閏 二五〇〇 一八四〇	庚子	九八	大 壬辰 二、三	小 壬戌 三、四	大 辛卯 四、二	小 辛酉 五、二	小 庚寅 五、三一	大 己未 六、二九	小 己丑 七、二九	大 戊午 八、二七	小 戊子 九、二六	大 丁巳 一〇、二五	大 丁亥 一一、二四	大 丁巳 一二、二四	

年代表竝陰陽曆對照表

昭和十二年

日本年號 淸國年號	天保十二 道光二十一	天保十三 道光二十二	天保十四 道光二十三	弘化元 道光二十四	弘化二 道光二十五	弘化三 道光二十六	弘化四 道光二十七	嘉永元 道光二十八	嘉永二 道光二十九	嘉永三 道光三十	嘉永四 咸豐元	嘉永五 咸豐二	嘉永六 咸豐三	安政元 咸豐四	安政二 咸豐五	安政三 咸豐六
西洋紀元 日本紀元	一八四一 二五〇一	一八四二 二五〇二	一八四三 二五〇三	閏 一八四四 二五〇四	一八四五 二五〇五	一八四六 二五〇六	一八四七 二五〇七	閏 一八四八 二五〇八	一八四九 二五〇九	一八五〇 二五一〇	一八五一 二五一一	閏 一八五二 二五一二	一八五三 二五一三	一八五四 二五一四	一八五五 二五一五	閏 一八五六 二五一六
干支	辛丑	壬寅	癸卯	甲辰	乙巳	丙午	丁未	戊申	己酉	庚戌	辛亥	壬子	癸丑	甲寅	乙卯	丙辰
歲	九七	九六	九五	九四	九三	九二	九一	九〇	八九	八八	八七	八六	八五	八四	八三	八二
正月	小 丁亥 一二三	大 庚戌 二一〇	大 甲辰 一三〇	大 戊辰 二一八	小 癸亥 二七	大 丁巳 一二七	大 辛巳 二一五	小 丙子 二五	大 庚午 一二四	大 甲午 二一二	大 戊子 二一	大 壬子 二二〇	大 丙午 二八	小 辛丑 一二九	小 乙丑 二一七	大 己未 二六
二月	大 丙辰 二二一	大 庚辰 三一二	大 甲戌 三一	大 戊戌 三一九	大 壬辰 三八	小 丁亥 二二六	小 辛亥 三一七	大 乙巳 三五	小 庚子 二二三	小 甲子 三一四	大 戊午 三三	小 壬午 三二一	小 丙子 三一〇	大 庚午 二二七	小 甲午 三一八	小 己丑 三七
三月	小 丙戌 三二三	小 庚戌 四一一	大 甲辰 三三一	小 戊辰 四一八	小 壬戌 四七	大 丙辰 三二七	小 庚辰 四一五	小 乙亥 四四	大 己巳 三二四	大 癸巳 四一二	小 戊子 四二	大 辛亥 四一九	大 乙巳 四八	小 庚子 三二九	大 癸亥 四一六	小 戊午 四五
四月	小 乙酉 五二一	大 己卯 五一〇	小 甲戌 四三〇	大 丁酉 五一七	大 辛卯 五六	小 丙戌 四二六	大 己酉 五一四	小 甲辰 五三	小 己亥 四二三	小 癸亥 五一二	大 丁巳 五一	大 辛巳 五一九	大 乙亥 五八	大 己巳 四二七	小 癸巳 五一六	大 丁亥 五四
五月	小 甲寅 六一九	小 己酉 六九	大 癸卯 五二九	小 丁卯 六一六	大 辛酉 六五	大 乙卯 五二五	小 己卯 六一三	大 癸酉 六一	大 丁酉 六二〇	小 壬辰 六一〇	小 丁亥 五三一	小 辛亥 六一八	小 乙巳 六七	小 己亥 五二七	大 壬戌 六一四	小 丁巳 六三
六月	大 癸未 七一八	小 戊寅 七八	小 癸酉 六二八	大 丙申 七一五	小 辛卯 七五	大 甲寅 七二三	大 戊申 七一二	小 癸卯 七一	小 丁卯 七二〇	大 辛酉 七九	小 丙辰 六二九	小 庚辰 七一七	大 甲戌 七六	大 戊辰 六二五	大 壬辰 七一四	大 丙戌 七二
七月	小 癸丑 八一七	大 丁未 八六	小 壬寅 七二七	小 丙寅 八一四	大 庚申 八三	小 甲申 八二二	小 戊寅 八一一	大 壬申 七三〇	大 丙申 八一八	小 辛卯 八八	大 乙酉 七二八	大 己酉 八一五	小 甲辰 八五	大 戊戌 七二五	小 壬戌 八一三	小 丙辰 八一
八月	大 壬午 九一五	小 丁丑 九五	小 辛丑 九二四	大 乙未 九一二	小 庚寅 九二	大 癸丑 九二〇	大 丁未 九九	小 壬寅 八二九	小 丙寅 九一七	小 庚申 九六	小 乙卯 八二七	小 己卯 九一四	大 癸酉 九三	大 丁酉 九二二	大 辛卯 九一一	大 乙酉 八三〇
九月	小 壬子 一〇一五	大 丙午 一〇四	大 庚午 一〇二三	小 乙丑 一〇一二	大 己未 一〇一	大 癸未 一〇二〇	大 丁丑 一〇九	大 辛未 九二七	大 乙未 一〇一六	大 己丑 一〇五	大 癸丑 一〇二四	大 戊申 一〇一三	小 癸卯 一〇三	小 丁卯 一〇二二	大 辛酉 一〇一一	大 乙卯 九二九
十月	大 辛巳 一一一三	小 丙子 一一三	小 庚子 一一二二	大 甲午 一一一〇	小 己丑 一〇三一	小 癸丑 一一一九	大 丁未 一一八	大 辛丑 一〇二七	小 乙丑 一一一五	大 己未 一一四	小 癸未 一一二三	小 戊寅 一一一二	大 壬申 一一一	大 丙申 一一二〇	小 辛卯 一一一〇	大 乙酉 一〇二九
十一月	大 辛亥 一二一三	大 乙巳 一二二	大 己巳 一二二一	小 甲子 一二一〇	大 戊午 一一二九	大 壬午 一二一八	小 丁丑 一二八	大 辛未 一一二六	大 甲午 一二一四	小 己丑 一二四	大 壬子 一二二二	小 丁未 一二一一	小 壬寅 一二一	小 丙寅 一二二〇	大 庚申 一二九	小 乙卯 一一二八
十二月	小 辛巳 一一二	小 乙亥 一一	小 己亥 一二〇	大 癸巳 一八	小 戊子 一二二九	小 壬子 一一七	大 丙午 一六	小 辛丑 一二二六	大 甲子 一一三	大 戊午 一二	大 壬午 一二一	大 丙子 一九	大 辛未 一二三〇	大 乙未 一一八	小 庚寅 一八	大 甲申 一二二七
閏月	閏三月大乙卯 四二一		閏七月大辛未 八二五			閏五月小乙酉 六二四			閏四月小戊辰 五二二		閏八月小甲申 九二五			閏七月小戊辰 八二四		

五一

昭和十二年

年代表竝陰陽曆對照表

日本年號 / 朝鮮年號	日本紀元 / 西曆紀元	干支	歲	正月	二月	三月	四月	五月	六月	七月	八月	九月	十月	十一月	十二月	閏月
安政四 / 咸豐七	二五一七 / 一八五七	丁巳	八一	小 甲寅 一二六	大 癸未 二二四	小 癸丑 三二六	小 壬午 四二四	大 辛亥 五二三	大 庚戌 七二一	小 庚辰 八二〇	大 己酉 九一八	小 己卯 一〇一八	大 戊申 一一一六	大 戊寅 一二一六	大 戊申 一一五	五月 小 辛巳 六二二
安政五 / 咸豐八	二五一八 / 一八五八	戊午	八〇	小 戊寅 二一四	大 丁未 三一五	小 丁丑 四一四	小 丙午 五一三	大 乙亥 六一一	小 乙巳 七一一	小 甲戌 八九	大 癸卯 九七	大 癸酉 一〇七	小 癸卯 一一六	大 壬申 一二五	大 壬寅 一四	
安政六 / 咸豐九	二五一九 / 一八五九	己未	七九	大 壬申 二三	小 壬寅 三五	大 辛未 四三	小 辛丑 五三	小 庚午 六一	大 己亥 六三〇	小 己巳 七三〇	小 戊戌 八二八	大 丁卯 九二六	小 丁酉 一〇二六	大 丙寅 一一二四	大 丙申 一二二四	
萬延一 / 咸豐一〇	閏 二五二〇 / 一八六〇	庚申	七八	大 丙寅 一二三	小 丙申 二二二	大 乙丑 三二二	小 乙丑 五二一	小 甲午 六一九	大 癸亥 七一八	小 癸巳 八一七	小 壬戌 九一五	大 辛卯 一〇一四	小 辛酉 一一一三	大 庚寅 一二一二	大 庚申 一一一	三月 大 乙未 四二一
文久一 / 咸豐一一	二五二一 / 一八六一	辛酉	七七	小 庚寅 二一〇	大 己未 三一一	大 己丑 四一〇	小 己未 五一〇	大 戊子 六八	小 戊午 七八	大 丁亥 八六	小 丁巳 九五	大 丙戌 一〇四	小 丙辰 一一三	小 乙酉 一二二	大 甲寅 一二三一	
文久二 / 同治一	二五二二 / 一八六二	壬戌	七六	大 甲申 一三〇	小 甲寅 三一	大 癸未 三三〇	小 癸丑 四二九	大 壬午 五二八	大 壬子 六二七	小 壬午 七二七	大 辛亥 八二五	大 庚戌 一〇二三	小 庚辰 一一二二	小 己酉 一二二一	大 戊寅 一一九	八月 小 辛巳 九二四
文久三 / 同治二	二五二三 / 一八六三	癸亥	七五	小 戊申 二一八	大 丁丑 三一九	大 丁未 四一八	小 丁丑 五一八	大 丙午 六一六	小 丙子 七一六	大 乙巳 八一四	大 乙亥 九一三	小 乙巳 一〇一三	大 甲戌 一一一一	小 甲辰 一二一一	大 癸酉 一九	
元治一 / 同治三	閏 二五二四 / 一八六四	甲子	七四	小 癸卯 二八	小 壬申 三八	大 辛丑 四六	小 辛未 五六	大 庚子 六四	小 庚午 七四	大 己亥 八二	大 己巳 九一	小 己亥 一〇一	大 戊辰 一〇三〇	大 戊戌 一一二九	小 戊辰 一二二九	
慶應一 / 同治四	二五二五 / 一八六五	乙丑	七三	大 丁酉 一二七	小 丁卯 二二六	小 丙申 三二七	大 乙丑 四二五	小 乙亥 五二五	小 甲午 七二三	大 癸亥 八二一	大 癸巳 九二〇	小 癸亥 一〇二〇	大 壬辰 一一一八	大 壬戌 一二一八	小 壬辰 一一七	五月 大 甲子 六二三
慶應二 / 同治五	二五二六 / 一八六六	丙寅	七二	大 辛酉 二一五	小 辛卯 三一七	小 庚申 四一五	大 己丑 五一四	小 己未 六一三	小 戊子 七一二	大 丁巳 八一〇	大 丁亥 九九	小 丁巳 一〇九	大 丙戌 一一七	大 丙辰 一二七	大 丙戌 一六	
慶應三 / 同治六	二五二七 / 一八六七	丁卯	七一	小 丙辰 二五	大 乙酉 三六	小 乙卯 四五	小 甲申 五四	大 癸丑 六二	小 癸未 七二	小 壬子 七三一	大 辛巳 八二九	小 辛亥 九二八	大 庚辰 一〇二七	大 庚戌 一一二六	大 庚辰 一二二六	
明治一 / 同治七	閏 二五二八 / 一八六八	戊辰	七〇	小 庚戌 一二五	大 己卯 二二三	大 己酉 三二四	小 己卯 四二三	大 丁丑 六二〇	小 丁未 七二〇	小 丙子 八一八	大 乙巳 九一六	小 乙亥 一〇一六	大 甲辰 一一一四	大 甲戌 一二一四	小 甲辰 一一三	四月 小 戊申 五二二
明治二 / 同治八	二五二九 / 一八六九	己巳	六九	大 癸酉 二一一	大 癸卯 三一三	大 癸酉 四一二	小 癸卯 五一二	小 壬申 六一〇	大 辛丑 七九	小 辛未 八八	小 庚子 九六	大 己巳 一〇五	小 己亥 一一四	大 戊辰 一二三	小 戊戌 一二	
明治三 / 同治九	二五三〇 / 一八七〇	庚午	六八	大 丁卯 一三一	大 丁酉 三二	大 丁卯 四一	小 丁酉 五一	大 丙寅 五三〇	小 丙申 六二九	大 乙丑 七二八	小 乙未 八二七	小 甲子 九二五	大 癸巳 一〇二四	大 壬辰 一二二二	小 壬戌 一二一	十月 小 癸亥 一一二三
明治四 / 同治一〇	二五三一 / 一八七一	辛未	六七	大 辛卯 二一九	大 辛酉 三二一	小 辛卯 四二〇	大 庚申 五一九	大 庚寅 六一八	小 庚申 七一八	大 己丑 八一六	小 己未 九一五	大 戊子 一〇一四	小 戊午 一一一三	小 丁亥 一二一二	大 丙辰 一一〇	
明治五 / 同治一一	閏 二五三二 / 一八七二	壬申	六六	小 丙戌 二九	大 乙卯 三九	小 乙酉 四八	大 甲寅 五七	大 甲申 六六	小 甲寅 七六	大 癸未 八四	小 癸丑 九三	大 壬午 一〇二	大 壬子 一一一	小 壬午 一二一	大 辛亥 一二三〇	

三二

昭和十二年

年代表竝陰陽曆對照表

日本年號 淸國年號	明治六 同治一二	明治七 同治一三	明治八 光緒一	明治九 光緒二	明治一〇 光緒三	明治一一 光緒四	明治一二 光緒五	明治一三 光緒六	明治一四 光緒七	明治一五 光緒八	明治一六 光緒九	明治一七 光緒一〇	明治一八 光緒一一	明治一九 光緒一二	明治二〇 光緒一三	明治二一 光緒一四
日本紀元 西曆紀元	二五三三 一八七三	二五三四 一八七四	二五三五 一八七五	閏 二五三六 一八七六	二五三七 一八七七	二五三八 一八七八	二五三九 一八七九	閏 二五四〇 一八八〇	二五四一 一八八一	二五四二 一八八二	二五四三 一八八三	閏 二五四四 一八八四	二五四五 一八八五	二五四六 一八八六	二五四七 一八八七	閏 二五四八 一八八八
干支	癸酉	甲戌	乙亥	丙子	丁丑	戊寅	己卯	庚辰	辛巳	壬午	癸未	甲申	乙酉	丙戌	丁亥	戊子
歲	六五	六四	六三	六二	六一	六〇	五九	五八	五七	五六	五五	五四	五三	五二	五一	五〇
正月	小 辛巳 一二九	小 乙巳 二一七	大 己亥 二六	大 癸巳 一二六	大 丁巳 二一三	大 辛亥 二二	大 乙巳 一二二	大 己巳 二一〇	小 甲子 一三〇	小 戊子 二一八	小 癸未 二八	大 丁丑 一二八	大 辛丑 二一五	大 乙未 二四	大 己丑 一二四	大 癸丑 二一二
二月	小 庚戌 二二七	小 甲戌 三一八	小 己巳 三八	大 癸亥 二二五	大 丁亥 三一五	大 辛巳 三四	大 乙亥 二二一	小 己亥 三一一	大 癸巳 二二八	大 丁巳 三一九	小 壬子 三九	小 丁未 二二七	小 辛未 三一七	小 乙丑 三六	大 己未 二二三	小 癸未 三一三
三月	大 己卯 三二八	大 癸卯 四一六	小 戊戌 四六	小 癸巳 三二六	小 丁巳 四一四	小 辛亥 四三	小 乙巳 三二三	大 戊辰 四九	小 癸亥 三三〇	小 丁亥 四一八	大 辛巳 四七	小 丙子 三二七	小 庚子 四一五	大 甲午 四四	小 己丑 三二五	大 壬子 四一一
四月	小 己酉 四二七	小 癸酉 五一六	大 丁卯 五五	小 壬戌 四二四	小 丙戌 五一三	大 庚辰 五二	大 甲辰 五二一	大 戊戌 五九	大 壬辰 四二八	大 丙辰 五一七	小 辛亥 五七	大 乙巳 四二五	大 己巳 五一四	小 甲子 五四	大 戊午 四二三	大 壬午 五一一
五月	大 戊寅 五二六	大 壬寅 六一四	小 丁酉 六四	大 辛卯 五二三	大 乙卯 六一一	小 庚戌 六一	小 甲戌 六二〇	小 戊辰 六八	小 壬戌 五二八	小 丙戌 六一六	小 庚辰 六五	小 乙亥 五二五	小 己亥 六一三	大 癸巳 六二	大 丁巳 六二一	小 壬子 六一〇
六月	小 戊申 六二五	小 壬申 七一四	小 丙寅 七三	小 庚寅 七二一	小 乙酉 七一一	大 己卯 六三〇	大 癸卯 七一九	大 丁酉 七七	大 辛卯 六二六	大 乙卯 七一五	大 己酉 七四	大 癸酉 七二二	小 戊辰 七一二	小 癸亥 七二	小 丁亥 七二一	大 辛巳 七九
七月	大 丁未 八二三	大 辛丑 八一二	大 乙未 八一	大 己未 八一九	小 甲寅 八九	小 己酉 七三〇	小 癸酉 八一八	大 丁卯 八六	大 辛酉 七二六	小 乙酉 八一四	小 己卯 八三	小 癸卯 八二一	大 丁酉 八一〇	小 壬辰 七三一	小 丙辰 八一九	小 辛亥 八八
八月	小 丁丑 九二二	小 辛未 九一一	小 乙丑 八三一	小 己丑 九一八	大 癸未 九七	小 戊寅 八二八	小 壬寅 九一六	小 丁酉 九五	大 庚申 九二三	大 甲寅 九一二	大 戊申 九一	大 壬申 九一九	小 丁卯 九九	大 辛酉 八二九	大 乙酉 九一七	小 庚辰 九六
九月	大 丙午 一〇二一	大 庚子 一〇一〇	大 甲午 九二九	大 戊午 一〇一七	小 癸丑 一〇七	大 丁未 九二六	大 辛未 一〇一五	大 丙寅 一〇四	大 庚寅 一〇二三	大 甲申 一〇一二	大 戊寅 一〇一	大 壬寅 一〇一九	大 丙申 一〇八	小 辛卯 九二八	小 乙卯 一〇一七	大 己酉 一〇五
十月	大 丙子 一一二〇	大 庚午 一一九	大 甲子 一〇二九	大 戊子 一一一六	大 壬午 一一五	小 丁丑 一〇二六	小 辛丑 一一一四	小 丙申 一一三	小 庚申 一一二二	小 甲寅 一一一	大 戊申 一〇三一	小 壬申 一一一八	小 丙寅 一一七	大 庚申 一〇二七	大 甲申 一一一五	小 己卯 一一四
十一月	小 丙午 一二二〇	大 庚子 一二九	大 甲午 一一二八	小 戊午 一二一六	小 壬子 一二五	大 丙午 一一二四	大 庚午 一二一三	小 乙丑 一二二	大 己丑 一二二一	大 癸未 一二一〇	小 戊寅 一一三〇	大 辛丑 一二一七	大 乙未 一二六	小 庚寅 一一二六	小 甲寅 一二一五	大 戊申 一二三
十二月	大 乙亥 一一八	小 庚午 一八	小 甲子 一二二八	小 丁亥 一一四	大 辛巳 一三	小 丙子 一二二四	小 庚子 一一二	大 甲午 一二三一	小 己未 一二〇	大 癸丑 一九	大 丁未 一二九	大 辛未 一一六	大 乙丑 一五	大 己未 一二五	大 癸未 一一三	小 戊寅 一二
閏月	六月大丁丑 七二四			五月小辛酉 六二二			三月大甲戌 四二一		七月小辛卯 八二五			五月小甲辰 六二三			四月小戊子 五二三	

三三

年代表竝陰陽曆對照表

日本年號 朝鮮年號	西曆紀元 日本紀元	干支	歲	正月	二月	三月	四月	五月	六月	七月	八月	九月	十月	十一月	十二月	閏月
明治二二 光緒一五	一八八九 二五四九	己丑	四九	大 丁未 一 三一	小 丁丑 三 二	大 丙午 三 三一	大 丙子 四 三〇	小 丙午 五 三〇	大 乙亥 六 二八	小 乙巳 七 二八	大 甲戌 八 二六	小 甲辰 九 二五	大 癸酉 一〇 二四	小 癸卯 一一 二三	大 壬申 一二 二二	
明治二三 光緒一六	一八九〇 二五五〇	庚寅	四八	小 壬寅 一 二一	大 辛未 二 一九	大 庚午 四 一九	小 庚子 五 一九	大 己巳 六 一七	大 己亥 七 一七	小 己巳 八 一六	大 戊戌 九 一四	小 戊辰 一〇 一四	大 丁酉 一一 一二	小 丁卯 一二 一二	大 丙申 一 一〇	二月小辛丑 三 二一
明治二四 光緒一七	一八九一 二五五一	辛卯	四七	小 丙寅 二 九	大 乙未 三 一〇	小 乙丑 四 九	大 甲午 五 八	小 甲子 六 七	大 癸巳 七 六	小 癸亥 八 五	大 壬辰 九 三	大 壬戌 一〇 三	小 壬辰 一一 二	大 辛酉 一二 一	大 辛卯 一二 三一	
明治二五 光緒一八	閏 一八九二 二五五二	壬辰	四六	小 辛酉 一 三〇	小 庚寅 二 二八	大 己未 三 二八	小 己丑 四 二七	小 戊午 五 二六	大 丁亥 六 二四	大 丙戌 八 二二	大 丙辰 九 二一	小 丙戌 一〇 二一	大 乙卯 一一 一九	大 乙酉 一二 一九	大 乙卯 一 一八	六月小丁巳 七 二四
明治二六 光緒一九	一八九三 二五五三	癸巳	四五	小 乙酉 二 一七	小 甲寅 三 一八	大 癸未 四 一六	小 癸丑 五 一六	小 壬午 六 一四	大 辛亥 七 一三	小 辛巳 八 一二	大 庚戌 九 一〇	小 庚辰 一〇 一〇	大 己酉 一一 八	大 己卯 一二 八	大 己酉 一 七	
明治二七 光緒二〇	一八九四 二五五四	甲午	四四	小 己卯 二 六	大 戊申 三 七	小 戊寅 四 六	大 丁未 五 五	小 丁丑 六 四	小 丙午 七 三	大 乙亥 八 一	小 乙巳 八 三一	大 甲戌 九 二九	小 甲辰 一〇 二九	大 癸酉 一一 二七	大 癸卯 一二 二七	
明治二八 光緒二一	一八九五 二五五五	乙未	四三	大 癸酉 一 二六	小 癸卯 二 二五	大 壬申 三 二六	小 壬寅 四 二五	大 辛未 五 二四	小 庚午 七 二二	大 己亥 八 二〇	小 己巳 九 一九	大 戊戌 一〇 一八	小 戊辰 一一 一七	大 丁酉 一二 一六	小 丁卯 一 一五	五月小辛丑 六 二三
明治二九 建陽一	閏 一八九六 二五五六	丙申	四二	大 丙申 二 一三	大 丙寅 三 一四	大 丙申 四 一三	小 丙寅 五 一三	大 乙未 六 一一	小 乙丑 七 一一	小 甲午 八 九	大 癸亥 九 七	小 癸巳 一〇 七	大 壬戌 一一 五	小 壬辰 一二 五	大 辛酉 一 三	
明治三〇 光武一	一八九七 二五五七	丁酉	四一	小 辛卯 二 二	大 庚申 三 三	大 庚寅 四 二	小 庚申 五 二	大 己丑 五 三一	小 己未 六 三〇	大 戊子 七 二九	小 戊午 八 二八	大 丁亥 九 二六	小 丁巳 一〇 二六	大 丙戌 一一 二四	小 丙辰 一二 二四	
明治三一 光武二	一八九八 二五五八	戊戌	四〇	大 乙酉 一 二二	小 乙卯 二 二一	大 甲申 三 二二	大 癸未 五 二〇	大 癸丑 六 一九	小 癸未 七 一九	大 壬子 八 一七	小 壬午 九 一六	大 辛亥 一〇 一五	小 辛巳 一一 一四	大 庚戌 一二 一三	小 庚辰 一 一二	三月小甲寅 四 二一
明治三二 光武三	一八九九 二五五九	己亥	三九	大 己酉 二 一〇	小 己卯 三 一二	大 戊申 四 一〇	小 戊寅 五 一〇	大 丁未 六 八	小 丁丑 七 八	大 丙午 八 六	大 丙子 九 五	小 丙午 一〇 五	大 乙亥 一一 三	小 乙巳 一二 三	大 甲戌 一 一	
明治三三 光武四	一九〇〇 二五六〇	庚子	三八	小 甲辰 一 三一	大 癸酉 三 一	小 癸卯 三 三一	小 壬申 四 二九	大 辛丑 五 二八	小 辛未 六 二七	大 庚子 七 二六	大 庚午 八 二五	大 己巳 一〇 二三	大 己亥 一一 二二	小 己巳 一二 二二	大 戊戌 一 二〇	八月小庚子 九 二四
明治三四 光武五	一九〇一 二五六一	辛丑	三七	小 戊辰 二 一九	大 丁酉 三 二〇	小 丁卯 四 一九	小 丙申 五 一八	大 乙丑 六 一六	小 乙未 七 一六	大 甲子 八 一四	小 甲午 九 一三	大 癸亥 一〇 一二	大 癸巳 一一 一一	大 癸亥 一二 一一	小 癸巳 一 一〇	
明治三五 光武六	一九〇二 二五六二	壬寅	三六	大 壬戌 二 八	小 壬辰 三 一〇	大 辛酉 四 八	小 辛卯 五 八	小 庚申 六 六	大 己丑 七 五	小 己未 八 四	大 戊子 九 二	小 戊午 一〇 二	大 丁亥 一〇 三一	大 丁巳 一一 三〇	大 丁亥 一二 三〇	
明治三六 光武七	一九〇三 二五六三	癸卯	三五	小 丁巳 一 二九	大 丙戌 二 二七	小 丙辰 三 二九	大 乙酉 四 二七	小 乙卯 五 二七	大 癸丑 七 二四	小 癸未 八 二三	小 壬子 九 二一	大 辛巳 一〇 二〇	大 辛亥 一一 一九	小 辛巳 一二 一九	大 庚戌 一 一七	五月小甲申 六 二五
明治三七 光武八	閏 一九〇四 二五六四	甲辰	三四	大 庚辰 二 一六	大 庚戌 三 一七	小 庚辰 四 一六	大 己酉 五 一五	小 己卯 六 一四	小 戊申 七 一三	大 丁丑 八 一一	小 丁未 九 一〇	小 丙子 一〇 九	大 乙巳 一一 七	大 乙亥 一二 七	小 乙巳 一 六	

三四

年代表竝陰陽曆對照表

日本年號 朝鮮年號	明治三八 光武九	明治三九 光武一〇	明治四〇 隆熙一	明治四一 隆熙二	明治四二 隆熙三	明治四三 隆熙四	明治四四	明治四五 大正一	大正二	大正三	大正四	大正五	大正六	大正七	大正八	大正九
日本紀元 西曆紀元	二五六五 一九〇五	二五六六 一九〇六	二五六七 一九〇七	閏 二五六八 一九〇八	二五六九 一九〇九	二五七〇 一九一〇	二五七一 一九一一	閏 二五七二 一九一二	二五七三 一九一三	二五七四 一九一四	二五七五 一九一五	閏 二五七六 一九一六	二五七七 一九一七	二五七八 一九一八	二五七九 一九一九	閏 二五八〇 一九二〇
干支	乙巳	丙午	丁未	戊申	己酉	庚戌	辛亥	壬子	癸丑	甲寅	乙卯	丙辰	丁巳	戊午	己未	庚申
歲	三三	三二	三一	三〇	二九	二八	二七	二六	二五	二四	二三	二二	二一	二〇	一九	一八
正月	大甲戌 二四	小己巳 一二五	小癸巳 二一三	大丁亥 二二	小壬午 一二二	小丙午 二一〇	大庚子 一三〇	大甲子 二一八	大戊午 二六	大壬子 一二六	大丙子 二一四	小辛未 二四	大乙丑 一二三	大己丑 二一一	小甲申 二一	小戊申 二二〇
二月	大甲辰 三六	大戊戌 二二三	大壬戌 三一四	小丁巳 三三	大辛亥 二二〇	大乙亥 三一一	小庚午 三一	小甲午 三一九	大戊子 三八	大壬午 二二五	小丙午 三一六	大庚子 三四	小乙未 二二二	小己未 三一三	大癸丑 三二	大丁丑 三二〇
三月	小甲戌 四五	大戊辰 三二五	小壬辰 四一三	小丙戌 四一	小庚戌 四二〇	小乙巳 四一〇	大己亥 三三〇	大癸亥 四一七	小戊午 四七	小壬子 三二七	大乙亥 四一四	小庚午 四三	大癸巳 四二一	小戊子 四一一	小癸未 四一	小丁未 四一九
四月	大癸卯 五四	小戊戌 四二四	大辛酉 五一二	大乙卯 四三〇	大己卯 五一九	小甲戌 五九	小己巳 四二九	小癸巳 五一七	大丁亥 五六	大辛巳 四二五	大乙巳 五一四	大己亥 五二	小癸亥 五二一	大丁巳 五一〇	小壬子 四三〇	小丙子 五一八
五月	大癸酉 六三	小丁酉 六二二	小辛卯 六一一	大乙酉 五三〇	小己酉 六一八	大癸卯 六七	小戊戌 五二八	小壬戌 六一五	小丁巳 六五	大辛亥 五二五	小乙亥 六一三	小己巳 六一	大壬辰 六一九	小丁亥 六九	大辛巳 五二九	大乙巳 六一六
六月	小癸卯 七三	大丙寅 七二一	大庚申 七一〇	小乙卯 六二九	大戊寅 七一七	小癸酉 七七	大丁卯 六二六	大辛卯 七一四	小丙戌 七四	小庚戌 七二三	大甲辰 七一二	大戊戌 六三〇	大壬戌 七一九	大丙辰 七八	小辛亥 六二八	小乙亥 七一六
七月	小壬申 八一	小丙申 八二〇	大庚寅 八九	大甲申 七二八	小戊申 八一六	大壬寅 八五	小丙寅 八二四	小辛酉 八一三	大乙卯 八二	大己卯 八二一	小甲戌 八一一	大戊辰 七三〇	小壬辰 八一八	小丙戌 八七	大庚辰 七二七	小甲辰 八一四
八月	大辛丑 八三〇	大乙丑 九一八	小庚申 九八	小甲寅 八二七	大丁丑 九一四	小壬申 九四	大乙未 九二二	小庚寅 九一一	小乙酉 九一	小己酉 九二〇	大癸卯 九九	小戊戌 八二九	大辛酉 九一六	大乙卯 九五	大己卯 九二四	大癸酉 九一二
九月	小辛未 九二九	小乙未 一〇一八	大己丑 一〇七	大癸未 九二五	大丁未 一〇一四	大辛丑 一〇三	大乙丑 一〇二二	大己未 一〇一〇	小甲寅 九三〇	大戊寅 一〇一九	小癸酉 一〇九	大丁卯 九二七	大辛卯 一〇一六	大乙酉 一〇五	大己酉 一〇二四	大癸卯 一〇一二
十月	大庚子 一〇二八	大甲子 一一一六	小己未 一一六	大癸丑 一〇二五	大丁丑 一一一三	大辛未 一一二	小乙未 一一二一	大己丑 一一九	大癸丑 一〇二九	小戊申 一一一八	大壬寅 一一七	小丁酉 一〇二七	小辛酉 一一一五	大乙卯 一一四	小己卯 一一二三	小癸酉 一一一一
十一月	小庚午 一一二七	小甲午 一二一六	大戊子 一二五	小癸未 一一二四	小丁未 一二一三	大辛丑 一二二	大甲子 一二二〇	小己未 一二九	小癸未 一一二八	小丁丑 一二一七	小壬申 一二七	大丙寅 一一二五	大庚寅 一二一四	小乙酉 一二四	大戊申 一二二二	大壬寅 一二一〇
十二月	大己亥 一二二六	大癸亥 一一四	小戊午 一四	大壬子 一二二三	大丙子 一一一	小辛未 一一	大甲午 一一九	大戊子 一七	大壬午 一二二七	大丙午 一一五	大辛丑 一五	小丙申 一二二五	小庚申 一一三	大甲寅 一二	大戊寅 一二一	大壬申 一九
閏月		四月大丁卯 五二三			二月小辛巳 三二二		六月小丁酉 七二六			五月小辛巳 六二四			二月小甲子 三二三		七月小庚戌 八二六	

昭和十二年

年代表並陰陽曆對照表

年號	大正一〇	大正一一	大正一二	大正一三	大正一四	大正一五 昭和一	昭和二	昭和三	昭和四	昭和五	昭和六	昭和七	昭和八	昭和九	昭和一〇	昭和一一
				閏				閏				閏				閏
日本紀元 西暦紀元	二五八一 一九二一	二五八二 一九二二	二五八三 一九二三	二五八四 一九二四	二五八五 一九二五	二五八六 一九二六	二五八七 一九二七	二五八八 一九二八	二五八九 一九二九	二五九〇 一九三〇	二五九一 一九三一	二五九二 一九三二	二五九三 一九三三	二五九四 一九三四	二五九五 一九三五	二五九六 一九三六
干支	辛酉	壬戌	癸亥	甲子	乙丑	丙寅	丁卯	戊辰	己巳	庚午	辛未	壬申	癸酉	甲戌	乙亥	丙子
歲	一七	一六	一五	一四	一三	一二	一一	一〇	九	八	七	六	五	四	三	二
正月	大 壬寅 二八	大 丙申 一二八	小 庚申 二一六	大 甲寅 二五	大 戊申 一二四	小 癸酉 二一三	大 丁卯 二二	小 壬戌 一二三	小 丙戌 二一〇	小 庚辰 一三〇	大 癸卯 二一七	大 丁酉 二六	小 壬辰 一二六	小 丙辰 二一四	小 辛亥 二四	大 乙巳 一二四
二月	小 壬申 三一〇	小 丙寅 二二七	大 己丑 三一七	小 甲申 三六	小 戊寅 二二三	小 壬寅 三一四	小 丁酉 三四	大 辛卯 二二一	大 乙卯 三一一	大 己酉 二二八	大 癸酉 三一九	大 丁卯 三七	大 辛酉 二二四	大 乙酉 三一五	小 庚辰 三五	小 乙亥 二二三
三月	大 辛丑 四八	大 乙未 三二八	大 己未 四一六	大 癸丑 四四	大 丁未 三二四	大 辛未 四一二	小 丙寅 四二	小 庚寅 四二〇	小 乙酉 四一〇	大 己卯 三三〇	大 癸卯 四一八	大 丁酉 四六	大 辛卯 三二六	小 乙卯 四一四	大 己酉 四三	小 甲辰 三二三
四月	小 辛未 五八	大 乙丑 四二七	小 己丑 五一六	小 癸未 五四	大 丁丑 四二三	小 辛丑 五一二	大 乙未 五一	大 己未 五一九	小 甲寅 五九	小 己酉 四二九	小 癸酉 五一八	小 丁卯 五六	小 辛酉 四二五	大 甲申 五一三	小 己卯 五三	小 癸卯 五二一
五月	小 庚子 六六	小 乙未 五二七	大 戊午 六一四	大 壬子 六二	大 丙子 六二一	大 庚午 六一〇	小 乙丑 五三一	小 己丑 六一八	大 癸未 六七	小 戊寅 五二八	小 壬寅 六一六	大 丙申 六四	大 庚寅 五二四	大 甲寅 六一二	大 戊申 六一	大 壬申 六一九
六月	大 己巳 七五	大 癸巳 七二四	小 戊子 七一四	大 壬午 七二	小 丙午 七二一	小 庚子 七一〇	大 甲午 六二九	小 戊午 七一七	小 癸丑 七七	大 丁未 六二六	大 辛未 七一五	小 丙寅 七四	小 庚寅 七二三	小 甲申 七一二	小 戊寅 七一	小 壬寅 七一九
七月	小 己亥 八四	小 癸亥 八二三	大 丁巳 八一二	小 壬子 八一	大 乙亥 八一九	大 己巳 八八	小 甲子 七二九	大 丁亥 八一五	小 壬午 八五	小 丙午 七二四	小 辛丑 八一四	大 乙未 八二	大 己未 八二一	大 癸丑 八一〇	大 丁未 七三〇	大 辛未 八一七
八月	小 戊辰 九二	小 壬辰 九二一	小 丁亥 九一一	大 辛巳 八三〇	大 乙巳 九一八	大 己亥 九七	大 癸巳 八二七	大 丁巳 九一四	大 辛亥 九三	大 乙亥 九二二	小 庚午 九一二	小 乙丑 九一	小 己丑 九二〇	大 癸未 九九	大 丁丑 八二九	小 辛丑 九一六
九月	大 丁酉 一〇一	大 辛酉 一〇二〇	大 丙辰 一〇一〇	小 辛亥 九二九	小 乙亥 一〇一八	小 己巳 一〇七	大 癸亥 九二六	小 丁亥 一〇一四	小 辛巳 一〇三	小 乙巳 一〇二二	大 己亥 一〇一一	小 甲午 九三〇	大 戊午 一〇一九	小 癸丑 一〇九	小 丁未 九二八	大 庚午 一〇一五
十月	小 丁卯 一〇三一	小 辛卯 一一一九	小 丙戌 一一九	大 庚辰 一〇二八	大 甲辰 一一一六	大 戊戌 一一五	小 癸巳 一〇二六	大 丙辰 一一一二	大 庚戌 一一一	大 甲戌 一一二〇	小 己巳 一一一〇	大 癸亥 一〇二九	小 戊子 一一一八	大 壬午 一一七	大 丙子 一〇二七	大 庚子 一一一四
十一月	大 丙申 一一二九	大 庚申 一二一八	小 乙卯 一二八	小 庚戌 一一二七	小 甲戌 一二一六	大 戊辰 一二五	大 壬戌 一一二四	大 丙戌 一二一二	大 庚辰 一二一	大 甲辰 一二二〇	大 戊戌 一二九	小 癸巳 一一二八	小 丁巳 一二一七	小 壬子 一二七	大 丙午 一一二六	大 庚午 一二一四
十二月	大 丙寅 一二二九	大 庚寅 一一七	大 甲申 一六	小 己卯 一二二六	大 癸卯 一一四	小 戊戌 一四	大 壬辰 一二二四	大 丙辰 一一一	大 庚戌 一二三一	小 甲戌 一一九	小 戊辰 一八	大 壬戌 一二二七	大 丙戌 一一五	大 辛巳 一五	小 丙子 一二二六	小 庚子 一一三
閏月		閏五月 小 甲子 六二五			閏四月 小 丁未 五二三			閏二月 小 辛酉 三二二		閏六月 小 丁丑 七二六			閏五月 大 庚申 六二三			閏三月 大 癸酉 四二一

三六

平均氣温（攝氏）

地名	雄基	中江鎭	城津	新義州	元山	平壤	江陵	京城	仁川	大邱	全州	釜山	木浦	濟州	台北	鹿兒島	下關	大阪	東京	札幌	大泊	大連	奉天
一月	(一)九．二	(一)二〇．九	(一)五．九	(一)八．九	(一)三．六	(一)七．九	(一)一．三	(一)四．六	(一)三．七	(一)一．六	(一)一．九	二．〇	一．〇	四．六	一五．二	七．〇	五．四	四．二	三．一	(一)六．二	(一)一二．二	(一)五．〇	(一)一二．九
二月	(一)六．六	(一)一五．三	(一)四．二	(一)五．九	(一)二．四	(一)四．九	〇．一	(一)二．〇	(一)二．〇	〇．四	(一)〇．三	三．一	一．六	四．八	一四．八	七．四	五．三	四．三	三．七	(一)五．四	(一)一〇．三	(一)三．五	(一)九．二
三月	(一)一．三	(一)四．四	〇．六	〇．一	二．四	一．四	四．五	三．三	二．九	五．四	四．七	七．一	五．三	七．七	一六．九	一〇．七	八．一	七．四	六．九	(一)一．七	(一)五．五	一．九	(一)一．〇
四月	五．三	六．四	六．六	七．八	九．五	九．四	一一．三	一〇．六	九．五	一二．一	一二．二	一二．三	一一．三	一二．二	二〇．七	一五．五	一二．九	一三．二	一二．六	五．三	一．〇	九．三	八．七
五月	九．九	一三．四	一〇．九	一五．三	一四．八	一五．四	一六．二	一六．二	一四．八	一七．五	一六．八	一六．四	一六．四	一六．四	二四．一	一八．八	一七．〇	一七．六	一六．七	一〇．四	五．五	一五．四	一六．〇
六月	一四．四	一八．七	一五．三	一九．九	一九．一	二〇．五	二〇．三	二二．二	一九．六	二二．〇	二二．四	二〇．〇	二〇．六	二〇．四	二六．六	二二．三	二〇．八	二一．八	二〇．五	一四．九	一〇．一	二〇．二	二一．六
七月	一九．一	二二．六	二〇．〇	二三．六	二二．七	二四．〇	二四．一	二四．七	二三．五	二五．六	二五．六	二三．九	二四．七	二五．五	二八．二	二六．二	二四．九	二六．一	二四．二	一九．一	一四．六	二三．五	二四．八
八月	二二．一	二一．六	二二．〇	二四．〇	二三．三	二四．三	二四．四	二五．五	二四．八	二六．二	二六．〇	二五．六	二六．二	二六．〇	二七．九	二六．八	二六．五	二七．三	二五．六	二〇．九	一七．二	二四．五	二三．六
九月	一六．六	一四．二	一七．八	一九．〇	一八．八	一八．九	一九．六	二〇．一	二〇．二	二〇．六	二〇．四	二一．七	二一．七	二一．六	二六．二	二四．二	二二．九	二三．四	二二．〇	一六．三	一三．六	一九．九	一六．九
十月	一〇．〇	六．四	一一．六	一〇．八	一三．〇	一一．八	一四．二	一三．一	一四．一	一四．二	一三．六	六．三	一六．〇	一六．六	二三．九	一八．九	一七．六	一七．一	一六．〇	九．七	七．六	一三．六	九．一
十一月	〇．九	(一)三．八	三．七	二．四	五．六	三．〇	八．一	五．三	六．〇	七．二	七．一	一〇．二	九．六	一一．九	一九．八	一三．六	一二．六	一一．四	一〇．六	三．三	(一)〇．二	五．一	(一)一．一
十二月	(一)六．二	(一)一五．五	(一)三．一	(一)五．三	(一)一．〇	(一)五．一	一．九	(一)一．九	(一)二．一	〇．八	二．二	四．四	三．六	七．六	一六．八	八．九	七．九	六．六	五．四	(一)三．三	(一)六．九	(一)二．〇	(一)九．九
年	六．二	三．六	八．〇	八．六	一〇．二	九．二	一二．〇	一一．〇	一〇．七	一二．五	一二．二	一三．六	一三．三	一四．六	二一．七	一六．七	一五．二	一五．〇	一三．九	六．九	二．九	一〇．二	七．二

平均最高氣温（攝氏）

地名	雄基	中江鎮	城津	新義州	元山	平壤	江陵	京城	仁川	大邱	全州	釜山	木浦	濟州	台北	鹿兒島	下關	大阪	東京	札幌	大泊	大連	奉天
一月	(一)五三	(一)一二一	(一)〇六	(一)三一	一〇	(一)二六	三五	〇一	〇四	三七	二七	六三	五三	七三	一九〇	一一九	八六	八六	八三	(一)一九	(一)七一	(一)二二	(一)六三
二月	(一)二三	(一)六二	〇七	(一)〇四	二三	〇三	四八	三〇	二三	五八	四六	七四	六二	七八	一八五	一三三	八七	八八	八八	(一)〇八	(一)五八	〇四	(一)二五
三月	二九	二四	五〇	五三	七三	六七	九五	八七	七四	一一三	一〇五	一一五	一〇三	一一五	二一〇	一五七	一一九	一一三	一一九	二六	(一)一六	六一	五一
四月	一〇一	一三六	一一八	一三三	一五〇	一五七	一六七	一六七	一四五	一八七	一七六	一六五	一六五	一六四	二四九	二〇三	一七〇	一八二	一七四	一〇五	四七	一四二	一五六
五月	一四五	二〇七	一五九	二一〇	二〇五	二一七	二一六	二二三	一九六	二三八	二二三	二〇七	二一三	二〇八	二八五	二三六	二一〇	二二六	二一三	一六三	九九	二〇二	二二八
六月	一八三	二五九	一九五	二四七	二三九	二六六	二五三	二六九	二四二	二七八	二七五	二三七	二五一	二四三	三一五	二六三	二四四	二六三	二四六	二〇五	一四四	二四八	二八二
七月	二二四	二八八	二三七	二七三	二六六	二八八	二八三	二九〇	二七三	三〇四	三〇一	二七二	二八五	二九一	三三三	三〇三	二八四	三〇四	二八二	二四三	一八五	二七三	三〇三
八月	二四六	二八三	二五七	二八六	二七三	二九二	二八七	三〇二	二八八	三二二	三〇八	二九二	三〇四	二九四	三二九	三一一	三〇三	三二一	二九九	二六二	二〇九	二八二	二九三
九月	二〇九	二三〇	二二四	二五〇	二三五	二四六	二四五	二五五	二四七	二五九	二六〇	二五五	二六三	二四九	三〇九	二八七	二六七	二八二	二五九	二一八	一七七	二四一	二四〇
十月	一四六	一四七	一六八	一七三	一八四	一八三	二〇〇	一九四	一八九	二〇八	二〇三	二一一	二一三	二〇四	二七三	二四一	二一七	二二三	二〇五	一五七	一一六	一八一	一六二
十一月	五一	二五	八八	七八	一〇四	八三	一三四	一〇七	一〇六	一三二	一二八	一四八	一四五	一五四	二三八	一九〇	一六三	一六六	一五七	七八	三二	九三	四八
十二月	(一)二三	(一)八四	二一	(一)〇二	三六	(一)〇三	六七	二七	三〇	六〇	五七	八六	七九	一〇六	二〇七	一四二	一一一	一一三	一〇八	〇九	(一)三三	一八	(一)三八
年	一〇三	一一〇	一二六	一三九	一五〇	一四八	一六九	一六三	一五一	一八二	一七七	一七七	一七八	一八二	二三〇	二一四	一八八	一九八	一八六	一二〇	六九	一四四	一三六

平均最低氣温（攝氏）

昭和十二年

地名	一月	二月	三月	四月	五月	六月	七月	八月	九月	十月	十一月	十二月	年
雄基	(一)一三.〇	(一)一〇.六	(一)五.三	二.二	六.一	一一.三	一六.六	一八.一	一二.三	五.三	(一)三.一	(一)九.九	二.四
中江鎮	(一)二八.九	(一)二四.二	(一)一二.三	(一)〇.二	六.六	一二.四	一七.七	一六.六	八.四	〇.〇	(一)九.〇	(一)二三.三	(一)二.八
城津	(一)一〇.五	(一)八.九	(一)三.五	二.五	七.三	一二.四	一七.五	一九.一	一三.五	六.八	(一)〇.六	(一)七.五	四.〇
新義州	(一)一三.八	(一)一〇.九	(一)四.六	二.八	一〇.二	一五.八	二〇.六	二〇.三	一四.一	五.七	(一)一.八	(一)九.三	四.一
元山	(一)七.九	(一)六.八	(一)一.七	四.七	一〇.二	一五.一	一九.五	二〇.一	一四.六	八.二	二.二	(一)五.二	六.〇
平壤	(一)一二.九	(一)九.九	(一)三.四	三.五	九.七	一五.三	二〇.二	二〇.三	一三.八	六.二	(一)一.七	(一)九.八	四.三
江陵	(一)五.三	(一)四.一	(一)〇.一	六.一	一一.〇	一五.八	二〇.四	二〇.七	一五.五	九.五	三.五	(一)二.二	七.六
京城	(一)九.四	(一)六.八	(一)一.七	四.八	一〇.六	一六.一	二一.〇	二一.五	一五.一	七.三	〇.一	(一)六.四	六.〇
仁川	(一)七.二	(一)五.五	(一)〇.七	五.七	一一.一	一六.二	二〇.六	二一.六	一六.三	九.九	二.一	(一)四.七	七.一
大邱	(一)六.一	(一)四.三	〇.〇	六.〇	一一.四	一六.七	二一.六	二二.一	一六.二	八.五	一.九	(一)三.七	七.五
全州	(一)六.一	(一)四.六	(一)〇.五	五.三	一一.一	一六.二	二三.〇	二二.一	一五.六	七.九	三.三	(一)三.〇	七.四
釜山	(一)一.七	(一)〇.八	三.〇	八.二	一二.五	一六.八	二一.三	二二.七	一八.四	一二.一	五.九	〇.五	九.九
木浦	(一)二.二	(一)一.七	一.五	七.二	一二.五	一七.三	二一.九	二三.一	一八.四	一二.一	五.九	〇.三	九.七
濟州	一.九	一.八	四.〇	八.一	一二.二	一七.〇	二二.六	二二.九	一八.二	一二.八	八.四	四.五	一二.二
台北	一二.三	一一.九	一三.九	一七.三	二〇.六	二二.九	二四.三	二四.二	二二.六	一九.八	一六.八	一三.九	一八.四
鹿兒島	二.五	二.九	五.九	一〇.八	一四.三	一八.九	二二.七	二三.三	二〇.六	一四.六	八.九	四.一	一三.五
下關	二.六	二.四	四.八	九.五	一三.六	一七.九	二二.一	二三.六	二〇.一	一四.四	九.五	五.一	一二.一
大阪	〇.三	〇.三	二.八	八.三	一三.八	一八.〇	二二.六	二三.四	一九.五	一二.七	六.九	二.四	一〇.八
東京	(一)一.四	(一)〇.六	二.二	七.九	一二.三	一七.〇	二一.〇	二二.三	一八.七	一二.三	六.三	〇.八	九.九
札幌	(一)一二.五	(一)一〇.九	(一)六.六	〇.一	四.七	九.九	一四.七	一六.二	一一.〇	三.九	(一)一.四	(一)七.九	一.八
大泊	(一)一五.六	(一)一五.〇	(一)九.九	(一)二.六	一.四	六.三	一一.三	一三.六	九.五	三.三	(一)四.一	(一)一〇.八	(一)二.一
大連	(一)八.八	(一)七.一	(一)一.七	五.一	一二.一	一六.四	二〇.六	二二.四	一六.二	九.七	一.三	(一)五.八	六.六
奉天	(一)一八.九	(一)一五.四	(一)六.五	二.〇	九.四	一五.六	二〇.一	一八.九	一一.二	三.四	(一)六.三	(一)一五.四	一.五

三九

降水量（粍）

地名	一月	二月	三月	四月	五月	六月	七月	八月	九月	十月	十一月	十二月	年
雄基	四.八	八.二	二二.二	二九.二	七四.〇	一〇三.八	一二五.九	一九五.三	一一六.七	七〇.五	二四.三	九.九	七六八.六
中江鎮	一一.九	九.七	二二.二	三七.〇	八四.四	一一一.六	一九〇.〇	一六七.六	八〇.二	四四.四	三二.二	一六.九	八〇六.二
城津	二一.九	一四.八	二〇.七	三〇.三	六三.一	七一.六	一一四.七	一五五.五	一一三.二	四六.九	四七.三	一八.一	七三五.八
新義州	六.四	八.六	一六.七	三六.三	二三.一	一五三.三	二五四.〇	二六五.三	九〇.八	五二.二	二二.六	一四.一	一〇三二.二
元山	三三.八	三六.八	四七.三	七三.三	八八.九	一三七.三	二八四.四	三三三.一	一七八.二	七九.二	七〇.六	二八.五	一三六〇.三
平壤	一四.八	一二.七	二四.三	四四.一	七〇.三	七七.五	二四九.二	二一七.四	一一五.四	四七.五	四〇.〇	一八.九	九三三.〇
江陵	五八.五	六六.三	六〇.五	八〇.五	七七.八	一〇一.五	二四二.八	三〇〇.九	一六四.三	七五.〇	六七.〇	六三.六	一二七七.七
京城	二五.九	二三.三	三八.四	七五.〇	九〇.三	一二八.八	三八七.二	二六二.一	一一六.八	四一.〇	四五.八	二七.六	一二六〇.一
仁川	二〇.五	一八.四	二九.五	六四.八	八三.六	一〇〇.六	三八五.五	二一八.九	一〇九.三	四二.三	四一.八	二六.六	一〇三九.七
大邱	二三.四	二四.三	三三.六	七八.二	七四.九	一三三.〇	二二六.三	一六六.五	一三六.九	三六.九	三一.三	二三.四	九八七.六
全州	二九.〇	三一.六	四一.二	八三.六	八〇.八	一三〇.五	三三六.七	二五一.〇	一一三.一	五二.二	四八.九	四四.七	一二三二.三
釜山	四六.二	三七.二	六三.六	一四四.六	一三七.四	二〇六.四	二九八.八	一八四.四	一七九.二	七〇.六	四五.六	三三.〇	一四三四.〇
木浦	三五.六	三六.九	三九.九	九四.五	九一.八	一三九.〇	二一三.五	一六五.六	一一六.七	五二.二	四四.五	三八.七	一〇六七.九
濟州	五七.三	七〇.九	六六.〇	八〇.五	七三.八	一四七.二	一九三.三	二四五.四	二五九.六	五四.五	六五.八	七八.六	一二九八.九
台北	八八.〇	一三三.七	一八一.七	一六八.五	二三三.五	二八八.九	二三五.一	二九九.八	二三八.五	一三〇.〇	六六.一	七三.〇	二二四八
鹿兒島	七九.五	九九.二	一五四.五	二一九.〇	三一一.〇	四〇三.一	二八八.七	一八八.五	二三三.一	一一八.八	九四.〇	八五.七	二二六五.〇
下關	六七.五	七八.七	一一三.三	一四八.二	一四二.二	二七五.四	二五四.五	一一三.〇	一八三.二	一〇四.四	七三.七	七八.九	一六三〇.〇
大阪	四五.四	五八.〇	九六.六	一三五.九	一三四.三	一九七.六	一五二.八	一〇六.三	一八一.九	一二八.八	七七.三	四八.七	一三五三.六
東京	五一.九	七〇.三	一〇九.九	一三三.六	一五三.五	一五九.三	一三三.七	一五一.九	三三八.九	一九八.九	一〇二.四	五七.三	一三五七.六
札幌	八五.一	六六.五	六三.一	五七.六	六四.四	六二.八	八八.四	一一二.三	一三〇.二	一三九	一〇一.八	九六.三	一〇五一.二
大泊	二六.九	一六.九	二八.九	四三.三	七〇.七	六九.二	九三.六	九〇.三	一〇八.二	八〇.〇	七〇.三	三八.二	七三五.三
大連	一一.〇	八.〇	一七.〇	二三.三	四四.七	五一.二	一七二.三	一二六.一	九四.三	二八.三	二四.三	一二.四	六一〇.七
奉天	四.九	六.〇	一八.五	二六.七	六〇.五	九四.五	一六〇.九	一四九.二	七五.〇	四二.六	二二.六	八.六	六六九.九

昭和十二年

平均風速度（每秒米）

地名	雄基	中江鎮	城津	新義州	元山	平壤	江陵	京城	仁川	大邱	全州	釜山	木浦	濟州	台北	鹿兒島	下關	大阪	東京	札幌	大泊	大連	奉天
一月	六四	〇七	三二	三二	三〇	二一	四五	二四	四三	二六	一七	四七	五三	六八	三四	三一	四二	三一	二七	三〇	四六	四八	二五
二月	五八	一〇	三二	三四	二八	二四	三七	二七	四四	二六	一八	四二	五四	六四	三三	三三	三九	三〇	三〇	三〇	四二	四八	二七
三月	五三	一六	三四	三三	二九	三〇	三五	三六	五〇	二八	二一	五五	五五	六〇	三五	三三	三九	三〇	三二	三六	四七	五三	三四
四月	四二	三二	三三	三四	二八	三一	三三	三四	四三	二六	一九	四四	四五	四六	三二	三二	三八	二八	三一	四二	四六	五五	四〇
五月	三七	二一	二七	三〇	二六	二八	二七	三二	二九	二四	一七	四一	三八	四〇	二九	二九	三七	二七	三〇	四二	四三	五二	三八
六月	三二	一七	二一	二四	二三	二二	三〇	三一	三三	二二	一六	四六	三三	四〇	二二	二七	二四	二六	二七	三五	三七	四五	三〇
七月	二八	一四	二一	二三	二二	二五	一九	三一	三六	二二	一五	四六	三八	四二	二五	二七	三三	二六	二六	三一	三四	四二	二五
八月	二九	一一	二三	二三	二三	二〇	一八	二八	三四	二〇	一三	四四	三四	四二	二八	三〇	三四	二七	二七	二九	三五	三六	二〇
九月	三四	一二	二九	二六	二四	一九	二三	二六	三四	一八	一二	四九	三七	四四	三一	二九	二九	二五	二六	二六	四一	四一	二三
十月	四四	一四	三〇	二八	二七	一八	二八	二四	三五	一七	一二	四二	三八	四九	三七	二九	二七	二三	二五	二六	五〇	四七	二七
十一月	五三	一四	三三	三四	二八	二二	三五	二六	四四	一九	一五	四一	四六	五四	三九	三〇	三四	二五	二四	三〇	五六	五二	二九
十二月	六〇	〇九	三三	三四	三〇	二一	四二	二四	四四	二三	一五	四四	四九	六九	三六	二九	四二	三〇	二五	三〇	五二	五〇	二六
年	四四	一四	二九	三〇	二六	二三	三〇	二九	四〇	二三	一六	四五	四三	五一	三二	三〇	三六	二七	二八	三二	四四	四七	二九

四一

平均濕度(百分率)

地名	雄基	中江鎭	城津	新義州	元山	平壤	江陵	京城	仁川	大邱	全州	釜山	木浦	濟州	台北	鹿兒島	下關	大阪	東京	札幌	大泊	大連	奉天
一月	四九	八一	六五	六七	五四	七三	五四	六七	六七	六一	七四	五一	七一	七〇	八四	七三	六九	七三	六三	八〇	八〇	六四	六七
二月	五二	七七	六五	六二	五七	七〇	六〇	六四	六五	六〇	七三	五二	七〇	七〇	八四	七二	七〇	七一	六二	七九	八一	六三	六二
三月	五三	六八	六四	六二	五八	六六	六一	六二	六五	五九	七〇	五七	六九	六七	八四	七三	七一	七一	六六	七六	七九	五九	五六
四月	六二	六一	七一	六五	六二	六三	六三	六四	七〇	六二	七〇	六七	七四	七四	八三	七六	七五	七二	七三	七二	八〇	五七	五二
五月	七四	六五	七九	六九	六八	六六	六八	六八	七四	六四	七三	七一	七六	七六	八二	七七	七七	七三	七六	七四	八二	六一	五七
六月	八四	七三	八六	七八	七六	七一	七四	七一	七九	六七	七三	七八	八二	七九	八一	八三	八三	七七	八一	八一	八六	七一	六四
七月	八八	七九	八八	八五	八三	八〇	八〇	八〇	八五	七四	七九	八三	八六	八一	七八	八二	八四	七七	八三	八四	八九	八三	七五
八月	八四	八一	八五	八〇	八二	七九	八一	七七	八一	七五	八〇	七九	八二	八一	七八	八〇	八〇	七五	八一	八四	八八	八〇	七七
九月	七二	八〇	七七	七五	七五	七四	七七	七三	七四	七四	七八	七三	七七	七九	八〇	七九	七九	七七	八二	八三	八五	七〇	七二
十月	六二	七三	七〇	七一	六六	七三	六七	七一	六九	六八	七五	六四	七三	七〇	八一	七五	七四	七六	七九	八〇	七九	六四	六九
十一月	五四	七四	六五	六七	五八	七二	六〇	七〇	六七	六七	七六	五九	七二	六九	八一	七五	七二	七五	七四	七七	七六	六一	六四
十二月	四九	八〇	六一	六七	五二	七三	五五	六八	六六	六三	七七	五三	七一	七一	八三	七五	六九	七二	六七	七八	七九	六一	六六
年	六五	七四	七三	七一	六六	七二	六七	七〇	七二	六六	七五	六六	七五	七四	八二	七七	七五	七四	七四	七九	八二	六六	六五

氣温風速降水量의極數

地名	最高氣温(攝氏)	年月日	最低氣温(攝氏)	年月日	最大風速度(每秒米)	年月日	最大降水日量(粍)	年月日	最大降水年量(粍)	年
雄基	三六.四	大正八年七月二五日	(一)二六.〇	昭和六年一月一〇日	四三.〇	大正五年九月七日	二〇八.五	大正四年八月九日	一三三九.一	昭和三年
中江鎭	三八.〇	大正三年八月六日	(一)四三.六	昭和八年一月一二日	一五.八	大正三年一〇月八日	九九.八	昭和四年七月二五日	一〇九五.八	昭和二年
城津	三七.五	大正八年七月二五日	(一)二四.六	大正八年一月一〇日	二五.三	大正三年四月四日	一八七.二	大正三年九月一二日	一〇〇八.〇	昭和三年
新義州	三五.八	昭和七年八月四日	(一)二四.六	昭和六年一月二日	二〇.二	昭和六年三月二日	一八三.三	昭和六年八月一六日	一三五九.八	昭和九年
元山	三九.六	昭和六年七月八日	(一)二一.九	大正四年一月三日	二六.〇	昭和五年一〇月二九日	二四三.〇	明治四三年九月二〇日	二〇二九.二	大正一一年
平壤	三六.四	大正八年八月八日	(一)二八.五	大正六年一月三日	一八.二	明治四四年四月九日	二一〇.九	大正九年八月一日	一四九五.三	昭和九年
江陵	三七.四	昭和四年八月一日	(一)二〇.二	大正四年一月三日	二四.七	昭和九年一月二日	三〇五.五	大正一〇年八月四日	一九〇六.八	大正一四年
京城	三七.五	大正八年八月一日	(一)二三.一	昭和六年一月四日	一六.七	昭和八年一一月四日	三五四.七	大正九年八月二日	一九三四.一	大正一四年
仁川	三六.九	昭和五年八月三日	(一)二一.〇	昭和六年一月一日	三三.八	大正八年八月一三日	三四七.五	大正三年八月二六日	一六七〇.九	大正一四年
大邱	三九.三	昭和七年八月一日	(一)二〇.二	大正三年一月六日	一七.四	大正二年一〇月三日	一四三.三	大正五年八月一八日	一五六四.六	昭和八年
全州	三七.三	大正三年八月四日	(一)一七.一	昭和八年一月四日	一七.四	大正三年一〇月三日	一九八.七	大正九年七月一〇日	一七六八.八	昭和五年
釜山	三五.三	昭和四年八月一日	(一)一四.〇	大正四年一月四日	三三.七	明治四二年八月一〇日	二五〇.九	明治四三年七月七日	二〇四七.三	明治三八年
木浦	三七.〇	大正三年八月八日	(一)一四.二	大正四年一月三日	三四.六	明治四四年九月三日	二〇〇.一	明治四〇年七月一五日	一七四三.八	大正五年
濟州	三五.九	昭和一〇年七月九日	(一)五.七	昭和六年一月一〇日	三六.一	昭和八年八月三日	三〇二.二	昭和二年九月一二日	二〇四二.二	昭和二年
台北	三八.六	大正一〇年七月三日	(一)〇.二	明治三四年二月一三日	三一.三	明治三八年八月五日	三五八.九	昭和五年七月二八日	二七八九.二	明治三一年
鹿兒島	三六.二	明治三六年七月八日	(一)六.七	大正三年一月六日	四九.六	明治三五年八月五日	三〇五.七	大正六年八月一八日	三五五〇.六	明治三八年
下關	三五.九	明治三七年八月三日	(一)六.五	明治三三年二月一日	三〇.七	明治三六年九月四日	三三六.七	明治三七年七月一五日	二五八五.四	大正一二年
大阪	三七.六	明治四〇年八月四日	(一)七.一	明治四〇年一月六日	四二.〇	昭和九年九月二一日	一八三.二	昭和十年八月二九日	一八七九.〇	明治三六年
東京	三六.六	明治一九年七月四日	(一)八.六	昭和二年一月四日	二七.七	大正六年一〇月一日	一九三.七	大正九年九月一〇日	二二九三.七	大正九年
札幌	三五.五	大正三年七月三日	(一)二八.五	昭和四年二月一日	一八.八	明治四四年一月九日	一二二.五	明治四四年七月一〇日	一四〇二.〇	明治一二年
大泊	三〇.四	昭和三年八月二九日	(一)三二.七	明治四四年一月三日	三七.一	大正四年一月二三日	八三.七	大正四年八月二三日	九九七.五	大正四年
大連	三五.七	大正八年八月六日	(一)一九.九	昭和六年一月一〇日	二七.九	大正八年一〇月一八日	一八九.六	大正九年七月二八日	一一二四.九	大正三年
奉天	三九.三	大正九年七月一〇日	(一)三二.九	明治四三年一月三日	二二.三	昭和五年四月一七日	一四八.七	明治四四年八月二三日	一〇六四.九	大正一二年

水稻便覽

項目 ＼ 地方	北部	中部	南部
選種及浸種	四月下旬前半	四月中旬後半	四月下旬後半
苗代ノ整地及施肥	四月下旬後半	四月下旬前半	五月上旬前半
播種	五月上旬前半	四月下旬後半	五月上旬後半
苗代害蟲驅除	五月下旬	六月上旬	六月上旬
綠肥作物收穫	—	六月上旬前半	五月中旬乃至六月上旬前半
裏作大麥收穫	—	六月中旬乃至下旬前半	六月下旬前半
本田整地及施肥（一毛作 二毛作）	五月下旬後半	一毛作 六月上旬前半 二毛作 六月下旬前半	一毛作 六月上旬後半 二毛作 六月下旬前半
移秧（一毛作 二毛作）	六月上旬前半	一毛作 六月上旬前半 二毛作 六月下旬前半	一毛作 六月中旬前半 二毛作 六月下旬前半
中耕除草	六月中旬乃至八月上旬	六月下旬乃至八月上旬	六月下旬乃至八月中旬
追肥（[illegible]肥料）	六月下旬後半	七月上旬前半	七月上旬後半
害蟲驅除	七月下旬乃至八月下旬	七月上旬乃至九月上旬	七月上旬乃至九月中旬
稗拔	八月下旬	九月上旬	九月中旬
落水	九月上旬	九月中旬	九月下旬
綠肥作物播種	—	九月上旬乃至中旬前半	九月上旬
收穫	九月下旬乃至十月上旬	十月中旬	十月下旬
乾燥	十月上旬	十月下旬	十一月上旬
裏作大麥播種	—	十月上旬乃至中旬前半	十月下旬
調製	十月中旬	十一月上旬	十一月中旬
畓秋耕	十月下旬	十一月中旬	十一月下旬
收穫物ノ整理	十一月中旬	十一月下旬	十二月上旬
農具整理	十二月乃至三月	十二月乃至三月	十二月乃至三月
繩叺製造	十二月乃至三月	十二月乃至三月	十二月乃至三月

水産動植物의 採捕禁止一覽

([illegible])

種類／區域	[illegible]	[illegible]	[illegible]	[illegible]	[illegible]	[illegible]	[illegible]	[illegible]	[illegible]	[illegible]	[illegible]	[illegible]	[illegible]	[illegible]	[illegible]	[illegible]	[illegible]	[illegible]	[illegible]	[illegible]	[illegible]	[illegible]	[illegible]	[illegible]	[illegible]	[illegible]	[illegible]	[illegible]
咸北			[illegible]			[illegible]		[illegible]	[illegible]			[illegible]	[illegible]	[illegible]	[illegible]	[illegible]	[illegible]									[illegible]	[illegible]	[illegible]
咸南			同上			同上		同上	同上			[illegible]	同上	同上	[illegible]		同上				[illegible]						同上	同上
江原			同上			同上		同上	同上			[illegible]	[illegible]	同上	同上		同上	[illegible]	[illegible]	[illegible]	[illegible]						同上	同上
慶北			同上			同上		同上	同上			同上	同上	同上	同上	[illegible]	[illegible]	同上	同上	同上	同上						同上	同上
慶南			同上			[illegible]	[illegible]	同上	同上	[illegible]		[illegible]					[illegible]	同上	[illegible]	同上	[illegible]						同上	同上
全南			同上			同上	同上	同上	同上	同上		[illegible]					[illegible]	同上	[illegible]	同上	[illegible]						同上	同上
全北			同上			[illegible]		同上	同上			[illegible]					同上	[illegible]		同上							同上	同上
忠南			同上			同上		同上	同上			同上				[illegible]	[illegible]	同上		同上							同上	同上
忠北			同上													同上											同上	同上
京畿			同上					[illegible]	[illegible]							同上											同上	同上
黃海			同上			[illegible]		同上	同上			[illegible]					[illegible]	[illegible]		[illegible]							同上	同上
平南			同上					同上	同上		[illegible]																同上	同上
平北			同上					同上	同上																		同上	同上
[illegible]	[illegible]糎以下	[illegible]糎以下		[illegible]糎以下	[illegible]	[illegible]		[illegible]糎以下	[illegible]糎以下	[illegible]糎以下			[illegible]糎以下	[illegible]糎以下	[illegible]糎以下	[illegible]糎以下						[illegible]糎以下	[illegible]糎以下	[illegible]糎以下	[illegible]	七糎以下	[illegible]糎以下	[illegible]糎以下
[illegible]				[illegible]									[illegible]	[illegible]	[illegible]													

漁業便

朝鮮產重要水產物名	主要漁場	漁期 北部	漁期 中部	漁期 南部	主要漁具
まいわし 정어리	咸鏡北南道、江原道、慶尚北南道、全羅南道沿海	自五月至十一月	自五月至十二月	自四月至十二月	地曳網、焚寄網、揚繰網、大敷網、防臺網、權現網、船曳網、巾着網、角網、流網
さば 고등어	咸鏡北南道、江原道、慶尚北南道、全羅南北道沿海	自五月至十一月	周年	自三月至十二月	流網、巾着網、角網、延繩
かたくちいわし 멸치	江原道、慶尚北南道、全羅南道沿海	自五月至十月	自四月至十一月	自四月至十二月	地曳網、焚寄網、揚繰網、權現網、船曳網、巾着網
めんたい 명태	咸鏡北南道、江原道沿海	自九月至翌年五月	自九月至翌年三月	—	延繩、擧網、刺網、機船底曳網、忽致網
ぐち 조기	平安北南道、黃海道、京畿道、忠淸南道、全羅南道沿海	自四月至十月	自四月至十一月	自三月至十二月	鮟鱇網、柱木網、魚箭、機船底曳網
にしん 청어	咸鏡北南道、江原道、慶尚北道沿海	自十月至翌年五月	自十二月至翌年四月	自十一月至翌年四月	壺網、角網、刺網、擧網、揚繰網、落網、巾着網
たちうを 갈치	平安北南道、黃海道、京畿道、忠淸南道、全羅北南道、慶尚南北道沿海	自六月至十一月	自五月至十一月	自四月至十二月	鮟鱇網、柱木網、魚箭、延繩、壺網、大敷網、一本釣、臺網、角網、小臺網、船曳網、地曳網
えび 새우	平安北南道、黃海道、京畿道、忠淸南道、全羅北南道、慶尚南北道、江原道沿海	自三月至十月	自十二月至翌年十月	周年	臨船網、柱木網、魚箭、[illegible]網、打瀬網、手繰網、又手網、[illegible]
あじ 전광어	忠淸南道、全羅北南道、慶尚南北道沿海	—	自五月至九月	自三月至十一月	流網、一本釣、巾着網、大敷網
たら 대구	咸鏡北南道、江原道、慶尚北南道、黃海道沿海	自二月至十二月	自九月至翌年六月	自十二月至翌年四月	延繩、壺網、角網、機船底曳網、小臺網、防簾
たい 도미	忠淸南道、全羅北南道、慶尚南北道沿海	—	自四月至十一月	自三月至十二月	延繩、一本釣
かれい 가자미	全沿海	周年	周年	周年	打瀬網、忽致網、機船底曳網
さわら 삼치	咸鏡北南道、江原道、慶尚北南道、全羅南道沿海	自五月至十一月	自五月至十二月	周年	流網、大敷網、角網、曳釣、小臺網、地曳網、魚箭

覽

にべ 민어	平安北南道、黄海道、京畿道、忠清南道、全羅北南道、慶尚南北道沿海	自五月至十月	自五月至十一月	自三月至十二月	鮟鱇網、延繩、桂木網、流網
ひらめ 넙치	全沿海	自三月至十月	自四月至十二月	周年	鮟鱇網、延繩、手繰網、一本釣、打瀬網、地曳網、魚箭、急設網
あなご 붕장어	平安南道、京畿道、忠清南道、全羅北南道、慶尚南北道沿海	自四月至九月	自六月至十一月	周年	延繩、打瀬網、手繰網、一本釣、籠
はも 참장어	黄海道、京畿道、忠清南道、全羅北南道、慶尚南北道沿海	―	自五月至十月	自五月至十一月	延繩、打瀬網、機船底曳網
ふか 상어	全沿海	自三月至十一月	自三月至十一月	周年	延繩、打瀬網、角網、臺網、大敷網、手繰網、鮟鱇網、機船底曳網

林業便覽

項目	北部	中部	南部
苗圃ノ基肥、播種、插替	三月下旬乃至四月中旬	三月中旬乃至四月上旬	三月
植樹、生籬造成	四月中旬乃至五月上旬	三月下旬乃至四月上旬	三月中旬乃至四月上旬
記念植樹	四月十日前後	四月三日	四月三日
山菜採取	五月六月	四、五月	三、四月
病蟲害驅除	六月七月	六、七月	六、七月
苗圃日覆及追肥	六月乃至八月	七月乃至八月	七月乃至八月
漆液採取	六月乃至十月	六月乃至十月	六月乃至十月
椎茸、松茸等菌類ノ採取	七月乃至十月	九月乃至十月	九月乃至十月
野生藥草採取	五月八月	四月、九月	三月、十月
五倍子ノ採取	九月上中旬	九月上中旬	九月上、中旬
栗、胡桃其他ノ種實採取	九月乃至十月	九月乃至十月	十月乃至十一月
溫突改造	九、十月	九、十月	九、十月
伐竹	―	十月	十月
種子ノ貯藏	十月	十一月	十一月
苗ノ霜除	十一月	十一月	十二月
製炭	十一月乃至三月	十一月乃至二月	十一月乃至二月
炭俵作リ藁細工	十一月乃至二月	十一月乃至二月	十一月乃至二月
山火用心	一年中特ニ四、五、六、九月	一年中特ニ三、四、五、九、十月	一年中特ニ三、四、五、九、十月

昭和十二年

四七

度量衡表

系	度						積面		
米法	ミリメートル 미리메-틀 (粍) 米의千分之一	センチメートル 센치메-틀 (糎) 米의百分之一	デシメートル 떼시메-틀 (粉) 米의十分之一	メートル 메-틀 (米)	キロメートル 길로메-틀 (粁) 千米	海里 千八百五十二米	平方米	土地 アール 알 百平方米	土地 ヘクタール 헥달 百アール
尺貫法	三、三〇〇 厘	三、三〇〇 分	三、三〇〇 寸	三、三〇〇 尺	九、一六七 町	一六、九七七 町	一〇、八九〇 平方尺	三〇、二五〇 步	一、〇〇八 町
ヤードポンド法	〇、〇三九 インチ 인치	〇、三九四 インチ 인치	〇、三二八 フート 풋-트	一、〇九四 ヤード 야-드	〇、六二一 マイル 마일	一、一五一 マイル 마일	一、一九六 平方ヤード 平方야-드	一一九、六〇二 平方ヤード 平方야-드	二、四七一 エーカー 에-카-

系	量				衡				
	立方米	[illegible]							
米法	立方米	ミリリットル 밀리릿틀 (竓) 立의千分之一	リットル 리틀 (立)	キロリットル 길로릿틀 (竏) 千立	ミリグラム 미리그람 (瓱) 瓦의千分之一	グラム 그람 (瓦) 瓩의千分之一	キログラム 길로그람 (瓩)	トン 톤 (瓲) 千瓩	寶石 カラット 가라트 百瓱
尺貫法	三五、九三七 立方尺	〇、〇五五 勺	五、五四四 合	五、五四四 石	〇、二六七 毛	二、六六七 分	〇、二六七 貫	二六六、六六七 貫	五、三三三 厘
ヤードポンド法	一、三〇八 立方ヤード 立方야-드	〇、〇〇一七六 パイント 바인드	〇、二六四 ガロン(米國) 깔론	二六四、一七二 ガロン(米國) 깔론	〇、〇一五 グレン 그렌	一五、四三二 グレン 그렌	二、二〇五 ポンド 본드	〇、九八四 英噸	三、〇八六 グレン 그렌

尺	間	町	里	步(坪)	段	升	貫	斤
〇、三〇三 米	一、八一八 米	一〇九、〇九一 米	三、九二七 粁	〇、〇三三 アール 알	九、九一七 アール 알	一、八〇四 立	三、七五〇 瓩	〇、六〇〇 瓩

米	鯨尺	インチ 인치	フート 풋트	ヤード 야-드	マイル 마일	オンス 온스	衡オンス 衡온스	ポンド 본드	英噸
二、六四〇 鯨尺	〇、三七九 米	二、五四〇 糎	三、〇四八 粉	〇、九一四 米	一、六〇九 粁	二八、三五〇 瓦	三一、一〇三 瓦	〇、四五四 瓩	一、〇一六 瓲

四八

國稅及道稅納期一覽

國稅

定期收入에屬한者

稅目	一月	二月	三月	四月	五月	六月	七月	八月	九月	十月	十一月	十二月
地稅		翌年의 第二期										第一期
第三種所得稅		翌年의 第三期						第一期			第二期	
營業稅					第一期						第二期	
鑛稅 鑛產稅			翌年에 前年分									
鑛稅 鑛區稅												翌年分
酒稅 酒稅及朝鮮酒[illegible]藥酒燒酒稅		翌年의 第三期	翌年의 第四期				第一期				第二期	
酒稅 朝鮮酒以外의酒稅		翌年의 第一期					第二期			第三期		

隨時收入에屬한者

稅目	納期
第一種所得稅	每事業年度[illegible]決算又는合併時
第二種所得稅	翌月十日까지
臨時利得稅	每年[illegible]
資本利子稅	朝鮮에서公債又는社債의利子의支拂을受할時
相續稅	納稅告知書指定日까지
取引所稅	每月分을翌月末日까지
取引稅	同
清凉飲料稅	翌月末日까지
砂糖消費稅	製造場又는保稅地域으로부터引取할時
印紙稅	[illegible]
骨牌稅	骨牌를製造場으로부터[illegible]時
登錄稅	登記又는登錄을受할時
朝鮮銀行券發行稅	銀行券發行高에對하야其月分을翌月十五日까지

道稅

定期收入에屬한者

稅目	一月	二月	三月	四月	五月	六月	七月	八月	九月	十月	十一月	十二月
地稅附加稅		翌年의 第二期										第一期
營業稅附加稅					第一期						第二期	
鑛稅附加稅 鑛區稅附加稅												翌年分
鑛稅附加稅 鑛產稅附加稅			前年分									
特別營業稅 [illegible]					前年分							
特別營業稅 [illegible]					[illegible]				年		分	
戶別稅					第一期					第二期		
家屋稅				第一期						第二期		
車輛稅				第一期						第二期		
林野稅		翌年의 第二期										第一期

備考 [illegible]

隨時收入에屬한者

稅目	納期
不動產取得稅	不動產을取得한時
取引所稅附加稅	每月分을翌月末日까지
屠場稅	每月分을翌月[illegible]
屠畜稅	[illegible]
第一種所得稅附加稅	國稅를納付할時
特別所得稅	所得金額이決定된時

內國通信料金表

內國通常郵便料

第一種	書狀	十五匁마다 三錢
	全部印刷한 [illegible] 盲人用點字[illegible] [illegible]	三十五匁마다 一錢
第二種	郵便葉書	通常葉書 一錢五厘 / 往復葉書 三錢 / 封緘葉書 三錢
第三種	每月一回以上 [illegible] 定期刊行物 [illegible]	七十五匁마다 五厘
	[illegible]	一部二百分 [illegible] 五厘
	同上中盲人用點字의 定期刊行物	五百五十匁마다 五厘
第四種	書籍、印刷物、寫眞、[illegible] 博物學上의 標本	百二十匁마다 二錢
	盲人用點字의 書籍、印刷物及業務用書類	五百五十匁마다 一錢
	第三種郵便物 [illegible]	百十五匁마다 一錢
第五種	農產物種子	三百五十匁마다 五錢
	同上中盲人用點字의 [illegible]	百十五匁마다 一錢

內國小包郵便料

重量	同一郵便區內	朝鮮內	朝鮮外
五百瓦迄	二〇錢	二七	四二
一瓩迄	二〇錢	三四	四九
二瓩迄	二〇錢	四七	六二
三瓩迄	二〇錢	六〇	七五
四瓩迄	二〇錢	七三	八八
五瓩迄	二〇錢	七九	九四
六瓩迄	二〇錢	八五	一、〇〇

[illegible]

內國通信電報料

地域別	和文 本數 (十五字以內)	和文 加數 (五字以內每)	歐文 本數 (七語以內)	歐文 加數 (五語以內每)	譯文 本數 (五語以內)	譯文 加數 (五語以內每)
一市內 (官報·私報)	十五錢	三錢	十五錢	三錢	十五錢	三錢
朝鮮內 (一市內를 除) (官報·私報)	三十錢	五錢	三十錢	五錢	三十錢	五錢
朝鮮과 內地、臺灣、樺太及南洋 (官報·私報)	四十錢 / 三十錢	五錢 / 五錢	—	—	四十五錢 / 三十錢	五錢 / 五錢

地域	譯文	種別	料金
朝鮮과 關東州、南滿洲鐵道附屬地、滿洲國及支那間의 (官報·私報)	譯文	一語에 對하야	六錢
	除文	一語에 對하야	八錢

附記

[illegible]

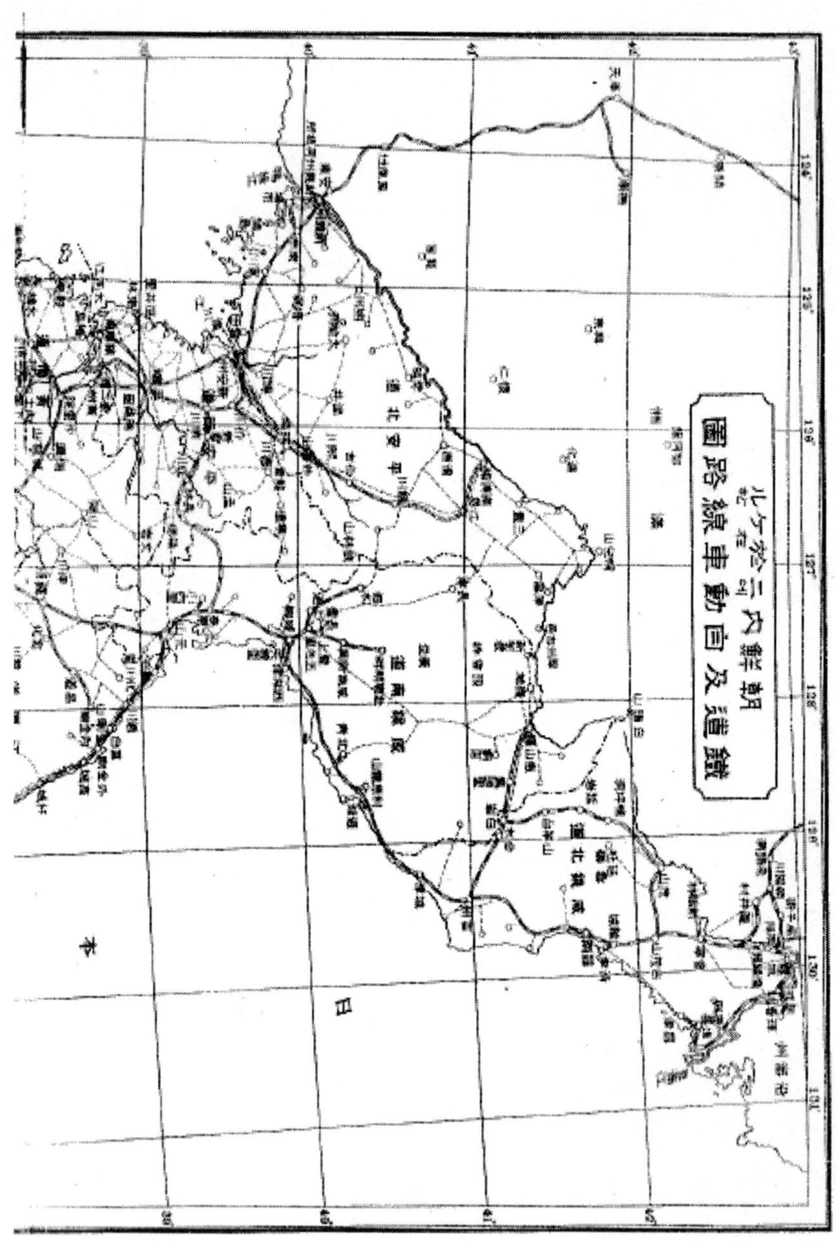
朝鮮內ニ於ケル
鐵道及自動車線路圖

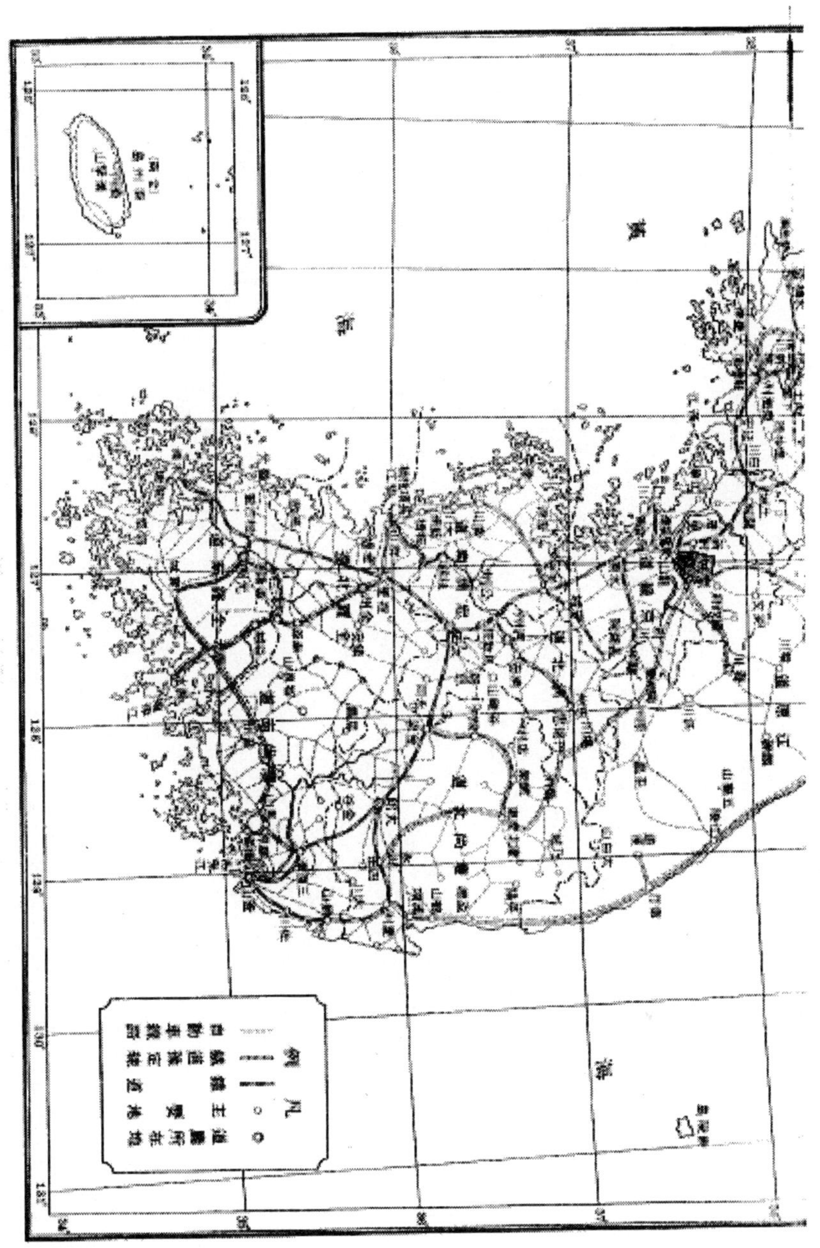

昭和十一年十一月十五日印刷
昭和十一年十一月二十日發行

定價金拾錢

朝鮮總督府發行之證

印刷兼發賣所　京城府大島町三十八番地
朝鮮書籍印刷株式會社

11　昭和十三年略暦（1938）

昭和十三年略曆

朝鮮總督府

朝鮮總督府觀測所編纂

神武天皇卽位紀元二千五百九十八年

昭和十三年(平年戊寅 西曆一九三八年)略曆

 11. 昭和十三年略曆(1938)

君(きみ)が代(よ)は
千(ち)代(よ)に八(や)千(ち)代(よ)に
さゞれ石(いし)の
巖(いはほ)となりて
苔(こけ)のむすまで

祝祭日

祝祭日	月日
四方拜	一月一日
元始祭	一月三日
新年宴會	一月五日
紀元節	二月十一日
春季皇靈祭	三月二十一日
神武天皇祭	四月三日
天長節	四月二十九日
秋季皇靈祭	九月二十四日
神嘗祭	十月十七日
明治節	十一月三日
新嘗祭	十一月二十三日
大正天皇祭	十二月二十五日

凡例

本略暦ニ掲載スル時刻ハ本邦中央標準時ヲ使用ス

日月ノ出入南中等ハ朝鮮總督府觀測所(東經百二十六度三十七分三十九秒北緯三十七度二十八分二十九秒)ニ於ケル値ニシテ滿干潮時ハ仁川港ニ於ケル値ナリ

月齡ハ朔ヨリ當日正午迄ノ日數ナリ

國旗ノ制式

一、白布紅日章

一、縱徑ハ横徑ノ三分ノ二ノ比率タルコト

一、日章ノ直徑ハ縱徑ノ五分ノ三ノ比率タルコト

一、竿頭ノ球ト旗トノ間隔ハ祝意ノ場合ニハ之ヲ絶對ニ存セズ

弔意ノ場合ニハ球ハ黑布ヲ以テ之ヲ蔽ヒ且旗ノ上部ニ黑布ヲ附ス

國旗掲揚ノ方法

一、國旗一旒掲揚ノ場合ハ門内ヨリ見テ右ニ掲揚スルヲ可トス

一、國旗二旒掲揚ノ場合ハ併立・交叉ハ隨意ナルモ併立スル方宜シ

交叉ノ場合ハ門内ヨリ見テ左(旗竿ノ根本ハ右)ノ國旗ヲ内側トスルヲ可トス

一、特ニ外國ニ敬意ヲ表スル爲外國々旗ヲ國旗ト共ニ掲揚スル場合ハ併立・交叉ハ隨意ナルモ交叉ノ方宜シ

交叉ノ場合ハ國旗ヲ門内ヨリ見テ左(旗竿ノ根元ハ右)ニ掲ゲ旗竿ハ内側トシ併立スル場合ハ國旗ヲ門内ヨリ見テ左ニ掲グルヲ可トス

一月大 三十一日

繩叺、蠶具蔟、果實袋等의製造、畜舍雞舍의保溫

日次	行事	曜七	干支	日出	日南中	日入	晝間	月齡	陰曆	月出	月入	滿潮	干潮
一日	四方拜	土	癸巳	七時四八分	後〇時三七分	五時二六分	九時三八分	二九	三〇	前七時七分	後五時六分	前四時四五分 後五二五	前一一時〇分 後一一三五
二日	朔	日	甲午	七四八	〇三七	五二六	九三八	〇	十二月一	前七四九	後六一	前五三〇 後六〇	前一一三五 後―
三日	元始祭	月	乙未	七四八	〇三八	五二七	九三九	一	二	前八二七	後六五七	前六五 後六三五	前〇一〇 後〇一五
四日	政始	火	丙申	七四八	〇三八	五二八	九四〇	二	三	前九二	後七五五	前六四〇 後七五	前〇四〇 後〇四五
五日	新年宴會	水	丁酉	七四九	〇三九	五二九	九四〇	三	四	前九二四	後八五四	前七一〇 後七三五	前一一五 後一一五
六日	小寒	木	戊戌	七四九	〇三九	五三〇	九四一	四	五	前一〇四	後九五三	前七四五 後八五	前一四五 後一四五
七日		金	己亥	七四九	〇四〇	五三一	九四二	五	六	前一〇二三	後一〇五三	前八一五 後八三五	前二一五 後二二〇
八日		土	庚子	七四九	〇四〇	五三二	九四三	六	七	前一一三	後一一五五	前九〇 後九二〇	前二五〇 後三〇
九日	上弦	日	辛丑	七四八	〇四〇	五三二	九四四	七	八	前一一三五	―	前九五〇 後一〇一五	前三三〇 後三四五
十日		月	壬寅	七四八	〇四一	五三三	九四五	八	九	後〇一〇	前〇五九	前一〇五五 後一一一五	前四一五 後四四五
十一日		火	癸卯	七四八	〇四一	五三四	九四六	九	一〇	後〇五〇	前二五	前― 後〇一〇	前五二五 後六一五
十二日		水	甲辰	七四八	〇四二	五三五	九四七	一〇	一一	後一二七	前三一三	前〇二〇 後一二〇	前六五五 後八〇
十三日		木	乙巳	七四八	〇四二	五三六	九四九	一一	一二	後二三三	前四二一	前一三五 後二三〇	前八一五 後九一五
十四日		金	丙午	七四八	〇四二	五三七	九五〇	一二	一三	後三三五	前五二六	前二四五 後三四五	前九三〇 後一〇一五

二

昭和十三年

臘	十五日	土	丁未	七 四七	〇 四三	五 三八	九 五一	一三	一四	後四 四四	前六 二六	前三 五五 後四 四五	前一〇 二五 後一一 〇
望	十六日	日	戊申	七 四七	〇 四三	五 三九	九 五二	一四	一五	後五 五六	前七 一八	前四 五〇 後五 四〇	前一一 一〇 後一一 四五
	十七日	月	己酉	七 四七	〇 四三	五 四〇	九 五四	一五	一六	後七 九	前八 三	前五 四五 後六 三〇	前一一 五五 後 —
土旺用事	十八日	火	庚戌	七 四六	〇 四四	五 四二	九 五五	一六	一七	後八 一九	前八 四三	前六 四〇 後七 一〇	前〇 二五 後〇 三五
	十九日	水	辛亥	七 四六	〇 四四	五 四三	九 五七	一七	一八	後九 二六	前九 一八	前七 二〇 後七 四五	前一 五 後一 一五
	二十日	木	壬子	七 四六	〇 四四	五 四四	九 五八	一八	一九	後一〇 三一	前九 五一	前八 〇 後八 二〇	前一 四五 後一 五五
大寒	二十一日	金	癸丑	七 四五	〇 四五	五 四五	一〇 〇	一九	二〇	後一一 三三	前一〇 三	前八 四〇 後九 〇	前二 二〇 後二 三〇
	二十二日	土	甲寅	七 四五	〇 四五	五 四六	一〇 一	二〇	二一	—	前一〇 五四	前九 二〇 後九 四〇	前二 五五 後三 一〇
下弦	二十三日	日	乙卯	七 四四	〇 四五	五 四七	一〇 三	二一	二二	前〇 三三	前一一 二七	前一〇 一〇 後一〇 二〇	前三 三五 後三 五五
	二十四日	月	丙辰	七 四三	〇 四六	五 四八	一〇 四	二二	二三	前一 三三	後〇 二	前一一 〇 後一一 一〇	前四 二〇 後四 四五
	二十五日	火	丁巳	七 四三	〇 四六	五 四九	一〇 六	二三	二四	前二 二九	後〇 四〇	前 — 後〇 〇	前五 一五 後六 〇
	二十六日	水	戊午	七 四三	〇 四六	五 五〇	一〇 八	二四	二五	前三 二四	後一 三三	前〇 一〇 後一 一〇	前六 四五 後七 四五
	二十七日	木	己未	七 四二	〇 四六	五 五一	一〇 一〇	二五	二六	前四 一五	後二 九	前一 一五 後二 一五	前八 一〇 後九 〇
	二十八日	金	庚申	七 四一	〇 四六	五 五二	一〇 一一	二六	二七	前五 三	後三 〇	前二 二〇 後三 二〇	前九 一五 後九 五五
	二十九日	土	辛酉	七 四〇	〇 四七	五 五三	一〇 一三	二七	二八	前五 四七	後三 五四	前三 三〇 後四 一〇	前一〇 〇 後一〇 四〇
	三十日	日	壬戌	七 三九	〇 四七	五 五五	一〇 一五	二八	二九	前六 二七	後四 五〇	前四 三〇 後五 五	前一〇 四五 後一一 一五
朔	三十一日	月	癸亥	七 三九	〇 四七	五 五六	一〇 一七	二九	正月一	前七 三	後五 四八	前五 一五 後五 四〇	前一一 二〇 後一一 五〇

三

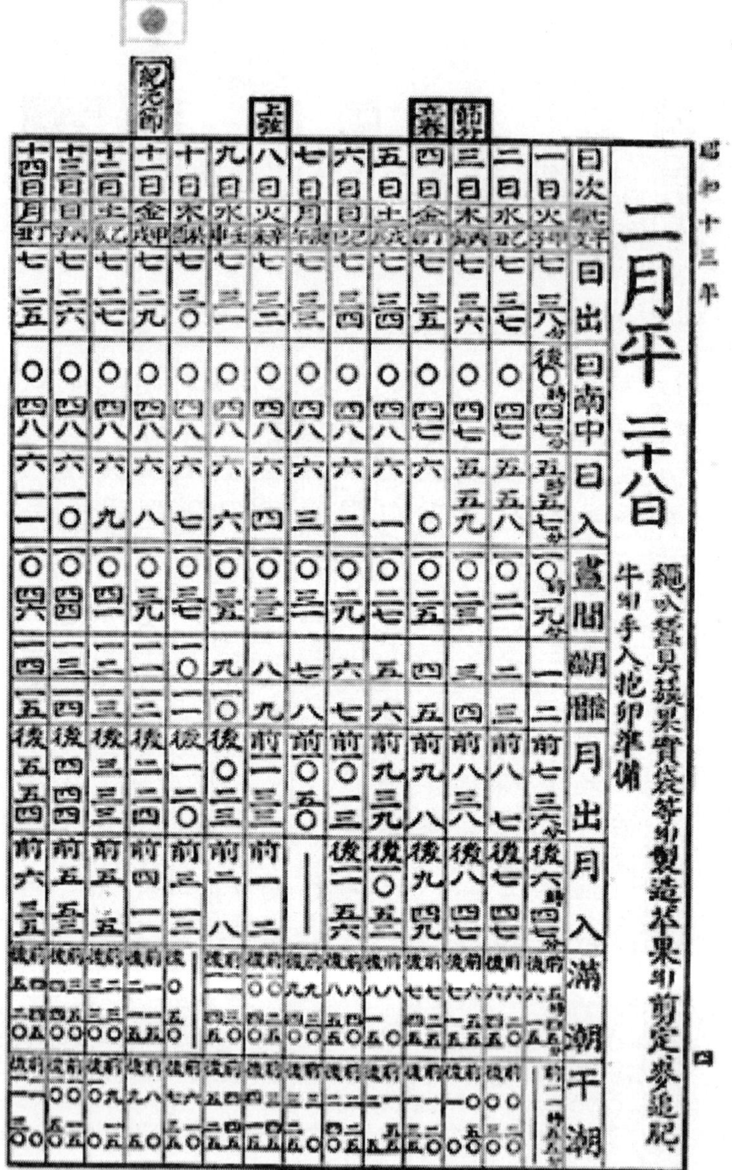

二月平 二十八日

繩叺蓆貝殼果實袋等의製造果의剪定麥追肥
牛의手入抱卵準備

日次		日出	日南中	日入	晝間	朔	陰	月出	月入	滿潮	干潮
一日	火 甲子	七時三八分	後〇時四七分	五時五七分	一〇時一九分	一	二	前七時三六分	後六時四七分	[illegible]	[illegible]
二日	水 乙丑	七 三七	〇 四七	五 五八	一〇 二一	二	三	前八 七	後七 四七	[illegible]	[illegible]
三日 節分	木 丙寅	七 三六	〇 四七	五 五九	一〇 二三	三	四	前八 三六	後八 四七	[illegible]	[illegible]
四日 立春	金 丁卯	七 三五	〇 四七	六 〇	一〇 二五	四	五	前九 八	後九 四九	[illegible]	[illegible]
五日	土 戊辰	七 三四	〇 四八	六 一	一〇 二七	五	六	前九 三九	後一〇 五三	[illegible]	[illegible]
六日	日 己巳	七 三四	〇 四八	六 二	一〇 二九	六	七	前一〇 一三	後一一 五六	[illegible]	[illegible]
七日	月 庚午	七 三三	〇 四八	六 三	一〇 三一	七	八	前一〇 五〇	—	[illegible]	[illegible]
八日 上弦	火 辛未	七 三二	〇 四八	六 四	一〇 三三	八	九	前一一 三三	前一 二	[illegible]	[illegible]
九日	水 壬申	七 三一	〇 四八	六 六	一〇 三五	九	一〇	後〇 二三	前二 八	[illegible]	[illegible]
十日	木 癸酉	七 三〇	〇 四八	六 七	一〇 三七	一〇	一一	後一 二〇	前三 三	[illegible]	[illegible]
十一日 紀元節	金 甲戌	七 二九	〇 四八	六 八	一〇 三九	一一	一二	後二 二四	前四 二	[illegible]	[illegible]
十二日	土 乙亥	七 二七	〇 四八	六 九	一〇 四一	一二	一三	後三 三三	前五 五	[illegible]	[illegible]
十三日	日 丙子	七 二六	〇 四八	六 一〇	一〇 四四	一三	一四	後四 四四	前五 五三	[illegible]	[illegible]
十四日	月 丁丑	七 二五	〇 四八	六 一一	一〇 四六	一四	一五	後五 五四	前六 三五	[illegible]	[illegible]

四

昭和十三年

望				雨水			下弦						
十五日	十六日	十七日	十八日	十九日	二十日	二十一日	二十二日	二十三日	二十四日	二十五日	二十六日	二十七日	二十八日
火	水	木	金	土	日	月	火	水	木	金	土	日	月
戊寅	己卯	庚辰	辛巳	壬午	癸未	甲申	乙酉	丙戌	丁亥	戊子	己丑	庚寅	辛卯
七 二四	七 二三	七 二二	七 二一	七 一九	七 一八	七 一七	七 一六	七 一四	七 一三	七 一二	七 一〇	七 九	七 八
○ 四八	○ 四八	○ 四八	○ 四八	○ 四八	○ 四七	○ 四七	○ 四七	○ 四七	○ 四七	○ 四七	○ 四七	○ 四六	○ 四六
六 一二	六 一三	六 一四	六 一五	六 一六	六 一七	六 一八	六 一九	六 二〇	六 二一	六 二二	六 二三	六 二四	六 二五
一〇 四八	一〇 五〇	一〇 五二	一〇 五五	一〇 五七	一〇 五九	一一 一	一一 四	一一 六	一一 八	一一 二	一一 一三	一一 一五	一一 一八
一五	一六	一七	一八	一九	二〇	二一	二二	二三	二四	二五	二六	二七	二八
一六	一七	一八	一九	二〇	二一	二二	二三	二四	二五	二六	二七	二八	二九
後七 三	後八 一〇	後九 一五	後一〇 一八	後一一 一八	—	前〇 一七	前一 一四	前二 七	前二 五六	前三 四三	前四 二三	前五 一	前五 三六
前七 一三	前七 四七	前八 一九	前八 五三	前九 二五	前一〇 〇	前一〇 二八	前一一 一九	後〇 四	後〇 五三	後一 四五	後二 四〇	後三 三八	後四 三七
前五 四〇 後六 五	前六 二〇 後六 四五	前七 五 後七 二〇	前七 四〇 後七 五五	前八 一五 後八 三〇	前八 五〇 後九 〇	前九 三〇 後九 三〇	前一〇 一五 後一〇 一五	前一一 一〇 後一一 一五	前 — 後〇 一五	前〇 二五 後一 三〇	前一 四五 後二 四五	前三 〇 後三 四五	前四 〇 後四 三五
前一二 四五 後 —	前〇 一〇 後〇 三〇	前〇 四五 後一 〇	前一 一五 後一 三〇	前一 五〇 後二 一〇	前二 二五 後二 四五	前二 五五 後三 一五	前三 三五 後三 五五	前四 一五 後四 四五	前五 一五 後六 三五	前七 一〇 後八 二〇	前八 三五 後九 二〇	前九 三〇 後一〇 一〇	前一〇 一五 後一〇 五〇

五

三月大 三十一日

桃梨의剪定, 桑田果樹園의病蟲害防除, 芬類의播種, 果樹園의施肥
溫床準備, 甘藷床植, 溫床播種, 花卵準備, 孵化育雛, 堆肥의切返

日次	曜	干支	日出	日南中	日入	晝間	月齡	陰曆	月出	月入	満潮 前	満潮 後	干潮 前	干潮 後	
一日	火	壬辰	七時六分	後〇時四六分	六時二六分	一一時二〇分	二九	三〇	前六時八分	後五時三七分	四時四五分	五時一〇分	一一時〇分	一一時二〇分	
二日	水	癸巳	七 五	〇 四六	六 二七	一一 二二	三〇	二月一	前六 二九	後六 三八	五 二五	五 四五	一一 三五	—	朔
三日	木	甲午	七 四	〇 四六	六 二八	一一 二五	一	二	前七 一〇	後七 四〇	六 〇	六 二〇	〇 〇	〇 一五	
四日	金	乙未	七 二	〇 四六	六 二九	一一 二七	二	三	前七 四一	後八 四三	六 三五	六 五〇	〇 三〇	〇 四五	
五日	土	丙申	七 一	〇 四五	六 三〇	一一 三〇	三	四	前八 一五	後九 四八	七 五	七 二〇	一 〇	一 一五	
六日	日	丁酉	六 五九	〇 四五	六 三一	一一 三二	四	五	前八 五三	後一〇 五四	七 四〇	七 五〇	一 三〇	一 五〇	[illegible]節 驚蟄
七日	月	戊戌	六 五八	〇 四五	六 三二	一一 三四	五	六	前九 三三	—	八 二〇	八 三〇	二 五	二 二五	
八日	火	己亥	六 五七	〇 四五	六 三三	一一 三七	六	七	前一〇 二	前〇 〇	九 五	九 一五	二 四〇	三 〇	
九日	水	庚子	六 五五	〇 四四	六 三四	一一 三九	七	八	前一一 一五	前一 四	一〇 五	一〇 一五	三 二〇	三 五〇	上弦
十日	木	辛丑	六 五四	〇 四四	六 三五	一一 四二	八	九	後〇 一五	前二 四	一一 一五	一一 三〇	四 一五	五 一五	陸軍記念日
十一日	金	壬寅	六 五三	〇 四四	六 三六	一一 四四	九	一〇	後一 一〇	前二 五九	—	〇 三五	五 四五	七 一五	
十二日	土	癸卯	六 五一	〇 四四	六 三七	一一 四六	一〇	一一	後二 二八	前三 四七	一 〇	二 〇	七 四五	八 五〇	
十三日	日	甲辰	六 四九	〇 四三	六 三八	一一 四九	一一	一二	後三 三六	前四 三〇	二 三〇	三 一五	九 五	九 四五	
十四日	月	乙巳	六 四八	〇 四三	六 三九	一一 五一	一二	一三	後四 四四	前五 八	三 四〇	四 一五	九 五五	一〇 三〇	

昭和十三年

望	社日	彼岸				春季皇靈祭 春分			下弦							
十五日	十六日	十七日	十八日	十九日	二十日	二十一日	二十二日	二十三日	二十四日	二十五日	二十六日	二十七日	二十八日	二十九日	三十日	三十一日
火	水	木	金	土	日	月	火	水	木	金	土	日	月	火	水	木
丙午	丁未	戊申	己酉	庚戌	辛亥	壬子	癸丑	甲寅	乙卯	丙辰	丁巳	戊午	己未	庚申	辛酉	壬戌
六 四六	六 四五	六 四三	六 四二	六 四〇	六 三九	六 三七	六 三六	六 三四	六 三三	六 三一	六 三〇	六 二八	六 二七	六 二五	六 二四	六 二二
〇 四三	〇 四三	〇 四三	〇 四二	〇 四二	〇 四一	〇 四一	〇 四一	〇 四〇	〇 四〇	〇 四〇	〇 三九	〇 三九	〇 三九	〇 三九	〇 三八	〇 三八
六 四〇	六 四一	六 四二	六 四三	六 四四	六 四四	六 四五	六 四六	六 四七	六 四八	六 四九	六 五〇	六 五一	六 五二	六 五三	六 五四	六 五四
一一 五四	一一 五六	一一 五八	一二 一	一二 三	一二 六	一二 八	一二 一一	一二 一三	一二 一五	一二 一八	一二 二〇	一二 二三	一二 二五	一二 二七	一二 三〇	一二 三三
一三	一四	一五	一六	一七	一八	一九	二〇	二一	二二	二三	二四	二五	二六	二七	二八	二九
一四	一五	一六	一七	一八	一九	二〇	二一	二二	二三	二四	二五	二六	二七	二八	二九	三〇
後 五 五一	後 六 五六	後 八 〇	後 九 二	後 一〇 三	後 一一 一	後 一一 五六	—	前 〇 四八	前 一 三五	前 二 一八	前 二 五七	前 三 三三	前 四 六	前 四 三七	前 五 八	前 五 四〇
前 五 四三	前 六 一六	前 六 四九	前 七 二三	前 七 五六	前 八 三四	前 九 一四	前 九 五八	前 一〇 四五	前 一一 三六	後 〇 三〇	後 一 二六	後 二 二四	後 三 二三	後 四 二三	後 五 二五	後 六 二九
前 四 三五 後 五 五	前 五 二〇 後 五 四五	前 六 〇 後 六 一五	前 六 四〇 後 六 五〇	前 七 一五 後 七 二五	前 七 四五 後 七 五〇	前 八 二〇 後 八 二〇	前 八 四五 後 八 五〇	前 九 三〇 後 九 三〇	前 一〇 二〇 後 一〇 三〇	前 一一 三〇 後 一一 四五	前 — 後 〇 四〇	前 一 五 後 一 五五	前 二 一五 後 三 〇	前 三 一五 後 三 五〇	前 四 一〇 後 四 三五	前 四 五五 後 五 一〇
前 一〇 四五 後 一一 一五	前 一一 二五 後 一一 四五	前 — 後 〇 〇	前 〇 二〇 後 〇 四〇	前 〇 五〇 後 一 一五	前 一 二〇 後 一 四五	前 一 五五 後 二 一五	前 二 二〇 後 二 四五	前 二 五〇 後 三 二〇	前 三 三〇 後 四 五	前 四 二五 後 五 二〇	前 五 四五 後 七 一五	前 七 四五 後 八 四五	前 九 〇 後 九 三五	前 九 五〇 後 一〇 一五	前 一〇 三〇 後 一〇 五五	前 一一 一五 後 一一 二五

七

四月小 三十日

馬鈴薯大麻瓜類의播種苗木類의植付桑田의耕耘施肥果樹
桑樹接木種籾의精選及浸種秧板의整地豚의分娩育雛

日次	摘要	七曜	干支	日出	日南中	日入	晝間	月齡	陰曆	月出	月入	滿潮	干潮
一日	朔	金	癸亥	六時二一分	後〇時三八分	六時五五分	一二時三五分	〇	三月一	前六時一四分	後七時三五分	前五時三八分 後五時四五分	前一一時四五分 後 —
二日		土	甲子	六一九	〇三七	六五六	一二三七	一	二	前六五〇	後八四三	前六一五 後六二五	前〇二五 後〇五
三日	神武天皇祭	日	乙丑	六一八	〇三七	六五七	一二三九	二	三	前七三二	後九五〇	前六五〇 後七〇	前〇三五 後一〇
四日		月	丙寅	六一六	〇三七	六五八	一二四二	三	四	前八一八	後一〇五六	前七二五 後七三五	前一一〇 後一三五
五日	淸明	火	丁卯	六一五	〇三六	六五九	一二四四	四	五	前九一一	後一一五八	前八一〇 後八一五	前一四五 後二一五
六日	寒食	水	戊辰	六一三	〇三六	七〇	一二四七	五	六	前一〇一〇	—	前八五五 後九五	前二二〇 後二五五
七日		木	己巳	六一二	〇三六	七一	一二四九	六	七	前一一一四	前〇五五	前九四五 後一〇五	前三五 後三四五
八日	上弦	金	庚午	六一〇	〇三六	七二	一二五二	七	八	後〇二〇	前一四五	前一一〇 後一一二〇	前四〇 後五〇
九日		土	辛未	六九	〇三五	七二	一二五四	八	九	後一二七	前二二九	前 — 後〇一五	前五三〇 後六五〇
十日		日	壬申	六七	〇三五	七三	一二五六	九	一〇	後二三四	前三七	前〇四五 後一三五	前七二〇 後八二〇
十一日		月	癸酉	六六	〇三五	七四	一二五八	一〇	一一	後三三九	前三四三	前二一〇 後二四五	前八四五 後九一五
十二日		火	甲戌	六五	〇三五	七五	一三一	一一	一二	後四四三	前四一六	前三一五 後三四五	前九四〇 後一〇〇
十三日		水	乙亥	六三	〇三四	七六	一三三	一二	一三	後五四六	前四四八	前四一〇 後四三〇	前一〇二〇 後一〇四〇
十四日		木	丙子	六二	〇三四	七七	一三五	一三	一四	後六四八	前五二〇	前四五五 後五一五	前一一一〇 後一一二〇

昭和十三年

望	十五日	金	丁丑	六〇	〇三四	七八	一三八	一四	一五	後七四九	前五五四	前五四〇 後五五〇	前一一四五 後一一五〇
	十六日	土	戊寅	五五九	〇三四	七九	一三一〇	一五	一六	後八四八	前六三〇	前六一五 後六二五	前 — 後〇一五
	十七日	日	己卯	五五七	〇三三	七一〇	一三一二	一六	一七	後九四五	前七九	前六五〇 後六五〇	前〇二五 後〇五〇
土王用事	十八日	月	庚辰	五五六	〇三三	七一一	一三一四	一七	一八	後一〇三九	前七五三	前七二〇 後七二〇	前一〇 後一二五
	十九日	火	辛巳	五五五	〇三三	七一一	一三一七	一八	一九	後一一二八	前八三八	前七四五 後七四五	前一三〇 後一五〇
穀雨	二十日	水	壬午	五五三	〇三三	七一二	一三一九	一九	二〇	—	前九二八	前八二〇 後八二〇	前一五〇 後二二〇
	二十一日	木	癸未	五五二	〇三二	七一三	一三二一	二〇	二一	前〇一三	前一〇二一	前九〇 後九〇	前二二五 後二五五
	二十二日	金	甲申	五五一	〇三二	七一四	一三二三	二一	二二	前〇五三	前一一一六	前九四五 後九五〇	前三〇 後三三五
下弦	二十三日	土	乙酉	五四九	〇三二	七一五	一三二六	二二	二三	前一二九	後〇三	前一〇四五 後一一一〇	前三四五 後四四〇
	二十四日	日	丙戌	五四八	〇三二	七一六	一三二八	二三	二四	前二三	後一九	前一一五〇 後 —	前五〇 後六一〇
	二十五日	月	丁亥	五四七	〇三二	七一七	一三三〇	二四	二五	前二三五	後二八	前〇二〇 後一〇	前六四五 後七四五
	二十六日	火	戊子	五四六	〇三一	七一八	一三三三	二五	二六	前三六	後三八	前一三〇 後二五	前八一〇 後八五〇
	二十七日	水	己丑	五四四	〇三一	七一九	一三三四	二六	二七	前三三七	後四一一	前二四〇 後三〇	前九一五 後九四〇
	二十八日	木	庚寅	五四三	〇三一	七二〇	一三三七	二七	二八	前四九	後五一五	前三三〇 後三四五	前一〇〇 後一〇一五
天長節	二十九日	金	辛卯	五四二	〇三一	七二一	一三三九	二八	二九	前四四四	後六二三	前四二〇 後四四〇	前一〇四五 後一一〇
靖國神社例祭 朔	三十日	土	壬辰	五四一	〇三一	七二一	一三四一	二九	四月一	前五二四	後七三一	前五五 後五一五	前一一二五 後一一四〇

九

五月大 三十一日

水稻陸稻棉、粟大小豆蔬菜의播種、春蠶의催青掃立、麥의黑穗拔除
甘藷苗의移植病蟲害豫防藥撒布牛馬豚의種付

日次		曜七	支干	日出	日南中	日入	晝間	朔	陰曆	月出	月入	滿潮	干潮
一日		日	癸巳	五時四〇分	後〇時三一分	七時二二分	一三時四三分	一	二	前六時九分	後八時四〇分	前五時四五分 後六〇	前— 後〇時一〇分
二日	八十八夜	月	甲午	五三八	〇三一	七二三	一三四五	二	三	前七一	後九四七	前六三〇 後六四〇	前〇一五 後〇五〇
三日		火	乙未	五三七	〇三〇	七二四	一三四七	三	四	前八〇	後一〇四七	前七一五 後七二〇	前〇五五 後一二五
四日		水	丙申	五三六	〇三〇	七二五	一三四九	四	五	前九四	後一一四二	前七五五 後八五	前一三〇 後二〇
五日		木	丁酉	五三五	〇三〇	七二六	一三五一	五	六	前一〇三	—	前八四五 後八五五	前二一〇 後二四五
六日	立夏	金	戊戌	五三四	〇三〇	七二七	一三五三	六	七	前一一二〇	前〇二六	前九四五 後一〇〇	前三〇 後三四〇
七日	上弦	土	己亥	五三三	〇三〇	七二八	一三五五	七	八	後〇二七	前一八	前一〇四五 後一一〇	前三五〇 後四四五
八日		日	庚子	五三二	〇三〇	七二九	一三五七	八	九	後一三三	前一四五	前一一五〇 後—	前五五 後六二〇
九日		月	辛丑	五三一	〇三〇	七三〇	一三五九	九	一〇	後二三六	前二一八	前〇三〇 後一〇	前六五〇 後七四五
十日		火	壬寅	五三〇	〇三〇	七三〇	一四一	一〇	一一	後三三八	前二五〇	前一四〇 後二一〇	前八一五 後八四五
十一日		水	癸卯	五二九	〇三〇	七三一	一四二	一一	一二	後四三九	前三二二	前二四五 後三一〇	前九一五 後九三五
十二日		木	甲辰	五二八	〇三〇	七三二	一四四	一二	一三	後五四〇	前三五四	前三四五 後四〇	前一〇〇 後一〇一五
十三日		金	乙巳	五二七	〇三〇	七三三	一四六	一三	一四	後六三九	前四二九	前四三五 後四四五	前〇四五 後〇五〇
十四日	望	土	丙午	五二六	〇三〇	七三四	一四八	一四	一五	後七三六	前五六	前五一五 後五三〇	前一二五 後一三〇

一〇

記事	日	曜	干支	日出	南中	日入	晝長	月齡	陰曆	月出	月入	滿潮	干潮
	十五日	日	丁未	五 二五	〇 三〇	七 三五	一四 一〇	一五	一六	後八 三二	前五 四八	前六 〇 後六 〇	後〇 〇
	十六日	月	戊申	五 二四	〇 三〇	七 三六	一四 一一	一六	一七	後九 三三	前六 三三	前六 三〇 後六 三〇	前〇 五 後〇 三〇
	十七日	火	己酉	五 二三	〇 三〇	七 三六	一四 一三	一七	一八	後一〇 八	前七 二二	前七 〇 後七 〇	前〇 四〇 後一 一〇
	十八日	水	庚戌	五 二三	〇 三〇	七 三七	一四 一五	一八	一九	後一〇 五〇	前八 一三	前七 二五 後七 三〇	前一 一〇 後一 三五
	十九日	木	辛亥	五 二三	〇 三〇	七 三八	一四 一六	一九	二〇	後一一 二八	前九 七	前八 〇 後八 〇	前一 三五 後二 五
	二十日	金	壬子	五 二二	〇 三〇	七 三九	一四 一八	二〇	二一	―	前一〇 二	前八 四〇 後八 四〇	前二 五 後二 四〇
	二十一日	土	癸丑	五 二〇	〇 三〇	七 四〇	一四 一九	二一	二二	前〇 二	前一〇 五九	前九 二〇 後九 三〇	前二 四五 後三 一五
小滿 下弦	二十二日	日	甲寅	五 二〇	〇 三〇	七 四一	一四 二一	二二	二三	前〇 三四	前一一 五六	前一〇 五 後一〇 三〇	前三 二〇 後四 〇
	二十三日	月	乙卯	五 一九	〇 三〇	七 四一	一四 二三	二三	二四	前一 五	後〇 五四	前一一 一〇 後一一 四五	前四 一五 後五 一五
	二十四日	火	丙辰	五 一八	〇 三〇	七 四二	一四 二四	二四	二五	前一 三五	後一 五四	後〇 一五	前五 三〇 後六 四〇
	二十五日	水	丁巳	五 一八	〇 三〇	七 四三	一四 二五	二五	二六	前二 六	後二 五六	前〇 四五 後一 一〇	前七 一五 後七 五〇
	二十六日	木	戊午	五 一七	〇 三〇	七 四四	一四 二七	二六	二七	前二 三九	後四 一	前一 五〇 後二 一〇	前八 三〇 後九 〇
海運紀念日	二十七日	金	己未	五 一七	〇 三〇	七 四四	一四 二八	二七	二八	前三 一五	後五 八	前三 〇 後三 一五	前九 三〇 後九 四五
	二十八日	土	庚申	五 一六	〇 三〇	七 四五	一四 二九	二八	二九	前三 三七	後六 一八	前三 五〇 後四 五	前一〇 一五 後一〇 三〇
朔	二十九日	日	辛酉	五 一六	〇 三一	七 四六	一四 三〇	二九	五月一	前四 四六	後七 二六	前四 四五 後五 〇	前一一 〇 後一一 一五
	三十日	月	壬戌	五 一五	〇 三一	七 四七	一四 三三	一	二	前五 四三	後八 三一	前五 三五 後五 四五	前一一 五〇
	三十一日	火	癸亥	五 一五	〇 三一	七 四七	一四 三三	二	三	前六 四六	後九 三〇	前六 一五 後六 三〇	前〇 〇 後〇 三〇

一一

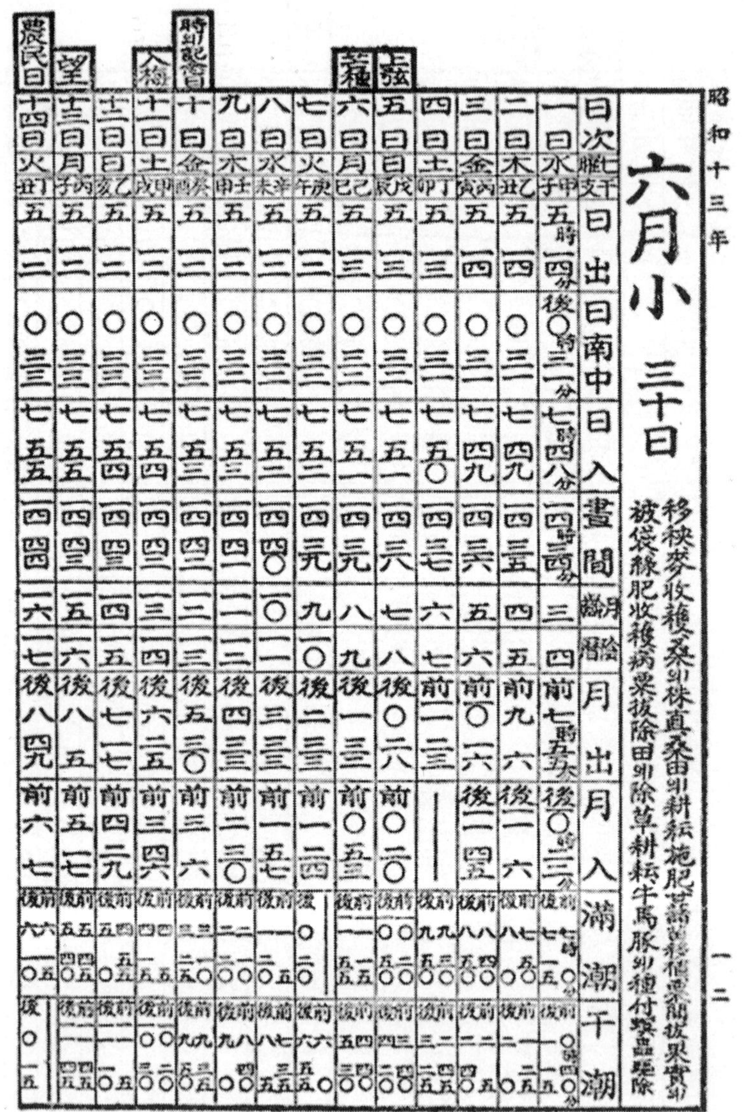

昭和十三年

六月小 三十日

移秧 麥收穫 桑의株直 桑田의耕耘施肥 苗代의稗拔 果實의被袋 綠肥收穫 病果拔除 田의除草耕耘 牛馬豚의種付 害蟲驅除

日次	七曜	干支	日出	日南中	日入	晝間	月齡	陰曆	月出	月入	滿潮	干潮	
一日	水	甲子	五時一四分	後〇時三一分	七時四八分	一四時三四分	三	四	前七時五六分	後一〇時三三分	前七時〇分 後七時一五分	前〇時四〇分 後一時一五分	
二日	木	乙丑	五 一四	〇 三一	七 四九	一四 三五	四	五	前九 六	後一一 六	前七 五〇 後八 〇	前一 二五 後二 〇	
三日	金	丙寅	五 一四	〇 三一	七 四九	一四 三六	五	六	前一〇 一六	後一一 四五	前八 四〇 後八 五〇	前二 五 後二 四〇	
四日	土	丁卯	五 一三	〇 三一	七 五〇	一四 三七	六	七	前一一 一三	—	前九 三〇 後九 五〇	前二 四五 後三 二五	
五日	日	戊辰	五 一三	〇 三二	七 五一	一四 三八	七	八	後〇 一六	前〇 二〇	前一〇 二〇 後一〇 五〇	前三 四〇 後四 二〇	上弦
六日	月	己巳	五 一三	〇 三二	七 五一	一四 三九	八	九	後一 一三	前〇 五三	前一一 一五 後一一 五五	前四 四〇 後五 三〇	芒種
七日	火	庚午	五 一二	〇 三二	七 五二	一四 三九	九	一〇	後二 一三	前一 二四	— 後〇 二〇	前六 〇 後六 五五	
八日	水	辛未	五 一二	〇 三二	七 五二	一四 四〇	一〇	一一	後三 一三	前一 五七	前一 五 後一 二〇	前七 三五 後八 五	
九日	木	壬申	五 一二	〇 三二	七 五三	一四 四一	一一	一二	後四 一三	前二 三〇	前二 一〇 後二 二〇	前八 四〇 後九 〇	
十日	金	癸酉	五 一二	〇 三三	七 五三	一四 四二	一二	一三	後五 三〇	前三 六	前三 一〇 後三 二五	前九 三五 後九 五〇	時의記念日
十一日	土	甲戌	五 一二	〇 三三	七 五四	一四 四二	一三	一四	後六 二五	前三 四六	前四 五 後四 一五	前一〇 二〇 後一〇 三〇	入梅
十二日	日	乙亥	五 一二	〇 三三	七 五四	一四 四三	一四	一五	後七 一七	前四 二九	前四 五五 後五 〇	前一一 五 後一一 一〇	
十三日	月	丙子	五 一二	〇 三三	七 五五	一四 四三	一五	一六	後八 五	前五 一七	前五 四五 後五 四〇	前一一 四五 後一一 四五	望
十四日	火	丁丑	五 一二	〇 三三	七 五五	一四 四四	一六	一七	後八 四九	前六 七	前六 一五 後六 一〇	後〇 一五 —	農民日

一二

昭和十三年

	十五日	水	戊寅	五 一二	〇 三四	七 五六	一四 四四	一七	一八	後九 二八	前七 一	前六 四五 後六 四五	前〇 一五 後〇 四五
	十六日	木	己卯	五 一二	〇 三四	七 五六	一四 四四	一八	一九	後一〇 三	前七 五六	前七 一〇 後七 一五	前〇 四五 後一 二〇
	十七日	金	庚辰	五 一二	〇 三四	七 五六	一四 四五	一九	二〇	後一〇 三六	前八 五一	前七 四五 後七 四五	前一 二〇 後一 五〇
	十八日	土	辛巳	五 一二	〇 三四	七 五七	一四 四五	二〇	二一	後一一 六	前九 四八	前八 一五 後八 一五	前一 四五 後二 一五
	十九日	日	壬午	五 一二	〇 三四	七 五七	一四 四五	二一	二二	後一一 三六	前一〇 四五	前八 五〇 後九 五	前二 二〇 後二 五五
	二十日	月	癸未	五 一二	〇 三五	七 五七	一四 四五	二二	二三	―	前一一 四三	前九 三〇 後一〇 〇	前三 〇 後三 三五
下弦	二十一日	火	甲申	五 一二	〇 三五	七 五八	一四 四五	二三	二四	前〇 六	後〇 四三	前一〇 二〇 後一〇 五五	前三 四五 後四 二五
夏至	二十二日	水	乙酉	五 一二	〇 三五	七 五八	一四 四五	二四	二五	前〇 三七	後一 四四	前一一 二〇 後 ―	前四 四五 後五 三〇
	二十三日	木	丙戌	五 一三	〇 三五	七 五八	一四 四五	二五	二六	前一 一一	後二 四八	前〇 一〇 後〇 二五	前六 一〇 後六 五五
	二十四日	金	丁亥	五 一三	〇 三六	七 五八	一四 四五	二六	二七	前一 四九	後三 五五	前一 一〇 後一 二五	前七 四五 後八 一五
	二十五日	土	戊子	五 一三	〇 三六	七 五八	一四 四五	二七	二八	前二 三三	後五 三	前二 二〇 後二 四〇	前九 〇 後九 一五
	二十六日	日	己丑	五 一三	〇 三六	七 五八	一四 四五	二八	二九	前三 二四	後六 一〇	前三 三〇 後三 四〇	前一〇 〇 後一〇 一五
	二十七日	月	庚寅	五 一四	〇 三六	七 五八	一四 四五	二九	三〇	前四 二四	後七 一三	前四 三〇 後四 四〇	前一〇 五〇 後一一 〇
朔	二十八日	火	辛卯	五 一四	〇 三六	七 五九	一四 四四	〇	六月 一	前五 三一	後八 九	前五 二〇 後五 三五	前一一 四〇 後一一 四五
	二十九日	水	壬辰	五 一五	〇 三七	七 五九	一四 四四	一	二	前六 四三	後八 五八	前六 一五 後六 二〇	前 ― 後〇 二〇
	三十日	木	癸巳	五 一五	〇 三七	七 五九	一四 四四	二	三	前七 五五	後九 四一	前七 〇 後七 一〇	前〇 三〇 後一 〇

一三

七月大 三十一日

畓의除草蕎麥의播種、桑田의除草粟의培土馬鈴薯、大麻의收穫果樹夏季剪定蔬菜의耕耘追肥培土裏作馬鈴薯播種雄雛淘汰

日次	曜	干支	日出	日南中	日入	晝間	月齡	陰曆	月出	月入	滿潮	干潮	
一日	金	甲午	五時一五分	後〇時三七分	七時五八分	一四時四三分	三	四	前九時七分	後一〇時一九分	前七時四五分 後八 〇	前一時一〇分 後一 四五	
二日	土	乙未	五 一六	〇 三七	七 五八	一四 四二	四	五	前一〇 一五	後一〇 五三	前八 二五 後八 四五	前一 五〇 後二 二〇	
三日	日	丙申	五 一六	〇 三七	七 五八	一四 四二	五	六	前一一 二一	後一一 二六	前九 一〇 後九 三〇	前二 三〇 後三 〇	
四日	月	丁酉	五 一七	〇 三八	七 五八	一四 四一	六	七	後〇 二五	後一一 五九	前九 五〇 後一〇 二〇	前三 一五 後三 五〇	上弦
五日	火	戊戌	五 一七	〇 三八	七 五八	一四 四一	七	八	後一 二七	—	前一〇 四五 後一一 一五	前四 一〇 後四 四五	
六日	水	己亥	五 一八	〇 三八	七 五八	一四 四〇	八	九	後二 二七	前〇 三三	前一一 三〇 後 —	前五 一〇 後五 五〇	
七日	木	庚子	五 一八	〇 三八	七 五八	一四 三九	九	一〇	後三 二五	前一 八	前〇 一五 後〇 三五	前六 三五 後七 一五	
八日	金	辛丑	五 一九	〇 三八	七 五七	一四 三八	一〇	一一	後四 二二	前一 四八	前一 二五 後一 四〇	前八 五 後八 二〇	小暑
九日	土	壬寅	五 一九	〇 三八	七 五七	一四 三八	一一	一二	後五 一四	前二 二八	前二 三五 後二 四五	前九 一五 後九 二〇	
十日	日	癸卯	五 二〇	〇 三九	七 五七	一四 三七	一二	一三	後六 三	前三 一四	前三 四五 後三 四五	前一〇 〇 後一〇 一〇	
十一日	月	甲辰	五 二一	〇 三九	七 五六	一四 三六	一三	一四	後六 四八	前四 三	前四 四五 後四 四〇	前一〇 四五 後一〇 五〇	
十二日	火	乙巳	五 二一	〇 三九	七 五六	一四 三五	一四	一五	後七 二八	前四 五五	前五 一五 後五 一五	前一一 二五 後一一 三〇	
十三日	水	丙午	五 二二	〇 三九	七 五六	一四 三四	一五	一六	後八 五	前五 五〇	前六 〇 後六 〇	前 — 後〇 五	望
十四日	木	丁未	五 二三	〇 三九	七 五五	一四 三三	一六	一七	後八 三九	前六 四八	前六 三〇 後六 三〇	前〇 〇 後〇 三〇	

昭和十三年

	十五日	金	戊申	五 二三	〇 三九	七 五五	一四 三二	一七	一八	後九 一〇	前七 四三	前六 五五 後七 〇	前一〇 三〇 後一 〇
初伏	十六日	土	己酉	五 二四	〇 三九	七 五四	一四 三〇	一八	一九	後九 四〇	前八 三九	前七 二〇 後七 三〇	前一一 〇 後一 三〇
	十七日	日	庚戌	五 二五	〇 三九	七 五四	一四 二九	一九	二〇	後一〇 九	前九 三六	前七 五〇 後八 〇	前一一 三五 後二 五
	十八日	月	辛亥	五 二五	〇 三九	七 五三	一四 二八	二〇	二一	後一〇 三九	前一〇 三五	前八 二〇 後八 三五	前二 五 後二 三〇
	十九日	火	壬子	五 二六	〇 四〇	七 五三	一四 二六	二一	二二	後一一 二一	前一一 三四	前九 〇 後九 三〇	前二 四五 後三 一〇
土用 下弦	二十日	水	癸丑	五 二七	〇 四〇	七 五二	一四 二五	二二	二三	後一一 四六	後〇 三六	前九 四五 後一〇 二〇	前三 二〇 後三 五〇
	二十一日	木	甲寅	五 二八	〇 四〇	七 五一	一四 二四	二三	二四	—	後一 四〇	前一〇 三五 後一一 二〇	前四 一〇 後四 四五
	二十二日	金	乙卯	五 二八	〇 四〇	七 五一	一四 二三	二四	二五	前〇 二六	後二 四五	前一一 四五 後 —	前五 一五 後六 〇
大暑	二十三日	土	丙辰	五 二九	〇 四〇	七 五〇	一四 二一	二五	二六	前一 一三	後三 五〇	前〇 四〇 後〇 五五	前七 五 後七 四〇
	二十四日	日	丁巳	五 三〇	〇 四〇	七 四九	一四 一九	二六	二七	前二 七	後四 五四	前一 五〇 後二 一〇	前八 三五 後八 五五
	二十五日	月	戊午	五 三一	〇 四〇	七 四九	一四 一八	二七	二八	前三 九	後五 五三	前三 一〇 後三 二五	前九 五〇 後一〇 〇
	二十六日	火	己未	五 三二	〇 四〇	七 四八	一四 一六	二八	二九	前四 一七	後六 四五	前四 一五 後四 三〇	前一〇 四〇 後一〇 五〇
中伏 朔	二十七日	水	庚申	五 三二	〇 四〇	七 四七	一四 一五	二九	七月	前五 二九	後七 三三	前五 一〇 後五 二〇	前一一 二〇 後一一 三〇
	二十八日	木	辛酉	五 三三	〇 四〇	七 四六	一四 一三	一	二	前六 四三	後八 一三	前六 〇 後六 一五	前 — 後〇 一〇
	二十九日	金	壬戌	五 三四	〇 四〇	七 四五	一四 一一	二	三	前七 五四	後八 五〇	前六 五〇 後七 〇	前〇 一五 後〇 四五
	三十日	土	癸亥	五 三五	〇 四〇	七 四四	一四 一〇	三	四	前九 三	後九 二五	前七 二五 後七 四〇	前〇 五五 後一 二〇
	三十一日	日	甲子	五 三六	〇 四〇	七 四三	一四 八	四	五	前一〇 一〇	後九 五九	前八 五 後八 二〇	前一 三五 後二 〇

一五

八月大 三十一日

蕎麥播種 白菜蘿蔔의播種 桑天牛卵의取除 秋蠶의催青掃立 陸稻培土 堆肥切返 棉摘心 病桑拔除 雞의換羽期管理 螟蟲驅除

日次	曜日	干支	日出	日南中	日入	晝間	月齡	陰曆	月出	月入	滿潮	干潮	
一日	月	乙丑	五時三六分	後〇時四〇分	七時四三分	一四時六分	五	六	前一一時一四分	後一〇時二三分	前八時四五分 後九〇	前二時一五分 後二四〇	
二日	火	丙寅	五 三七	〇 四〇	七 四二	一四 四	六	七	後〇 一七	後一一 八	前九 二〇 後九 四五	前二 五〇 後三 一五	
三日	水	丁卯	五 三八	〇 四〇	七 四一	一四 三	七	八	後一 一七	後一一 四六	前一〇 〇 後一〇 四〇	前三 三〇 後四 〇	上弦
四日	木	戊辰	五 三九	〇 四〇	七 四〇	一四 一	八	九	後二 一四	—	前一〇 五〇 後一一 三五	前四 二〇 後四 五〇	
五日	金	己巳	五 四〇	〇 三九	七 三九	一三 五九	九	一〇	後三 八	前〇 二七	前一一 四五 —	前五 三〇 後六 〇	
六日	土	庚午	五 四一	〇 三九	七 三八	一三 五七	一〇	一一	後三 五九	前一 二一	前〇 四〇 後〇 五〇	前七 一五 後七 四〇	
七日	日	辛未	五 四一	〇 三九	七 三六	一三 五五	一一	一二	後四 四五	前一 五九	前一 五五 後二 一〇	前八 四五 後八 五五	
八日	月	壬申	五 四二	〇 三九	七 三五	一三 五三	一二	一三	後五 二八	前二 五一	前三 五 後三 一五	前九 四〇 後九 五〇	立秋
九日	火	癸酉	五 四三	〇 三九	七 三四	一三 五一	一三	一四	後六 六	前三 四四	前四 一五 後四 一五	前一〇 三〇 後一〇 三〇	
十日	水	甲戌	五 四四	〇 三九	七 三三	一三 四九	一四	一五	後六 四一	前四 四〇	前五 〇 後五 〇	前一一 五 後一一 一〇	
十一日	木	乙亥	五 四五	〇 三九	七 三二	一三 四七	一五	一六	後七 一三	前五 三六	前五 三五 後五 四〇	前一一 四〇 後一一 四五	望
十二日	金	丙子	五 四六	〇 三九	七 三一	一三 四五	一六	一七	後七 四四	前六 三三	前六 〇 後六 一〇	— 後〇 一〇	
十三日	土	丁丑	五 四七	〇 三八	七 三〇	一三 四三	一七	一八	後八 一三	前七 三一	前六 三〇 後六 四五	前〇 一五 後〇 四〇	
十四日	日	戊寅	五 四七	〇 三八	七 二八	一三 四一	一八	一九	後八 四三	前八 二九	前七 〇 後七 一〇	前〇 四五 後一 一〇	

一六

昭和十三年

日	曜	干支	節									
十五日	月	己卯		五 四八	〇 三八	七 二七	一三 三九	一九	二〇	後九 一五	前九 二六	前七 三〇 後七 四〇	前一 五 後一 四〇
十六日	火	庚辰	末伏	五 四九	〇 三八	七 二六	一三 三七	二〇	二一	後九 四八	前一〇 二九	前七 五五 後八 一五	前一 四五 後二 五
十七日	水	辛巳		五 五〇	〇 三八	七 二五	一三 三五	二一	二二	後一〇 二六	前一一 三二	前八 二五 後八 五〇	前二 二〇 後二 四〇
十八日	木	壬午		五 五一	〇 三七	七 二三	一三 三三	二二	二三	後一一 九	後〇 三四	前九 一〇 後九 四五	前三 〇 後三 二〇
十九日	金	癸未	下弦	五 五二	〇 三七	七 二二	一三 三一	二三	二四	後一一 五八	後一 三六	前一〇 〇 後一〇 五〇	前三 四五 後四 一〇
二十日	土	甲申		五 五三	〇 三七	七 二一	一三 二八	二四	二五	―	後二 四〇	前一一 五 ―	前四 四五 後五 一五
二十一日	日	乙酉		五 五三	〇 三七	七 二〇	一三 二六	二五	二六	前〇 五五	後三 三九	前〇 一〇 後〇 三〇	前六 三五 後七 一〇
二十二日	月	丙戌		五 五四	〇 三七	七 一八	一三 二四	二六	二七	前一 五六	後四 三三	前一 三〇 後一 五〇	前八 二〇 後八 四五
二十三日	火	丁亥		五 五五	〇 三六	七 一七	一三 二三	二七	二八	前三 七	後五 二二	前二 五五 後三 一五	前九 三〇 後九 四五
二十四日	水	戊子	處暑	五 五六	〇 三六	七 一五	一三 二〇	二八	二九	前四 一八	後六 四	前四 〇 後四 三〇	前一〇 二〇 後一〇 三五
二十五日	木	己丑	朔	五 五七	〇 三六	七 一四	一三 一七	二九	閏月一	前五 三〇	後六 四四	前五 〇 後五 一五	前一一 一〇 後一一 二〇
二十六日	金	庚寅		五 五八	〇 三五	七 一三	一三 一五	一	二	前六 四〇	後七 二〇	前五 四五 後五 五五	前一一 四五 ―
二十七日	土	辛卯		五 五八	〇 三五	七 一一	一三 一三	二	三	前七 四九	後七 五五	前六 二五 後六 四五	前〇 〇 後〇 二五
二十八日	日	壬辰		五 五九	〇 三五	七 一〇	一三 一一	三	四	前八 五六	後八 三〇	前七 〇 後七 一五	前〇 四〇 後一 〇
二十九日	月	癸巳		六 〇	〇 三五	七 八	一三 八	四	五	前一〇 一	後九 六	前七 三五 後七 五〇	前一 一五 後一 三〇
三十日	火	甲午		六 一	〇 三四	七 七	一三 六	五	六	前一一 三	後九 四三	前八 一〇 後八 三五	前一 五〇 後二 一〇
三十一日	水	乙未		六 二	〇 三四	七 六	一三 四	六	七	後〇 三	後一〇 二四	前八 四五 後九 一五	前二 三〇 後二 四五

一七

九月小 三十日

螟蟲被害稻의拔除燒却 小麥秋播 綠肥의播種 栗大豆의收穫 果樹除袋 乾草製造 豚의分娩

	日次	曜七	干支	日出	日南中	日入	晝間	月齡	陰曆	月出	月入	滿潮	干潮
[illegible] 二百十日	一日	木	丙申	六時三分	後〇時三四分	七時四分	一三時二分	七	八	後一時〇分	後一一時八分	前九時一五分 後九 五〇	前三時〇分 後三 一五
上弦	二日	金	丁酉	六 三	〇 三三	七 三	一二 五九	八	九	後一 五三	後一一 五五	前一〇 〇 後一〇 四五	前三 四〇 後四 〇
	三日	土	戊戌	六 四	〇 三三	七 一	一二 五七	九	一〇	後二 四〇	｜	前一〇 五五 後一一 四五	前四 三五 後四 五〇
	四日	日	己亥	六 五	〇 三三	七 〇	一二 五五	一〇	一一	後三 二四	前〇 四五	前 ｜ 後〇 五	前六 〇 後六 三〇
	五日	月	庚子	六 六	〇 三二	六 五八	一二 五三	一一	一二	後四 四	前一 三六	前一 五 後一 二五	前八 五 後八 一五
	六日	火	辛丑	六 七	〇 三二	六 五七	一二 五〇	一二	一三	後四 四〇	前二 三三	前二 二〇 後二 四五	前九 一五 後九 一五
	七日	水	壬寅	六 八	〇 三二	六 五五	一二 四八	一三	一四	後五 一四	前三 二八	前三 二五 後三 四五	前一〇 〇 後一〇 〇
白露	八日	木	癸卯	六 八	〇 三二	六 五四	一二 四五	一四	一五	後五 四五	前四 二五	前四 一五 後四 三五	前一〇 三五 後一〇 五〇
	九日	金	甲辰	六 九	〇 三一	六 五二	一二 四三	一五	一六	後六 一六	前五 二三	前五 〇 後五 一五	前一一 一五 後一一 二〇
望	十日	土	乙巳	六 一〇	〇 三一	六 五一	一二 四一	一六	一七	後六 四六	前六 二二	前五 三〇 後五 四五	前一一 四五 後一一 五五
	十一日	日	丙午	六 一一	〇 三一	六 四九	一二 三八	一七	一八	後七 一八	前七 二二	前六 〇 後六 一五	前 ｜ 後〇 一五
	十二日	月	丁未	六 一二	〇 三〇	六 四八	一二 三六	一八	一九	後七 五一	前八 二三	前六 三五 後六 四五	前〇 三〇 後〇 四五
	十三日	火	戊申	六 一三	〇 三〇	六 四六	一二 三四	一九	二〇	後八 二八	前九 二四	前七 〇 後七 二〇	前一 〇 後一 一五
	十四日	水	己酉	六 一三	〇 二九	六 四五	一二 三一	二〇	二一	後九 九	前一〇 二六	前七 三〇 後七 五五	前一 三〇 後一 四五

昭和十三年

十五日	木	庚戌	六 一四	○ 二九	六 四三	一二 二九	二一	二二	後九 五六	前一一 二三	前八 五 後八 四〇	前二 一〇 後二 一五	
十六日	金	辛亥	六 一五	○ 二九	六 四二	一二 二六	二二	二三	後一〇 四九	後〇 三三	前八 四五 後九 三〇	前二 四〇 後二 五五	
十七日	土	壬子	六 一六	○ 二八	六 四〇	一二 二四	二三	二四	後一一 四九	後一 三三	前九 四〇 後一〇 三五	前三 二五 後三 四五	下弦
十八日	日	癸丑	六 一七	○ 二八	六 三八	一二 二一	二四	二五	—	後二 二六	前一〇 四五 後一一 五〇	前四 二五 後四 五〇	
十九日	月	甲寅	六 一八	○ 二八	六 三七	一二 一九	二五	二六	前〇 五三	後三 一四	後〇 一五	前六 一五 後六 四五	
二十日	火	乙卯	六 一八	○ 二七	六 三五	一二 一七	二六	二七	前二 一	後三 五八	前一 一五 後一 四五	前八 五 後八 三〇	
二十一日	水	丙辰	六 一九	○ 二七	六 三四	一二 一五	二七	二八	前三 一〇	後四 三八	前二 四〇 後三 〇	前九 一五 後九 三〇	彼岸
二十二日	木	丁巳	六 二〇	○ 二七	六 三二	一二 一三	二八	二九	前四 二〇	後五 一五	前三 四〇 後四 五	前一〇 〇 後一〇 一五	
二十三日	金	戊午	六 二一	○ 二六	六 三一	一二 一〇	二九	三〇	前五 二八	後五 五〇	前四 三五 後五 〇	前一〇 四五 後一一 五	社日
二十四日	土	己未	六 二二	○ 二六	六 二九	一二 七	○	八月一	前六 三六	後六 二五	前五 二〇 後五 四〇	前一一 二〇 後一一 四五	秋季皇靈祭 秋分
二十五日	日	庚申	六 二三	○ 二五	六 二八	一二 五	一	二	前七 四三	後七 一	前五 五五 後六 一五	後〇 〇	
二十六日	月	辛酉	六 二四	○ 二五	六 二六	一二 三	二	三	前八 四六	後七 三八	前六 三五 後七 〇	前〇 二〇 後〇 四〇	
二十七日	火	壬戌	六 二四	○ 二五	六 二五	一二 〇	三	四	前九 四八	後八 一八	前七 一〇 後七 三〇	前一 〇 後一 一〇	
二十八日	水	癸亥	六 二五	○ 二四	六 二三	一一 五八	四	五	前一〇 四七	後九 二	前七 四〇 後八 五	前一 三〇 後一 四〇	
二十九日	木	甲子	六 二六	○ 二四	六 二二	一一 五五	五	六	前一一 四三	後九 四八	前八 一五 後八 四五	前二 〇 後二 一五	
三十日	金	乙丑	六 二七	○ 二四	六 二〇	一一 五三	六	七	後〇 三三	後一〇 三七	前八 四五 後九 一五	前二 四〇 後二 四五	

一九

十月大 三十一日

大麥의播種 桑田의害蟲驅除 種稻의選穫 大豆甘藷馬鈴薯의收穫 貯藏果實貯藏庫修理消毒 農繁期의畜牛愛撫

日次	曜	支干	日出	日南中	日入	晝間	陰暦	月齢	月出	月入	滿潮	干潮	記事
一日	土	丙寅	六時二八分	後〇時一三分	六時一八分	一一時五一分	七	八	後一時一九分	後一一時二九分	[illegible]	[illegible]	始政記念日 上弦
二日	日	丁卯	六 二九	〇 一三	六 一七	一一 四八	八	九	後二 〇	—	[illegible]	[illegible]	
三日	月	戊辰	六 三〇	〇 一三	六 一五	一一 四六	九	一〇	後二 三六	前〇 二三	[illegible]	[illegible]	
四日	火	己巳	六 三〇	〇 一三	六 一四	一一 四四	一〇	一一	後三 一二	前一 一八	[illegible]	[illegible]	
五日	水	庚午	六 三一	〇 一三	六 一二	一一 四一	一一	一二	後三 四四	前二 一五	[illegible]	[illegible]	
六日	木	辛未	六 三二	〇 一三	六 一一	一一 三九	一二	一三	後四 一五	前三 一三	[illegible]	[illegible]	
七日	金	壬申	六 三三	〇 一三	六 一〇	一一 三六	一三	一四	後四 四六	前四 一〇	[illegible]	[illegible]	
八日	土	癸酉	六 三四	〇 一二	六 八	一一 三四	一四	一五	後五 一七	前五 九	[illegible]	[illegible]	
九日	日	甲戌	六 三五	〇 一二	六 七	一一 三二	一五	一六	後五 五一	前六 一〇	[illegible]	[illegible]	寒露 望
十日	月	乙亥	六 三六	〇 一二	六 五	一一 二九	一六	一七	後六 二七	前七 一三	[illegible]	[illegible]	
十一日	火	丙子	六 三七	〇 一〇	六 四	一一 二七	一七	一八	後七 七	前八 一八	[illegible]	[illegible]	
十二日	水	丁丑	六 三八	〇 一〇	六 二	一一 二五	一八	一九	後七 五四	前九 二三	[illegible]	[illegible]	
十三日	木	戊寅	六 三九	〇 一〇	六 一	一一 二二	一九	二〇	後八 四六	前一〇 二六	[illegible]	[illegible]	
十四日	金	己卯	六 三九	〇 一〇	五 五九	一一 二〇	二〇	二一	後九 四四	前一一 二六	[illegible]	[illegible]	

昭和十三年

十五日	土	庚辰	六 四〇	〇 二〇	五 五八	一一 一八	二一	二二	後一〇 四七	後〇 三三	前八 三五 後九 一五	前二 三〇 後二 四〇	
十六日	日	辛巳	六 四一	〇 一九	五 五七	一一 一五	二二	二三	後一一 五三	後一 一二	前九 三〇 後一〇 二〇	前三 一五 後三 二五	下弦
十七日	月	壬午	六 四二	〇 一九	五 五五	一一 一三	二三	二四	―	後一 五六	前一〇 四五 後一一 四〇	前四 一五 後四 四〇	神嘗祭
十八日	火	癸未	六 四三	〇 一九	五 五四	一一 一一	二四	二五	前一 〇	後二 三六	― 後〇 一〇	前五 五〇 後六 二五	
十九日	水	甲申	六 四四	〇 一九	五 五三	一一 八	二五	二六	前二 七	後三 一三	前〇 五五 後一 三〇	前七 四五 後八 〇	
二十日	木	乙酉	六 四五	〇 一八	五 五一	一一 六	二六	二七	前三 一四	後三 四八	前二 五 後二 四五	前八 四五 後九 一〇	
二十一日	金	丙戌	六 四六	〇 一八	五 五〇	一一 四	二七	二八	前四 二〇	後四 二	前三 一五 後三 四五	前九 四〇 後九 五五	土王用事
二十二日	土	丁亥	六 四七	〇 一八	五 四九	一一 二	二八	二九	前五 二五	後四 五七	前四 五 後四 三〇	前一〇 一五 後一〇 四五	
二十三日	日	戊子	六 四八	〇 一八	五 四七	一〇 五九	二九	九月一	前六 二九	後五 三三	前四 五〇 後五 二〇	前一一 〇 後一一 三〇	朔 靖國神社祭
二十四日	月	己丑	六 四九	〇 一八	五 四六	一〇 五七	一	二	前七 三三	後六 二	前五 三〇 後六 〇	前一一 四〇 ―	霜降
二十五日	火	庚寅	六 五〇	〇 一八	五 四五	一〇 五五	二	三	前八 三三	後六 五四	前六 一〇 後六 三〇	前〇 〇 後〇 一〇	
二十六日	水	辛卯	六 五一	〇 一八	五 四四	一〇 五三	三	四	前九 二〇	後七 四〇	前六 四〇 後七 一〇	前〇 四〇 後〇 四五	
二十七日	木	壬辰	六 五二	〇 一七	五 四二	一〇 五〇	四	五	前一〇 二三	後八 二八	前七 一五 後七 四五	前一 一五 後一 一五	
二十八日	金	癸巳	六 五三	〇 一七	五 四一	一〇 四八	五	六	前一一 三	後九 二〇	前七 四〇 後八 一〇	前一 四〇 後一 四五	
二十九日	土	甲午	六 五四	〇 一七	五 四〇	一〇 四六	六	七	前一一 五五	後一〇 一三	前八 一五 後八 四五	前二 一五 後二 一五	
三十日	日	乙未	六 五五	〇 一七	五 三九	一〇 四四	七	八	後〇 三四	後一一 八	前八 五五 後九 三〇	前二 四五 後二 五〇	
三十一日	月	丙申	六 五六	〇 一七	五 三八	一〇 四二	八	九	後一 一〇	―	前九 四五 後一〇 二五	前三 二〇 後三 三〇	上弦

二一

國民精神作興記念日 立冬 月食 明治節

十一月小 三十日

麥의培土,畜의秋耕,果樹園의落葉處理,深耕施肥,果實蔬菜의收穫貯藏,屑繭의整理,桑田深耕施肥,桑樹秋植,畜舍雞舍의防寒設備,豚의種付

日次	七曜	干支	日出	日南中	日入	晝間	月齡	陰曆	月出	月入	滿潮	干潮
一日	火	丁酉	六時五七分	後〇時一七分	五時三七分	一〇時四〇分	九	一〇	後一時四三分	前〇時三分	前一〇時五〇分 後一一時二〇分	前四時一五分 後四時三五分
二日	水	戊戌	六 五八	〇 一七	五 三六	一〇 三七	一〇	一一	後二 一四	前〇 五九	後〇 〇	前五 四〇 後六 〇
三日	木	己亥	六 五九	〇 一七	五 三五	一〇 三五	一一	一二	後二 四四	前一 五六	前〇 二〇 後一 一〇	前七 一五 後七 四〇
四日	金	庚子	七 〇	〇 一七	五 三四	一〇 三三	一二	一三	後三 一五	前二 五四	前一 三〇 後二 一〇	前八 二〇 後八 四五
五日	土	辛丑	七 一	〇 一七	五 三三	一〇 三一	一三	一四	後三 四七	前三 五四	前二 三五 後三 一〇	前九 一五 後九 四〇
六日	日	壬寅	七 二	〇 一七	五 三三	一〇 二九	一四	一五	後四 二三	前四 五六	前三 二〇 後三 五五	前一〇 〇 後一〇 二〇
七日	月	癸卯	七 三	〇 一七	五 三一	一〇 二七	一五	一六	後五 一	前六 一	前四 一〇 後四 四五	前一〇 四五 後一一 一〇
八日	火	甲辰	七 四	〇 一七	五 三〇	一〇 二五	一六	一七	後五 四六	前七 七	前五 〇 後五 三〇	前一一 一五 後一一 四五
九日	水	乙巳	七 五	〇 一七	五 二九	一〇 二三	一七	一八	後六 三七	前八 一三	前五 四〇 後六 一〇	前一二 五〇 後 —
十日	木	丙午	七 七	〇 一七	五 二八	一〇 二一	一八	一九	後七 三五	前九 一六	前六 二〇 後六 五〇	前〇 二五 後〇 三五
十一日	金	丁未	七 八	〇 一七	五 二七	一〇 一九	一九	二〇	後八 三六	前一〇 一六	前七 〇 後七 三五	前一 五 後一 一〇
十二日	土	戊申	七 九	〇 一八	五 二六	一〇 一七	二〇	二一	後九 四五	前一一 九	前七 四〇 後八 一五	前一 四五 後一 四五
十三日	日	己酉	七 一〇	〇 一八	五 二五	一〇 一六	二一	二二	後一〇 五三	前一一 五六	前八 三五 後九 一五	前二 二五 後二 三五
十四日	月	庚戌	七 一一	〇 一八	五 二五	一〇 一四	二二	二三	—	後〇 三七	前九 二五 後一〇 一〇	前三 一〇 後三 二〇

昭和十三年

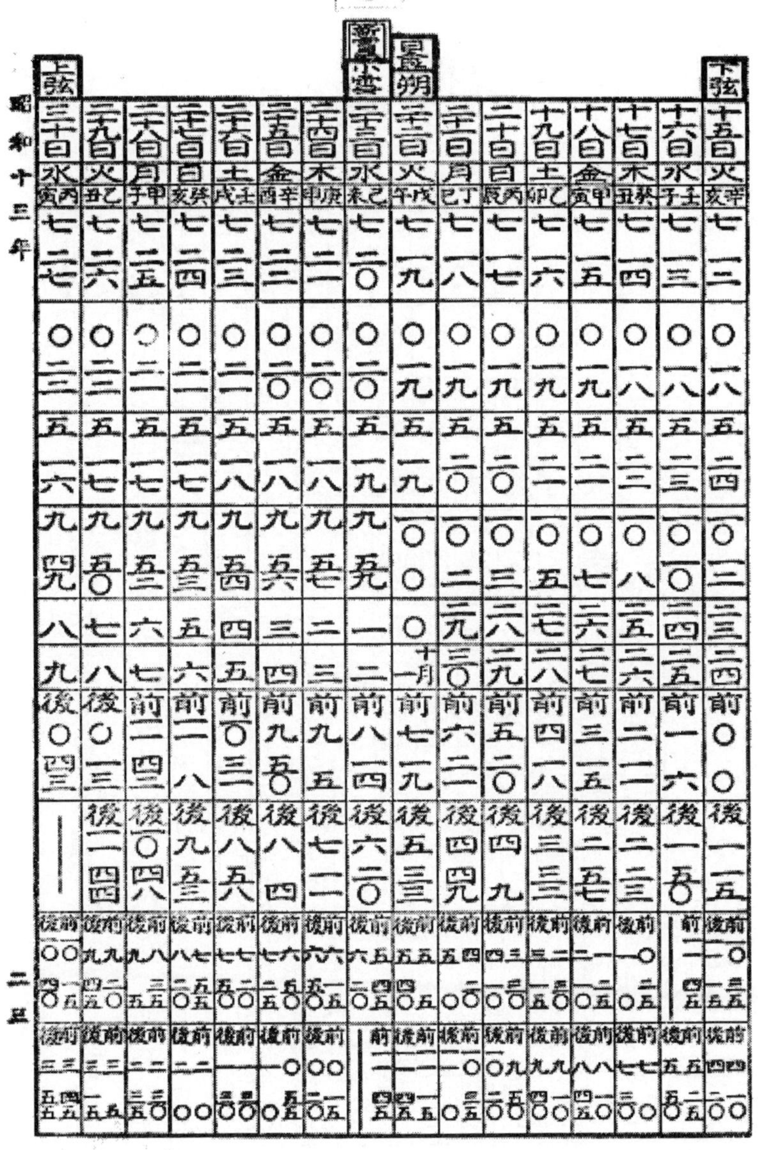

十五日	十六日	十七日	十八日	十九日	二十日	二十一日	二十二日	二十三日	二十四日	二十五日	二十六日	二十七日	二十八日	二十九日	三十日
下弦							[illegible] 朔	新嘗祭 小雪							上弦
火	水	木	金	土	日	月	火	水	木	金	土	日	月	火	水
辛亥	壬子	癸丑	甲寅	乙卯	丙辰	丁巳	戊午	己未	庚申	辛酉	壬戌	癸亥	甲子	乙丑	丙寅
七 一二	七 一三	七 一四	七 一五	七 一六	七 一七	七 一八	七 一九	七 二〇	七 二一	七 二二	七 二三	七 二四	七 二五	七 二六	七 二七
〇 一八	〇 一八	〇 一八	〇 一九	〇 一九	〇 一九	〇 一九	〇 一九	〇 二〇	〇 二〇	〇 二〇	〇 二一	〇 二一	〇 二一	〇 二二	〇 二二
五 二四	五 二三	五 二二	五 二一	五 二一	五 二〇	五 二〇	五 一九	五 一九	五 一八	五 一八	五 一八	五 一七	五 一七	五 一七	五 一六
一〇 一二	一〇 一〇	一〇 八	一〇 七	一〇 五	一〇 三	一〇 二	一〇 〇	九 五九	九 五七	九 五六	九 五四	九 五三	九 五二	九 五〇	九 四九
二三	二四	二五	二六	二七	二八	二九	〇	一	二	三	四	五	六	七	八
二四	二五	二六	二七	二八	二九	三〇	十一月	二	三	四	五	六	七	八	九
前 〇 〇	前 一 六	前 二 一一	前 三 一五	前 四 一八	前 五 二〇	前 六 二二	前 七 一九	前 八 一四	前 九 五	前 九 五〇	前 一〇 三二	前 一一 八	前 一一 四三	後 〇 一三	後 〇 四三
後 一 一五	後 一 五〇	後 二 二三	後 二 五七	後 三 三三	後 四 九	後 四 四九	後 五 三三	後 六 二〇	後 七 二一	後 八 四	後 八 五六	後 九 五三	後 一〇 四八	後 一一 四四	―
前 一〇 三五 後 一一 一五	前 一一 四五 ―	前 〇 二五 後 一 〇	前 一 二五 後 二 〇	前 二 三〇 後 三 一五	前 三 三〇 後 四 一〇	前 四 二〇 後 五 〇	前 五 五 後 五 四〇	前 五 四五 後 六 二〇	前 六 一五 後 六 五〇	前 六 五〇 後 七 二五	前 七 二〇 後 七 五〇	前 七 五五 後 八 二〇	前 八 三五 後 九 五	前 九 二〇 後 九 四五	前 一〇 一五 後 一〇 四〇
前 四 一〇 後 四 二〇	前 五 二五 後 五 五〇	前 七 〇 後 七 三〇	前 八 一〇 後 八 四五	前 九 一〇 後 九 四〇	前 九 五〇 後 一〇 二〇	前 一〇 三五 後 一一 〇	前 一一 一五 後 一一 四五	前 一一 四五 ―	前 〇 一五 後 〇 二〇	前 〇 五五 後 一 〇	前 一 四〇 後 一 三〇	前 二 〇 後 二 〇	前 二 三〇 後 二 三五	前 三 五 後 三 一五	前 三 四五 後 三 五五

二四

十二月大 三十一日

收穫物의整理農具의修理整頓畜舍에敷草多給豚의種付

日次		曜	干支	日出	日南中	日入	晝間	月齡	陰曆	月出	月入	滿潮	干潮
一日		木	丁卯	七時二八分	後〇時二二分	五時一六分	九時四八分	九	一〇	後一時一三分	前〇時四一分	前一一時一五分 後一一 四〇	前四時四五分 後五 五
二日		金	戊辰	七 二九	〇 二三	五 一六	九 四七	一〇	一一	後一 四二	前一 三八	前 — 後〇 三〇	前五 五三 後六 二五
三日		土	己巳	七 三〇	〇 二三	五 一六	九 四六	一一	一二	後二 一六	前二 三八	前〇 四〇 後一 二〇	前七 二〇 後八 〇
四日		日	庚午	七 三一	〇 二三	五 一六	九 四五	一二	一三	後二 五三	前三 四〇	前一 四〇 後二 三〇	前八 二五 後九 五
五日		月	辛未	七 三二	〇 二四	五 一五	九 四四	一三	一四	後三 三四	前四 四五	前二 四五 後三 二五	前九 二五 後九 五五
六日		火	壬申	七 三三	〇 二四	五 一五	九 四三	一四	一五	後四 二三	前五 五一	前三 四〇 後四 二〇	前一〇 一〇 後一〇 四五
七日	望	水	癸酉	七 三四	〇 二五	五 一五	九 四二	一五	一六	後五 一八	前六 五七	前四 三〇 後五 一五	前一一 〇 後一一 三〇
八日	大雪	木	甲戌	七 三五	〇 二五	五 一五	九 四一	一六	一七	後六 二〇	前八 一	前五 一五 後五 五五	前一一 四〇 後 —
九日		金	乙亥	七 三五	〇 二六	五 一五	九 四〇	一七	一八	後七 二六	前八 五九	前六 五 後六 四〇	前〇 一五 後〇 一五
十日		土	丙子	七 三六	〇 二六	五 一六	九 三九	一八	一九	後八 三九	前九 五〇	前六 五〇 後七 三〇	前〇 五五 後一 一〇
十一日		日	丁丑	七 三七	〇 二六	五 一六	九 三九	一九	二〇	後九 四九	前一〇 三五	前七 四〇 後八 一五	前一 四〇 後一 四五
十二日		月	戊寅	七 三八	〇 二七	五 一六	九 三八	二〇	二一	後一〇 五七	前一一 一五	前八 三〇 後九 五	前二 一五 後二 二〇
十三日		火	己卯	七 三九	〇 二七	五 一六	九 三七	二一	二二	—	前一一 五三	前九 二五 後九 五〇	前三 〇 後三 一五
十四日	下弦	水	庚辰	七 三九	〇 二八	五 一六	九 三七	二二	二三	前〇 四	後〇 二六	前〇 一五 後〇 四五	前三 五〇 後四 五

昭和十三年

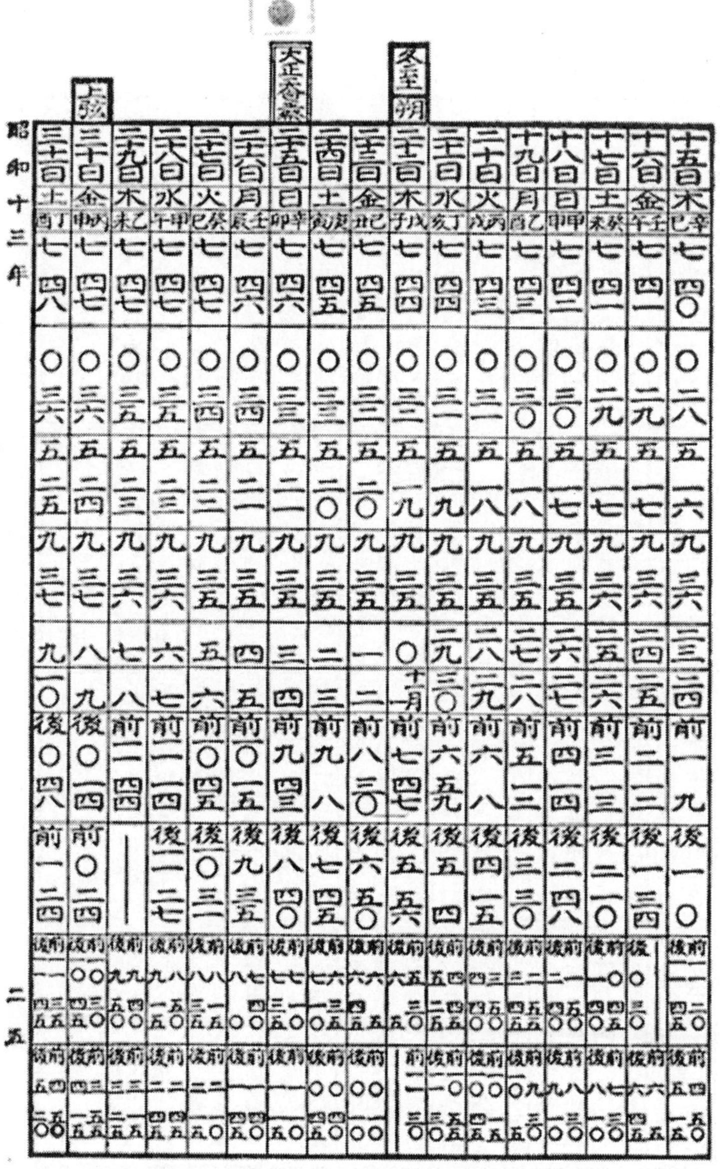

	十五日	木	辛巳	七 四〇	〇 二八	五 一六	九 三六	二三	二四	前一 九	後一 〇	後一一 四五 前一一 二〇	後五 一五 前四 五〇
	十六日	金	壬午	七 四一	〇 二九	五 一七	九 三六	二四	二五	前二 一二	後一 三四	後〇 三〇 前 —	後六 四五 前六 五
	十七日	土	癸未	七 四一	〇 二九	五 一七	九 三六	二五	二六	前三 一三	後二 一〇	後一 四〇 前〇 四五	後八 一〇 前七 三〇
	十八日	日	甲申	七 四二	〇 三〇	五 一七	九 三五	二六	二七	前四 一四	後二 四八	後二 四〇 前一 五〇	後九 一〇 前八 三〇
	十九日	月	乙酉	七 四三	〇 三〇	五 一八	九 三五	二七	二八	前五 一三	後三 三〇	後三 四五 前二 五五	後一〇 五 前九 三〇
	二十日	火	丙戌	七 四三	〇 三一	五 一八	九 三五	二八	二九	前六 八	後四 一五	後四 四〇 前三 五〇	後一〇 四五 前一〇 一五
	二十一日	水	丁亥	七 四四	〇 三一	五 一九	九 三五	二九	三〇	前六 五九	後五 四	後五 二五 前四 四五	後一一 三〇 前一〇 五五
冬至 朔	二十二日	木	戊子	七 四四	〇 三二	五 一九	九 三五	〇	十一月	前七 四七	後五 五六	後六 五 前五 三〇	後 — 前一一 三〇
	二十三日	金	己丑	七 四五	〇 三二	五 二〇	九 三五	一	二	前八 三〇	後六 五〇	後六 四五 前六 五	後〇 一〇 前〇 一〇
	二十四日	土	庚寅	七 四五	〇 三三	五 二〇	九 三五	二	三	前九 八	後七 四五	後七 一〇 前六 三五	後〇 四五 前〇 四〇
大正天皇祭	二十五日	日	辛卯	七 四六	〇 三三	五 二一	九 三五	三	四	前九 四三	後八 四〇	後七 三五 前七 一〇	後一 一五 前一 一〇
	二十六日	月	壬辰	七 四六	〇 三四	五 二一	九 三五	四	五	前一〇 一五	後九 三五	後八 〇 前七 四〇	後一 四五 前一 四〇
	二十七日	火	癸巳	七 四七	〇 三四	五 二二	九 三五	五	六	前一〇 四五	後一〇 三一	後八 三五 前八 一五	後二 一五 前二 一〇
	二十八日	水	甲午	七 四七	〇 三五	五 二三	九 三六	六	七	前一一 一四	後一一 二七	後九 一五 前八 五〇	後二 四五 前二 四五
	二十九日	木	乙未	七 四七	〇 三五	五 二三	九 三六	七	八	前一一 四四	—	後九 五〇 前九 四〇	後三 二五 前三 一五
上弦	三十日	金	丙申	七 四七	〇 三六	五 二四	九 三七	八	九	後〇 一四	前〇 二四	後一〇 四五 前一〇 三〇	後四 一五 前三 五五
	三十一日	土	丁酉	七 四八	〇 三六	五 二五	九 三七	九	一〇	後〇 四八	前一 二四	後一一 四五 前一一 三五	後五 二〇 前四 五〇

二五

各地毎旬

地名	月日	一月一日	一月十一日	一月二十一日	一月三十一日	二月十日	二月二十日	三月二日	三月十二日	三月二十二日	四月一日	四月十一日	四月二十一日	五月一日	五月十一日	五月二十一日	五月三十一日	六月十日	六月二十日
雄基	日出	七時四七分	七 四七	七 四三	七 三四	七 二三	七 九	六 五四	六 三七	六 二〇	六 三	五 四六	五 三〇	五 一五	五 二	四 五三	四 四五	四 四二	四 四二
雄基	日入	四時五六分	五 六	五 一七	五 三〇	五 四三	五 五六	六 八	六 二〇	六 三三	六 四三	六 五四	七 五	七 一七	七 二七	七 三八	七 四七	七 五四	七 五八
新義州	日出	八時五分	八 四	八 〇	七 五三	七 四三	七 三〇	七 一六	七 一	六 四四	六 二六	六 一三	五 五七	五 四四	五 三三	五 二三	五 一六	五 一三	五 一三
新義州	日入	五時二六分	五 三六	五 四七	五 五九	六 一二	六 二三	六 三四	六 四五	六 五五	七 六	七 一六	七 二六	七 三六	七 四六	七 五五	八 四	八 一〇	八 一四
元山	日出	七時五〇分	七 五〇	七 四八	七 三九	七 二九	七 一七	七 三	六 四八	六 三三	六 一七	六 一	五 四七	五 三三	五 二二	五 一三	五 七	五 四	五 四
元山	日入	五時一六分	五 二七	五 三七	五 四九	六 一	六 一三	六 二三	六 三三	六 四三	六 五三	七 三	七 一三	七 二三	七 三三	七 四二	七 四九	七 五五	七 五九
平壌	日出	七時五六分	七 五六	七 五三	七 四五	七 三六	七 二四	七 一〇	六 五五	六 三九	六 二四	六 八	五 五四	五 四〇	五 二九	五 二〇	五 一四	五 一二	五 一二
平壌	日入	五時二四分	五 三四	五 四五	五 五六	六 八	六 一九	六 三〇	六 四〇	六 五〇	七 〇	七 九	七 一九	七 二九	七 三八	七 四七	七 五五	八 二	八 六
京城	日出	七時四七分	七 四七	七 四四	七 三六	七 二六	七 一七	七 四	六 五〇	六 三四	六 一九	六 五	五 五二	五 三八	五 二七	五 一九	五 一三	五 一〇	五 一〇
京城	日入	五時二三分	五 三三	五 四三	五 五四	六 五	六 一六	六 二六	六 三六	六 四五	六 五四	七 三	七 一三	七 二二	七 三〇	七 三九	七 四六	七 五三	七 五六
大邱	日出	七時三六分	七 三六	七 三四	七 二六	七 一九	七 八	六 五六	六 四三	六 二八	六 一四	六 〇	五 四八	五 三四	五 二四	五 一六	五 一一	五 九	五 九
大邱	日入	五時二三分	五 三二	五 四〇	五 五一	六 一	六 一二	六 二〇	六 三〇	六 三八	六 四七	六 五五	七 三	七 一三	七 二〇	七 二八	七 三五	七 四二	七 四五
釜山	日出	七時三三分	七 三三	七 三〇	七 二五	七 一六	七 六	六 五四	六 四〇	六 二七	六 一三	五 五九	五 四六	五 三四	五 二四	五 一七	五 一三	五 九	五 九
釜山	日入	五時二三分	五 三一	五 四〇	五 五二	六 一	六 一〇	六 二〇	六 二八	六 三六	六 四四	六 五三	七 〇	七 九	七 一七	七 二四	七 三三	七 三七	七 四二
木浦	日出	七時四五分	七 四五	七 四〇	七 三五	七 二六	七 一六	七 四	六 五一	六 三七	六 二三	六 九	五 五七	五 四五	五 三五	五 二八	五 二三	五 二〇	五 二二
木浦	日入	五時三三分	五 四三	五 五三	六 二	六 一二	六 二二	六 三〇	六 三九	六 四七	六 五五	七 三	七 一一	七 一九	七 二七	七 三四	七 四一	七 四七	七 五〇

二六

日出入時刻

月 三十日	七月十日	七月二十日	七月三十日	八月九日	八月十九日	八月二十九日	九月八日	九月十八日	九月二十八日	十月八日	十月十八日	十月二十八日	十一月七日	十一月十七日	十一月二十七日	十二月七日	十二月十七日	十二月二十七日
四時四〇分	四 五〇	四 五八	五 八	五 一八	五 二八	五 三九	五 五〇	六 〇	六 一二	六 二三	六 三三	六 四五	六 五八	七 一〇	七 二二	七 三五	七 四一	七 四六
七時五六分	七 五七	七 五二	七 四二	七 二九	七 一五	六 五九	六 四二	六 二五	六 七	五 五〇	五 三四	五 一九	五 六	四 五六	四 四九	四 四六	四 四七	四 五三
五時一六分	五 二二	五 二九	五 三七	五 四七	五 五六	六 六	六 一五	六 二五	六 三五	六 四四	六 五五	七 六	七 一七	七 二九	七 四〇	七 五二	七 五八	八 三
八時一六分	八 一三	八 八	八 〇	七 四九	七 三五	七 二一	七 五	六 四八	六 三二	六 一五	六 〇	五 四六	五 三五	五 二五	五 一九	五 一七	五 一八	五 二三
五時七分	五 一三	五 一九	五 二八	五 三七	五 四六	五 五五	六 四	六 一三	六 二二	六 三二	六 四二	六 五二	七 三	七 一五	七 二六	七 三五	七 四三	七 四八
八時一分	七 五九	七 五三	七 四五	七 三五	七 二二	七 七	六 五二	六 三六	六 二〇	六 四	五 四九	五 三六	五 二四	五 一六	五 一〇	五 八	五 九	五 一四
五時一四分	五 一九	五 二六	五 三五	五 四四	五 五三	六 二	六 一二	六 二〇	六 二九	六 三八	六 四八	六 五九	七 一〇	七 二二	七 三三	七 四三	七 四九	七 五三
八時七分	八 五	八 〇	七 五三	七 四一	七 二八	七 一四	六 五九	六 四三	六 二七	六 一二	五 五六	五 四三	五 三三	五 二三	五 一七	五 一五	五 一六	五 二一
五時一三分	五 一八	五 二五	五 三三	五 四二	五 五〇	五 五九	六 七	六 一六	六 二四	六 三三	六 四二	六 五三	七 二	七 一三	七 二三	七 三三	七 四〇	七 四六
七時五八分	七 五六	七 五一	七 四三	七 三三	七 二二	七 七	六 五三	六 三七	六 二三	六 七	五 五三	五 四〇	五 二九	五 二二	五 一六	五 一四	五 一五	五 二〇
五時一二分	五 一七	五 二三	五 三〇	五 三八	五 四六	五 五四	六 二	六 九	六 一七	六 二五	六 三四	六 四三	六 五三	七 三	七 一三	七 二三	七 二九	七 三四
七時四六分	七 四四	七 四〇	七 三三	七 二三	七 一二	六 五九	六 四五	六 三〇	六 一五	六 一	五 四八	五 三六	五 二六	五 一八	五 一三	五 一二	五 一四	五 一九
五時一二分	五 一七	五 二三	五 三〇	五 三八	五 四六	五 五三	六 一	六 八	六 一五	六 二三	六 三二	六 四〇	六 五〇	七 〇	七 九	七 一八	七 二五	七 三二
七時四二分	七 四一	七 三六	七 三〇	七 二〇	七 九	六 五六	六 四三	六 二八	六 一四	六 〇	五 四七	五 三五	五 二五	五 一八	五 一三	五 一三	五 一四	五 一九
五時二四分	五 二八	五 三五	五 四二	五 四九	五 五七	六 四	六 一二	六 一九	六 二六	六 三四	六 四二	六 五〇	七 〇	七 九	七 一九	七 二八	七 三五	七 四〇
七時五三分	七 五〇	七 四六	七 三九	七 三〇	七 一九	七 七	六 五三	六 三九	六 二四	六 一二	五 五八	五 四六	五 三六	五 二九	五 二五	五 二三	五 二五	五 三〇

昭和十三年

朔・上弦・望・下弦

月	朔 日	朔 時刻	上弦 日	上弦 時刻	望 日	望 時刻	下弦 日	下弦 時刻
一月	二日 三十一日	前三時五分 後一〇時三五分	九日	後一一時一三分	十六日	後二時五三分	二十三日	後五時九分
二月	—	—	八日	前九時三三	十五日	前二時一四	二十二日	後一時二四
三月	二日	後二時四〇	九日	後五時三五	十六日	後二時一五	二十四日	前一〇時六
四月	一日 三十日	前三時五二 後二時二八	八日	前〇時一〇	十五日	前三時二一	二十三日	前五時一四
五月	二十九日	後一一時〇	七日	前六時二四	十四日	後五時三九	二十二日	後九時三六
六月	二十八日	前六時一〇	五日	後一時三三	十三日	前八時四七	二十一日	前一〇時五二
七月	二十七日	後〇時五四	四日	後一〇時四七	十三日	前〇時五	二十日	後九時一九
八月	二十五日	後八時一七	三日	前一一時〇	十一日	後二時五七	十九日	前五時三〇
九月	二十四日	前五時三四	二日	前二時二八	十日	前五時八	十七日	後〇時一二
十月	二十三日	後五時四二	一日 三十一日	後八時四五 後四時四五	九日	後六時三七	十六日	後六時二四
十一月	二十二日	前九時五	三十日	後〇時五九	八日	前七時二三	十五日	前一時二〇
十二月	二十二日	前三時七	三十日	前七時五三	七日	後七時二二	十四日	前一〇時一七分

各地潮時平均改正數

地名	時刻	加減
多獅島	四時四〇分	加
鎭南浦	四時一〇分	加
夢金浦	二時三〇分	加
群山	一時五〇分	減
木浦	滿潮二時二五分 干潮三時三〇分	減
麗水	八時五〇分	減
釜山	三時三〇分	加
濟州(西歸浦)	七時五分	減
迎日灣	〇時三五分	減
元山	一時三〇分	減
城津	一時四五分	減
雄基	一時四〇分	減

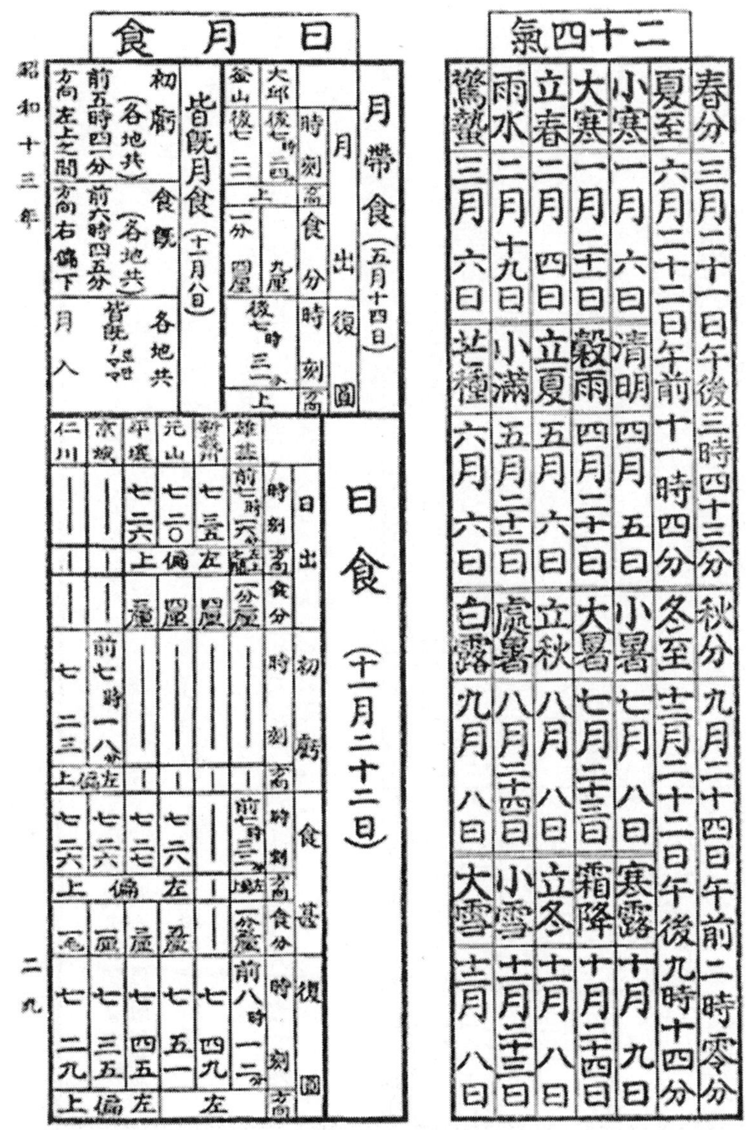

二十四氣

春分	三月二十一日午後三時四十三分			秋分	九月二十四日午前二時零分		
夏至	六月二十二日午前十一時四分			冬至	十二月二十二日午後九時十四分		
小寒	一月六日	清明	四月五日	小暑	七月八日	寒露	十月九日
大寒	一月二十一日	穀雨	四月二十一日	大暑	七月二十三日	霜降	十月二十四日
立春	二月四日	立夏	五月六日	立秋	八月八日	立冬	十一月八日
雨水	二月十九日	小滿	五月二十一日	處暑	八月二十四日	小雪	十一月二十三日
驚蟄	三月六日	芒種	六月六日	白露	九月八日	大雪	十二月八日

日月食

昭和十三年

月帶食（五月十四日）

		大邱	釜山
月出	時刻	後七時[illegible]	後七三
	高	上	
	食分	九[illegible]	一分四[illegible]
復圓	時刻	後七時三二	
	高	上	

皆既月食（十一月八日）

初虧（各地共）	前五時四一分	方向左上之間
食既（各地共）	前六時四五分	方向右偏下
各地共	皆既ノ儘	月入

日食（十一月二十二日）

		雄基	新義州	元山	平壤	京城	仁川
日出	時刻	前七時一六	七三五	七二〇	七二六	—	—
	高	[illegible]	上偏左			—	—
	食分	一分[illegible]	[illegible]	[illegible]	[illegible]	—	—
初虧	時刻	—	—	—	—	前七時一八分	七二三
	高	—	—	—	—	上偏左	
食甚	時刻	前七時三[illegible]	—	七二八	七二七	七二六	七二六
	高	[illegible]	—	上偏左			
	食分	一分[illegible]	—	[illegible]	[illegible]	[illegible]	[illegible]
復圓	時刻	前八時一二分	七四九	七五一	七四五	七三五	七二九
	高	左			上偏左		

二九

年代表竝陰陽曆對照表

說明

各月의 欄에는 其月의 一日에 相當한 陽曆의 月日及干支、其月의 大小를 記함。太線을 附한 것은 其月에 閏月 있음을 示하며 閏月은 最下欄에 記함。※印을 附한 것은 陽曆의 年次가 翌年에 亘한 것이니라。

歲의 欄은 其年에 出生한 人의 本年에 對한 年齡이니라。紀元欄에 閏이라 한 것은 陽曆의 閏年을 示함。

例

天保五年陰五月五日을 陽曆으로 換算코자 함。

天保五年의 行、五月의 欄을 見하면 陰五月一日은 陽六月七日임을 知得함。五月五日은 五日인즉 一日을 減하고 四日을 六月七日에 加하면 六月十一日이 됨。如斯히 求하여 答함。

注意

本表는 朝鮮의 陰曆(明治二十九年以後는 ...)大正以前은 內地曆에 對照한 것이니 ...

日本年號 / 朝鮮中國年號	天保五 / 道光一四	天保六 / 道光一五	天保七 / 道光一六	天保八 / 道光一七	天保九 / 道光一八	天保一〇 / 道光一九	天保一一 / 道光二〇	天保一二 / 道光二一
日本紀元 / 西曆紀元	二四九四 / 一八三四	二四九五 / 一八三五	閏 二四九六 / 一八三六	二四九七 / 一八三七	二四九八 / 一八三八	二四九九 / 一八三九	閏 二五〇〇 / 一八四〇	二五〇一 / 一八四一
干支	甲午	乙未	丙申	丁酉	戊戌	己亥	庚子	辛丑
歲	百五	百四	百三	百二	百一	百	九九	九八
正月	小 丁卯 二、九	小 辛酉 一、二九	小 乙酉 二、一七	大 己卯 二、五	小 甲戌 一、二六	小 戊戌 二、一四	大 壬辰 二、三	小 丁亥 一、二三
二月	大 丙申 三、一〇	大 庚寅 二、二七	大 甲寅 三、一七	小 己酉 三、七	大 癸卯 二、二四	大 丁卯 三、一五	小 壬戌 三、四	大 丙辰 二、二一
三月	大 丙寅 四、九	大 庚申 三、二九	小 甲申 四、一六	大 戊寅 四、五	小 癸酉 三、二六	小 丁酉 四、一四	大 辛卯 四、二	小 丙戌 三、二三
四月	小 丙申 五、九	小 庚寅 四、二八	大 癸丑 五、一五	小 戊申 五、五	大 壬寅 四、二四	小 丙寅 五、一三	小 辛酉 五、二	小 乙酉 五、二一
五月	大 乙丑 六、七	大 己未 五、二七	大 癸未 六、一四	大 丁丑 六、三	小 辛丑 六、二二	大 乙未 六、一一	小 庚寅 五、三一	小 甲寅 六、一九
六月	小 乙未 七、七	大 己丑 六、二六	小 癸丑 七、一四	小 丁未 七、三	大 庚午 七、二一	小 乙丑 七、一一	大 己未 六、二九	大 癸未 七、一八
七月	小 甲子 八、五	小 戊子 八、二四	大 壬午 八、一二	大 丙子 八、一	大 庚子 八、二〇	大 甲午 八、九	小 己丑 七、二九	小 癸丑 八、一七
八月	大 癸巳 九、三	大 丁巳 九、二二	小 壬子 九、一一	大 丙午 八、三一	小 庚午 九、一九	小 甲子 九、八	大 戊午 八、二七	大 壬午 九、一五
九月	小 癸亥 一〇、三	小 丁亥 一〇、二二	大 辛巳 一〇、一〇	小 丙子 九、三〇	大 己亥 一〇、一八	大 癸巳 一〇、七	小 戊子 九、二六	小 壬子 一〇、一五
十月	大 壬辰 一一、一	大 丙辰 一一、二〇	小 辛亥 一一、九	大 乙巳 一〇、二九	大 己巳 一一、一七	大 癸亥 一一、六	大 丁巳 一〇、二五	大 辛巳 一一、一三
十一月	小 壬戌 一二、一	小 丙戌 一二、二〇	大 庚辰 一二、八	小 乙亥 一一、二八	小 己亥 一二、一七	大 癸巳 一二、六	大 丁亥 一一、二四	大 辛亥 一二、一三
十二月	大 辛卯 一二、三〇	大 乙卯 ※一、一八	小 庚戌 ※一、七	大 甲辰 一二、二七	大 戊辰 ※一、一五	小 癸亥 ※一、五	大 丁巳 一二、二四	小 辛巳 ※一、一二
閏月		閏六月小 己未 七、二六			閏四月小 壬申 五、二四			閏三月大 乙卯 四、二一

年代表並陰陽曆對照表

日本年號 中國年號	天保一三 道光二二	天保一四 道光二三	弘化一 道光二四	弘化二 道光二五	弘化三 道光二六	弘化四 道光二七	嘉永一 道光二八	嘉永二 道光二九	嘉永三 道光三〇	嘉永四 咸豐一	嘉永五 咸豐二	嘉永六 咸豐三	安政一 咸豐四	安政二 咸豐五	安政三 咸豐六	安政四 咸豐七
日本紀元 西曆紀元	二五〇二 一八四二	二五〇三 一八四三	閏 二五〇四 一八四四	二五〇五 一八四五	二五〇六 一八四六	二五〇七 一八四七	閏 二五〇八 一八四八	二五〇九 一八四九	二五一〇 一八五〇	二五一一 一八五一	閏 二五一二 一八五二	二五一三 一八五三	二五一四 一八五四	二五一五 一八五五	閏 二五一六 一八五六	二五一七 一八五七
干支	壬寅	癸卯	甲辰	乙巳	丙午	丁未	戊申	己酉	庚戌	辛亥	壬子	癸丑	甲寅	乙卯	丙辰	丁巳
齡	九七	九六	九五	九四	九三	九二	九一	九〇	八九	八八	八七	八六	八五	八四	八三	八二
正月	大庚戌 二一〇	大甲辰 一三〇	大戊辰 二一八	小癸亥 二七	大丁巳 一二七	大辛巳 二一五	小丙子 二五	大庚午 一二四	大甲午 二一二	大戊子 二一	大壬子 二二〇	大丙午 二八	小辛丑 一二九	小乙丑 二一七	大己未 二六	小甲寅 一二六
二月	大庚辰 三一二	大甲戌 三一	大戊戌 三一九	大壬辰 三八	小丁亥 二二六	小辛亥 三一七	大乙巳 三五	小庚子 二二三	小甲子 三一四	大戊午 三三	小壬午 三二一	小丙子 三一〇	大庚午 二二七	小甲午 三一八	小己丑 三七	大癸未 二二四
三月	小庚戌 四一一	大甲辰 三三一	小戊辰 四一八	小壬戌 四七	大丙辰 三二七	小庚辰 四一五	小乙亥 四四	大己巳 三二四	大癸巳 四一二	小戊子 四二	大辛亥 四一九	大乙巳 四八	小庚子 三二九	大癸亥 四一六	小戊午 四五	小癸丑 三二六
四月	大己卯 五一〇	小甲戌 四三〇	大丁酉 五一七	大辛卯 五六	小丙戌 四二六	大己酉 五一四	小甲辰 五三	小己亥 四二三	小癸亥 五一二	大丁巳 五一	大辛巳 五一九	大乙亥 五八	大己巳 四二七	小癸巳 五一六	大丁亥 五四	小壬午 四二四
五月	小己酉 六九	大癸卯 五二九	小丁卯 六一六	大辛酉 六五	大乙卯 五二五	小己卯 六一三	大癸酉 六一	大丁酉 六二〇	小壬辰 六一〇	小丁亥 五三一	小辛亥 六一八	小乙巳 六七	小己亥 五二七	大壬戌 六一四	小丁巳 六三	大辛亥 五二三
六月	小戊寅 七八	小癸酉 六二八	大丙申 七一五	小辛卯 七五	大甲寅 七二三	大戊申 七一二	小癸卯 七一	小丁卯 七二〇	大辛酉 七九	小丙辰 六二九	小庚辰 七一七	大甲戌 七六	大戊辰 六二五	大壬辰 七一四	大丙戌 七二	大庚戌 七二一
七月	大丁未 八六	小壬寅 七二七	小丙寅 八一四	大庚申 八三	小甲申 八二二	小戊寅 八一一	大壬申 七三〇	大丙申 八一八	小辛卯 八八	大乙酉 七二八	大己酉 八一五	小甲辰 八五	大戊戌 七二五	小壬戌 八一三	小丙辰 八一	小庚辰 八二〇
八月	小丁丑 九五	小辛丑 九二四	大乙未 九一二	小庚寅 九二	大癸丑 九二〇	大丁未 九九	小壬寅 八二九	小丙寅 九一七	小庚申 九六	小乙卯 八二七	小己卯 九一四	大癸酉 九三	大丁酉 九二二	大辛卯 九一一	大乙酉 八三〇	大己酉 九一八
九月	大丙午 一〇四	大庚午 一〇二三	小乙丑 一〇一二	大己未 一〇一	大癸未 一〇二〇	大丁丑 一〇九	大辛未 九二七	大乙未 一〇一六	大己丑 一〇五	大癸丑 一〇二四	大戊申 一〇一三	小癸卯 一〇三	小丁卯 一〇二二	大辛酉 一〇一一	大乙卯 九二九	小己卯 一〇一八
十月	小丙子 一一三	小庚子 一一二二	大甲午 一一一〇	小己丑 一〇三一	小癸丑 一一一九	大丁未 一一八	大辛丑 一〇二七	小乙丑 一一一五	大己未 一一四	小癸未 一一二三	小戊寅 一一一二	大壬申 一一一	大丙申 一一二〇	小辛卯 一一一〇	大乙酉 一〇二九	大戊申 一一一六
十一月	大乙巳 一二二	大己巳 一二二一	小甲子 一二一〇	大戊午 一一二九	大壬午 一二一八	小丁丑 一二八	大辛未 一一二六	大甲午 一二一四	小己丑 一二四	大壬子 一二二二	小丁未 一二一一	小壬寅 一二一	小丙寅 一二二〇	大庚申 一二九	小乙卯 一一二八	大戊寅 一二一六
十二月	小乙亥 一一	小己亥 一二〇	大癸巳 一八	小戊子 一二二九	小壬子 一一七	大丙午 一六	小辛丑 一二二六	大甲子 一一三	大戊午 一二	大壬午 一二一	大丙子 一九	大辛未 一二三〇	大乙未 一一八	小庚寅 一八	大甲申 一二二七	大戊申 一一五
閏月		七月大辛未 八二五			五月小乙酉 六二四			四月小戊辰 五二二		八月小甲申 九二五			七月小戊辰 八二四			五月小辛巳 六二二

昭和十三年

三一

年代表並陰陽曆對照表

日本年號	朝鮮年號	日本紀元	西曆紀元	干支	歳	正月	二月	三月	四月	五月	六月	七月	八月	九月	十月	十一月	十二月	閏月
安政五	咸豐八	二五一八	一八五八	戊午	八一	小 戊寅 二・一四	大 丁未 三・一五	小 丁丑 四・一四	小 丙午 五・一三	大 乙亥 六・一一	小 乙巳 七・一一	小 甲戌 八・九	大 癸卯 九・七	大 癸酉 一〇・七	小 癸卯 一一・六	大 壬申 一二・五	大 壬寅 一・四	
安政六	咸豐九	二五一九	一八五九	己未	八〇	大 壬申 二・三	小 壬寅 三・五	大 辛未 四・三	小 辛丑 五・三	小 庚午 六・一	大 己亥 六・三〇	小 己巳 七・三〇	小 戊戌 八・二八	大 丁卯 九・二六	小 丁酉 一〇・二六	大 丙寅 一一・二四	大 丙申 一二・二四	
萬延元	咸豐一〇	二五二〇 閏	一八六〇	庚申	七九	大 丙寅 一・二三	小 丙申 二・二二	大 乙丑 三・二二	小 乙丑 五・二一	小 甲午 六・一九	大 癸亥 七・一八	小 癸巳 八・一七	小 壬戌 九・一五	大 辛卯 一〇・一四	小 辛酉 一一・一三	大 庚寅 一二・一二	大 庚申 一・一一	三月 大 乙未 四・二一
文久元	咸豐一一	二五二一	一八六一	辛酉	七八	小 庚寅 二・一〇	大 己未 三・一一	大 己丑 四・一〇	小 己未 五・一〇	大 戊子 六・八	小 戊午 七・八	大 丁亥 八・六	小 丁巳 九・五	大 丙戌 一〇・四	小 丙辰 一一・三	小 乙酉 一二・二	大 甲寅 一二・三一	
文久二	同治一	二五二二	一八六二	壬戌	七七	大 甲申 一・三〇	小 甲寅 三・一	大 癸未 三・三〇	小 癸丑 四・二九	大 壬午 五・二八	大 壬子 六・二七	小 壬午 七・二七	大 辛亥 八・二五	大 庚戌 一〇・二三	小 庚辰 一一・二二	小 己酉 一二・二一	大 戊寅 一・一九	八月 小 辛巳 九・二四
文久三	同治二	二五二三	一八六三	癸亥	七六	小 戊申 二・一八	大 丁丑 三・一九	大 丁未 四・一八	小 丁丑 五・一八	大 丙午 六・一六	小 丙子 七・一六	大 乙巳 八・一四	大 乙亥 九・一三	小 乙巳 一〇・一三	大 甲戌 一一・一一	小 甲辰 一二・一一	大 癸酉 一・九	
元治元	同治三	二五二四 閏	一八六四	甲子	七五	小 癸卯 二・八	小 壬申 三・八	大 辛丑 四・六	小 辛未 五・六	大 庚子 六・四	小 庚午 七・四	大 己亥 八・二	大 己巳 九・一	小 己亥 一〇・一	大 戊辰 一〇・三〇	大 戊戌 一一・二九	小 戊辰 一二・二九	
慶應元	同治四	二五二五	一八六五	乙丑	七四	大 丁酉 一・二七	小 丁卯 二・二六	小 丙申 三・二七	大 乙丑 四・二五	小 乙未 五・二五	小 甲午 七・二三	大 癸亥 八・二一	大 癸巳 九・二〇	小 癸亥 一〇・二〇	大 壬辰 一一・一八	大 壬戌 一二・一八	小 壬辰 一・一七	五月 大 甲子 六・二三
慶應二	同治五	二五二六	一八六六	丙寅	七三	大 辛酉 二・一五	小 辛卯 三・一七	小 庚申 四・一五	大 己丑 五・一四	小 己未 六・一三	小 戊子 七・一二	大 丁巳 八・一〇	大 丁亥 九・九	小 丁巳 一〇・九	大 丙戌 一一・七	大 丙辰 一二・七	大 丙戌 一・六	
慶應三	同治六	二五二七	一八六七	丁卯	七二	小 丙辰 二・五	大 乙酉 三・六	小 乙卯 四・五	小 甲申 五・四	大 癸丑 六・二	小 癸未 七・二	小 壬子 七・三一	大 辛巳 八・二九	小 辛亥 九・二八	大 庚辰 一〇・二七	大 庚戌 一一・二六	大 庚辰 一二・二六	
明治元	同治七	二五二八 閏	一八六八	戊辰	七一	小 庚戌 一・二五	大 己卯 二・二三	大 己酉 三・二四	小 己卯 四・二三	大 丁丑 六・二〇	小 丁未 七・二〇	小 丙子 八・一八	大 乙巳 九・一六	小 乙亥 一〇・一六	大 甲辰 一一・一四	大 甲戌 一二・一四	小 甲辰 一・一三	四月 小 戊申 五・二二
明治二	同治八	二五二九	一八六九	己巳	七〇	大 癸酉 二・一一	大 癸卯 三・一三	大 癸酉 四・一二	小 癸卯 五・一二	小 壬申 六・一〇	大 辛丑 七・九	小 辛未 八・八	小 庚子 九・六	大 己巳 一〇・五	小 己亥 一一・四	大 戊辰 一二・三	小 戊戌 一・二	
明治三	同治九	二五三〇	一八七〇	庚午	六九	大 丁卯 一・三一	大 丁酉 三・二	大 丁卯 四・一	小 丁酉 五・一	大 丙寅 五・三〇	小 丙申 六・二九	大 乙丑 七・二八	小 乙未 八・二七	小 甲子 九・二五	大 癸巳 一〇・二四	大 壬辰 一二・二二	小 壬戌 一・二一	十月 小 癸亥 一一・二三
明治四	同治一〇	二五三一	一八七一	辛未	六八	大 辛卯 二・一九	大 辛酉 三・二一	小 辛卯 四・二〇	大 庚申 五・一九	大 庚寅 六・一八	小 庚申 七・一八	大 己丑 八・一六	小 己未 九・一五	大 戊子 一〇・一四	小 戊午 一一・一三	小 丁亥 一二・一二	大 丙辰 一・一〇	
明治五	同治一一	二五三二 閏	一八七二	壬申	六七	小 丙戌 二・九	大 乙卯 三・九	小 乙酉 四・八	大 甲寅 五・七	大 甲申 六・六	小 甲寅 七・六	大 癸未 八・四	小 癸丑 九・三	大 壬午 一〇・二	大 壬子 一一・一	小 壬午 一二・一	大 辛亥 一二・三〇	
明治六	同治一二	二五三三	一八七三	癸酉	六六	小 辛巳 一・二九	小 庚戌 二・二七	大 己卯 三・二八	小 己酉 四・二七	大 戊寅 五・二六	小 戊申 六・二五	大 丁未 八・二三	小 丁丑 九・二二	大 丙午 一〇・二一	大 丙子 一一・二〇	小 丙午 一二・二〇	大 乙亥 一・一八	六月 大 丁丑 七・二四

年代表並陰陽曆對照表

昭和十三年

日本年號／朝鮮年號	明治七 同治一三	明治八 光緒一	明治九 光緒二	明治一〇 光緒三	明治一一 光緒四	明治一二 光緒五	明治一三 光緒六	明治一四 光緒七	明治一五 光緒八	明治一六 光緒九	明治一七 光緒一〇	明治一八 光緒一一	明治一九 光緒一二	明治二〇 光緒一三	明治二一 光緒一四	明治二二 光緒一五
西曆紀元／日本紀元	一八七四 二五三四	一八七五 二五三五	閏 一八七六 二五三六	一八七七 二五三七	一八七八 二五三八	一八七九 二五三九	閏 一八八〇 二五四〇	一八八一 二五四一	一八八二 二五四二	一八八三 二五四三	閏 一八八四 二五四四	一八八五 二五四五	一八八六 二五四六	一八八七 二五四七	閏 一八八八 二五四八	一八八九 二五四九
干支	甲戌	乙亥	丙子	丁丑	戊寅	己卯	庚辰	辛巳	壬午	癸未	甲申	乙酉	丙戌	丁亥	戊子	己丑
歲	六五	六四	六三	六二	六一	六〇	五九	五八	五七	五六	五五	五四	五三	五二	五一	五〇
正月	小 乙巳 二 一七	大 己亥 二 六	大 癸巳 一 二六	大 丁巳 二 一三	大 辛亥 二 二	大 乙巳 一 二二	大 己巳 二 一〇	小 甲子 一 三〇	小 戊子 二 一八	小 癸未 二 八	大 丁丑 一 二八	大 辛丑 二 一五	大 乙未 二 四	大 己丑 一 二四	大 癸丑 二 一二	大 丁未 一 三一
二月	小 甲戌 三 一八	小 己巳 三 八	大 癸亥 二 二五	大 丁亥 三 一五	大 辛巳 三 四	大 乙亥 二 二一	小 己亥 三 一一	大 癸巳 二 二八	大 丁巳 三 一九	小 壬子 三 九	小 丁未 二 二七	小 辛未 三 一七	小 乙丑 三 六	大 己未 二 二三	小 癸未 三 一三	小 丁丑 三 二
三月	大 癸卯 四 一六	小 戊戌 四 六	小 癸巳 三 二六	小 丁巳 四 一四	小 辛亥 四 三	小 乙巳 三 二三	大 戊辰 四 九	小 癸亥 三 三〇	小 丁亥 四 一八	大 辛巳 四 七	小 丙子 三 二七	小 庚子 四 一五	大 甲午 四 四	小 己丑 三 二五	大 壬子 四 一一	大 丙午 三 三一
四月	小 癸酉 五 一六	大 丁卯 五 五	小 壬戌 四 二四	小 丙戌 五 一三	大 庚辰 五 二	大 甲辰 五 二一	大 戊戌 五 九	大 壬辰 四 二八	大 丙辰 五 一七	小 辛亥 五 七	大 乙巳 四 二五	大 己巳 五 一四	小 甲子 五 四	大 戊午 四 二三	大 壬午 五 一一	大 丙子 四 三〇
五月	大 壬寅 六 一四	小 丁酉 六 四	大 辛卯 五 二三	大 乙卯 六 一一	小 庚戌 六 一	小 甲戌 六 二〇	小 戊辰 六 八	小 壬戌 五 二八	小 丙戌 六 一六	小 庚辰 六 五	小 乙亥 五 二五	小 己亥 六 一三	大 癸巳 六 二	大 丁巳 六 二一	小 壬子 六 一〇	小 丙午 五 三〇
六月	小 壬申 七 一四	小 丙寅 七 三	小 庚寅 七 二一	小 乙酉 七 一一	大 己卯 六 三〇	大 癸卯 七 一九	大 丁酉 七 七	大 辛卯 六 二六	大 乙卯 七 一五	大 己酉 七 四	大 癸酉 七 二二	小 戊辰 七 一二	小 癸亥 七 二	小 丁亥 七 二一	大 辛巳 七 九	大 乙亥 六 二八
七月	大 辛丑 八 一二	大 乙未 八 一	大 己未 八 一九	小 甲寅 八 九	小 己酉 七 三〇	小 癸酉 八 一八	大 丁卯 八 六	大 辛酉 七 二六	小 乙酉 八 一四	小 己卯 八 三	小 癸卯 八 二一	大 丁酉 八 一〇	小 壬辰 七 三一	小 丙辰 八 一九	小 辛亥 八 八	小 乙巳 七 二八
八月	小 辛未 九 一一	小 乙丑 八 三一	小 己丑 九 一八	大 癸未 九 七	小 戊寅 八 二八	小 壬寅 九 一六	小 丁酉 九 五	大 庚申 九 二三	大 甲寅 九 一二	大 戊申 九 一	大 壬申 九 一九	小 丁卯 九 九	大 辛酉 八 二九	大 乙酉 九 一七	小 庚辰 九 六	大 甲戌 八 二六
九月	大 庚子 一〇 一〇	大 甲午 九 二九	大 戊午 一〇 一七	小 癸丑 一〇 七	大 丁未 九 二六	大 辛未 一〇 一五	大 丙寅 一〇 四	大 庚寅 一〇 二三	大 甲申 一〇 一二	大 戊寅 一〇 一	大 壬寅 一〇 一九	大 丙申 一〇 八	小 辛卯 九 二八	小 乙卯 一〇 一七	大 己酉 一〇 五	小 甲辰 九 二五
十月	大 庚午 一一 九	大 甲子 一〇 二九	大 戊子 一一 一六	大 壬午 一一 五	小 丁丑 一〇 二六	小 辛丑 一一 一四	小 丙申 一一 三	小 庚申 一一 二二	小 甲寅 一一 一一	大 戊申 一〇 三一	小 壬申 一一 一八	小 丙寅 一一 七	大 庚申 一〇 二七	大 甲申 一一 一五	小 己卯 一一 四	大 癸酉 一〇 二四
十一月	大 庚子 一二 九	大 甲午 一一 二八	小 戊午 一二 一六	小 壬子 一二 五	大 丙午 一一 二四	大 庚午 一二 一三	小 乙丑 一二 二	大 己丑 一二 二一	大 癸未 一二 一〇	小 戊寅 一一 三〇	大 辛丑 一二 一七	大 乙未 一二 六	小 庚寅 一一 二六	小 甲寅 一二 一五	大 戊申 一二 三	小 癸卯 一一 二三
十二月	小 庚午 一 八	小 甲子 一二 二八	大 丁亥 一 一四	大 辛巳 一 三	小 丙子 一二 二四	小 庚子 一 一二	大 甲午 一二 三一	小 己未 一 二〇	大 癸丑 一 九	大 丁未 一二 二九	大 辛未 一 一六	大 乙丑 一 五	大 己未 一二 二五	大 癸未 一 一三	小 戊寅 一 二	大 壬申 一二 二二
閏月			閏五月小辛酉 六 二二			閏三月大甲戌 四 二一		閏七月小辛卯 八 二五			閏五月小甲辰 六 二三			閏四月小戊子 五 二三		

三三

昭和十三年

年代表竝陰陽暦對照表

日本年號 朝鮮年號	明治二三 光緒一六	明治二四 光緒一七	明治二五 光緒一八	明治二六 光緒一九	明治二七 光緒二〇	明治二八 光緒二一	明治二九 建陽一	明治三〇 光武一	明治三一 光武二	明治三二 光武三	明治三三 光武四	明治三四 光武五	明治三五 光武六	明治三六 光武七	明治三七 光武八	明治三八 光武九
日本紀元 西暦紀元	二五五〇 一八九〇	二五五一 一八九一	閏 二五五二 一八九二	二五五三 一八九三	二五五四 一八九四	二五五五 一八九五	閏 二五五六 一八九六	二五五七 一八九七	二五五八 一八九八	二五五九 一八九九	二五六〇 一九〇〇	二五六一 一九〇一	二五六二 一九〇二	二五六三 一九〇三	閏 二五六四 一九〇四	二五六五 一九〇五
干支	庚寅	辛卯	壬辰	癸巳	甲午	乙未	丙申	丁酉	戊戌	己亥	庚子	辛丑	壬寅	癸卯	甲辰	乙巳
歲	四九	四八	四七	四六	四五	四四	四三	四二	四一	四〇	三九	三八	三七	三六	三五	三四
正月	小 壬寅 一、二一	小 丙寅 二、九	小 辛酉 一、三〇	小 乙酉 二、一七	小 己卯 二、六	大 癸酉 一、二六	大 丙申 二、一三	小 辛卯 二、二	大 乙酉 一、二二	大 己酉 二、一〇	小 甲辰 一、三一	小 戊辰 二、一九	大 壬戌 二、八	小 丁巳 一、二九	大 庚辰 二、一六	大 甲戌 二、四
二月	大 辛未 二、一九	大 乙未 三、一〇	小 庚寅 二、二八	小 甲寅 三、一八	大 戊申 三、七	小 癸卯 二、二五	大 丙寅 三、一四	大 庚申 三、三	小 乙卯 二、二一	小 己卯 三、一二	大 癸酉 三、一	大 丁酉 三、二〇	小 壬辰 三、一〇	大 丙戌 二、二七	大 庚戌 三、一七	大 甲辰 三、六
三月	大 庚午 四、一九	小 乙丑 四、九	大 己未 三、二八	大 癸未 四、一六	小 戊寅 四、六	大 壬申 三、二六	大 丙申 四、一三	大 庚寅 四、二	大 甲申 三、二二	大 戊申 四、一〇	小 癸卯 三、三一	小 丁卯 四、一九	大 辛酉 四、八	小 丙辰 三、二九	小 庚辰 四、一六	小 甲戌 四、五
四月	小 庚子 五、一九	大 甲午 五、八	小 己丑 四、二七	小 癸丑 五、一六	大 丁未 五、五	小 壬寅 四、二五	小 丙寅 五、一三	小 庚申 五、二	大 癸未 五、二〇	小 戊寅 五、一〇	小 壬申 四、二九	小 丙申 五、一八	小 辛卯 五、八	大 乙酉 四、二七	大 己酉 五、一五	大 癸卯 五、四
五月	大 己巳 六、一七	小 甲子 六、七	小 戊午 五、二六	小 壬午 六、一四	小 丁丑 六、四	大 辛未 五、二四	大 乙未 六、一一	大 己丑 五、三一	大 癸丑 六、一九	大 丁未 六、八	大 辛丑 五、二八	大 乙丑 六、一六	小 庚申 六、六	小 乙卯 五、二七	小 己卯 六、一四	大 癸酉 六、三
六月	大 己亥 七、一七	大 癸巳 七、六	大 丁亥 六、二四	大 辛亥 七、一三	小 丙午 七、三	小 庚午 七、二二	小 乙丑 七、一一	小 己未 六、三〇	小 癸未 七、一九	小 丁丑 七、八	小 辛未 六、二七	小 乙未 七、一六	大 己丑 七、五	大 癸丑 七、二四	小 戊申 七、一三	小 癸卯 七、三
七月	小 己巳 八、一六	小 癸亥 八、五	大 丙戌 八、二二	小 辛巳 八、一二	大 乙亥 八、一	大 己亥 八、二〇	小 甲午 八、九	大 戊子 七、二九	大 壬子 八、一七	大 丙午 八、六	大 庚子 七、二六	大 甲子 八、一四	小 己未 八、四	小 癸未 八、二三	大 丁丑 八、一一	小 壬申 八、一
八月	大 戊戌 九、一四	大 壬辰 九、三	大 丙辰 九、二一	大 庚戌 九、一〇	小 乙巳 八、三一	小 己巳 九、一九	大 癸亥 九、七	小 戊午 八、二八	小 壬午 九、一六	大 丙子 九、五	大 庚午 八、二五	小 甲午 九、一三	大 戊子 九、二	小 壬子 九、二一	小 丁未 九、一〇	大 辛丑 八、三〇
九月	小 戊辰 一〇、一四	大 壬戌 一〇、三	小 丙戌 一〇、二一	小 庚辰 一〇、一〇	大 甲戌 九、二九	大 戊戌 一〇、一八	小 癸巳 一〇、七	大 丁亥 九、二六	大 辛亥 一〇、一五	小 丙午 一〇、五	大 己巳 一〇、二三	大 癸亥 一〇、一二	小 戊午 一〇、二	大 辛巳 一〇、二〇	小 丙子 一〇、九	小 辛未 九、二九
十月	大 丁酉 一一、一二	小 壬辰 一一、二	大 乙卯 一一、一九	大 己酉 一一、八	小 甲辰 一〇、二九	小 戊辰 一一、一七	大 壬戌 一一、五	小 丁巳 一〇、二六	小 辛巳 一一、一四	大 乙亥 一一、三	大 己亥 一一、二二	大 癸巳 一一、一一	大 丁亥 一〇、三一	大 辛亥 一一、一九	大 乙巳 一一、七	大 庚子 一〇、二八
十一月	小 丁卯 一二、一二	大 辛酉 一二、一	大 乙酉 一二、一九	大 己卯 一二、八	大 癸酉 一一、二七	大 丁酉 一二、一六	小 壬辰 一二、五	大 丙戌 一一、二四	大 庚戌 一二、一三	小 乙巳 一二、三	小 己巳 一二、二二	大 癸亥 一二、一一	大 丁巳 一一、三〇	小 辛巳 一二、一九	大 乙亥 一二、七	小 庚午 一一、二七
十二月	大 丙申 一、一〇	大 辛卯 一二、三一	大 乙卯 一、一八	大 己酉 一、七	大 癸卯 一二、二七	小 丁卯 一、一五	大 辛酉 一、三	小 丙辰 一二、二四	小 庚辰 一、一二	大 甲戌 一、一	大 戊戌 一、二〇	小 癸巳 一、一〇	大 丁亥 一二、三〇	大 庚戌 一、一七	小 乙巳 一、六	大 己亥 一二、二六
閏月	二月小 辛丑 三、二一		六月小 丁巳 七、二四			五月小 辛丑 六、二三			三月小 甲寅 四、二一		八月小 庚子 九、二四			五月小 甲申 六、二五		

三四

昭和十三年

年代表竝陰陽曆對照表

日本年號 朝鮮年號	明治三九 光武一〇	明治四〇 隆熙一	明治四一 隆熙二	明治四二 隆熙三	明治四三 隆熙四	明治四四	明治四五 大正一	大正二	大正三	大正四	大正五	大正六	大正七	大正八	大正九	大正一〇
西曆紀元 日本紀元	一九〇六 二五六六	一九〇七 二五六七	閏 一九〇八 二五六八	一九〇九 二五六九	一九一〇 二五七〇	一九一一 二五七一	閏 一九一二 二五七二	一九一三 二五七三	一九一四 二五七四	一九一五 二五七五	閏 一九一六 二五七六	一九一七 二五七七	一九一八 二五七八	一九一九 二五七九	閏 一九二〇 二五八〇	一九二一 二五八一
干支	丙午	丁未	戊申	己酉	庚戌	辛亥	壬子	癸丑	甲寅	乙卯	丙辰	丁巳	戊午	己未	庚申	辛酉
歲	三三	三二	三一	三〇	二九	二八	二七	二六	二五	二四	二三	二二	二一	二〇	一九	一八
正月	小 己巳 一、二五	小 癸巳 二、一三	大 丁亥 二、二	小 壬午 一、二二	小 丙午 二、一〇	大 庚子 一、三〇	大 甲子 二、一八	大 戊午 二、六	大 壬子 一、二六	大 丙子 二、一四	小 辛未 二、四	大 乙丑 一、二三	大 己丑 二、一一	小 甲申 二、一	小 戊申 二、二〇	大 壬寅 二、八
二月	大 戊戌 二、二三	大 壬戌 三、一四	小 丁巳 三、三	大 辛亥 二、二〇	大 乙亥 三、一一	小 庚午 三、一	小 甲午 三、一九	大 戊子 三、八	大 壬午 二、二五	小 丙午 三、一六	大 庚子 三、四	小 乙未 二、二三	小 己未 三、一三	大 癸丑 三、二	大 丁丑 三、二〇	小 壬申 三、一〇
三月	大 戊辰 三、二五	小 壬辰 四、一三	小 丙戌 四、一	小 庚戌 四、二〇	小 乙巳 四、一〇	大 己亥 三、三〇	大 癸亥 四、一七	小 戊午 四、七	小 壬子 三、二七	大 乙亥 四、一四	小 庚午 四、三	大 癸巳 四、二一	小 戊子 四、一一	小 癸未 四、一	小 丁未 四、一九	大 辛丑 四、八
四月	小 戊戌 四、二四	大 辛酉 五、一二	大 乙卯 四、三〇	大 己卯 五、一九	小 甲戌 五、九	小 己巳 四、二九	小 癸巳 五、一七	大 丁亥 五、六	大 辛巳 四、二五	大 乙巳 五、一四	大 己亥 五、二	小 癸亥 五、二一	大 丁巳 五、一〇	小 壬子 四、三〇	小 丙子 五、一八	小 辛未 五、八
五月	小 丁酉 六、二三	小 辛卯 六、一一	大 乙酉 五、三〇	小 己酉 六、一八	大 癸卯 六、七	小 戊戌 五、二八	小 壬戌 六、一五	小 丁巳 六、五	大 辛亥 五、二五	小 乙亥 六、一三	小 己巳 六、一	大 壬辰 六、一九	小 丁亥 六、九	大 辛巳 五、二九	大 乙巳 六、一六	小 庚子 六、六
六月	大 丙寅 七、二一	大 庚申 七、一〇	小 乙卯 六、二九	大 戊寅 七、一七	小 癸酉 七、七	大 丁卯 六、二六	大 辛卯 七、一四	小 丙戌 七、四	小 庚戌 七、二三	大 甲辰 七、一二	大 戊戌 六、三〇	大 壬戌 七、一九	大 丙辰 七、八	小 辛亥 六、二八	小 乙亥 七、一六	大 己巳 七、五
七月	小 丙申 八、二〇	大 庚寅 八、九	大 甲申 七、二八	小 戊申 八、一六	大 壬寅 八、五	小 丙寅 八、二四	小 辛酉 八、一三	大 乙卯 八、二	大 己卯 八、二一	小 甲戌 八、一一	大 戊辰 七、三〇	小 壬辰 八、一八	小 丙戌 八、七	大 庚辰 七、二七	小 甲辰 八、一四	小 己亥 八、四
八月	大 乙丑 九、一八	小 庚申 九、八	小 甲寅 八、二七	大 丁丑 九、一四	小 壬申 九、四	大 乙未 九、二二	小 庚寅 九、一一	小 乙酉 九、一	小 己酉 九、二〇	大 癸卯 九、九	小 戊戌 八、二九	大 辛酉 九、一六	大 乙卯 九、五	大 己卯 九、二四	大 癸酉 九、一二	小 戊辰 九、二
九月	小 乙未 一〇、一八	大 己丑 一〇、七	大 癸未 九、二五	大 丁未 一〇、一四	大 辛丑 一〇、三	大 乙丑 一〇、二二	大 己未 一〇、一〇	小 甲寅 九、三〇	大 戊寅 一〇、一九	小 癸酉 一〇、九	大 丁卯 九、二七	大 辛卯 一〇、一六	大 乙酉 一〇、五	大 己酉 一〇、二四	大 癸卯 一〇、一二	大 丁酉 一〇、一
十月	大 甲子 一一、一六	小 己未 一一、六	大 癸丑 一〇、二五	大 丁丑 一一、一三	大 辛未 一一、二	小 乙未 一一、二一	大 己丑 一一、九	大 癸未 一〇、二九	小 戊申 一一、一八	大 壬寅 一一、七	小 丁酉 一〇、二七	小 辛酉 一一、一五	大 乙卯 一一、四	小 己卯 一一、二三	小 癸酉 一一、一一	小 丁卯 一〇、三一
十一月	小 甲午 一二、一六	大 戊子 一二、五	小 癸未 一二、二四	小 丁未 一二、一三	大 辛丑 一二、二	大 甲子 一二、二〇	小 己亥 一二、九	小 癸丑 一一、二八	小 丁丑 一二、一七	小 壬申 一二、七	大 丙寅 一一、二五	大 庚寅 一二、一四	小 乙酉 一二、四	大 戊申 一一、二三	大 壬寅 一二、一〇	大 丙申 一一、二九
十二月	大 癸亥 一、一四	小 戊午 一、四	大 壬子 一二、二三	大 丙子 一、一一	小 辛未 一、一	大 甲午 一、一九	大 戊子 一、七	大 壬午 一二、二七	大 丙午 一、一五	大 辛丑 一、五	小 丙申 一二、二五	小 庚申 一、一三	大 甲寅 一、一二	大 戊寅 一、二一	大 壬申 一、九	大 丙寅 一二、二九
閏月	四月大丁卯 五、二三			二月小辛巳 三、二三		六月小丁酉 七、二六			五月小辛巳 六、二四			二月小甲子 三、二三		七月小戊戌 八、二六		

三五

年代表竝陰陽曆對照表

年號	日本紀元 西暦紀元	干支	歳	正月	二月	三月	四月	五月	六月	七月	八月	九月	十月	十一月	十二月	閏月
大正一一	二五八二 一九二二	壬戌	一七	大丙申 一、二八	小丙寅 二、二七	大乙未 三、二八	大乙丑 四、二七	小乙未 五、二七	大癸巳 七、二四	小癸亥 八、二三	小壬辰 九、二一	大辛酉 一〇、二〇	小辛卯 一一、一九	大庚申 一二、一八	大庚寅 一、一七	閏五月小甲子 六、二五
大正一二	二五八三 一九二三	癸亥	一六	小庚申 二、一六	大己丑 三、一七	大己未 四、一六	小己丑 五、一六	大戊午 六、一四	小戊子 七、一四	大丁巳 八、一二	小丁亥 九、一一	大丙辰 一〇、一〇	小丙戌 一一、九	小乙卯 一二、八	大甲申 一、六	
大正一三	閏 二五八四 一九二四	甲子	一五	大甲寅 二、五	小甲申 三、六	大癸丑 四、四	小癸未 五、四	大壬子 六、二	大壬午 七、二	小壬子 八、一	大辛巳 八、三〇	小辛亥 九、二九	大庚辰 一〇、二八	小庚戌 一一、二七	小己卯 一二、二六	
大正一四	二五八五 一九二五	乙丑	一四	大戊申 一、二四	小戊寅 二、二三	大丁未 三、二四	小丁丑 四、二三	大丙子 六、二一	小丙午 七、二一	大乙亥 八、一九	大乙巳 九、一八	小乙亥 一〇、一八	大甲辰 一一、一六	小甲戌 一二、一六	大癸卯 一、一四	閏四月大丙午 五、二二
大正一五 昭和一	二五八六 一九二六	丙寅	一三	小癸酉 二、一三	小壬寅 三、一四	大辛未 四、一二	小辛丑 五、一二	大庚午 六、一〇	小庚子 七、一〇	大己巳 八、八	大己亥 九、七	小己巳 一〇、七	大戊戌 一一、五	大戊辰 一二、五	小戊戌 一、四	
昭和二	二五八七 一九二七	丁卯	一二	大丁卯 二、二	小丁酉 三、四	小丙寅 四、二	大乙未 五、一	小乙丑 五、三一	大甲午 六、二九	小甲子 七、二九	大癸巳 八、二七	大癸亥 九、二六	小癸巳 一〇、二六	大壬戌 一一、二四	大壬辰 一二、二四	
昭和三	閏 二五八八 一九二八	戊辰	一一	小壬戌 一、二三	大辛卯 二、二一	小庚寅 四、二〇	大己未 五、一九	小己丑 六、一八	小戊午 七、一七	大丁亥 八、一五	大丁巳 九、一四	小丁亥 一〇、一四	大丙辰 一一、一二	大丙戌 一二、一二	大丙辰 一、一一	閏二月小辛酉 三、二二
昭和四	二五八九 一九二九	己巳	一〇	小丙戌 二、一〇	大乙卯 三、一一	小乙酉 四、一〇	小甲寅 五、九	大癸未 六、七	小癸丑 七、七	小壬午 八、五	大辛亥 九、三	小辛巳 一〇、三	大庚戌 一一、一	大庚辰 一二、一	大庚戌 一二、三一	
昭和五	二五九〇 一九三〇	庚午	九	小庚辰 一、三〇	大己酉 二、二八	大己卯 三、三〇	小己酉 四、二九	小戊寅 五、二八	大丁未 六、二六	小丙午 八、二四	大乙亥 九、二二	小乙巳 一〇、二二	大甲戌 一一、二〇	大甲辰 一二、二〇	小甲戌 一、一九	閏六月小丁丑 七、二六
昭和六	二五九一 一九三一	辛未	八	大癸卯 二、一七	大癸酉 三、一九	大癸卯 四、一八	小癸酉 五、一八	小壬寅 六、一六	大辛未 七、一五	小辛丑 八、一四	小庚午 九、一二	大己亥 一〇、一一	小己巳 一一、一〇	大戊戌 一二、九	小戊辰 一、八	
昭和七	閏 二五九二 一九三二	壬申	七	大丁酉 二、六	大丁卯 三、七	大丁酉 四、六	小丁卯 五、六	大丙申 六、四	小丙寅 七、四	大乙未 八、二	小乙丑 九、一	小甲午 九、三〇	大癸亥 一〇、二九	小癸巳 一一、二八	大壬戌 一二、二七	
昭和八	二五九三 一九三三	癸酉	六	小壬辰 一、二六	大辛酉 二、二四	大辛卯 三、二六	小辛酉 四、二五	大庚寅 五、二四	小庚寅 七、二三	大己未 八、二一	小己丑 九、二〇	大戊午 一〇、一九	小戊子 一一、一八	小丁巳 一二、一七	大丙戌 一、一五	閏五月大庚申 六、二三
昭和九	二五九四 一九三四	甲戌	五	小丙辰 二、一四	大乙酉 三、一五	小乙卯 四、一四	大甲申 五、一三	大甲寅 六、一二	小甲申 七、一二	大癸丑 八、一〇	大癸未 九、九	小癸丑 一〇、九	大壬午 一一、七	小壬子 一二、七	大辛巳 一、五	
昭和一〇	二五九五 一九三五	乙亥	四	小辛亥 二、四	小庚辰 三、五	大己酉 四、三	小己卯 五、三	大戊申 六、一	小戊寅 七、一	大丁未 七、三〇	大丁丑 八、二九	小丁未 九、二八	大丙子 一〇、二七	大丙午 一一、二六	小丙子 一二、二六	
昭和一一	閏 二五九六 一九三六	丙子	三	大乙巳 一、二四	小乙亥 二、二三	小甲辰 三、二三	小癸卯 五、二一	大壬申 六、一九	小壬寅 七、一九	大辛未 八、一七	小辛丑 九、一六	大庚午 一〇、一五	大庚子 一一、一四	大庚午 一二、一四	小庚子 一、一三	閏三月大癸酉 四、二一
昭和一二	二五九七 一九三七	丁丑	二	大己巳 二、一一	小己亥 三、一三	小戊辰 四、一一	大丁酉 五、一〇	小丁卯 六、九	小丙申 七、八	大乙丑 八、六	小乙未 九、五	大甲子 一〇、四	大甲午 一一、三	大甲子 一二、三	小甲午 一、二	

昭和十三年

平均氣温(攝氏)

地名	一月	二月	三月	四月	五月	六月	七月	八月	九月	十月	十一月	十二月	年
雄基	(一)九・三	(一)六・八	(一)一・四	五・三	九・九	一四・四	一九・一	二一・二	一六・七	一〇・〇	〇・九	(一)六・二	六・二
中江鎭	(一)二二・二	(一)一五・五	(一)四・七	六・三	一三・四	一八・六	二三・五	二一・六	一四・三	六・三	(一)三・七	(一)一五・六	三・五
城津	(一)五・九	(一)四・三	〇・八	六・五	一〇・九	一五・三	二〇・〇	二二・〇	一七・八	一一・六	三・八	(一)三・一	七・九
新義州	(一)九・六	(一)六・三	(一)〇・二	七・九	一五・二	一九・九	二三・五	二三・九	一八・〇	一〇・八	二・四	(一)五・四	八・四
元山	(一)三・七	(一)二・五	二・四	八・四	一四・九	一九・一	二二・七	二三・三	一八・八	一三・〇	五・六	(一)〇・九	一〇・二
平壤	(一)八・〇	(一)五・〇	一・三	九・三	一五・四	二〇・五	二四・〇	二四・三	一八・九	一一・八	三・二	(一)五・一	九・二
江陵	(一)一・四	〇・〇	四・五	一二・二	一六・三	二〇・三	二四・一	二四・四	一九・六	一四・三	八・二	一・九	一一・九
京城	(一)四・七	(一)二・〇	三・三	一〇・六	一六・三	二一・二	二四・六	二五・四	二〇・一	一三・一	五・三	(一)一・八	一〇・九
仁川	(一)三・八	(一)二・一	二・八	九・五	一四・八	一九・六	二三・四	二四・七	二〇・三	一四・一	六・二	(一)一・二	一〇・七
大邱	(一)一・七	〇・四	五・三	一二・〇	一七・五	二三・〇	二五・五	二六・〇	二〇・七	一四・三	七・二	〇・八	一三・五
全州	(一)二・二	(一)〇・四	四・五	一二・二	一六・八	二一・五	二五・六	二五・九	二〇・四	一三・六	七・三	二・二	一二・一
釜山	一・九	三・〇	七・〇	一二・三	一六・四	二〇・〇	二三・九	二五・五	二一・七	一六・三	一〇・三	四・四	一三・五
木浦	〇・九	一・六	五・三	一二・三	一六・四	二〇・六	二四・六	二六・一	二一・八	一六・〇	九・六	三・六	一三・一
濟州	四・四	四・七	七・五	一二・三	一六・三	二〇・五	二五・四	二六・〇	二一・六	一六・六	一一・九	七・六	一四・六
臺北	一五・二	一四・八	一六・九	二〇・七	二四・一	二六・六	二八・二	二七・九	二六・二	二三・九	一九・八	一六・八	二二・七
鹿兒島	七・〇	七・四	一〇・六	一五・五	一八・八	二三・三	二六・三	二六・八	二四・二	一八・九	一三・六	八・九	一六・七
下關	五・三	五・三	八・二	一二・九	一七・〇	二〇・八	二四・九	二六・五	二三・〇	一七・六	一三・六	七・九	一五・三
大阪	四・一	四・三	七・三	一三・三	一七・六	二一・九	二六・二	二七・三	二三・四	一七・一	一一・五	六・八	一五・〇
東京	三・〇	三・七	六・九	一二・六	一六・七	二〇・五	二四・三	二五・六	二三・〇	一六・〇	一〇・六	五・四	一三・九
札幌	(一)六・三	(一)五・三	(一)一・七	五・三	一〇・四	一四・九	一九・一	二〇・九	一六・三	九・八	三・二	(一)三・二	六・九
大泊	(一)一二・二	(一)一〇・三	(一)五・六	一・〇	五・五	一〇・一	一四・七	一七・三	一三・七	七・六	(一)〇・三	(一)六・八	三・〇
大連	(一)五・二	(一)三・六	一・八	九・二	一五・四	二〇・三	二三・五	二四・四	一九・九	一三・七	五・三	(一)三・〇	一〇・二
奉天	(一)一三・〇	(一)九・三	(一)一・〇	八・六	一六・〇	二一・六	二四・八	二三・六	一六・九	九・一	(一)一・二	(一)九・八	七・三

三七

平均最高氣温(攝氏)

地名	雄基	中江鎭	城津	新義州	元山	平壤	江陵	京城	仁川	大邱	全州	釜山	木浦	濟州	台北	鹿兒島	下關	大阪	東京	札幌	大泊	大連	奉天
一月	(一)五四	(一)一二三	(一)〇六	(一)三八	〇九	(一)二八	三五	(一)〇一	〇三	三五	二六	六二	五一	七〇	一九〇	一一九	八五	八五	八三	(一)一九	(一)八〇	(一)一三	(一)六五
二月	(一)二四	(一)六三	〇六	(一)〇八	二三	〇三	四八	二九	三三	五七	四五	七四	六一	七七	一八五	一二三	八六	八八	八七	(一)〇八	(一)五八	〇三	(一)二六
三月	二六	二三	五〇	五一	七三	六六	九五	八五	七三	一一三	一〇四	一一四	一〇三	一二三	二〇九	一五六	一一八	一二三	一一九	二六	(一)一六	六〇	五〇
四月	一〇二	一三五	一一八	一三四	一五〇	一五七	一六六	一六七	一四五	一八三	一七六	一六四	一六五	一六四	二四九	二〇三	一六九	一八二	一七四	一〇五	四七	一四二	一五五
五月	一四五	二〇七	一五九	二〇七	二〇五	二一七	二一七	二二三	一九六	二三八	二三三	二〇七	二一三	二〇七	二八五	二三六	二一〇	二三六	二一二	一六三	九九	二〇二	二三八
六月	一八二	二五八	一九五	二四六	二三九	二六七	二五三	二六九	二四二	二七八	二七六	二三七	二五一	二四四	三一五	二六三	二四四	二六三	二四六	二〇六	一四四	二四八	二八二
七月	二二四	二八八	二三七	二七三	二六六	二八八	二八三	二八九	二七三	三〇三	三〇一	二七〇	二八四	二九〇	三三二	三〇二	二八五	三〇四	二八三	二四一	一八五	二七三	三〇二
八月	二四五	二八二	二五七	二八五	二七三	二九一	二八七	三〇一	二八七	三〇九	三〇六	二九一	三〇三	二九四	三三九	三二三	三〇三	三三一	二九九	二六二	二一〇	二八一	二九三
九月	二〇九	二三〇	二二四	二五〇	二三五	二四六	二四六	二五五	二四八	二五九	二六〇	二五六	二六三	二五〇	三〇九	二八七	二六七	二八三	二六〇	二二八	一七七	二四一	二四〇
十月	一四七	一四六	一六八	一七三	一八四	一八二	二〇一	一九四	一八九	二〇八	二〇三	二二一	二二三	二〇四	二七一	二四一	二一七	二二三	二〇五	一五七	一一七	一八三	一六三
十一月	五三	二五	八九	七七	一〇四	八四	一三五	一〇七	一〇七	一三三	一二九	一四九	一四五	一五五	二三八	一九〇	一六三	一六六	一五七	六八	三二	九三	四八
十二月	(一)二二	(一)八五	二一	(一)〇三	三六	(一)〇一	六七	二八	三一	六二	五八	八七	八〇	一〇六	二〇七	一四一	一二二	一一三	一〇八	一〇	(一)三三	一八	(一)三八
年	一〇三	一〇九	一二六	一三八	一五〇	一四八	一六九	一六二	一五一	一八一	一七六	一七七	一七七	一八二	二三〇	二一四	一八八	一九八	一八六	一三〇	六九	一四四	一三六

平均最低氣温(攝氏)

地名	雄基	中江鎭	城津	新義州	元山	平壤	江陵	京城	仁川	大邱	全州	釜山	木浦	濟州	台北	鹿兒島	下關	大阪	東京	札幌	大泊	大連	奉天
一月	(一)一三・二	(一)二九・一	(一)一〇・八	(一)一四・八	(一)八・〇	(一)一三・二	(一)五・四	(一)九・五	(一)七・三	(一)六・二	(一)六・三	(一)一・八	(一)二・三	一・七	一二・三	二・五	二・六	〇・二	(一)一・四	(一)一一・五	(一)一五・五	(一)八・九	(一)一九・〇
二月	(一)一〇・八	(一)二一・四	(一)八・九	(一)一二・三	(一)六・六	(一)一〇・〇	(一)四・三	(一)六・六	(一)五・五	(一)四・三	(一)四・七	(一)〇・八	(一)一・七	一・七	一三・〇	二・九	二・四	〇・三	(一)〇・七	(一)一〇・九	(一)一四・九	(一)七・三	(一)一五・六
三月	(一)五・三	(一)一一・六	(一)三・五	(一)四・九	(一)一・八	(一)三・五	(一)〇・一	(一)一・八	(一)〇・七	(一)〇・一	(一)〇・七	(一)二・九	一・四	三・八	一三・九	五・八	四・八	二・六	二・三	(一)六・六	(一)九・八	(一)一・八	(一)六・六
四月	二・三	(一)〇・三	二・五	二・九	四・八	三・五	六・〇	四・八	五・七	六・〇	五・三	八・二	七・二	八・一	一七・三	一〇・八	九・五	八・三	七・九	〇・一	(一)二・六	五・一	二・一
五月	六・三	六・六	七・三	一〇・一	一〇・二	九・七	一一・一	一〇・八	一一・二	一一・四	一一・一	一二・五	一二・五	一二・三	二〇・八	一四・三	一三・六	一二・六	一二・三	四・八	一・四	一一・一	九・四
六月	一一・四	一三・五	一二・四	一五・九	一五・二	一五・三	一五・八	一六・一	一六・一	一六・七	一六・三	一六・八	一七・三	一七・〇	二二・九	一八・九	一七・九	一八・〇	一七・〇	一〇・〇	六・三	一六・四	一五・六
七月	一六・六	一七・七	一七・五	二〇・五	一九・五	二〇・一	二〇・四	二一・〇	二〇・六	二二・六	二二・〇	二二・三	二一・九	二三・四	二四・三	二二・七	二二・一	二二・六	二〇・〇	一四・八	一二・二	二〇・六	二〇・一
八月	一八・〇	一六・六	一九・一	二〇・二	二〇・一	二〇・二	二〇・七	二一・五	二一・六	二二・〇	二二・〇	二二・六	二三・〇	二二・九	二四・三	二三・三	二三・六	二三・四	二三・三	一六・三	一三・七	二二・四	一八・九
九月	一二・三	八・五	一三・五	一四・三	一四・八	一三・八	一五・五	一五・一	一六・四	一六・三	一五・六	一八・四	一八・四	一八・三	二三・六	二〇・八	二〇・一	一九・五	一八・七	一一・〇	九・五	一六・三	一一・三
十月	五・三	〇・〇	六・六	五・六	八・二	六・三	九・五	七・二	九・九	八・四	七・九	一二・一	一二・一	一二・七	一九・八	一四・六	一四・四	一二・七	一三・三	三・九	三・二	九・八	三・四
十一月	(一)三・二	(一)八・九	(一)〇・六	(一)一・八	二・二	(一)一・七	三・五	〇・二	二・一	一・九	二・三	六・〇	五・九	八・三	一六・八	八・九	九・五	六・九	六・三	(一)一・三	(一)四・一	二・三	(一)六・三
十二月	(一)九・八	(一)二二・三	(一)七・四	(一)九・四	(一)五・一	(一)九・八	(一)二・一	(一)六・四	(一)四・六	(一)三・六	(一)三・〇	〇・六	〇・三	四・五	一三・九	四・三	五・一	二・四	〇・八	(一)七・八	(一)一〇・八	(一)五・七	(一)一五・三
年	二・四	(一)二・九	四・〇	四・〇	六・〇	四・二	七・六	六・〇	七・一	七・五	七・二	九・九	一一・六	一二・二	一八・四	一二・五	一二・一	一〇・八	九・九	一・九	(一)一・〇	六・五	一・五

降水量(粍)

地名	一月	二月	三月	四月	五月	六月	七月	八月	九月	十月	十一月	十二月	年
雄基	四七	七九	二二二	二八三	七五七	一〇一〇	一三三五	一九四七	二〇五	六九三	二五四	九七	七九一八
中江鎮	一一八	九七	二三一	三三七	八四九	一二三三	一八九七	一六五七	八四〇	四四七	三三二	一一六	八一二四
城津	二一五	一五一	二二二	二九八	六一〇	七〇二	一一三九	一五四一	二一四	四五八	四七〇	二八五	七一九六
新義州	五八	八三	一七三	四〇三	一〇九八	一四七四	二六八四	二四八八	九八八	五五九	三四〇	一九四	一〇五四一
元山	三二八	三八三	四八三	七三七	八七四	一二四九	二八四一	三一七八	一八一五	七七五	六九五	三一一	一三六二八
平壤	一四四	一二四	二四一	四五八	七〇〇	七六四	二四七七	二一六四	一一八七	四六四	四〇二	二〇五	九三三〇
江陵	五六三	六五〇	五九七	八四三	七五〇	一〇〇八	三三九一	二三八二	一七六四	七三四	六四六	六四三	一三九七一
京城	二五一	二三三	三八〇	七七三	八八〇	一二六六	三八一一	二七五三	二一五	三九三	四五八	二九〇	一三六九〇
仁川	二〇〇	一八四	二九三	六六九	八九九	九九三	二八一四	二三八〇	一四五	四〇〇	四一五	二七五	一〇四七七
大邱	二二九	二四四	三三〇	七九〇	七三九	一三一八	三二四四	一八一〇	四〇六	三六一	三〇七	二四三	一〇〇三一
全州	二七八	三〇六	三九九	八五八	七九〇	一二九八	三〇〇五	二七五九	三三二	五〇一	四七六	四六四	一二五五八
釜山	四五三	三六八	六三八	一四四八	一二七三	一〇四九	三〇四五	一九一〇	一七八七	六八七	四三七	三一八	一四一二三
木浦	三五五	三六八	三九二	九四四	九〇七	一三九九	二一八九	一七四九	三二九	四九九	四三七	三九五	一〇八六三
濟州	五五二	七一四	六二三	八二一	七六一	一四一九	二一一〇	二五九二	二四八一	五一四	六三九	七六二	一三九八七
台北	八七七	一三七三	一八三七	一六七七	二三一六	二八四一	三三三三	三〇三二	三三四四	一一八八	六四八	七三一	二一〇九七
鹿兒島	七六八	九八五	一五三七	二三七九	二二一	四〇一八	二九八〇	一八九七	二一九五	一一八一	九二五	八五四	二一七七二
下關	六七一	七八七	一二一八	一四九九	一四三三	二七一九	二五五三	一一七三	一八一五	一〇二四	七三四	七七〇	一六二八五
大阪	四四七	五七七	九五四	一三八一	一二四九	一九五三	一五二四	一〇四九	一八〇三	一三九六	七六七	四八九	一三四八九
東京	五二五	七一五	一〇八五	一三三九	一五二八	一五八六	一三四〇	一五〇八	三三八七	二〇〇〇	一〇二五	五七二	一五五九〇
札幌	八五七	六七七	六三四	五六九	六三四	六二四	九一六	一一一四	一二九八	一一六三	一一〇四	九五九	一〇五四八
大泊	二七八	一七五	二八九	四三四	六九七	六八〇	九二五	八九七	一〇六六	八二七	六九四	三七六	七三二七
大連	一〇七	七九	一六七	二三六	四四六	五〇〇	一六九七	一二三七	九二七	二七四	二四六	一二七	六〇四二
奉天	四八	六一	一七九	二七四	六〇四	九七六	一五九〇	一四七三	七九三	四二四	二三一	八八	六七四一

昭和十三年

平均風速度（毎秒米）

地名	一月	二月	三月	四月	五月	六月	七月	八月	九月	十月	十一月	十二月	年
雄基	六五	五八	五三	四三	三七	三三	二八	二九	二四	四四	五二	五九	四四
中江鎮	〇七	〇九	一六	二二	二二	一七	一三	二一	一二	一四	一四	〇九	一四
城津	三三	三三	三四	三三	二七	二一	二二	三三	二九	三一	三四	三三	二九
新義州	三二	三五	三三	三三	三〇	二五	二四	三三	二五	二九	三四	三四	三〇
元山	三三	二八	二九	二七	二六	二三	二三	二三	二四	二七	一八	三〇	二六
平壌	二〇	二四	二九	三二	二七	二三	二四	一九	一九	一八	二三	二〇	二三
江陵	四五	三七	三六	三三	二七	二〇	一九	一八	二二	二六	三五	四二	三〇
京城	二六	二七	三六	三五	三三	三〇	三二	二九	二六	二五	二六	二四	二九
仁川	四三	四四	五〇	四四	三九	三三	三六	三四	三四	三六	四四	四四	四〇
大邱	三六	二五	二七	二五	二四	三三	三一	三〇	一八	一七	一九	二三	二三
全州	一七	一七	二二	一九	一七	一六	一五	一三	二三	一三	一五	一五	一六
釜山	四六	四一	五二	四七	三九	四三	四五	四五	四四	四一	四〇	四六	四四
木浦	五三	五四	五五	四四	三八	三三	三八	三四	三六	三六	四八	四九	四三
済州	六九	六三	六〇	四七	三九	四〇	四三	四三	四三	四八	五四	六五	五一
台北	三四	三三	三五	三一	二九	三二	二五	二八	三一	二七	二九	三六	三三
鹿児島	三一	三三	三三	三一	二九	二七	二七	三〇	二九	二九	三〇	二九	三〇
下関	四三	三九	四〇	三九	三七	三五	三三	三四	二九	二八	三四	四二	三六
大阪	三一	三〇	三〇	二八	二六	二六	三六	二七	二五	二三	二五	三〇	二七
東京	二七	三〇	三二	三一	三〇	二七	二六	三七	二六	二五	二五	二五	二八
札幌	二九	二八	三六	四五	四一	三四	二九	二八	二五	二五	三〇	二八	三三
大泊	四七	四三	四八	四六	四三	三八	三五	三五	四三	五〇	五六	五一	四四
大連	四八	四八	五三	五五	五三	四五	四三	三六	四一	四七	五二	四九	四七
奉天	二五	二七	三四	四〇	三八	三〇	二六	二一	三三	二七	二九	二六	二九

四一

平均濕度（百分率）

地名	雄基	中江鎮	城津	新義州	元山	平壤	江陵	京城	仁川	大邱	全州	釜山	木浦	濟州	台北	鹿児島	下關	大阪	東京	札幌	大泊	大連	奉天
一月	四九	八一	六四	六六	五四	七三	五四	六七	六七	六〇	七四	五一	七一	六九	八四	七三	六九	七一	六三	八〇	八一	六三	六七
二月	五三	七七	六五	六二	五七	七〇	六〇	六四	六五	六〇	七三	五三	七〇	六九	八四	七三	七〇	七二	六二	七九	八二	六二	六三
三月	五三	六八	六四	六三	五八	六五	六一	六二	六五	五八	七〇	五七	六九	六七	八四	七三	七一	七一	六六	七六	八〇	五九	五六
四月	六二	六一	七一	六六	六三	六三	六三	六四	七〇	六二	七〇	六七	七五	七四	八三	七六	七五	七三	七三	七二	八〇	五七	五三
五月	七四	六五	七九	七〇	六八	六六	六七	六八	七四	六四	七三	七一	七六	七六	八二	七七	七七	七三	七六	七四	八二	六一	五七
六月	八四	七三	八六	七九	七六	七一	七三	七一	七九	六七	七三	七八	八二	七九	八一	八三	八三	七七	八一	八一	八六	七一	六五
七月	八九	八〇	八八	八五	八三	八〇	八〇	八〇	八五	七四	七九	八三	八六	八一	七七	八二	八四	七七	八二	八四	八九	八三	七五
八月	八四	八一	八五	八一	八二	七九	八一	七七	八一	七五	八〇	七九	八二	八一	七八	八〇	八〇	七五	八一	八四	八八	八〇	七七
九月	七三	八一	七七	七五	七六	七四	七七	七三	七四	七四	七八	七三	七七	八〇	八〇	七九	七九	七七	八二	八三	八五	七〇	七二
十月	六二	七三	七〇	七二	六六	七三	六七	七一	六九	六八	七五	六四	七三	七〇	八一	七五	七三	七六	七九	八〇	七九	六三	六九
十一月	五四	七四	六五	六六	五八	七三	六〇	七〇	六七	六七	七六	五九	七三	六九	八一	七五	七三	七五	七四	七七	七六	六一	六四
十二月	四九	八〇	六一	六六	五三	七三	五五	六七	六六	六四	七七	五三	七一	七一	八三	七五	六九	七三	六七	七六	七九	六一	六七
年	六五	七四	七三	七一	六六	七三	六七	七〇	七三	六六	七五	六六	七五	七四	八二	七七	七五	七四	七四	七九	八二	六六	六五

氣温風速降水量ノ極數

地名	最高氣温		最低氣温		最大風速度		最大降水日量		最大降水年量	
雄基	三六、四	大正八年七月二十四日	(-)二六、〇	昭和六年一月十四日	四三、〇	大正五年五月七日	二〇八、五	大正四年八月九日	一二三九、一	昭和三年
中江鎮	三八、〇	大正三年八月六日	(-)四三、六	昭和八年一月二十三日	一五、八	大正三年二月六日	九九、八	昭和四年七月二十日	一〇五五、八	昭和二年
城津	三七、五	大正八年七月二十五日	(-)二四、六	大正八年一月十日	二五、三	大正二年四月四日	一八七、二	大正三年九月二日	一〇一八、〇	昭和三年
新義州	三五、八	昭和七年八月四日	(-)二五、〇	昭和二年一月二十日	二〇、二	昭和六年二月二日	一八三、三	昭和六年八月二十日	一三五九、八	昭和九年
元山	三九、六	明治[illegible]年七月[illegible]日	(-)二一、九	大正四年一月二十三日	二六、〇	昭和五年七月九日	二四三、〇	明治三十六年九月二日	二〇一九、三	大正一一年
平壌	三六、四	大正八年八月八日	(-)二八、五	大正六年一月十三日	一八、二	明治四十年四月九日	二一〇、九	大正九年八月一日	一四九五、三	昭和九年
江陵	三七、四	昭和四年八月二日	(-)二〇、二	大正四年一月二十三日	二四、七	昭和九年二月二日	三〇五、五	大正十年九月十四日	一九〇六、八	大正一四年
京城	三七、五	大正八年八月一日	(-)二三、一	昭和二年十二月二十三日	一六、七	昭和八年五月四日	三五四、七	大正九年八月二日	一九三四、一	大正一四年
仁川	三六、九	昭和五年八月二十三日	(-)二一、〇	昭和六年一月二日	三三、八	大正八年九月二日	三四七、五	大正二年八月三日	一六一〇、九	大正一四年
大邱	三九、三	昭和七年八月一日	(-)二〇、二	大正三年一月十八日	一七、四	大正二年三月三日	一四三、二	大正五年七月八日	一五六四、六	昭和八年
全州	三七、三	大正三年八月十四日	(-)一七、一	昭和八年一月二十四日	一七、四	大正二年三月三日	二〇四、六	昭和二年八月三日	一七六八、八	昭和五年
釜山	三五、三	昭和四年八月一日	(-)一四、〇	大正四年一月二十三日	三三、七	明治四十年八月十日	二五〇、九	明治四十二年八月二日	二〇四七、三	明治三八年
木浦	三七、〇	大正三年八月六日	(-)一四、三	大正四年一月二十三日	三四、六	明治四十四年七月二日	二〇〇、一	明治四十四年七月三日	一七四三、八	大正五年
濟州	三五、九	昭和十年七月二十五日	(-)五、七	昭和六年一月十日	三六、一	昭和八年八月三日	三〇一、二	昭和二年九月一日	二〇四三、三	昭和二年
台北	三八、六	大正十年七月二十三日	(-)〇、二	明治三十四年二月十三日	三一、三	明治四十四年八月五日	三五八、九	昭和五年七月六日	二七八九、二	明治三一年
鹿兒島	三六、二	明治三十六年七月二十三日	(-)六、七	大正三年一月八日	四九、六	明治四十四年八月五日	三〇五、七	大正六年六月六日	三五二〇、六	明治三八年
下關	三五、九	明治三十七年八月三日	(-)六、五	明治三十四年二月二日	三〇、七	明治四十年七月四日	三三六、七	明治三十七年六月三日	二五八五、四	大正一二年
大阪	三七、六	明治四十三年八月四日	(-)七、一	明治三十四年一月二十四日	四二、〇	昭和九年九月二日	一八三、二	昭和十年六月二十九日	一八七九、〇	明治三六年
東京	三六、六	明治十九年七月十四日	(-)八、六	昭和二年一月二十四日	二七、七	大正六年十月一日	一九三、七	大正九年九月一日	二一九二、七	大正九年
札幌	三五、五	大正三年七月二日	(-)二八、五	昭和四年二月一日	二八、八	明治四十年三月九日	一二三、五	明治三十七年七月十日	一四〇三、〇	明治一二年
大泊	三〇、四	昭和三年八月十四日	(-)三三、七	明治四十四年一月二日	二七、一	大正四年一月二日	八三、七	大正四年八月二日	九九七、五	大正四年
大連	三五、七	大正八年八月六日	(-)一九、九	昭和六年一月十八日	二七、九	大正八年三月六日	一八九、六	大正九年七月二十八日	一一二四、九	大正三年
奉天	三九、三	大正九年六月十八日	(-)三三、九	明治四十一年一月二十三日	二三、三	昭和五年五月七日	一四八、七	明治四十四年八月三日	一〇六四、九	大正一二年

水稻便覽

昭和十三年

項目 ＼ 地方	北部	中部	南部
選種及浸種	四月下旬前半	四月中旬後半	四月下旬後半
苗代의整地及施肥	四月下旬後半	四月下旬前半	五月上旬前半
播種	五月上旬前半	四月下旬後半	五月上旬後半
苗代害蟲驅除	五月下旬	六月上旬	六月上旬
綠肥作物收穫	—	六月上旬前半	五月中旬乃至六月上旬前半
裏作大麥收穫	—	六月中旬乃至下旬前半	六月下旬前半
本田整地及施肥（二毛作 一毛作）	五月下旬後半	二毛作 六月下旬前半 一毛作 六月上旬前半	二毛作 六月下旬前半 一毛作 六月上旬後半
挿秧（二毛作 一毛作）	六月上旬	二毛作 六月下旬前半 一毛作 六月上旬乃至中旬前半	二毛作 六月下旬前半 一毛作 六月中旬
中耕除草	六月中旬乃至八月上旬	六月下旬乃至八月上旬	六月下旬乃至八月中旬
追肥〔[illegible]〕	六月下旬後半	七月上旬前半	七月上旬後半
害蟲驅除	七月下旬乃至八月下旬	六月中旬乃至九月上旬	六月中旬乃至九月中旬
稗拔	八月下旬	九月上旬	九月中旬
落水	九月上旬	九月中旬	九月下旬
綠肥作物播種	—	九月上旬乃至中旬前半	九月上旬
收穫	九月下旬乃至十月上旬	十月中旬	十月下旬
乾燥	十月上旬	十月下旬	十一月上旬
裏作大麥播種	—	十月上旬乃至中旬前半	十月下旬
調製	十月中旬	十一月上旬	十一月中旬
畓秋耕	十月下旬	十一月中旬	十一月下旬
收穫物의整理	十一月中旬	十一月下旬	十二月上旬
農具整理	十二月乃至三月	十二月乃至三月	十二月乃至三月
繩叺製造	十二月乃至三月	十二月乃至三月	十二月乃至三月

四四

昭和十三年

水産動植物ノ採捕禁止一覧

道別	採捕禁止
咸北	[illegible]
咸南	同上 [illegible]
江原	同上 [illegible]
慶北	同上 [illegible]
慶南	同上 [illegible]
全南	同上 [illegible]
全北	同上 [illegible]
忠南	同上 [illegible]
忠北	同上 [illegible]
京畿	同上 [illegible]
黃海	同上 [illegible]
平南	同上 [illegible]
平北	同上 [illegible]
備考	[illegible]

四五

漁業便

朝鮮産重要水産物名	主要漁場	漁期 北部	漁期 中部	漁期 南部	主要漁具
まいわし 정어리	咸鏡北南道、江原道、慶尚北南道、全羅南道沿海	自五月至十一月	自四月至翌年一月	自十一月至翌年六月	機船巾着網、流網、大敷網、角網、地曳網
さば 고등어	咸鏡北南道、江原道、慶尚北南道、全羅北南道沿海	自五月至十一月	自五月至翌年二月	周年	機船巾着網、流網、延縄、一本釣
かたくちいわし 멸치	江原道、慶尚北南道、全羅南道沿海	自五月至十月	自四月至十一月	自四月至十二月	地曳網、焚寄網、揚繰網、權現網、船曳網、巾着網
めんたい 명태	咸鏡北南道、江原道沿海	自九月至翌年五月	自九月至翌年三月	―	機船底曳網、延縄、刺網、擧網、忽致網
ぐち 조기	平安北南道、黄海道、京畿道、忠清南道、全羅北南道沿海	自四月至十月	自四月至十一月	自三月至十二月	鮟鱇網、魚箭、柱木網、機船底曳網
にしん 청어	咸鏡北南道、江原道、慶尚北道沿海	自十月至翌年三月	自十二月至翌年四月	自十一月至翌年四月	壺網、角網、刺網、擧網、揚繰網、落網、巾着網
たちうを 갈치	平安北南道、黄海道、京畿道、忠清南道、全羅北南道、慶尚北南道沿海	自六月至十一月	自五月至十一月	自四月至十二月	鮟鱇網、柱木網、魚箭、延縄、壺網、大敷網、一本釣、[illegible]網、角網、小臺網、船曳網、地曳網
えび 새우	平安北南道、黄海道、京畿道、忠清南道、全羅北南道、慶尚北南道、江原道沿海	自三月至十月	自七月至十二月	周年	鮟鱇網、柱木網、魚箭、[illegible]、打瀬網、手繰網、又手網、蝦[illegible]網
あじ 전갱이	忠清南道、全羅北南道、慶尚北南道沿海	―	自五月至九月	周年	機船巾着網、流網
たら 대구	咸鏡北南道、江原道、慶尚北南道、黄海道沿海	自二月至十二月	自九月至翌年六月	自十二月至翌年四月	延縄、壺網、角網、機船底曳網、小臺網、防簾
たい 도미	忠清南道、全羅北南道、慶尚北南道沿海	―	自四月至十一月	自三月至十二月	延縄、一本釣
かれい 가자미	全沿海	周年	周年	周年	打瀬網、忽致網、機船底曳網
さわら 삼치	咸鏡北南道、江原道、慶尚北南道、全羅南道沿海	自五月至十一月	自五月至十二月	周年	流網、大敷網、角網、曳釣、小臺網、地曳網、魚箭

覽				
にべ 민어	平安北南道、黃海道、京畿道、忠淸南道、全羅北南道、慶尙北南道沿海	自五月至十月	自五月至十一月	自三月至十一月	鮟鱇網、延繩、柱木網
ひらめ 넙치	全沿海	自三月至十月	自四月至十二月	周年	鮟鱇網、機船底曳網、空釣、延繩
あなご 붕장어	平安南道、京畿道、忠淸南道、全羅北南道、慶尙北南道沿海	自四月至九月	自六月至十一月	周年	延繩、打瀨網、手繰網、一本釣、籠
はも 참장어	黃海道、京畿道、忠淸南道、全羅北南道、慶尙北南道沿海	—	自五月至十月	自五月至十一月	延繩、打瀨網、機船底曳網
ふか 상어	全沿海	自三月至十一月	自三月至十一月	周年	機船底曳網、延繩、打瀨網

林業便覽

項目 ＼ 地方	北部	中部	南部
苗圃의基肥、播種、植替	三月下旬乃至四月中旬	三月中旬乃至四月上旬	三月
植樹、生籬造成	四月中旬乃至五月上旬	三月下旬乃至四月上旬	三月中旬乃至四月上旬
記念植樹	四月十日前後	四月三日	四月三日
山菜採取	五月、六月	四、五月	三、四月
病害蟲驅除	六月、七月	六、七月	六、七月
苗圃日覆及追肥	六月乃至八月	七月乃至八月	七月乃至八月
漆液採取	六月乃至十月	六月乃至十月	六月乃至十月
椎茸、松茸等菌蕈의採取	七月乃至十月	九月乃至十月	九月乃至十月
野生纖維採取	五月、八月	四月、九月	三月、十月
五倍子의採取	九月上中旬	九月上、中旬	九月上、中旬
栗、胡桃其他의種實採取	九月乃至十月	九月乃至十月	十月乃至十一月
溫突改造	九、十月	九、十月	九、十月
伐竹	—	十月	十月
種子의貯藏	十月	十一月	十一月
苗의霜除	十一月	十一月	十二月
製炭	十月乃至二月	十一月乃至二月	十一月乃至二月
炭俵作り、莚細工	十一月乃至三月	十一月乃至二月	十一月乃至二月
山火用心	一年中特ニ四、五、六、九月	一年中特ニ三、四、五、九、十月	一年中特ニ三、四、五、九、十月

昭和十三年

度量衡表

系	度						面積		
米法	ミリメートル 미리메-틀 (粍) 米의千分一	センチメートル 센치메-틀 (糎) 米의百分一	デシメートル 떼시메-틀 (粉) 米의十分一	メートル 메-틀 (米)	キロメートル 킬로메-틀 (粁) 千米	海里 千八百五十二米	平方米	土地 アール 알 百平方米	土地 ヘクタール 헥달 百アール 알
尺貫法	厘 三三〇〇	分 三三〇〇	寸 三三〇〇	尺 三三〇〇	町 九、一六七	町 一六、九七七	平方尺 一〇、八九〇	歩 三〇、二五〇	町 一、〇〇八
ヤードポンド 야-드본-드 法	インチ 인치 〇、〇三九	インチ 인치 〇、三九四	フート 푸-트 〇、三二八	ヤード 야-드 一、〇九四	マイル 마일 〇、六二一	マイル 마일 一、一五一	平方ヤード 一、一九六	平方ヤード 一一九、六〇二	エーカー 에-카 二、四七一

系	量				衡				
米法	立方米	液體穀物粉狀物 ミリリットル 미리리-틀 (竓) 立의千分一	液體穀物粉狀物 リットル 리-틀 (立) [illegible]	液體穀物粉狀物 キロリットル 킬로리-틀 (竏) 千立	ミリグラム 미리그람 (瓱) 瓦의千分一	グラム 그람 (瓦) 瓩의千分一	キログラム 킬로그람 (瓩)	トン 톤 (瓲) 千瓩	寶石 カラット 가랏트 二百瓱
尺貫法	立方尺 三五、九三七	勺 〇、〇五五四	合 五、五四四	石 五、五四四	毛 〇、二六七	分 二、六六七	貫 〇、二六七	貫 二六六、六六七	厘 五三、三三
ヤードポンド 야-드본-드 法	立方ヤード 一、三〇八	パイント 파인트 〇、〇〇一七六	ガロン 까론 (米國) 〇、二六四	ガロン 까론 (米國) 二六四、一七二	グレン 그렌 〇、〇一五	グレン 그렌 一五、四三二	ポンド 본드 二、二〇五	英噸 〇、九八四	グレン 그렌 三、〇八六

尺	間	町	里	(坪)歩	段	升	貫	斤
米 〇、三〇三	米 一、八一八	米 一〇九、〇九一	粁 三、九二七	アール 알 〇、〇三三	アール 알 九、九一七	立 一、八〇四	瓩 三、七五〇	瓩 〇、六〇〇

米	鯨尺	インチ 인치	フート 푸-트	ヤード 야-드	マイル 마일	オンス 온스	オンス 온스 (藥用)	ポンド 본드	英噸
鯨尺 二、六四〇	米 〇、三七九	糎 二、五四〇	粉 三、〇四八	米 〇、九一四	粁 一、六〇九	瓦 二八、三五〇	瓦 三一、一〇三	瓩 〇、四五四	瓲 一、〇一六

國稅及道稅納期一覽

國稅

定期收入ニ屬スル者

稅目	一月	二月	三月	四月	五月	六月	七月	八月	九月	十月	十一月	十二月
第三種所得稅		第三期						第一期			第二期	
地稅		第二期										第一期
營業稅					第二期						第一期	
乙種資本利子稅									第一期			第二期
鑛業稅 鑛產稅			前年分									
鑛業稅 鑛區稅												翌年分
外貨證券特別稅	前年下半年分						上半年分					
酒稅 清酒、濁酒、藥酒、燒酎、[illegible]		第三期	第四期				第一期				第二期	
酒稅 其他의酒類		第二期					第一期			第三期		

隨時收入ニ屬スル者

稅目	納期
第一種所得稅	[illegible]
第二種所得稅	利子又ハ配當金ヲ支拂フ時
臨時利得稅	每事業年度
甲種資本利子稅	利子又ハ配當金ヲ支拂フ時
法人資本稅	每事業年度
相續稅	[illegible]
有價證券移轉稅	每月分ヲ翌月十五日까지
取引所稅	每月分ヲ翌月末日까지
[illegible]稅	同
麥酒稅	每月分ヲ翌月末日까지
清涼飲料稅	同
砂糖消費稅	製造場又ハ保稅地域ヨリ引取ル時
揮發油稅	同
印紙稅	課稅文書作成時
骨牌稅	製造後二十四時間以內
登錄稅	登記又ハ登錄ヲ受クル時

道稅

定期收入ニ屬スル者

稅目	一月	二月	三月	四月	五月	六月	七月	八月	九月	十月	十一月	十二月
地稅附加稅		翌年度第二期										第一期
營業稅附加稅					第二期						第一期	
鑛稅附加稅 鑛區稅附加稅												翌年分
鑛稅附加稅 鑛產稅附加稅			前年分									
特別營業稅 接客業者ニ對スル者					前年分							
特別營業稅 其他					[illegible]				全年分		分	
戶別稅					第一期					第二期		
家屋稅				第一期							第二期	
車輛稅				第一期						第二期		
林野稅		翌年度第二期										第一期

備考 漁業稅ハ每年度分ヲ[illegible]又ハ證札交付ノ時ニ納入ス

隨時收入ニ屬スル者

稅目	納期
不動產取得稅	不動產ヲ取得シタル時
取引所稅附加稅	每月分ヲ翌月末日까지（京畿道）
[illegible]稅	每月分ヲ翌月[illegible]日까지（[illegible]道ハ異ナル）
屠畜稅	屠畜ヲ行フ時
第一種所得稅附加稅	國稅ヲ納付スル時
特別消費稅	賦課金額ヲ決定シタル時

內國通信料金表

內國通常郵便料

種別	區分	料金
第一種	書狀	二十五[illegible] 四 錢
	全部[illegible] 書狀、官人用[illegible]、大[illegible]、[illegible] 社、[illegible] 學校 [illegible]	百二十五[illegible] 五 錢
第二種	郵便葉書	通常葉書 / 往復葉書 / 封緘葉書 [illegible]
第三種	每月一回以上[illegible]	六十五[illegible] 五 厘
	日刊新聞[illegible]	一[illegible] 百二十五[illegible] 五 厘
	以上[illegible]	六百[illegible] 五 厘
第四種	書籍、印刷物、[illegible] 見本 [illegible]	百二十五[illegible] 三 錢
	[illegible]	六百[illegible] 五 厘
	第三種[illegible]	百二十五[illegible] 一 錢 五 厘
第五種	農産種子	六百[illegible] 五 厘
	同上[illegible]	百二十五[illegible] 一 錢

內國小包郵便料

區分	五百瓦迄	一瓩迄	二瓩迄	三瓩迄	四瓩迄	五瓩迄	六瓩迄
朝鮮內 同一郵便區市內	二〇錢	二〇錢	二〇錢	二〇錢	二〇錢	二〇錢	二〇錢
朝鮮內 其他	二七	三四	四七	六〇	七三	七九	八五
朝鮮外 [illegible]	四二	四九	六二	七五	八八	九四	一〇〇

內國通常電報料

地域別	和文 本數	和文 加數	歐文 本數	歐文 加數
	(十五字以內)	([illegible])	(五語以內)	([illegible])
一市內 (官報 / 私報)	十五錢	三錢	十五錢	三錢
朝鮮內 (官報 / 私報)	三十錢	五錢	三十錢	五錢
朝鮮外 [illegible] (官報 / 私報)	四十錢 / 三十錢	五錢 / 五錢	二 / 二	四十五錢 / 三十錢	五錢 / 五錢

附記

特	域	料	文	歐	文
朝鮮[illegible]	官報 / 私報	一語[illegible]	六錢	一語[illegible]	八錢

[illegible]

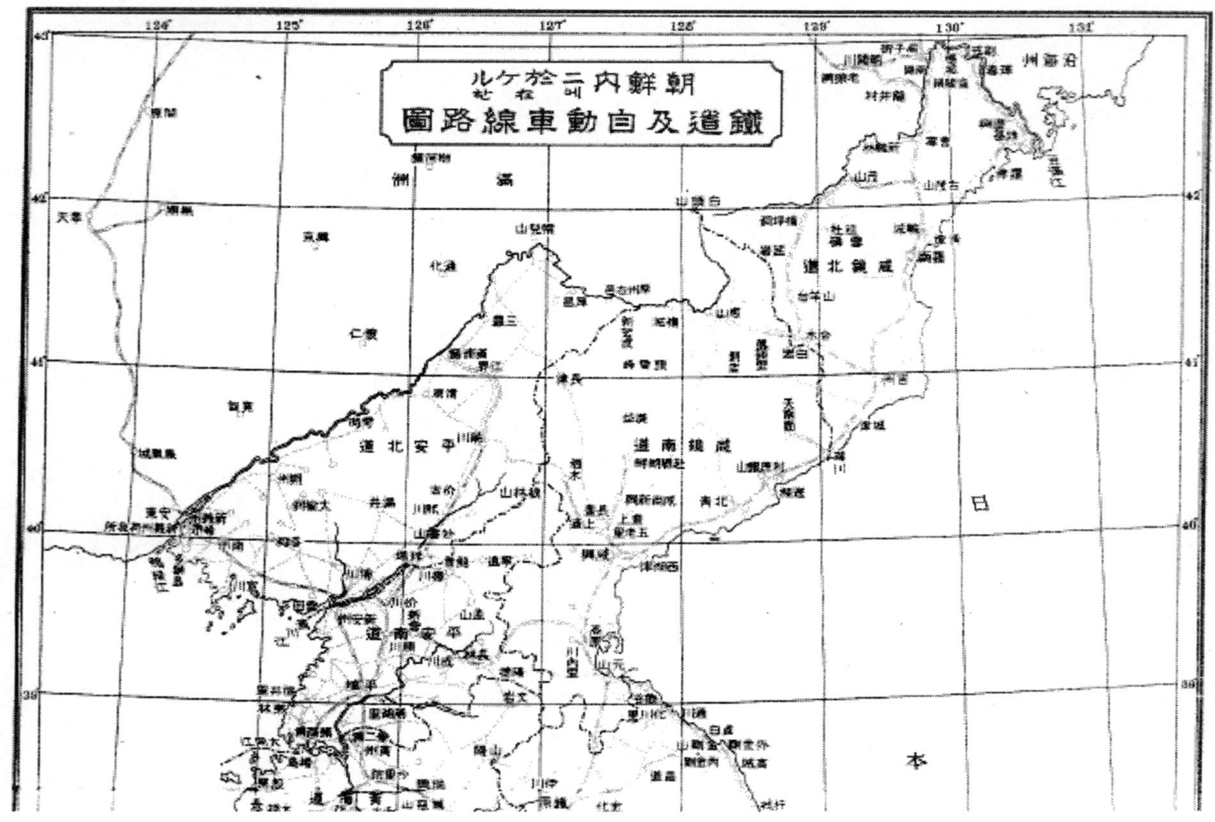
朝鮮內ニ於ケル
鐵道及自動車線路圖

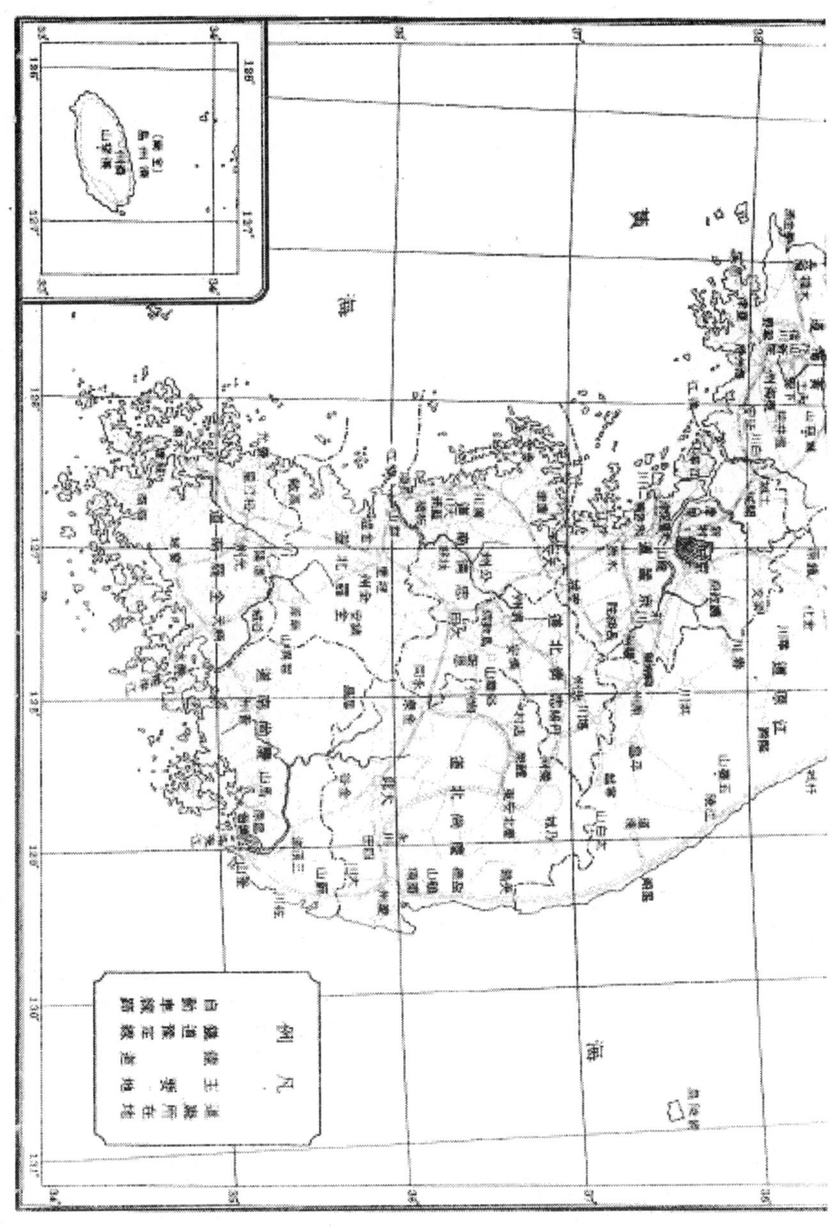

昭和十二年十一月十五日印刷
昭和十二年十一月二十日發行
定價金拾壹錢

印刷兼 京城府大島町三十八番地
發賣所 朝鮮書籍印刷株式會社

12　昭和十四年略暦（1939）

昭和十四年略曆

朝鮮總督府

朝鮮總督府觀測所編纂

神武天皇即位紀元二千五百九十九年

昭和十四年（平年己卯 西曆一九三九年）略曆

君が代は
千代に八千代に
さゞれ石の
巖となりて
苔のむすまで

皇國臣民ノ誓詞 其ノ一

一 私共ハ 大日本帝國ノ臣民デアリマス
二 私共ハ 心ヲ合セテ 天皇陛下ニ忠義ヲ盡シマス
三 私共ハ 忍苦鍛錬シテ 立派ナ強イ國民トナリマス

皇國臣民ノ誓詞 其ノ二

一 我等ハ皇國臣民ナリ 忠誠以テ君國ニ報ゼン
二 我等皇國臣民ハ 互ニ信愛協力シ 以テ團結ヲ固クセン
三 我等皇國臣民ハ 忍苦鍛錬力ヲ養ヒ 以テ皇道ヲ宣揚セン

祝祭日

祝祭日	月日
四方拜	一月一日
元始祭	一月三日
新年宴會	一月五日
紀元節	二月十一日
春季皇靈祭	三月二十一日
神武天皇祭	四月三日
天長節	四月二十九日
秋季皇靈祭	九月二十四日
神嘗祭	十月十七日
明治節	十一月三日
新嘗祭	十一月二十三日
大正天皇祭	十二月二十五日

凡例

本略曆ニ揭載スル時刻ハ本邦中央標準時ヲ用フ

日月ノ出入南中等ハ朝鮮總督府觀測所（東經百二十六度三十七分三十九秒北緯三十七度二十八分二十九秒）ニ於ケル値ニシテ滿干潮時ハ仁川港ニ於ケル値ナリ

月齡ハ朔ヨリ當日正午迄ノ日數ナリ

國旗ノ制式

一、白布紅日章

一、縱徑ハ橫徑ノ三分ノ二ノ比率タルコト

一、日章ノ直徑ハ縱徑ノ五分ノ三ノ比率タルコト

一、竿頭ノ球ト旗トノ間隔ハ祝意ノ場合ニハ之ヲ絶對ニ存セズ弔意ノ場合ニハ球ハ黑布ヲ以テ之ヲ蔽ヒ且旗ノ上部ニ黑布ヲ附ス

國旗揭揚ノ方法

一、國旗一旒揭揚ノ場合ハ門內ヨリ見テ右ニ揭揚スルヲ可トス

一、國旗二旒揭揚ノ場合ハ併立・交叉ハ隨意ナルモ併立スル方宜シ交叉ノ場合ハ門內ヨリ見テ左（旗竿ノ根本ハ右）ノ國旗ヲ內側トスルヲ可トス

一、特ニ外國ニ敬意ヲ表スル爲外國々旗ヲ國旗ト共ニ揭揚スル場合ハ併立交叉ハ隨意ナルモ交叉ノ方宜シ交叉ノ場合ハ國旗ヲ門內ヨリ見テ左（旗竿ノ根元ハ右）ニ揭ゲ旗竿ハ內側トシ併立スル場合ハ國旗ヲ門內ヨリ見テ左ニ揭グルヲ可トス

昭和十四年

一月大 三十一日 繩叺蓆簀簇果實袋等의製造 畜舍雞舍의保溫

日次	七曜	干支	日出	日南中	日入	晝間	月齡	舊曆	月出	月入	滿潮 前	滿潮 後	干潮 前	干潮 後	記事
一日	日	戊戌	七時四八分	後〇時三七分	五時二五分	九時三八分	一〇	十一月一一	後一時二五分	前二時二五分	〇時四五分	―	六時一五分	七五	四方拜
二日	月	己亥	七四八	〇三七	五二六	九三八	一一	一二	後二九	前三二九	〇五五	一五〇	七四五	八三〇	
三日	火	庚子	七四八	〇三八	五二七	九三九	一二	一三	後二三九	前四二四	二一〇	三〇	八五〇	九四〇	元始祭
四日	水	辛丑	七四八	〇三八	五二八	九三九	一三	一四	後三五七	前五三八	三一五	四〇	九五〇	一〇三〇	政始
五日	木	壬寅	七四八	〇三九	五二九	九四〇	一四	一五	後五三	前六四〇	四一五	五〇	一〇四〇	一一一五	新年宴會
六日	金	癸卯	七四九	〇三九	五三〇	九四一	一五	一六	後六一四	前七三六	五五	五四五	一一二五	―	小寒 望
七日	土	甲辰	七四九	〇三九	五三〇	九四二	一六	一七	後七二六	前八二六	六〇	六四〇	〇〇	〇一〇	
八日	日	乙巳	七四九	〇四〇	五三一	九四三	一七	一八	後八三九	前九一〇	六四五	七二〇	〇四五	〇五〇	
九日	月	丙午	七四八	〇四〇	五三二	九四四	一八	一九	後九四九	前九五〇	七三〇	八五	一一五	一三〇	
十日	火	丁未	七四八	〇四一	五三三	九四五	一九	二〇	後一〇五七	前一〇二六	八二〇	八四五	二〇	二一五	
十一日	水	戊申	七四八	〇四一	五三四	九四六	二〇	二一	―	前一一一	九五	九三〇	二四〇	二五五	
十二日	木	己酉	七四八	〇四二	五三五	九四七	二一	二二	前〇三	前一一三六	九五〇	一〇一五	三二〇	三四五	下弦
十三日	金	庚戌	七四八	〇四二	五三六	九四八	二二	二三	前一六	後〇一二	一〇五〇	一一一〇	四一五	四四〇	
十四日	土	辛亥	七四八	〇四二	五三七	九四九	二三	二四	前二八	後〇四九	一一五〇	―	五一五	五五〇	

二

昭和十四年

	十五日	日	壬子	七 四七	〇 四三	五 三八	九 五一	二四	二五	前三 七	後一 二〇	前〇 五 後〇 五〇	前六 三五 後七 三五
	十六日	月	癸丑	七 四七	〇 四三	五 三九	九 五二	二五	二六	前四 三	後二 一四	前一 一五 後二 一〇	前八 〇 後八 五〇
	十七日	火	甲寅	七 四七	〇 四三	五 四〇	九 五三	二六	二七	前四 五六	後三 一	前二 二五 後三 二〇	前九 〇 後九 四五
土王用事	十八日	水	乙卯	七 四六	〇 四四	五 四一	九 五五	二七	二八	前五 四四	後三 五二	前三 二五 後四 二〇	前九 五〇 後一〇 三〇
	十九日	木	丙辰	七 四六	〇 四四	五 四二	九 五六	二八	二九	前六 二八	後四 四四	前四 三〇 後五 一〇	前一〇 四〇 後一一 一五
朔	二十日	金	丁巳	七 四六	〇 四四	五 四三	九 五八	二九	十一月	前七 八	後五 三九	前五 一五 後五 五〇	前一一 一五 後一一 五〇
大寒	二十一日	土	戊午	七 四五	〇 四五	五 四四	九 五九	一	二	前七 四四	後六 三四	前五 五〇 後六 二五	前一一 五〇 後 —
臘	二十二日	日	己未	七 四五	〇 四五	五 四五	一〇 一	二	三	前八 一七	後七 二九	前六 二〇 後六 五五	前〇 二〇 後〇 二五
	二十三日	月	庚申	七 四四	〇 四五	五 四七	一〇 二	三	四	前八 四八	後八 二五	前六 四五 後七 一〇	前〇 四五 後〇 五〇
	二十四日	火	辛酉	七 四四	〇 四五	五 四八	一〇 四	四	五	前九 一八	後九 二〇	前七 一五 後七 四〇	前一 一五 後一 二〇
	二十五日	水	壬戌	七 四三	〇 四六	五 四九	一〇 六	五	六	前九 四七	後一〇 一七	前七 五〇 後八 五	前一 五〇 後一 五五
	二十六日	木	癸亥	七 四二	〇 四六	五 五〇	一〇 七	六	七	前一〇 一七	後一一 一四	前八 二〇 後八 四〇	前二 一五 後二 二五
	二十七日	金	甲子	七 四二	〇 四六	五 五一	一〇 九	七	八	前一〇 四九	—	前九 〇 後九 二〇	前二 四五 後三 〇
上弦	二十八日	土	乙丑	七 四一	〇 四六	五 五二	一〇 一一	八	九	前一一 二三	前〇 一三	前九 五五 後一〇 一五	前三 二五 後三 四五
	二十九日	日	丙寅	七 四〇	〇 四七	五 五三	一〇 一三	九	一〇	後〇 二	前一 一四	前一〇 五〇 後一一 一〇	前四 一〇 後四 四〇
	三十日	月	丁卯	七 四〇	〇 四七	五 五四	一〇 一五	一〇	一一	後〇 四七	前二 一六	前 — 後〇 五	前五 一五 後六 一〇
	三十一日	火	戊辰	七 三九	〇 四七	五 五五	一〇 一六	一一	一二	後一 四〇	前三 一八	前〇 一五 後一 一五	前六 五〇 後八 五

三

二月平 二十八日

繩叺、蠶具、蔬果實袋等의製造、苹果의剪定、牛의手入、抱卵準備

日次	曜七	支干	日出	日南中	日入	晝間	月齡	陰曆	月出	月入	滿潮	干潮	
一日	水	己巳	七時三八分	後〇時四七分	五時五六分	一〇時一八分	一二	一三	後二時四〇分	前四時一九分	前一時三〇分 後二 三五	前八時二〇分 後九 一五	
二日	木	庚午	七 三七	〇 四七	五 五七	一〇 二〇	一三	一四	後三 四六	前五 一七	前二 五〇 後三 四五	前九 三五 後一〇 一五	
三日	金	辛未	七 三六	〇 四七	五 五九	一〇 二三	一四	一五	後四 五八	前六 一〇	前四 〇 後四 四〇	前一〇 二五 後一一 五	
四日	土	壬申	七 三六	〇 四七	六 〇	一〇 二四	一五	一六	後六 一一	前六 五八	前五 〇 後五 三五	前一一 一〇 後一一 四五	節分 望
五日	日	癸酉	七 三五	〇 四八	六 一	一〇 二六	一六	一七	後七 二四	前七 四一	前五 四五 後六 二〇	前一一 五〇 後 —	立春
六日	月	甲戌	七 三四	〇 四八	六 二	一〇 二八	一七	一八	後八 三六	前八 二〇	前六 四〇 後七 五	前〇 二五 後〇 四〇	
七日	火	乙亥	七 三三	〇 四八	六 三	一〇 三〇	一八	一九	後九 四五	前八 五八	前七 一五 後七 四五	前一 五 後一 一五	
八日	水	丙子	七 三二	〇 四八	六 四	一〇 三三	一九	二〇	後一〇 五三	前九 三四	前七 五五 後八 二〇	前一 四〇 後一 五〇	
九日	木	丁丑	七 三一	〇 四八	六 五	一〇 三四	二〇	二一	後一一 五六	前一〇 一二	前八 四〇 後九 〇	前二 一五 後二 三五	
十日	金	戊寅	七 三〇	〇 四八	六 六	一〇 三七	二一	二二	—	前一〇 四九	前九 二〇 後九 四〇	前二 五〇 後三 一五	
十一日	土	己卯	七 二九	〇 四八	六 七	一〇 三九	二二	二三	前〇 五八	前一一 二九	前一〇 一五 後一〇 三〇	前三 三五 後四 〇	紀元節 下弦
十二日	日	庚辰	七 二八	〇 四八	六 九	一〇 四一	二三	二四	前一 五六	後〇 一三	前一一 一五 後一一 三〇	前四 二五 後五 〇	
十三日	月	辛巳	七 二七	〇 四八	六 一〇	一〇 四三	二四	二五	前二 五一	後〇 五九	前 — 後〇 一五	前五 三〇 後六 三五	
十四日	火	壬午	七 二五	〇 四八	六 一一	一〇 四五	二五	二六	前三 四一	後一 四八	前〇 三〇 後一 三〇	前七 一五 後八 二〇	

昭和十四年

	十五日	水	癸未	七 二四	○ 四八	六 一二	一○ 四七	二六	二七	前四 二六	後二 四○	前一 四五 後二 五○	前八 四○ 後九 二五
	十六日	木	甲申	七 二三	○ 四八	六 一三	一○ 五○	二七	二八	前五 八	後三 三四	前三 ○ 後三 五五	前九 三五 後一○ 一○
	十七日	金	乙酉	七 二二	○ 四八	六 一四	一○ 五二	二八	二九	前五 四五	後四 二八	前四 五 後四 四五	前一○ 一五 後一○ 五○
	十八日	土	丙戌	七 二一	○ 四八	六 一五	一○ 五四	二九	三○	前六 一九	後五 二四	前四 五五 後五 二○	前一一 ○ 後一一 三○
雨水 朔	十九日	日	丁亥	七 二○	○ 四八	六 一六	一○ 五六	三○	正月一	前六 五一	後六 一九	前五 三○ 後五 五○	前一一 三○ 後一一 五五
	二十日	月	戊子	七 一八	○ 四七	六 一七	一○ 五九	一	二	前七 二一	後七 一五	前六 ○ 後六 二○	前 — 後○ 五
	二十一日	火	己丑	七 一七	○ 四七	六 一八	一一 一	二	三	前七 五一	後八 二一	前六 三○ 後六 四五	前○ 二五 後○ 四○
	二十二日	水	庚寅	七 一六	○ 四七	六 一九	一一 三	三	四	前八 二一	後九 九	前七 ○ 後七 一五	前○ 五五 後一 五
	二十三日	木	辛卯	七 一五	○ 四七	六 二○	一一 五	四	五	前八 五二	後一○ 七	前七 二○ 後七 四○	前一 二○ 後一 三五
	二十四日	金	壬辰	七 一三	○ 四七	六 二一	一一 八	五	六	前九 二六	後一一 六	前八 ○ 後八 一○	前一 五○ 後二 一○
	二十五日	土	癸巳	七 一二	○ 四七	六 二二	一一 一○	六	七	前一○ 三	—	前八 三五 後八 四五	前二 二○ 後二 四○
	二十六日	日	甲午	七 一一	○ 四七	六 二三	一一 一三	七	八	前一○ 四四	前○ 七	前九 二○ 後九 四○	前二 五五 後三 二○
上弦	二十七日	月	乙未	七 九	○ 四七	六 二四	一一 一五	八	九	前一一 三三	前一 七	前一○ 二○ 後一○ 四○	前三 四五 後四 一五
	二十八日	火	丙申	七 八	○ 四六	六 二五	一一 一七	九	一○	後○ 二七	前二 七	前一一 三○ 後一一 五○	前四 四○ 後五 三五

五

昭和十四年

三月大 三十一日

秋播麥類의追肥 桃 梨의剪定 桑田果樹園의病蟲害防除 麥類의播種 果樹園의施肥
溫床準備 甘藷床植 溫床播種 抱卵準備 孵化育雛 堆肥의切返

	日次	曜	干支	日出	日南中	日入	晝間	月齡	陰曆	月出	月入	滿潮	干潮
	一日	水	丁酉	七時七分	後〇時四六分	六時二六分	一一時一九分	一〇	一一	後一時六分	前三時四分	前〇時五〇分 後—	前六時一〇分 後七 四〇
	二日	木	戊戌	七 五	〇 四六	六 二七	一一 二二	一一	一二	後二 二四	前三 五七	前一 一五 後二 一五	前八 一〇 後九 五
	三日	金	己亥	七 四	〇 四六	六 二八	一一 二四	一二	一三	後三 四五	前四 四六	前二 三五 後三 三〇	前九 二〇 後一〇 〇
	四日	土	庚子	七 三	〇 四六	六 二九	一一 二七	一三	一四	後四 五七	前五 三〇	前三 四五 後四 三〇	前一〇 一〇 後一〇 四五
	五日	日	辛丑	七 一	〇 四五	六 三〇	一一 二九	一四	一五	後六 九	前六 二	前四 四〇 後五 一五	前一〇 五五 後一一 二五
啓蟄	六日	月	壬寅	七 〇	〇 四五	六 三一	一一 三一	一五	一六	後七 二〇	前六 五〇	前五 三〇 後六 〇	前一一 三五 後—
	七日	火	癸卯	六 五八	〇 四五	六 三二	一一 三四	一六	一七	後八 二九	前七 二七	前六 一五 後六 四〇	前〇 〇 後〇 一五
	八日	水	甲辰	六 五七	〇 四五	六 三三	一一 三六	一七	一八	後九 三七	前八 五	前七 〇 後七 一五	前〇 四〇 後〇 五五
	九日	木	乙巳	六 五五	〇 四四	六 三四	一一 三九	一八	一九	後一〇 四三	前八 四三	前七 三五 後七 五〇	前一 一五 後一 三〇
陸軍記念日	十日	金	丙午	六 五四	〇 四四	六 三五	一一 四一	一九	二〇	後一一 四四	前九 二四	前八 一五 後八 三〇	前一 五〇 後二 一〇
	十一日	土	丁未	六 五三	〇 四四	六 三六	一一 四三	二〇	二一	—	前一〇 八	前八 五五 後九 一〇	前二 二〇 後二 四五
	十二日	日	戊申	六 五一	〇 四四	六 三七	一一 四六	二一	二二	前〇 四一	前一〇 五四	前九 四〇 後九 五〇	前三 〇 後三 二五
下弦	十三日	月	己酉	六 五〇	〇 四三	六 三八	一一 四八	二二	二三	前一 三四	前一一 四三	前一〇 三〇 後一〇 四五	前三 四五 後四 一五
	十四日	火	庚戌	六 四八	〇 四三	六 三九	一一 五一	二三	二四	前二 二三	後〇 三五	前一一 三五 後一一 五〇	前四 四〇 後五 三五

六

昭和十四年

十五日	水	辛亥		六 四七	○ 四三	六 四〇	一一 五三	二四	二五	前三 五	後一 二八	前 ― 後○ 四五	前六 ○ 後七 四〇
十六日	木	壬子		六 四五	○ 四三	六 四一	一一 五五	二五	二六	前三 四四	後二 二三	前一 ○ 後二 五	前七 五五 後八 五〇
十七日	金	癸丑		六 四四	○ 四二	六 四一	一一 五八	二六	二七	前四 一九	後三 一七	前二 二五 後三 一五	前九 五 後九 四五
十八日	土	甲寅	彼岸	六 四二	○ 四二	六 四二	一二 ○	二七	二八	前四 五二	後四 一二	前三 二〇 後四 五	前九 五〇 後一〇 二〇
十九日	日	乙卯		六 四一	○ 四二	六 四三	一二 三	二八	二九	前五 二三	後五 八	前四 一五 後四 四五	前一〇 三〇 後一〇 五五
二十日	月	丙辰		六 三九	○ 四一	六 四四	一二 五	二九	三〇	前五 五三	後六 四	前五 ○ 後五 二〇	前一一 一〇 後一一 三〇
二十一日	火	丁巳	春分 春季皇靈祭 朔	六 三八	○ 四一	六 四五	一二 八	○	二月一	前六 二三	後七 二	前五 三〇 後五 五〇	前一一 四〇 後一一 五五
二十二日	水	戊午	社日	六 三六	○ 四一	六 四六	一二 一〇	一	二	前六 五五	後八 ○	前六 ○ 後六 二〇	前 ― 後○ 一〇
二十三日	木	己未		六 三五	○ 四一	六 四七	一二 一三	二	三	前七 二八	後九 ○	前六 三五 後六 四五	前○ 二五 後○ 四五
二十四日	金	庚申		六 三三	○ 四〇	六 四八	一二 一五	三	四	前八 四	後一〇 一	前七 五 後七 一五	前○ 五五 後一 一〇
二十五日	土	辛酉		六 三二	○ 四〇	六 四九	一二 一七	四	五	前八 四五	後一一 一	前七 三五 後七 四五	前一 二〇 後一 四五
二十六日	日	壬戌		六 三〇	○ 四〇	六 五〇	一二 二〇	五	六	前九 三一	―	前八 一五 後八 二〇	前一 五五 後二 二〇
二十七日	月	癸亥		六 二九	○ 三九	六 五一	一二 二三	六	七	前一〇 二三	前〇 一	前九 ○ 後九 一〇	前二 三五 後三 ○
二十八日	火	甲子	上弦	六 二七	○ 三九	六 五二	一二 二四	七	八	前一一 二〇	前〇 五八	前一〇 ○ 後一〇 二〇	前三 一五 後三 五五
二十九日	水	乙丑		六 二六	○ 三九	六 五三	一二 二七	八	九	後〇 二三	前一 五一	前一一 一〇 後一一 四〇	前四 一五 後五 一五
三十日	木	丙寅		六 二四	○ 三八	六 五三	一二 二九	九	一〇	後一 二九	前二 三九	前 ― 後○ 四〇	前五 四五 後七 一五
三十一日	金	丁卯		六 二三	○ 三八	六 五四	一二 三一	一〇	一一	後二 三八	前三 二四	前一 五 後一 五五	前七 四五 後八 四五

七

四月小 三十日

馬鈴薯、大麻、瓜類의播種、苗木類의植付、桑田의耕耘施肥、果樹桑樹接木、種籾의精選及浸種、秧板의整地、豚의分娩育雛

日次	曜	干支	日出	日南中	日入	晝間	月齡	陰曆	月出	月入	滿潮	干潮	記事
一日	土	戊辰	六時二二分	後〇時三八分	六時五五分	一二時三四分	一一	一二	後三時四七分	前四時四分	前二時二五分 後三時五分	前九時〇分 後九時二五分	
二日	日	己巳	六 二〇	〇 三七	六 五六	一二 三六	一二	一三	後四 五七	前四 四三	前三 三〇 後四 五	前九 五五 後一〇 二〇	
三日	月	庚午	六 一八	〇 三七	六 五七	一二 三九	一三	一四	後六 六	前五 二〇	前四 二五 後四 五〇	前一〇 四〇 後一一 〇	神武天皇祭 記念植樹
四日	火	辛未	六 一七	〇 三七	六 五八	一二 四一	一四	一五	後七 一四	前五 五七	前五 一五 後五 三五	前一一 二〇 後一一 四〇	望
五日	水	壬申	六 一五	〇 三七	六 五九	一二 四四	一五	一六	後八 二一	前六 三六	前五 五〇 後六 一五	前 ｜ 後〇 〇	
六日	木	癸酉	六 一四	〇 三六	七 〇	一二 四六	一六	一七	後九 二六	前七 一六	前六 四〇 後六 五〇	前〇 一〇 後〇 四〇	寒食 清明
七日	金	甲戌	六 一三	〇 三六	七 〇	一二 四八	一七	一八	後一〇 二七	前七 五九	前七 一五 後七 二五	前〇 五〇 後一 一五	
八日	土	乙亥	六 一一	〇 三六	七 一	一二 五一	一八	一九	後一一 二三	前八 四五	前七 五〇 後八 〇	前一 二五 後一 五〇	
九日	日	丙子	六 九	〇 三五	七 二	一二 五三	一九	二〇	｜	前九 三四	前八 三〇 後八 三五	前一 五五 後二 二〇	
十日	月	丁丑	六 八	〇 三五	七 三	一二 五五	二〇	二一	前〇 一四	前一〇 二六	前九 一〇 後九 一五	前二 三五 後三 五	
十一日	火	戊寅	六 六	〇 三五	七 四	一二 五八	二一	二二	前一 〇	前一一 一九	前九 五五 後一〇 一〇	前三 一〇 後三 四五	
十二日	水	己卯	六 五	〇 三五	七 五	一三 〇	二二	二三	前一 四一	後〇 一三	前一〇 五〇 後一一 一〇	前三 五〇 後四 四五	下弦
十三日	木	庚辰	六 三	〇 三四	七 六	一三 二	二三	二四	前二 一八	後一 八	前 ｜ 後〇 〇	前五 五 後六 二〇	
十四日	金	辛巳	六 二	〇 三四	七 七	一三 五	二四	二五	前二 五三	後二 三	前〇 三〇 後一 一〇	前六 四五 後八 一〇	

八

昭和十四年

	十五日	土	壬午	六 一	○ 三四	七 八	一三 七	二五	二六	前三 二三	後二 五九	前二 一四〇 後二 一五	前八 二〇 後九 ○
	十六日	日	癸未	五 五九	○ 三四	七 九	一三 九	二六	二七	前三 五三	後三 五五	前二 四五 後三 一〇	前九 二〇 後九 四五
	十七日	月	甲申	五 五八	○ 三三	七 九	一三 一二	二七	二八	前四 二四	後四 五二	前三 四〇 後三 五五	前一〇 ○ 後一〇 二〇
土王用事	十八日	火	乙酉	五 五六	○ 三三	七 一〇	一三 一四	二八	二九	前四 五五	後五 五〇	前四 二〇 後四 三五	前一〇 四〇 後一一 ○
	十九日	水	丙戌	五 五五	○ 三三	七 一一	一三 一六	二九	三〇	前五 二七	後六 五〇	前五 ○ 後五 一五	前一一 一五 後一一 三〇
	二十日	木	丁亥	五 五四	○ 三三	七 一二	一三 一八	○	三月一	前六 三	後七 五二	前五 三五 後五 四五	前一一 四五 後 ―
朔	二十一日	金	戊子	五 五二	○ 三二	七 一三	一三 二一	一	二	前六 四三	後八 五三	前六 一〇 後六 二〇	前○ ○ 後○ 二〇
穀雨	二十二日	土	己丑	五 五一	○ 三二	七 一四	一三 二三	二	三	前七 二八	後九 五四	前六 五〇 後六 五五	前○ 三五 後一 ○
	二十三日	日	庚寅	五 五〇	○ 三二	七 一五	一三 二五	三	四	前八 一八	後一〇 五三	前七 二〇 後七 二五	前一 五 後一 三〇
	二十四日	月	辛卯	五 四八	○ 三二	七 一六	一三 二七	四	五	前九 一五	後一一 四八	前八 ○ 後八 一〇	前一 四〇 後二 一〇
	二十五日	火	壬辰	五 四七	○ 三二	七 一七	一三 三〇	五	六	前一〇 一六	―	前八 五〇 後九 一〇	前二 二〇 後二 五五
	二十六日	水	癸巳	五 四六	○ 三一	七 一八	一三 三三	六	七	前一一 二二	前○ 三七	前九 四五 後一〇 一五	前三 五 後三 四五
上弦	二十七日	木	甲午	五 四五	○ 三一	七 一九	一三 三四	七	八	後○ 二八	前一 二三	前一一 ○ 後一一 三〇	前三 五五 後五 ○
	二十八日	金	乙未	五 四三	○ 三一	七 一九	一三 三六	八	九	後一 三五	前二 三	前 ― 後○ 一五	前五 二五 後六 四五
天長節	二十九日	土	丙申	五 四二	○ 三一	七 二〇	一三 三八	九	一〇	後二 四三	前二 四一	前○ 四五 後一 二五	前七 一五 後八 一〇
靖國神社祭	三十日	日	丁酉	五 四一	○ 三一	七 二一	一三 四〇	一〇	一一	後三 五〇	前三 一八	前二 五 後二 三五	前八 三五 後九 一〇

九

五月大 三十一日

水稻陸稻棉粟大小豆蔬菜의播種春蠶의催靑掃立麥의黑穗拔除、甘諸苗의移植病蟲害豫防藥撒布牛馬豚의種付

日次	七曜	干支	日出	日南中	日入	晝間	月齡	陰曆	月出	月入	滿潮	干潮	記事
一日	月	戊戌	五時四〇分	後〇時三一分	七時二二分	一三時四二分	一一	一二	後四時五七分	前三時五四分	前三時一〇分 後三三五	前九時三五分 後九五五	
二日	火	己亥	五三九	〇三一	七二三	一三四四	一二	一三	後六三	前四三〇	前四〇五 後四二〇	前一〇一五 後一〇三五	
三日	水	庚子	五三八	〇三〇	七二四	一三四六	一三	一四	後七八	前五九	前四五〇 後五一〇	前一一〇 後一一一五	月食 分食
四日	木	辛丑	五三六	〇三〇	七二五	一三四八	一四	一五	後八一〇	前五五〇	前五四〇 後五四五	前一一四五 後一一五五	望
五日	金	壬寅	五三五	〇三〇	七二六	一三五〇	一五	一六	後九九	前六三五	前六一五 後六二〇	前― 後〇二〇	
六日	土	癸卯	五三四	〇三〇	七二七	一三五三	一六	一七	後一〇四	前七二三	前六五〇 後七〇	前〇二五 後〇五〇	立夏
七日	日	甲辰	五三三	〇三〇	七二八	一三五四	一七	一八	後一〇五三	前八一五	前七三五 後七三五	前一五 後一三〇	
八日	月	乙巳	五三二	〇三〇	七二八	一三五六	一八	一九	後一一三六	前九八	前八一〇 後八一〇	前一四〇 後二五	
九日	火	丙午	五三一	〇三〇	七二九	一三五八	一九	二〇	―	前一〇三	前八四五 後八四五	前二五 後二四〇	
十日	水	丁未	五三〇	〇三〇	七三〇	一四〇	二〇	二一	前〇一五	前一〇五八	前九二〇 後九三五	前二四〇 後三一五	
十一日	木	戊申	五二九	〇三〇	七三一	一四二	二一	二二	前〇五〇	前一一五三	前一〇一五 後一〇四〇	前三二〇 後四五	下弦
十二日	金	己酉	五二八	〇三〇	七三二	一四四	二二	二三	前一二三	後〇四八	前一一一〇 後一一四五	前四一〇 後五一〇	
十三日	土	庚戌	五二七	〇三〇	七三三	一四六	二三	二四	前一五三	後一四三	前― 後〇一五	前五三五 後六四五	
十四日	日	辛亥	五二六	〇三〇	七三四	一四七	二四	二五	前二三三	後二四〇	前〇五〇 後一一〇	前七一〇 後八〇	

昭和十四年

十五日	十六日	十七日	十八日	十九日	二十日	二十一日	二十二日	二十三日	二十四日	二十五日	二十六日	二十七日	二十八日	二十九日	三十日	三十一日
				朔			小滿				上弦	海軍記念日				
月	火	水	木	金	土	日	月	火	水	木	金	土	日	月	火	水
壬子	癸丑	甲寅	乙卯	丙辰	丁巳	戊午	己未	庚申	辛酉	壬戌	癸亥	甲子	乙丑	丙寅	丁卯	戊辰
五 二五	五 二五	五 二四	五 二三	五 二三	五 二一	五 二一	五 二〇	五 一九	五 一九	五 一八	五 一七	五 一七	五 一六	五 一六	五 一五	五 一五
〇 三〇	〇 三〇	〇 三〇	〇 三〇	〇 三〇	〇 三〇	〇 三〇	〇 三〇	〇 三〇	〇 三〇	〇 三〇	〇 三〇	〇 三〇	〇 三一	〇 三一	〇 三一	〇 三一
七 三五	七 三五	七 三六	七 三七	七 三八	七 三九	七 四〇	七 四〇	七 四一	七 四二	七 四三	七 四四	七 四四	七 四五	七 四六	七 四七	七 四七
一四 九	一四 一一	一四 一三	一四 一四	一四 一六	一四 一七	一四 一九	一四 二一	一四 二二	一四 二三	一四 二五	一四 二六	一四 二八	一四 二九	一四 三〇	一四 三二	一四 三三
二五	二六	二七	二八	二九	一	二	三	四	五	六	七	八	九	一〇	一一	一二
二六	二七	二八	二九	四月一	二	三	四	五	六	七	八	九	一〇	一一	一二	一三
前 二 五三	前 三 二五	前 三 五九	前 四 三八	前 五 二一	前 六 一〇	前 七 六	前 八 七	前 九 一三	前 一〇 二〇	前 一一 二八	後 〇 三五	後 一 四一	後 二 四七	後 三 五二	後 四 五六	後 五 五八
後 三 三七	後 四 三六	後 五 三七	後 六 四〇	後 七 四二	後 八 四四	後 九 四一	後 一〇 三四	後 一一 二三	｜	前 〇 四	前 〇 四三	前 一 一九	前 一 五五	前 二 三〇	前 三 七	前 三 四六
前 一 五〇 後 二 一〇	前 二 五〇 後 三 五	前 三 四〇 後 三 五〇	前 四 二〇 後 四 三五	前 五 一〇 後 五 二〇	前 五 五〇 後 六 〇	前 六 三五 後 六 四〇	前 七 一五 後 七 二〇	前 八 一〇 後 八 〇	前 八 四五 後 九 〇	前 九 四五 後 一〇 一〇	前 一〇 四五 後 一一 一五	前 一一 四五 後 ｜	前 〇 二〇 後 〇 五〇	前 一 四〇 後 二 〇	前 二 四〇 後 三 〇	前 三 四五 後 三 五五
前 八 二五 後 九 〇	前 九 二五 後 九 四五	前 一〇 一〇 後 一〇 二〇	前 一〇 四五 後 一一 五	前 一一 三〇 後 一一 四〇	前 ｜ 後 〇 一〇	前 〇 一五 後 〇 四五	前 〇 五五 後 一 二五	前 一 三〇 後 二 五	前 二 一〇 後 二 四五	前 三 〇 後 三 四〇	前 三 五〇 後 四 四五	前 五 〇 後 六 五	前 六 四〇 後 七 三〇	前 八 五 後 八 三五	前 九 一〇 後 九 三〇	前 一〇 〇 後 一〇 一五

一一

昭和十四年

六月小 三十日

移秧麥收穫桑의株直桑田의耕耘施肥甘藷苗移植粟間引果實의被袋緑肥收穫病粟拔除田의除草耕耘牛馬豚의種付蚊蟲驅除

日次	七曜	干支	日出	日南中	日入	晝間	月齡	陰曆	月出	月入	滿潮	干潮	
一日	木	己巳	五時一四分	後〇時三一分	七時四八分	一四時三四分	一三	一四	後六時五八分	前四時二九分	前四時三五分 後四 四〇	前一〇時四五分 後一〇 五〇	
二日	金	庚午	五 一四	〇 三一	七 四九	一四 三五	一四	一五	後七 五四	前五 一五	前五 一五 後五 二五	前一一 二五 後一一 四〇	望
三日	土	辛未	五 一四	〇 三一	七 四九	一四 三六	一五	一六	後八 四五	前六 五	前六 五 後六 一〇	前 — 後〇 一〇	
四日	日	壬申	五 一三	〇 三一	七 五〇	一四 三七	一六	一七	後九 三一	前六 五七	前六 四〇 後六 四五	前〇 一五 後〇 四〇	
五日	月	癸酉	五 一三	〇 三二	七 五一	一四 三七	一七	一八	後一〇 一二	前七 五三	前七 一五 後七 二〇	前〇 四五 後一 一五	
六日	火	甲戌	五 一三	〇 三二	七 五一	一四 三八	一八	一九	後一〇 四九	前八 四七	前七 五〇 後七 五〇	前一 一五 後一 五〇	芒種
七日	水	乙亥	五 一三	〇 三二	七 五二	一四 三九	一九	二〇	後一一 二三	前九 四三	前八 二〇 後八 二五	前一 五〇 後二 一五	
八日	木	丙子	五 一二	〇 三二	七 五二	一四 四〇	二〇	二一	後一一 五四	前一〇 三八	前八 五〇 後九 一〇	前二 一五 後二 五〇	
九日	金	丁丑	五 一二	〇 三二	七 五三	一四 四一	二一	二二	—	前一一 三三	前九 三五 後一〇 〇	前二 五五 後三 三〇	
十日	土	戊寅	五 一二	〇 三三	七 五三	一四 四一	二二	二三	前〇 二三	後〇 二八	前一〇 二〇 後一〇 五五	前三 四〇 後四 二〇	下弦
十一日	日	己卯	五 一二	〇 三三	七 五四	一四 四二	二三	二四	前〇 五三	後一 二四	前一一 一〇 後 —	前四 三五 後五 二五	
十二日	月	庚辰	五 一二	〇 三三	七 五四	一四 四三	二四	二五	前一 二四	後二 二二	前〇 〇 後〇 一五	前五 五〇 後六 四五	入梅
十三日	火	辛巳	五 一二	〇 三三	七 五五	一四 四三	二五	二六	前一 五六	後三 二一	前一 〇 後一 一〇	前七 二五 後八 五	
十四日	水	壬午	五 一二	〇 三三	七 五五	一四 四四	二六	二七	前二 三三	後四 二二	前二 〇 後二 一五	前八 四〇 後九 五	農民日

一二

昭和十四年

	十五日	木	癸未	五 一二	○ 三四	七 五六	一四 四四	二七	二八	前三 一二	後五 二五	前三 〇 後三 一五	前九 四〇 後九 五五
	十六日	金	甲申	五 一二	○ 三四	七 五六	一四 四四	二八	二九	前三 五八	後六 二八	前四 〇 後四 一〇	前一〇 二五 後一〇 四〇
朔	十七日	土	乙酉	五 一二	○ 三四	七 五六	一四 四五	二九	五月一	前四 五二	後七 二八	前四 四五 後五 〇	前一一 一〇 後一一 二〇
	十八日	日	丙戌	五 一二	○ 三四	七 五七	一四 四五	一	二	前五 五二	後八 二五	前五 四〇 後五 五〇	前一一 五〇 後 —
	十九日	月	丁亥	五 一二	○ 三四	七 五七	一四 四五	二	三	前六 五七	後九 一六	前六 二〇 後六 三五	前〇 五 後〇 三五
	二十日	火	戊子	五 一二	○ 三五	七 五七	一四 四五	三	四	前八 六	後一〇 二	前七 〇 後七 一五	前〇 四五 後一 一五
	二十一日	水	己丑	五 一二	○ 三五	七 五八	一四 四五	四	五	前九 一六	後一〇 四三	前七 五〇 後八 五	前一 二五 後一 五五
夏至	二十二日	木	庚寅	五 一二	○ 三五	七 五八	一四 四五	五	六	前一〇 二五	後一一 二一	前八 四〇 後八 五〇	前二 五 後二 三五
	二十三日	金	辛卯	五 一三	○ 三五	七 五八	一四 四五	六	七	前一一 一三	後一一 五七	前九 二五 後九 五〇	前二 四五 後三 二〇
上弦	二十四日	土	壬辰	五 一三	○ 三六	七 五八	一四 四五	七	八	後〇 四〇	—	前一〇 二〇 後一〇 五〇	前三 四〇 後四 一五
	二十五日	日	癸巳	五 一三	○ 三六	七 五八	一四 四五	八	九	後一 四五	前〇 三三	前一一 一五 後一一 五〇	前四 四〇 後五 一五
	二十六日	月	甲午	五 一三	○ 三六	七 五八	一四 四五	九	一〇	後二 四八	前一 九	前 — 後〇 一五	前五 五五 後六 四五
	二十七日	火	乙未	五 一四	○ 三六	七 五九	一四 四五	一〇	一一	後三 五一	前一 四七	前一 〇 後一 一五	前七 三〇 後八 〇
	二十八日	水	丙申	五 一四	○ 三六	七 五九	一四 四四	一一	一二	後四 五〇	前二 二八	前二 一五 後二 二五	前八 四五 後九 五
	二十九日	木	丁酉	五 一四	○ 三七	七 五九	一四 四四	一二	一三	後五 四七	前三 一二	前三 一五 後三 二五	前九 四〇 後九 五五
	三十日	金	戊戌	五 一五	○ 三七	七 五九	一四 四四	一三	一四	後六 三九	前三 五九	前四 一五 後四 二五	前一〇 三〇 後一〇 四〇

一三

七月大 三十一日

畓의除草 蕎麥의播種 桑田의除草 粟의培土 馬鈴薯 大麻의收穫
果樹夏季剪定 蔬菜의耕耘 追肥 堆肥製造 二期作馬鈴薯播種 雄雛淘汰

日次	曜日	干支	日出	日南中	日入	晝間	月齡	陰曆	月出	月入	滿潮 前	滿潮 後	干潮 前	干潮 後	記事
一日	土	己亥	前五時一五分	後〇時三七分	七時五九分	一四時四三分	一四	一五	後七時二七分	前四時五〇分	五時一〇分	五 一五	一一時一〇分	一一 一五	
二日	日	庚子	五 一六	〇 三七	七 五八	一四 四三	一五	一六	後八 一〇	前五 四四	五 五〇	六 〇	一一 五〇	一一 五五	望
三日	月	辛丑	五 一六	〇 三七	七 五八	一四 四二	一六	一七	後八 四九	前六 三九	六 三五	六 四〇	—	〇 三〇	
四日	火	壬寅	五 一七	〇 三八	七 五八	一四 四二	一七	一八	後九 二三	前七 三四	七 五	七 五	〇 三五	一 〇	
五日	水	癸卯	五 一七	〇 三八	七 五八	一四 四一	一八	一九	後九 五五	前八 二九	七 三〇	七 三五	一 〇	一 二五	
六日	木	甲辰	五 一八	〇 三八	七 五八	一四 四〇	一九	二〇	後一〇 二六	前九 二四	八 〇	八 五	一 三五	二 〇	
七日	金	乙巳	五 一八	〇 三八	七 五八	一四 三九	二〇	二一	後一〇 五五	前一〇 一九	八 二〇	八 四〇	二 〇	二 三〇	
八日	土	丙午	五 一九	〇 三八	七 五七	一四 三九	二一	二二	後一一 二五	前一一 一四	八 五五	九 二〇	二 三〇	三 〇	小暑
九日	日	丁未	五 一九	〇 三八	七 五七	一四 三八	二二	二三	後一一 五五	後〇 一〇	九 四〇	一〇 一五	三 一〇	三 四〇	
十日	月	戊申	五 二〇	〇 三九	七 五七	一四 三七	二三	二四	—	後一 八	一〇 二〇	一一 五	三 五〇	四 二五	下弦
十一日	火	己酉	五 二一	〇 三九	七 五七	一四 三六	二四	二五	前〇 二九	後二 七	一一 一五	—	四 四五	五 三〇	
十二日	水	庚戌	五 二一	〇 三九	七 五六	一四 三五	二五	二六	前一 六	後三 七	〇 一〇	〇 二五	六 一〇	六 五五	初伏
十三日	木	辛亥	五 二二	〇 三九	七 五六	一四 三四	二六	二七	前一 四八	後四 九	一 一五	一 三〇	七 五五	八 二〇	
十四日	金	壬子	五 二三	〇 三九	七 五五	一四 三三	二七	二八	前二 三七	後五 一〇	二 二五	二 四〇	九 一〇	九 二五	

昭和十四年

		朔				土王用事	中伏	上弦	大暑							望
十五日	十六日	十七日	十八日	十九日	二十日	二十一日	二十二日	二十三日	二十四日	二十五日	二十六日	二十七日	二十八日	二十九日	三十日	三十一日
土	日	月	火	水	木	金	土	日	月	火	水	木	金	土	日	月
癸丑	甲寅	乙卯	丙辰	丁巳	戊午	己未	庚申	辛酉	壬戌	癸亥	甲子	乙丑	丙寅	丁卯	戊辰	己巳
五 二三	五 二四	五 二五	五 二五	五 二六	五 二七	五 二七	五 二八	五 二九	五 三〇	五 三一	五 三一	五 三二	五 三三	五 三四	五 三五	五 三五
〇 三九	〇 三九	〇 三九	〇 三九	〇 四〇	〇 四〇	〇 四〇	〇 四〇	〇 四〇	〇 四〇	〇 四〇	〇 四〇	〇 四〇	〇 四〇	〇 四〇	〇 四〇	〇 四〇
七 五五	七 五四	七 五四	七 五三	七 五三	七 五二	七 五二	七 五一	七 五〇	七 四九	七 四九	七 四八	七 四七	七 四六	七 四五	七 四五	七 四四
一四 三二	一四 三一	一四 二九	一四 二八	一四 二七	一四 二五	一四 二四	一四 二三	一四 二二	一四 二〇	一四 一八	一四 一七	一四 一五	一四 一三	一四 一二	一四 一〇	一四 八
二八	二九	〇	一	二	三	四	五	六	七	八	九	一〇	一一	一二	一三	一四
二九	三〇	六月一	二	三	四	五	六	七	八	九	一〇	一一	一二	一三	一四	一五
前 三 三三	前 四 三六	前 五 四五	前 六 五六	前 八 八	前 九 一九	前 一〇 二八	前 一一 三五	後 〇 四一	後 一 四四	後 二 四五	後 三 四二	後 四 三六	後 五 二四	後 六 九	後 六 四九	後 七 二五
後 六 九	後 七 四	後 七 五三	後 八 三八	後 九 一九	後 九 五七	後 一〇 三四	後 一一 一一	後 一一 四九	—	前 〇 二八	前 一 一一	前 一 五七	前 二 四七	前 三 三九	前 四 三三	前 五 二八
前 三 四〇 後 三 四五	前 四 三五 後 四 四〇	前 五 二〇 後 五 三五	前 六 一〇 後 六 二〇	前 七 〇 後 七 一〇	前 七 三五 後 七 五五	前 八 二〇 後 八 四〇	前 九 五 後 九 三〇	前 九 四五 後 一〇 二〇	前 一〇 四〇 後 一一 二〇	前 一一 三〇 後 —	前 〇 二〇 後 〇 四〇	前 一 四〇 後 一 五〇	前 二 五〇 後 三 〇	前 三 五五 後 四 一〇	前 四 五〇 後 五 五	前 五 三五 後 五 四五
前 一〇 五 後 一〇 二〇	前 一〇 五〇 後 一一 一〇	前 一一 四〇 後 一一 五〇	前 — 後 〇 二〇	前 〇 三五 後 一 〇	前 一 一〇 後 一 四〇	前 一 五〇 後 二 二〇	前 二 三五 後 三 〇	前 三 一五 後 三 四五	前 四 五 後 四 四〇	前 五 一〇 後 五 四五	前 六 四五 後 七 二〇	前 八 一五 後 八 三五	前 九 二〇 後 九 三五	前 一〇 一〇 後 一〇 二〇	前 一一 〇 後 一一 五	前 一一 三五 後 一一 四〇

一五

八月大 三十一日

白菜、蘿蔔의播種、桑天牛卵의取除、秋蠶의催青掃立、陸稻培土、堆肥切返
棉摘心、病果拔除、雛의換羽期管理、螟蟲驅除

日次	七曜	干支	日出	日南中	日入	晝間	月齡	陰曆	月出	月入	滿潮	干潮	
一日	火	庚午	前五時三六分	後〇時四〇分	後七時四三分	一四時七分	一五	一六	後七時五八分	前六時二三分	前六時一五分 後六時二〇分	前 — 後〇時五分	
二日	水	辛未	五三七	〇四〇	七四二	一四五	一六	一七	後八二九	前七一八	前六四五 後六五〇	前〇一五 後〇四〇	
三日	木	壬申	五三八	〇四〇	七四一	一四三	一七	一八	後八五六	前八一三	前七一〇 後七一〇	前〇四五 後一五	
四日	金	癸酉	五三九	〇四〇	七四〇	一四一	一八	一九	後九二八	前九八	前七二〇 後七四〇	前一一〇 後一三五	
五日	土	甲戌	五四〇	〇三九	七三九	一三五九	一九	二〇	後九五八	前一〇三	前七五〇 後八五	前一四〇 後二〇	
六日	日	乙亥	五四〇	〇三九	七三八	一三五七	二〇	二一	後一〇三〇	前一〇五九	前八一五 後八四〇	前二一〇 後二三〇	
七日	月	丙子	五四一	〇三九	七三七	一三五五	二一	二二	後一一四	前一一五六	前八五五 後九三〇	前二四〇 後三五	
八日	火	丁丑	五四二	〇三九	七三六	一三五四	二二	二三	後一一四三	後〇五四	前九四〇 後一〇二五	前三二〇 後三四五	立秋 下弦
九日	水	戊寅	五四三	〇三九	七三五	一三五二	二三	二四	—	後一五四	前一〇三五 後一一三〇	前四一〇 後四四〇	
十日	木	己卯	五四四	〇三九	七三三	一三五〇	二四	二五	前〇二八	後二五四	前一一四五 後 —	前五一五 後六〇	
十一日	金	庚辰	五四五	〇三九	七三二	一三四八	二五	二六	前一一九	後三五三	前〇四〇 後〇五五	前七一五 後七五〇	末伏
十二日	土	辛巳	五四六	〇三九	七三一	一三四六	二六	二七	前二一七	後四四八	前二〇 後二二〇	前八四五 後九五	
十三日	日	壬午	五四六	〇三八	七三〇	一三四四	二七	二八	前三二一	後五四〇	前三一〇 後三三〇	前九五〇 後一〇五	
十四日	月	癸未	五四七	〇三八	七二九	一三四二	二八	二九	前四三一	後六二七	前四二〇 後四三〇	前一〇四〇 後一〇五〇	

一六

昭和十四年

朔	十五日	火	甲申	五 四八	〇 三八	七 二八	一三 三九	二九	七月一	前五 四三	後七 二一	前五一〇 後五二〇	前一一二〇 後一一三五
	十六日	水	乙酉	五 四九	〇 三八	七 二六	一三 三七	一	二	前六 五六	後七 五三	前五五〇 後六一〇	前｜ 後〇〇
	十七日	木	丙戌	五 五〇	〇 三八	七 二五	一三 三五	二	三	前八 八	後八 三〇	前六四〇 後六五五	前〇一五 後〇四〇
	十八日	金	丁亥	五 五一	〇 三八	七 二四	一三 三三	三	四	前九 一八	後九 八	前七一五 後七三五	前〇五五 後一一五
	十九日	土	戊子	五 五一	〇 三七	七 二三	一三 三一	四	五	前一〇 二七	後九 四七	前七五〇 後八一五	前一三五 後一五五
	二十日	日	己丑	五 五二	〇 三七	七 二二	一三 二九	五	六	前一一 三三	後一〇 二七	前八四〇 後九五	前二一五 後二三五
	二十一日	月	庚寅	五 五三	〇 三七	七 二〇	一三 二七	六	七	後〇 三六	後一一 一〇	前九二〇 後九五〇	前二五五 後三一五
上弦	二十二日	火	辛卯	五 五四	〇 三七	七 一九	一三 二五	七	八	後一 三六	後一一 五六	前一〇〇 後一〇四五	前三三五 後三五五
	二十三日	水	壬辰	五 五五	〇 三六	七 一七	一三 二二	八	九	後二 三一	｜	前一一〇 後一一四五	前四三〇 後四五五
處暑	二十四日	木	癸巳	五 五六	〇 三六	七 一六	一三 二〇	九	一〇	後三 三三	前〇 四四	前｜ 後〇一〇	前五五〇 後六三〇
	二十五日	金	甲午	五 五七	〇 三六	七 一四	一三 一八	一〇	一一	後四 七	前一 三五	前〇五五 後一二〇	前七五〇 後八一〇
	二十六日	土	乙未	五 五七	〇 三六	七 一三	一三 一六	一一	一二	後四 四八	前二 二八	前二二〇 後二四五	前九五 後九一五
	二十七日	日	丙申	五 五八	〇 三五	七 一二	一三 一三	一二	一三	後五 二六	前三 二三	前三三〇 後三五〇	前九五五 後一〇五
	二十八日	月	丁酉	五 五九	〇 三五	七 一〇	一三 一一	一三	一四	後六 〇	前四 一八	前四三〇 後四四〇	前一〇三五 後一〇四五
	二十九日	火	戊戌	六 〇	〇 三五	七 九	一三 九	一四	一五	後六 三二	前五 一三	前五一〇 後五二〇	前一一一〇 後一一二〇
望	三十日	水	己亥	六 一	〇 三四	七 七	一三 七	一五	一六	後七 二	前六 七	前五四五 後五五五	前一一四五 後一一五〇
	三十一日	木	庚子	六 二	〇 三四	七 六	一三 四	一六	一七	後七 三二	前七 二	前六一〇 後六二〇	前｜ 後〇一〇

一七

九月小 三十日

螟蟲被害稻의拔除燒却、小麥、秋蒔綠肥의播種、粟、大豆의收穫、果樹除袋、乾草製造、豚의分娩

日次	七曜	干支	日出	日南中	日入	晝間	月齡	陰曆	月出	月入	滿潮 前	滿潮 後	干潮 前	干潮 後	備考
一日	金	辛丑	六時一二分	後〇時三四分	七時五分	一三時二分	一七	一八	後八時一分	前七時五七分	六時三五分	六五〇	〇時二〇分	〇四〇	震災記念日
二日	土	壬寅	六三	〇三三	七三	一三〇	一八	一九	後八三三	前八五三	七〇	七一五	〇五五	一一〇	二百十日
三日	日	癸卯	六四	〇三三	七二	一二五七	一九	二〇	後九六	前九五〇	七二〇	七四五	一二〇	一三五	
四日	月	甲辰	六五	〇三三	七〇	一二五五	二〇	二一	後九四三	前一〇四七	七四五	八一〇	一五〇	二五	
五日	火	乙巳	六六	〇三三	六五九	一二五三	二一	二二	後一〇二四	前一一四五	八二〇	八五五	二二〇	二三五	
六日	水	丙午	六七	〇三二	六五七	一二五一	二二	二三	後一一一	後〇四三	九〇	九五〇	二五〇	三一五	
七日	木	丁未	六七	〇三二	六五六	一二四八	二三	二四	―	後一四一	一〇〇	一〇五五	三四〇	四五	下弦
八日	金	戊申	六八	〇三二	六五四	一二四六	二四	二五	前〇五	後二三六	―	一一一〇	四四五	五二〇	白露
九日	土	己酉	六九	〇三一	六五三	一二四四	二五	二六	前一四	後三二八	〇一五	〇四〇	六四〇	七一五	
十日	日	庚戌	六一〇	〇三一	六五一	一二四一	二六	二七	前二九	後四一六	一三五	二〇	八二五	八五〇	
十一日	月	辛亥	六一一	〇三〇	六五〇	一二三九	二七	二八	前三一八	後五一	二五五	三一五	九三〇	九五〇	
十二日	火	壬子	六一二	〇三〇	六四八	一二三六	二八	二九	前四二九	後五四二	三五五	四一五	一〇一五	一〇三五	
十三日	水	癸丑	六一二	〇三〇	六四七	一二三四	二九	八月一	前五四二	後六三二	四五〇	五一〇	一一〇	一一二〇	朔
十四日	木	甲寅	六一三	〇二九	六四五	一二三三	一	二	前六五四	後七一	五三〇	五五〇	一二四〇	―	

昭和十四年

十五日	金	乙卯	六 一四	〇 二九	六 四三	一二 二九	二	三	前八 五	後七 四一	前六 一〇 後六 四〇	前〇 〇 後〇 一五	
十六日	土	丙辰	六 一五	〇 二九	六 四二	一二 二七	三	四	前九 一四	後八 二三	前六 五〇 後七 一五	前〇 四〇 後〇 五〇	
十七日	日	丁巳	六 一六	〇 二八	六 四〇	一二 二五	四	五	前一〇 二一	後九 五	前七 三〇 後七 五〇	前一 一五 後一 三〇	
十八日	月	戊午	六 一七	〇 二八	六 三九	一二 二三	五	六	前一一 二四	後九 五一	前八 一〇 後八 四〇	前一 五〇 後二 五	
十九日	火	己未	六 一七	〇 二八	六 三七	一二 二〇	六	七	後〇 二三	後一〇 三九	前八 四五 後九 二〇	前二 三〇 後二 四五	
二十日	水	庚申	六 一八	〇 二七	六 三六	一二 一七	七	八	後一 一六	後一一 三〇	前九 二五 後一〇 一〇	前三 一〇 後三 二〇	上弦
二十一日	木	辛酉	六 一九	〇 二七	六 三四	一二 一五	八	九	後二 四	—	前一〇 三〇 後一一 一五	前三 五五 後四 一五	彼岸
二十二日	金	壬戌	六 二〇	〇 二七	六 三三	一二 一三	九	一〇	後二 四七	前〇 二三	前一一 三〇 後 —	前五 五 後五 三〇	
二十三日	土	癸亥	六 二一	〇 二六	六 三一	一二 一〇	一〇	一一	後三 二六	前一 一七	前〇 二〇 後〇 四五	前七 〇 後七 三〇	
二十四日	日	甲子	六 二二	〇 二六	六 三〇	一二 八	一一	一二	後四 一	前二 一三	前一 四〇 後二 一〇	前八 二五 後八 四五	秋分 秋季皇靈祭
二十五日	月	乙丑	六 二二	〇 二六	六 二八	一二 六	一二	一三	後四 三三	前三 七	前二 五〇 後三 一五	前九 二五 後九 四〇	
二十六日	火	丙寅	六 二三	〇 二五	六 二六	一二 三	一三	一四	後五 四	前四 一	前三 四五 後四 一〇	前一〇 五 後一〇 二〇	
二十七日	水	丁卯	六 二四	〇 二五	六 二五	一二 一	一四	一五	後五 三四	前四 五六	前四 三〇 後四 五〇	前一〇 四〇 後一〇 五五	
二十八日	木	戊辰	六 二五	〇 二五	六 二三	一一 五八	一五	一六	後六 四	前五 五三	前五 一〇 後五 二〇	前一一 一五 後一一 三〇	望 社日
二十九日	金	己巳	六 二六	〇 二四	六 二二	一一 五六	一六	一七	後六 三五	前六 四八	前五 三五 後五 五〇	前一一 四〇 後 —	
三十日	土	庚午	六 二七	〇 二四	六 二〇	一一 五四	一七	一八	後七 八	前七 四四	前六 〇 後六 二〇	前〇 〇 後〇 一〇	

一九

十月大 三十一日

大麥의播種、桑田의害蟲驅除、種稻의選種、稻의收穫、大豆、甘藷、馬鈴薯의收穫、貯藏、果實貯藏、庫修理消毒、農繁期의畜牛愛撫

日次	七曜	干支	日出	日南中	日入	晝間	月齡	陰曆	月出	月入	滿潮	干潮	記事
一日	日	辛未	六時二八分	〇時二四分	六時一九分	一一時五一分	一八	一九	後七時四四分	前八時四二分	前六時三〇分 後六時五〇分	前〇時三五分 後〇時四〇分	始政記念日
二日	月	壬申	六二八	〇二三	六一七	一一四九	一九	二〇	後八二四	前九四四	前六五五 後七二〇	前一〇 後一一〇	
三日	火	癸酉	六二九	〇二三	六一六	一一四六	二〇	二一	後九九	前一〇三八	前七二〇 後七五〇	前一二五 後一四〇	
四日	水	甲戌	六三〇	〇二三	六一四	一一四四	二一	二二	後一〇〇	前一一三五	前七五五 後八三五	前二五 後二一五	
五日	木	乙亥	六三一	〇二三	六一三	一一四二	二二	二三	後一〇五六	後〇二九	前八四〇 後九三〇	前二四五 後二五〇	
六日	金	丙子	六三二	〇二三	六一一	一一三九	二三	二四	後一一五七	後一二一	前九四〇 後一〇四〇	前三二五 後三四五	下弦
七日	土	丁丑	六三三	〇二三	六一〇	一一三七	二四	二五	—	後二九	前一一〇 後一一五五	前四三〇 後五〇	
八日	日	戊寅	六三四	〇二二	六八	一一三五	二五	二六	前一二	後二五三	前 — 後〇二五	前六一五 後六五〇	
九日	月	己卯	六三五	〇二二	六七	一一三三	二六	二七	前二九	後三三五	前一一〇 後一四五	前八〇 後八二五	寒露
十日	火	庚辰	六三六	〇二二	六五	一一三〇	二七	二八	前三一九	後四一四	前二二五 後三〇	前九一〇 後九三〇	
十一日	水	辛巳	六三六	〇二一	六四	一一二八	二八	二九	前四二九	後四五三	前三三〇 後三五五	前九五五 後一〇一五	
十二日	木	壬午	六三七	〇二一	六三	一一二五	二九	三〇	前五四〇	後五三三	前四二〇 後四四五	前一〇四〇 後一一〇	
十三日	金	癸未	六三八	〇二〇	六一	一一二三	〇	九月一	前六五〇	後六一二	前五一〇 後五三〇	前一一一五 後一一四五	朔
十四日	土	甲申	六三九	〇二〇	六〇	一一二一	一	二	前七五九	後六五五	前五四五 後六一五	前一一五〇 後 —	

昭和十四年

十五日	日	乙酉		六 四〇	〇 二〇	五 五八	一一 一八	二	三	前九 五	後七 四〇	前六 三〇 後七 〇	前〇 一五 後〇 三〇
十六日	月	丙戌		六 四一	〇 一九	五 五七	一一 一六	三	四	前一〇 八	後八 二九	前七 一〇 後七 四〇	前〇 五五 後一 一〇
十七日	火	丁亥	神嘗祭 [illegible]	六 四二	〇 一九	五 五六	一一 一四	四	五	前一一 五	後九 二一	前七 四〇 後八 一五	前一 三五 後一 四〇
十八日	水	戊子		六 四三	〇 一九	五 五四	一一 一一	五	六	前一一 五七	後一〇 一四	前八 二〇 後九 〇	前二 一〇 後二 一五
十九日	木	己丑		六 四四	〇 一九	五 五三	一一 九	六	七	後〇 四三	後一一 九	前九 五 後九 四五	前二 五〇 後二 五五
二十日	金	庚寅	上弦	六 四五	〇 一九	五 五二	一一 七	七	八	後一 二三	—	前九 五〇 後一〇 四〇	前三 三〇 後三 四〇
二十一日	土	辛卯	土王用事	六 四六	〇 一八	五 五〇	一一 四	八	九	後二 〇	前〇 四	前一〇 五五 後一一 四五	前四 二五 後四 四五
二十二日	日	壬辰		六 四七	〇 一八	五 四九	一一 二	九	一〇	後二 三三	前〇 五九	前 — 後〇 一五	前五 五五 後六 二五
二十三日	月	癸巳	靖國神社祭	六 四八	〇 一八	五 四八	一一 〇	一〇	一一	後三 五	前一 五四	前〇 四五 後一 二〇	前七 四〇 後八 〇
二十四日	火	甲午	霜降	六 四九	〇 一八	五 四六	一〇 五八	一一	一二	後三 三五	前二 四八	前一 五〇 後二 二五	前八 四〇 後九 〇
二十五日	水	乙未		六 五〇	〇 一八	五 四五	一〇 五五	一二	一三	後四 五	前三 四三	前二 五〇 後三 二〇	前九 二〇 後九 四五
二十六日	木	丙申		六 五一	〇 一八	五 四四	一〇 五三	一三	一四	後四 三六	前四 三九	前三 四〇 後四 一〇	前一〇 五 後一〇 二〇
二十七日	金	丁酉		六 五二	〇 一八	五 四三	一〇 五一	一四	一五	後五 九	前五 三六	前四 二〇 後四 四五	前一〇 四〇 後一一 五
二十八日	土	戊戌	望	六 五三	〇 一七	五 四二	一〇 四九	一五	一六	後五 四四	前六 三四	前四 五五 後五 二〇	前一一 一五 後一一 四〇
二十九日	日	己亥		六 五四	〇 一七	五 四〇	一〇 四七	一六	一七	後六 二三	前七 三三	前五 三〇 後五 五五	前一一 四〇 後 —
三十日	月	庚子		六 五五	〇 一七	五 三九	一〇 四四	一七	一八	後七 七	前八 三三	前六 五 後六 三〇	前〇 一〇 後〇 一五
三十一日	火	辛丑		六 五六	〇 一七	五 三八	一〇 四二	一八	一九	後七 五六	前九 三〇	前六 四〇 後七 五	前〇 四五 後〇 五〇

二一

十一月小 三十日

麥의培土 畓의秋耕 果樹園의落葉燒却 深耕施肥 果實蔬菜의收穫貯藏 屑繭의整理 桑田深耕施肥 桑樹秋植 畜舍鷄舍의防寒設備 豚의種付

日次	七曜	干支	日出	日南中	日入	晝間	月齡	陰曆	月出	月入	滿潮	干潮	備考
一日	水	壬寅	六時五七分	後〇時一七分	五時三七分	一〇時四〇分	一九	二〇	後八時五一分	前一〇時二六分	前七時一〇分 後七四〇	前一時一五分 後一二〇	
二日	木	癸卯	六五八	〇一七	五三六	一〇三八	二〇	二一	後九五〇	前一一一九	前七四〇 後八二五	前一五〇 後二〇	
三日	金	甲辰	六五九	〇一七	五三五	一〇三六	二一	二二	後一〇五三	後〇七	前八三五 後九二〇	前二三五 後二四〇	明治節
四日	土	乙巳	七〇	〇一七	五三四	一〇三四	二二	二三	後一一五九	後〇五三	前九三五 後一〇二〇	前三二〇 後三三〇	下弦
五日	日	丙午	七一	〇一七	五三三	一〇三二	二三	二四	―	後一三三	前一〇四五 後一一三五	前四二〇 後四四五	
六日	月	丁未	七二	〇一七	五三二	一〇三〇	二四	二五	前一五	後二一三	前〇一〇 後 ―	前五四五 後六二〇	
七日	火	戊申	七三	〇一七	五三一	一〇二八	二五	二六	前二一三	後二四九	前〇四〇 後一二〇	前七二〇 後七五五	
八日	水	己酉	七四	〇一七	五三〇	一〇二六	二六	二七	前三二二	後三二六	前一五〇 後二三〇	前八三〇 後九五	立冬
九日	木	庚戌	七五	〇一七	五二九	一〇二四	二七	二八	前四二九	後四五	前三〇 後三三五	前九三〇 後九五五	
十日	金	辛亥	七六	〇一七	五二八	一〇二二	二八	二九	前五三七	後四四五	前三五〇 後四二五	前一〇一〇 後一〇四〇	國民精神作興記念日
十一日	土	壬子	七七	〇一七	五二七	一〇二〇	二九	十一月	前六四四	後五二九	前四四〇 後五一〇	前一〇五〇 後一一二〇	朔
十二日	日	癸丑	七八	〇一八	五二六	一〇一八	一	二	前七四九	後六一六	前五二五 後五五五	前一一三五 後 ―	
十三日	月	甲寅	七九	〇一八	五二五	一〇一六	二	三	前八五〇	後七七	前六五 後六四〇	前〇五 後〇一〇	
十四日	火	乙卯	七一一	〇一八	五二五	一〇一四	三	四	前九四五	後八一	前六四五 後七一五	前〇四〇 後〇四五	

昭和十四年

日	曜	干支										注記
十五日	水	丙辰	七 一二	〇 一八	五 二四	一〇 一二	四	五	前一〇 三五	後八 五六	前七 二〇 後八 〇	前一 一五 後一 二〇	
十六日	木	丁巳	七 一三	〇 一八	五 二三	一〇 一一	五	六	前一一 一九	後九 五三	前八 〇 後八 四〇	前一 五〇 後一 五五	
十七日	金	戊午	七 一四	〇 一八	五 二三	一〇 九	六	七	前一一 五八	後一〇 四八	前八 四〇 後九 二〇	前二 三〇 後二 三五	
十八日	土	己未	七 一五	〇 一九	五 二二	一〇 七	七	八	後〇 三三	後一一 四四	前九 二五 後一〇 〇	前三 一〇 後三 一五	
十九日	日	庚申	七 一六	〇 一九	五 二一	一〇 五	八	九	後一 五	—	前一〇 二〇 後一一 〇	前三 五〇 後四 〇	上弦
二十日	月	辛酉	七 一七	〇 一九	五 二一	一〇 四	九	一〇	後一 三五	前〇 三八	前一一 二〇 後一一 五五	前四 五〇 後五 一〇	
二十一日	火	壬戌	七 一八	〇 一九	五 二〇	一〇 二	一〇	一一	後二 五	前一 三三	前 — 後〇 三〇	前六 一五 後六 四〇	
二十二日	水	癸亥	七 一九	〇 一九	五 二〇	一〇 一	一一	一二	後二 三五	前二 二八	前〇 五〇 後一 三〇	前七 三〇 後八 五	
二十三日	木	甲子	七 二〇	〇 二〇	五 一九	九 五九	一二	一三	後三 七	前三 二四	前一 四五 後二 三〇	前八 三五 後九 五	新嘗祭 小雪
二十四日	金	乙丑	七 二一	〇 二〇	五 一九	九 五八	一三	一四	後三 四一	前四 二三	前二 四〇 後三 二〇	前九 二〇 後九 五〇	
二十五日	土	丙寅	七 二二	〇 二〇	五 一八	九 五六	一四	一五	後四 一九	前五 二〇	前三 三〇 後四 一〇	前一〇 五 後一〇 三〇	
二十六日	日	丁卯	七 二三	〇 二一	五 一八	九 五五	一五	一六	後五 一	前六 二〇	前四 一五 後四 五〇	前一〇 四五 後一一 一五	
二十七日	月	戊辰	七 二四	〇 二一	五 一七	九 五三	一六	一七	後五 四九	前七 二〇	前五 五 後五 三五	前一一 二〇 後一一 五五	望
二十八日	火	己巳	七 二五	〇 二一	五 一七	九 五二	一七	一八	後六 四三	前八 一八	前五 四五 後六 一五	前一一 五五 後 —	
二十九日	水	庚午	七 二六	〇 二一	五 一七	九 五一	一八	一九	後七 四三	前九 一四	前六 二〇 後七 〇	前〇 三〇 後〇 三五	
三十日	木	辛未	七 二七	〇 二二	五 一六	九 四九	一九	二〇	後八 四六	前一〇 五	前七 〇 後七 四〇	前一 一〇 後一 一〇	

十二月大 三十一日

收穫物의整理農具의修理整頓畜舍에는敷草多給豚의種付

日次	曜七	干支	日出	日南中	日入	晝間	月齡	陰曆	月出	月入	滿潮	干潮	
一日	金	壬申	七時二八分	後〇時二二分	五時一六分	九時四八分	二〇	二一	後九時五二分	前一〇時五二分	前七時四〇分 後八時一五分	前一時四五分 後一時五〇分	
二日	土	癸酉	七 二九	〇 二三	五 一六	九 四七	二一	二二	後一〇 五八	前一一 三四	前八 三〇 後九 一五	前二 二五 後二 三五	
三日	日	甲戌	七 三〇	〇 二三	五 一六	九 四六	二二	二三	—	後〇 一三	前九 三〇 後一〇 一〇	前三 一〇 後三 二五	
四日	月	乙亥	七 三一	〇 二三	五 一六	九 四五	二三	二四	前〇 五	後〇 五一	前一〇 三五 後一一 一〇	前四 五 後四 二〇	下弦
五日	火	丙子	七 三二	〇 二四	五 一五	九 四四	二四	二五	前一 一二	後一 二七	前一一 四五 後 —	前五 一五 後五 四五	
六日	水	丁丑	七 三三	〇 二四	五 一五	九 四三	二五	二六	前二 一八	後二 三	前〇 一〇 後〇 五五	前六 四〇 後七 二〇	
七日	木	戊寅	七 三四	〇 二五	五 一五	九 四二	二六	二七	前三 二四	後二 四二	前一 二〇 後二 五	前七 五五 後八 三五	
八日	金	己卯	七 三四	〇 二五	五 一五	九 四一	二七	二八	前四 二九	後三 二三	前二 二〇 後三 一〇	前八 五五 後九 三五	大雪
九日	土	庚辰	七 三五	〇 二五	五 一五	九 四〇	二八	二九	前五 三三	後四 七	前三 二〇 後四 一〇	前九 五〇 後一〇 二〇	
十日	日	辛巳	七 三六	〇 二六	五 一五	九 三九	二九	三〇	前六 三五	後四 五六	前四 一五 後五 〇	前一〇 三〇 後一一 五	
十一日	月	壬午	七 三七	〇 二六	五 一六	九 三九	〇	十一月一	前七 三三	後五 四八	前五 五 後五 四五	前一一 一五 後一一 五〇	朔
十二日	火	癸未	七 三八	〇 二七	五 一六	九 三八	一	二	前八 二五	後六 四三	前五 五〇 後六 三〇	前一一 五五 後 —	
十三日	水	甲申	七 三八	〇 二七	五 一六	九 三八	二	三	前九 一二	後七 三九	前六 三五 後七 一〇	前〇 三〇 後〇 三〇	
十四日	木	乙酉	七 三九	〇 二八	五 一六	九 三七	三	四	前九 五四	後八 三六	前七 一〇 後七 四五	前一 五 後一 五	

昭和十四年

十五日	金	丙戌		七四〇	〇二八	五一六	九三七	四	五	前一〇三一	後九三三	前七四五 後八一五	前一四〇 後一四〇
十六日	土	丁亥		七四一	〇二九	五一七	九三六	五	六	前一一四	後一〇二七	前八二〇 後八五〇	前二一〇 後二一〇
十七日	日	戊子		七四一	〇二九	五一七	九三六	六	七	前一一三六	後一一三	前八五五 後九二五	前二四〇 後二四五
十八日	月	己丑		七四二	〇三〇	五一七	九三五	七	八	後〇六	—	前九四〇 後一〇五	前三二〇 後三二五
十九日	火	庚寅	上弦	七四三	〇三〇	五一八	九三五	八	九	後〇三五	前〇一七	前一〇三〇 後一〇五〇	前四五 後四一〇
二十日	水	辛卯		七四三	〇三一	五一八	九三五	九	一〇	後一六	前一一二	前一一三〇 後一一四五	前四五五 後五二〇
二十一日	木	壬辰		七四四	〇三一	五一九	九三五	一〇	一一	後一三八	前二八	— 後〇四〇	前六一〇 後六四五
二十二日	金	癸巳		七四四	〇三二	五一九	九三五	一一	一二	後二一三	前三五	前〇四五 後一三五	前七三〇 後八一〇
二十三日	土	甲午	冬至	七四五	〇三二	五二〇	九三五	一二	一三	後二五三	前四四	前一四五 後二三五	前八三五 後九一五
二十四日	日	乙未		七四五	〇三三	五二〇	九三五	一三	一四	後三三八	前五四	前二五〇 後三三五	前九三五 後一〇一〇
二十五日	月	丙申	大正天皇祭	七四六	〇三三	五二一	九三五	一四	一五	後四三〇	前六三	前三四五 後四二五	前一〇一五 後一〇五五
二十六日	火	丁酉	望	七四六	〇三四	五二一	九三五	一五	一六	後五二八	前七一	前四三五 後五二〇	前一一〇 後一一四〇
二十七日	水	戊戌		七四六	〇三四	五二二	九三五	一六	一七	後六三一	前七五六	前五三〇 後六五	前一一四〇 —
二十八日	木	己亥		七四七	〇三五	五二二	九三六	一七	一八	後七三八	前八四六	前六一〇 後六四五	前〇一五 後〇二〇
二十九日	金	庚子		七四七	〇三五	五二三	九三六	一八	一九	後八四七	前九三三	前六五五 後七二五	前〇五五 後一五
三十日	土	辛丑		七四七	〇三六	五二四	九三六	一九	二〇	後九五五	前一〇一四	前七四〇 後八一五	前一三五 後一四五
三十一日	日	壬寅		七四八	〇三六	五二五	九三七	二〇	二一	後一一三	前一〇五三	前八二五 後九〇	前二一五 後二二〇

二五

各地每旬

地名	月日	一月一日	一月十一日	一月二十一日	一月三十一日	二月十日	二月二十日	三月二日	三月十二日	三月二十二日	四月一日	四月十一日	四月二十一日	五月一日	五月十一日	五月二十一日	五月三十一日	六月十日	六月二十日
雄基	日出	七時四八分	七 四七	七 四二	七 三四	七 二三	七 一〇	六 五四	六 三八	六 二一	六 三	五 四八	五 三〇	五 一六	五 三	四 五三	四 四五	四 四一	四 四一
	日入	四時五六分	五 五	五 一七	五 三〇	五 四三	五 五六	六 八	六 二〇	六 三一	六 四三	六 五四	七 五	七 一六	七 二九	七 三七	七 四七	七 五四	七 五八
新義州	日出	八時五分	八 四	八 一	七 五三	七 四三	七 三二	七 一六	七 一	六 四五	六 二九	六 一三	五 五八	五 四四	五 三三	五 二三	五 一六	五 一三	五 一三
	日入	五時二六分	五 三六	五 四七	五 五九	六 一一	六 二三	六 三四	六 四五	六 五五	七 五	七 一六	七 二六	七 三六	七 四六	七 五五	八 四	八 一〇	八 一四
元山	日出	七時五〇分	七 五〇	七 四六	七 三九	七 三〇	七 一七	七 四	六 四九	六 三三	六 一七	六 二	五 四七	五 三四	五 二三	五 一三	五 七	五 四	五 四
	日入	五時一七分	五 二七	五 三七	五 四九	六 〇	六 一二	六 二三	六 三三	六 四三	六 五三	七 三	七 一二	七 二二	七 三二	七 四一	七 四九	七 五五	七 五九
平壤	日出	七時五六分	七 五六	七 五三	七 四六	七 三六	七 二四	七 一〇	六 五五	六 四〇	六 二四	六 九	五 五四	五 四一	五 二九	五 二〇	五 一四	五 一二	五 一二
	日入	五時二五分	五 三四	五 四四	五 五六	六 七	六 一九	六 三〇	六 四〇	六 五〇	六 五九	七 九	七 一九	七 二八	七 三八	七 四七	七 五五	八 一	八 六
京城	日出	七時四八分	七 四七	七 四四	七 三八	七 二九	七 一七	七 四	六 五〇	六 三五	六 二〇	六 五	五 五一	五 三八	五 二八	五 一九	五 一三	五 一〇	五 一〇
	日入	五時二四分	五 三三	五 四三	五 五四	六 五	六 一六	六 二六	六 三五	六 四五	六 五四	七 三	七 一三	七 二二	七 三〇	七 三九	七 四六	七 五二	七 五六
大邱	日出	七時[illegible]分	七 三六	七 三四	七 二八	七 一九	七 九	六 五六	六 四三	六 二八	六 一四	六 〇	五 四七	五 三五	五 二五	五 一七	五 一一	五 九	五 九
	日入	五時[illegible]分	五 三〇	五 四〇	五 五一	六 一	六 一一	六 二一	六 二九	六 三八	六 四六	六 五五	七 三	七 一一	七 二〇	七 二八	七 三五	七 四一	七 四五
釜山	日出	七時[illegible]分	七 三三	七 三〇	七 二五	七 一七	七 六	六 五四	六 四二	六 二七	六 一三	五 五九	五 四六	五 三四	五 二五	五 一七	五 一三	五 九	五 九
	日入	五時[illegible]分	五 三一	五 四〇	五 五〇	六 〇	六 一〇	六 一九	六 二八	六 三六	六 四四	六 五三	七 〇	七 八	七 一七	七 二四	七 三二	七 三七	七 四一
木浦	日出	七時[illegible]分	七 四三	七 四〇	七 三五	七 二七	七 一六	七 四	六 五二	六 三七	六 二三	六 一〇	五 五七	五 四六	五 三六	五 二八	五 二三	五 二一	五 二一
	日入	五時[illegible]分	五 四三	五 五一	六 一	六 一二	六 二二	六 三〇	六 三九	六 四七	六 五五	七 三	七 一〇	七 一九	七 二七	七 三四	七 四一	七 四七	七 五一

二六

昭和十四年

日出入時刻

月	七月			八月			九月			十月			十一月			十二月		
三十日	十日	二十日	三十日	九日	十九日	二十九日	八日	十八日	二十八日	八日	十八日	二十八日	七日	十七日	二十七日	七日	十七日	二十七日
四時四四分	四 五〇	四 五八	五 七	五 一八	五 二八	五 三九	五 四九	六 〇	六 一二	六 二二	六 三三	六 四五	六 五七	七 一〇	七 二二	七 三三	七 四一	七 四六
七時五九分	七 五七	七 五一	七 四二	七 三〇	七 一六	七 〇	六 四三	六 二五	六 八	五 五一	五 三四	五 一九	五 六	四 五六	四 四九	四 四六	四 四七	四 五二
五時一六分	五 二二	五 二九	五 三七	五 四七	五 五六	六 六	六 一五	六 二五	六 三四	六 四四	六 五五	七 五	七 一七	七 二九	七 四〇	七 五〇	七 五八	八 三
八時一六分	八 一四	八 八	八 〇	七 四九	七 三六	七 二一	七 五	六 四九	六 三二	六 一六	六 一	五 四七	五 三五	五 二六	五 一九	五 一七	五 一八	五 二三
五時七分	五 一二	五 一九	五 二七	五 三七	五 四六	五 五五	六 四	六 一三	六 二三	六 三二	六 四二	六 五三	七 三	七 一四	七 二五	七 三五	七 四三	七 四八
八時一分	七 五九	七 五四	七 四六	七 三五	七 二二	七 八	六 五二	六 三六	六 二〇	六 四	五 五〇	五 三六	五 二五	五 一六	五 一〇	五 八	五 九	五 一四
五時四分	五 一九	五 二六	五 三五	五 四四	五 五三	六 二	六 一一	六 二〇	六 二九	六 三八	六 四八	六 五九	七 一〇	七 二一	七 三二	七 四一	七 四九	七 五三
八時七分	八 五	八 〇	七 五三	七 四一	七 二九	七 一四	六 五九	六 四三	六 二七	六 一二	五 五六	五 四三	五 三三	五 二三	五 一七	五 一五	五 一六	五 二一
五時一三分	五 一八	五 二五	五 三三	五 四一	五 五〇	五 五八	六 七	六 一五	六 二四	六 三三	六 四二	六 五二	七 二	七 一三	七 二三	七 三三	七 四〇	七 四五
七時五八分	七 五六	七 五一	七 四四	七 三四	七 二二	七 八	六 五三	六 三八	六 二三	六 七	五 五三	五 四〇	五 二九	五 二二	五 一六	五 一四	五 一五	五 二〇
五時一二分	五 一七	五 二三	五 三〇	五 三八	五 四六	五 五四	六 二	六 九	六 一七	六 二五	六 三四	六 四三	六 五三	七 二	七 一二	七 二二	七 二九	七 三四
七時四八分	七 四五	七 四〇	七 三三	七 二四	七 一二	六 五九	六 四五	六 三二	六 一六	六 一	五 四八	五 三六	五 二六	五 一八	五 一三	五 一二	五 一四	五 一八
五時一三分	五 一七	五 二三	五 三〇	五 三八	五 四六	五 五三	六 〇	六 八	六 一五	六 二三	六 三一	六 四〇	六 四九	六 五九	七 九	七 一八	七 二五	七 三〇
七時四三分	七 四二	七 三七	七 三〇	七 二二	七 九	六 五七	六 四三	六 二九	六 一四	六 〇	五 四七	五 三五	五 二五	五 一八	五 一三	五 一二	五 一四	五 一九
五時二四分	五 二八	五 三四	五 四三	五 四九	五 五七	六 四	六 一一	六 一八	六 二六	六 三三	六 四一	六 五〇	六 五九	七 九	七 一九	七 二八	七 三五	七 四〇
七時五三分	七 五一	七 四八	七 四〇	七 三二	七 一九	七 七	六 五三	六 三九	六 二五	六 二	五 五八	五 四六	五 三六	五 二九	五 二五	五 二三	五 二五	五 三〇

二七

昭和十四年

朔・上弦・望・下弦

月	朔 日	朔 時刻	上弦 日	上弦 時刻	望 日	望 時刻	下弦 日	下弦 時刻
一月	二十日	後一〇時二七分	二十八日	後一一時五九分	六日	前六時三〇分	十二日	後一〇時一〇分
二月	十九日	後五 二八	二十七日	後〇 二六	四日	後四 五五	十一日	後一 一二
三月	二十一日	前一〇 四九	二十八日	後九 一六	六日	前三 〇	十三日	前六 三七
四月	二十日	前一 三五	二十七日	前三 二五	四日	後一 一八	十二日	前一 一一
五月	十九日	後一 二五	二十六日	前八 二〇	四日	後〇 一五	十一日	後七 四〇
六月	十七日	後一〇 三七	二十四日	後一 三五	二日	後〇 一一	十日	後一 七
七月	十七日	前六 三	二十三日	後八 三四	二日 三十一日	前一 一六 後三 三七	十日	前四 四九
八月	十五日	後〇 五三	二十二日	前六 二一	三十日	前七 九	八日	後六 一八
九月	十三日	後八 二二	二十日	後七 三四	二十八日	後一一 二七	七日	前五 二四
十月	十三日	前五 三〇	二十日	後〇 二四	二十八日	後三 四二	六日	後二 二七
十一月	十一日	後四 五四	十九日	前八 二一	二十七日	前六 五四	四日	後一〇 一二
十二月	十一日	前六 四五	十九日	前六 四	二十六日	後八 二八	四日	前五 四〇

各地潮時ノ의平均改正數

地名	時刻	加減
多獅島	四時四〇分	加
鎭南浦	四 一〇	加
夢金浦	二 三〇	加
群山	一時五〇分	減
木浦	滿潮二 二五 干潮三 三〇	減
麗水	八 五〇	減
釜山	三時三〇分	加
濟州([illegible])	七 五	減
迎日灣	〇 三五	減
元山	一時三〇分	減
城津	一 四五	減
雄基	一 四〇	減

二八

二十四氣

春分	三月二十一日午後九時二十九分
夏至	六月二十二日午後四時四十分
小寒	一月六日
大寒	一月二十一日
立春	二月五日
雨水	二月十九日
驚蟄	三月六日
清明	四月六日
穀雨	四月二十一日
立夏	五月六日
小滿	五月二十二日
芒種	六月六日
秋分	九月二十四日午前七時五十分
冬至	十二月二十三日午前三時六分
小暑	七月八日
大暑	七月二十四日
立秋	八月八日
處暑	八月二十四日
白露	九月八日
寒露	十月九日
霜降	十月二十四日
立冬	十一月八日
小雪	十一月二十三日
大雪	十二月八日

月食

昭和十四年

皆既月食

五月三—四日

初虧 (各地共)	三日	後一〇時二八分	方向下稍左 (雄基方面만은 左下)
食既 (各地共)	三日	後一一時四〇分	方向 上稍右
食甚 (各地共)	四日	前〇時一一分	
生光 (各地共)	四日	前〇時四三分	方向 左上
復圓 (各地共)	四日	前一時五五分	方向 右稍下

二九

年代表竝陰陽曆對照表

說明

各月의欄은其月의一日에相當한陽曆의月日及干支、其月의大小를記함。太線을附한것은其月에閏月이잇슴을示함、閏月은最下欄에記함。米印을附한것은陽曆의年次가翌年에亘한것이니라。

歲의欄은其年에出生한人의本年에在한年齡이니라。紀元欄에閏이라한것은陽曆의閏年을示함。

例

天保十年陰五月五日을陽曆으로換算함。

天保十年의行五月의欄에陰五月一日이陽六月十一日인것을知할지니라。五月五日은五日이되니一日을減한四日을六月十一日에加하면六月十五日이되나니라。이것이求하는答이니라。

注意

本表는朝鮮의陰曆이라도大正以前의內地曆과對照하야相違가無함을可함。

日本年號 朝鮮年號	日本紀元 西曆紀元	干支	歲	正月	二月	三月	四月	五月	六月	七月	八月	九月	十月	十一月	十二月	閏月
天保六 道光一五	二四九五 一八三五	乙未	百五	小 辛酉 一、二九	大 庚寅 二、二七	大 庚申 三、二九	小 庚寅 四、二八	大 己未 五、二七	大 己丑 六、二六	小 戊子 八、二四	大 丁巳 九、二二	小 丁亥 一〇、二二	大 丙辰 一一、二〇	小 丙戌 一二、二〇	大 乙卯 米一、一八	六月小己未 七、二六
天保七 道光一六	閏 二四九六 一八三六	丙申	百四	小 乙酉 二、一七	大 甲寅 三、一七	小 甲申 四、一六	大 癸丑 五、一五	大 癸未 六、一四	小 癸丑 七、一四	大 壬午 八、一二	小 壬子 九、一一	大 辛巳 一〇、一〇	小 辛亥 一一、九	大 庚辰 一二、八	小 庚戌 米一、七	
天保八 道光一七	二四九七 一八三七	丁酉	百三	大 己卯 二、五	小 己酉 三、七	大 戊寅 四、五	小 戊申 五、五	大 丁丑 六、三	小 丁未 七、三	大 丙子 八、一	大 丙午 八、三一	小 丙子 九、三〇	大 乙巳 一〇、二九	小 乙亥 一一、二八	大 甲辰 一二、二七	
天保九 道光一八	二四九八 一八三八	戊戌	百二	小 甲戌 一、二六	大 癸卯 二、二四	小 癸酉 三、二六	大 壬寅 四、二四	小 辛丑 六、二二	大 庚午 七、二一	大 庚子 八、二〇	小 庚午 九、一九	大 己亥 一〇、一八	大 己巳 一一、一七	小 己亥 一二、一七	大 戊辰 米一、一五	四月小壬申 五、二四
天保一〇 道光一九	二四九九 一八三九	己亥	百一	小 戊戌 二、一四	大 丁卯 三、一五	小 丁酉 四、一四	小 丙寅 五、一三	大 乙未 六、一一	小 乙丑 七、一一	大 甲午 八、九	小 甲子 九、八	大 癸巳 一〇、七	大 癸亥 一一、六	大 癸巳 一二、六	小 癸亥 米一、五	
天保一一 道光二〇	閏 二五〇〇 一八四〇	庚子	百	大 壬辰 二、三	小 壬戌 三、四	大 辛卯 四、二	小 辛酉 五、二	小 庚寅 五、三一	大 己未 六、二九	小 己丑 七、二九	大 戊午 八、二七	小 戊子 九、二六	大 丁巳 一〇、二五	大 丁亥 一一、二四	大 丁巳 一二、二四	
天保一二 道光二一	二五〇一 一八四一	辛丑	九九	小 丁亥 一、二三	大 丙辰 二、二一	小 丙戌 三、二三	小 乙酉 五、二一	小 甲寅 六、一九	大 癸未 七、一八	小 癸丑 八、一七	大 壬午 九、一五	小 壬子 一〇、一五	大 辛巳 一一、一三	大 辛亥 一二、一三	小 辛巳 米一、一二	三月大乙卯 四、二一
天保一三 道光二二	二五〇二 一八四二	壬寅	九八	大 庚戌 二、一〇	大 庚辰 三、一二	小 庚戌 四、一一	大 己卯 五、一〇	小 己酉 六、九	小 戊寅 七、八	大 丁未 八、六	小 丁丑 九、五	大 丙午 一〇、四	小 丙子 一一、三	大 乙巳 一二、二	小 乙亥 米一、一	

昭和十四年

年代表竝陰陽曆對照表

日本年號	朝鮮年號	日本紀元	西曆紀元	干支	歲	正月	二月	三月	四月	五月	六月	七月	八月	九月	十月	十一月	十二月	閏月
天保一四	道光二三	二五〇三	一八四三	癸卯	九七	大 甲辰 一、三〇	大 甲戌 三、一	大 甲辰 三、三一	小 甲戌 四、三〇	大 癸卯 五、二九	小 癸酉 六、二八	小 壬寅 七、二七	小 辛丑 九、二四	大 庚午 一〇、二三	小 庚子 一一、二二	大 己巳 一二、二一	小 己亥 一、二〇	七月大辛未 八、二五
弘化一	道光二四	閏 二五〇四	一八四四	甲辰	九六	大 戊辰 二、一八	大 戊戌 三、一九	小 戊辰 四、一八	大 丁酉 五、一七	小 丁卯 六、一六	大 丙申 七、一五	小 丙寅 八、一四	大 乙未 九、一二	小 乙丑 一〇、一二	大 甲午 一一、一〇	小 甲子 一二、一〇	大 癸巳 一、八	
弘化二	道光二五	二五〇五	一八四五	乙巳	九五	小 癸亥 二、七	大 壬辰 三、八	小 壬戌 四、七	大 辛卯 五、六	大 辛酉 六、五	小 辛卯 七、五	大 庚申 八、三	小 庚寅 九、二	大 己未 一〇、一	小 己丑 一〇、三一	大 戊午 一一、二九	小 戊子 一二、二九	
弘化三	道光二六	二五〇六	一八四六	丙午	九四	大 丁巳 一、二七	小 丁亥 二、二六	大 丙辰 三、二七	小 丙戌 四、二六	大 乙卯 五、二五	大 甲寅 七、二三	小 甲申 八、二二	大 癸丑 九、二〇	大 癸未 一〇、二〇	小 癸丑 一一、一九	大 壬午 一二、一八	小 壬子 一、一七	五月小乙酉 六、二四
弘化四	道光二七	二五〇七	一八四七	丁未	九三	大 辛巳 二、一五	小 辛亥 三、一七	小 庚辰 四、一五	大 己酉 五、一四	小 己卯 六、一三	大 戊申 七、一二	小 戊寅 八、一一	大 丁未 九、九	大 丁丑 一〇、九	大 丁未 一一、八	小 丁丑 一二、八	大 丙午 一、六	
嘉永一	道光二八	閏 二五〇八	一八四八	戊申	九二	小 丙子 二、五	大 乙巳 三、五	小 乙亥 四、四	小 甲辰 五、三	大 癸酉 六、一	小 癸卯 七、一	大 壬申 七、三〇	小 壬寅 八、二九	大 辛未 九、二七	大 辛丑 一〇、二七	大 辛未 一一、二六	小 辛丑 一二、二六	
嘉永二	道光二九	二五〇九	一八四九	己酉	九一	大 庚午 一、二四	小 庚子 二、二三	大 己巳 三、二四	小 己亥 四、二三	大 丁酉 六、二〇	小 丁卯 七、二〇	大 丙申 八、一八	小 丙寅 九、一七	大 乙未 一〇、一六	小 乙丑 一一、一五	大 甲午 一二、一四	大 甲子 一、一三	四月小戊辰 五、二二
嘉永三	道光三〇	二五一〇	一八五〇	庚戌	九〇	大 甲午 二、一二	小 甲子 三、一四	大 癸巳 四、一二	小 癸亥 五、一二	小 壬辰 六、一〇	大 辛酉 七、九	小 辛卯 八、八	小 庚申 九、六	大 己丑 一〇、五	大 己未 一一、四	小 己丑 一二、四	大 戊午 一、二	
嘉永四	咸豐一	二五一一	一八五一	辛亥	八九	大 戊子 二、一	大 戊午 三、三	小 戊子 四、二	大 丁巳 五、一	小 丁亥 五、三一	小 丙辰 六、二九	大 乙酉 七、二八	小 乙卯 八、二七	大 癸丑 一〇、二四	小 癸未 一一、二三	大 壬子 一二、二二	大 壬午 一、二一	八月小甲申 九、二五
嘉永五	咸豐二	閏 二五一二	一八五二	壬子	八八	大 壬子 二、二〇	小 壬午 三、二一	大 辛亥 四、一九	大 辛巳 五、一九	小 辛亥 六、一八	小 庚辰 七、一七	大 己酉 八、一五	小 己卯 九、一四	大 戊申 一〇、一三	小 戊寅 一一、一二	小 丁未 一二、一一	大 丙子 一、九	
嘉永六	咸豐三	二五一三	一八五三	癸丑	八七	大 丙午 二、八	小 丙子 三、一〇	大 乙巳 四、八	大 乙亥 五、八	小 乙巳 六、七	大 甲戌 七、六	小 甲辰 八、五	大 癸酉 九、三	小 癸卯 一〇、三	大 壬申 一一、一	小 壬寅 一二、一	大 辛未 一二、三〇	
安政一	咸豐四	二五一四	一八五四	甲寅	八六	小 辛丑 一、二九	大 庚午 二、二七	小 庚子 三、二九	大 己巳 四、二七	小 己亥 五、二七	大 戊辰 六、二五	大 戊戌 七、二五	大 丁酉 九、二二	小 丁卯 一〇、二二	大 丙申 一一、二〇	小 丙寅 一二、二〇	大 乙未 一、一八	七月小戊辰 八、二四
安政二	咸豐五	二五一五	一八五五	乙卯	八五	小 乙丑 二、一七	小 甲午 三、一八	大 癸亥 四、一六	小 癸巳 五、一六	大 壬戌 六、一四	大 壬辰 七、一四	小 壬戌 八、一三	大 辛卯 九、一一	大 辛酉 一〇、一一	小 辛卯 一一、一〇	大 庚申 一二、九	小 庚寅 一、八	
安政三	咸豐六	閏 二五一六	一八五六	丙辰	八四	大 己未 二、六	小 己丑 三、七	小 戊午 四、五	大 丁亥 五、四	小 丁巳 六、三	大 丙戌 七、二	小 丙辰 八、一	大 乙酉 八、三〇	大 乙卯 九、二九	大 乙酉 一〇、二九	小 乙卯 一一、二八	大 甲申 一二、二七	
安政四	咸豐七	二五一七	一八五七	丁巳	八三	小 甲寅 一、二六	大 癸未 二、二四	小 癸丑 三、二六	小 壬午 四、二四	大 辛亥 五、二三	大 庚戌 七、二一	小 庚辰 八、二〇	大 己酉 九、一八	小 己卯 一〇、一八	大 戊申 一一、一六	大 戊寅 一二、一六	大 戊申 一、一五	五月小辛巳 六、二二
安政五	咸豐八	二五一八	一八五八	戊午	八二	小 戊寅 二、一四	大 丁未 三、一五	小 丁丑 四、一四	小 丙午 五、一三	大 乙亥 六、一一	小 乙巳 七、一一	小 甲戌 八、九	大 癸卯 九、七	大 癸酉 一〇、七	小 癸卯 一一、六	大 壬申 一二、五	大 壬寅 一、四	

三一

昭和十四年

年代表竝陰陽曆對照表

	安政六	萬延元	文久元	文久二	文久三	元治元	慶應元	慶應二
日本年數	安政六	萬延元	文久元	文久二	文久三	元治元	慶應元	慶應二
朝鮮年數	咸豐九	咸豐一〇	咸豐一一	同治一	同治二	同治三	同治四	同治五
		閏				閏		
日本紀元	二五一九	二五二〇	二五二一	二五二二	二五二三	二五二四	二五二五	二五二六
西曆紀元	一八五九	一八六〇	一八六一	一八六二	一八六三	一八六四	一八六五	一八六六
干支	己未	庚申	辛酉	壬戌	癸亥	甲子	乙丑	丙寅
歲	八一	八〇	七九	七八	七七	七六	七五	七四
正月	大 壬申 二、三	大 丙寅 一、二三	小 庚寅 二、一〇	大 甲申 一、三〇	小 戊申 二、一八	小 癸卯 二、八	大 丁酉 一、二七	大 辛酉 二、一五
二月	小 壬寅 三、五	小 丙申 二、二二	大 己未 三、一一	小 甲寅 三、一	大 丁丑 三、一九	小 壬申 三、八	小 丁卯 二、二六	小 辛卯 三、一七
三月	大 辛未 四、三	大 乙丑 三、二二	大 己丑 四、一〇	大 癸未 三、三〇	大 丁未 四、一八	大 辛丑 四、六	小 丙申 三、二七	小 庚申 四、一五
四月	小 辛丑 五、三	小 乙丑 五、二一	小 己未 五、一〇	小 癸丑 四、二九	小 丁丑 五、一八	小 辛未 五、六	大 乙丑 四、二五	大 己丑 五、一四
五月	小 庚午 六、一	小 甲午 六、一九	大 戊子 六、八	大 壬午 五、二八	大 丙午 六、一六	大 庚子 六、四	小 乙未 五、二五	小 己未 六、一三
六月	大 己亥 六、三〇	大 癸亥 七、一八	小 戊午 七、八	大 壬子 六、二七	小 丙子 七、一六	小 庚午 七、四	小 甲午 七、二三	小 戊子 七、一二
七月	小 己巳 七、三〇	小 癸巳 八、一七	大 丁亥 八、六	小 壬午 七、二七	大 乙巳 八、一四	大 己亥 八、二	大 癸亥 八、二一	大 丁巳 八、一〇
八月	小 戊戌 八、二八	小 壬戌 九、一五	小 丁巳 九、五	大 辛亥 八、二五	大 乙亥 九、一三	大 己巳 九、一	大 癸巳 九、二〇	大 丁亥 九、九
九月	大 丁卯 九、二六	大 辛卯 一〇、一四	大 丙戌 一〇、四	大 庚戌 一〇、二三	小 乙巳 一〇、一三	小 己亥 一〇、一	小 癸亥 一〇、二〇	小 丁巳 一〇、九
十月	小 丁酉 一〇、二六	小 辛酉 一一、一三	小 丙辰 一一、三	小 庚辰 一一、二二	大 甲戌 一一、一一	大 戊辰 一〇、三〇	大 壬辰 一一、一八	大 丙戌 一一、七
十一月	大 丙寅 一一、二四	大 庚寅 一二、一二	小 乙酉 一二、二	小 己酉 一二、二一	小 甲辰 一二、一一	大 戊戌 一一、二九	大 壬戌 一二、一八	大 丙辰 一二、七
十二月	大 丙申 一二、二四	大 庚申 一、一一	大 甲寅 一二、三一	大 戊寅 一、一九	大 癸酉 一、九	小 戊辰 一二、二九	小 壬辰 一、一七	大 丙戌 一、六
閏月		三月大乙未 四、二一		八月小辛巳 九、二四			五月大甲子 六、二三	

	慶應三	明治元	明治二	明治三	明治四	明治五	明治六	明治七
日本年數	慶應三	明治元	明治二	明治三	明治四	明治五	明治六	明治七
朝鮮年數	同治六	同治七	同治八	同治九	同治一〇	同治一一	同治一二	同治一三
		閏				閏		
日本紀元	二五二七	二五二八	二五二九	二五三〇	二五三一	二五三二	二五三三	二五三四
西曆紀元	一八六七	一八六八	一八六九	一八七〇	一八七一	一八七二	一八七三	一八七四
干支	丁卯	戊辰	己巳	庚午	辛未	壬申	癸酉	甲戌
歲	七三	七二	七一	七〇	六九	六八	六七	六六
正月	小 丙辰 二、五	小 庚戌 一、二五	大 癸酉 二、一一	大 丁卯 一、三一	大 辛卯 二、一九	小 丙戌 二、九	小 辛巳 一、二九	小 乙巳 二、一七
二月	大 乙酉 三、六	大 己卯 二、二三	大 癸卯 三、一三	大 丁酉 三、二	大 辛酉 三、二一	大 乙卯 三、九	小 庚戌 二、二七	小 甲戌 三、一八
三月	小 乙卯 四、五	大 己酉 三、二四	大 癸酉 四、一二	大 丁卯 四、一	小 辛卯 四、二〇	小 乙酉 四、八	大 己卯 三、二八	大 癸卯 四、一六
四月	小 甲申 五、四	小 己卯 四、二三	小 癸卯 五、一二	小 丁酉 五、一	大 庚申 五、一九	大 甲寅 五、七	小 己酉 四、二七	小 癸酉 五、一六
五月	大 癸丑 六、二	大 丁丑 六、二〇	小 壬申 六、一〇	大 丙寅 五、三〇	大 庚寅 六、一八	大 甲申 六、六	大 戊寅 五、二六	大 壬寅 六、一四
六月	小 癸未 七、二	小 丁未 七、二〇	大 辛丑 七、九	小 丙申 六、二九	小 庚申 七、一八	小 甲寅 七、六	小 戊申 六、二五	小 壬申 七、一四
七月	小 壬子 七、三一	小 丙子 八、一八	小 辛未 八、八	大 乙丑 七、二八	大 己丑 八、一六	大 癸未 八、四	大 丁未 八、二三	大 辛丑 八、一二
八月	大 辛巳 八、二九	大 乙巳 九、一六	小 庚子 九、六	小 乙未 八、二七	小 己未 九、一五	小 癸丑 九、三	小 丁丑 九、二二	小 辛未 九、一一
九月	小 辛亥 九、二八	小 乙亥 一〇、一六	大 己巳 一〇、五	小 甲子 九、二五	大 戊子 一〇、一四	大 壬午 一〇、二	大 丙午 一〇、二一	大 庚子 一〇、一〇
十月	大 庚辰 一〇、二七	大 甲辰 一一、一四	小 己亥 一一、四	大 癸巳 一〇、二四	小 戊午 一一、一三	大 壬子 一一、一	大 丙子 一一、二〇	大 庚午 一一、九
十一月	大 庚戌 一一、二六	大 甲戌 一二、一四	大 戊辰 一二、三	大 壬辰 一二、二二	小 丁亥 一二、一二	小 壬午 一二、一	小 丙午 一二、二〇	大 庚子 一二、九
十二月	大 庚辰 一二、二六	小 甲辰 一、一三	小 戊戌 一、二	小 壬戌 一、二一	大 丙辰 一、一〇	大 辛亥 一二、三〇	大 乙亥 一、一八	小 庚午 一、八
閏月		四月小戊申 五、二二		十月小癸亥 一一、二三			六月大丁丑 七、二四	

三二

昭和十四年

年代表竝陰陽曆對照表

日本年號 / 清國年號	明治八 光緒一	明治九 光緒二	明治一〇 光緒三	明治一一 光緒四	明治一二 光緒五	明治一三 光緒六	明治一四 光緒七	明治一五 光緒八	明治一六 光緒九	明治一七 光緒一〇	明治一八 光緒一一	明治一九 光緒一二	明治二〇 光緒一三	明治二一 光緒一四	明治二二 光緒一五	明治二三 光緒一六
日本紀元 / 西曆紀元	二五三五 一八七五	閏 二五三六 一八七六	二五三七 一八七七	二五三八 一八七八	二五三九 一八七九	閏 二五四〇 一八八〇	二五四一 一八八一	二五四二 一八八二	二五四三 一八八三	閏 二五四四 一八八四	二五四五 一八八五	二五四六 一八八六	二五四七 一八八七	閏 二五四八 一八八八	二五四九 一八八九	二五五〇 一八九〇
干支	乙亥	丙子	丁丑	戊寅	己卯	庚辰	辛巳	壬午	癸未	甲申	乙酉	丙戌	丁亥	戊子	己丑	庚寅
歲	六五	六四	六三	六二	六一	六〇	五九	五八	五七	五六	五五	五四	五三	五二	五一	五〇
正月	大 乙亥 二、六	大 癸巳 一、二六	大 丁巳 二、一三	大 辛亥 二、二	大 乙巳 一、二二	大 己巳 二、一〇	小 甲子 一、三〇	小 戊子 二、一八	小 癸未 二、八	大 丁丑 一、二八	大 辛丑 二、一五	大 乙未 二、四	大 己丑 一、二四	大 癸丑 二、一二	大 丁未 一、三一	小 壬寅 一、二一
二月	小 己巳 三、八	大 癸亥 二、二五	大 丁亥 三、一五	大 辛巳 三、四	大 乙亥 二、二一	小 己亥 三、一一	大 癸巳 二、二八	大 丁巳 三、一九	小 壬子 三、九	小 丁未 二、二七	小 辛未 三、一七	小 乙丑 三、六	大 己未 二、二三	小 癸未 三、一三	小 丁丑 三、二	大 辛未 二、一九
三月	小 戊戌 四、六	小 癸巳 三、二六	小 丁巳 四、一四	小 辛亥 四、三	小 乙巳 三、二三	大 戊辰 四、九	小 癸亥 三、三〇	小 丁亥 四、一八	大 辛巳 四、七	小 丙子 三、二七	小 庚子 四、一五	大 甲午 四、四	小 己丑 三、二五	大 壬子 四、一一	大 丙午 三、三一	大 庚午 四、一九
四月	大 丁卯 五、五	小 壬戌 四、二四	大 丙戌 五、一三	小 庚辰 五、二	大 甲辰 五、二一	大 戊戌 五、九	大 壬辰 四、二八	大 丙辰 五、一七	小 辛亥 五、七	大 乙巳 四、二五	大 己巳 五、一四	小 甲子 五、四	大 戊午 四、二三	大 壬午 五、一一	大 丙子 四、三〇	小 庚子 五、一九
五月	小 丁酉 六、四	大 辛卯 五、二三	大 乙卯 六、一一	小 庚戌 六、一	小 甲戌 六、二〇	小 戊辰 六、八	小 壬戌 五、二八	小 丙戌 六、一六	小 庚辰 六、五	小 乙亥 五、二五	小 己亥 六、一三	大 癸巳 六、二	大 丁巳 六、二一	小 壬子 六、一〇	小 丙午 五、三〇	大 己巳 六、一七
六月	小 丙寅 七、三	小 庚寅 七、二一	小 乙酉 七、一一	大 己卯 六、三〇	大 癸卯 七、一九	大 丁酉 七、七	大 辛卯 六、二六	大 乙卯 七、一五	大 己酉 七、四	大 癸酉 七、二二	小 戊辰 七、一二	小 癸亥 七、二	小 丁亥 七、二一	大 辛巳 七、九	大 乙亥 六、二八	大 己亥 七、一七
七月	大 乙未 八、一	大 己未 八、一九	小 甲寅 八、九	小 己酉 七、三〇	小 癸酉 八、一八	大 丁卯 八、六	大 辛酉 七、二六	小 乙酉 八、一四	小 己卯 八、三	小 癸卯 八、二一	大 丁酉 八、一〇	小 壬辰 七、三一	小 丙辰 八、一九	小 辛亥 八、八	小 乙巳 七、二八	小 己巳 八、一六
八月	小 乙丑 八、三一	小 己丑 九、一八	大 癸未 九、七	小 戊寅 八、二八	小 壬寅 九、一六	小 丁酉 九、五	大 庚申 九、二三	大 甲寅 九、一二	大 戊申 九、一	大 壬申 九、一九	小 丁卯 九、九	大 辛酉 八、二九	大 乙酉 九、一七	小 庚辰 九、六	大 甲戌 八、二六	大 戊戌 九、一四
九月	大 甲午 九、二九	大 戊午 一〇、一七	小 癸丑 一〇、七	大 丁未 九、二六	大 辛未 一〇、一五	大 丙寅 一〇、四	大 庚寅 一〇、二三	大 甲申 一〇、一二	大 戊寅 一〇、一	大 壬寅 一〇、一九	大 丙申 一〇、八	小 辛卯 九、二八	小 乙卯 一〇、一七	大 己酉 一〇、五	小 甲辰 九、二五	小 戊辰 一〇、一四
十月	大 甲子 一〇、二九	大 戊子 一一、一六	大 壬午 一一、五	小 丁丑 一〇、二六	小 辛丑 一一、一四	小 丙申 一一、三	小 庚申 一一、二二	小 甲寅 一一、一一	大 戊申 一〇、三一	小 壬申 一一、一八	小 丙寅 一一、七	大 庚申 一〇、二七	大 甲申 一一、一五	小 己卯 一一、四	大 癸酉 一〇、二四	大 丁酉 一一、一二
十一月	大 甲午 一一、二八	小 戊午 一二、一六	小 壬子 一二、五	大 丙午 一一、二四	大 庚午 一二、一三	小 乙丑 一二、二	大 己丑 一二、二一	大 癸未 一二、一〇	小 戊寅 一一、三〇	小 辛丑 一二、一七	大 乙未 一二、六	小 庚寅 一一、二六	小 甲寅 一二、一五	大 戊申 一二、三	小 癸卯 一一、二三	小 丁卯 一二、一二
十二月	小 甲子 一二、二八	大 丁亥 一、一四	大 辛巳 一、三	小 丙子 一二、二四	小 庚子 一、一二	大 甲午 一二、三一	小 己未 一、二〇	大 癸丑 一、九	大 丁未 一二、二九	大 辛未 一、一六	大 乙丑 一、五	大 己未 一二、二五	大 癸未 一、一三	小 戊寅 一、二	大 壬申 一二、二二	大 丙申 一、一〇
閏月		五月小辛酉 六、二二			三月大甲戌 四、二一		七月小辛卯 八、二五			五月小甲辰 六、二三			四月小戊子 五、二三			二月小辛丑 三、二一

三三

昭和十四年

年代表竝陰陽曆對照表

日本年號 朝鮮年號	日本紀元 西曆紀元	干支	歲	正月	二月	三月	四月	五月	六月	七月	八月	九月	十月	十一月	十二月	閏月
明治二四 光緖一七	二五五一 一八九一	辛卯	四九	小 丙寅 二、九	大 乙未 三、一〇	小 乙丑 四、九	大 甲午 五、八	小 甲子 六、七	大 癸巳 七、六	小 癸亥 八、五	大 壬辰 九、三	大 壬戌 一〇、三	小 壬辰 一一、二	大 辛酉 一二、一	大 辛卯 一二、三一	
明治二五 光緖一八	閏 二五五二 一八九二	壬辰	四八	小 辛酉 一、三〇	小 庚寅 二、二八	大 己未 三、二八	小 己丑 四、二七	小 戊午 五、二六	大 丁亥 六、二四	大 丙戌 八、二二	大 丙辰 九、二一	小 丙戌 一〇、二一	大 乙卯 一一、一九	大 乙酉 一二、一九	大 乙卯 一、一八	六月小丁巳 七、二四
明治二六 光緖一九	二五五三 一八九三	癸巳	四七	小 乙酉 二、一七	小 甲寅 三、一八	大 癸未 四、一六	小 癸丑 五、一六	小 壬午 六、一四	大 辛亥 七、一三	小 辛巳 八、一二	大 庚戌 九、一〇	小 庚辰 一〇、一〇	大 己酉 一一、八	大 己卯 一二、八	大 己酉 一、七	
明治二七 光緖二〇	二五五四 一八九四	甲午	四六	小 己卯 二、六	大 戊申 三、七	小 戊寅 四、六	大 丁未 五、五	小 丁丑 六、四	小 丙午 七、三	大 乙亥 八、一	小 乙巳 八、三一	大 甲戌 九、二九	小 甲辰 一〇、二九	大 癸酉 一一、二七	大 癸卯 一二、二七	
明治二八 光緖二一	二五五五 一八九五	乙未	四五	大 癸酉 一、二六	小 癸卯 二、二五	大 壬申 三、二六	小 壬寅 四、二五	大 辛未 五、二四	小 庚午 七、二二	大 己亥 八、二〇	小 己巳 九、一九	大 戊戌 一〇、一八	小 戊辰 一一、一七	大 丁酉 一二、一六	小 丁卯 一、一五	五月小辛丑 六、二三
明治二九 建陽一	閏 二五五六 一八九六	丙申	四四	大 丙申 二、一三	大 丙寅 三、一四	大 丙申 四、一三	小 丙寅 五、一三	大 乙未 六、一一	小 乙丑 七、一一	小 甲午 八、九	大 癸亥 九、七	小 癸巳 一〇、七	大 壬戌 一一、五	小 壬辰 一二、五	大 辛酉 一、三	
明治三〇 光武一	二五五七 一八九七	丁酉	四三	小 辛卯 二、二	大 庚申 三、三	大 庚寅 四、二	小 庚申 五、二	大 己丑 五、三一	小 己未 六、三〇	大 戊子 七、二九	小 戊午 八、二八	大 丁亥 九、二六	小 丁巳 一〇、二六	大 丙戌 一一、二四	小 丙辰 一二、二四	
明治三一 光武二	二五五八 一八九八	戊戌	四二	大 乙酉 一、二二	小 乙卯 二、二一	大 甲申 三、二二	大 癸未 五、二〇	大 癸丑 六、一九	小 癸未 七、一九	大 壬子 八、一七	小 壬午 九、一六	大 辛亥 一〇、一五	小 辛巳 一一、一四	大 庚戌 一二、一三	小 庚辰 一、一二	三月小甲寅 四、二一
明治三二 光武三	二五五九 一八九九	己亥	四一	大 己酉 二、一〇	小 己卯 三、一二	大 戊申 四、一〇	小 戊寅 五、一〇	大 丁未 六、八	小 丁丑 七、八	大 丙午 八、六	大 丙子 九、五	小 丙午 一〇、五	大 乙亥 一一、三	小 乙巳 一二、三	大 甲戌 一、一	
明治三三 光武四	二五六〇 一九〇〇	庚子	四〇	小 甲辰 一、三一	大 癸酉 三、一	小 癸卯 三、三一	小 壬申 四、二九	大 辛丑 五、二八	小 辛未 六、二七	大 庚子 七、二六	大 庚午 八、二五	大 己巳 一〇、二三	大 己亥 一一、二二	小 己巳 一二、二二	大 戊戌 一、二〇	八月小庚子 九、二四
明治三四 光武五	二五六一 一九〇一	辛丑	三九	小 戊辰 二、一九	大 丁酉 三、二〇	小 丁卯 四、一九	小 丙申 五、一八	大 乙丑 六、一六	小 乙未 七、一六	大 甲子 八、一四	小 甲午 九、一三	大 癸亥 一〇、一二	大 癸巳 一一、一一	大 癸亥 一二、一一	小 癸巳 一、一〇	
明治三五 光武六	二五六二 一九〇二	壬寅	三八	大 壬戌 二、八	小 壬辰 三、一〇	大 辛酉 四、八	小 辛卯 五、八	小 庚申 六、六	大 己丑 七、五	小 己未 八、四	大 戊子 九、二	小 戊午 一〇、二	大 丁亥 一〇、三一	大 丁巳 一一、三〇	大 丁亥 一二、三〇	
明治三六 光武七	二五六三 一九〇三	癸卯	三七	小 丁巳 一、二九	大 丙戌 二、二七	小 丙辰 三、二九	大 乙酉 四、二七	小 乙卯 五、二七	大 癸丑 六、二四	小 癸未 七、二三	小 壬子 八、二一	大 辛巳 一〇、二〇	大 辛亥 一一、一九	小 辛巳 一二、一九	大 庚戌 一、一七	五月小甲申 六、二五
明治三七 光武八	閏 二五六四 一九〇四	甲辰	三六	大 庚辰 二、一六	大 庚戌 三、一七	小 庚辰 四、一六	大 己酉 五、一五	小 己卯 六、一四	小 戊申 七、一三	大 丁丑 八、一一	小 丁未 九、一〇	小 丙子 一〇、九	大 乙巳 一一、七	大 乙亥 一二、七	小 乙巳 一、六	
明治三八 光武九	二五六五 一九〇五	乙巳	三五	大 甲戌 二、四	大 甲辰 三、六	小 甲戌 四、五	大 癸卯 五、四	大 癸酉 六、三	小 癸卯 七、三	小 壬申 八、一	大 辛丑 八、三〇	小 辛未 九、二九	大 庚子 一〇、二八	小 庚午 一一、二七	大 己亥 一二、二六	
明治三九 光武一〇	二五六六 一九〇六	丙午	三四	小 己巳 一、二五	大 戊戌 二、二三	大 戊辰 三、二五	小 戊戌 四、二四	小 丁酉 六、二二	大 丙寅 七、二一	小 丙申 八、二〇	大 乙丑 九、一八	小 乙未 一〇、一八	大 甲子 一一、一六	小 甲午 一二、一六	大 癸亥 一、一四	四月大丁卯 五、二三

三四

年代表並陰陽曆對照表

日本年號 朝鮮年號	日本紀元 西曆紀元	干支	歲	正月	二月	三月	四月	五月	六月	七月	八月	九月	十月	十一月	十二月	閏月
明治四〇 隆熙元	二五六七 一九〇七	丁未	三三	小 癸巳 二、一三	大 壬戌 三、一四	小 壬辰 四、一三	大 辛酉 五、一二	小 辛卯 六、一一	大 庚申 七、一〇	大 庚寅 八、九	小 庚申 九、八	大 己丑 一〇、七	小 己未 一一、六	大 戊子 一二、五	小 戊午 一、四	
明治四一 隆熙二	閏 二五六八 一九〇八	戊申	三二	大 丁亥 二、二	小 丁巳 三、三	小 丙戌 四、一	大 乙卯 四、三〇	大 乙酉 五、三〇	小 乙卯 六、二九	大 甲申 七、二八	小 甲寅 八、二七	大 癸未 九、二五	大 癸丑 一〇、二五	小 癸未 一一、二四	大 壬子 一二、二三	
明治四二 隆熙三	二五六九 一九〇九	己酉	三一	小 壬午 一、二二	大 辛亥 二、二〇	小 庚戌 四、二〇	大 己卯 五、一九	小 己酉 六、一八	大 戊寅 七、一七	小 戊申 八、一六	大 丁丑 九、一四	大 丁未 一〇、一四	大 丁丑 一一、一三	小 丁未 一二、一三	大 丙子 一、一一	二月小 辛巳 三、二二
明治四三 隆熙四	二五七〇 一九一〇	庚戌	三〇	小 丙午 二、一〇	大 乙亥 三、一一	小 乙巳 四、一〇	小 甲戌 五、九	大 癸卯 六、七	小 癸酉 七、七	大 壬寅 八、五	小 壬申 九、四	大 辛丑 一〇、三	大 辛未 一一、二	大 辛丑 一二、二	小 辛未 一、一	
明治四四	二五七一 一九一一	辛亥	二九	大 庚子 一、三〇	小 庚午 三、一	大 己亥 三、三〇	小 己巳 四、二九	小 戊戌 五、二八	大 丁卯 六、二六	小 丙寅 八、二四	大 乙未 九、二二	大 乙丑 一〇、二二	小 乙未 一一、二一	大 甲子 一二、二〇	大 甲午 一、一九	六月小 丁酉 七、二六
明治四五 大正元	閏 二五七二 一九一二	壬子	二八	大 甲子 二、一八	小 甲午 三、一九	大 癸亥 四、一七	小 癸巳 五、一七	小 壬戌 六、一五	大 辛卯 七、一四	小 辛酉 八、一三	小 庚寅 九、一一	大 己未 一〇、一〇	大 己丑 一一、九	小 己未 一二、九	大 戊子 一、七	
大正二	二五七三 一九一三	癸丑	二七	大 戊午 二、六	大 戊子 三、八	小 戊午 四、七	大 丁亥 五、六	小 丁巳 六、五	小 丙戌 七、四	大 乙卯 八、二	小 乙酉 九、一	小 甲寅 九、三〇	大 癸未 一〇、二九	小 癸丑 一一、二八	大 壬午 一二、二七	
大正三	二五七四 一九一四	甲寅	二六	大 壬子 一、二六	大 壬午 二、二五	小 壬子 三、二七	大 辛巳 四、二五	大 辛亥 五、二五	小 庚戌 七、二三	大 己卯 八、二一	小 己酉 九、二〇	大 戊寅 一〇、一九	小 戊申 一一、一八	小 丁丑 一二、一七	大 丙午 一、一五	五月小 辛巳 六、二四
大正四	二五七五 一九一五	乙卯	二五	大 丙子 二、一四	小 丙午 三、一六	大 乙亥 四、一四	大 乙巳 五、一四	小 乙亥 六、一三	大 甲辰 七、一二	小 甲戌 八、一一	大 癸卯 九、九	小 癸酉 一〇、九	大 壬寅 一一、七	小 壬申 一二、七	大 辛丑 一、五	
大正五	閏 二五七六 一九一六	丙辰	二四	小 辛未 二、四	大 庚子 三、四	小 庚午 四、三	大 己亥 五、二	小 己巳 六、一	大 戊戌 六、三〇	大 戊辰 七、三〇	小 戊戌 八、二九	大 丁卯 九、二七	小 丁酉 一〇、二七	大 丙寅 一一、二五	小 丙申 一二、二五	
大正六	二五七七 一九一七	丁巳	二三	大 乙丑 一、二三	小 乙未 二、二二	大 癸巳 四、二一	小 癸亥 五、二一	大 壬辰 六、一九	大 壬戌 七、一九	小 壬辰 八、一八	大 辛酉 九、一六	大 辛卯 一〇、一六	小 辛酉 一一、一五	大 庚寅 一二、一四	小 庚申 一、一三	二月小 甲子 三、二三
大正七	二五七八 一九一八	戊午	二二	大 己丑 二、一一	小 己未 三、一三	小 戊子 四、一一	大 丁巳 五、一〇	小 丁亥 六、九	大 丙辰 七、八	小 丙戌 八、七	大 乙卯 九、五	大 乙酉 一〇、五	大 乙卯 一一、四	小 乙酉 一二、四	大 甲寅 一、二	
大正八	二五七九 一九一九	己未	二一	小 甲申 二、一	大 癸丑 三、二	小 癸未 四、一	小 壬子 四、三〇	大 辛巳 五、二九	小 辛亥 六、二八	大 庚辰 七、二七	大 己卯 九、二四	大 己酉 一〇、二四	小 己卯 一一、二三	大 戊申 一二、二二	大 戊寅 一、二一	七月小 庚戌 八、二六
大正九	閏 二五八〇 一九二〇	庚申	二〇	小 戊申 二、二〇	大 丁丑 三、二〇	小 丁未 四、一九	小 丙子 五、一八	大 乙巳 六、一六	小 乙亥 七、一六	小 甲辰 八、一四	大 癸酉 九、一二	大 癸卯 一〇、一二	小 癸酉 一一、一一	大 壬寅 一二、一〇	大 壬申 一、九	
大正一〇	二五八一 一九二一	辛酉	一九	大 壬寅 二、八	小 壬申 三、一〇	大 辛丑 四、八	小 辛未 五、八	小 庚子 六、六	大 己巳 七、五	小 己亥 八、四	小 戊辰 九、二	大 丁酉 一〇、一	小 丁卯 一〇、三一	大 丙申 一一、二九	大 丙寅 一二、二九	
大正一一	二五八二 一九二二	壬戌	一八	大 丙申 一、二八	小 丙寅 二、二七	大 乙未 三、二八	大 乙丑 四、二七	小 乙未 五、二七	大 癸巳 七、二四	小 癸亥 八、二三	小 壬辰 九、二一	大 辛酉 一〇、二〇	小 辛卯 一一、一九	大 庚申 一二、一八	大 庚寅 一、一七	五月小 甲子 六、二五

昭和十四年

年代表並陰陽曆對照表

年號	閏	日本紀元	西暦紀元	干支	歲	正月	二月	三月	四月	五月	六月	七月	八月	九月	十月	十一月	十二月	閏月
大正一二		二五八三	一九二三	癸亥	一七	小 庚申 二 一六	大 己丑 三 一七	大 己未 四 一六	小 己丑 五 一六	大 戊午 六 一四	小 戊子 七 一四	大 丁巳 八 一二	小 丁亥 九 一一	大 丙辰 一〇 一〇	小 丙戌 一一 九	小 乙卯 一二 八	大 甲申 一 六	
大正一三	閏	二五八四	一九二四	甲子	一六	大 甲寅 二 五	小 甲申 三 六	大 癸丑 四 四	小 癸未 五 四	大 壬子 六 二	大 壬午 七 二	小 壬子 八 一	大 辛巳 八 三〇	小 辛亥 九 二九	大 庚辰 一〇 二八	小 庚戌 一一 二七	小 己卯 一二 二六	
大正一四		二五八五	一九二五	乙丑	一五	大 戊申 一 二四	小 戊寅 二 二三	大 丁未 三 二四	大 丁丑 四 二三	大 丙子 六 二一	小 丙午 七 二一	大 乙亥 八 一九	大 乙巳 九 一八	小 乙亥 一〇 一八	大 甲辰 一一 一六	小 甲戌 一二 一六	大 癸卯 一 一四	四月小丁未 五 二三
昭和元 (大正一五)		二五八六	一九二六	丙寅	一四	小 癸酉 二 一三	小 壬寅 三 一四	大 辛未 四 一二	小 辛丑 五 一二	大 庚午 六 一〇	小 庚子 七 一〇	大 己巳 八 八	大 己亥 九 七	小 己巳 一〇 七	大 戊戌 一一 五	大 戊辰 一二 五	小 戊戌 一 四	
昭和二		二五八七	一九二七	丁卯	一三	大 丁卯 二 二	小 丁酉 三 四	小 丙寅 四 二	大 乙未 五 一	小 乙丑 五 三一	大 甲午 六 二九	小 甲子 七 二九	大 癸巳 八 二七	大 癸亥 九 二六	小 癸巳 一〇 二六	大 壬戌 一一 二四	大 壬辰 一二 二四	
昭和三	閏	二五八八	一九二八	戊辰	一二	小 壬戌 一 二三	大 辛卯 二 二一	小 庚寅 四 二〇	大 己未 五 一九	小 己丑 六 一八	小 戊午 七 一七	大 丁亥 八 一五	大 丁巳 九 一四	小 丁亥 一〇 一四	大 丙辰 一一 一二	大 丙戌 一二 一二	大 丙辰 一 一一	二月小辛酉 三 二二
昭和四		二五八九	一九二九	己巳	一一	小 丙戌 二 一〇	大 乙卯 三 一一	小 乙酉 四 一〇	小 甲寅 五 九	大 癸未 六 七	小 癸丑 七 七	小 壬午 八 五	大 辛亥 九 三	小 辛巳 一〇 三	大 庚戌 一一 一	大 庚辰 一二 一	大 庚戌 一二 三一	
昭和五		二五九〇	一九三〇	庚午	一〇	小 庚辰 一 三〇	大 己酉 二 二八	大 己卯 三 三〇	小 己酉 四 二九	小 戊寅 五 二八	大 丁未 六 二六	小 丙午 八 二四	大 乙亥 九 二二	小 乙巳 一〇 二二	大 甲戌 一一 二〇	大 甲辰 一二 二〇	小 甲戌 一 一九	六月小丁丑 七 二六
昭和六		二五九一	一九三一	辛未	九	大 癸卯 二 一七	大 癸酉 三 一九	大 癸卯 四 一八	小 癸酉 五 一八	小 壬寅 六 一六	大 辛未 七 一五	小 辛丑 八 一四	小 庚午 九 一二	大 己亥 一〇 一一	小 己巳 一一 一〇	大 戊戌 一二 九	小 戊辰 一 八	
昭和七	閏	二五九二	一九三二	壬申	八	大 丁酉 二 六	大 丁卯 三 七	大 丁酉 四 六	小 丁卯 五 六	大 丙申 六 四	小 丙寅 七 四	大 乙未 八 二	小 乙丑 九 一	小 甲午 九 三〇	大 癸亥 一〇 三〇	小 癸巳 一一 二八	大 壬戌 一二 二七	
昭和八		二五九三	一九三三	癸酉	七	小 壬辰 一 二六	大 辛酉 二 二四	大 辛卯 三 二六	小 辛酉 四 二五	大 庚寅 五 二四	小 庚寅 七 二三	大 己未 八 二一	小 己丑 九 二〇	大 戊午 一〇 一九	小 戊子 一一 一八	小 丁巳 一二 一七	大 丙戌 一 一五	五月大庚申 六 二三
昭和九		二五九四	一九三四	甲戌	六	小 丙辰 二 一四	大 乙酉 三 一五	小 乙卯 四 一四	大 甲申 五 一三	大 甲寅 六 一二	小 甲申 七 一二	大 癸丑 八 一〇	大 癸未 九 九	小 癸丑 一〇 九	大 壬午 一一 七	小 壬子 一二 七	大 辛巳 一 五	
昭和一〇		二五九五	一九三五	乙亥	五	小 辛亥 二 四	小 庚辰 三 五	大 己酉 四 三	小 己卯 五 三	大 戊申 六 一	小 戊寅 七 一	大 丁未 七 三〇	大 丁丑 八 二九	小 丁未 九 二八	大 丙子 一〇 二七	大 丙午 一一 二六	小 丙子 一二 二六	
昭和一一	閏	二五九六	一九三六	丙子	四	大 乙巳 一 二四	小 乙亥 二 二三	小 甲辰 三 二三	小 癸卯 五 二一	大 壬申 六 一九	小 壬寅 七 一九	大 辛未 八 一七	小 辛丑 九 一六	大 庚午 一〇 一五	大 庚子 一一 一四	大 庚午 一二 一四	小 庚子 一 一三	三月大癸酉 四 二一
昭和一二		二五九七	一九三七	丁丑	三	大 乙巳 二 一一	小 乙亥 三 一三	小 戊辰 四 一一	大 丁酉 五 一〇	小 丁卯 六 九	小 丙申 七 八	大 乙丑 八 六	小 乙未 九 五	大 甲子 一〇 四	大 甲午 一一 三	大 甲子 一二 三	小 甲午 一 二	
昭和一三		二五九八	一九三八	戊寅	二	大 癸亥 一 三一	大 癸巳 三 二	小 癸亥 四 一	小 壬辰 四 三〇	大 辛酉 五 二九	小 辛卯 六 二八	小 庚申 七 二七	小 己未 九 二四	大 戊子 一〇 二三	大 戊午 一一 二二	小 戊子 一二 二二	大 丁巳 一 二〇	七月小己丑 八 二五

三六

平均氣温（攝氏）

地名	一月	二月	三月	四月	五月	六月	七月	八月	九月	十月	十一月	十二月	年
雄基	(一)九、三	(一)六、六	(一)一、四	五、三	一〇、〇	一四、四	一九、二	二二、一	一六、七	一〇、〇	一、〇	(一)六、二	六、二
中江鎮	(一)二二、二	(一)一五、六	(一)四、七	六、三	一三、四	一八、七	二三、六	二一、六	一四、二	六、四	(一)三、七	(一)一五、七	三、五
城津	(一)五、九	(一)四、二	〇、五	六、五	一〇、九	一五、四	二〇、一	二二、一	一七、八	一一、七	三、八	(一)三、二	八、〇
新義州	(一)九、五	(一)六、二	(一)〇、一	八、〇	一五、一	二〇、一	二三、七	二四、〇	一九、二	一一、〇	二、四	(一)六、二	八、五
元山	(一)三、七	(一)二、五	二、四	九、四	一四、九	一九、一	二二、七	二三、四	一八、八	一三、〇	五、六	(一)一、〇	一〇、二
平壤	(一)八、〇	(一)四、九	一、三	九、四	一五、四	二〇、五	二四、〇	二四、三	一八、九	一一、八	三、一	(一)五、一	九、二
江陵	(一)一、三	〇、〇	四、五	一一、二	一六、三	二〇、三	二四、一	二四、五	一九、七	一四、四	八、一	一、八	一二、〇
京城	(一)六、二	(一)二、二	二、三	一〇、一	一六、五	二一、〇	二四、四	二四、七	二〇、二	一三、二	五、八	(一)一、五	一〇、七
仁川	(一)三、八	(一)二、〇	二、八	九、五	一四、八	一九、六	二三、五	二四、八	二〇、三	一四、一	六、二	(一)一、二	一〇、七
大邱	(一)一、七	〇、四	五、三	一二、三	一七、五	二三、〇	二五、五	二六、〇	二〇、七	一四、二	七、二	〇、八	一二、五
全州	(一)二、〇	(一)〇、三	四、五	一一、三	一六、八	二一、五	二五、六	二五、九	二〇、五	一三、六	七、三	一、三	一二、二
釜山	一、九	三、一	七、〇	一二、三	一六、四	二〇、〇	二三、八	二五、六	二一、七	一六、三	一〇、二	四、四	一三、六
木浦	〇、九	一、六	五、三	一一、三	一六、四	二〇、六	二四、七	二六、一	二一、八	一六、〇	九、六	三、六	一三、三
濟州	四、五	四、八	七、六	一二、三	一六、四	二〇、五	二五、四	二六、〇	二一、七	一六、七	一二、〇	七、六	一四、六
臺北	一五、一	一四、八	一六、九	二〇、七	二四、一	二六、六	二八、二	二七、九	二六、二	二二、九	一九、八	一六、八	二二、七
鹿兒島	七、〇	七、四	一〇、七	一五、五	一八、八	二二、三	二六、二	二六、八	二四、二	一八、九	一三、七	八、九	一六、七
下關	五、四	五、三	八、二	一二、九	一七、〇	二〇、八	二四、九	二六、五	二三、〇	一七、六	一二、六	七、九	一五、三
大阪	四、一	四、四	七、三	一三、三	一七、六	二一、八	二六、一	二七、三	二三、四	一七、一	一一、五	六、六	一五、〇
東京	三、一	三、八	六、九	一二、六	一六、七	二〇、五	二四、三	二五、七	二三、〇	一六、〇	一〇、六	五、四	一四、〇
札幌	(一)六、三	(一)五、三	(一)一、七	五、二	一〇、五	一四、七	一九、二	二〇、九	一六、三	九、八	三、二	(一)三、三	七、〇
大泊	(一)一二、三	(一)一〇、三	(一)五、六	一、〇	五、四	一〇、一	一四、七	一七、二	一三、七	七、六	(一)〇、二	(一)六、八	三、〇
大連	(一)五、一	(一)三、六	一、八	九、二	一五、四	二〇、二	二三、六	二四、五	一九、九	一三、七	五、三	(一)三、〇	一〇、二
奉天	(一)一三、〇	(一)九、三	(一)一、〇	八、六	一六、〇	二一、六	二四、八	二三、六	一七、〇	九、二	(一)一、〇	(一)九、九	七、三

昭和十四年

平均最高氣温(攝氏)

地名	雄基	中江鎮	城津	新義州	元山	平壤	江陵	京城	仁川	大邱	全州	釜山	木浦	濟州	台北	鹿兒島	下關	大阪	東京	札幌	大泊	大連	奉天
一月	(一)五四	(一)一二四	(一)〇八	(一)三八	一〇	(一)二七	三五	〇〇	〇三	三五	三七	六七	五二	七二	一九〇	一一九	八五	八五	八三	(一)一九	(一)七〇	(一)二三	(一)六四
二月	(一)二四	(一)六四	〇七	(一)〇八	三三	〇四	四八	三〇	三三	五八	四七	七四	六一	七八	一八五	一二三	八六	八八	八八	(一)〇八	(一)五八	〇三	(一)二六
三月	二八	三三	五〇	五〇	七三	六五	九五	八五	七四	一二三	一〇四	一一四	一〇二	一一四	二〇九	一五七	一一八	一一三	一一九	二六	(一)一七	六〇	四九
四月	一〇一	一三五	一一七	一三五	一四九	一五七	一六六	一六七	一四五	一八三	一七七	一六四	一六五	一六五	二四九	二〇三	一七〇	一八三	一七四	一〇五	四七	一四二	一五五
五月	一四六	二〇七	一六〇	二〇七	二〇六	二一七	二一七	二三三	一九七	二三八	二三三	二〇七	二一三	二〇七	一八五	二三六	二一〇	二三六	二一三	一六三	九九	二〇三	二二八
六月	一八三	二五八	一九五	二四九	二三九	二六七	二五三	二六九	二四三	二七七	二七六	二三七	二五一	二四三	三一五	二六三	二四四	二六三	二四六	二〇六	一四四	二四八	二八二
七月	二三五	二八九	二三六	二七五	二六七	二八九	二八三	二九〇	二七三	三〇三	三〇一	二七一	二八五	二九〇	三三三	三〇三	二八四	三〇四	二八三	二四三	一八六	二七三	三〇三
八月	二四六	二八二	二五八	二八五	二七四	二九二	二八八	三〇一	二八八	三一〇	三〇八	二九一	三〇三	二九五	三二九	三一二	三〇三	三二三	三〇〇	二六一	二〇九	二八一	二九三
九月	二〇九	二二二	二三五	二五〇	二三五	二四六	二四六	二五五	二四八	二六〇	二六一	二五六	二六三	二五一	三〇九	二八七	二六七	二八二	二六〇	二一八	一七七	二四一	二四〇
十月	一四七	一四七	一六九	一七四	一八四	一八三	二〇一	一九四	一九〇	二〇八	二〇四	二一二	二一三	二〇五	二七一	二四一	二一七	二二三	二〇五	一五七	一一六	一八三	一六三
十一月	五三	三六	八九	八〇	一〇五	八五	一三五	一〇七	一〇七	一三二	一三〇	一四九	一四五	一五五	二三八	一九〇	一六三	一六六	一五七	七六	三三	九三	四九
十二月	(一)二四	(一)八六	二一	(一)一〇	三五	(一)〇二	六七	二七	三〇	六〇	五八	八六	七九	一〇五	二〇七	一四一	一一一	一一三	一〇九	〇九	(一)三三	一八	(一)三八
年	一〇三	一〇九	一二七	一三七	一五〇	一四八	一六九	一六二	一五三	一八一	一七七	一七七	一七八	一八二	二六〇	二一五	一八八	一九八	一八六	一一〇	六九	一四四	一三六

三八

昭和十四年

平均最低氣温(攝氏)

地名	雄基	中江鎮	城津	新義州	元山	平壌	江陵	京城	仁川	大邱	全州	釜山	木浦	濟州	台北	鹿兒島	下關	大阪	東京	札幌	大泊	大連	奉天
一月	(一)一三、〇	(一)二九、一	(一)一〇、五	(一)一四、三	(一)八、〇	(一)一三、〇	(一)五、四	(一)九、四	(一)七、三	(一)六、二	(一)六、二	(一)一、八	(一)二、三	一、八	一二、三	二、五	二、六	〇、三	(一)一、四	(一)一一、五	(一)一五、五	(一)八、八	(一)一八、八
二月	(一)一〇、六	(一)二四、五	(一)八、八	(一)一一、〇	(一)六、八	(一)九、九	(一)四、一	(一)六、七	(一)五、五	(一)四、三	(一)四、六	(一)〇、七	(一)一、六	一、八	一二、〇	二、九	二、四	〇、四	(一)〇、四	(一)一〇、九	(一)一四、九	(一)七、一	(一)一五、五
三月	(一)五、四	(一)一一、七	(一)三、五	(一)四、六	(一)一、八	(一)三、五	(一)〇、一	(一)一、八	(一)〇、七	(一)〇、一	(一)〇、六	二、九	一、四	三、八	一三、九	五、八	四、八	二、八	二、三	(一)六、六	(一)九、九	(一)一、八	(一)六、六
四月	一、三	(一)〇、四	二、四	二、九	四、六	三、五	五、九	四、八	五、七	六、〇	五、四	八、二	七、三	八、二	一七、三	一〇、八	九、五	八、三	七、九	〇、一	(一)二、五	五、一	二、一
五月	六、二	六、五	七、三	一〇、〇	一〇、二	九、七	一一、一	一〇、六	一一、一	一一、四	一一、一	一三、六	一三、五	一三、三	二〇、六	一四、三	一三、六	一三、八	一三、三	四、八	一、四	一二、三	九、四
六月	一一、四	一二、五	一二、五	一五、九	一五、一	一五、二	一五、八	一六、一	一六、一	一六、七	一六、二	一六、八	一七、三	一七、一	二二、九	一八、九	一七、九	一七、九	一六、九	一〇、〇	六、三	一六、四	一五、六
七月	一六、七	一七、六	一七、五	二〇、六	一九、五	二〇、一	二〇、四	二一、〇	二〇、六	二一、六	二一、九	二一、三	二一、九	二二、五	二四、一	二二、八	二二、一	二二、六	二一、〇	一四、八	一一、三	二〇、六	二〇、二
八月	一八、〇	一六、七	一九、一	二〇、五	二〇、一	二〇、四	二〇、八	二一、五	二一、六	二二、〇	二二、一	二二、七	二三、一	二三、〇	二四、二	二三、三	二三、六	二三、四	二二、三	一六、二	一三、六	二一、四	一九、〇
九月	一二、三	八、五	一三、六	一四、三	一四、七	一三、八	一五、五	一五、一	一六、四	一六、二	一五、七	一八、五	一八、四	一八、三	二二、六	二〇、六	二〇、一	一九、五	一八、八	一一、〇	九、六	一六、三	一一、三
十月	五、三	〇、〇	六、九	五、九	八、二	六、二	九、五	七、二	九、九	八、五	七、九	一二、二	一二、一	一二、八	一九、八	一四、六	一四、四	一二、七	一二、三	三、九	三、二	九、八	三、四
十一月	(一)三、〇	(一)九、〇	(一)〇、六	(一)一、七	一、二	(一)一、六	三、五	〇、二	二、一	二、〇	二、四	六、〇	五、九	八、五	一六、八	八、九	九、六	六、九	六、二	(一)一、三	(一)四、一	一、四	(一)六、二
十二月	(一)九、九	(一)二三、三	(一)七、五	(一)一〇、二	(一)五、一	(一)九、八	(一)二、三	(一)六、五	(一)四、七	(一)三、七	(一)三、一	〇、五	〇、三	四、五	一三、九	四、一	五、一	二、四	〇、八	(一)七、九	(一)一〇、八	(一)五、七	(一)五、三
年	二、四	(一)二、九	四、〇	四、〇	六、〇	四、三	七、六	六、〇	七、一	七、五	七、四	九、九	九、七	一一、二	一八、四	一二、五	一二、一	一〇、八	九、九	一、九	(一)一、〇	六、六	一、五

三九

降水量（粍）

地名	雄基	中江鎮	城津	新義州	元山	平壤	江陵	京城	仁川	大邱	全州	釜山	木浦	濟州	台北	鹿兒島	下關	大阪	東京	札幌	大泊	大連	奉天
一月	四、五	一一、六	二一、六	五、三	三二、二	一四、四	五五、六	二四、八	一九、八	二二、六	二七、四	四五、二	三五、四	五六、五	八七、七	七八、七	六七、三	四五、一	五二、〇	八五、一	二八、三	一〇、五	四、八
二月	七、六	一〇、〇	一五、〇	九、一	三六、五	一二、五	六八、四	二二、六	一八、六	二五、五	三三、五	三六、五	三八、六	七四、六	一三七、三	九九、六	七八、八	五八、五	七二、九	六九、八	一八、五	七、八	六、二
三月	二一、一	二二、六	二一、三	一八、〇	四五、九	二四、〇	六一、四	三七、九	二九、四	三四、一	四〇、一	六六、〇	三九、七	六三、一	一八三、七	一五四、六	一一一、七	九五、三	一〇九、二	六二、〇	三〇、五	一六、四	一八、一
四月	二七、八	三八、四	三二、一	五六、八	七三、〇	四七、八	八三、五	七九、七	六九、三	七九、九	八九、五	一四三、九	九六、四	八四、九	一六七、七	二三五、七	一四八、五	一三七、二	一三三、八	五七、七	四一、九	二四、三	二九、一
五月	七三、〇	八三、三	五九、九	九八、七	八六、八	六八、八	七四、八	八七、四	八一、三	七四、六	七八、六	一二六、八	八九、五	七三、九	二二一、六	二一二、一	一四三、〇	一二四、〇	一五三、三	六三、九	七二、四	四三、九	六〇、三
六月	九八、九	一一〇、四	六九、〇	一二七、七	一二三、七	七六、〇	九九、六	一二四、九	九七、七	一三〇、九	一二六、八	二〇三、九	一三八、六	一四二、六	二八四、一	三九八、四	二七四、一	一九四、〇	一五八、〇	六一、七	六七、一	四九、二	九五、五
七月	一三一、四	一八八、九	一一三、四	三七五、五	二八〇、九	二四七、六	二三八、三	三七六、七	二七八、八	二二〇、六	三一七、一	二九九、五	二一三、一	一九七、二	三三三、三	二九六、六	二五三、九	一五一、六	一三二、三	九三、三	九一、三	一六八、〇	一五八、二
八月	一九一、六	一六九、五	一五三、一	三七四、六	三一八、六	二一八、九	二三三、〇	二七一、三	二三四、七	一七七、五	二七一、二	一八六、七	一七二、七	二四七、九	三〇三、二	一八七、〇	一一五、八	一〇四、〇	一四八、一	一一〇、四	九〇、七	一二四、〇	一五四、六
九月	一一七、七	八三、二	一〇九、二	九九、七	一八二、〇	一一七、五	一七四、二	一二三、五	一一六、〇	一三九、五	一二六、二	一七七、八	一二二、七	二五一、〇	二三四、四	二二〇、一	一八一、八	一七九、〇	二三七、六	一三一、五	一〇六、〇	九三、〇	七八、八
十月	六七、八	四三、九	四五、〇	五一、七	七六、〇	四五、四	七二、九	三九、九	四〇、〇	三六、六	五一、八	七一、二	五一、九	五八、〇	一一三、八	一一八、七	一〇三、五	一二九、五	一九九、八	一一五、五	八二、一	二八、〇	四一、九
十一月	二四、五	三一、二	四五、六	二九、九	六九、〇	三九、二	六六、〇	四四、九	四〇、九	三〇、七	四七、三	四二、九	四四、三	六九、七	六四、八	九二、九	七三、六	七七、四	一〇一、四	一〇九、七	六八、七	二四、〇	二三、六
十二月	九、四	一八、一	二八、三	一七、九	三〇、四	二〇、四	六二、五	二八、七	二七、三	二四、一	四五、五	三二、四	三九、六	七三、八	七三、一	八四、一	七六、九	四八、九	五七、六	九六、一	三七、八	一二、六	八、六
年	七七五、三	八一〇、九	七一二、四	一〇六四、九	一三五五、〇	九三二、五	一二九〇、二	一二六三、五	一〇四三、八	九九六、六	一二五五、〇	一四三二、八	一〇八二、五	一三九二、二	二一〇九、七	二一六八、五	一六二八、九	一三四四、五	一五五五、一	一〇五五、六	七三五、三	六〇一、七	六七八、四

昭和十四年

平均風速度（每秒米）

地名	一月	二月	三月	四月	五月	六月	七月	八月	九月	十月	十一月	十二月	年
中江鎮	〇七	〇九	一五	二三	二一	一七	一三	一一	一一	一四	一三	〇九	一四
新義州	三二	三五	三三	三三	三〇	二四	二三	二三	二五	二八	三三	三四	二九
元山	三〇	二七	二九	二七	二六	二三	二三	二三	二四	二六	二八	三〇	二六
江陵	四四	三七	三五	三三	二七	二〇	一九	一八	二一	二八	三五	四二	三〇
京城	二五	二七	三五	三五	三三	二九	二九	二六	二五	二四	二五	二四	二八
仁川	四三	四四	五〇	四四	三九	三三	三六	三四	三四	三五	四四	四四	四〇
全州	一六	一七	二一	一九	一七	一五	一五	一三	一二	一二	一四	一五	一六
釜山	四五	四五	五〇	四八	四〇	四一	四六	四三	四四	三九	四〇	四六	四四
木浦	五三	五四	五四	四四	三八	三三	三八	三四	三六	三七	四五	四九	四三
台北	三四	三三	三五	三一	二九	二三	二五	二八	三一	三七	二九	三六	三三
鹿児島	三二	三三	三三	三一	二九	二七	二七	三〇	二九	二九	三〇	二九	三〇
下関	四三	四〇	四〇	三九	二七	三五	三四	三四	二九	二八	三四	四三	三六
大阪	三一	三〇	三〇	二八	二六	二六	二六	二六	二五	二三	二五	三〇	二七
東京	二七	三〇	三三	三一	三〇	二七	二七	二七	二六	二五	二五	二五	二八
札幌	三〇	三〇	三六	四二	四二	三五	三一	二六	二六	二六	三〇	三〇	三三
大泊	四七	四三	四八	四六	四三	三八	三五	三五	四二	五一	五六	五三	四五
大連	四七	四八	五三	五六	五三	四五	四三	三七	四一	四七	五三	四九	四七
奉天	二五	二七	三四	四〇	三八	三〇	二六	二一	二三	二八	二九	二六	二九

四一

平均濕度（百分率）

地名	一月	二月	三月	四月	五月	六月	七月	八月	九月	十月	十一月	十二月	年
中江鎭	八三	七七	六八	六一	六四	七三	八〇	八一	八〇	七三	七四	八〇	七四
新義州	六七	六二	六四	六六	七〇	七七	八四	八二	七六	七二	六八	六八	七一
元山	五四	五七	五八	六三	六八	七六	八二	八二	七六	六六	五八	五三	六六
江陵	五四	六〇	六一	六三	六七	七三	七九	八一	七六	六七	六〇	五五	六六
京城	六六	六四	六二	六四	六八	七一	八〇	七七	七三	七一	七〇	六七	六九
仁川	六七	六五	六五	七〇	七四	七九	八五	八一	七四	六九	六七	六六	七三
全州	七四	七三	七〇	七〇	七三	七三	八〇	八〇	七八	七五	七六	七七	七五
釜山	五一	五三	五七	六七	七一	七八	八三	七九	七三	六五	五九	五三	六六
木浦	七一	七〇	六九	七四	七六	八一	八六	八二	七七	七三	七三	七一	七五
台北	八四	八四	八四	八三	八二	八一	七七	七八	八〇	八一	八一	八五	八二
鹿兒島	七三	七三	七三	七六	七七	八二	八二	八〇	七九	七五	七五	七五	七七
下關	六九	七〇	七一	七五	七七	八三	八四	八〇	七九	七四	七三	六九	七五
大阪	七一	七二	七一	七三	七三	七六	七七	七五	七七	七六	七五	七三	七四
東京	六三	六二	六六	七三	七六	八一	八二	八一	八二	七九	七四	六七	七四
札幌	八〇	七九	七六	七三	七四	八一	八四	八三	八三	八〇	七七	七八	七九
大泊	八一	八一	七九	八〇	八二	八六	八九	八八	八五	七九	七六	七九	八六
大連	六三	六二	五九	五七	六一	七一	八三	八〇	七〇	六三	六一	六一	六六
奉天	六七	六三	五六	五三	五七	六四	七五	七七	七三	六九	六四	六六	六六

昭和十四年

氣温風速降水量ノ極數

地名	最高氣温		最低氣温		最大風速度		最大降水日量		最大降水年量	
中江鎭	三八、〇	大正一三年八月一六日	(一)四三、六	昭和八年一月一二日	一五、八	大正一三年一二月一六日	九九、八	昭和四年七月一二日	一〇九五、八	昭和二年
新義州	三五、八	昭和七年八月四日	(一)二五、五	昭和三年一二月一二日	二〇、二	昭和六年一二月一二日	一八三、三	昭和六年八月一七日	一三五九、八	昭和九年
元山	三九、六	明治三九年七月一四日	(一)二一、九	大正四年一月一三日	二六、〇	昭和五年七月二九日	二四三、〇	明治三六年九月二〇日	二〇二九、三	大正一一年
江陵	三七、四	昭和四年八月二日	(一)二〇、二	大正四年一月一三日	二四、七	昭和九年一二月一二日	三〇五、五	大正一〇年九月一四日	一九〇六、八	大正一四年
京城	三七、五	大正八年八月一日	(一)二三、一	昭和二年一二月三一日	一六、七	昭和八年五月一四日	三五四、七	大正九年八月二日	一九三四、一	大正一四年
仁川	三六、九	昭和五年八月二日	(一)二一、〇	昭和六年一月一二日	三三、八	大正八年九月三日	三四七、五	大正一一年八月二三日	一六七〇、九	大正一四年
全州	三七、三	大正一三年八月一四日	(一)一七、一	昭和八年一月一二日	一七、四	大正一二年三月二三日	二〇四、六	昭和二年八月一五日	一七六八、八	昭和五年
釜山	三五、三	昭和四年八月一日	(一)一四、〇	大正四年一月一三日	三三、七	明治三七年八月二〇日	二五〇、九	明治四五年七月一七日	二〇四七、三	明治三八年
木浦	三七、〇	大正一二年八月一八日	(一)一四、二	大正四年一月一三日	三四、六	明治四四年七月二〇日	二〇〇、一	明治四〇年七月一五日	一七四三、八	大正五年
台北	三八、六	大正一〇年七月一二日	(一)〇、二	明治三四年二月一三日	三一、三	明治三三年八月五日	三五八、九	昭和五年七月一五日	二七八九、三	明治三一年
鹿兒島	三六、二	明治一六年七月一六日	(一)六、七	大正一二年二月二八日	四九、六	明治三三年八月一五日	三〇五、七	大正六年六月六日	三五五〇、六	明治三八年
下關	三五、九	明治三七年八月三日	(一)六、五	明治三四年二月一二日	三〇、七	明治三八年七月一四日	三三六、七	明治三七年六月二二日	二五八五、四	大正一二年
大阪	三七、六	明治四二年八月四日	(一)七、一	明治三四年一月二五日	四二、〇	昭和九年九月二一日	一八三、二	昭和一〇年六月二九日	一八七九、〇	明治三六年
東京	三六、六	明治一九年七月一四日	(一)八、六	昭和二年一月二四日	二七、七	大正六年一〇月一日	一九三、七	大正九年九月三〇日	二一九三、七	大正九年
札幌	三五、五	大正一三年七月一一日	(一)二八、五	昭和四年二月一日	二八、八	明治四五年三月一九日	一三九、六	昭和一三年九月一五日	一四〇三、〇	明治十二年
大泊	三〇、四	昭和二年八月一九日	(一)三二、七	明治四三年一月一一日	三七、一	大正四年一二月七日	八三、七	大正四年八月二三日	九九七、五	大正四年
大連	三五、七	大正八年八月六日	(一)一九、九	昭和六年一月一〇日	二七、九	大正八年一二月六日	一八九、六	大正九年七月一六日	一一二四、九	大正三年
奉天	三九、三	大正九年六月二〇日	(一)三二、九	明治四二年一月二二日	二二、三	昭和五年五月一八日	一四八、七	明治四四年八月二三日	一〇六四、九	大正一二年

四三

昭和十四年

水稻便覽

項目 \ 地方	北部	中部	南部
選種及浸種	四月下旬前半	四月中旬後半	四月下旬後半
苗代의整地及施肥	四月下旬後半	四月下旬前半	五月上旬前半
播種	五月上旬前半	四月下旬後半	五月上旬後半
苗代害蟲驅除	五月下旬	六月上旬	六月上旬
綠肥作物收穫	—	六月上旬後半	五月中旬乃至六月上旬前半
裏作大麥收穫	—	六月中旬後半 六月下旬前半	六月下旬前半
本田整地及施肥 (一毛作)	五月下旬後半	六月上旬前半	六月上旬後半
本田整地及施肥 (二毛作)		六月下旬前半	六月下旬後半
挿秧 (一毛作)	六月上旬	六月上旬乃至中旬前半	六月中旬前半
挿秧 (二毛作)		六月下旬前半	六月下旬前半
中耕除草	六月中旬乃至八月上旬	六月下旬乃至八月上旬	六月下旬乃至八月中旬
追肥(硫酸安毒은出穗前二十五日前後에施함)	六月下旬後半	七月上旬前半	七月上旬後半
害蟲驅除	七月下旬乃至八月下旬	六月中旬乃至九月上旬	六月中旬乃至九月中旬
稗拔	八月下旬	九月上旬	九月中旬
落水	九月上旬	九月中旬	九月下旬
綠肥作物播種	—	九月上旬乃至中旬前半	九月上旬乃至九月中旬
收穫	九月下旬乃至十月上旬	十月中旬	十月下旬
乾燥	十月上旬	十月下旬	十一月上旬
裏作大麥播種	—	十月上旬乃至中旬前半	十月下旬
調製	十月中旬	十一月上旬	十一月中旬
畓秋耕	十月下旬	十一月中旬	十一月下旬
收穫物의整理	十一月中旬	十一月下旬	十二月上旬
農具整理	十二月乃至三月	十二月乃至三月	十二月乃至三月
繩叺製造	十二月乃至三月	十二月乃至三月	十二月乃至三月

四四

水産動植物ノ의採捕禁止一覧

(朝鮮漁業保護取締規則 … [illegible])

昭和十四年

種類 區域
咸北
咸南
江原
慶北
慶南
全南
全北
忠南
忠北
京畿
黃海
平南
平北
[illegible]
[illegible]

四五

漁業便

朝鮮産重要水産物名	主要漁場	漁期 北部	漁期 中部	漁期 南部	主要漁具
まいわし 정어리	咸鏡北南道、江原道、慶尚北南道、全羅南道沿海	自五月至十一月	自四月至翌年一月	自十一月至翌年六月	機船巾着網、流網、大敷網、角網、地曳網
さば 고등어	咸鏡北南道、江原道、慶尚北南道、全羅北南道沿海	自五月至十一月	自五月至翌年二月	周年	機船巾着網、流網、延縄、一本釣
かたくちいわし 멸치	江原道、慶尚北南道、全羅南道沿海	自五月至十月	自四月至十一月	自四月至十二月	地曳網、焚寄網、揚繰網、權現網、船曳網、巾着網
めんたい 명태	咸鏡北南道、江原道沿海	自九月至翌年五月	自九月至翌年三月	—	機船底曳網、延縄、刺網、摹網、忽致網
ぐち 조기	平安北南道、黄海道、京畿道、忠清南道、全羅北南道沿海	自四月至十月	自四月至十一月	自三月至十二月	鮟鱇網、魚箭、柱木網、機船底曳網
にしん 청어	咸鏡北南道、江原道、慶尚北道沿海	自十月至翌年五月	自十二月至翌年四月	自十一月至翌年四月	壺網、角網、刺網、建網、揚繰網、落網、巾着網
たちうを 갈치	平安北南道、黄海道、京畿道、忠清南道、全羅北南道、慶尚北南道沿海	自六月至十一月	自五月至十一月	自四月至十二月	鮟鱇網柱木網魚箭延縄壺網大敷網一本釣臺網角網小擡網船曳網地曳網
えび 새우	平安北南道、黄海道、京畿道、忠清南道、全羅北南道、慶尚北南道、江原道沿海	自三月至十月	自七月至十二月	周年	鮟鱇網柱木網魚箭弓船網鮟鱇網鳥網打瀬網手繰網又手網蝦籠嚢網
あじ 전광어	忠清南道、全羅北南道、慶尚北南道沿海	—	自五月至九月	周年	機船巾着網、流網
たら 대구	咸鏡北南道、江原道、慶尚北南道、黄海道沿海	自二月至十二月	自九月至翌年六月	自十二月至翌年四月	延縄、壺網、角網、機船底曳網、小擡網、防簾
たい 도미	忠清南道、全羅北南道、慶尚北南道沿海	—	自四月至十一月	自三月至十二月	延縄、一本釣
かれい 가자미	全沿海	周年	周年	周年	打瀬網、忽致網、機船底曳網
さわら 삼치	咸鏡北南道、江原道、慶尚北南道、全羅南道沿海	自五月至十一月	自五月至十二月	周年	流網、大敷網、角網、曳釣、小擡網、地曳網、魚箭

林業便覽

項目	北部	中部	南部
苗圃ノ基肥、播種、植替	三月下旬乃至四月中旬	三月中旬乃至四月上旬	三月
植樹、生籬造成	四月中旬乃至五月上旬	三月下旬乃至四月上旬	三月中旬乃至四月上旬
記念植樹	四月十日前後	四月三日	四月三日
山菜採取	五月、六月	四月、五月	三月、四月
松脂採取	六月乃至九月	五月乃至十月	五月乃至十月
病蟲害驅除	六月、七月	六月、七月	六月、七月
苗圃日覆及追肥	六月乃至八月	七月、八月	七月、八月
漆液採取	六月乃至十月	六月乃至十月	六月乃至十月
椎茸、松茸等菌蕈ノ採取	七月乃至十月	九月、十月	九月、十月
野生藥草採取	五月、八月	四月、九月	三月、十月
五倍子ノ採取	九月上中旬	九月上中旬	九月上中旬
栗、胡桃其他ノ種實採取	九月、十月	九月、十月	十月、十一月
選實改良	九月、十月	九月、十月	九月、十月
伐竹	一	十月	十月
種子ノ貯藏	十月	十一月	十一月
苗ノ霜除	十一月	十一月	十二月
製炭	十月乃至三月	十一月乃至三月	十一月乃至三月
炭俵作リ、藁細工	十一月乃至二月	十一月乃至二月	十一月乃至二月
山火警心	一年中特ニ四、五、六、九月	一年中特ニ三、四、五、九、十月	一年中特ニ三、四、五、九、十月

覽

にべ 민어	平安北南道、黃海道、京畿道、忠清南道、全羅北南道、慶尙北南道沿海	自五月 至十月	自五月 至十一月	自三月 至十一月	鮟鱇網、延繩、柱木網
ひらめ 넙치	全沿海	自三月 至十月	自四月 至十二月	周年	鮟鱇網、機船底曳網、空釣、延繩
あなご 붕장어	平安南道、京畿道、忠清南道、全羅北南道、慶尙北南道沿海	自四月 至九月	自六月 至十一月	周年	延繩、打瀨網、手繰網、一本釣、籠
はも 참장어	黃海道、京畿道、忠清南道、全羅北南道、慶尙北南道沿海		自五月 至十月	自五月 至十一月	延繩、打瀨網、機船底曳網
ふか 상어	全沿海	自三月 至十一月	自三月 至十一月	周年	機船底曳網、延繩、打瀨網

度量衡表

系	度							面積		
米法	ミリメートル 미리메-틀 (粍) 米ノ千分之一	センチメートル 센치메-틀 (糎) 米ノ百分之一	デシメートル 떼시메-틀 (粉) 米ノ十分之一	メートル 메-틀 (米)	キロメートル 길로메-틀 (粁) 千米	海里 千八百五十二米	平方米	土地 アール 알 百平方米	土地 ヘクタール 헥달 百アール
尺貫法	厘 三三〇〇	分 三三〇〇	寸 三三〇〇	尺 三三〇〇	町 九.一六七	町 一六.九七七	平方尺 一〇.八九〇	步 三〇.二五〇	町 一.〇〇八
ヤードポンド法 본드야드법	インチ 인치 〇.〇三九	インチ 인치 〇.三九四	フート 푸트 〇.三二八	ヤード 야드 一.〇九四	マイル 마일 〇.六二一	マイル 마일 一.一五一	平方ヤード 평방야드 一.一九六	平方ヤード 평방야드 一一九.六〇二	エーカー 에-카- 二.四七一

系	量				衡				
	立方米	液體及粒狀物							寶石
米法	立方米	ミリリットル 밀리릿틀 (竓) 立ノ千分之一	リットル 리틀 (立) 立方粉	キロリットル 길로릿틀 (竏) 千立	ミリグラム 미리그람 (瓱) 瓩ノ百萬分之一	グラム 그람 (瓦) 瓩ノ千分之一	キログラム 길로그람 (瓩)	トン 돈 (瓲) 千瓩	カラット 가라트 二百瓱
尺貫法	立方尺 三五.九三七	勺 〇.〇五五四	合 五.五四四	石 五.五四四	毛 〇.二六七	分 二.六六七	貫 〇.二六七	貫 二六六.六六七	厘 五.三三三
ヤードポンド法 본드야드법	立方ヤード 입방야드 一.三〇八	パイント 바인드 〇.〇〇一七六	ガロン 까론 (米國) 〇.二六四	ガロン 까론 (米國) 二六四.一七二	グレン 그렌 〇.〇一五	グレン 그렌 一五.四三二	ポンド 본드 二.二〇五	英噸 〇.九八四	グレン 그렌 三.〇八六

尺	間	町	里	步(坪)	段	升	貫	斤
米 〇.三〇三	米 一.八一八	米 一〇九.〇九一	粁 三.九二七	アール 알 〇.〇三三	アール 알 九.九一七	立 一.八〇四	瓩 三.七五〇	瓩 〇.六〇〇

米	鯨尺	インチ 인치	フート 푸트	ヤード 야드	マイル 마일	オンス 온스	英藥用オンス 온스	ポンド 본드	英噸
鯨尺 二.六四〇	米 〇.三七九	糎 二.五四〇	粉 三.〇四八	米 〇.九一四	粁 一.六〇九	瓦 二八.三五〇	瓦 三一.一〇三	瓩 〇.四五四	瓲 一.〇一六

國稅及道稅納期一覽

國稅

税目	納期
定期收入ニ屬スルモノ	
第三種所得税	[illegible]
地税	[illegible]
營業税	[illegible]
乙種資本利子税	[illegible]
個人鑛區税	[illegible]
鑛區税	[illegible]
鑛産税	[illegible]
[illegible]	[illegible]
酒税	[illegible]
[illegible]	[illegible]
臨時收入ニ屬スルモノ	
第一種所得税	[illegible]
第二種所得税	[illegible]
法人臨時利得税	[illegible]
甲種資本利子税	[illegible]
公債及社債利子税	[illegible]
利益配當税	[illegible]
法人資本税	[illegible]
相續税	[illegible]
通行税	[illegible]
物品特別行為税	[illegible]
[illegible]	[illegible]
[illegible]	[illegible]
骨牌税	[illegible]
[illegible]	[illegible]
[illegible]	[illegible]
[illegible]	[illegible]
登錄税	[illegible]
印紙税	[illegible]
賣藥税	[illegible]
[illegible]	[illegible]
入場税	[illegible]
[illegible]	[illegible]
物品税	[illegible]

道稅

税目	納期
定期收入ニ屬スルモノ	
地税附加税	[illegible]
營業税附加税	[illegible]
鑛區税附加税	[illegible]
鑛産税附加税	[illegible]
雜種税	[illegible]
其他ノ雜種税	[illegible]
戶別税	[illegible]
家屋税	[illegible]
車輛税	[illegible]
[illegible]	[illegible]
臨時收入ニ屬スルモノ	
不動産取得税	[illegible]
[illegible]	[illegible]
[illegible]	[illegible]
[illegible]	[illegible]
[illegible]	[illegible]
[illegible]	[illegible]

內國通信料金表

內國通常郵便料

第一種	書狀	二十五匁마다 四錢
第二種	郵便葉書 通常葉書	二錢
	往復葉書	四錢
第三種	每月一回以上發行하는定期刊行物로第三種郵便物의認可를受한것	六十匁마다 五厘
	日刊新聞紙로서發行人又는賣捌人이直接差出하는것 [illegible]	一號[illegible]二匁마다 百二十匁까지 五厘
	[illegible]	五厘
第四種	書籍, 印刷物, 業務用書類, 寫眞, 書, 畫, 圖, 寫眞의見本及雛形, 植物의種子, 標本	百二十匁마다 三錢
	盲人用點字의書籍, 印刷物及業務用書類	六百匁마다 五厘
	每月一回以上繼續發行하는印刷物로[illegible]	百二十匁마다 一錢五厘
第五種	農産物種子	百二十匁마다 一錢

內國小包郵便料

重量	朝鮮內 同一郵便區內	朝鮮內 其他	朝鮮外 (朝鮮과內地, 臺灣, 樺太, 南洋[illegible])
五百瓦迄	二〇	二七	四二
一瓩迄	二〇	三四	四九
二瓩迄	二〇	四七	六二
三瓩迄	二〇	六〇	七五
四瓩迄	二〇	七三	八八
五瓩迄	二〇	七九	九四
六瓩迄	二〇	八五	一〇〇

內國通常電報料

種別		一市內 (官·私)	朝鮮內 (官·私)	朝鮮과內地, 臺灣, 樺太及南洋群島 (官·私)
和文	本 (十五字迄)	十五錢	三十錢	三十錢·四十錢
	加 (五字마다)	三錢	五錢	五錢·五錢
歐文	本 ([illegible])	十五錢	三十錢	[illegible]
	加 ([illegible])	三錢	五錢	[illegible]
暗號	本 (五語迄)	十五錢	三十錢	三十錢·四十五錢
	加 (二語마다)	三錢	五錢	五錢·五錢

地域	和文	歐文
朝鮮과關東州, 滿洲國及北支間相互間 (官·私)	一語에對하야 六錢	一語에對하야 八錢

附記 日滿鮮通信料金表

[illegible]

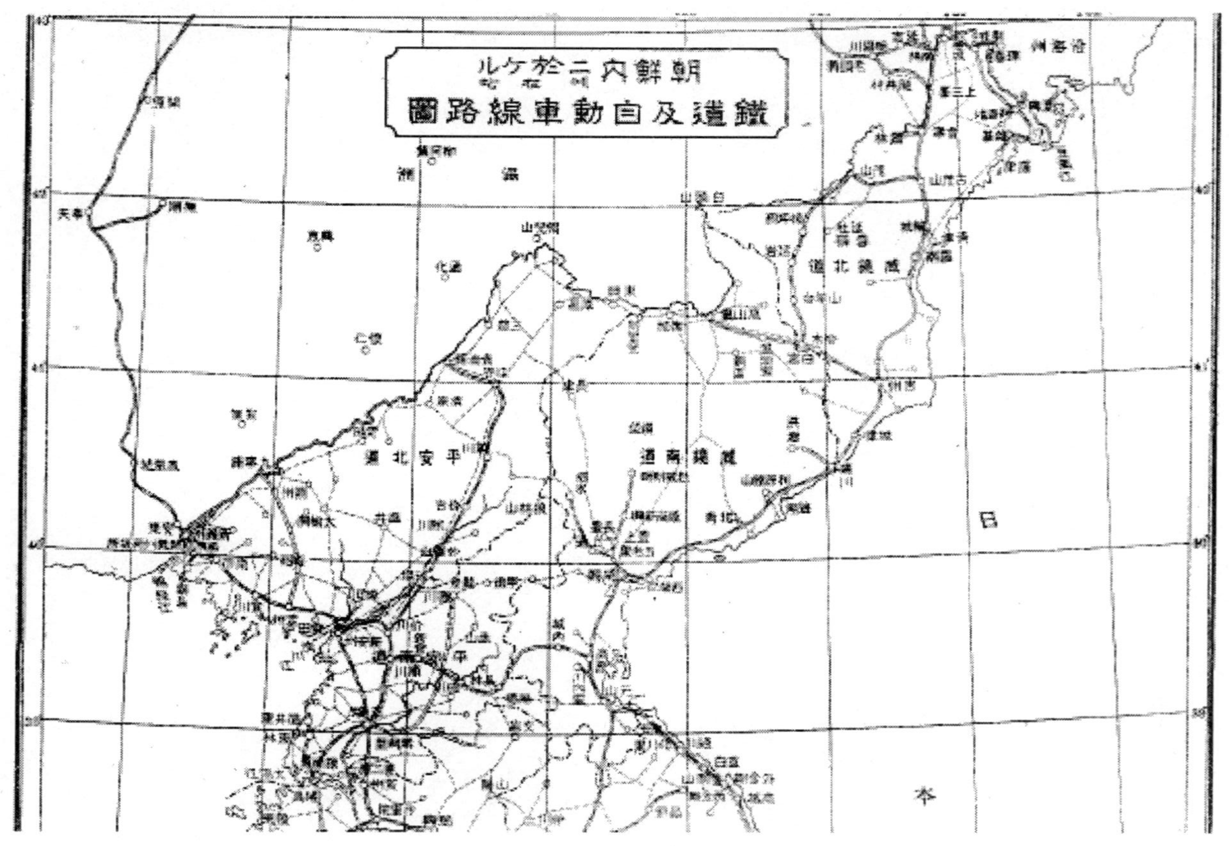
朝鮮內ニ於ケル
鐵道及自動車線路圖
平安北道
咸鏡南道
咸鏡北道
日
本

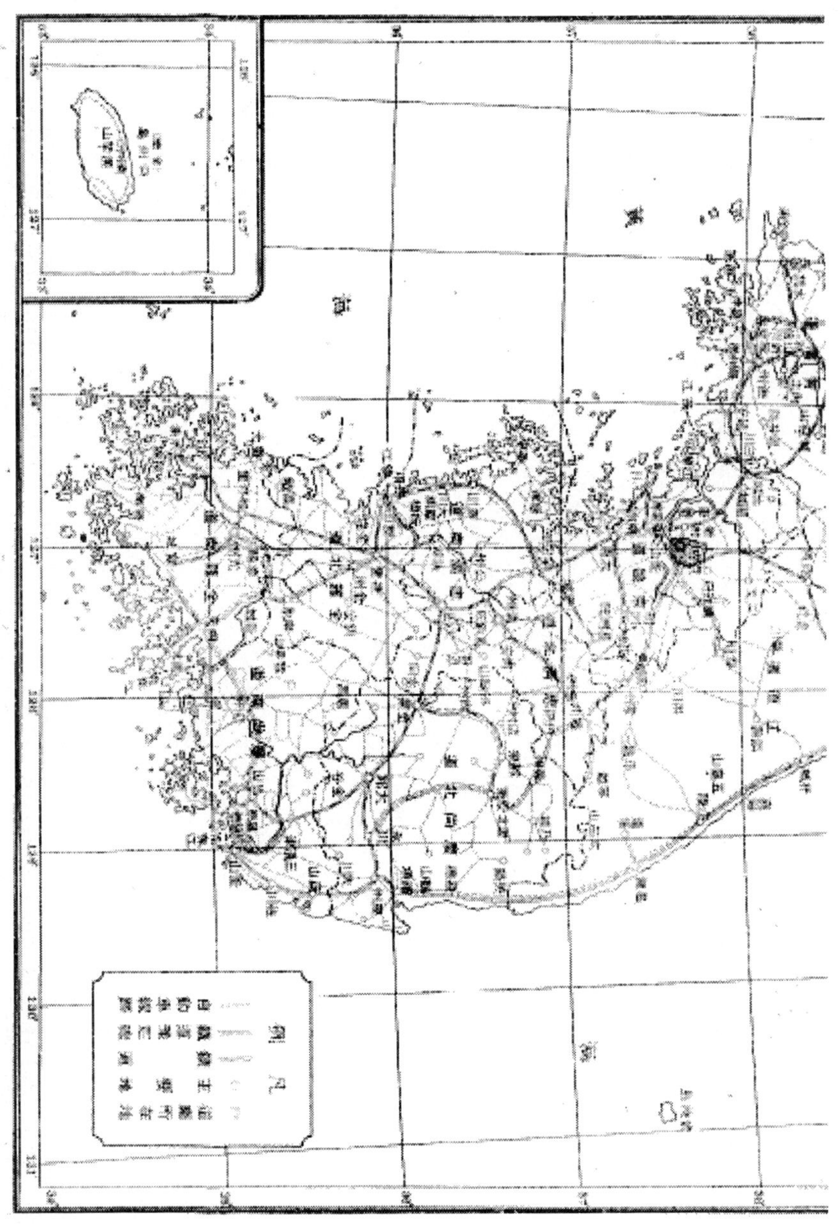

昭和十三年十一月十五日印刷
昭和十三年十一月二十日發行 定價金拾壹錢

朝鮮總督府發行之證

印刷兼發賣所 京城府大島町三十八番地
朝鮮書籍印刷株式會社

13　昭和十五年略暦（1940）

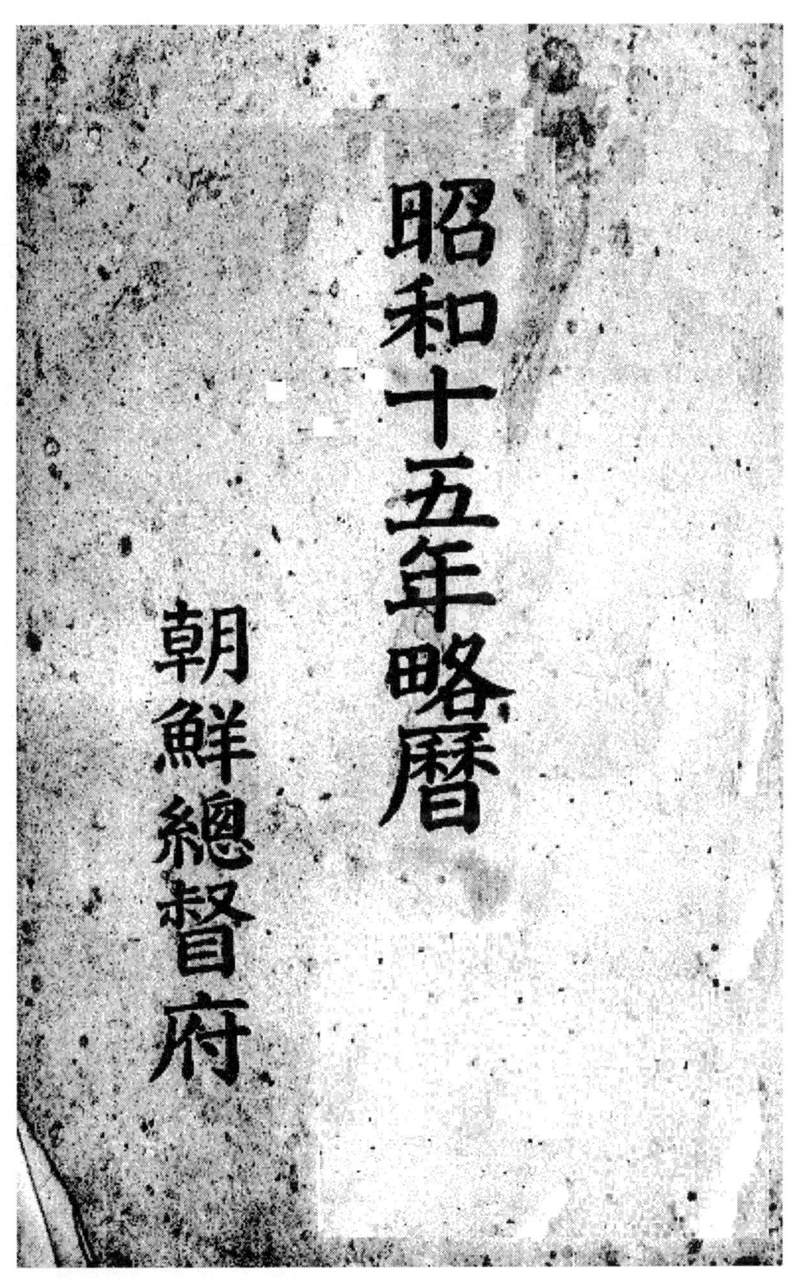
昭和十五年略曆
朝鮮總督府

朝鮮總督府氣象臺編纂

神武天皇即位紀元二千六百年

昭和十五年

閏年庚辰

西曆一九四〇年

略曆

宮城

毎朝宮城ヲ遙拜致シマセウ

아침마다
궁성을 요배합시다

君が代は
千代に八千代に
さゞれ石の
巖となりて
苔のむすまで

皇國臣民ノ誓詞　其ノ一

一　私共ハ　大日本帝國ノ臣民デアリマス
二　私共ハ　心ヲ合セテ　天皇陛下ニ忠義ヲ盡シマス
三　私共ハ　忍苦鍛錬シテ　立派ナ強イ國民トナリマス

皇國臣民ノ誓詞　其ノ二

一　我等ハ皇國臣民ナリ　忠誠以テ君國ニ報ゼン
二　我等皇國臣民ハ　互ニ信愛協力シ　以テ團結ヲ固クセン
三　我等皇國臣民ハ　忍苦鍛錬力ヲ養ヒ　以テ皇道ヲ宣揚セン

神武天皇

橿原神宮玉垣內全景

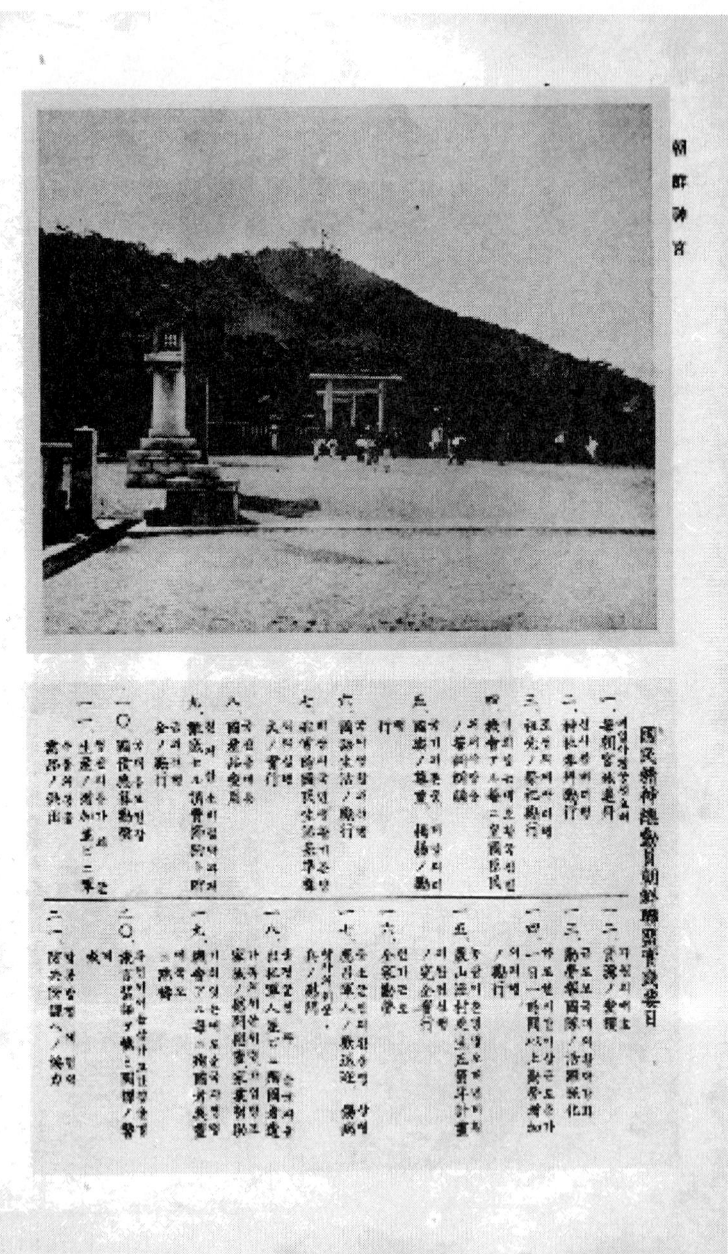
朝鮮神宮

國民精神總動員朝鮮聯盟實踐要目

一、毎朝宮城遙拜
二、神社參拜勵行
三、祖先ノ祭祀勵行
四、[illegible]皇國臣民ノ誓詞[illegible]
五、國旗ノ尊重、揭揚ノ勵行
六、國語生活ノ勵行
七、[illegible]國民生活[illegible]ノ實行
八、國產品愛用
九、[illegible]
一〇、[illegible]
一一、生產ノ擴充[illegible]
一二、[illegible]
一三、勤勞[illegible]國家ノ[illegible]化
一四、一日一時間以上勤勞[illegible]
一五、農山漁村[illegible]計畫
一六、[illegible]勤勞
一七、應召軍人ノ歡送迎、傷病[illegible]
一八、[illegible]
一九、[illegible]
二〇、流言[illegible]
二一、防共防諜ヘノ協力

祝祭日

祝祭日	月日
四方拜	一月一日
元始祭	一月三日
新年宴會	一月五日
紀元節	二月十一日
春季皇靈祭	三月二十一日
神武天皇祭	四月三日
天長節	四月二十九日
秋季皇靈祭	九月二十三日
神嘗祭	十月十七日
明治節	十一月三日
新嘗祭	十一月二十三日
大正天皇祭	十二月二十五日

凡例

本略曆ニ掲載スル時刻ハ本邦中央標準時ヲ用フ

日月ノ出入南中等ハ朝鮮總督府氣象臺(東經百二十六度三十七分三十九秒北緯三十七度二十八分二十九秒)ニ於ケル値ニシテ滿干潮時ハ仁川港ニ於ケル値ナリ

月齡ハ朔ヨリ當日正午迄ノ日數ナリ

國旗ノ制式

一、白布紅日章

一、縱徑ハ横徑ノ三分ノ二ノ比率タルコト

一、日章ノ直徑ハ縱徑ノ五分ノ三ノ比率タルコト

一、竿頭ノ球ト旗トノ間隔ハ祝意ノ場合ニハ之ヲ絶對ニ存置セズ弔意ノ場合ニハ球ハ黑布ヲ以テ之ヲ蔽ヒ且旗ノ上部ニ黑布ヲ附ス

國旗掲揚ノ方法

一、國旗一旒掲揚ノ場合ハ門内ヨリ見テ右ニ掲揚スルヲ可トス

一、國旗二旒掲揚ノ場合ハ併立、交叉ハ隨意ナルモ併立スル方宜シ交叉ノ場合ハ門内ヨリ見テ左(旗竿ノ根本ハ右)ノ國旗ヲ内側トスルヲ可トス

一、特ニ外國ニ敬意ヲ表スル爲外國旗ヲ國旗ト共ニ掲揚スル場合ハ併立交叉ハ隨意ナルモ交叉ノ方宜シ交叉ノ場合ハ國旗ヲ門内ヨリ見テ左(旗竿ノ根元ハ右)ニ掲ゲ旗竿ハ内側トシ併立スル場合ハ國旗ヲ門内ヨリ見テ左ニ掲グルヲ可トス

一

一月大 三十一日

縄叺、蠶具、蔬果實袋等ノ製造、畜舍雞舍ノ保温

日次	七曜	干支	記事	日出	日南中	日入	晝間	月齡	月出	月入	滿潮	干潮
一日	月	癸卯	四方拜	七時四八分	後〇時三七分	五時二五分	九時三七分	二一	—	前一一時三〇分	前九時二〇分 後九時四〇分	前三時〇分 後三時一〇分
二日	火	甲辰	下弦	七 四八	〇 三七	五 二六	九 三八	二二	前〇時二〇分	後〇 六	前一〇 一五 後一〇 四〇	前三 四五 後四 一〇
三日	水	乙巳	元始祭	七 四八	〇 三七	五 二七	九 三九	二三	前一 一六	後〇 四三	前一一 一五 後一一 四〇	前四 四五 後五 一〇
四日	木	丙午	政始	七 四八	〇 三八	五 二八	九 三九	二四	前二 二一	後一 二三	前 — 後〇 二〇	前五 五〇 後六 四五
五日	金	丁未	新年宴會	七 四八	〇 三八	五 二九	九 四〇	二五	前三 二五	後二 五	前〇 四五 後一 四〇	前七 二〇 後八 一〇
六日	土	戊申	小寒	七 四八	〇 三九	五 二九	九 四一	二六	前四 二六	後二 五一	前一 五五 後二 五〇	前八 三五 後九 二〇
七日	日	己酉		七 四九	〇 三九	五 三〇	九 四二	二七	前五 二四	後三 四〇	前二 五五 後三 五〇	前九 三五 後一〇 一〇
八日	月	庚戌		七 四九	〇 四〇	五 三一	九 四三	二八	前六、一八	後四 三三	前四 〇 後四 五〇	前一〇 二〇 後一一 〇
九日	火	辛亥	朔	七 四八	〇 四〇	五 三二	九 四四	二九	前七 六	後五 二八	前五 五 後五 四〇	前一一 一〇 後一一 四〇
十日	水	壬子		七 四八	〇 四一	五 三三	九 四五	一	前七 五〇	後六 二五	前五 四五 後六 二〇	前一一 五〇 後 —
十一日	木	癸丑		七 四八	〇 四一	五 三四	九 四六	二	前八 二九	後七 二一	前六 三〇 後七 〇	前〇 一五 後〇 二五
十二日	金	甲寅		七 四八	〇 四一	五 三五	九 四七	三	前九 四	後八 一七	前七 一〇 後七 三〇	前〇 五〇 後一 〇
十三日	土	乙卯		七 四八	〇 四二	五 三六	九 四八	四	前九 三七	後九 一三	前七 三〇 後七 五五	前一 二〇 後一 二五
十四日	日	丙辰		七 四八	〇 四二	五 三七	九 四九	五	前一〇 七	後一〇 七	前八 五 後八 二〇	前一 四五 後一 五五

昭和十五年

下弦						望				大寒			土王用事 上弦	臘		
三十一日	三十日	二十九日	二十八日	二十七日	二十六日	二十五日	二十四日	二十三日	二十二日	二十一日	二十日	十九日	十八日	十七日	十六日	十五日
水	火	月	日	土	金	木	水	火	月	日	土	金	木	水	火	月
癸酉	壬申	辛未	庚午	己巳	戊辰	丁卯	丙寅	乙丑	甲子	癸亥	壬戌	辛酉	庚申	己未	戊午	丁巳
七 三九	七 四〇	七 四一	七 四一	七 四二	七 四三	七 四三	七 四四	七 四四	七 四五	七 四五	七 四六	七 四六	七 四七	七 四七	七 四七	七 四七
〇 四七	〇 四七	〇 四六	〇 四六	〇 四六	〇 四六	〇 四六	〇 四五	〇 四五	〇 四五	〇 四五	〇 四四	〇 四四	〇 四四	〇 四三	〇 四三	〇 四三
五 五五	五 五四	五 五三	五 五二	五 五一	五 五〇	五 四八	五 四七	五 四六	五 四五	五 四四	五 四三	五 四二	五 四一	五 四〇	五 三九	五 三八
一〇 一六	一〇 一四	一〇 一二	一〇 一一	一〇 九	一〇 七	一〇 五	一〇 四	一〇 二	一〇 〇	九 五九	九 五七	九 五六	九 五四	九 五三	九 五二	九 五〇
二二	二一	二〇	一九	一八	一七	一六	一五	一四	一三	一二	一一	一〇	九	八	七	六
前〇 一三	—	後一一 六	後九 五八	後八 四八	後七 三六	後六 二五	後五 一六	後四 一〇	後三 一〇	後二 一六	後一 二九	後〇 四七	後〇 一一	前一一 三八	前一一 七	前一〇 三七
前一一 二四	前一〇 四五	前一〇 七	前九 二九	前八 四九	前八 八	前七 二二	前六 三三	前五 四〇	前四 四三	前三 四五	前二 四七	前一 四九	前〇 五二	—	後一一 五六	後一一 二
後一〇 五 前九 五〇	後九 二〇 前九 五	後八 四〇 前八 一五	後八 〇 前七 三〇	後七 二〇 前六 五〇	後六 三五 前六 〇	後五 五〇 前五 一五	後五 五 前四 二〇	後四 一五 前三 二〇	後三 一五 前二 一五	後二 一〇 前一 一〇	後〇 五〇 前〇 〇	後 — 前一一 四〇	後一一 〇 前一〇 四五	後一〇 一〇 前九 五五	後九 三〇 前九 一〇	後八 五〇 前八 四〇
後三 四五 前三 一五	後二 五五 前二 四〇	後二 一五 前二 〇	後一 三五 前一 二〇	後〇 五五 前〇 四五	後〇 一五 前〇 五	後 — 前一一 三〇	後一一 二〇 前一〇 四五	後一〇 三五 前一〇 〇	後九 五〇 前九 五	後八 四五 前八 〇	後七 二五 前六 二〇	後五 四〇 前五 五	後四 三〇 前四 一〇	後三 四〇 前三 二五	後三 〇 前二 五〇	後二 二五 前二 一五

三

昭和十五年

二月閏 二十九日

繩叺製造具、蔬果實袋等의製造、苹果의剪定、牛의手入、抱卵準備

日次	曜	干支		日出	日南中	日入	晝間	月齡	月出	月入	滿潮 前	滿潮 後	干潮 前	干潮 後
一日	木	甲戌		七時三八分	後〇時四七分	五時五六分	一〇時一八分	二三	前一時一八分	後〇時六分	一〇時四五分	一一時五	四時一〇分	四四〇
二日	金	乙亥		七三七	〇四七	五五七	一〇二〇	二四	前二二〇	後〇五〇	一一五五	—	五一五	五五五
三日	土	丙子		七三七	〇四七	五五八	一〇二二	二五	前三一九	後一三八	〇一〇	一五	六四〇	七四〇
四日	日	丁丑	節分	七三六	〇四七	五五九	一〇二四	二六	前四一三	後二二九	一二〇	二二五	八一〇	九五
五日	月	戊寅	立春	七三五	〇四七	六一	一〇二六	二七	前五三	後三二三	二四五	三四〇	九一五	一〇〇
六日	火	己卯		七三四	〇四八	六二	一〇二八	二八	前五四八	後四一八	三五〇	四三五	一〇一〇	一〇四五
七日	水	庚辰		七三三	〇四八	六三	一〇三〇	二九	前六二八	後五一三	四五〇	五二五	一〇五〇	一一三〇
八日	木	辛巳	朔	七三二	〇四八	六四	一〇三二	三〇	前七五	後六九	五四〇	六五	一一三五	—
九日	金	壬午		七三一	〇四八	六五	一〇三四	一	前七三八	後七五	六一五	六四〇	〇五	〇一〇
十日	土	癸未		七三〇	〇四八	六六	一〇三六	二	前八九	後七五九	六四五	七五	〇三五	〇四〇
十一日	日	甲申	紀元節	七二九	〇四八	六七	一〇三八	三	前八三九	後八五四	七一五	七三〇	一〇	一五
十二日	月	乙酉		七二八	〇四八	六八	一〇四〇	四	前九九	後九四八	七三五	七四五	一二五	一三五
十三日	火	丙戌		七二七	〇四八	六九	一〇四二	五	前九三九	後一〇四三	八〇	八一五	一五〇	二五
十四日	水	丁亥		七二六	〇四八	六一〇	一〇四五	六	前一〇一一	後一一三九	八三五	八四五	二二〇	三三五

四

昭和十五年

						望			雨水				上弦	
二十九日	二十八日	二十七日	二十六日	二十五日	二十四日	二十三日	二十二日	二十一日	二十日	十九日	十八日	十七日	十六日	十五日
木	水	火	月	日	土	金	木	水	火	月	日	土	金	木
壬寅	辛丑	庚子	己亥	戊戌	丁酉	丙申	乙未	甲午	癸巳	壬辰	辛卯	庚寅	己丑	戊子
七 七	七 八	七 一〇	七 一一	七 一二	七 一四	七 一五	七 一六	七 一七	七 一九	七 二〇	七 二一	七 二二	七 二三	七 二五
〇 四六	〇 四六	〇 四七	〇 四七	〇 四七	〇 四七	〇 四七	〇 四七	〇 四七	〇 四七	〇 四八	〇 四八	〇 四八	〇 四八	〇 四八
六 二六	六 二五	六 二四	六 二三	六 二二	六 二一	六 二〇	六 一九	六 一八	六 一七	六 一六	六 一五	六 一四	六 一三	六 一一
一一 一九	一一 一七	一一 一四	一一 一二	一一 一〇	一一 七	一一 五	一一 三	一一 〇	一〇 五八	一〇 五六	一〇 五四	一〇 五一	一〇 四九	一〇 四七
二一	二〇	一九	一八	一七	一六	一五	一四	一三	一二	一一	一〇	九	八	七
前〇 一〇	—	後一一 五	後九 五六	後八 四六	後七 三四	後六 二三	後五 一〇	後三 五九	後二 五三	後一 五一	後〇 五六	後〇 七	前一一 二四	前一〇 四六
前一〇 四八	前一〇 三	前九 二一	前八 四〇	前八 一	前七 二一	前六 三九	前五 五五	前五 八	前四 一七	前三 二四	前二 二八	前一 三一	前〇 三五	—
前九 二五 後九 四〇	前八 四〇 後八 五五	前七 五五 後八 一五	前七 一五 後七 三五	前六 三五 後七 〇	前五 五〇 後六 一五	前五 五 後五 三五	前四 一〇 後四 五〇	前三 〇 後三 五〇	前一 四五 後二 四五	前〇 二五 後一 二五	前 — 後〇 一〇	前一一 〇 後一一 一五	前一〇 〇 後一〇 一五	前九 一〇 後九 二〇
前二 五〇 後三 一五	前二 一五 後二 三五	前一 三五 後一 五五	前一 〇 後一 二〇	前〇 二〇 後〇 四〇	前 — 後〇 〇	前一一 二〇 後一一 四五	前一〇 三〇 後一一 一〇	前九 四〇 後一〇 二〇	前八 三五 後九 三〇	前七 五 後八 五	前五 二五 後六 二五	前四 一五 後四 四五	前三 二五 後三 五〇	前二 五〇 後三 五

五

三月大 三十一日

秋播麥類의追肥桃梨의剪定桑田果樹園의病蟲害防除麥類의播種果樹園의施肥溫床準備甘藷床植溫床播種抱卵準備孵化育雛堆肥의切返

日次	記事	曜	干支	日出	日南中	日入	晝間	月齡	月出	月入	滿潮	干潮
一日	下弦	金	癸卯	七時六分	後〇時四六分	六時二七分	一一時二一分	二二	前一時一二分	前一一時三六分	前一〇時一五分 後一〇 三〇	前三時三五分 後四 五
二日		土	甲辰	七 四	〇 四六	六 二八	一一 二四	二三	前二 九	後〇 二六	前一一 一五 後一一 四〇	前四 三〇 後五 一五
三日		日	乙巳	七 三	〇 四六	六 二九	一一 二六	二四	前三 〇	後一 一九	前 ｜ 後〇 三五	前五 四五 後七 一五
四日		月	丙午	七 一	〇 四五	六 三〇	一一 二八	二五	前三 四六	後二 一四	前〇 五五 後一 五五	前七 四五 後八 四五
五日		火	丁未	七 〇	〇 四五	六 三一	一一 三一	二六	前四 二八	後三 九	前二 二〇 後三 一五	前九 〇 後九 四五
六日	春分 春季皇靈祭	水	戊申	六 五九	〇 四五	六 三二	一一 三三	二七	前五 五	後四 四	前三 三五 後四 一五	前九 五〇 後一〇 二五
七日		木	己酉	六 五七	〇 四五	六 三三	一一 三六	二八	前五 四〇	後四 五九	前四 三〇 後四 五五	前一〇 三〇 後一一 〇
八日		金	庚戌	六 五六	〇 四四	六 三四	一一 三八	二九	前六 一二	後五 五四	前五 一五 後五 三五	前一一 一五 後一一 三五
九日	朔	土	辛亥	六 五四	〇 四四	六 三五	一一 四〇	〇	前六 四二	後六 四八	前五 五〇 後六 一〇	前一一 五〇 後 ｜
十日	陸軍記念日	日	壬子	六 五三	〇 四四	六 三六	一一 四三	一	前七 一二	後七 四三	前六 二〇 後六 五五	前〇 一〇 後〇 一五
十一日		月	癸丑	六 五一	〇 四四	六 三七	一一 四五	二	前七 四二	後八 三七	前六 四五 後六 五五	前〇 三〇 後〇 五〇
十二日		火	甲寅	六 五〇	〇 四三	六 三八	一一 四八	三	前八 一四	後九 三三	前七 一〇 後七 一五	前一 〇 後一 一五
十三日		水	乙卯	六 四八	〇 四三	六 三八	一一 五〇	四	前八 四七	後一〇 二八	前七 三〇 後七 三五	前一 二〇 後一 四五
十四日		木	丙辰	六 四七	〇 四三	六 三九	一一 五二	五	前九 二四	後一一 二四	前八 〇 後八 一〇	前一 四五 後二 一五

六

一

昭和十五年

	十五日	十六日	十七日	十八日	十九日	二十日	二十一日	二十二日	二十三日	二十四日	二十五日	二十六日	二十七日	二十八日	二十九日	三十日	三十一日
		社日	上弦	彼岸			春分 春季皇霊祭			望							下弦
	金	土	日	月	火	水	木	金	土	日	月	火	水	木	金	土	日
	丁巳	戊午	己未	庚申	辛酉	壬戌	癸亥	甲子	乙丑	丙寅	丁卯	戊辰	己巳	庚午	辛未	壬申	癸酉
	六 四五	六 四四	六 四二	六 四一	六 三九	六 三八	六 三六	六 三五	六 三三	六 三二	六 三○	六 二九	六 二七	六 二六	六 二四	六 二三	六 二一
	○ 四三	○ 四二	○ 四二	○ 四二	○ 四一	○ 四一	○ 四一	○ 四一	○ 四○	○ 四○	○ 四○	○ 三九	○ 三九	○ 三九	○ 三八	○ 三八	○ 三八
	六 四○	六 四一	六 四二	六 四三	六 四四	六 四五	六 四六	六 四七	六 四八	六 四九	六 四九	六 五○	六 五一	六 五二	六 五三	六 五四	六 五五
	一一 五五	一一 五七	一二 ○	一二 二	一二 五	一二 七	一二 九	一二 一二	一二 一四	一二 一七	一二 一九	一二 二一	一二 二四	一二 二六	一二 二九	一二 三一	一二 三三
	六	七	八	九	一○	一一	一二	一三	一四	一五	一六	一七	一八	一九	二○	二一	二二
月出	前一○ 四	前一○ 五○	前一一 四一	後○ 三七	後一 三九	後二 四六	後三 五五	後五 六	後六 一八	後七 三一	後八 四二	後九 五一	後一○ 五七	後一一 五八	―	前○ 五四	前一 四三
月入	―	前○ 一九	前一 一四	前二 七	前二 五七	前三 四四	前四 二八	前五 一○	前五 五○	前六 三一	前七 一二	前七 五四	前八 四○	前九 二八	前一○ 一九	前一一 一三	後○ 八
	前八 四○ 後八 五○	前九 二○ 後九 四○	前一○ 三○ 後一○ 五○	前一一 四○ 後 ―	前○ 五 後○ 五○	前一 一五 後二 一五	前二 四五 後三 三○	前三 四五 後四 二○	前四 四五 後五 一○	前五 三○ 後五 四五	前六 一五 後六 三五	前七 ○ 後七 一五	前七 四○ 後七 五○	前八 二○ 後八 三五	前九 五 後九 一五	前九 四五 後一○ ○	前○ 五○ 後一一 五
	前二 二○ 後二 四五	前二 五五 後三 一五	前三 四○ 後四 一五	前四 四五 後五 四五	前六 一五 後七 四五	前八 一五 後九 一○	前九 二五 後一○ ○	前一○ 一五 後一○ 四五	前一一 ○ 後一一 二○	前一一 四五 後 ―	前○ ○ 後○ 二○	前○ 四○ 後一 ○	前一 一五 後一 四○	前一 五○ 後二 一五	前二 二五 後二 五○	前三 一○ 後三 四五	前三 五○ 後四 四五

七

四月小 三十日

馬鈴薯 大麻 瓜類의播種 苗木類의植付 桑田의耕耘施肥 果樹桑樹接木 種籾의精選及浸種 秧板의整地 豚의分娩育雛

日次	曜	支干	記事	日出	日南中	日入	晝間	月齡	月出	月入	滿潮 前	滿潮 後	干潮 前	干潮 後
一日	月	甲戌		六時二〇分	〇時三八分	六時五六分	一二時三六分	二三	前二時二七分	後一時三分	—	〇時五分	五時〇分	六・三五
二日	火	乙亥		六・一八	〇・三七	六・五七	一二・三八	二四	前三・六	後一・五九	〇・三〇	一・一五	七・〇	八・一〇
三日	水	丙子	神武天皇祭 植樹記念日	六・一七	〇・三七	六・五八	一二・四一	二五	前三・四一	後二・五四	一・五〇	二・三〇	八・二〇	九・一〇
四日	木	丁丑		六・一五	〇・三七	六・五八	一二・四三	二六	前四・一四	後三・四八	三・〇	三・三〇	九・二五	九・五五
五日	金	戊寅	清明	六・一四	〇・三六	六・五九	一二・四五	二七	前四・四五	後四・四三	四・〇	四・一五	一〇・一〇	一〇・三〇
六日	土	己卯	寒食	六・一二	〇・三六	七・〇	一二・四八	二八	前五・一五	後五・三七	四・四〇	五・〇	一〇・四五	一一・五
七日	日	庚辰		六・一一	〇・三六	七・一	一二・五〇	二九	前五・四五	後六・三三	五・一五	五・二五	一一・一五	一一・三五
八日	月	辛巳	朔	六・一〇	〇・三五	七・二	一二・五二	〇	前六・一六	後七・二七	五・四五	五・五〇	一一・四五	—
九日	火	壬午		六・八	〇・三五	七・三	一二・五五	一	前六・四九	後八・二三	六・一五	六・二〇	〇・五	〇・二〇
十日	水	癸未		六・六	〇・三五	七・四	一二・五七	二	前七・二五	後九・一九	六・四五	六・五〇	〇・三五	〇・五五
十一日	木	甲申		六・五	〇・三五	七・五	一三・〇	三	前八・四	後一〇・一五	七・一五	七・二〇	一・〇	一・二〇
十二日	金	乙酉		六・四	〇・三四	七・六	一三・二	四	前八・四八	後一一・九	七・四五	七・四五	一・二五	一・五〇
十三日	土	丙戌		六・二	〇・三四	七・七	一三・四	五	前九・三七	—	八・一五	八・二五	二・〇	二・三〇
十四日	日	丁亥		六・一	〇・三四	七・七	一三・六	六	前一〇・三〇	前〇・二	九・五	九・一五	二・四〇	三・一五

昭和十五年

日	曜	干支	記事									
十五日	月	子戊	上弦	六 〇	〇 三四	七 八	一三 九	七	前一一 二九	前〇 五二	前一〇 〇 後一〇 一五	前三 一五 後四 〇
十六日	火	丑己		五 五八	〇 三三	七 九	一三一一	八	後〇 三一	前一 三八	前一一 一〇 後一一 四五	前四 一五 後五 二五
十七日	水	寅庚	土王用事	五 五七	〇 三三	七 一〇	一三一三	九	後一 三七	前二 二二	前 ｜ 後〇 三五	前五 五五 後七 一〇
十八日	木	卯辛		五 五五	〇 三三	七 一一	一三一六	一〇	後二 四五	前三 三	前一 一〇 後一 五〇	前七 五〇 後八 四〇
十九日	金	辰壬		五 五四	〇 三三	七 一二	一三一八	一一	後三 五四	前三 四三	前二 二〇 後二 五五	前九 〇 後九 三五
二十日	土	巳癸	穀雨	五 五二	〇 三二	七 一三	一三二一	一二	後五 五	前四 二三	前三 二五 後三 五〇	前九 五〇 後一〇 二〇
二十一日	日	午甲		五 五一	〇 三二	七 一四	一三二二	一三	後六 一六	前五 一	前四 二〇 後四 四〇	前一〇 四〇 後一一 〇
二十二日	月	未乙	望	五 五〇	〇 三二	七 一五	一三二五	一四	後七 二七	前五 四三	前五 一〇 後五 三〇	前一一 二〇 後一一 四〇
二十三日	火	申丙		五 四九	〇 三二	七 一六	一三二七	一五	後八 三六	前六 二七	前五 五五 後六 一〇	前 ｜ 後〇 五
二十四日	水	酉丁		五 四七	〇 三二	七 一六	一三二九	一六	後九 四一	前七 一五	前六 四〇 後六 五〇	前〇 一五 後〇 四〇
二十五日	木	戌戊		五 四六	〇 三一	七 一七	一三三一	一七	後一〇 四一	前八 六	前七 二〇 後七 三〇	前〇 五〇 後一 一五
二十六日	金	亥己		五 四五	〇 三一	七 一八	一三三三	一八	後一一 三五	前九 〇	前八 〇 後八 一〇	前一 三〇 後一 五五
二十七日	土	子庚		五 四四	〇 三一	七 一九	一三三五	一九	｜	前九 五七	前八 四五 後八 五〇	前二 一〇 後二 三五
二十八日	日	丑辛		五 四二	〇 三一	七 二〇	一三三八	二〇	前〇 二三	前一〇 五三	前九 三〇 後九 四五	前二 四五 後三 一五
二十九日	月	寅壬	天長節 下弦	五 四一	〇 三一	七 二一	一三四〇	二一	前一 四	前一一 五〇	前一〇 二五 後一〇 五〇	前三 二五 後四 一〇
三十日	火	卯癸	靖國神社祭	五 四〇	〇 三一	七 二二	一三四二	二三	前一 四一	後〇 四六	前一一 二五 後一一 五五	前四 二〇 後五 三〇

九

五月大 三十一日

水稻、陸稻、棉、粟、大小豆、蔬菜의播種、春蠶의催青掃立、麥의黑穗拔除、甘藷苗의移植、病蟲害豫防藥撒布、牛馬豚의種付

日次	七曜	干支	日出	日南中	日入	晝間	月齡	月出	月入	滿潮 前	滿潮 後	干潮 前	干潮 後
一日	水	甲辰	五時三九分	後〇時三一分	七時二三分	一三時四四分	二三	前二時一五分	後一時四一分	—	〇時三〇分	五時五〇分	七一五
二日 (八十八夜)	木	乙巳	五三八	〇三〇	七二四	一三四六	二四	前二四六	後二三六	一五	一三〇	七四〇	八二〇
三日	金	丙午	五三七	〇三〇	七二五	一三四八	二五	前三一七	後三三〇	二一五	二三五	八四五	九一〇
四日	土	丁未	五三六	〇三〇	七二六	一三五〇	二六	前三四七	後四二五	三一〇	三二五	九三五	九五五
五日	日	戊申	五三四	〇三〇	七二六	一三五二	二七	前四一七	後五二〇	三五五	四一〇	一〇一五	一〇二五
六日 (立夏)	月	己酉	五三三	〇三〇	七二七	一三五四	二八	前四五〇	後六一六	四四〇	四五〇	一〇五〇	一一〇
七日 (朔)	火	庚戌	五三二	〇三〇	七二八	一三五六	二九	前五二四	後七一三	五二〇	五三〇	一一二五	一一三五
八日	水	辛亥	五三一	〇三〇	七二九	一三五八	一	前六三	後八九	五五五	六〇	—	〇〇
九日	木	壬子	五三〇	〇三〇	七三〇	一四〇	二	前六四六	後九五	六二〇	六二〇	〇一〇	〇三五
十日	金	癸丑	五二九	〇三〇	七三一	一四二	三	前七三三	後九五九	六五五	七〇	〇四〇	一一〇
十一日	土	甲寅	五二八	〇三〇	七三二	一四三	四	前八二六	後一〇五〇	七三〇	七三〇	一一〇	一四〇
十二日	日	乙卯	五二七	〇三〇	七三三	一四五	五	前九二三	後一一三八	八一〇	八一〇	一四五	二一五
十三日	月	丙辰	五二七	〇三〇	七三四	一四七	六	前一〇二四	—	八五五	九一〇	二二〇	三〇
十四日	火	丁巳	五二六	〇三〇	七三四	一四九	七	前一一二八	前〇二二	九四五	一〇一五	三一〇	三五〇

昭和十五年

	十五日	十六日	十七日	十八日	十九日	二十日	二十一日	二十二日	二十三日	二十四日	二十五日	二十六日	二十七日	二十八日	二十九日	三十日	三十一日
	上弦						小滿 望						海軍記念日		下弦		
	水	木	金	土	日	月	火	水	木	金	土	日	月	火	水	木	金
	戊午	己未	庚申	辛酉	壬戌	癸亥	甲子	乙丑	丙寅	丁卯	戊辰	己巳	庚午	辛未	壬申	癸酉	甲戌
	五 二五	五 二四	五 二三	五 二二	五 二二	五 二一	五 二〇	五 一九	五 一九	五 一八	五 一八	五 一七	五 一六	五 一六	五 一五	五 一五	五 一五
	〇 三〇	〇 三〇	〇 三〇	〇 三〇	〇 三〇	〇 三〇	〇 三〇	〇 三〇	〇 三〇	〇 三〇	〇 三〇	〇 三〇	〇 三〇	〇 三一	〇 三一	〇 三一	〇 三一
	七 三五	七 三六	七 三七	七 三八	七 三九	七 三九	七 四〇	七 四一	七 四二	七 四三	七 四三	七 四四	七 四五	七 四六	七 四六	七 四七	七 四八
	一四 一〇	一四 一二	一四 一四	一四 一五	一四 一七	一四 一九	一四 二〇	一四 二二	一四 二三	一四 二四	一四 二六	一四 二七	一四 二八	一四 三〇	一四 三一	一四 三二	一四 三三
	八	九	一〇	一一	一二	一三	一四	一五	一六	一七	一八	一九	二〇	二一	二二	二三	二四
	後〇 三三	後一 四〇	後二 四七	後三 五六	後五 五	後六 一四	後七 二一	後八 二四	後九 二三	後一〇 一三	後一〇 五八	後一一 三九	｜	前〇 一四	前〇 四七	前一 一八	前一 四八
	前一 三	前一 四一	前二 一九	前二 五七	前三 三六	前四 一七	前五 三	前五 五二	前六 四五	前七 四一	前八 三九	前九 三七	前一〇 三五	前一一 三一	後〇 二七	後一 二三	後二 一六
	前一〇 五〇 後一一 二五	前 ｜ 後〇 一〇	前〇 四五 後一 一五	前一 五五 後二 二〇	前三 〇 後三 二〇	前四 〇 後四 一五	前四 五〇 後五 五	前五 四〇 後五 五〇	前六 二五 後六 三五	前七 五 後七 一五	前七 五〇 後八 〇	前八 三〇 後八 四〇	前九 一〇 後九 二〇	前九 五五 後一〇 一〇	前一〇 四五 後一一 一五	前一一 三五 後 ｜	前〇 一五 後〇 四〇
	前四 五 後五 〇	前五 二五 後六 三五	前七 一五 後八 〇	前八 三〇 後九 〇	前九 三五 後九 五五	前一〇 二〇 後一〇 三五	前一一 五 後一一 一五	前一一 五〇 後一一 五五	前 ｜ 後〇 三〇	前〇 三五 後一 五	前一 一〇 後一 四五	前一 五〇 後二 二五	前二 二〇 後三 〇	前三 五 後三 四五	前三 四五 後四 三〇	前四 四五 後五 四五	前六 一五 後七 一五

一一

六月小 三十日

移秧麥收穫、桑의株直、桑田의耕耘施肥甘藷苗移植、栗間引果實의被袋綠肥收穫、病果拔除田의除草耕耘牛馬豚의種付、螟蟲驅除

日次		曜七	干支	日出	日南中	日入	晝間	月齡	月出	月入	滿潮	干潮
一日		土	乙亥	五時一四分	後〇時三一分	七時四八分	一四時三四分	二五	前二時一八分	後三時二一分	前一時一五分 後一 三〇	前七時四五分 後八 一五
二日		日	丙子	五 一四	〇 三一	七 四九	一四 三五	二六	前二 五〇	後四 七	前二 一五 後二 二五	前八 四五 後九 一〇
三日		月	丁丑	五 一三	〇 三一	七 五〇	一四 三六	二七	前三 二三	後五 三	前三 一五 後三 二〇	前九 四五 後九 五五
四日		火	戊寅	五 一三	〇 三二	七 五〇	一四 三七	二八	前四 〇	後六 〇	前四 五 後四 一〇	前一〇 二五 後一〇 三五
五日		水	己卯	五 一三	〇 三二	七 五一	一四 三八	二九	前四 四一	後六 五七	前四 四五 後四 五〇	前一一 五 後一一 一〇
六日	芒種 朔	木	庚辰	五 一三	〇 三二	七 五二	一四 三九	〇	前五 二八	後七 五三	前五 二五 後五 三〇	前一一 四〇 後一一 五〇
七日		金	辛巳	五 一二	〇 三二	七 五二	一四 四〇	一	前六 一九	後八 四六	前六 五 後六 一〇	前 ― 後〇 一五
八日		土	壬午	五 一二	〇 三二	七 五三	一四 四〇	二	前七 一六	後九 三六	前六 四五 後六 四五	前〇 二〇 後〇 五〇
九日		日	癸未	五 一二	〇 三三	七 五三	一四 四一	三	前八 一七	後一〇 二三	前七 二〇 後七 三〇	前一 〇 後一 三〇
十日	時の記念日	月	甲申	五 一二	〇 三三	七 五四	一四 四二	四	前九 二〇	後一一 四	前八 〇 後八 一五	前一 三五 後二 一〇
十一日	入梅	火	乙酉	五 一二	〇 三三	七 五四	一四 四二	五	前一〇 二六	後一一 四三	前八 四五 後九 〇	前二 一五 後二 五〇
十二日		水	丙戌	五 一二	〇 三三	七 五五	一四 四三	六	前一一 三三	―	前九 四〇 後一〇 五	前三 〇 後三 四〇
十三日	上弦	木	丁亥	五 一二	〇 三三	七 五五	一四 四三	七	後〇 三八	前〇 二一	前一〇 四〇 後一一 五	前三 五〇 後四 四〇
十四日	農民日	金	戊子	五 一二	〇 三四	七 五六	一四 四四	八	後一 四五	前〇 五八	前一一 三五 後 ―	前五 五 後五 五五

一二

昭和十五年

十五日	土	己丑	五 一二	〇 三四	七 五六	一四 四四	九	後 二 五二	前 一 三五	前 〇 一五	後 〇 四五	前 六 三五	後 七 二〇
十六日	日	庚寅	五 一二	〇 三四	七 五六	一四 四五	一〇	後 三 五九	前 二 一四	前 一 三〇	後 一 五〇	前 八 五	後 八 三〇
十七日	月	辛卯	五 一二	〇 三四	七 五七	一四 四五	一一	後 五 五	前 二 五六	前 二 四〇	後 二 五五	前 九 一〇	後 九 三〇
十八日	火	壬辰	五 一二	〇 三四	七 五七	一四 四五	一二	後 六 九	前 三 四三	前 三 四〇	後 三 五五	前 一〇 五	後 一〇 二〇
十九日	水	癸巳	五 一二	〇 三五	七 五七	一四 四五	一三	後 七 八	前 四 三三	前 四 四〇	後 四 五〇	前 一〇 五〇	後 一一 〇
二十日 望	木	甲午	五 一二	〇 三五	七 五七	一四 四五	一四	後 八 三	前 五 二七	前 五 三〇	後 五 四〇	前 一一 三五	後 一一 四五
二十一日 夏至	金	乙未	五 一二	〇 三五	七 五八	一四 四五	一五	後 八 五一	前 六 二四	前 六 二〇	後 六 三〇	―	後 〇 二〇
二十二日	土	丙申	五 一三	〇 三五	七 五八	一四 四五	一六	後 九 三四	前 七 二三	前 七 〇	後 七 一〇	前 〇 二五	後 〇 五五
二十三日	日	丁酉	五 一三	〇 三五	七 五八	一四 四五	一七	後 一〇 一二	前 八 二一	前 七 三五	後 七 四五	前 一 〇	後 一 三〇
二十四日	月	戊戌	五 一三	〇 三六	七 五八	一四 四五	一八	後 一〇 四七	前 九 一九	前 八 一〇	後 八 二〇	前 一 三五	後 二 五
二十五日	火	己亥	五 一三	〇 三六	七 五八	一四 四五	一九	後 一一 一九	前 一〇 一六	前 八 五〇	後 八 五五	前 二 一〇	後 二 三五
二十六日	水	庚子	五 一四	〇 三六	七 五八	一四 四五	二〇	後 一一 四九	前 一一 一一	前 九 二〇	後 九 三五	前 二 四〇	後 三 一〇
二十七日	木	辛丑	五 一四	〇 三六	七 五八	一四 四四	二一	―	後 〇 六	前 一〇 〇	後 一〇 二五	前 三 一五	後 三 五五
二十八日 下弦	金	壬寅	五 一四	〇 三七	七 五九	一四 四四	二二	前 〇 一九	後 一 一	前 一〇 四五	後 一一 一五	前 四 五	後 四 四五
二十九日	土	癸卯	五 一五	〇 三七	七 五九	一四 四四	二三	前 〇 五〇	後 一 五六	前 一一 三〇	―	前 五 〇	後 五 四五
三十日	日	甲辰	五 一五	〇 三七	七 五九	一四 四三	二四	前 一 三三	後 二 五一	前 〇 二〇	後 〇 三〇	前 六 二五	後 七 一五

一三

七月大 三十一日

畓의除草蕎麥의播種桑田의除草粟의培土馬鈴薯大麻의收穫
果樹夏季剪定蔬菜의耕耘追肥堆肥製造二期作馬鈴薯播種[illegible]

日次	七曜	干支	日出	日南中	日入	晝間	月齡	月出	月入	滿潮 前	滿潮 後	干潮 前	干潮 後	
一日	月	乙巳	五時一六分	後〇時三七分	七時五八分	一四時四二分	二五	前一時五七分	後三時四八分	一時二〇分	一三〇	七時五五分	八一五	
二日	火	丙午	五 一六	〇 三七	七 五八	一四 四二	二六	前二 三六	後四 四五	二二五	二三〇	九五	九一五	
三日	水	丁未	五 一七	〇 三七	七 五八	一四 四二	二七	前三 二〇	後五 四一	三二五	三三〇	九五五	一〇一〇	
四日	木	戊申	五 一七	〇 三八	七 五八	一四 四一	二八	前四 九	後六 三六	四二〇	四二〇	一〇四五	一〇五〇	
五日	金	己酉	五 一八	〇 三八	七 五八	一四 四〇	二九	前五 四	後七 二九	五一〇	五二〇	一一二〇	一一三〇	朔
六日	土	庚戌	五 一八	〇 三八	七 五八	一四 四〇	一	前六 五	後八 一七	五五〇	六〇	—	〇五	
七日	日	辛亥	五 一九	〇 三八	七 五七	一四 三九	二	前七 九	後九 二	六三五	六四〇	〇一〇	〇四五	小暑
八日	月	壬子	五 一九	〇 三八	七 五七	一四 三八	三	前八 一五	後九 四四	七一五	七二〇	〇五〇	一二〇	
九日	火	癸丑	五 二〇	〇 三九	七 五七	一四 三七	四	前九 二三	後一〇 二三	七五五	八一〇	一三〇	二〇	
十日	水	甲寅	五 二〇	〇 三九	七 五七	一四 三六	五	前一〇 三〇	後一一 〇	八三五	八五〇	二一〇	二四〇	
十一日	木	乙卯	五 二一	〇 三九	七 五六	一四 三五	六	前一一 三七	後一一 三八	九一五	九四五	二四五	三二〇	
十二日	金	丙辰	五 二二	〇 三九	七 五六	一四 三四	七	後〇 四四	—	一〇一〇	一〇四〇	三三五	四一〇	上弦
十三日	土	丁巳	五 二二	〇 三九	七 五五	一四 三三	八	後一 五〇	前〇 一六	一一一〇	一一四五	四三五	五一五	
十四日	日	戊午	五 二三	〇 三九	七 五五	一四 三二	九	後二 五六	前〇 五六	—	〇一五	五五〇	六三〇	

一四

昭和十五年

十五日	月	己未		五 二四	〇 三九	七 五四	一四 三一	一〇	後 三 五九	前 一 四〇	前〇 五五 後一 二〇	前七 三〇 後八 〇
十六日	火	庚申	初伏	五 二四	〇 三九	七 五四	一四 三〇	一一	後 四 五九	前 二 二七	前二 一〇 後二 三〇	前八 五〇 後九 一〇
十七日	水	辛酉		五 二五	〇 三九	七 五三	一四 二八	一二	後 五 五四	前 三 一九	前三 二五 後三 四〇	前九 四五 後一〇 〇
十八日	木	壬戌		五 二六	〇 四〇	七 五三	一四 二七	一三	後 六 四五	前 四 一四	前四 二五 後四 四五	前一〇 四〇 後一〇 五〇
十九日	金	癸亥	望	五 二七	〇 四〇	七 五二	一四 二六	一四	後 七 三〇	前 五 一一	前五 二五 後五 三〇	前一一 二五 後一一 三〇
二十日	土	甲子	土王用事	五 二七	〇 四〇	七 五二	一四 二四	一五	後 八 一〇	前 六 九	前六 一〇 後六 一五	前 ― 後〇 五
二十一日	日	乙丑		五 二八	〇 四〇	七 五一	一四 二三	一六	後 八 四六	前 七 七	前六 四五 後六 五五	前〇 一五 後〇 四〇
二十二日	月	丙寅		五 二九	〇 四〇	七 五〇	一四 二二	一七	後 九 一九	前 八 五	前七 二〇 後七 二五	前〇 四五 後一 一五
二十三日	火	丁卯	大暑	五 三〇	〇 四〇	七 五〇	一四 二〇	一八	後 九 五〇	前 九 一	前七 四五 後七 五五	前一 一五 後一 四五
二十四日	水	戊辰		五 三〇	〇 四〇	七 四九	一四 一九	一九	後 一〇 二〇	前 九 五六	前八 一五 後八 二五	前一 四五 後二 一五
二十五日	木	己巳		五 三一	〇 四〇	七 四八	一四 一七	二〇	後 一〇 五一	前 一〇 五一	前八 四五 後九 〇	前二 二〇 後二 四五
二十六日	金	庚午	中伏	五 三[illegible]	〇 四〇	七 四七	一四 一五	二一	後 一一 二三	前 一一 四五	前九 一五 後九 四〇	前二 五〇 後三 一五
二十七日	土	辛未	下弦	五 三三	〇 四〇	七 四七	一四 一四	二二	後 一一 五五	後 〇 四〇	前九 五五 後一〇 二五	前三 二〇 後三 五〇
二十八日	日	壬申		五 三四	〇 四〇	七 四六	一四 一二	二三	―	後 一 三五	前一〇 三五 後一一 一五	前四 一〇 後四 四〇
二十九日	月	癸酉		五 三四	〇 四〇	七 四五	一四 一〇	二四	前 〇 三二	後 二 三一	前一一 三〇 後 ―	前五 五 後五 四〇
三十日	火	甲戌		五 三五	〇 四〇	七 四四	一四 九	二五	前 一 一三	後 三 二七	前〇 二五 後〇 三五	前六 四〇 後七 三〇
三十一日	水	乙亥		五 三六	〇 四〇	七 四三	一四 七	二六	前 一 五九	後 四 二三	前一 三五 後一 四五	前八 二〇 後八 四〇

一五

八月大 三十一日

白菜蘿蔔의播種、桑天牛卵의取除、秋蠶의催靑、掃立、陸稻培土、堆肥切返、棉摘心、病桑拔除、雞의換羽期管理、蚜蟲驅除

日次	七曜	干支	日出	日南中	日入	晝間	月齡	月出	月入	滿潮	干潮
一日	木	丙子	五時三七分	後〇時四〇分	七時四二分	一四時五分	二七	前二時五〇分	後五時一六分	前二時四五分 後三〇	前九時三〇分 後九四五
二日	金	丁丑	五三八	〇四〇	七四一	一四 三	二八	前三四八	後六 七	前三四五 後四 五	前一〇二〇 後一〇三五
三日	土	戊寅	五三九	〇四〇	七四〇	一四 二	二九	前四五一	後六五五	前四四五 後五〇	前一一一〇 後一一一五
四日（朔）	日	己卯	五三九	〇四〇	七三九	一四 〇	〇	前五五八	後七三九	前五三〇 後五五〇	前一一五〇 後一一五五
五日	月	庚辰	五四〇	〇三九	七三八	一三五八	一	前七 七	後八二〇	前六一五 後六三〇	前〇二五 後—
六日	火	辛巳	五四一	〇三九	七三七	一三五六	二	前八一六	後九 〇	前六五五 後七一〇	前〇四〇 後一 五
七日	水	壬午	五四二	〇三九	七三六	一三五四	三	前九二六	後九三八	前七四〇 後七五〇	前一一五 後一四〇
八日（立秋）	木	癸未	五四三	〇三九	七三五	一三五二	四	前一〇三四	後一〇一七	前八一五 後八三五	前一五〇 後二一五
九日	金	甲申	五四四	〇三九	七三四	一三五〇	五	前一一四三	後一〇五七	前八五五 後九二五	前二三〇 後二五五
十日（上弦）	土	乙酉	五四四	〇三九	七三三	一三四八	六	後〇四八	後一一四〇	前九四〇 後一〇一五	前三一五 後三四〇
十一日	日	丙戌	五四五	〇三九	七三一	一三四六	七	後一五二	—	前一〇三五 後一一二〇	前四 五 後四三五
十二日	月	丁亥	五四六	〇三八	七三〇	一三四四	八	後二五三	前〇二六	前一一三五 後—	前五一〇 後五四五
十三日	火	戊子	五四七	〇三八	七二九	一三四二	九	後三四九	前一一六	前〇三〇 後〇四五	前七 〇 後七三〇
十四日	水	己丑	五四八	〇三八	七二八	一三四〇	一〇	後四四〇	前二 九	前一四五 後二一〇	前八三〇 後八五五

昭和十五年

末伏	十五日	木	庚寅	五 四九	〇 三八	七 二七	一三 三八	一一	後 五 二七	前 三 四	後 三 三〇 前 三 一〇	後 九 四五 前 九 三五
	十六日	金	辛卯	五 五〇	〇 三八	七 二五	一三 三六	一二	後 六 八	前 四 一	後 四 三〇 前 四 一五	後 一〇 三五 前 一〇 二〇
	十七日	土	壬辰	五 五〇	〇 三八	七 二四	一三 三四	一三	後 六 四五	前 四 五九	後 五 一五 前 五 一〇	後 一一 一五 前 一一 一〇
望	十八日	日	癸巳	五 五一	〇 三七	七 二三	一三 三二	一四	後 七 一九	前 五 五六	後 六 〇 前 五 五〇	後 一一 五五 前 一一 四五
	十九日	月	甲午	五 五二	〇 三七	七 二二	一三 二九	一五	後 七 五一	前 六 五二	後 六 四〇 前 六 三〇	後 〇 二〇 前 ——
	二十日	火	乙未	五 五三	〇 三七	七 二〇	一三 二七	一六	後 八 二三	前 七 四八	後 七 一五 前 七 〇	後 〇 五〇 前 〇 三〇
	二十一日	水	丙申	五 五四	〇 三七	七 一九	一三 二五	一七	後 八 五二	前 八 四二	後 七 三五 前 七 二〇	後 一 二〇 前 一 五
	二十二日	木	丁酉	五 五五	〇 三六	七 一八	一三 二三	一八	後 九 二三	前 九 三七	後 七 五〇 前 七 四五	後 一 四五 前 一 三〇
處暑	二十三日	金	戊戌	五 五六	〇 三六	七 一六	一三 二一	一九	後 九 五六	前 一〇 三一	後 八 二〇 前 八 一〇	後 二 一〇 前 一 五〇
	二十四日	土	己亥	五 五六	〇 三六	七 一五	一三 一八	二〇	後 一〇 三〇	前 一一 二六	後 八 五〇 前 八 三〇	後 二 三五 前 二 一五
	二十五日	日	庚子	五 五七	〇 三六	七 一三	一三 一六	二一	後 一一 九	後 〇 二一	後 九 三五 前 九 〇	後 三 一〇 前 二 五〇
下弦	二十六日	月	辛丑	五 五八	〇 三五	七 一二	一三 一四	二二	後 一一 五一	後 一 一六	後 一〇 三〇 前 九 四五	後 三 四五 前 三 二五
	二十七日	火	壬寅	五 五九	〇 三五	七 一一	一三 一二	二三	——	後 二 一〇	後 一一 四五 前 一〇 四五	後 四 四五 前 四 一五
	二十八日	水	癸卯	六 〇	〇 三五	七 九	一三 九	二四	前 〇 三九	後 三 三	後 —— 前 一一 五五	後 六 一五 前 五 三五
	二十九日	木	甲辰	六 一	〇 三四	七 八	一三 七	二五	前 一 三三	後 三 五四	後 一 一五 前 〇 五五	後 八 一〇 前 七 四五
	三十日	金	乙巳	六 一	〇 三四	七 六	一三 五	二六	前 二 三二	後 四 四三	後 二 三五 前 二 一五	後 九 一五 前 九 〇
	三十一日	土	丙午	六 二	〇 三四	七 五	一三 三	二七	前 三 三六	後 五 二九	後 三 四〇 前 三 二〇	後 一〇 一五 前 九 五五

一七

九月小 三十日

螟蟲被害稻의拔除燒却小麥秋蒔綠肥의播種栗大豆의收穫果樹除袋乾草製造豚의分娩

日次	七曜	干支	日出	日南中	日入	晝間	月齡	月出	月入	満潮 前	満潮 後	干潮 前	干潮 後
一日（二百十日・震災記念日）	日	丁未	六時三分	後〇時三四分	七時三分	一三時〇分	二八	前四時四四分	後六時一三分	四時二五分	四四〇	一〇時四〇分	一〇五五
二日（朔）	月	戊申	六四	〇三三	七二	一二五八	二九	前五五四	後六五三	五一〇	五二五	一一二五	一一三五
三日	火	己酉	六五	〇三三	七〇	一二五六	一	前七五	後七三三	五五〇	六一〇	―	〇五
四日	水	庚戌	六五	〇三三	六五九	一二五三	二	前八一六	後八一三	六二五	六五〇	〇二〇	〇四五
五日	木	辛亥	六六	〇三二	六五七	一二五一	三	前九二七	後八五四	七一五	七三〇	一〇	一一五
六日	金	壬子	六七	〇三二	六五六	一二四九	四	前一〇三六	後九三八	七五〇	八一〇	一三五	一五五
七日	土	癸丑	六八	〇三二	六五四	一二四六	五	前一一四三	後一〇二四	八三五	九〇	二一五	二三五
八日（白露）	日	甲寅	六九	〇三一	六五三	一二四四	六	後〇四六	後一一一三	九二〇	九四五	二五五	三一五
九日（上弦）	月	乙卯	六一〇	〇三一	六五一	一二四二	七	後一四五	―	一〇五	一〇四五	三四〇	四〇
十日	火	丙辰	六一一	〇三一	六五〇	一二三九	八	後二三八	前〇六	一一一〇	―	四四〇	五一〇
十一日	水	丁巳	六一一	〇三〇	六四八	一二三七	九	後三二五	前一〇	〇〇	〇二〇	六二〇	六五五
十二日	木	戊午	六一二	〇三〇	六四七	一二三五	一〇	後四八	前一五六	一一五	一四五	八一〇	八二五
十三日	金	己未	六一三	〇三〇	六四五	一二三二	一一	後四四六	前二五三	二四〇	三一〇	九一五	九三〇
十四日	土	庚申	六一四	〇二九	六四四	一二三〇	一二	後五二一	前三五〇	三五〇	四一〇	一〇五	一〇一五

一八

昭和十五年

十五日	十六日	十七日	十八日	十九日	二十日	二十一日	二十二日	二十三日	二十四日	二十五日	二十六日	二十七日	二十八日	二十九日	三十日
	望				彼岸		社日	秋分 秋季皇霊祭		下弦					
日	月	火	水	木	金	土	日	月	火	水	木	金	土	日	月
辛酉	壬戌	癸亥	甲子	乙丑	丙寅	丁卯	戊辰	己巳	庚午	辛未	壬申	癸酉	甲戌	乙亥	丙子
六 一五	六 一六	六 一六	六 一七	六 一八	六 一九	六 二〇	六 二一	六 二一	六 二二	六 二三	六 二四	六 二五	六 二六	六 二七	六 二七
〇 二九	〇 二八	〇 二八	〇 二八	〇 二七	〇 二七	〇 二七	〇 二六	〇 二六	〇 二六	〇 二五	〇 二五	〇 二五	〇 二四	〇 二四	〇 二四
六 四二	六 四一	六 三九	六 三八	六 三六	六 三五	六 三三	六 三一	六 三〇	六 二八	六 二七	六 二五	六 二四	六 二二	六 二一	六 一九
一二 二八	一二 二五	一二 二三	一二 二〇	一二 一八	一二 一六	一二 一三	一二 一一	一二 九	一二 六	一二 四	一二 一	一一 五九	一一 五七	一一 五四	一一 五二
一三	一四	一五	一六	一七	一八	一九	二〇	二一	二二	二三	二四	二五	二六	二七	二八
後 五 五三	後 六 二四	後 六 五五	後 七 二五	後 七 五七	後 八 三一	後 九 七	後 九 四八	後 一〇 三三	後 一一 二三	｜	前 〇 一八	前 一 一七	前 二 二三	前 三 二九	前 四 三九
前 四 四六	前 五 四一	前 六 三六	前 七 三一	前 八 二五	前 九 一九	前 一〇 一四	前 一一 八	後 〇 二	後 〇 五四	後 一 四五	後 二 三三	後 三 一九	後 四 二	後 四 四三	後 五 二三
前 四 三五 後 四 五五	前 五 一五 後 五 三五	前 五 五五 後 六 一〇	前 六 二〇 後 六 三五	前 六 四五 後 七 〇	前 七 五 後 七 二〇	前 七 二五 後 七 四五	前 七 五〇 後 八 一五	前 八 三〇 後 九 〇	前 九 一〇 後 九 五〇	前 一〇 一五 後 一一 五	前 一一 三〇 後 ｜	前 〇 二五 後 〇 五〇	前 一 四五 後 二 一五	前 三 〇 後 三 二〇	前 三 五五 後 四 一五
前 一〇 四五 後 一〇 五〇	前 一一 二〇 後 一一 三五	前 一一 五〇 後 ｜	前 〇 五 後 〇 一五	前 〇 三〇 後 〇 四五	前 一 〇 後 一 一五	前 一 二五 後 一 三五	前 一 五〇 後 二 五	前 二 二五 後 二 四〇	前 三 〇 後 三 一五	前 三 五五 後 四 一五	前 五 〇 後 五 三〇	前 七 〇 後 七 三〇	前 八 三〇 後 八 五五	前 九 三五 後 九 五〇	前 一〇 二〇 後 一〇 四〇

一九

十月大 三十一日

大麥의播種、桑田의害蟲驅除、種稻의選種、稻의收穫、大豆、甘藷、馬鈴薯의收穫貯藏、果實貯藏庫修理消毒、農繁期의畜牛愛撫

日次	曜	干支	日出	日南中	日入	晝間	月齡	月出	月入	滿潮 前	滿潮 後	干潮 前	干潮 後	記事
一日	火	丁丑	六時二八分	後〇時二三分	六時一八分	一一時四九分	二九	前五時五〇分	後六時四分	四時四五分	五一〇	一一時五分	一一二〇	始政記念日 朔
二日	水	戊寅	六二九	〇二三	六一六	一一四七	一	前七二	後六四五	五三〇	五五〇	一一四〇	｜	平壤神社祭
三日	木	己卯	六三〇	〇二三	六一五	一一四五	二	前八一五	後七二九	六一〇	六三〇	〇〇	〇一五	
四日	金	庚辰	六三一	〇二二	六一三	一一四二	三	前九二五	後八一五	六五〇	七一五	〇四〇	〇五五	
五日	土	辛巳	六三二	〇二二	六一二	一一四〇	四	前一〇三三	後九五	七三〇	七五五	一一五	一三〇	
六日	日	壬午	六三三	〇二二	六一〇	一一三八	五	前一一三五	後九五八	八一〇	八四〇	一五〇	二五	
七日	月	癸未	六三四	〇二一	六九	一一三五	六	後〇三三	後一〇五四	八五五	九三〇	二三五	二五〇	
八日	火	甲申	六三四	〇二一	六七	一一三三	七	後一二三	後一一五一	九四〇	一〇二〇	三二〇	三三五	寒露 上弦
九日	水	乙酉	六三五	〇二一	六六	一一三〇	八	後二七	｜	一〇四五	一一二五	四一五	四三〇	
十日	木	丙戌	六三六	〇二一	六四	一一二八	九	後二四七	前〇四八	｜	〇〇	五四五	六一五	
十一日	金	丁亥	六三七	〇二〇	六三	一一二六	一〇	後三二二	前一四四	〇五〇	一一五	七四〇	七五五	
十二日	土	戊子	六三八	〇二〇	六二	一一二三	一一	後三五五	前二四一	二〇	二三〇	八四五	九五	
十三日	日	己丑	六三九	〇二〇	六〇	一一二一	一二	後四二七	前三三六	三五	三三五	九四〇	九五〇	
十四日	月	庚寅	六四〇	〇二〇	五五九	一一一九	一三	後四五七	前四三一	四〇	四二〇	一〇一五	一〇三〇	

昭和十五年

朔							下弦	靖國神社祭 霜降			土王用事		京城神社祭	朝鮮神宮祭 神嘗祭	龍頭山神社祭 望	大邱神社祭
三十一日	三十日	二十九日	二十八日	二十七日	二十六日	二十五日	二十四日	二十三日	二十二日	二十一日	二十日	十九日	十八日	十七日	十六日	十五日
木	水	火	月	日	土	金	木	水	火	月	日	土	金	木	水	火
丁未	丙午	乙巳	甲辰	癸卯	壬寅	辛丑	庚子	己亥	戊戌	丁酉	丙申	乙未	甲午	癸巳	壬辰	辛卯
六 五七	六 五六	六 五五	六 五四	六 五三	六 五二	六 五一	六 五〇	六 四九	六 四八	六 四七	六 四六	六 四五	六 四四	六 四三	六 四二	六 四一
〇 一七	〇 一七	〇 一七	〇 一七	〇 一七	〇 一八	〇 一八	〇 一八	〇 一八	〇 一八	〇 一八	〇 一八	〇 一九	〇 一九	〇 一九	〇 一九	〇 一九
五 三七	五 三八	五 三九	五 四一	五 四二	五 四三	五 四四	五 四五	五 四七	五 四八	五 四九	五 五一	五 五二	五 五三	五 五五	五 五六	五 五七
一〇 四一	一〇 四三	一〇 四五	一〇 四七	一〇 四九	一〇 五一	一〇 五四	一〇 五六	一〇 五八	一一 〇	一一 三	一一 五	一一 七	一一 一〇	一一 一二	一一 一四	一一 一六
〇	二九	二八	二七	二六	二五	二四	二三	二二	二一	二〇	一九	一八	一七	一六	一五	一四
前 六 五九	前 五 四七	前 四 三六	前 三 二五	前 二 一七	前 一 一一	前 〇 七	—	後 一一 六	後 一〇 一〇	後 九 一八	後 八 三〇	後 七 四七	後 七 八	後 六 三三	後 五 五九	後 五 二八
後 六 二	後 五 一七	後 四 三五	後 三 五五	後 三 一六	後 二 三六	後 一 五六	後 一 一三	後 〇 二八	前 一一 四〇	前 一〇 五〇	前 九 五七	前 九 三	前 八 九	前 七 一四	前 六 二〇	前 五 二五
前 五 五 後 五 三五	前 四 一五 後 四 四五	前 三 二〇 後 三 五〇	前 二 一五 後 二 五五	前 一 五 後 一 四〇	前 — 後 〇 二五	前 一一 一〇 後 一一 五五	前 九 四五 後 一〇 四〇	前 八 五〇 後 九 三五	前 八 〇 後 八 四〇	前 七 三〇 後 八 〇	前 七 〇 後 七 二五	前 六 四〇 後 七 〇	前 六 一〇 後 六 三〇	前 五 四五 後 六 五	前 五 二〇 後 五 四〇	前 四 四五 後 五 一〇
前 一一 一五 後 一一 四〇	前 一〇 三五 後 一〇 五五	前 九 五〇 後 一〇 一〇	前 九 〇 後 九 三〇	前 七 五五 後 八 二〇	前 六 一五 後 六 五〇	前 四 四〇 後 五 〇	前 三 三〇 後 三 四五	前 二 四五 後 二 五五	前 二 一〇 後 二 二〇	前 一 四〇 後 一 四五	前 一 一〇 後 一 一五	前 〇 四〇 後 〇 四五	前 〇 一〇 後 〇 一五	前 一一 五〇 後 —	前 一一 二〇 後 一一 四五	前 一〇 四五 後 一一 一〇

二一

十一月小 三十日

麥의培土苗의秋耕果樹園의落葉燒却深耕施肥果實蔬菜의收穫貯藏

屑繭의整理桑田深耕施肥桑樹秋植畜舍鷄舍의防寒設備豚의種付

日次	曜七	干支	日出	日南中	日入	晝間	月齡	月出	月入	滿潮	干潮	
一日	金	戊申	六時五八分	後〇時一七分	五時三六分	一〇時三八分	一	前八時一〇分	後六時五一分	前五時四五分 後六二〇	前一一時五五分 後―	
二日	土	己酉	六五九	〇一七	五三五	一〇三六	二	前九一七	後七四四	前六二五 後七〇	前〇一五 後〇三五	
三日	日	庚戌	七〇	〇一七	五三四	一〇三四	三	前一〇一九	後八四一	前七一〇 後七四〇	前一〇 後一一五	明治節
四日	月	辛亥	七一	〇一七	五三三	一〇三二	四	前一一一四	後九三九	前七五五 後八二〇	前一四五 後一五〇	
五日	火	壬子	七二	〇一七	五三二	一〇三〇	五	後〇三	後一〇三八	前八三五 後九一五	前二二〇 後二二五	
六日	水	癸丑	七三	〇一七	五三一	一〇二八	六	後〇四五	後一一三六	前九二五 後一〇〇	前三〇 後三一五	
七日	木	甲寅	七四	〇一七	五三〇	一〇二六	七	後一二三	―	前一〇一五 後一一〇	前三五五 後四一〇	
八日	金	乙卯	七五	〇一七	五二九	一〇二四	八	後一五七	前〇三三	前一一三〇 後―	前五五 後五一五	立冬 上弦
九日	土	丙辰	七六	〇一七	五二八	一〇二二	九	後二二九	前一二九	前〇五 後〇四〇	前六三五 後七五	
十日	日	丁巳	七七	〇一七	五二七	一〇二〇	一〇	後三〇	前二二四	前一一〇 後一四五	前七五五 後八一五	國民精神作興詔書記念日
十一日	月	戊午	七八	〇一八	五二六	一〇一八	一一	後三三〇	前三一九	前二一〇 後二四五	前八五〇 後九一五	
十二日	火	己未	七九	〇一八	五二六	一〇一六	一二	後四一	前四一三	前三五 後三四〇	前九三五 後一〇五	
十三日	水	庚申	七一〇	〇一八	五二五	一〇一五	一三	後四三三	前五八	前四〇 後四三〇	前一〇一五 後一〇四〇	
十四日	木	辛酉	七一一	〇一八	五二四	一〇一三	一四	後五八	前六三	前四四〇 後五一〇	前一〇四五 後一一一五	

二二

昭和十五年

望 十五日	金	壬戌	七 一二	○ 一八	五 二三	一○ 一一	一五	後五 四六	前六 五八	前五 一五	後五 四○	前一一 一五	後一一 五○
十六日	土	癸亥	七 一三	○ 一八	五 二三	一○ 九	一六	後六 二八	前七 五三	前五 四五	後六 一○	前一一 五○	後 —
十七日	日	甲子	七 一五	○ 一八	五 二二	一○ 八	一七	後七 一五	前八 四六	前六 一五	後六 四五	前○ 二○	後○ 二五
十八日	月	乙丑	七 一六	○ 一九	五 二一	一○ 六	一八	後八 六	前九 三八	前六 四五	後七 一五	前○ 五○	後一 ○
十九日	火	丙寅	七 一七	○ 一九	五 二一	一○ 四	一九	後九 一	前一○ 二七	前七 二○	後七 四五	前一 二五	後一 三○
二十日	水	丁卯	七 一八	○ 一九	五 二○	一○ 三	二○	後一○ ○	前一一 一三	前七 五○	後八 三○	前二 ○	後二 五
二十一日	木	戊辰	七 一九	○ 一九	五 二○	一○ 一	二一	後一一 一	前一一 五六	前八 四五	後九 二五	前二 三五	後二 四五
小雪 二十二日	金	己巳	七 二○	○ 二○	五 一九	九 五九	二二	—	後○ 三六	前九 四五	後一○ 二○	前三 二五	後三 四○
新嘗祭 下弦 二十三日	土	庚午	七 二一	○ 二○	五 一九	九 五八	二三	前○ 四	後一 一四	前一○ 四五	後一一 二五	前四 一五	後四 四○
二十四日	日	辛未	七 二二	○ 二○	五 一八	九 五六	二四	前一 一○	後一 五一	前 —	後○ 五	前五 四五	後六 一五
二十五日	月	壬申	七 二三	○ 二○	五 一八	九 五五	二五	前二 一六	後二 二九	前○ 四○	後一 一五	前七 一五	後七 五五
二十六日	火	癸酉	七 二四	○ 二一	五 一七	九 五四	二六	前三 二五	後三 八	前一 四○	後二 二○	前八 三○	後九 ○
二十七日	水	甲戌	七 二五	○ 二一	五 一七	九 五二	二七	前四 三五	後三 五○	前二 四五	後三 二五	前九 二五	後九 五五
二十八日	木	乙亥	七 二六	○ 二一	五 一七	九 五一	二八	前五 四五	後四 三六	前三 四五	後四 二○	前一○ 一五	後一○ 四○
朔 二十九日	金	丙子	七 二七	○ 二二	五 一六	九 五○	二九	前六 五三	後五 二七	前四 四○	後五 一五	前一○ 五○	後一一 二五
三十日	土	丁丑	七 二八	○ 二二	五 一六	九 四八	一	前七 五九	後六 二三	前五 二五	後六 五	前一一 三五	後 —

二三

十二月大 三十一日

收穫物의整理農具의修理整頓畜舍에敷草多給豚의種付

日次	曜七	干支	日出	日南中	日入	晝間	月齡	月出	月入	滿潮	干潮
一日	日	戊寅	七時二九分	後〇時二二分	五時一六分	九時四七分	二	前八時五九分	後七時二一分	前六時一五分 後六五〇	前〇時一〇分 後〇一五
二日	月	己卯	七三〇	〇二三	五一六	九四六	三	前九五二	後八二一	前六五五 後七三〇	前〇四五 後〇五五
三日	火	庚辰	七三一	〇二三	五一六	九四五	四	前一〇三九	後九二三	前七四〇 後八一〇	前一二五 後一三五
四日	水	辛巳	七三二	〇二四	五一六	九四四	五	前一一二〇	後一〇二一	前八二〇 後八五〇	前二一〇 後二一五
五日	木	壬午	七三二	〇二四	五一五	九四三	六	前一一五七	後一一一九	前九一〇 後九四五	前二四五 後二五〇
六日	金	癸未	七三三	〇二四	五一五	九四二	七	後〇三〇	―	前一〇〇 後一〇二〇	前三三〇 後三四〇
七日	土	甲申	七三四	〇二五	五一五	九四一	八	後一一	前〇一五	前一〇五五 後一一一五	前四一五 後四三〇
八日	日	乙酉	七三五	〇二五	五一五	九四〇	九	後一三三	前一一一	前一一五〇 後―	前五一五 後五四〇
九日	月	丙戌	七三六	〇二六	五一六	九四〇	一〇	後二二	前二五	前〇一五 後〇五〇	前六四五 後七一五
十日	火	丁亥	七三七	〇二六	五一六	九三九	一一	後二三四	前三〇	前一一〇 後一四五	前八〇 後八二五
十一日	水	戊子	七三七	〇二七	五一六	九三八	一二	後三七	前三五四	前二五 後二五〇	前八五〇 後九二〇
十二日	木	己丑	七三八	〇二七	五一六	九三八	一三	後三四四	前四四九	前三〇 後三四五	前九四〇 後一〇一〇
十三日	金	庚寅	七三九	〇二八	五一六	九三七	一四	後四二五	前五四五	前三五〇 後四三五	前一〇一五 後一〇五〇
十四日	土	辛卯	七四〇	〇二八	五一六	九三七	一五	後五一〇	前六四〇	前四三五 後五一五	前一〇五〇 後一一二五

七日: 大雪 上弦

	十五日	十六日	十七日	十八日	十九日	二十日	二十一日	二十二日	二十三日	二十四日	二十五日	二十六日	二十七日	二十八日	二十九日	三十日	三十一日
	望							冬至 下弦			大正天皇祭				朔		
	日	月	火	水	木	金	土	日	月	火	水	木	金	土	日	月	火
	壬辰	癸巳	甲午	乙未	丙申	丁酉	戊戌	己亥	庚子	辛丑	壬寅	癸卯	甲辰	乙巳	丙午	丁未	戊申
	七 四〇	七 四一	七 四二	七 四二	七 四三	七 四四	七 四四	七 四五	七 四五	七 四六	七 四六	七 四六	七 四七	七 四七	七 四七	七 四八	七 四八
	〇 二九	〇 二九	〇 三〇	〇 三〇	〇 三一	〇 三一	〇 三二	〇 三二	〇 三二	〇 三三	〇 三三	〇 三四	〇 三四	〇 三五	〇 三五	〇 三六	〇 三六
	五 一七	五 一七	五 一七	五 一八	五 一八	五 一八	五 一九	五 一九	五 二〇	五 二一	五 二一	五 二二	五 二二	五 二三	五 二四	五 二四	五 二五
	九 三六	九 三六	九 三六	九 三五	九 三五	九 三五	九 三五	九 三五	九 三五	九 三五	九 三五	九 三五	九 三六	九 三六	九 三六	九 三七	九 三七
	一六	一七	一八	一九	二〇	二一	二二	二三	二四	二五	二六	二七	二八	二九	〇	一	二
	後六 〇	後六 五五	後七 五三	後八 五四	後九 五七	後一一 二	—	前〇 七	前一 一三	前二 二〇	前三 二七	前四 三五	前五 四〇	前六 四二	前七 三九	前八 二九	前九 一四
	前七 三三	前八 二四	前九 一二	前九 五六	前一〇 三八	前一一 一六	前一一 五三	後〇 三〇	後一 七	後一 四六	後二 二九	後三 一五	後四 七	後五 三	後六 三	後七 四	後八 五
	前五 二〇 後五 五五	前六 〇 後六 三〇	前六 三五 後七 一〇	前七 一〇 後七 四五	前七 五〇 後八 二〇	前八 三五 後九 一〇	前九 三〇 後一〇 〇	前一〇 三〇 後一〇 五五	前一一 三五 後 —	前〇 〇 後〇 四五	前一 一〇 後二 〇	前二 一五 後三 一〇	前三 二〇 後四 一五	前四 二〇 後五 五	前五 一〇 後五 五五	前六 〇 後六 四〇	前六 五〇 後七 二五
	前一一 三〇 後 —	前〇 一〇 後〇 一〇	前〇 四〇 後〇 四五	前一 一五 後一 二〇	前一 五〇 後一 五五	前二 三〇 後二 三五	前三 一〇 後三 二五	前四 五 後四 一五	前五 五 後五 三五	前六 二五 後七 一五	前七 五五 後八 三五	前九 〇 後九 三五	前九 五〇 後一〇 二五	前一〇 四〇 後一一 一五	前一一 二〇 後 —	前〇 〇 後〇 五	前〇 四〇 後〇 四五

昭和十五年

二五

各地每旬

地名		一月				二月		三月				四月			五月			六月	
	日	一日	十一日	二十一日	三十一日	十日	二十日	一日	十一日	二十一日	三十一日	十日	二十日	三十日	十日	二十日	三十日	九日	十九日
雄基	日出	七時四八分	七 四七	七 四三	七 三五	七 二四	七 一〇	六 五五	六 三八	六 二一	六 四	五 四七	五 三二	五 一六	五 三	四 五三	四 四五	四 四三	四 四一
	日入	四時五六分	五 五	五 一七	五 二九	五 四二	五 五五	六 八	六 二〇	六 三一	六 四二	六 五四	七 五	七 一六	七 二七	七 三七	七 四六	七 五三	七 五八
新義州	日出	八時四分	八 四	八 一	七 五四	七 四四	七 三一	七 一六	七 一	六 四五	六 二九	六 一三	五 五八	五 四四	五 三二	五 二三	五 一六	五 一三	五 一三
	日入	五時二七分	五 三六	五 四七	五 五八	六 一一	六 二三	六 三四	六 四四	六 五五	七 五	七 一五	七 二五	七 三六	七 四六	七 五五	八 三	八 一〇	八 一四
元山	日出	七時五〇分	七 五〇	七 四六	七 三九	七 三〇	七 一八	七 四	六 四九	六 三三	六 一七	六 二	五 四七	五 三四	五 二三	五 一三	五 七	五 四	五 四
	日入	五時一七分	五 二六	五 三六	五 四八	六 〇	六 一二	六 二二	六 三三	六 四三	六 五三	七 三	七 一三	七 二三	七 三二	七 四一	七 四九	七 五五	七 五九
平壤	日出	七時五六分	七 五八	七 五三	七 四五	七 三六	七 二四	七 一一	六 五六	六 四〇	六 二四	六 九	五 五四	五 四一	五 三〇	五 二二	五 一四	五 一二	五 一二
	日入	五時二四分	五 三三	五 四四	五 五六	六 七	六 一八	六 二九	六 四〇	六 四九	六 五九	七 九	七 一八	七 二八	七 三八	七 四七	七 五五	八 一	八 五
京城	日出	七時四六分	七 四七	七 四四	七 三八	七 二九	七 一八	七 四	六 五〇	六 三五	六 二〇	六 五	五 五二	五 三九	五 二八	五 一九	五 一三	五 一〇	五 一〇
	日入	五時二四分	五 三二	五 四三	五 五三	六 五	六 一五	六 二五	六 三五	六 四四	六 五三	七 三	七 一三	七 二二	七 三〇	七 三八	七 四六	七 五五	七 五六
大邱	日出	七時三六分	七 三六	七 三五	七 二八	七 二〇	七 九	六 五七	六 四三	六 二九	六 一四	六 〇	五 四七	五 三五	五 二五	五 一七	五 一一	五 九	五 九
	日入	五時二二分	五 三〇	五 四〇	五 五〇	六 一	六 一一	六 二〇	六 二九	六 三八	六 四六	六 五四	七 三	七 一二	七 二〇	七 二八	七 三五	七 四一	七 四五
釜山	日出	七時三三分	七 三三	七 三〇	七 二五	七 一七	七 六	六 五四	六 四一	六 二七	六 一三	五 五九	五 四六	五 三五	五 二五	五 一七	五 一三	五 九	五 九
	日入	五時二二分	五 三〇	五 四〇	五 五〇	六 〇	六 一〇	六 一九	六 二八	六 三六	六 四四	六 五三	七 〇	七 八	七 一六	七 二四	七 三一	七 三七	七 四一
木浦	日出	七時四二分	七 四三	七 四〇	七 三五	七 二七	七 一七	七 五	六 五一	六 三八	六 二四	六 一〇	五 五七	五 四六	五 三六	五 二八	五 二三	五 二一	五 二一
	日入	五時三三分	五 四三	五 五二	六 一	六 一一	六 二二	六 三〇	六 三八	六 四七	六 五四	七 二	七 一〇	七 一八	七 二六	七 三四	七 四一	七 四七	七 五〇

二六

昭和十五年

日出入時刻

六月二十九日	七月九日	七月十九日	七月二十九日	八月八日	八月十八日	八月二十八日	九月七日	九月十七日	九月二十七日	十月七日	十月十七日	十月二十七日	十一月六日	十一月十六日	十一月二十六日	十二月六日	十二月十六日	十二月二十六日
四 四四	四 五〇	四 五八	五 七	五 一七	五 二八	五 三九	五 四九	六 〇	六 一〇	六 二一	六 三三	六 四五	六 五七	七 一〇	七 二三	七 三三	七 四一	七 四六
七 五九	七 五七	七 五一	七 四二	七 三〇	七 一六	七 〇	六 四三	六 二六	六 八	五 五一	五 三五	五 二〇	五 七	四 五六	四 四九	四 四六	四 四七	四 五二
五 一六	五 二一	五 二八	五 三七	五 四六	五 五六	六 五	六 一五	六 二五	六 三四	六 四四	六 五四	七 五	七 一七	七 二八	七 四〇	七 五〇	七 五八	八 三
八 一六	八 一四	八 八	八 〇	七 四九	七 三六	七 二二	七 六	六 四九	六 三三	六 一六	六 一	五 四七	五 三五	五 二六	五 二〇	五 一七	五 一八	五 二三
五 六	五 一二	五 一九	五 二七	五 三六	五 四五	五 五五	六 四	六 一三	六 二二	六 三一	六 四一	六 五二	七 三	七 一四	七 二五	七 三五	七 四三	七 四八
八 一	七 五九	七 五四	七 四六	七 三五	七 二三	七 八	六 五三	六 三七	六 二一	六 五	五 五〇	五 三六	五 二五	五 一六	五 一〇	五 八	五 九	五 一四
五 一四	五 一九	五 二六	五 三四	五 四三	五 五三	六 一	六 一〇	六 二〇	六 二八	六 三八	六 四八	六 五八	七 九	七 二〇	七 三一	七 四一	七 四九	七 五四
八 七	八 五	八 〇	七 五三	七 四一	七 二九	七 一五	六 五九	六 四三	六 二七	六 一二	五 五七	五 四三	五 三二	五 二三	五 一七	五 一五	五 一六	五 二一
五 一三	五 一八	五 二五	五 三三	五 四一	五 五〇	五 五八	六 七	六 一五	六 二三	六 三二	六 四二	六 五一	七 二	七 一二	七 二三	七 三二	七 四〇	七 四五
七 五八	七 五六	七 五一	七 四四	七 三四	七 二三	七 八	六 五三	六 三八	六 二三	六 七	五 五三	五 四〇	五 三〇	五 二一	五 一六	五 一四	五 一五	五 二〇
五 一三	五 一六	五 二三	五 三〇	五 三八	五 四六	五 五四	六 一	六 九	六 一七	六 二五	六 三三	六 四三	六 五三	七 二	七 一三	七 二一	七 二九	七 三四
七 四六	七 四五	七 四〇	七 三三	七 二四	七 一三	七 〇	六 四六	六 三一	六 一六	六 二	五 四八	五 三六	五 二六	五 一八	五 一三	五 一二	五 一三	五 一八
五 一二	五 一七	五 二三	五 三〇	五 三八	五 四五	五 五三	六 〇	六 八	六 一五	六 二三	六 三一	六 四〇	六 四九	六 五九	七 九	七 一八	七 二五	七 三〇
七 四二	七 四一	七 三七	七 三〇	七 二一	七 一〇	六 五七	六 四三	六 二九	六 一五	六 一	五 四七	五 三六	五 二六	五 一八	五 一四	五 一二	五 一四	五 一九
五 二三	五 二八	五 三四	五 四一	五 四九	五 五六	六 四	六 一一	六 一八	六 二六	六 三三	六 四一	六 五〇	六 五九	七 九	七 一八	七 二七	七 三五	七 四〇
七 五二	七 五一	七 四七	七 四〇	七 三一	七 二〇	七 七	六 五四	六 三九	六 二五	六 一二	五 五八	五 四七	五 三七	五 二九	五 二五	五 二三	五 二五	五 三〇

二七

昭和十五年

朔·上弦·望·下弦

月	朔 日	朔 時刻	上弦 日	上弦 時刻	望 日	望 時刻	下弦 日	下弦 時刻
一月	九日	後一〇時五三分	十八日	前三時二一分	二十五日	前八時二二分	二日 三十一日	後一時五六分 後一一 四七
二月	八日	後四 四五	十六日	後九 五五	二十三日	後六 五五	—	—
三月	九日	前一一 二三	十七日	後〇 二五	二十四日	前四 三三	一日 三十一日	前一一 三五 前一 二〇
四月	八日	前五 一八	十五日	後一〇 四六	二十二日	後一 三七	二十九日	後四 四九
五月	七日	後九 七	十五日	前五 五一	二十一日	後一〇 三三	二十九日	前九 四〇
六月	六日	前一〇 五	十三日	前一〇 五九	二十日	前八 二	二十八日	前三 一三
七月	五日	後八 二八	十二日	後三 三五	十九日	後六 五五	二十七日	後八 二九
八月	四日	前五 九	十日	後九 〇	十八日	前八 二	二十六日	後〇 三三
九月	二日	後一 一五	九日	前四 三二	十六日	後一一 四一	二十五日	前二 四七
十月	一日 三十一日	後九 四一 前七 三	八日	後三 一八	十六日	後五 一五	二十四日	後三 四
十一月	二十九日	後五 四二	七日	前六 八	十五日	前一一 二三	二十三日	前一 三六
十二月	二十九日	前五 五六	七日	前一 一	十五日	前四 三八	二十二日	前一〇 四五

各地潮時ノ의平均改正數

地名	時刻	加減
多獅島	四時四〇分	加
鎭南浦	四 一〇	加
夢金浦	二 三〇	加
群山	一時五〇分	減
木浦	滿潮二 二五 干潮三 三〇	減
麗水	八 五〇	減
釜山	三時三〇分	加
濟州禾北里	七 五	減
迎日灣	〇 三五	減
元山	一時三〇分	減
城津	一 四五	減
雄基	一 四〇	減

二八

二十四氣

春分	三月二十一日午前三時二四分			秋分	九月二十三日午後一時四六分		
夏至	六月二十一日午後一〇時三七分			冬至	十二月二十二日午前八時五五分		
小寒	一月六日	清明	四月五日	小暑	七月七日	寒露	十月八日
大寒	一月二十一日	穀雨	四月二十日	大暑	七月二十三日	霜降	十月二十三日
立春	二月五日	立夏	五月六日	立秋	八月八日	立冬	十一月七日
雨水	二月二十日	小滿	五月二十一日	處暑	八月二十三日	小雪	十一月二十二日
驚蟄	三月六日	芒種	六月六日	白露	九月八日	大雪	十二月七日

水星日面經過

十一月十二日

各地共

日出時ニ(에서)於テ 水星ハ(은)日面中ニ(에)在リ(있고)

方向　左下乃至左稍下

兩中心ノ最近（各地共）

午前八時二三分

方向　左稍上

兩中心ノ距離　六分七秒

（蒋基方面ニ於テ六分六秒）

終觸

內側接觸（各地共）

午前一〇時五三分

方向　上稍右

外側接觸（各地共）

午前一〇時五五分

方向　上稍右

視半徑

太陽　一六分一〇秒

水星　五秒

昭和十五年　二九

年代表並陰陽曆對照表

日本年號 朝鮮年號	天保七 道光一六	天保八 道光一七	天保九 道光一八	天保一〇 道光一九	天保一一 道光二〇	天保一二 道光二一	天保一三 道光二二	天保一四 道光二三
日本紀元 西暦紀元	閏 二四九六 一八三六	二四九七 一八三七	二四九八 一八三八	二四九九 一八三九	閏 二五〇〇 一八四〇	二五〇一 一八四一	二五〇二 一八四二	二五〇三 一八四三
干支	丙申	丁酉	戊戌	己亥	庚子	辛丑	壬寅	癸卯
歳	百五	百四	百三	百二	百一	百	九九	九八
正月	小 乙酉 二、一七	大 己卯 二、五	小 甲戌 一、二六	小 戊戌 二、一四	大 壬辰 二、三	小 丁亥 一、二三	大 庚戌 二、一〇	大 甲辰 一、三〇
二月	大 甲寅 三、一七	小 己酉 三、七	大 癸卯 二、二四	大 丁卯 三、一五	小 壬戌 三、四	大 丙辰 二、二一	大 庚辰 三、一二	大 甲戌 三、一
三月	小 甲申 四、一六	大 戊寅 四、五	小 癸酉 三、二六	小 丁酉 四、一四	大 辛卯 四、二	小 丙戌 三、二三	小 庚戌 四、一一	大 甲辰 三、三一
四月	大 癸丑 五、一五	小 戊申 五、五	大 壬寅 四、二四	小 丙寅 五、一三	小 辛酉 五、二	小 乙酉 五、二一	大 己卯 五、一〇	小 甲戌 四、三〇
五月	大 癸未 六、一四	大 丁丑 六、三	小 辛丑 六、二二	大 乙未 六、一一	小 庚寅 五、三一	小 甲寅 六、一九	小 己酉 六、九	大 癸卯 五、二九
六月	小 癸丑 七、一四	小 丁未 七、三	大 庚午 七、二一	小 乙丑 七、一一	大 己未 六、二九	大 癸未 七、一八	小 戊寅 七、八	小 癸酉 六、二八
七月	大 壬午 八、一二	大 丙子 八、一	大 庚子 八、二〇	大 甲午 八、九	小 己丑 七、二九	小 癸丑 八、一七	大 丁未 八、六	小 壬寅 七、二七
八月	小 壬子 九、一一	大 丙午 八、三一	小 庚午 九、一九	小 甲子 九、八	大 戊午 八、二七	大 壬午 九、一五	小 丁丑 九、五	小 辛丑 九、二四
九月	大 辛巳 一〇、一〇	小 丙子 九、三〇	大 己亥 一〇、一八	大 癸巳 一〇、七	小 戊子 九、二六	小 壬子 一〇、一五	大 丙午 一〇、四	大 庚午 一〇、二三
十月	小 辛亥 一一、九	大 乙巳 一〇、二九	大 己巳 一一、一七	大 癸亥 一一、六	大 丁巳 一〇、二五	大 辛巳 一一、一三	小 丙子 一一、三	小 庚子 一一、二二
十一月	大 庚辰 一二、八	小 乙亥 一一、二八	小 己亥 一二、一七	大 癸巳 一二、六	大 丁亥 一一、二四	大 辛亥 一二、一三	大 乙巳 一二、二	大 己巳 一二、二一
十二月	小 庚戌 ※一、七	大 甲辰 一二、二七	大 戊辰 ※一、一五	小 癸亥 ※一、五	大 丁巳 一二、二四	小 辛巳 ※一、一二	小 乙亥 ※一、一	小 己亥 ※一、二〇
閏月			四月小壬申 五、二四			三月大乙卯 四、二一		七月大辛未 八、二五

説明

各月ノ欄ハ其月ノ一日ニ相當スル陽暦ノ月日及干支其月ノ大小ヲ記ス。太線ヲ附シタルハ其月ニ閏月アルヲ示シ閏月ハ最下欄ニ記ス。※印ヲ附シタルハ陽暦ノ年次ガ翌年ニ亘ルモノナリ。

歳ノ欄ハ其年ニ生レシ人ノ本年ニ於ケル年齢ナリ。紀元欄ニ閏トアルハ陽暦ノ閏年ヲ示ス。

例

天保十年陰五月五日ヲ陽暦ニ換算セン。天保十年ノ行五月ノ欄ニ依リ陰五月一日ハ陽六月十一日ナルヲ知リ得ベシ。五月五日ハ五日ヨリ一日ヲ減ジタル四日ヲ六月十一日ニ加ヘ六月十五日ナル答ヲ求メ得ベシ。

注意

本表ハ朝鮮ノ陰暦ニ依リシヲ以テ大正以前ノ内地暦ト對照スルニハ用フベカラズ。

昭和十五年

年代表竝陰陽曆對照表

日本年號 朝鮮年號	弘化一 道光二四	弘化二 道光二五	弘化三 道光二六	弘化四 道光二七	嘉永一 道光二八	嘉永二 道光二九	嘉永三 道光三〇	嘉永四 咸豐一	嘉永五 咸豐二	嘉永六 咸豐三	安政一 咸豐四	安政二 咸豐五	安政三 咸豐六	安政四 咸豐七	安政五 咸豐八	安政六 咸豐九
日本紀元 西暦紀元	閏 二五〇四 一八四四	二五〇五 一八四五	二五〇六 一八四六	二五〇七 一八四七	閏 二五〇八 一八四八	二五〇九 一八四九	二五一〇 一八五〇	二五一一 一八五一	閏 二五一二 一八五二	二五一三 一八五三	二五一四 一八五四	二五一五 一八五五	閏 二五一六 一八五六	二五一七 一八五七	二五一八 一八五八	二五一九 一八五九
干支	甲辰	乙巳	丙午	丁未	戊申	己酉	庚戌	辛亥	壬子	癸丑	甲寅	乙卯	丙辰	丁巳	戊午	己未
歲	九七	九六	九五	九四	九三	九二	九一	九〇	八九	八八	八七	八六	八五	八四	八三	八二
正月	大戊辰 二、一八	小癸亥 二、七	大丁巳 一、二七	大辛巳 二、一五	小丙子 二、五	大庚午 一、二四	大甲午 二、一二	大戊子 二、一	大壬子 二、二〇	大丙午 二、八	小辛丑 一、二九	小乙丑 二、一七	大己未 二、六	小甲寅 一、二六	小戊寅 二、一四	大壬申 二、三
二月	大戊戌 三、一九	大壬辰 三、八	小丁亥 二、二六	小辛亥 三、一七	大乙巳 三、五	小庚子 二、二三	小甲子 三、一四	大戊午 三、三	小壬午 三、二一	小丙子 三、一〇	大庚午 二、二七	小甲午 三、一八	小己丑 三、七	大癸未 二、二四	大丁未 三、一五	小壬寅 三、五
三月	小戊辰 四、一八	小壬戌 四、七	大丙辰 三、二七	小庚辰 四、一五	小乙亥 四、四	大己巳 三、二四	大癸巳 四、一二	小戊子 四、二	大辛亥 四、一九	大乙巳 四、八	小庚子 三、二九	大癸亥 四、一六	小戊午 四、五	小癸丑 三、二六	小丁丑 四、一四	大辛未 四、三
四月	大丁酉 五、一七	大辛卯 五、六	小丙戌 四、二六	大己酉 五、一四	小甲辰 五、三	小己亥 四、二三	小癸亥 五、一二	大丁巳 五、一	大辛巳 五、一九	大乙亥 五、八	大己巳 四、二七	小癸巳 五、一六	大丁亥 五、四	小壬午 四、二四	小丙午 五、一三	小辛丑 五、三
五月	小丁卯 六、一六	大辛酉 六、五	大乙卯 五、二五	小己卯 六、一三	大癸酉 六、一	大丁酉 六、二〇	小壬辰 六、一〇	小丁亥 五、三一	小辛亥 六、一八	小乙巳 六、七	小己亥 五、二七	大壬戌 六、一四	小丁巳 六、三	大辛亥 五、二三	大乙亥 六、一一	小庚午 六、一
六月	大丙申 七、一五	小辛卯 七、五	大甲寅 七、二三	大戊申 七、一二	小癸卯 七、一	小丁卯 七、二〇	大辛酉 七、九	小丙辰 六、二九	小庚辰 七、一七	大甲戌 七、六	大戊辰 六、二五	大壬辰 七、一四	大丙戌 七、二	大庚戌 七、二一	小乙巳 七、一一	大己亥 六、三〇
七月	小丙寅 八、一四	大庚申 八、三	小甲申 八、二二	小戊寅 八、一一	大壬申 七、三〇	大丙申 八、一八	小辛卯 八、八	大乙酉 七、二八	大己酉 八、一五	小甲辰 八、五	大戊戌 七、二五	小壬戌 八、一三	小丙辰 八、一	小庚辰 八、二〇	小甲戌 八、九	小己巳 七、三〇
八月	大乙未 九、一二	小庚寅 九、二	大癸丑 九、二〇	大丁未 九、九	小壬寅 八、二九	小丙寅 九、一七	小庚申 九、六	小乙卯 八、二七	小己卯 九、一四	大癸酉 九、三	大丁酉 九、二二	大辛卯 九、一一	大乙酉 八、三〇	大己酉 九、一八	大癸卯 九、七	小戊戌 八、二八
九月	小乙丑 一〇、一二	大己未 一〇、一	大癸未 一〇、二〇	大丁丑 一〇、九	大辛未 九、二七	大乙未 一〇、一六	大己丑 一〇、五	大癸丑 一〇、二四	大戊申 一〇、一三	小癸卯 一〇、三	小丁卯 一〇、二二	大辛酉 一〇、一一	大乙卯 九、二九	小己卯 一〇、一八	大癸酉 一〇、七	大丁卯 九、二六
十月	大甲午 一一、一〇	小己丑 一〇、三一	小癸丑 一一、一九	大丁未 一一、八	大辛丑 一〇、二七	小乙丑 一一、一五	大己未 一一、四	小癸未 一一、二三	小戊寅 一一、一二	大壬申 一一、一	大丙申 一一、二〇	小辛卯 一一、一〇	大乙酉 一〇、二九	大戊申 一一、一六	小癸卯 一一、六	小丁酉 一〇、二六
十一月	小甲子 一二、一〇	大戊午 一一、二九	大壬午 一二、一八	小丁丑 一二、八	大辛未 一一、二六	大甲午 一二、一四	小己丑 一二、四	大壬子 一二、二二	小丁未 一二、一一	小壬寅 一二、一	小丙寅 一二、二〇	大庚申 一二、九	小乙卯 一一、二八	大戊寅 一二、一六	大壬申 一二、五	大丙寅 一一、二四
十二月	大癸巳 一、八	小戊子 一二、二九	小壬子 一、一七	大丙午 一、六	小辛丑 一二、二六	大甲子 一、一三	大戊午 一、二	大壬午 一、二一	大丙子 一、九	大辛未 一二、三〇	大乙未 一、一八	小庚寅 一、八	大甲申 一二、二七	大戊申 一、一五	大壬寅 一、四	大丙申 一二、二四
閏月			五月小乙酉 六、二四			四月小戊辰 五、二二		八月小甲申 九、二五			七月小戊辰 八、二四			五月小辛巳 六、二二		

三一

年代表竝陰陽曆對照表

日本年號 朝鮮年號	萬延一 咸豐一〇	文久一 咸豐一一	文久二 同治一	文久三 同治二	元治一 同治三	慶應一 同治四	慶應二 同治五	慶應三 同治六	明治一 同治七	明治二 同治八	明治三 同治九	明治四 同治一〇	明治五 同治一一	明治六 同治一二	明治七 同治一三	明治八 光緒一
日本紀元 西曆紀元	閏 二五二〇 一八六〇	二五二一 一八六一	二五二二 一八六二	二五二三 一八六三	閏 二五二四 一八六四	二五二五 一八六五	二五二六 一八六六	二五二七 一八六七	閏 二五二八 一八六八	二五二九 一八六九	二五三〇 一八七〇	二五三一 一八七一	閏 二五三二 一八七二	二五三三 一八七三	二五三四 一八七四	二五三五 一八七五
干支	庚申	辛酉	壬戌	癸亥	甲子	乙丑	丙寅	丁卯	戊辰	己巳	庚午	辛未	壬申	癸酉	甲戌	乙亥
歲	八一	八〇	七九	七八	七七	七六	七五	七四	七三	七二	七一	七〇	六九	六八	六七	六六
正月	大 丙寅 一 二三	小 庚寅 二 一〇	大 甲申 一 三〇	小 戊申 二 一八	小 癸卯 二 八	大 丁酉 一 二七	大 辛酉 二 一五	小 丙辰 二 五	小 庚戌 一 二五	大 癸酉 二 一一	大 丁卯 一 三一	大 辛卯 二 一九	小 丙戌 二 九	小 辛巳 一 二九	小 乙巳 二 一七	大 己亥 二 六
二月	小 丙申 二 二二	大 己未 三 一一	小 甲寅 三 一	大 丁丑 三 一九	小 壬申 三 八	小 丁卯 二 二六	小 辛卯 三 一七	大 乙酉 三 六	大 己卯 二 二三	大 癸卯 三 一三	大 丁酉 三 二	大 辛酉 三 二一	大 乙卯 三 九	小 庚戌 二 二七	小 甲戌 三 一八	小 己巳 三 八
三月	大 乙丑 三 二二	大 己丑 四 一〇	大 癸未 三 三〇	大 丁未 四 一八	大 辛丑 四 六	小 丙申 三 二七	小 庚申 四 一五	小 乙卯 四 五	大 己酉 三 二四	大 癸酉 四 一二	大 丁卯 四 一	小 辛卯 四 二〇	小 乙酉 四 八	大 己卯 三 二八	大 癸卯 四 一六	小 戊戌 四 六
四月	小 乙丑 五 二一	小 己未 五 一〇	小 癸丑 四 二九	小 丁丑 五 一八	小 辛未 五 六	大 乙丑 四 二五	大 己丑 五 一四	小 甲申 五 四	小 己卯 四 二三	小 癸卯 五 一二	小 丁酉 五 一	大 庚申 五 一九	大 甲寅 五 七	小 己酉 四 二七	小 癸酉 五 一六	大 丁卯 五 五
五月	小 甲午 六 一九	大 戊子 六 八	大 壬午 五 二八	大 丙午 六 一六	大 庚子 六 四	小 乙未 五 二五	小 己未 六 一三	大 癸丑 六 二	大 丁丑 六 二〇	小 壬申 六 一〇	大 丙寅 五 三〇	大 庚寅 六 一八	大 甲申 六 六	大 戊寅 五 二六	大 壬寅 六 一四	小 丁酉 六 四
六月	大 癸亥 七 一八	小 戊午 七 八	大 壬子 六 二七	小 丙子 七 一六	小 庚午 七 四	小 甲午 七 二三	小 戊子 七 一二	小 癸未 七 二	小 丁未 七 二〇	大 辛丑 七 九	小 丙申 六 二九	小 庚申 七 一八	小 甲寅 七 六	小 戊申 六 二五	小 壬申 七 一四	小 丙寅 七 三
七月	小 癸巳 八 一七	大 丁亥 八 六	小 壬午 七 二七	大 乙巳 八 一四	大 己亥 八 二	大 癸亥 八 二一	大 丁巳 八 一〇	小 壬子 七 三一	小 丙子 八 一八	小 辛未 八 八	大 乙丑 七 二八	大 己丑 八 一六	大 癸未 八 四	大 丁未 八 二三	大 辛丑 八 一二	大 乙未 八 一
八月	小 壬戌 九 一五	小 丁巳 九 五	大 辛亥 八 二五	大 乙亥 九 一三	大 己巳 九 一	大 癸巳 九 二〇	大 丁亥 九 九	大 辛巳 八 二九	大 乙巳 九 一六	小 庚子 九 六	小 乙未 八 二七	小 己未 九 一五	小 癸丑 九 三	小 丁丑 九 二二	小 辛未 九 一一	小 乙丑 八 三一
九月	大 辛卯 一〇 一四	大 丙戌 一〇 四	大 庚戌 一〇 二三	小 乙巳 一〇 一三	小 己亥 一〇 一	小 癸亥 一〇 二〇	小 丁巳 一〇 九	小 辛亥 九 二八	小 乙亥 一〇 一六	大 己巳 一〇 五	小 甲子 九 二五	大 戊子 一〇 一四	大 壬午 一〇 二	大 丙午 一〇 二一	大 庚子 一〇 一〇	大 甲午 九 二九
十月	小 辛酉 一一 一三	小 丙辰 一一 三	小 庚辰 一一 二二	大 甲戌 一一 一一	大 戊辰 一〇 三〇	大 壬辰 一一 一八	大 丙戌 一一 七	大 庚辰 一〇 二七	大 甲辰 一一 一四	小 己亥 一一 四	大 癸巳 一〇 二四	小 戊午 一一 一三	大 壬子 一一 一	大 丙子 一一 二〇	大 庚午 一一 九	大 甲子 一〇 二九
十一月	大 庚寅 一二 一二	小 乙酉 一二 二	小 己酉 一二 二一	小 甲辰 一二 一一	大 戊戌 一一 二九	大 壬戌 一二 一八	大 丙辰 一二 七	大 庚戌 一一 二六	大 甲戌 一二 一四	大 戊辰 一二 三	大 壬辰 一二 二二	小 丁亥 一二 一二	小 壬午 一二 一	小 丙午 一二 二〇	大 庚子 一二 九	大 甲午 一一 二八
十二月	大 庚申 一 一一	大 甲寅 一二 三一	大 戊寅 一 一九	大 癸酉 一 九	小 戊辰 一二 二九	小 壬辰 一 一七	大 丙戌 一 六	大 庚辰 一二 二六	小 甲辰 一 一三	小 戊戌 一 二	小 壬戌 一 二一	大 丙辰 一 一〇	大 辛亥 一二 三〇	大 乙亥 一 一八	小 庚午 一 八	小 甲子 一二 二八
閏月	三月大乙未 四 二一		八月小辛巳 九 二四			五月大甲子 六 二三			四月小戊申 五 二二		十月小癸亥 一一 二三			六月大丁丑 七 二四		

三二

年代表竝陰陽曆對照表

明治	光緒	西曆紀元	日本紀元	閏	干支	歲	正月	二月	三月	四月	五月	六月	七月	八月	九月	十月	十一月	十二月	閏月
九	二	一八七六	二五三六	閏	丙子	六五	大 癸巳 一 二六	大 癸亥 二 二五	小 癸巳 三 二六	小 壬戌 四 二四	大 辛卯 五 二三	小 庚寅 七 二一	大 己未 八 一九	小 己丑 九 一八	大 戊午 一〇 一七	大 戊子 一一 一六	小 戊午 一二 一六	大 丁亥 一 一四	五月小辛酉 六 二二
一〇	三	一八七七	二五三七		丁丑	六四	大 丁巳 二 一三	大 丁亥 三 一五	小 丁巳 四 一四	小 丙戌 五 一三	大 乙卯 六 一一	小 乙酉 七 一一	小 甲寅 八 九	大 癸未 九 七	小 癸丑 一〇 七	大 壬午 一一 五	小 壬子 一二 五	大 辛巳 一 三	
一一	四	一八七八	二五三八		戊寅	六三	大 辛亥 二 二	大 辛巳 三 四	小 辛亥 四 三	大 庚辰 五 二	小 庚戌 六 一	大 己卯 六 三〇	小 己酉 七 三〇	小 戊寅 八 二八	大 丁未 九 二六	小 丁丑 一〇 二六	大 丙午 一一 二四	小 丙子 一二 二四	
一二	五	一八七九	二五三九		己卯	六二	大 乙巳 一 二二	大 乙亥 二 二一	小 乙巳 三 二三	大 甲辰 五 二一	小 甲戌 六 二〇	大 癸卯 七 一九	小 癸酉 八 一八	小 壬寅 九 一六	大 辛未 一〇 一五	小 辛丑 一一 一四	大 庚午 一二 一三	小 庚子 一 一二	三月大甲戌 四 二一
一三	六	一八八〇	二五四〇	閏	庚辰	六一	大 己巳 二 一〇	小 己亥 三 一一	大 戊辰 四 九	大 戊戌 五 九	小 戊辰 六 八	大 丁酉 七 七	大 丁卯 八 六	小 丁酉 九 五	大 丙寅 一〇 四	小 丙申 一一 三	小 乙丑 一二 二	大 甲午 一二 三一	
一四	七	一八八一	二五四一		辛巳	六〇	小 甲子 一 三〇	大 癸巳 二 二八	小 癸亥 三 三〇	大 壬辰 四 二八	小 壬戌 五 二八	大 辛卯 六 二六	大 辛酉 七 二六	大 庚申 九 二三	大 庚寅 一〇 二三	小 庚申 一一 二二	大 己丑 一二 二一	小 己未 一 二〇	七月小辛卯 八 二五
一五	八	一八八二	二五四二		壬午	五九	小 戊子 二 一八	大 丁巳 三 一九	小 丁亥 四 一八	大 丙辰 五 一七	小 丙戌 六 一六	大 乙卯 七 一五	小 乙酉 八 一四	大 甲寅 九 一二	大 甲申 一〇 一二	小 甲寅 一一 一一	大 癸未 一二 一〇	大 癸丑 一 九	
一六	九	一八八三	二五四三		癸未	五八	小 癸未 二 八	小 壬子 三 九	大 辛巳 四 七	小 辛亥 五 七	小 庚辰 六 五	大 己酉 七 四	小 己卯 八 三	大 戊申 九 一	大 戊寅 一〇 一	大 戊申 一〇 三一	小 戊寅 一一 三〇	大 丁未 一二 二九	
一七	一〇	一八八四	二五四四	閏	甲申	五七	大 丁丑 一 二八	小 丁未 二 二七	小 丙子 三 二七	大 乙巳 四 二五	小 乙亥 五 二五	大 癸酉 七 二二	小 癸卯 八 二一	大 壬申 九 一九	大 壬寅 一〇 一九	小 壬申 一一 一八	大 辛丑 一二 一七	大 辛未 一 一六	五月小甲辰 六 二三
一八	一一	一八八五	二五四五		乙酉	五六	大 辛丑 二 一五	小 辛未 三 一七	小 庚子 四 一五	大 己巳 五 一四	小 己亥 六 一三	小 戊辰 七 一二	大 丁酉 八 一〇	小 丁卯 九 九	大 丙申 一〇 八	小 丙寅 一一 七	大 乙未 一二 六	大 乙丑 一 五	
一九	一二	一八八六	二五四六		丙戌	五五	大 乙未 二 四	小 乙丑 三 六	大 甲午 四 四	小 甲子 五 四	大 癸巳 六 二	小 癸亥 七 二	小 壬辰 七 三一	大 辛酉 八 二九	小 辛卯 九 二八	大 庚申 一〇 二七	小 庚寅 一一 二六	大 己未 一二 二五	
二〇	一三	一八八七	二五四七		丁亥	五四	大 己丑 一 二四	大 己未 二 二三	小 己丑 三 二五	大 戊午 四 二三	大 丁巳 六 二一	小 丁亥 七 二一	小 丙辰 八 一九	大 乙酉 九 一七	小 乙卯 一〇 一七	大 甲申 一一 一五	小 甲寅 一二 一五	大 癸未 一 一三	四月小戊子 五 二三
二一	一四	一八八八	二五四八	閏	戊子	五三	大 癸丑 二 一二	小 癸未 三 一三	大 壬子 四 一一	大 壬午 五 一一	小 壬子 六 一〇	大 辛巳 七 九	小 辛亥 八 八	小 庚辰 九 六	大 己酉 一〇 五	小 己卯 一一 四	大 戊申 一二 三	小 戊寅 一 二	
二二	一五	一八八九	二五四九		己丑	五二	大 丁未 一 三一	小 丁丑 三 二	大 丙午 三 三一	大 丙子 四 三〇	小 丙午 五 三〇	大 乙亥 六 二八	小 乙巳 七 二八	大 甲戌 八 二六	小 甲辰 九 二五	大 癸酉 一〇 二四	小 癸卯 一一 二三	大 壬申 一二 二二	
二三	一六	一八九〇	二五五〇		庚寅	五一	小 壬寅 一 二一	大 辛未 二 一九	大 庚午 四 一九	小 庚子 五 一九	大 己巳 六 一七	大 己亥 七 一七	小 己巳 八 一六	大 戊戌 九 一四	小 戊辰 一〇 一四	大 丁酉 一一 一二	小 丁卯 一二 一二	大 丙申 一 一〇	二月小辛丑 三 二一
二四	一七	一八九一	二五五一		辛卯	五〇	小 丙寅 二 九	大 乙未 三 一〇	小 乙丑 四 九	大 甲午 五 八	小 甲子 六 七	大 癸巳 七 六	小 癸亥 八 五	大 壬辰 九 三	大 壬戌 一〇 三	小 壬辰 一一 二	大 辛酉 一二 一	大 辛卯 一二 三一	

三三

年代表竝陰陽曆對照表

日本年號 朝鮮年號	西曆紀元 日本紀元	干支	歲	正月	二月	三月	四月	五月	六月	七月	八月	九月	十月	十一月	十二月	閏月
明治二五 光緒一八	閏 一八九二 二五五二	壬辰	四九	小 辛酉 一 三〇	小 庚寅 二 二八	大 己未 三 二八	小 己丑 四 二七	小 戊午 五 二六	大 丁亥 六 二四	大 丙戌 八 二二	大 丙辰 九 二一	小 丙戌 一〇 二一	大 乙卯 一一 一九	大 乙酉 一二 一九	大 乙卯 一 一八	六月小丁巳 七 二四
明治二六 光緒一九	一八九三 二五五三	癸巳	四八	小 乙酉 二 一七	小 甲寅 三 一八	大 癸未 四 一六	小 癸丑 五 一六	小 壬午 六 一四	大 辛亥 七 一三	小 辛巳 八 一二	大 庚戌 九 一〇	小 庚辰 一〇 一〇	大 己酉 一一 八	大 己卯 一二 八	大 己酉 一 七	
明治二七 光緒二〇	一八九四 二五五四	甲午	四七	小 己卯 二 六	大 戊申 三 七	小 戊寅 四 六	大 丁未 五 五	小 丁丑 六 四	小 丙午 七 三	大 乙亥 八 一	小 乙巳 八 三一	大 甲戌 九 二九	小 甲辰 一〇 二九	大 癸酉 一一 二七	大 癸卯 一二 二七	
明治二八 光緒二一	一八九五 二五五五	乙未	四六	大 癸酉 一 二六	小 癸卯 二 二五	大 壬申 三 二六	小 壬寅 四 二五	大 辛未 五 二四	小 庚午 七 二二	大 己亥 八 二〇	小 己巳 九 一九	大 戊戌 一〇 一八	小 戊辰 一一 一七	大 丁酉 一二 一六	小 丁卯 一 一五	五月小辛丑 六 二三
明治二九 建陽一	閏 一八九六 二五五六	丙申	四五	大 丙申 二 一三	大 丙寅 三 一四	大 丙申 四 一三	小 丙寅 五 一三	大 乙未 六 一一	小 乙丑 七 一一	小 甲午 八 九	大 癸亥 九 七	小 癸巳 一〇 七	大 壬戌 一一 五	小 壬辰 一二 五	大 辛酉 一 三	
明治三〇 光武一	一八九七 二五五七	丁酉	四四	小 辛卯 二 二	大 庚申 三 三	大 庚寅 四 二	小 庚申 五 二	大 己丑 五 三一	小 己未 六 三〇	大 戊子 七 二九	小 戊午 八 二八	大 丁亥 九 二六	小 丁巳 一〇 二六	大 丙戌 一一 二四	小 丙辰 一二 二四	
明治三一 光武二	一八九八 二五五八	戊戌	四三	大 乙酉 一 二二	小 乙卯 二 二一	大 甲申 三 二二	大 癸未 五 二〇	大 癸丑 六 一九	小 癸未 七 一九	大 壬子 八 一七	小 壬午 九 一六	大 辛亥 一〇 一五	小 辛巳 一一 一四	大 庚戌 一二 一三	小 庚辰 一 一二	三月小甲寅 四 二一
明治三二 光武三	一八九九 二五五九	己亥	四二	大 己酉 二 一〇	小 己卯 三 一二	大 戊申 四 一〇	小 戊寅 五 一〇	大 丁未 六 八	小 丁丑 七 八	大 丙午 八 六	大 丙子 九 五	小 丙午 一〇 五	大 乙亥 一一 三	小 乙巳 一二 三	大 甲戌 一 一	
明治三三 光武四	一九〇〇 二五六〇	庚子	四一	小 甲辰 一 三一	大 癸酉 三 一	小 癸卯 三 三一	小 壬申 四 二九	大 辛丑 五 二八	小 辛未 六 二七	大 庚子 七 二六	大 庚午 八 二五	大 己巳 一〇 二三	大 己亥 一一 二二	小 己巳 一二 二二	大 戊戌 一 二〇	八月小庚子 九 二四
明治三四 光武五	一九〇一 二五六一	辛丑	四〇	小 戊辰 二 一九	大 丁酉 三 二〇	小 丁卯 四 一九	小 丙申 五 一八	大 乙丑 六 一六	小 乙未 七 一六	大 甲子 八 一四	小 甲午 九 一三	大 癸亥 一〇 一二	大 癸巳 一一 一一	大 癸亥 一二 一一	小 癸巳 一 一〇	
明治三五 光武六	一九〇二 二五六二	壬寅	三九	大 壬戌 二 八	小 壬辰 三 一〇	大 辛酉 四 八	小 辛卯 五 八	小 庚申 六 六	大 己丑 七 五	小 己未 八 四	大 戊子 九 二	小 戊午 一〇 二	大 丁亥 一〇 三一	大 丁巳 一一 三〇	大 丁亥 一二 三〇	
明治三六 光武七	一九〇三 二五六三	癸卯	三八	小 丁巳 一 二九	大 丙戌 二 二七	小 丙辰 三 二九	大 乙酉 四 二七	小 乙卯 五 二七	大 癸丑 七 二四	小 癸未 八 二三	小 壬子 九 二一	大 辛巳 一〇 二〇	大 辛亥 一一 一九	小 辛巳 一二 一九	大 庚戌 一 一七	五月小甲申 六 二五
明治三七 光武八	閏 一九〇四 二五六四	甲辰	三七	大 庚辰 二 一六	大 庚戌 三 一七	小 庚辰 四 一六	大 己酉 五 一五	小 己卯 六 一四	小 戊申 七 一三	大 丁丑 八 一一	小 丁未 九 一〇	小 丙子 一〇 九	大 乙巳 一一 七	大 乙亥 一二 七	小 乙巳 一 六	
明治三八 光武九	一九〇五 二五六五	乙巳	三六	大 甲戌 二 四	大 甲辰 三 六	小 甲戌 四 五	大 癸卯 五 四	大 癸酉 六 三	小 癸卯 七 三	小 壬申 八 一	大 辛丑 八 三〇	小 辛未 九 二九	大 庚子 一〇 二八	小 庚午 一一 二七	大 己亥 一二 二六	
明治三九 光武一〇	一九〇六 二五六六	丙午	三五	小 己巳 一 二五	大 戊戌 二 二三	大 戊辰 三 二五	小 戊戌 四 二四	小 丁酉 六 二二	大 丙寅 七 二一	小 丙申 八 二〇	大 乙丑 九 一八	小 乙未 一〇 一八	大 甲子 一一 一六	小 甲午 一二 一六	大 癸亥 一 一四	四月大丁卯 五 二三
明治四〇 隆熙一	一九〇七 二五六七	丁未	三四	小 癸巳 二 一三	大 壬戌 三 一四	小 壬辰 四 一三	大 辛酉 五 一二	小 辛卯 六 一一	大 庚申 七 一〇	大 庚寅 八 九	小 庚申 九 八	大 己丑 一〇 七	小 己未 一一 六	大 戊子 一二 五	小 戊午 一 四	

昭和十五年

年代表竝陰陽曆對照表

日本年號 朝鮮年號	明治四一 隆熙二	明治四二 隆熙三	明治四三 隆熙四	明治四四	明治四五 大正一	大正二	大正三	大正四	大正五	大正六	大正七	大正八	大正九	大正一〇	大正一一	大正一二
日本紀元 西曆紀元	閏 二五六八 一九〇八	二五六九 一九〇九	二五七〇 一九一〇	二五七一 一九一一	閏 二五七二 一九一二	二五七三 一九一三	二五七四 一九一四	二五七五 一九一五	閏 二五七六 一九一六	二五七七 一九一七	二五七八 一九一八	二五七九 一九一九	閏 二五八〇 一九二〇	二五八一 一九二一	二五八二 一九二二	二五八三 一九二三
干支	戊申	己酉	庚戌	辛亥	壬子	癸丑	甲寅	乙卯	丙辰	丁巳	戊午	己未	庚申	辛酉	壬戌	癸亥
歲	三三	三二	三一	三〇	二九	二八	二七	二六	二五	二四	二三	二二	二一	二〇	一九	一八
正月	大 丁亥 二、二	小 壬午 一、二二	小 丙午 二、一〇	大 庚子 一、三〇	大 甲子 二、一八	大 戊午 二、六	大 壬子 一、二六	大 丙子 二、一四	小 辛未 二、四	大 乙丑 一、二三	大 己丑 二、一一	小 甲申 二、一	小 戊申 二、二〇	大 壬寅 二、八	大 丙申 一、二八	小 庚申 二、一六
二月	小 丁巳 三、三	大 辛亥 二、二〇	大 乙亥 三、一一	小 庚午 三、一	小 甲午 三、一九	大 戊子 三、八	大 壬午 二、二五	小 丙午 三、一六	大 庚子 三、四	小 乙未 二、二二	小 己未 三、一三	大 癸丑 三、二	大 丁丑 三、二〇	小 壬申 三、一〇	小 丙寅 二、二七	大 己丑 三、一七
三月	小 丙戌 四、一	小 庚戌 四、二〇	小 乙巳 四、一〇	大 己亥 三、三〇	大 癸亥 四、一七	小 戊午 四、七	小 壬子 三、二七	大 乙亥 四、一四	小 庚午 四、三	大 癸巳 四、二一	小 戊子 四、一一	小 癸未 四、一	小 丁未 四、一九	大 辛丑 四、八	大 乙未 三、二八	大 己未 四、一六
四月	大 乙卯 四、三〇	大 己卯 五、一九	小 甲戌 五、九	小 己巳 四、二九	小 癸巳 五、一七	大 丁亥 五、六	大 辛巳 四、二五	大 乙巳 五、一四	大 己亥 五、二	小 癸亥 五、二一	大 丁巳 五、一〇	小 壬子 四、三〇	小 丙子 五、一八	小 辛未 五、八	大 乙丑 四、二七	小 己丑 五、一六
五月	大 乙酉 五、三〇	小 己酉 六、一八	大 癸卯 六、七	小 戊戌 五、二八	小 壬戌 六、一五	小 丁巳 六、五	大 辛亥 五、二五	小 乙亥 六、一三	小 己巳 六、一	大 壬辰 六、一九	小 丁亥 六、九	大 辛巳 五、二九	大 乙巳 六、一六	小 庚子 六、六	小 乙未 五、二七	大 戊午 六、一四
六月	小 乙卯 六、二九	大 戊寅 七、一七	小 癸酉 七、七	大 丁卯 六、二六	大 辛卯 七、一四	小 丙戌 七、四	小 庚戌 七、二三	大 甲辰 七、一二	大 戊戌 六、三〇	大 壬戌 七、一九	大 丙辰 七、八	小 辛亥 六、二八	小 乙亥 七、一六	大 己巳 七、五	大 癸巳 七、二四	小 戊子 七、一四
七月	大 甲申 七、二八	小 戊申 八、一六	大 壬寅 八、五	小 丙寅 八、二四	小 辛酉 八、一三	大 乙卯 八、二	大 己卯 八、二一	小 甲戌 八、一一	大 戊辰 七、三〇	小 壬辰 八、一八	小 丙戌 八、七	大 庚辰 七、二七	小 甲辰 八、一四	小 己亥 八、四	小 癸亥 八、二三	大 丁巳 八、一二
八月	小 甲寅 八、二七	大 丁丑 九、一四	小 壬申 九、四	大 乙未 九、二二	小 庚寅 九、一一	小 乙酉 九、一	小 己酉 九、二〇	大 癸卯 九、九	小 戊戌 八、二九	大 辛酉 九、一六	大 乙卯 九、五	大 己卯 九、二四	大 癸酉 九、一二	小 戊辰 九、二	小 壬辰 九、二一	小 丁亥 九、一一
九月	大 癸未 九、二五	大 丁未 一〇、一四	大 辛丑 一〇、三	大 乙丑 一〇、二二	大 己未 一〇、一〇	小 甲寅 九、三〇	大 戊寅 一〇、一九	小 癸酉 一〇、九	大 丁卯 九、二七	大 辛卯 一〇、一六	大 乙酉 一〇、五	大 己酉 一〇、二四	大 癸卯 一〇、一二	大 丁酉 一〇、一	大 辛酉 一〇、二〇	大 丙辰 一〇、一〇
十月	大 癸丑 一〇、二五	大 丁丑 一一、一三	大 辛未 一一、二	小 乙未 一一、二一	大 己丑 一一、九	大 癸未 一〇、二九	小 戊申 一一、一八	大 壬寅 一一、七	小 丁酉 一〇、二七	小 辛酉 一一、一五	大 乙卯 一一、四	小 己卯 一一、二三	小 癸酉 一一、一一	小 丁卯 一〇、三一	小 辛卯 一一、一九	小 丙戌 一一、九
十一月	小 癸未 一一、二四	小 丁未 一二、一三	大 辛丑 一二、二	大 甲子 一二、二〇	小 己未 一二、九	小 癸丑 一一、二八	小 丁丑 一二、一七	小 壬申 一二、七	大 丙寅 一一、二五	大 庚寅 一二、一四	小 乙酉 一二、四	大 戊申 一二、二二	大 壬寅 一二、一〇	大 丙申 一一、二九	大 庚申 一二、一八	小 乙卯 一二、八
十二月	大 壬子 一二、二三	大 丙子 一、一一	小 辛未 一、一	大 甲午 一、一九	大 戊子 一、七	大 壬午 一二、二七	大 丙午 一、一五	大 辛丑 一、五	小 丙申 一二、二五	小 庚申 一、一三	大 甲寅 一、二	大 戊寅 一、二一	大 壬申 一、九	大 丙寅 一二、二九	大 庚寅 一、一七	大 甲申 一、六
閏月		二月小辛巳 三、二二		六月小丁酉 七、二六			五月小辛巳 六、二四			二月小甲子 三、二三		七月小庚戌 八、二六			五月小甲子 六、二五	

三五

年代表竝陰陽曆對照表

年號	日本紀元 西曆紀元	干支	歳	正月	二月	三月	四月	五月	六月	七月	八月	九月	十月	十一月	十二月	閏月
大正一三	閏 二五八四 一九二四	甲子	一七	大 甲寅 二 五	小 甲申 三 六	大 癸丑 四 四	小 癸未 五 四	大 壬子 六 二	大 壬午 七 二	小 壬子 八 一	大 辛巳 八 三〇	小 辛亥 九 二九	大 庚辰 一〇 二八	小 庚戌 一一 二七	小 己卯 一二 二六	
大正一四	二五八五 一九二五	乙丑	一六	大 戊申 一 二四	小 戊寅 二 二三	大 丁未 三 二四	大 丁丑 四 二三	大 丙子 六 二一	小 丙午 七 二一	大 乙亥 八 一九	大 乙巳 九 一八	小 乙亥 一〇 一八	大 甲辰 一一 一六	小 甲戌 一二 一六	大 癸卯 一 一四	四月小丁未 五 二三
大正一五 昭和一	二五八六 一九二六	丙寅	一五	小 癸酉 二 一三	小 壬寅 三 一四	大 辛未 四 一二	小 辛丑 五 一二	大 庚午 六 一〇	小 庚子 七 一〇	大 己巳 八 八	大 己亥 九 七	小 己巳 一〇 七	大 戊戌 一一 五	大 戊辰 一二 五	小 戊戌 一 四	
昭和二	二五八七 一九二七	丁卯	一四	大 丁卯 二 二	小 丁酉 三 四	小 丙寅 四 二	大 乙未 五 一	小 乙丑 五 三一	大 甲午 六 二九	小 甲子 七 二九	大 癸巳 八 二七	大 癸亥 九 二六	小 癸巳 一〇 二六	大 壬戌 一一 二四	大 壬辰 一二 二四	
昭和三	閏 二五八八 一九二八	戊辰	一三	小 壬戌 一 二三	大 辛卯 二 二一	小 庚寅 四 二〇	大 己未 五 一九	小 己丑 六 一八	小 戊午 七 一七	大 丁亥 八 一五	大 丁巳 九 一四	小 丁亥 一〇 一四	大 丙辰 一一 一二	大 丙戌 一二 一二	大 丙辰 一 一一	二月小辛酉 三 二二
昭和四	二五八九 一九二九	己巳	一二	小 丙戌 二 一〇	大 乙卯 三 一一	小 乙酉 四 一〇	小 甲寅 五 九	大 癸未 六 七	小 癸丑 七 七	小 壬午 八 五	大 辛亥 九 三	小 辛巳 一〇 三	大 庚戌 一一 一	大 庚辰 一二 一	大 庚戌 一二 三一	
昭和五	二五九〇 一九三〇	庚午	一一	小 庚辰 一 三〇	大 己酉 二 二八	大 己卯 三 三〇	小 己酉 四 二九	小 戊寅 五 二八	大 丁未 六 二六	小 丙午 八 二四	大 乙亥 九 二二	小 乙巳 一〇 二二	大 甲戌 一一 二〇	大 甲辰 一二 二〇	小 甲戌 一 一九	六月小丁丑 七 二六
昭和六	二五九一 一九三一	辛未	一〇	大 癸卯 二 一七	大 癸酉 三 一九	大 癸卯 四 一八	小 癸酉 五 一八	小 壬寅 六 一六	大 辛未 七 一五	小 辛丑 八 一四	小 庚午 九 一二	大 己亥 一〇 一一	小 己巳 一一 一〇	大 戊戌 一二 九	小 戊辰 一 八	
昭和七	閏 二五九二 一九三二	壬申	九	大 丁酉 二 六	大 丁卯 三 七	大 丁酉 四 六	小 丁卯 五 六	大 丙申 六 四	小 丙寅 七 四	大 乙未 八 二	小 乙丑 九 一	小 甲午 九 三〇	大 癸亥 一〇 二九	小 癸巳 一一 二八	大 壬戌 一二 二七	
昭和八	二五九三 一九三三	癸酉	八	小 壬辰 一 二六	大 辛酉 二 二四	大 辛卯 三 二六	小 辛酉 四 二五	大 庚寅 五 二四	小 庚寅 七 二三	大 己未 八 二一	小 己丑 九 二〇	大 戊午 一〇 一九	小 戊子 一一 一八	小 丁巳 一二 一七	大 丙戌 一 一五	五月大庚申 六 二三
昭和九	二五九四 一九三四	甲戌	七	小 丙辰 二 一四	大 乙酉 三 一五	小 乙卯 四 一四	大 甲申 五 一三	大 甲寅 六 一二	小 甲申 七 一二	大 癸丑 八 一〇	大 癸未 九 九	小 癸丑 一〇 九	大 壬午 一一 七	小 壬子 一二 七	大 辛巳 一 五	
昭和一〇	二五九五 一九三五	乙亥	六	小 辛亥 二 四	小 庚辰 三 五	大 己酉 四 三	小 己卯 五 三	大 戊申 六 一	小 戊寅 七 一	大 丁未 七 三〇	大 丁丑 八 二九	小 丁未 九 二八	大 丙子 一〇 二七	大 丙午 一一 二六	小 丙子 一二 二六	
昭和一一	閏 二五九六 一九三六	丙子	五	大 乙巳 一 二四	小 乙亥 二 二三	小 甲辰 三 二三	小 癸卯 五 二一	大 壬申 六 一九	小 壬寅 七 一九	大 辛未 八 一七	小 辛丑 九 一六	大 庚午 一〇 一五	大 庚子 一一 一四	大 庚午 一二 一四	小 庚子 一 一三	三月大癸酉 四 二一
昭和一二	二五九七 一九三七	丁丑	四	大 己巳 二 一一	小 己亥 三 一三	小 戊辰 四 一一	大 丁酉 五 一〇	小 丁卯 六 九	小 丙申 七 八	大 乙丑 八 六	小 乙未 九 五	大 甲子 一〇 四	大 甲午 一一 三	大 甲子 一二 三	小 甲午 一 二	
昭和一三	二五九八 一九三八	戊寅	三	大 癸亥 一 三一	大 癸巳 三 二	小 癸亥 四 一	小 壬辰 四 三〇	大 辛酉 五 二九	小 辛卯 六 二八	小 庚申 七 二七	小 己未 九 二四	大 戊子 一〇 二三	大 戊午 一一 二二	小 戊子 一二 二二	大 丁巳 一 二〇	七月大己丑 八 二五
昭和一四	二五九九 一九三九	己卯	二	大 丁亥 二 一九	大 丁巳 三 二一	小 丁亥 四 二〇	小 丙辰 五 一九	大 乙酉 六 一七	小 乙卯 七 一七	小 甲申 八 一五	大 癸丑 九 一三	小 癸未 一〇 一三	大 壬子 一一 一一	小 壬午 一二 一一	大 辛亥 一 九	

平均氣溫（攝氏）

地名	雄基	中江鎭	城津	新義州	元山	平壤	江陵	京城	仁川	大邱	全州	釜山	木浦	濟州	臺北	鹿兒島	下關	大阪	東京	札幌	大泊	大連	奉天
一月	(一)九、三	(一)二二、二	(一)五、九	(一)九、九	(一)三、八	(一)八、一	(一)一、四	(一)六、二	(一)三、九	(一)一、七	(一)二、〇	一、九	〇、八	四、四	一五、二	七、〇	五、三	四、一	三、一	(一)六、二	(一)一一、二	(一)五、一	(一)一三、〇
二月	(一)六、六	(一)一五、六	(一)四、二	(一)六、二	(一)二、五	(一)四、九	〇、〇	(一)二、四	(一)二、一	〇、四	(一)〇、三	三、〇	一、六	四、七	一四、八	七、四	五、三	四、三	三、八	(一)五、三	(一)一〇、二	(一)三、六	(一)九、三
三月	(一)一、三	(一)四、五	〇、六	〇、三	二、四	一、四	四、五	二、七	二、九	五、四	四、六	七、〇	五、三	七、六	一六、九	一〇、七	八、一	七、四	六、九	(一)一、六	(一)五、五	一、八	(一)一、〇
四月	五、四	六、四	六、六	八、二	九、五	九、四	一一、三	一〇、四	九、六	一二、一	一一、三	一二、三	一一、四	一二、四	二〇、七	一五、五	一三、〇	一三、一	一二、六	五、三	一、〇	九、三	八、六
五月	一〇、〇	一三、四	一〇、九	一五、一	一四、九	一五、五	一六、三	一六、六	一四、八	一七、五	一六、九	一六、五	一六、四	一六、四	二四、一	一八、九	一七、〇	一七、六	一六、七	一〇、五	五、五	一五、四	一六、〇
六月	一四、四	一八、七	一五、三	二〇、一	一九、一	二〇、五	二〇、三	二〇、八	一九、六	二一、九	二一、四	二〇、〇	二〇、六	二〇、四	二六、六	二三、四	二〇、八	二一、九	二〇、五	一四、九	一〇、一	二〇、二	二二、六
七月	一九、二	二二、六	二〇、一	二三、七	二二、七	二四、一	二四、一	二四、六	二三、五	二五、六	二五、六	二三、九	二四、七	二五、四	二八、二	二六、二	二四、九	二六、一	二四、三	一九、二	一四、八	二三、六	二四、八
八月	二二、三	二一、七	二二、二	二四、三	二三、四	二四、四	二四、五	二五、〇	二四、八	二六、一	二六、〇	二五、六	二六、一	二六、〇	二七、九	二六、八	二六、五	二七、三	二五、七	二〇、九	一七、三	二四、五	二三、六
九月	一六、七	一四、三	一七、八	一八、九	一八、八	一八、九	一九、七	二〇、一	二〇、三	二〇、七	二〇、四	二一、七	二一、八	二一、六	二六、二	二四、二	二三、〇	二三、四	二三、〇	一六、三	一三、七	一九、九	一七、〇
十月	一〇、一	六、四	一一、七	一一、三	一三、一	一一、九	一四、四	一三、六	一四、一	一四、二	一三、七	一六、三	一六、〇	一六、八	二三、九	一九、〇	一七、七	一七、一	一六、一	九、八	七、六	一三、七	九、二
十一月	一〇、〇	(一)三、七	三、九	三、三	五、六	三、一	八、一	五、七	六、一	七、一	七、三	一〇、二	九、六	一二、〇	一九、八	一三、六	一二、六	一二、四	一〇、六	三、三	(一)〇、二	五、二	(一)一、〇
十二月	(一)六、三	(一)一五、七	(一)三、一	(一)六、四	(一)一、〇	(一)五、二	一、八	(一)一、六	(一)一、二	〇、八	一、一	四、四	三、六	七、六	一六、八	八、九	七、九	六、六	五、四	(一)三、三	(一)六、九	(一)二、〇	(一)九、九
年	六、二	三、六	八、〇	八、五	一〇、二	九、二	一二、〇	一〇、八	一〇、七	一三、五	一二、三	一三、六	一三、二	一四、六	二一、七	一六、七	一五、二	一五、〇	一四、〇	七、〇	三、〇	一〇、二	七、二

平均最高氣溫(攝氏)

地名	一月	二月	三月	四月	五月	六月	七月	八月	九月	十月	十一月	十二月	年
雄基	(一)五.四	二.四	二.九	一〇.一	一四.六	一八.二	二二.五	二四.六	二〇.九	一四.七	五.三	二.四	一〇.三
中江鎮	(一)一二.五	六.四	二.四	一三.六	二〇.七	二五.八	二八.九	二八.三	二三.〇	一四.七	二.七	八.六	一一.〇
城津	(一)〇.六	〇.七	五.一	一一.八	一六.〇	一九.五	二三.八	二五.九	二二.五	一六.九	九.〇	二.一	一二.七
新義州	(一)四.三	〇.八	五.五	一三.九	二〇.五	二四.九	二七.六	二八.八	二四.八	一七.六	七.九	一.三	一三.八
元山	〇.九	二.三	七.三	一五.〇	二〇.六	二三.八	二六.七	二七.四	二三.五	一八.五	一〇.五	三.五	一五.〇
平壤	二.八	〇.三	六.七	一五.六	二一.七	二六.七	二八.九	二九.二	二四.六	一八.三	八.五	〇.二	一四.八
江陵	三.五	四.八	九.六	一六.八	二一.八	二五.一	二八.四	二八.九	二四.六	二〇.二	一三.六	六.七	一七.〇
京城	(一)〇.一	二.九	八.六	一六.七	二三.三	二六.九	二九.〇	三〇.二	二五.五	一九.五	一〇.七	二.七	一六.二
仁川	〇.三	二.三	七.四	一四.六	一九.七	二四.三	二七.二	二八.九	二四.八	一九.〇	一〇.七	三.〇	一五.二
大邱	三.五	五.七	一二.二	一八.四	二三.八	二七.六	三〇.三	三一.一	二六.〇	二〇.八	一三.三	六.〇	一八.一
全州	二.六	四.六	一〇.五	一七.八	二三.三	二七.五	三〇.一	三〇.八	二六.一	二〇.四	一二.九	五.七	一七.七
釜山	六.二	七.四	一一.五	一六.五	二〇.七	二三.七	二七.一	二九.二	二五.六	二二.一	一四.九	八.七	一七.七
木浦	五.〇	六.一	一〇.二	一六.五	二一.三	二五.〇	二八.五	三〇.三	二六.四	二一.三	一四.五	七.九	一七.八
濟州	七.〇	七.八	一一.四	一六.六	二〇.八	二四.二	二九.〇	二九.五	二五.一	二〇.六	一五.五	一〇.五	一八.二
臺北	一九.〇	一八.五	二〇.九	二四.九	二八.五	三一.四	三三.二	三三.九	三一.〇	二七.三	二三.八	二〇.七	二六.〇
鹿兒島	一一.九	一二.三	一五.七	二〇.三	二三.七	二六.一	三〇.三	三二.二	二八.八	二四.一	一九.〇	一四.三	二一.五
下關	八.五	八.六	一一.九	一七.〇	二一.〇	二四.四	二八.四	三〇.三	二六.七	二一.七	一六.三	一一.二	一八.八
大阪	八.五	八.八	一三.三	一八.三	二二.七	二六.三	三〇.五	三三.三	二八.二	二三.三	一五.六	一一.五	一九.八
東京	八.三	八.七	一一.九	一七.五	二一.七	二四.六	二八.三	三〇.〇	二六.〇	二〇.五	一五.七	一〇.九	一八.六
札幌	(一)一.八	〇.八	二.六	一〇.五	一六.三	二〇.六	二四.三	二六.二	二一.八	一五.八	七.八	〇.九	一二.〇
大泊	(一)七.〇	五.八	一.六	四.七	九.九	一四.四	一八.六	二一.〇	一七.八	一一.七	三.二	三.四	七.〇
大連	(一)一.三	〇.三	六.一	一四.三	二〇.三	二四.八	二七.三	二八.二	二四.一	一八.二	九.三	一.八	一四.四
奉天	(一)六.四	(一)二.六	四.九	一五.五	二二.八	二八.二	三〇.三	二九.二	二四.〇	一六.三	四.九	(一)三.八	一三.六

三八

昭和十五年

平均最低氣溫(攝氏)

地名	雄基	中江鎮	城津	新義州	元山	平壤	江陵	京城	仁川	大邱	全州	釜山	木浦	濟州	臺北	鹿兒島	下關	大阪	東京	札幌	大泊	大連	奉天
一月	(一)一三、一	(一)二九、二	(一)一〇、五	(一)一四、八	(一)八、〇	(一)一三、一	(一)五、四	(一)九、五	(一)七、三	(一)六、二	(一)六、三	(一)一、八	(一)三、三	一、七	一三、三	二、五	二、六	〇、二	(一)一、四	(一)一一、五	(一)一五、五	(一)八、八	(一)一八、八
二月	(一)一〇、六	(一)二四、五	(一)八、九	(一)一一、二	(一)六、八	(一)一〇、〇	(一)四、二	(一)六、八	(一)五、五	(一)四、三	(一)四、六	(一)〇、八	(一)一、六	一、八	一一、九	二、九	二、四	〇、三	(一)〇、六	(一)一〇、八	(一)一四、九	(一)七、一	(一)一五、五
三月	(一)五、三	(一)一一、四	(一)三、四	(一)四、二	(一)一、七	(一)三、四	(一)〇、一	(一)一、七	(一)〇、七	(一)〇、一	(一)〇、五	三、〇	一、五	三、九	一三、九	五、八	四、八	二、八	二、三	(一)六、五	(一)九、九	(一)一、七	(一)六、六
四月	一、三	〇、三	二、五	三、三	四、六	三、六	六、〇	四、九	五、七	六、〇	五、四	八、三	七、三	八、二	一七、三	一〇、八	九、五	八、三	八、〇	〇、一	(一)二、五	五、二	二、一
五月	六、二	六、六	七、三	一〇、二	一〇、二	九、八	一一、二	一〇、七	一二、二	一一、五	一一、四	一二、六	一二、六	一三、三	二〇、六	一四、四	一三、六	一二、八	一二、三	四、八	一、四	一一、三	九、四
六月	一一、四	一二、五	一二、四	一六、〇	一五、〇	一五、二	一五、八	一六、一	一六、一	一六、七	一六、二	一六、八	一七、三	一七、〇	二三、〇	一八、九	一七、九	一八、〇	一七、〇	一〇、〇	六、三	一六、四	一五、六
七月	一六、七	一七、七	一七、五	二〇、七	一九、五	二〇、二	二〇、五	二一、〇	二〇、七	二一、六	二三、〇	二一、三	二一、九	二三、四	二四、三	二二、七	二二、一	二二、六	二一、一	一四、八	一一、三	二〇、七	二〇、二
八月	一八、二	一六、八	一九、二	二〇、七	二〇、二	二〇、四	二〇、八	二一、五	二一、七	二二、一	二三、一	二三、七	二三、一	二三、〇	二四、二	二三、三	二三、六	二三、四	二二、三	一六、三	一三、七	二一、五	一九、〇
九月	一二、四	八、五	一三、六	一四、一	一四、六	一三、八	一五、五	一五、一	一六、四	一六、三	一五、六	一八、五	一八、三	一八、二	二三、七	二〇、五	二〇、一	一九、五	一八、八	一一、〇	九、六	一六、三	一一、三
十月	五、四	〇、一	六、九	六、三	八、二	六、二	九、六	七、三	九、九	八、五	八、一	一二、三	一三、一	一二、九	一九、八	一四、六	一四、五	一二、七	一二、三	三、九	三、三	九、九	三、四
十一月	(一)三、〇	(一)八、九	(一)〇、五	(一)一、九	一、三	(一)一、六	三、五	〇、二	三、一	一、九	二、三	六、〇	五、九	八、五	一六、八	八、八	九、五	六、九	六、二	(一)一、三	(一)四、一	一、四	(一)六、二
十二月	(一)一〇、〇	(一)二三、三	(一)七、五	(一)一〇、五	(一)五、一	(一)九、八	(一)二、三	(一)六、五	(一)四、七	(一)三、七	(一)三、一	〇、五	〇、三	四、四	一三、九	四、一	五、一	二、四	〇、八	(一)七、九	(一)一〇、九	(一)五、七	(一)五、三
年	二、五	(一)二、九	四、一	四、一	六、〇	四、三	七、六	六、〇	七、一	七、五	七、四	九、九	九、七	一一、二	一八、四	一三、四	一三、一	一〇、八	九、九	一、九	(一)一、〇	六、六	一、五

三九

降水量 (粍)

地名	一月	二月	三月	四月	五月	六月	七月	八月	九月	十月	十一月	十二月	年
雄基	五二	八〇	二二七	二七九	七二六	九九七	三八四	二〇二二	一一七七	六八〇	二三八	九三	七八三三
中江鎮	一一九	九七	二三四	三七九	八二〇	一一三三	一八六九	一六九三	八三〇	四四六	三一〇	一八三	八〇〇三
城津	二一七	一五七	二二九	三〇六	六〇〇	六九二	一一二三	一五七五	一〇八〇	四四五	四四四	二九〇	七一四八
新義州	七二	八八	二〇七	五五八	一一〇六	一二七八	二七九七	二六六八	一〇三〇	五六二	二七五	一七九	一〇八〇九
元山	三一六	三五五	四九二	七二一	八八八	一二三三	二七七六	三一六五	一七九一	七六七	六七六	三〇四	一三四二
平壤	一四五	一二五	二四七	四七一	七〇四	七五一	二五〇〇	二二一九	一一五四	四六四	三九五	二〇七	九三八三
江陵	五三六	六六九	六三七	八〇七	七六二	一〇〇三	一三五二	二二九〇	一七七〇	七四四	六八二	六〇三	一三五六〇
京城	二四五	二二六	三九八	七七三	八八九	一二四六	三七〇九	二六九一	一三三七	四一八	四四二	二八六	一二八三三
仁川	一九六	一八七	三二一	六七四	八二六	九七六	二七六六	二二二三	一一七〇	四二〇	四〇〇	二七三	一〇四二二
大邱	二二五	二五五	三五九	七七六	七七八	一二九四	二一四九	一七四一	一三六五	四〇八	二九七	二三八	九八八五
全州	二七三	三三五	四一〇	八六二	八一三	一二五四	三〇七三	二六二九	一二一〇	五七〇	四五五	四四九	一二三三三
釜山	四四六	三六八	六八九	一四一〇	二二七〇	二〇三〇	二九四三	一八六六	一七三四	七二七	四一七	三一六	一四三三六
木浦	三五九	三八三	四二三	九三八	九三三	一三九〇	二〇八四	一七一四	一一九一	五五八	四三五	三九一	一〇七八八
済州	五八二	七二〇	六三四	七九九	七九九	一四九四	一八九七	二四三〇	二四〇七	六〇八	六六七	七〇七	一三七四五
臺北	九〇三	一三五三	一八七一	一六六九	二二〇四	二九二三	三二九二	三〇三〇	三三二一	一一六七	六三九	七三九	二一〇一
鹿児島	八二九	一〇五四	一六二八	二三六五	二二九五	四一九一	三一五三	一九八九	二二九五	一三二二	九六八	八八八	二二九六五
下関	六七六	七八三	一一一五	一四六四	一四五五	二七六四	二五一六	一一六五	一八一六	一〇四七	七三二	七六一	一六二八九
大阪	四五三	五七九	九五一	一三六七	一二五三	一九三四	一五三八	一〇六六	一七七四	一三二二	七六六	四八六	一三四〇〇
東京	五一六	七四六	一〇八九	一三三二	一五一八	一六七三	一三四七	一四八九	二三八二	二〇二七	九八〇	五八二	一五六七八
札幌	八四七	六九八	六一五	五七三	六三三	六一五	九二七	一〇八四	一三三九	一一四八	一一一〇	九七八	一〇五六六
大泊	二八二	一八六	三〇一	四一九	七一八	六八五	九〇四	九二七	一〇八〇	八二一	六八二	三七一	七三七五
大連	一〇六	七八	一六四	二四三	四六三	四九一	一六五七	一二一八	九二二	二九〇	二三四	一二九	五九八四
奉天	四八	六一	一八一	二九一	六〇二	九五五	一五八二	一五四六	七八八	四一九	二二六	八六	六七八四

四〇

昭和十五年

平均風速度（毎秒米）

地名	一月	二月	三月	四月	五月	六月	七月	八月	九月	十月	十一月	十二月	年
中江鎮	〇.六	〇.九	一.五	二.二	二.二	一.七	一.三	一.二	一.二	一.三	一.三	〇.九	一.三
新義州	三.二	三.四	三.三	三.三	二.六	二.四	二.三	二.三	二.五	一.八	三.三	三.三	二.九
元山	三.〇	二.四	二.五	二.六	三.三	二.〇	一.八	二.〇	二.二	二.二	二.五	二.九	二.四
江陵	四.四	三.七	三.五	三.三	二.七	二.〇	一.八	一.七	二.一	一.八	三.五	四.二	三.〇
京城	二.五	二.八	三.四	三.五	三.三	二.九	二.八	二.七	二.五	二.三	二.五	二.四	二.八
仁川	四.三	四.四	五.〇	四.四	三.九	三.三	三.六	三.四	三.四	三.五	四.四	四.三	四.〇
全州	一.六	一.七	二.二	一.九	一.七	一.五	一.五	一.三	一.三	一.二	一.四	一.五	一.六
釜山	四.六	四.四	四.八	四.九	三.九	四.三	四.五	四.三	四.三	四.〇	二.九	四.五	四.四
木浦	五.二	五.四	五.四	四.四	三.六	三.三	三.七	三.四	三.六	三.七	四.五	四.九	四.三
臺北	三.四	三.三	三.五	三.三	二.九	三.三	二.五	二.八	三.二	三.七	二.九	三.六	三.三
鹿兒島	三.三	三.三	三.二	三.三	二.九	二.七	二.七	三.〇	二.九	二.九	三.〇	二.九	三.〇
下關	五.〇	四.八	四.九	四.八	四.七	四.六	四.三	四.七	三.八	三.六	四.一	四.九	四.五
大阪	三.二	三.〇	三.〇	二.八	二.六	二.六	二.六	二.六	二.五	二.三	二.五	三.〇	二.七
東京	二.六	三.〇	三.二	三.三	三.〇	二.七	二.六	二.七	二.六	二.五	二.四	二.五	二.七
札幌	二.九	二.八	三.五	四.四	四.二	三.三	二.九	二.九	二.五	二.五	二.九	二.七	三.一
大泊	四.七	四.三	四.八	四.六	四.三	三.六	三.四	三.五	四.二	五.一	五.六	五.二	四.五
大連	四.七	四.八	五.三	五.六	五.三	四.五	四.三	三.七	四.一	四.七	五.二	四.九	四.七
奉天	二.五	二.七	三.四	四.〇	三.八	三.〇	二.六	二.一	二.三	二.八	二.九	二.六	二.九

四一

平均濕度(百分率)

地名	中江鎭	新義州	元山	江陵	京城	仁川	全州	釜山	木浦	臺北	鹿兒島	下關	大阪	東京	札幌	大泊	大連	奉天
一月	八二	六八	五四	五三	六六	六七	七四	五〇	七二	八四	七三	六九	七二	六三	七九	八一	六三	六七
二月	七七	六三	五七	六〇	六三	六五	七三	五三	七〇	八四	七三	六九	七二	六三	七九	八一	六二	六三
三月	六八	六四	五八	六一	六二	六六	七〇	五八	七〇	八四	七三	七二	七二	六六	七五	八〇	五九	五六
四月	六一	六六	六二	六三	六四	七〇	七〇	六六	七四	八三	七六	七五	七三	七三	七三	八〇	五七	五三
五月	六四	七一	六八	六七	六八	七四	七三	七二	七六	八三	七七	七七	七三	七六	七四	八三	六一	五七
六月	七三	七八	七六	七四	七二	七九	七四	七八	八一	八一	八三	八三	七六	八一	八〇	八六	七二	六四
七月	八〇	八四	八三	七九	八〇	八五	八〇	八三	八六	七八	八二	八四	七七	八二	八四	八九	八三	七五
八月	八一	八一	八二	八一	七七	八一	八〇	七九	八二	七八	八〇	八〇	七五	八一	八三	八八	八〇	七七
九月	八一	七六	七五	七六	七三	七四	七八	七三	七七	八〇	七九	七九	七七	八二	八三	八五	七〇	七三
十月	七三	七三	六六	六七	七二	六九	七六	六五	七三	八一	七五	七四	七六	七九	八〇	七九	六四	六九
十一月	七四	六八	五八	六〇	七〇	六七	七六	五九	七三	八一	七五	七三	七五	七四	七七	七六	六一	六四
十二月	八〇	六八	五三	五五	六七	六六	七七	五三	七二	八三	七五	六九	七三	六七	七七	七九	六一	六六
年	七四	七三	六六	六六	六九	七三	七五	六六	七五	八二	七七	七五	七四	七四	七九	八二	六六	六六

昭和十五年

氣温風速降水量의極數

地名	最高氣温	年月日	最低氣温	年月日	最大風速度	年月日	最大降水日量	年月日	最大降水年量	年
中江鎮	三八・〇	大正一三年八月八日	(一)四三・六	昭和八年一月一二日	一五・八	大正一二年一二月一八日	九九・八	昭和四年七月一二日	一〇九五・八	昭和二年
新義州	三六・四	昭和三年八月七日	(一)二七・七	昭和一三年一月一三日	二〇・二	昭和六年一二月一二日	一八三・三	昭和六年八月二六日	一三五九・八	昭和九年
元山	三九・六	明治三九年八月二〇日	(一)二一・九	大正四年一月一三日	二六・〇	昭和五年七月一九日	二四三・〇	明治三六年九月三日	二〇二九・三	大正一一年
江陵	三七・四	昭和四年八月一日	(一)二〇・二	大正四年一月一三日	二五・二	昭和一三年一月一八日	三〇五・五	大正一〇年九月一四日	一九〇六・八	大正一四年
京城	三七・五	大正八年八月一日	(一)二三・一	昭和二年一月二一日	一六・七	昭和八年五月四日	三五四・七	大正九年八月二日	一九二四・一	大正一四年
仁川	三六・九	昭和五年八月一二日	(一)二一・〇	昭和六年一月一一日	三三・八	大正八年九月三日	三四七・五	大正一一年八月一三日	一六七〇・九	大正一四年
全州	三七・三	大正一三年八月一四日	(一)一七・一	昭和八年一月一七日	一七・四	大正一一年一二月一一日	二〇四・六	昭和一一年八月一五日	一七六八・八	昭和五年
釜山	三五・三	昭和四年八月一日	(一)一四・〇	大正四年一月一三日	三三・七	明治三七年八月一〇日	二五〇・九	明治四〇年七月一七日	二〇四七・三	明治三八年
木浦	三七・〇	大正一三年八月一八日	(一)一四・二	大正四年一月一三日	三四・六	明治四〇年七月一二日	二〇〇・一	明治四〇年七月一五日	一七四三・八	大正五年
臺北	三八・六	大正一〇年七月一二日	(一)〇・二	明治三四年二月一三日	三一・三	明治三三年八月五日	三五八・九	昭和五年七月二八日	二七八九・二	明治三一年
鹿兒島	三六・二	明治三六年七月一六日	(一)六・七	大正一二年一月一六日	四九・六	明治三三年八月一五日	三〇五・七	大正六年六月一六日	三五五〇・六	明治三八年
下關	三五・九	明治二七年八月一二日	(一)六・五	明治三四年一月二一日	三〇・七	明治二六年七月一四日	三三六・七	明治三七年六月一五日	二五八五・四	大正一二年
大阪	三七・六	明治四三年八月四日	(一)七・一	明治四四年一月一五日	四二・〇	昭和九年九月二一日	一八三・二	昭和一〇年六月二九日	一八七九・〇	明治三六年
東京	三六・六	明治一九年八月一四日	(一)八・六	昭和二年一月一四日	三一・〇	昭和一三年九月一日	二七八・三	昭和一三年六月二九日	二三二九・四	昭和一三年
札幌	三五・五	大正一三年七月一一日	(一)二八・五	昭和四年二月一日	二八・八	明治四〇年一二月九日	一三九・六	昭和一三年五月一三日	一四〇二・〇	明治一二年
大泊	三〇・四	昭和二年八月二九日	(一)三二・七	明治四一年一月一一日	三七・二	大正一四年一一月一三日	八三・七	大正四年八月一二日	九九七・五	大正四年
大連	三五・七	大正八年八月八日	(一)一九・九	昭和六年一月一〇日	—	—	一八九・六	大正九年七月一六日	一一二四・九	大正三年
奉天	三九・三	大正九年六月一〇日	(一)三三・九	明治四一年一月二一日	二二・三	昭和五年五月七日	一四八・七	明治四四年八月一三日	一〇六四・九	大正一二年

水稻便覽

項目 ＼ 地方	北部	中部	南部
選種及浸種	四月下旬前半	四月中旬後半	四月下旬後半
苗代ノ整地及施肥	四月下旬後半	四月下旬前半	五月上旬前半
播種	五月上旬前半	四月下旬後半	五月上旬後半
苗代害蟲驅除	五月下旬	六月上旬	六月上旬
綠肥作物收穫	—	六月上旬後半	五月中旬乃至六月上旬前半
裏作大麥收穫	—	六月中旬後半 / 六月下旬前半	六月下旬前半
本田整地及施肥（一毛作 / 二毛作）	五月下旬後半 / —	六月上旬後半 / 六月下旬前半	六月上旬後半 / 六月下旬前半
挿秧（一毛作 / 二毛作）	六月上旬 / —	六月上旬乃至中旬前半 / 六月下旬前半	六月中旬 / 六月下旬前半
中耕除草	六月中旬乃至八月上旬	六月下旬乃至八月上旬	六月下旬乃至八月中旬
追肥（[illegible]）	六月下旬後半	七月上旬前半	七月上旬後半
害蟲驅除	七月下旬乃至八月下旬	六月中旬乃至九月上旬	六月中旬乃至九月中旬
稗拔	八月下旬	九月上旬	九月中旬
落水	九月上旬	九月中旬	九月下旬
綠肥作物播種	—	九月上旬乃至中旬前半	九月上旬乃至九月中旬
收穫	九月下旬乃至十月上旬	十月中旬	十月下旬
乾燥	十月上旬	十月下旬	十一月上旬
裏作大麥播種	—	十月上旬乃至中旬前半	十月下旬
調製	十月中旬	十一月上旬	十一月中旬
畜秋耕	十月中旬乃至十月下旬	十一月下旬	十一月上旬乃至十一月中旬
收穫物ノ整理	十一月中旬	十一月下旬	十一月上旬
農具整理	十二月乃至三月	十二月乃至三月	十二月乃至三月
繩叺製造	十二月乃至三月	十二月乃至三月	十二月乃至三月

水產動植物ノ採捕禁止一覽

種類 / 區域	[illegible]
禁止期間	[illegible]
咸北	[illegible]
咸南	[illegible]
江原	[illegible]
慶北	[illegible]
慶南	[illegible]
全南	[illegible]
全北	[illegible]
忠南	[illegible]
忠北	[illegible]
京畿	[illegible]
黃海	[illegible]
平南	[illegible]
平北	[illegible]

漁業便覧

朝鮮産重要水産物名	主要漁場	漁期 北部	漁期 中部	漁期 南部	主要漁具
まいわし 정어리	羅津灘、咸鏡北南道、江原道、慶尚北南道、全羅南道沿海	自五月 至十一月	自四月 至翌年二月	自十一月 至翌年八月	機船巾着網、流網、大敷網、角網、地曳網
さば 고등어	羅津灘、咸鏡北南道、江原道、慶尚北南道、全羅北南道沿海	自五月 至十一月	自五月 至翌年二月	周年	機船巾着網、流網、延縄、一本釣
かたくちいわし 멸치	江原道、慶尚北南道、全羅南道沿海	自五月 至十月	自四月 至十一月	自四月 至十二月	地曳網、焚寄網、揮帳網、権現網、船曳網、巾着網
めんたい 명태	羅津灘、咸鏡北南道、江原道沿海	自九月 至翌年五月	自九月 至翌年三月	—	機船底曳網、延縄、刺網、繰網、忽致網
ぐち 조기	平安北南道、黄海道、京畿道、忠清南道、全羅北南道沿海	自四月 至十月	自四月 至十一月	自三月 至十二月	鮟鱇網、魚箭、柱木網、機船底曳網
にしん 청어	羅津灘、咸鏡北南道、江原道、慶尚北道沿海	自十月 至翌年五月	自十二月 至翌年四月	自十一月 至翌年四月	巻網、角網、刺網、繰網、揮羅網、落網、機船巾着網
たちうを 갈치	平安北南道、黄海道、京畿道、忠清南道、全羅北南道、慶尚北南道沿海	自六月 至十一月	自五月 至十一月	自四月 至十二月	鮟鱇網、柱木網、魚箭、延縄、巻網、大敷網、一本釣、臺網、角網、小臺網、船曳網、地曳網
えび 새우	平安北南道、黄海道、京畿道、忠清南道、全羅北南道、慶尚北南道、江原道沿海	自三月 至十月	自七月 至十二月	周年	曵船網、柱木網、魚箭、弓船網、鮟鱇網、曳網、打瀬網、手操網又手網、蝦籠、藁網
あじ 메가리(=전갱이)	忠清南道、全羅北南道、慶尚北南道沿海	—	自五月 至九月	周年	機船巾着網、流網
たら 대구	羅津灘、咸鏡北南道、黄海道、忠清南道、江原道、慶尚北南道、全羅北道沿海	自二月 至十二月	自九月 至翌年六月	自十二月 至翌年四月	延縄、壺網、角網、機船底曳網、小臺網、防簗
たい 도미	忠清南道、全羅北南道、慶尚北南道沿海	—	自四月 至十一月	自三月 至十二月	延縄、一本釣
かれい 가자미	全沿海	周年	周年	周年	打瀬網、忽致網、機船底曳網
さわら 삼치	江原道、慶尚北南道、全羅南道、忠清南道、黄海道沿海	—	自五月 至十二月	周年	流網、大敷網、角網、曳釣、小臺網、地曳網、魚箭
にべ 민어	平安北南道、黄海道、京畿道、忠清南道、全羅北南道、慶尚北南道沿海	自五月 至十月	自五月 至十一月	自三月 至十一月	鮟鱇網、延縄、柱木網
ひらめ 넙치	全沿海	自三月 至十月	自四月 至十二月	周年	鮟鱇網、機船底曳網、空釣、延縄

あなご 봉장어	平安南道、京畿道、忠清南道、全羅北南道、慶尙北南道沿海	自四月至九月	自六月至十一月	周年	延繩、打瀨網、手繰網、一本釣、籠
はも 참장어	黃海道、京畿道、忠清南道、全羅北南道、慶尙北南道沿海		自五月至十月	自五月至十一月	延繩、打瀨網、機船底曳網
ふか 상어	全沿海	自三月至十一月	自三月至十一月	周年	機船底曳網、延繩、打瀨網

林業便覧

項目 ＼ 地方	北部	中部	南部
苗圃의 基肥、播種、植替	三月下旬乃至四月下旬	三月中旬乃至四月上旬	三月
植樹、生籬造成	四月中旬乃至五月上旬	三月下旬乃至四月上旬	三月中旬乃至四月上旬
記念植樹	四月十日前後	四月三日	四月三日
植栽地手入	五月乃至八月	五月乃至八月	五月乃至八月
山菜採取	五月、六月	四月、五月	三月、四月
松脂採取	六月乃至九月	五月乃至十月	五月乃至十月
굴참나무(あべまき)及떡갈나무(かしは)樹皮採取	五月乃至九月	五月乃至九月	五月乃至九月
病蟲害驅除	周年	周年	周年
苗圃日覆及追肥	五月乃至八月	五月乃至八月	五月乃至八月
漆液採取	六月乃至十月	六月乃至十月	六月乃至十月
椎茸、松茸等菌蕈의 採取	七月乃至十月	九月、十月	九月、十月
野生藥草採取	五月、八月	四月、九月	三、四月乃至九、十月
五倍子의 採取	九月中、下旬	九月上、中旬	九月上、中旬
栗、胡桃其他의 種實採取	九月、十月	九月、十月	十月、十一月
溫突改造	九月、十月	九月、十月	九月、十月
伐竹	―	十月	十月
種子의 貯藏	十月乃至十一月	十月乃至十一月	十一月
栗蟲繭의 採取	十月乃至十二月	十月乃至十二月	十月乃至十二月
苗의 霜除	十一月	十一月	十二月
製炭	十月乃至二月	十一月乃至二月	十一月乃至二月
炭俵作り、萩細工	十一月乃至二月	十一月乃至二月	十一月乃至二月
山火用心	一年中、特히 四、五、六、九月	一年中、特히 三、四、五、九、十月	一年中、特히 三、四、五、九、十月

度量衡表

昭和十五年

度	ミリメートル 미리메-틀 (粍) 米의 千分之一	センチメートル 센치메-틀 (糎) 米의 百分之一	デシメートル 데시메-틀 (粉) 米의 十分之一	メートル 메-틀 (米)	キロメートル 기로메-틀 (粁) 千米	海里 千八百五十二米	積面 平方米	土地 アール 알 百平方米	土地 ヘクタール 헥타-ル 百アール 알
米法									
尺貫法	厘 三、三〇〇	分 三、三〇〇	寸 三、三〇〇	尺 三、三〇〇	町 九、一六七	町 一六、九七七	平方尺 一〇、八九〇	歩 三〇、二五〇	町 一、〇〇八
ヤード ポンド法 야-드 본드法	インチ 인치 〇、〇三九	インチ 인치 〇、三九四	フート 푸-트 〇、三二八	ヤード 야-드 一、〇九四	マイル 마일 〇、六二一	マイル 마일 一、一五一	平方ヤード 평방야-드 一、一九六	平方ヤード 평방야-드 一一九、六〇三	エーカー 에-가- 二、四七一

量・衡	立方米	量 液體又ハ粉粒狀物: ミリリットル 미리리-틀 (竓) 立의 千分之一	リットル 리-틀 (立)	キロリットル 기로리-틀 (竏) 千立	衡: ミリグラム 미리그람 (瓱) 瓩의 百萬分之一	グラム 그람 (瓦) 瓩의 千分之一	キログラム 기로그람 (瓩)	トン 톤 (瓲) 千瓩	寶石 カラット 가랏토 二百瓱
米法									
尺貫法	立方尺 三五、九三七	勺 〇、〇〇五五	合 五、五四四	石 五、五四四	毛 〇、二六七	分 二、六六七	貫 〇、二六七	貫 二六六、六六七	厘 五、三三三
ヤード ポンド法 야-드 본드法	立方ヤード 립방야-드 一、三〇八	パイント 바인트 〇、〇〇一七六	ガロン 까론 (米國) 〇、二六四	ガロン 까론 (米國) 二六四、一七一	グレン 그렌 〇、〇一五	グレン 그렌 一五、四三二	ポンド 본드 二、二〇五	英噸 〇、九八四	グレン 그렌 三、〇八六

尺	間	町	里	歩(坪)	段	升	貫	斤
米 〇、三〇三	米 一、八一八	米 一〇九、〇九一	粁 三、九二七	アール 알 〇、〇三三	アール 알 九、九一七	立 一、八〇四	瓩 三、七五〇	瓩 〇、六〇〇

米	鯨尺	インチ 인치	フート 푸-트	ヤード 야-드	マイル 마일	オンス 온스	オンス(藥衡金衡) 온스	ポンド 본드	英噸
鯨尺 二、六四〇	米 〇、三七九	糎 二、五四〇	粉 三、〇四八	米 〇、九一四	粁 一、六〇九	瓦 二八、三五〇	瓦 三一、一〇三	瓩 〇、四五四	瓲 一、〇一六

四八

國稅及道稅納期一覽

國稅 — 定期收入ニ屬スルモノ

納期	地稅	[illegible]稅	營業稅	乙種資本利子稅	[illegible]	鑛產稅	鑛區稅	[illegible]稅	酒稅	其ノ他ノ酒稅
一月								[illegible]		
二月	第一期	第一期			第一期				第一期	第一期
三月						年分			第四期	
四月										
五月			第一期							
六月										
七月								[illegible]	第二期	第二期
八月	第二期				第二期					
九月				第一期						
十月										第三期
十一月	第三期		第二期		第三期				第三期	
十二月		第二期		第二期			年分			

國稅 — 臨時收入ニ屬スルモノ

稅目	納期
第一種所得稅	[illegible]
第二種所得稅	[illegible]
臨時利得稅(法人)	[illegible]
[illegible]	[illegible]
甲種資本利子稅	[illegible]
公債及社債利子稅	[illegible]
利益配當稅	[illegible]
法人資本稅	[illegible]
相續稅	[illegible]
[illegible]稅	[illegible]
通行稅	[illegible]
有價證券移轉稅	[illegible]
取引稅	[illegible]
[illegible]稅	[illegible]
麥酒稅	[illegible]
清涼飲料稅	[illegible]
砂糖消費稅	[illegible]
[illegible]稅	[illegible]
印紙稅	[illegible]
骨牌稅	[illegible]
[illegible]稅	[illegible]
入場稅	[illegible]
特別入場稅	[illegible]
物品稅	[illegible]
遊興飲食稅	[illegible]

道稅 — 定期收入ニ屬スルモノ

納期	地稅附加稅	營業稅附加稅	鑛區稅附加稅	鑛產稅附加稅	漁業稅	其ノ他漁業	戶別稅	家屋稅	車輛稅	林野稅
一月										
二月	第一期									第一期
三月				年分						
四月									第一期	
五月		第一期			年分	年分	第一期	第一期		
六月										
七月										
八月										
九月									第二期	
十月						年分	第二期	第二期		
十一月		第二期								年分
十二月	第二期		年分							第一期

道稅 — 臨時收入ニ屬スルモノ

稅目	納期
不動產取得稅	不動產을 取得할時 (隨時)
取引所稅附加稅	每月分을 翌月末日까지 [illegible]
屠畜稅	每月分을 翌月十日까지 [illegible]
屠場稅	[illegible]
營業所得稅附加稅	所得[illegible] (隨時)
特別所得稅	[illegible] (隨時)

內國通信料金表

內國郵便料

第一種 書狀	但書狀中에 郵便葉書의 料金을 [illegible]	二十匁마다 四錢
第二種 郵便葉書	通常葉書	二錢
	往復葉書	四錢
	封緘葉書	[illegible]
第三種	每月一回以上發行하는 定期刊行物로 第三種郵便物의 認可를 受한것	六十匁마다 五厘
	日刊新聞紙로 發行人又는 賣捌人이 差出할 境遇에 限하야	一箇(一日分) 百二十五匁까지 五厘
	每百二十五匁[illegible]	五厘
第四種	書籍, 印刷物, 業務用書類, 寫眞, 書, 畫, 地圖, 商品見本及雛形, 博物學上의 標本	百二十匁마다 二錢
	盲人用點字의 書類, 印刷物及盲人用[illegible]	六百五十匁마다 [illegible]
	每月一回以上發行[illegible]	百二十匁마다 一錢五厘
第五種 農產種子		百二十匁마다 一錢

內國小包郵便料

重量	朝鮮內 同一郵便局區內	朝鮮內 其他	朝鮮外
五百瓦迄	二〇錢	二七	四二
一瓩迄	二〇錢	三四	四九
二瓩迄	二〇錢	四七	六二
三瓩迄	二〇錢	六〇	七五
四瓩迄	二〇錢	七三	八八
五瓩迄	二〇錢	七九	九四
六瓩迄	二〇錢	八五	一〇〇

朝鮮外 (樺太, 臺灣, 南洋[illegible])

內國通信電報料

地域	和文 基本 (十五字以內)	和文 加算 (五字以內每)	暗語 基本	暗語 加算	歐文 基本 (五語以內)	歐文 加算 (五語以內每)
市內 (私報/官報)	十五錢	三錢	二十五錢	三錢	十五錢	三錢
朝鮮內 (私報/官報)	三十錢	五錢	三十錢	五錢	三十錢	五錢
朝鮮外 (私報/官報)	四十錢 (三十錢)	五錢 (五錢)	一	一	四十五錢 (三十錢)	五錢 (五錢)
朝鮮과 關東州及滿洲國相互間 (私報/官報)	一語에 對하야	六錢			一語에 對하야	八錢

附記 日文電報通信料表

和文電報의 受信人의 住所氏名은 其字數를 不拘하고 此를 一語로 計算함. [illegible] 以下의 各受信人名及[illegible] 以下의 各[illegible] 字數를 不拘하고 一語로 計算함

和文電報의 本文[illegible] 各[illegible] 一語로 計算함

日滿電報에 對하야는 [illegible]

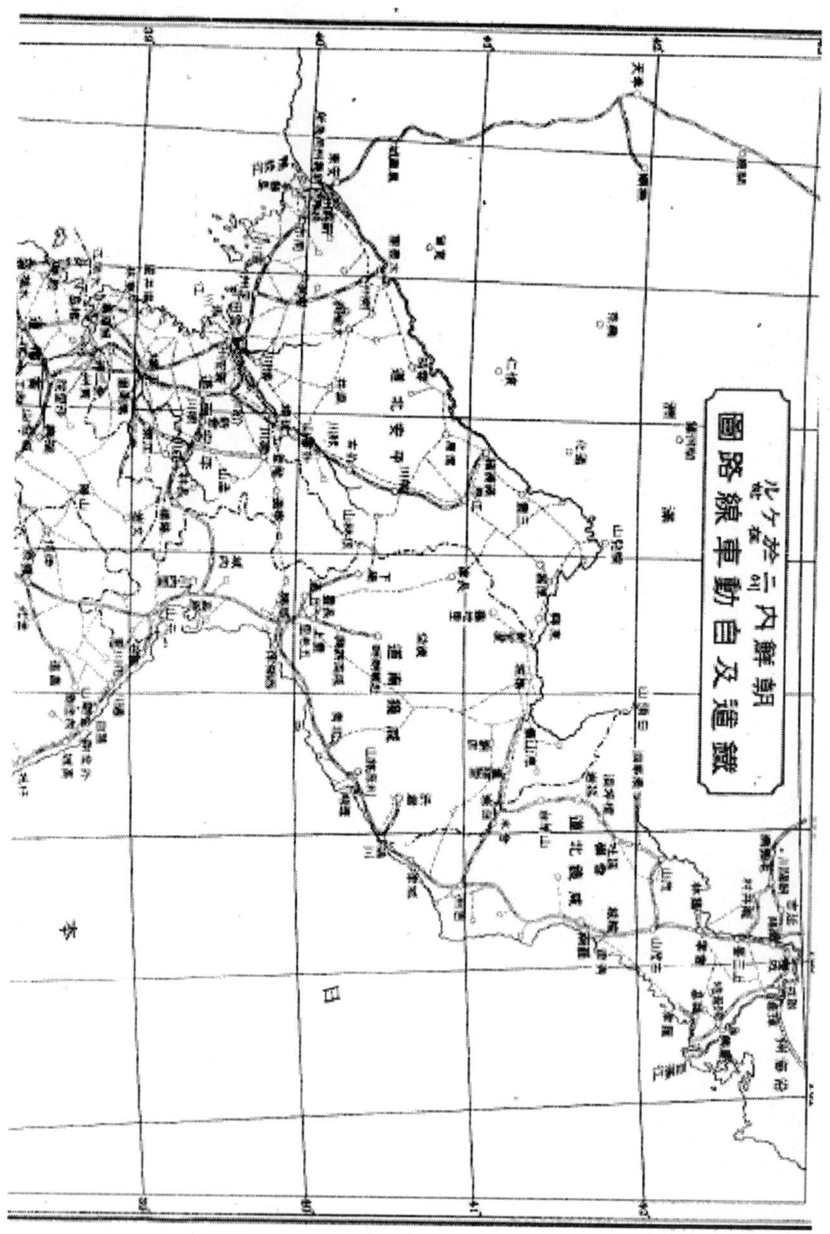
朝鮮内ニ於ケル鐵道及自動車線路圖

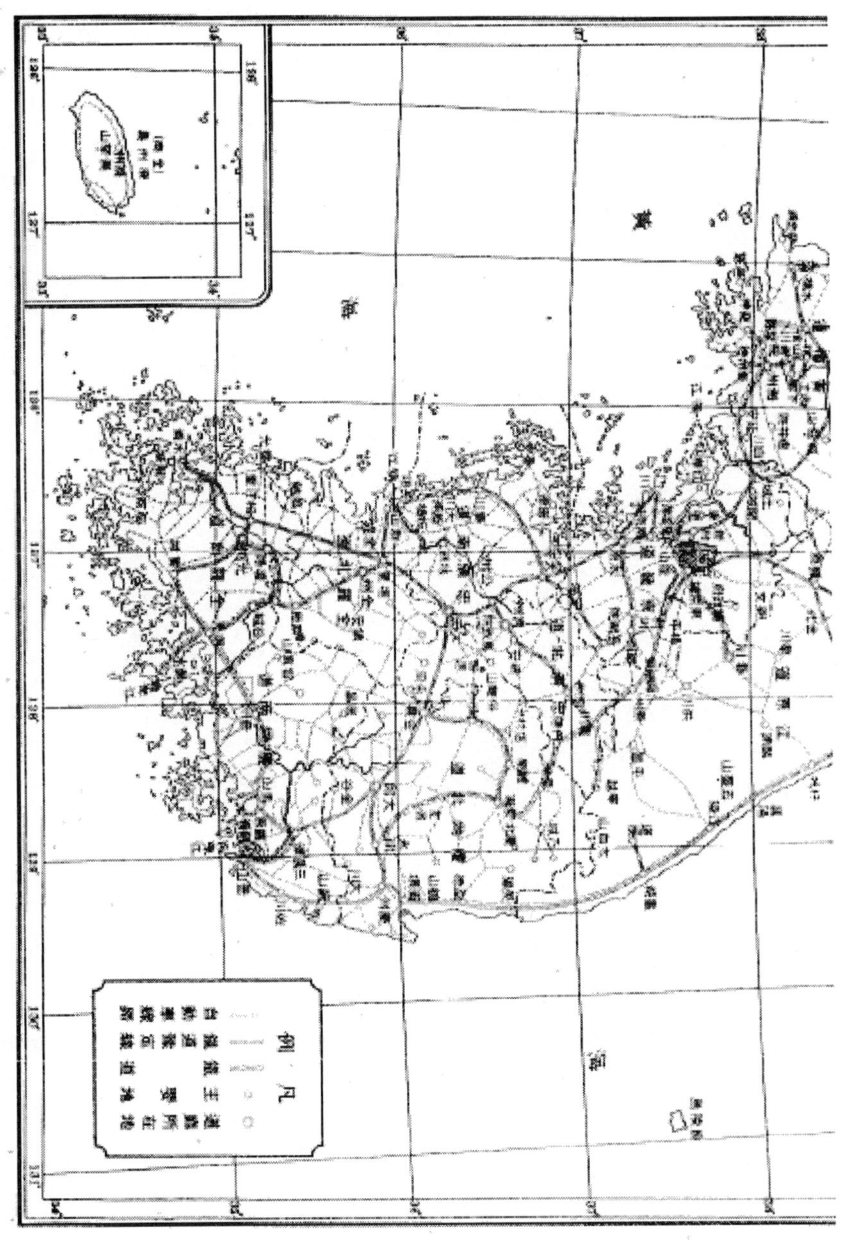

朝鮮總督府藏版之證

昭和十四年十一月十五日 印刷
昭和十四年十一月二十日 發行

定價金拾壹錢

印刷兼 京城府大島町三十八番地
發賣所 朝鮮書籍印刷株式會社

14　昭和十六年略暦（1941）

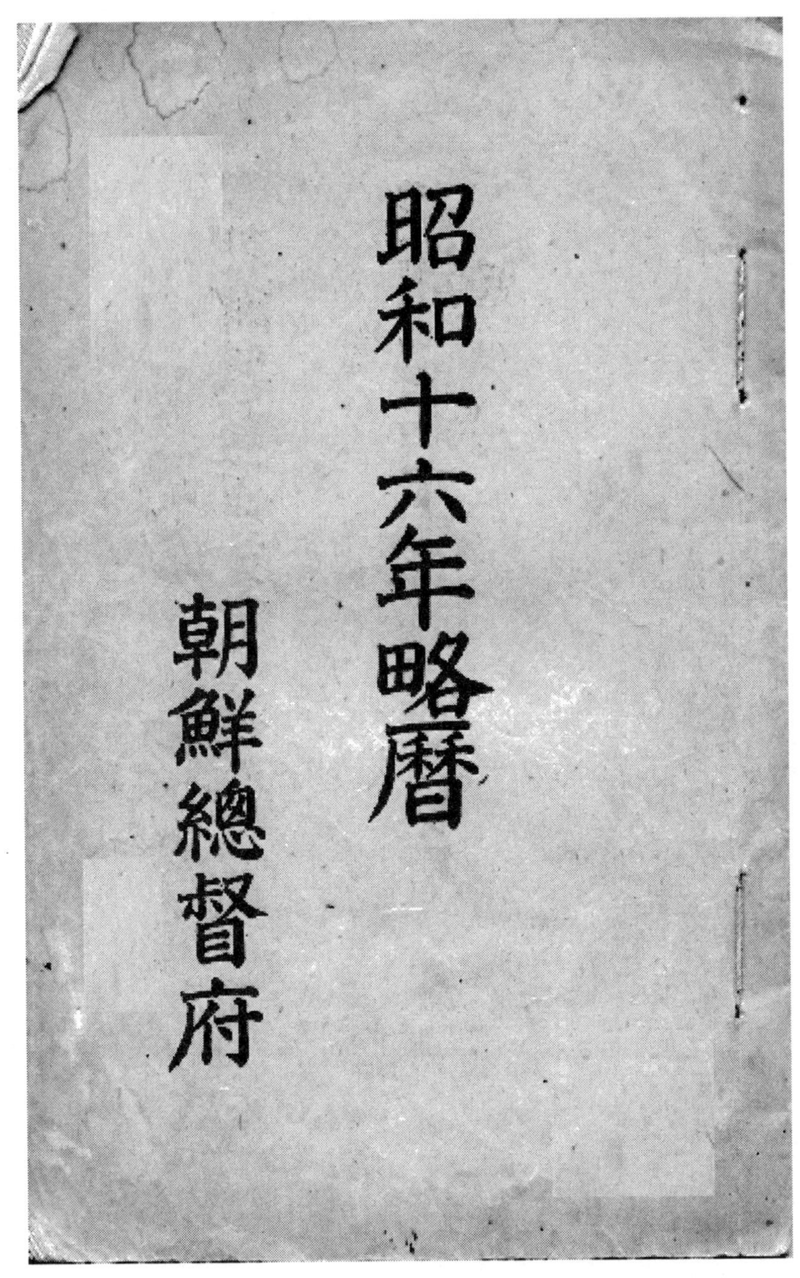
昭和十六年略曆
朝鮮總督府

朝鮮總督府氣象臺編纂

神武天皇即位紀元
二千六百一年
昭和十六年
平年辛巳
西曆一九四一年
略曆

毎朝
아침마다

宮城ヲ遙拜致シマセウ
큐ー쬬ー 요ー하이 를 합시다

我等ハ愛國班員ナリ
우리들 은 아이고구한 인 이라

國民總訓練ー愛國班旗ノ下ニ
국민총훈련 아이고구한기의아래로

君が代は
千代に八千代に
さゞれ石の
巖となりて
苔のむすまで

皇國臣民ノ誓詞 其ノ一

一 私共ハ 大日本帝國ノ臣民デアリマス
二 私共ハ 心ヲ合セテ 天皇陛下ニ忠義ヲ盡シマス
三 私共ハ 忍苦鍛錬シテ 立派ナ強イ國民トナリマス

皇國臣民ノ誓詞 其ノ二

一 我等ハ皇國臣民ナリ 忠誠以テ君國ニ報ゼン
二 我等皇國臣民ハ 互ニ信愛協力シ 以テ團結ヲ固クセン
三 我等皇國臣民ハ 忍苦鍛錬力ヲ養ヒ 以テ皇道ヲ宣揚セン

神武天皇

橿原神宮玉垣內全景

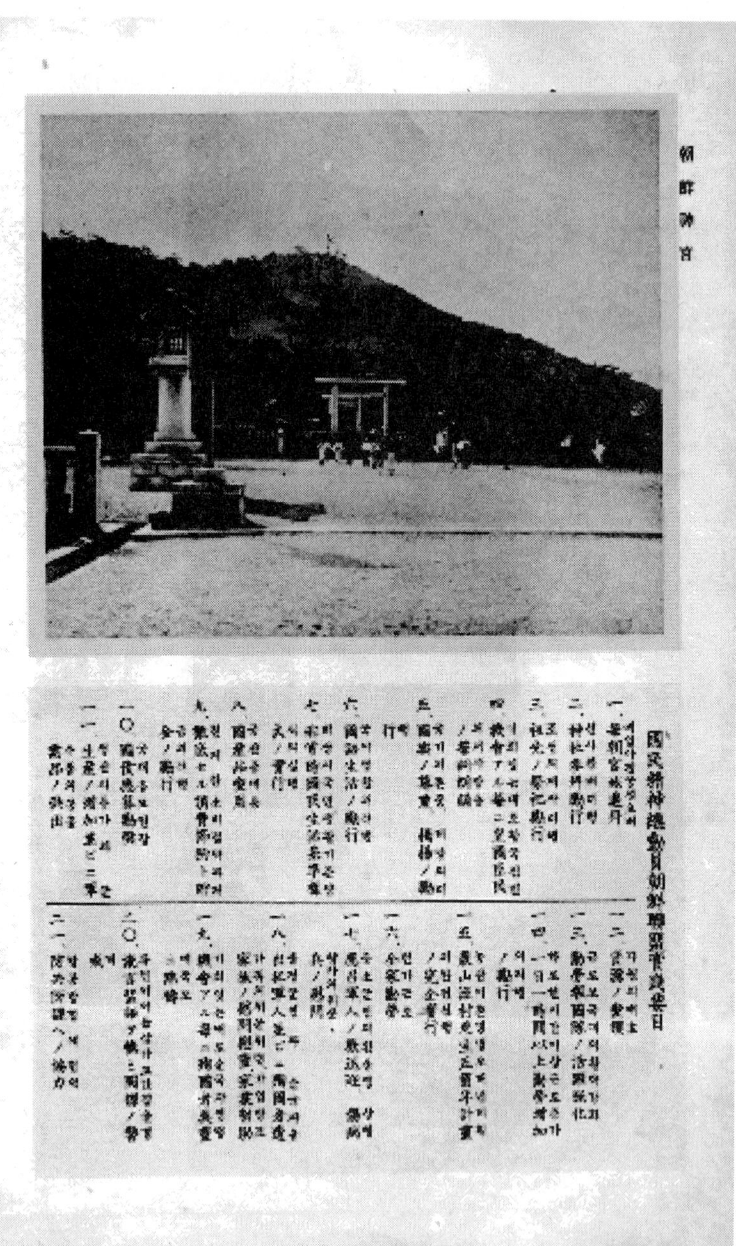

朝鮮神宮

國民精神總動員朝鮮聯盟實踐要目

一、宮城遙拜
二、神社參拜勵行
三、祖先ノ祭祀勵行
四、集會アル每ニ皇國臣民ノ誓詞朗誦
五、國旗ノ尊重、揭揚ノ勵行
六、國語生活ノ勵行
七、非常時國民生活基準樣式ノ實行
八、國產品愛用
九、勤儉ヲ旨トシ消費節約ト貯蓄ノ勵行
一〇、國債應募勵行
一一、生產ノ增加竝ニ需品ノ供出
一二、資源ノ愛護
一三、勤勞報國隊ノ活動強化
一四、一日一時間以上勤勞ノ增加
一五、農山漁村更生五箇年計畫ノ完全實行
一六、小家勤學
一七、應召軍人ノ歡送迎、傷病兵
一八、出征軍人遺家族ノ慰問、家業援助
一九、銃後ノ奉公
二〇、流言蜚語ノ根絶ト防諜ノ徹底
二一、防空防諜ヘノ協力

昭和十六年

祝祭日

祝祭日	月日
四方拜	一月一日
元始祭	一月三日
新年宴會	一月五日
紀元節	二月十一日
春季皇靈祭	三月二十一日
神武天皇祭	四月三日
天長節	四月二十九日
秋季皇靈祭	九月二十三日
神嘗祭	十月十七日
明治節	十一月三日
新嘗祭	十一月二十三日
大正天皇祭	十二月二十五日

凡例

本略曆ニ揭載スル時刻ハ本邦中央標準時ヲ用フ

日月ノ出入南中等ハ朝鮮總督府氣象臺（東經百二十六度三十七分三十九秒北緯三十七度二十八分二十九秒）ニ於ケル値ニシテ

滿干潮時ハ仁川港ニ於ケル値ナリ

月齡ハ朔ヨリ當日正午迄ノ日數ナリ

國旗ノ制式

一、白布紅日章

一、縱徑ハ橫徑ノ十分ノ七ノ比率タルコト

一、日章ノ直徑ハ縱徑ノ五分ノ三ノ比率タルコト

一、竿頭ノ球ト旗トノ間隔ハ祝意ノ場合ニハ之ヲ絶對ニ存セズ弔意ノ場合ニハ球ハ黑布ヲ以テ之ヲ蔽ヒ且旗ノ上部ニ黑布ヲ附ス

國旗揭揚ノ方法

一、國旗一旒揭揚ノ場合ニハ門内ヨリ見テ右ニ揭揚スルヲ可トス

一、國旗二旒揭揚ノ場合ニハ併立交叉ハ隨意ナルモ併立スル方宜シ交叉ノ場合ニハ門内ヨリ見テ左（旗竿ノ根本ハ右）ノ國旗ヲ内側トスルヲ可トス

一、特ニ外國ニ敬意ヲ表スル爲外國々旗ヲ國旗ト共ニ揭揚スル場合ニハ併立交叉ハ隨意ナルモ交叉ノ方宜シ交叉ノ場合ニハ國旗ヲ門内ヨリ見テ左（旗竿ノ根元ハ右）ニ揭ゲ旗竿ハ内側トシ併立スル場合ニハ國旗ヲ門内ヨリ見テ左ニ揭グルヲ可トス

昭和十六年　一年の計は元旦にあり、一日の計は晨にあり　(之는 元旦에 있고, 之는 晨에 있다)　二

一月大　三十一日

縄叺藁具莢果實袋等ノ製造、畜舍雞舍ノ保温

日次	行事	七曜	干支	日出	日南中	日入	晝間	月齢	月出	月入	満潮	干潮
一日	四方拜 / [illegible]	水	己酉	七時四八分	後〇時三七分	五時二六分	九時三八分	三	前九時五三分	後九時四分	前七時二五分 後七五五	前一時一〇分 後一一五
二日		木	庚戌	七四八	〇三七	五二七	九三九	四	前一〇二九	後一〇三	前八五 後八三〇	前一四五 後一五〇
三日	元始祭	金	辛亥	七四八	〇三八	五二八	九三九	五	前一一二	後一〇五九	前八四五 後九一〇	前二二五 後二三〇
四日	御用始	土	壬子	七四八	〇三八	五二八	九四〇	六	前一一三三	後一一五五	前九三〇 後九四五	前三〇 後三五
五日	新年宴會 上弦	日	癸丑	七四九	〇三九	五二九	九四一	七	後〇三	—	前一〇五 後一〇二〇	前三三五 後三四五
六日	小寒	月	甲寅	七四九	〇三九	五三〇	九四二	八	後〇三四	前〇四九	前一〇五五 後一一一五	前四一五 後四三五
七日		火	乙卯	七四九	〇四〇	五三一	九四二	九	後一六	前一四四	前一一五五 後—	前五一五 後五五〇
八日		水	丙辰	七四九	〇四〇	五三二	九四三	一〇	後一四一	前二三八	前〇五 後〇五〇	前六四〇 後七二〇
九日		木	丁巳	七四八	〇四一	五三三	九四四	一一	後二二〇	前三三三	前一〇 後二〇	前七五〇 後八四〇
十日		金	戊午	七四八	〇四一	五三四	九四五	一二	後三三	前四二八	前二一〇 後三〇	前九〇 後九四〇
十一日		土	己未	七四八	〇四一	五三五	九四七	一三	後三五一	前五二三	前三一〇 後三五五	前九四五 後一〇二〇
十二日		日	庚申	七四八	〇四二	五三六	九四八	一四	後四四四	前六一五	前四〇 後四四五	前一〇三〇 後一一五
十三日	望	月	辛酉	七四八	〇四二	五三七	九四九	一五	後五四二	前七五	前四五〇 後五三〇	前一一一〇 後一一四五
十四日		火	壬戌	七四八	〇四二	五三八	九五〇	一六	後六四三	前七五二	前五四〇 後六一〇	前一一五〇 後—

昭和十六年

今年より國語生活を！ 부터

十五日	水	癸亥		七・四七	〇・四三	五・三九	九・五一	一七	後七・四八	前八・三六	前六時一〇分 後六・五〇	前〇時二〇分 後〇・二五
十六日	木	甲子		七・四七	〇・四三	五・四〇	九・五三	一八	後八・五三	前九・一七	前七・〇 後七・二五	前一・〇 後一・〇
十七日	金	乙丑	土王用事	七・四七	〇・四四	五・四一	九・五四	一九	後九・五九	前九・五五	前七・三〇 後八・〇	前一・三五 後一・三五
十八日	土	丙寅		七・四六	〇・四四	五・四二	九・五六	二〇	後一一・六	前一〇・三三	前八・一五 後八・四五	前二・五 後二・一五
十九日	日	丁卯		七・四六	〇・四四	五・四三	九・五七	二一	｜	前一一・一〇	前九・五 後九・三〇	前二・四五 後三・〇
二十日	月	戊辰	大寒 下弦	七・四五	〇・四四	五・四四	九・五九	二二	前〇・一三	前一一・四八	前九・五五 後一〇・一五	前三・二五 後三・四〇
二十一日	火	己巳		七・四五	〇・四五	五・四五	一〇・〇	二三	前一・一八	後〇・二八	前一一・〇 後一一・二〇	前四・二〇 後四・五五
二十二日	水	庚午		七・四四	〇・四五	五・四六	一〇・二	二四	前二・二四	後一・一三	｜ 後〇・一五	前五・三〇 後六・三〇
二十三日	木	辛未	臘	七・四四	〇・四五	五・四七	一〇・三	二五	前三・二九	後二・〇	前〇・三〇 後一・二〇	前七・一〇 後八・五
二十四日	金	壬申		七・四三	〇・四六	五・四八	一〇・五	二六	前四・三〇	後二・五三	前一・四〇 後二・四〇	前八・二五 後九・一五
二十五日	土	癸酉		七・四三	〇・四六	五・四九	一〇・七	二七	前五・二七	後三・五〇	前三・〇 後三・五五	前九・三〇 後一〇・一〇
二十六日	日	甲戌		七・四二	〇・四六	五・五〇	一〇・八	二八	前六・二〇	後四・四九	前四・一〇 後四・四五	前一〇・二〇 後一一・〇
二十七日	月	乙亥	朔	七・四一	〇・四六	五・五一	一〇・一〇	二九	前七・七	後五・四九	前五・〇 後五・四〇	前一一・一〇 後一一・四五
二十八日	火	丙子		七・四一	〇・四六	五・五三	一〇・一二	一	前七・四九	後六・四九	前五・五〇 後六・二〇	前一一・五〇 ｜
二十九日	水	丁丑		七・四〇	〇・四七	五・五四	一〇・一四	二	前八・二六	後七・四九	前六・三〇 後七・〇	前〇・一五 後〇・二〇
三十日	木	戊寅		七・三九	〇・四七	五・五五	一〇・一六	三	前九・〇	後八・四六	前七・五 後七・三〇	前〇・五〇 後〇・五五
三十一日	金	己卯		七・三八	〇・四七	五・五六	一〇・一七	四	前九・三三	後九・四三	前七・四〇 後八・〇	前一・二五 後一・三〇

三

昭和十六年　肇國の精神、八紘一宇の大理想　四

二月平　二十八日

繩叺蠶具族果實袋等ノ製造、苹果ノ剪定、牛ノ手入、抱卵準備

日次	曜七	干支	日出	日南中	日入	晝間	月齡	月出	月入	滿潮	干潮	
一日	土	庚辰	七時三八分	後〇時四七分	五時五七分	一〇時一九分	五	前一〇時三分	後一〇時三八分	前八時一〇分 後八時二五分	前一時五五分 後一時五五分	愛國日
二日	日	辛巳	七三七	〇四七	五五八	一〇二一	六	前一〇三四	後一一三三	前八四〇 後八五五	前二二〇 後二三〇	
三日	月	壬午	七三六	〇四七	五五九	一〇二三	七	前一一 六	｜	前九二〇 後九三〇	前二五五 後三〇	節分
四日	火	癸未	七三五	〇四七	六〇	一〇二五	八	前一一四〇	前〇二七	前一〇〇 後一〇一〇	前三二五 後三四〇	立春 上弦
五日	水	甲申	七三四	〇四八	六一	一〇二七	九	後〇一六	前一二二	前一〇五〇 後一一〇	前四五 後四三〇	
六日	木	乙酉	七三三	〇四八	六三	一〇二九	一〇	後〇五六	前二一六	前一一五五 後｜	前五一五 後五五〇	
七日	金	丙戌	七三二	〇四八	六四	一〇三一	一一	後一四一	前三一〇	前〇一〇 後一〇	前六三五 後七四五	
八日	土	丁亥	七三一	〇四八	六五	一〇三三	一二	後二三一	前四二	前一一五 後二一五	前八一〇 後九五	
九日	日	戊子	七三〇	〇四八	六六	一〇三六	一三	後三二六	前四五四	前二三〇 後三二〇	前九一五 後一〇〇	
十日	月	己丑	七二九	〇四八	六七	一〇三八	一四	後四二六	前五四三	前三三〇 後四二〇	前一〇〇 後一〇四〇	
十一日	火	庚寅	七二八	〇四八	六八	一〇四〇	一五	後五三〇	前六二八	前四三〇 後五五	前一〇五〇 後一一二〇	紀元節
十二日	水	辛卯	七二七	〇四八	六九	一〇四二	一六	後六三六	前七一一	前五二〇 後五五〇	前一一三五 後｜	望
十三日	木	壬辰	七二六	〇四八	六一〇	一〇四四	一七	後七四四	前七五三	前六〇 後六二五	前〇〇 後〇一〇	
十四日	金	癸巳	七二五	〇四八	六一一	一〇四六	一八	後八五三	前八三一	前六四〇 後七五	前〇四〇 後〇五〇	

昭和十六年　愛國日 一家擧つて神社參拜

日	曜	干支								前	後	前	後	
十五日	土	甲午	七二四	〇四八	六一二	一〇四九	一九	後一〇一	前九九	七時二五分	七四五	一時一五分	一三〇	
十六日	日	乙未	七二三	〇四八	六一三	一〇五一	二〇	後一一一〇	前九四八	八〇	八二〇	一五〇	二〇	
十七日	月	丙申	七二一	〇四八	六一四	一〇五三	二一	—	前一〇二九	八四五	九五	二二五	二四五	
十八日	火	丁酉	七二〇	〇四八	六一五	一〇五五	二二	前〇一七	前一一一二	九三五	九五五	三一〇	三三〇	
十九日	水	戊戌	七一九	〇四七	六一六	一〇五七	二三	前一二三	前一一五九	一〇三〇	一〇五〇	三四五	四一五	雨水 下弦
二十日	木	己亥	七一八	〇四七	六一八	一一〇	二四	前二二四	後〇五〇	一一四五	—	四五五	五五〇	
二十一日	金	庚子	七一七	〇四七	六一九	一一二	二五	前三二三	後一四四	〇〇	一〇	六三〇	七四〇	
二十二日	土	辛丑	七一五	〇四七	六二〇	一一四	二六	前四一五	後二四一	一二五	二二〇	八〇	九〇	
二十三日	日	壬寅	七一四	〇四七	六二一	一一七	二七	前五三	後三四〇	二四五	三四〇	九一五	一〇〇	
二十四日	月	癸卯	七一三	〇四七	六二二	一一九	二八	前五四六	後四三九	四〇	四三五	一〇一〇	一〇四五	
二十五日	火	甲辰	七一一	〇四七	六二三	一一一一	二九	前六二四	後五三八	四五〇	五二〇	一〇五五	一一二五	
二十六日	水	乙巳	七一〇	〇四七	六二四	一一一四	三〇	前六五九	後六三六	五三五	六〇	一一三〇	—	朔
二十七日	木	丙午	七九	〇四六	六二五	一一一六	一	前七三三	後七三三	六一〇	六三〇	〇〇	〇一〇	
二十八日	金	丁未	七七	〇四六	六二六	一一一八	二	前八四	後八二八	六四五	七〇	〇三〇	〇三五	

五

昭和十六年　春窮克服、麥嶺もあと一息だ精を出せ　도저은 뎃이다 勇氣를내여라　六

三月大　三十一日

秋播麥類ノ의追肥、桃梨ノ의剪定、桑田果樹園ノ의病蟲害防除、麥類ノ의播種、果樹園ノ의施肥、溫床準備、甘藷床植、溫床播種、抱卵準備、孵化育雛、堆肥ノ의切返

日次	七曜	干支	日出	日南中	日入	晝間	月齡	月出	月入	滿潮	干潮	
一日	土	戊申	七時六分	後〇時四六分	六時二七分	一一時二一分	三	前八時三五分	後九時二三分	前七時一〇分 後七時二〇	前〇時五五分 後一時一〇	愛國日
二日	日	己酉	七 五	〇 四六	六 二八	一一 二三	四	前九 六	後一〇 一八	前七 三五 後七 五〇	前一 二五 後一 四〇	
三日	月	庚戌	七 三	〇 四六	六 二九	一一 二五	五	前九 三九	後一一 一三	前八 五 後八 一五	前一 五〇 後二 〇	
四日	火	辛亥	七 二	〇 四五	六 三〇	一一 二八	六	前一〇 一四	—	前八 三五 後八 四五	前二 一五 後二 三〇	
五日	水	壬子	七 〇	〇 四五	六 三一	一一 三〇	七	前一〇 五三	前〇 六	前九 一五 後九 一五	前二 四五 後三 五	
六日	木	癸丑	六 五九	〇 四五	六 三二	一一 三三	八	前一一 三四	前〇 五九	前一〇 〇 後一〇 一五	前三 二五 後三 五〇	地久節 上弦
七日	金	甲寅	六 五八	〇 四五	六 三三	一一 三五	九	後〇 二〇	前一 五一	前一一 〇 後一一 一五	前四 一〇 後五 〇	
八日	土	乙卯	六 五六	〇 四五	六 三四	一一 三七	一〇	後一 一三	前二 四二	前 — 後〇 二〇	前五 三〇 後六 五〇	
九日	日	丙辰	六 五五	〇 四四	六 三四	一一 四〇	一一	後二 八	前三 三一	前〇 四五 後一 三〇	前七 二五 後八 三〇	
十日	月	丁巳	六 五三	〇 四四	六 三五	一一 四二	一二	後三 九	前四 一七	前二 〇 後二 五〇	前八 四五 後九 三〇	陸軍記念日
十一日	火	戊午	六 五二	〇 四四	六 三六	一一 四五	一三	後四 一四	前五 一	前三 一〇 後三 五五	前九 四五 後一〇 二〇	
十二日	水	己未	六 五〇	〇 四三	六 三七	一一 四七	一四	後五 二三	前五 四三	前四 一〇 後四 四〇	前一〇 三〇 後一一 〇	
十三日	木	庚申	六 四九	〇 四三	六 三八	一一 四九	一五	後六 三一	前六 二三	前五 〇 後五 三〇	前一一 一五 後一一 四〇	月食 望
十四日	金	辛酉	六 四七	〇 四三	六 三九	一一 五二	一六	後七 四一	前七 三	前五 四五 後六 五	前一一 五五 後 —	

昭和十六年

稼ぐに追ひつく貧乏なし
勤勉은 貧窮을 이긴다

日	曜	干支								満潮	干潮
十五日	土	壬戌	六四六	〇四三	六四〇	一一五四	一七	後八五二	前七四三	前六時二〇分 後六四五	前〇時一五分 後〇三〇	朝鮮神宮祈年祭
十六日	日	癸亥	六四四	〇四二	六四一	一一五七	一八	後一〇三	前八二四	前七〇 後七二〇	前〇五五 後一一〇
十七日	月	甲子	六四三	〇四二	六四二	一一五九	一九	後一一一一	前九八	前七五〇 後八五	前一三〇 後一五〇
十八日	火	乙丑	六四一	〇四二	六四三	一二二	二〇	—	前九五五	前八三〇 後八四五	前二五 後二二五	彼岸
十九日	水	丙寅	六四〇	〇四二	六四四	一二四	二一	前〇一六	前一〇四六	前九一〇 後九三〇	前二四〇 後三五
二十日	木	丁卯	六三八	〇四一	六四五	一二六	二二	前一一七	前一一四〇	前一〇五 後一〇三〇	前三三五 後四〇	下弦
二十一日	金	戊辰	六三七	〇四一	六四六	一二九	二三	前二一二	後〇三七	前一一一五 後一一四五	前四二〇 後五二〇	春季皇霊祭
二十二日	土	己巳	六三五	〇四一	六四七	一二一一	二四	前三一	後一三五	前〇三五 後—	前五五五 後七三五
二十三日	日	庚午	六三四	〇四〇	六四七	一二一四	二五	前三四五	後二三三	前一〇 後二〇	前七四五 後八四〇
二十四日	月	辛未	六三二	〇四〇	六四八	一二一六	二六	前四二五	後三三一	前二三〇 後三一〇	前八五五 後九三〇
二十五日	火	壬申	六三一	〇四〇	六四九	一二一八	二七	前五〇	後四二九	前三三五 後四一〇	前九五〇 後一〇二〇
二十六日	水	癸酉	六二九	〇三九	六五〇	一二二一	二八	前五三三	後五二五	前四三〇 後四五〇	前一〇三五 後一一〇
二十七日	木	甲戌	六二八	〇三九	六五一	一二二三	二九	前六五	後六二一	前五一〇 後五三〇	前一一一〇 後一一三〇
二十八日	金	乙亥	六二六	〇三九	六五二	一二二六	〇	前六三六	後七一六	前五五〇 後六五	前一一四五 後—	朔
二十九日	土	丙子	六二五	〇三八	六五三	一二二八	一	前七七	後八一一	前六二〇 後六三〇	前〇〇 後〇一五
三十日	日	丁丑	六二三	〇三八	六五四	一二三〇	二	前七三九	後九五	前六四五 後六五五	前〇三〇 後〇四五
三十一日	月	戊寅	六二二	〇三八	六五五	一二三三	三	前八一四	後九五九	前七一〇 後七一五	前一〇 後一一五

七

木を植ゑよ、山の緑化は國の基（나무를 심어라 / 산의 녹화는 國家의 根本）

四月小 三十日

馬鈴薯、大麻、瓜類ノ播種、苗木類ノ植付、桑田ノ耕耘施肥、果樹桑樹桑樹接木、種籾ノ精選及浸種、秧板ノ整地、豚ノ分娩、育雛

日次	曜七	干支	日出	日南中	日入	晝間	月齡	月出	月入	滿潮 前	滿潮 後	干潮 前	干潮 後	記事
一日	火	己卯	六時二〇分	後〇時三八分	六時五六分	一二時三五分	四	前八時五〇分	後一〇時五二分	七時三五分	七時四〇分	一時二〇分	一時四〇分	愛國日
二日	水	庚辰	六一九	〇三七	五六	一二三八	五	前九三〇	後一一四四	八〇	八〇	一四五	二五	
三日	木	辛巳	六一七	〇三七	五七	一二四〇	六	前一〇一四	—	八四〇	八五〇	二二〇	二四五	神武天皇祭 植樹記念日
四日	金	壬午	六一六	〇三七	五八	一二四二	七	前一一三	前〇三五	九三〇	九四五	三〇	三三〇	
五日	土	癸未	六一四	〇三六	五九	一二四五	八	前一一五六	前一二三	一〇二五	一〇四五	三三五	四二〇	清明 上弦
六日	日	甲申	六一三	〇三六	七〇	一二四七	九	後〇五三	前二九	一一四〇	—	四四〇	五五〇	寒食
七日	月	乙酉	六一一	〇三六	七一	一二五〇	一〇	後一五四	前二五三	〇一〇	〇五五	六三〇	七四五	愛馬ノ日
八日	火	丙戌	六一〇	〇三六	七二	一二五二	一一	後二五九	前三三四	一三〇	二一〇	八一〇	八五五	
九日	水	丁亥	六八	〇三五	七三	一二五四	一二	後四六	前四一四	二四五	三一五	九二〇	九五〇	
十日	木	戊子	六七	〇三五	七四	一二五七	一三	後五一五	前四五三	三四五	四一〇	一〇一〇	一〇三〇	
十一日	金	己丑	六六	〇三五	七五	一二五九	一四	後六二七	前五三三	四三五	五〇	一〇五〇	一一一〇	
十二日	土	庚寅	六四	〇三四	七五	一三一	一五	後七三九	前六一四	五二〇	五四〇	一一三五	一一五五	望
十三日	日	辛卯	六二	〇三四	七六	一三四	一六	後八五〇	前六五八	六五	六二〇	—	〇一五	
十四日	月	壬辰	六一	〇三四	七七	一三六	一七	後一〇〇	前七四五	六四五	七〇	〇三〇	〇五〇	

八

昭和十六年

響く蹄は（말굽소리는）躍進（의）日本。平時（엔）農馬に（로）非常時（엔）軍馬（로）

		土王用事	下弦			穀雨						朔			天長節	靖國神社祭
十五日	十六日	十七日	十八日	十九日	二十日	二十一日	二十二日	二十三日	二十四日	二十五日	二十六日	二十七日	二十八日	二十九日	三十日
火	水	木	金	土	日	月	火	水	木	金	土	日	月	火	水
癸巳	甲午	乙未	丙申	丁酉	戊戌	己亥	庚子	辛丑	壬寅	癸卯	甲辰	乙巳	丙午	丁未	戊申
六 〇	五 五八	五 五七	五 五六	五 五四	五 五三	五 五二	五 五〇	五 四九	五 四八	五 四七	五 四五	五 四四	五 四三	五 四二	五 四〇
〇 三四	〇 三三	〇 三三	〇 三三	〇 三三	〇 三三	〇 三二	〇 三二	〇 三二	〇 三二	〇 三二	〇 三一	〇 三一	〇 三一	〇 三一	〇 三一
七 八	七 九	七 一〇	七 一一	七 一二	七 一三	七 一四	七 一四	七 一五	七 一六	七 一七	七 一八	七 一九	七 二〇	七 二一	七 二二
一三 八	一三 一一	一三 一三	一三 一五	一三 一七	一三 二〇	一三 二二	一三 二四	一三 二六	一三 二八	一三 三一	一三 三三	一三 三五	一三 三七	一三 三九	一三 四一
一八	一九	二〇	二一	二二	二三	二四	二五	二六	二七	二八	二九	一	二	三	四
後一一 五	—	前〇 五	前〇 五八	前一 四四	前二 二六	前三 二	前三 三六	前四 八	前四 三九	前五 九	前五 四一	前六 一四	前六 五〇	前七 二九	前八 一三
前八 三六	前九 三一	前一〇 二八	前一一 二八	後〇 二七	後一 二六	後二 二四	後三 二〇	後四 一六	後五 一一	後六 五	後七 〇	後七 五四	後八 四七	後九 四〇	後一〇 三一
前七時三〇分 後七 三五	前八 一〇 後八 二〇	前九 〇 後九 一〇	前九 五〇 後一〇 一〇	前一〇 五五 後一一 二〇	前 — 後〇 〇	前〇 四〇 後一 二〇	前二 〇 後二 三〇	前三 〇 後三 三〇	前四 〇 後四 二〇	前四 四五 後四 五五	前五 一五 後五 三〇	前五 五〇 後五 五五	前六 一五 後六 二五	前六 四五 後六 四五	前七 一〇 後七 一〇
前一時五分 後一 三〇	前一 四五 後二 一〇	前二 二五 後二 五五	前三 五 後三 四五	前三 五五 後五 〇	前五 一五 後六 五〇	前七 一〇 後八 一〇	前八 三〇 後九 五	前九 二〇 後九 五〇	前一〇 五 後一〇 三〇	前一〇 四五 後一一 〇	前一一 二〇 後一一 三〇	前一一 五〇 後 —	前〇 五 後〇 二五	前〇 三五 後〇 五五	前一 〇 後一 二〇

九

昭和十六年　一〇

一億(의)健康ぞ興亞の(의)榮(繁榮)。みつちり(根氣있게)鍛へよ(鍛鍊하라)早起早寢

五月大　三十一日

水稻、陸稻、棉、粟、大小豆、蔬菜ノ(의)播種、春蠶ノ(의)催青掃立、麥ノ(의)黑穗拔除、甘藷苗ノ(의)移植、病蟲害豫防藥撒布、牛馬豚ノ(의)種付

國民健康運動週間

兒童愛護週間

記事	日次	曜	干支	日出	日南中	日入	晝間	月齡	月出	月入	滿潮 前	滿潮 後	干潮 前	干潮 後
愛國日	一日	木	己酉	五時三九分	後〇時三一分	七時二三分	一三時四三分	五	前八時五六分	後一一時二〇分	七時四五分	七 四〇	一時二五分	一 五〇
八十八夜	二日	金	庚戌	五 三八	〇 三〇	七 二三	一三 四五	六	前九 四九	―	八 一〇	八 二〇	二 〇	二 二五
	三日	土	辛亥	五 三七	〇 三〇	七 二四	一三 四七	七	前一〇 四四	前〇 六	九 一〇	九 一五	二 三〇	三 五
上弦	四日	日	壬子	五 三六	〇 三〇	七 二五	一三 四九	八	前一一 四三	前〇 五〇	一〇 〇	一〇 三〇	三 一五	四 〇
	五日	月	癸丑	五 三五	〇 三〇	七 二六	一三 五一	九	後〇 四三	前一 三一	一一 一〇	一一 四五	四 一五	五 一五
立夏	六日	火	甲寅	五 三四	〇 三〇	七 二七	一三 五三	一〇	後一 四七	前二 一〇	―	〇 二五	五 四〇	七 五
	七日	水	乙卯	五 三三	〇 三〇	七 二八	一三 五五	一一	後二 五三	前二 四八	一 〇	一 三五	七 三五	八 二〇
	八日	木	丙辰	五 三二	〇 三〇	七 二九	一三 五七	一二	後四 一	前三 二五	二 一〇	二 四〇	八 四五	九 一五
	九日	金	丁巳	五 三一	〇 三〇	七 三〇	一三 五九	一三	後五 一二	前四 四	三 一五	三 四〇	九 四五	一〇 一〇
	十日	土	戊午	五 三〇	〇 三〇	七 三一	一四 一	一四	後六 二四	前四 四六	四 一〇	四 三〇	一〇 三五	一〇 五〇
望	十一日	日	己未	五 二九	〇 三〇	七 三二	一四 三	一五	後七 三六	前五 三一	五 〇	五 一五	一一 一五	一一 三〇
	十二日	月	庚申	五 二八	〇 三〇	七 三二	一四 五	一六	後八 四五	前六 二〇	五 四五	六 〇	一一 五五	―
	十三日	火	辛酉	五 二七	〇 三〇	七 三三	一四 七	一七	後九 五〇	前七 一四	六 三〇	六 四〇	〇 一〇	〇 三五
	十四日	水	壬戌	五 二六	〇 三〇	七 三四	一四 八	一八	後一〇 四八	前八 一三	七 一〇	七 二〇	〇 五〇	一 一五

昭和十六年

子供第一 教育第一 兒童

十五日	木	癸亥	五二五	〇三〇	七三五	一四一〇	一九	後一一三九	前九一四	前八時一〇分 後八〇	前一時二五分 後二〇	
十六日	金	甲子	五二四	〇三〇	七三六	一四一二	二〇	―	前一〇一五	前八五〇 後九〇	前二一〇 後二四五	
十七日	土	乙丑	五二三	〇三〇	七三七	一四一三	二一	前〇二四	前一一一六	前九三五 後九五〇	前二四五 後三三〇	
十八日	日	丙寅	五二二	〇三〇	七三八	一四一五	二二	前一三	後〇一六	前一〇二五 後一一〇	前三三五 後四三〇	下弦
十九日	月	丁卯	五二二	〇三〇	七三八	一四一七	二三	前一三八	後一一四	前一一三五 後―	前四五〇 後六〇	
二十日	火	戊辰	五二一	〇三〇	七三九	一四一八	二四	前二一一	後二一〇	前〇一〇 後〇三五	前六二〇 後七二〇	
二十一日	水	己巳	五二〇	〇三〇	七四〇	一四二〇	二五	前二四三	後三五	前一一五 後一四〇	前七四五 後八二五	小滿
二十二日	木	庚午	五二〇	〇三〇	七四一	一四二一	二六	前三一二	後四〇	前二二五 後二四〇	前八五五 後九一五	
二十三日	金	辛未	五一九	〇三〇	七四二	一四二三	二七	前三四三	後四五四	前三二〇 後三三〇	前九四〇 後九五五	
二十四日	土	壬申	五一八	〇三〇	七四二	一四二四	二八	前四一六	後五四九	前四五 後四一五	前一〇一五 後一〇三五	
二十五日	日	癸酉	五一八	〇三〇	七四三	一四二六	二九	前四五一	後六四三	前四五〇 後四五五	前一〇五五 後一一五	
二十六日	月	甲戌	五一七	〇三〇	七四四	一四二七	三〇	前五二八	後七三六	前五二〇 後五三〇	前一一三〇 後一一三五	朔
二十七日	火	乙亥	五一七	〇三〇	七四五	一四二八	一	前六一〇	後八二八	前五五〇 後五五五	前― 後〇〇	海軍記念日
二十八日	水	丙子	五一六	〇三一	七四五	一四二九	二	前六五五	後九一八	前六二〇 後六三〇	前〇一〇 後〇三五	
二十九日	木	丁丑	五一六	〇三一	七四六	一四三一	三	前七四五	後一〇六	前六五五 後七〇	前〇四〇 後一〇	
三十日	金	戊寅	五一五	〇三一	七四七	一四三二	四	前八三九	後一〇五〇	前七三〇 後七三〇	前一一〇 後一三五	
三十一日	土	己卯	五一五	〇三一	七四七	一四三三	五	前九三五	後一一三一	前八一〇 後八一〇	前一四五 後二一五	

昭和十六年

土に親しめ惜しむな汗を

六月小 三十日

移秧麥收穫桑ノ株直桑田ノ耕耘施肥甘藷苗移植栗間引果實ノ被袋綿肥收穫病果拔除田ノ除草耕耘牛馬豚ノ種付蚊蟲驅除

日次	曜七	干支	日出	日南中	日入	晝間	月齡	月出	月入	滿潮 前	滿潮 後	干潮 前	干潮 後	
一日	日	庚辰	五時一四分	後〇時三一分	七時四八分	一四時三四分	六	前一〇時三五分	—	八時五五分	九 五	二時二〇分	二 五五	愛國日
二日	月	辛巳	五 一四	〇 三一	七 四九	一四 三五	七	前一一 三六	前〇時一〇分	九 四五	一〇 一〇	三 五	三 四五	
三日	火	壬午	五 一三	〇 三一	七 五〇	一四 三六	八	後〇 四〇	前〇 四七	一〇 四五	一一 一五	四 〇	四 四五	上弦
四日	水	癸未	五 一三	〇 三二	七 五〇	一四 三七	九	後一 四五	前一 二四	一一 四五	—	五 一〇	六 一〇	
五日	木	甲申	五 一三	〇 三二	七 五一	一四 三八	一〇	後二 五三	前二 一	〇 二五	〇 五五	六 五五	七 四〇	
六日	金	乙酉	五 一三	〇 三二	七 五一	一四 三九	一一	後四 一	前二 三九	一 四〇	二 〇	八 一五	八 四五	芒種
七日	土	丙戌	五 一二	〇 三二	七 五二	一四 四〇	一二	後五 二一	前三 二一	二 五〇	三 五	九 二五	九 四〇	
八日	日	丁亥	五 一二	〇 三二	七 五三	一四 四〇	一三	後六 二一	前四 六	三 五〇	四 〇	一〇 一五	一〇 三〇	
九日	月	戊子	五 一二	〇 三二	七 五三	一四 四一	一四	後七 二九	前四 五七	四 四五	五 〇	一一 〇	一一 一〇	望
十日	火	己丑	五 一二	〇 三三	七 五四	一四 四二	一五	後八 三一	前五 五四	五 三〇	五 四〇	一一 四〇	一一 五〇	時의記念日
十一日	水	庚寅	五 一二	〇 三三	七 五四	一四 四二	一六	後九 二八	前六 五四	六 二〇	六 三〇	—	〇 二五	入梅
十二日	木	辛卯	五 一二	〇 三三	七 五五	一四 四三	一七	後一〇 一七	前七 五七	七 五	七 一五	〇 三五	一 五	
十三日	金	壬辰	五 一二	〇 三三	七 五五	一四 四三	一八	後一一 〇	前九 〇	七 五〇	八 〇	一 一五	一 四五	
十四日	土	癸巳	五 一二	〇 三三	七 五五	一四 四四	一九	後一一 三八	前一〇 三	八 三〇	八 四五	一 五五	二 二五	農民日

一二

昭和十六年

國思ふ心が掛ける積立貯金

愛國心

日	曜	干支									
十五日	日	甲午	五 一二	○ 三四	七 五六	一四 四四	二○	—	前一一 三	前九時一五分 後九 三○	前二時三○分 後三 五
十六日	月	乙未	五 一二	○ 三四	七 五六	一四 四四	二一	前○ 一二	後○ 一	前一○ ○ 後一○ 二○	前三 一○ 後三 五○
十七日（下弦）	火	丙申	五 一二	○ 三四	七 五六	一四 四五	二二	前○ 四四	後○ 五七	前一○ 五○ 後一一 二五	前四 ○ 後五 ○
十八日	水	丁酉	五 一二	○ 三四	七 五七	一四 四五	二三	前一 一五	後一 五三	前 — 後一一 四五	前五 一五 後六 一○
十九日	木	戊戌	五 一二	○ 三五	七 五七	一四 四五	二四	前一 四六	後二 四七	前○ 二五 後○ 三五	前六 四○ 後七 二五
二十日	金	己亥	五 一二	○ 三五	七 五七	一四 四五	二五	前二 一八	後三 四二	前一 二五 後一 三五	前八 ○ 後八 三○
二十一日	土	庚子	五 一二	○ 三五	七 五八	一四 四五	二六	前二 五一	後四 三六	前二 三○ 後二 三五	前九 ○ 後九 一五
二十二日（夏至）	日	辛丑	五 一二	○ 三五	七 五八	一四 四五	二七	前三 二八	後五 三○	前三 二五 後三 三○	前九 五○ 後一○ ○
二十三日	月	壬寅	五 一三	○ 三五	七 五八	一四 四五	二八	前四 八	後六 二三	前四 一○ 後四 一五	前一○ 三○ 後一○ 三五
二十四日	火	癸卯	五 一三	○ 三六	七 五八	一四 四五	二九	前四 五三	後七 一四	前四 五五 後五 ○	前一一 一○ 後一一 一五
二十五日（朔）	水	甲辰	五 一三	○ 三六	七 五八	一四 四五	○	前五 四一	後八 三	前五 三○ 後五 三五	前一一 四○ 後一一 四五
二十六日	木	乙巳	五 一四	○ 三六	七 五八	一四 四五	一	前六 三三	後八 四九	前六 一○ 後六 一五	前 — 後○ 二○
二十七日	金	丙午	五 一四	○ 三六	七 五八	一四 四五	二	前七 三○	後九 三三	前六 四五 後六 五○	前○ 二五 後一 ○
二十八日	土	丁未	五 一四	○ 三六	七 五九	一四 四四	三	前八 二九	後一○ 一二	前七 一五 後七 二○	前○ 五五 後一 二五
二十九日	日	戊申	五 一五	○ 三七	七 五九	一四 四四	四	前九 三○	後一○ 五○	前八 ○ 後八 一○	前一 三○ 後二 ○
三十日	月	己酉	五 一五	○ 三七	七 五九	一四 四三	五	前一○ 三三	後一一 二六	前八 四○ 後八 五五	前二 一○ 後二 四○

一三

昭和十六年　一四

支那事變戰歿護國の英靈に感謝せよ

七月大　三十一日

畓ノ除草、蕎麥ノ播種、桑田ノ除草、栗ノ培土、馬鈴薯、大麻ノ收穫、果樹夏季剪定、蔬菜ノ耕耘追肥、堆肥製造、二期作馬鈴薯播種、種雞淘汰

記事	日次	曜七	支干	日出	日南中	日入	晝間	月齡	月出	月入	滿潮	干潮
愛國日	一日	火	庚戌	五時一五分	後〇時三七分	七時五八分	一四時四三分	六	前一一時三六分	—	前九時二五分 後九時五〇分	前二時五〇分 後三時二〇分
上弦	二日	水	辛亥	五 一六	〇 三七	七 五八	一四 四二	七	後〇 四一	前〇時二分	前一〇 二〇 後一〇 五五	前三 四〇 後四 一五
	三日	木	壬子	五 一六	〇 三七	七 五八	一四 四二	八	後一 四八	前〇 三九	前一一 二〇 後—	前四 四五 後五 三〇
	四日	金	癸丑	五 一七	〇 三八	七 五八	一四 四一	九	後二 五五	前一 一八	前〇 〇 後〇 二〇	前六 一〇 後七 〇
	五日	土	甲寅	五 一七	〇 三八	七 五八	一四 四一	一〇	後四 三	前二 〇	前一 五 後一 三〇	前七 四五 後八 一五
	六日	日	乙卯	五 一八	〇 三八	七 五八	一四 四〇	一一	後五 一〇	前二 四七	前二 二五 後二 四〇	前九 五 後九 二〇
小暑 支那事變記念日	七日	月	丙辰	五 一八	〇 三八	七 五八	一四 三九	一二	後六 一四	前三 三九	前三 三〇 後三 四〇	前一〇 〇 後一〇 一〇
	八日	火	丁巳	五 一九	〇 三八	七 五七	一四 三八	一三	後七 一三	前四 三六	前四 三〇 後四 四〇	前一〇 四五 後一一 〇
望	九日	水	戊午	五 二〇	〇 三八	七 五七	一四 三七	一四	後八 七	前五 三八	前五 二五 後五 三五	前一一 三〇 後一一 四〇
	十日	木	己未	五 二〇	〇 三九	七 五七	一四 三六	一五	後八 五三	前六 四一	前六 一〇 後六 二〇	前— 後〇 一〇
	十一日	金	庚申	五 二一	〇 三九	七 五六	一四 三五	一六	後九 三三	前七 四五	前七 〇 後七 一〇	前〇 二五 後〇 五五
	十二日	土	辛酉	五 二二	〇 三九	七 五六	一四 三四	一七	後一〇 一〇	前八 四七	前七 四〇 後七 五〇	前一 五 後一 三〇
	十三日	日	壬戌	五 二二	〇 三九	七 五六	一四 三三	一八	後一〇 四四	前九 四八	前八 一〇 後八 二五	前一 三五 後二 〇
	十四日	月	癸亥	五 二三	〇 三九	七 五五	一四 三二	一九	後一一 一六	前一〇 四六	前八 四五 後九 五	前二 一〇 後二 四〇

昭和十六年

國を護つた傷兵護れ

十五日	火	甲子		五 二三	〇 三九	七 五五	一四 三一	二〇	後一一 四七	前一一 四三	前九時三〇分 後九 五〇	前二時五〇分 後三 一五
十六日	水	乙丑	下弦	五 二四	〇 三九	七 五四	一四 三〇	二一	—	後〇 三八	前一〇 〇 後一〇 三〇	前三 二〇 後三 五五
十七日	木	丙寅		五 二五	〇 三九	七 五四	一四 二九	二二	前〇 一九	後一 一三	前一〇 五〇 後一一 三〇	前四 一〇 後四 五〇
十八日	金	丁卯		五 二六	〇 四〇	七 五三	一四 二七	二三	前〇 五一	後二 二七	前 — 後一一 四五	前五 二〇 後六 〇
十九日	土	戊辰		五 二六	〇 四〇	七 五二	一四 二六	二四	前一 二七	後三 二一	前〇 三〇 後〇 三五	前六 五〇 後七 二五
二十日	日	己巳	土王用事	五 二七	〇 四〇	七 五二	一四 二五	二五	前二 五	後四 一五	前一 三〇 後一 四〇	前八 一五 後八 三〇
二十一日	月	庚午	初伏	五 二八	〇 四〇	七 五一	一四 二三	二六	前二 四七	後五 七	前二 四〇 後二 四五	前九 二〇 後九 三〇
二十二日	火	辛未		五 二九	〇 四〇	七 五〇	一四 二二	二七	前三 三四	後五 五七	前三 四〇 後三 四〇	前一〇 〇 後一〇 一〇
二十三日	水	壬申	大暑	五 二九	〇 四〇	七 五〇	一四 二〇	二八	前四 二五	後六 四五	前四 三〇 後四 三五	前一〇 五〇 後一〇 五五
二十四日	木	癸酉	朔	五 三〇	〇 四〇	七 四九	一四 一九	二九	前五 二一	後七 三〇	前五 一五 後五 二〇	前一一 三〇 後一一 三五
二十五日	金	甲戌		五 三一	〇 四〇	七 四八	一四 一七	一	前六 二〇	後八 一三	前五 五〇 後六 〇	前 — 後〇 〇
二十六日	土	乙亥		五 三二	〇 四〇	七 四八	一四 一六	二	前七 二三	後八 五一	前六 三〇 後六 四〇	前〇 五 後〇 三五
二十七日	日	丙子		五 三三	〇 四〇	七 四七	一四 一四	三	前八 二五	後九 二八	前七 五 後七 一〇	前〇 四五 後一 一〇
二十八日	月	丁丑		五 三三	〇 四〇	七 四六	一四 一三	四	前九 二九	後一〇 五	前七 三五 後七 五〇	前一 一五 後一 四五
二十九日	火	戊寅		五 三四	〇 四〇	七 四五	一四 一一	五	前一〇 三四	後一〇 四一	前八 一五 後八 三五	前一 五五 後二 二〇
三十日	水	己卯		五 三五	〇 四〇	七 四四	一四 九	六	前一一 四〇	後一一 一九	前九 〇 後九 三〇	前二 三五 後三 〇
三十一日	木	庚辰	上弦 中伏	五 三六	〇 四〇	七 四三	一四 七	七	後〇 四六	—	前九 五五 後一〇 二五	前三 一五 後三 四五

一五

八月大　三十一日

白菜蘿蔔ノ播種桑天牛卵ノ取除秋蠶ノ催青掃立陸稻培土堆肥切返棉摘心病粟拔除雞ノ換羽期管理螟蟲驅除

日次	曜	干支	日出	日南中	日入	晝間	月齡	月出	月入	滿潮	干潮
一日（愛國日）	金	辛巳	五時三七分	後〇時四〇分	七時四二分	一四時六分	八	後一時五三分	前〇時〇分	前一〇時四〇分 後一一時三〇分	前四時一〇分 後四時四五分
二日	土	壬午	五三七	〇四〇	七四一	一四四	九	後二五八	前〇四四	前一一五〇 後―	前五三〇 後六一〇
三日	日	癸未	五三八	〇四〇	七四〇	一四二	一〇	後四二	前一三三	前〇四五 後一〇	前七二〇 後七四五
四日	月	甲申	五三九	〇四〇	七三九	一四〇	一一	後五一	前二二六	前二〇 後二一五	前八四五 後九五
五日	火	乙酉	五四〇	〇三九	七三八	一三五八	一二	後五五六	前三二四	前三一五 後三三〇	前九四〇 後九五五
六日	水	丙戌	五四一	〇三九	七三七	一三五六	一三	後六四四	前四二五	前四二〇 後四三〇	前一〇三〇 後一〇四〇
七日（望）	木	丁亥	五四二	〇三九	七三六	一三五五	一四	後七二八	前五二八	前五一〇 後五二五	前一一一五 後一一三〇
八日（立秋）	金	戊子	五四三	〇三九	七三五	一三五三	一五	後八六	前六三一	前六〇 後六一〇	前― 後〇〇
九日	土	己丑	五四三	〇三九	七三四	一三五一	一六	後八四三	前七三三	前六三五 後六四五	前〇五 後〇三〇
十日（末伏）	日	庚寅	五四四	〇三九	七三三	一三四九	一七	後九一五	前八三三	前七五 後七二〇	前〇四〇 後一五
十一日	月	辛卯	五四五	〇三九	七三二	一三四七	一八	後九四七	前九三〇	前七五〇 後八〇	前一二〇 後一四〇
十二日	火	壬辰	五四六	〇三九	七三一	一三四五	一九	後一〇一八	前一〇二七	前八一五 後八三〇	前一五〇 後二五
十三日	水	癸巳	五四七	〇三八	七二九	一三四三	二〇	後一〇五一	前一一二三	前八四五 後九一〇	前二二〇 後二四〇
十四日	木	甲午	五四八	〇三八	七二八	一三四〇	二一	後一一二五	後〇一七	前九一五 後九四五	前二五五 後三一五

昭和十六年

仰げ日の丸戸毎にたてて
우러러보라히노마루 집집마다달고

下弦	十五日	金	乙未	五四八	〇三八	七二七	一三三八	二二	—	後一一一	前九時五〇分 後一〇三〇	前三時二五分 後三四五
	十六日	土	丙申	五四九	〇三八	七二六	一三三六	二三	前〇二	後二五	前一〇四〇 後一一三〇	前四一〇 後四四〇
	十七日	日	丁酉	五五〇	〇三八	七二四	一三三四	二四	前〇四三	後二五七	前一一四五 後—	前五二〇 後六〇
	十八日	月	戊戌	五五一	〇三七	七二三	一三三二	二五	前一二六	後三四八	前〇三五 後〇四五	前七一五 後七四五
	十九日	火	己亥	五五二	〇三七	七二二	一三三〇	二六	前二一五	後四三七	前一四五 後二五	前八四〇 後八五五
	二十日	水	庚子	五五三	〇三七	七二〇	一三二八	二七	前三九	後五二三	前三〇 後三一五	前九四〇 後九五〇
	二十一日	木	辛丑	五五四	〇三七	七一九	一三二六	二八	前四七	後六七	前四五 後四一五	前一〇二五 後一〇三五
	二十二日	金	壬寅	五五四	〇三六	七一八	一三二三	二九	前五八	後六四八	前四五〇 後五〇	前一一五 後一一一五
處暑 朔	二十三日	土	癸卯	五五五	〇三六	七一六	一三二一	〇	前六一二	後七二七	前五三〇 後五四五	前一一四五 後一一五五
	二十四日	日	甲辰	五五六	〇三六	七一五	一三一九	一	前七一七	後八四	前六五 後六二〇	前— 後〇一五
	二十五日	月	乙巳	五五七	〇三六	七一四	一三一七	二	前八二三	後八四二	前六四五 後七〇	前〇三〇 後〇五五
	二十六日	火	丙午	五五八	〇三五	七一二	一三一五	三	前九三一	後九二〇	前七一五 後七三五	前一一〇 後一三〇
	二十七日	水	丁未	五五九	〇三五	七一一	一三一二	四	前一〇三八	後一〇〇	前七五五 後八一五	前一四五 後二〇
	二十八日	木	戊申	六〇	〇三五	七一〇	一三一〇	五	前一一四五	後一〇四三	前八三五 後九五	前二一五 後二三五
上弦	二十九日	金	己酉	六〇	〇三五	七八	一三八	六	後〇五一	後一一三〇	前九三〇 後一〇〇	前三〇 後三二〇
	三十日	土	庚戌	六一	〇三四	七七	一三五	七	後一五五	—	前一〇二〇 後一一五	前三五〇 後四一〇
	三十一日	日	辛亥	六二	〇三四	七五	一三三	八	後二五五	前〇二一	前一一二〇 後—	前五〇 後五三〇

一七

昭和十六年　醉ふな(醉하지마라)戰捷(勝) 忘るな(忘하지마라)防共　一八

九月小　三十日

螟蟲被害稻ノ拔除燒却　小麥秋蒔　綠肥ノ播種　栗大豆ノ收穫
果樹除袋　乾草製造　豚ノ分娩

記事	日次	曜	干支	日出	日南中	日入	晝間	月齡	月出	月入	滿潮	干潮
[illegible]	一日	月	壬子	六時三分	後〇時三四分	七時四分	一三時一分	九	後三時五〇分	前一時一七分	前〇時二〇分 後〇時四五分	前六時五五分 後七時二五分
	二日	火	癸丑	六 四	〇 三三	七 二	一二 五九	一〇	後四 三九	前二 一五	前一 四五 後二 五	前八 三〇 後八 五〇
	三日	水	甲寅	六 五	〇 三三	七 一	一二 五六	一一	後五 二三	前三 一七	前二 五五 後三 二〇	前九 三〇 後九 四五
	四日	木	乙卯	六 五	〇 三三	六 五九	一二 五四	一二	後六 三	前四 一八	前四 五 後四 三〇	前一〇 一五 後一〇 三〇
	五日	金	丙辰	六 六	〇 三二	六 五八	一二 五二	一三	後六 四〇	前五 二〇	前四 五五 後五 一〇	前一一 〇 後一一 一〇
月食 望	六日	土	丁巳	六 七	〇 三二	六 五六	一二 四九	一四	後七 一三	前六 二〇	前五 三五 後五 五五	前一一 三五 後一一 五五
	七日	日	戊午	六 八	〇 三二	六 五五	一二 四七	一五	後七 四六	前七 一八	前六 一〇 後六 三〇	前 ― 後〇 一〇
白露	八日	月	己未	六 九	〇 三一	六 五三	一二 四五	一六	後八 一八	前八 一六	前六 四五 後七 〇	前〇 二五 後〇 四〇
	九日	火	庚申	六 一〇	〇 三一	六 五二	一二 四二	一七	後八 五〇	前九 一三	前七 一五 後七 三〇	前〇 五五 後一 一〇
	十日	水	辛酉	六 一〇	〇 三一	六 五〇	一二 四〇	一八	後九 二四	前一〇 七	前七 四〇 後八 〇	前一 三〇 後一 四〇
	十一日	木	壬戌	六 一一	〇 三〇	六 四九	一二 三八	一九	後九 五九	前一一 一	前八 五 後八 三〇	前二 〇 後二 五
	十二日	金	癸亥	六 一二	〇 三〇	六 四七	一二 三五	二〇	後一〇 三八	前一一 五五	前八 三〇 後九 五	前二 二〇 後二 三五
	十三日	土	甲子	六 一三	〇 三〇	六 四六	一二 三三	二一	後一一 二〇	後〇 四七	前九 五 後九 四五	前二 五〇 後三 五
下弦	十四日	日	乙丑	六 一四	〇 二九	六 四四	一二 三一	二二	―	後一 三八	前九 四五 後一〇 三五	前三 三〇 後三 四五

昭和十六年

滿洲事變を想起せよ

日	十五日	十六日	十七日	十八日	十九日	二十日	二十一日	二十二日	二十三日	二十四日	二十五日	二十六日	二十七日	二十八日	二十九日	三十日
				滿洲事變記念日		彼岸	日食 朔		秋季皇靈祭 秋分				社日	上弦		
	月	火	水	木	金	土	日	月	火	水	木	金	土	日	月	火
	丙寅	丁卯	戊辰	己巳	庚午	辛未	壬申	癸酉	甲戌	乙亥	丙子	丁丑	戊寅	己卯	庚辰	辛巳
	六 一五	六 一五	六 一六	六 一七	六 一八	六 一九	六 二〇	六 二〇	六 二一	六 二二	六 二三	六 二四	六 二五	六 二五	六 二六	六 二七
	〇 二九	〇 二九	〇 二八	〇 二八	〇 二七	〇 二七	〇 二七	〇 二六	〇 二六	〇 二六	〇 二五	〇 二五	〇 二五	〇 二四	〇 二四	〇 二四
	六 四三	六 四一	六 四〇	六 三八	六 三六	六 三五	六 三三	六 三二	六 三〇	六 二九	六 二七	六 二六	六 二四	六 二三	六 二一	六 二〇
	一二 二八	一二 二六	一二 二三	一二 二一	一二 一九	一二 一六	一二 一四	一二 一一	一二 九	一二 七	一二 四	一二 二	一二 〇	一一 五七	一一 五五	一一 五二
	二三	二四	二五	二六	二七	二八	二九	一	二	三	四	五	六	七	八	九
	前〇 六	前〇 五七	前一 五二	前二 五一	前三 五三	前四 五八	前六 五	前七 一四	前八 二三	前九 三三	前一〇 四一	前一一 四七	後〇 五〇	後一 四六	後二 三七	後三 二三
	後二 二七	後三 一四	後三 五八	後四 四〇	後五 二〇	後五 五九	後六 三七	後七 一六	後七 五七	後八 四〇	後九 二七	後一〇 一八	後一一 一三	—	前〇 一一	前一 一一
	前一〇時五〇分 後一一 五〇	前 — 後〇 一五	前一 〇 後一 三〇	前二 二〇 後二 四五	前三 二五 後三 四五	前四 一五 後四 三〇	前五 〇 後五 二〇	前五 四五 後六 〇	前六 二〇 後六 四〇	前六 五五 後七 二〇	前七 三五 後八 〇	前八 一五 後八 四五	前九 〇 後九 四〇	前一〇 〇 後一〇 四〇	前一一 〇 後 —	前〇 〇 後〇 二五
	前四時二五分 後五 〇	前六 五 後六 四五	前八 〇 後八 一五	前九 一〇 後九 二五	前一〇 〇 後一〇 〇	前一〇 三五 後一〇 五〇	前一一 一五 後一一 三五	前一一 五五 後 —	前〇 一五 後〇 三〇	前〇 五〇 後一 五	前一 三〇 後一 四〇	前二 五 後二 一五	前二 四五 後二 五五	前三 三〇 後三 五〇	前四 四〇 後五 〇	前六 三〇 後七 〇

一九

昭和十六年

銃後の務だ出征遺家族を援けよ

十月大 三十一日

大麥ノ播種桑田ノ害蟲驅除種稻ノ選擇稻ノ收穫大豆甘藷馬鈴薯ノ收穫貯藏果實貯藏庫修理消毒農繁期ノ畜牛愛護

銃後後援強化週間

日次	記事	七曜	干支	日出	日南中	日入	晝間	月齢	月出	月入	滿潮	干潮
一日	始政記念日 愛國日	水	壬午	六時二八分	後〇時二三分	六時一八分	一一時五〇分	一〇	後四時三分	前二時一一分	前一時一五分 後一時五〇分	前八時五分 後八時二〇分
二日	平壤神社祭	木	癸未	六二九	〇二三	六一七	一一四八	一一	後四四〇	前三一一	前二三五 後三〇	前九五 後九二〇
三日		金	甲申	六三〇	〇二三	六一五	一一四五	一二	後五一四	前四一一	前三三五 後四〇	前九五五 後一〇一五
四日		土	乙酉	六三一	〇二二	六一四	一一四三	一三	後五四六	前五九	前四三〇 後四五〇	前一〇四〇 後一〇五五
五日	望	日	丙戌	六三二	〇二二	六一二	一一四一	一四	後六一八	前六七	前五五 後五三〇	前一一一〇 後一一三〇
六日		月	丁亥	六三二	〇二二	六一一	一一三八	一五	後六五〇	前七三	前五四五 後六〇	前一一四五 後 ―
七日		火	戊子	六三三	〇二二	六九	一一三六	一六	後七二三	前七五九	前六一五 後六三五	前〇〇 後〇一五
八日		水	己丑	六三四	〇二一	六八	一一三三	一七	後七五八	前八五三	前六四五 後七〇	前〇三五 後〇四五
九日	寒露	木	庚寅	六三五	〇二一	六六	一一三一	一八	後八三五	前九四七	前七〇 後七二五	前一五 後一一〇
十日		金	辛卯	六三六	〇二一	六五	一一二九	一九	後九一五	前一〇四〇	前七三〇 後八〇	前一三〇 後一三五
十一日		土	壬辰	六三七	〇二〇	六三	一一二六	二〇	後一〇〇	前一一三一	前八〇 後八三〇	前二〇 後二五
十二日		日	癸巳	六三八	〇二〇	六二	一一二四	二一	後一〇四八	後〇二一	前八三〇 後九一〇	前二三〇 後二三五
十三日	下弦	月	甲午	六三九	〇二〇	六〇	一一二二	二二	後一一四〇	後一七	前九二〇 後一〇五	前三一〇 後三一五
十四日		火	乙未	六四〇	〇二〇	五五九	一一一九	二三	―	後一五二	前一〇二〇 後一一一五	前四〇 後四一〇

二〇

昭和十六年

輕口無駄口機密の出口

二一

大邱神社祭	十五日	水	丙申	六 四一	〇一九	五 五八	一一一七	二四	前〇三六	後二三三	前一一時四〇分 後—	前五時一五分 後五四五
龍頭山神社祭	十六日	木	丁酉	六 四二	〇一九	五 五六	一一一五	二五	前一三五	後三一三	前〇三〇 後一〇	前七〇 後七四〇
神嘗祭 朝鮮神宮祭	十七日	金	戊戌	六 四三	〇一九	五 五五	一一一二	二六	前二三七	後三五一	前一四五 後二一五	前八二五 後八五〇
京城神社祭	十八日	土	己亥	六 四三	〇一九	五 五四	一一一〇	二七	前三四二	後四二九	前二四五 後三一五	前九二〇 後九四五
	十九日	日	庚子	六 四四	〇一九	五 五二	一一 八	二八	前四五〇	後五 八	前三四五 後四一〇	前一〇一〇 後一〇三〇
朔	二十日	月	辛丑	六 四五	〇一八	五 五一	一一 六	二九	前五五九	後五四八	前四三〇 後四五五	前一〇四五 後一一一〇
土王用事	二十一日	火	壬寅	六 四六	〇一八	五 五〇	一一 三	一	前七一一	後六三〇	前五一五 後五四〇	前一一三〇 後一一五五
	二十二日	水	癸卯	六 四七	〇一八	五 四八	一一 一	二	前八二三	後七一七	前六〇 後六二〇	前— 後〇五
靖國神社祭	二十三日	木	甲辰	六 四八	〇一八	五 四七	一〇五九	三	前九三三	後八 八	前六三五 後七五	前〇三五 後〇四五
霜降	二十四日	金	乙巳	六 四九	〇一八	五 四六	一〇五六	四	前一〇三九	後九 四	前七一五 後七五〇	前一一〇 後一二〇
	二十五日	土	丙午	六 五〇	〇一八	五 四五	一〇五四	五	前一一四〇	後一〇 三	前八〇 後八四〇	前一五五 後二〇
	二十六日	日	丁未	六 五一	〇一八	五 四三	一〇五二	六	後〇三四	後一一 三	前八五〇 後九三〇	前二三五 後二四五
上弦	二十七日	月	戊申	六 五二	〇一七	五 四二	一〇五〇	七	後一二三	—	前九四五 後一〇二五	前三一五 後三三〇
	二十八日	火	己酉	六 五三	〇一七	五 四一	一〇四八	八	後二 四	前〇 五	前一〇五五 後一一三五	前四二五 後四四五
	二十九日	水	庚戌	六 五四	〇一七	五 四〇	一〇四五	九	後二四二	前一 六	前— 後〇五	前五五五 後六三〇
	三十日	木	辛亥	六 五五	〇一七	五 三九	一〇四三	一〇	後三一六	前二 五	前〇四五 後一二五	前七四〇 後八〇
	三十一日	金	壬子	六 五六	〇一七	五 三八	一〇四一	一一	後三四九	前三 三	前二〇 後二三五	前八四五 後九〇

昭和十六年　興亞の聖業、國民精神の作興から　二二

十一月小　三十日

麥ノ培土、畓ノ秋耕、果樹園ノ落葉燒却、深耕施肥、果實蔬菜ノ收穫
貯藏、肩繭ノ整理、桑園深耕施肥、桑樹秋植、畜舍雞舍ノ防寒設備、麥ノ種付

日次	曜	干支	日出	日南中	日入	晝間	月齡	月出	月入	滿潮 前	滿潮 後	干潮 前	干潮 後	
一日	土	癸丑	六時五七分	後〇時一七分	五時三六分	一〇時三九分	一二	後四時二〇分	前四時〇分	三時〇分	三時三〇分	九時二五分	九時四五分	愛國日
二日	日	甲寅	六 五八	〇 一七	五 三五	一〇 三七	一三	後四 五三	前四 五七	三 五〇	四 二五	一〇 一〇	一〇 三〇	
三日	月	乙卯	六 五九	〇 一七	五 三四	一〇 三五	一四	後五 二四	前五 五二	四 四〇	五 〇	一〇 四五	一一 五	明治節
四日	火	丙辰	七 一	〇 一七	五 三三	一〇 三三	一五	後五 五八	前六 四七	五 一五	五 三五	一一 一五	一一 四〇	望
五日	水	丁巳	七 二	〇 一七	五 三二	一〇 三一	一六	後六 三四	前七 四一	五 四五	六 一〇	一一 四五	—	
六日	木	戊午	七 三	〇 一七	五 三一	一〇 二九	一七	後七 一三	前八 三五	六 一〇	六 三五	〇 五	〇 二〇	
七日	金	己未	七 四	〇 一七	五 三〇	一〇 二七	一八	後七 五六	前九 二七	六 三五	七 〇	〇 四〇	〇 四五	
八日	土	庚申	七 五	〇 一七	五 二九	一〇 二五	一九	後八 四二	前一〇 一七	七 〇	七 三〇	一 一〇	一 一〇	立冬
九日	日	辛酉	七 六	〇 一七	五 二八	一〇 二三	二〇	後九 三三	前一一 四	七 二五	八 〇	一 四〇	一 四五	
十日	月	壬戌	七 七	〇 一七	五 二八	一〇 二一	二一	後一〇 二六	前一一 四九	八 〇	八 四五	二 一〇	二 一五	[illegible]
十一日	火	癸亥	七 八	〇 一八	五 二七	一〇 一九	二二	後一一 二三	後〇 三〇	九 〇	九 四五	二 五〇	三 〇	
十二日	水	甲子	七 九	〇 一八	五 二六	一〇 一七	二三	—	後一 一〇	一〇 〇	一〇 四五	三 四〇	三 五五	下弦
十三日	木	乙丑	七 一〇	〇 一八	五 二五	一〇 一五	二四	前〇 二三	後一 四七	一一 一五	一一 五五	四 四五	五 五	
十四日	金	丙寅	七 一一	〇 一八	五 二四	一〇 一三	二五	前一 三三	後二 二四	—	〇 三〇	六 一五	六 五〇	

國民精神作興週間

結核豫防週間

昭和十六年

日	曜	干支	記事									
十五日	土	丁卯		七一二	○一八	五二四	一○一一	二六	前二二八	後三○	後一時三五 前○時五五分	後八一○ 前七時四五分
十六日	日	戊辰		七一三	○一八	五二三	一○一○	二七	前三三四	後三三八	後二四五 前二○	後九一五 前八四五
十七日	月	己巳		七一四	○一八	五二二	一○八	二八	前四四四	後四一九	後三三五 前三○	後一○五 前九三五
十八日	火	庚午		七一五	○一九	五二二	一○六	二九	前五五五	後五三	後四三○ 前三五五	後一○五五 前一○二○
十九日	水	辛未	朔	七一六	○一九	五二一	一○五	○	前七七	後五五二	後五二○ 前四四五	後一一三○ 前一一五
二十日	木	壬申		七一七	○一九	五二○	一○三	一	前八一七	後六四六	後六五 前五三○	後— 前一一四五
二十一日	金	癸酉		七一八	○一九	五二○	一○一	二	前九二四	後七四六	後七○ 前六二○	後○三○ 前○二○
二十二日	土	甲戌		七一九	○二○	五一九	一○○	三	前一○二四	後八四九	後七四○ 前七○	後一一○ 前一○
二十三日	日	乙亥	新嘗祭 小雪	七二一	○二○	五一九	九五八	四	前一一一七	後九五三	後八二五 前七四五	後一四五 前一四○
二十四日	月	丙子		七二二	○二○	五一八	九五七	五	後○三	後一○五六	後九一五 前八四○	後二三○ 前二二五
二十五日	火	丁丑		七二三	○二○	五一八	九五五	六	後○四三	後一一五八	後一○五 前九三○	後三一五 前三一○
二十六日	水	戊寅	上弦	七二四	○二一	五一七	九五四	七	後一一九	—	後一一五 前一○三○	後四一五 前四○
二十七日	木	己卯		七二五	○二一	五一七	九五三	八	後一五三	前○五七	後— 前一一三五	後五三五 前五一五
二十八日	金	庚辰		七二六	○二一	五一七	九五一	九	後二二四	前一五五	後○四○ 前○○	後七一○ 前六四○
二十九日	土	辛巳		七二七	○二二	五一七	九五○	一○	後二五五	前二五一	後一五五 前一一○	後八二五 前七五五
三十日	日	壬午		七二八	○二二	五一六	九四九	一一	後三二六	前三四七	後二五五 前二一五	後九一五 前八五五

絶やせ(根絶하라)結核 興亞の(의)日本。道路の(의)一痰(은) 病魔の(의)百彈

二三

昭和十六年　興亞の動力 無駄すな燃料 火事は油斷の隙間から　二四

十二月大　三十一日

收穫物ノ整理農具ノ修理整頓畜舍ニ敷草多給豚ノ種付

日次	曜	干支	日出	日南中	日入	晝間	月齡	月出	月入	滿潮	干潮	
一日	月	癸未	七時二八分	後〇時二二分	五時一六分	九時四八分	一二	後三時五九分	前四時四三分	前三時一〇分 後三四五	前九時三五分 後一〇〇	愛國日
二日	火	甲申	七二九	〇二三	五一六	九四六	一三	後四三四	前五二六	前三五五 後四三五	前一〇一五 後一〇四五	
三日	水	乙酉	七三〇	〇二三	五一六	九四五	一四	後五一二	前六三〇	前四四〇 後五一五	前一〇五五 後一一二〇	
四日	木	丙戌	七三一	〇二四	五一六	九四四	一五	後五五四	前七二三	前五一五 後五四五	前一一二〇 後一一五五	望
五日	金	丁亥	七三二	〇二四	五一五	九四三	一六	後六三九	前八一四	前五四五 後六一五	前〇〇 後―	
六日	土	戊子	七三三	〇二四	五一五	九四二	一七	後七二八	前九三	前六二〇 後六五〇	前〇三〇 後〇三〇	
七日	日	己丑	七三四	〇二五	五一五	九四一	一八	後八二〇	前九四八	前六五〇 後七二〇	前一〇 後一〇	大雪
八日	月	庚寅	七三五	〇二五	五一五	九四一	一九	後九一六	前一〇三一	前七一五 後八〇	前一二五 後一三〇	
九日	火	辛卯	七三六	〇二六	五一五	九四〇	二〇	後一〇一三	前一一一一	前七五五 後八三〇	前二〇 後二五	
十日	水	壬辰	七三六	〇二六	五一六	九三九	二一	後一一一三	前一一四八	前八四〇 後九二〇	前二三五 後二四〇	
十一日	木	癸巳	七三七	〇二七	五一六	九三八	二二	―	後〇二四	前九三五 後一〇一五	前三一五 後三三〇	
十二日	金	甲午	七三八	〇二七	五一六	九三八	二三	前〇一四	後〇五九	前一〇四五 後一一一五	前四一〇 後四三〇	下弦
十三日	土	乙未	七三九	〇二七	五一六	九三七	二四	前一一七	後一三四	前一一五五 後―	前五二〇 後五五五	
十四日	日	丙申	七四〇	〇二八	五一六	九三七	二五	前二二三	後二一二	前〇一五 後一〇	前六五〇 後七三五	

昭和十六年

非常時だ虚禮を廢めて生活改善。總力戰我も一役貯蓄報國

二五

日	記事	曜	干支	日出		日入		月齡	月出	月入	滿潮 前	滿潮 後	干潮 前	干潮 後
十五日		月	丁酉	七 四〇	〇 二八	五 一七	九 三六	二六	前 三 三〇	後 二 五三	一時 二〇分	二 一〇	八時 一〇分	八 四五
十六日		火	戊戌	七 四一	〇 二九	五 一七	九 三六	二七	前 四 四〇	後 三 三七	二 三〇	三 一五	九 一〇	九 四五
十七日		水	己亥	七 四二	〇 二九	五 一七	九 三六	二八	前 五 五一	後 四 二八	三 二五	四 一〇	一〇 〇	一〇 三五
十八日	朔	木	庚子	七 四二	〇 三〇	五 一八	九 三五	二九	前 七 〇	後 五 二四	四 二五	五 五	一〇 四五	一一 二〇
十九日		金	辛丑	七 四三	〇 三〇	五 一八	九 三五	一	前 八 五	後 六 二七	五 二〇	六 〇	—	一一 三〇
二十日		土	壬寅	七 四三	〇 三一	五 一八	九 三五	二	前 九 三	後 七 三三	六 五	六 四五	〇 五	〇 一〇
二十一日		日	癸卯	七 四四	〇 三一	五 一九	九 三五	三	前 九 五四	後 八 三八	六 五五	七 三〇	〇 四五	〇 五五
二十二日	冬至	月	甲辰	七 四四	〇 三二	五 一九	九 三五	四	前 一〇 三九	後 九 四三	七 三五	八 一〇	一 二五	一 三〇
二十三日		火	乙巳	七 四五	〇 三二	五 二〇	九 三五	五	前 一一 一八	後 一〇 四五	八 二五	九 〇	二 一五	二 〇
二十四日		水	丙午	七 四五	〇 三三	五 二〇	九 三五	六	前 一一 五三	後 一一 四五	九 一五	九 四〇	二 四五	三 〇
二十五日	大正天皇祭 上弦	木	丁未	七 四六	〇 三三	五 二一	九 三五	七	後 〇 二六	—	一〇 〇	一〇 三〇	三 三〇	三 四五
二十六日		金	戊申	七 四六	〇 三四	五 二二	九 三五	八	後 〇 五七	前 〇 四三	一一 〇	一一 二〇	四 二五	四 四五
二十七日		土	己酉	七 四七	〇 三四	五 二二	九 三六	九	後 一 二九	前 一 四〇	—	〇 〇	五 三〇	六 〇
二十八日	御用納	日	庚戌	七 四七	〇 三五	五 二三	九 三六	一〇	後 二 一	前 二 三五	〇 一五	〇 五五	六 四五	七 三〇
二十九日		月	辛亥	七 四七	〇 三五	五 二四	九 三六	一一	後 二 三五	前 三 三〇	一 一五	二 〇	八 〇	八 四〇
三十日		火	壬子	七 四八	〇 三六	五 二四	九 三七	一二	後 三 一三	前 四 二四	二 一五	三 〇	九 〇	九 三五
三十一日		水	癸丑	七 四八	〇 三六	五 二五	九 三七	一三	後 三 五二	前 五 一七	三 一五	四 〇	九 四五	一〇 二〇

各地毎旬

地名		一月				二月		三月			四月			五月				六月	
地名	日	一日	十一日	二十一日	三十一日	十日	二十日	二日	十二日	二十二日	一日	十一日	二十一日	一日	十一日	二十一日	三十一日	十日	二十日
雄基	日出	七時四八分	七 四七	七 四二	七 三四	七 二三	七 九	六 五四	六 三七	六 二〇	六 二	五 四五	五 二九	五 一五	五 二	四 五二	四 四五	四 四一	四 四一
雄基	日入	四時五六分	五 六	五 一八	五 三〇	五 四三	五 五六	六 九	六 二〇	六 三二	六 四三	六 五四	七 六	七 一七	七 二八	七 三八	七 四七	七 五四	七 五八
新義州	日出	八時五分	八 四	八 〇	七 五三	七 四三	七 三〇	七 一六	七 〇	六 四四	六 二八	六 一二	五 五七	五 四三	五 三二	五 二二	五 一六	五 一三	五 一三
新義州	日入	五時二六分	五 三六	五 四七	五 五九	六 一一	六 二三	六 三四	六 四五	六 五六	七 六	七 一六	七 二六	七 三六	七 四六	七 五六	八 四	八 一一	八 一五
元山	日出	七時五〇分	七 五〇	七 四六	七 三九	七 二九	七 一七	七 三	六 四八	六 三二	六 一六	六 一	五 四六	五 三三	五 二二	五 一三	五 七	五 四	五 四
元山	日入	五時一八分	五 二七	五 三八	五 四九	六 一	六 一二	六 二二	六 三二	六 四四	六 五三	七 三	七 一三	七 二二	七 三二	七 四一	七 四九	七 五五	八 〇
平壤	日出	七時五八分	七 五六	七 五二	七 四五	七 三五	七 二三	七 九	六 五四	六 三八	六 二三	六 八	五 五三	五 四〇	五 二九	五 二〇	五 一四	五 一一	五 一一
平壤	日入	五時二五分	五 三四	五 四五	五 五六	六 八	六 一九	六 三〇	六 四〇	六 五〇	七 〇	七 一〇	七 一九	七 二九	七 三八	七 四七	七 五五	八 二	八 六
京城	日出	七時四七分	七 四七	七 四四	七 三七	七 二八	七 一七	七 三	六 四九	六 三四	六 一九	六 四	五 五〇	五 三八	五 二七	五 一九	五 一三	五 一〇	五 一〇
京城	日入	五時二四分	五 三三	五 四三	五 五四	六 五	六 一六	六 二六	六 三六	六 四五	六 五四	七 三	七 一二	七 二一	七 三〇	七 三九	七 四六	七 五二	七 五六
大邱	日出	七時三六分	七 三六	七 三三	七 二七	七 一九	七 八	六 五六	六 四二	六 二八	六 一三	五 五九	五 四六	五 三四	五 二四	五 一六	五 一一	五 九	五 九
大邱	日入	五時二二分	五 三一	五 四一	五 五一	六 一	六 一一	六 二一	六 三〇	六 三八	六 四七	六 五五	七 三	七 一二	七 二〇	七 二八	七 三五	七 四一	七 四五
釜山	日出	七時三三分	七 三三	七 三〇	七 二四	七 一六	七 六	六 五三	六 四〇	六 二六	六 一二	五 五八	五 四五	五 三四	五 二四	五 一六	五 一一	五 九	五 九
釜山	日入	五時二三分	五 三二	五 四一	五 五一	六 一	六 一一	六 二〇	六 二八	六 三七	六 四五	六 五三	七 一	七 九	七 一七	七 二五	七 三三	七 三七	七 四一
木浦	日出	七時四三分	七 四三	七 四〇	七 三四	七 二六	七 一六	七 四	六 五〇	六 三七	六 二三	六 九	五 五六	五 四五	五 三五	五 二八	五 二三	五 二〇	五 二一
木浦	日入	五時三四分	五 四三	五 五三	六 二	六 一三	六 二三	六 三一	六 三九	六 四七	六 五五	七 三	七 一一	七 一九	七 二七	七 三五	七 四一	七 四七	七 五一

日出入時刻

昭和十六年

月	七月			八月			九月			十月			十一月			十二月		
三十日	十日	二十日	三十日	九日	十九日	二十九日	八日	十八日	二十八日	八日	十八日	二十八日	七日	十七日	二十七日	七日	十七日	二十七日
四時四四分	四 五〇	四 五八	五 八	五 一八	五 二九	五 三九	五 五〇	六 〇	六 一一	六 二三	六 三四	六 四六	六 五八	七 一一	七 二三	七 三三	七 四一	七 四六
七時五九分	七 五六	七 五〇	七 四一	七 二九	七 一五	六 五九	六 四二	六 二四	六 七	五 五〇	五 三三	五 一九	五 六	四 五六	四 四九	四 四六	四 四七	四 五二
五時二六分	五 二一	五 二九	五 三八	五 四七	五 五七	六 六	六 一六	六 二五	六 三五	六 四五	六 五五	七 六	七 一八	七 二九	七 四〇	七 五〇	七 五八	八 三
八時一六分	八 一三	八 八	七 五九	七 四八	七 三五	七 二〇	七 四	六 四八	六 三一	六 一五	六 〇	五 四六	五 三四	五 二五	五 一九	五 一七	五 一八	五 二三
五時七分	五 一三	五 一九	五 二八	五 三七	五 四六	五 五五	六 四	六 一三	六 二二	六 三二	六 四二	六 五二	七 四	七 一五	七 二六	七 三六	七 四三	七 四八
八時一分	七 五八	七 五三	七 四五	七 三四	七 二一	七 七	六 五一	六 三五	六 一九	六 四	五 四九	五 三五	五 二四	五 一五	五 一〇	五 八	五 九	五 一四
五時一四分	五 一九	五 二七	五 三五	五 四四	五 五三	六 二	六 一一	六 二〇	六 二九	六 三九	六 四九	六 五九	七 一〇	七 二一	七 三一	七 四二	七 五〇	七 五五
八時七分	八 五	七 五九	七 五一	七 四一	七 二八	七 一三	六 五八	六 四二	六 二六	六 一〇	五 五六	五 四二	五 三一	五 二二	五 一七	五 一五	五 一六	五 二一
五時一三分	五 一九	五 二五	五 三三	五 四二	五 五〇	五 五九	六 七	六 一六	六 二四	六 三三	六 四二	六 五二	七 二	七 一三	七 二四	七 三三	七 四一	七 四六
七時五[illegible]分	七 五六	七 五一	七 四三	七 三三	七 二一	七 七	六 五二	六 三七	六 二一	六 六	五 五二	五 四〇	五 二九	五 二一	五 一五	五 一四	五 一五	五 二〇
五時一三分	五 一七	五 二三	五 三一	五 三九	五 四六	五 五四	六 二	六 一〇	六 一七	六 二五	六 三四	六 四三	六 五三	七 三	七 一三	七 二三	七 二九	七 三四
七時四六分	七 四四	七 四〇	七 三三	七 二三	七 一二	六 五九	六 四四	六 三〇	六 一五	六 一	五 四七	五 三五	五 二五	五 一八	五 一三	五 一二	五 一四	五 一九
五時一二分	五 一七	五 二四	五 三一	五 三八	五 四六	五 五三	六 一	六 八	六 一六	六 二二	六 三一	六 四〇	六 五〇	七 〇	七 九	七 一八	七 二六	七 三一
七時四三分	七 四一	七 三六	七 二九	七 二〇	七 九	六 五六	六 四三	六 二八	六 一三	五 五九	五 四八	五 三三	五 二五	五 一八	五 一三	五 一三	五 一四	五 一九
五時二四分	五 二九	五 三五	五 四二	五 四九	五 五七	六 四	六 一二	六 一九	六 二六	六 三四	六 四三	六 五一	七 〇	七 一〇	七 一九	七 二八	七 三五	七 四〇
七時五三分	七 五〇	七 四六	七 三九	七 三〇	七 一九	七 六	六 五三	六 三八	六 二四	六 一〇	五 五七	五 四八	五 三六	五 二九	五 二五	五 二三	五 二五	五 三〇

二七

朔·上弦·望·下弦

月	朔 日	朔 時刻	上弦 日	上弦 時刻	望 日	望 時刻	下弦 日	下弦 時刻
一月	二七日	後八時三分	五日	後一〇時四〇分	一三日	後八時四分	二〇日	後七時一分
二月	二六日	後〇 二	四日	後八 四二	一二日	前九 二六	一九日	前三 七
三月	二八日	前五 一四	六日	後四 四三	一三日	後八 四七	二〇日	前一一 五一
四月	二六日	後一〇 二三	五日	前九 一二	一二日	前六 一五	一八日	後一〇 三
五月	二六日	後二 一八	四日	後九 四九	一一日	後二 一五	一八日	前一〇 一七
六月	二五日	前四 二二	三日	前六 五六	九日	後九 三四	一七日	後〇 四五
七月	二四日	後四 三九	二日 三一日	後一 二四 後六 一九	九日	前五 一七	一六日	後五 七
八月	二三日	前三 三四	二九日	後一一 四	七日	後二 三八	一五日	前一〇 四〇
九月	二一日	後一 三八	二八日	前五 九	六日	前二 三六	一四日	前四 三一
十月	二〇日	後一一 二〇	二七日	後二 四	五日	後五 三二	一三日	後九 五二
十一月	一九日	前九 四	二六日	前二 五二	四日	前一一 〇	一二日	後一 五三
十二月	一八日	後七 一八	二五日	後七 四三	四日	前五 五一	一二日	前三 四八

各地潮時ノ(의)平均改正數

地名	時刻	加減
多獅島	四時四〇分	加
鎭南浦	四 一〇	加
夢金浦	二 三〇	加
群山	一時五〇分	減
木浦	滿潮二 二五 干潮三 三〇	減
麗水	八 五〇	減
釜山	三時三〇分	加
濟州(禾北里)	七 五	減
迎日灣	〇 三五	減
元山	一時三〇分	減
城津	一 四五	減
雄基	一 四〇	減

二十四氣

春分	三月二十一日午前九時二十一分			秋分	九月二十三日午後七時三十三分		
夏至	六月二十二日午前四時三十四分			冬至	十二月二十二日午後二時四十五分		
小寒	一月六日	清明	四月五日	小暑	七月七日	寒露	十月九日
大寒	一月二十日	穀雨	四月二十日	大暑	七月二十三日	霜降	十月二十四日
立春	二月四日	立夏	五月六日	立秋	八月八日	立冬	十一月八日
雨水	二月十九日	小滿	五月二十二日	處暑	八月二十三日	小雪	十一月二十三日
驚蟄	三月六日	芒種	六月六日	白露	九月八日	大雪	十二月七日

日月食

部分月食 三月十三日

(各地共通) 食分三分三厘

初虧 後七時五五分 左稍下

食甚 後八時五五分 左稍上

復圓 後九時五六分 上稍左

部分月食 九月六日

(各地共通) 食分 六厘

初虧 前二時一九分 左稍下

食甚 前二時四七分 左下之間

復圓 前三時一五分 左下之間

部分日食 九月二十一日

地名	初虧 時刻	初虧 方向	食甚 時刻	食甚 方向	食甚 食分	復圓 時刻	復圓 方向
雄基	後〇時二三分	右	後一時三五分	下	五分五厘	後二時四五分	左稍下
新義州	後〇時九分	右稍上	後一時二七分	下稍右	六分六厘	後二時四四分	左稍下
元山	後〇時一六分	右	後一時三四分	下	六分四厘	後二時四九分	左
平壤	後〇時一三分	右稍上	後一時三二分	下	六分七厘	後二時四八分	左
京城	後〇時一五分	右稍上	後一時三六分	下	六分八厘	後二時五三分	左
仁川	後〇時一四分	右稍上	後一時三五分	下	六分九厘	後二時五二分	左
大邱	後〇時一九分	右	後一時四一分	下	七分〇厘	後二時五八分	左
釜山	後〇時二一分	右	後一時四三分	下	七分一厘	後三時〇分	左
木浦	後〇時一四分	右稍上	後一時三八分	下	七分五厘	後二時五八分	左

年代表並陰陽曆對照表

日本年號 朝鮮年號	日本紀元 西暦紀元	干支	歲	正月	二月	三月	四月	五月	六月	七月	八月	九月	十月	十一月	十二月	閏月
天保七 道光一六	閏 二四九六 一八三六	丙申	百六	小 乙酉 二、一七	大 甲寅 三、一七	小 甲申 四、一六	大 癸丑 五、一五	大 癸未 六、一四	小 癸丑 七、一四	大 壬午 八、一二	小 壬子 九、一一	大 辛巳 一〇、一〇	小 辛亥 一一、九	大 庚辰 一二、八	小 庚戌 一、七	
天保八 道光一七	二四九七 一八三七	丁酉	百五	大 己卯 二、五	小 己酉 三、七	大 戊寅 四、五	小 戊申 五、五	大 丁丑 六、三	小 丁未 七、三	大 丙子 八、一	大 丙午 八、三一	小 丙子 九、三〇	大 乙巳 一〇、二九	小 乙亥 一一、二八	大 甲辰 一二、二七	
天保九 道光一八	二四九八 一八三八	戊戌	百四	小 甲戌 一、二六	大 癸卯 二、二四	小 癸酉 三、二六	大 壬寅 四、二四	小 辛丑 六、二三	大 庚午 七、二一	大 庚子 八、二〇	小 庚午 九、一九	大 己亥 一〇、一八	大 己巳 一一、一七	小 己亥 一二、一七	大 戊辰 一、一五	四月小壬申 五、二四
天保一〇 道光一九	二四九九 一八三九	己亥	百三	小 戊戌 二、一四	大 丁卯 三、一五	小 丁酉 四、一四	小 丙寅 五、一三	大 乙未 六、一一	小 乙丑 七、一一	大 甲午 八、九	小 甲子 九、八	大 癸巳 一〇、七	大 癸亥 一一、六	大 癸巳 一二、六	小 癸亥 一、五	
天保一一 道光二〇	閏 二五〇〇 一八四〇	庚子	百二	大 壬辰 二、三	小 壬戌 三、四	大 辛卯 四、二	小 辛酉 五、二	小 庚寅 五、三一	大 己未 六、二九	小 己丑 七、二九	大 戊午 八、二七	小 戊子 九、二六	大 丁巳 一〇、二五	大 丁亥 一一、二四	大 丁巳 一二、二四	
天保一二 道光二一	二五〇一 一八四一	辛丑	百一	小 丁亥 一、二三	大 丙辰 二、二一	小 丙戌 三、二三	小 乙酉 五、二一	小 甲寅 六、一九	大 癸未 七、一八	小 癸丑 八、一七	大 壬午 九、一五	小 壬子 一〇、一五	大 辛巳 一一、一三	大 辛亥 一二、一三	小 辛巳 一、一二	三月大乙卯 四、二一
天保一三 道光二二	二五〇二 一八四二	壬寅	百	大 庚戌 二、一〇	大 庚辰 三、一二	小 庚戌 四、一一	大 己卯 五、一〇	小 己酉 六、九	小 戊寅 七、八	大 丁未 八、六	小 丁丑 九、五	大 丙午 一〇、四	小 丙子 一一、三	大 乙巳 一二、二	小 乙亥 一、一	
天保一四 道光二三	二五〇三 一八四三	癸卯	九九	大 甲辰 一、三〇	大 甲戌 三、一	大 甲辰 三、三一	小 甲戌 四、三〇	大 癸卯 五、二九	小 癸酉 六、二八	小 壬寅 七、二七	小 辛丑 九、二四	大 庚午 一〇、二三	小 庚子 一一、二二	大 己巳 一二、二一	小 己亥 一、二〇	七月大辛未 八、二五

説明

各月ノ欄ニハ其月ノ一日ニ相當スル陽暦ノ月日及干支其月ノ大小ヲ記ス。太線ヲ附シタルハ其月ニ閏月アルヲ示シ、閏月ハ最下欄ニ記ス。＊印ヲ附シタルハ陽暦ノ年次ガ翌年ニ亘ルモノナリ。

歲ノ欄ハ其年生レノ人ガ本年ニ於ケル年齡ナリ。紀元欄ニ閏トアルハ陽暦ノ閏年ヲ示ス。

例

天保十年陰五月五日ヲ陽暦ニ換算セン。

天保十年ノ行五月ノ欄ニテ陰五月一日ハ陽六月十一日ナルヲ知リ得。五月五日ハ五日目ナリ一日ヲ減ジタル四日ヲ六月十一日ニ加フレバ六月十五日ヲ得。之ガ求ムル答ナリ。

注意

本表ハ朝鮮ノ陰暦ナルヲ以テ大正以前ノ内地暦ニ對シテハ用フ可カラズ。

年代表竝陰陽曆對照表

日本年號	朝鮮年號	日本紀元	西曆紀元	干支	歲	正月	二月	三月	四月	五月	六月	七月	八月	九月	十月	十一月	十二月	閏月
弘化元	道光二四	閏 二五〇四	一八四四	甲辰	九八	二、一八 大戊辰	三、一九 大戊戌	四、一八 小戊辰	五、一七 大丁酉	六、一六 小丁卯	七、一五 大丙申	八、一四 小丙寅	九、一二 大乙未	一〇、一二 小乙丑	一一、一〇 大甲午	一二、一〇 小甲子	一、八 大癸巳	
弘化二	道光二五	二五〇五	一八四五	乙巳	九七	二、七 小癸亥	三、八 大壬辰	四、七 小壬戌	五、六 大辛卯	六、五 大辛酉	七、五 小辛卯	八、三 大庚申	九、二 小庚寅	一〇、一 大己未	一〇、三一 小己丑	一一、二九 大戊午	一二、二九 小戊子	
弘化三	道光二六	二五〇六	一八四六	丙午	九六	一、二七 大丁巳	二、二六 小丁亥	三、二七 大丙辰	四、二六 小丙戌	五、二五 大乙卯	七、二三 大甲寅	八、二二 小甲申	九、二〇 大癸丑	一〇、二〇 大癸未	一一、一九 小癸丑	一二、一八 大壬午	一、一七 小壬子	五月小乙酉 六、二四
弘化四	道光二七	二五〇七	一八四七	丁未	九五	二、一五 大辛巳	三、一七 小辛亥	四、一五 小庚辰	五、一四 大己酉	六、一三 小己卯	七、一二 大戊申	八、一一 小戊寅	九、九 大丁未	一〇、九 大丁丑	一一、八 大丁未	一二、八 小丁丑	一、六 大丙午	
嘉永元	道光二八	閏 二五〇八	一八四八	戊申	九四	二、五 小丙子	三、五 大乙巳	四、四 小乙亥	五、三 小甲辰	六、一 大癸酉	七、一 小癸卯	七、三〇 大壬申	八、二九 小壬寅	九、二七 大辛未	一〇、二七 大辛丑	一一、二六 大辛未	一二、二六 小辛丑	
嘉永二	道光二九	二五〇九	一八四九	己酉	九三	一、二四 大庚午	二、二三 小庚子	三、二四 大己巳	四、二三 小己亥	六、二〇 大丁酉	七、二〇 小丁卯	八、一八 大丙申	九、一七 小丙寅	一〇、一六 大乙未	一一、一五 小乙丑	一二、一四 大甲午	一、一三 大甲子	四月小戊辰 五、二二
嘉永三	道光三〇	二五一〇	一八五〇	庚戌	九二	二、一二 大甲午	三、一四 小甲子	四、一二 大癸巳	五、一二 小癸亥	六、一〇 小壬辰	七、九 大辛酉	八、八 小辛卯	九、六 小庚申	一〇、五 大己丑	一一、四 大己未	一二、四 小己丑	一、二 大戊午	
嘉永四	咸豐元	二五一一	一八五一	辛亥	九一	二、一 大戊子	三、三 大戊午	四、二 小戊子	五、一 大丁巳	五、三一 小丁亥	六、二九 小丙辰	七、二八 大乙酉	八、二七 小乙卯	一〇、二四 大癸丑	一一、二三 小癸未	一二、二二 大壬子	一、二一 大壬午	八月小甲申 九、二五
嘉永五	咸豐二	閏 二五一二	一八五二	壬子	九〇	二、二〇 大壬子	三、二一 小壬午	四、一九 大辛亥	五、一九 大辛巳	六、一八 小辛亥	七、一七 小庚辰	八、一五 大己酉	九、一四 小己卯	一〇、一三 大戊申	一一、一二 小戊寅	一二、一一 小丁未	一、九 大丙子	
嘉永六	咸豐三	二五一三	一八五三	癸丑	八九	二、八 大丙午	三、一〇 小丙子	四、八 大乙巳	五、八 大乙亥	六、七 小乙巳	七、六 大甲戌	八、五 小甲辰	九、三 大癸酉	一〇、三 小癸卯	一一、一 大壬申	一二、一 小壬寅	一二、三〇 大辛未	
安政元	咸豐四	二五一四	一八五四	甲寅	八八	一、二九 小辛丑	二、二七 大庚午	三、二九 小庚子	四、二七 大己巳	五、二七 小己亥	六、二五 大戊辰	七、二五 大戊戌	九、二二 大丁酉	一〇、二二 小丁卯	一一、二〇 大丙申	一二、二〇 小丙寅	一、一八 大乙未	七月小戊辰 八、二四
安政二	咸豐五	二五一五	一八五五	乙卯	八七	二、一七 小乙丑	三、一八 小甲午	四、一六 大癸亥	五、一六 小癸巳	六、一四 大壬戌	七、一四 大壬辰	八、一三 小壬戌	九、一一 大辛卯	一〇、一一 大辛酉	一一、一〇 小辛卯	一二、九 大庚申	一、八 小庚寅	
安政三	咸豐六	閏 二五一六	一八五六	丙辰	八六	二、六 大己未	三、七 小己丑	四、五 小戊午	五、四 大丁亥	六、三 小丁巳	七、二 大丙戌	八、一 小丙辰	八、三〇 大乙酉	九、二九 大乙卯	一〇、二九 大乙酉	一一、二八 小乙卯	一二、二七 大甲申	
安政四	咸豐七	二五一七	一八五七	丁巳	八五	一、二六 小甲寅	二、二四 大癸未	三、二六 小癸丑	四、二四 小壬午	五、二三 大辛亥	七、二一 大庚戌	八、二〇 小庚辰	九、一八 大己酉	一〇、一八 小己卯	一一、一六 大戊申	一二、一六 大戊寅	一、一五 大戊申	五月小辛巳 六、二二
安政五	咸豐八	二五一八	一八五八	戊午	八四	二、一四 小戊寅	三、一五 大丁未	四、一四 小丁丑	五、一三 小丙午	六、一一 大乙亥	七、一一 小乙巳	八、九 小甲戌	九、七 大癸卯	一〇、七 大癸酉	一一、六 小癸卯	一二、五 大壬申	一、四 大壬寅	
安政六	咸豐九	二五一九	一八五九	己未	八三	二、三 大壬申	三、五 小壬寅	四、三 大辛未	五、三 小辛丑	六、一 小庚午	六、三〇 大己亥	七、三〇 小己巳	八、二八 小戊戌	九、二六 大丁卯	一〇、二六 小丁酉	一一、二四 大丙寅	一二、二四 大丙申	

年代表竝陰陽曆對照表

日本年號 朝鮮年號	萬延元 咸豐一〇	文久元 咸豐一一	文久二 同治元	文久三 同治二	元治元 同治三	慶應元 同治四	慶應二 同治五	慶應三 同治六	明治元 同治七	明治二 同治八	明治三 同治九	明治四 同治一〇	明治五 同治一一	明治六 同治一二	明治七 同治一三	明治八 光緒元
日本紀元 西曆紀元	閏 二五二〇 一八六〇	二五二一 一八六一	二五二二 一八六二	二五二三 一八六三	閏 二五二四 一八六四	二五二五 一八六五	二五二六 一八六六	二五二七 一八六七	閏 二五二八 一八六八	二五二九 一八六九	二五三〇 一八七〇	二五三一 一八七一	閏 二五三二 一八七二	二五三三 一八七三	二五三四 一八七四	二五三五 一八七五
干支	庚申	辛酉	壬戌	癸亥	甲子	乙丑	丙寅	丁卯	戊辰	己巳	庚午	辛未	壬申	癸酉	甲戌	乙亥
歲	八二	八一	八〇	七九	七八	七七	七六	七五	七四	七三	七二	七一	七〇	六九	六八	六七
正月	大 丙寅 一、二三	小 庚寅 二、一〇	大 甲申 一、三〇	小 戊申 二、一八	小 癸卯 二、八	大 丁酉 一、二七	大 辛酉 二、一五	小 丙辰 二、五	小 庚戌 一、二五	大 癸酉 二、一一	大 丁卯 一、三一	大 辛卯 二、一九	小 丙戌 二、九	小 辛巳 一、二九	小 乙巳 二、一七	大 己亥 二、六
二月	小 丙申 二、二二	大 己未 三、一一	小 甲寅 三、一	大 丁丑 三、一九	小 壬申 三、八	小 丁卯 二、二六	小 辛卯 三、一七	大 乙酉 三、六	大 己卯 二、二三	大 癸卯 三、一三	大 丁酉 三、二	大 辛酉 三、二一	大 乙卯 三、九	小 庚戌 二、二七	小 甲戌 三、一八	小 己巳 三、八
三月	大 乙丑 三、二二	大 己丑 四、一〇	大 癸未 三、三〇	大 丁未 四、一八	大 辛丑 四、六	小 丙申 三、二七	小 庚申 四、一五	小 乙卯 四、五	大 己酉 三、二四	大 癸酉 四、一二	大 丁卯 四、一	小 辛卯 四、二〇	小 乙酉 四、八	大 己卯 三、二八	大 癸卯 四、一六	小 戊戌 四、六
四月	小 乙丑 五、二一	小 己未 五、一〇	小 癸丑 四、二九	小 丁丑 五、一八	小 辛未 五、六	大 乙丑 四、二五	大 己丑 五、一四	小 甲申 五、四	小 己卯 四、二三	小 癸卯 五、一二	小 丁酉 五、一	大 庚申 五、一九	大 甲寅 五、七	小 己酉 四、二七	小 癸酉 五、一六	大 丁卯 五、五
五月	小 甲午 六、一九	大 戊子 六、八	大 壬午 五、二八	大 丙午 六、一六	大 庚子 六、四	小 乙未 五、二五	小 己未 六、一三	大 癸丑 六、二	大 丁丑 六、二〇	小 壬申 六、一〇	大 丙寅 五、三〇	大 庚寅 六、一八	大 甲申 六、六	大 戊寅 五、二六	大 壬寅 六、一四	小 丁酉 六、四
六月	大 癸亥 七、一八	小 戊午 七、八	大 壬子 六、二七	小 丙子 七、一六	小 庚午 七、四	小 甲午 七、二三	小 戊子 七、一二	小 癸未 七、二	小 丁未 七、二〇	大 辛丑 七、九	小 丙申 六、二九	小 庚申 七、一八	小 甲寅 七、六	小 戊申 六、二五	小 壬申 七、一四	小 丙寅 七、三
七月	小 癸巳 八、一七	大 丁亥 八、六	小 壬午 七、二七	大 乙巳 八、一四	大 己亥 八、二	大 癸亥 八、二一	大 丁巳 八、一〇	小 壬子 七、三一	小 丙子 八、一八	小 辛未 八、八	大 乙丑 七、二八	大 己丑 八、一六	大 癸未 八、四	大 丁未 八、二三	大 辛丑 八、一二	大 乙未 八、一
八月	小 壬戌 九、一五	小 丁巳 九、五	大 辛亥 八、二五	大 乙亥 九、一三	大 己巳 九、一	大 癸巳 九、二〇	大 丁亥 九、九	大 辛巳 八、二九	大 乙巳 九、一六	小 庚子 九、六	小 乙未 八、二七	小 己未 九、一五	小 癸丑 九、三	小 丁丑 九、二二	小 辛未 九、一一	小 乙丑 八、三一
九月	大 辛卯 一〇、一四	大 丙戌 一〇、四	大 庚戌 一〇、二三	小 乙巳 一〇、一三	小 己亥 一〇、一	小 癸亥 一〇、二〇	小 丁巳 一〇、九	小 辛亥 九、二八	小 乙亥 一〇、一六	大 己巳 一〇、五	小 甲子 九、二五	大 戊子 一〇、一四	大 壬午 一〇、二	大 丙午 一〇、二一	大 庚子 一〇、一〇	大 甲午 九、二九
十月	小 辛酉 一一、一三	小 丙辰 一一、三	小 庚辰 一一、二二	大 甲戌 一一、一一	大 戊辰 一〇、三〇	大 壬辰 一一、一八	大 丙戌 一一、七	大 庚辰 一〇、二七	大 甲辰 一一、一四	小 己亥 一一、四	大 癸巳 一〇、二四	小 戊午 一一、一三	大 壬子 一一、一	大 丙子 一一、二〇	大 庚午 一一、九	大 甲子 一〇、二九
十一月	大 庚寅 一二、一二	小 乙酉 一二、二	小 己酉 一二、二一	小 甲辰 一二、一一	大 戊戌 一一、二九	大 壬戌 一二、一八	大 丙辰 一二、七	大 庚戌 一一、二六	大 甲戌 一二、一四	大 戊辰 一二、三	大 壬辰 一二、二二	小 丁亥 一二、一二	小 壬午 一二、一	小 丙午 一二、二〇	大 庚子 一二、九	大 甲午 一一、二八
十二月	大 庚申 一、一一	大 甲寅 一二、三一	大 戊寅 一、一九	大 癸酉 一、九	小 戊辰 一二、二九	小 壬辰 一、一七	大 丙戌 一、六	大 庚辰 一二、二六	小 甲辰 一、一三	小 戊戌 一、二	小 壬戌 一、二一	大 丙辰 一、一〇	大 辛亥 一二、三〇	大 乙亥 一、一八	小 庚午 一、八	小 甲子 一二、二八
閏月	四、二一 三月大乙未		九、二四 八月小辛巳			六、二三 五月大甲子			五、二二 四月小戊申		一一、二三 十月小癸亥			七、二四 六月大丁丑		

年代竝表陰陽曆對照表

昭和十六年

日本年號 淸國年號	日本紀元 西曆紀元	干支	歲	正月	二月	三月	四月	五月	六月	七月	八月	九月	十月	十一月	十二月	閏月
明治九 光緒二	閏 二五三六 一八七六	丙子	六六	大 癸巳 一、二六	大 癸亥 二、二五	小 癸巳 三、二六	小 壬戌 四、二四	大 辛卯 五、二三	小 庚寅 六、二一	大 己未 八、一九	小 己丑 九、一八	大 戊午 一〇、一七	大 戊子 一一、一六	小 戊午 一二、一六	大 丁亥 一、一四	五月小辛酉 六、二二
明治一〇 光緒三	二五三七 一八七七	丁丑	六五	大 丁巳 二、一三	大 丁亥 三、一五	小 丁巳 四、一四	小 丙戌 五、一三	大 乙卯 六、一一	小 乙酉 七、一一	小 甲寅 八、九	大 癸未 九、七	小 癸丑 一〇、七	大 壬午 一一、五	小 壬子 一二、五	大 辛巳 一、三	
明治一一 光緒四	二五三八 一八七八	戊寅	六四	大 辛亥 二、二	大 辛巳 三、四	小 辛亥 四、三	大 庚辰 五、二	小 庚戌 六、一	大 己卯 六、三〇	小 己酉 七、三〇	小 戊寅 八、二八	大 丁未 九、二六	小 丁丑 一〇、二六	大 丙午 一一、二四	小 丙子 一二、二四	
明治一二 光緒五	閏 二五三九 一八七九	己卯	六三	大 乙巳 一、二二	大 乙亥 二、二一	小 乙巳 三、二三	大 甲辰 五、二一	小 甲戌 六、二〇	大 癸卯 七、一九	小 癸酉 八、一八	小 壬寅 九、一六	大 辛未 一〇、一五	小 辛丑 一一、一四	大 庚午 一二、一三	小 庚子 一、一二	三月大甲戌 四、二一
明治一三 光緒六	二五四〇 一八八〇	庚辰	六二	大 己巳 二、一〇	小 己亥 三、一一	大 戊辰 四、九	大 戊戌 五、九	小 戊辰 六、八	大 丁酉 七、七	大 丁卯 八、六	小 丁酉 九、五	大 丙寅 一〇、四	小 丙申 一一、三	小 乙丑 一二、二	大 甲午 一二、三一	
明治一四 光緒七	閏 二五四一 一八八一	辛巳	六一	小 甲子 一、三〇	大 癸巳 二、二八	小 癸亥 三、三〇	大 壬辰 四、二八	小 壬戌 五、二八	大 辛卯 六、二六	大 辛酉 七、二六	大 庚申 九、二三	大 庚寅 一〇、二三	小 庚申 一一、二二	大 己丑 一二、二一	小 己未 一、二〇	七月小辛卯 八、二五
明治一五 光緒八	二五四二 一八八二	壬午	六〇	小 戊子 二、一八	大 丁巳 三、一九	小 丁亥 四、一八	大 丙辰 五、一七	小 丙戌 六、一六	大 乙卯 七、一五	小 乙酉 八、一四	大 甲寅 九、一二	大 甲申 一〇、一二	小 甲寅 一一、一一	大 癸未 一二、一〇	大 癸丑 一、九	
明治一六 光緒九	二五四三 一八八三	癸未	五九	小 癸未 二、八	小 壬子 三、九	大 辛巳 四、七	小 辛亥 五、七	小 庚辰 六、五	大 己酉 七、四	小 己卯 八、三	大 戊申 九、一	大 戊寅 一〇、一	大 戊申 一〇、三一	小 戊寅 一一、三〇	大 丁未 一二、二九	
明治一七 光緒一〇	閏 二五四四 一八八四	甲申	五八	大 丁丑 一、二八	小 丁未 二、二七	小 丙子 三、二七	大 乙巳 四、二五	小 乙亥 五、二五	大 癸酉 七、二二	小 癸卯 八、二一	大 壬申 九、一九	大 壬寅 一〇、一九	小 壬申 一一、一八	大 辛丑 一二、一七	大 辛未 一、一六	五月小甲辰 六、二三
明治一八 光緒一一	二五四五 一八八五	乙酉	五七	大 辛丑 二、一五	小 辛未 三、一七	小 庚子 四、一五	大 己巳 五、一四	小 己亥 六、一三	小 戊辰 七、一二	大 丁酉 八、一〇	小 丁卯 九、九	大 丙申 一〇、八	小 丙寅 一一、七	大 乙未 一二、六	大 乙丑 一、五	
明治一九 光緒一二	二五四六 一八八六	丙戌	五六	大 乙未 二、四	小 乙丑 三、六	大 甲午 四、四	小 甲子 五、四	大 癸巳 六、二	小 癸亥 七、二	小 壬辰 七、三一	大 辛酉 八、二九	小 辛卯 九、二八	大 庚申 一〇、二七	小 庚寅 一一、二六	大 己未 一二、二五	
明治二〇 光緒一三	閏 二五四七 一八八七	丁亥	五五	大 己丑 一、二四	大 己未 二、二三	小 己丑 三、二五	大 戊午 四、二三	大 丁巳 六、二一	小 丁亥 七、二一	小 丙辰 八、一九	大 乙酉 九、一七	小 乙卯 一〇、一七	大 甲申 一一、一五	小 甲寅 一二、一五	大 癸未 一、一三	四月小戊子 五、二三
明治二一 光緒一四	二五四八 一八八八	戊子	五四	大 癸丑 二、一二	小 癸未 三、一三	大 壬子 四、一一	大 壬午 五、一一	小 壬子 六、一〇	大 辛巳 七、九	小 辛亥 八、八	小 庚辰 九、六	大 己酉 一〇、五	小 己卯 一一、四	大 戊申 一二、三	小 戊寅 一、二	
明治二二 光緒一五	二五四九 一八八九	己丑	五三	大 丁未 一、三一	小 丁丑 三、二	大 丙午 三、三一	大 丙子 四、三〇	小 丙午 五、三〇	大 乙亥 六、二八	小 乙巳 七、二八	大 甲戌 八、二六	小 甲辰 九、二五	大 癸酉 一〇、二四	小 癸卯 一一、二三	大 壬申 一二、二二	
明治二三 光緒一六	閏 二五五〇 一八九〇	庚寅	五二	小 壬寅 一、二一	大 辛未 二、一九	大 庚午 四、一九	小 庚子 五、一九	大 己巳 六、一七	大 己亥 七、一七	小 己巳 八、一六	大 戊戌 九、一四	小 戊辰 一〇、一四	大 丁酉 一一、一二	小 丁卯 一二、一二	大 丙申 一、一〇	二月小辛丑 三、二一
明治二四 光緒一七	二五五一 一八九一	辛卯	五一	小 丙寅 二、九	大 乙未 三、一〇	小 乙丑 四、九	大 甲午 五、八	小 甲子 六、七	大 癸巳 七、六	小 癸亥 八、五	大 壬辰 九、三	大 壬戌 一〇、三	小 壬辰 一一、二	大 辛酉 一二、一	大 辛卯 一二、三一	

三三

昭和十六年

年代表竝陰陽曆對照表

日本年號 / 朝鮮年號	日本紀元 / 西暦紀元	干支	歲	正月	二月	三月	四月	五月	六月	七月	八月	九月	十月	十一月	十二月	閏月
明治二五 / 光緖一八	二五五二 / 一八九二 閏	壬辰	五〇	小 辛酉 一 三〇	小 庚寅 二 二八	大 己未 三 二八	小 己丑 四 二七	小 戊午 五 二六	大 丁亥 六 二四	大 丙戌 八 二二	大 丙辰 九 二一	小 丙戌 一〇 二一	大 乙卯 一一 一九	大 乙酉 一二 一九	大 乙卯 一 一八	六月小丁巳 七 二四
明治二六 / 光緖一九	二五五三 / 一八九三	癸巳	四九	小 乙酉 二 一七	小 甲寅 三 一八	大 癸未 四 一六	小 癸丑 五 一六	小 壬午 六 一四	大 辛亥 七 一三	小 辛巳 八 一二	大 庚戌 九 一〇	小 庚辰 一〇 一〇	大 己酉 一一 八	大 己卯 一二 八	大 己酉 一 七	
明治二七 / 光緖二〇	二五五四 / 一八九四	甲午	四八	小 己卯 二 六	大 戊申 三 七	小 戊寅 四 六	大 丁未 五 五	小 丁丑 六 四	小 丙午 七 三	大 乙亥 八 一	小 乙巳 八 三一	大 甲戌 九 二九	小 甲辰 一〇 二九	大 癸酉 一一 二七	大 癸卯 一二 二七	
明治二八 / 光緖二一	二五五五 / 一八九五	乙未	四七	大 癸酉 一 二六	小 癸卯 二 二五	大 壬申 三 二六	小 壬寅 四 二五	大 辛未 五 二四	小 庚午 七 二二	大 己亥 八 二〇	小 己巳 九 一九	大 戊戌 一〇 一八	小 戊辰 一一 一七	大 丁酉 一二 一六	小 丁卯 一 一五	五月小辛丑 六 二三
明治二九 / 建陽元	二五五六 / 一八九六 閏	丙申	四六	大 丙申 二 一三	大 丙寅 三 一四	大 丙申 四 一三	小 丙寅 五 一三	大 乙未 六 一一	小 乙丑 七 一一	小 甲午 八 九	大 癸亥 九 七	小 癸巳 一〇 七	大 壬戌 一一 五	小 壬辰 一二 五	大 辛酉 一 三	
明治三〇 / 光武元	二五五七 / 一八九七	丁酉	四五	小 辛卯 二 二	大 庚申 三 三	大 庚寅 四 二	小 庚申 五 二	大 己丑 五 三一	小 己未 六 三〇	大 戊子 七 二九	小 戊午 八 二八	大 丁亥 九 二六	小 丁巳 一〇 二六	大 丙戌 一一 二四	小 丙辰 一二 二四	
明治三一 / 光武二	二五五八 / 一八九八	戊戌	四四	大 乙酉 一 二二	小 乙卯 二 二一	大 甲申 三 二二	大 癸未 五 二〇	大 癸丑 六 一九	小 癸未 七 一九	大 壬子 八 一七	小 壬午 九 一六	大 辛亥 一〇 一五	小 辛巳 一一 一四	大 庚戌 一二 一三	小 庚辰 一 一二	三月小甲寅 四 二一
明治三二 / 光武三	二五五九 / 一八九九	己亥	四三	大 己酉 二 一〇	小 己卯 三 一二	大 戊申 四 一〇	小 戊寅 五 一〇	大 丁未 六 八	小 丁丑 七 八	大 丙午 八 六	大 丙子 九 五	小 丙午 一〇 五	大 乙亥 一一 三	小 乙巳 一二 三	大 甲戌 一 一	
明治三三 / 光武四	二五六〇 / 一九〇〇	庚子	四二	小 甲辰 一 三一	大 癸酉 三 一	小 癸卯 三 三一	小 壬申 四 二九	大 辛丑 五 二八	小 辛未 六 二七	大 庚子 七 二六	大 庚午 八 二五	大 己巳 一〇 二三	大 己亥 一一 二二	小 己巳 一二 二二	大 戊戌 一 二〇	八月小庚子 九 二四
明治三四 / 光武五	二五六一 / 一九〇一	辛丑	四一	小 戊辰 二 一九	大 丁酉 三 二〇	小 丁卯 四 一九	小 丙申 五 一八	大 乙丑 六 一六	小 乙未 七 一六	大 甲子 八 一四	小 甲午 九 一三	大 癸亥 一〇 一二	大 癸巳 一一 一一	大 癸亥 一二 一一	小 癸巳 一 一〇	
明治三五 / 光武六	二五六二 / 一九〇二	壬寅	四〇	大 壬戌 二 八	小 壬辰 三 一〇	大 辛酉 四 八	小 辛卯 五 八	小 庚申 六 六	大 己丑 七 五	小 己未 八 四	大 戊子 九 二	小 戊午 一〇 二	大 丁亥 一〇 三一	大 丁巳 一一 三〇	大 丁亥 一二 三〇	
明治三六 / 光武七	二五六三 / 一九〇三	癸卯	三九	小 丁巳 一 二九	大 丙戌 二 二七	小 丙辰 三 二九	大 乙酉 四 二七	小 乙卯 五 二七	大 癸丑 七 二四	小 癸未 八 二三	小 壬子 九 二一	大 辛巳 一〇 二〇	大 辛亥 一一 一九	小 辛巳 一二 一九	大 庚戌 一 一七	五月小甲申 六 二五
明治三七 / 光武八	二五六四 / 一九〇四 閏	甲辰	三八	大 庚辰 二 一六	大 庚戌 三 一七	小 庚辰 四 一六	大 己酉 五 一五	小 己卯 六 一四	小 戊申 七 一三	大 丁丑 八 一一	小 丁未 九 一〇	小 丙子 一〇 九	大 乙巳 一一 七	大 乙亥 一二 七	小 乙巳 一 六	
明治三八 / 光武九	二五六五 / 一九〇五	乙巳	三七	大 甲戌 二 四	大 甲辰 三 六	小 甲戌 四 五	大 癸卯 五 四	大 癸酉 六 三	小 癸卯 七 三	小 壬申 八 一	大 辛丑 八 三〇	小 辛未 九 二九	大 庚子 一〇 二八	小 庚午 一一 二七	大 乙亥 一二 二六	
明治三九 / 光武一〇	二五六六 / 一九〇六	丙午	三六	小 己巳 一 二五	大 戊戌 二 二三	大 戊辰 三 二五	小 戊戌 四 二四	小 丁酉 六 二二	大 丙寅 七 二一	小 丙申 八 二〇	大 乙丑 九 一八	小 乙未 一〇 一八	大 甲子 一一 一六	小 甲午 一二 一六	大 癸亥 一 一四	四月大丁卯 五 二三
明治四〇 / 隆熙元	二五六七 / 一九〇七	丁未	三五	小 癸巳 二 一三	大 壬戌 三 一四	小 壬辰 四 一三	大 辛酉 五 一二	小 辛卯 六 一一	大 庚申 七 一〇	大 庚寅 八 九	小 庚申 九 八	大 己丑 一〇 七	小 己未 一一 六	大 戊子 一二 五	小 戊午 一 四	

三四

昭和十六年

年代表竝陰陽曆對照表

日本年數 朝鮮年號	明治四一 隆熙二	明治四二 隆熙三	明治四三 隆熙四	明治四四	明治四五 大正元	大正二	大正三	大正四	大正五	大正六	大正七	大正八	大正九	大正一〇	大正一一	大正一二
日本紀元 西曆紀元	閏 二五六八 一九〇八	二五六九 一九〇九	二五七〇 一九一〇	二五七一 一九一一	閏 二五七二 一九一二	二五七三 一九一三	二五七四 一九一四	二五七五 一九一五	閏 二五七六 一九一六	二五七七 一九一七	二五七八 一九一八	二五七九 一九一九	閏 二五八〇 一九二〇	二五八一 一九二一	二五八二 一九二二	二五八三 一九二三
干支	戊申	己酉	庚戌	辛亥	壬子	癸丑	甲寅	乙卯	丙辰	丁巳	戊午	己未	庚申	辛酉	壬戌	癸亥
歲	三四	三三	三二	三一	三〇	二九	二八	二七	二六	二五	二四	二三	二二	二一	二〇	一九
正月	大 二、二 丁亥	小 一、二二 壬午	小 二、一〇 丙午	大 一、三〇 庚子	大 二、一八 甲子	大 二、六 戊午	大 一、二六 壬子	大 二、一四 丙子	小 二、四 辛未	大 一、二三 乙丑	大 二、一一 己丑	小 二、一 甲申	小 二、二〇 戊申	大 二、八 壬寅	大 一、二八 丙申	小 二、一六 庚申
二月	小 三、三 丁巳	大 二、二〇 辛亥	大 三、一一 乙亥	小 三、一 庚午	小 三、一九 甲午	大 三、八 戊子	大 二、二五 壬午	小 三、一六 丙午	大 三、四 庚子	小 二、二二 乙未	小 三、一三 己未	大 三、二 癸丑	大 三、二〇 丁丑	小 三、一〇 壬申	小 二、二七 丙寅	大 三、一七 己丑
三月	小 四、一 丙戌	小 四、二〇 庚戌	小 四、一〇 乙巳	大 三、三〇 己亥	大 四、一七 癸亥	小 四、七 戊午	小 三、二七 壬子	大 四、一四 乙亥	小 四、三 庚午	大 四、二一 癸巳	小 四、一一 戊子	小 四、一 癸未	小 四、一九 丁未	大 四、八 辛丑	大 三、二八 乙未	大 四、一六 己未
四月	大 四、三〇 乙卯	大 五、一九 己卯	小 五、九 甲戌	小 四、二九 己巳	小 五、一七 癸巳	大 五、六 丁亥	大 四、二五 辛巳	大 五、一四 乙巳	大 五、二 己亥	小 五、二一 癸亥	大 五、一〇 丁巳	小 四、三〇 壬子	小 五、一八 丙子	小 五、八 辛未	大 四、二七 乙丑	小 五、一六 己丑
五月	大 五、三〇 乙酉	小 六、一八 己酉	大 六、七 癸卯	小 五、二八 戊戌	小 六、一五 壬戌	小 六、五 丁巳	大 五、二五 辛亥	小 六、一三 乙亥	小 六、一 己巳	大 六、一九 壬辰	小 六、九 丁亥	大 五、二九 辛巳	大 六、一六 乙巳	小 六、六 庚子	小 五、二七 乙未	大 六、一四 戊午
六月	小 六、二九 乙卯	大 七、一七 戊寅	小 七、七 癸酉	大 六、二六 丁卯	大 七、一四 辛卯	小 七、四 丙戌	小 七、二三 庚戌	大 七、一二 甲辰	大 六、三〇 戊戌	大 七、一九 壬戌	大 七、八 丙辰	小 六、二八 辛亥	小 七、一六 乙亥	大 七、五 己巳	大 七、二四 癸巳	小 七、一四 戊子
七月	大 七、二八 甲申	小 八、一六 戊申	大 八、五 壬寅	小 八、二四 丙寅	小 八、一三 辛酉	大 八、二 乙卯	大 八、二一 己卯	小 八、一一 甲戌	大 七、三〇 戊辰	小 八、一八 壬辰	小 八、七 丙戌	大 七、二七 庚辰	小 八、一四 甲辰	小 八、四 己亥	小 八、二三 癸亥	大 八、一二 丁巳
八月	小 八、二七 甲寅	大 九、一四 丁丑	小 九、四 壬申	大 九、二二 乙未	小 九、一一 庚寅	小 九、一 乙酉	小 九、二〇 己酉	大 九、九 癸卯	小 八、二九 戊戌	大 九、一六 辛酉	大 九、五 乙卯	大 九、二四 己卯	大 九、一二 癸酉	小 九、二 戊辰	小 九、二一 壬辰	小 九、一一 丁亥
九月	大 九、二五 癸未	大 一〇、一四 丁未	大 一〇、三 辛丑	大 一〇、二二 乙丑	大 一〇、一〇 己未	小 九、三〇 甲寅	大 一〇、一九 戊寅	小 一〇、九 癸酉	大 九、二七 丁卯	大 一〇、一六 辛卯	大 一〇、五 乙酉	大 一〇、二四 己酉	大 一〇、一二 癸卯	大 一〇、一 丁酉	大 一〇、二〇 辛酉	大 一〇、一〇 丙辰
十月	大 一〇、二五 癸丑	大 一一、一三 丁丑	大 一一、二 辛未	小 一一、二一 乙未	大 一一、九 己丑	大 一〇、二九 癸未	小 一一、一八 戊申	大 一一、七 壬寅	小 一〇、二七 丁酉	小 一一、一五 辛酉	大 一一、四 乙卯	小 一一、二三 己卯	小 一一、一一 癸酉	小 一〇、三一 丁卯	小 一一、一九 辛卯	小 一一、九 丙戌
十一月	小 一一、二四 癸未	小 一二、一三 丁未	大 一二、二 辛丑	大 一二、二〇 甲子	小 一二、九 己未	小 一一、二八 癸丑	小 一二、一七 丁丑	小 一二、七 壬申	大 一一、二五 丙寅	大 一二、一四 庚寅	小 一二、四 乙酉	大 一二、二二 戊申	大 一二、一〇 壬寅	大 一一、二九 丙申	大 一二、一八 庚申	小 一二、八 乙卯
十二月	大 一二、二三 壬子	大 一、一一 丙子	小 一、一 辛未	大 一、一九 甲午	大 一、七 戊子	大 一二、二七 壬午	大 一、一五 丙午	大 一、五 辛丑	小 一二、二五 丙申	小 一、一三 庚申	大 一、二 甲寅	大 一、二一 戊寅	大 一、九 壬申	大 一二、二九 丙寅	大 一、一七 庚寅	大 一、六 甲申
閏月		二月小辛巳 三、二二		六月小丁酉 七、二六			五月小辛巳 六、二四			二月小甲子 三、二三		七月小庚戌 八、二六			五月小甲子 六、二五	

三五

年代表竝陰陽曆對照表

年號	日本紀元	西曆紀元	干支	歳	正月	二月	三月	四月	五月	六月	七月	八月	九月	十月	十一月	十二月	閏月
大正一三	二五八四 閏	一九二四	甲子	一八	大 甲寅 二 五	小 甲申 三 六	大 癸丑 四 四	小 癸未 五 四	大 壬子 六 二	大 壬午 七 二	小 壬子 八 一	大 辛巳 八 三〇	小 辛亥 九 二九	大 庚辰 一〇 二八	小 庚戌 一一 二七	小 己卯 一二 二六	
大正一四	二五八五	一九二五	乙丑	一七	大 戊申 一 二四	小 戊寅 二 二三	大 丁未 三 二四	大 丁丑 四 二三	大 丙子 六 二一	小 丙午 七 二一	大 乙亥 八 一九	大 乙巳 九 一八	小 乙亥 一〇 一八	大 甲辰 一一 一六	小 甲戌 一二 一六	大 癸卯 一 一四	四月小丁未 五 二三
大正一五 昭和元	二五八六	一九二六	丙寅	一六	小 癸酉 二 一三	小 壬寅 三 一四	大 辛未 四 一二	小 辛丑 五 一二	大 庚午 六 一〇	小 庚子 七 一〇	大 己巳 八 八	大 己亥 九 七	小 己巳 一〇 七	大 戊戌 一一 五	大 戊辰 一二 五	小 戊戌 一 四	
昭和二	二五八七	一九二七	丁卯	一五	大 丁卯 二 二	小 丁酉 三 四	小 丙寅 四 二	大 乙未 五 一	小 乙丑 五 三一	大 甲午 六 二九	小 甲子 七 二九	大 癸巳 八 二七	大 癸亥 九 二六	小 癸巳 一〇 二六	大 壬戌 一一 二四	大 壬辰 一二 二四	
昭和三	二五八八 閏	一九二八	戊辰	一四	小 壬戌 一 二三	大 辛卯 二 二一	小 庚寅 四 二〇	大 己未 五 一九	小 己丑 六 一八	小 戊午 七 一七	大 丁亥 八 一五	大 丁巳 九 一四	小 丁亥 一〇 一四	大 丙辰 一一 一二	大 丙戌 一二 一二	大 丙辰 一 一一	二月小辛酉 三 二二
昭和四	二五八九	一九二九	己巳	一三	小 丙戌 二 一〇	大 乙卯 三 一一	小 乙酉 四 一〇	小 甲寅 五 九	大 癸未 六 七	小 癸丑 七 七	小 壬午 八 五	大 辛亥 九 三	小 辛巳 一〇 三	大 庚戌 一一 一	大 庚辰 一二 一	大 庚戌 一二 三一	
昭和五	二五九〇	一九三〇	庚午	一二	小 庚辰 一 三〇	大 己酉 二 二八	大 己卯 三 三〇	小 己酉 四 二九	小 戊寅 五 二八	大 丁未 六 二六	小 丙午 八 二四	大 乙亥 九 二二	小 乙巳 一〇 二二	大 甲戌 一一 二〇	大 甲辰 一二 二〇	小 甲戌 一 一九	六月小丁丑 七 二六
昭和六	二五九一	一九三一	辛未	一一	大 癸卯 二 一七	大 癸酉 三 一九	大 癸卯 四 一八	小 癸酉 五 一八	小 壬寅 六 一六	大 辛未 七 一五	小 辛丑 八 一四	小 庚午 九 一二	大 己亥 一〇 一一	小 己巳 一一 一〇	大 戊戌 一二 九	小 戊辰 一 八	
昭和七	二五九二 閏	一九三二	壬申	一〇	大 丁酉 二 六	大 丁卯 三 七	大 丁酉 四 六	小 丁卯 五 六	大 丙申 六 四	小 丙寅 七 四	大 乙未 八 二	小 乙丑 九 一	小 甲午 九 三〇	大 癸亥 一〇 二九	小 癸巳 一一 二八	大 壬戌 一二 二七	
昭和八	二五九三	一九三三	癸酉	九	小 壬辰 一 二六	大 辛酉 二 二四	大 辛卯 三 二六	小 辛酉 四 二五	大 庚寅 五 二四	小 庚寅 七 二三	大 己未 八 二一	小 己丑 九 二〇	大 戊午 一〇 一九	小 戊子 一一 一八	小 丁巳 一二 一七	大 丙戌 一 一五	五月大庚申 六 二三
昭和九	二五九四	一九三四	甲戌	八	小 丙辰 二 一四	大 乙酉 三 一五	小 乙卯 四 一四	大 甲申 五 一三	大 甲寅 六 一二	小 甲申 七 一二	大 癸丑 八 一〇	大 癸未 九 九	小 癸丑 一〇 九	大 壬午 一一 七	小 壬子 一二 七	大 辛巳 一 五	
昭和一〇	二五九五	一九三五	乙亥	七	小 辛亥 二 四	小 庚辰 三 五	大 己酉 四 三	小 己卯 五 三	大 戊申 六 一	小 戊寅 七 一	大 丁未 七 三〇	大 丁丑 八 二九	小 丁未 九 二八	大 丙子 一〇 二七	大 丙午 一一 二六	小 丙子 一二 二六	
昭和一一	二五九六 閏	一九三六	丙子	六	大 乙巳 一 二四	小 乙亥 二 二三	小 甲辰 三 二三	小 癸卯 四 二一	大 壬申 六 一九	小 壬寅 七 一九	大 辛未 八 一七	小 辛丑 九 一六	大 庚午 一〇 一五	大 庚子 一一 一四	大 庚午 一二 一四	小 庚子 一 一三	三月大癸酉 四 二一
昭和一二	二五九七	一九三七	丁丑	五	大 己巳 二 一一	小 己亥 三 一三	小 戊辰 四 一一	大 丁酉 五 一〇	小 丁卯 六 九	小 丙申 七 八	大 乙丑 八 六	小 乙未 九 五	大 甲子 一〇 四	大 甲午 一一 三	大 甲子 一二 三	小 甲午 一 二	
昭和一三	二五九八	一九三八	戊寅	四	大 癸亥 一 三一	大 癸巳 三 二	小 癸亥 四 一	小 壬辰 四 三〇	大 辛酉 五 二九	小 辛卯 六 二八	小 庚申 七 二七	小 己未 九 二四	大 戊子 一〇 二三	大 戊午 一一 二二	小 戊子 一二 二二	大 丁巳 一 二〇	七月大己丑 八 二五
昭和一四	二五九九	一九三九	己卯	三	大 丁亥 二 一九	大 丁巳 三 二一	小 丁亥 四 二〇	小 丙辰 五 一九	大 乙酉 六 一七	小 乙卯 七 一七	小 甲申 八 一五	大 癸丑 九 一三	小 癸未 一〇 一三	大 壬子 一一 一一	小 壬午 一二 一一	大 辛亥 一 九	

三六

平均氣溫(攝氏)

昭和十六年

地名	一月	二月	三月	四月	五月	六月	七月	八月	九月	十月	十一月	十二月	年
雄基	(一)九・三	(一)六・六	(一)一・三	五・四	一〇・〇	一四・三	一九・三	二一・三	一六・七	一〇・一	一・二	(一)六・三	六・三
中江鎭	(一)二一・三	(一)一五・六	(一)四・四	六・四	一三・四	一八・六	二二・七	二一・八	一四・三	六・五	(一)三・六	(一)一五・六	三・六
城津	(一)六・〇	(一)四・三	〇・七	六・六	一〇・九	一五・四	二〇・二	二二・二	一七・九	一一・七	三・九	(一)三・〇	八・〇
新義州	(一)九・九	(一)六・一	〇・六	八・五	一五・〇	二〇・〇	二四・〇	二四・五	一八・八	一一・三	二・四	(一)六・三	八・六
元山	(一)三・八	(一)二・四	二・五	九・五	一四・九	一九・一	二二・八	二三・四	一八・八	一三・一	五・七	(一)一・〇	一〇・三
平壤	(一)八・二	(一)四・九	一・四	九・五	一五・五	二〇・五	二四・一	二四・五	一八・九	一一・九	三・三	(一)五・一	九・三
江陵	(一)一・四	〇・〇	四・五	一一・三	一六・三	二〇・三	二四・二	二四・五	一九・八	一四・五	八・二	一・八	一二・〇
京城	(一)六・一	(一)二・三	二・九	一〇・六	一六・五	二〇・九	二五・一	二五・四	二〇・三	一三・七	五・七	(一)一・五	一〇・九
仁川	(一)三・九	(一)二・〇	二・九	九・六	一四・八	一九・六	二三・六	二四・九	二〇・三	一四・三	六・一	(一)一・二	一〇・八
大邱	(一)一・七	〇・四	五・四	一二・一	一七・五	二二・〇	二五・六	二六・一	二〇・七	一四・三	七・一	〇・八	一二・五
全州	(一)二・一	(一)〇・三	四・六	一一・四	一六・九	二一・五	二五・七	二六・〇	二〇・五	一三・八	七・三	一・三	一二・三
釜山	一・八	三・一	七・〇	一二・三	一六・五	二〇・〇	二三・九	二五・六	二一・七	一六・四	一〇・三	四・四	一三・六
木浦	〇・八	一・六	五・三	一一・四	一六・四	二〇・六	二四・七	二六・一	二一・八	一六・〇	九・七	三・六	一三・三
濟州	四・四	四・八	七・六	一二・四	一六・五	二〇・四	二五・四	二六・〇	二一・六	一六・九	一二・〇	七・六	一四・六
臺北	一五・二	一四・八	一六・九	二〇・七	二四・一	二六・六	二八・二	二七・九	二六・三	二三・九	一九・八	一六・八	二一・七
鹿兒島	七・〇	七・四	一〇・七	一五・五	一八・九	二二・四	二六・二	二六・八	二四・三	一九・〇	一三・六	八・九	一六・七
下關	五・三	五・三	八・一	一三・〇	一七・〇	二〇・八	二四・九	二六・五	二三・〇	一七・七	一二・六	七・九	一五・三
大阪	四・一	四・三	七・四	一三・三	一七・六	二一・九	二六・二	二七・三	二三・四	一七・三	一一・五	六・六	一五・〇
東京	三・〇	三・八	六・九	一二・六	一六・七	二〇・五	二四・四	二五・七	二二・一	一六・一	一〇・六	五・四	一四・〇
札幌	(一)六・三	(一)五・三	(一)一・六	五・二	一〇・四	一四・九	一九・二	二〇・九	一六・四	九・八	三・三	(一)三・三	七・〇
大泊	(一)一一・三	(一)一〇・二	(一)五・五	一・〇	五・五	一〇・一	一四・七	一七・二	一三・七	七・六	(一)〇・三	(一)六・九	三・〇
大連	(一)五・一	(一)三・五	一・九	九・四	一五・四	二〇・二	二三・六	二四・五	一九・九	一三・七	五・二	(一)一・九	一〇・三
奉天	(一)一三・〇	(一)九・二	(一)〇・九	八・七	一六・〇	二一・六	二四・九	二三・七	一七・〇	九・三	(一)一・〇	(一)九・八	七・三

昭和十六年

平均最高氣温（攝氏）

地名	一月	二月	三月	四月	五月	六月	七月	八月	九月	十月	十一月	十二月	年
雄基	(一)五・四	(一)二・四	二・九	一〇・一	一四・六	一八・二	二三・五	二四・七	二一・〇	一四・七	五・三	(一)三・三	一〇・三
中江鎭	(一)一二・五	(一)六・四	二・五	一三・七	二〇・七	二五・八	二九・〇	二八・三	二一・九	一四・八	二・八	(一)八・五	一一・〇
城津	(一)〇・六	〇・七	五・一	一一・九	一六・〇	一九・五	二三・九	二五・九	二三・五	一六・九	九・〇	二・二	一二・八
新義州	(一)四・三	(一)〇・七	五・七	一四・二	二〇・六	二四・八	二七・九	二九・〇	二四・七	一七・七	八・〇	(一)一・二	一三・九
元山	〇・九	二・三	七・三	一五・〇	二〇・六	二三・九	二六・八	二七・四	二三・六	一八・五	一〇・五	三・五	一五・〇
平壤	(一)二・八	〇・四	六・八	一五・八	二一・八	二六・七	二九・〇	二九・三	二四・六	一八・三	八・五	(一)〇・二	一四・八
江陵	三・六	四・八	九・六	一六・八	二一・八	二五・二	二八・五	二八・九	二四・七	二〇・二	一三・六	六・七	一七・〇
京城	(一)〇・一	二・九	八・六	一六・八	二三・三	二六・九	二九・二	三〇・三	二五・六	一九・五	一〇・七	二・七	一六・三
仁川	〇・三	二・三	七・四	一四・六	一九・七	二四・三	二七・四	二九・〇	二四・八	一九・一	一〇・八	三・一	一五・二
大邱	三・五	五・七	一一・二	一八・四	二三・八	二七・七	三〇・五	三一・一	二六・〇	二〇・八	一三・二	六・一	一八・二
全州	二・六	四・七	一〇・五	一七・八	二三・四	二七・六	三〇・四	三〇・九	二六・一	二〇・五	一二・九	五・八	一七・八
釜山	六・二	七・四	一一・五	一六・五	二〇・七	二三・七	二七・二	二九・二	二五・七	二一・二	一四・九	八・七	一七・七
木浦	五・〇	六・一	一〇・三	一六・六	二一・四	二五・一	二八・六	三〇・四	二六・四	二一・四	一四・五	八・〇	一七・八
濟州	七・〇	七・八	一一・四	一六・六	二〇・八	二四・三	二九・〇	二九・四	二五・一	二〇・六	一五・五	一〇・五	一八・二
臺北	一九・〇	一八・五	二〇・九	二四・九	二八・五	三二・四	三四・一	三三・九	三一・〇	二七・二	二三・八	二〇・七	二六・〇
鹿兒島	一一・九	一三・三	一五・七	二〇・三	二三・七	二六・三	三〇・三	三一・二	二八・七	二四・一	一九・一	一四・二	二一・五
下關	八・五	八・六	一一・九	一七・〇	二一・〇	二四・四	二八・四	三〇・三	二六・七	二一・七	一六・四	一一・二	一八・八
大阪	八・五	八・八	一三・二	一八・三	二三・七	二六・三	三〇・五	三二・二	二八・二	二三・三	一六・六	一一・三	一九・八
東京	八・三	八・七	一一・九	一七・五	二一・三	二四・六	二八・三	三〇・〇	二六・一	二〇・五	一五・八	一〇・九	一八・六
札幌	(一)一・九	(一)〇・八	二・六	一〇・五	一六・三	二〇・六	二四・四	二六・二	二一・九	一五・七	七・八	〇・九	一二・〇
大泊	(一)七・一	(一)五・八	(一)一・六	四・七	九・六	一四・四	一八・六	二一・〇	一七・八	一一・七	三・二	(一)三・四	七・〇
大連	(一)一・三	〇・四	六・一	一四・三	二〇・二	二四・八	二七・三	二八・二	二四・一	一八・二	九・三	一・八	一四・五
奉天	(一)六・四	(一)二・五	五・一	一五・六	二三・八	二八・一	三〇・三	二九・三	二三・九	一六・三	五・〇	(一)三・七	一三・七

三八

平均最低氣温(攝氏)

地名	雄基	中江鎭	城津	新義州	元山	平壤	江陵	京城	仁川	大邱	全州	釜山	木浦	濟州	臺北	鹿兒島	下關	大阪	東京	札幌	大泊	大連	奉天
一月	(一)一三・一	(一)二九・一	(一)一〇・五	(一)一四・八	(一)八・一	(一)一三・三	(一)五・四	(一)九・五	(一)七・四	(一)六・三	(一)六・四	(一)一・八	(一)二・三	一・七	一二・三	二・四	二・六	(一)三・二	(一)一・四	(一)一一・五	(一)一五・五	(一)八・八	(一)一八・九
二月	(一)一〇・六	(一)二四・五	(一)八・八	(一)一一・〇	(一)六・八	(一)一〇・〇	(一)四・二	(一)六・八	(一)五・五	(一)四・三	(一)四・六	(一)〇・八	(一)一・六	一・八	一一・九	二・八	二・四	(一)三・一	(一)〇・六	(一)一〇・九	(一)一四・九	(一)七・一	(一)一五・四
三月	(一)五・二	(一)一二・二	(一)三・四	(一)四・〇	(一)一・七	(一)三・四	〇・〇	(一)一・七	(一)〇・六	(一)〇・一	(一)〇・五	三・〇	一・六	三・九	一三・九	五・八	四・八	(一)〇・三	二・三	(一)六・五	(一)九・八	(一)一・六	(一)六・四
四月	一・三	(一)〇・三	二・五	三・四	四・七	三・六	六・〇	四・九	五・八	六・〇	五・四	八・三	七・三	八・三	一七・三	一〇・七	九・五	五・三	七・九	〇・一	(一)二・五	五・三	二・二
五月	六・二	六・六	七・三	一〇・一	一〇・二	九・八	一一・二	一〇・七	一一・二	一一・五	一一・二	一二・六	一二・六	一二・三	二〇・六	一四・三	一三・六	一〇・一	一二・三	四・八	一・四	一一・二	九・四
六月	一一・五	一二・五	一二・五	一五・九	一五・〇	一五・三	一五・八	一六・一	一六・一	一六・七	一六・三	一六・八	一七・三	一七・〇	二三・〇	一八・九	一七・九	一五・七	一七・〇	一〇・〇	六・四	一六・四	一五・六
七月	一六・七	一七・八	一七・六	二〇・九	一九・六	二〇・三	二〇・五	二一・一	二〇・七	二一・六	二三・〇	二一・三	二三・〇	二三・五	二四・三	二三・八	二三・二	二〇・六	二二・一	一四・九	一一・四	二〇・七	二〇・三
八月	一八・二	一六・九	一九・三	二〇・九	二〇・二	二〇・五	二〇・九	二一・六	二一・七	二三・二	二三・一	二二・八	二三・一	二三・〇	二四・二	二三・三	二三・六	二一・四	二二・三	一六・三	一三・七	二二・五	一九・一
九月	一二・四	八・六	一三・八	一四・一	一四・七	一三・八	一五・六	一五・一	一六・四	一六・二	一五・六	一八・五	一八・四	一八・三	二二・七	二〇・五	二〇・一	一七・三	一八・八	一一・一	九・七	一六・三	一一・三
十月	五・四	〇・一	六・九	六・三	八・二	六・三	九・六	七・四	九・九	八・六	八・一	一二・三	一二・三	一三・〇	一九・八	一四・六	一四・五	九・八	一二・四	三・九	三・一	九・九	三・五
十一月	(一)三・〇	(一)八・九	(一)〇・五	(一)一・八	一・三	(一)一・六	三・五	〇・二	二・二	二・〇	二・三	六・一	五・九	八・五	一六・八	八・九	九・六	三・五	六・二	(一)一・三	(一)四・〇	一・四	(一)六・一
十二月	(一)九・八	(一)二三・三	(一)七・四	(一)一〇・四	(一)五・一	(一)九・八	(一)二・三	(一)六・四	(一)四・七	(一)三・七	(一)三・一	〇・五	〇・三	四・四	一三・九	四・一	五・一	(一)一・〇	〇・八	(一)七・九	(一)一〇・九	(一)五・七	(一)一五・三
年	二・五	(一)二・八	四・一	四・一	六・〇	四・三	七・六	六・一	七・一	七・五	七・四	一〇・〇	九・七	一一・二	一八・四	一二・四	一二・二	八・〇	九・九	一・九	(一)一・〇	六・六	一・六

昭和十六年

降水量（粍）

地名	雄基	中江鎮	城津	新義州	元山	平壤	江陵	京城	仁川	大邱	全州	釜山	木浦	濟州	臺北	鹿兒島	下關	大阪	東京	札幌	大泊	大連	奉天
一月	五·五	一三·〇	二二·九	七·四	三三·二	一四·八	五一·九	二四·一	一九·三	二二·九	二六·七	四〇·六	三六·〇	五六·八	九〇·三	七八·四	六七·七	四五·三	五一·三	八六·三	二八·七	一〇·五	四·八
二月	七·七	九·四	一五·六	八·一	三五·五	一三·三	六八·二	二三·三	一八·五	二五·一	三三·八	三六·三	二八·一	七一·三	一三五·三	九九·三	七七·八	五七·七	七三·四	七〇·二	一八·八	七·七	六·〇
三月	二二·一	二三·三	三二·一	二二·三	四八·八	二四·三	六二·七	三九·三	三〇·六	三六·五	四一·六	六九·四	四一·八	六四·七	一八七·一	一五三·六	一二一·四	九五·五	一〇八·七	六二·三	三九·六	一六·一	一七·八
四月	二八·〇	三七·六	三二·一	五六·一	七一·〇	四七·四	八〇·七	七六·七	六七·三	七五·五	八四·四	一四〇·三	九二·七	七九·四	一六六·九	二三三·八	一四六·〇	一三六·三	一三四·五	五六·九	四三·三	二四·〇	二九·〇
五月	八七·〇	八三·〇	五九·五	一〇四·〇	八九·五	六九·三	七六·一	八九·三	八二·九	七六·四	七九·八	一三四·九	九一·八	七六·八	二三〇·四	二二六·四	一四三·三	一二四·一	一五一·六	六二·〇	七一·九	四八·〇	六二·六
六月	一〇七·六	一六六·六	七二·二	一三三·五	一四四·四	七六·四	一〇〇·〇	一四〇·〇	九八·四	一三六·五	一三三·五	一九八·八	一三六·五	一四六·五	二九二·二	三九七·〇	二七三·四	一九二·三	一六八·六	六二·一	六九·八	四七·九	九五·三
七月	一二五·一	一八三·一	一〇九·三	二六三·八	二七一·三	二四五·三	二三三·三	三六二·一	二七〇·四	二〇九·四	二九六·三	二九七·六	一〇三·七	一八六·〇	三九二·三	二九三·七	二四八·〇	一五二·一	一三五·四	九三·九	八九·五	一六二·三	一六二·一
八月	一九八·三	一六五·四	一五七·五	二六五·六	三〇〇·五	三一一·六	二三四·〇	三六二·三	二一九·四	一七三·〇	二五五·六	一八一·九	一七三·五	二四四·三	三〇三·〇	一八七·〇	一一五·〇	一〇四·九	一五一·六	一〇九·〇	九三·三	一二二·四	一六六·四
九月	一三·〇	八八·一	一〇九·三	一二九·六	一六八·七	一一六·八	一七二·六	一二一·三	一一四·四	一二七·一	一三三·一	一七四·四	一一八·四	二三三·七	二三二·一	二一四·三	一〇〇·〇	一七三·一	二三六·七	一二四·九	一〇八·八	九三·三	八一·二
十月	六七·〇	四〇·〇	四五·三	五一·五	七六·七	四五·八	七三·四	四三·七	四三·一	三九·八	五五·〇	七三·〇	五五·九	七三·六	一一六·七	一二四·五	一〇五·六	一三一·九	二〇三·三	一二五·六	八一·八	三〇·五	四一·三
十一月	二三·三	四〇·八	四三·七	二八·一	六〇·三	三九·五	六〇·七	四四·七	四〇·六	三二·二	四七·三	四二·一	四四·一	六六·二	六三·九	九二·三	七三·三	七六·一	九九·〇	一〇九·六	六七·〇	二三·七	二三·四
十二月	八·九	一八·〇	二八·三	一七·五	二九·六	二〇·七	六〇·四	二八·一	二四·一	二三·〇	四二·九	三〇·七	三六·〇	六六·五	七三·九	八二·六	七四·八	四七·八	五七·二	九七·三	三六·七	一二·七	八·四
年	七八三·七	八二一·三	七三四·六	一〇六六·五	一三四四·四	九二四·一	一二六五·九	一二三六·七	一〇二八·八	九二五·四	一二〇六·八	一四三〇·〇	一〇六九·五	一三六六·七	二一一〇·一	二二六一·八	一六六·四	一四四一·二	一五七二·二	一〇五九·〇	七三九·二	五九四·二	六九二·三

四〇

平均風速度(毎秒米)

地名	中江鎭	新義州	元山	江陵	京城	仁川	全州	釜山	木浦	臺北	鹿兒島	下關	大阪	東京	札幌	大泊	大連	奉天
一月	〇・六	三・一	二・九	四・四	二・五	四・三	一・六	四・五	五・二	三・四	三・一	五・〇	三・一	二・七	三・〇	四・七	四・七	二・五
二月	〇・九	三・四	二・四	三・六	二・八	四・四	一・七	四・四	五・四	三・三	三・三	四・七	三・〇	三・一	三・〇	四・三	四・八	二・七
三月	一・五	三・三	二・五	三・五	三・四	四・九	二・〇	四・八	五・四	三・五	三・三	四・九	三・〇	三・二	三・五	四・八	五・三	三・四
四月	二・一	三・三	二・五	三・三	三・五	四・四	一・九	四・九	四・四	三・一	三・一	四・八	二・八	三・一	四・一	四・六	五・六	四・〇
五月	二・〇	二・九	二・三	二・七	三・一	三・九	一・七	四・一	三・八	二・九	二・九	四・六	二・六	三・〇	四・一	四・三	五・三	三・八
六月	一・六	二・四	二・二	二・〇	二・九	三・三	一・五	四・二	三・二	二・二	二・七	四・六	二・六	二・七	三・五	三・八	四・五	三・一
七月	一・三	二・三	一・八	一・八	二・八	三・六	一・五	四・五	三・七	二・五	二・八	四・三	二・六	二・七	三・一	三・五	四・三	二・六
八月	一・二	二・二	二・一	一・七	二・七	三・四	一・三	四・三	三・四	二・八	三・〇	四・八	二・六	二・七	二・九	三・五	三・七	二・一
九月	一・二	二・五	二・二	二・一	二・四	三・四	一・二	四・二	三・六	三・一	二・九	三・八	二・五	二・六	二・六	四・二	四・一	二・三
十月	一・三	二・八	二・三	二・七	二・三	三・五	一・二	四・〇	三・七	三・七	三・〇	三・六	二・三	二・五	二・六	五・一	四・七	二・八
十一月	一・三	三・三	二・六	三・五	二・四	四・四	一・四	三・八	四・五	三・九	三・〇	四・一	二・五	二・四	三・〇	五・七	五・二	三・〇
十二月	〇・九	三・二	二・八	四・二	二・四	四・三	一・五	四・三	四・九	三・六	二・七	四・九	三・〇	二・五	二・九	五・二	四・九	二・六
年	一・三	二・九	二・四	三・〇	二・八	四・〇	一・五	四・三	四・三	三・二	三・〇	四・五	二・七	二・八	三・二	四・五	四・七	二・九

平均濕度(百分率)

地名	一月	二月	三月	四月	五月	六月	七月	八月	九月	十月	十一月	十二月	年
中江鎭	八二	七七	六八	六一	六四	七三	八〇	八一	八一	七三	七四	八〇	七四
新義州	六八	六三	六四	六六	七〇	七八	八四	八一	七六	七三	六九	六九	七三
元山	五四	五七	五八	六二	六八	七六	八二	八二	七五	六七	五八	五三	六六
江陵	五三	六〇	六一	六三	六七	七三	七九	八一	七六	六七	六〇	五四	六六
京城	六六	六三	六二	六四	六八	七一	八〇	七六	七三	七一	七〇	六七	六九
仁川	六七	六五	六六	七〇	七四	七九	八五	八一	七四	六九	六七	六六	七三
全州	七四	七三	七〇	七〇	七三	七四	八〇	八〇	七八	七六	七六	七七	七五
釜山	五〇	五二	五八	六七	七一	七八	八三	七九	七三	六五	五九	五三	六六
木浦	七二	七〇	七〇	七四	七六	八一	八六	八二	七七	七三	七三	七一	七五
臺北	八四	八四	八四	八三	八二	八一	七八	七八	八〇	八一	八一	八三	八二
鹿兒島	七三	七二	七三	七六	七七	八三	八二	八〇	七九	七五	七五	七五	七七
下關	六九	六九	七一	七五	七七	八三	八四	八〇	七九	七四	七三	六九	七五
大阪	七一	七一	七一	七三	七三	七六	七七	七五	七七	七六	七五	七三	七四
東京	六三	六二	六六	七三	七六	八一	八二	八一	八二	七九	七五	六七	七四
札幌	七九	七九	七五	七三	七四	八〇	八四	八三	八三	八〇	七七	七七	七九
大泊	八一	八一	八〇	八〇	八二	八六	八九	八八	八五	七九	七六	七九	八二
大連	六三	六二	五九	五七	六一	七一	八三	八〇	七〇	六四	六一	六一	六六
奉天	六七	六三	五六	五三	五八	六五	七五	七八	七三	六九	六五	六七	六六

四二

氣温風速降水量ノ極數

地名	最高氣温		最低氣温		最大風速度		最大降水日量		最大降水年量	
中江鎭	三八・〇	大正一三年八月一六日	(−)四三・六	昭和八年一月一二日	一五・八	大正一三年一月一八日	九九・八	昭和四年七月一二日	一〇九五・八	昭和二年
新義州	三六・九	昭和一四年七月二〇日	(−)二七・七	昭和一三年一月一二日	二〇・一	昭和六年一二月一二日	一八三・三	昭和六年八月二五日	一三九八	昭和九年
元山	三九・六	明治三九年八月二〇日	(−)二一・九	大正四年一月一三日	二六・〇	昭和五年七月一九日	二四三・〇	明治三六年九月二二日	二〇二九・三	大正一一年
江陵	三八・五	昭和一四年七月二〇日	(−)二〇・二	大正四年一月一三日	二五・二	昭和一三年一月一八日	三〇五・五	大正一〇年九月一四日	一九〇六・八	大正一四年
京城	三八・二	昭和一四年八月一〇日	(−)二三・一	昭和二年一月五日	一六・七	昭和八年五月四日	三五四・七	大正九年八月二日	一九三四・一	大正一四年
仁川	三七・四	昭和一四年七月二二日	(−)二一・〇	昭和六年一月一一日	三三・八	大正八年九月一三日	三四七・五	大正一二年八月一三日	一六七〇・九	大正一四年
全州	三八・二	昭和一四年七月二二日	(−)一七・二	昭和八年一月一七日	一七・四	大正一一年一二月一三日	二〇四・六	昭和一二年八月一五日	一七六八・八	昭和五年
釜山	三五・三	昭和四年八月一日	(−)一四・〇	大正四年一月一三日	三一・四	昭和一一年八月二八日	二五〇・九	明治四五年七月二八日	二〇四七・三	明治三八年
木浦	三七・〇	大正一三年八月一六日	(−)一四・二	大正四年一月一三日	三四・六	明治四四年七月二〇日	二〇〇・一	明治四〇年七月一五日	一七四六・八	大正五年
臺北	三八・六	大正一〇年七月二二日	(−)〇・二	明治三四年二月一三日	三一・三	明治三三年八月一五日	三五八・九	昭和五年七月二八日	二七八九・二	明治三一年
鹿兒島	三六・二	明治三六年七月二六日	(−)六・七	大正一二年二月二八日	四九・六	明治三二年八月一五日	三〇五・七	大正六年八月一六日	三五五〇・六	明治三八年
下關	三五・九	明治二六年八月二三日	(−)六・五	明治四四年一月二一日	三〇・七	明治三六年七月一四日	三三六・七	明治二七年七月一五日	二五八五・四	大正一二年
大阪	三七・六	明治四一年八月四日	(−)七・二	明治四四年一月一五日	四二・〇	昭和九年九月二一日	一八三・二	昭和一〇年六月二九日	一八七九・〇	明治三六年
東京	三六・六	明治一九年七月一四日	(−)八・六	昭和二年一月二四日	三一・〇	昭和一三年九月一日	二七八・二	昭和一三年六月二九日	二三二九・六	明治一九年
札幌	三五・五	大正一三年七月一一日	(−)二八・五	昭和四年二月一日	二八・八	明治四五年二月九日	一三九・六	昭和一三年九月一二日	一三六二・七	明治三二年
大泊	三〇・四	昭和六年八月一九日	(−)三二・七	明治四三年一月二三日	二七・二	大正一四年一二月一三日	八三・七	大正四年八月一二日	九九七・五	大正四年
大連	三六・一	昭和一四年七月二二日	(−)一九・九	昭和六年一月一〇日	—	—	一八九・六	大正九年七月一六日	一一二四・九	大正三年
奉天	三九・三	大正九年六月一〇日	(−)三二・九	明治四四年一月二二日	二二・三	昭和五年五月七日	一四八・七	明治四四年八月一五日	一〇六四・九	大正一二年

四三

水稻便覽

項目＼地方	北部	中部	南部
選種及浸種	四月下旬前半	四月中旬後半	四月下旬後半
苗代ノ整地及施肥	四月下旬後半	四月下旬前半	五月上旬前半
播種	五月上旬前半	四月下旬後半	五月上旬後半
苗代害蟲驅除	五月下旬	六月上旬	六月上旬
綠肥作物收穫	—	六月上旬後半	五月中旬乃至六月上旬前半
裏作大麥收穫	—	六月中旬後半 六月下旬前半	六月下旬前半
本田整地及施肥（一毛作 二毛作）	五月下旬後半	六月上旬前半 六月下旬前半	六月上旬後半 六月下旬前半
挿秧（一毛作 二毛作）	六月上旬	六月上旬乃至中旬前半 六月下旬前半	六月中旬 六月下旬前半
中耕除草	六月中旬乃至八月上旬	六月下旬乃至八月上旬	六月下旬乃至八月中旬
追肥（磷酸安母尼亞ノ如キ速效肥料）	六月下旬後半	七月上旬前半	七月上旬後半
害蟲驅除	七月下旬乃至八月下旬	六月中旬乃至九月上旬	六月中旬乃至九月中旬
稗拔	八月下旬	九月上旬	九月中旬
落水	九月上旬	九月中旬	九月下旬
綠肥作物播種	—	九月上旬乃至中旬前半	九月上旬乃至九月中旬
收穫	九月下旬乃至十月上旬	十月中旬	十月下旬
乾燥	十月上旬	十月下旬	十一月上旬
裏作大麥播種	—	十月上旬乃至中旬前半	十月下旬
調製	十月中旬	十一月上旬	十一月中旬
畓秋耕	十月中旬乃至十月下旬	十月下旬	十一月上旬乃至十二月中旬
收穫物ノ整理	十一月中旬	十一月下旬	十二月上旬
農具整理	十二月乃至三月	十二月乃至三月	十二月乃至三月
繩叺製造	十二月乃至三月	十二月乃至三月	十二月乃至三月

昭和十六年

水産動植物ノ採捕禁止一覧

(Small parenthetical subtitle beside the title: [illegible])

種類	咸北	咸南	江原	慶北	慶南	全南	全北	忠南	忠北	京畿	黄海	平南	平北	体長制限	備考
さけ	[illegible]	[illegible]	[illegible]	[illegible]	[illegible]	[illegible]	[illegible]	[illegible]	[illegible]	[illegible]	[illegible]	[illegible]	[illegible]	十一糎以下	
ます	[illegible]	[illegible]	[illegible]	[illegible]	[illegible]	[illegible]	[illegible]	[illegible]	[illegible]	[illegible]	[illegible]	[illegible]	[illegible]	十一糎以下	
あゆ	[illegible]	[illegible]	[illegible]	[illegible]	[illegible]	[illegible]	[illegible]	[illegible]	[illegible]	[illegible]	[illegible]	[illegible]	[illegible]		
にしん	[illegible]	[illegible]	[illegible]	[illegible]	[illegible]	[illegible]	[illegible]	[illegible]	[illegible]	[illegible]	[illegible]	[illegible]	[illegible]	二十糎以下	卵
たら	[illegible]	[illegible]	[illegible]	[illegible]	[illegible]	[illegible]	[illegible]	[illegible]	[illegible]	[illegible]	[illegible]	[illegible]	[illegible]	二十糎以下（[illegible]）	
あわび	[illegible]	[illegible]	[illegible]	[illegible]	[illegible]	[illegible]	[illegible]	[illegible]	[illegible]	[illegible]	[illegible]	[illegible]	[illegible]	七糎以下（[illegible]）	
いがい	[illegible]	[illegible]	[illegible]	[illegible]	[illegible]	[illegible]	[illegible]	[illegible]	[illegible]	[illegible]	[illegible]	[illegible]	[illegible]	九糎以下	
はまぐり	[illegible]	[illegible]	[illegible]	[illegible]	[illegible]	[illegible]	[illegible]	[illegible]	[illegible]	[illegible]	[illegible]	[illegible]	[illegible]	五糎以下	
あさり	[illegible]	[illegible]	[illegible]	[illegible]	[illegible]	[illegible]	[illegible]	[illegible]	[illegible]	[illegible]	[illegible]	[illegible]	[illegible]	三糎以下	
たいらぎ	[illegible]	[illegible]	[illegible]	[illegible]	[illegible]	[illegible]	[illegible]	[illegible]	[illegible]	[illegible]	[illegible]	[illegible]	[illegible]	[illegible]糎以下	
まて	[illegible]	[illegible]	[illegible]	[illegible]	[illegible]	[illegible]	[illegible]	[illegible]	[illegible]	[illegible]	[illegible]	[illegible]	[illegible]		
なまこ	[illegible]	[illegible]	[illegible]	[illegible]	[illegible]	[illegible]	[illegible]	[illegible]	[illegible]	[illegible]	[illegible]	[illegible]	[illegible]		
たらばがに	[illegible]	[illegible]	[illegible]	[illegible]	[illegible]	[illegible]	[illegible]	[illegible]	[illegible]	[illegible]	[illegible]	[illegible]	[illegible]	十[illegible]糎以下	雌
ずわいがに	[illegible]	[illegible]	[illegible]	[illegible]	[illegible]	[illegible]	[illegible]	[illegible]	[illegible]	[illegible]	[illegible]	[illegible]	[illegible]	十一糎以下	雌
けがに	[illegible]	[illegible]	[illegible]	[illegible]	[illegible]	[illegible]	[illegible]	[illegible]	[illegible]	[illegible]	[illegible]	[illegible]	[illegible]	九糎以下	雌
すっぽん	[illegible]	[illegible]	[illegible]	[illegible]	[illegible]	[illegible]	[illegible]	[illegible]	[illegible]	[illegible]	[illegible]	[illegible]	[illegible]	九糎以下	
わかめ	[illegible]	[illegible]	[illegible]	[illegible]	[illegible]	[illegible]	[illegible]	[illegible]	[illegible]	[illegible]	[illegible]	[illegible]	[illegible]		
ふのり	[illegible]	[illegible]	[illegible]	[illegible]	[illegible]	[illegible]	[illegible]	[illegible]	[illegible]	[illegible]	[illegible]	[illegible]	[illegible]		
しょうぶも	[illegible]	[illegible]	[illegible]	[illegible]	[illegible]	[illegible]	[illegible]	[illegible]	[illegible]	[illegible]	[illegible]	[illegible]	[illegible]		
てんぐさ	[illegible]	[illegible]	[illegible]	[illegible]	[illegible]	[illegible]	[illegible]	[illegible]	[illegible]	[illegible]	[illegible]	[illegible]	[illegible]		
ほんだわら	[illegible]	[illegible]	[illegible]	[illegible]	[illegible]	[illegible]	[illegible]	[illegible]	[illegible]	[illegible]	[illegible]	[illegible]	[illegible]		
あげまき	[illegible]	[illegible]	[illegible]	[illegible]	[illegible]	[illegible]	[illegible]	[illegible]	[illegible]	[illegible]	[illegible]	[illegible]	[illegible]	四十五[illegible]以下	
めんたい	[illegible]	[illegible]	[illegible]	[illegible]	[illegible]	[illegible]	[illegible]	[illegible]	[illegible]	[illegible]	[illegible]	[illegible]	[illegible]	二十糎以下	
[illegible]	[illegible]	[illegible]	[illegible]	[illegible]	[illegible]	[illegible]	[illegible]	[illegible]	[illegible]	[illegible]	[illegible]	[illegible]	[illegible]	十五糎以下	
つのさめ	[illegible]	[illegible]	[illegible]	[illegible]	[illegible]	[illegible]	[illegible]	[illegible]	[illegible]	[illegible]	[illegible]	[illegible]	[illegible]	三十糎以下（江原道慶尚北道及慶尚南道ニ限ル）	
あかがい	[illegible]	[illegible]	[illegible]	[illegible]	[illegible]	[illegible]	[illegible]	[illegible]	[illegible]	[illegible]	[illegible]	[illegible]	[illegible]	七糎以下	
ばかがい	[illegible]	[illegible]	[illegible]	[illegible]	[illegible]	[illegible]	[illegible]	[illegible]	[illegible]	[illegible]	[illegible]	[illegible]	[illegible]	五糎以下	
よるもき	[illegible]	[illegible]	[illegible]	[illegible]	[illegible]	[illegible]	[illegible]	[illegible]	[illegible]	[illegible]	[illegible]	[illegible]	[illegible]	二十五糎以下	
そかり	[illegible]	[illegible]	[illegible]	[illegible]	[illegible]	[illegible]	[illegible]	[illegible]	[illegible]	[illegible]	[illegible]	[illegible]	[illegible]	二十糎以下	

四五

漁業便覧

朝鮮産重要水産物名	主要漁場	漁期 北部	漁期 中部	漁期 南部	主要漁具
まいわし（정어리）	咸鏡北南道、江原道、慶尚北南道、全羅南道沿海	自五月至十二月	自四月至翌年一月	自十一月至翌年八月	機船巾着網、流網、大敷網、角網、地曳網
さば（고등어）	咸鏡北南道、江原道、慶尚北南道、全羅北南道沿海	自五月至十一月	自五月至翌年二月	周年	機船巾着網、流網、延縄、一本釣、定置
かたくちいわし（멸치）	江原道、慶尚北南道、全羅南道沿海	自六月至十一月	自五月至十一月	自四月至十二月	地曳網、焚寄網、揚繰網、權現網、船曳網
めんたい（명태）	咸鏡北南道、江原道沿海	自八月至翌年五月	自九月至翌年四月	—	機船底曳網、延縄、刺網、底角網、忽致網
ぐち（조기）	平安北南道、黄海道、京畿道、忠清南道、全羅北南道沿海	自四月至十月	自四月至十一月	自三月至十二月	鮟鱇網、魚箭、柱木網、機船底曳網
にしん（청어）	咸鏡北南道、江原道、慶尚北道沿海	自十月至翌年五月	自十二月至翌年四月	自九月至翌年六月	壺網、角網、刺網、擧網、揚繰網、落網、機船巾着網、機船底曳網
たちうを（갈치）	平安北南道、黄海道、京畿道、忠清南道、全羅北南道、慶尚北南道沿海	自六月至十一月	自五月至十一月	自四月至十二月	鮟鱇網、柱木網、魚箭、延縄、壺網、大敷網、一本釣、臺網、角網、小臺網、船曳網、地曳網
えび（새우）	平安北南道、黄海道、京畿道、忠清南道、全羅北南道、慶尚北南道、江原道沿海	自三月至十月	自七月至十二月	周年	鰕船網、柱木網、魚箭、帆船鮟鱇網、桁曳網、打瀬網、手繰網、叉手網、鰕袋網
あじ（메가리（전갱이））	忠清南道、全羅北南道、慶尚北南道沿海	—	自五月至九月	周年	機船巾着網、流網、延縄、一本釣
たら（대구）	咸鏡北南道、江原道、慶尚北南道、黄海道、忠清南道、全羅北道沿海	自二月至十二月	自九月至翌年六月	自十二月至翌年四月	延縄、壺網、角網、機船底曳網、小臺網、防簾
たい（도미）	忠清南道、全羅北南道、慶尚北南道沿海	—	自三月至十一月	自三月至十二月	延縄、一本釣
かれい（가자미）	全沿海	周年	周年	周年	打瀬網、忽致網、壺網、機船底曳網
さわら（삼치）	江原道、慶尚北南道、全羅南道、忠清南道、黄海道沿海	—	自五月至十二月	周年	流網、大敷網、角網、曳釣、小臺網、地曳網、魚箭
にべ（민어）	平安北南道、黄海道、京畿道、忠清南道、全羅北南道、慶尚北南道沿海	自五月至十月	自五月至十一月	自三月至十一月	鮟鱇網、延縄、柱木網
ひらめ（넙치）	全沿海	自三月至十月	自四月至十二月	周年	鮟鱇網、機船底曳網、空釣、延縄

林業便覽

項目＼地方	北部	中部	南部
苗圃ノ基肥、播種、植替	三月下旬乃至四月下旬	三月下旬乃至四月上旬	三月
植樹、生籬造成	四月中旬乃至五月上旬	三月下旬乃至四月上旬	三月中旬乃至四月上旬
記念植樹	四月十日前後	四月三日	四月三日
植栽地手入	五月乃至八月	五月乃至八月	五月乃至八月
山菜採取	五月、六月	四月、五月	三月、四月
松脂採取	六月乃至九月	五月乃至十月	五月乃至十月
楊ノ株伐及剝皮又ハ樹皮採取	五月乃至九月	五月乃至九月	五月乃至九月
病蟲害驅除	周年	周年	周年
苗圃日覆及追肥	五月乃至八月	五月乃至八月	五月乃至八月
漆液採取	六月乃至十月	六月乃至十月	六月乃至十月
椎茸松茸等菌蕈ノ採取	七月乃至十月	九月、十月	九月、十月
野生藥草採取	五月、八月	四月、九月	三、四月乃至九、十月
五倍子ノ採取	九月中下旬	九月上中旬	九月上、中旬
栗、胡桃其他ノ種實採取	九月、十月	九月、十月	十月、十一月
温突改造	九月、十月	九月、十月	九月、十月
伐竹	──	十月	十月
種子ノ貯藏	十月乃至十一月	十月乃至十一月	十一月
栗蟲繭ノ採取	十月乃至十二月	十月乃至十二月	十月乃至十二月
苗ノ霜除	十一月	十一月	十二月
製炭	十月乃至二月	十一月乃至二月	十一月乃至二月
炭俵作リ、萩細工	十一月乃至二月	十一月乃至二月	十一月乃至二月
山火注意	一年中ナルモ特ニ四、五、六、九月	一年中ナルモ特ニ三、四、五、九、十月	一年中ナルモ特ニ三、四、五、九、十月

あなご（붕장어）	平安南道、慶尙北南道沿海、京畿道、忠淸南道、全羅北南道	自四月至九月	自六月至十一月	周年	延繩、打瀨網、手繰網、一本釣、籠
はも（갯장어）	黃海道、慶尙北南道沿海、京畿道、忠淸南道、全羅北南道		自五月至十月	自五月至十一月	延繩、打瀨網、機船底曳網
ふか（상어）	全沿海	自三月至十一月	自三月至十一月	周年	機船底曳網、延繩、打瀨網

度量衡表

系	度						面積		
								土地	
米法	ミリメートル (粍) 米ノ千分之一	センチメートル (糎) 米ノ百分之一	デシメートル 米ノ十分之一	メートル (米)	キロメートル (粁) 千米	海里 (浬) 千八百五十二米	平方米	アール 百平方米	ヘクタール 百アール
尺貫法	厘 三・三〇〇	分 三・三〇〇	寸 三・三〇〇	尺 三・三〇〇	町 九・一六七	町 一六・九七七	平方尺 一〇・八九〇	歩 三〇・二五〇	町 一・〇〇八
ヤードポンド法	インチ 〇・〇三九	インチ 〇・三九四	フート 〇・三二八	ヤード 一・〇九四	マイル 〇・六二一	マイル 一・一五一	平方ヤード 一・一九六	平方ヤード 一一九・六〇二	エーカー 二・四七一

系	量				衡				
		液體竝固體粒狀物又ハ粉狀ノ物							寶石類
米法	立方米	デシリットル (竕) リットルノ十分之一	リットル (立) 立方デシメートル	キロリットル (竏) 千立	ミリグラム (瓱) 瓩ノ百萬分之一	グラム (瓦) 瓩ノ千分之一	キログラム (瓩)	トン (瓲) 千瓩	カラット 二百瓱
尺貫法	立方尺 三五・九三七	勺 〇・〇五五	合 五・五四四	石 五・五四四	毛 〇・二六七	分 二・六六七	貫 〇・二六七	貫 二六六・六六七	厘 五・三三三
ヤードポンド法	立方ヤード 一・三〇八	パイント 〇・〇〇一七六	ガロン (米國) 〇・二六四	ガロン (米國) 二六四・一七一	グレン 〇・〇一五	グレン 一五・四三二	ポンド 二・二〇五	英トン 〇・九八四	グレン 三・〇八六

尺	間	町	里	歩坪	段	升	貫	斤
米 〇・三〇三	米 一・八一八	米 一〇九・〇九一	粁 三・九二七	アール 〇・〇三三	アール 九・九一七	立 一・八〇四	瓩 三・七五〇	瓩 〇・六〇〇

米	鯨尺	インチ	フート	ヤード	マイル	オンス	オンス (寶石類)	ポンド	英トン
鯨尺 尺 二・六四〇	米 〇・三七九	糎 二・五四〇	デシメートル 三・〇四八	米 〇・九一四	粁 一・六〇九	瓦 二八・三五〇	瓦 三一・一〇三	瓩 〇・四五四	瓲 一・〇一六

國稅及道稅納期一覽

國稅

稅目	納期
定期收入ニ屬スルモノ	
第三種所得稅	第一期 二月、第二期 八月、第三期 十一月
地稅	第一期 八月、第二期 十二月
營業稅	第一期 五月、第二期 十一月
乙種資本利子稅	第一期 九月、第二期 十二月
[illegible]	第一期 二月、第二期 八月、第三期 十一月
鑛產稅	[illegible]
鑛區稅	[illegible]
外貨債特別稅	[illegible]
酒稅	第一期 二月、第二期 三月、第三期 七月、第四期 十一月
[illegible]	第一期 二月、第二期 七月、第三期 十月
臨時收入ニ屬スルモノ	
第一種所得稅	[illegible]
第二種所得稅	[illegible]
法人臨時利得稅	[illegible]
[illegible]	[illegible]
甲種資本利子稅	[illegible]
公債及社債利子稅	[illegible]
利益配當稅	[illegible]
法人資本稅	[illegible]
特別法人稅	[illegible]
相續稅	[illegible]
登錄稅	[illegible]
通行稅	[illegible]
有價證券移轉稅	[illegible]
取引所稅	[illegible]
取引稅	同
麥酒ノ酒稅	[illegible]
清涼飲料稅	同
砂糖消費稅	[illegible]
揮發油稅	同
骨牌稅	[illegible]
登錄稅	[illegible]
入場稅	[illegible]
特別入場稅	同
物品稅	[illegible]
遊興飲食稅	同

道稅

稅目	納期
定期收入ニ屬スルモノ	
地稅附加稅	第一期 二月、第二期 十二月
特別地稅	第一期 二月、第二期 十二月
營業稅附加稅	第一期 五月、第二期 十一月
鑛產稅附加稅	年分 三月
鑛區稅附加稅	年分 十二月
漁業稅	年分 五月
遊興稅	年分 六月、年分 九月、年分 十一月
戶別稅	第一期 六月、第二期 十一月
家屋稅	第一期 六月、第二期 十一月
車輛稅	第一期 四月、第二期 十月
林野稅	第一期 二月、年分 十一月、第二期 十二月
臨時收入ニ屬スルモノ	
不動產取得稅	不動產ヲ取得シタル時（隨時）
取引所稅附加稅	每月分ヲ翌月末日迄（京城ニ限ル）
屠場稅	每月分ヲ翌月十日迄（全南・慶北ヲ除ク）
屠畜稅	屠畜ヲ行フ時（隨時）

內國通信料金表

內國通常郵便料

- 第一種 書狀 〔封書及書狀ノ封入物ニ同ジ〕 二十瓦毎 四錢
- 第二種 郵便葉書 通常葉書 二錢 往復葉書 四錢 封緘葉書 [illegible]
- 第三種 認可ヲ受ケタル定期刊行物 [illegible] 六十瓦毎 [illegible] 一錢
- 第四種 書籍、印刷物、寫眞、[illegible] 百二十瓦毎 [illegible]
- 第五種 農産物種子 [illegible] 百二十瓦毎 [illegible]

內國小包郵便料

地域		五百瓦迄	一瓩迄	二瓩迄	三瓩迄	四瓩迄	五瓩迄	六瓩迄
朝鮮內	同一郵便局配達區域內	二〇	二〇	二〇	二〇	二〇	二〇	二〇
朝鮮內	其他	二七	三四	四七	六〇	七三	七九	八五
朝鮮外（朝鮮ト內地、臺灣、樺太、南洋群島及關東州ノ間）		四二	四九	六二	七五	八八	九四	一〇〇

內國通常電報料

地域	料	和文 基本（十五字迄）	和文 累加（五字以內ヲ增ス毎）	歐文 基本（五語迄）	歐文 累加（五語以內ヲ增ス毎）
一市內	官報 私報	十五錢	三錢	十五錢	三錢
朝鮮內相互間	官報 私報	三十錢	五錢	三十錢	五錢
朝鮮ト內地、臺灣、樺太、南洋群島及關東州相互間	官報 私報	三十錢 四十錢	五錢 五錢	三十錢 四十五錢	五錢 五錢

增額

地域	和文	歐文
朝鮮ト關東州及滿洲國相互間 官報 私報	一語ヲ增ス毎 六錢	一語ヲ增ス毎 八錢
朝鮮ト上海、青島、北支及蒙支相互間（官報 私報）[illegible]	同 二十錢 二十五錢	同 二十錢 二十五錢
朝鮮ト香港、澳門、臺灣ヲ除ク支那相互間（官報 私報）[illegible]	同 二十錢 二十五錢	同 三十錢 三十五錢

附記

- 和文電報ノ受信人ノ住所氏名ハ其ノ字數ニ不拘此ヲ二語ト計算スル、[illegible] 且下ノ各受信人名及發信人名ヲ[illegible]歐文ニ[illegible]
- 和文電報ノ本文及指定ハ[illegible]字ヲ一語トス
- 日語及日本字電報ニ對シテハ[illegible]料金ヲ課ス

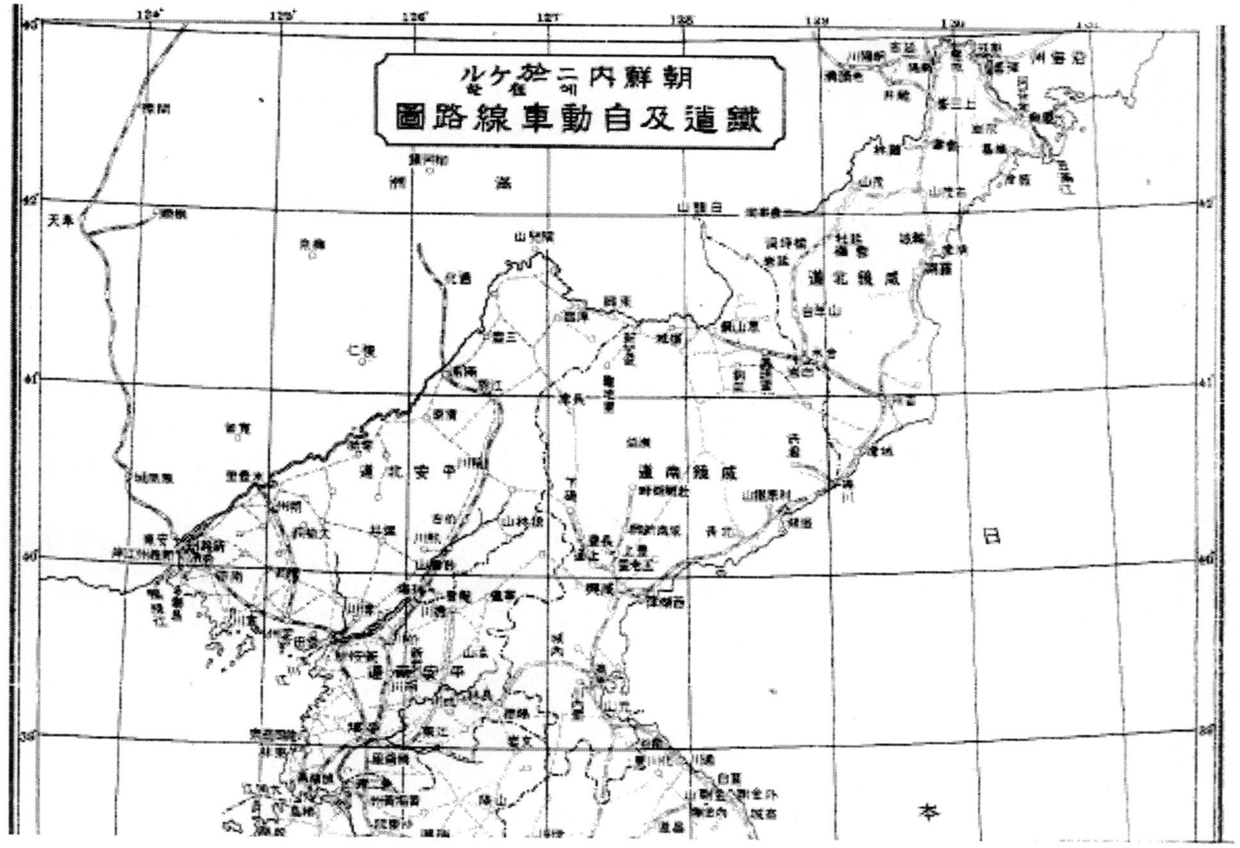
朝鮮內ニ於ケル
鐵道及自動車線路圖
日
本

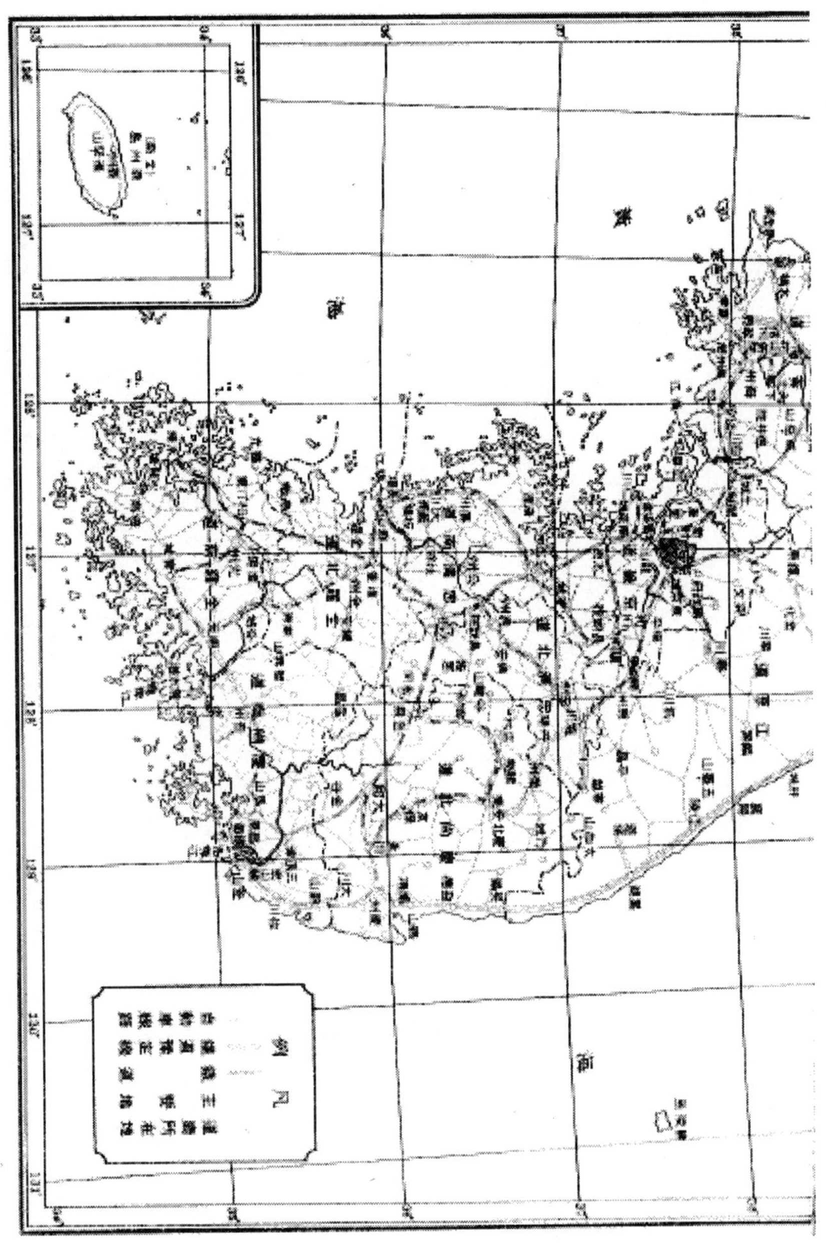

朝鮮總督府發行之證

昭和十五年十二月十五日 印刷
昭和十五年十二月二十日 發行

定價金拾參錢

印刷兼發賣所 京城府大島町三十八番地 朝鮮書籍印刷株式會社

15　昭和十七年略暦（1942）

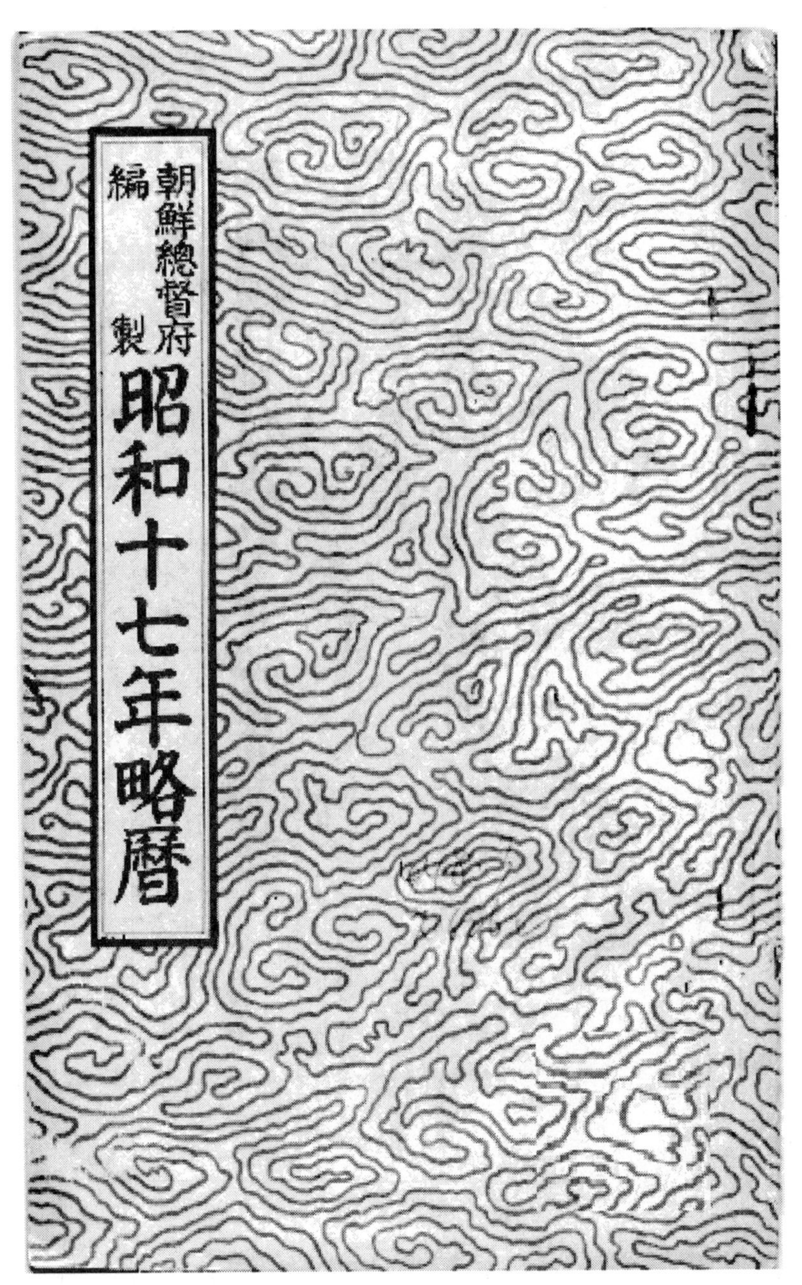

699　15. 昭和十七年略曆(1942)

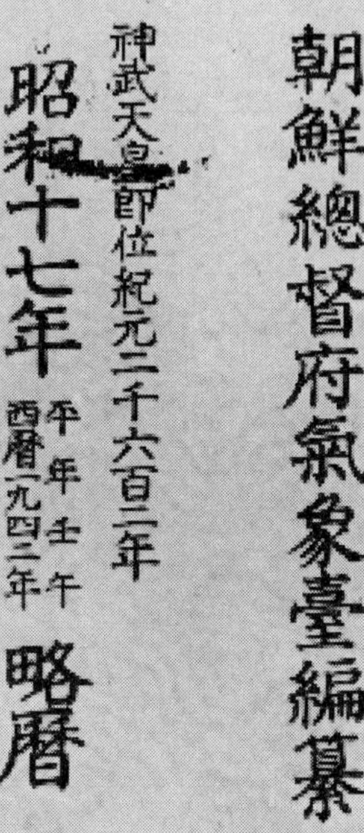

朝鮮總督府氣象臺編纂

神武天皇卽位紀元二千六百二年

昭和十七年 平年 壬午 西曆一九四二年 略曆

我等ハ愛國班員ナリ

國民總力朝鮮聯盟實踐事項

宮城

毎朝
아침마다
宮城ヲ遙拜致シマセウ
큐—쬬—요—하이를 합시다

君が代は
千代に八千代に
さゞれ石の
巖となりて
苔のむすまで

皇國臣民ノ誓詞　其ノ一

一　私共ハ　大日本帝國ノ臣民デアリマス
二　私共ハ　心ヲ合ハセテ　天皇陛下ニ忠義ヲ盡クシマス
三　私共ハ　忍苦鍛錬シテ　立派ナ強イ國民トナリマス

皇國臣民ノ誓詞　其ノ二

一　我等ハ皇國臣民ナリ　忠誠以テ君國ニ報ゼン
二　我等皇國臣民ハ　互ニ信愛協力シ　以テ團結ヲ固クセン
三　我等皇國臣民ハ　忍苦鍛錬カヲ養ヒ　以テ皇道ヲ宣揚セン

祝祭日

祝祭日	月日
四方拜	一月一日
元始祭	一月三日
新年宴會	一月五日
紀元節	二月十一日
春季皇靈祭	三月二十一日
神武天皇祭	四月三日
天長節	四月二十九日
秋季皇靈祭	九月二十四日
神嘗祭	十月十七日
明治節	十一月三日
新嘗祭	十一月二十三日
大正天皇祭	十二月二十五日

國旗ノ制式

一、白布紅日章

一、縱徑ハ横徑ノ十分ノ七ノ比率タルコト

一、日章ノ直徑ハ縱徑ノ五分ノ三ノ比率タルコト

一、竿頭ノ球ト旗トノ間隔ハ祝意ノ場合ニハ之ヲ絶對ニ存セズ弔意ノ場合ニハ球ハ黑布ヲ以テ之ヲ蔽ヒ且旗ノ上部ニ黑布ヲ附ス

國旗揭揚ノ方法

一、國旗一旒揭揚ノ場合ニハ門内ヨリ見テ右ニ揭揚スルヲ可トス

一、國旗二旒揭揚ノ場合ニハ併立交叉ハ隨意ナルモ併立スル方宜シ交叉ノ場合ニハ門内ヨリ見テ左（旗竿ノ根本ハ右）ノ國旗ヲ内側トスルヲ可トス

一、特ニ外國ニ敬意ヲ表スル爲外國々旗ヲ國旗ト共ニ揭揚スル場合ニハ併立交叉ハ隨意ナルモ交叉ノ方宜シ交叉ノ場合ニハ國旗ヲ門内ヨリ見テ右（旗竿ノ根元ハ左）ニ揭ゲ旗竿ハ外側トシ併立スル場合ニハ國旗ヲ門内ヨリ見テ右ニ揭グルヲ可トス

凡例

本略曆ニ揭載スル時刻ハ本邦中央標準時ヲ用フ

日月ノ出入南中等ハ朝鮮總督府廳舍（東經百二十六度三十七分三十九秒北緯三十七度三十八分二十九秒）ニ於ケル値ニシテ滿干潮時ハ仁川港ニ於ケル値ナリ

月齡ハ朔ヨリ當日正午迄ノ日數ナリ

昭和十七年　　　　　　　　　　　　　　　　　　　　　　二

一年の計は元旦にあり、一日の計は晨にあり
(之는 … 에 잇고 之는 … 에 잇다)

一月大 三十一日

繩叺、蠶具、莚、果實袋等의 製造、畜舍、雞舍의 保温

日次	曜七	干支	記事	日出	日南中	日入	晝間	月齡	月出	月入	滿潮 前	滿潮 後	干潮 前	干潮 後
一日	木	甲寅	四方拜 / [illegible]	七時四八分	後〇時三七分	五時二六分	九時三八分	一四	後四時三六分	前六時九分	四時一五分	四時五五分	一〇時四〇分	一一時一五分
二日	金	乙卯		七 四八	〇 三七	五 二六	九 三八	一五	後五 二四	前六 五九	四 五五	五 三五	一一 二〇	一一 五〇
三日	土	丙辰	元始祭 望	七 四八	〇 三八	五 二七	九 三九	一六	後六 一五	前七 四六	五 四〇	六 一〇	一一 五五	―
四日	日	丁巳	御用始	七 四八	〇 三八	五 二八	九 四〇	一七	後七 一〇	前八 三一	六 一五	六 四五	〇 二五	〇 二〇
五日	月	戊午	新年宴會	七 四八	〇 三九	五 二九	九 四〇	一八	後八 八	前九 一二	六 四五	七 一五	〇 五五	一 〇
六日	火	己未	小寒	七 四九	〇 三九	五 三〇	九 四一	一九	後九 七	前九 五〇	七 一五	七 四五	一 二〇	一 二五
七日	水	庚申		七 四九	〇 四〇	五 三一	九 四二	二〇	後一〇 七	前一〇 二七	八 〇	八 二五	二 〇	二 五
八日	木	辛酉		七 四八	〇 四〇	五 三二	九 四三	二一	後一一 九	前一一 二	八 四〇	九 一〇	二 三五	二 四五
九日	金	壬戌		七 四八	〇 四〇	五 三三	九 四四	二二	―	前一一 三六	九 三五	一〇 〇	三 一五	三 三五
十日	土	癸亥	下弦	七 四八	〇 四一	五 三三	九 四五	二三	前〇 一三	後〇 一二	一〇 三〇	一〇 五五	四 一〇	四 三〇
十一日	日	甲子		七 四八	〇 四一	五 三四	九 四六	二四	前一 一六	後〇 四九	一一 三〇	一一 五五	五 〇	五 三五
十二日	月	乙丑		七 四八	〇 四二	五 三五	九 四七	二五	前二 二三	後一 三〇	―	〇 四五	六 二五	七 一五
十三日	火	丙寅		七 四八	〇 四二	五 三六	九 四九	二六	前三 三〇	後二 一六	一 〇	一 五五	七 五〇	八 四〇
十四日	水	丁卯		七 四八	〇 四二	五 三七	九 五〇	二七	前四 三八	後三 八	二 一〇	三 〇	九 〇	九 四五

昭和十七年

今年より國語生活を！

十五日	十六日	十七日	十八日	十九日	二十日	二十一日	二十二日	二十三日	二十四日	二十五日	二十六日	二十七日	二十八日	二十九日	三十日	三十一日
		朔	臘 土王用事			大寒			上弦							
木	金	土	日	月	火	水	木	金	土	日	月	火	水	木	金	土
戊辰	己巳	庚午	辛未	壬申	癸酉	甲戌	乙亥	丙子	丁丑	戊寅	己卯	庚辰	辛巳	壬午	癸未	甲申
七 四七	七 四七	七 四七	七 四六	七 四六	七 四五	七 四五	七 四五	七 四四	七 四三	七 四三	七 四二	七 四二	七 四一	七 四一	七 三九	七 三九
〇 四三	〇 四三	〇 四三	〇 四四	〇 四四	〇 四四	〇 四五	〇 四五	〇 四五	〇 四六	〇 四六	〇 四六	〇 四六	〇 四六	〇 四七	〇 四七	〇 四七
五 三八	五 三九	五 四〇	五 四二	五 四三	五 四四	五 四五	五 四六	五 四七	五 四八	五 四九	五 五〇	五 五一	五 五二	五 五三	五 五五	五 五六
九 五一	九 五二	九 五四	九 五五	九 五七	九 五八	一〇 〇	一〇 一	一〇 三	一〇 五	一〇 六	一〇 八	一〇 一〇	一〇 一一	一〇 一三	一〇 一五	一〇 一七
二八	二九	〇	一	二	三	四	五	六	七	八	九	一〇	一一	一二	一三	一四
前五 四三	前六 四五	前七 四〇	前八 二九	前九 一一	前九 五〇	前一〇 二五	前一〇 五七	前一一 二九	後〇 二	後〇 三五	後一 一一	後一 四九	後二 三一	後三 一八	後四 八	後五 二
後四 五	後五 八	後六 一四	後七 二一	後八 二六	後九 二九	後一〇 三〇	後一一 二八	─	前〇 二五	前一 二一	前二 一五	前三 九	前四 一	前四 五二	前五 四一	前六 二七
前三 二五 後四 一五	前四 二五 後五 一〇	前五 一五 後六 〇	前六 一五 後六 五〇	前七 五 後七 三〇	前七 四〇 後八 五	前八 二〇 後八 四五	前九 〇 後九 二〇	前九 四五 後一〇 〇	前一〇 三〇 後一〇 四五	前一一 二〇 後一一 三〇	前 ─ 後〇 一五	前〇 三〇 後一 二五	前一 三五 後二 三〇	前二 四〇 後三 五	前三 四〇 後四 三〇	前四 三〇 後五 一〇
前一〇 〇 後一〇 四〇	前一〇 五〇 後一一 三〇	前一一 三〇 後 ─	前〇 一〇 後〇 一五	前〇 四五 後一 〇	前一 二五 後一 四〇	前二 〇 後二 一〇	前二 四〇 後二 四五	前三 一五 後三 三〇	前四 〇 後四 一五	前四 四五 後五 五	前五 四五 後六 三〇	前七 一五 後八 二〇	前八 三五 後九 二〇	前九 二五 後一〇 五	前一〇 一五 後一〇 五〇	前一〇 五五 後一一 二五

草川

三

昭和十七年　肇國の精神、八紘一宇の大理想　四

二月平　二十八日

縄叺、蠶具、蔬果實袋等ノ製造、苹果ノ剪定、煙草ノ苗床準備、牛ノ手入、抱卵準備

日次	曜	干支	日出	日南中	日入	晝間	月齡	月出	月入	満潮 前	満潮 後	干潮 前	干潮 後	
一日	日	乙酉	七時三八分	後〇時四七分	五時五七分	一〇時一九分	一五	後五時五九分	前七時一〇分	五時一五分	五 四五	一一時三〇分	—	愛國日 望
二日	月	丙戌	七 三七	〇 四七	五 五八	一〇 二一	一六	後六 五九	前七 五〇	六 〇	六 三〇	〇 〇	〇 一〇	
三日	火	丁亥	七 三六	〇 四七	五 五九	一〇 二三	一七	後八 〇	前八 二八	六 三五	七 〇	〇 四〇	〇 五〇	節分
四日	水	戊子	七 三五	〇 四七	六 〇	一〇 二五	一八	後九 二	前九 四	七 五	七 三〇	一 一〇	一 二〇	立春
五日	木	己丑	七 三四	〇 四八	六 一	一〇 二七	一九	後一〇 五	前九 三九	七 四〇	八 五	一 四〇	一 五〇	
六日	金	庚寅	七 三三	〇 四八	六 二	一〇 二九	二〇	後一一 九	前一〇 一四	八 二〇	八 四〇	二 一五	二 三〇	
七日	土	辛卯	七 三二	〇 四八	六 三	一〇 三一	二一	—	前一〇 五一	九 五	九 三〇	二 四五	三 五	
八日	日	壬辰	七 三二	〇 四八	六 四	一〇 三三	二二	前〇 一四	前一一 三〇	一〇 〇	一〇 三五	三 三〇	四 〇	下弦
九日	月	癸巳	七 三一	〇 四八	六 六	一〇 三五	二三	前一 二〇	後〇 一三	一一 〇	一一 二五	四 一五	五 〇	
十日	火	甲午	七 二九	〇 四八	六 七	一〇 三七	二四	前二 二六	後一 一	—	〇 一五	五 三〇	六 三〇	
十一日	水	乙未	七 二八	〇 四八	六 八	一〇 三九	二五	前三 三〇	後一 五四	〇 三〇	一 三〇	七 一五	八 二〇	紀元節
十二日	木	丙申	七 二七	〇 四八	六 九	一〇 四一	二六	前四 三一	後二 五三	一 四五	二 五〇	八 五〇	九 三五	
十三日	金	丁酉	七 二六	〇 四八	六 一〇	一〇 四四	二七	前五 二七	後三 五五	三 一〇	四 〇	九 四五	一〇 三〇	
十四日	土	戊戌	七 二五	〇 四八	六 一一	一〇 四六	二八	前六 一八	後五 〇	四 二〇	五 五	一〇 四〇	一一 一五	

昭和十七年

朔				雨水				上弦					
十五日	十六日	十七日	十八日	十九日	二十日	二十一日	二十二日	二十三日	二十四日	二十五日	二十六日	二十七日	二十八日
日	月	火	水	木	金	土	日	月	火	水	木	金	土
己亥	庚子	辛丑	壬寅	癸卯	甲辰	乙巳	丙午	丁未	戊申	己酉	庚戌	辛亥	壬子
七 二四	七 二三	七 二二	七 二一	七 一九	七 一八	七 一七	七 一六	七 一四	七 一三	七 一二	七 一〇	七 九	七 八
○ 四八	○ 四八	○ 四八	○ 四八	○ 四八	○ 四七	○ 四七	○ 四七	○ 四七	○ 四七	○ 四七	○ 四七	○ 四六	○ 四六
六 一二	六 一三	六 一四	六 一五	六 一六	六 一七	六 一八	六 一九	六 二〇	六 二一	六 二二	六 二三	六 二四	六 二五
一〇 四八	一〇 五〇	一〇 五二	一〇 五五	一〇 五七	一〇 五九	一一 二	一一 四	一一 六	一一 八	一一 一一	一一 一三	一一 一五	一一 一八
二九	一	二	三	四	五	六	七	八	九	一〇	一一	一二	一三
前 七 三	前 七 四三	前 八 二〇	前 八 五四	前 九 二七	前 一〇 〇	前 一〇 三三	前 一一 八	前 一一 四六	後 〇 二六	後 一 一〇	後 一 五九	後 二 五一	後 三 四七
後 六 六	後 七 一〇	後 八 一三	後 九 一三	後 一〇 一二	後 一一 九	―	前 〇 四	前 〇 五九	前 一 五二	前 二 四三	前 三 三三	前 四 二〇	前 五 四
前 五 一五 後 五 五〇	前 六 〇 後 六 三五	前 六 四五 後 七 一〇	前 七 二五 後 七 四五	前 七 五五 後 八 一五	前 八 三五 後 八 五〇	前 九 一〇 後 九 一五	前 九 四五 後 九 五〇	前 一〇 三〇 後 一〇 四〇	前 一一 二五 後 一一 四〇	前 ― 後 〇 三〇	前 〇 四〇 後 一 四五	前 二 〇 後 二 五五	前 三 五 後 三 五五
前 一一 二五 後 一一 五五	前 ― 後 〇 五	前 〇 三〇 後 〇 四五	前 一 一〇 後 一 一五	前 一 三五 後 一 四五	前 二 五 後 二 二五	前 二 四〇 後 二 五五	前 三 一五 後 三 三五	前 三 五〇 後 四 一五	前 四 四〇 後 五 一五	前 五 四五 後 七 〇	前 七 三五 後 八 三五	前 八 四五 後 九 三五	前 九 四五 後 一〇 二五

愛國日 一家擧つて神社參拜（에 擧家）

五

昭和十七年 春窮克服、麥嶺もあと一息だ精を出せ 보릿고개도 저문것이다 勇氣를내어라

三月大 三十一日

秋播麥類ノ追肥、桃梨ノ剪定、桑苗果樹園ノ病蟲害防除、麥類煙草ノ播種、果樹園ノ施肥、溫床準備、甘藷溫床植、溫床播種、孵卵準備、孵化育雛、堆肥ノ切返

日次	記事	曜七	支干	日出	日南中	日入	晝間	月齢	月出	月入	滿潮 前	滿潮 後	干潮 前	干潮 後
一日	愛國日	日	癸丑	七時六分	後○時四六分	六時二六分	一一時二○分	一四	後四時四六分	前五時四五分	四時五分	四 四五	一○時三○分	一一 五
二日		月	甲寅	七 五	○ 四六	六 二七	一一 二三	一五	後五 四七	前六 二四	四 五五	五 二○	一一 一五	一一 四○
三日	望	火	乙卯	七 四	○ 四六	六 二八	一一 二五	一六	後六 五○	前七 二	五 二○	五 五五	一一 四五	—
四日		水	丙辰	七 二	○ 四五	六 二九	一一 二七	一七	後七 五四	前七 三八	六 一○	六 三五	○ 一○	○ 二五
五日		木	丁巳	七 一	○ 四五	六 三○	一一 三○	一八	後九 ○	前八 一四	六 四五	七 一○	○ 四五	一 ○
六日	地久節 驚蟄	金	戊午	六 五九	○ 四五	六 三一	一一 三三	一九	後一○ 六	前八 五一	七 二○	七 四○	一 二○	一 三五
七日		土	己未	六 五八	○ 四五	六 三二	一一 三四	二○	後一一 一三	前九 三○	八 五	八 二五	一 五○	二 一五
八日		日	庚申	六 五六	○ 四五	六 三三	一一 三七	二一	—	前一○ 一二	八 四五	九 ○	二 三○	二 五○
九日		月	辛酉	六 五五	○ 四四	六 三四	一一 三九	二二	前○ 一九	前一○ 五九	九 三五	九 五五	三 五	三 三五
十日	陸軍記念日 下弦	火	壬戌	六 五四	○ 四四	六 三五	一一 四二	二三	前一 二三	前一一 五○	一○ 四○	一一 ○	三 五五	四 三五
十一日		水	癸亥	六 五二	○ 四四	六 三六	一一 四四	二四	前二 二四	後○ 四六	一一 五○	—	五 ○	六 ○
十二日		木	甲子	六 五一	○ 四四	六 三七	一一 四六	二五	前三 二一	後一 四六	○ 一五	一 一○	六 四○	八 五
十三日		金	乙丑	六 四九	○ 四三	六 三八	一一 四九	二六	前四 一三	後二 四八	一 四○	二 四○	八 二五	九 二○
十四日		土	丙寅	六 四八	○ 四三	六 三九	一一 五二	二七	前四 五八	後三 五二	三 五	三 五○	九 三五	一○ 一五

六

昭和十七年

稼ぐに追ひつく貧乏なし

勤勉은 貧窮을 물리친다

	十五日	十六日	十七日	十八日	十九日	二十日	二十一日	二十二日	二十三日	二十四日	二十五日	二十六日	二十七日	二十八日	二十九日	三十日	三十一日
	朝鮮神宮祈年祭		朔	彼岸			春季皇靈祭 春分				上弦	社日					
	日	月	火	水	木	金	土	日	月	火	水	木	金	土	日	月	火
	丁卯	戊辰	己巳	庚午	辛未	壬申	癸酉	甲戌	乙亥	丙子	丁丑	戊寅	己卯	庚辰	辛巳	壬午	癸未
	六 四六	六 四五	六 四三	六 四二	六 四〇	六 三九	六 三七	六 三六	六 三四	六 三三	六 三一	六 三〇	六 二八	六 二七	六 二五	六 二四	六 二二
	〇 四三	〇 四二	〇 四二	〇 四二	〇 四二	〇 四一	〇 四一	〇 四一	〇 四〇	〇 四〇	〇 四〇	〇 三九	〇 三九	〇 三九	〇 三九	〇 三八	〇 三八
	六 四〇	六 四一	六 四二	六 四三	六 四四	六 四四	六 四五	六 四六	六 四七	六 四八	六 四九	六 五〇	六 五一	六 五二	六 五三	六 五四	六 五四
	一一 五四	一一 五六	一一 五八	一二 一	一二 三	一二 六	一二 八	一二 一一	一二 一三	一二 一五	一二 一八	一二 二〇	一二 二三	一二 二五	一二 二七	一二 三〇	一二 三二
	二八	二九	〇	一	二	三	四	五	六	七	八	九	一〇	一一	一二	一三	一四
	前五 三九	前六 一七	前六 五一	前七 二五	前七 五八	前八 三一	前九 五	前九 四二	前一〇 二一	前一一 三	前一一 五〇	後〇 四〇	後一 三三	後二 三〇	後三 三〇	後四 三二	後五 三六
	後四 五五	後五 五七	後六 五八	後七 五八	後八 五六	後九 五三	後一〇 四八	後一一 四二	—	前〇 三五	前一 二五	前二 一二	前二 五七	前三 三九	前四 一九	前四 五六	前五 三三
	前四 一〇 後四 四五	前五 五 後五 三〇	前五 四五 後六 一〇	前六 二五 後六 四五	前七 〇 後七 一五	前七 三〇 後七 四〇	前八 〇 後八 五	前八 三〇 後八 三五	前九 五 後九 一〇	前九 四〇 後九 五〇	前一〇 三五 後一〇 五〇	前一一 四五 後 —	前〇 〇 後〇 四五	前一 一五 後二 一五	前二 四〇 後三 一五	前三 三五 後四 五	前四 三〇 後四 五五
	前一〇 二五 後一〇 五五	前一一 一〇 後一一 四〇	前一一 四五 後 —	前〇 一〇 後〇 二五	前〇 四〇 後一 〇	前一 一五 後一 二五	前一 三五 後一 五〇	前二 五 後二 二五	前二 三五 後二 五五	前三 五 後三 三五	前三 五〇 後四 三〇	前四 四五 後五 五五	前六 一五 後七 五〇	前八 一〇 後九 〇	前九 一五 後九 五五	前一〇 五 後一〇 三五	前一〇 五〇 後一一 一五

七

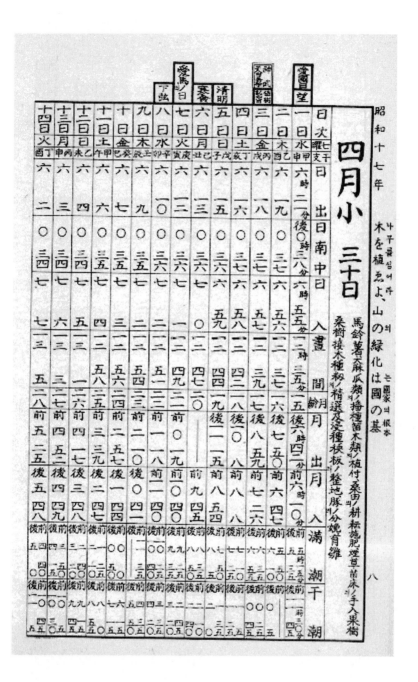

昭和十七年

木を植ゑよ、山の緑化は國の基 (나무를심어라 산의 … 는 國家의 根本)

四月小 三十日

馬鈴薯大麻瓜類ノ播種苗木類ノ植付、桑田ノ耕耘施肥烟草苗床ノ手入果樹桑樹接木種籾ノ精選及浸種秧板ノ整地豚ノ分娩育雛

日次	曜七	干支	日出	日南中	日入	晝間	月齡	月出	月入	滿潮	干潮	記事
一日	水	甲申	六時二一分	後〇時三八分	六時五五分	一二時三五分	一五	後六時四一分	前六時一〇分	前五時一五分 後五時三五分	前一一時三〇分 後一一時四五分	[illegible] 望
二日	木	乙酉	六 一九	〇 三七	六 五六	一二 三七	一六	後七 五〇	前六 四七	前五 五〇 後六 一〇	前 ― 後〇 五	
三日	金	丙戌	六 一八	〇 三七	六 五七	一二 三九	一七	後八 五九	前七 二六	前六 三五 後六 五五	前〇 二五 後〇 四五	神武天皇祭 記念植樹
四日	土	丁亥	六 一六	〇 三七	六 五八	一二 四二	一八	後一〇 八	前八 八	前七 一〇 後七 二五	前一 五 後一 二五	
五日	日	戊子	六 一五	〇 三六	六 五九	一二 四四	一九	後一一 一五	前八 五四	前七 五〇 後八 五	前一 三五 後二 〇	清明
六日	月	己丑	六 一三	〇 三六	七 〇	一二 四七	二〇	―	前九 四五	前八 三五 後八 五〇	前二 一〇 後二 四〇	寒食
七日	火	庚寅	六 一二	〇 三六	七 一	一二 四九	二一	前〇 一九	前一〇 四〇	前九 二五 後九 三五	前二 四五 後三 二〇	愛馬ノ日
八日	水	辛卯	六 一〇	〇 三六	七 二	一二 五一	二二	前一 一八	前一一 四〇	前一〇 二五 後一〇 四〇	前三 二五 後四 二〇	下弦
九日	木	壬辰	六 九	〇 三五	七 二	一二 五四	二三	前二 一〇	後〇 四五	前一一 三五 後 ―	前四 三五 後五 五〇	
十日	金	癸巳	六 七	〇 三五	七 三	一二 五六	二四	前二 五七	後一 四四	前〇 〇 後〇 五〇	前六 一五 後七 一五	
十一日	土	甲午	六 六	〇 三五	七 四	一二 五八	二五	前三 三九	後二 四七	前一 二五 後二 一〇	前八 〇 後八 五五	
十二日	日	乙未	六 四	〇 三四	七 五	一三 一	二六	前四 一七	後三 四八	前二 四〇 後三 二〇	前九 一五 後九 四五	
十三日	月	丙申	六 三	〇 三四	七 六	一三 三	二七	前四 五二	後四 四九	前三 五〇 後四 一五	前一〇 五 後一〇 三〇	
十四日	火	丁酉	六 二	〇 三四	七 七	一三 五	二八	前五 二五	後五 四八	前四 四〇 後五 〇	前一〇 四五 後一一 五	

八

昭和十七年

響く蹄は躍進日本。平時農馬に非常時軍馬

말굽소리는 … 의 … 엔 … 로 … 엔 … 로

朔	十五日	水	戊戌	六 ○	○ 三四	七 八	一三 八	二九	前五 五七	後六 四六	前五 二五 後五 四○	前一一 三○ 後一一 四五
	十六日	木	己亥	五 五九	○ 三三	七 九	一三 一○	一	前六 三○	後七 四三	前六 ○ 後六 一○	前 ─ 後○ ○
	十七日	金	庚子	五 五七	○ 三三	七 一○	一三 一二	二	前七 四	後八 三九	前六 三○ 後六 四五	前○ 一○ 後○ 三○
土王用事	十八日	土	辛丑	五 五六	○ 三三	七 一一	一三 一四	三	前七 三九	後九 三四	前七 五 後七 一○	前○ 四五 後一 一○
	十九日	日	壬寅	五 五五	○ 三三	七 一一	一三 一七	四	前八 一七	後一○ 二七	前七 三五 後七 三五	前一 一五 後一 三五
	二十日	月	癸卯	五 五三	○ 三三	七 一二	一三 一九	五	前八 五八	後一一 一八	前八 ○ 後八 五	前一 四○ 後二 ○
穀雨	二十一日	火	甲辰	五 五二	○ 三二	七 一三	一三 二一	六	前九 四三	─	前八 三○ 後八 三○	前二 五 後二 三五
	二十二日	水	乙巳	五 五一	○ 三二	七 一四	一三 二三	七	前一○ 三一	前○ 六	前九 五 後九 一○	前二 四○ 後三 一○
	二十三日	木	丙午	五 四九	○ 三二	七 一五	一三 二六	八	前一一 二三	前○ 五二	前九 五五 後一○ 一○	前三 一○ 後三 五五
上弦	二十四日	金	丁未	五 四八	○ 三二	七 一六	一三 二八	九	後○ 一七	前一 三四	前一一 ○ 後一一 二五	前四 五 後五 ○
	二十五日	土	戊申	五 四七	○ 三二	七 一七	一三 三○	一○	後一 一四	前二 一四	前 ─ 後○ 一○	前五 二○ 後六 四○
	二十六日	日	己酉	五 四六	○ 三一	七 一八	一三 三三	一一	後二 一四	前二 五二	前○ 四○ 後一 一五	前七 一○ 後八 一五
	二十七日	月	庚戌	五 四四	○ 三一	七 一九	一三 三四	一二	後三 一六	前三 二八	前二 三○ 後二 ○	前八 四○ 後九 一五
	二十八日	火	辛亥	五 四三	○ 三一	七 二○	一三 三七	一三	後四 二一	前四 四	前三 ○ 後三 二五	前九 三五 後一○ ○
天長節	二十九日	水	壬子	五 四二	○ 三一	七 二一	一三 三九	一四	後五 二八	前四 四○	前三 五五 後四 一五	前一○ 二○ 後一○ 四○
靖國神社祭	三十日	木	癸丑	五 四一	○ 三一	七 二一	一三 四一	一五	後六 三七	前五 一八	前四 四五 後五 ○	前一一 一○ 後一一 二五

九

國民健康運動週間

兒童愛護週間

昭和十七年　一億의健康을興亞の의榮繁榮。みつちり根氣있게鍛へ鍛錬하라よ早起早寢　一〇

五月大　三十一日

水稻陸稻棉粟大小豆蔬菜의播種春蠶의催青葉煙草의移植手入麥의黑穗拔除甘藷苗의移植病蟲害豫防藥撒布牛馬豚의種付

日次	曜七	干支	日出	日南中	日入	晝間	月齡	月出	月入	満潮	干潮	記事
一日	金	甲寅	五時四〇分	後〇時三一分	七時二二分	一三時四三分	一六	後七時四八分	前五時五八分	前五時三〇分 後五四五	前― 後一一時四五分	愛國日 望
二日	土	乙卯	五三八	〇三一	七二三	一三四五	一七	後八五八	前六四四	前六一〇 後六二五	前〇〇 後〇三五	八十八夜
三日	日	丙辰	五三七	〇三〇	七二四	一三四七	一八	後一〇六	前七三四	前六五五 後七一〇	前〇四〇 後一一〇	
四日	月	丁巳	五三六	〇三〇	七二五	一三四九	一九	後一一一〇	前八三〇	前七三五 後七四五	前一一五 後一四五	
五日	火	戊午	五三五	〇三〇	七二六	一三五一	二〇	―	前九三〇	前八一五 後八三〇	前一四五 後二二〇	
六日	水	己未	五三四	〇三〇	七二七	一三五三	二一	前〇六	前一〇三三	前九一五 後九三〇	前二三〇 後三一〇	立夏
七日	木	庚申	五三三	〇三〇	七二八	一三五五	二二	前〇五六	前一一三七	前一〇一〇 後一〇三〇	前三一五 後四五	下弦
八日	金	辛酉	五三二	〇三〇	七二九	一三五七	二三	前一四〇	後〇四〇	前一一一五 後一一四五	前四一五 後五三〇	
九日	土	壬戌	五三一	〇三〇	七三〇	一三五九	二四	前二一九	後一四三	前― 後〇三〇	前五四五 後七一〇	
十日	日	癸亥	五三〇	〇三〇	七三〇	一四一	二五	前二五五	後二四三	前一〇 後一四〇	前七四〇 後八二五	
十一日	月	甲子	五二九	〇三〇	七三一	一四二	二六	前三二八	後三四三	前二一五 後二四〇	前八四五 後九一五	
十二日	火	乙丑	五二八	〇三〇	七三二	一四四	二七	前四〇	後四三九	前三二〇 後三四〇	前九四〇 後〇〇	
十三日	水	丙寅	五二七	〇三〇	七三三	一四六	二八	前四三三	後五三六	前四一五 後四三〇	前〇二五 後〇四〇	
十四日	木	丁卯	五二六	〇三〇	七三四	一四八	二九	前五四	後六三三	前四五五 後五一〇	前一一〇 後一一一五	

昭和十七年　子供第一　教育第一

十五日	金	戊辰	朔	五 二五	〇 三〇	七 三五	一四 一〇	三〇	前五 三九	後七 二八	前五 四五 後五 四五	前一一 四〇 後一一 五五
十六日	土	己巳		五 二四	〇 三〇	七 三六	一四 一一	一	前六 一六	後八 二二	前六 一五 後六 一五	前 ー 後〇 一五
十七日	日	庚午		五 二三	〇 三〇	七 三六	一四 一三	二	前六 五五	後九 一三	前六 四五 後六 四〇	前〇 二〇 後〇 四五
十八日	月	辛未		五 二三	〇 三〇	七 三七	一四 一五	三	前七 三九	後一〇 三	前七 一〇 後七 一〇	前〇 五〇 後一 二〇
十九日	火	壬申		五 二二	〇 三〇	七 三八	一四 一六	四	前八 二五	後一〇 四九	前七 三五 後七 三五	前一 二〇 後一 五〇
二十日	水	癸酉		五 二一	〇 三〇	七 三九	一四 一八	五	前九 一五	後一一 三三	前八 五 後八 五	前一 四五 後二 一五
二十一日	木	甲戌		五 二〇	〇 三〇	七 四〇	一四 一九	六	前一〇 八	ー	前八 四五 後八 五〇	前二 二〇 後二 五五
二十二日	金	乙亥	小満	五 二〇	〇 三〇	七 四一	一四 二一	七	前一一 三	前〇 一三	前九 三五 後九 四五	前三 〇 後三 三五
二十三日	土	丙子	上弦	五 一九	〇 三〇	七 四一	一四 二三	八	後〇 一	前〇 五〇	前一〇 三〇 後一〇 五五	前三 四〇 後四 二五
二十四日	日	丁丑		五 一八	〇 三〇	七 四二	一四 二四	九	後一 一	前一 二六	前一一 三五 後 ー	前四 四五 後五 四五
二十五日	月	戊寅		五 一八	〇 三〇	七 四三	一四 二五	一〇	後二 二	前二 一	前〇 一〇 後〇 四五	前六 一五 後七 二〇
二十六日	火	己卯		五 一七	〇 三〇	七 四四	一四 二七	一一	後三 六	前二 三五	前一 一五 後一 四五	前八 〇 後八 三五
二十七日	水	庚辰	海軍記念日	五 一七	〇 三〇	七 四五	一四 二八	一二	後四 一三	前三 一二	前二 二五 後二 四五	前九 五 後九 三〇
二十八日	木	辛巳		五 一六	〇 三一	七 四五	一四 二九	一三	後五 二三	前三 五〇	前三 二五 後三 四〇	前一〇 〇 後一〇 一五
二十九日	金	壬午		五 一六	〇 三一	七 四六	一四 三〇	一四	後六 三四	前四 三三	前四 一五 後四 三五	前一〇 四〇 後一一 〇
三十日	土	癸未	望	五 一五	〇 三一	七 四七	一四 三二	一五	後七 四四	前五 一九	前五 五 後五 二〇	前一一 三〇 後一一 四〇
三十一日	日	甲申		五 一五	〇 三一	七 四七	一四 三三	一六	後八 五二	前六 一三	前五 五五 後六 六	前 ー 後〇 一〇

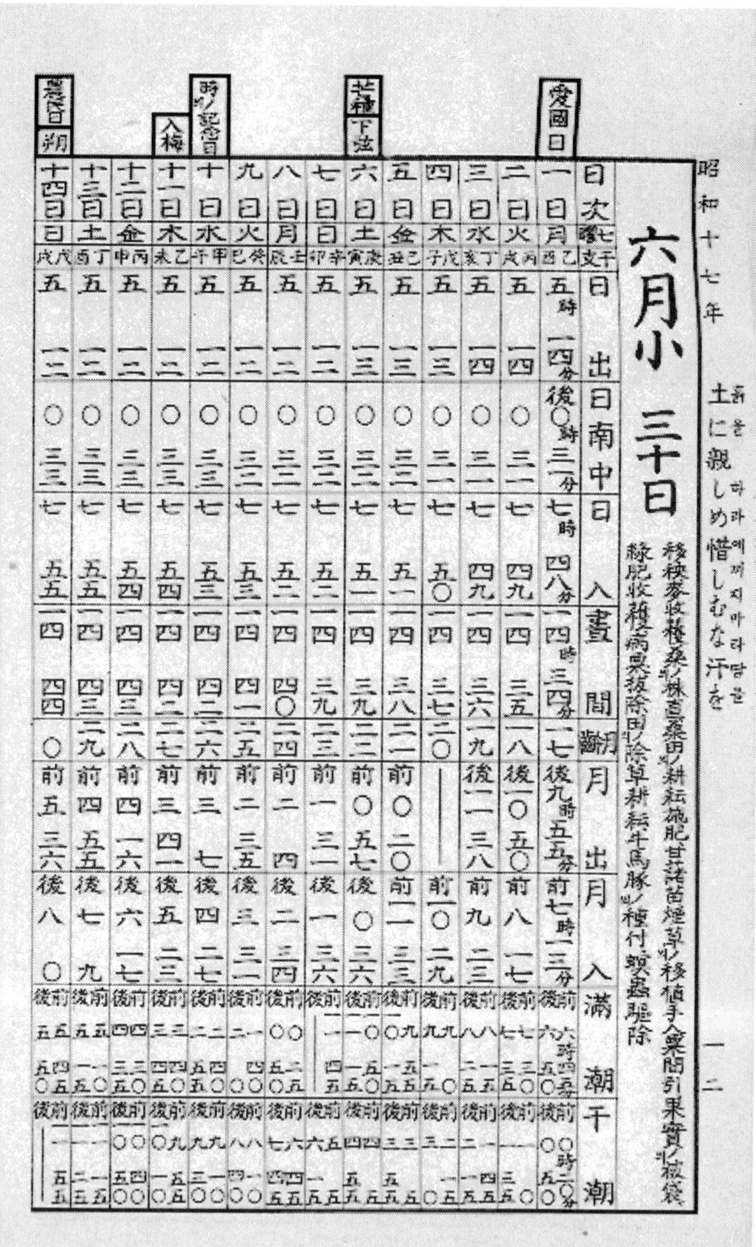

昭和十七年

土に親しめ惜しむな汗を（흙을 하라 애끼지마라 땀을）

一二

六月小 三十日

移秧麥收穫桑ノ株直桑苗ノ耕耘施肥甘藷苗煙草ノ移植手入桑間引果實ノ被袋
綠肥收穫病果摘除田ノ除草耕耘牛馬豚ノ種付螟蟲驅除

日次	曜七	干支	日出	日南中	日入	晝間	月齡	月出	月入	滿潮 前	滿潮 後	干潮 前	干潮 後	
一日	月	乙酉	五時一四分	後〇時三一分	七時四八分	一四時三四分	一七	後九時五五分	前七時一三分	六時四五分	六時五〇分	〇時二〇分	〇時五〇分	愛國日
二日	火	丙戌	五一四	〇三一	七四九	一四三五	一八	後一〇五〇	前八一七	七三〇	七三五	一〇	一三五	
三日	水	丁亥	五一四	〇三一	七四九	一四三六	一九	後一一三八	前九二三	八一五	八二五	一四五	二一五	
四日	木	戊子	五一三	〇三一	七五〇	一四三七	二〇	—	前一〇二九	九〇	九一五	二一五	三〇	
五日	金	己丑	五一三	〇三二	七五一	一四三八	二一	前〇二〇	前一一三三	九五五	一〇一五	三五	三五五	
六日	土	庚寅	五一三	〇三二	七五一	一四三九	二二	前〇五七	後〇三六	一〇五〇	一一一五	四五	四五五	芒種 下弦
七日	日	辛卯	五一二	〇三二	七五二	一四三九	二三	前一三一	後一三六	一一四五	—	五五	六一五	
八日	月	壬辰	五一二	〇三二	七五二	一四四〇	二四	前二四	後二三四	〇二五	〇五〇	六四五	七四五	
九日	火	癸巳	五一二	〇三二	七五三	一四四一	二五	前二三五	後三三一	一四〇	二〇	八一〇	八四〇	
十日	水	甲午	五一二	〇三三	七五三	一四四二	二六	前三七	後四二七	二四〇	二五五	九一〇	九三〇	時ノ記念日
十一日	木	乙未	五一二	〇三三	七五四	一四四二	二七	前三四一	後五二三	三四〇	三四五	九五五	一〇一〇	入梅
十二日	金	丙申	五一二	〇三三	七五四	一四四三	二八	前四一六	後六一七	四三〇	四三五	一〇四〇	一〇五〇	
十三日	土	丁酉	五一二	〇三三	七五五	一四四三	二九	前四五五	後七九	五一〇	五一五	一一一五	一一二五	
十四日	日	戊戌	五一二	〇三三	七五五	一四四四	〇	前五三六	後八〇	五四五	五五〇	一一五五	—	農民日 朔

昭和十七年

國思ふ心が掛ける積立貯金

日	曜	干支					月齢			満潮		干潮	
十五日	月	己亥	五 一二	〇 三四	七 五六	一四 四四	一	前六 二三	後八 四八	前六 二五	後六 二五	前〇	後〇 三〇
十六日	火	庚子	五 一二	〇 三四	七 五六	一四 四四	二	前七 一一	後九 三三	前六 五〇	後六 五〇	前一〇 三〇	後一 〇
十七日	水	辛丑	五 一二	〇 三四	七 五六	一四 四五	三	前八 三	後一〇 一四	前七 二〇	後七 二五	前一 五	後一 三五
十八日	木	壬寅	五 一二	〇 三四	七 五七	一四 四五	四	前八 五七	後一〇 五三	前七 五五	後七 五〇	前一 三五	後二 五
十九日	金	癸卯	五 一二	〇 三四	七 五七	一四 四五	五	前九 五三	後一一 二八	前八 二五	後八 三五	前二 五	後二 三五
二十日	土	甲辰	五 一二	〇 三五	七 五七	一四 四五	六	前一〇 五一	—	前九 一〇	後九 三〇	前二 四〇	後三 一五
二十一日	日	乙巳	五 一二	〇 三五	七 五八	一四 四五	七	前一一 五一	前〇 二	前一〇 五	後一〇 二五	前三 二〇	後四 〇
二十二日	月	丙午	五 一二	〇 三五	七 五八	一四 四五	八	後〇 五二	前〇 三五	前一〇 五五	後一一 三〇	前四 一五	後五 〇
二十三日	火	丁未	五 一三	〇 三五	七 五八	一四 四五	九	後一 五五	前一 九	—	後〇 〇	前五 二五	後六 二〇
二十四日	水	戊申	五 一三	〇 三六	七 五八	一四 四五	一〇	後三 一	前一 四五	前〇 四〇	後一 〇	前七 〇	後七 四五
二十五日	木	己酉	五 一三	〇 三六	七 五八	一四 四五	一一	後四 一〇	前二 二四	前一 四五	後二 五	前八 二五	後八 五〇
二十六日	金	庚戌	五 一四	〇 三六	七 五八	一四 四五	一二	後五 二〇	前三 七	前二 五五	後三 一〇	前九 三〇	後九 五〇
二十七日	土	辛亥	五 一四	〇 三六	七 五八	一四 四五	一三	後六 二九	前三 五六	前四 〇	後四 一〇	前一〇 二五	後一〇 四〇
二十八日	日	壬子	五 一四	〇 三六	七 五九	一四 四四	一四	後七 三五	前四 五二	前四 五〇	後五 〇	前一一 一五	後一一 二五
二十九日	月	癸丑	五 一五	〇 三七	七 五九	一四 四四	一五	後八 三五	前五 五五	前五 四五	後五 五五	前一一 五五	—
三十日	火	甲寅	五 一五	〇 三七	七 五九	一四 四四	一六	後九 二八	前七 一	前六 三五	後六 四五	前〇 一〇	後〇 四〇

夏至・上弦（二十二日）　望（二十八日）

一三

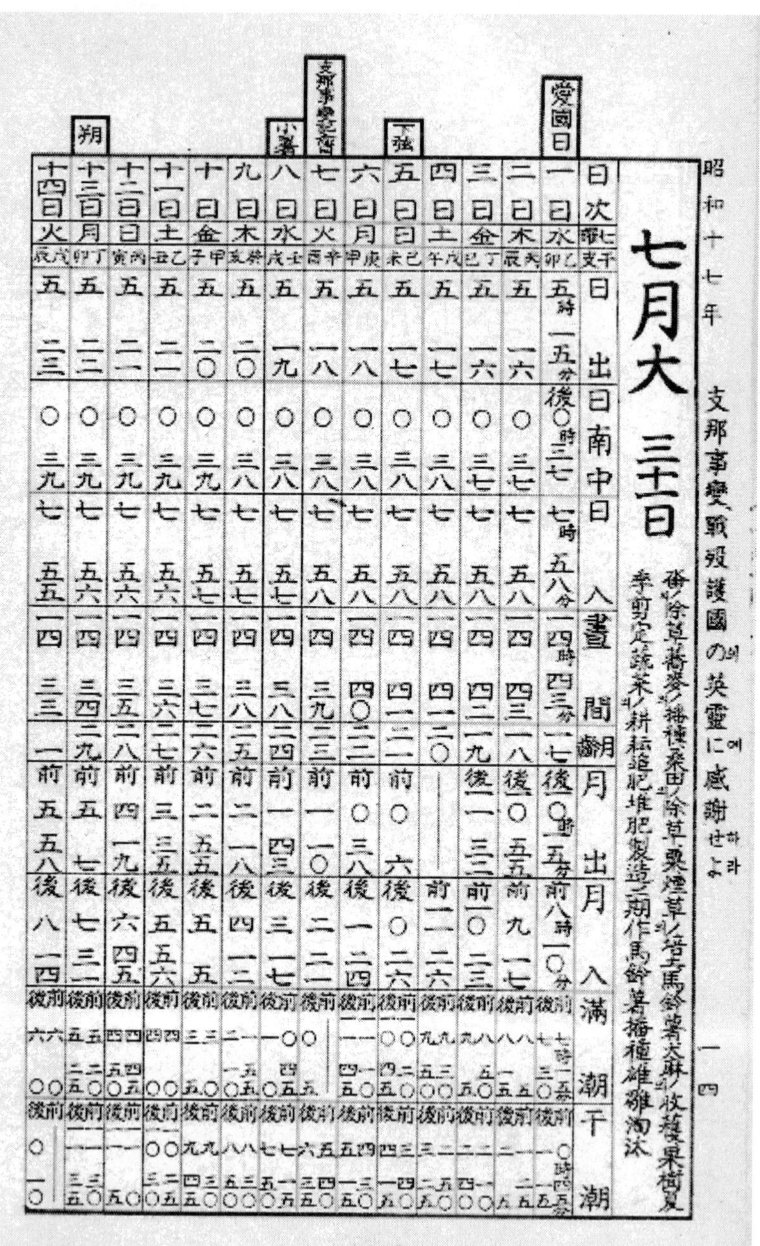

昭和十七年　支那事變戰殁護國の의英靈に에感謝せよ하라　一四

七月大　三十一日

藷ノ의除草、蕎麥ノ의播種、桑田ノ의除草、粟煙草ノ의培土、馬鈴薯大麻ノ의收穫、果樹夏季剪定、蔬菜ノ의耕耘追肥堆肥製造、二期作馬鈴薯播種、雄雛淘汰

日次	七曜	干支	日出	日南中	日入	晝間	月齡	月出	月入	滿潮 前	滿潮 後	干潮 前	干潮 後	
一日	水	乙卯	五時一五分	後〇時三七	七時五八分	一四時四三分	一七	後一〇時一五分	前八時一〇分	七時一五分	七 三〇	〇時四五分	一 一五	愛國日
二日	木	丙辰	五 一六	〇 三七	七 五八	一四 四三	一八	後一〇 五五	前九 一七	八 五	八 一五	一 二五	二 五	
三日	金	丁巳	五 一六	〇 三七	七 五八	一四 四二	一九	後一一 三三	前一〇 二三	八 五〇	九 五	二 一〇	二 四〇	
四日	土	戊午	五 一七	〇 三八	七 五八	一四 四一	二〇	—	前一二 二六	九 三〇	九 五〇	二 五〇	三 二五	
五日	日	己未	五 一七	〇 三八	七 五八	一四 四一	二一	前〇 六	後〇 二六	一〇 二〇	一〇 四五	三 四〇	四 一五	下弦
六日	月	庚申	五 一八	〇 三八	七 五八	一四 四〇	二二	前〇 三八	後一 二四	一一 一〇	一一 四五	四 三〇	五 一五	
七日	火	辛酉	五 一八	〇 三八	七 五八	一四 三九	二三	前一 一〇	後二 二二	—	〇 五	五 四〇	六 三五	支那事變記念日
八日	水	壬戌	五 一九	〇 三八	七 五七	一四 三八	二四	前一 四三	後三 一七	〇 四五	一 〇	七 一五	七 五〇	小暑
九日	木	癸亥	五 二〇	〇 三八	七 五七	一四 三八	二五	前二 一八	後四 一二	一 五五	二 一〇	八 三〇	八 五〇	
十日	金	甲子	五 二〇	〇 三九	七 五七	一四 三七	二六	前二 五五	後五 五	三 〇	三 五	九 三〇	九 四五	
十一日	土	乙丑	五 二一	〇 三九	七 五六	一四 三六	二七	前三 三五	後五 五六	四 〇	四 〇	一〇 二五	一〇 三〇	
十二日	日	丙寅	五 二一	〇 三九	七 五六	一四 三五	二八	前四 一九	後六 四五	四 四五	四 五〇	一一 〇	一一 五	
十三日	月	丁卯	五 二三	〇 三九	七 五六	一四 三四	二九	前五 七	後七 三二	五 二〇	五 二五	一一 三〇	一一 三五	朔
十四日	火	戊辰	五 二三	〇 三九	七 五五	一四 三三	一	前五 五八	後八 一四	六 〇	六 〇	—	〇 一〇	

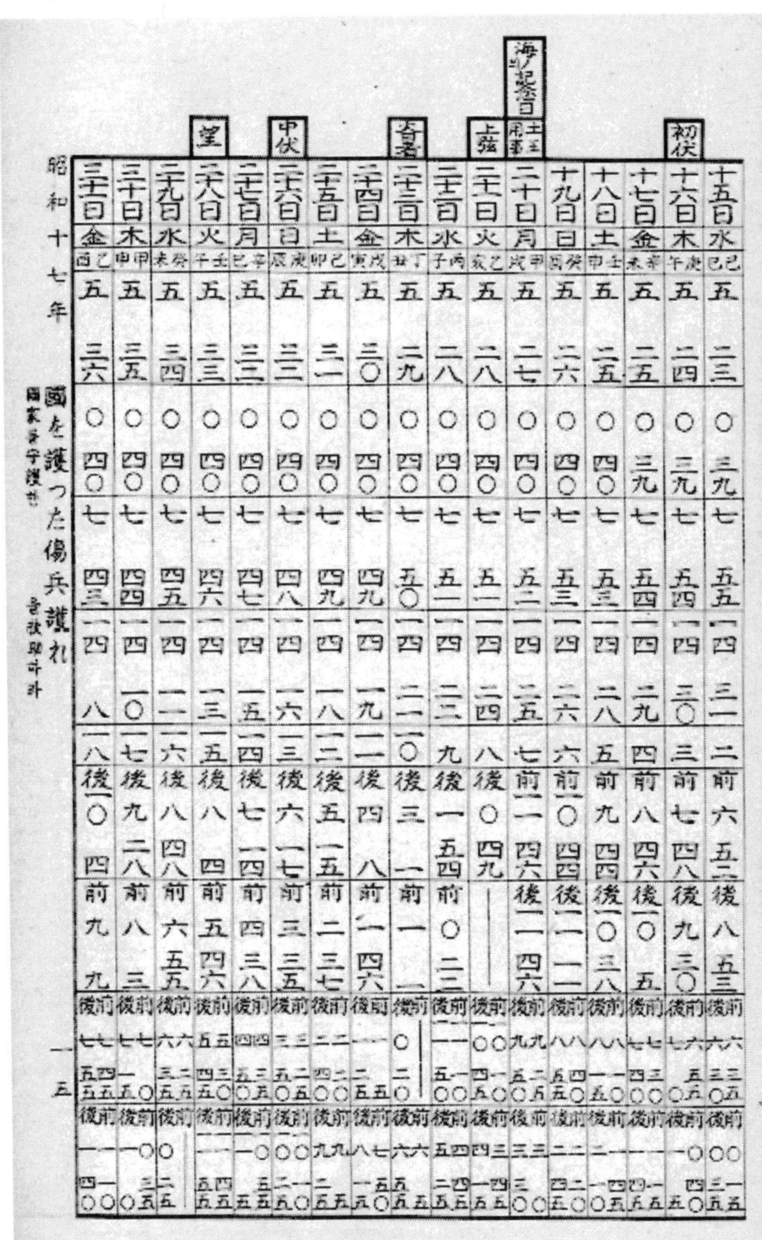

昭和十七年

國を護つた傷兵護れ

	初伏				海の記念日 土王用事	上弦		大暑			中伏		望			
十五日	十六日	十七日	十八日	十九日	二十日	二十一日	二十二日	二十三日	二十四日	二十五日	二十六日	二十七日	二十八日	二十九日	三十日	三十一日
水	木	金	土	日	月	火	水	木	金	土	日	月	火	水	木	金
己巳	庚午	辛未	壬申	癸酉	甲戌	乙亥	丙子	丁丑	戊寅	己卯	庚辰	辛巳	壬午	癸未	甲申	乙酉
五 二三	五 二四	五 二五	五 二五	五 二六	五 二七	五 二八	五 二八	五 二九	五 三〇	五 三一	五 三二	五 三二	五 三三	五 三四	五 三五	五 三六
〇 三九	〇 三九	〇 三九	〇 四〇	〇 四〇	〇 四〇	〇 四〇	〇 四〇	〇 四〇	〇 四〇	〇 四〇	〇 四〇	〇 四〇	〇 四〇	〇 四〇	〇 四〇	〇 四〇
七 五五	七 五四	七 五四	七 五三	七 五三	七 五二	七 五一	七 五一	七 五〇	七 四九	七 四九	七 四八	七 四七	七 四六	七 四五	七 四四	七 四三
一四 三一	一四 三〇	一四 二九	一四 二八	一四 二六	一四 二五	一四 二四	一四 二三	一四 二一	一四 一九	一四 一八	一四 一六	一四 一五	一四 一三	一四 一一	一四 一〇	一四 八
二	三	四	五	六	七	八	九	一〇	一一	一二	一三	一四	一五	一六	一七	一八
前六 五三	前七 四八	前八 四六	前九 四四	前一〇 四四	前一一 四六	後〇 四九	後一 五四	後三 一	後四 八	後五 一五	後六 一七	後七 一四	後八 四	後八 四八	後九 二八	後一〇 四
後八 五三	後九 三〇	後一〇 五	後一〇 三八	後一一 一一	後一一 四六	―	前〇 二三	前一 一	前一 四六	前二 三七	前三 三五	前四 三八	前五 四六	前六 五五	前八 三	前九 九
前六 三五 後六 三〇	前六 五五 後七 〇	前七 三〇 後七 四〇	前八 一〇 後八 一五	前八 四〇 後八 五五	前九 二五 後九 五〇	前一〇 一〇 後一〇 四五	前一一 一〇 後一一 五〇	前 ― 後〇 二〇	前一 五 後一 二五	前二 二〇 後二 四〇	前三 二五 後三 五〇	前四 三五 後四 五〇	前五 三〇 後五 四五	前六 二五 後六 三五	前七 〇 後七 一五	前七 四五 後七 五五
前〇 一五 後〇 三五	前〇 四〇 後一 五	前一 一五 後一 四五	前一 四五 後二 一〇	前二 二〇 後二 四五	前三 〇 後三 三〇	前三 四五 後四 一五	前四 四五 後五 二五	前六 五 後六 五五	前七 五〇 後八 一五	前九 五 後九 二五	前一〇 一〇 後一〇 二五	前一〇 五五 後一一 五	前一一 四五 後一一 五五	前 ― 後〇 二五	前〇 三五 後一 〇	前一 一〇 後一 四〇

一五

昭和十七年　國産愛用、銃後の務

八月大 三十一日

白菜蘿蔔의播種, 桑天牛卵의取除, 秋蠶의催靑, 稀立陸稻培土, 堆肥切返, 棉摘心, 病桑拔除, 煙草의收穫乾燥, 雞의換羽期管理, 螟蟲驅除

日次	曜	干支	日出	日南中	日入	晝間	月齡	月出	月入	滿潮	干潮
一日 (愛國日)	土	丙戌	五時三六分	後〇時四〇分	七時四三分	一四時六分	一九	後一〇時三七分	前一〇時一二分	前八時二〇分 後八時四〇分	前一時三〇分 後二時二〇分
二日	日	丁亥	五 三七	〇 四〇	七 四二	一四 四	二〇	後一一 一〇	前一一 一三	前九 〇 後九 二〇	前二 三〇 後二 五五
三日	月	戊子	五 三八	〇 四〇	七 四一	一四 二	二一	後一一 四四	後〇 一二	前九 四〇 後一〇 五	前三 〇 後三 三〇
四日 (下弦)	火	己丑	五 三九	〇 四〇	七 四〇	一四 一	二二	—	後一 九	前一〇 二〇 後一〇 五五	前三 五〇 後四 一五
五日	水	庚寅	五 四〇	〇 三九	七 三九	一三 五九	二三	前〇 一八	後二 四	前一一 一〇 後一一 五〇	前四 四〇 後五 一五
六日	木	辛卯	五 四一	〇 三九	七 三八	一三 五七	二四	前〇 五四	後二 五八	前 — 後〇 五	前五 四五 後六 三〇
七日	金	壬辰	五 四一	〇 三九	七 三六	一三 五五	二五	前一 三四	後三 五〇	前〇 五五 後一 一〇	前七 三五 後八 五
八日 (立秋)	土	癸巳	五 四二	〇 三九	七 三五	一三 五三	二六	前二 一六	後四 四〇	前二 一〇 後二 一五	前八 五〇 後九 五
九日	日	甲午	五 四三	〇 三九	七 三四	一三 五一	二七	前三 三	後五 二八	前三 一〇 後三 二五	前九 四五 後九 五五
十日	月	乙未	五 四四	〇 三九	七 三三	一三 四九	二八	前三 五三	後六 一二	前四 五 後四 二〇	前一〇 三五 後一〇 四〇
十一日	火	丙申	五 四五	〇 三九	七 三二	一三 四七	二九	前四 四六	後六 五三	前四 五五 後五 〇	前一一 一〇 後一一 一五
十二日 (朔)	水	丁酉	五 四六	〇 三九	七 三一	一三 四五	〇	前五 四二	後七 三二	前五 三〇 後五 四〇	前一一 四五 後一一 五五
十三日	木	戊戌	五 四七	〇 三八	七 三〇	一三 四三	一	前六 三九	後八 七	前六 一〇 後六 二〇	前 — 後〇 二〇
十四日	金	己亥	五 四七	〇 三八	七 二八	一三 四一	二	前七 三八	後八 四一	前六 四〇 後六 四五	前〇 三〇 後〇 五〇

一六

昭和十七年

仰げ日の丸戸毎にたてて
우러러보라히노마루 집집마다달고

					望		處暑					上弦				末伏
三十一日	三十日	二十九日	二十八日	二十七日	二十六日	二十五日	二十四日	二十三日	二十二日	二十一日	二十日	十九日	十八日	十七日	十六日	十五日
月	日	土	金	木	水	火	月	日	土	金	木	水	火	月	日	土
丙辰	乙卯	甲寅	癸丑	壬子	辛亥	庚戌	己酉	戊申	丁未	丙午	乙巳	甲辰	癸卯	壬寅	辛丑	庚子
六 二	六 一	六 〇	五 五九	五 五八	五 五八	五 五七	五 五六	五 五五	五 五四	五 五三	五 五三	五 五二	五 五一	五 五〇	五 四九	五 四八
〇 三四	〇 三四	〇 三五	〇 三五	〇 三五	〇 三五	〇 三六	〇 三六	〇 三六	〇 三七	〇 三七	〇 三七	〇 三七	〇 三七	〇 三八	〇 三八	〇 三八
七 六	七 七	七 八	七 一〇	七 一二	七 一三	七 一四	七 一五	七 一七	七 一八	七 二〇	七 二一	七 二二	七 二三	七 二五	七 二六	七 二七
一三 四	一三 六	一三 八	一三 一一	一三 一三	一三 一五	一三 一七	一三 二〇	一三 二二	一三 二四	一三 二六	一三 二八	一三 三〇	一三 三二	一三 三五	一三 三七	一三 三九
一九	一八	一七	一六	一五	一四	一三	一二	一一	一〇	九	八	七	六	五	四	三
後一〇 一六	後九 四一	後九 八	後八 三四	後七 五八	後七 二一	後六 三九	後五 五二	後五 〇	後四 三	後三 一	後一 五六	後〇 五一	前一一 四六	前一〇 四二	前九 四〇	前八 三八
前一〇 五七	前九 五八	前八 五七	前七 五四	前六 四九	前五 四一	前四 三三	前三 二六	前二 二三	前一 二三	前〇 三〇	—	後一一 四三	後一一 一	後一〇 二三	後九 四八	後九 一四
前八 三〇 後八 五〇	前七 五〇 後八 一〇	前七 二〇 後七 三五	前六 四五 後七 〇	前六 〇 後六 一五	前五 二五 後五 三五	前四 三〇 後四 五〇	前三 二〇 後三 四〇	前二 一〇 後二 三〇	前〇 四〇 後一 五	前一一 四五 後 —	前一〇 四〇 後一一 二五	前九 四五 後一〇 二〇	前八 五五 後九 二五	前八 一五 後八 四〇	前七 四〇 後七 五五	前七 一〇 後七 一五
前二 五 後二 二五	前一 二五 後一 五〇	前〇 五五 後一 一五	前〇 二〇 後〇 四五	前 — 後〇 五	前一一 二五 後一一 四〇	前一〇 五〇 後一一 〇	前九 五五 後一〇 一〇	前八 五五 後九 一〇	前七 二五 後八 〇	前五 二〇 後六 五	前四 一五 後四 四〇	前三 二〇 後三 五〇	前二 四〇 後三 五	前二 二五 後二 〇	前一 三〇 後一 五〇	前〇 五五 後一 一五

一七

昭和十七年 驕るな戰捷 忘るな防共 一八

九月小 三十日

螟蟲被害稻의拔除燒却、小麥秋蒔綠肥의播種、粟大豆의收穫、煙草의收穫乾燥調理、果樹除袋乾草製造、豚의分娩

日次	曜七	干支	日出	日南中	日入	晝間	月齡	月出	月入	滿潮 前	滿潮 後	干潮 前	干潮 後	備考
一日	火	丁巳	六時 三分	後〇時 三四分	七時 四分	一三時 一分	二〇	後一〇時 五二分	前一一時 五四分	九時 〇分	九 二五	二時 四〇分	二 五五	愛國日 二百十日
二日	水	戊午	六 四	〇 三三	七 三	一二 五九	二一	後一一 三〇	後〇 四九	九 三五	一〇 一〇	三 一〇	三 三〇	
三日	木	己未	六 四	〇 三三	七 一	一二 五七	二二	—	後一 四三	一〇 一五	一〇 五五	三 四五	四 一〇	下弦
四日	金	庚申	六 五	〇 三三	七 〇	一二 五五	二三	前〇 一二	後二 三四	一一 一〇	—	四 四〇	五 五	
五日	土	辛酉	六 六	〇 三二	六 五八	一二 五二	二四	前〇 五七	後三 二三	〇 〇	〇 一五	六 五	六 五五	
六日	日	壬戌	六 七	〇 三二	六 五七	一二 五〇	二五	前一 四五	後四 七	一 一〇	一 三五	八 一〇	八 二五	
七日	月	癸亥	六 八	〇 三二	六 五五	一二 四八	二六	前二 三七	後四 四九	二 三〇	二 四五	九 一五	九 二五	
八日	火	甲子	六 九	〇 三一	六 五四	一二 四五	二七	前三 三三	後五 二九	三 三〇	三 四五	一〇 五	一〇 一五	白露
九日	水	乙丑	六 九	〇 三一	六 五二	一二 四三	二八	前四 二九	後六 六	四 二五	四 四〇	一〇 四五	一〇 五五	
十日	木	丙寅	六 一〇	〇 三一	六 五一	一二 四一	二九	前五 二八	後六 四一	五 五	五 一五	一一 二〇	一一 三〇	
十一日	金	丁卯	六 一一	〇 三〇	六 四九	一二 三八	〇	前六 二九	後七 一五	五 四〇	五 五〇	一一 五〇	—	朔
十二日	土	戊辰	六 一二	〇 三〇	六 四八	一二 三六	一	前七 三一	後七 四九	六 一五	六 三〇	〇 一〇	〇 三〇	
十三日	日	己巳	六 一三	〇 三〇	六 四六	一二 三三	二	前八 三四	後八 二五	六 四五	七 五	〇 四五	一 〇	
十四日	月	庚午	六 一四	〇 二九	六 四五	一二 三一	三	前九 三九	後九 二	七 一五	七 四〇	一 一五	一 三五	

昭和十七年

滿洲事變を想起せよ（을 … 하라）

日	曜	干支	記事	六	〇	六	一	月齢	月	月	潮	潮
十五日	火	辛未		六 一四	〇 二九	六 四三	一二 二九	四	前一〇 四四	後九 四三	前七 五〇 後八 一五	前一 五〇 後二 一〇
十六日	水	壬申		六 一五	〇 二九	六 四二	一二 二六	五	前一一 四九	後一〇 二八	前八 三〇 後九 〇	前二 二五 後二 四〇
十七日	木	癸酉		六 一六	〇 二八	六 四〇	一二 二四	六	後〇 五四	後一一 一八	前九 五 後一〇 一〇	前三 〇 後三 一五
十八日	金	甲戌	滿洲事變記念日 上弦	六 一七	〇 二八	六 三八	一二 二三	七	後一 五五	｜	前一〇 〇 後一一 二五	前三 五〇 後四 一五
十九日	土	乙亥		六 一八	〇 二八	六 三七	一二 一九	八	後二 五三	前〇 一四	前一一 三〇 後 ｜	前五 五 後五 三〇
二十日	日	丙子	航空日	六 一九	〇 二七	六 三五	一二 一七	九	後三 四六	前一 一五	前〇 二五 後〇 四五	前七 〇 後七 四〇
二十一日	月	丁丑	彼岸	六 一九	〇 二七	六 三四	一二 一四	一〇	後四 三三	前二 一九	前一 五〇 後二 三〇	前八 四〇 後九 五
二十二日	火	戊寅		六 二〇	〇 二七	六 三三	一二 一二	一一	後五 一五	前三 二五	前三 一五 後三 三五	前九 四五 後一〇 〇
二十三日	水	己卯	社日	六 二一	〇 二六	六 三一	一二 一〇	一二	後五 五四	前四 三一	前四 一五 後四 三五	前一〇 三〇 後一〇 四五
二十四日	木	庚辰	秋季皇靈祭 秋分 望	六 二三	〇 二六	六 二九	一二 七	一三	後六 三〇	前五 三六	前五 五 後五 二五	前一一 一五 後一一 三〇
二十五日	金	辛巳		六 二三	〇 二五	六 二八	一二 五	一四	後七 四	前六 四〇	前五 四五 後六 五	前一一 五〇 後 ｜
二十六日	土	壬午		六 二四	〇 二五	六 二六	一二 三	一五	後七 三八	前七 四二	前六 二〇 後六 四〇	前〇 五 後〇 二〇
二十七日	日	癸未		六 二四	〇 二五	六 二五	一二 〇	一六	後八 一二	前八 四二	前七 〇 後七 二〇	前〇 四五 後一 〇
二十八日	月	甲申		六 二五	〇 二四	六 二三	一一 五八	一七	後八 四八	前九 四一	前七 三〇 後七 四五	前一 一五 後一 三〇
二十九日	火	乙酉		六 二六	〇 二四	六 二一	一一 五五	一八	後九 二六	前一〇 三八	前八 〇 後八 二五	前一 四五 後一 五五
三十日	水	丙戌		六 二七	〇 二四	六 二〇	一一 五三	一九	後一〇 六	前一一 三三	前八 三〇 後八 五五	前二 一五 後二 三〇

一九

昭和十七年　銃後の(의)務(任務)だ(다)出征遺家族を(을)援けよ(扶助하라)　二〇

十月大　三十一日

大麥ノ播種麥苗ノ害蟲驅除種稻ノ選種稻ノ收穫大豆甘藷馬鈴薯ノ收穫貯藏煙草ノ收穫乾燥調理納付果實貯藏庫修理消毒農業期ノ畜牛變換

日次	七曜	干支	日出	日南中	日入	晝間	月齡	月出	月入	滿潮	干潮	
一日	木	丁亥	六時二八分	後〇時二三分	六時一八分	一一時五〇分	二〇	後〇時五〇分	後〇時一五分	前九時〇分 後九三〇	前二時四五分 後二五五	始政紀念日 愛國日
二日	金	戊子	六二九	〇二三	六一七	一一四八	二一	後一一三七	後一一五	前九四〇 後一〇二〇	前三一五 後三三五	平壤神社祭 下弦
三日	土	己丑	六三〇	〇二三	六一五	一一四六	二二	―	後二一	前一〇三〇 後一一二〇	前四五 後四二〇	銃後後援強化週間
四日	日	庚寅	六三〇	〇二二	六一四	一一四三	二三	前〇二七	後二四四	前一一四五 後―	前五一五 後五四五	
五日	月	辛卯	六三一	〇二二	六一三	一一四一	二四	前一二〇	後三二四	前〇三〇 後〇五五	前七一五 後七四五	
六日	火	壬辰	六三二	〇二二	六一一	一一三九	二五	前二一六	後四二	前一四五 後二一五	前八四五 後九〇	
七日	水	癸巳	六三三	〇二二	六九	一一三六	二六	前三一四	後四三八	前二五五 後三一五	前九三五 後九四五	
八日	木	甲午	六三四	〇二一	六八	一一三四	二七	前四一五	後五一二	前三四五 後四一〇	前一〇一五 後一〇三〇	
九日	金	乙未	六三五	〇二一	六七	一一三三	二八	前五一七	後五四七	前四三〇 後四五五	前一〇五五 後一一一五	寒露
十日	土	丙申	六三六	〇二一	六五	一一二九	二九	前六二〇	後六二三	前五一五 後五三五	前一一三五 後一一四五	朔
十一日	日	丁酉	六三七	〇二〇	六四	一一二七	一	前七二六	後六五九	前五四五 後六一五	前― 後〇五	
十二日	月	戊戌	六三八	〇二〇	六二	一一二五	二	前八三三	後七四〇	前六二五 後六四五	前〇二五 後〇四〇	
十三日	火	己亥	六三九	〇二〇	六一	一一二二	三	前九四〇	後八二四	前七〇 後七二五	前一〇 後一一五	
十四日	水	庚子	六四〇	〇二〇	五五九	一一二〇	四	前〇四六	後九一四	前七三五 後八五	前一三五 後一四五	

昭和十七年

輕口無駄口機密の出口

十五日	木	辛丑	大邱神社祭	六 四〇	〇 二〇	五 五八	一一 一八	五	前一一 五〇	後一〇 九	前八 二〇 後八 五五	前二 一五 後二 二五
十六日	金	壬寅	龍頭山神社祭	六 四一	〇 一九	五 五七	一一 一五	六	後〇 五〇	後一一 八	前九 五 後九 四五	前二 五五 後三 一〇
十七日	土	癸卯	神嘗祭 朝鮮神宮祭 上弦	六 四二	〇 一九	五 五五	一一 一三	七	後一 四四	｜	前一〇 五 後一一 〇	前三 四五 後四 〇
十八日	日	甲辰	京城神社祭	六 四三	〇 一九	五 五四	一一 一一	八	後二 三三	前〇 二一	前一一 二五 後 ｜	前五 〇 後五 三〇
十九日	月	乙巳		六 四四	〇 一九	五 五三	一一 八	九	後三 一四	前一 一六	前〇 一五 後〇 四五	前六 五〇 後七 二〇
二十日	火	丙午		六 四五	〇 一八	五 五一	一一 六	一〇	後三 五三	前二 二〇	前一 三〇 後二 一〇	前八 二五 後八 四五
二十一日	水	丁未	土王用事	六 四六	〇 一八	五 五〇	一一 四	一一	後四 二九	前三 二四	前二 四五 後三 二五	前九 二〇 後九 四〇
二十二日	木	戊申		六 四七	〇 一八	五 四九	一一 一	一二	後五 三	前四 二七	前三 四五 後四 一五	前一〇 五 後一〇 二五
二十三日	金	己酉	護國神社祭	六 四八	〇 一八	五 四七	一〇 五九	一三	後五 三六	前五 二九	前四 三〇 後五 〇	前一〇 四五 後一一 一〇
二十四日	土	庚戌	霜降 望	六 四九	〇 一八	五 四六	一〇 五七	一四	後六 一〇	前六 三〇	前五 一五 後五 四〇	前一一 三〇 後一一 五〇
二十五日	日	辛亥		六 五〇	〇 一八	五 四五	一〇 五五	一五	後六 四四	前七 二九	前六 〇 後六 二五	前 ｜ 後〇 〇
二十六日	月	壬子		六 五一	〇 一八	五 四四	一〇 五三	一六	後七 二二	前八 二七	前六 三〇 後六 五五	前〇 二五 後〇 三〇
二十七日	火	癸丑		六 五二	〇 一八	五 四二	一〇 五〇	一七	後八 一	前九 二三	前七 〇 後七 三〇	前〇 五五 後一 五
二十八日	水	甲寅		六 五三	〇 一七	五 四一	一〇 四八	一八	後八 四三	前一〇 一七	前七 三〇 後七 五〇	前一 二五 後一 三〇
二十九日	木	乙卯		六 五四	〇 一七	五 四〇	一〇 四六	一九	後九 二九	前一一 八	前七 五〇 後八 二〇	前一 五〇 後一 五五
三十日	金	丙辰		六 五五	〇 一七	五 三九	一〇 四四	二〇	後一〇 一八	前一一 五六	前八 二五 後九 〇	前二 二五 後二 三〇
三十一日	土	丁巳		六 五六	〇 一七	五 三八	一〇 四二	二一	後一一 九	後〇 四〇	前九 五 後九 四五	前二 五五 後三 五

二一

昭和十七年 興亞の의聖業、國民精神の의作興から에서 二二

十一月小 三十日

麥의培土播/秋耕果樹園의落葉燒却深耕施肥果實蔬菜의收穫貯藏煙草의調理納付屑繭의整理桑田深耕施肥桑樹秋植畜舍雞舍의防寒設備豚의種付

日次	記事	七曜	干支	日出	日南中	日入	晝間	月齡	月出	月入	滿潮	干潮
一日	愛國日	日	戊午	六時五七分	後〇時一七分	五時三七分	一〇時四〇分	二二	—	後一時二二分	前九時五五分 後一〇時三五分	前三時三五分 後三時四五分
二日		月	己未	六・五八	〇・一七	五・三六	一〇・三七	二三	前〇・四	後一・五九	前一一・五 後一一・四五	前四・三五 後五・〇
三日	明治節	火	庚申	六・五九	〇・一七	五・三五	一〇・三五	二四	前一・〇	後二・三五	前— 後〇・二五	前六・五 後六・三五
四日		水	辛酉	七・〇	〇・一七	五・三四	一〇・三三	二五	前一・五八	後三・九	前〇・五五 後一・三〇	前七・四五 後八・一五
五日		木	壬戌	七・一	〇・一七	五・三三	一〇・三一	二六	前二・五八	後三・四三	前二・〇 後二・四〇	前八・四五 後九・一五
六日		金	癸亥	七・二	〇・一七	五・三二	一〇・二九	二七	前四・一	後四・一七	前三・〇 後三・三〇	前九・四〇 後一〇・〇
七日		土	甲子	七・三	〇・一七	五・三一	一〇・二七	二八	前五・六	後四・五三	前三・五〇 後四・二〇	前一〇・二〇 後一〇・四五
八日	亥	日	乙丑	七・四	〇・一七	五・三〇	一〇・二五	二九	前六・一三	後五・三三	前四・三五 後五・一〇	前一一・五 後一一・三〇
九日	朔	月	丙寅	七・六	〇・一七	五・二九	一〇・二三	〇	前七・二二	後六・一六	前五・二〇 後五・五五	前一一・四〇 後—
十日	[illegible]	火	丁卯	七・七	〇・一七	五・二八	一〇・二一	一	前八・三一	後七・五	前六・〇 後六・三〇	前〇・五 後〇・一五
十一日		水	戊辰	七・八	〇・一七	五・二七	一〇・一九	二	前九・三九	後七・五九	前六・四五 後七・一五	前〇・四五 後〇・五五
十二日		木	己巳	七・九	〇・一八	五・二六	一〇・一七	三	前一〇・四三	後八・五九	前七・二五 後七・五五	前一・三〇 後一・四〇
十三日		金	庚午	七・一〇	〇・一八	五・二五	一〇・一六	四	前一一・四〇	後一〇・三	前八・五 後八・四五	前二・〇 後二・一〇
十四日	結	土	辛未	七・一一	〇・一八	五・二五	一〇・一四	五	後〇・三一	後一一・八	前九・五 後九・四五	前二・四五 後三・〇

國民精神作興週間

核豫防週間

上弦（十五日） 新嘗祭・望（二十三日）

昭和十七年

日	曜	干支									
十五日	日	壬申	七 一二	○ 一八	五 二四	一○ 一三	六	後一 一六	—	前一○ ○ 後一○ 四○	前三 三五 後三 四五
十六日	月	癸酉	七 一三	○ 一八	五 二三	一○ 一○	七	後一 五五	前○ 一三	前一一 一○ 後一一 四五	前四 四五 後五 ○
十七日	火	甲戌	七 一四	○ 一八	五 二二	一○ 八	八	後二 三一	前一 一八	前— 後○ 二○	前六 一五 後六 四五
十八日	水	乙亥	七 一五	○ 一九	五 二二	一○ 七	九	後三 五	前二 二○	前一 ○ 後一 四○	前七 四五 後八 一五
十九日	木	丙子	七 一六	○ 一九	五 二一	一○ 五	一○	後三 三八	前三 二二	前二 五 後二 四五	前八 四五 後九 一五
二十日	金	丁丑	七 一七	○ 一九	五 二○	一○ 三	一一	後四 一○	前四 二二	前三 一○ 後三 四五	前九 四○ 後一○ 五
二十一日	土	戊寅	七 一八	○ 一九	五 二○	一○ 二	一二	後四 四四	前五 二○	前四 ○ 後四 四○	前一○ 二○ 後一○ 四五
二十二日	日	己卯	七 一九	○ 一九	五 一九	一○ ○	一三	後五 一九	前六 一八	前四 四五 後五 二○	前一一 ○ 後一一 三○
二十三日	月	庚辰	七 二○	○ 二○	五 一九	九 五九	一四	後五 五七	前七 一五	前五 三○ 後六 ○	前一一 三五 後—
二十四日	火	辛巳	七 二一	○ 二○	五 一八	九 五七	一五	後六 三八	前八 一○	前六 ○ 後六 三五	前○ 五 後○ 一○
二十五日	水	壬午	七 二二	○ 二○	五 一八	九 五六	一六	後七 二三	前九 二	前六 三○ 後七 五	前○ 三五 後○ 四○
二十六日	木	癸未	七 二三	○ 二一	五 一八	九 五四	一七	後八 一二	前九 五一	前七 ○ 後七 三○	前一 五 後一 一○
二十七日	金	甲申	七 二四	○ 二一	五 一七	九 五三	一八	後九 一	前一○ 三七	前七 三○ 後八 ○	前一 三五 後一 四○
二十八日	土	乙酉	七 二五	○ 二一	五 一七	九 五二	一九	後九 五四	前一一 一九	前八 ○ 後八 三五	前二 五 後二 一○
二十九日	日	丙戌	七 二六	○ 二二	五 一七	九 五○	二○	後一○ 四九	前一一 五八	前八 四○ 後九 二○	前二 四○ 後二 四五
三十日	月	丁亥	七 二七	○ 二二	五 一六	九 四九	二一	後一一 四五	後○ 三四	前九 三○ 後一○ 五	前三 一五 後三 三○

絶やせ結核興亞の日本。道路の一痰病魔の百彈

根絶하라 의 의 은 의

二三

昭和十七年 興亞の(의)動力 無駄すな(節約하라)燃料. 火事は油断の隙間から(火災는 不注意의 틈에서) 二四

十二月大 三十一日

收穫物ノ(의)整理 農蠶具ノ(와)修理整頓 畜舍ニ(에)敷草多給 豚ノ(의)種付

日次	曜	干支	日出	日南中	日入	晝間	月齡	月出	月入	滿潮	干潮	
一日	火	戊子	七時二八分	後〇時二二分	五時一六分	九時四八分	二二	—	後一時八分	前一〇時三〇分 後一一時五分	前四時五分 後四時一五	愛國日 上弦
二日	水	己丑	七 二九	〇 二三	五 一六	九 四七	二三	前〇時四三分	後一 四〇	前一一 三五 後 —	前五 一〇 後五 三五	
三日	木	庚寅	七 三〇	〇 二三	五 一六	九 四六	二四	前一 四三	後二 一三	前〇 一〇 後〇 四五	前六 四〇 後七 一〇	
四日	金	辛卯	七 三一	〇 二三	五 一六	九 四五	二五	前二 四五	後二 四七	前一 一〇 後一 五〇	前八 〇 後八 三五	
五日	土	壬辰	七 三二	〇 二四	五 一五	九 四四	二六	前三 四九	後三 二四	前二 一〇 後二 五五	前九 〇 後九 三〇	
六日	日	癸巳	七 三三	〇 二四	五 一五	九 四三	二七	前四 五七	後四 四	前三 一〇 後三 五〇	前九 五〇 後一〇 二〇	
七日	月	甲午	七 三四	〇 二五	五 一五	九 四二	二八	前六 六	後四 五〇	前四 五 後四 四五	前一〇 三五 後一一 一〇	
八日	火	乙未	七 三五	〇 二五	五 一五	九 四一	〇	前七 一七	後五 四三	前五 〇 後五 三五	前一一 二五 後一一 五五	大雪 朔
九日	水	丙申	七 三五	〇 二六	五 一五	九 四〇	一	前八 二五	後六 四二	前五 四五 後六 一五	前 — 後〇 〇	
十日	木	丁酉	七 三六	〇 二六	五 一六	九 三九	二	前九 二八	後七 四六	前六 二五 後七 五	前〇 三〇 後〇 四〇	
十一日	金	戊戌	七 三七	〇 二六	五 一六	九 三九	三	前一〇 二四	後八 五四	前七 一五 後七 五〇	前一 一〇 後一 二〇	
十二日	土	己亥	七 三八	〇 二七	五 一六	九 三八	四	前一一 一三	後一〇 二	前八 〇 後八 四〇	前一 五五 後二 五	
十三日	日	庚子	七 三九	〇 二七	五 一六	九 三七	五	前一一 五六	後一一 八	前八 五五 後九 三〇	前二 四〇 後二 四五	
十四日	月	辛丑	七 三九	〇 二八	五 一六	九 三七	六	後〇 三四	—	前九 五〇 後一〇 二五	前三 二五 後三 四〇	

昭和十七年

非常時だ虚禮を廢めて生活改善。總力戰我も一役貯蓄報國 우리도한몫하자

上弦							望	冬至		大正天皇祭			御用納			下弦
十五日	十六日	十七日	十八日	十九日	二十日	二十一日	二十二日	二十三日	二十四日	二十五日	二十六日	二十七日	二十八日	二十九日	三十日	三十一日
火	水	木	金	土	日	月	火	水	木	金	土	日	月	火	水	木
壬寅	癸卯	甲辰	乙巳	丙午	丁未	戊申	己酉	庚戌	辛亥	壬子	癸丑	甲寅	乙卯	丙辰	丁巳	戊午
七 四〇	七 四一	七 四一	七 四二	七 四三	七 四三	七 四四	七 四四	七 四五	七 四五	七 四六	七 四六	七 四七	七 四七	七 四七	七 四七	七 四八
〇 二八	〇 二九	〇 二九	〇 三〇	〇 三〇	〇 三一	〇 三一	〇 三二	〇 三二	〇 三三	〇 三三	〇 三四	〇 三四	〇 三五	〇 三五	〇 三六	〇 三六
五 一六	五 一七	五 一七	五 一七	五 一八	五 一八	五 一九	五 一九	五 二〇	五 二〇	五 二一	五 二一	五 二二	五 二三	五 二三	五 二四	五 二五
九 三六	九 三六	九 三六	九 三五	九 三五	九 三五	九 三五	九 三五	九 三五	九 三五	九 三五	九 三五	九 三五	九 三六	九 三六	九 三七	九 三七
七	八	九	一〇	一一	一二	一三	一四	一五	一六	一七	一八	一九	二〇	二一	二二	二三
後一 九	後一 四一	後二 一四	後二 四六	後三 二〇	後三 五七	後四 三六	後五 一九	後六 六	後六 五五	後七 四八	後八 四二	後九 三七	後一〇 三四	後一一 三一	—	前〇 三一
前〇 一三	前一 一五	前二 一五	前三 一四	前四 一二	前五 九	前六 四	前六 五七	前七 四八	前八 三五	前九 一八	前九 五八	前一〇 三五	前一一 九	前一一 四二	後〇 一三	後〇 四六
前一〇 五〇 後一一 一五	前一一 五〇 後—	前〇 一五 後一 〇	前一 二〇 後二 一五	前二 二五 後三 一五	前三 二五 後四 一五	前四 一五 後五 〇	前五 〇 後五 四〇	前五 四〇 後六 二〇	前六 一五 後六 五〇	前六 四〇 後七 一五	前七 一〇 後七 四〇	前七 四五 後八 一五	前八 二〇 後八 五〇	前九 五 後九 三五	前一〇 〇 後一〇 二五	前一〇 五五 後一一 二〇
前四 二五 後四 四〇	前五 三〇 後六 〇	前七 〇 後七 三五	前八 一五 後八 四五	前九 五 後九 四〇	前九 五五 後一〇 二五	前一〇 三五 後一一 五	前一一 一五 後一一 四五	前一一 五〇 後—	前〇 二五 後〇 二〇	前〇 五〇 後〇 五〇	前一 一五 後一 二五	前一 五〇 後一 五〇	前二 二〇 後二 二五	前二 五〇 後三 五	前三 三五 後三 五〇	前四 二五 後四 四五

二五

各地毎旬

地名		一月一日	一月十一日	一月二十一日	一月三十一日	二月十日	二月二十日	三月二日	三月十二日	三月二十二日	四月一日	四月十一日	四月二十一日	五月一日	五月十一日	五月二十一日	五月三十一日	六月十日	六月二十日
雄基	日出	七時四八分	七 四七	七 四二	七 三四	七 二三	七 九	六 五四	六 三七	六 二〇	六 三	五 四六	五 三〇	五 一五	五 二	四 五二	四 四五	四 四一	四 四一
	日入	四時五六分	五 六	五 一七	五 三〇	五 四三	五 五六	六 八	六 二〇	六 三三	六 四三	六 五四	七 五	七 一七	七 二七	七 三八	七 四七	七 五四	七 五八
新義州	日出	八時五分	八 四	八 〇	七 五三	七 四三	七 三〇	七 一六	七 一	六 四四	六 二八	六 一二	五 五七	五 四四	五 三三	五 二三	五 一六	五 一三	五 一三
	日入	五時二五分	五 三六	五 四七	五 五九	六 一一	六 二三	六 三四	六 四五	六 五五	七 六	七 一六	七 二六	七 三六	七 四六	七 五五	八 四	八 一〇	八 一四
元山	日出	七時五〇分	七 五〇	七 四六	七 三九	七 二九	七 一七	七 三	六 四八	六 三三	六 一七	六 一	五 四七	五 三三	五 二三	五 一三	五 七	五 四	五 四
	日入	五時一八分	五 二七	五 三七	五 四九	六 一	六 一二	六 二三	六 三三	六 四三	六 五三	七 三	七 一三	七 二三	七 三三	七 四一	七 四九	七 五五	七 五九
平壤	日出	七時五六分	七 五六	七 五三	七 四五	七 三六	七 二四	七 一〇	六 五五	六 三九	六 二三	六 八	五 五四	五 四〇	五 二九	五 二〇	五 一四	五 一一	五 一一
	日入	五時二六分	五 三四	五 四五	五 五六	六 八	六 一九	六 三〇	六 四〇	六 五〇	七 〇	七 九	七 一九	七 二九	七 三八	七 四七	七 五五	八 二	八 六
京城	日出	七時四七分	七 四七	七 四四	七 三八	七 二八	七 一七	七 四	六 四九	六 三四	六 一九	六 五	五 五一	五 三八	五 二七	五 一九	五 一三	五 一〇	五 一〇
	日入	五時二四分	五 三三	五 四三	五 五四	六 五	六 一六	六 二六	六 三六	六 四五	六 五四	七 三	七 一二	七 二一	七 三〇	七 三九	七 四六	七 五二	七 五六
大邱	日出	七時三五分	七 三六	七 三三	七 二八	七 一九	七 八	六 五六	六 四三	六 二八	六 一四	六 〇	五 四六	五 三四	五 二四	五 一六	五 一一	五 九	五 九
	日入	五時二二分	五 三一	五 四〇	五 五一	六 一	六 一一	六 二一	六 三〇	六 三八	六 四六	六 五五	七 三	七 一二	七 二〇	七 二八	七 三五	七 四一	七 四五
釜山	日出	七時三三分	七 三三	七 三〇	七 二五	七 一六	七 六	六 五四	六 四〇	六 二六	六 一三	五 五九	五 四六	五 三四	五 二四	五 一七	五 一三	五 九	五 九
	日入	五時二二分	五 三一	五 四〇	五 五一	六 一	六 一〇	六 二〇	六 二八	六 三六	六 四四	六 五三	七 〇	七 九	七 一七	七 二五	七 三二	七 三七	七 四一
木浦	日出	七時四三分	七 四二	七 四〇	七 三五	七 二六	七 一六	七 四	六 五一	六 三七	六 二三	六 九	五 五七	五 四五	五 三五	五 二八	五 二三	五 二一	五 二一
	日入	五時三三分	五 四二	五 五二	六 二	六 一二	六 二一	六 三〇	六 三九	六 四七	六 五五	七 三	七 一一	七 一九	七 二七	七 三四	七 四一	七 四七	七 五一

日出入時刻

昭和十七年

月	七月			八月			九月			十月			十一月			十二月		
三十日	十日	二十日	三十日	九日	十九日	二十九日	八日	十八日	二十八日	八日	十八日	二十八日	七日	十七日	二十七日	七日	十七日	二十七日
四 四四	四 五〇	四 五八	五 八	五 一八	五 二八	五 三九	五 五〇	六 〇	六 一一	六 二二	六 三三	六 四五	六 五八	七 一〇	七 二二	七 三三	七 四一	七 四六
七 五九	七 五七	七 五一	七 四一	七 二九	七 一五	七 〇	六 四二	六 二五	六 七	五 五〇	五 三四	五 一九	五 六	四 五六	四 四九	四 四六	四 四七	四 五二
五 一六	五 二一	五 二九	五 三七	五 四七	五 五六	六 六	六 一五	六 二五	六 三五	六 四五	六 五五	七 六	七 一七	七 二九	七 四〇	七 五〇	七 五八	八 三
八 一六	八 一三	八 八	八 〇	七 四九	七 三五	七 二一	七 五	六 四八	六 三三	六 一五	六 〇	五 四六	五 三五	五 二五	五 一九	五 一七	五 一八	五 二三
五 七	五 一二	五 一九	五 二八	五 三七	五 四六	五 五五	六 四	六 一三	六 二二	六 三三	六 四二	六 五二	七 三	七 一五	七 二五	七 三五	七 四三	七 四八
八 一	七 五九	七 五三	七 四五	七 三四	七 二三	七 七	六 五三	六 三六	六 二〇	六 四	五 四九	五 三六	五 二四	五 一六	五 一〇	五 八	五 九	五 一四
五 一四	五 一九	五 二六	五 三五	五 四四	五 五三	六 二	六 一一	六 二〇	六 二九	六 三八	六 四八	六 五九	七 一〇	七 二一	七 三三	七 四二	七 四九	七 五五
八 七	八 五	八 〇	七 五一	七 四一	七 二八	七 一四	六 五八	六 四三	六 二七	六 一一	五 五六	五 四三	五 三二	五 二三	五 一七	五 一五	五 一六	五 二一
五 一三	五 一八	五 二五	五 三三	五 四二	五 五〇	五 五九	六 七	六 一六	六 二四	六 三三	六 四二	六 五二	七 二	七 一三	七 二三	七 三三	七 四〇	七 四六
七 五八	七 五六	七 五一	七 四三	七 三三	七 二一	七 七	六 五二	六 三七	六 二三	六 七	五 五三	五 四〇	五 二九	五 二一	五 一六	五 一四	五 一五	五 二〇
五 一二	五 一七	五 二三	五 三一	五 三八	五 四六	五 五四	六 二	六 九	六 一七	六 二五	六 三四	六 四三	六 五三	七 三	七 一三	七 二三	七 二九	七 三四
七 四六	七 四四	七 四〇	七 三三	七 二三	七 一二	六 五九	六 四五	六 三〇	六 一五	六 一	五 四八	五 三六	五 二六	五 一八	五 一三	五 一二	五 一四	五 一八
五 一二	五 一七	五 二三	五 三一	五 三八	五 四六	五 五三	六 一	六 八	六 一五	六 二三	六 三一	六 四〇	六 五〇	六 五九	七 九	七 一八	七 二五	七 三一
七 四二	七 四一	七 三六	七 三〇	七 二〇	七 九	六 五六	六 四三	六 二八	六 一四	六 〇	五 四七	五 三五	五 二五	五 一八	五 一三	五 一二	五 一四	五 一九
五 二四	五 二八	五 三五	五 四二	五 四九	五 五七	六 四	六 一二	六 一九	六 二六	六 三四	六 四二	六 五〇	七 〇	七 九	七 一九	七 二八	七 三五	七 四〇
七 五三	七 五〇	七 四六	七 三九	七 三〇	七 一九	七 七	六 五三	六 三九	六 二四	六 一一	五 五八	五 四六	五 三六	五 二九	五 二五	五 二三	五 二五	五 三〇

二七

昭和十七年

朔·上弦·望·下弦

月	朔 日	朔 時刻	上弦 日	上弦 時刻	望 日	望 時刻	下弦 日	下弦 時刻
一月	一七日	前六時三二分	二四日	後三時三五分	三日	前〇時四二分	一〇日	後三時五分
二月	一五日	後七 二	二三日	後〇 四〇	一日	後六 一二	八日	後一一 五二
三月	一七日	前八 五〇	二五日	前九 一	三日	前九 二〇	一〇日	前七 〇
四月	一五日	後一一 三三	二四日	前三 一〇	一日	後九 三二	八日	後一 四三
五月	一五日	後二 四五	二三日	後六 一一	一日 三〇日	前六 五九 後二 二九	七日	後九 一三
六月	一四日	前六 二	二二日	前五 四四	二八日	後九 九	六日	前六 二六
七月	一三日	後九 三	二一日	後二 一三	二八日	前四 一四	五日	後五 五八
八月	一二日	前一一 二八	一九日	後八 三〇	二六日	後〇 四六	四日	前八 四
九月	一一日	前〇 五三	一八日	前一 五六	二四日	後一一 三四	三日	前〇 四二
十月	一〇日	後一 六	一七日	前七 五八	二四日	後一 五	二日	後七 二七
十一月	九日	前〇 一九	一五日	後三 五六	二三日	前五 二四	一日	後三 一八
十二月	八日	前一〇 五九	一五日	前二 四七	二三日	前〇 三	一日 三一日	前一〇 三七 前三 三七

各地潮時ノ(의)平均改正數

地名	改正數	加減
多獅島	四時四〇分	加
鎭南浦	四 一〇	加
夢金浦	二 三〇	加
群山	一時五〇分	減
木浦	満潮 二 二五 干潮 三 三〇	減
麗水	八 五〇	減
釜山	三時三〇分	加
濟州(永北里)	七 五	減
迎日灣	〇 三五	減
元山	一時三〇分	減
城津	一 四五	減
雄基	一 四〇	減

日月食

各地共本年中ニハ(에는)一回モ(도)無シ(함)

年代表

昭和十七年

紀元	二五〇四	二五〇五	二五〇六	二五〇七	二五〇八	二五〇九	二五一〇	二五一一	二五一二	二五一三	二五一四	二五一五	二五一六	二五一七	二五一八	二五一九	二五二〇	二五二一	二五二二	二五二三	二五二四	二五二五	二五二六	二五二七	二五二八	二五二九	二五三〇	二五三一	二五三二	二五三三	二五三四	二五三五	二五三六
日本年號	弘化一	二	三	弘化四	嘉永一	二	三	四	五	嘉永六	安政一	二	三	四	五	安政六	萬延一	文久一	二	文久三	元治一	慶應一	二	慶應三	明治一	二	三	四	五	六	七	八	明治九
朝鮮年號	道光二四	二五	二六	二七	二八	二九	道光三〇	咸豐一	二	三	四	五	六	七	八	九	一〇	咸豐一一	同治一	二	三	四	五	六	七	八	九	一〇	一一	一二	同治一三	光緒一	二
朝鮮開國年次	四五三	四五四	四五五	四五六	四五七	四五八	四五九	四六〇	四六一	四六二	四六三	四六四	四六五	四六六	四六七	四六八	四六九	四七〇	四七一	四七二	四七三	四七四	四七五	四七六	四七七	四七八	四七九	四八〇	四八一	四八二	四八三	四八四	四八五
西紀	一八四四	一八四五	一八四六	一八四七	一八四八	一八四九	一八五〇	一八五一	一八五二	一八五三	一八五四	一八五五	一八五六	一八五七	一八五八	一八五九	一八六〇	一八六一	一八六二	一八六三	一八六四	一八六五	一八六六	一八六七	一八六八	一八六九	一八七〇	一八七一	一八七二	一八七三	一八七四	一八七五	一八七六
干支	甲辰	乙巳	丙午	丁未	戊申	己酉	庚戌	辛亥	壬子	癸丑	甲寅	乙卯	丙辰	丁巳	戊午	己未	庚申	辛酉	壬戌	癸亥	甲子	乙丑	丙寅	丁卯	戊辰	己巳	庚午	辛未	壬申	癸酉	甲戌	乙亥	丙子
歲	九九	九八	九七	九六	九五	九四	九三	九二	九一	九〇	八九	八八	八七	八六	八五	八四	八三	八二	八一	八〇	七九	七八	七七	七六	七五	七四	七三	七二	七一	七〇	六九	六八	六七

紀元	二五三七	二五三八	二五三九	二五四〇	二五四一	二五四二	二五四三	二五四四	二五四五	二五四六	二五四七	二五四八	二五四九	二五五〇	二五五一	二五五二	二五五三	二五五四	二五五五	二五五六	二五五七	二五五八	二五五九	二五六〇	二五六一	二五六二	二五六三	二五六四	二五六五	二五六六	二五六七	二五六八	二五六九
日本年號	明治一〇	一一	一二	一三	一四	一五	一六	一七	一八	一九	二〇	二一	二二	二三	二四	二五	二六	二七	二八	二九	三〇	三一	三二	三三	三四	三五	三六	三七	三八	三九	四〇	四一	明治四二
朝鮮年號	光緒三	四	五	六	七	八	九	一〇	一一	一二	一三	一四	一五	一六	一七	一八	一九	二〇	光緒二一	建陽一	光武一	二	三	四	五	六	七	八	九	光武一〇	隆熙一	二	隆熙三
朝鮮開國年次	四八六	四八七	四八八	四八九	四九〇	四九一	四九二	四九三	四九四	四九五	四九六	四九七	四九八	四九九	五〇〇	五〇一	五〇二	五〇三	五〇四	五〇五	五〇六	五〇七	五〇八	五〇九	五一〇	五一一	五一二	五一三	五一四	五一五	五一六	五一七	五一八
西紀	一八七七	一八七八	一八七九	一八八〇	一八八一	一八八二	一八八三	一八八四	一八八五	一八八六	一八八七	一八八八	一八八九	一八九〇	一八九一	一八九二	一八九三	一八九四	一八九五	一八九六	一八九七	一八九八	一八九九	一九〇〇	一九〇一	一九〇二	一九〇三	一九〇四	一九〇五	一九〇六	一九〇七	一九〇八	一九〇九
干支	丁丑	戊寅	己卯	庚辰	辛巳	壬午	癸未	甲申	乙酉	丙戌	丁亥	戊子	己丑	庚寅	辛卯	壬辰	癸巳	甲午	乙未	丙申	丁酉	戊戌	己亥	庚子	辛丑	壬寅	癸卯	甲辰	乙巳	丙午	丁未	戊申	己酉
歲	六六	六五	六四	六三	六二	六一	六〇	五九	五八	五七	五六	五五	五四	五三	五二	五一	五〇	四九	四八	四七	四六	四五	四四	四三	四二	四一	四〇	三九	三八	三七	三六	三五	三四

紀元	二五七〇	二五七一	二五七二	二五七三	二五七四	二五七五	二五七六	二五七七	二五七八	二五七九	二五八〇	二五八一	二五八二	二五八三	二五八四	二五八五	二五八六	二五八七	二五八八	二五八九	二五九〇	二五九一	二五九二	二五九三	二五九四	二五九五	二五九六	二五九七	二五九八	二五九九	二六〇〇	二六〇一	二六〇二
年號	四三	明治四四	大正一	二	三	四	五	六	七	八	九	一〇	一一	一二	一三	大正一四	昭和一	二	三	四	五	六	七	八	九	一〇	一一	一二	一三	一四	一五	一六	昭和一七
西紀	一九一〇	一九一一	一九一二	一九一三	一九一四	一九一五	一九一六	一九一七	一九一八	一九一九	一九二〇	一九二一	一九二二	一九二三	一九二四	一九二五	一九二六	一九二七	一九二八	一九二九	一九三〇	一九三一	一九三二	一九三三	一九三四	一九三五	一九三六	一九三七	一九三八	一九三九	一九四〇	一九四一	一九四二
干支	庚戌	辛亥	壬子	癸丑	甲寅	乙卯	丙辰	丁巳	戊午	己未	庚申	辛酉	壬戌	癸亥	甲子	乙丑	丙寅	丁卯	戊辰	己巳	庚午	辛未	壬申	癸酉	甲戌	乙亥	丙子	丁丑	戊寅	己卯	庚辰	辛巳	壬午
歲	三三	三二	三一	三〇	二九	二八	二七	二六	二五	二四	二三	二二	二一	二〇	一九	一八	一七	一六	一五	一四	一三	一二	一一	一〇	九	八	七	六	五	四	三	二	一

二九

昭和十七年

平均氣温(攝氏)

地名	雄基	中江鎭	城津	新義州	元山	平壤	江陵	京城	仁川	大邱	全州	釜山	木浦	濟州	臺北	鹿兒島	下關	大阪	東京	札幌	大泊	大連	奉天
一月	−九・四	−二一・二	−五・九	−一〇・〇	−三・八	−八・二	−一・四	−四・九	−四・〇	−一・八	−二・一	一・八	〇・七	四・四	一五・二	六・九	五・三	四・一	三・〇	−六・三	−一二・二	−五・二	−一三・〇
二月	−六・六	−一五・六	−四・二	−五・九	−二・四	−四・九	〇・〇	−二・〇	−二・一	−〇・四	−〇・三	三・一	一・六	四・八	一四・八	七・四	五・三	四・三	三・八	−五・三	−一〇・二	−三・五	−九・一
三月	−一・二	−四・三	〇・七	〇・七	二・五	一・五	四・六	三・三	二・九	五・四	四・六	七・一	五・三	七・六	一六・九	一〇・六	八・一	七・四	六・九	−一・六	−五・四	一・九	−〇・八
四月	五・四	六・四	六・六	八・五	九・五	九・五	一一・三	一〇・六	九・六	一二・一	一一・三	一二・二	一一・四	一二・三	二〇・六	一五・四	一二・九	一三・二	一二・六	五・二	一・〇	九・四	八・八
五月	一〇・〇	一三・五	一一・〇	一五・〇	一五・〇	一五・五	一六・四	一六・三	一四・九	一七・五	一六・九	一六・五	一六・四	一六・四	二四・一	一八・八	一七・〇	一七・六	一六・七	一〇・五	八・五	一五・四	一六・〇
六月	一四・三	一八・六	一五・三	一九・九	一九・一	二〇・五	二〇・三	二一・二	一九・六	二二・〇	二一・四	二〇・〇	二〇・六	二〇・四	二六・六	二三・四	二〇・八	二一・九	二〇・六	一五・三	一〇・一	二〇・二	二一・六
七月	一九・二	二二・七	二〇・一	二四・〇	二三・八	二四・一	二四・二	二四・七	二三・六	二五・七	二五・七	二四・〇	二四・七	二五・五	二八・二	二六・二	二四・九	二六・二	二四・四	一九・二	一四・八	二三・六	二四・九
八月	二一・二	二一・七	二二・一	二四・二	二三・四	二四・四	二四・五	二五・五	二四・九	二六・〇	二五・九	二五・六	二六・一	二六・〇	二七・九	二六・八	二六・五	二七・三	二五・七	二一・〇	一七・二	二四・五	二三・七
九月	一六・七	一四・二	一七・九	一八・九	一八・八	一八・九	一九・七	二〇・一	二〇・三	二〇・七	二〇・四	二一・七	二一・八	二一・六	二六・二	二四・二	二三・〇	二三・四	二二・一	一六・四	一三・七	一九・九	一七・〇
十月	一〇・二	六・六	一一・八	一一・五	一三・一	一二・〇	一四・五	一三・三	一四・二	一四・三	一三・八	一六・四	一六・一	一六・九	二三・〇	一九・〇	一七・七	一七・二	一六・一	九・八	七・六	一三・八	九・三
十一月	一・一	−三・五	四・〇	二・六	五・七	三・二	八・二	五・二	六・二	七・二	七・三	一〇・二	九・七	一二・〇	一九・八	一三・七	一二・七	一一・五	一〇・七	三・二	−〇・二	五・二	−〇・九
十二月	−六・一	−一五・六	−三・〇	−六・〇	−〇・九	−五・〇	一・九	−一・八	−一・〇	〇・八	一・二	四・五	三・七	七・六	一六・八	八・八	七・九	六・六	五・四	−三・二	−六・九	−一・九	−九・七
年	六・二	三・六	八・〇	八・六	一〇・二	九・三	一二・〇	一〇・九	一〇・八	一二・五	一二・二	一三・六	一三・二	一四・六	二一・七	一六・七	一五・二	一五・〇	一四・〇	七・〇	三・〇	一〇・三	七・二

三〇

平均最高氣溫（攝氏）

昭和十七年

地名	一月	二月	三月	四月	五月	六月	七月	八月	九月	十月	十一月	十二月	年
雄基	(-)五・六	(-)二・四	三・〇	一〇・一	一四・六	一八・〇	二二・五	二四・六	二〇・九	一四・八	五・四	(-)三・三	一〇・五
中江鎮	(-)一三・五	(-)六・四	二・六	一三・七	二〇・八	二五・七	二九・〇	二八・三	二三・〇	一四・九	二・九	(-)八・五	一二・一
城津	(-)〇・六	〇・八	五・三	一一・九	一六・一	一九・五	二三・九	二五・九	二三・六	一六・〇	九・一	二・三	一二・八
新義州	(-)四・六	(-)〇・九	六・〇	一四・二	二〇・六	二四・八	二七・八	二八・八	二四・八	一七・九	八・二	(-)一・〇	一三・九
元山	〇・九	二・二	七・三	一五・〇	二〇・七	二三・九	二六・八	二七・四	二三・六	一八・六	一〇・六	五・六	一五・〇
平壤	(-)二・九	〇・四	六・九	一五・八	二一・八	二六・七	二八・九	二九・二	二四・六	一八・四	八・六	(-)〇・一	一四・九
江陵	三・五	四・八	九・六	一六・八	二一・九	二五・二	二八・五	二六・九	二四・七	二〇・三	一三・六	六・八	一七・二
京城	(-)〇・二	二・九	八・六	一六・七	二三・三	二六・九	二九・一	三〇・三	二五・六	一九・六	一〇・八	二・七	一六・二
仁川	〇・二	二・二	七・五	一四・六	一九・七	二四・二	二七・四	二八・九	二四・八	一九・一	一〇・八	三・一	一五・二
大邱	三・二	五・七	一一・二	一八・四	二五・八	二七・八	三〇・五	三一・一	二六・〇	二〇・八	一三・三	六・一	一八・三
全州	二・五	四・七	一〇・五	一七・八	二三・四	二七・六	三〇・四	三〇・九	二六・三	二〇・五	一三・〇	五・九	一七・八
釜山	六・一	七・四	一一・六	一六・八	二〇・八	二三・八	二七・二	二八・一	二五・七	二一・三	一五・〇	八・八	一七・八
木浦	五・〇	六・一	一〇・三	一六・五	二一・四	二五・一	二八・六	三〇・二	二六・四	二一・四	一四・六	八・〇	一七・八
濟州	七・〇	七・八	一一・四	一六・五	二〇・九	二四・二	二九・〇	二九・四	二五・一	二〇・七	一五・六	一〇・六	一八・二
臺北	一九・一	一八・六	二〇・九	二五・〇	二八・五	三二・五	三二・一	三二・九	三一・〇	二七・二	二三・八	二〇・七	二六・〇
鹿兒島	一二・九	一三・三	一五・七	二〇・二	二三・七	二六・四	三〇・二	三二・三	二八・七	二四・二	一九・一	一四・二	二一・五
下關	八・五	八・六	一一・九	一七・〇	二二・二	二四・四	二六・三	三〇・六	二六・七	二一・七	一六・四	一一・三	一八・九
大阪	八・六	八・八	一二・二	一八・二	二三・七	二六・三	三〇・五	三二・三	二八・三	二二・二	一六・六	一一・二	一九・八
東京	八・三	八・八	一二・〇	一七・五	二二・三	二四・六	二六・四	二九・九	二六・一	二〇・六	一五・八	一〇・九	一八・七
札幌	(-)一・九	(-)〇・八	二・七	一〇・五	一六・三	二〇・六	二四・四	二六・二	二一・九	一五・八	七・八	一・〇	一二・〇
大泊	(-)七・一	(-)五・八	(-)一・六	四・七	一〇・〇	一四・三	一八・六	二一・〇	一七・八	一一・七	三・三	(-)三・四	七・〇
大連	(-)一・四	〇・四	六・二	一四・三	二〇・三	二四・九	二七・三	二八・一	二四・一	一八・二	八・四	一・九	一四・九
奉天	(-)六・五	(-)二・四	五・一	一五・六	二三・八	二八・一	三〇・三	二九・二	二四・〇	一六・四	五・〇	(-)三・七	一二・七

平均最低氣温(攝氏)

地名	雄基	中江鎮	城津	新義州	元山	平壌	江陵	京城	仁川	大邱	全州	釜山	木浦	済州	臺北	鹿児島	下関	大阪	東京	札幌	大泊	大連	奉天
一月	(一)一三・二	(一)二九・一	(一)一〇・六	(一)一四・八	(一)八・一	(一)一三・二	(一)五・五	(一)九・六	(一)七・四	(一)六・三	(一)六・四	(一)一・九	(一)二・四	一・七	一二・三	二・四	二・六	〇・二	(一)一・四	(一)一一・六	(一)一五・五	(一)八・九	(一)一八・九
二月	(一)一〇・五	(一)二四・五	(一)八・八	(一)一〇・九	(一)六・八	(一)一〇・〇	(一)四・三	(一)六・八	(一)五・五	(一)四・三	(一)四・七	(一)〇・八	(一)一・六	一・七	一二・〇	二・八	二・四	〇・三	(一)〇・六	(一)一〇・八	(一)一四・八	(一)七・二	(一)一五・三
三月	(一)五・一	(一)一一・二	(一)三・四	(一)三・九	(一)一・七	(一)三・四	〇・〇	(一)一・七	(一)〇・六	〇・〇	(一)〇・六	三・〇	一・六	三・九	一三・九	五・八	四・八	二・八	二・三	(一)六・五	(一)九・八	(一)一・六	(一)六・四
四月	一・三	(一)〇・四	二・五	三・四	四・七	三・六	六・〇	四・九	五・七	六・〇	五・四	八・三	七・三	八・二	一七・三	一〇・七	九・五	八・三	七・九	〇・一	(一)二・六	五・二	二・二
五月	六・三	六・六	七・三	一〇・一	一〇・三	九・八	一二・三	一〇・七	一一・二	一二・四	一一・一	一三・六	一三・六	一三・二	二〇・六	一四・三	一三・六	一二・八	一三・三	四・八	一・四	一一・二	九・五
六月	一一・四	一二・五	一二・四	一五・九	一五・〇	一五・三	一五・八	一六・一	一六・一	一六・七	一六・二	一六・八	一七・三	一七・〇	二三・〇	一八・九	一七・九	一八・〇	一七・〇	一〇・〇	六・三	一六・四	一五・六
七月	一六・七	一七・八	一七・五	二〇・九	一九・六	二〇・二	二〇・五	二二・〇	二〇・七	二二・七	二三・一	二二・四	二三・〇	二三・五	二四・三	二三・八	二三・二	二三・七	二一・一	一四・九	一二・四	二〇・七	二〇・三
八月	一八・二	一六・八	一九・二	二〇・七	二〇・二	二〇・四	二〇・八	二一・五	二一・七	二三・〇	二三・一	二三・七	二三・一	二三・九	二四・二	二三・三	二三・六	二三・四	二三・三	一六・三	一三・七	二一・四	一九・一
九月	一二・四	八・五	一三・六	一四・二	一四・六	一三・八	一五・五	一五・一	一六・四	一六・二	一五・六	一八・五	一八・三	一八・二	二三・七	二〇・五	二〇・一	一九・五	一八・八	一一・一	九・六	一六・三	一一・四
十月	五・四	〇・一	七・〇	六・五	八・二	六・三	九・六	七・四	一〇・〇	八・六	八・二	一二・三	一二・二	一三・一	一九・八	一四・六	一四・五	一二・七	一二・四	三・九	三・一	九・九	三・六
十一月	(一)二・九	(一)八・七	(一)〇・四	(一)一・六	一・三	(一)一・五	三・六	〇・二	二・三	二・〇	二・四	六・一	六・〇	八・五	一六・九	八・九	九・六	六・九	六・三	(一)一・三	(一)四・〇	一・四	(一)六・〇
十二月	(一)九・八	(一)二三・二	(一)七・三	(一)一〇・一	(一)五・一	(一)九・七	(一)二・二	(一)六・四	(一)四・六	(一)三・七	(一)三・一	〇・六	〇・三	四・四	一三・九	四・〇	五・一	二・四	〇・八	(一)七・八	(一)一〇・九	(一)五・六	(一)一五・二
年	二・五	(一)二・八	四・一	四・二	六・〇	四・三	七・六	六・一	七・二	七・五	七・四	一〇・〇	九・七	一二・二	一八・四	一二・四	一二・二	一〇・八	九・九	一・九	(一)一・〇	六・六	一・六

降水量（粍）

地名	一月	二月	三月	四月	五月	六月	七月	八月	九月	十月	十一月	十二月	年
雄基	五・四	七・四	二〇・六	二七・二	二〇・八	一〇六・八	三三・〇	一四〇・〇	一一九・五	六五・〇	二四・〇	九・〇	七三一・七
中江鎮	二一・八	九・三	二二・七	二七・二	八三・九	一二六・八	一八〇・九	一六六・六	八五・六	四五・五	二一・〇	一八・三	八〇六・五
城津	二三・一	一五・三	二二・五	三〇・八	九九・八	七一・二	一〇八・一	一四〇・六	一〇八・五	四四・三	四三・八	二八・〇	七〇七・八
新義州	七・三	七・八	一九・六	五三・二	九六・〇	一二三・三	二七三・七	二四〇・九	一三三・四	五〇・三	二四・九	一八・九	一〇三二・二
元山	三〇・四	三五・一	四〇・六	七二・五	八八・八	一四〇・五	二四〇・四	三二八・五	一七七・九	七六・一	六五・九	三九・八	一三三九・五
平壤	一四・五	一二・三	三三・七	四七・六	七〇・三	七八・六	二四〇・七	二一九・八	一一四・三	四五・〇	四〇・三	二二・三	九三〇・一
江陵	五〇・四	六〇・五	六二・九	八一・九	四〇・七	九七・九	三八八・六	二三〇・一	一三三・九	七三・七	六五・五	五三・三	一二六一・四
京城	三三・六	二二・九	三八・五	七八・三	八九・一	一三三・八	三九二・一	二五六・四	一二七・〇	四三・〇	四四・七	六・七	一二四〇・一
仁川	一八・九	一八・七	三〇・〇	六六・四	八〇・三	九七・八	二〇三・六	二五五・三	一三一・五	四三・三	四〇・八	二七・四	一〇五四・九
大邱	二二・五	二五・三	三三・六	七六・〇	五四・六	一二八・二	二一〇・一	一七〇・〇	一三七・五	四〇・八	三〇・七	三二・七	九七三・九
全州	三六・二	三三・五	四〇・四	八六・八	七六・三	一二三・一	二九九・四	二五一・九	一二〇・三	五五・七	四七・四	四三・五	一二九九・三
釜山	四三・八	三六・四	六八・一	一三六・八	一三〇・七	二〇〇・三	三五〇・〇	一八二・二	一三三・九	五四・五	四一・八	三〇・八	一四五一・三
木浦	三六・〇	三七・六	四二・三	九一・一	八九・六	一四二・四	二〇五・五	一七一・四	一二九・八	五七・六	四四・八	三七・六	一〇七三・七
濟州	三六・八	七一・三	六三・〇	七七・七	七二・九	一五三・九	一九五・〇	二六八・六	二三九・六	八四・八	六四・〇	八四・六	一三八二・二
臺北	八〇・八	一四〇・〇	一八八・三	一六〇・三	三二・六	二九三・五	三二七・五	三五一・五	二四〇・一	一二八・九	六二・六	七三・九	二一八・一
鹿兒島	七二・九	一〇〇・七	一五三・九	二二二・二	二二四・三	三九五・五	二九〇・五	一八九・五	二二六・七	一二三・四	九一・五	八〇・三	二三五六・四
下關	六六・七	七六・三	一二〇・八	一四五・三	一四一・三	二三五・一	二四七・七	一一七・四	一九九・一	一〇六・三	七三・五	四二・一	一六一五・四
大阪	四三・三	五〇・七	九五・五	一三六・三	一四二・一	一九二・三	一五三・一	一〇四・九	一七七・一	一二三・九	七六・一	四〇・八	一二四一・一
東京	五〇・四	二三・〇	一〇七・九	一二三・〇	一四九・八	一六六・九	一三三・四	一五三・三	二三七・八	一九九・九	九八・四	三六・六	一五六二・五
札幌	八六・三	七二・三	六二・九	五三・五	六七・二	六二・七	八四・二	一〇八・八	一五三・四	一二三・六	一〇六・八	九六・三	一〇五六・六
大泊	二八・七	一八・九	三〇・六	四〇・九	七二・三	六九・八	九〇・五	九四・四	一〇六・九	八一・六	六〇・〇	三七・七	七四二・一
大連	一〇・三	七・六	一五・六	二四・〇	四〇・九	四六・九	一六〇・九	一二五・三	八九・〇	三〇・八	二四・〇	一三・〇	五九二・二
奉天	四・七	五・九	一七・八	二八・六	六四・四	九六・〇	一六〇・九	一六二・九	七九・八	四一・三	二三・七	八・八	六九四・七

平均風速度及平均濕度

地名	中江鎭	新義州	元山	江陵	京城	仁川	全州	釜山	木浦	臺北	鹿兒島	下關	大阪	東京	札幌	大泊	大連
平均風速度（每秒米）																	
一月	○·六	三·三	三·○	四·四	二·六	四·三	一·六	四·五	五·三	三·四	三·一	五·○	三·一	二·七	三·○	四·七	四·七
二月	○·九	三·四	二·七	三·六	二·八	四·四	一·七	四·四	五·四	三·三	三·三	四·七	三·○	三·一	三·○	四·四	四·八
三月	一·五	三·三	二·八	三·四	三·四	四·九	二·○	四·七	五·四	三·五	三·三	四·九	三·○	三·三	三·五	四·八	五·三
四月	二·二	三·三	二·七	三·三	三·五	四·四	一·九	四·九	四·四	三·一	三·一	四·八	二·八	三·三	四·二	四·六	五·六
五月	二·○	二·九	二·六	二·七	三·三	三·九	一·七	四·一	三·八	二·九	二·九	四·六	二·六	三·○	四·一	四·三	五·三
六月	一·六	二·四	二·三	二·○	二·九	三·三	一·五	四·一	三·三	二·三	二·七	四·六	二·六	二·七	三·五	三·八	四·五
七月	一·三	二·三	二·三	一·八	二·七	三·六	一·五	四·六	三·八	二·五	二·八	四·三	二·六	二·七	三·○	三·五	四·三
八月	一·二	二·三	二·三	一·七	二·七	三·四	一·三	四·二	三·四	二·八	三·○	四·七	二·六	二·七	二·九	三·五	三·七
九月	一·二	二·五	二·四	二·一	二·五	三·四	一·三	四·四	三·六	三·一	二·九	三·八	二·五	二·七	二·六	四·二	四·一
十月	一·三	二·八	二·六	二·七	二·三	三·五	一·三	三·九	三·七	三·六	二·九	三·六	二·三	二·五	二·六	五·一	四·七
十一月	一·三	三·三	二·八	三·四	二·五	四·三	一·四	三·八	四·五	三·九	二·九	四·一	二·五	二·四	三·○	五·七	五·二
十二月	○·九	三·三	二·九	四·一	二·四	四·三	一·五	四·四	四·九	三·七	二·九	四·九	三·○	二·五	二·九	五·三	四·九
年	一·三	二·九	二·六	二·九	二·八	四·○	一·五	四·三	四·三	三·三	三·○	四·五	二·七	二·八	三·三	四·五	四·八
平均濕度（百分率）																	
一月	八二	六七	五三	五二	六六	六七	七三	五○	七一	八四	七三	六八	七一	六三	七九	八一	六三
二月	七七	六三	五七	五九	六三	六六	七三	五二	七○	八四	七二	六九	七一	六二	七九	八○	六二
三月	六八	六五	五八	六一	六二	六六	七○	五七	七○	八四	七三	七一	七一	六六	七五	八○	五九
四月	六一	六六	六二	六二	六四	七○	七○	六六	七四	八三	七六	七五	七二	七二	七二	八○	五七
五月	六四	七○	六八	六六	六八	七四	七三	七一	七六	八二	七七	七七	七三	七六	七四	八二	六一
六月	七三	七八	七六	七三	七一	七九	七四	七八	八一	八一	八二	八三	七六	八○	八一	八七	七一
七月	八○	八五	八二	七九	八○	八五	八○	八三	八六	七八	八一	八四	七七	八二	八四	八九	八三
八月	八一	八一	八三	八一	七六	八一	八○	七九	八二	七八	八○	八○	七五	八一	八四	八八	八○
九月	八一	七六	七五	七六	七三	七四	七八	七三	七七	八○	七九	七九	七七	八二	八三	八五	七○
十月	七三	七三	六七	六七	七○	六九	七六	六五	七三	八一	七五	七四	七六	七九	八○	七九	六四
十一月	七三	六九	五八	五九	七○	六七	七六	五九	七二	八一	七五	七二	七五	七三	七七	七六	六一
十二月	八○	六九	五二	五四	六七	六六	七六	五三	七一	八三	七五	六九	七二	六七	七七	七九	六一
年	七四	七二	六六	六六	六九	七二	七五	六五	七五	八二	七七	七五	七四	七四	七九	八二	六六

氣温風速降水量ノ極數

地名	最高氣温		最低氣温		最大風速度		最大降水日量		最大降水年量	
中江鎮	三八・〇	大正一三年八月六日	(一)四三・六	昭和八年一月一二日	一五・八	大正一三年二月一六日	九九・八	昭和四年七月二二日	一〇九五・八	昭和二年
新義州	三六・九	昭和一四年七月二〇日	(一)二七・七	昭和一三年一月二二日	二〇・二	昭和六年二月二一日	一八三・三	昭和六年八月二六日	一三五九・八	昭和九年
元山	三九・六	明治三九年七月二〇日	(一)二一・九	大正四年一月一三日	二六・〇	昭和五年七月一五日	二四三・〇	明治四五年八月一三日	二〇二九・三	大正一一年
江陵	三八・五	昭和一四年七月二〇日	(一)二〇・二	大正四年一月一二日	二五・二	昭和一三年一月一八日	三〇五・五	大正一〇年七月二三日	一九〇六・八	大正一四年
京城	三八・二	昭和一四年七月二〇日	(一)二三・一	昭和二年一月一四日	一六・七	昭和八年五月一四日	三五四・七	大正九年八月二日	二一三五・一	昭和一五年
仁川	三七・四	昭和一四年八月三日	(一)二一・〇	昭和六年一月一二日	三三・八	大正八年九月三日	三四七・五	大正一二年八月一三日	一八五五・九	昭和一五年
全州	三八・二	昭和一四年七月二一日	(一)一七・一	昭和八年一月一六日	一七・四	大正一二年二月一三日	二〇四・六	昭和一二年八月一五日	一七六〇・八	昭和五年
釜山	三五・三	昭和四年八月一日	(一)一四・〇	大正四年一月一三日	三一・四	昭和一二年八月二八日	二五〇・九	明治四三年七月一七日	二〇四七・三	明治三八年
木浦	三七・〇	大正一三年八月一八日	(一)一四・二	大正四年一月一三日	三九・五	昭和一五年七月一五日	二〇〇・一	明治四四年七月一五日	一七四三・八	大正五年
臺北	三八・六	大正一〇年七月二一日	(一)〇・二	明治三四年二月一三日	三一・三	明治三三年八月一六日	三五八・九	昭和五年七月二六日	二七六九・二	明治三一年
鹿兒島	三六・二	明治三六年七月二六日	(一)六・七	大正一二年一月一六日	四九・六	明治三三年八月一五日	三〇五・七	大正六年七月一六日	三三五〇・六	明治三八年
下關	三五・九	明治三一年八月二二日	(一)六・五	明治三四年一月一三日	三〇・七	明治三六年七月一四日	三三六・七	明治三七年六月一四日	二五八五・四	大正一二年
大阪	三七・六	明治四三年八月四日	(一)七・一	明治三四年一月二四日	四二・〇	昭和九年九月二一日	一八三・二	昭和一〇年八月一四日	一八九九・〇	明治三六年
東京	三六・六	明治三九年七月二〇日	(一)八・六	昭和二年一月二四日	三一・〇	昭和一三年九月一日	二七八・三	昭和一三年六月二九日	二二三九・六	明治一九年
札幌	三五・五	大正一三年七月二一日	(一)二八・五	昭和四年二月一日	二八・八	明治四五年一月二九日	一三九・六	昭和二年九月二〇日	一三六二・七	明治三二年
大泊	三〇・四	昭和三年八月一九日	(一)三三・七	明治四三年一月二〇日	三七・一	大正一四年一一月一三日	八三・七	大正四年八月一二日	九九七・五	大正四年
大連	三六・一	昭和一四年七月二一日	(一)一九・九	昭和六年一月一〇日	—	—	一八九・六	大正九年七月一四日	一一二四・九	大正三年
奉天	三九・三	大正九年六月二〇日	(一)三二・九	明治四一年一月二三日	二三・三	昭和一五年五月一四日	一四八・七	明治四四年八月一一日	一〇四四・九	大正一二年

昭和十七年

水稻便覽

項目＼地方	北部	中部	南部
選種及浸種	四月下旬前半	四月中旬後半	四月下旬後半
苗代ノ整地及施肥	四月中旬後半	四月下旬前半	五月上旬前半
種籾鹽水選及消毒	四月中旬後半	四月下旬前半	五月上旬前半
播種	四月下旬前半	四月下旬後半	五月上旬後半
苗代病害蟲防除	五月下旬	六月上旬	六月上旬
綠肥作物收穫	五月中下旬乃至六月上旬	五月下旬乃至六月上旬前半	五月下旬乃至六月上旬前半
裏作大麥收穫	—	六月中旬後半 六月下旬前半	六月下旬前半
本田整地及施肥（一毛作）	五月下旬後半	六月上旬前半	六月上旬後半
本田整地及施肥（二毛作）	—	六月下旬前半	六月下旬前半
挿秧（一毛作）	六月上旬	六月上旬乃至中旬前半	六月中旬
挿秧（二毛作）	—	六月下旬前半	六月下旬前半
中耕除草	六月中旬乃至八月上旬	六月下旬乃至八月上旬	六月下旬乃至八月中旬
追肥（硫安等ノ如キ速效性肥料）	六月下旬後半	七月上旬前半	七月上旬後半
病害蟲防除	七月上旬乃至八月下旬	六月中旬乃至九月上旬	六月中旬乃至九月中旬
稗拔	八月下旬	九月上旬	九月中旬
落水	九月上旬	九月中旬	九月下旬
綠肥作物播種	八月下旬乃至九月上旬	九月上旬乃至中旬前半	九月上旬乃至九月中旬
收穫	九月下旬乃至十月上旬	十月中旬	十月下旬
乾燥	十月上旬	十月下旬	十一月上旬
裏作大麥播種	—	十月上旬乃至中旬前半	十月下旬
調製	十月中旬	十一月上旬	十一月中旬
畓秋耕	十月中旬乃至十月下旬	十月下旬	十一月上旬乃至十一月中旬
收穫物ノ整理	十一月中旬	十一月下旬	十二月上旬
農具整理	十二月乃至三月	十二月乃至三月	十二月乃至三月
繩叺製造	十二月乃至三月	十二月乃至三月	十二月乃至三月

三六

昭和十七年

水産動植物ノ採捕禁止一覽

（朝鮮漁業保護取締規則ニ據ル）

種類／區域	[illegible]
咸北	[illegible]
咸南	[illegible]
江原	[illegible]
慶北	[illegible]
慶南	[illegible]
全南	[illegible]
全北	[illegible]
忠南	[illegible]
忠北	[illegible]
京畿	[illegible]
黃海	[illegible]
平南	[illegible]
平北	[illegible]

三七

漁業便覧

朝鮮産重要水産物名	主要漁場	漁期 北部	漁期 中部	漁期 南部	主要漁具
まいわし（정어리）	咸鏡北南道、江原道、慶尚北南道沿海	自五月至十二月	自四月至翌年一月	自十一月至翌年八月	機船巾着網、流網、大敷網、角網、地曳網
さば（고등어）	咸鏡北南道、江原道、慶尚北南道、全羅北南道沿海	自五月至十一月	自五月至翌年二月	周年	機船巾着網、流網、延縄、一本釣、定置
かたくちいわし（멸치）	江原道、慶尚北南道、全羅南道沿海	自六月至十月	自五月至十一月	自四月至十二月	地曳網、焚寄網、揮羅網、權現網、船曳網
めんたい（명태）	咸鏡北南道、江原道沿海	自八月至翌年五月	自九月至翌年四月	―	機船底曳網、延縄、刺網、底角網、忽致網
ぐち（조기）	平安北南道、黄海道、京畿道、忠清南道、全羅北南道沿海	自四月至十月	自四月至十一月	自三月至十二月	鮟鱇網、魚箭、柱木網、機船底曳網
にしん（청어）	咸鏡北南道、江原道、慶尚北道沿海	自十月至翌年五月	自十二月至翌年四月	自九月至翌年六月	壺網、角網、刺網、挙網、揮羅網、落網、機船巾着網、機船底曳網
たちうを（갈치）	平安北南道、黄海道、京畿道、忠清南道、全羅北南道、慶尚北南道沿海	自六月至十一月	自五月至十一月	自四月至十二月	鮟鱇網、柱木網、魚箭、延縄、壺網、大敷網、一本釣、臺網、角網、小臺網、船曳網、[illegible]網
えび（새우）	平安北南道、黄海道、京畿道、忠清南道、全羅北南道、慶尚北南道、江原道沿海	自三月至十月	自七月至十二月	周年	鰕船網、柱木網、魚箭、弓船網、鮟鱇網、曳網、打瀬網、手繰網、叉手網、蝦籠、囊網
あじ	忠清南道、全羅北南道、慶尚北南道沿海	―	自五月至九月	周年	機船巾着網、流網、延縄、一本釣
たら（대구）	咸鏡北南道、江原道、慶尚北南道、黄海道、忠清南道、全羅北道沿海	自二月至十二月	自九月至翌年六月	自十二月至翌年四月	延縄、壺網、角網、機船底曳網、小臺網、防簾
たい（도미）	忠清南道、全羅北南道、慶尚北南道沿海	―	自三月至十一月	自三月至十二月	延縄、一本釣
かれい（가자미）	全沿海	周年	周年	周年	打瀬網、忽致網、壺網、機船底曳網
さわら（삼치）	江原道、慶尚北南道、全羅南道、忠清南道、黄海道沿海	―	自五月至十二月	周年	流網、大敷網、角網、曳釣、小臺網、地曳網、魚箭
にべ（민어）	平安北南道、黄海道、京畿道、忠清南道、全羅北南道、慶尚北南道沿海	自五月至十月	自五月至十一月	自三月至十一月	鮟鱇網、延縄、柱木網
ひらめ（넙치）	全沿海	自三月至十月	自四月至十二月	周年	鮟鱇網、機船底曳網、曳釣、延縄
あなご（붕장어）	平安南道、京畿道、忠清南道、全羅北南道、慶尚北南道沿海	自四月至九月	自六月至十一月	周年	延縄、打瀬網、手繰網、一本釣、筌

魚名	漁場	北部	中部	南部	漁具
は 鱧 も	黄海道、京畿道、忠清南道、全羅北南道、慶尚北南道沿海		自五月至十月	自五月至十一月	延縄、打瀬網、機船底曳網
ふ 鱶 か	全沿海	自三月至十一月	自三月至十一月	周年	機船底曳網、延縄、打瀬網

林業便覧

項目／地方	北部	中部	南部
苗圃ノ基肥、播種、植替	三月下旬乃至四月下旬	三月下旬乃至四月上旬	三月
植樹、生籬造成	四月中旬乃至五月下旬	三月下旬乃至四月中旬	三月中旬乃至四月上旬
記念植樹	四月十日前後	四月三日	四月三日
植栽地手入	五月乃至八月	五月乃至八月	五月乃至八月
山菜採取	五月、六月	四月、五月	三月、四月
松栢採取	六月乃至九月	五月乃至十月	五月乃至十月
ぬるでまき樹皮採取	五月乃至九月	五月乃至九月	五月乃至九月
やまならし樹皮採取	六月	五月	五月
病蟲害驅除	周年	周年	周年
苗圃日覆及追肥	五月乃至八月	五月乃至八月	五月乃至八月
桑皮採取	六月乃至十月	六月乃至十月	六月乃至十月
椎茸松茸等菌蕈ノ採取	七月乃至十月	九月、十月	九月、十月
野生藥草採取	五月、八月	四月、九月	三、四月乃至九月、十月
やしやぶし及びやまはんの木等種實採取	—	七月、八月	七月、八月
萩及葛莖皮剝取	八月	七月、八月	七月、八月
五倍子ノ採取	九月中、下旬	九月上、中旬	九月上、中旬
栗、胡桃其他ノ種實採取	九月、十月	九月、十月	十月、十一月
温突改造	九月、十月	九月、十月	九月、十月
伐竹	—	十月	十月
種子ノ貯藏	十月乃至十一月	十月乃至十一月	十一月
栗蟲繭ノ採取	十月乃至十二月	十月乃至十二月	十月乃至十二月
苗ノ霜除	十一月	十一月	十二月
製炭	十月乃至三月	十一月乃至三月	十一月乃至三月
炭俵作リ、萩細工	十一月乃至二月	十一月乃至二月	十一月乃至二月
山火注意	一年中ナルモ特ニ四、五、六、九月	一年中ナルモ特ニ三、四、五、九、十月	一年中ナルモ特ニ三、四、五、九、十月

昭和十七年　三九

昭和十七年

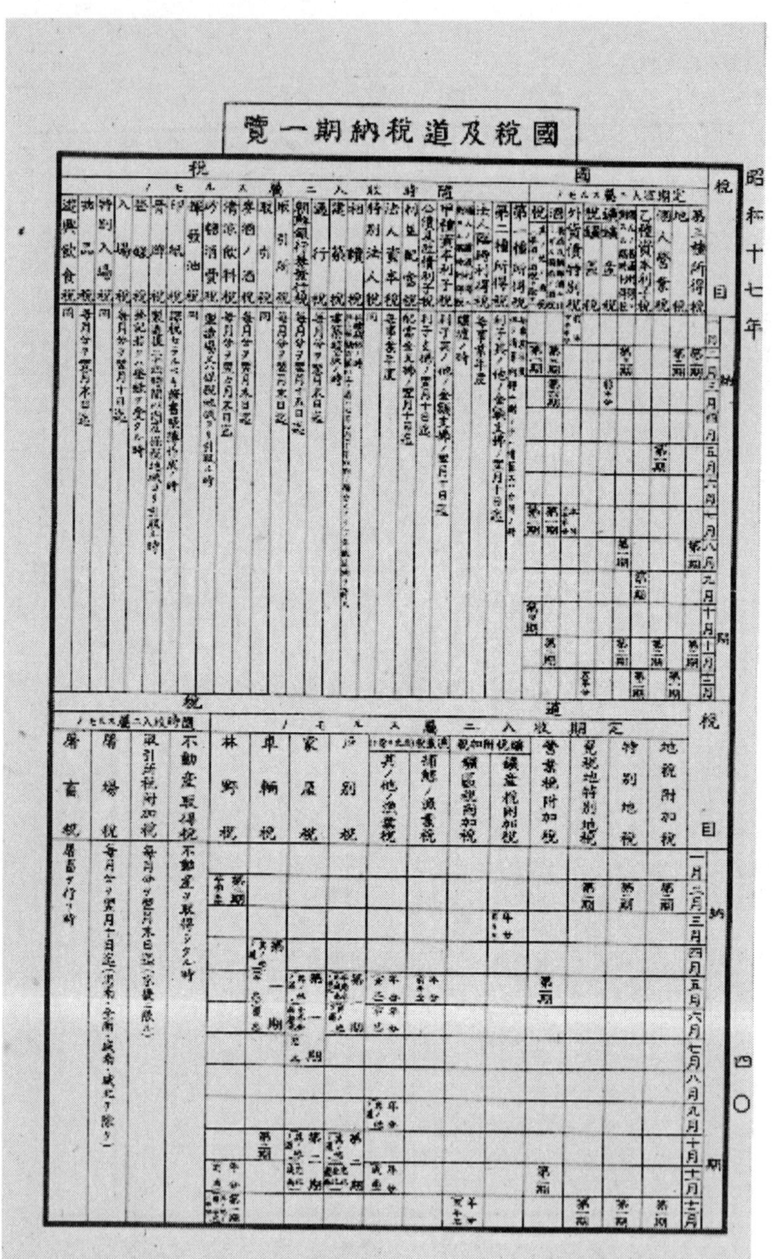

國税及道税納期一覽

國税

定期收入ニ屬スルモノ

税目	納期
第三種所得税	第一期・第二期・第三期・第四期
地租	第一期・第二期
個人營業税	第一期・第二期
乙種資本利子税	[illegible]
[illegible]	第一期・第二期
鑛區税	[illegible]
鑛産税	[illegible]
外貨債特別税	[illegible]
[illegible]	第一期・第二期
税[illegible]	第一期・第二期・第三期

隨時收入ニ屬スルモノ

税目	納期
第一種所得税	[illegible]
第二種所得税	利子其ノ他ノ金額支拂ノ翌月十日迄
法人臨時利得税	各事業年度
[illegible]	讓渡ノ時
甲種資本利子税	利子其ノ他ノ金額支拂ノ翌月十日迄
公債及社債利子税	利子支拂ノ翌月十日迄
利益配當税	配當金支拂ノ翌月十日迄
法人資本税	各事業年度
特別法人税	同
相續税	[illegible]
登錄税	登錄ヲ受クル時
通行税	毎月分ヲ翌月末日迄
朝鮮銀行券發行税	毎月分ヲ翌月末日迄
取引所税	毎月分ヲ翌月末日迄
取引税	同
麥酒ノ酒税	毎月分ヲ翌月末日迄
清涼飲料税	毎月分ヲ翌月末日迄
砂糖消費税	製造場又ハ保税地域ヨリ引取ル時
揮發油税	同
印紙税	課税セラルベキ證書帳簿作成ノ時
骨牌税	製造場又ハ保税地域ヨリ引取ル時
[illegible]税	[illegible]
入場税	毎月分ヲ翌月十日迄
特別入場税	同
物品税	毎月分ヲ翌月末日迄
遊興飲食税	同

道税

定期收入ニ屬スルモノ

税目	納期
地税附加税	第一期・第二期
特別地税	第一期・第二期
免税地特別地税	第一期・第二期
營業税附加税	第一期・第二期
鑛産税附加税	[illegible]
鑛區税附加税	[illegible]
漁業税 捕鯨ノ漁業税	[illegible]
漁業税 其ノ他ノ漁業税	[illegible]
戶別税	第一期・第二期
家屋税	第一期・第二期
車輛税	第一期・第二期
林野税	第一期・第二期

隨時收入ニ屬スルモノ

税目	納期
不動産取得税	不動産ヲ取得シタル時
取引所税附加税	毎月分ヲ翌月末日迄（京城ニ限ル）
屠場税	毎月分ヲ翌月十日迄（京畿・全南・咸南・咸北ヲ除ク）
屠畜税	屠畜ヲ行フ時

四〇

昭和十六年十一月二十二日 印刷
昭和十六年十一月二十五日 發行 定價金拾貳錢

發行者 朝鮮總督府

京城府大島町三十八番地
印刷兼發賣所 朝鮮書籍印刷株式會社

16　昭和十八年略暦（1943）

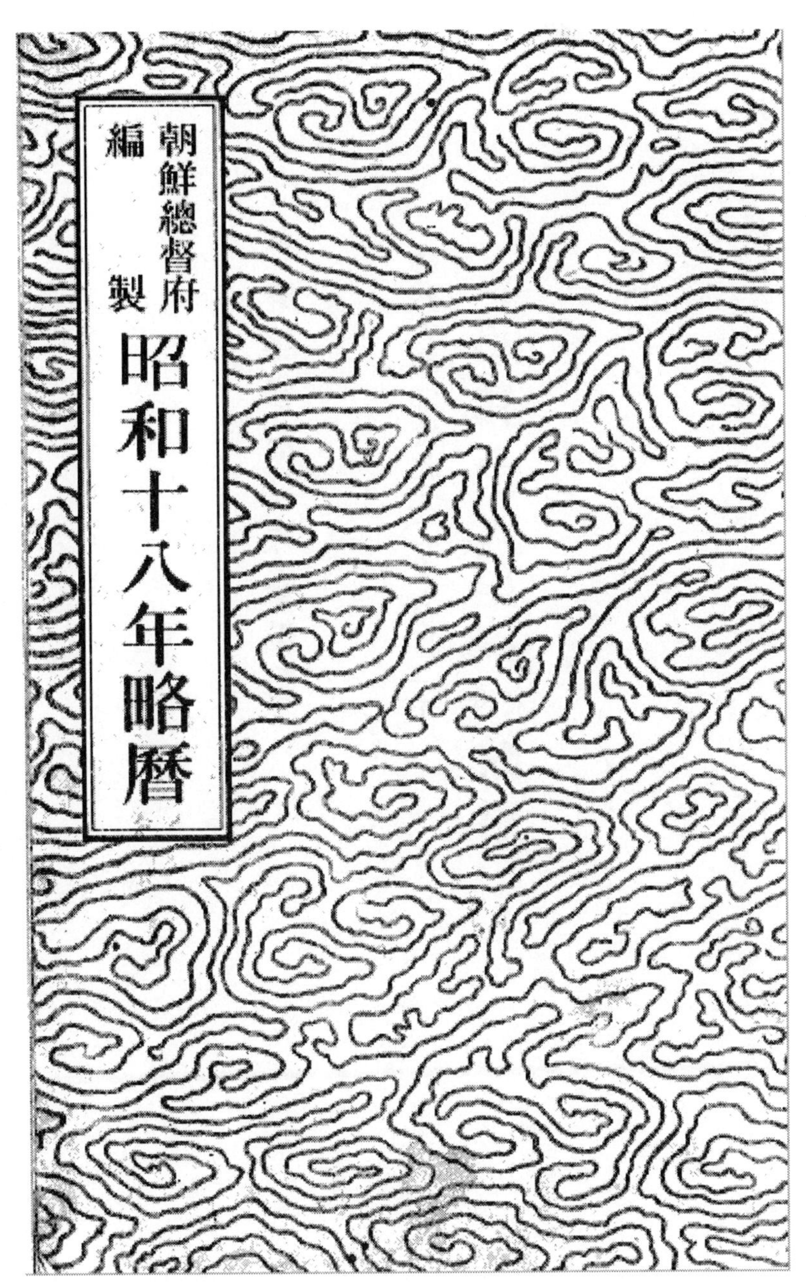

 16. 昭和十八年略曆(1943)

朝鮮總督府氣象臺編纂

神武天皇卽位紀元二千六百三年

昭和十八年 平年 癸未 略曆

祝祭日	
四方拜	一月一日
元始祭	一月三日
新年宴會	一月五日
紀元節	二月十一日
春季皇靈祭	三月二十一日
神武天皇祭	四月三日
天長節	四月二十九日
秋季皇靈祭	九月二十四日
神嘗祭	十月十七日
明治節	十一月三日
新嘗祭	十一月二十三日
大正天皇祭	十二月二十五日

凡例

本略暦ニ掲載スル時刻ハ本邦中央標準時ヲ用フ

月ノ出入ハ仁川ニ於ケル値ナリ

月齢ハ朔ヨリ當日正午迄ノ日數ナリ

滿干潮時ハ仁川港ニ於ケル値ニシテ鮮内主要港ニ於ケル値ハ次ノ時間ヲ加減シテ概略ヲ知ルヲ得ベシ

港	時分	港	時分	港	時分
多獅島	四・四〇加	鎭南浦	四・二〇加	龍岩浦	三・三〇加
群山	一・五〇減	木浦	滿潮二・二五減 干潮三・三〇減	麗水	八・五〇減
釜山	三・三〇加	濟州（禾北里）	七・[illegible]五減	迎日灣	〇・三五減
元山	一・三〇減	城津	一・四五減	雄基	一・四〇減

本略暦ハ簡單ニ記載シアルヲ以テ詳細ハ朝鮮總督府氣象臺編纂ノ日用便覽ニツキ見ルベシ

一月大 三十一日

日	曜	干支	記事	月齢	月出	月入	満潮 前	満潮 後	干潮 前	干潮 後
一日	金	己未	四方拜	二四	前一・三三	後一・一九	—	後〇・〇	前五・二〇	後五・五〇
二日	土	庚申		二五	前二・三五	後一・五六	前〇・二〇	後一・〇	前六・四五	後七・四〇
三日	日	辛酉	元始祭	二六	前三・四二	後二・三八	前一・一五	後二・一五	前八・五	後八・五〇
四日	月	壬戌	御用始	二七	前四・五〇	後三・二五	前二・三五	後三・三五	前九・一五	後九・五五
五日	火	癸亥	新年宴會	二八	前五・五九	後四・二〇	前三・五〇	後四・二五	前一〇・〇	後一〇・四五
六日	水	甲子	小寒、朔 後九時三十七分	二九	前七・六	後五・二二	前四・三〇	後五・一五	前一〇・五五	後一一・三五
七日	木	乙丑		一	前八・七	後六・二九	前五・一五	後六・一〇	前一一・四〇	—
八日	金	丙寅	大詔奉戴日	二	前九・二	後七・四〇	前六・一五	後七・〇	前〇・一五	後〇・二〇
九日	土	丁卯		三	前九・四九	後八・五〇	前七・五	後七・四〇	前〇・五〇	後一・〇
十日	日	戊辰		四	前一〇・三一	後九・五八	前七・四五	後八・三五	前一・三五	後一・四五
十一日	月	己巳		五	前一一・九	後一一・四	前八・三〇	後九・五	前二・五	後二・二〇
十二日	火	庚午		六	前一一・四三	—	前九・二〇	後九・五〇	前二・五五	後三・一〇
十三日	水	辛未	上弦 後四時四十九分	七	後〇・一六	前〇・六	前一〇・一五	後一〇・四〇	前三・四〇	後三・五五
十四日	木	壬申		八	後〇・四九	前一・七	前一一・五	後一一・三〇	前四・三〇	後五・〇

昭和十八年

日	曜	干支		旧			
十五日	金	癸酉		九	後一・三三 前二・六	後〇・一五	前五・四五 後六・三〇
十六日	土	甲戌		一〇	後一・五八 前三・三	前〇・三〇 後一・一五	前七・五 後七・五〇
十七日	日	乙亥		一一	後二・三六 前三・五八	前一・三〇 後二・二五	前八・一〇 後八・五五
十八日	月	丙子	土用	一二	後三・一八 前四・五二	前二・三五 後三・三〇	前九・一五 後一〇・〇
十九日	火	丁丑		一三	後四・三 前五・四四	前三・四〇 後四・三〇	前一〇・〇 後一〇・三五
二十日	水	戊寅		一四	後四・三一 前六・三二	前四・三〇 後五・一五	前一〇・四五 後一一・二〇
二十一日	木	己卯	大寒、望 後七時四十八分	一五	後五・四三 前七・一七	前五・一〇 後五・四五	前一一・一五 後一一・五五
二十二日	金	庚辰		一六	後六・三六 前七・五八	前五・五〇 後六・二五	前一一・五〇
二十三日	土	辛巳		一七	後七・三二 前八・三六	前六・一五 後六・五〇	前〇・二〇 後〇・二五
二十四日	日	壬午		一八	後八・三八 前九・一二	前六・五〇 後七・二〇	前〇・五五 後一・〇
二十五日	月	癸未	臘	一九	後九・二五 前九・四五	前七・二〇 後七・四五	前一・二〇 後一・二五
二十六日	火	甲申		二〇	後一〇・三三 前一〇・一六	前七・五五 後八・二五	前一・五〇 後二・〇
二十七日	水	乙酉		二一	後一一・二三 前一〇・四八	前八・四〇 後九・〇	前二・二〇 後二・四〇
二十八日	木	丙戌		二二	前一一・三〇	前九・三〇 後九・四五	前三・五 後三・二〇
二十九日	金	丁亥	下弦 後五時十三分	二三	前〇・二三 前一一・五五	前一〇・一五 後一〇・四〇	前三・四五 後四・五
三十日	土	戊子		二四	前一・二六 後〇・三二	前一一・二〇 後一一・四五	前四・四〇 後五・二〇
三十一日	日	己丑		二五	前二・三一 後一・一五	後〇・三〇	前五・五〇 後七・〇

三

二月　平　二十八日

日	曜	干支	記事	月齢	月出 月入	満潮	干潮
一日	月	庚寅		二六	前三・三八 後二・一四	前○・四五 後一・四○	前七・三○ 後八・三○
二日	火	辛卯		二七	前四・四三 後三・一○	前二・一五 後三・一五	前八・五○ 後九・四五
三日	水	壬辰		二八	前五・四六 後四・一四	前三・一五 後四・一○	前九・五○ 後一○・三○
四日	木	癸巳	節分	二九	前六・四四 後五・一二	前四・二五 後五・一五	前一○・四五 後一一・一五
五日	金	甲午	立春、朔 前八時二十九分	○	前七・三六 後六・二三	前五・一五 後六・一○	前一一・三五
六日	土	乙未		一	前八・二一 後七・三四	前六・一○ 後六・四五	前○・一○ 後○・一○
七日	日	丙申		二	前九・一二 後八・四三	前六・五○ 後七・一五	前○・三五 後○・五○
八日	月	丁酉	大詔奉戴日	三	前九・三九 後九・五○	前七・三五 後八・一五	前一・一五 後一・三○
九日	火	戊戌		四	前一○・一四 後一○・五三	前八・一○ 後八・四○	前一・五○ 後二・一五
十日	水	己亥		五	前一○・四八 後一一・五五	前九・一○ 後九・三○	前二・三○ 後二・四五
十一日	木	庚子	紀元節	六	前一一・三二	前九・四○ 後一○・一○	前三・一五 後三・二○
十二日	金	辛丑	上弦 前九時四十分	七	後一一・五八 前○・五四	前一○・三○ 後一○・四五	前三・四五 後四・一五
十三日	土	壬寅		八	後○・三五 前一・五一	前一一・二五 後一一・四○	前四・四○ 後五・一五
十四日	日	癸卯		九	後一・一六 前二・四六	後○・三○	前五・四五 後七・一○

日	曜	干支	記事	旧暦	潮	潮	潮
十五日	月	甲辰		一〇	前三・三六 後一・五九	前〇・四五 後一・三五	前七・二五 後八・二〇
十六日	火	乙巳		一一	前四・三八 後二・四七	前一・五〇 後二・五五	前八・四〇 後九・二五
十七日	水	丙午		一二	前五・一四 後三・五七	前三・〇 後三・五〇	前九・三〇 後一〇・一五
十八日	木	丁未		一三	前五・五七 後四・三〇	前四・五 後四・四五	前一〇・二〇 後一〇・五五
十九日	金	戊申	雨水	一四	前六・三六 後五・二五	前四・四五 後五・二五	前一〇・五五 後一一・二五
二十日	土	己酉	望 後三時四十五分	一五	前七・一二 後六・二二	前五・二五 後六・〇	前一一・四〇
二十一日	日	庚戌		一六	前七・四六 後七・一九	前六・五 後六・三〇	前〇・五 後〇・一〇
二十二日	月	辛亥		一七	前八・一九 後八・一七	前六・四〇 後七・〇	前〇・三五 後〇・四五
二十三日	火	壬子		一八	前八・五一 後九・一七	前七・九 後七・三五	前一・〇 後一・一五
二十四日	水	癸丑		一九	前九・二三 後一〇・一七	前七・四〇 後七・五五	前一・三〇 後一・四六
二十五日	木	甲寅		二〇	前九・五六 後一一・一九	前八・五 後八・二五	前一・五五 後二・一五
二十六日	金	乙卯		二一	前一〇・三二	前八・五五 後九・一〇	前二・三五 後二・五五
二十七日	土	丙辰		二二	前〇・三二 前一一・一二	前九・五〇 後一〇・五	前三・一五 後三・四五
二十八日	日	丁巳	下弦 前三時二十二分	二五	前一・二六 後一一・五八	前一〇・五〇 後一一・一〇	前四・五 後四・四五

三月大 三十一日

日	曜	干支	記事	月節	月出	月入	満潮 前	満潮 後	干潮 前	干潮 後
一日	月	戊午		二四	前二・三〇	後〇・四九		〇・五	五・一五	六・二五
二日	火	己未		二五	前三・三二	後一・四七	〇・二五	一・二五	七・〇	八・一五
三日	水	庚申		二六	前四・三〇	後二・五一	一・四五	二・四五	八・三〇	九・二五
四日	木	辛酉		二七	前五・二三	後三・五九	三・一〇	四・五	九・四〇	一〇・二五
五日	金	壬戌		二八	前六・一〇	後五・九	四・一五	四・五五	一〇・三〇	一一・〇
六日	土	癸亥	地久節、驚蟄、朔 後七時三十四分	二九	前六・五三	後六・一九	五・一五	五・四五	一一・一五	一一・四五
七日	日	甲子		一	前七・三二	後七・三七	五・五〇	六・二五	一一・五五	
八日	月	乙丑	大詔奉戴日	二	前八・八	後八・三六	六・四〇	七・五	〇・二〇	〇・四〇
九日	火	丙寅		三	前八・四三	後九・三八	七・一五	七・四〇	〇・五五	一・一〇
十日	水	丁卯	陸軍記念日	四	前九・一八	後一〇・四〇	七・五〇	八・一五	一・三〇	一・五〇
十一日	木	戊辰		五	前九・五四	後一一・三九	八・三〇	八・四五	二・〇	二・三〇
十二日	金	己巳		六	前一〇・三一		九・一〇	九・一五	二・三五	二・五五
十三日	土	庚午		七	前一一・一一	前〇・三六	九・四五	一〇・〇	三・一〇	三・三五
十四日	日	辛未	上弦 前四時三十分	八	前一一・五四	前一・三一	一〇・四五	一〇・四五	三・五〇	四・二〇

十五日	月	壬申	朝鮮神宮祈年祭	九	後○·四○ 前二·二二	前一一·三五 後一一·五五	前四·三五 後五·四○
十六日	火	癸酉		一〇	後一·三○ 前三·○九	後○·四五	前六·○五 後七·四五
十七日	水	甲戌		一一	後二·二二 前三·五三	前一·一○ 後三·一○	前八·○○ 後九·○○
十八日	木	乙亥	彼岸	一二	後三·一六 前四·三四	前二·三○ 後三·一五	前九·一○ 後九·四五
十九日	金	丙子		一三	後四·一二 前五·一一	前三·三○ 後四·一○	前九·五五 後一○·二五
二十日	土	丁丑		一四	後五·一○ 前五·四六	前四·二五 後四·五○	前一○·四○ 後一一·○五
二十一日	日	戊寅	春季皇靈祭、春分 後九時三分 社日	一五	後六·○八 前六·一九	前五·○○ 後五·二○	前一一·一○ 後一一·三○
二十二日	月	己卯	望 前七時八分	一六	後七·○八 前六·五二	前五·四○ 後六·○○	前一一·四五
二十三日	火	庚辰		一七	後八·一○ 前七·二四	前六·一○ 後六·三○	前○·一○ 後○·一五
二十四日	水	辛巳		一八	後九·一二 前七·五七	前六·四五 後七·○○	前○·三五 後○·五○
二十五日	木	壬午		一九	後一○·一六 前八·三三	前七·一五 後七·三○	前一·○五 後一·二○
二十六日	金	癸未		二〇	後一一·二○ 前九·一二	前七·五五 後八·一○	前一·四○ 後二·○○
二十七日	土	甲申		二[illegible]	前九·五五	前八·三○ 後八·四五	前二·一○ 後二·四○
二十八日	日	乙酉		二二	前○·二四 前一○·四五	前九·三○ 後九·四五	前二·五○ 後三·二五
二十九日	月	丙戌	下弦 前十時五十二分	二三	前一·二六 前一一·四○	前一○·二五 後一○·四五	前三·四○ 後四·二○
三十日	火	丁亥		二四	前二·二四 後○·四○	前一一·四五	前四·四五 後六·○○
三十一日	水	戊子		二五	前三·一七 後一·四五	前○·一○ 後一·○五	前六·二五 後七·五五

四月小 三十日

日	曜	干支	記事	月齡	月出	月入	滿潮 前	滿潮 後	干潮 前	干潮 後
一日	木	己丑		二六	前四時四分	後二・五三	一時四五分	二・三五	八時一五分	九・一五
二日	金	庚寅		二七	前四・四七	後四・○	三・○	三・四○	九・二○	一○・○
三日	土	辛卯	神武天皇祭、植樹記念日	二八	前五・三七	後五・八	三・五五	四・三五	一○・一○	一○・四○
四日	日	壬辰		二九	前六・三	後六・一四	四・五○	五・一五	一一・○	一一・二○
五日	月	癸巳	朔 前六時五十三分	○	前六・三八	後七・一九	五・三五	五・五五	一一・三○	一一・五○
六日	火	甲午	清明、寒食	一	前七・一三	後八・二二	六・一五	六・四○		○・一○
七日	水	乙未	愛馬ノ日	二	前七・四八	後九・三四	六・五○	七・一○	○・三○	○・五○
八日	木	丙申	大詔奉戴日	三	前八・三六	後一○・三四	七・二五	七・四○	一・○	一・二○
九日	金	丁酉		四	前九・五	後一一・三○	八・五	八・一五	一・三五	二・○
十日	土	戊戌		五	前九・四七		八・四○	八・四○	二・五	二・三○
十一日	日	己亥		六	前一○・三二	前○・一四	九・○	九・一○	二・三○	二・五五
十二日	月	庚子		七	前一一・三一	前一・三	九・五五	一○・一五	三・一○	三・四五
十三日	火	辛丑	上弦 前○時四分	八	後○・一二	前一・四九	一○・五五	一一・一○	三・五五	四・四五
十四日	水	壬寅		九	後一・五	前二・三一		○・五	五・五	六・三○

日	曜	干支	記事	舊暦			
十五日	木	癸卯		一〇	前 三・〇九 後 二・〇〇	前 〇・三〇 後 一・一五	前 六・五五 後 八・一〇
十六日	金	甲辰		一一	前 三・四五 後 二・五七	前 一・四五 後 二・三〇	前 八・二五 後 九・一〇
十七日	土	乙巳		一二	前 四・一八 後 三・五五	前 二・五五 後 三・一五	前 九・二〇 後 九・五〇
十八日	日	丙午	土用	一三	前 四・五〇 後 四・五五	前 三・四五 後 四・一〇	前 一〇・〇五 後 一〇・三五
十九日	月	丁未		一四	前 五・二三 後 五・五六	前 四・三〇 後 四・五〇	前 一〇・四五 後 一一・〇五
二十日	火	戊申	望 後八時十分	一五	前 五・五六 後 六・五九	前 五・一〇 後 五・二五	前 一一・二〇 後 一一・四〇
二十一日	水	己酉	穀雨	一六	前 六・三一 後 八・〇四	前 五・四五 後 六・〇五	前 ― 後 〇・〇〇
二十二日	木	庚戌		一七	前 七・〇九 後 九・一〇	前 六・三五 後 六・三五	前 〇・一五 後 〇・三五
二十三日	金	辛亥		一八	前 七・五二 後 一〇・一六	前 六・五五 後 七・〇五	前 〇・四五 後 一・〇五
二十四日	土	壬子		一九	前 八・四〇 後 一一・二〇	前 七・三五 後 七・五〇	前 一・一五 後 一・四五
二十五日	日	癸丑		二〇	前 九・三四 ―	前 八・三〇 後 八・三五	前 一・五〇 後 二・三五
二十六日	月	甲寅		二一	前 〇・三〇 前 一〇・三四	前 九・一五 後 九・三〇	前 二・三五 後 三・一〇
二十七日	火	乙卯	下弦 後四時五十一分	二二	前 一・一五 前 一一・三七	前 一〇・一五 後 一〇・四〇	前 三・二〇 後 四・一〇
二十八日	水	丙辰		二三	前 二・〇四 後 〇・四三	前 一一・四〇 ―	前 四・三〇 後 五・四五
二十九日	木	丁巳	天長節	二四	前 二・四七 後 一・五〇	前 〇・〇〇 後 〇・四五	前 六・一〇 後 七・三〇
三十日	金	戊午	靖國神社祭	二五	前 三・二六 後 二・五六	前 一・三〇 後 二・〇五	前 七・五〇 後 八・四五

五月大 三十一日

日	曜	干支	記事	月齢	月出	月入	満潮 前	満潮 後	干潮 前	干潮 後
一日	土	己未		二六	前四・四三	後四・一	二・四五	三・一〇	九・五	九・三五
二日	日	庚申		二七	前四・三七	後五・五	三・四〇	四・五	九・五五	一〇・一五
三日	月	辛酉	八十八夜	二八	前五・一一	後六・八	四・三〇	四・五〇	一〇・三〇	一〇・五〇
四日	火	壬戌	朔 後六時四十三分	二九	前五・四五	後七・一〇	五・一〇	五・三〇	一一・一五	一一・三〇
五日	水	癸亥		一	前六・二一	後八・一〇	五・五五	六・一〇	一一・五五	
六日	木	甲子	立夏	二	前六・五九	後九・九	六・三〇	六・四五	〇・五	〇・三〇
七日	金	乙丑		三	前七・四〇	後一〇・四	七・一〇	七・一〇	〇・四〇	一・四
八日	土	丙寅	大詔奉戴日	四	前八・二五	後一〇・五六	七・三五	七・三〇	一・一〇	一・三〇
九日	日	丁卯		五	前九・一二	後一一・四四	八・五	八・一〇	一・三五	二・一〇
十日	月	戊辰		六	前一〇・二		八・四五	八・五〇	二・五	二・四〇
十一日	火	己巳		七	前一〇・五五	前〇・二八	九・二五	九・四〇	二・四五	三・一五
十二日	水	庚午	上弦 後六時五十二分	八	前一一・四九	前一・七	一〇・一五	一〇・四〇	三・一五	四・五
十三日	木	辛未		九	後〇・四五	前一・四三	一一・一五	一一・五〇	四・三〇	五・三〇
十四日	金	壬申		一〇	後一・四二	前二・一七		〇・二五	五・三五	七・〇

國民健康運動週間

兒童愛護週間

十五日	土	癸酉		一一	後二・四〇 前二・四九	前〇・五〇 後一・二五	前七・二五 後八・一五
十六日	日	甲戌		一二	後三・四〇 前三・三一	前二・五 後二・三五	前八・四〇 後九・一〇
十七日	月	乙亥		一三	後四・四二 前三・五三	前三・五 後三・二五	前九・三五 後九・五五
十八日	火	丙子		一四	後五・四六 前四・二七	前三・五〇 後四・一〇	前一〇・一五 後一〇・四〇
十九日	水	丁丑		一五	後六・五三 前五・三	前四・四五 後四・五五	前一一・五 後一一・一五
二十日	木	戊寅	望 前六時十三分	一六	後八・一 前五・四五	前五・一五 後五・三五	前一一・四〇 後一一・四五
二十一日	金	己卯		一七	後九・八 前六・三一	前六・五 後六・一五	後〇・二〇
二十二日	土	庚辰	小滿	一八	後一〇・一二 前七・三四	前六・四五 後六・五五	前〇・二〇 後一・〇
二十三日	日	辛巳		一九	後一一・一一 前八・二四	前七・三〇 後七・四〇	前一・〇 後一・三五
二十四日	月	壬午		二〇	前九・二八	前八・一五 後八・三〇	前一・三五 後二・一五
二十五日	火	癸未		二一	前一〇・三 前一〇・三五	前九・一〇 後九・二五	前二・三五 後三・一〇
二十六日	水	甲申	下弦 後十時三十四分	二二	前一〇・四九 前一一・四二	前一〇・五 後一〇・三五	前三・一〇 後三・五三
二十七日	木	乙酉	海軍記念日	二三	前一一・三九 後〇・四八	前一一・一五 後一一・四五	前四・一〇 後五・一五
二十八日	金	丙戌		二四	前二・六 後一・五三	後〇・一五	前五・三五 後六・五〇
二十九日	土	丁亥		二五	前二・四〇 後二・五七	前〇・五〇 後一・二五	前七・一五 後八・〇
三十日	日	戊子		二六	前三・一三 後三・五九	前二・五 後二・三五	前八・三〇 後九・〇〇
三十一日	月	己丑		二七	前三・四六 後四・一	前三・一〇 後三・三〇	前九・三〇 後九・五〇

一一

六月小 三十日

日	曜	干支	記事	陰暦	月出・月入	滿潮	干潮
一日	火	庚寅		二八	前四・三〇 後六・三一	前四・〇 後四・一五	前一〇・一〇 後一〇・二五
二日	水	辛卯		二九	前四・五七 後六・五九	前四・五〇 後五・一〇	前一一・〇 後一一・一〇
三日	木	壬辰	朔 前七時三十三分	五月 〇	前五・三六 後七・五六	前五・三五 後五・四〇	前一一・三五 後一一・四五
四日	金	癸巳		一	前六・一九 後八・五〇	前六・一五 後六・一五	後〇・一〇
五日	土	甲午		二	前七・三五 後九・三九	前六・四五 後六・五〇	前〇・一五 後〇・五〇
六日	日	乙未	芒種	三	前七・五四 後一〇・三五	前七・二〇 後七・一五	前〇・五〇 後一・一五
七日	月	丙申		四	前九・四〇 後一一・四三	前七・四〇 後七・四五	前一・一〇 後一・四五
八日	火	丁酉	大詔奉戴日	五	前一〇・三五	前八・一五 後八・二五	前一・四五 後二・一五
九日	水	戊戌		六	前〇・一七 前一一・三〇	前八・五五 後九・一〇	前二・二〇 後二・五五
十日	木	己亥	時ノ記念日	七	前〇・四九 後〇・三七	前九・四五 後一〇・一〇	前三・〇 後三・四五
十一日	金	庚子	上弦 前十一時三十五分	八	前一・二〇 後一・二五	前一〇・三五 後一一・〇	前三・四五 後四・三〇
十二日	土	辛丑	入梅	九	前一・五一 後二・二五	前一一・三〇	前四・五〇 後五・四五
十三日	日	壬寅		一〇	前二・三三 後三・二七	前〇・一〇 後〇・三〇	前六・一〇 後七・一五
十四日	月	癸卯		一一	前三・二七 後三・三三	前一・一五 後一・四〇	前七・五〇 後八・二五

日	曜	干支	記事	月齢			
十五日	火	甲辰		一二	前二・五八 後四・三二	前二・二〇 後二・四五	前八・五五 後九・一五
十六日	水	乙巳		一三	前三・三六 後五・三九	前三・一五 後三・三五	前九・五〇 後一〇・一〇
十七日	木	丙午		一四	前四・一九 後六・四七	前四・一〇 後四・二五	前一〇・三五 後一〇・五〇
十八日	金	丁未	望 後二時十四分	一五	前五・一〇 後七・五五	前五・一〇 後五・二〇	前一一・二五 後一一・四〇
十九日	土	戊申		一六	前六・七 後八・五八	前五・五〇 後六・〇	後〇・〇
二十日	日	己酉		一七	前七・一一 後九・五五	前六・四〇 後六・五〇	前〇・一五 後〇・五五
二十一日	月	庚戌		一八	前八・一九 後一〇・四五	前七・二〇 後七・三五	前〇・五五 後一・三〇
二十二日	火	辛亥	夏至 後四時十三分	一九	前九・二九 後一一・二九	前八・一五 後八・二五	前一・二五 後二・一〇
二十三日	水	壬子		二〇	前一〇・三八	前九・〇 後九・一五	前二・〇五 後二・五〇
二十四日	木	癸丑		二一	前〇・八 前一一・四五	前九・五五 後一〇・一五	前三・一〇 後三・四五
二十五日	金	甲寅	下弦 前五時八分	二二	前〇・四三 後〇・五〇	前一〇・四五 後一一・一五	前三・五〇 後四・四五
二十六日	土	乙卯		二三	前一・一七 後一・五三	前一一・四五	前五・一〇 後六・五
二十七日	日	丙辰		二四	前一・四九 後二・五四	前〇・一五 後〇・四五	前六・三五 後七・二五
二十八日	月	丁巳		二五	前三・二三 後三・五四	前一・三〇 後一・五〇	前八・〇 後八・三〇
二十九日	火	戊午		二六	前二・五八 後四・五三	前二・三五 後二・五五	前九・〇 後九・二〇
三十日	水	己未		二七	前三・三六 後五・五〇	前三・四五 後三・五〇	前一〇・〇 後一〇・一〇

一三

七月大 三十一日

日	曜	干支	記事	月齢	月出 月入	満潮	干潮
一日	木	庚申		二八	前四・一七 後六・四四	前四・三五 後四・四五	前一〇・五〇 後一〇・五〇
二日	金	辛酉	朔 後九時四十四分	二九	前五・一 後七・三五	前五・一五 後五・二五	前一一・二〇 後一一・三〇
三日	土	壬戌		一	前五・四九 後八・二二	前六・〇 後六・〇	後〇・〇
四日	日	癸亥		二	前六・四〇 後九・五	前六・三〇 後六・三〇	前〇・〇 後〇・三五
五日	月	甲子		三	前七・三三 後九・四三	前七・五 後七・五	前〇・三五 後一・五
六日	火	乙丑		四	前八・二八 後一〇・一九	前七・三〇 後七・三五	前一・五 後一・三五
七日	水	丙寅	支那事變記念日	五	前九・二三 後一〇・五一	前七・五五 後八・〇	前一・三〇 後二・〇
八日	木	丁卯	大詔奉戴日、小暑	六	前一〇・一九 後一一・二二	前八・三〇 後八・四五	前二・五 後二・三五
九日	金	戊辰		七	前一一・一五 後一一・五二	前九・一〇 後九・三〇	前二・四〇 後三・一〇
十日	土	己巳		八	後〇・一三	前一〇・〇 後一〇・三〇	前三・二〇 後三・五五
十一日	日	庚午	上弦 前一時三十九分	九	後一・一二 前〇・二三	前一〇・五〇 後一一・三〇	前四・一〇 後四・五五
十二日	月	辛未		一〇	後二・一四 前〇・五五	前一一・五〇	前五・二〇 後六・五
十三日	火	壬申		一一	後三・一八 前一・三〇	前〇・三〇 後〇・四五	前六・五〇 後七・三〇
十四日	水	癸酉		一二	後四・二五 前二・一〇	前一・四五 後二・〇	前八・二〇 後八・五〇

十五日	木	甲戌		一三	後九・三二 前二・五五	前二・五〇 後三・一〇	前九・三〇 後九・四五
十六日	金	乙亥		一四	後六・三八 前三・四八	前四・〇 後四・一〇	前一〇・三〇 後一〇・四〇
十七日	土	丙子	望 後九時二十一分	一五	後七・三九 前四・四九	前四・五〇 後五・一〇	前一一・一〇 後一一・三〇
十八日	日	丁丑		一六	後八・三四 前五・五七	前五・四五 後六・〇	後〇・〇
十九日	月	戊寅		一七	後九・二二 前七・八	前六・三〇 後六・四〇	前〇・一〇 後〇・三五
二十日	火	己卯	海ノ記念日 土用	一八	後一〇・五 前八・二〇	前七・一五 後七・三五	前〇・四五 後一・二〇
二十一日	水	庚辰	初伏	一九	後一〇・四三 前九・三〇	前八・〇 後八・一五	前一・二五 後一・五五
二十二日	木	辛巳		二〇	後一一・一八 前一〇・三八	前八・四五 後九・五	前二・五 後二・三五
二十三日	金	壬午		二一	後一一・五二 前一一・四四	前九・二五 後九・五〇	前二・四五 後三・一五
二十四日	土	癸未	大暑、下弦 後一時三十八分	二二	後〇・四七	前一〇・一五 後一〇・四五	前三・四〇 後四・一〇
二十五日	日	甲申		二三	前〇・二五 後一・四八	前一一・〇 後一一・四〇	前四・二五 後五・五
二十六日	月	乙酉		二四	前一・〇 後二・四八	後〇・〇	前五・四〇 後六・三〇
二十七日	火	丙戌		二五	前一・三七 後三・四五	前〇・四五 後一・五	前七・一五 後七・五〇
二十八日	水	丁亥		二六	前二・一七 後四・四〇	前二・〇 後二・一五	前八・四〇 後八・五五
二十九日	木	戊子		二七	前三・〇 後五・三二	前三・五 後三・一五	前九・三五 後九・四五
三十日	金	己丑		二八	前三・四六 後六・二〇	前四・一五 後四・二五	前一〇・三五 後一〇・三〇
三十一日	土	庚寅	中伏	二九	前四・三六 後七・四	前五・五 後五・一〇	前一一・五 後一一・一〇

一五

八月大 三十一日

日	曜	干支	記事	月齡	月出	月入	滿潮 前	滿潮 後	干潮 前	干潮 後
一日	日	辛卯	朔 後一時六分	三〇	前五・二八	後七・四四	五・四五	五・四五	一一・四〇	一一・四五
二日	月	壬辰		一	前六・三二	後八・三〇	六・一五	六・一五		〇・一五
三日	火	癸巳		二	前七・一七	後八・五四	六・四五	六・四〇	〇・一五	〇・四五
四日	水	甲午		三	前八・一三	後九・二五	七・五	七・一五	〇・五〇	一・一五
五日	木	乙未		四	前九・九	後九・五五	七・三五	七・四五	一・一五	一・四五
六日	金	丙申		五	前一〇・六	後一〇・二五	八・〇	八・一五	一・四五	二・一〇
七日	土	丁酉		六	前一一・四	後一〇・五六	八・四〇	九・〇	二・二〇	二・四五
八日	日	戊戌	大詔奉戴日、立秋	七	後〇・三	後一一・三九	九・二〇	九・五〇	二・五五	三・二〇
九日	月	己亥	上弦 後〇時三十六分	八	後一・四		一〇・五	一〇・四五	三・三五	四・〇
十日	火	庚子	末伏	九	後二・八	前〇・五	一一・五	一一・五五	四・三〇	五・一五
十一日	水	辛丑		一〇	後三・一三	前〇・四七		〇・一〇	五・五五	六・三五
十二日	木	壬寅		一一	後四・一七	前一・三四	一・五	一・二五	七・五五	八・一五
十三日	金	癸卯		一二	後五・三〇	前二・三〇	二・二五	二・四五	九・一〇	九・二五
十四日	土	甲辰		一三	後六・一七	前三・三三	三・四〇	三・五五	一〇・〇	一〇・二五

日	曜	干支	記事	舊暦			
十五日	日	乙巳		一四	後七・九 前四・四二	前四・三五 後四・五〇	前一〇・五〇 後一一・五
十六日	月	丙午	望 前四時三十四分	一五	後七・五五 前五・五四	前五・三五 後五・四五	前一一・四五 後一一・五〇
十七日	火	丁未		一六	後八・三六 前七・七	前六・一五 後六・三五	後〇・二〇
十八日	水	戊申		一七	後九・一四 前八・一八	前七・五 後七・一五	前〇・三〇 後一・〇
十九日	木	己酉		一八	後九・五〇 前九・二七	前七・四五 後八・〇	前一・一〇 後一・四〇
二十日	金	庚戌		一九	後一〇・三四 前一〇・三三	前八・二〇 後八・三五	前一・五五 後二・一五
二十一日	土	辛亥		二〇	後一一・〇 前一一・三七	前八・五〇 後九・二〇	前二・二五 後二・四五
二十二日	日	壬子		二一	後一一・三六 後〇・三九	前九・四〇 後一〇・一五	前三・五 後三・三〇
二十三日	月	癸丑	下弦 前一時四分	二二	後一・三八	前一〇・二〇 後一一・五	前三・五〇 後四・一五
二十四日	火	甲寅	處暑	二三	前〇・一五 後二・三四	前一一・二〇	前四・五〇 後五・二〇
二十五日	水	乙卯		二四	前〇・五八 後三・二八	前〇・五 後〇・二〇	前六・一五 後七・〇
二十六日	木	丙辰		二五	前一・四三 後四・一七	前一・三〇 後一・四〇	前八・一〇 後八・二〇
二十七日	金	丁巳		二六	前二・三二 後五・二	前二・三〇 後二・四五	前九・五 後九・三〇
二十八日	土	戊午		二七	前三・二三 後五・四四	前三・四〇 後三・五〇	前一〇・〇 後一〇・一〇
二十九日	日	己未		二八	前四・一七 後六・三一	前四・四〇 後四・四五	前一〇・四五 後一〇・四五
三十日	月	庚申		二九	前五・一二 後六・五六	前五・一五 後五・二五	前一一・一五 後一一・二五
三十一日	火	辛酉	朔 前四時五十九分	八月一	前六・七 後七・三八	前五・四五 後六・〇	前一一・五〇

一七

九月小 三十日

日	曜	干支	記事	月齢	月出	月入	滿潮	干潮
一日	水	壬戌	震災記念日	一	前七時四	後七・五八	前六時一五分 後六・三○	前○時○分 後○・三○
二日	木	癸亥	二百十日	二	前八・一	後八・三九	前六・四五 後七・○	前○・三○ 後○・五五
三日	金	甲子		三	前八・五八	後八・五九	前七・一○ 後七・三○	前○・五○ 後一・一五
四日	土	乙丑		四	前九・五七	後九・三一	前七・四○ 後八・○	前一・三○ 後一・四五
五日	日	丙寅		五	前一○・五七	後一○・五	前八・五 後八・三○	前一・五五 後二・一五
六日	月	丁卯		六	前一一・五九	後一○・四四	前八・四五 後九・一五	前二・三五 後二・五五
七日	火	戊辰	上弦 後九時三十三分	七	後一・二	後一一・三八	前九・四○ 後一○・一五	前三・一五 後三・四○
八日	水	己巳	大詔奉戴日、白露	八	後二・四		前一○・三○ 後一一・三○	前四・五 後四・三○
九日	木	庚午		九	後三・六	前○・一八	前一一・四○	前五・二○ 後五・五五
十日	金	辛未	司法保護	一○	後四・三	前一・二六	前○・四五 後一・五	前七・三○ 後七・五五
十一日	土	壬申	司法保護	一一	後四・五六	前二・三○	前二・○ 後二・三五	前八・五○ 後九・一○
十二日	日	癸酉	司法保護	一二	後五・四四	前三・三九	前三・一五 後三・四五	前九・五○ 後一○・一○
十三日	月	甲戌	司法保護	一三	後六・三七	前四・四一	前四・三五 後四・四五	前一○・四五 後一○・五五
十四日	火	乙亥	望 後○時四十分、司法保護	一四	後七・六	前五・五三	前五・一五 後五・三五	前一一・三五 後一一・四○

一八

日	曜	干支	記事				
十五日	水	丙子	週	一五	後七・四三 前七・　四	前五・五五 後六・一五	後〇・　〇
十六日	木	丁丑	閒	一六	後八・一九 前八・一三	前六・四〇 後七・　〇	前〇・一五 後〇・三五
十七日	金	戊寅		一七	後八・五五 前九・二〇	前七・一〇 後七・三五	前〇・五五 後一・一〇
十八日	土	己卯	滿洲事變記念日	一八	後九・三二 前一〇・二四	前七・五〇 後八・一五	前一・三〇 後一・五〇
十九日	日	庚辰		一九	後一〇・一一 前一一・三六	前八・三〇 後八・五五	前二・　五 後二・二〇
二十日	月	辛巳	航空日	二〇	後一〇・五三 後〇・二五	前九・　五 後九・四〇	前二・四五 後三・　〇
二十一日	火	壬午	下弦 後四時六分 彼岸	二一	後一一・三八 後一・二一	前九・四五 後一〇・二五	前三・一五 後三・三五
二十二日	水	癸未		二二	後二・二二	前一〇・三五 後一一・三〇	前四・一〇 後四・二五
二十三日	木	甲申		二三	前〇・二六 後二・五九	前一一・三五	前五・一〇 後五・四〇
二十四日	金	乙酉	秋季皇靈祭、秋分 前七時十二分	二四	前一・一七 後三・四二	前〇・三〇 後〇・五〇	前七・二〇 後七・五〇
二十五日	土	丙戌		二五	前二・一〇 後四・二一	前一・四五 後二・一五	前八・四〇 後八・五〇
二十六日	日	丁亥		二六	前三・　四 後四・五六	前三・　〇 後三・一五	前九・三五 後九・四五
二十七日	月	戊子	社日	二七	前四・　〇 後五・二九	前三・五〇 後四・一〇	前一〇・一五 後一〇・二五
二十八日	火	己丑		二八	前四・五六 後六・　〇	前四・四〇 後四・五〇	前一〇・五〇 後一一・　五
二十九日	水	庚寅	朔 後八時二十九分	二九	前五・五四 後六・三一	前五・　五 後五・二五	前一一・二〇 後一一・三五
三十日	木	辛卯		[illegible]	前六・五三 後七・　一	前五・四五 後六・　五	前一一・五五

十月大 三十一日

日	曜	干支	記事	月齡	月出	月入	滿潮	滿潮	干潮	干潮
一日	金	壬辰	始政記念日	二	前七・五一	後七・三三	前六・一五	後六・三〇	前〇・五	後〇・三〇
二日	土	癸巳	平壤神社祭	三	前八・五一	後八・七	前六・四五	後七・五	前〇・四〇	後〇・五五
三日	日	甲午		四	前九・五三	後八・四四	前七・一〇	後七・三五	前一・五	後一・一五
四日	月	乙未		五	前一〇・五六	後九・二六	前七・四〇	後八・一五	前一・四〇	後一・五五
五日	火	丙申		六	前一一・五八	後一〇・一三	前八・一五	後八・五〇	前二・一五	後二・二五
六日	水	丁酉		七	後〇・五九	後一一・七	前九・五	後一〇・〇	前三・〇	後三・一五
七日	木	戊戌	上弦 前五時十分	八	後一・五七		前一〇・一〇	後一一・五	前三・五〇	後四・五
八日	金	己亥	大詔奉戴日	九	後二・五〇	前〇・八	前一一・三〇		前五・五	後五・三〇
九日	土	庚子	寒露	一〇	後三・三七	前一・一三	前〇・二五	後〇・五〇	前七・五	後七・四〇
十日	日	辛丑		一一	後四・二一	前二・二一	前一・五〇	後二・二五	前八・三五	後八・五五
十一日	月	壬寅		一二	後五・〇	前三・四一	前三・〇	後三・二〇	前九・二五	後九・四五
十二日	火	癸卯		一三	後五・三七	前四・四一	前四・〇	後四・三〇	前一〇・一五	後一〇・四〇
十三日	水	甲辰	望 後十時二十三分	一四	後六・一三	前五・五〇	前四・五〇	後五・一五	前一一・〇	後一一・二五
十四日	木	乙巳		一五	後六・四八	前六・五八	前五・三五	後五・五五	前一一・四五	

軍人援護強化運動

日	曜	干支	記事	陰曆			
十五日	金	丙午	大邱神社祭	一六	後 七・三五 前 八・五	前 六・一〇 後 六・四〇	前 〇・〇 後 〇・一〇
十六日	土	丁未	龍頭山神社祭	一七	後 八・四 前 九・九	前 六・五〇 後 七・一五	前 〇・四〇 後 〇・五〇
十七日	日	戊申	神嘗祭、朝鮮神宮祭	一八	後 八・四五 前 一〇・一一	前 七・二〇 後 七・五〇	前 一・一〇 後 一・二〇
十八日	月	己酉	京城神社祭	一九	後 九・三〇 前 一一・一〇	前 八・〇 後 八・三五	前 一・四五 後 二・〇
十九日	火	庚戌		二〇	後 一〇・一七 後 〇・五	前 八・二五 後 九・五	前 二・一五 後 二・二五
二十日	水	辛亥		二一	後 一一・八 後 〇・五四	前 九・五 後 九・五〇	前 二・五〇 後 三・五
二十一日	木	壬子	下弦 前十時四十二分 土用	二二	後 一・三九	前 一〇・〇 後 一〇・四五	前 三・三〇 後 三・四五
二十二日	金	癸丑		二三	前 〇・一 後 二・一九	前 一一・〇 後 一一・四五	前 四・三〇 後 四・四五
二十三日	土	甲寅	靖國神社祭	二四	前 〇・五五 後 二・五六	後 〇・一〇	前 五・五〇 後 六・二〇
二十四日	日	乙卯	霜降	二五	前 一・五〇 後 三・三〇	前 〇・四五 後 一・二五	前 七・四五 後 八・一〇
二十五日	月	丙辰		二六	前 二・四六 後 四・一	前 二・〇 後 二・四〇	前 八・五〇 後 九・五
二十六日	火	丁巳		二七	前 三・四三 後 四・三一	前 三・〇 後 三・三〇	前 九・四〇 後 九・五五
二十七日	水	戊午		二八	前 四・四一 後 五・二	前 三・四五 後 四・二〇	前 一〇・一五 後 一〇・三五
二十八日	木	己未		二九	前 五・四〇 後 五・三三	前 四・三五 後 五・〇	前 一〇・五〇 後 一一・一五
二十九日	金	庚申	朔 前十時五十九分	十月 〇	前 六・四一 後 六・六	前 五・五 後 五・三〇	前 一一・二〇 後 一一・四五
三十日	土	辛酉		一	前 七・四四 後 六・四二	前 五・四五 後 六・一〇	前 一一・五五
三十一日	日	壬戌		二	前 八・四八 後 七・二三	前 六・一五 後 六・四五	前 〇・一五 後 〇・二五

十一月小 三十日

日	曜	干支	記事	月齡	月出	月入	滿潮	干潮
一日	月	癸亥		三	前九時五三分	後八・一〇	前六時四五分 後七・一五	前〇時五〇分 後一・〇
二日	火	甲子		四	前一〇・五五	後九・二	前七・二〇 後八・〇	前一・三〇 後一・四〇
三日	水	乙丑	明治節	五	前一一・五四	後一〇・一	前八・五 後八・四五	前二・〇 後二・一五
四日	木	丙寅		六	後〇・四八	後一一・四	前九・〇 後九・四五	前二・四五 後三・〇
五日	金	丁卯	上弦 後〇時二十二分	七	後一・三六		前一〇・〇 後一〇・五〇	前三・四〇 後三・五〇
六日	土	戊辰		八	後二・三〇	前〇・一一	前一一・三〇	前四・五〇 後五・一五
七日	日	己巳	國民精神作興週間	九	後二・五九	前一・一九	前〇・〇 後〇・三〇	前六・三五 後七・一〇
八日	月	庚午	大詔奉戴日、立冬	一〇	後三・三五	前二・二六	前一・一五 後二・〇	前八・〇 後八・三〇
九日	火	辛未		一一	後四・一〇	前三・三四	前二・三〇 後三・五	前九・五 後九・三〇
十日	水	壬申	國民精神作興記念日	一二	後四・四五	前四・四一	前三・三〇 後四・五	前九・五五 後一〇・一五
十一日	木	癸酉		一三	後五・二〇	前五・四七	前四・一五 後四・五〇	前一〇・三五 後一一・〇
十二日	金	甲戌	望 前十時二十六分	一四	後五・五七	前六・五二	前五・一〇 後五・四〇	前一一・一〇 後一一・四五
十三日	土	乙亥		一五	後六・三七	前七・五五	前五・四〇 後六・一五	前一一・四五
十四日	日	丙子	結	一六	後七・二〇	前八・五六	前六・二〇 後七・〇	前〇・一五 後〇・二五

昭和十八年

十五日	月	丁丑	核豫防週間	一七	後八・七 前九・五四	前六・五五 後七・三五	前〇・五五 後一・〇
十六日	火	戊寅		一八	後八・五七 前一〇・四六	前七・三〇 後八・一五	前一・三〇 後一・三〇
十七日	水	己卯		一九	後九・五〇 前一一・三四	前八・〇 後八・四五	前一・五五 後二・〇
十八日	木	庚辰		二〇	後一〇・四四 後〇・一七	前八・四〇 後九・一五	前二・三五 後二・四〇
十九日	金	辛巳		二一	後一一・三九 後〇・五五	前九・三〇 後一〇・〇	前三・〇 後三・一〇
二十日	土	壬午	下弦 前七時四十三分	二二	― 後一・二九	前一〇・三〇 後一一・五	前三・五〇 後四・五
二十一日	日	癸未		二三	前〇・三四 後二・一	前一一・三〇 ―	前五・〇 後五・一五
二十二日	月	甲申		二四	前一・三〇 後二・三一	前〇・五 後〇・四〇	前六・三〇 後七・〇
二十三日	火	乙酉	新嘗祭、小雪	二五	前二・三七 後三・一	前一・〇 後一・四五	前七・五〇 後八・一五
二十四日	水	丙戌		二六	前三・二六 後三・三一	前二・〇 後二・四五	前八・四五 後九・一五
二十五日	木	丁亥		二七	前四・二六 後四・三	前二・五五 後三・三〇	前九・三〇 後九・五五
二十六日	金	戊子		二八	前五・三八 後四・三八	前三・四〇 後四・二〇	前一〇・一五 後一〇・四五
二十七日	土	己丑		二九	前六・三三 後五・一七	前四・三〇 後五・一〇	前一〇・五五 後一一・二五
二十八日	日	庚寅	朔 前〇時二十三分	〇	前七・三八 後六・二	前五・一五 後五・五〇	前一一・三五 ―
二十九日	月	辛卯		一	前八・四四 後六・五四	前五・五五 後六・三五	前〇・五 後〇・一五
三十日	火	壬辰		二	前九・四六 後七・五三	前六・四〇 後七・一〇	前〇・五〇 後〇・五〇

一三三

十二月大 三十一日

日	曜	干支	記事	月齡	月出	月入	滿潮		干潮	
一日	水	癸巳		三	前一〇時・四四分	後八・五六	前七時・一〇分	後七・五〇	前一時・一五分	後一・一五
二日	木	甲午		四	前一一・三六	後一〇・三	前八・五	後八・四五	前二・〇	後二・五
三日	金	乙未		五	後〇・二一	後一一・一一	前八・五〇	後九・四〇	前二・四〇	後二・五〇
四日	土	丙申	上弦 後八時三分	六	後一・二		前一〇・〇	後一〇・四五	前三・三〇	後三・四五
五日	日	丁酉		七	後一・三八	前〇・一八	前一一・五	後一一・四五	前四・三〇	後四・五五
六日	月	戊戌		八	後二・一二	前一・二五		後〇・一五	前六・〇	後六・三五
七日	火	己亥		九	後二・四六	前二・三一	前〇・四〇	後一・二五	前七・二〇	後七・五〇
八日	水	庚子	大詔奉戴日、大雪	一〇	後三・一九	前三・三五	前一・五〇	後二・四〇	前八・三〇	後九・五
九日	木	辛丑		一一	後三・五五	前四・三九	前二・五五	後三・三五	前九・二〇	後九・五五
十日	金	壬寅		一二	後四・三三	前五・四二	前三・五五	後四・三五	前一〇・一〇	後一〇・四五
十一日	土	癸卯		一三	後五・一四	前六・四三	前四・四〇	後五・一五	前一〇・五〇	後一一・二〇
十二日	日	甲辰	望 前一時二十四分	一四	後五・五九	前七・四二	前五・三〇	後六・五	前一一・三五	
十三日	月	乙巳		一五	後六・四七	前八・三七	前六・〇	後六・四〇	前〇・〇	後〇・〇
十四日	火	丙午		一六	後七・三九	前九・二七	前六・四〇	後七・二〇	前〇・三五	後〇・四〇

二四

十五日	水	丁未		一七	後八・三三 前一〇・一三	前七・一〇 後七・四五	前一・五 後一・一〇
十六日	木	戊申		一八	後九・二八 前一〇・五三	前七・四〇 後八・二〇	前一・四五 後一・四〇
十七日	金	己酉		一九	後一〇・二三 前一一・二九	前八・一五 後八・五〇	前二・一〇 後二・一〇
十八日	土	庚戌		二〇	後一一・一九 後〇・二	前九・〇 後九・三〇	前二・四五 後二・五五
十九日	日	辛亥		二一	後〇・三三	前九・四五 後一〇・一五	前三・二〇 後三・四〇
二十日	月	壬子	下弦 前五時三分	二二	前〇・一五 後一・一	前一〇・四〇 後一一・一〇	前四・一〇 後四・三〇
二十一日	火	癸丑		二三	前一・一二 後一・三一	前一一・四五	前五・一〇 後五・三五
二十二日	水	甲寅		二四	前二・一〇 後二・一	前〇・一〇 後〇・五〇	前六・三〇 後七・一五
二十三日	木	乙卯	冬至 前二時三十分	二五	前三・一〇 後二・三三	前一・〇 後一・五〇	前七・四五 後八・三〇
二十四日	金	丙辰		二六	前四・一二 後三・一〇	前二・五 後二・五五	前八・五〇 後九・三〇
二十五日	土	丁巳	大正天皇祭	二七	前五・一七 後三・五一	前三・〇 後三・四五	前九・四五 後一〇・二〇
二十六日	日	戊午		二八	前六・二四 後四・四〇	前三・五五 後四・四五	前一〇・三〇 後一一・一〇
二十七日	月	己未	朔 後〇時五十分	二九	前七・二九 後五・三六	前四・五〇 後五・三五	前一一・一〇 後一一・五〇
二十八日	火	庚申	御用納	一	前八・三一 後六・三九	前五・四五 後六・一五	前一一・五五
二十九日	水	辛酉		二	前九・二八 後七・四七	前六・二五 後七・五	前〇・三五 後〇・四〇
三十日	木	壬戌		三	前一〇・一八 後八・五八	前七・一〇 後七・五〇	前一・一五 後一・二〇
三十一日	金	癸亥		四	前一一・一 後一〇・八	前七・五五 後八・四〇	前一・四五 後一・五五

各地毎旬日出入時刻

地名		一月一日	一月十一日	一月二十一日	一月三十一日	二月十日	二月二十日	三月二日	三月十二日	三月二十二日	四月一日	四月十一日	四月二十一日	五月一日	五月十一日	五月二十一日	五月三十一日
雄基	日出	七・四七	七・四七	七・四三	七・三四	七・二三	七・一〇	六・五四	六・三八	六・二二	六・三	五・四六	五・三〇	五・一五	五・三	四・五三	四・四五
	日入	四・五六	五・五	五・一七	五・三〇	五・四三	五・五六	六・八	六・二〇	六・三一	六・四三	六・五四	七・五	七・一六	七・二七	七・三七	七・四六
中江鎮	日出	八・〇	七・五九	七・五五	七・四七	七・三六	七・二三	七・八	六・五二	六・三四	六・一八	六・一	五・四五	五・三一	五・一八	五・八	五・一
	日入	五・一二	五・二一	五・三三	五・四五	五・五八	六・一〇	六・二三	六・三四	六・四五	六・五六	七・七	七・一八	七・二九	七・四〇	七・五〇	七・五九
城津	日出	七・四七	七・四七	七・四三	七・三五	七・二五	七・一三	六・五八	六・四三	六・二六	六・九	五・五三	五・三八	五・二四	五・一三	五・三	四・五五
	日入	五・六	五・一五	五・二六	五・三八	五・五〇	六・二	六・一四	六・二五	六・三六	六・四六	六・五七	七・七	七・一八	七・二八	七・三八	七・四六
新義州	日出	八・四	八・四	八・〇	七・五四	七・四三	七・三二	七・一六	七・一	六・四九	六・二九	六・一三	五・五八	五・四四	五・三三	五・二三	五・一六
	日入	五・二七	五・三六	五・四七	五・五九	六・一一	六・二三	六・三四	六・四五	六・五五	七・五	七・一六	七・二六	七・三六	七・四六	七・五六	八・四
元山	日出	七・五〇	七・五〇	七・四六	七・三九	七・二九	七・一七	七・四	六・四九	六・三三	六・一七	六・一	五・四七	五・三四	五・二三	五・一三	五・七
	日入	五・一七	五・二六	五・三七	五・四九	六・〇	六・一二	六・二三	六・三三	六・四三	六・五三	七・二	七・一二	七・二二	七・三一	七・四一	七・四九
平壌	日出	七・五六	七・五六	七・五三	七・四六	七・三六	七・二四	七・一〇	六・五五	六・四〇	六・二四	六・八	五・五四	五・四一	五・二九	五・二〇	五・一四
	日入	五・二五	五・三四	五・四四	五・五六	六・七	六・一九	六・二九	六・四〇	六・五〇	六・五九	七・九	七・一九	七・二八	七・三八	七・四七	七・五五
鎮南浦	日出	七・五六	七・五七	七・五三	七・四六	七・三七	七・二五	七・一一	六・五六	六・四一	六・二五	六・一〇	五・五六	五・四三	五・三一	五・二三	五・一六
	日入	五・二七	五・三六	五・四六	五・五八	六・九	六・二〇	六・三一	六・四一	六・五一	七・一	七・一〇	七・二〇	七・二九	七・三九	七・四八	七・五六
海州	日出	七・五三	七・五四	七・五〇	七・四四	七・三四	七・二三	七・一〇	六・五五	六・四〇	六・二四	六・九	五・五五	五・四三	五・三二	五・二三	五・一七
	日入	五・二八	五・三六	五・四七	五・五八	六・九	六・二〇	六・三〇	六・四〇	六・五〇	六・五九	七・八	七・一八	七・二七	七・三六	七・四九	七・五三

（時・分）

昭和十八年

六月十日	六月二十日	六月三十日	七月十日	七月二十日	七月三十日	八月九日	八月十九日	八月二十九日	九月八日	九月十八日	九月二十八日	十月八日	十月十八日	十月二十八日	十一月七日	十一月十七日	十一月二十七日	十二月七日	十二月十七日	十二月二十七日
四・四二	四・四二	四・四四	四・五〇	四・五八	五・七	五・一八	五・二八	五・三九	五・五〇	六・〇	六・一一	六・二三	六・三三	六・四五	六・五七	七・一〇	七・二三	七・三三	七・四一	七・四六
七・五四	七・五八	七・五九	七・五七	七・五一	七・四三	七・三〇	七・一六	七・〇	六・四三	六・二五	六・八	五・五二	五・三四	五・一九	五・六	四・五六	四・四九	四・四六	四・四七	四・五二
四・五七	四・五七	五・〇	五・六	五・一四	五・二三	五・三三	五・四三	五・五三	六・四	六・一四	六・二五	六・三五	六・四六	六・五八	七・一〇	七・二三	七・三四	七・四五	七・五三	七・五九
八・六	八・一〇	八・一一	八・九	八・三	七・五四	七・四六	七・二九	七・一三	六・五六	六・三九	六・二三	六・五	五・四九	五・三四	五・二二	五・一三	五・五	五・二	五・三	五・八
四・五二	四・五二	四・五五	五・〇	五・八	五・一七	五・二六	五・三六	五・四六	五・五六	六・五	六・一五	六・二五	六・三六	六・四七	六・五九	七・一一	七・二三	七・三三	七・四〇	七・四六
七・五三	七・五七	七・五八	七・五六	七・五一	七・四二	七・三一	七・一八	七・三	六・四六	六・三〇	六・一三	五・五六	五・四一	五・二七	五・一四	五・五	四・五九	四・五六	四・五七	五・二
五・一三	五・一三	五・一六	五・二一	五・二九	五・三七	五・四七	五・五五	六・六	六・一五	六・二五	六・三四	六・四四	六・五五	七・六	七・一七	七・二九	七・四〇	七・五〇	七・五八	八・三
八・一〇	八・一四	八・一六	八・一四	八・八	七・五〇	七・四九	七・三六	七・二一	七・五	六・四九	六・三二	六・一六	六・一	五・四七	五・三五	五・二六	五・一九	五・一七	五・一八	五・二三
五・四	五・四	五・七	五・一二	五・一九	五・二七	五・三六	五・四六	五・五五	六・四	六・一三	六・二三	六・三三	六・四二	六・五二	七・三	七・一四	七・二六	七・三五	七・四三	七・四八
七・五五	七・五九	八・一	七・五九	七・五四	七・四五	七・三五	七・二二	七・八	六・五三	六・三六	六・二〇	六・四	五・四九	五・三六	五・二五	五・一六	五・一〇	五・八	五・九	五・一四
五・一一	五・一一	五・一四	五・一九	五・二六	五・三五	五・四三	五・五三	六・二	六・一一	六・二〇	六・二九	六・三八	六・四八	六・五九	七・一〇	七・二二	七・三三	七・四一	七・四九	七・五四
八・一	八・五	八・七	八・五	八・〇	七・五二	七・四一	七・二八	七・一四	六・五九	六・四三	六・二七	六・一一	五・五六	五・四三	五・三三	五・二三	五・一七	五・一五	五・一六	五・二二
五・一三	五・一三	五・一六	五・二一	五・二八	五・三七	五・四九	五・五四	六・三	六・一二	六・二一	六・三〇	六・三九	六・四九	七・〇	七・一〇	七・二一	七・三二	七・四三	七・五〇	七・五六
八・二	八・六	八・七	八・五	八・〇	七・五三	七・四三	七・二九	七・一五	七・〇	六・四四	六・二八	六・一三	五・五八	五・四五	五・三五	五・二五	五・一九	五・一七	五・一八	五・二三
五・二四	五・二四	五・二七	五・三三	五・三九	五・四七	五・四六	五・五四	六・三	六・一二	六・二〇	六・三〇	六・三九	六・四八	六・五七	七・九	七・一九	七・二九	七・三九	七・四七	七・五三
七・五九	八・三	八・四	八・二	七・五七	七・五〇	七・三九	七・二六	七・一三	六・五八	六・四三	六・二六	六・一一	五・五六	五・四四	五・三三	五・二五	五・二〇	五・一八	五・一九	五・二四

一一七

地名	月	一月				二月		三月			四月			五月				六月	
	日	一日	十一日	二十一日	三十一日	十日	二十日	二日	十二日	二十二日	一日	十一日	二十一日	一日	十一日	二十一日	三十一日	十日	二十日
江陵	日出	七・四〇	七・四〇	七・三七	七・三〇	七・二一	七・一〇	六・五七	六・四三	六・二七	六・一二	五・五七	五・四三	五・三〇	五・一九	五・一一	五・九	五・二	五・二
	日入	五・一六	五・二四	五・三五	五・四六	五・五七	六・八	六・一八	六・二八	六・三七	六・四六	六・五五	七・四	七・一三	七・二三	七・三一	七・三九	七・四五	七・四九
京城	日出	七・四七	七・四七	七・四四	七・三八	七・二九	七・一七	七・四	六・五〇	六・三五	六・二〇	六・五	五・五一	五・三八	五・二七	五・一九	五・一五	五・一〇	五・一〇
	日入	五・二四	五・三二	五・四三	五・五四	六・五	六・一五	六・二六	六・三九	六・四九	六・五四	七・三	七・一二	七・二一	七・三〇	七・三八	七・四六	七・五三	七・五六
仁川	日出	七・四八	七・四八	七・四五	七・三九	七・三〇	七・一八	七・五	六・五一	六・三六	六・二一	六・六	五・五二	五・四〇	五・二九	五・二一	五・一五	五・一三	五・一三
	日入	五・二五	五・三四	五・四四	五・五五	六・六	六・一七	六・二七	六・三七	六・四六	六・五五	七・四	七・一三	七・二三	七・三一	七・四〇	七・四七	七・五四	七・五七
大邱	日出	七・三六	七・三六	七・三四	七・二八	七・一九	七・九	六・五六	六・四三	六・二八	六・一四	六・〇	五・四七	五・三五	五・二五	五・一七	五・一一	五・九	五・九
	日入	五・二三	五・三〇	五・四〇	五・五一	六・一	六・一一	六・二〇	六・二九	六・三八	六・四六	六・五五	七・三	七・一一	七・二〇	七・二八	七・三五	七・四一	七・四五
全州	日出	七・四一	七・四二	七・三九	七・三四	七・二五	七・一四	七・二	六・四八	六・三四	六・二〇	六・六	五・五三	五・四一	五・三〇	五・二三	五・一七	五・一五	五・一五
	日入	五・二八	五・三六	五・四六	五・五六	六・七	六・一七	六・二六	六・三五	六・四四	六・五三	七・〇	七・九	七・一七	七・二六	七・三五	七・四二	七・四七	七・五〇
釜山	日出	七・三二	七・三三	七・三〇	七・二五	七・一六	七・六	六・五四	六・四一	六・二七	六・一三	五・五九	五・四六	五・三四	五・二四	五・一七	五・一二	五・九	五・九
	日入	五・二三	五・三一	五・四〇	五・五〇	六・〇	六・一〇	六・一九	六・二八	六・三六	六・四四	六・五二	七・〇	七・八	七・一六	七・二四	七・三一	七・三七	七・四一
木浦	日出	七・四二	七・四三	七・四〇	七・三五	七・二七	七・一六	七・四	六・五一	六・三七	六・二三	六・一〇	五・五七	五・四五	五・三六	五・二八	五・二三	五・二一	五・二一
	日入	五・三四	五・四二	五・五一	六・一	六・一二	六・二二	六・三〇	六・三九	六・四七	六・五五	七・三	七・一〇	七・一八	七・二七	七・三四	七・四一	七・四七	七・五〇
濟州	日出	七・三八	七・三九	七・三七	七・三二	七・二四	七・一四	七・三	六・五〇	六・三七	六・二五	六・一〇	五・五八	五・四七	五・三七	五・三〇	五・二五	五・二三	五・二四
	日入	五・三六	五・四四	五・五四	六・三	六・一三	六・二一	六・三二	六・三八	六・四七	六・五五	七・一	七・八	七・一六	七・二五	七・三二	七・三七	七・四四	七・四六

昭和十八年

月 三十日	七月 十日	七月 二十日	七月 三十日	八月 九日	八月 十九日	八月 二十九日	九月 八日	九月 十八日	九月 二十八日	十月 八日	十月 十八日	十月 二十八日	十一月 七日	十一月 十七日	十一月 二十七日	十二月 七日	十二月 十七日	十二月 二十七日
五·五	五·一〇	五·一七	五·二五	五·三三	五·四二	五·五〇	五·五九	六·七	六·一六	六·二五	六·三四	六·四四	六·五五	七·六	七·一六	七·二五	七·三三	七·三八
七·五〇	七·四九	七·四四	七·三六	七·二六	七·一四	七·〇	六·四五	六·三〇	六·一四	五·五九	五·四五	五·三二	五·二一	五·一三	五·八	五·六	五·七	五·一三
五·一三	五·一八	五·二六	五·三三	五·四一	五·五〇	五·五八	六·七	六·一五	六·二四	六·三三	六·四二	六·五二	七·二	七·一三	七·二三	七·三三	七·四〇	七·四五
七·五八	七·五六	七·五二	七·四四	七·三三	七·二二	七·八	六·五三	六·三八	六·二三	六·七	五·五三	五·四〇	五·二九	五·二一	五·一六	五·一四	五·一五	五·二〇
五·一八	五·二〇	五·二七	五·三五	五·四四	五·五三	六·〇	六·八	六·一七	六·二五	六·三四	六·四三	六·五三	七·三	七·一四	七·二四	七·三四	七·四一	七·四八
七·五九	七·五七	七·五二	七·四五	七·三五	七·二三	七·九	六·五四	六·三八	六·二三	六·八	五·五四	五·四二	五·三一	五·二二	五·一七	五·一五	五·一七	五·二三
五·一三	五·一七	五·二五	五·三〇	五·三八	五·四八	五·五四	六·二	六·九	六·一七	六·二五	六·三四	六·四三	六·五三	七·二	七·一三	七·二二	七·二九	七·三四
七·四八	七·四八	七·四〇	七·三三	七·二四	七·一三	六·五九	六·四四	六·三〇	六·一六	六·一	五·四八	五·三六	五·二六	五·一八	五·一三	五·一三	五·一四	五·一八
五·一八	五·二三	五·二九	五·三六	五·四四	五·五三	六·〇	六·七	六·一五	六·二三	六·三一	六·三九	六·四九	六·五八	七·八	七·一八	七·二七	七·三五	七·四〇
七·五三	七·五〇	七·四六	七·三九	七·二九	七·一八	七·五	六·五二	六·三八	六·二三	六·七	五·五四	五·四三	五·三三	五·二四	五·一九	五·一八	五·一九	五·二四
五·一三	五·一七	五·二三	五·三〇	五·三八	五·四六	五·五四	六·〇	六·八	六·一五	六·二三	六·三一	六·四〇	六·四九	六·五九	七·九	七·一八	七·二五	七·三〇
七·四三	七·四二	七·三七	七·三〇	七·二〇	七·九	六·五七	六·四五	六·二九	六·一四	六·〇	五·四七	五·三三	五·二五	五·一八	五·一五	五·一三	五·一四	五·一九
五·二四	五·二八	五·三四	五·四一	五·四九	五·五七	六·四	六·一一	六·一八	六·二六	六·三二	六·四一	六·五〇	六·五九	七·九	七·一九	七·二八	七·三五	七·四〇
七·五二	七·五二	七·四六	七·四〇	七·三二	七·一九	七·七	六·五三	六·三九	六·二五	六·一二	五·五八	五·四六	五·三六	五·二九	五·二五	五·二三	五·二六	五·三〇
五·二六	五·三一	五·三七	五·四四	五·五一	五·五八	六·五	六·一一	六·一八	六·二五	六·三一	六·四〇	六·四八	六·五七	七·六	七·一五	七·二四	七·三一	七·三六
七·四八	七·四七	七·四三	七·三六	七·二八	七·一七	七·五	六·五二	六·三八	六·二四	六·一一	五·五八	五·四七	五·三八	五·三二	五·二七	五·二六	五·二八	五·三三

二九

部分日食 二月五日

地名	日出 時刻	日出 方向	日出 食分	食甚 時刻	食甚 方向	食甚 食分	復圓 時刻	復圓 方向
雄基	前 七時二九分	上稍右	八分一厘	前 七時四一分	左上	九分三厘	前 七時四七分	左稍下
新義州	七時四九分	左	七分四厘	—	—	—	八時三八分	左稍下
元山	七時三五分	左上	八分五厘	七時三五分	左上	八分五厘	八時三九分	左稍下
平壌	七時四一分	左稍上	八分一厘	—	—	—	八時三七分	左稍下
京城	七時三三分	左上	八分二厘	—	—	—	八時三六分	左稍下
仁川	七時三五分	左上	八分一厘	—	—	—	八時三五分	左稍下
大邱	七時二四分	上稍左	七分六厘	七時三一分	左上	七分九厘	八時三五分	左稍下
釜山	七時二一分	上稍左	七分三厘	七時三〇分	左上	七分八厘	八時三四分	左稍下
木浦	七時三一分	左上	七分五厘	—	—	—	八時三一分	左稍下

部分月食 八月一六日

初虧	食甚	復圓
各地共 前二時五九分 方向 上稍左	各地共 前四時二八分 方向 右上	新義州、木浦方面ノミニテ見ユ 前五時五八分 方向 右稍下
		雄基、元山、平壌、京城、仁川、大邱、釜山方面ニテハ食ヲ帶ビタルマヽ月入其ノ時ノ方向右稍下

年代表

各地ノ氣候（平均氣溫）

地名	一月	二月	三月	四月	五月	六月	七月	八月	九月	十月	十一月	十二月	年
中江鎭	(一)二一・三	(一)一五・六	(一)四・三	六・四	一三・五	一八・六	二二・七	二一・七	一四・三	六・九	(一)三・五	(一)一五・六	三・六
新義州	(一)一〇・〇	(一)五・九	〇・七	八・五	一五・〇	一九・九	二四・〇	二四・三	一八・九	一一・五	二・六	(一)六・〇	八・六
元山	(一)三・八	(一)二・四	二・五	九・五	一五・〇	一九・二	二三・八	二三・四	一八・八	一三・二	五・七	(一)〇・九	一〇・三
江陵	(一)一・四	〇・〇	四・六	一一・五	一六・四	二〇・五	二四・三	二四・五	一九・七	一四・五	八・三	一・九	一三・〇
京城	(一)四・九	(一)二・〇	三・三	一〇・六	一六・三	二一・三	二四・七	二五・五	二〇・二	一三・三	五・五	(一)一・八	一〇・六
仁川	(一)四・〇	(一)二・一	二・九	九・六	一四・九	一九・六	二三・六	二四・九	二〇・三	一四・三	六・三	(一)一・〇	一〇・八
全州	(一)二・二	(一)〇・三	四・六	一一・三	一六・九	二一・四	二五・七	二五・九	二〇・四	一三・八	七・三	一・三	一二・三
釜山	一・八	三・二	七・二	一三・三	一六・五	二〇・〇	二四・〇	二五・六	二一・七	一六・四	一〇・三	四・五	一三・六
木浦	〇・七	一・六	五・三	一一・四	一六・四	二〇・六	二四・七	二六・二	二一・八	一六・二	九・七	三・七	一三・三
臺北	一五・二	一四・八	一六・九	二〇・六	二四・二	二六・六	二八・三	二七・九	二六・三	二三・〇	一九・八	一六・八	二一・七
鹿兒島	六・九	七・四	一〇・六	一五・四	一八・八	二二・四	二六・三	二六・八	二四・三	一九・〇	一三・七	八・八	一六・七
下關	五・三	五・三	八・二	一三・九	一七・〇	二〇・八	二四・九	二六・五	二三・〇	一七・七	一二・七	七・九	一五・三
大阪	四・一	四・三	七・四	一三・三	一七・六	二一・九	二六・三	二七・三	二三・四	一七・三	一一・九	六・六	一五・〇
東京	三・〇	三・八	六・九	一二・六	一六・七	二〇・六	二四・四	二五・七	二二・二	一六・二	一〇・七	五・四	一四・〇
札幌	(一)六・五	(一)五・三	(一)一・六	五・三	一〇・五	一五・三	一九・三	二一・〇	一六・四	九・八	三・三	(一)三・三	七・〇
大泊	(一)一二・三	(一)一〇・三	(一)五・四	一・〇	五・五	一〇・一	一四・八	一七・三	一三・七	七・六	(一)〇・三	(一)六・九	三・〇
大連	(一)五・三	(一)三・五	一・九	九・四	一五・四	二〇・三	二三・六	二四・五	一九・九	一三・八	五・三	(一)一・九	一〇・三

降水量（粍）

地名	一月	二月	三月	四月	五月	六月	七月	八月	九月	十月	十一月	十二月	年
中江鎭	一二・八	九・三	二三・七	三七・三	八二・九	一一六・八	一八〇・九	一六六・六	八五・八	四三・五	三一・〇	一八・三	八〇六・五
新義州	七・三	七・八	一九・六	五三・三	九八・〇	一三三・三	二六三・七	二七四・九	一三三・四	五〇・三	三四・九	一八・六	一〇七二・三
元山	三〇・四	三五・二	四七・六	七一・五	八八・八	一二四・五	二七四・四	三一八・九	一七一・九	七五・二	六五・九	二九・八	一三五九・六
江陵	五〇・四	六五・五	六一・九	八一・九	七四・七	九七・九	二三八・六	三三〇・二	一七三・九	七三・七	六五・九	五七・三	一三六一・六
京城	三三・六	三一・九	三八・五	七六・五	八六・二	一三三・八	三九二・一	二五六・四	一二七・〇	四二・〇	四四・七	二八・七	一三六四・一
仁川	一八・九	一八・七	三〇・〇	六六・四	八〇・三	九七・八	二九一・六	二一五・三	二二一・九	四一・三	四〇・八	二七・四	一〇五四・九
全州	二六・三	三二・九	四〇・四	八二・八	七八・三	一三二・一	二九九・四	二五一・九	二三〇・三	五五・七	四七・四	四三・八	一一九九・三
釜山	四二・八	三六・四	六八・二	一三八・八	三三・七	二〇〇・三	二九九・〇	一八一・三	一七三・九	七四・五	四一・八	三〇・八	一四三五・三
木浦	三六・〇	三七・六	四一・三	九二・二	八九・六	二四一・四	二〇九・五	一七二・四	一一九・八	五七・八	四四・八	三七・六	一〇七三・七
臺北	八七・八	一三四・〇	一八八・五	一六七・三	一三一・六	二九二・五	三二七・九	三二二・五	二三四・二	一一八・九	六一・六	七一・九	二一一八・二
鹿兒島	七七・九	一〇〇・七	一五三・九	二三一・三	二一四・三	三九五・五	二九〇・六	一八九・五	二三六・七	三三三・四	九一・五	八〇・三	二一五六・四
下關	六六・七	七八・三	一二〇・八	一四八・三	一四一・三	二七四・二	二四七・三	二一七・四	一七九・二	一〇六・三	七二・九	七七・二	一六一五・四
大阪	四九・三	五七・七	九九・九	一三六・三	一三四・三	一九二・三	一五二・二	一〇四・九	一七一・二	一三一・九	七六・二	四七・八	一三四一・二
東京	五〇・四	七二・〇	一〇七・九	一三五・〇	一四九・八	一六八・九	一三三・四	一五二・三	二三七・八	一九九・九	九八・四	五八・三	一五六三・九
札幌	八六・三	七一・三	六一・九	五七・八	六二・三	六二・七	九四・三	一〇八・八	一三三・四	一一五・六	一〇六・八	九六・三	一〇五六・六
大泊	二八・七	一八・九	三〇・六	四四・九	七一・三	六九・八	九〇・九	九四・四	一〇六・九	八一・六	六七・〇	三七・六	七四三・一
大連	一〇・三	七・六	一五・六	二四・〇	四四・九	四六・九	一六〇・九	二三五・三	八九・〇	三〇・八	二四・〇	一五・八	五九二・三

平均風速度（每秒米）

地名	一月	二月	三月	四月	五月	六月	七月	八月	九月	十月	十一月	十二月	年
中江鎭	〇・八	〇・六	一・六	二・二	二・〇	一・六	一・三	一・二	一・一	一・三	一・三	〇・八	一・三
新義州	三・三	三・四	三・三	三・四	三・八	二・四	二・三	二・三	二・七	二・八	三・三	三・三	二・五
元山	三・〇	三・七	三・八	三・七	三・六	二・三	二・三	二・三	三・四	三・六	三・八	三・八	三・五
江陵	四・四	三・六	三・四	三・五	二・七	二・〇	一・八	一・七	二・一	三・七	三・四	四・二	二・八
京城	二・八	三・八	三・四	三・五	三・三	二・八	二・七	二・三	二・五	二・三	三・五	二・四	二・八
仁川	四・三	四・四	四・九	四・四	三・八	三・三	三・八	三・四	三・四	三・六	四・三	四・三	四・〇
全州	一・八	一・七	二・〇	一・九	一・七	一・五	一・五	一・三	一・〇	一・三	一・四	一・五	一・五
釜山	四・六	四・四	四・三	四・六	四・一	四・一	四・三	四・三	四・四	三・九	三・八	四・四	四・三
木浦	五・三	五・四	五・四	四・四	五・八	三・三	三・八	三・四	三・六	三・七	四・五	四・八	四・三
臺北	三・四	三・三	三・五	三・二	二・八	二・三	二・五	二・八	三・一	三・六	三・九	三・六	三・三
鹿兒島	三・二	三・三	三・一	三・二	二・八	二・七	二・八	三・〇	二・九	二・九	二・九	三・五	三・〇
下關	五・〇	四・七	四・九	四・八	四・八	四・六	四・三	四・七	三・八	三・六	四・二	四・九	四・五
大阪	三・二	三・〇	三・〇	二・八	二・六	二・六	二・六	二・六	二・五	二・五	二・五	三・〇	二・六
東京	二・七	三・二	三・三	三・三	三・〇	二・七	二・五	二・七	二・七	二・五	二・四	二・五	二・八
札幌	三・〇	三・〇	三・六	四・三	四・二	三・五	三・〇	二・九	二・六	二・六	三・〇	三・九	三・三
大泊	四・七	四・四	四・八	四・六	四・三	三・八	三・五	三・五	四・三	五・一	五・七	五・三	四・五
大連	四・八	四・八	五・三	五・八	五・三	四・五	四・三	三・七	四・一	四・七	三・三	四・九	四・八

平均濕度（百分率）

地名	一月	二月	三月	四月	五月	六月	七月	八月	九月	十月	十一月	十二月	年
中江鎭	八二	七九	六八	六二	六〇	七八	八〇	八二	八二	七五	七七	八〇	七四
新義州	六七	六九	六八	六八	七〇	七九	八六	八二	七九	七三	六九	六九	七二
元山	五七	五七	五九	六八	六八	七九	八五	八五	七二	六四	五六	五三	六六
江陵	五五	五九	六二	六二	六九	七〇	八七	八二	七九	六六	五五	五四	六六
京城	六九	六八	六二	六四	六八	七二	八〇	七九	七三	六九	六四	六六	六九
仁川	六七	六八	六八	七〇	七四	七九	八五	八二	七四	六九	六六	六九	七二
全州	七五	七二	七〇	七〇	七三	七九	八〇	八〇	七九	七四	七六	七九	七七
釜山	五五	五九	五七	六八	七二	七九	八五	七九	七三	六六	五九	五三	六六
木浦	七三	七三	七〇	七四	七九	八二	八八	八三	七七	七五	七四	七二	七七
臺北	八四	八四	八四	八二	八一	八二	七九	七九	八〇	八二	八二	八三	八二
鹿兒島	七三	七三	七二	七六	七六	八二	八二	八〇	七九	七六	七四	七七	七四
下關	六九	六九	七二	七五	七三	八二	八四	八〇	七九	七六	七三	六九	七八
大阪	七三	七三	七二	七一	七三	七九	七四	七六	七七	七九	七六	七三	七四
東京	六〇	六三	六九	七二	七六	八〇	八三	八二	八三	七九	七三	六六	七四
札幌	七九	七九	七七	七二	七四	八二	八四	八四	八三	八〇	七七	七四	七九
大泊	八二	八〇	八〇	八〇	八二	八八	八八	八八	八五	七九	八六	八九	八二
大連	六〇	六三	五九	五七	六二	七二	八五	八〇	七一	六六	六二	六二	六六

三四

霜雪ノ季節

地名	初霜 平均	初霜 最早	終霜 平均	終霜 最晩	初雪 平均	初雪 最早	終雪 平均	終雪 最晩
中江鎮	九月二六日	九月一四日	五月一五日	六月二日	一〇月二二日	一〇月二〇日	四月二六日	五月一六日
新義州	一〇月三日	九月二三日	四月二一日	四月三〇日	一一月一五日	一一月一日	三月二九日	四月一三日
元山	一〇月二四日	九月三〇日	四月一五日	五月四日	一一月一八日	一一月一日	四月四日	五月二日
江陵	一一月七日	一〇月一六日	四月九日	四月二六日	一二月三日	一一月三日	四月一日	四月二八日
京城	一〇月一五日	一〇月五日	四月一八日	四月三〇日	一一月一七日	一〇月二六日	三月二六日	四月一九日
仁川	一一月二日	一〇月一三日	四月七日	四月二一日	一一月一八日	一〇月二七日	三月二二日	四月一九日
全州	一〇月一五日	九月二六日	四月二五日	五月一七日	一一月二二日	一一月三日	三月二〇日	四月七日
釜山	一一月九日	一〇月一一日	三月二七日	四月二五日	一二月一九日	一一月七日	三月一〇日	四月二〇日
木浦	一一月一三日	一〇月二五日	四月六日	四月二三日	一一月二四日	一一月五日	三月一六日	四月七日
臺北	一月七日	一二月二七日	一月二四日	三月七日	—	—	—	—
鹿兒島	一一月二五日	一〇月二〇日	三月二四日	四月二三日	一月一〇日	一二月八日	二月二六日	三月二六日
下關	一二月二日	一一月四日	三月三〇日	五月一二日	一二月二三日	一一月二五日	三月一一日	四月六日
大阪	一一月一三日	一〇月二三日	四月九日	五月六日	一二月二二日	一一月一二日	三月一六日	四月七日
東京	一一月一三日	一〇月二一日	四月七日	五月一六日	一二月二三日	一一月一七日	三月一九日	四月一〇日
札幌	一〇月四日	九月九日	五月一八日	六月二八日	一〇月三〇日	一〇月五日	四月二一日	五月一四日
大泊	九月二七日	九月二一日	五月二四日	六月一三日	一〇月二二日	一〇月四日	五月一六日	六月一四日
大連	一一月三日	一〇月九日	三月三一日	四月二三日	一一月八日	一〇月二二日	三月二七日	五月一三日

氣溫降水量ノ極數

地名	最高氣溫	最低氣溫	最大降水日量	最大降水年量
中江鎭	三八・〇 大正一三年 八月六日	(−)四三・六 昭和八年 一月一二日	九九・八 昭和四年 七月一三日	一〇九九・八 昭和二年
新義州	三八・九 昭和一四年 七月三〇日	(−)三一・七 昭和三年 一月二三日	一八二・三 昭和六年 八月二六日	一三七八・八 昭和九年
元山	三九・六 明治三九年 七月三〇日	(−)二一・九 大正四年 一月一三日	二四一・〇 明治三八年 九月二日	二〇九九・三 大正一一年
江陵	三八・六 昭和一四年 七月三〇日	(−)二〇・三 大正四年 一月一三日	三〇五・六 大正一〇年 九月一四日	一九〇八・八 大正一四年
京城	三八・三 昭和一四年 八月一〇日	(−)二三・二 昭和二年 三月二二日	三五四・七 大正六年 八月二日	二一三五・二 昭和一五年
仁川	三七・四 昭和一四年 七月三一日	(−)二一・〇 昭和六年 一月一二日	二四〇・六 大正一二年 八月二三日	一八八四・八 昭和・一五年
全州	三八・三 昭和一四年 七月三一日	(−)一七・二 昭和八年 一月二七日	二〇四・六 昭和一二年 八月一五日	一七六八・八 昭和五年
釜山	三六・三 昭和四年 八月一日	(−)一四・〇 大正四年 一月一五日	三四〇・八 明治四四年 七月一七日	二〇四七・三 明治三八年
木浦	三七・〇 大正一三年 八月一八日	(−)一四・三 大正四年 一月一五日	三〇〇・二 明治四四年 七月一五日	一七四三・八 大正五年
臺北	三八・六 大正一〇年 七月二一日	(−)〇・三 明治三四年 二月一三日	三八六・九 昭和六年 七月二八日	三七八八・三 明治三一年
鹿兒島	三六・三 明治三八年 七月二六日	(−)六・七 大正一二年 二月二八日	三〇五・七 大正六年 六月二八日	三五八〇・六 明治三八年
下關	三五・九 明治三七年 八月一二日	(−)六・六 明治三三年 二月二日	三三八・一 明治三六年 六月二五日	二三六八・四 大正一二年
大阪	三九・八 明治三三年 八月四日	(−)七・二 明治四四年 一月二五日	一九五・三 昭和一〇年 六月二九日	一八五九・〇 明治三六年
東京	三六・六 明治一九年 七月一四日	(−)八・六 昭和二年 一月二四日	二七八・五 昭和一三年 六月二八日	二三八八・六 明治一九年
札幌	三五・六 大正二年 八月一一日	(−)二八・五 昭和四年 二月一日	一五九・六 昭和一三年 六月一三日	一三八二・七 明治三二年
大泊	三二・四 昭和一三年 八月一九日	(−)三三・七 明治四四年 一月二一日	八八・七 大正四年 八月二三日	九九七・五 大正四年
大連	三六・二 昭和一四年 七月二二日	(−)一九・八 昭和六年 一月一〇日	一六九・六 大正六年 七月二六日	一三三四・八 大正三年

昭和十八年

水稻便覽

項目 ＼ 地方	北部	中部	南部
選種及浸種	四月中旬前半	四月下旬前半	四月下旬後半
苗代ノ整地及施肥	四月中旬後半	四月下旬前半	五月上旬前半
種籾鹽水選及消毒	四月中旬後半	四月下旬前半	五月上旬前半
播種	四月下旬前半	四月下旬後半	五月上旬後半
苗代病害蟲防除	五月下旬	六月上旬	六月上旬
綠肥作物收穫	五月中旬乃至六月上旬	五月下旬乃至六月上旬前半	五月下旬乃至六月上旬前半
裏作大麥收穫	—	六月中旬後半	六月中旬前半
本田整地及施肥（一毛作）	五月下旬前半	六月上旬後半	六月上旬後半
本田整地及施肥（二毛作）	—	六月下旬前半	六月中旬後半
挿秧（一毛作）	六月上旬	六月上旬乃至中旬前半	六月中旬
挿秧（二毛作）	—	六月下旬前半	六月下旬前半
中耕除草	六月中旬乃至七月下旬	六月下旬乃至八月上旬	六月下旬乃至八月上旬
追肥（硫酸安母尼亞ノ如キ可溶性ノ肥料）	七月上旬前半	七月上旬後半	七月中旬前半
病害蟲防除	六月上旬乃至八月下旬	六月中旬乃至九月上旬	六月中旬乃至九月中旬
稗拔	八月下旬	九月上旬	九月中旬
落水	九月上旬	九月中旬	九月下旬
綠肥作物播種	八月下旬乃至九月上旬	九月上旬乃至中旬前半	九月上旬乃至中旬
收穫	九月下旬乃至十月上旬	十月中旬	十月下旬
乾燥	十月上旬	十月下旬	十一月上旬
裏作大麥播種	—	十月上旬乃至中旬前半	十月下旬
調製	十月中旬	十一月上旬	十一月中旬
畓秋耕	十月中旬乃至下旬	十月下旬	十一月上旬乃至中旬
收穫物ノ整理	十一月中旬	十一月下旬	十二月上旬
農具整理	十二月乃至三月	十二月乃至三月	十二月乃至三月
繩叺製造	十二月乃至三月	十二月乃至三月	十二月乃至三月

三七

食糧畑作物耕種概要

項目＼地方	北部	中部	南部
秋播麥類ノ追肥	三月中旬乃至下旬	三月中旬乃至下旬	三月上旬乃至中旬
甘藷種藷ノ伏込	三月下旬	三月下旬乃至四月上旬	三月下旬乃至四月上旬
春播麥類ノ播種	三月下旬乃至五月上旬	三月下旬	三月中旬
馬鈴薯種藷ノ植付	四月中旬乃至下旬	三月下旬乃至四月上旬	三月下旬乃至四月上旬
粟ノ播種	四月中旬乃至五月上旬	五月	五月下旬乃至六月下旬
大小豆ノ播種	五月	五月	五月下旬乃至六月下旬
甘藷苗ノ移植	五月	五月中旬乃至六月上旬	五月中旬乃至六月
麥類ノ黑穗拔除	五月中旬乃至下旬	五月上旬乃至中旬	五月上旬乃至中旬
秋播麥類ノ乾燥	六月下旬乃至七月中旬	六月中旬乃至下旬	六月上旬乃至中旬
粟ノ間引	五月中旬乃至六月上旬	六月上旬乃至中旬	六月中旬乃至七月上旬
粟ノ病蟲被害莖拔除	七月中旬乃至下旬	七月下旬乃至八月上旬	七月下旬乃至八月上旬
蕎麥ノ播種	七月	七月中旬乃至下旬	七月中旬乃至下旬
馬鈴薯ノ收穫	八月乃至九月	六月乃至七月	六月乃至七月
粟ノ培土	六月乃至七月	七月乃至八月	七月乃至八月
春播麥類ノ收穫	七月乃至八月	六月中旬乃至七月上旬	六月中旬乃至下旬
秋播麥類ノ播種	九月中旬乃至下旬	十月上旬乃至中旬	十月中旬乃至十一月上旬
大小豆ノ收穫	十月上旬乃至中旬	九月下旬乃至十月中旬	十月中旬乃至下旬
粟ノ收穫	九月	九月下旬乃至十月中旬	九月下旬乃至十月中旬
甘藷ノ收穫	九月下旬乃至十月中旬	十月上旬乃至中旬	十月
秋播麥類ノ管理	十月中旬乃至下旬	十一月中旬	十一月中旬乃至下旬

主要蔬菜耕種要覽

種類	栽培法	播種期 北部	播種期 中部	播種期 南部	定植期 北部	定植期 中部	定植期 南部	收穫期 北部	收穫期 中部	收穫期 南部
胡瓜	直播	四月下旬	四月上中旬	四月上中旬				自七月中旬至八月中旬	自七月上旬至八月中旬	自七月上旬至八月中旬
西瓜 甜瓜	溫床	三月下旬	三月中旬	三月上旬	五月下旬	五月上中旬	五月上旬	自七月中旬至八月中旬	自七月上旬至八月中旬	自七月上旬至八月中旬
越瓜 南瓜	直播	四月下旬	四月上中旬	四月上中旬				自七月下旬至八月下旬	自七月中旬至八月下旬	自七月中旬至八月中旬
茄子	溫床	四月中下旬	四月上中旬	四月上中旬				自六月下旬至八月下旬	自六月中旬至八月下旬	自六月中旬至八月下旬
蕃茄	溫床	三月中旬	三月上旬	三月上旬	五月下旬	五月上旬	五月上旬	自六月下旬至八月中旬	自六月中旬至八月中旬	自六月中旬至八月中旬
[illegible]	直播	四月下旬	四月上中旬	四月上中旬				自七月中旬至十月中旬	自七月上旬至十月中旬	自七月上旬至十月中旬
半結球白菜	春蒔	三月下旬	三月中下旬	三月中下旬				自六月中旬至七月上旬	自六月上旬至七月上旬	自六月上旬至七月上旬
結球白菜	秋蒔	七月下旬	七月下旬	七月下旬				十一月上旬	十一月上旬	十一月上旬
大根	春蒔	四月上旬	四月上旬	四月上旬				七月上中旬	自六月下旬至七月中旬	自六月下旬至七月中旬
同	秋蒔	八月上旬	八月上中旬	八月上中旬				自十月中旬至十一月上旬	自十月中旬至十一月上旬	自十月中旬至十一月上旬
春蒔甘藍	溫床	自二月中旬至四月上旬	自二月上旬至四月上旬	自二月上旬至三月下旬	自四月中旬至六月上旬	自四月上旬至六月上旬	自四月上旬至六月上旬	自六月下旬至七月下旬	自五月下旬至七月下旬	自五月下旬至七月中旬
夏蒔甘藍	冷床	五月中旬	五月中旬	五月中旬	七月下旬	七月下旬	七月下旬	自十月下旬至十一月上旬	自十月下旬至十一月上旬	自十月下旬至十一月上旬
ほうれんさう	春蒔	四月上旬	自三月下旬至四月上旬	自三月中旬至四月上旬				自六月上旬至六月下旬	自五月下旬至六月下旬	自五月下旬至六月下旬
同	秋蒔	自八月中旬至九月中旬	自八月中旬至十月中旬	自八月中旬至十月中旬				自十月中旬至十一月上旬	自十月中旬至三月下旬	自十月中旬至三月下旬
ちしや（萵苣）	春蒔	三月下旬	三月中旬	三月中旬				自五月上旬至五月下旬	自四月下旬至五月中旬	自四月中旬至五月中旬
しゆんぎく（春菊）	直播	四月上旬	自四月上旬至五月中旬	自四月上旬至五月中旬				五月上旬	自五月上旬至六月下旬	自五月上旬至六月中旬
蕪菁	直播	八月中旬	八月中旬	八月中旬				自十月上旬至十一月上旬	自十月上旬至十一月上旬	自十月上旬至十一月上旬
豌豆	直播	自三月下旬至四月上旬	自三月中旬至四月上旬	自三月中旬至四月上旬				六月上中旬	自五月下旬至六月下旬	自五月下旬至六月下旬
葱	冷床	四月中旬	四月上中旬	四月上中旬	七月中旬	七月上中旬	七月上中旬	自十月中旬至十一月中旬	自十月上旬至十一月中旬	自十月上旬至十一月中旬
大蒜	直播	自九月下旬至十月上旬	十月中旬	十月中旬				翌年七月上旬	自六月下旬至七月上旬	自六月下旬至七月上旬

林業便覽

事項　地方	北部	中部	南部
苗圃ノ基肥、播種、床替	三月下旬乃至四月下旬	三月下旬乃至四月上旬	三月
植樹、生籬造成	四月中旬乃至五月下旬	三月下旬乃至四月中旬	三月中旬乃至四月上旬
記念植樹	四月十日前後	四月三日	四月三日
植栽地手入	五月乃至八月	五月乃至八月	五月乃至八月
山菜採取	五月乃至六月	四月乃至五月	三月乃至四月
松脂採取	六月乃至九月	五月乃至十月	五月乃至十月
あべまき(굴참나무)樹皮採取	五月乃至九月	五月乃至九月	五月乃至九月
かしは(떡갈나무)槲皮採取	六月	五月	五月
病蟲害驅除	周年	周年	周年
苗圃日覆及追肥	五月乃至八月	五月乃至八月	五月乃至八月
漆液採取	六月乃至十月	六月乃至十月	六月乃至十月
椎茸、松茸等菌蕈ノ採取	七月乃至十月	九月乃至十月	九月乃至十月
野生藥草採取	五月、八月	四月、九月	三月乃至四月、九月乃至十月
やしゃぶし、ひめやしゃぶし、やはんのき(사방오리나무、물오리나무)等ノ毬果採取	九月下旬乃至十月下旬	七月乃至八月	七月乃至八月
楮皮及葛蔓皮剝取	八月	七月乃至八月	七月乃至八月
五倍子ノ採取	九月中旬乃至下旬	九月上旬乃至中旬	九月上旬乃至中旬
栗、胡桃其他ノ種實採取	九月乃至十月	九月乃至十月	十月乃至十一月
炭窯改造	九月乃至十月	九月乃至十月	九月乃至十月
伐竹	—	十月	十月
種子ノ貯藏	十月乃至十一月	十月乃至十一月	十一月
栗蟲癭ノ採取	十月乃至十二月	十月乃至十二月	十月乃至十二月
苗ノ霜除	十一月	十一月	十二月
製炭	十月乃至二月	十一月乃至二月	十一月乃至二月
炭俵作リ、藁細工	十二月乃至二月	十一月乃至二月	十一月乃至二月
山火注意	一年中ナルモ特ニ四、五、六、九月	一年中ナルモ特ニ三、四、五、九、十月	一年中ナルモ特ニ三、四、五、九、十月

水產動植物ノ採捕禁止一覽

國稅及道稅納期一覽

昭和十八年

國稅	
定期稅入ニ屬スルモノ	[illegible]
隨時收入ニ屬スルモノ	[illegible]

道稅	
定期收入ニ屬スルモノ	地租附加稅, 特別地稅, [illegible], [illegible], 鑛區稅附加稅, 砂鑛區稅附加稅, [illegible], [illegible], 戶別稅, 家屋稅, 車輛稅, 雜種稅
隨時收入ニ屬スルモノ	不動産取得稅, [illegible], [illegible], [illegible]

四二

昭和十七年十二月五日印刷
昭和十七年十二月八日發行

定價金八錢

發行者　朝鮮總督府

京城府大島町三十八番地
印刷兼發賣所　朝鮮書籍印刷株式會社

17　昭和十九年略暦（1944）

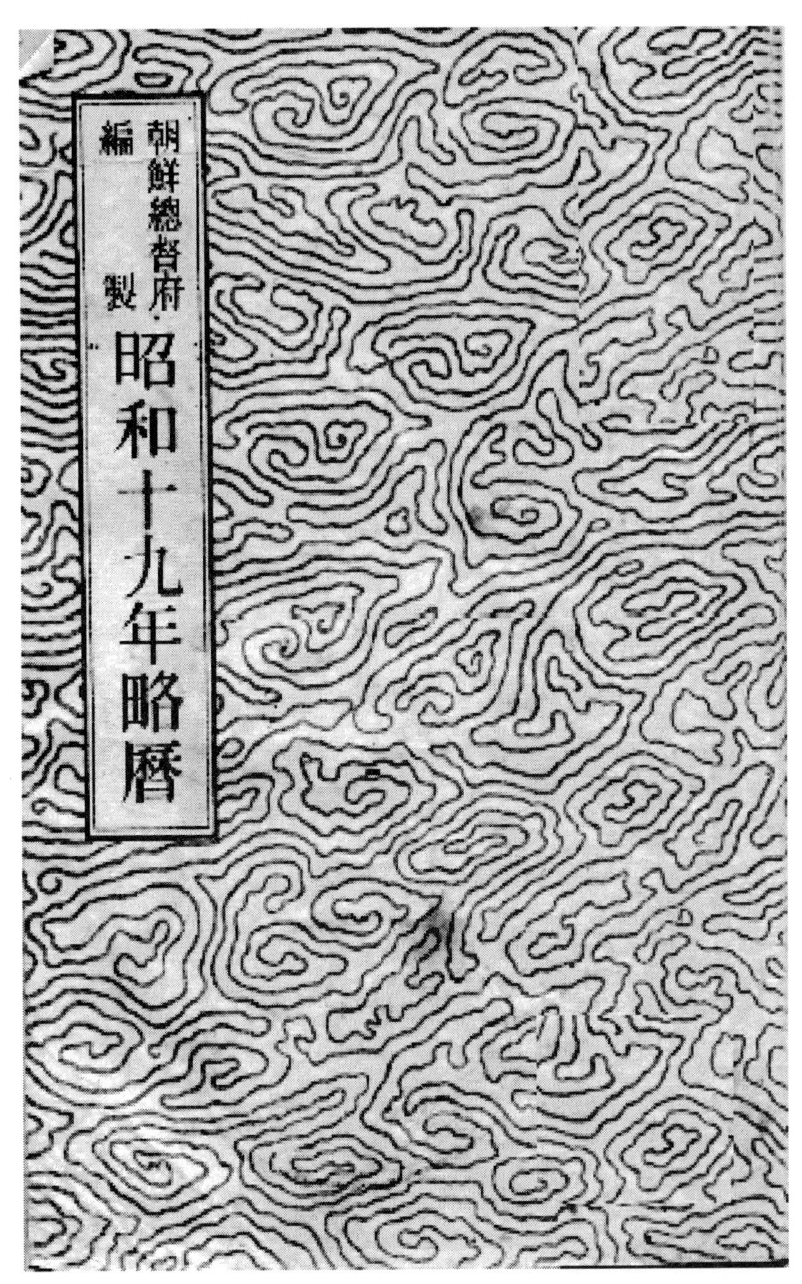

 17. 昭和十九年略曆(1944)

朝鮮總督府氣象台編纂

神武天皇即位紀元二千六百四年

昭和十九年 周年 甲申 略曆

祝祭日	
四方拜	一月一日
元始祭	一月三日
新年宴會	一月五日
紀元節	二月十一日
春季皇靈祭	三月二十一日
神武天皇祭	四月三日
天長節	四月二十九日
秋季皇靈祭	九月二十三日
神嘗祭	十月十七日
明治節	十一月三日
新嘗祭	十一月二十三日
大正天皇祭	十二月二十五日

凡例

本略曆ニ掲載スル時刻ハ本府中央標準時ヲ用ヒ
月ノ出入ハ仁川ニ於ケル値ナリ
月齡ハ朝ヨリ當日正午迄ノ日數ナリ
滿干潮時ハ仁川港ニ於ケル値ニシテ鮮內主要港ニ於ケル値ハ次ノ時間ヲ加減シテ概略ヲ知ルヲ得ベシ

港	時分	港	時分	港	時分
多獅島	四・四〇加	鎮南浦	四・一〇加	夢金浦	二・三〇加
群山	一・三〇減	木浦	滿潮二・二五減 干潮三・三〇減	麗水	八・五〇減
釜山	三・三〇加	濟州（禾北里）	七・五減	迎日灣	〇・三五減
元山	一・三〇減	城津	一・四五減	雄基	一・四〇減

本略曆ハ簡單ニ記載シアルヲ以テ詳細ハ朝鮮總督府氣象臺編纂ノ日用便覽ニツキ見ルベシ

一月大 三十一日

日	曜	干支	記事	月齡	月出 月入	滿潮	干潮
一日	土	甲子	四方拜	五	[illegible]	[illegible]	[illegible]
二日	日	乙丑		六	[illegible]	[illegible]	[illegible]
三日	月	丙寅	元始祭 上弦 [illegible]	七	[illegible]	[illegible]	[illegible]
四日	火	丁卯	御用始	八	[illegible]	[illegible]	[illegible]
五日	水	戊辰	新年宴會	九	[illegible]	[illegible]	[illegible]
六日	木	己巳	小寒	一〇	[illegible]	[illegible]	[illegible]
七日	金	庚午		一一	[illegible]	[illegible]	[illegible]
八日	土	辛未	大詔奉戴日	一二	[illegible]	[illegible]	[illegible]
九日	日	壬申		一三	[illegible]	[illegible]	[illegible]
十日	月	癸酉	望 後七時十分	一四	[illegible]	[illegible]	[illegible]
十一日	火	甲戌		一五	[illegible]	[illegible]	[illegible]
十二日	水	乙亥		一六	[illegible]	[illegible]	[illegible]
十三日	木	丙子		一七	[illegible]	[illegible]	[illegible]
十四日	金	丁丑		一八	[illegible]	[illegible]	[illegible]

日	曜	干支	記事	旧			
十五日	土	戊寅		一九	前一〇・[?]六 後一〇・三四	前八・一〇 後八・三三	前二・〇 後二・五
十六日	日	己卯		二〇	前一一・[?]一 後一一・[?]二	前八・四五 後九・五	前二・三五 後二・四〇
十七日	月	庚辰		二一	前一一・五八 後一一・三二	前九・二〇 後九・四〇	前三・五 後三・一五
十八日	火	辛巳	土用	二二	後〇・一[?]	前一〇・一〇 後一〇・三〇	前三・四五 後四・〇
十九日	水	壬午	下弦 前〇時三二分	二三	前〇・五五 後〇・三一	前一一・〇 後一一・三〇	前四・三五 後四・五〇
二十日	木	癸未	臘	二四	前一・[?]五 後一・[?]四	後〇・一〇	前五・四〇 後六・一五
二十一日	金	甲申	大寒	二五	前二・五七 後一・四二	前〇・二〇 後一・一五	前七・〇 後七・五〇
二十二日	土	乙酉		二六	前四・[?]一 後二・三六	前一・三〇 後二・三〇	前八・一五 後九・一五
二十三日	日	丙戌		二七	前五・[?]六 後三・一七	前二・三五 後三・三〇	前九・二〇 後一〇・[?]五
二十四日	月	丁亥		二八	前六・一〇 後四・一六	前三・四五 後四・四〇	前一〇・[?]五 後一一・一〇
二十五日	火	戊子		二九	前七・一一 後五・三三	前四・四五 後五・三〇	前一一・一〇 後一一・四五
二十六日	水	己丑	朔 前〇時二四分	〇	前八・[?]五 後六・三四	前五・四〇 後六・二〇	前一一・五〇
二十七日	木	庚寅		一	前八・五三 後七・四七	前六・二五 後七・五[?]	前〇・二五 後〇・三〇
二十八日	金	辛卯		二	前九・三六 後九・〇[?]	前七・一五 後七・五〇	前一・五 後一・一五
二十九日	土	壬辰		三	前一〇・一四 後一〇・一〇	前八・〇[?] 後八・三〇	前一・四〇 後一・五〇
三十日	日	癸巳		四	前一〇・五〇 後一一・一八	前八・四五 後九・一五	前二・二五 後二・三五
三十一日	月	甲午		五	前一一・二四	前九・三〇 後九・[?]五	前三・五 後三・二〇

二月閏 二十九日

日	曜	干支	記事	月齡	月出入	滿潮	干潮
一日	火	乙未	上弦 後四時八分	六	[illegible]	[illegible]	[illegible]
二日	水	丙申		七	[illegible]	[illegible]	[illegible]
三日	木	丁酉		八	[illegible]	[illegible]	[illegible]
四日	金	戊戌	節分	九	[illegible]	[illegible]	[illegible]
五日	土	己亥	立春	一〇	[illegible]	[illegible]	[illegible]
六日	日	庚子		一一	[illegible]	[illegible]	[illegible]
七日	月	辛丑		一二	[illegible]	[illegible]	[illegible]
八日	火	壬寅	大詔奉戴日	一三	[illegible]	[illegible]	[illegible]
九日	水	癸卯	望 後二時二九分	一四	[illegible]	[illegible]	[illegible]
十日	木	甲辰		一五	[illegible]	[illegible]	[illegible]
十一日	金	乙巳	紀元節	一六	[illegible]	[illegible]	[illegible]
十二日	土	丙午		一七	[illegible]	[illegible]	[illegible]
十三日	日	丁未		一八	[illegible]	[illegible]	[illegible]
十四日	月	戊申		一九	[illegible]	[illegible]	[illegible]

日	曜	干支	記事	月齢			
十五日	火	己酉		二〇	後一一・四五 前一〇・三二	前八・四〇 後九・〇	前二・三〇 後二・四五
十六日	水	庚戌		二一	前一一・三	前九・三〇 後九・四〇	前三・五 後三・二五
十七日	木	辛亥	下弦 後四時四二分	二二	前〇・四四 前一一・三八	前一〇・一五 後一〇・三五	前三・四五 後四・一五
十八日	金	壬子		二三	前一・四六 後〇・一七	前一一・二〇 後一一・四〇	前四・三五 後五・二〇
十九日	土	癸丑		二四	前二・四八 後一・三	後〇・四〇	前五・五五 後七・五
二十日	日	甲寅	雨水	二五	前三・五一 後一・五七	前〇・五〇 後二・〇	前七・四五 後八・四五
二十一日	月	乙卯		二六	前四・五一 後二・五八	前二・一五 後三・一五	前九・〇 後九・五五
二十二日	火	丙辰		二七	前五・四八 後四・六	前三・三〇 後四・二五	前一〇・五 後一〇・四五
二十三日	水	丁巳		二八	前六・三九 後五・一八	前四・三五 後五・二〇	前一〇・五五 後一一・三〇
二十四日	木	戊午	朔 前一〇時五九分	〇	前七・二五 後六・三二	前五・三〇 後六・一〇	前一一・四五
二十五日	金	己未		一	前八・六 後七・四六	前六・一五 後六・五〇	前〇・一〇 後〇・二〇
二十六日	土	庚申		二	前八・四四 後八・五八	前七・〇 後七・三〇	前〇・五〇 後一・一〇
二十七日	日	辛酉		三	前九・二〇 後一〇・七	前七・四五 後八・五	前一・二五 後一・四〇
二十八日	月	壬戌		四	前九・五六 後一一・一四	前八・三〇 後八・四〇	前二・〇 後二・一五
二十九日	火	癸亥		五	前一〇・三二	前九・五 後九・二〇	前三・三五 後三・五五

五

三月大 三十一日

日	曜	干支	記事	月齢	月出・月入	滿潮	干潮
一日	水	甲子		六	[illegible]	[illegible]	[illegible]
二日	木	乙丑	上弦 前五時四〇分	七	[illegible]	[illegible]	[illegible]
三日	金	丙寅		八	[illegible]	[illegible]	[illegible]
四日	土	丁卯		九	[illegible]	[illegible]	[illegible]
五日	日	戊辰		一〇	[illegible]	[illegible]	[illegible]
六日	月	己巳	地久節 驚蟄	一一	[illegible]	[illegible]	[illegible]
七日	火	庚午		一二	[illegible]	[illegible]	[illegible]
八日	水	辛未	大詔奉戴日	一三	[illegible]	[illegible]	[illegible]
九日	木	壬申		一四	[illegible]	[illegible]	[illegible]
十日	金	癸酉	陸軍記念日 望 前九時二八分	一五	[illegible]	[illegible]	[illegible]
十一日	土	甲戌		一六	[illegible]	[illegible]	[illegible]
十二日	日	乙亥		一七	[illegible]	[illegible]	[illegible]
十三日	月	丙子		一八	[illegible]	[illegible]	[illegible]
十四日	火	丁丑		一九	[illegible]	[illegible]	[illegible]

昭和十九年

月

日	曜	干支	記事	舊暦	時刻	時刻	時刻
十五日	水	戊寅	朝鮮神宮祈年祭	二〇	[illegible]	[illegible]	[illegible]
十六日	木	己卯		二一	[illegible]	[illegible]	[illegible]
十七日	金	庚辰		二二	[illegible]	[illegible]	[illegible]
十八日	土	辛巳	下弦 前五時五分 彼岸	二三	[illegible]	[illegible]	[illegible]
十九日	日	壬午		二四	[illegible]	[illegible]	[illegible]
二十日	月	癸未		二五	[illegible]	[illegible]	[illegible]
二十一日	火	甲申	春季皇靈祭 春分 前二時四九分	二六	[illegible]	[illegible]	[illegible]
二十二日	水	乙酉		二七	[illegible]	[illegible]	[illegible]
二十三日	木	丙戌		二八	[illegible]	[illegible]	[illegible]
二十四日	金	丁亥	朔 後八時三六分	二九	[illegible]	[illegible]	[illegible]
二十五日	土	戊子	社日	一	[illegible]	[illegible]	[illegible]
二十六日	日	己丑		二	[illegible]	[illegible]	[illegible]
二十七日	月	庚寅		三	[illegible]	[illegible]	[illegible]
二十八日	火	辛卯		四	[illegible]	[illegible]	[illegible]
二十九日	水	壬辰		五	[illegible]	[illegible]	[illegible]
三十日	木	癸巳		六	[illegible]	[illegible]	[illegible]
三十一日	金	甲午	上弦 後九時三四分	七	[illegible]	[illegible]	[illegible]

七

昭和十八年

四月小 三十日

日	曜	干支	記事	月齡	月出 月入	滿潮	干潮
一日	土	乙未		八	[illegible]	[illegible]	[illegible]
二日	日	丙申		九	[illegible]	[illegible]	[illegible]
三日	月	丁酉	神武天皇祭 [illegible]記念日	一〇	[illegible]	[illegible]	[illegible]
四日	火	戊戌		一一	[illegible]	[illegible]	[illegible]
五日	水	己亥	清明	一二	[illegible]	[illegible]	[illegible]
六日	木	庚子	寒食	一三	[illegible]	[illegible]	[illegible]
七日	金	辛丑	愛馬ノ日	一四	[illegible]	[illegible]	[illegible]
八日	土	壬寅	大詔奉戴日	一五	[illegible]	[illegible]	[illegible]
九日	日	癸卯	望 前二時三三分	一六	[illegible]	[illegible]	[illegible]
十日	月	甲辰		一七	[illegible]	[illegible]	[illegible]
十一日	火	乙巳		一八	[illegible]	[illegible]	[illegible]
十二日	水	丙午		一九	[illegible]	[illegible]	[illegible]
十三日	木	丁未		二〇	[illegible]	[illegible]	[illegible]
十四日	金	戊申		二一	[illegible]	[illegible]	[illegible]

八

昭和十九年

日	曜	干支	記事				
十五日	土	己酉		二二	前〇・三四 前一〇・三五	前九・二五 後九・三〇	前二・五〇 後三・三〇
十六日	日	庚戌	下弦 後一時五九分	二三	前一・三〇 前一一・三四	前一〇・三〇 後一〇・五五	前三・四五 後四・三〇
十七日	月	辛亥	土用	二四	前二・三二 後〇・三九	前一一・五〇	前四・四五 後六・三〇
十八日	火	壬子		二五	前三・九 後一・四七	前〇・二〇 後一・一五	前六・四五 後八・五
十九日	水	癸丑		二六	前三・五一 後二・五七	前一・四五 後二・三五	前八・三五 後九・一五
二十日	木	甲寅	穀雨	二七	前四・三〇 後四・八	前三・五 後三・四〇	前九・三〇 後一〇・五
二十一日	金	乙卯		二八	前五・七 後五・一九	前四・〇 後四・三〇	前一〇・三〇 後一〇・四五
二十二日	土	丙辰		二九	前五・四二 後六・二九	前四・五五 後五・一五	前一一・五 後一一・三五
二十三日	日	丁巳	朔 前五時四三分	〇	前六・一八 後七・三九	前五・四〇 後五・五五	前一一・四五
二十四日	月	戊午		一	前六・五六 後八・四七	前六・二〇 後六・三五	前〇・〇 後〇・二五
二十五日	火	己未		二	前七・三六 後九・五三	前七・〇 後七・一〇	前〇・三五 後一・〇
二十六日	水	庚申		三	前八・一九 後一〇・五四	前七・四〇 後七・四五	前一・一〇 後一・三五
二十七日	木	辛酉		四	前九・七 後一一・五一	前八・一五 後八・一五	前一・三五 後二・一〇
二十八日	金	壬戌		五	前九・五八	前八・五〇 後九・〇	前二・一五 後二・四五
二十九日	土	癸亥	天長節	六	前一〇・五一 前〇・四一	前九・四〇 後九・五五	前二・五〇 後三・三〇
三十日	日	甲子	靖國神社祭 上弦 後三時六分	七	前一一・四六 前一・二六	前一〇・三五 後一〇・五五	前三・三五 後四・二五

九

昭和十九年

五月大 三十一日

日	曜	干支	記事	月齢	月出	月入	満潮	干潮
一日	月	乙丑		八	[illegible]	[illegible]	[illegible]	[illegible]
二日	火	丙寅	八十八夜	九	[illegible]	[illegible]	[illegible]	[illegible]
三日	水	丁卯		一〇	[illegible]	[illegible]	[illegible]	[illegible]
四日	木	戊辰		一一	[illegible]	[illegible]	[illegible]	[illegible]
五日	金	己巳		一二	[illegible]	[illegible]	[illegible]	[illegible]
六日	土	庚午	立夏	一三	[illegible]	[illegible]	[illegible]	[illegible]
七日	日	辛未		一四	[illegible]	[illegible]	[illegible]	[illegible]
八日	月	壬申	大詔奉戴日 望 後零時二八分	一五	[illegible]	[illegible]	[illegible]	[illegible]
九日	火	癸酉		一六	[illegible]	[illegible]	[illegible]	[illegible]
十日	水	甲戌		一七	[illegible]	[illegible]	[illegible]	[illegible]
十一日	木	乙亥		一八	[illegible]	[illegible]	[illegible]	[illegible]
十二日	金	丙子		一九	[illegible]	[illegible]	[illegible]	[illegible]
十三日	土	丁丑		二〇	[illegible]	[illegible]	[illegible]	[illegible]
十四日	日	戊寅		二一	[illegible]	[illegible]	[illegible]	[illegible]

健民運動

一〇

月

日	曜	干支	記事	陰暦	前後	前後	前後
十五日	月	己卯	下弦 後八時一二分	二二	[illegible]	[illegible]	[illegible]
十六日	火	庚辰		二三	[illegible]	[illegible]	[illegible]
十七日	水	辛巳		二四	[illegible]	[illegible]	[illegible]
十八日	木	壬午		二五	[illegible]	[illegible]	[illegible]
十九日	金	癸未		二六	[illegible]	[illegible]	[illegible]
二十日	土	甲申		二七	[illegible]	[illegible]	[illegible]
二十一日	日	乙酉	小滿	二八	[illegible]	[illegible]	[illegible]
二十二日	月	丙戌	朔 後三時一二分	二九	[illegible]	[illegible]	[illegible]
二十三日	火	丁亥		一	[illegible]	[illegible]	[illegible]
二十四日	水	戊子		二	[illegible]	[illegible]	[illegible]
二十五日	木	己丑		三	[illegible]	[illegible]	[illegible]
二十六日	金	庚寅		四	[illegible]	[illegible]	[illegible]
二十七日	土	辛卯	海軍記念日	五	[illegible]	[illegible]	[illegible]
二十八日	日	壬辰	[illegible]	六	[illegible]	[illegible]	[illegible]
二十九日	月	癸巳		七	[illegible]	[illegible]	[illegible]
三十日	火	甲午	上弦 前九時六分	八	[illegible]	[illegible]	[illegible]
三十一日	水	乙未		九	[illegible]	[illegible]	[illegible]

昭和十九年

六月小 三十日

日	曜	干支	記事	月齢	月出・月入	満潮	干潮
一日	木	丙申		一〇	[illegible]	[illegible]	[illegible]
二日	金	丁酉		一一	[illegible]	[illegible]	[illegible]
三日	土	戊戌		一二	[illegible]	[illegible]	[illegible]
四日	日	己亥		一三	[illegible]	[illegible]	[illegible]
五日	月	庚子		一四	[illegible]	[illegible]	[illegible]
六日	火	辛丑	芒種	一五	[illegible]	[illegible]	[illegible]
七日	水	壬寅	望 前三時五八分	一六	[illegible]	[illegible]	[illegible]
八日	木	癸卯	大詔奉戴日	一七	[illegible]	[illegible]	[illegible]
九日	金	甲辰		一八	[illegible]	[illegible]	[illegible]
十日	土	乙巳		一九	[illegible]	[illegible]	[illegible]
十一日	日	丙午	入梅	二〇	[illegible]	[illegible]	[illegible]
十二日	月	丁未		二一	[illegible]	[illegible]	[illegible]
十三日	火	戊申		二二	[illegible]	[illegible]	[illegible]
十四日	水	己酉	農民日 下弦 前〇時五六分	二三	[illegible]	[illegible]	[illegible]

一二

日	曜	干支	記事		前	後	前	後	前	後
十五日	木	庚戌		二四	一・四三	二・二		〇・一五	五・四五	六・四五
十六日	金	辛亥		二五	二・一六	三・八	〇・五九	一・一五	七・二〇	八・〇
十七日	土	壬子		二六	二・五〇	四・一五	二・五	二・二五	八・三五	九・〇
十八日	日	癸丑		二七	三・三六	五・三〇	三・一〇	三・三〇	九・三〇	九・五〇
十九日	月	甲寅		二八	四・五	六・三五	四・一〇	四・一五	一〇・二五	一〇・三五
二十日	火	乙卯		二九	四・四八	七・二六	五・〇	五・一〇	一一・一五	一一・二〇
二十一日	水	丙辰	朔 前二時〇分 夏至 後一〇時三分	〇	五・三六	八・三二	五・四五	五・五〇	一一・五〇	
二十二日	木	丁巳		一	六・二八	九・一四	六・三五	六・三五	〇・〇	〇・三〇
二十三日	金	戊午		二	七・三二	九・五八	七・一五	七・一五	〇・三五	一・〇
二十四日	土	己未		三	八・一九	一〇・三八	七・四五	七・五〇	一・五	一・三五
二十五日	日	庚申		四	九・一五	一一・一三	八・二〇	八・三〇	一・四〇	二・一〇
二十六日	月	辛酉		五	一〇・一二	一一・四五	九・〇	九・五	二・一五	二・四五
二十七日	火	壬戌		六	一一・八		九・三五	九・四五	二・四九	三・二〇
二十八日	水	癸亥		七	〇・一四	〇・四	一〇・一五	一〇・三五	三・三〇	四・一〇
二十九日	木	甲子	上弦 前二時二七分	八	〇・四二	一・〇	一一・〇	一一・三五	四・二〇	五・六
三十日	金	乙丑		九	一・九	一・五六		一一・五〇	五・二五	六・一五

七月大 三十一日

日	曜	干支	記事	月齡	月出	月入	滿潮	干潮
一日	土	丙寅		一〇	[illegible]	[illegible]	[illegible]	[illegible]
二日	日	丁卯		一一	[illegible]	[illegible]	[illegible]	[illegible]
三日	月	戊辰		一二	[illegible]	[illegible]	[illegible]	[illegible]
四日	火	己巳		一三	[illegible]	[illegible]	[illegible]	[illegible]
五日	水	庚午		一四	[illegible]	[illegible]	[illegible]	[illegible]
六日	木	辛未	望 後一時二七分	一五	[illegible]	[illegible]	[illegible]	[illegible]
七日	金	壬申	小暑	一六	[illegible]	[illegible]	[illegible]	[illegible]
八日	土	癸酉	大詔奉戴日	一七	[illegible]	[illegible]	[illegible]	[illegible]
九日	日	甲戌		一八	[illegible]	[illegible]	[illegible]	[illegible]
十日	月	乙亥		一九	[illegible]	[illegible]	[illegible]	[illegible]
十一日	火	丙子	家後畓初除草	二〇	[illegible]	[illegible]	[illegible]	[illegible]
十二日	水	丁丑		二一	[illegible]	[illegible]	[illegible]	[illegible]
十三日	木	戊寅	家[illegible]畓初除草	二二	[illegible]	[illegible]	[illegible]	[illegible]
十四日	金	己卯	射[illegible]畓初除草	二三	[illegible]	[illegible]	[illegible]	[illegible]

國民

昭和十九年

日	曜	干支	記事	舊暦	前	後	前	後	前	後
十五日	土	庚辰	初伏	二四	一·二八	三·一二	〇·一五	〇·四〇	六·三五	七·一五
十六日	日	辛巳		二五	二·一五	四·一六	一·三〇	一·四五	八·[illegible]〇	八·三〇
十七日	月	壬午		二六	二·四八	五·一七	二·四〇	二·五〇	九·一五	九·三〇
十八日	火	癸未		二七	三·三[illegible]	六·一五	三·四五	三·五五	一〇·一〇	一〇·一五
十九日	水	甲申		二八	四·二〇	七·[illegible]七	四·四五	四·五五	一〇·五〇	一一·[illegible]〇
二十日	木	乙酉	海ノ記念日 朔 後二時四二分 土用	二九	五·一三	七·五四	五·四〇	五·四五	一一·四〇	一一·四五
二十一日	金	丙戌		一	六·[illegible]九	八·三六	六·二五	六·三〇		〇·一五
二十二日	土	丁亥		二	七·[illegible]六	九·一三	七·[illegible]〇	七·一〇	〇·一五	〇·五〇
二十三日	日	戊子	大暑	三	八·[illegible]二	九·四五	七·三五	七·四〇	〇·五五	一·二五
二十四日	月	己丑		四	八·四九	一〇·一五	八·[illegible]五	八·一〇	一·三〇	一·五五
二十五日	火	庚寅	中伏	五	九·五四	一〇·四三	八·三〇	八·四〇	一·五五	二·一〇
二十六日	水	辛卯		六	一〇·二〇	一一·一一	九·[illegible]〇	九·一〇	二·二〇	二·五〇
二十七日	木	壬辰		七	一一·四六	一一·三九	九·二五	九·四五	三·[illegible]〇	三·二〇
二十八日	金	癸巳	上弦 後六時二三分	八		〇·四三	一〇·[illegible]五	一〇·四〇	三·四〇	四·一〇
二十九日	土	甲午		九	〇·[illegible]八	一·四一	一〇·五〇	一一·三〇	四·四〇	五·[illegible]〇
三十日	日	乙未		一〇	〇·四〇	二·四一	一一·四五		五·三〇	六·一〇
三十一日	月	丙申		一一	一·一七	三·四四	〇·四〇	〇·五九	七·[illegible]〇	七·三五

防諜運動

一五

八月大　三十一日

日	曜	干支	記事	月齢	月出	月入	満潮	干潮
一日	火	丁酉		一二	後四・四七	前一・五九	前一・四五　後二・〇	前八・三五　後八・五〇
二日	水	戊戌		一三	後五・四八	前二・四九	前三・〇　後三・一五	前九・四五　後九・五九
三日	木	己亥		一四	後六・四六	前三・四九	前四・一五　後四・三〇	前一〇・三五　後一〇・四九
四日	金	庚子	望　後九時三九分	一五	後七・三八	前四・五三	前五・一〇　後五・二〇	前一一・二五　後一一・三五
五日	土	辛丑		一六	後八・二五	前六・三	前六・〇　後六・一〇	後〇・一〇
六日	日	壬寅		一七	後九・七	前七・一六	前六・五〇　後七・〇	前〇・一五　後〇・四五
七日	月	癸卯		一八	後九・四四	前八・二九	前七・三〇　後七・四〇	前〇・五五　後一・二五
八日	火	甲辰	大詔奉戴日　立秋	一九	後一〇・二〇	前九・四一	前八・一〇　後八・二〇	前一・三五　後二・〇
九日	水	乙巳		二〇	後一〇・三四	前一〇・五一	前八・四五　後九・五	前二・一五　後二・四五
十日	木	丙午		二一	後一一・二九	前一一・五九	前九・三〇　後九・五五	前三・〇　後三・二五
十一日	金	丁未	下弦　前一一時五二分	二二		後一・五	前一〇・一〇　後一〇・四五	前三・四〇　後四・五
十二日	土	戊申		二三	前〇・七	後二・一〇	前一一・五　後一一・四五	前四・三五　後五・〇
十三日	日	己酉		二四	前〇・四六	後三・一二	後〇・〇	前五・四五　後六・一五
十四日	月	庚戌	末伏	二五	前一・三九	後四・一〇	前〇・五〇　後一・一〇	前七・三〇　後七・五〇

日	曜	干支	記事	舊暦	潮	潮	潮
十五日	火	辛亥		二六	[illegible]	[illegible]	[illegible]
十六日	水	壬子		二七	[illegible]	[illegible]	[illegible]
十七日	木	癸丑		二八	[illegible]	[illegible]	[illegible]
十八日	金	甲寅		二九	[illegible]	[illegible]	[illegible]
十九日	土	乙卯	朔 前五時二五分	〇	[illegible]	[illegible]	[illegible]
二十日	日	丙辰		一	[illegible]	[illegible]	[illegible]
二十一日	月	丁巳		二	[illegible]	[illegible]	[illegible]
二十二日	火	戊午		三	[illegible]	[illegible]	[illegible]
二十三日	水	己未	大暑	四	[illegible]	[illegible]	[illegible]
二十四日	木	庚申		五	[illegible]	[illegible]	[illegible]
二十五日	金	辛酉		六	[illegible]	[illegible]	[illegible]
二十六日	土	壬戌		七	[illegible]	[illegible]	[illegible]
二十七日	日	癸亥	上弦 前八時三九分	八	[illegible]	[illegible]	[illegible]
二十八日	月	甲子		九	[illegible]	[illegible]	[illegible]
二十九日	火	乙丑		一〇	[illegible]	[illegible]	[illegible]
三十日	水	丙寅		一一	[illegible]	[illegible]	[illegible]
三十一日	木	丁卯		一二	[illegible]	[illegible]	[illegible]

九月小　三十日

日	曜	干支	記事	月齢	月出	月入	満潮	干潮
一日	金	戊辰	二百十日	一三	[illegible]	[illegible]	[illegible]	[illegible]
二日	土	己巳		一四	[illegible]	[illegible]	[illegible]	[illegible]
三日	日	庚午	望　前五時二二分	一五	[illegible]	[illegible]	[illegible]	[illegible]
四日	月	辛未		一六	[illegible]	[illegible]	[illegible]	[illegible]
五日	火	壬申		一七	[illegible]	[illegible]	[illegible]	[illegible]
六日	水	癸酉		一八	[illegible]	[illegible]	[illegible]	[illegible]
七日	木	甲戌		一九	[illegible]	[illegible]	[illegible]	[illegible]
八日	金	乙亥	大詔奉戴日　白露	二〇	[illegible]	[illegible]	[illegible]	[illegible]
九日	土	丙子	下弦　後九時三分	二一	[illegible]	[illegible]	[illegible]	[illegible]
十日	日	丁丑		二二	[illegible]	[illegible]	[illegible]	[illegible]
十一日	月	戊寅		二三	[illegible]	[illegible]	[illegible]	[illegible]
十二日	火	己卯		二四	[illegible]	[illegible]	[illegible]	[illegible]
十三日	水	庚辰		二五	[illegible]	[illegible]	[illegible]	[illegible]
十四日	木	辛巳	司法保護運動	二六	[illegible]	[illegible]	[illegible]	[illegible]

十五日	金	壬午		二七	前 三・四九	後 五・四九	前 四・一五	後 四・三五	前 一〇・三〇	後 一〇・三〇
十六日	土	癸未		二八	前 四・四六	後 六・二〇	前 五・五	後 五・一五	前 一一・九	後 一一・一五
十七日	日	甲申	朔 後九時三七分	二九	前 五・四二	後 六・四九	前 五・四五	後 五・五〇	前 一一・四〇	後 一一・四五
十八日	月	乙酉		一	前 六・三八	後 七・一七	前 六・一五	後 六・二五	―	後 〇・一〇
十九日	火	丙戌		二	前 七・三三	後 七・四四	前 六・三九	後 六・五〇	前 〇・二〇	後 〇・三五
二十日	水	丁亥	航空日 彼岸	三	前 八・二九	後 八・一二	前 六・五二	後 七・一〇	前 〇・四五	後 一・〇
二十一日	木	戊子	社日	四	前 九・二六	後 八・四一	前 七・一三	後 七・三〇	前 一・一〇	後 一・二〇
二十二日	金	己丑		五	前 一〇・三四	後 九・一三	前 七・三五	後 七・五五	前 一・三五	後 一・四五
二十三日	土	庚寅	秋季皇靈祭 秋分 後一時二分	六	前 一一・二三	後 九・四九	前 八・〇	後 八・三〇	前 二・五	後 二・一五
二十四日	日	辛卯		七	後 〇・三一	後 一〇・三一	前 八・四〇	後 九・一五	前 二・四〇	後 二・五〇
二十五日	月	壬辰	上弦 後九時七分	八	後 一・三一	後 一一・一九	前 九・二〇	後 一〇・一〇	前 三・一五	後 三・三〇
二十六日	火	癸巳		九	後 二・一八	―	前 一〇・二〇	後 一一・二五	前 四・一〇	後 四・三〇
二十七日	水	甲午		一〇	後 三・一三	前 〇・一四	前 一一・四五	―	前 五・三五	後 六・一〇
二十八日	木	乙未		一一	後 四・二	前 一・一七	前 〇・五五	後 一・三〇	前 七・五〇	後 八・一〇
二十九日	金	丙申		一二	後 四・四八	前 二・二五	前 一・二〇	後 二・四五	前 九・一〇	後 九・三五
三十日	土	丁酉		一三	後 九・二九	前 三・三六	前 三・三五	後 四・〇	前 一〇・〇	後 一〇・一五

十月大 三十一日

日	曜	干支	記事	月齢	月出	月入	満潮	満潮	干潮	干潮
一日	日	戊戌	始政記念日	一四	後六時七分	前四・五〇	前四時三五分	後四・五〇	前一〇時四五分	後一一・五
二日	月	己亥	平壌神社祭 望 後一時三二分	一五	後六・四四	前六・四	前五・一九	後五・四〇	前一一・三〇	後一一・四五
三日	火	庚子		一六	後七・二〇	前七・一八	前六・三〇	後六・一五	―	後〇・〇
四日	水	辛丑		一七	後七・五七	前八・三〇	前六・四〇	後七・〇	前〇・二〇	後〇・四〇
五日	木	壬寅		一八	後八・三七	前九・四二	前七・一五	後七・四〇	前一・〇	後一・一五
六日	金	癸卯		一九	後九・二〇	前一〇・五〇	前七・五〇	後八・二〇	前一・三五	後一・四五
七日	土	甲辰		二〇	後一〇・七	前一一・五五	前八・二五	後八・五五	前二・一〇	後二・二〇
八日	日	乙巳	大詔奉戴日 寒露	二一	後一〇・五七	後〇・五四	前九・五	後九・四五	前二・五〇	後三・〇
九日	月	丙午	下弦 前一〇時一二分	二二	後一一・五一	後一・四八	前九・五五	後一〇・四〇	前三・三〇	後三・四五
十日	火	丁未		二三	―	後二・三四	前一一・〇	後一一・五五	前四・三〇	後四・五〇
十一日	水	戊申		二四	前〇・四七	後三・一五	―	後〇・二〇	前六・三〇	後六・五五
十二日	木	己酉		二五	前一・四三	後三・五一	前一・一五	後一・四五	前八・二〇	後八・三〇
十三日	金	庚戌		二六	前二・四〇	後四・二三	前二・三五	後三・一〇	前九・一五	後九・二五
十四日	土	辛亥		二七	前三・三六	後四・五三	前三・四〇	後四・〇	前一〇・〇	後一〇・一〇

軍人援護運動

十五日	日	壬子	大邱神社祭	二八	前四・三二 後五・二○	前四・二○ 後四・四五	前一○・三○ 後一○・四五
十六日	月	癸丑	龍頭山神社祭	二九	前五・三七 後五・四七	前五・○ 後五・一五	前一一・○ 後一一・一○
十七日	火	甲寅	神嘗祭 朝鮮神宮祭 朔 後二時三五分	三○	前六・二三 後六・一五	前五・三○ 後五・四五	前一一・三○ 後一一・四五
十八日	水	乙卯	京城神社祭	一	前七・三○ 後六・四四	前五・五五 後六・一五	後○・○
十九日	木	丙辰		二	前八・一八 後七・一五	前六・二○ 後六・四○	前○・二○ 後○・二五
二十日	金	丁巳	土用	三	前九・一七 後七・四九	前六・四五 後七・五	前○・四五 後○・五五
二十一日	土	戊午		四	前一○・一六 後八・二九	前七・一○ 後七・三○	前一・一五 後一・二○
二十二日	日	己未		五	前一一・一六 後九・一四	前七・三五 後八・五	前一・四五 後一・五五
二十三日	月	庚申	靖國神社祭 霜降	六	後○・一三 後一○・六	前八・一○ 後八・三五	前二・二○ 後二・三○
二十四日	火	辛酉	軍馬ノ日	七	後一・八 後一一・五	前九・○ 後九・五五	前三・○ 後三・一五
二十五日	水	壬戌	上弦 前七時四八分	八	後一・五七	前一○・一○ 後一一・一五	前四・○ 後四・二○
二十六日	木	癸亥		九	後二・四二 前○・九	前一一・四五	前五・三○ 後五・五○
二十七日	金	甲子		一○	後三・二三 前一・一七	前○・四○ 後一・一五	前七・三○ 後七・四五
二十八日	土	乙丑		一一	後四・一 前二・三七	前一・五五 後二・三○	前八・四五 後九・○
二十九日	日	丙寅		一二	後四・三七 前三・三九	前三・○ 後三・三○	前九・三○ 後九・五五
三十日	月	丁卯		一三	後五・一二 前四・五一	前四・○ 後四・二五	前一○・一五 後○・四○
三十一日	火	戊辰	望 後一○時三五分	一四	後五・四九 前六・四	前四・四五 後五・一五	前一○・五五 後一一・一五

一二一

十一月小 三十日

日	曜	干支	行事	月齢	月出／月入	満潮	干潮
一日	水	己巳		一五	後六・二七 前七・一六	[illegible]	[illegible]
二日	木	庚午		一六	後七・一九 前八・三七	[illegible]	[illegible]
三日	金	辛未	明治節	一七	後七・五四 前九・三六	[illegible]	[illegible]
四日	土	壬申		一八	後八・四六 前一〇・四一	[illegible]	[illegible]
五日	日	癸酉		一九	後九・四〇 前一一・三九	[illegible]	[illegible]
六日	月	甲戌		二〇	後一〇・三六 後一〇・三〇	[illegible]	[illegible]
七日	火	乙亥	立冬	二一	後一一・四四 後一一・一四	[illegible]	[illegible]
八日	水	丙子	大詔奉戴日　下弦 前三時二八分	二二	後一・五二	[illegible]	[illegible]
九日	木	丁丑		二三	前〇・三一 後二・三五	[illegible]	[illegible]
十日	金	戊寅	國民精神作興記念日	二四	前一・二八 後二・五六	[illegible]	[illegible]
十一日	土	己卯		二五	前二・三四 後三・三四	[illegible]	[illegible]
十二日	日	庚辰		二六	前三・二〇 後三・五一	[illegible]	[illegible]
十三日	月	辛巳		二七	前四・一六 後四・一八	[illegible]	[illegible]
十四日	火	壬午		二八	前五・一二 後四・四六	[illegible]	[illegible]

遵法償還運動

十五日	水	癸未		二九	前六・一〇 後五・一六	前四・四〇 後五・一〇	前[illegible] 後一一・一五
十六日	木	甲申	朔 前七時二九分	〇	前七・九 後五・五〇	[illegible]	前一一・三〇 後一一・五〇
十七日	金	乙酉		一	前八・一〇 後六・二八	前五・四五 後六・一五	後〇・〇
十八日	土	丙戌		二	前九・一〇 後七・一二	前六・五 後八・四九	前〇・二〇 後〇・三〇
十九日	日	丁亥		三	前一〇・九 後八・二	前六・四五 後七・二〇	前一・〇 後一・〇
二十日	月	戊子		四	前一一・五 後八・五九	前七・一〇 後八・〇	前一・四〇 後一・四五
二十一日	火	己丑		五	前一一・五六 後一〇・一	前八・五 後八・四五	前二・一五 後二・三〇
二十二日	水	庚寅	小雪	六	後〇・四二 後一一・七	前九・五 後九・五五	前三・〇 後三・一〇
二十三日	木	辛卯	新嘗祭 上弦 後四時五三分	七	後一・三三	前一〇・五 後一一・一〇	前三・五五 後四・一〇
二十四日	金	壬辰		八	後二・一 前〇・一四	前一一・四〇	前五・一五 後五・三五
二十五日	土	癸巳		九	後二・三六 前一・二三	前〇・一五 後〇・四五	前六・四五 後七・二〇
二十六日	日	甲午		一〇	後三・九 前二・三三	前一・二五 後三・五	前八・五 後八・三〇
二十七日	月	乙未		一一	後三・四四 前三・四二	前二・二五 後三・五	前九・五 後九・三〇
二十八日	火	丙申		一二	後四・二〇 前四・五三	前三・二〇 後四・〇	前九・五〇 後一〇・二〇
二十九日	水	丁酉		一三	後四・五九 前六・四	前四・一五 後四・四五	前一〇・三五 後一一・〇
三十日	木	戊戌	望 前九時三三分	一四	後五・四二 前七・一四	前五・〇 後五・三五	前一一・一五 後一一・四五

一一三

十二月大 三十一日

日	曜	干支	記事	月齢	月出 月入	満潮	干潮
一日	金	己亥		一五	[illegible]	[illegible]	[illegible]
二日	土	庚子		一六	[illegible]	[illegible]	[illegible]
三日	日	辛丑		一七	[illegible]	[illegible]	[illegible]
四日	月	壬寅		一八	[illegible]	[illegible]	[illegible]
五日	火	癸卯		一九	[illegible]	[illegible]	[illegible]
六日	水	甲辰		二〇	[illegible]	[illegible]	[illegible]
七日	木	乙巳	下弦 後二時五六分 大雪	二一	[illegible]	[illegible]	[illegible]
八日	金	丙午	大東亜戦争記念日 大詔奉戴日	二二	[illegible]	[illegible]	[illegible]
九日	土	丁未		二三	[illegible]	[illegible]	[illegible]
十日	日	戊申		二四	[illegible]	[illegible]	[illegible]
十一日	月	己酉		二五	[illegible]	[illegible]	[illegible]
十二日	火	庚戌		二六	[illegible]	[illegible]	[illegible]
十三日	水	辛亥		二七	[illegible]	[illegible]	[illegible]
十四日	木	壬子		二八	[illegible]	[illegible]	[illegible]

十五日	金	癸丑	朔　後一一時三五分	二九	前六・五九 後五・六	前四・三五 後五・一五	前一一・〇 後一一・三〇
十六日	土	甲寅		一	前八・〇 後五・五五	前五・一五 後六・〇	前一一・四〇
十七日	日	乙卯		二	前八・五九 後六・五一	前六・〇 後六・四〇	前〇・一五 後〇・一五
十八日	月	丙辰		三	前九・五三 後七・五三	前六・四五 後七・三〇	前〇・五〇 後〇・五五
十九日	火	丁巳		四	前一〇・四二 後八・五九	前七・三五 後八・一〇	前一・三〇 後一・三五
二十日	水	戊午		五	前一一・二五 後一〇・七	前八・一五 後九・〇	前二・一五 後二・一五
二十一日	木	己未		六	後〇・三 後一一・一五	前九・一五 後九・五〇	前二・五五 後三・〇
二十二日	金	庚申	冬至　前八時一五分	七	後〇・三八	前一〇・一五 後一〇・四五	前三・四五 後四・〇
二十三日	土	辛酉	上弦　前〇時五四分	八	後一・一二 前〇・二三	前一一・一五 後一一・四〇	前四・四五 後五・五
二十四日	日	壬戌		九	後一・四四 前一・三一	後〇・一五	前六・〇 後六・三〇
二十五日	月	癸亥	大正天皇祭	一〇	後二・一八 前二・三九	前〇・四〇 後一・二〇	前七・一五 後七・五五
二十六日	火	甲子		一一	後二・五五 前三・四七	前一・四〇 後二・二五	前八・三〇 後九・〇
二十七日	水	乙丑		一二	後三・三五 前四・五六	前二・四五 後三・三〇	前九・二〇 後九・五五
二十八日	木	丙寅	御用納	一三	後四・二一 前六・三	前三・四〇 後四・三〇	前一〇・一〇 後一〇・四五
二十九日	金	丁卯	望　後一一時三八分	一四	後五・一一 前七・七	前四・四〇 後五・二五	前一一・〇 後一一・三〇
三十日	土	戊辰		一五	後六・六 前八・六	前五・三〇 後六・一五	前一一・四五
三十一日	日	己巳		一六	後七・四 前八・五八	前六・一五 後七・〇	前〇・一〇 後〇・一五

二五

各地毎旬日出入時刻

地名	月	一月一日	一月十一日	一月二十一日	一月三十一日	二月十日	二月二十日	三月一日	三月十一日	三月二十一日	三月三十一日	四月十日	四月二十日	四月三十日	五月十日	五月二十日	五月三十日
雄基	日出	[illegible]	[illegible]	[illegible]	[illegible]	[illegible]	[illegible]	[illegible]	[illegible]	[illegible]	[illegible]	[illegible]	[illegible]	[illegible]	[illegible]	[illegible]	[illegible]
	日入	[illegible]	[illegible]	[illegible]	[illegible]	[illegible]	[illegible]	[illegible]	[illegible]	[illegible]	[illegible]	[illegible]	[illegible]	[illegible]	[illegible]	[illegible]	[illegible]
中江鎮	日出	[illegible]	[illegible]	[illegible]	[illegible]	[illegible]	[illegible]	[illegible]	[illegible]	[illegible]	[illegible]	[illegible]	[illegible]	[illegible]	[illegible]	[illegible]	[illegible]
	日入	[illegible]	[illegible]	[illegible]	[illegible]	[illegible]	[illegible]	[illegible]	[illegible]	[illegible]	[illegible]	[illegible]	[illegible]	[illegible]	[illegible]	[illegible]	[illegible]
城津	日出	[illegible]	[illegible]	[illegible]	[illegible]	[illegible]	[illegible]	[illegible]	[illegible]	[illegible]	[illegible]	[illegible]	[illegible]	[illegible]	[illegible]	[illegible]	[illegible]
	日入	[illegible]	[illegible]	[illegible]	[illegible]	[illegible]	[illegible]	[illegible]	[illegible]	[illegible]	[illegible]	[illegible]	[illegible]	[illegible]	[illegible]	[illegible]	[illegible]
新義州	日出	[illegible]	[illegible]	[illegible]	[illegible]	[illegible]	[illegible]	[illegible]	[illegible]	[illegible]	[illegible]	[illegible]	[illegible]	[illegible]	[illegible]	[illegible]	[illegible]
	日入	[illegible]	[illegible]	[illegible]	[illegible]	[illegible]	[illegible]	[illegible]	[illegible]	[illegible]	[illegible]	[illegible]	[illegible]	[illegible]	[illegible]	[illegible]	[illegible]
元山	日出	[illegible]	[illegible]	[illegible]	[illegible]	[illegible]	[illegible]	[illegible]	[illegible]	[illegible]	[illegible]	[illegible]	[illegible]	[illegible]	[illegible]	[illegible]	[illegible]
	日入	[illegible]	[illegible]	[illegible]	[illegible]	[illegible]	[illegible]	[illegible]	[illegible]	[illegible]	[illegible]	[illegible]	[illegible]	[illegible]	[illegible]	[illegible]	[illegible]
平壌	日出	[illegible]	[illegible]	[illegible]	[illegible]	[illegible]	[illegible]	[illegible]	[illegible]	[illegible]	[illegible]	[illegible]	[illegible]	[illegible]	[illegible]	[illegible]	[illegible]
	日入	[illegible]	[illegible]	[illegible]	[illegible]	[illegible]	[illegible]	[illegible]	[illegible]	[illegible]	[illegible]	[illegible]	[illegible]	[illegible]	[illegible]	[illegible]	[illegible]
鎮南浦	日出	[illegible]	[illegible]	[illegible]	[illegible]	[illegible]	[illegible]	[illegible]	[illegible]	[illegible]	[illegible]	[illegible]	[illegible]	[illegible]	[illegible]	[illegible]	[illegible]
	日入	[illegible]	[illegible]	[illegible]	[illegible]	[illegible]	[illegible]	[illegible]	[illegible]	[illegible]	[illegible]	[illegible]	[illegible]	[illegible]	[illegible]	[illegible]	[illegible]
海州	日出	[illegible]	[illegible]	[illegible]	[illegible]	[illegible]	[illegible]	[illegible]	[illegible]	[illegible]	[illegible]	[illegible]	[illegible]	[illegible]	[illegible]	[illegible]	[illegible]
	日入	[illegible]	[illegible]	[illegible]	[illegible]	[illegible]	[illegible]	[illegible]	[illegible]	[illegible]	[illegible]	[illegible]	[illegible]	[illegible]	[illegible]	[illegible]	[illegible]

昭和十九年

十二月			十一月			十月			九月			八月			七月			六月		
二十六日	十六日	六日	二十六日	十六日	六日	二十七日	十七日	七日	二十七日	十七日	七日	二十八日	十八日	八日	二十九日	十九日	九日	二十九日	十九日	九日
[illegible]	[illegible]	[illegible]	[illegible]	[illegible]	[illegible]	[illegible]	[illegible]	[illegible]	[illegible]	[illegible]	[illegible]	[illegible]	[illegible]	[illegible]	[illegible]	[illegible]	[illegible]	[illegible]	[illegible]	[illegible]
[illegible]	[illegible]	[illegible]	[illegible]	[illegible]	[illegible]	[illegible]	[illegible]	[illegible]	[illegible]	[illegible]	[illegible]	[illegible]	[illegible]	[illegible]	[illegible]	[illegible]	[illegible]	[illegible]	[illegible]	[illegible]
[illegible]	[illegible]	[illegible]	[illegible]	[illegible]	[illegible]	[illegible]	[illegible]	[illegible]	[illegible]	[illegible]	[illegible]	[illegible]	[illegible]	[illegible]	[illegible]	[illegible]	[illegible]	[illegible]	[illegible]	[illegible]
[illegible]	[illegible]	[illegible]	[illegible]	[illegible]	[illegible]	[illegible]	[illegible]	[illegible]	[illegible]	[illegible]	[illegible]	[illegible]	[illegible]	[illegible]	[illegible]	[illegible]	[illegible]	[illegible]	[illegible]	[illegible]
[illegible]	[illegible]	[illegible]	[illegible]	[illegible]	[illegible]	[illegible]	[illegible]	[illegible]	[illegible]	[illegible]	[illegible]	[illegible]	[illegible]	[illegible]	[illegible]	[illegible]	[illegible]	[illegible]	[illegible]	[illegible]
[illegible]	[illegible]	[illegible]	[illegible]	[illegible]	[illegible]	[illegible]	[illegible]	[illegible]	[illegible]	[illegible]	[illegible]	[illegible]	[illegible]	[illegible]	[illegible]	[illegible]	[illegible]	[illegible]	[illegible]	[illegible]
[illegible]	[illegible]	[illegible]	[illegible]	[illegible]	[illegible]	[illegible]	[illegible]	[illegible]	[illegible]	[illegible]	[illegible]	[illegible]	[illegible]	[illegible]	[illegible]	[illegible]	[illegible]	[illegible]	[illegible]	[illegible]
[illegible]	[illegible]	[illegible]	[illegible]	[illegible]	[illegible]	[illegible]	[illegible]	[illegible]	[illegible]	[illegible]	[illegible]	[illegible]	[illegible]	[illegible]	[illegible]	[illegible]	[illegible]	[illegible]	[illegible]	[illegible]
[illegible]	[illegible]	[illegible]	[illegible]	[illegible]	[illegible]	[illegible]	[illegible]	[illegible]	[illegible]	[illegible]	[illegible]	[illegible]	[illegible]	[illegible]	[illegible]	[illegible]	[illegible]	[illegible]	[illegible]	[illegible]
[illegible]	[illegible]	[illegible]	[illegible]	[illegible]	[illegible]	[illegible]	[illegible]	[illegible]	[illegible]	[illegible]	[illegible]	[illegible]	[illegible]	[illegible]	[illegible]	[illegible]	[illegible]	[illegible]	[illegible]	[illegible]
[illegible]	[illegible]	[illegible]	[illegible]	[illegible]	[illegible]	[illegible]	[illegible]	[illegible]	[illegible]	[illegible]	[illegible]	[illegible]	[illegible]	[illegible]	[illegible]	[illegible]	[illegible]	[illegible]	[illegible]	[illegible]
[illegible]	[illegible]	[illegible]	[illegible]	[illegible]	[illegible]	[illegible]	[illegible]	[illegible]	[illegible]	[illegible]	[illegible]	[illegible]	[illegible]	[illegible]	[illegible]	[illegible]	[illegible]	[illegible]	[illegible]	[illegible]
[illegible]	[illegible]	[illegible]	[illegible]	[illegible]	[illegible]	[illegible]	[illegible]	[illegible]	[illegible]	[illegible]	[illegible]	[illegible]	[illegible]	[illegible]	[illegible]	[illegible]	[illegible]	[illegible]	[illegible]	[illegible]
[illegible]	[illegible]	[illegible]	[illegible]	[illegible]	[illegible]	[illegible]	[illegible]	[illegible]	[illegible]	[illegible]	[illegible]	[illegible]	[illegible]	[illegible]	[illegible]	[illegible]	[illegible]	[illegible]	[illegible]	[illegible]
[illegible]	[illegible]	[illegible]	[illegible]	[illegible]	[illegible]	[illegible]	[illegible]	[illegible]	[illegible]	[illegible]	[illegible]	[illegible]	[illegible]	[illegible]	[illegible]	[illegible]	[illegible]	[illegible]	[illegible]	[illegible]
[illegible]	[illegible]	[illegible]	[illegible]	[illegible]	[illegible]	[illegible]	[illegible]	[illegible]	[illegible]	[illegible]	[illegible]	[illegible]	[illegible]	[illegible]	[illegible]	[illegible]	[illegible]	[illegible]	[illegible]	[illegible]

 17. 昭和十九年略曆(1944)

昭和十九年

地名		一月一日	一月十一日	一月二十一日	一月三十一日	二月十日	二月二十日	三月一日	三月十一日	三月二十一日	三月三十一日	四月十日	四月二十日	四月三十日	五月十日	五月二十日	五月三十日	六月九日	六月十九日
江陵	日出	[illegible]	[illegible]	[illegible]	[illegible]	[illegible]	[illegible]	[illegible]	[illegible]	[illegible]	[illegible]	[illegible]	[illegible]	[illegible]	[illegible]	[illegible]	[illegible]	[illegible]	[illegible]
	日入	[illegible]	[illegible]	[illegible]	[illegible]	[illegible]	[illegible]	[illegible]	[illegible]	[illegible]	[illegible]	[illegible]	[illegible]	[illegible]	[illegible]	[illegible]	[illegible]	[illegible]	[illegible]
京城	日出	[illegible]	[illegible]	[illegible]	[illegible]	[illegible]	[illegible]	[illegible]	[illegible]	[illegible]	[illegible]	[illegible]	[illegible]	[illegible]	[illegible]	[illegible]	[illegible]	[illegible]	[illegible]
	日入	[illegible]	[illegible]	[illegible]	[illegible]	[illegible]	[illegible]	[illegible]	[illegible]	[illegible]	[illegible]	[illegible]	[illegible]	[illegible]	[illegible]	[illegible]	[illegible]	[illegible]	[illegible]
仁川	日出	[illegible]	[illegible]	[illegible]	[illegible]	[illegible]	[illegible]	[illegible]	[illegible]	[illegible]	[illegible]	[illegible]	[illegible]	[illegible]	[illegible]	[illegible]	[illegible]	[illegible]	[illegible]
	日入	[illegible]	[illegible]	[illegible]	[illegible]	[illegible]	[illegible]	[illegible]	[illegible]	[illegible]	[illegible]	[illegible]	[illegible]	[illegible]	[illegible]	[illegible]	[illegible]	[illegible]	[illegible]
大邱	日出	[illegible]	[illegible]	[illegible]	[illegible]	[illegible]	[illegible]	[illegible]	[illegible]	[illegible]	[illegible]	[illegible]	[illegible]	[illegible]	[illegible]	[illegible]	[illegible]	[illegible]	[illegible]
	日入	[illegible]	[illegible]	[illegible]	[illegible]	[illegible]	[illegible]	[illegible]	[illegible]	[illegible]	[illegible]	[illegible]	[illegible]	[illegible]	[illegible]	[illegible]	[illegible]	[illegible]	[illegible]
全州	日出	[illegible]	[illegible]	[illegible]	[illegible]	[illegible]	[illegible]	[illegible]	[illegible]	[illegible]	[illegible]	[illegible]	[illegible]	[illegible]	[illegible]	[illegible]	[illegible]	[illegible]	[illegible]
	日入	[illegible]	[illegible]	[illegible]	[illegible]	[illegible]	[illegible]	[illegible]	[illegible]	[illegible]	[illegible]	[illegible]	[illegible]	[illegible]	[illegible]	[illegible]	[illegible]	[illegible]	[illegible]
釜山	日出	[illegible]	[illegible]	[illegible]	[illegible]	[illegible]	[illegible]	[illegible]	[illegible]	[illegible]	[illegible]	[illegible]	[illegible]	[illegible]	[illegible]	[illegible]	[illegible]	[illegible]	[illegible]
	日入	[illegible]	[illegible]	[illegible]	[illegible]	[illegible]	[illegible]	[illegible]	[illegible]	[illegible]	[illegible]	[illegible]	[illegible]	[illegible]	[illegible]	[illegible]	[illegible]	[illegible]	[illegible]
木浦	日出	[illegible]	[illegible]	[illegible]	[illegible]	[illegible]	[illegible]	[illegible]	[illegible]	[illegible]	[illegible]	[illegible]	[illegible]	[illegible]	[illegible]	[illegible]	[illegible]	[illegible]	[illegible]
	日入	[illegible]	[illegible]	[illegible]	[illegible]	[illegible]	[illegible]	[illegible]	[illegible]	[illegible]	[illegible]	[illegible]	[illegible]	[illegible]	[illegible]	[illegible]	[illegible]	[illegible]	[illegible]
濟州	日出	[illegible]	[illegible]	[illegible]	[illegible]	[illegible]	[illegible]	[illegible]	[illegible]	[illegible]	[illegible]	[illegible]	[illegible]	[illegible]	[illegible]	[illegible]	[illegible]	[illegible]	[illegible]
	日入	[illegible]	[illegible]	[illegible]	[illegible]	[illegible]	[illegible]	[illegible]	[illegible]	[illegible]	[illegible]	[illegible]	[illegible]	[illegible]	[illegible]	[illegible]	[illegible]	[illegible]	[illegible]

二八

昭和十九年

月	七月	七月	七月	八月	八月	八月	九月	九月	九月	十月	十月	十月	十一月	十一月	十一月	十二月	十二月	十二月
二十九日	九日	十九日	二十九日	八日	十八日	二十八日	七日	十七日	二十七日	七日	十七日	二十七日	六日	十六日	二十六日	六日	十六日	二十六日
五・五	五・一〇	五・一七	五・二六	五・三三	五・四二	五・五〇	五・五九	六・七	六・一六	六・二五	六・三四	六・四四	六・五四	七・五	七・一五	七・二五	七・三三	七・三八
七・五〇	七・四九	七・四四	七・三六	七・二六	七・一四	七・〇	六・四六	六・三〇	六・一五	六・〇	五・四五	五・三三	五・二三	五・一三	五・八	五・六	五・七	五・一三
五・一五	五・一八	五・二五	五・三三	五・四一	五・五〇	五・五八	六・七	六・一五	六・二三	六・三二	六・四二	六・五一	七・三	七・一三	七・二三	七・三二	七・四〇	七・四五
七・五八	七・五六	七・五一	七・四四	七・三四	七・二二	七・八	六・五四	六・三八	六・二三	六・七	五・五三	五・四〇	五・三〇	五・二一	五・一六	五・一四	五・一五	五・二〇
五・一五	五・二〇	五・二七	五・三四	五・四三	五・五一	六・〇	六・八	六・一六	六・二五	六・三四	六・四三	六・五三	七・三	七・一三	七・二四	七・三三	七・四一	七・四六
七・五九	七・五七	七・五二	七・四五	七・三五	七・二三	七・九	六・五四	六・三九	六・二四	六・九	五・五五	五・四二	五・三二	五・二三	五・一七	五・一五	五・一七	五・二三
五・一二	五・一六	五・二三	五・三〇	五・三八	五・四六	五・五四	六・一	六・九	六・一七	六・二六	六・三四	六・四三	六・五三	七・二	七・一二	七・二〇	七・二九	七・三四
七・四六	七・四五	七・四〇	七・三三	七・二四	七・一三	七・〇	六・四五	六・三一	六・一六	六・二	五・四八	五・三六	五・二六	五・一八	五・一三	五・一二	五・一三	五・一八
五・一八	五・二三	五・二九	五・三六	五・四四	五・五二	六・〇	六・七	六・一五	六・二三	六・三一	六・三九	六・四八	六・五八	七・九	七・一八	七・二七	七・三四	七・四〇
七・五二	七・五〇	七・四六	七・三九	七・三〇	七・一八	七・五	六・五二	六・三七	六・二三	六・八	五・五四	五・四二	五・三三	五・二四	五・一九	五・一八	五・一九	五・二四
五・一三	五・一七	五・二三	五・三〇	五・三八	五・四五	五・五三	六・〇	六・八	六・一五	六・二三	六・三一	六・四〇	六・四九	六・五九	七・九	七・一八	七・二五	七・三〇
七・四二	七・四一	七・三七	七・三〇	七・二一	七・一〇	六・五七	六・四三	六・二九	六・一五	六・一	五・四七	五・三六	五・二六	五・一八	五・一四	五・一三	五・一四	五・一九
五・二三	五・二八	五・三四	五・四一	五・四九	五・五六	六・四	六・一一	六・一八	六・二六	六・三三	六・四一	六・五〇	六・五九	七・九	七・一八	七・二七	七・三五	七・四〇
七・五二	七・五一	七・四七	七・四〇	七・三一	七・二〇	七・七	六・五四	六・三九	六・二五	六・一一	五・五八	五・四六	五・三七	五・二九	五・二五	五・二三	五・二五	五・三〇
五・二六	五・三一	五・三七	五・四三	五・五一	五・五八	六・五	六・一一	六・一八	六・二五	六・三三	六・四〇	六・四八	六・五七	七・六	七・一五	七・二四	七・三一	七・三六
七・四八	七・四七	七・四三	七・三六	七・二八	七・一七	七・五	六・五二	六・三八	六・二五	六・一二	五・五九	五・四八	五・三八	五・三一	五・二七	五・二六	五・二八	五・三三

二九

部分日食 七月二十日

地名	初虧 時刻	初虧 方向	食甚 時刻	食甚 方向	食分	復圓 時刻	復圓 方向
雄基	後三時六分	下稍左	後三時三〇分	左下	四厘	後三時五三分	左下
新義州	二時三七分	下	三時二五分	左下	一分五厘	四時一〇分	左稍下
元山	二時四五分	下	三時三一分	左下	一分四厘	四時一四分	左稍下
平壌	二時三九分	下	三時二九分	左下	一分六厘	四時一五分	左稍下
京城	二時四〇分	下	三時三三分	左下	一分八厘	四時二一分	左稍下
仁川	二時三九分	下	三時三二分	左下	一分九厘	四時二二分	左稍下
大邱	二時四三分	下	三時三七分	左下	二分	四時二八分	左
釜山	二時四三分	下	三時三九分	左下	二分二厘	四時三一分	左
木浦	二時三四分	下	三時三六分	左下	二分五厘	四時三二分	左

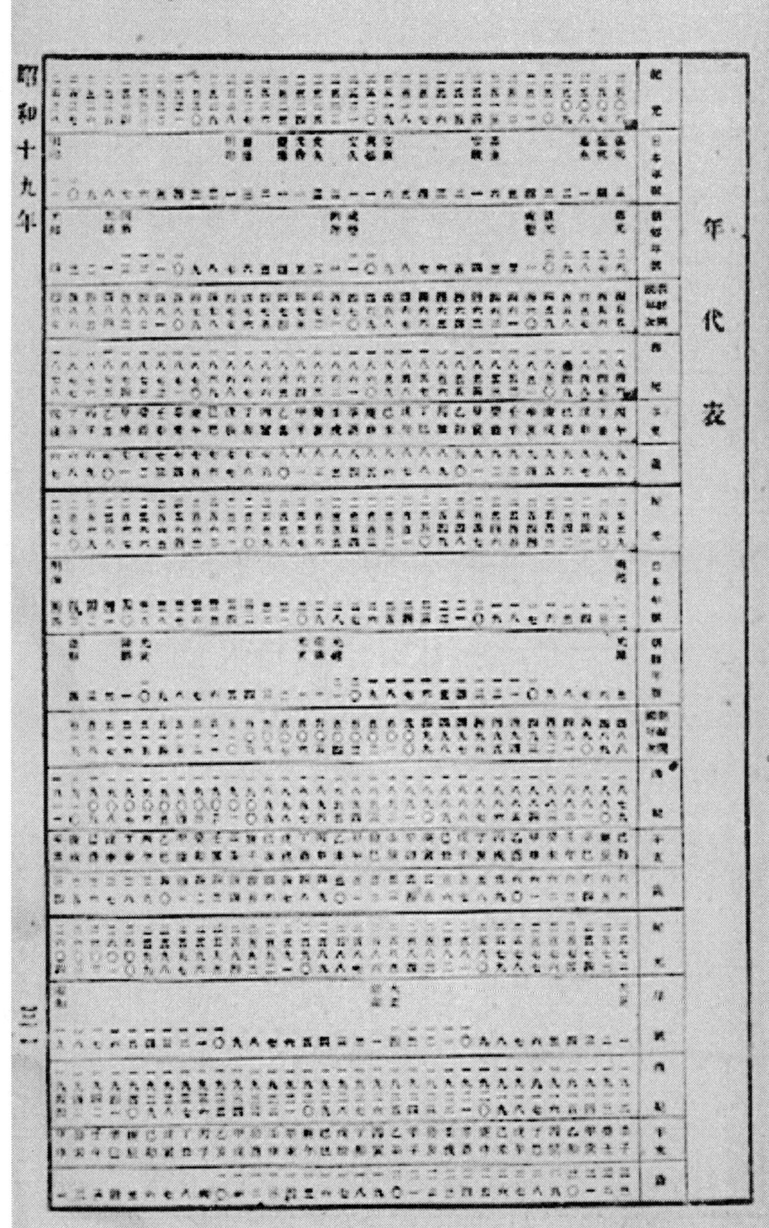
年代表

昭和十九年　三一

 17. 昭和十九年略曆(1944)

各地ノ氣候（平均氣溫）

地名	一月	二月	三月	四月	五月	六月	七月	八月	九月	十月	十一月	十二月	年
中江鎮	(一)二一・三	(一)一五・六	(一)四・三	六・四	一三・五	一八・六	二二・七	二一・七	一四・二	六・六	(一)三・八	(一)一五・六	三・六
新義州	(一)一〇・〇	(一)五・九	〇・七	八・五	一五・〇	一九・九	二四・〇	二四・二	一八・九	一一・五	二・六	(一)六・〇	八・六
元山	(一)三・八	(一)二・四	二・五	九・五	一五・〇	一九・一	二三・八	二三・四	一八・八	一三・一	五・七	(一)〇・九	一〇・二
江陵	(一)一・四	〇・〇	四・六	一一・三	一六・四	二〇・三	二四・二	二四・五	一九・七	一四・五	八・三	一・九	一三・〇
京城	(一)四・八	(一)二・〇	三・三	一〇・六	一六・三	二一・三	二四・七	二五・五	二〇・一	一三・三	五・三	(一)一・八	一〇・九
仁川	(一)四・〇	(一)二・一	二・九	九・六	一四・九	一九・六	二三・六	二四・九	二〇・三	一四・二	六・二	(一)一・〇	一〇・八
全州	(一)二・二	(一)〇・三	四・六	一一・三	一六・九	二一・四	二五・七	二五・九	二〇・四	一三・八	七・三	一・三	一三・三
釜山	一・八	三・二	七・二	一二・三	一六・九	二〇・〇	二四・〇	二五・五	二一・七	一六・四	一〇・五	四・五	一三・六
木浦	〇・七	一・六	五・三	一一・四	一六・四	二〇・六	二四・七	二六・一	二一・八	一六・一	九・七	三・七	一三・三
臺北	一五・三	一四・八	一六・九	二〇・六	二四・一	二六・六	二八・二	二七・九	二六・二	二三・〇	一九・八	一六・八	二一・七
鹿児島	六・九	七・四	一〇・六	一五・四	一八・八	二二・四	二六・二	二六・八	二四・三	一九・〇	一三・七	八・八	一六・七
下關	五・三	六・三	八・二	一三・九	一七・〇	二〇・八	二四・九	二六・九	二三・〇	一七・七	一二・七	七・九	一五・二
大阪	四・一	四・三	七・四	一三・三	一七・六	二一・九	二六・二	二七・三	二三・四	一七・二	一一・五	六・六	一五・〇
東京	三・〇	三・八	六・九	一二・六	一六・七	二〇・六	二四・四	二五・七	二二・一	一六・一	一〇・七	五・四	一四・〇
札幌	(一)六・三	(一)五・三	(一)一・六	五・三	一〇・九	一五・三	一九・三	二一・〇	一六・四	九・八	三・三	(一)三・二	七・〇
大泊	(一)一一・三	(一)一〇・三	(一)五・四	一・〇	五・五	一〇・一	一四・八	一七・二	一三・七	七・六	(一)〇・三	(一)六・九	三・〇
大連	(一)五・二	(一)三・五	一・九	九・四	一五・四	二〇・二	二三・六	二四・九	一九・九	一三・八	五・三	(一)一・九	一〇・三

降水量（粍）

地名	一月	二月	三月	四月	五月	六月	七月	八月	九月	十月	十一月	十二月	年
中江鎭	一一・八	九・三	三二・七	三七・二	八二・九	一一六・八	一八〇・九	一六六・六	八五・六	四三・五	三一・〇	一八・三	八〇六・五
新義州	七・二	七・八	一九・六	五三・三	九八・〇	一三三・三	二六三・七	二七四・九	一三三・四	五〇・三	三四・九	一八・七	一〇二三・三
元山	三〇・四	三五・二	四七・六	七一・五	八八・八	一三四・九	二七四・四	三一八・五	一七七・九	七五・一	六五・九	二九・八	一三二九・五
江陵	五〇・四	六九・五	六一・九	八一・九	七四・七	九七・九	三三八・六	三三〇・一	一七五・九	七三・七	六五・五	五七・八	一三六一・四
京城	二三・六	二三・九	三八・五	七六・三	八九・二	一三三・八	三九一・二	二五六・四	一三七・〇	四二・〇	四四・七	二八・六	一三六四・一
仁川	一八・九	一八・七	三〇・〇	六六・四	八二・三	九七・八	二九三・六	二一五・三	一三一・五	四二・三	四〇・八	二七・四	一〇五四・九
全州	二六・三	三二・五	四〇・四	八二・八	七八・三	一三三・一	二九九・四	二五一・九	一三〇・三	五五・七	四七・四	四二・五	一一九九・五
釜山	四一・八	三六・四	六八・二	一三八・八	一三一・七	二〇〇・五	二九五・〇	一八一・三	一六三・九	七四・五	四一・八	三〇・八	一四二五・三
木浦	三六・〇	三七・六	四一・三	九一・二	八九・六	一四一・四	二〇九・六	一七一・四	一一九・八	五七・六	四四・八	五三・六	一〇三三・七
臺北	八七・八	一三四・〇	一八八・三	一六七・三	二三一・六	二九三・五	二二七・六	三一一・五	二三四・一	一一八・九	六一・六	七一・九	二一八一・二
鹿兒島	七七・九	一〇〇・七	一五二・九	二三一・二	二一四・三	三七六・六	二九〇・五	一八六・五	二一六・七	二三三・四	九一・五	八一・三	二一五六・四
下關	六六・七	七八・三	一二〇・八	一四九・三	一四一・三	二七五・一	二四七・七	一一七・四	一七九・二	一〇六・三	七三・九	七五・二	一六一三・四
大阪	四五・四	五七・七	九五・五	一三八・三	一二四・一	一九三・三	一五二・一	一〇四・九	一七七・二	一三一・七	七六・一	四七・八	一三四一・二
東京	五〇・四	三三・八	一〇七・九	二三九・〇	一四九・八	一六八・九	一四三・四	一五二・三	二三七・八	一九九・九	九八・四	五六・六	一五六〇・五
札幌	八六・三	七一・三	六一・九	五七・五	六二・三	四二・七	九四・三	一〇八・八	一三三・四	一一三・六	一〇六・八	九六・三	一〇三六・六
大泊	二八・七	一八・九	三〇・八	四四・九	七一・三	六九・八	九〇・五	九四・四	一〇六・九	八一・六	六七・〇	三三・七	七四〇・二
大連	一〇・三	七・六	一五・六	二四・〇	四四・九	四六・九	一六〇・九	一三五・三	八九・〇	三〇・八	二四・〇	一三・〇	五九二・三

平均風速度（每秒米）

地名	一月	二月	三月	四月	五月	六月	七月	八月	九月	十月	十一月	十二月	年
中江鎮	〇・八	〇・九	一・三	二・二	二・〇	一・六	一・三	一・二	一・一	一・五	一・三	〇・九	一・三
新義州	三・三	三・四	三・三	三・五	二・九	二・四	二・二	二・三	二・五	二・八	三・二	三・二	二・八
元山	三・〇	二・九	二・八	二・七	二・六	二・三	二・三	二・三	二・四	二・八	三・八	三・九	二・六
江陵	四・四	三・六	三・四	三・七	二・七	二・〇	一・八	一・七	二・二	三・五	三・四	四・二	二・九
京城	二・六	二・八	三・四	三・六	三・三	二・九	二・七	二・七	二・五	二・五	二・五	二・五	二・八
仁川	四・五	四・四	四・八	四・四	三・九	三・五	三・六	三・四	三・四	三・八	四・三	四・二	四・〇
全州	一・六	一・七	二・〇	一・九	一・七	一・九	一・五	一・三	一・一	一・三	一・四	一・五	一・五
釜山	四・五	四・四	四・七	四・九	四・二	四・一	四・六	四・二	四・四	三・九	三・八	四・四	四・五
木浦	六・三	六・四	五・四	四・四	三・八	三・三	三・八	三・四	三・六	三・七	四・七	四・九	四・四
臺北	三・四	三・三	三・五	三・二	二・九	二・三	二・五	二・八	三・〇	三・六	三・九	三・五	三・三
鹿兒島	三・二	三・三	三・五	三・二	二・九	二・七	三・八	三・〇	三・九	三・九	三・五	二・九	三・〇
下關	五・〇	四・七	四・九	四・八	四・八	四・八	四・三	四・七	三・八	三・六	四・一	四・九	四・五
大阪	三・一	三・〇	三・〇	二・八	二・八	二・八	三・六	二・六	三・五	三・三	三・五	三・〇	三・一
東京	三・四	三・二	三・三	三・三	三・〇	二・七	三・七	三・七	二・七	二・五	二・四	二・五	三・八
札幌	三・〇	三・〇	三・五	四・三	四・二	三・五	三・〇	二・九	二・八	二・六	三・〇	三・九	三・三
大泊	四・七	四・四	四・八	四・六	四・五	三・八	三・五	三・五	四・三	五・二	五・七	五・三	四・六
大連	四・七	四・八	五・三	五・六	五・三	四・五	四・三	三・七	四・一	四・七	五・二	四・九	四・八

平均濕度（百分率）

地名	一月	二月	三月	四月	五月	六月	七月	八月	九月	十月	十一月	十二月	年
中江鎮	八一	七三	六六	六一	六六	七七	八三	八一	八一	七三	七二	八〇	七六
新義州	六四	六五	六六	六六	六四	七八	八二	八一	七五	七二	六六	六六	七三
元山	五一	五三	五六	六三	六八	七六	八三	八二	七八	六〇	五六	五三	六六
江陵	五三	五五	六二	六三	六八	七四	七九	八一	七六	六七	五五	五四	六六
京城	六六	六五	六三	六四	六八	七一	八〇	七九	七三	七五	七〇	六六	六八
仁川	六六	六六	六七	七〇	七四	七九	八〇	八一	七四	六九	六七	六六	七二
全州	七三	七三	七〇	七〇	七三	七四	八〇	八〇	七八	七五	七六	七六	七五
釜山	五六	五三	六七	六六	七一	七八	八四	七九	七三	六五	五六	五四	六六
木浦	七一	七〇	七〇	七四	七八	八一	八九	八二	七七	七三	七三	七四	七五
臺北	八四	八四	八四	八一	八三	八一	七八	七九	八〇	八一	八二	八二	八二
鹿兒島	七三	七三	七三	七六	七四	八三	八一	八〇	七八	七五	七五	七五	七六
下關	六六	六九	七二	七七	七六	八〇	八四	八〇	七九	七四	七三	六六	七五
大阪	七〇	七一	七二	七三	七三	七五	七四	七五	七四	七六	七六	七三	七四
東京	六三	六〇	六六	七三	七六	八〇	八三	八二	八二	七六	七三	六七	七四
札幌	七九	七九	七六	七三	七四	八一	八四	八四	八一	八〇	七四	七四	七六
大泊	八一	八〇	八〇	八〇	八一	八四	八九	八六	八六	七五	七六	七六	八一
大連	六五	六三	六九	六七	六二	七一	八二	八〇	七〇	六四	六三	六二	六八

霜雪ノ季節

地名	初霜 平均	初霜 最早	終霜 平均	終霜 最晩	初雪 平均	初雪 最早	終雪 平均	終雪 最晩
中江鎮	九月二六日	九月一四日	五月一五日	六月二日	一〇月二三日	一〇月一〇日	四月二六日	五月一六日
新義州	一〇月三日	九月二三日	四月二一日	四月三〇日	一一月一五日	一一月一日	三月二九日	四月一三日
元山	一〇月二四日	九月三〇日	四月一五日	五月四日	一一月一八日	一一月一日	四月四日	五月二日
平壌	一一月七日	一〇月一六日	四月九日	四月二六日	一二月二日	一一月三日	四月一日	四月二八日
京城	一〇月一五日	一〇月五日	四月一八日	四月三〇日	一一月一七日	一〇月二六日	三月二六日	四月一九日
仁川	一一月三日	一〇月一三日	四月七日	四月二一日	一一月一八日	一〇月二七日	三月二二日	四月一九日
全州	一〇月一五日	九月二六日	四月二五日	五月一七日	一一月二三日	一一月三日	三月二〇日	四月七日
釜山	一一月九日	一〇月一一日	三月二七日	四月二五日	一二月一九日	一一月七日	三月一〇日	四月二〇日
木浦	一一月一三日	一〇月二五日	四月六日	四月二二日	一一月二四日	一一月五日	三月一六日	四月七日
臺北	一月七日	一一月二七日	一月二四日	三月七日				
鹿児島	一一月二五日	一〇月二〇日	三月二四日	四月二二日	一月一〇日	一二月六日	二月二六日	三月二六日
下關	一二月二日	一一月四日	三月三〇日	五月一二日	一二月二三日	一一月二五日	三月一一日	四月六日
大阪	一一月一三日	一〇月二三日	四月九日	五月六日	一二月二三日	一一月一二日	三月一六日	四月七日
東京	一一月一二日	一〇月二一日	四月七日	五月一六日	一二月二三日	一一月一七日	三月一九日	四月一〇日
札幌	一〇月四日	九月九日	五月一八日	六月二八日	一〇月三〇日	一〇月五日	四月二一日	五月一四日
大泊	九月二七日	九月一一日	五月二四日	六月一三日	一〇月二三日	一〇月四日	五月一六日	六月一四日
大連	一一月三日	一〇月九日	三月三一日	四月二三日	一一月八日	一〇月一二日	三月二七日	五月一三日

氣温降水量ノ極數

地名	最高氣温	最低氣温	最大降水日量	最大降水年量
中江鎮	三八・〇 大正一三年八月一〇日	(-)四三・六 昭和八年一月一二日	九六・八 昭和四年七月一二日	一〇八六・八 昭和二年
新義州	三六・九 昭和一四年七月二〇日	(-)三一・二 昭和一三年一月二二日	一八六・六 昭和八年八月一六日	一二六八・八 昭和九年
元山	三九・六 明治四三年七月二〇日	(-)二一・九 大正四年一月一三日	二三四・八 明治三八年八月一二日	一八六二・九 大正一一年
江陵	三九・四 昭和一四年七月二〇日	(-)二〇・三 大正四年一月一三日	三〇二・八 大正一〇年八月一四日	一九八六・八 大正一四年
京城	三八・四 昭和一四年八月二〇日	(-)二三・一 昭和二年一月五日	三五四・七 大正九年八月二日	二一三四・二 昭和一五年
仁川	三六・四 昭和一四年七月二二日	(-)二一・〇 昭和六年一月一一日	二八四・七 大正一一年八月二五日	一六八四・八 昭和一五年
全州	三八・二 昭和一四年七月二一日	(-)一七・二 昭和八年一月二七日	三四四・六 昭和一二年八月一六日	一九八八・八 昭和六年
釜山	三六・三 昭和一四年八月一日	(-)一四・〇 大正四年一月一三日	三二〇・八 明治四三年七月一〇日	四一〇四・二 明治三八年
木浦	三七・〇 大正一三年八月二八日	(-)一四・二 大正四年一月一三日	二八〇・一 明治四一年七月二〇日	一九四五・五 大正五年
臺北	三八・八 大正一〇年七月二二日	(-)〇・二 明治三四年二月一三日	三〇六・九 昭和五年七月二八日	三八八〇・三 明治四一年
鹿兒島	三八・六 明治四二年七月一八日	(-)六・七 大正一二年一月二六日	三二〇・三 大正六年六月一八日	三三〇〇・六 明治三八年
下關	三五・八 明治二四年八月二二日	(-)六・五 明治四四年二月一一日	四五六・五 明治二四年八月一六日	二八六六・四 大正一二年
大阪	三九・八 明治四二年八月四日	(-)七・二 明治四〇年一月二六日	一八二・二 昭和一〇年六月二八日	一八七八・〇 明治二六年
東京	三六・六 明治一八年七月一四日	(-)八・六 昭和二年一月二四日	三六八・二 昭和一三年六月二八日	二三八八・六 明治一九年
札幌	三五・九 大正三年七月二二日	(-)二八・五 昭和四年二月一日	一九三・八 昭和三年八月一三日	一三〇〇・七 明治三二年
大泊	三〇・四 昭和二年八月一八日	(-)三三・七 明治四二年一月二一日	八六・七 大正四年八月二二日	九九〇・九 大正四年
大連	三六・一 昭和一四年七月二一日	(-)一九・九 昭和八年一月一〇日	一六九・六 大正九年七月一六日	一二四四・六 大正四年

水稻便覧

項目 ＼ 地方	北部	中部	南部
選種及浸種	四月中旬前半	四月下旬前半	四月下旬後半
苗代ノ整地及施肥	四月中旬後半	四月下旬前半	五月上旬前半
種籾鹽水選及消毒	四月中旬後半	四月下旬前半	五月上旬前半
播種	四月下旬前半	四月下旬後半	五月上旬後半
苗代病害蟲防除	五月下旬	六月上旬	六月上旬
綠肥作物收穫	五月中旬乃至六月上旬	五月下旬乃至六月上旬前半	五月下旬乃至六月上旬前半
裏作大麥收穫		六月中旬後半	六月中旬前半
本田整地及施肥（一毛作・二毛作）	五月下旬後半	[illegible]	[illegible]
挿秧（一毛作・二毛作）	六月上旬	[illegible]	[illegible]
中耕除草	六月中旬乃至七月下旬	六月下旬乃至八月上旬	六月下旬乃至八月上旬
追肥（[illegible]）	七月上旬前半	七月上旬後半	七月中旬前半
病害蟲防除	六月上旬乃至八月下旬	六月中旬乃至九月上旬	六月中旬乃至九月中旬
稗拔	八月下旬	九月上旬	九月中旬
落水	九月上旬	九月中旬	九月下旬
綠肥作物播種	八月下旬乃至九月上旬	九月上旬乃至中旬前半	九月上旬乃至中旬
收穫	九月下旬乃至十月上旬	十月中旬	十月下旬
乾燥	十月上旬	十月下旬	十一月上旬
裏作大麥播種		十月上旬乃至中旬前半	十月下旬
調製	十月中旬	十一月上旬	十一月中旬
[illegible]	十月中旬乃至下旬	十一月下旬	十一月上旬乃至中旬
收穫物ノ整理	十一月中旬	十一月下旬	十二月上旬
農具整理	十二月乃至三月	十二月乃至二月	十二月乃至二月
繩叺製造	十二月乃至三月	十二月乃至三月	十二月乃至三月

昭和十九年

食糧畑作物耕種概要

種目＼地方	北鮮	中鮮	南鮮
秋蒔麥類ノ追肥	三月中旬乃至下旬	三月中旬乃至下旬	三月上旬乃至中旬
甘藷種藷ノ伏込	四月下旬	三月下旬乃至四月上旬	二月下旬乃至四月上旬
春蒔麥類ノ播種	三月下旬乃至四月上旬	三月下旬	三月中旬
馬鈴薯ノ植付	四月中旬乃至下旬	三月下旬乃至四月上旬	三月下旬乃至四月上旬
粟ノ播種	四月中旬乃至五月上旬	五月	五月下旬乃至六月下旬
大小豆ノ播種	五月	五月	五月下旬乃至六月下旬
甘藷苗ノ移植	六月	五月中旬乃至六月上旬	五月中旬乃至六月
麥類ノ[illegible]	六月中旬乃至下旬	六月上旬乃至中旬	五月上旬乃至中旬
秋蒔麥類ノ收穫	六月下旬乃至七月中旬	六月中旬乃至下旬	六月上旬乃至中旬
粟ノ間引	五月中旬乃至六月上旬	六月上旬乃至中旬	六月中旬乃至七月上旬
[illegible]ノ收穫	七月中旬乃至下旬	七月下旬乃至八月上旬	七月下旬乃至八月上旬
蕎麥ノ播種	七月	七月中旬乃至下旬	七月中旬乃至下旬
馬鈴薯ノ收穫	八月乃至九月	六月乃至七月	六月乃至七月
粟ノ培土	六月乃至七月	七月乃至八月	七月乃至八月
春蒔麥類ノ收穫	七月乃至八月	六月中旬乃至七月上旬	六月中旬乃至下旬
秋蒔麥類ノ播種	九月中旬乃至下旬	十月上旬乃至中旬	十月中旬乃至十一月上旬
大小豆ノ收穫	十月上旬乃至中旬	九月下旬乃至十月中旬	十月中旬乃至下旬
粟ノ收穫	九月	九月下旬乃至十月中旬	九月下旬乃至十月中旬
甘藷ノ收穫	九月下旬乃至十月中旬	十月上旬乃至中旬	十月
甘藷貯藏ノ管理	十月中旬乃至下旬	十一月中旬	十一月中旬乃至下旬

三八

主要蔬菜耕種要覧

[illegible]

林業便覧

昭和十九年

事項	北部	中部	南部
苗圃ノ播種、床替、除草、施肥	三月下旬乃至四月下旬	三月下旬乃至四月上旬	三月
植樹、造林	四月中旬乃至五月下旬	三月下旬乃至四月中旬	三月中旬乃至四月上旬
記念植樹	四月十日前後	四月三日	四月三日
植栽地手入	五月乃至八月	五月乃至八月	五月乃至八月
山林除伐	五月乃至六月	四月乃至五月	三月乃至四月
[illegible]	六月乃至九月	五月乃至十一月	五月乃至十月
[illegible]	五月乃至九月	五月乃至九月	五月乃至九月
[illegible]	六月	五月	五月
[illegible]	随時	随時	随時
[illegible]	五月乃至八月	五月乃至八月	五月乃至八月
[illegible]	六月乃至十月	六月乃至十月	六月乃至十月
[illegible]	七月乃至十月	九月乃至十月	九月乃至十月
[illegible]	五月、八月	四月、九月	三月乃至四月、九月乃至十月
[illegible]	九月下旬乃至十月下旬	七月乃至八月	七月乃至八月
椎茸原木伐採	八月	七月乃至八月	七月乃至八月
松種子ノ採取	九月中旬乃至下旬	九月上旬乃至中旬	九月上旬乃至中旬
栗、胡桃其他ノ種實採取	八月乃至十月	八月乃至十月	十月乃至十一月
[illegible]	九月乃至十月	八月乃至十月	九月乃至十月
伐竹	――	十月	十月
[illegible]	十月乃至十一月	十月乃至十一月	十一月
[illegible]	十月乃至十二月	十月乃至十二月	十月乃至十二月
苗ノ掘取	十一月	十一月	十二月
[illegible]	十月乃至三月	十一月乃至二月	十一月乃至二月
冬季作業、手細工	十一月乃至三月	十一月乃至三月	十一月乃至二月
山火注意	一年中[illegible]	一年中[illegible]	一年中[illegible]

四〇

水産動植物ノ採捕禁止一覧

昭和十九年

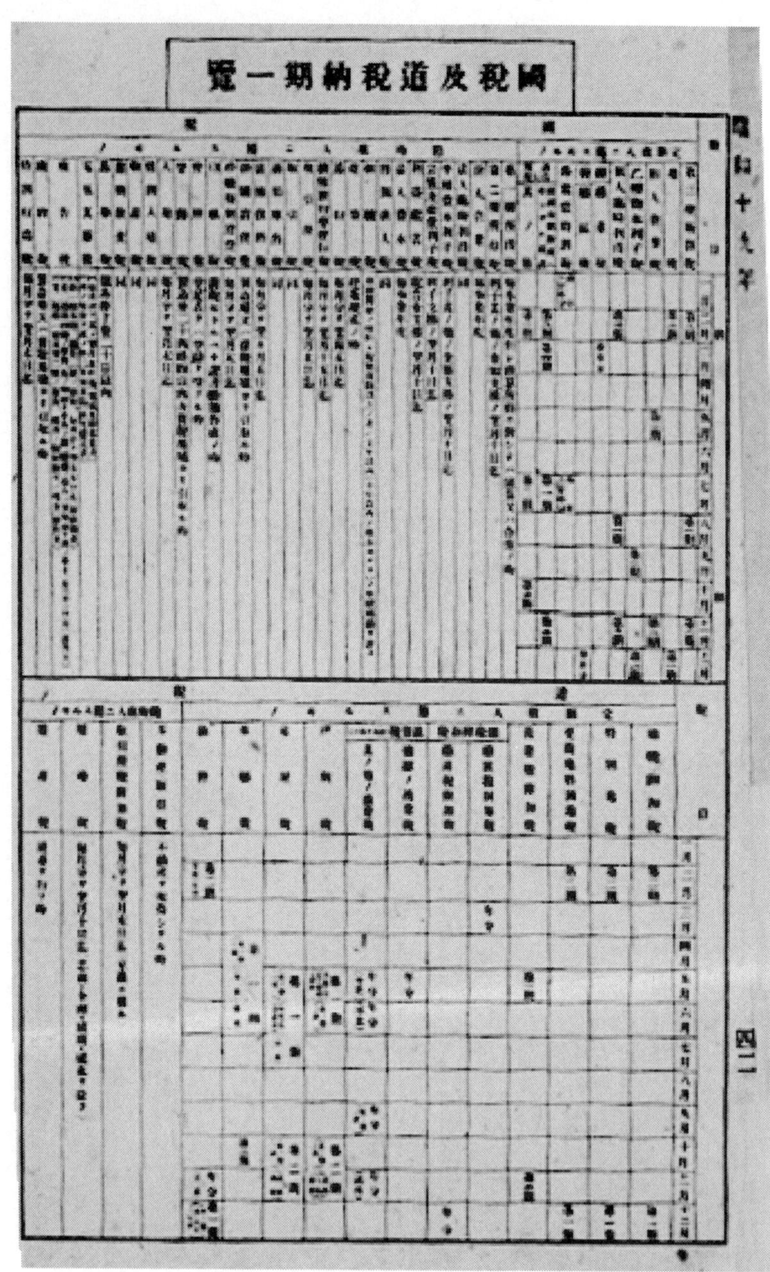

國稅及道稅納期一覽

昭和十九年

四二

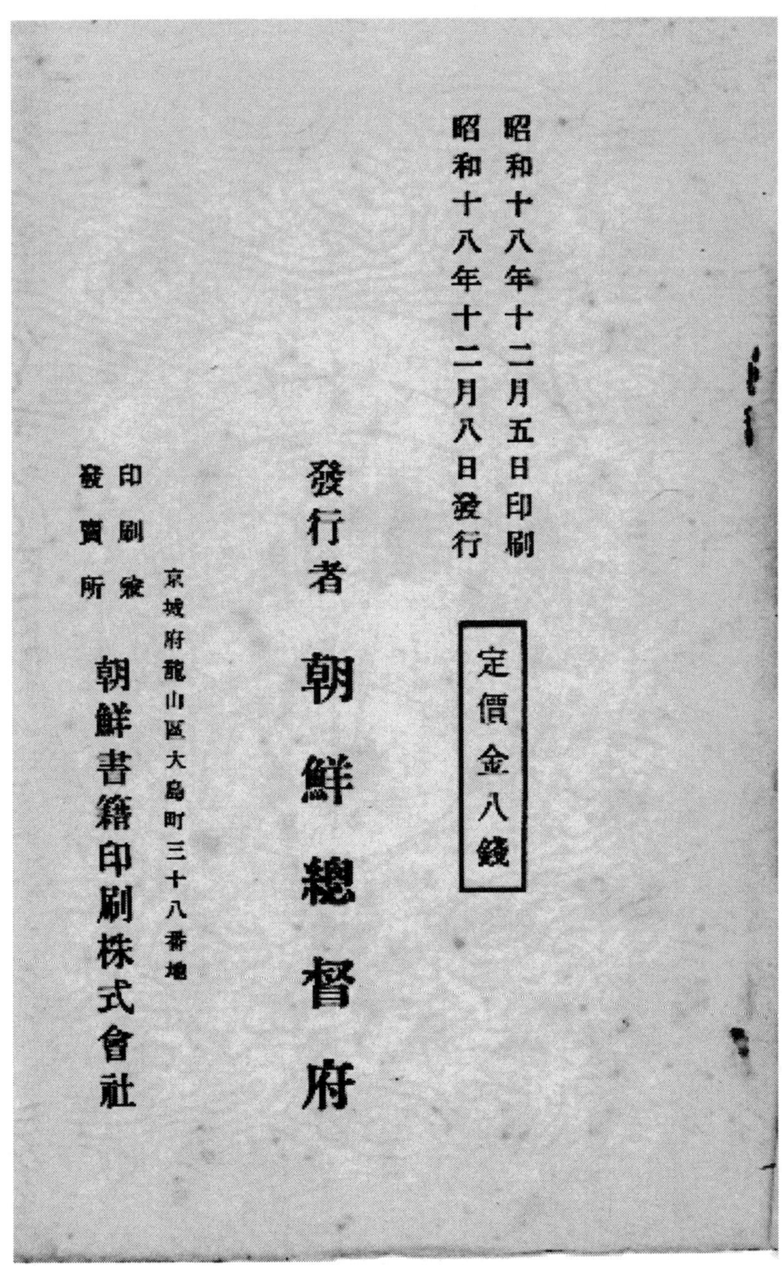

昭和十八年十二月五日印刷
昭和十八年十二月八日發行

定價金八錢

發行者 朝鮮總督府

京城府龍山區大島町三十八番地
印刷竂
發賣所 朝鮮書籍印刷株式會社

18　昭和二十年略暦（1945）

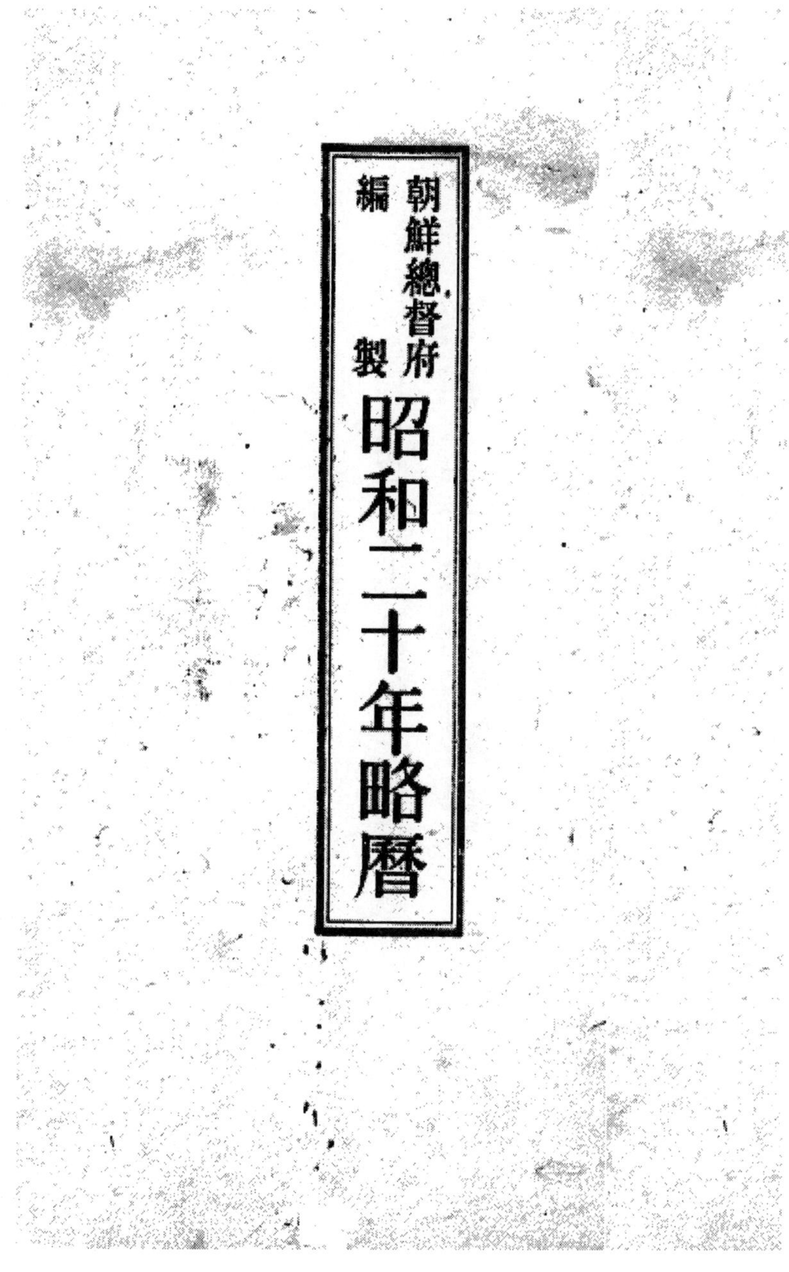
朝鮮總督府
編製
昭和二十年略曆

朝鮮總督府氣象臺編纂

神武天皇卽位紀元二千六百五年

昭和二十年 平年 乙酉 略曆

祝祭日

四方拜	一月一日
元始祭	一月三日
新年宴會	一月五日
紀元節	二月十一日
春季皇靈祭	三月二十一日
神武天皇祭	四月三日
天長節	四月二十九日
秋季皇靈祭	九月二十三日
神嘗祭	十月十七日
明治節	十一月三日
新嘗祭	十一月二十三日
大正天皇祭	十二月二十五日

凡例

本略暦ニ掲載スル時刻ハ本邦中央標準時ヲ用フ

月ノ出入ハ仁川ニ於ケル値ナリ

月齢ハ朔ヨリ當日正午迄ノ日數ナリ

滿干潮時ハ仁川港ニ於ケル値ニシテ鮮内主要港ニ於ケル値ハ次ノ時間ヲ加減シテ概略ヲ知ルヲ得ベシ

港	時分	港	時分	港	時分	港	時分
多獅島	四・四〇加	群山	一・五〇減	釜山	三・三〇加	元山	一・三〇減
鎮南浦	四・二〇加	木浦	滿潮二・二五減 干潮三・三〇減	濟州（禾北浦）	七・五減	城津	一・四五減
夢金浦	三・三〇加	麗水	八・五〇減	迎日灣	〇・三五減	雄基	一・四〇減

本略暦ハ簡單ニ記載シアルヲ以テ詳細ハ朝鮮總督府氣象臺編纂ノ日用便覽ニツキ見ルベシ

一月大 三十一日

日	曜	干支	記事	月齢	月出	月入	満潮 前	満潮 後	干潮 前	干潮 後
一日	月	庚午	四方拜	一七	後八・四四	前九・四三	前七・〇	後七・三〇	前〇・四五	後〇・五六
二日	火	辛未		一八	後九・三	前一〇・二二	前七・三五	後八・一五	前一・二五	後一・三五
三日	水	壬申	元始祭	一九	後一〇・一	前一〇・五六	前八・一五	後八・五〇	前二・〇	後二・〇五
四日	木	癸酉	御用始	二〇	後一〇・五八	前一一・二六	前九・〇〇	後九・二〇	前二・三〇	後二・三五
五日	金	甲戌	新年宴會	二一	後一一・五四	前一一・五四	前九・三〇	後九・五〇	前三・〇	後三・一〇
六日	土	乙亥	小寒　下弦 後九時四七分	二二	―	後〇・二一	前一〇・三五	後一〇・三五	前三・四〇	後三・五〇
七日	日	丙子		二三	前〇・五〇	後〇・四八	前一一・〇五	後一一・三五	前四・二五	後四・四五
八日	月	丁丑	大詔奉戴日	二四	前一・四六	後一・一六	―	後〇・二〇	前五・三五	後六・〇五
九日	火	戊寅		二五	前二・四三	後一・四六	前〇・三〇	後一・〇五	前七・〇〇	後七・四〇
十日	水	己卯		二六	前三・四二	後二・一九	前一・一五	後二・一〇	前八・一〇	後八・四〇
十一日	木	庚辰		二七	前四・四三	後二・五八	前二・二〇	後三・一〇	前九・〇	後九・四五
十二日	金	辛巳		二八	前五・四六	後三・四四	前三・二〇	後四・〇五	前一〇・〇〇	後一〇・三五
十三日	土	壬午		二九	前六・四五	後四・三七	前四・一〇	後五・〇五	前一〇・三五	後一一・一五
十四日	日	癸未	朔 後二時六分	三〇	前七・四三	後五・三八	前五・〇五	後五・五五	前一一・三〇	―

十五日	月	甲申		一	前八・三五 後六・四四	前五・五〇 後六・二五	前〇・　〇 後〇・　五
十六日	火	乙酉		二	前九・二二 後七・五四	前六・三五 後七・　五	前〇・三五 後〇・四五
十七日	水	丙戌	土用	三	前一〇・　三 後九・　四	前七・一〇 後七・五五	前一・一〇 後一・二五
十八日	木	丁亥		四	前一〇・四〇 後一〇・二四	前八・　〇 後八・四〇	前一・五五 後二・　〇
十九日	金	戊子		五	前一一・一四 後一一・二三	前八・五〇 後九・二〇	前二・三〇 後二・四〇
二十日	土	己丑	大寒	六	前一一・四七	前九・四五 後一〇・一〇	前三・一五 後三・三五
二十一日	日	庚寅	上弦 前八時四八分	七	後〇・二〇 前〇・三一	前一〇・三〇 後一一・　〇	前四・　五 後四・二五
二十二日	月	辛卯		八	後〇・五五 前一・三九	前一一・四〇 後一一・五〇	前五・　〇 後五・四〇
二十三日	火	壬辰		九	後一・三三 前二・四六	後〇・四五	前六・四五 後七・一〇
二十四日	水	癸巳		一〇	後二・一六 前三・五二	前一・　五 後二・　五	前七・四五 後八・三五
二十五日	木	甲午		一一	後三・　三 前四・五六	前二・一〇 後三・一〇	前八・五〇 後九・四〇
二十六日	金	乙未	[illegible]	一二	後三・五五 前五・五五	前三・二五 後四・二五	前九・五五 後一〇・三五
二十七日	土	丙申		一三	後四・五二 前六・五〇	前四・三五 後五・一〇	前一〇・三五 後一一・二〇
二十八日	日	丁酉	望 後三時四一分	一四	後五・五一 前七・三七	前五・三五 後六・　五	前一一・二五 後一一・五五
二十九日	月	戊戌		一五	後六・五〇 前八・一八	前六・一〇 後六・四五	後〇・　五
三十日	火	己亥		一六	後七・四九 前八・五四	前六・五〇 後七・二〇	前〇・三五 後〇・三五
三十一日	水	庚子		一七	後八・四七 前九・三六	前七・三〇 後七・五〇	前一・　五 後一・一〇

三

二月　平　二十八日

日	曜	干支	記事	月齢	月出	月入	満潮	干潮
一日	木	辛丑		一八	後九・四三	前九・五五	前七・五〇 後八・一〇	前一・三五 後一・四〇
二日	金	壬寅		一九	後一〇・三九	前一〇・二二	前八・二〇 後八・三五	前二・[illegible] 後二・一〇
三日	土	癸卯	節分	二〇	後一一・三五	前一〇・四九	前八・五五 後九・[illegible]	前三・三五 後二・四〇
四日	日	甲辰	立春	二一		前一一・一六	前九・三〇 後九・四〇	前三・〇〇 後三・二〇
五日	月	乙巳	下弦 後六時五五分	二二	前〇・三一	前一一・四四	前一〇・二〇 後一〇・三〇	前三・四〇 後四・〇〇
六日	火	丙午		二三	前一・二九	後〇・一六	前一一・[illegible] 後一一・一〇	前四・三〇 後五・〇〇
七日	水	丁未		二四	前二・二八	後〇・五一	後〇・一〇	前五・三〇 後六・一〇
八日	木	戊申	大詔奉戴日	二五	前三・二八	後一・三三	前〇・三五 後一・一〇	前七・〇〇 後八・〇五
九日	金	己酉		二六	前四・二八	後二・二三	前一・二五 後二・三五	前八・二五 後九・三〇
十日	土	庚戌		二七	前五・二六	後三・一八	前二・五〇 後三・五〇	前九・三五 後一〇・一〇
十一日	日	辛亥	紀元節	二八	前六・二一	後四・二二	前三・五〇 後四・四〇	前一〇・一五 後一一・〇〇
十二日	月	壬子		二九	前七・一一	後五・三二	前四・三〇 後五・三五	前一一・[illegible] 後一一・四五
十三日	火	癸丑	朔 前二時三三分 正月小	〇	前七・五六	後六・四四	前五・四〇 後六・一〇	前一一・四五
十四日	水	甲寅		一	前八・三六	後七・五七	前六・二五 後六・五五	前〇・二〇 後〇・三〇

十五日	木	乙卯		二	前九・一二 後九・[illegible]九	前七・[illegible]五 後七・三五	前〇・五〇 後一・[illegible]五
十六日	金	丙辰		三	前九・四七 後一〇・二〇	前七・五五 後八・二〇	前一・三五 後一・五〇
十七日	土	丁巳		四	前一〇・二一 後一一・三〇	前八・三五 後八・五〇	前二・一〇 後二・三〇
十八日	日	戊午		五	前一〇・五八	前九・三〇 後九・三五	前二・五〇 後三・[illegible]五
十九日	月	己未	雨水 上弦 後五時三八分	六	前一一・三四 前〇・三九	前一〇・[illegible]五 後一〇・三五	前三・一六 後三・五五
二十日	火	庚申		七	後〇・一五 前一・四六	前一一・[illegible]五 後一一・三〇	前四・二〇 後五・[illegible]〇
二十一日	水	辛酉		八	後一・[illegible]〇 前二・五〇	後〇・一五	前五・三〇 後六・三五
二十二日	木	壬戌		九	後一・五一 前三・五一	前〇・四〇 後一・三六	前七・二〇 後八・[illegible]〇
二十三日	金	癸亥		一〇	後二・四五 前四・四六	前二・[illegible]〇 後三・[illegible]〇	前八・三五 後九・三〇
二十四日	土	甲子		一一	後三・四二 前五・三四	前三・一五 後四・一〇	前九・四〇 後一〇・一五
二十五日	日	乙丑		一二	後四・四一 前六・二七	前四・三〇 後五・[illegible]五	前一〇・二五 後一一・[illegible]五
二十六日	月	丙寅		一三	後五・四〇 前六・五四	前五・一五 後五・四五	前一一・二〇 後一一・四〇
二十七日	火	丁卯	望 前九時七分	一四	後六・三八 前七・二七	前五・五五 後六・二〇	前一一・四五
二十八日	水	戊辰		一五	後七・三五 前七・五七	前六・二五 後六・五〇	前〇・一五 後〇・二〇

三月大 三十一日

日	曜	干支	記事	月齢	月出 月入	満潮	干潮
一日	木	己巳		一六	後八・三一 前八・三四	前七・〇 後七・一五	前〇・四〇 後〇・四〇
二日	金	庚午		一七	後九・二七 前八・五一	前七・一五 後七・三五	前一・一〇 後一・二〇
三日	土	辛未		一八	後一〇・二三 前九・一七	前七・三五 後七・五〇	前一・二五 後一・四〇
四日	日	壬申		一九	後一一・一九 前九・四五	前八・一〇 後八・一五	前一・五五 後二・五
五日	月	癸酉		二〇	前一〇・一五	前八・三五 後八・五〇	前二・二〇 後二・三五
六日	火	甲戌	地久節 驚蟄	二一	前〇・一七 前一〇・四八	前九・一五 後九・三五	前二・五〇 後三・一五
七日	水	乙亥	下弦 後一時三〇分	二二	前一・二五 前一一・三六	前一〇・五 後一〇・二〇	前三・三五 後三・五五
八日	木	丙子	大詔奉戴日	二三	前二・一四 後〇・一〇	前一一・一五 後一一・三五	前四・一五 後五・一五
九日	金	丁丑		二四	前三・一二 後一・二	後〇・三五	前五・四五 後七・三〇
十日	土	戊寅	陸軍記念日	二五	前四・七 後二・一	前一・〇 後二・〇	前七・四〇 後八・五〇
十一日	日	己卯		二六	前四・五九 後三・六	前二・二〇 後三・一〇	前八・五五 後九・四五
十二日	月	庚辰		二七	前五・四五 後四・一七	前三・三〇 後四・二五	前一〇・〇 後一〇・三五
十三日	火	辛巳		二八	前六・二七 後五・三〇	前四・三〇 後五・〇	前一〇・四〇 後一一・一〇
十四日	水	壬午	朔 後〇時五一分 二月小	二九	前七・五 後六・四四	前五・一五 後五・四五	前一一・三〇 後一一・四五

十五日	木	癸未	朝鮮神宮祈年祭	一	前七・四一 後七・五八	前五・五五 後六・二五	後〇・[illegible]五
十六日	金	甲申		二	前八・一七 後九・一一	前六・四〇 後七・[illegible]五	前〇・三〇 後〇・四五
十七日	土	乙酉		三	前八・五二 後一〇・二三	前七・二五 後七・五〇	前一・[illegible]〇 後一・二五
十八日	日	丙戌	彼岸	四	前九・三〇 後一一・三四	前八・[illegible]〇 後八・二五	前一・四〇 後二・一〇
十九日	月	丁亥		五	前一〇・一一	前八・四五 後九・[illegible]〇	前二・二〇 後二・四五
二十日	火	戊子	社日	六	前一〇・五六 前〇・四二	前九・三五 後九・五〇	前二・五五 後三・二〇
二十一日	水	己丑	春季皇靈祭 春分 前八時三八分 上弦 前四時一一分	七	前一一・四六 前一・四五	前一〇・三〇 後一〇・四五	前三・四〇 後四・二〇
二十二日	木	庚寅		八	後〇・四〇 前二・四三	前一一・四〇	前四・四〇 後五・五〇
二十三日	金	辛卯		九	後一・三七 前三・三四	前〇・[illegible]〇 後一・[illegible]五	前六・一五 後七・五五
二十四日	土	壬辰		一〇	後二・三五 前四・一八	前一・三五 後二・三五	前八・一〇 後九・一〇
二十五日	日	癸巳		一一	後三・三四 前四・五六	前二・五五 後三・四〇	前九・一〇 後九・五五
二十六日	月	甲午		一二	後四・三一 前五・三〇	前四・[illegible]〇 後四・三五	前一〇・[illegible]五 後一〇・三五
二十七日	火	乙未		一三	後五・二八 前六・[illegible]〇	前四・四〇 後五・一〇	前一〇・四〇 後一一・一〇
二十八日	水	丙申		一四	後六・二五 前六・二七	前五・二五 後五・四五	前一一・二五 後一一・三五
二十九日	木	丁酉	望 前二時四四分	一五	後七・三一 前六・五四	前五・五五 後六・一五	前一一・五〇
三十日	金	戊戌		一六	後八・一七 前七・二〇	前六・三〇 後六・三五	前〇・一〇 後〇・二五
三十一日	土	己亥		一七	後九・一三 前七・四七	前六・五〇 後七・[illegible]〇	前〇・四〇 後〇・五五

四月小 三十日

日	曜	干支	記事	月齢	月出	月入	満潮 前	満潮 後	干潮 前	干潮 後
一日	日	庚子		一八	後一〇時一〇分	前八・一六	前七時五五分	後七・一〇	前〇時五五分	後一・一五
二日	月	辛丑		一九	後一一・八	前八・四八	前七・三五	後七・三五	前一・三〇	後一・四〇
三日	火	壬寅	神武天皇祭 植樹記念日	二〇		前九・三三	前八・〇	後八・五	前一・五〇	後二・一五
四日	水	癸卯		二一	前〇・六	前一〇・五	前八・五〇	後八・五五	前二・二〇	後二・五〇
五日	木	甲辰	清明	二二	前一・四	前一〇・五二	前九・四〇	後九・四五	前二・五五	後三・三五
六日	金	乙巳	下弦 前四時一八分 寒食	二三	前一・五九	前一一・四七	前一〇・四五	後一一・〇	前三・五〇	後四・四五
七日	土	丙午	愛馬ノ日	二四	前二・五〇	後〇・四八		後〇・五	前五・〇	後六・五〇
八日	日	丁未	大詔奉戴日	二五	前三・三七	後一・五四	前〇・三五	後一・三〇	前七・一〇	後八・二〇
九日	月	戊申		二六	前四・一九	後三・四	前二・〇	後二・四五	前八・三五	後九・一五
十日	火	己酉		二七	前四・五八	後四・一六	前三・一〇	後三・四五	前九・四〇	後一〇・五
十一日	水	庚戌		二八	前五・三四	後五・三〇	前四・一〇	後四・三五	前〇・二五	後〇・五〇
十二日	木	辛亥	朔 後九時二九分 三月大	二九	前六・九	後六・四四	前五・〇	後五・三〇	前一一・一〇	後一一・二〇
十三日	金	壬子		一	前六・四五	後七・五八	前五・四〇	後六・〇	前一一・四五	
十四日	土	癸丑		二	前七・二二	後九・一二	前六・二五	後六・四〇	前〇・一〇	後〇・三五

八

日	曜	干支		舊曆			
十五日	日	甲寅		三	前八・〇三 後一〇・二五	前七・二五 後七・一五	前〇・四五 後一・五
十六日	月	乙卯		四	前八・四七 後一一・三三	前七・五〇 後七・五〇	前一・二〇 後一・四五
十七日	火	丙辰	土用	五	前九・三七	前八・三〇 後八・三五	前一・五五 後二・二五
十八日	水	丁巳		六	前一〇・四一 前〇・三五	前九・二〇 後九・二五	前二・三五 後三・一〇
十九日	木	戊午	上弦 後四時四六分	七	前一一・二九 前一・三〇	前一〇・一五 後一〇・三〇	前三・一〇 後四・五
二十日	金	己未	穀雨	八	後〇・二八 前二・一七	前一一・二五 後一一・五〇	前四・一〇 後五・三五
二十一日	土	庚申		九	後一・二七 前二・五八	後〇・三五	前五・四五 後七・三〇
二十二日	日	辛酉		一〇	後二・二六 前三・三三	前一・五 後二・〇	前七・四〇 後八・四五
二十三日	月	壬戌		一一	後三・二三 前四・四	前二・二五 後二・五〇	前八・四五 後九・二〇
二十四日	火	癸亥		一二	後四・一九 前四・三二	前三・二五 後三・五〇	前九・三五 後一〇・〇
二十五日	水	甲子		一三	後五・一五 前四・五八	前四・五 後四・三〇	前一〇・一五 後一〇・三〇
二十六日	木	乙丑		一四	後六・一一 前五・二四	前四・五〇 後五・五	前一〇・五〇 後一一・一〇
二十七日	金	丙寅	望 後七時三三分	一五	後七・〇七 前五・三一	前五・二五 後五・三五	前一一・二〇 後一一・四〇
二十八日	土	丁卯		一六	後八・五 前六・一九	前五・五五 後六・〇	前一一・五五
二十九日	日	戊辰	天長節	一七	後九・三 前六・四九	前六・二〇 後六・二五	前〇・五 後〇・三〇
三十日	月	己巳	靖國神社祭	一八	後一〇・〇一 前七・二四	前六・四五 後六・五〇	前〇・三五 後一・〇

九

五月大 三十一日

健民運動

日	曜	干支	記事	月齡	月出	月入	滿潮 前	滿潮 後	干潮 前	干潮 後
一日	火	庚午		一九	後一〇・五九	前八・三[illegible]	七・[illegible]五	七・一六	一・[illegible]〇	一・二〇
二日	水	辛未	八十八夜	二〇	後一一・五五	前八・四八	七・四五	七・四〇	一・三〇	二・[illegible]〇
三日	木	壬申		二一	—	前九・四〇	八・二〇	八・三〇	二・[illegible]〇	二・三五
四日	金	癸酉		二二	前〇・四六	前一〇・三八	九・二〇	九・三五	三・四〇	三・二五
五日	土	甲戌	下弦 後三時二分	二三	前一・三四	前一一・四〇	一〇・三〇	一〇・四五	三・二五	四・三〇
六日	日	乙亥	立夏	二四	前二・一六	後〇・四七	一一・四〇	—	四・五〇	六・[illegible]五
七日	月	丙子		二五	前二・五五	後一・五六	〇・一〇	〇・五〇	六・三五	七・四〇
八日	火	丁丑	大詔奉戴日	二六	前三・三一	後三・[illegible]七	一・三〇	二・[illegible]五	八・一〇	八・五五
九日	水	戊寅		二七	前四・[illegible]	後四・一八	二・四五	三・二〇	九・一〇	九・四〇
十日	木	己卯		二八	前四・三九	後五・三一	三・四〇	四・一〇	一〇・[illegible]〇	一〇・三〇
十一日	金	庚辰		二九	前五・一四	後六・四五	四・三〇	四・五五	一〇・五〇	一一・[illegible]五
十二日	土	辛巳	朔 前五時二一分 四月小	〇	前五・五二	後七・五九	五・二〇	五・三五	一一・三〇	一一・四〇
十三日	日	壬午		一	前六・三五	後九・一一	五・五五	六・一〇	—	〇・[illegible]五
十四日	月	癸未		二	前七・二三	後一〇・一九	六・四五	六・五五	〇・三〇	〇・四五

十五日	火	甲申		三	前八・一七 後一一・二〇	前七・二五 後七・三〇	前〇・五〇 後一・二五
十六日	水	乙酉		四	前九・一五	前八・二〇 後八・二〇	前一・三〇 後二・五
十七日	木	丙戌		五	前一〇・一六 前〇・一二	前九・〇 後九・一〇	前二・一〇 後二・五〇
十八日	金	丁亥		六	前一一・一七 前〇・五六	前九・五五 後一〇・五	前二・五五 後三・四〇
十九日	土	戊子	上弦 前七時一三分	七	後〇・一七 前一・三四	前一〇・四五 後一一・一〇	前三・三五 後四・四五
二十日	日	己丑		八	後一・一五 前二・六	後〇・〇	前五・〇 後六・三五
二十一日	月	庚寅	小滿	九	後二・一二 前二・三六	前〇・二〇 後一・〇	前六・四〇 後七・四五
二十二日	火	辛卯		一〇	後三・八 前三・二	前一・四〇 後二・五	前八・五 後八・四五
二十三日	水	壬辰		一一	後四・四 前三・二八	前二・三五 後三・〇	前九・〇 後九・二五
二十四日	木	癸巳		一二	後五・〇 前三・五四	前三・三〇 後三・[illegible]〇	前九・四〇 後一〇・〇
二十五日	金	甲午		一三	後五・五七 前四・三二	前四・一〇 後四・二〇	前一〇・二〇 後一〇・三〇
二十六日	土	乙未		一四	後六・五六 前四・五一	前四・五五 後五・〇	前一一・五 後一一・五
二十七日	日	丙申	海軍記念日 望 前一〇時四九分	一五	後七・五五 前五・二四	前五・二五 後五・三〇	前一一・三〇 後一一・四〇
二十八日	月	丁酉		一六	後八・五四 前六・二	前六・〇 後六・〇	後〇・一〇
二十九日	火	戊戌		一七	後九・五一 前六・四五	前六・三〇 後六・三〇	前〇・五 後〇・四〇
三十日	水	己亥		一八	後一〇・四四 前七・三五	前七・〇 後七・〇	前〇・四五 後一・一〇
三十一日	木	庚子		一九	後一一・三三 前八・三二	前七・三五 後七・三五	前一・五 後一・四〇

六月小　三十日

日	曜	干支	記事	月齢	月出	月入	満潮 前	満潮 後	干潮 前	干潮 後
一日	金	辛丑		二〇		前九時三三分	前八時三〇分	後八・二〇	前一時四五分	後二・三〇
二日	土	壬寅		二一	前〇・一七	前一〇・三八	前九・一〇	後九・二〇	前二・三〇	後三・五
三日	日	癸卯	下弦　後一〇時二五分	二二	前〇・五六	前一一・四五	前一〇・一〇	後一〇・三五	前三・一五	後四・五
四日	月	甲辰		二三	前一・三一	後〇・五三	前一一・一五	後一一・五〇	前四・二〇	後五・三五
五日	火	乙巳		二四	前二・五	後二・二		後〇・三〇	前五・五五	後七・〇
六日	水	丙午	芒種	二五	前二・三七	後三・一二	前二・五	後一・三五	前七・三五	後八・一五
七日	木	丁未		二六	前三・一〇	後四・二三	前二・一〇	後二・三五	前八・五〇	後九・一五
八日	金	戊申	大詔奉戴日	二七	前三・四六	後五・三五	前三・一五	後三・三〇	前九・四〇	後一〇・〇
九日	土	己酉		二八	前四・二五	後六・四八	前四・一〇	後四・二五	前一〇・二五	後一〇・四〇
十日	日	庚戌	朔　後一時二六分　五月小	二九	前五・一〇	後七・五八	前五・一〇	後五・一五	前一一・一五	後一一・三五
十一日	月	辛亥	入梅	一	前六・一	後九・三	前五・四五	後五・五五	前一一・五五	
十二日	火	壬子		二	前六・五八	後一〇・〇	前六・三五	後六・四〇	前〇・〇	後〇・四〇
十三日	水	癸丑		三	前七・五九	後一〇・四九	前七・一五	後七・二五	前〇・四〇	後一・一五
十四日	木	甲寅	農民日	四	前九・[illegible]	後一一・三一	前八・五	後八・一〇	前一・二〇	後二・〇

二一

昭和二十年

日	曜	干支	記事	舊			
十五日	金	乙卯		五	前一〇・三	前八・四五　後九・〇	前一・五〇　後二・三〇
十六日	土	丙辰		六	前一一・四　前〇・六	前九・三五　後九・五〇	前二・四〇　後三・二〇
十七日	日	丁巳	上弦　後一一時五分	七	後〇・[illegible]二　前〇・三七	前一〇・一五　後一〇・四〇	前三・三〇　後四・五
十八日	月	戊午		八	後〇・五九　前一・[illegible]五	前一一・一〇　後一一・三五	前四・一〇　後五・一五
十九日	火	己未		九	後一・五五　前一・三一	後〇・五	前五・一五　後六・三五
二十日	水	庚申		一〇	後二・五一　前一・五七	前〇・三五　後一・〇	前七・〇　後七・四〇
二十一日	木	辛酉		一一	後三・四八　前二・二四	前一・三五　後一・五〇	前八・五　後八・三〇
二十二日	金	壬戌	夏至　前三時五二分	一二	後四・四六　前二・五二	前二・三五　後二・四五	前九・一〇　後九・二五
二十三日	土	癸亥		一三	後五・四五　前三・二四	前三・三〇　後三・三五	前九・五五　後一〇・五
二十四日	日	甲子		一四	後六・四五　前三・五九	前四・二五　後四・二五	前一〇・四〇　後一〇・四五
二十五日	月	乙丑		一五	後七・四三　前四・四一	前五・〇　後五・一〇	前一一・五　後一一・二〇
二十六日	火	丙寅	望　前〇時八分　月食	一六	後八・三九　前五・二九	前五・四〇　後五・五〇	前一一・五〇　後一一・五〇
二十七日	水	丁卯		一七	後九・三一　前六・二四	前六・一〇　後六・二〇	後〇・二〇
二十八日	木	戊辰		一八	後一〇・一七　前七・二五	前七・〇　後七・〇	前〇・二五　後一・五
二十九日	金	己巳		一九	後一〇・五七　前八・三〇	前七・二五　後七・三五	前一・〇　後一・三五
三十日	土	庚午		二〇	後一・三四　前九・三七	前八・一〇　後八・二〇	前一・三五　後二・二〇

一三

七月大 三十一日

日	曜	干支	記事	月齢	月出	月入	滿潮 前	滿潮 後	干潮 前	干潮 後
一日	日	辛未		二一		前一〇時四五分	九時〇分	九・二〇	二時二〇分	三・〇
二日	月	壬申		二二	前〇・七	前一一・五三	九・五五	一〇・一五	三・二〇	三・五五
三日	火	癸酉	下弦 前三時一三分	二三	前〇・三九	後一・一	一〇・五〇	一一・二五	四・〇	四・五〇
四日	水	甲戌		二四	前一・一一	後二・一〇		〇・〇	五・三〇	六・一五
五日	木	乙亥		二五	前一・四五	後三・二〇	〇・四〇	一・〇	七・〇	七・三五
六日	金	丙子		二六	前二・二一	後四・三〇	一・四〇	二・〇	八・三〇	八・四〇
七日	土	丁丑	小暑	二七	前三・三	後五・四〇	二・五〇	三・五	九・二〇	九・四〇
八日	日	戊寅	大詔奉戴日	二八	前三・五〇	後六・四六	四・〇	四・一〇	一〇・一五	一〇・二五
九日	月	己卯	朔 後一〇時三五分 六月大	二九	前四・四三	後七・四七	四・五〇	五・〇	一〇・五五	一一・一〇
十日	火	庚辰		一	前五・四二	後八・四〇	五・五〇	五・五五	一一・五〇	一一・五五
十一日	水	辛巳		二	前六・四四	後九・二五	六・三〇	六・三五		〇・三〇
十二日	木	壬午		三	前七・四七	後一〇・三	七・一〇	七・一〇	〇・三〇	一・〇
十三日	金	癸未		四	前八・四九	後一〇・三六	七・四五	七・五五	一・〇	一・四〇
十四日	土	甲申		五	前九・四九	後一一・六	八・二五	八・三五	一・四五	二・一〇

一四

日	曜	干支	記事	旧暦			
十五日	日	乙酉		六	前一〇・四八 後一一・三三	前九・〇 後九・一五	前二・一〇 後二・五〇
十六日	月	丙戌		七	前一一・四五 後一一・五九	前九・四〇 後九・五五	前二・五五 後三・三〇
十七日	火	丁亥	上弦 後四時一分	八	後〇・四一	前一〇・一五 後一〇・三五	前三・三五 後四・一〇
十八日	水	戊子		九	後一・三七 前〇・二五	前一〇・五〇 後一一・三〇	前四・一〇 後四・五五
十九日	木	己丑		一〇	後二・三四 前〇・五二	前一一・四五	前五・二〇 後六・五
二十日	金	庚寅	海ノ記念日 土用 初伏	一一	後三・三三 前一・二三	前〇・三五 後〇・五〇	前七・五 後七・三五
二十一日	土	辛卯		一二	後四・三二 前一・五六	前一・四〇 後一・四五	前八・一五 後八・四〇
二十二日	日	壬辰		一三	後五・三一 前二・三五	前二・五〇 後二・五〇	前九・二五 後九・三五
二十三日	月	癸巳	大暑	一四	後六・二九 前三・二〇	前三・四〇 後三・四五	前一〇・五 後一〇・一五
二十四日	火	甲午		一五	後七・二三 前四・一三	前四・四〇 後四・五〇	前一〇・五五 後一一・五
二十五日	水	乙未	望 前二時三五分	一六	後八・一二 前五・一三	前五・二五 後五・三〇	前一一・三五 後一一・四〇
二十六日	木	丙申		一七	後八・五六 前六・一八	前六・五 後六・一五	後〇・一〇
二十七日	金	丁酉		一八	後九・三四 前七・二六	前六・四〇 後六・五〇	前〇・二〇 後〇・四五
二十八日	土	戊戌		一九	後一〇・九 前八・三五	前七・二五 後七・三五	前一・三〇 後一・〇
二十九日	日	己亥		二〇	後一〇・四二 前九・四四	前七・五五 後八・一〇	前一・三〇 後二・五
三十日	月	庚子	中伏	二一	後一一・一四 前一〇・五三	前八・四〇 後九・五	前二・一五 後二・四〇
三十一日	火	辛丑		二二	後一一・四七 後〇・二	前九・三五 後一〇・〇	前二・五五 後三・三〇

一五

八月大 三十一日

日	曜	干支	記事	月齢	月出 月入	滿潮	干潮
一日	水	壬寅	下弦 前七時三〇分	二三	後 一時二一分	前 一〇・二〇 後 一〇・五五	前 三時五〇 後 四・一〇
二日	木	癸卯		二四	前 〇・三二 後 二・三〇	前 一一・一〇	前 四・五〇 後 五・二五
三日	金	甲辰		二五	前 一・一 後 三・二九	前 〇・〇 後 〇・三〇	前 六・一〇 後 六・五五
四日	土	乙巳		二六	前 一・四五 後 四・三五	前 一・一〇 後 一・二五	前 七・五〇 後 八・一五
五日	日	丙午		二七	前 二・三四 後 五・三六	前 二・三〇 後 二・四〇	前 九・〇 後 九・二〇
六日	月	丁未		二八	前 三・三〇 後 六・二一	前 三・四五 後 四・〇	前 一〇・三 後 一〇・一五
七日	火	戊申		二九	前 四・三一 後 七・一九	前 四・四〇 後 五・〇	前 一〇・五〇 後 一〇・五五
八日	水	己酉	大詔奉戴日 立秋 朔 前九時三二分	〇	前 五・三三 後 八・一〇	前 五・三五 後 五・四五	前 一一・三五 後 一一・四〇
九日	木	庚戌	末伏	一	前 六・三五 後 八・三五	前 六・一〇 後 六・二〇	後 〇・五
十日	金	辛亥		二	前 七・三八 後 九・六	前 六・五〇 後 七・〇	前 〇・一五 後 〇・四五
十一日	土	壬子		三	前 八・三六 後 九・三四	前 七・二五 後 七・三五	前 〇・四五 後 一・一〇
十二日	日	癸丑		四	前 九・三四 後 一〇・〇	前 八・〇 後 八・一〇	前 一・二五 後 一・五〇
十三日	月	甲寅		五	前 一〇・三〇 後 一〇・二六	前 八・二五 後 八・三五	前 一・五五 後 二・一五
十四日	火	乙卯		六	前 一一・二七 後 一〇・三三	前 八・五〇 後 九・五	前 三・二〇 後 三・四〇

日	曜	干支	記事	旧暦			
十五日	水	丙辰		七	[illegible]	[illegible]	[illegible]
十六日	木	丁巳	上弦 前九時二六分	八	[illegible]	[illegible]	[illegible]
十七日	金	戊午		九	[illegible]	[illegible]	[illegible]
十八日	土	己未		一〇	[illegible]	[illegible]	[illegible]
十九日	日	庚申		一一	[illegible]	[illegible]	[illegible]
二十日	月	辛酉		一二	[illegible]	[illegible]	[illegible]
二十一日	火	壬戌		一三	[illegible]	[illegible]	[illegible]
二十二日	水	癸亥		一四	[illegible]	[illegible]	[illegible]
二十三日	木	甲子	處暑 望 後九時三分	一五	[illegible]	[illegible]	[illegible]
二十四日	金	乙丑		一六	[illegible]	[illegible]	[illegible]
二十五日	土	丙寅		一七	[illegible]	[illegible]	[illegible]
二十六日	日	丁卯		一八	[illegible]	[illegible]	[illegible]
二十七日	月	戊辰		一九	[illegible]	[illegible]	[illegible]
二十八日	火	己巳		二〇	[illegible]	[illegible]	[illegible]
二十九日	水	庚午		二一	[illegible]	[illegible]	[illegible]
三十日	木	辛未	下弦 後〇時四四分	二二	[illegible]	[illegible]	[illegible]
三十一日	金	壬申		二三	[illegible]	[illegible]	[illegible]

九月小 三十日

日	曜	干支	記事	月齡	月出	月入	滿潮	干潮
一日	土	癸酉	二百十日	二四	前〇時三一分	後三・三一	前一一時五五分	前五時三〇分 後六・五
二日	日	甲戌		二五	前一・二四	後四・二七	前〇・五〇 後一・二〇	前七・四〇 後八・〇
三日	月	乙亥		二六	前二・三二	後五・一六	前二・二五 後二・四五	前九・五 後九・一〇
四日	火	丙子		二七	前三・二三	後五・五八	前三・三五 後四・〇	前一〇・〇 後一〇・〇
五日	水	丁丑		二八	前四・二五	後六・三四	前四・三〇 後四・四〇	前一〇・三五 後一〇・四五
六日	木	戊寅	朔 後一〇時四三分 八月大	二九	前五・三六	後七・六	前五・一五 後五・三〇	前一一・一五 後一一・二〇
七日	金	己卯		一	前六・三六	後七・三五	前五・五〇 後六・一〇	前一一・四五
八日	土	庚辰	大詔奉戴日 白露	二	前七・三四	後八・二	前六・三六 後六・五〇	前〇・〇 後〇・二五
九日	日	辛巳		三	前八・二一	後八・三八	前七・五 後七・一五	前〇・三五 後〇・三〇
十日	月	壬午		四	前九・一八	後八・五四	前七・二五 後七・三五	前一・五 後一・一五
十一日	火	癸未		五	前一〇・一四	後九・三一	前七・四〇 後八・〇	前一・二〇 後一・四五
十二日	水	甲申		六	前一一・一一	後九・五一	前八・一〇 後八・三五	前一・五五 後二・五
十三日	木	乙酉	司法保護運動	七	後〇・八	後一〇・三五	前八・三五 後九・五	前二・二〇 後二・三五
十四日	金	丙戌		八	後一・六	後一一・四	前九・一〇 後九・四〇	前二・五〇 後三・五

一八

昭和二十年

十五日	土	丁亥	上弦 前二時三八分	九	前一一・四九 後三・三	前九・五〇 後一〇・四〇	前三・三〇 後三・四五
十六日	日	戊子		一〇	後三・五九	前〇・五五 後一一・五五	前四・三五 後五・五
十七日	月	己丑		一一	前〇・四一 後三・五一	後〇・三五	前六・三〇 後七・〇
十八日	火	庚寅		一二	前一・四〇 後四・三九	前一・二五 後一・三〇	前八・一五 後八・三五
十九日	水	辛卯		一三	前二・四五 後五・二二	前二・四〇 後三・一〇	前九・二〇 後九・三五
二十日	木	壬辰	航空日 彼岸	一四	前三・五四 後六・一	前三・五〇 後四・一〇	前一〇・一〇 後一〇・三〇
二十一日	金	癸巳		一五	前五・五 後六・三七	前四・三〇 後五・〇	前一〇・五五 後一一・一〇
二十二日	土	甲午	望 前五時四六分	一六	前六・一八 後七・一一	前五・二五 後五・三〇	前一一・四〇 後一一・五〇
二十三日	日	乙未	秋季皇靈祭 秋分 後[illegible]時[illegible]〇分	一七	前七・三一 後七・四五	前六・〇 後六・一五	後〇・一〇
二十四日	月	丙申		一八	前八・四五 後八・二〇	前六・四〇 後七・〇	前〇・三〇 後〇・五〇
二十五日	火	丁酉		一九	前九・五八 後八・五七	前七・一〇 後七・四〇	前一・〇 後一・二〇
二十六日	水	戊戌	社日	二〇	前一一・一〇 後九・三九	前七・五五 後八・三〇	前一・四五 後二・五
二十七日	木	己亥		二一	前一〇・二〇 後〇・二六	前八・三五 後九・一〇	前二・二〇 後二・三〇
二十八日	金	庚子	下弦 後八時二四分	二二	前一一・三六 後一・一九	前九・一五 後一〇・五	前三・〇 後三・一〇
二十九日	土	辛丑		二三	後二・三四	前一〇・二〇 後一一・一五	前三・五五 後四・五
三十日	日	壬寅		二四	前〇・一六 後三・一六	前一一・三五	前五・一〇 後五・三〇

一七

十月大 三十一日

日	曜	干支	記事	舊曆	月出 月入	滿潮	干潮
一日	月	癸卯	始政記念日	二五	[illegible]	[illegible]	[illegible]
二日	火	甲辰	平壤神社祭	二六	[illegible]	[illegible]	[illegible]
三日	水	乙巳		二七	[illegible]	[illegible]	[illegible]
四日	木	丙午		二八	[illegible]	[illegible]	[illegible]
五日	金	丁未		二九	[illegible]	[illegible]	[illegible]
六日	土	戊申	朔 後二時二三分 九月大	三〇	[illegible]	[illegible]	[illegible]
七日	日	己酉		一	[illegible]	[illegible]	[illegible]
八日	月	庚戌	大詔奉戴日	二	[illegible]	[illegible]	[illegible]
九日	火	辛亥	寒露	三	[illegible]	[illegible]	[illegible]
十日	水	壬子		四	[illegible]	[illegible]	[illegible]
十一日	木	癸丑		五	[illegible]	[illegible]	[illegible]
十二日	金	甲寅		六	[illegible]	[illegible]	[illegible]
十三日	土	乙卯		七	[illegible]	[illegible]	[illegible]
十四日	日	丙辰	上弦 後六時三八分	八	[illegible]	[illegible]	[illegible]

軍人援護運動

日	曜	干支	記事	舊曆	前後	前後	前後
十五日	月	丁巳	大邱神社祭	九	[illegible]	[illegible]	[illegible]
十六日	火	戊午	龍頭山神社祭	一〇	[illegible]	[illegible]	[illegible]
十七日	水	己未	神嘗祭 朝鮮神宮祭	一一	[illegible]	[illegible]	[illegible]
十八日	木	庚申	京城神社祭	一二	[illegible]	[illegible]	[illegible]
十九日	金	辛酉		一三	[illegible]	[illegible]	[illegible]
二十日	土	壬戌		一四	[illegible]	[illegible]	[illegible]
二十一日	日	癸亥	土用 望 後三時三二分	一五	[illegible]	[illegible]	[illegible]
二十二日	月	甲子		一六	[illegible]	[illegible]	[illegible]
二十三日	火	乙丑	護國神社祭	一七	[illegible]	[illegible]	[illegible]
二十四日	水	丙寅	霜降 軍馬ノ日	一八	[illegible]	[illegible]	[illegible]
二十五日	木	丁卯		一九	[illegible]	[illegible]	[illegible]
二十六日	金	戊辰		二〇	[illegible]	[illegible]	[illegible]
二十七日	土	己巳		二一	[illegible]	[illegible]	[illegible]
二十八日	日	庚午	下弦 前七時三〇分	二二	[illegible]	[illegible]	[illegible]
二十九日	月	辛未		二三	[illegible]	[illegible]	[illegible]
三十日	火	壬申		二四	[illegible]	[illegible]	[illegible]
三十一日	水	癸酉		二五	[illegible]	[illegible]	[illegible]

十一月小 三十日

日	曜	干支	記事	月齢	月出	月入	滿潮	干潮
一日	木	甲戌		二六	前三時一一分	後四・一〇	前二時一五分 後二・五〇	前八時五五分 後九・一〇
二日	金	乙亥		二七	前四・一八	後四・三六	前三・二〇 後三・五〇	前九・四〇 後九・五五
三日	土	丙子	明治節	二八	前五・一五	後五・一	前四・一〇 後四・三五	前一〇・二〇 後一〇・三五
四日	日	丁丑		二九	前六・一	後五・二七	前四・五〇 後五・二〇	前一〇・五〇 後一一・一五
五日	月	戊寅	朔 前八時二分 十月大	〇	前六・五八	後五・五五	前五・二〇 後五・四五	前一一・二〇 後一一・四五
六日	火	己卯		一	前七・五五	後六・二五	前五・四〇 後六・一〇	前一一・五〇
七日	水	庚辰		二	前八・五三	後七・〇	前六・一〇 後六・四〇	前〇・一〇 後〇・一五
八日	木	辛巳	大詔奉戴日 立冬	三	前九・五一	後七・四〇	前六・三五 後七・〇	前〇・四五 後〇・四五
九日	金	壬午		四	前一〇・四七	後八・二六	前七・二五 後七・五五	前一・五 後一・一〇
十日	土	癸未	國民精神作興記念日	五	前一一・四〇	後九・一八	前七・三〇 後八・五	前一・四五 後一・五〇
十一日	日	甲申		六	後〇・二八	後一〇・一五	前八・一〇 後九・〇	前二・二〇 後二・二五
十二日	月	乙酉		七	後一・一二	後一一・一七	前九・五 後一〇・〇	前三・五 後三・一〇
十三日	火	丙戌	上弦 前八時三四分	八	後一・五二		前一〇・一五 後一一・五	前三・五五 後四・一五
十四日	水	丁亥		九	後二・二八	前〇・二三	前一一・四五	前五・一〇 後五・三〇

遵法强調運動

昭和二十年

日	曜	干支	記事	旧暦	前/後	前/後	前/後
十五日	木	戊子		一〇	[illegible]	[illegible]	[illegible]
十六日	金	己丑		一一	[illegible]	[illegible]	[illegible]
十七日	土	庚寅		一二	[illegible]	[illegible]	[illegible]
十八日	日	辛卯		一三	[illegible]	[illegible]	[illegible]
十九日	月	壬辰		一四	[illegible]	[illegible]	[illegible]
二十日	火	癸巳	望 前〇時一三分	一五	[illegible]	[illegible]	[illegible]
二十一日	水	甲午		一六	[illegible]	[illegible]	[illegible]
二十二日	木	乙未		一七	[illegible]	[illegible]	[illegible]
二十三日	金	丙申	新嘗祭 小雪	一八	[illegible]	[illegible]	[illegible]
二十四日	土	丁酉		一九	[illegible]	[illegible]	[illegible]
二十五日	日	戊戌		二〇	[illegible]	[illegible]	[illegible]
二十六日	月	己亥	下弦 後一〇時二八分	二一	[illegible]	[illegible]	[illegible]
二十七日	火	庚子		二二	[illegible]	[illegible]	[illegible]
二十八日	水	辛丑		二三	[illegible]	[illegible]	[illegible]
二十九日	木	壬寅		二四	[illegible]	[illegible]	[illegible]
三十日	金	癸卯		二五	[illegible]	[illegible]	[illegible]

一二三

十二月大 三十一日

日	曜	干支	記事	月齡	月出	月入	滿潮	干潮
一日	土	甲辰		二六	前三時五五分	後三・三一	前二時三〇分 後三・一〇	前九時〇分 後九・二五
二日	日	乙巳		二七	前四・五一	後三・五八	前三・一〇 後四・〇	前九・四五 後一〇・五
三日	月	丙午		二八	前五・四八	後四・二七	前四・〇 後四・三五	前一〇・一五 後一〇・四〇
四日	火	丁未		二九	前六・四六	後五・[illegible]一	前四・三五 後五・一〇	前一〇・五〇 後一一・二〇
五日	水	戊申	朔 前三時六分	〇	前七・四五	後五・三九	前五・一〇 後五・四五	前一一・三〇 後一一・五〇
六日	木	己酉		一	前八・四二	後六・二三	前五・五〇 後六・二〇	前一一・五五
七日	金	庚戌	大雪	二	前九・三六	後七・一三	前六・三〇 後六・五〇	前〇・二五 後〇・二五
八日	土	辛亥	大東亞戰爭記念日 大詔奉戴日	三	前一〇・二七	後八・〇九	前六・四五 後七・二五	前一・〇 後一・〇
九日	日	壬子		四	前一一・一二	後九・一〇	前七・三〇 後八・〇	前一・三〇 後一・三五
十日	月	癸丑		五	前一一・五三	後一〇・一三	前八・〇 後八・五〇	前二・五 後二・一五
十一日	火	甲寅		六	後〇・二九	後一一・二八	前九・〇 後九・四〇	前二・五〇 後三・〇
十二日	水	乙卯	上弦 後八時五分	七	後一・〇二		前一〇・〇 後一〇・四〇	前三・四〇 後三・五〇
十三日	木	丙辰		八	後一・三三	前〇・三五	前一一・五 後一一・四五	前四・四五 後五・〇
十四日	金	丁巳		九	後二・〇四	前一・三二	後〇・三〇	前六・〇 後六・三五

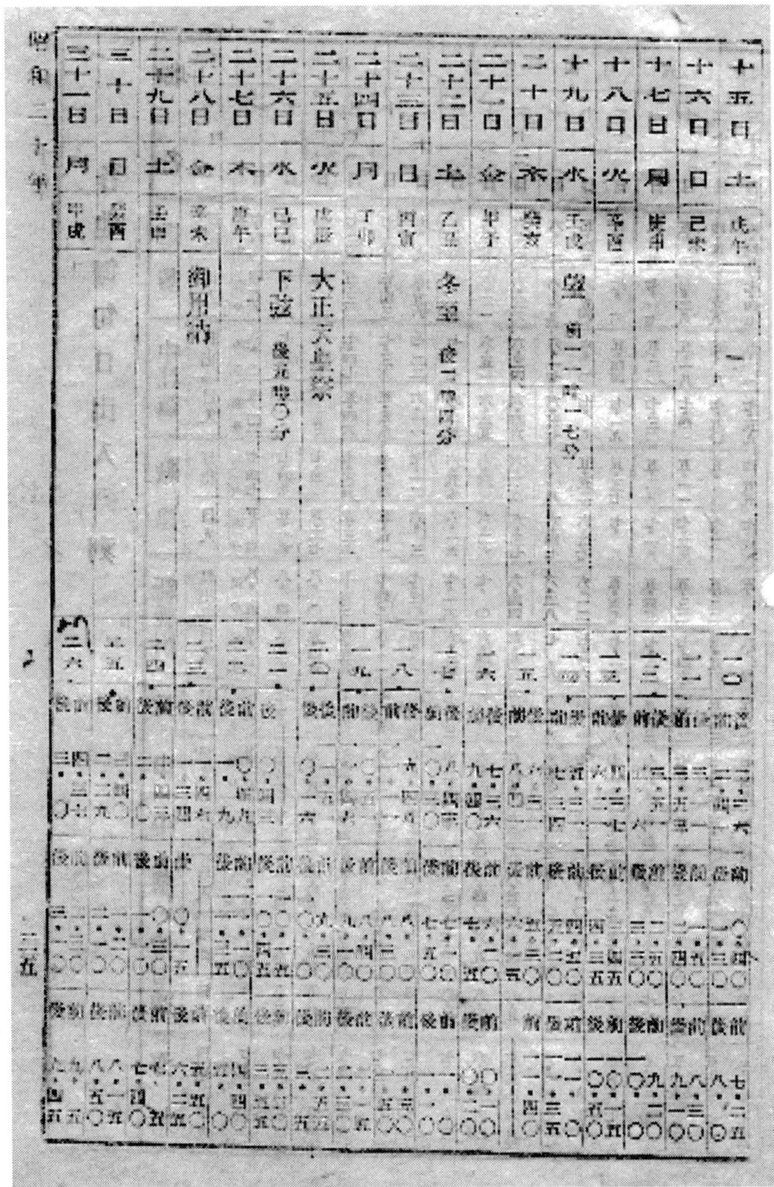

昭和二十年

日	曜	干支	記事
十五日	土	戊午	
十六日	日	己未	
十七日	月	庚申	
十八日	火	辛酉	
十九日	水	壬戌	望 前一時一七分
二十日	木	癸亥	
二十一日	金	甲子	
二十二日	土	乙丑	冬至 後一時四分
二十三日	日	丙寅	
二十四日	月	丁卯	
二十五日	火	戊辰	大正天皇祭
二十六日	水	己巳	下弦 後五時〇分
二十七日	木	庚午	
二十八日	金	辛未	御用納
二十九日	土	壬申	
三十日	日	癸酉	
三十一日	月	甲戌	

二五

各地每旬日出入時刻

地名		一月 一日	一月 十一日	一月 二十一日	一月 三十一日	二月 十日	二月 二十日	三月 二日	三月 十二日	三月 二十二日	四月 一日	四月 十一日	四月 二十一日	五月 一日	五月 十一日	五月 二十一日	五月 三十一日
雄基	日出	時分 七・四八	七・四七	七・四三	七・三四	七・二三	七・九	六・五四	六・三七	六・二〇	六・二	五・四五	五・二九	五・一五	五・二	四・五二	四・四五
	日入	時分 四・五六	五・六	五・一八	五・三〇	五・四三	五・五六	六・九	六・二一	六・三三	六・四三	六・五四	七・六	七・一七	七・二八	七・三八	七・四七
中江鎭	日出	時分 八・〇	七・五九	七・五五	七・四七	七・三六	七・二三	七・七	六・五二	六・三四	六・一七	六・〇	五・四四	五・三〇	五・一八	五・八	五・一
	日入	時分 五・一三	五・二三	五・三五	五・四六	五・五八	六・一一	六・二二	六・三五	六・四六	六・五七	七・八	七・一九	七・三〇	七・四一	七・五〇	七・五九
城津	日出	時分 七・四七	七・四七	七・四三	七・三五	七・二四	七・一三	六・五七	六・四一	六・二五	六・八	五・五三	五・三七	五・二三	五・一二	五・二	四・五六
	日入	時分 五・六	五・一六	五・二七	五・三九	五・五一	六・三	六・一五	六・二六	六・三七	六・四七	六・五七	七・八	七・一八	七・二九	七・三八	七・四七
新義州	日出	時分 八・五	八・四	八・〇	七・五二	七・四三	七・三〇	七・一六	七・〇	六・四四	六・二八	六・一三	五・五七	五・四三	五・三二	五・二三	五・一六
	日入	時分 五・二七	五・三六	五・四七	五・五九	六・一一	六・二三	六・三四	六・四五	六・五六	七・六	七・一六	七・二六	七・三六	七・四六	七・五六	八・四
元山	日出	時分 七・五〇	七・五〇	七・四六	七・三九	七・二九	七・一七	七・三	六・四八	六・三二	六・一六	六・一	五・四六	五・三三	五・二三	五・一五	五・七
	日入	時分 五・一八	五・二七	五・三八	五・四九	六・一	六・一二	六・二三	六・三四	六・四四	六・五四	七・四	七・一三	七・二三	七・三三	七・四一	七・四九
平壤	日出	時分 七・五八	七・五六	七・五三	七・四五	七・三五	七・二三	七・九	六・五四	六・三九	六・二三	六・八	五・五三	五・四〇	五・二九	五・二〇	五・一四
	日入	時分 五・二五	五・三四	五・四五	五・五六	六・八	六・一九	六・三〇	六・四〇	六・五〇	七・〇	七・一〇	七・一九	七・二九	七・三八	七・四七	七・五五
鎭南浦	日出	時分 七・五七	七・五六	七・五二	七・四六	七・三六	七・二四	七・一一	六・五六	六・四〇	六・二五	六・九	五・五五	五・四二	五・三一	五・二二	五・一六
	日入	時分 五・二七	五・三六	五・四七	五・五八	六・一〇	六・二一	六・三二	六・四二	六・五二	七・一	七・一一	七・二〇	七・三〇	七・三九	七・四八	七・五六
海州	日出	時分 七・五三	七・五三	七・五〇	七・四四	七・三四	七・二三	七・九	六・五四	六・三九	六・二四	六・九	五・五五	五・四三	五・三二	五・二三	五・一七
	日入	時分 五・二八	五・三七	五・四七	五・五八	六・一〇	六・二一	六・三一	六・四一	六・五〇	七・〇	七・九	七・一八	七・二七	七・三六	七・四四	七・五三

一二六

六月 十日	六月 二十日	六月 三十日	七月 十日	七月 二十日	七月 三十日	八月 九日	八月 十九日	八月 二十九日	九月 八日	九月 十八日	九月 二十八日
四・四二	四・四一	四・四四	四・五〇	四・五八	五・八	五・一八	五・二九	五・三九	五・五〇	六・一	六・一一
七・五四	七・五八	七・五九	七・五六	七・五〇	七・四一	七・二九	七・一五	六・五九	六・四三	六・二四	六・七
四・五七	四・五七	五・〇	五・六	五・一四	五・二三	五・三四	五・四四	五・五四	六・四	六・一五	六・二五
八・六	八・一〇	八・一二	八・九	八・三	七・五四	七・四二	七・二八	七・一二	六・五六	六・三八	六・二一
四・五三	四・五二	四・五五	五・〇	五・八	五・一七	五・二七	五・三六	五・四六	五・五六	六・六	六・一六
七・五三	七・五七	七・五八	七・五六	七・五〇	七・四二	七・三〇	七・一七	七・二	六・四五	六・二九	六・一二
五・一三	五・一三	五・一六	五・二一	五・二九	五・三八	五・四七	五・五七	六・六	六・一六	六・二五	六・三五
八・一〇	八・一四	八・一六	八・一三	八・八	七・五九	七・四八	七・三五	七・二〇	七・四	六・四八	六・三一
五・四	五・四	五・七	五・一三	五・一九	五・二八	五・三七	五・四六	五・五五	六・四	六・一三	六・二三
七・五六	七・五九	八・一	七・五八	七・五三	七・四五	七・三四	七・二一	七・七	六・五二	六・三五	六・一九
五・一一	五・一一	五・一四	五・一九	五・二七	五・三五	五・四四	五・五三	六・二	六・一一	六・二〇	六・二九
八・二	八・五	八・七	八・五	八・〇	七・五二	七・四一	七・二八	七・一四	六・五八	六・四二	六・二六
五・一三	五・一三	五・一六	五・二二	五・二九	五・三七	五・四六	五・五五	六・四	六・一三	六・二三	六・三二
八・二	八・六	八・七	八・五	八・〇	七・五二	七・四一	七・二九	七・一五	六・五九	六・四三	六・二七
五・一四	五・一四	五・一七	五・二三	五・二九	五・三七	五・四六	五・五五	六・三	六・一三	六・二一	六・二九
七・五九	八・二	八・四	八・二	七・五七	七・四九	七・三九	七・二六	七・一三	六・五八	六・四二	六・二六

十月 八日	十月 十八日	十月 二十八日	十一月 七日	十一月 十七日	十一月 二十七日	十二月 七日	十二月 十七日	十二月 二十七日
六・二三	六・三四	六・四六	六・五八	七・一一	七・二三	七・三三	七・四一	七・四六
五・五〇	五・三三	五・一八	五・六	四・五六	四・四九	四・四六	四・四七	四・五二
六・三六	六・四七	六・五九	七・一一	七・二三	七・三八	七・四六	七・五四	七・五九
六・四	五・四八	五・三三	五・二二	五・一一	五・五	五・二	五・三	五・八
六・二六	六・三七	六・四八	六・五九	七・一一	七・二三	七・三三	七・四二	七・四六
五・五六	五・四〇	五・二六	五・一四	五・五	四・五九	四・五六	四・五七	五・二
六・四五	六・五五	七・六	七・一八	七・二九	七・四〇	七・五〇	七・五八	八・三
六・一五	六・〇	五・四六	五・三四	五・二五	五・一九	五・一七	五・一八	五・二三
六・三三	六・四二	六・五三	七・四	七・一五	七・二六	七・三六	七・四三	七・四八
六・四	五・四九	五・三五	五・二四	五・一五	五・一〇	五・八	五・九	五・一四
六・三九	六・四九	六・五九	七・一〇	七・二一	七・三三	七・四二	七・五〇	七・五九
六・一〇	五・五六	五・四二	五・三一	五・二三	五・一七	五・一五	五・一六	五・二一
六・四〇	六・五〇	七・〇	七・一一	七・二三	七・三三	七・四二	七・五〇	七・五九
六・一二	五・五七	五・四四	五・三三	五・二四	五・一九	五・一七	五・一八	五・二三
六・三八	六・四八	六・五八	七・八	七・一九	七・三〇	七・三九	七・四七	七・五二
六・一二	五・五七	五・四四	五・三三	五・二五	五・一九	五・一八	五・一九	五・二四

昭和二十年

地名	日	一月一日	一月十一日	一月二十一日	一月三十一日	二月十日	二月二十日	三月二日	三月十二日	三月二十二日	四月一日	四月十一日	四月二十一日	五月一日	五月十一日	五月二十一日	五月三十一日	六月十日	六月二十日
江陵	日出	七・四〇	七・四〇	七・三六	七・三〇	七・二一	七・九	六・五六	六・四一	六・二六	六・一二	五・五六	五・四二	五・三〇	五・一九	五・一〇	五・五	五・二	五・二
	日入	五・一六	五・二五	五・三五	五・四六	五・五七	六・八	六・一八	六・二八	六・三七	六・四七	六・五六	七・五	七・一四	七・二三	七・三二	七・三九	七・四五	七・四九
京城	日出	七・四七	七・四七	七・四四	七・三七	七・二八	七・一七	七・三	六・四九	六・三四	六・一九	六・四	五・五〇	五・三八	五・二七	五・一九	五・一三	五・一〇	五・一一
	日入	五・二四	五・三三	五・四三	五・五四	六・五	六・一六	六・二六	六・三六	六・四五	六・五四	七・三	七・一二	七・二一	七・三〇	七・三九	七・四七	七・五三	七・五六
仁川	日出	七・四八	七・四八	七・四五	七・三八	七・二九	七・一八	七・五	六・五〇	六・三五	六・二〇	六・五	五・五一	五・三九	五・二九	五・二〇	五・一五	五・一三	五・一三
	日入	五・二六	五・三五	五・四五	五・五六	六・七	六・一八	六・二八	六・三七	六・四七	六・五六	七・五	七・一四	七・二三	七・三一	七・四〇	七・四八	七・五四	七・五七
大邱	日出	七・三六	七・三六	七・三三	七・二七	七・一九	七・八	六・五六	六・四二	六・二八	六・一三	五・五九	五・四六	五・三四	五・二四	五・一六	五・一一	五・九	五・九
	日入	五・二三	五・三一	五・四一	五・五一	六・一	六・一二	六・二二	六・三〇	六・三八	六・四七	六・五五	七・三	七・一二	七・二〇	七・二八	七・三五	七・四一	七・四四
全州	日出	七・四二	七・四二	七・三九	七・三三	七・二五	七・一四	七・一	六・四八	六・三四	六・一九	六・五	五・五二	五・四〇	五・三〇	五・二三	五・一七	五・一五	五・一五
	日入	五・二八	五・三七	五・四七	五・五七	六・七	六・一七	六・二七	六・三六	六・四四	六・五三	七・一	七・九	七・一八	七・二六	七・三四	七・四二	七・四七	七・五〇
釜山	日出	七・三二	七・三三	七・三〇	七・二四	七・一六	七・六	六・五三	六・四〇	六・二六	六・一三	五・五八	五・四五	五・三四	五・二四	五・一六	五・一一	五・九	五・一〇
	日入	五・二三	五・三二	五・四一	五・五一	六・一	六・一一	六・二〇	六・二九	六・三七	六・四五	六・五三	七・一	七・九	七・一七	七・二五	七・三三	七・三七	七・四一
木浦	日出	七・四二	七・四二	七・四〇	七・三四	七・二六	七・一六	七・四	六・五〇	六・三七	六・二三	六・九	五・五六	五・四五	五・三五	五・二八	五・二三	五・二〇	五・二一
	日入	五・三四	五・四三	五・五三	六・二	六・一三	六・二三	六・三二	六・三九	六・四七	六・五五	七・三	七・一一	七・一九	七・二七	七・三五	七・四一	七・四七	七・五〇
濟州	日出	七・三八	七・三九	七・三七	七・三二	七・二四	七・一四	七・三	六・四九	六・三六	六・二三	六・一〇	五・五七	五・四六	五・三七	五・三〇	五・二五	五・二三	五・二四
	日入	五・三七	五・四五	五・五四	六・四	六・一三	六・二三	六・三二	六・三九	六・四六	六・五四	七・二	七・九	七・一六	七・二四	七・三一	七・三八	七・四三	七・四六

二八

月三十日	七月十日	七月二十日	七月三十日	八月九日	八月十九日	八月二十九日	九月八日	九月十八日	九月二十八日	十月八日	十月十八日	十月二十八日	十一月七日	十一月十七日	十一月二十七日	十二月七日	十二月十七日	十二月二十七日
五・五	五・一〇	五・一七	五・二五	五・三四	五・四三	五・五一	五・五九	六・八	六・一六	六・二五	六・三五	六・四五	六・五五	七・六	七・一六	七・二六	七・三三	七・三八
七・五〇	七・四八	七・四四	七・三六	七・二五	七・一三	六・五九	六・四五	六・二九	六・一四	五・五九	五・四四	五・三一	五・二二	五・一三	五・七	五・六	五・七	五・一二
五・一三	五・一九	五・二六	五・三三	五・四二	五・五〇	五・五九	六・七	六・一六	六・二四	六・三三	六・四一	六・五二	七・三	七・一三	七・二四	七・三三	七・四一	七・四六
七・五八	七・五六	七・五一	七・四三	七・三三	七・二一	七・七	六・五二	六・三六	六・二〇	六・六	五・五二	五・三九	五・二九	五・二二	五・一六	五・一四	五・一六	五・二二
五・一五	五・二〇	五・二七	五・三五	五・四三	五・五二	六・〇	六・九	六・一七	六・二六	六・三四	六・四四	六・五三	七・四	七・一四	七・二五	七・三四	七・四二	七・四七
七・五九	七・五七	七・五二	七・四四	七・三四	七・二二	七・八	六・五三	六・三八	六・二三	六・八	五・五四	五・四一	五・三〇	五・二三	五・一七	五・一五	五・一七	五・二三
五・一三	五・一七	五・二五	五・三二	五・三九	五・四六	五・五四	六・二	六・一〇	六・一七	六・二六	六・三四	六・四三	六・五三	七・三	七・一三	七・二三	七・二九	七・三四
七・四六	七・四四	七・四〇	七・三三	七・二三	七・一二	六・五九	六・四四	六・三〇	六・一五	六・一	五・四七	五・三五	五・二五	五・一八	五・一三	五・一二	五・一四	五・一九
五・一八	五・二三	五・二九	五・三七	五・四四	五・五二	六・〇	六・八	六・一五	六・二三	六・三一	六・四〇	六・四九	六・五九	七・九	七・一九	七・二八	七・三五	七・四〇
七・五二	七・五〇	七・四六	七・三八	七・二九	七・一七	七・四	六・五〇	六・三六	六・二一	六・七	五・五三	五・四一	五・三一	五・二四	五・一九	五・一八	五・二〇	五・二五
五・一三	五・一七	五・二四	五・三二	五・三九	五・四六	五・五三	六・一	六・八	六・一六	六・二三	六・三二	六・四一	六・五〇	七・〇	七・九	七・一八	七・二六	七・三一
七・四三	七・四一	七・三六	七・二九	七・二〇	七・九	六・五六	六・四三	六・二八	六・一四	五・五九	五・四六	五・三五	五・二五	五・一八	五・一三	五・一三	五・一四	五・一九
五・二四	五・二九	五・三五	五・四二	五・四九	五・五七	六・四	六・一二	六・一九	六・二六	六・三四	六・四二	六・五〇	七・〇	七・一〇	七・一九	七・二八	七・三五	七・四〇
七・五二	七・五〇	七・四六	七・三九	七・三〇	七・一九	七・六	六・五二	六・三八	六・二四	六・一〇	五・五七	五・四六	五・三六	五・二九	五・二五	五・二三	五・二五	五・三〇
五・二六	五・三二	五・三七	五・四四	五・五〇	五・五八	六・五	六・一三	六・一九	六・二五	六・三三	六・四〇	六・四八	六・五七	七・七	七・一六	七・二四	七・三二	七・三七
七・四八	七・四六	七・四三	七・三六	七・二七	七・一六	七・四	六・五一	六・三七	六・二四	六・一〇	五・五八	五・四七	五・三八	五・三二	五・二七	五・二六	五・二八	五・三三

部分月食 六月 自二十五日 至二十六日

地名	初虧(二十五日) 時刻	初虧 方向	食甚(二十六日) 時刻	食甚 方向	食分	復圓(二十六日) 時刻	復圓 方向
雄基	後一〇時三七分	左下	前〇時一四分	下	八分六厘	前一時五一分	右下
新義州	一〇時三七分	下稍左	〇時一四分	下	八分六厘	一時五一分	右下
元山	一〇時三七分	下稍左	〇時一四分	下	八分六厘	一時五一分	右下
平壤	一〇時三七分	下稍左	〇時一四分	下	八分六厘	一時五一分	右下
京城	一〇時三七分	下稍左	〇時一四分	下	八分六厘	一時五一分	右下
仁川	一〇時三七分	下稍左	〇時一四分	下	八分六厘	一時五一分	右下
大邱	一〇時三七分	下稍左	〇時一四分	下	八分六厘	一時五一分	右下
釜山	一〇時三七分	下稍左	〇時一四分	下	八分六厘	一時五一分	右下
木浦	一〇時三七分	下稍左	〇時一四分	下	八分六厘	一時五一分	右下

昭和二十年

年代表

三三

各地ノ氣候（平均氣溫）

地名	一月	二月	三月	四月	五月	六月	七月	八月	九月	十月	十一月	十二月	年
中江鎭	(−)二二・一	(−)一五・六	(−)四・三	六・四	一四・五	一八・九	二二・七	二一・九	一四・三	六・九	(−)三・九	(−)一九・六	三・五
新義州	(−)一〇・〇	(−)五・九	〇・七	八・七	一五・〇	一〇・四	二四・〇	二四・三	一八・九	一二・九	三・八	(−)六・六	八・五
元山	(−)三・八	(−)一・四	三・八	九・九	一五・〇	一九・一	二三・八	二三・四	一八・八	一三・〇	五・一	(−)〇・七	一〇・三
江陵	(−)一・四	〇・〇	四・六	一一・〇	一六・四	二〇・五	二四・三	二四・九	一九・七	一四・五	八・三	一・五	一二・〇
京城	(−)四・九	(−)二・〇	三・六	一〇・六	一六・三	二一・三	二四・七	二五・六	二〇・一	一三・三	五・三	(−)一・八	一一・[illegible]
仁川	(−)四・〇	(−)二・二	三・五	九・六	一四・九	一九・五	二三・六	二五・九	二〇・五	一四・[illegible]	六・三	(−)一・〇	一〇・八
全州	(−)二・二	(−)〇・[illegible]	四・八	一一・五	一六・九	二一・四	二五・九	二五・九	二〇・四	一三・八	七・[illegible]	一・三	一二・三
釜山	一・八	三・二	七・一	一二・三	一六・五	二〇・〇	二四・〇	二五・六	二一・七	一六・四	一〇・三	四・[illegible]	一三・九
木浦	〇・七	一・六	五・三	一一・四	一六・四	二〇・八	二四・七	二六・一	二一・八	一六・一	九・七	三・[illegible]	一三・[illegible]
臺北	一五・二	一四・八	一六・九	二〇・六	二四・二	二六・六	二八・三	二七・八	二六・二	二三・〇	一九・八	一六・八	二一・七
鹿児島	六・九	七・四	一〇・六	一五・四	一八・八	二二・四	二六・三	二六・八	二四・二	一九・〇	一三・七	八・八	一六・[illegible]
下關	五・九	五・三	八・一	一二・九	一七・〇	二〇・八	二四・九	二六・五	二三・〇	一七・七	一二・七	七・九	一五・[illegible]
大阪	四・一	四・三	七・四	一三・三	一七・六	二一・九	二六・三	二七・三	二三・四	一七・二	一一・五	六・六	一五・[illegible]
東京	三・〇	三・八	六・九	一二・六	一六・七	二〇・八	二四・一	二五・七	二二・〇	一六・二	一〇・七	五・四	一四・[illegible]
札幌	(−)六・三	(−)五・六	(−)一・六	五・二	一〇・五	一五・三	一九・三	二一・〇	一六・五	九・九	三・三	(−)三・[illegible]	七・[illegible]
大泊	(−)一二・二	(−)一〇・三	(−)五・四	一・〇	六・九	一〇・[illegible]	一四・八	一六・三	一二・[illegible]	六・[illegible]	(−)〇・三	(−)六・九	三・[illegible]
大連	(−)五・三	(−)三・九	一・九	八・四	一四・四	二〇・三	二三・八	二四・九	一九・九	一三・八	五・三	(−)一・五	一〇・三

降水量（粍）

地名	中江鎮	新義州	元山	江陵	京城	仁川	全州	釜山	木浦	臺北	鹿兒島	下關	大阪	東京	札幌	大泊	大連
一月	一一・八	[illegible]	[illegible]	[illegible]	[illegible]	[illegible]	[illegible]	[illegible]	[illegible]	[illegible]	[illegible]	[illegible]	[illegible]	[illegible]	[illegible]	[illegible]	一〇・三
二月	七・三	七・八	[illegible]	[illegible]	[illegible]	[illegible]	[illegible]	[illegible]	[illegible]	[illegible]	[illegible]	[illegible]	[illegible]	[illegible]	[illegible]	[illegible]	七・八
三月	三三・七	[illegible]	[illegible]	[illegible]	[illegible]	[illegible]	[illegible]	[illegible]	[illegible]	[illegible]	[illegible]	[illegible]	[illegible]	[illegible]	[illegible]	[illegible]	一九・六
四月	[illegible]	[illegible]	[illegible]	[illegible]	[illegible]	[illegible]	[illegible]	[illegible]	[illegible]	[illegible]	[illegible]	[illegible]	[illegible]	[illegible]	[illegible]	[illegible]	二四・〇
五月	[illegible]	[illegible]	[illegible]	[illegible]	[illegible]	[illegible]	[illegible]	[illegible]	[illegible]	[illegible]	[illegible]	[illegible]	[illegible]	一四九・八	[illegible]	七一・三	四四・九
六月	[illegible]	[illegible]	[illegible]	[illegible]	[illegible]	[illegible]	[illegible]	[illegible]	[illegible]	[illegible]	[illegible]	[illegible]	[illegible]	[illegible]	[illegible]	[illegible]	[illegible]
七月	[illegible]	[illegible]	[illegible]	[illegible]	[illegible]	[illegible]	[illegible]	[illegible]	[illegible]	[illegible]	[illegible]	[illegible]	[illegible]	[illegible]	[illegible]	[illegible]	[illegible]
八月	[illegible]	[illegible]	[illegible]	[illegible]	[illegible]	[illegible]	[illegible]	[illegible]	[illegible]	[illegible]	[illegible]	[illegible]	[illegible]	[illegible]	[illegible]	[illegible]	[illegible]
九月	[illegible]	[illegible]	[illegible]	[illegible]	[illegible]	[illegible]	[illegible]	[illegible]	[illegible]	[illegible]	[illegible]	[illegible]	[illegible]	[illegible]	[illegible]	[illegible]	[illegible]
十月	[illegible]	[illegible]	[illegible]	[illegible]	[illegible]	[illegible]	[illegible]	[illegible]	[illegible]	[illegible]	[illegible]	[illegible]	[illegible]	[illegible]	[illegible]	[illegible]	[illegible]
十一月	[illegible]	[illegible]	[illegible]	[illegible]	[illegible]	[illegible]	[illegible]	[illegible]	[illegible]	[illegible]	[illegible]	[illegible]	[illegible]	[illegible]	[illegible]	[illegible]	二四・〇
十二月	[illegible]	[illegible]	[illegible]	[illegible]	[illegible]	[illegible]	[illegible]	[illegible]	[illegible]	[illegible]	[illegible]	[illegible]	[illegible]	[illegible]	[illegible]	[illegible]	[illegible]
年	[illegible]	[illegible]	[illegible]	[illegible]	[illegible]	[illegible]	[illegible]	[illegible]	[illegible]	[illegible]	[illegible]	[illegible]	[illegible]	[illegible]	[illegible]	[illegible]	[illegible]

平均風速度（每秒米）

地名	一月	二月	三月	四月	五月	六月	七月	八月	九月	十月	十一月	十二月	年
中江鎭	[illegible]	[illegible]	[illegible]	[illegible]	[illegible]	[illegible]	[illegible]	[illegible]	[illegible]	[illegible]	[illegible]	[illegible]	[illegible]
新義州	[illegible]	[illegible]	[illegible]	[illegible]	[illegible]	[illegible]	[illegible]	[illegible]	[illegible]	[illegible]	[illegible]	[illegible]	[illegible]
元山	[illegible]	[illegible]	[illegible]	[illegible]	[illegible]	[illegible]	[illegible]	[illegible]	[illegible]	[illegible]	[illegible]	[illegible]	[illegible]
江陵	[illegible]	[illegible]	[illegible]	[illegible]	[illegible]	[illegible]	[illegible]	[illegible]	[illegible]	[illegible]	[illegible]	[illegible]	[illegible]
京城	[illegible]	[illegible]	[illegible]	[illegible]	[illegible]	[illegible]	[illegible]	[illegible]	[illegible]	[illegible]	[illegible]	[illegible]	[illegible]
仁川	[illegible]	[illegible]	[illegible]	[illegible]	[illegible]	[illegible]	[illegible]	[illegible]	[illegible]	[illegible]	[illegible]	[illegible]	[illegible]
全州	[illegible]	[illegible]	[illegible]	[illegible]	[illegible]	[illegible]	[illegible]	[illegible]	[illegible]	[illegible]	[illegible]	[illegible]	[illegible]
釜山	[illegible]	[illegible]	[illegible]	[illegible]	[illegible]	[illegible]	[illegible]	[illegible]	[illegible]	[illegible]	[illegible]	[illegible]	[illegible]
木浦	[illegible]	[illegible]	[illegible]	[illegible]	[illegible]	[illegible]	[illegible]	[illegible]	[illegible]	[illegible]	[illegible]	[illegible]	[illegible]
臺北	[illegible]	[illegible]	[illegible]	[illegible]	[illegible]	[illegible]	[illegible]	[illegible]	[illegible]	[illegible]	[illegible]	[illegible]	[illegible]
鹿兒島	[illegible]	[illegible]	[illegible]	[illegible]	[illegible]	[illegible]	[illegible]	[illegible]	[illegible]	[illegible]	[illegible]	[illegible]	[illegible]
下關	[illegible]	[illegible]	[illegible]	[illegible]	[illegible]	[illegible]	[illegible]	[illegible]	[illegible]	[illegible]	[illegible]	[illegible]	[illegible]
大阪	[illegible]	[illegible]	[illegible]	[illegible]	[illegible]	[illegible]	[illegible]	[illegible]	[illegible]	[illegible]	[illegible]	[illegible]	[illegible]
東京	[illegible]	[illegible]	[illegible]	[illegible]	[illegible]	[illegible]	[illegible]	[illegible]	[illegible]	[illegible]	[illegible]	[illegible]	[illegible]
札幌	[illegible]	[illegible]	[illegible]	[illegible]	[illegible]	[illegible]	[illegible]	[illegible]	[illegible]	[illegible]	[illegible]	[illegible]	[illegible]
大泊	[illegible]	[illegible]	[illegible]	[illegible]	[illegible]	[illegible]	[illegible]	[illegible]	[illegible]	[illegible]	[illegible]	[illegible]	[illegible]
大連	[illegible]	[illegible]	[illegible]	[illegible]	[illegible]	[illegible]	[illegible]	[illegible]	[illegible]	[illegible]	[illegible]	[illegible]	[illegible]

平均濕度（百分率）

地名	一月	二月	三月	四月	五月	六月	七月	八月	九月	十月	十一月	十二月	年
中江鎭	[illegible]	[illegible]	[illegible]	[illegible]	[illegible]	[illegible]	[illegible]	[illegible]	[illegible]	[illegible]	[illegible]	[illegible]	[illegible]
新義州	[illegible]	[illegible]	[illegible]	[illegible]	[illegible]	[illegible]	[illegible]	[illegible]	[illegible]	[illegible]	[illegible]	[illegible]	[illegible]
元山	[illegible]	[illegible]	[illegible]	[illegible]	[illegible]	[illegible]	[illegible]	[illegible]	[illegible]	[illegible]	[illegible]	[illegible]	[illegible]
江陵	[illegible]	[illegible]	[illegible]	[illegible]	[illegible]	[illegible]	[illegible]	[illegible]	[illegible]	[illegible]	[illegible]	[illegible]	[illegible]
京城	[illegible]	[illegible]	[illegible]	[illegible]	[illegible]	[illegible]	[illegible]	[illegible]	[illegible]	[illegible]	[illegible]	[illegible]	[illegible]
仁川	[illegible]	[illegible]	[illegible]	[illegible]	[illegible]	[illegible]	[illegible]	[illegible]	[illegible]	[illegible]	[illegible]	[illegible]	[illegible]
全州	[illegible]	[illegible]	[illegible]	[illegible]	[illegible]	[illegible]	[illegible]	[illegible]	[illegible]	[illegible]	[illegible]	[illegible]	[illegible]
釜山	[illegible]	[illegible]	[illegible]	[illegible]	[illegible]	[illegible]	[illegible]	[illegible]	[illegible]	[illegible]	[illegible]	[illegible]	[illegible]
木浦	[illegible]	[illegible]	[illegible]	[illegible]	[illegible]	[illegible]	[illegible]	[illegible]	[illegible]	[illegible]	[illegible]	[illegible]	[illegible]
臺北	[illegible]	[illegible]	[illegible]	[illegible]	[illegible]	[illegible]	[illegible]	[illegible]	[illegible]	[illegible]	[illegible]	[illegible]	[illegible]
鹿兒島	[illegible]	[illegible]	[illegible]	[illegible]	[illegible]	[illegible]	[illegible]	[illegible]	[illegible]	[illegible]	[illegible]	[illegible]	[illegible]
下關	[illegible]	[illegible]	[illegible]	[illegible]	[illegible]	[illegible]	[illegible]	[illegible]	[illegible]	[illegible]	[illegible]	[illegible]	[illegible]
大阪	[illegible]	[illegible]	[illegible]	[illegible]	[illegible]	[illegible]	[illegible]	[illegible]	[illegible]	[illegible]	[illegible]	[illegible]	[illegible]
東京	[illegible]	[illegible]	[illegible]	[illegible]	[illegible]	[illegible]	[illegible]	[illegible]	[illegible]	[illegible]	[illegible]	[illegible]	[illegible]
札幌	[illegible]	[illegible]	[illegible]	[illegible]	[illegible]	[illegible]	[illegible]	[illegible]	[illegible]	[illegible]	[illegible]	[illegible]	[illegible]
大泊	[illegible]	[illegible]	[illegible]	[illegible]	[illegible]	[illegible]	[illegible]	[illegible]	[illegible]	[illegible]	[illegible]	[illegible]	[illegible]
大連	[illegible]	[illegible]	[illegible]	[illegible]	[illegible]	[illegible]	[illegible]	[illegible]	[illegible]	[illegible]	[illegible]	[illegible]	[illegible]

霜雪ノ季節

地名	初霜 平均	初霜 最早	終霜 平均	終霜 最晩	初雪 平均	初雪 最早	終雪 平均	終雪 最晩
中江鎮	九月二六日	九月一四日	五月一五日	六月二日	一〇月二二日	一〇月一〇日	四月二六日	五月一六日
新義州	一〇月三日	九月二三日	四月二一日	四月三〇日	一一月一五日	一一月一日	三月二九日	四月一三日
元山	一〇月二四日	九月三〇日	四月一五日	五月四日	一一月一八日	一一月一日	四月四日	五月二日
江陵	一一月七日	一〇月一六日	四月九日	四月二六日	一二月二日	一一月三日	四月一日	四月二八日
京城	一〇月一五日	一〇月五日	四月一八日	四月三〇日	一一月一七日	一〇月二六日	三月二六日	四月一九日
仁川	一一月二日	一〇月一三日	四月七日	四月二一日	一一月一八日	一〇月二七日	三月二三日	四月一九日
全州	一〇月一五日	九月二六日	四月二五日	五月一七日	一一月二二日	一一月三日	三月二〇日	四月七日
釜山	一一月九日	一〇月一一日	三月二七日	四月二五日	一二月一九日	一一月七日	三月一〇日	四月二〇日
木浦	一一月一三日	一〇月二五日	四月六日	四月二二日	一一月二四日	一一月五日	三月一六日	四月七日
臺北	一月七日	一一月二七日	一月二四日	三月七日	—	—	—	—
鹿児島	一一月二五日	一〇月二〇日	三月二四日	四月二二日	一月一〇日	一二月八日	二月二六日	三月二六日
下関	一二月二日	一一月四日	三月三〇日	五月一三日	一二月二三日	一一月二五日	三月一一日	四月六日
大阪	一一月一三日	一〇月二三日	四月九日	五月六日	一二月二二日	一一月一二日	三月一六日	四月七日
東京	一一月一二日	一〇月二一日	四月七日	五月一六日	一二月二三日	一一月一七日	三月一九日	四月一〇日
札幌	一〇月二四日	九月九日	五月一八日	六月二八日	一〇月三〇日	一〇月五日	四月二一日	五月一四日
大泊	九月二七日	九月一一日	五月二四日	六月一三日	一〇月二二日	一〇月四日	五月一六日	六月一四日
大連	一一月三日	一〇月九日	三月三一日	四月二二日	一一月八日	一〇月一三日	三月二七日	五月一三日

氣温降水量ノ極數

地名	最高氣温	最低氣温	最大降水日量	最大降水年量
中江鎮	三八・〇 大正一三年 八月六日	(-)四三・六 昭和八年 一月一二日	九九・八 昭和四年 七月一三日	一〇九八・八 昭和二年
新義州	三六・九 昭和一五年 七月三〇日	(-)二七・七 昭和一三年 一月一三日	一八三・三 昭和六年 八月二六日	一五九九・八 昭和九年
元山	三九・六 明治三九年 七月三〇日	(-)二一・九 大正四年 一月一三日	二四三・〇 明治三八年 九月三日	二〇三九・三 大正一一年
江陵	三八・七 昭和一四年 七月三〇日	(-)二〇・三 大正四年 一月一二日	三〇五・六 大正一〇年 九月一四日	一九二六・八 大正一四年
京城	三八・二 昭和一四年 八月一〇日	(-)二三・一 昭和二年 一二月三一日	三五四・七 大正九年 八月二日	二一三五・二 昭和一五年
仁川	三七・四 昭和一四年 七月三一日	(-)二一・〇 昭和六年 一月一二日	二四七・五 大正二年 八月一三日	一九八四・六 昭和一五年
全州	三八・三 昭和一四年 七月三一日	(-)一七・一 昭和八年 一月二七日	二〇四・六 昭和二年 八月一五日	一七六六・八 昭和五年
釜山	三六・三 昭和四年 八月一日	(-)一四・〇 大正四年 一月一三日	三六〇・九 明治四四年 七月一七日	二〇四七・三 明治三八年
木浦	三七・〇 大正一三年 八月一八日	(-)一四・三 大正四年 一月一三日	二〇〇・一 明治四〇年 七月一五日	一七四二・八 大正五年
臺北	三八・六 大正一〇年 七月三一日	(-)〇・二 明治三四年 二月一三日	三四八・九 昭和五年 七月二八日	三一九九・三 明治三一年
鹿兒島	三六・三 明治三六年 七月二六日	(-)六・七 大正一二年 二月二八日	三〇五・七 大正六年 六月二六日	三三五〇・八 明治三八年
下關	三五・九 明治三七年 八月二三日	(-)六・五 明治三四年 二月一日	二三六・三 明治三七年 六月二五日	二三〇九・四 大正一三年
大阪	三八・八 明治四三年 八月四日	(-)七・二 明治三四年 一月二五日	一八三・三 昭和一〇年 六月二九日	一九七九・〇 明治三六年
東京	三六・六 明治一九年 七月一四日	(-)八・六 昭和二年 一月二四日	二七八・五 昭和一三年 六月二九日	二二三九・六 明治一九年
札幌	三五・五 大正一三年 七月一一日	(-)二八・五 昭和四年 二月一日	一三九・六 昭和一三年 九月二三日	一五六三・七 明治三二年
大泊	三〇・四 昭和二年 八月一九日	(-)三三・七 明治四三年 一月一二日	八五・七 大正四年 八月一三日	九九七・五 大正四年
大連	三六・一 昭和一四年 七月三一日	(-)一九・八 昭和六年 一月一〇日	一九九・六 大正九年 七月一六日	一二三四・九 大正三年

水稻耕種要覽

項目＼地方	北部	中部	南部
選種及鹽水選	四月中旬前半	四月下旬前半	四月下旬後半
種籾浸種及消毒	四月中旬後半	四月下旬前半	五月上旬前半
苗代ノ整地及施肥	四月中旬後半	四月下旬前半	五月上旬前半
播種	四月下旬前半	四月下旬後半	五月上旬後半
苗代病害蟲防除	五月下旬	六月上旬	六月上旬
綠肥作物收穫	五月中旬乃至六月上旬	五月下旬乃至六月上旬前半	五月下旬乃至六月上旬前半
裏作大麥收穫	—	六月中旬後半	六月中下旬
本田整地及施肥（一毛作／二毛作）	五月下旬前半	[illegible]	[illegible]
挿秧（一毛作／二毛作）	六月上旬	[illegible]	[illegible]
中耕除草	六月中旬乃至七月中下旬	六月下旬乃至七月下旬	六月下旬乃至七月下旬
追肥（[illegible]）	六月中旬乃至七月中下旬	六月下旬乃至七月下旬	六月下旬乃至七月下旬
病害蟲防除	六月上旬乃至八月上旬	六月中旬乃至八月中旬	六月中旬乃至八月下旬
稗拔	八月中旬	八月下旬	九月上旬
落水	八月下旬	九月上旬	九月中旬
綠肥作物播種	八月下旬乃至九月上旬	九月上旬乃至中旬前半	九月上旬乃至中旬
收穫	九月下旬乃至十月上旬	十月中旬	十月下旬
乾燥	十月上旬	十月下旬	十一月上旬
裏作大麥播種	—	十月上旬乃至中旬前半	十月下旬
調製	十月中旬	十一月上旬	十一月中旬
畓秋耕	十月中旬乃至下旬	十月下旬	十一月上旬乃至中旬
收穫物ノ處理	十一月中旬	十一月下旬	十二月上旬
農具整理	十二月乃至三月	十二月乃至三月	十二月乃至三月
繩叺製造	十二月乃至三月	十二月乃至三月	十二月乃至三月

畑作物耕種要覽

項目 ＼ 地方	北部	中部	南部
秋播麥類ノ追肥	三月中旬乃至四月上旬	三月中旬乃至下旬	三月上旬乃至中旬
甘藷種藷ノ伏込	三月下旬	三月下旬乃至四月上旬	三月下旬乃至四月上旬
春播麥類ノ播種	三月下旬乃至五月上旬	三月下旬	三月中旬
馬鈴薯種藷ノ植付	四月中旬乃至五月上旬	三月下旬乃至四月上旬	三月下旬乃至四月上旬
大麻ノ播種	四月中旬	四月上旬	四月上旬
粟ノ播種	四月中旬乃至五月上旬	五月	五月下旬乃至六月下旬
蓖麻ノ播種	五月上旬	五月上旬	五月上旬
棉花ノ播種	四月下旬	四月下旬	五月上旬
大小豆ノ播種	五月	五月	五月下旬乃至六月下旬
甘藷苗ノ移植	五月	五月中旬乃至六月上旬	五月中旬乃至六月
麥類ノ黑穗拔除	五月中旬乃至下旬	五月上旬乃至中旬	五月上旬乃至中旬
秋播麥類ノ收穫	六月下旬乃至七月中旬	六月中旬乃至下旬	六月上旬乃至中旬
粟ノ間引	五月中旬乃至六月上旬	六月上旬乃至中旬	六月中旬乃至七月上旬
棉花ノ間引	五月下旬乃至七月上旬	五月下旬乃至七月上旬	五月下旬乃至七月上旬
粟ノ病蟲被害莖拔除	七月中旬乃至下旬	七月下旬乃至八月上旬	七月下旬乃至八月上旬
蕎麥ノ播種	七月	七月中旬乃至下旬	七月中旬乃至下旬
大麻ノ收穫	八月上旬	七月下旬	六月下旬
馬鈴薯ノ收穫	八月乃至九月	六月乃至七月	六月乃至七月
粟ノ培土	六月乃至七月	七月乃至八月	七月乃至八月
春播麥類ノ收穫	七月乃至九月上旬	六月中旬乃至七月上旬	六月中旬乃至下旬
蓖麻ノ收穫	十月上旬	十月中旬	十月上旬乃至十一月上旬
秋播麥類ノ播種	九月中旬乃至下旬	十月上旬乃至中旬	十月中旬乃至十一月上旬
大小豆ノ收穫	十月上旬乃至中旬	九月下旬乃至十月中旬	十月中旬乃至下旬
棉花ノ收穫	九月上旬乃至十一月	九月下旬乃至十一月	九月下旬乃至十一月
粟ノ收穫	九月	九月下旬乃至十月中旬	九月下旬乃至十月中旬
甘藷ノ收穫	九月下旬乃至十月上旬	十月上旬乃至中旬	十月
秋播麥類ノ管理	十月中旬乃至下旬	十一月中旬	十一月中旬乃至下旬

昭和十八年

主要蔬菜耕種要覽

種類	栽培法	播種期 北部	播種期 中部	播種期 南部	定植期 北部	定植期 中部	定植期 南部	收穫期 北部	收穫期 中部	收穫期 南部
胡瓜	[illegible]	[illegible]	[illegible]	[illegible]				[illegible]	[illegible]	[illegible]
西瓜 甜瓜	[illegible]	[illegible]	[illegible]	[illegible]	五月下旬	五月中上旬	五月上旬	[illegible]	[illegible]	[illegible]
越瓜 南瓜	[illegible]	[illegible]	[illegible]	[illegible]				[illegible]	[illegible]	[illegible]
茄子	[illegible]	[illegible]	[illegible]	[illegible]				[illegible]	[illegible]	[illegible]
蕃茄	[illegible]	[illegible]	三月上旬	二月上旬	六月下旬	五月上旬	五月上旬	[illegible]	[illegible]	[illegible]
[illegible]	[illegible]	[illegible]	[illegible]	[illegible]				[illegible]	[illegible]	[illegible]
不結球白菜	[illegible]	[illegible]	[illegible]	[illegible]				[illegible]	[illegible]	[illegible]
結球白菜	[illegible]	七月下旬	七月下旬	七月下旬				十一月上旬	十一月上旬	十一月上旬
大根	[illegible]	四月上旬	四月上旬	四月上旬				[illegible]	[illegible]	[illegible]
[illegible]	[illegible]	八月上旬	八月中上旬	八月中上旬				[illegible]	[illegible]	[illegible]
春蒔甘藍	[illegible]	[illegible]	[illegible]	[illegible]	[illegible]	[illegible]	[illegible]	[illegible]	[illegible]	[illegible]
夏蒔甘藍	[illegible]	[illegible]	[illegible]	[illegible]	七月下旬	七月下旬	七月下旬	[illegible]	[illegible]	[illegible]
ほうれんさう	[illegible]	[illegible]	[illegible]	[illegible]				[illegible]	[illegible]	[illegible]
[illegible]	[illegible]	[illegible]	[illegible]	[illegible]				[illegible]	[illegible]	[illegible]
らつきやう（[illegible]）	[illegible]	[illegible]	[illegible]	[illegible]				[illegible]	[illegible]	[illegible]
しゆんぎく（[illegible]）	[illegible]	[illegible]	[illegible]	[illegible]				[illegible]	[illegible]	[illegible]
蕪菁	[illegible]	八月中旬	八月中旬	八月中旬				[illegible]	[illegible]	[illegible]
[illegible]	[illegible]	[illegible]	[illegible]	[illegible]				[illegible]	[illegible]	[illegible]
葱	[illegible]	四月中旬	四月中上旬	四月中上旬	七月中旬	七月中上旬	七月中上旬	[illegible]	[illegible]	[illegible]
[illegible]	[illegible]	[illegible]	十月中旬	十月中旬				[illegible]	[illegible]	[illegible]

三九

林業要覧

項目	北部	中部	南部
苗圃ノ整地、播種、植栽	三月下旬乃至四月下旬	三月下旬乃至四月上旬	三月
植付、小苗養成	四月中旬乃至五月下旬	三月下旬乃至四月中旬	三月中旬乃至四月上旬
記念植樹	四月十日前後	四月三日	四月三日
わらび採取	五月	四月下旬乃至五月中旬	四月中旬－五月中旬
植栽地手入	五月乃至八月	五月乃至八月	五月乃至八月
山菜採取	五月乃至六月	四月乃至五月	三月乃至四月
漆樹採取	六月乃至九月	五月乃至十月	五月乃至十月
あべまき 굴참나무 樹皮採取	五月乃至九月	五月乃至九月	五月乃至九月
しな 피나무 樹皮採取	六月	五月	五月
病蟲害驅除	周年	周年	周年
松根油資材採取	周年	周年	周年
苗圃日覆及撤去	五月乃至八月	五月乃至八月	五月乃至八月
造林準備	六月乃至十月	六月乃至十月	六月乃至十月
樹果、種實等採集ノ提供	七月乃至十月	九月乃至十月	九月乃至十月
野生種實採取	五月乃至八月	四月乃至九月	三月乃至四月、九月乃至十月
やしやぶし及ひめやしやぶしの 오리나무 及 물오리나무 樹果採取	九月下旬乃至十月下旬	七月乃至八月	七月乃至八月
山葡萄ノ蔓採取	八月乃至九月	七月乃至九月	七月乃至九月
葛及楮皮剝取	八月	七月乃至八月	七月乃至八月
下刈	一年中ナルモ特ニ八月－三月	一年中ナルモ特ニ八月－三月	一年中ナルモ特ニ八月－三月
間伐	一年中ナルモ特ニ八月－二月	一年中ナルモ特ニ八月－二月	一年中ナルモ特ニ八月－三月
五倍子ノ採取	九月中旬乃至下旬	九月上旬乃至中旬	九月上旬乃至中旬
栗、胡桃其他ノ種實採取	九月乃至十月	九月乃至十月	十月乃至十一月
濕地改良	九月乃至十月	九月乃至十月	九月乃至十月
伐竹	—	十一月	十月
種子ノ貯藏	十月乃至十一月	十月乃至十一月	十一月
落葉類ノ採取	十月乃至十二月	十月乃至十二月	十月乃至十二月
苗ノ假植	十一月	十一月	十二月
炭俵作リ、藁細工	十一月乃至二月	十一月乃至二月	十一月乃至二月
山火警戒	一年中ナルモ特ニ三、四、五、六、九月	一年中ナルモ特ニ三、四、九、十月	一年中ナルモ特ニ三、四、五、九、十月

國税納期一覽（其二）

納期	税目	第三種所得税	遠[illegible]税	[illegible]人[illegible]税	乙種資本利子税	法人臨時利得税	鑛區税	外貨債特別税	清涼飲料税	其ノ他
		國ノ税（定期收入ニ屬スルモノ）								
	一月	第四期			第三期	第四期		前年下半年分		
	二月		第二期						第三期	第一期
	三月								第四期	
	四月									
	五月									
	六月			第一期						
	七月	第一期			第一期	第一期		本年上半年分	第一期	第二期
	八月									
	九月									
	十月	第二期				第二期				第三期
	十一月			第二期					第二期	
	十二月		第一期				翌年分			

水産動植物ノ採捕禁止一覽（漁業取締規則ニ依ル）

區域＼種類	あゆ（[illegible]）	はまぐり（[illegible]）	[illegible]（[illegible]）	わかめ（[illegible]）	ふのり（[illegible]）	てんぐさ（[illegible]）	よ[illegible]（[illegible]）
咸北	自一月一日 至五月末日	自七月一日 至八月三十日	自七月一日 至八月三十日	自十二月一日 至翌年二月末日	自十一月一日 至翌年二月末日	自十一月一日 至翌年四月末日	自四月一日 至六月三十日
咸南	同上	同上	同上	同上	同上	同上	同上
江原	同上	同上	同上	同上	同上	同上	同上
慶北	同上	同上	同上	同上	同上	同上	同上
慶南	同上	同上	同上	自十二月一日 至翌年三月末日	同上	同上	同上
全南	同上	同上	同上	同上	同上	同上	同上
全北	同上	同上	同上	自十二月一日 至翌年三月末日	同上	同上	同上
忠南	同上	同上	同上	同上	同上	同上	同上
忠北	同上	同上	同上	同上	同上	同上	同上
京畿	同上	同上	同上	同上	同上	同上	同上
黄海	同上	同上	同上	同上	同上	同上	同上
平南	同上	同上	同上	同上	同上	同上	同上
平北	同上	同上	同上	同上	同上	同上	同上
[illegible]							
[illegible]							

國税納期一覽 (其ノ一)

昭和二十年

國税	税目	納期
臨時收入ニ屬スルモノ	第一種所得税	[illegible]又ハ合併ノ時
	第二種所得税	利子其ノ他ノ各種支拂ノ翌月十日限
	[illegible]税	[illegible]又ハ合併ノ時
	法人臨時利得税	随時[illegible]
	甲種資本利子税	利子其ノ他ノ分配支拂ノ翌月十日限
	公債及社債利子税	利子支拂ノ翌月十日限
	利益配當税	配當金支拂ノ翌月十日限
	法人資本税	随時[illegible]
	特別法人税	[illegible]又ハ合併ノ時
	[illegible]税	[illegible]
	[illegible]税	[illegible]ノ時
	[illegible]税	毎月分ヲ翌月末日限
	[illegible]税	毎月分ヲ翌月十五日限
	取引所税	毎月分ヲ翌月末日限
	[illegible]税	同
	[illegible]税	同
	[illegible]税	同
	[illegible]税	製造場又ハ保税地域ヨリ引取ル時
	[illegible]税	毎月分ヲ翌月末日限
	[illegible]税	[illegible]ノ時
	[illegible]税	[illegible]三十日[illegible]ノ時
	[illegible]税	[illegible]ヲ受クル時
	入場税	毎月分ヲ翌月末日限
	[illegible]税	同
	物品税	同
	[illegible]税	同
	馬券税	競馬終了後三十日以内
	[illegible]税	[illegible]
	[illegible]税	[illegible]
	鑛物[illegible]税	[illegible]ノ時
	特別行爲税	毎月分ヲ翌月末日限

道税	税目	一月	二月	三月	四月	五月	六月	七月	八月	九月	十月	十一月	十二月
定時收入ニ屬スルモノ	地租附加税		第二期										第一期
	特別地税		第二期										第一期
	[illegible]税		第二期										第一期
	[illegible]税						第一期					第二期	
	[illegible]税	第二期								第一期			
	[illegible]税												年分
	[illegible]漁業税					年分							
	[illegible]漁業税									年分			
	[illegible]税						第一期				第三期		
	[illegible]税					第一期					第三期		
	[illegible]税				第一期						第二期		
	[illegible]税		第二期										第一期

道税	税目	納期
臨時收入ニ屬スルモノ	不動産取得税	不動産ヲ取得シタル時
	[illegible]税	毎月分ヲ翌月末日限
	[illegible]税	毎月分ヲ翌月十日限
	[illegible]税	[illegible]ヲ行フ時

四二

昭和十九年十二月五日印刷
昭和十九年十二月八日發行

定價金十一錢

發行者　朝鮮總督府

京城府龍山區大島町三十八番地
印刷兼發賣所　朝鮮書籍印刷株式會社

엮은이 박경수朴京洙

전남대학교 일본문화연구센터 학술연구교수로 재직 중이다。

전남대학교에서 일본근현대문학 및 한일비교문학 연구로 석박사 학위를 취득하였고, 현재 전남대학교에서 일본문학 강의를 겸하고 있다。

그간의 연구물로는, 저서 및 역서로 『정인택, 그 생존의 방정식』, 『한국인을 위한 일본문학개설』(공저), 『제국의 전시가요 연구』(공저), 『제국의 식민지 역사 지리 연구』(공저) 『한국인 일본어 문학사전』(공저) 등과, 『정인택의 일본어소설 번역』(공역), 『조선총독부 편찬 초등학교 〈歷史〉교과서 번역 (上)(下)』(공역), 『조선총독부 편찬 초등학교 〈地理〉교과서 번역 (上)(下)』(공역) 외 다수가 있으며, 논문으로는 「엔카와 大正 데모크라시의 영향관계 고찰－添田啞蟬坊의 엔카를 중심으로－」, 「幕末「對外觀」의 교육적 의미－내셔널리즘 발흥을 중심으로－」, 「일제의 식민지 지배전략과 神社－특히 지리학적 관점에서－」, 「제국의 역사교육과 운문의 상관성－역사 서사에서 和歌의 역할 고찰－」, 「大和田建樹의 『地理教育世界唱歌』를 통해 본 제국주의 패러다임」 외 다수가 있다。

이 책은 2020년 대한민국 교육부와 한국연구재단의 지원을 받아 수행된 연구임
(NRF-2020S1A5B5A16082138)

日帝强占期 曆書 [卷二]

초판인쇄 2021년 12월 23일
초판발행 2021년 12월 30일

편　　제 조선총독부
엮 은 이 박경수
발 행 인 윤석현
발 행 처 제이앤씨
책임편집 최인노
등록번호 제7-220호

우편주소 서울시 도봉구 우이천로 353 성주빌딩
대표전화 02) 992 / 3253
전　　송 02) 991 / 1285
홈페이지 http://jncbms.co.kr
전자우편 jncbook@hanmail.net

ISBN 979-11-5917-190-1 94910　　정가 90,000원
979-11-5917-188-8 (Set)